設計研究院

咸阳火车西站广场规划效果图

白银市城市水系总体规划

咸阳市城市总体规划

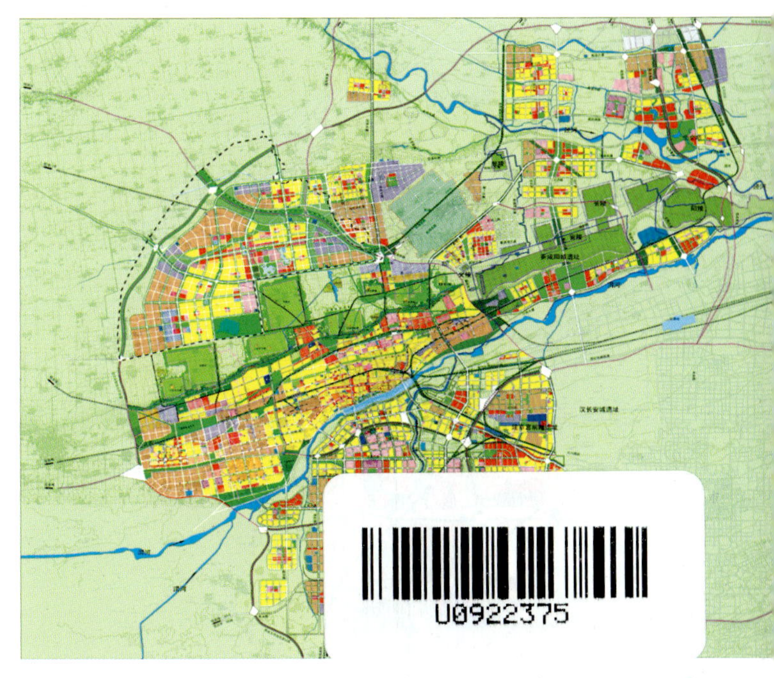

咸阳市主城区、西咸新区总体规划图

咸阳年鉴

XIANYANG YEARBOOK

2013

咸阳市人民政府 主办

咸阳市地方志编纂委员会办公室 编

陕西出版传媒集团
陕西人民出版社

图书在版编目（CIP）数据

咸阳年鉴. 2013/咸阳市地方志编纂委员会办公室编. —西安：陕西人民出版社，2013
ISBN 978-7-224-10901-6

Ⅰ. ①咸… Ⅱ. ①咸… Ⅲ. ①咸阳市—2013—年鉴 Ⅳ. ①Z524.13

中国版本图书馆 CIP 数据核字（2013）第 249875 号

咸阳年鉴（2013）

咸阳市人民政府主办
咸阳市地方志编纂委员会办公室编

出版发行 陕西出版传媒集团 陕西人民出版社
（西安北大街 147 号 邮编：710003）

印　　刷 中华商务联合印刷（广东）有限公司
开　　本 889mm×1194mm 1/16
印　　张 32.5
插　　页 59
字　　数 1400 千字
版　　次 2013 年 9 月第 1 版
2013 年 9 月第 1 次印刷
印　　数 1-3000
书　　号 ISBN 978-7-224-10901-6
定　　价 286.00 元

咸阳市城区图

西石村
北上召
李都村
大王村
咸阳纯净水厂
马家窑
汉成帝延陵
严家沟
市殡仪馆
南上召
常青医药科技有限公司
上帝王村
黄家寨
郭旗寨
苏家寨
王家庄
陕西国际商贸学院附属中等专业技术学校
陈老户寨
胸科医院
农机市场
长途汽车站
渭城区农机公司
陕西邮电职业技术学院
陕西能源职业技术学院
双泉
铁一局第三
十二台
北郊建材市场
陕西财经职业技术学院
郭家园
下底王村
氮肥厂
吴家堡街办
区棉麻公司
摆家堡
马家堡
西北医疗器械
陕西建华进修大学
吴家堡
市第一医院
市卫生学校
陕西中药研究所
西张家堡
杨家台
运输集团有限公司
陕西工业职业技术学院
高家庄
苏家堡
肖家堡
秦都区国税局
永安堡
石斗村
古渡中学
博亚学校
秦都区第一医院
金海岸大酒店
魏家泉
粮校
工商秦都分局
市印染厂
渭城区国税局
陈家台
魏家泉小学
古渡街办
市工商局
防疫站
市气象局
秦都区交通局
世纪家具广场
陕西二棉
市交警支队
大泉
市国税局
古渡新村
市道路运输管理所
咸阳华润纺织有限公司
纺机子小
505集团公司
秦都区法院
市农机公司
中国电信
苏家堡新村
武警支队
市天然气公司
市客运管理处
第一毛纺
中宏时代广场
新华书店
人民广场
安家
市政公司
残联
市邮政局
安居三村
西北二棉集团
市供电局
华融大厦
人民路街办
程家
文林学校
省核工业地质局工程机械研究所
金义大厦
工行市分行
省广播网络咸阳分公司
市民政局
渭阳西路街办
科大子校
工行秦都区支行
商业大厦
育才中学
秦都中学
人民医院
西兰路街办
咸阳西站
人行市中心支行
烟草公司
秦都步行街
市汽车站
陕西中医学院
彩虹宾馆
市自来水公司
市委党校
市财政局
秦都区委
秦都区政府
市政府
市水利局
统一广场
宝鸡峡咸阳总站
陕西科技大学
图书馆
陕西中医学院第二附属医院
彩虹生活区
秦都区检察院
市地税局
古建集团
第三西北电力工程公司
华润万家超市
彩虹职工大学
陕西中医学院附属医院
东方宾馆
国贸酒店
市交通局
渭滨公园
市体育场
省建六公司机械分公司
彩虹集团公司
彩虹生活区
215医院
市司法局
咸阳运输集团有限公司
彩虹医院
市建设规划局
市农机局
建行市分行
市中医肿瘤医院
煤气公司
西郊站
中华广场
农行市分行
市委
沈家小区
实验中学
市地震局
粉铺村
高新技术产业开发区管委会
建行西郊支行
咸阳日报社
好望角酒店
锦绣中华大酒店
市检察院
咸河
高新技术产业开发区
雨茂医院
偏转集团公司
西兰医院
市文广局
步长制药有限公司
渭阳西路派出所
秦宝小区
非金属矿产研究院
咸阳桥
段村
渭河
医学会医院
北安村
秦宝中学
秦都区公安分局
西阳村
市教育局
陈杨寨
里仁村
西北橡胶总厂
华家寨
鸿基商务酒店
世纪花苑
西橡医院
阳光小区
高科花园
市广电中心
陈杨寨街办
人才市场
市工商局
东南坊
704医院
市勘察测绘院
荣华学校
南安村
伍家堡
市计生委
市妇幼保健院
渭滨街办
渭滨税务所
建筑设计研究院
中华苑
市规划院
省物价局培训中心
陕西服装学院
秦都区党校
西橡203厂
渭滨新村
段家堡
秦都区职教中心
咸阳立交
平湖秋月
两寺渡东村
李家庄
安谷园
王家村
两寺渡新堡子
田家堡
钓鱼台
安谷村
无线电台
服装学
两寺渡南村
陕西国际商贸学院
香柏里村
过唐村
市第三纺织厂
曹家寨
过唐新村
沣河新村
渭滨中学
连霍高速
咸阳西立交
大地园林绿化公司
周村
G312
S208
G30
宝鸡峡引渭渠

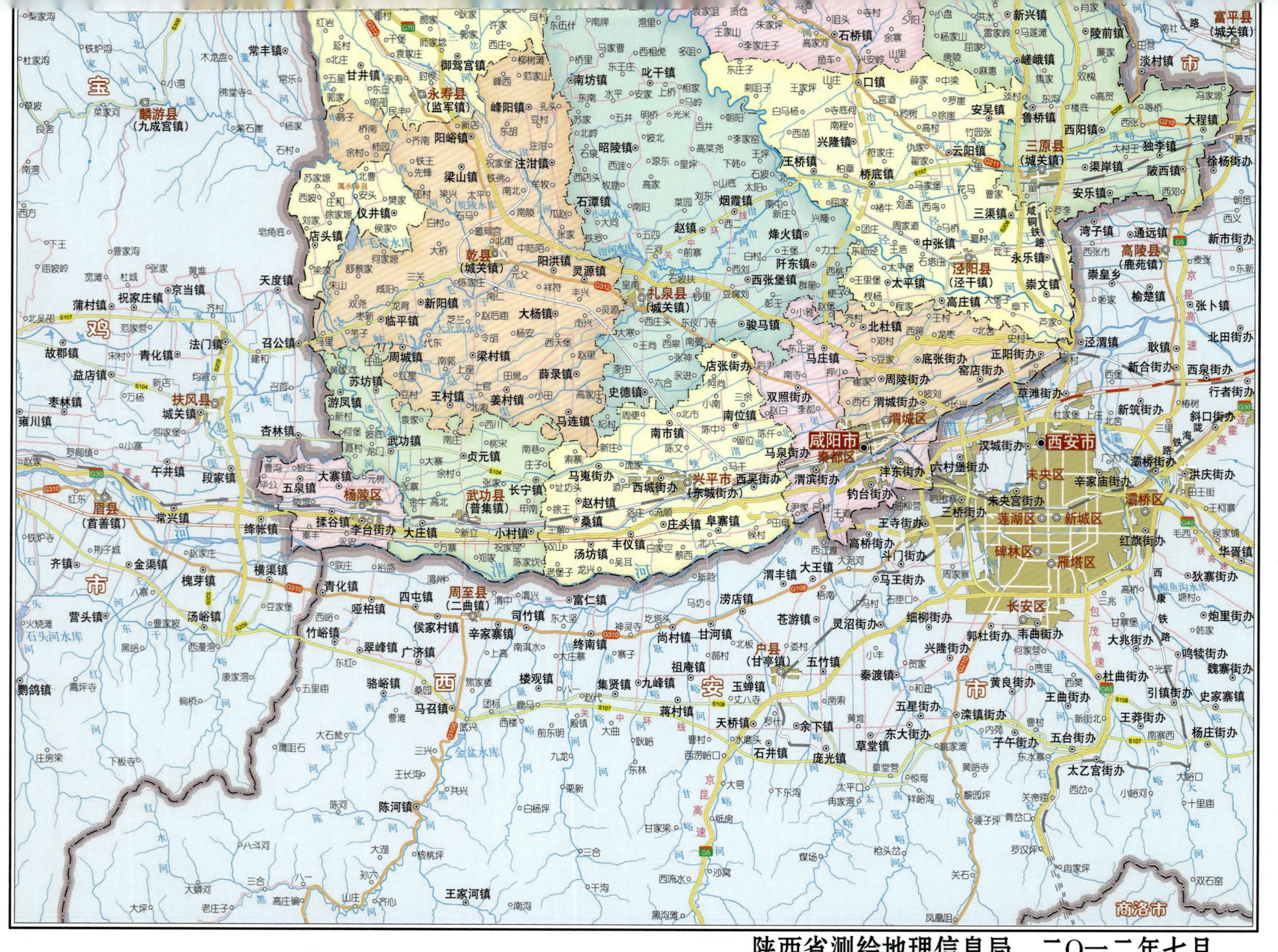

陕西省测绘地理信息局　二〇一二年七月

咸阳市政区图

比例尺 1:530 000

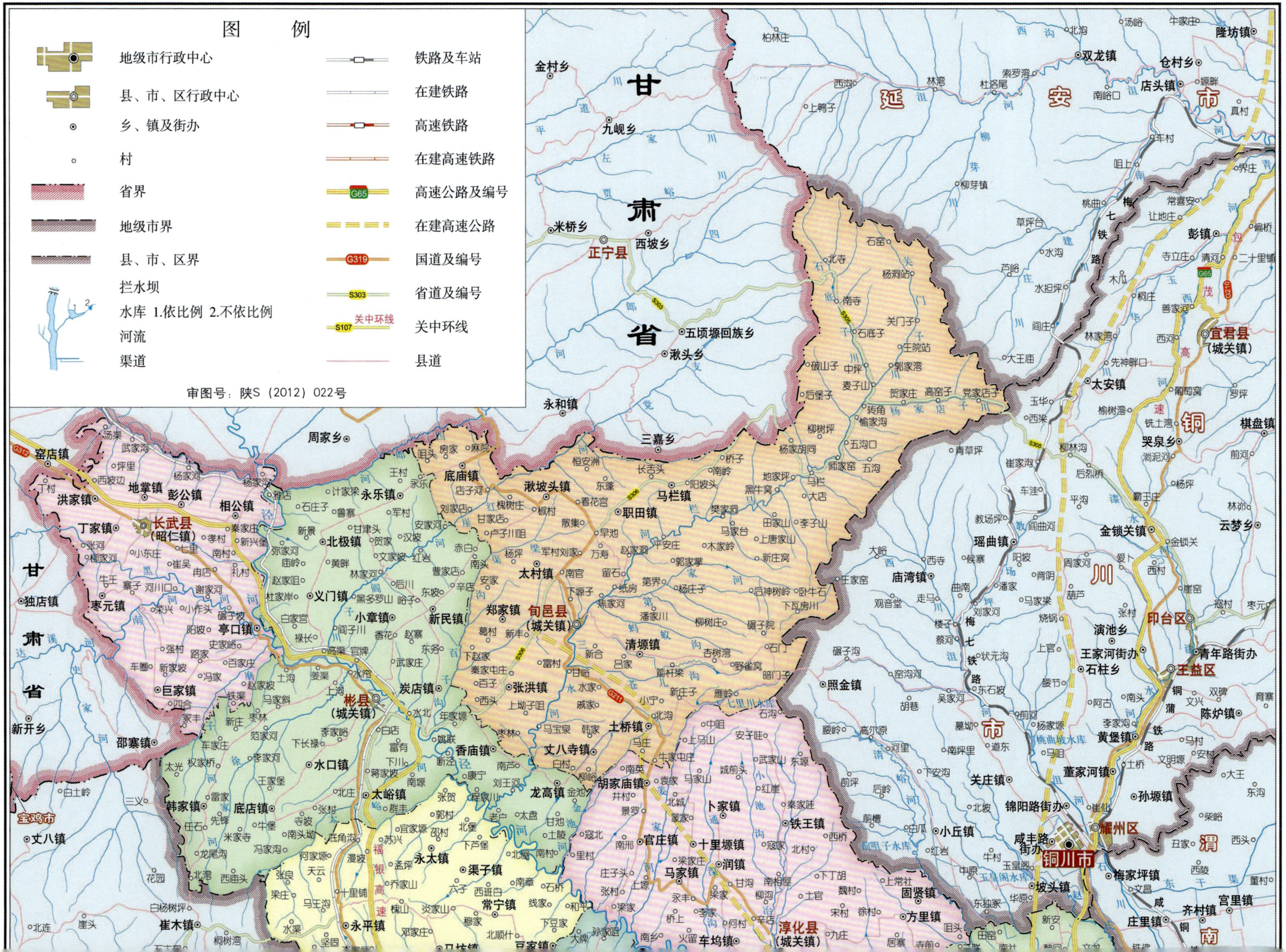

5300m 0 5.3 10.6 15.9 21.2km

图 例

地级市行政中心	铁路及车站
县、市、区行政中心	在建铁路
乡、镇及街办	高速铁路
村	在建高速铁路
省界	高速公路及编号
地级市界	在建高速公路
县、市、区界	国道及编号
拦水坝	省道及编号
水库 1.依比例 2.不依比例	关中环线
河流	县道
渠道	

审图号：陕S（2012）022号

图　例
市委、市政府
区委、区政府
街道办事处
开发区管委会
街区
公园、绿地
铁路及车站
在建高速铁路
出入口
高速公路
G312
国道及编号
S208
省道及编号
河堤
医院
学校　宾馆
汽车站
金融机构
单位
庙　墓
审图号：陕S（2012）022号
渭城区委
渭城区政府
渭城街办
渭阳街办
文汇路街办
新兴街办
中山街办
沣东街办
西咸新区管委会
渭　河
湖
沣　河
渭城桥
沣河大桥
咸阳站
咸阳北站
咸阳湖
古渡公园
咸阳森林公园
咸阳文庙
咸阳博物馆
市中心医院
陕西中医学院
陇　海　铁　路
咸　铜　铁　路
长　陵　西　路
渭　阳　西　路
世　纪　大　道
连　霍　高　速
G30
帽耳刘立交
五家
李家寨
黄家寨
司魏村
羊角寨
羊过村
桥家沟
石桥村
三义沟
冉王村
龚家湾
尹王
市热电发展有限公司
市射击场
中国第九冶金建设公司
三姓庄
林场村
中心苗圃
三鑫精密公司
奥力化纤集团公司
东耳村
西耳村
李家堡
张家堡
杜家堡
王家沟
上原村
金家庄
王家庄
丰胜庄
小王村
黄家寨
李家堡
北槐村
南仁义村
北仁义村
渔王村
沙岭村
北营村
西关
郑家村
郭李村
库马村
南关
火烧寨
贺家村
汪家寨
振华机械厂
张家村
帽耳刘
胡家村
东庄
赵家堡
茨村
黄堆坟
碱滩村
康家寨
七里铺
七里铺小学
奥林匹克花园
寇家庄
海天制药
沣东小学
世纪锦城
延长石油子午轮胎厂
沣河大桥
郭村
文家村
孔家寨
牛家村
郭旗村
河南街
新胜堡
陕西咸阳505集团公司
陕西科技大学镐京学院
渭城区党校
长庆宾馆
水利工程局学校
省水电机械厂
省水电医院
博尚新都
长庆油田咸阳子校
塔尔坡
塔尔坡学校
咸阳中学
燕原宾馆
202研究所
西藏民族学院
钢管钢绳厂
渭城区计划生育局
渭城区国土资源局
省华星电子工业公司（795厂）
中铁六局
中铁一局中心医院
文汇路小学
陕西八方纺织有限责任公司
渭城区职工医院
伊兰宾馆
新世纪大酒店
超凡大厦
市口腔医院
市药检局
市中心医院
市医药公司
渭城高级职业中学
渭城区公安分局
肺病医院
世纪医院
陕西中医学院（新校区）
陕西师范大学金泰·丝路花城学校
清华科技园
彬长集团
佳境天城
长庆专用车制造有限公司
海泉湾国际大酒店
西工大启迪中学
工行世纪大道支行
蓝马啤酒公司
长庆井下技术作业处咸阳基地工业一园区基地
中心医院东郊分院
咸阳际华新三零印染公司
中国石油长庆石化公司
中国石油天然气第一建设公司咸阳基地
邮政运输公司
咸阳电力技工学校
渭城区检察院
渭城区法院
市社会福利院
碱滩小学
185地质队
天然气储配站
咸阳师范学院

城市名片——咸陽

城市区位：位于陕西省关中平原腹地，作为关中—天水经济区中核心城市，与西安联手打造西安咸阳国际化大都市

城市数字（2012年）：

区划：13个县市区（1市2区10县）
人口：492.86万人
面积：10189.4平方千米
全市生产总值：1616.21亿元
第一产业：283.10亿元
第二产业：919.31亿元
工业：786.47亿元
第三产业：413.80亿元
产业构成：17.52∶56.88∶25.60
城区居民人均可支配收入：25758元
农民人均纯收入：7464元

城市荣誉：第一批国家智慧城市试点城市（2013年）
全国双拥模范城市 （六连冠，1994年/1997年/2000年/2004年/2008年/2012年）
国家卫生应急综合示范市（2012年）
国家卫生城市（2011年）
全国“五五”普法先进市（2011年）
陕西省环保模范城市（2011年）
陕西省园林城市（2011年）
中国养生文化名城（2009年）
全国首批人口和计划生育综合改革示范市（2009年）
国家历史文化名城（1994年）
首批中国优秀旅游城市（1998年）
全国创建文明城市先进城市（2002年）
全国综合治理优秀地级市（2004年）
中国魅力城市（2004年）
中国十佳宜居城市（2005年）
中国地热城（2005年）
陕西省年度目标责任制考核优秀等次（2007年/2008年/2009年/2010年/2011年/2012年）
西北最大电子工业基地和重要纺织工业基地
西北最大国际航空港
国家大型商品粮基地市
陕西最大优质苹果生产基地和畜牧产品基地
……

旅　　游：AAAA景区：乾陵、茂陵、阳陵

AAA景区：昭陵、咸阳博物馆、三原城隍庙、彬县大佛寺、古豳文化博览园、袁家村关中印象体验地、唐杨贵妃墓、甘泉湖、侍郎湖、马家堡关中特委革命旧址、石门山国家森林公园、黄土地窑洞生态度假庄园

AA景区：乾陵黄土民俗村、李靖故居、于右任纪念馆、安国寺、顺陵、程家川自然风景区、金池革命旧址、龟蛇山自然风景区、泾阳县博物馆、郑国渠国家水利风景区、爷台山战地主题公园、昭仁寺、苏武纪念馆

工作思路：高举中国特色社会主义伟大旗帜，坚持以邓小平理论、“三个代表”重要思想、科学发展观为指导，紧扣科学发展、富民强市的主题和加快转变经济发展方式的主线，大力实施“四大战略”，加快推进“六个发展”，努力把咸阳建成区域经济一体化发展的先行区、现代产业体系完善的示范区、高端科技要素聚集的创新区、大秦文化特色凸显的展示区、生态文明高度发达的宜居区。加快建成西部工业强市、农业强市、科教强市、文化强市，使群众生活水平在西部领先、生态建设水平在西部领先、城乡统筹发展水平在西部领先，率先在西部全面建成小康社会。

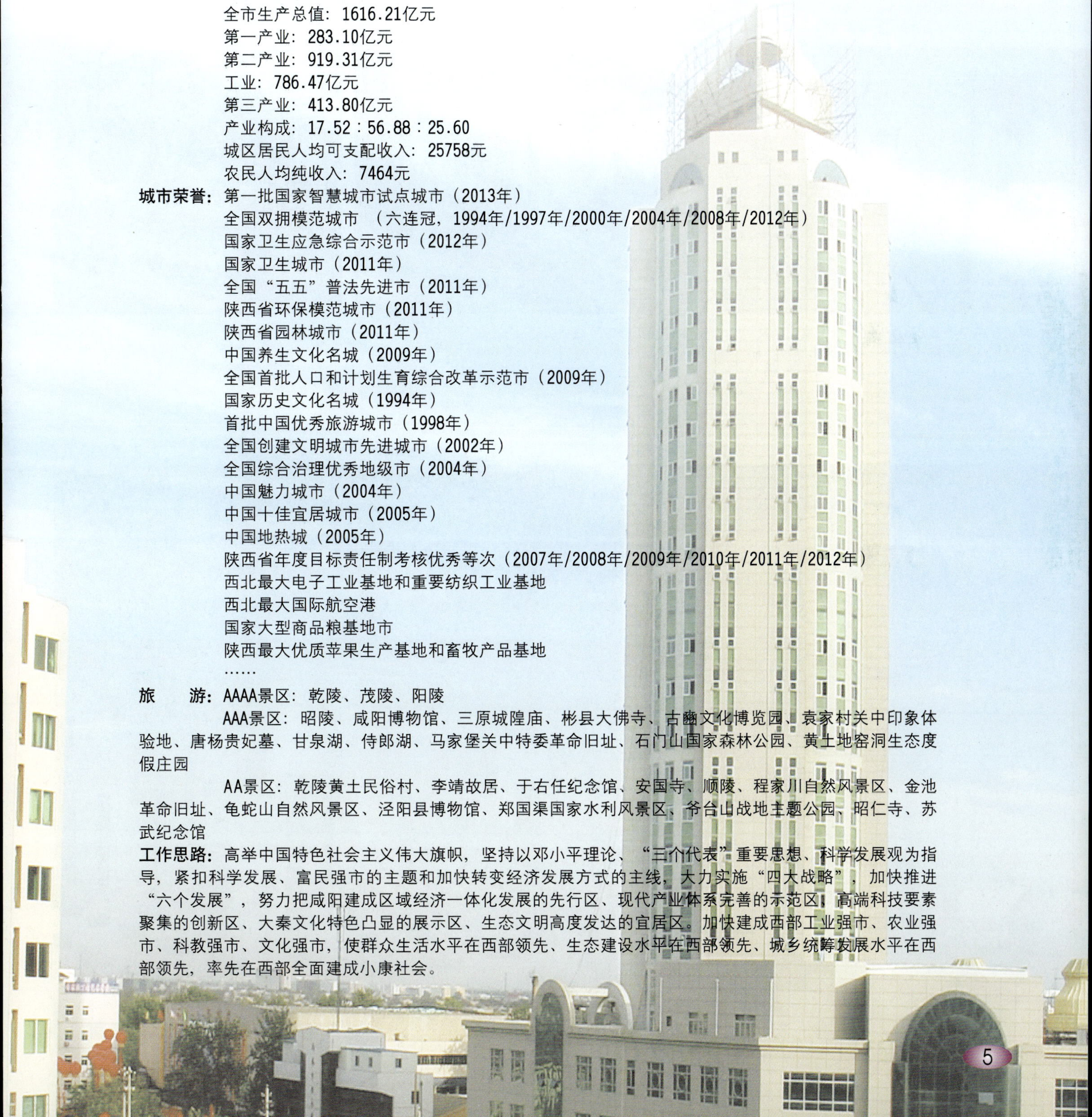

四强三领先 共圆咸阳梦

彬长集团装机总容量1.3万千瓦的低浓度瓦斯发电厂和煤矿通风瓦斯（乏风）氧化发电项目
（李军朝 摄）

法士特同步器生产线

风电设备制造

咸阳市加快打造全国第三大台资企业聚集区。图为投资15亿元的台玻咸阳玻璃有限公司生产线（杨宇晗 摄）

工業強市篇

XIBU GONGYE QIANGSHI PIAN

建设西部工业强市，着眼加快工业转型升级，依靠改革盘活存量，依靠招商扩张增量，依靠科技提升质量，以“1113”工程为抓手，园区化承载、板块式推进，提高能化资源转化水平，放大装备制造业优势，重振纺织、电子工业雄风，推动建材、医药、食品工业扩张增效，培育发展新能源、新材料、生物制药等战略性新兴产业，从根本上改变仅靠少数产业、少数骨干企业支撑的现状。不断优化工业布局，引导各类资源与重大项目向“六大工业板块”和市高新区、新兴纺织工业园及县域工业园区集中。进一步深化国企改革，通过整合重组、兼并收购等方式组建大公司、大集团，向县市区下放一批市属企业，完善现代企业制度和法人治理结构，使工业化的路子越走越宽。

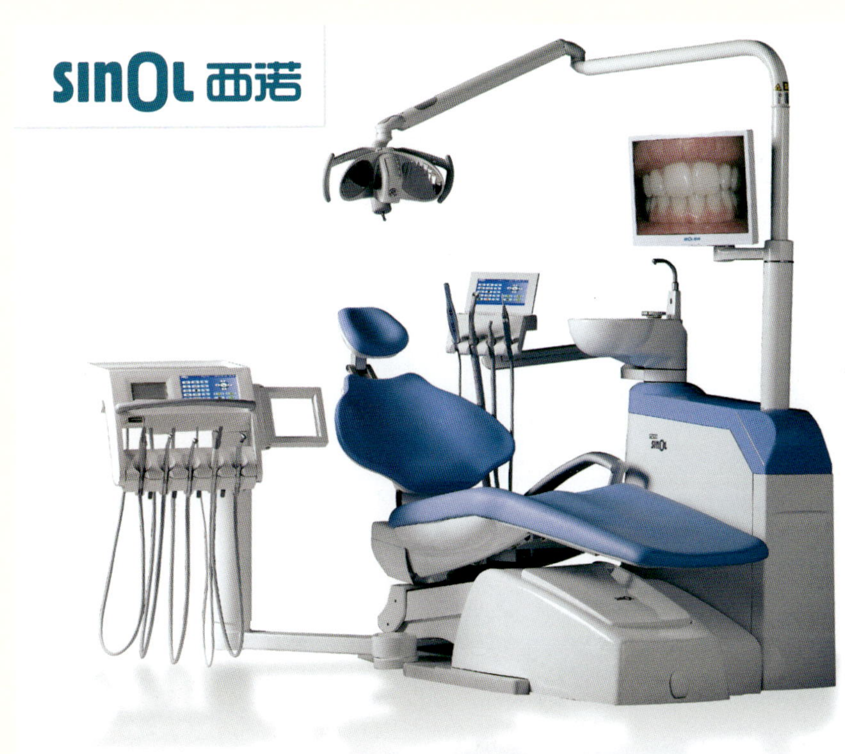

1

2

1 咸阳市建设西部工业强市，实施品牌战略，促进经济发展。西北医疗器械集团（有限）公司“西诺SINOL”获中国驰名商标称号。图为商标及其产品（西北医疗器械集团有限公司 供）

2 陕西延长石油西北橡胶有限责任公司注册的“双西”商标获西部地区首个橡胶领域的中国驰名商标。图为商标及生产线 （陕西延长石油西北橡胶有限责任公司 供）

四强三领先 共圆咸阳梦

西部農業强市篇

XIBU NONGYE QIANGSHI PIAN

咸阳市粮食生产按照“良种引路、良法配套、依靠科技、主攻单产”的工作思路，突出抓好良种统繁统供、测土配方施肥等关键技术的推广应用，实现“九连丰”。图为三夏机收机播现场

（张熙平 摄）

建设西部农业强市，着眼加快发展现代农业，以良种提品质、以科技增效益、以加工促转化，依托省市级现代农业示范园区和“五大优势产业带”，扶持壮大龙头企业，创新农业经营方式，改善农业基础设施条件，推动粮果畜菜四大主导产业和非农产业齐头并进，促进农业增长由主要依靠土地、劳动力投入向依靠科技、投资和提高劳动者素质转变，农业经营由分散的家庭经营向专业园区、家庭农场经营转变，农业功能由以农产品生产为主向提供产品、休闲观光、生态改善等功能并重转变，建成大西安的最佳优质食品生产基地、最佳加工食品供应基地和最佳生态农业休闲观光基地。

苹果产业是咸阳市农业支柱产业之一。图为驰名中外的咸阳苹果（市农业局 供）

花卉生产基地（市农业局 供）

PIC商品肉猪养殖（市农业局 供）

XIBU KEJIAO QIANGSHI PIAN

1 农技人员为群众讲解吸浆虫病害防治知识 （杨宇晗 摄）

2 咸阳市不断加大科教投入力度，图为投资3.2亿元新建成的实验中学 （王保卫 摄）

3 2012西咸新区大数据高峰论坛在北京的成功举办，标志着沣西新城在国内率先举起大数据产业旗帜 （西咸新区管委会 供）

四强三领先 共圆咸阳梦

西部科教强市篇

建设西部科教强市，坚持科技支撑、推进转型发展。这是共建大西安、实现大跨越的活力之源。适应新一轮世界科技革命和产业变革的需要，以创建全国创新型城市为目标，以咸阳国家级高新区为平台，以“12351”科技创新工程为抓手，突出企业科技创新主体地位，整合利用大西安区域的科教资源，促进科技与工业、农业、金融、文化等各领域的全面融合，大力发展高新技术、民营科技、军工民用和战略性产业，向科技要效益、要品牌、要竞争力，加快迈上创新驱动、内生增长的轨道。

2012年9月，咸阳高新技术产业开发区升级为国家级产业开发区　　（杨宇晗 摄）

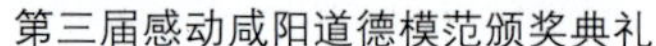

第三届感动咸阳道德模范颁奖典礼

文艺工作者深入基层演出　　（高忠 摄）

群众文化广场活动

四强三领先　共圆咸阳梦

西部文化强市

XIBU WENHUA QIANGSHI PIAN

（钟志德 摄）

西咸文旅集团成立 （西咸新区管委会 供）

新建成的古渡遗址博物馆 （钟志德 摄）

建设西部文化强市，把文化大发展大繁荣摆上更加重要的位置，继续深化文化体制改革，一手抓经营性文化产业，一手抓公益性文化事业，让丰富的文化资源转化为靓丽的文化形象、雄厚的文化实力。突出秦文化特色，打响秦文化品牌，充分挖掘咸阳文化丰富内涵，广泛利用各种平台和载体，促进文化与经济、科技、旅游、城市建设深度融合，改造传统文化产业，培育新兴文化业态，建设一批特色文化产业园区，尽快使文化产业成长为支柱产业。持续实施文化惠民工程，加大文化基础设施建设力度，推进公共文化服务网络向乡镇、向社区、向农村延伸。不断推出“大戏、大剧、大作、大片”，让咸阳文化走向全国、走向世界。积极创建全国文明城市，深入开展群众性精神文明创建活动，扩大社会主义核心价值体系的知晓率和认同感，引导人们自觉践行社会公德、职业道德、家庭美德，挖掘和树立一批在全省全国叫得响的先进典型，形成知荣辱、讲正气、促和谐的社会风尚。

2012年全国赛艇锦标赛开幕式上群众文体展演 （钟志德 摄）

彬县曾是国家贫困县，如今，经济社会发展繁荣昌盛，连续3年进入陕西经济十强县，群众生活水平不断提升，文化活动丰富多彩

不断加大新农村建设力度，农村群众生活环境得到明显提升，农村面貌发生根本性变化。图为旬邑县原底社区西头村新貌　　（李军朝 摄）

四強三領先　共圓咸陽夢

提升羣衆生活　共建

在新型农村社区的建设中，重视便民服务设施建设。图为泾阳县崇文镇坡底村社区便民购物超市 （李军朝 摄）

环境优美的居民小区 （王保卫 摄）

小康咸陽

市委、市政府举全市之力，民生工程建设取得长足突破。图为永寿敬老院老人们活动一幕 （杨宇晗 摄）

秉承“民生优先、富民强市”的理念，无论多么困难都要持续加大民生投入，每年实施若干项重大民生工程，积极回应群众的普遍关切，满腔热情、实实在在地关爱弱势群体，在学有所教、劳有所得、病有所医、老有所养、住有所居上取得更大进展，让所有咸阳人生活有尊严、发展有机会、权益有保障。大力实施城乡居民收入倍增计划，通过产业富民、就业富民、创业富民、帮扶富民等措施，促使城乡居民收入增速大幅增长。坚持一手抓扩面，一手抓提标，在新合疗、城乡养老等社会保障类项目做到市内一体化管理的基础上，探索西咸两市社会保障一体化的新模式，确保社保标准与西安同步提升。坚决打赢以旱腰带地区为重点的新一轮扶贫开发攻坚战，不让任何一个家庭、任何一个人在建设新咸阳中掉队。

新合疗惠及农村千家万户 （杨宇晗 摄）

咸阳湖之晨（惠家平 摄）

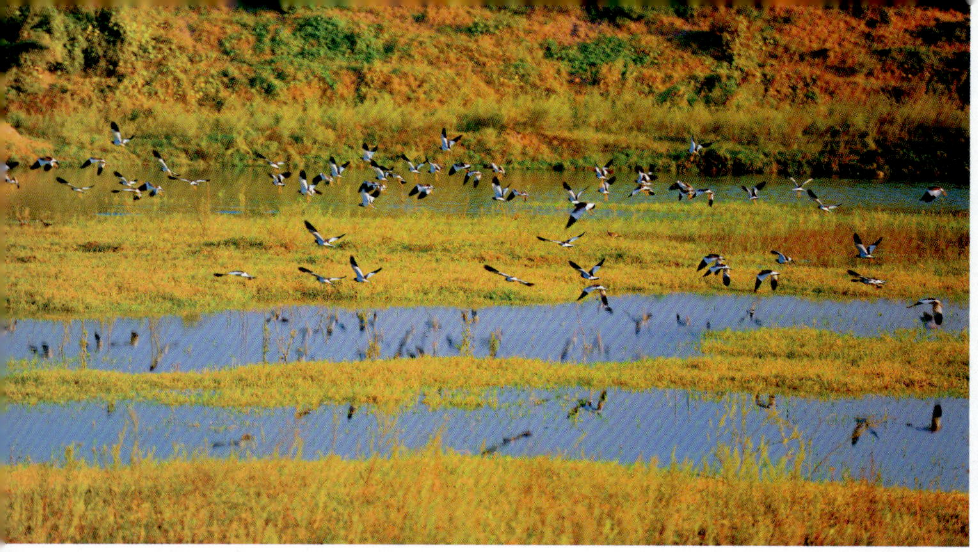

咸阳市开展“治污降霾，保卫蓝天碧水”行动，生态环境进一步优化。图为渭河上栖息的水鸟
（杨驰 摄）

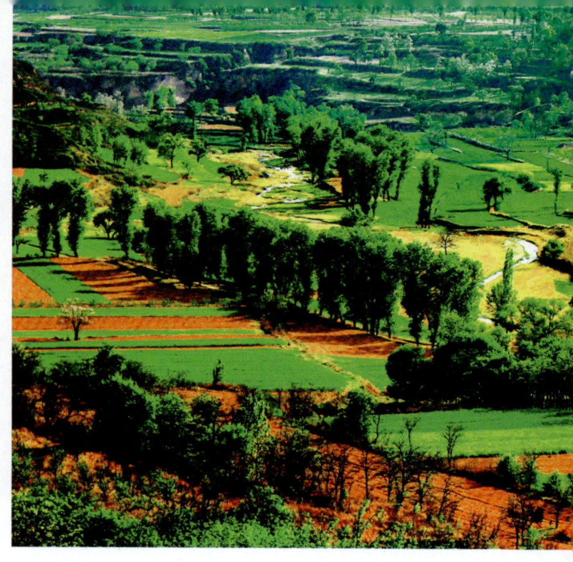

绿满山川

四强三领先 共圆咸阳梦

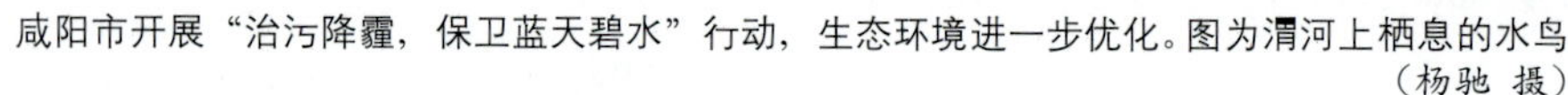

推進生態建設

把生态文明建设的理念、目标、原则贯穿到经济、政治、文化、社会建设的全过程，从建设一个个美丽社区、美丽乡村、美丽城镇做起，城乡联动，标本兼治，加快建设美丽咸阳，让绿色成为咸阳大地的主色调。坚持一手抓节能减排，一手抓生态治理再造，利用环境倒逼机制调结构、促转型，坚决淘汰落后产能，积极发展循环经济和清洁能源，推动发展模式向低碳、绿色、环保转变。加大兴水、扩林、增绿力度，继续推进国家环保模范城市和森林城市创建工作，加快渭河综合治理、咸阳湖二期工程等重大生态绿化项目建设，让人民群众既能安居、乐业、增收，又能共享山青、水秀、天蓝的“绿色福利”。

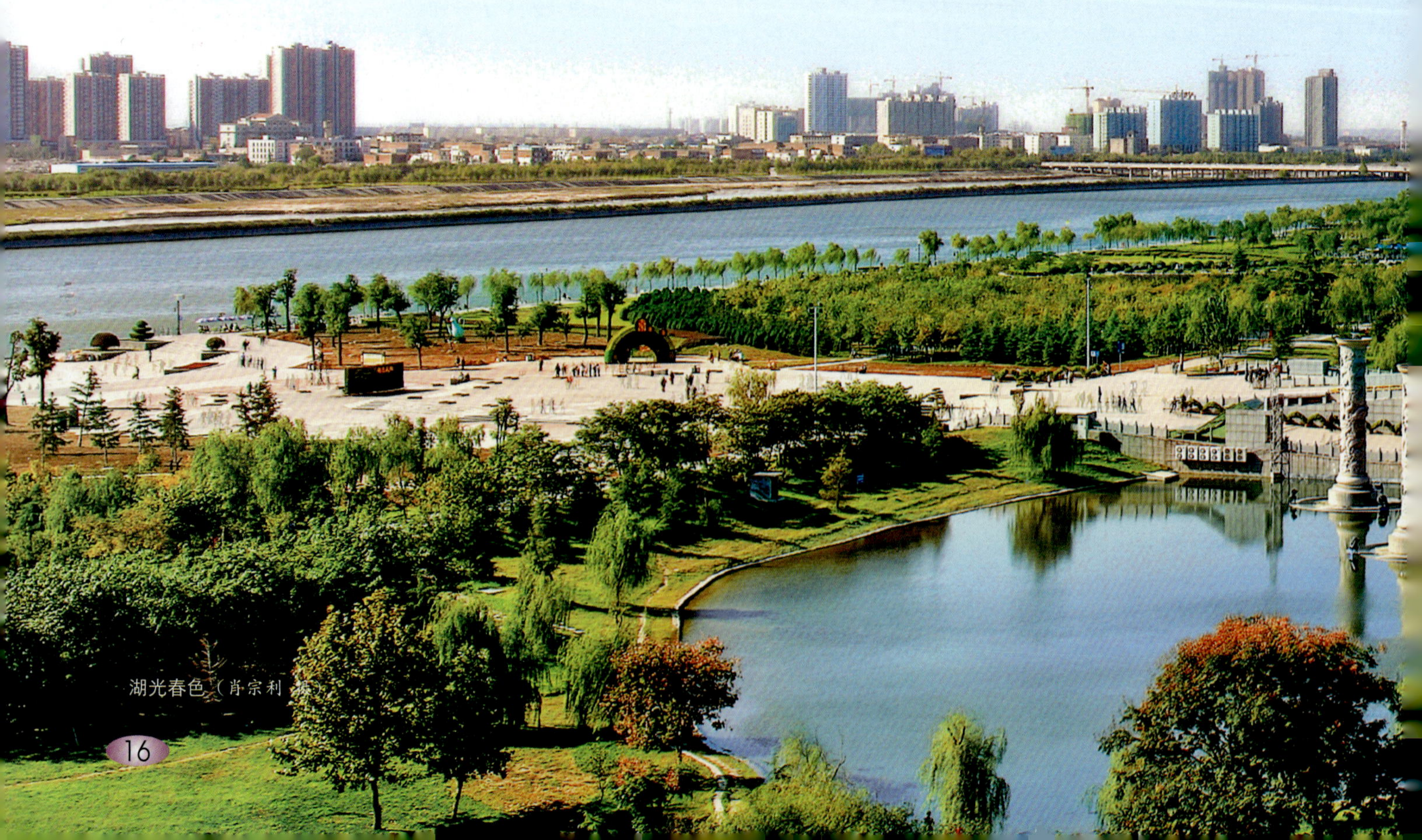

湖光春色（肖宗利 摄）

（杨鸿 摄）

城市绿化　（杨宇晗 摄）

共建美麗咸陽

推进城乡统筹

礼泉网格化便民服务指挥中心

扶老携幼赏牡丹

（田森茂 摄）

牢固树立“全域咸阳”理念，把“四化并举”贯穿到城乡统筹发展全过程，着眼未来几十年、甚至上百年，高标准编制城乡建设发展规划，科学确定城乡空间结构、产业布局、功能区划和发展规模，构建中心城市、县城、重点镇和新型农村社区良性互动的市域城镇群。用国际化大都市标准审视中心城市的规划建设管理工作，推动北塬新城建设全面提速，推动咸阳高新区突破发展，推动“3+6”工程持续发力，进一步优化“三城两带”空间布局，完善城市综合功能，提升城市核心竞争力。加快“智慧咸阳”建设，整合信息资源，搭建共享平台，构建全面覆盖、高效灵敏的现代城市管理体系。把县城作为统筹城乡发展的主引擎，支持兴平、泾阳建设大都市组团城市，乾县、礼泉、三原建设卫星城市，彬县、长武建设市域副中心城市，支持武功、永寿、旬邑、淳化等县打好“旅游牌”、“生态牌”、“文化牌”，增强县城的聚集承载能力。把小城镇作为统筹城乡发展的关键点，加快省市重点示范镇建设，打造一批有个性、有魅力、有活力的特色小城镇，促进城乡产业相互衔接、经济有效融合、人力资源合理流动。把新型农村社区作为统筹城乡发展的结合点，“一手拉，一手推”，促进土地集约利用、农业规模经营、农民多元就业、公共服务均等，加快释放农村发展潜能，探索创造城乡一体化发展的咸阳模式。

共建和諧咸陽

统筹城乡发展，加快新农村建设，农民居住环境明显改善。图为彬县太峪镇拜家河村新貌 （朱民乐 摄）

咸阳市乡村旅游快速发展。图为被誉为中国最具魅力休闲乡村的袁家村关中印象体验地（市文物旅游局 供）

2012年7月12日，中共中央政治局委员、国务委员刘延东(前中)在咸阳高新技术产业开发区考察　（杨宇晗 摄）

2013年5月19日，全国人大常委会副委员长吉炳轩（前排左二）在礼泉县视察城乡一体化发展情况　（杨宇晗 摄）

2013年5月22日，省委书记赵正永（前中）在咸阳市调研渭河污染防治情况 （刘计划 摄）

2013年5月26日，省长娄勤俭（中）在咸阳检查指导工作 （杨宇晗 摄）

深入

SHENRU JICENG

市委书记、市人大常委会主任姜锋（前左二）在永寿县调研　　（杨宇晗 摄）

市长卫华（前右）在淳化县检查工作　　（市政府办公室 供）

HENZHUA LUOSHI

市委副书记、市政协主席乔军（中）在武功县调研　　（武功县信息办 供）

基层 狠抓落实

市委常委、纪委书记刘曙阳在长武县（中）调研 （市纪委办公室 供）

市委常委、副市长惠进才（右一）看望慰问税务干部 （市政府办公室 供）

市委常委、副市长陈俊锋（前左二）检查保障房项目建设情况 （市政府办公室 供）

市委常委、政法委书记杨勇（中）指导基层政法工作 （市委政法委 供）

市委常委、咸阳军分区司令员赵宽兴（右一）送别新兵 （咸阳军分区 供）

市委常委、宣传部部长马俊民（中）看望慰问困难群众 （市委宣传部 供）

市委常委、组织部部长严维佳（左三）检查指导基层党建工作 （市委组织部 供）

市委常委、统战部部长王新宇（右一）在旬邑县检查工作 （市委统战部 供）

市委常委李洋（左二）在长武县检查工作 （市委办公室 供）

深入基层 狠抓落实

副市长刘印生（右二）深入联系点了解群众生产生活情况
（市政府办公室 供）

副市长李晓静（后中）在兴平调研特种设备安全工作
（市政府办公室 供）

副市长程建国（右二）在三原县进行“访百企、进千村、入万户”调研
（市政府办公室 供）

SHENRU JICENG
HENZHUALUOSHI

副市长刘新余（左）深入群众路线教育联系点咸阳陶瓷厂慰问困难职工
（市政府办公室 供）

副市长孙亚政（前左三）在渭城区周陵镇调研 （市政府办公室 供）

重要 会议

市委书记姜锋在市委六届五次全体（扩大）会议上作重要讲话

ZHONGYAOHUIYI

2013年4月，市委六届五次全体（扩大）会议召开

（本版图片杨宇晗 摄）

新当选的市人大常委会领导班子：左起王靖、何新来、党新安、姜锋、肖芳、刘辉、冯望云，秘书长郭来道 （市人大办公室 供）

新当选的市政府领导班子，左起：孙亚政、程建国、刘印生、惠进才、卫华、陈俊锋、李晓静、刘新余 （李军朝 摄）

市长卫华作政府工作报告

市委书记姜锋和新当选的市长卫华亲切握手

市委书记姜锋和新当选的市政协主席乔军亲切握手

2013年4月24日～28日，市人大七届一次会议召开 （李军朝 摄）

新当选的市政协领导班子，右起：陈永慧、邵建珍、韩渭云、曾广中、乔军、邢玉瑞、彭新盛、赵昌华，秘书长杨劝林 （市政协办公室 供）

重要会议

ZHONGYAOHUIYI

2013年4月23日～27日，政协咸阳市七届一次会议召开 （市政协办公室 供）

2012年，市委作出《关于开展向呼秀珍和她的"雷锋家庭"学习的决定》。图为呼秀珍和她的"雷锋家庭"事迹报告会现场
（杨宇晗 摄）

全市招商引资暨"三查三进三解"主题教育活动动员大会召开
（市招商局 供）

2012年9月27日，全国政协副主席、科技部部长万钢为咸阳高新技术产业开发区授牌
（杨宇晗 摄）

重要活动

ZHONGYAO

2013年2月25日，咸阳市重点项目民生工程暨北塬新城启动项目市民文化中心集中开工。图为省市领导为开工项目奠基
（杨宇晗 摄）

第四军医大学医教研综合园区项目入驻西咸新区秦汉新城签约仪式
（西咸新区管委会 供）

咸阳市2012年金秋菊展开幕式暨第七届环卫工人节庆祝表彰大会
（市城建局 供）

第四届咸阳湖赏花节 （钟志德 摄）

HUODONG

空港绿地新城项目开工 （空港新城管委会 供）

2012年全国赛艇锦标赛在咸阳举办

中国人民解放

ZHONGGUO RENMIN JIEFANGJUN XIANYANG

2012年3月21日，兰州军区司令员王国生（中），在省军区司令员郭景洲（右）、参谋长移友学（左）的陪同下，到咸阳军分区调研

2012年12月10日，省军区政委林淼鑫（中）在咸阳军分区机关调研

2012年7月19日，咸阳分区司令员赵宽兴（前中）、政委徐世忠（前左）参加武功县2012年度防汛抢险实兵演练

2012年3月26日，咸阳军分区政治部主任晏铎（左）到三原县展开“三告别”扶贫帮困工作

軍 咸陽軍分區

UNFENQU

2012年10月19日～22日，省军区司令部、政治部、后勤部联合考评组检验评估军分区工作

2012年6月14日，咸阳市召开驻军和民兵预备役部队防汛抢险联席会议。图为对先进单位进行颁奖

2012年7月5日，渭城区人武部组织民兵舟桥连在咸阳湖进行应急救援演练

2012年8月5日，咸阳军分区组织彬县民兵防化连进行紧急救援演练

咸阳市中级人民法院

省委常委、宣传部长景俊海（右）到咸阳中院调研学习型机关创建工作

模拟法庭

2012年，咸阳市中级人民法院紧扣“为大局服务、为人民司法”工作主题，推进“社会矛盾化解、社会管理创新、公正廉洁司法”三项重点工作，“抓党建、带队建，抓作风、促审判，抓管理、提质效”，积极探索，创新社会管理方式，开展刑事未监禁人员共育“新生林”活动，成立“红领巾法学院”法制教育基地，开展送法进校园活动。创新服务方式，建立行政“白皮书”制度，成立诉讼服务中心，开展“一站式”服务模式，实行“首问负责制”，建立“一村（社区）一法官”工作机制，设立“审务工作站”、“法官工作室”，指导基层人民法院开设农忙法庭、假日法庭。创新涉诉信访化解工作机制，开展“法院院长大接访大下访”和“无涉诉信访审判庭、无涉诉信访法官”竞赛活动，建立信访通报制度，促进社会和谐稳定，圆满完成以审判执行为中心的各项工作任务。全市两级法院全年共受理案件24680件，审执结24029件，结案率97.36%，同比上升1.92%，未结案同比下降42.44%。其中，市中院受理各类案件2286件，审执结2201件，结案率96.28%，同比上升1.32%；共受理减刑假释案件375件，审结375件，结案率100%，为促进全市经济社会平稳较快发展、构建和谐咸阳提供有力的司法保障和良好的法律服务。

2012年，咸阳中院先后被最高人民法院表彰为网络宣传工作先进集体，被省委政法委、省高院表彰为无执行积案先进法院，被市委、市政府评为年度目标责任制考核优秀单位、“创佳选优评差”活动最佳单位。民一庭女子合议庭被省妇联评为全省妇女创先争优先进集体，刑二庭少年法庭荣立集体二等功。有两名法官被表彰为全国先进个人。

高考诈骗案被骗余款返还仪式

法官大讲堂

红领巾法学院授牌仪式

少年法庭开展大学新生认知教育活动

市中院女法官看望农村生活困难老人

咸阳两级法院法官与刑事犯罪未监禁人员共育新生林

咸陽市地方志編纂委員會辦公室

2013年6月3日，副市长程建国在市方志办检查工作

二〇一二年度目标责任考核

优秀单位

中共咸阳市委
咸阳市人民政府
二〇一三年五月

荣誉证书

《咸阳年鉴》（2012年卷）获第七届全国年鉴编校质量检查评比特等奖。

特发此证，以资鼓励。

中国出版协会年鉴工作委员会

2012年6月11日～13日，市人大常委会调研《地方志工作条例》执行情况。图为市人大常委会副主任寇述政（左二）在淳化县调研

2013年7月25日，《咸阳市金融志》通过终审

2012年9月，在宁波大学举办全市修志业务培训班

机关干部赴照金接受革命历史教育

咸阳年鉴

XIANYANG YEARBOOK

编辑说明

一、《咸阳年鉴》是由咸阳市人民政府主办，咸阳市地方志编纂委员会办公室编辑的地方综合年鉴。以全面系统地记录咸阳自然、经济、政治、文化和社会的基本情况为宗旨，为社会各界和海外人士了解认识和研究咸阳提供基本资料。

二、《咸阳年鉴》每年出版一卷，2013 卷收录 2012 年的资料，部分人物及图片等资料适当下延。

三、本卷分类目、分目、子分目、条目 4 个层次，共 41 个类目、214 个分目、9 个子分目、1[illegible]64 个条目。

四、本卷除检察、审判、军事、电力、金融等内容外，其他内容均不含杨陵区。领导人名录，以 2012 年底任职为准。所刊数据来源于统计部门和各单位，读者在引用时，请以统计部门数据为准。人物·荣誉类目中的信息资料，由于实行分级分类管理，虽尽力收集，但仍可能不够全面。

五、《咸阳年鉴》的编纂工作，在编纂委员会的领导下，得到各县市区、市级各部门以及有关企事业单位的大力支持、撰稿人的通力合作，在此谨表示衷心的感谢！由于成书时间仓促等原因，书中难免有疏漏和差错之处，敬请广大读者批评指正。

咸阳市地方志编纂委员会

主　　任	卫　华	中共咸阳市委副书记、咸阳市人民政府市长
副 主 任	马俊民	中共咸阳市委常委、市委宣传部部长
	党新安	咸阳市人大常委会副主任
	程建国	咸阳市人民政府副市长
	邢玉瑞	政协咸阳市委员会副主席
	杜建儒	咸阳市地方志编纂委员会办公室主任
委　　员	王毅荣	中共咸阳市委办公室副主任
	韩彦霄	咸阳市人民政府副秘书长
	何建军	中共咸阳市委组织部常务副部长
	马建炜	中共咸阳市委组织部副部长、市人力资源和社会保障局局长
	闻俊辉	中共咸阳市委宣传部副部长、市文化广电新闻出版局局长
	王满院	咸阳市财政局局长
	李西安	咸阳市档案局局长
	任博远	咸阳市地方志编纂委员会办公室副主任
	张德科	咸阳市地方志编纂委员会办公室副主任
	唐　群	咸阳师范学院历史文化学院教授

咸阳市地方志编纂委员会办公室

主　　任　杜建儒

副 主 任　任博远　张德科

调 研 员　张英民

副调研员　寇金生

工作人员　（按姓氏笔画排列）

卜晓军　王永军　王　瑜　石忙刚　池　诚

刘亚婷　李国栋　贺咸林　赵建设　郭　莉

韩选锋　谢小英

供稿单位特邀审稿

张树誉	权展文	赵民哲	上官亚强	赵强社
张晓峰	韩保锋	张国兴	白秋生	刘慧民
杨占文	王学东	刘宇斌	李益民	季志林
王生江	王云彪	刘　辉	惠存虎	吴礼生
李　强	武云飞	王　旭	李陕学	柴英池
李长孝	陈世贤	杨青峰	姬新县	田　先
周建忠	史红岐	许双会	杨俊礼	陈富民
高春毅	李后成	宁喜祥	李　骏	张　庚
王铁军	王利锋	王　力	何新来	刘慧民
孙向坤	张昭东	魏　强	葛升群	梁　达
赵更昌	刘爱侠	冯望云	王　靖	刘　健
李作有	白西功	卫西亭	宋加琦	陈肖坪
郝兴力	张　存	张璞波	陈文龙	任成森
刘　鹏	何发团	万晓林	方文旭	魏　琦
薛　沛	周少华	马建炜	张万春	应志治
戴建强	聂周勇	杜俊霞	金　毅	习智万
张兴发	杨　震	姚斌县	任天龙	鱼　霖
穆正烈	刘文华	闻俊辉	吴　琳	孙新学
张志荣	杜建儒	梁晓琦	卫根奎	何武杰
陈文慧	严宪文	邵建珍	党新安	赵昌华
邢玉瑞	王　江	何彩娥	林　梅	王玉娥
谭尊相	蒙文星	梁　宇	郭怀玉	徐世忠
黄少安	许新琦	张　力	朱德旺	韩渭云
刘世民	樊　云	吴建勋	韩宏琪	杨美乐
苏晓梅	田一泓	任　杰	王满院	何建军
余天西	王强民	陈万峰	温志刚	高玉峰
张　渭				

（以篇目先后顺序排列）

目 录

特 载
IMPORTANT NOTES

大事记
MEMORABILIA

咸阳概况
BRIEF INTRODUCTION TO XIANYANG

专 辑
SPECIAL EVENTS

西咸新区建设
XI'AN-XIANYANG NEW DISTRICT

机 构
ORGANS

农业·农村经济
AGRICULTURE AND RURAL ECONOMY

工　业
INDUSTRY

非公有制经济
NON-PUBLIC SECTORS OF THE ECONOMY

交通・邮政
TRANSPORTATIION AND POSTAL SERVICE

信息产业
INFORMATION INDUSTRY

概 述
Overview

长途线务
Long-distance Service

通信
Communication

信息化建设
Informatization Construction

国内贸易
DOMESTIC TRADE

概 述
Overview

粮油商业
Grain and Oil Business

食盐专营
Edible Salt Monopoly

烟草专卖
Tobacco Monopoly

饮食服务
Catering Service

供销合作社
Supply and Marketing Cooperative

石油经销
Oil Distribution

商品交易市场
Commodity Exchange Market

对外经济贸易
FOREIGN ECONOMY AND TRADE

概 述
Overview

城乡建设
URBAN AND RURAL CONSTRUCTION

纪律检查·行政监察
DISCIPLINE INSPECTION AND ADMINISTRATIVE SUPERVSION

人民代表大会
PEOPLE'S CONGRESS

人民政府
PEOPLE'S GOVERNMENT

人民政协
PEOPLE'S POLITICAL CONSULTATIVE CONFERENCE

民主党派·工商联
DEMOCRATIC PARTIES AND FEDERATION OF INDUSTRY AND COMMERCE

人民团体
PEOPLE'S ORGANIZATION

军　事
MILITAR

政　法
POLITICS AND LAW

精神文明建设
CONSTRUCTION OF SPIRITUAL CIVILIZATION

文化新闻出版
CULTURE, PRESS AND PUBLICATION

文物·旅游
CULTURAL RELICS AND TOURISM

科学技术
SCIENCE AND TECHNOLOGY

教　育
EDUCATION

卫生·体育
HEALTH AND PHYSICAL EDUCATION

社会事务
SOCIAL AFFAIRS

环境保护
ENVIRONMENTAL PROTECTION

生态建设
ECOLOGICAL CONSTRUCTION

国土资源开发与管理
DEVELOPMENT AND MANAGEMENT OF LAND AND RESOURCES

县市区
COUNTY, CITY AND DISTRICT

人物·荣誉

CELEBRITY AND HONOR

关中—天水经济区
GUANZHONG-TIANSHUI ECONOMIC ZONE

附 录
APPENDIX

索 引
Index

图片专辑
Special Selection of Photos

(页码单编)

咸阳年鉴

综 述

☆☆☆☆☆

XIANYANG YEARBOOK

特　　载

在市委六届五次全体(扩大)会议上的讲话

(2013 年 4 月 19 日)

中共咸阳市委书记　姜　锋

同志们:

下面,我代表市委常委会讲几点意见:

一、科学判断形势,切实筑牢共建大西安的思想基础

善谋大势者宏图可展,上下同欲者终成伟业。去年 10 月,省委、省政府出台了《关于省市共建大西安,加快推进创新型区域建设的若干意见》。11 月 30 日,赵正永书记来咸调研,明确了咸阳融入大西安的“八个方面”战略定位、“五个实现”的基本要求和需要处理的“四个关系”。这充分表明,咸阳由此迈入了共建大西安、实现大跨越的新阶段。这一阶段,我市在全省发展格局中的位置更加凸显,成为建设西部强省进程中的核心增长极;我市承担的历史使命更加光荣,成为建设大西安、带动大关中、引领大西北的“第一方阵”;我市推动科学发展的条件更加有利,成为各种政策叠加聚合、省内外目光聚焦的投资高地。这是一个历史性的战略转变,更是一个需要付出百倍努力才能完成的战略任务。

*共建大西安、实现大跨越,我们有基础、有信心。*长期以来,经过历届市委班子励精图治和广大干部群众真抓实干,全市经济社会发展取得显著成就。经济平稳较快增长,人均 GDP 越过 5000 美元大关;基础建设力度加大,“四城同创”扎实推进,城乡面貌发生较大改观;改革开放深入推进,招商引资成果丰硕,投资带动作用明显,一大批重点项目落地生根;群众生活不断改善,“三告别”工程任务提前完成,居民收入大幅增加,社会保障体系逐步健全;党的建设、民主法制建设得到加强,社会大局保持和谐稳定。尤其在多种风险挑战加剧的情况下,我市经济发展逆势奋起,近两年增速高过全省平均水平,且增幅有所加快。我市在全省唯一连续六年获得目标责任考核优秀等次,这是全市人民的骄傲与自豪,也让我们对建设大西安充满信心和期待。

*共建大西安、实现大跨越,我们也有差距、有压力。*主要表现在:经济总量偏小,与西安、榆林的差距有不断拉大之势,宝鸡、延安追赶势头迅猛;人均 GDP 比全省低 905 美元、比全国低 895 美元,与依托省会城市发展的开封、洛阳、株洲等全国同类城市相比也有差距;产业结构不优,一产过大,二产不强,尤其是三产占 GDP 比重仅为 25.6%,而西安市去年服务业增加值占 GDP 的比重达到 52.2%;城乡二元结构明显,城镇化率为 45.2%,分别低于全国、全省 7.4 和 4.8 个百分点;群众收入水平不高,农民人均纯收入比全国平均水平低 453 元,全市还有 83.3 万人口处在贫困线以下;生态比较脆弱,森林覆盖率低于全省 13 个百分点,水土流失面积占土地总面积的 78.9%;社会管理服务方式亟需创新,维护稳定压力较大。与新形势、新任务相比,一些党员干部的学习力、创造力、执行力不强,能力素质不够适应,庸懒散奢现象仍然存在,等等。问题是时代的声音,看不到问题是最大的问题。现实告诉我们:发展不足仍然是咸阳的主要矛盾,追赶跨越始终是咸阳的主要任务。我们没有任何资格盲目乐观,没有任何理由停滞不前,必须在继承中创新、在创新中发展,奋力闯出一片新天地。

*共建大西安、实现大跨越,我们更有机遇、有优势。*当前,世界经济仍处在大调整之中,不确定不稳定因素较多,区域竞争明显加剧,但我们仍然面临诸多战略机遇。国家将优先推进西部大开发,加快实施关中—天水经济区发展规划、陕甘宁革命老区振兴规划、六盘山连片特困地区区域发展与扶贫攻坚规划,为我们带来不可估量的政策利好。国际国内产业大分工大调整全面铺开,东部产业加速向中西部转移,为我们发挥低成本优势、促进产业转型升级提供了重要契机。省市共建大西安是省委、省政府实施“一市一策”对咸阳提出的新使命、新要求,这是我们最大、最宝贵、最现实的历史性机遇。随着这一战略的推进,一方面,西咸新区的品牌效应将逐步放大,客观上为我们借力发展创造了条件;另一方面,省上在财政税收、金融投资、土地供应等方面为

我们带来大量“真金白银”。初步估算，未来五年省上直接支持我市发展的资金接近50亿元，并将支持我们申报全国现代科技服务业和全国创新型城市试点、加强秦咸阳城大遗址保护，等等。这一系列政策措施含金量之高、倾斜度之大、支持性之强，前所未有、令人振奋。加之我市区位、交通、资源等优势明显，发展路子基本明晰，发展潜能开始释放，发展自主性和内生动力逐渐增强，干部群众谋发展、创大业、求跨越的激情涌动，我们完全大有可为、大有作为。

综观全局，审时度势，可以得出一个基本结论：共建大西安、实现大跨越，是大势所趋、人心所向，其势已成、其时已至，迎来了天时地利人和的最好时期。我们正在和将要开创的事业，是一项承前启后、继往开来的宏伟事业！全市各级要深入贯彻党的十八大精神，准确领会赵正永书记对咸阳发展提出的目标要求，自觉把思想和行动统一到省委、省政府的决策上来，在保持各项工作连续性、稳定性的基础上，善于从变化的形势中捕捉、把握和创造机遇，在复杂的局面中发现、培育和利用积极因素，切实增强历史使命感和主人翁责任感，强化主体意识和主角观念，一切都服从服务于建设大西安的全局，一切都围绕这个全局来思考、来谋划、来推进，拿出舍我其谁、勇担使命的魄力，在共建中融入，在融入中跨越，努力在新的起点上开创经济社会发展新局面！

二、明确战略目标，不断完善共建大西安的基本思路

今后五年是共建大西安的“黄金五年”，是对咸阳发展具有决定性意义的五年。我们要乘势而上，奋力开拓，力争到2017年实现生产总值、地方公共财政预算收入、城镇居民收入、农村居民收入“四个翻一番”，努力把咸阳建设成为区域经济一体发展的先行区、现代产业体系完善的示范区、高端科技要素聚集的创新区、大秦文化特色凸显的展示区、生态文明高度发达的宜居区。在此基础上，加快建成西部工业强市、西部农业强市、西部科教强市、西部文化强市，使群众生活水平在西部领先、生态建设水平在西部领先、城乡统筹发展水平在西部领先，率先在西部全面建成小康社会。“四强”、“三领先”，涵盖了经济社会各个领域，体现了富民和强市的有机统一，是贯彻党的十八大精神和科学发展观的必然要求，是建设“三强一富一美”西部强省的生动实践，也是建成小康咸阳、和谐咸阳、美丽咸阳的战略抉择。这是493万咸阳人民的美好向往，是我们孜孜以求的“咸阳梦”！

共建大西安、实现大跨越，圆好“四强三领先”西部强市这一“咸阳梦”，必须坚持主题主线，创新发展理念，大力实施工业主导、文化兴咸、生态优市、民生为先“四大战略”，加快推进“六个发展”。一是坚持“四化”并举、推进统筹发展。这是共建大西安、实现大跨越的战略之举。要顺应经济全球化、区域一体化的大势，推动信息化和工业化深度融合、工业化和城镇化良性互动、城镇化和农业现代化相互协调，信息化为工业化、城镇化、农业现代化提供科技支撑，统筹推进城乡、区域、经济社会全面发展。二是坚持三产联动、推进协调发展。这是共建大西安、实现大跨越的强力支撑。要牢牢把握三次产业融合演进发展的基本规律，让新型工业、现代农业和现代服务业“联姻”、“互动”，使各类优质资源和关键要素在三产之间整合叠加，壮大一产、做强二产、提升三产，加速一产向二产融合、向三产延伸，促进三次产业在更高水平上健康协调发展，构建优质化、多元化、集群化、创新型的现代产业体系。三是坚持科技支撑、推进转型发展。这是共建大西安、实现大跨越的活力之源。要适应新一轮世界科技革命和产业变革的需要，以创建全国创新型城市为目标，以咸阳国家级高新区为平台，以“12351”科技创新工程为抓手，突出企业科技创新主体地位，整合利用大西安区域的科教资源，促进科技与工业、农业、金融、文化等各领域的全面融合，大力发展高新技术、民营科技、军工民用和战略性产业，向科技要效益、要品牌、要竞争力，加快迈上创新驱动、内生增长的轨道。四是坚持区域协作、推进开放发展。这是共建大西安、实现大跨越的客观需要。要勇于冲破思想观念障碍，勇于突破利益固化藩篱，勇于打破行政区划限制，内外互动，政企联动，深化咸阳与西安的经济、民生、社会管理等全方位的一体化，推进与关中各市区的产业合作对接，增强与央企、大型民企的战略协作，优化出口产品结构，在更高层次、更大范围、更广领域配置生产要素，打造西部内陆开放高地，最大限度地释放咸阳的综合优势。五是坚持生态为重、推进绿色发展。这是共建大西安、实现大跨越的根本保障。要树立生态安全、永续发展的理念，坚持资源开发与节约利用并重、源头治理与集中整治并举、环境保护与生态建设并行，构建绿色生产体系，打造绿色生活空间，培育绿色生态环境，让咸阳成为创业者向往、本地人自豪、外来人羡慕的田园生态城市。六是坚持民生优先、推进和谐发展。这是共建大西安、实现大跨越的核心目的。要始终把发展经济和改善民生结合起来，按照普惠化、均等化、优质化的原则，运用底线思维，健全长效机制，切实增进民富，着力改善民生，努力实现民乐，让每一个咸阳人都能享受到共建大西安的“红利”。

三、尊重发展规律，牢牢把握共建大西安的战略重点

共建大西安、实现大跨越，必须坚持从实际出发，明确主攻方向，找准着力点和突破口，把潜力挖掘到位、把优势运用到位、把特色彰显到位，努力在共建中掌握主动、抢占先机、赢得地位。

*一要在经济综合实力上有新增强。*发展是解决一切问题的关键，科学发展是实现“咸阳梦”的主题。要进一步强化第一要务意识，正确处理立足当前和着眼长远的关系，兼顾速度和结构、质量、效益相统一，巩固强劲发展势头，力争实现“拐弯超车”，使大西安建设始终建立在坚实的基础上。要强化产业支撑。始终瞄准世界产业发展前沿，积极承接国际和沿海发达地区产业转移，与西安和西咸新区错位互补、差异竞争，不断优化产业布局、提升产业素质。农业是共建大西安的重中之重。要着眼加快发展现代农业，以良种提品质、以科技增效益、以加工促转化，依托省市级现代农业示范园区和“五大优势产业

带”，扶持壮大龙头企业，创新农业经营方式，改善农业基础设施条件，推动粮果畜菜四大主导产业和非农产业齐头并进，促进农业增长由主要依靠土地、劳动力投入向依靠科技、投资和提高劳动者素质转变，农业经营由分散的家庭经营向专业园区、家庭农场经营转变，农业功能由以农产品生产为主向提供产品、休闲观光、生态改善等功能并重转变，建成大西安的最佳优质食品生产基地、最佳加工食品供应基地和最佳生态农业休闲观光基地。工业是共建大西安的关键所在。要着眼加快工业转型升级，依靠改革盘活存量，依靠招商扩张增量，依靠科技提升质量，以“1113”工程为抓手，园区化承载、板块式推进，提高能化资源转化水平，放大装备制造业优势，重振纺织、电子工业雄风，推动建材、医药、食品工业扩张增效，培育发展新能源、新材料、生物制药等战略性新兴产业，从根本上改变仅靠少数产业、少数骨干企业支撑的现状。要优化工业布局，引导各类资源与重大项目向“六大工业板块”和市高新区、新兴纺织工业园及县域工业园区集中。要进一步深化国企改革，通过整合重组、兼并收购等方式组建大公司、大集团，向县市区下放一批市属企业，完善现代企业制度和法人治理结构，使工业化的路子越走越宽。服务业是共建大西安的明显“短板”，但也最具潜力和空间。要着眼加快服务业规模层次“双突破”，按照“规范低端、提升中端、培育高端”的思路，深入实施振兴服务业三年行动计划，提升文化、旅游、物流等服务业质量，扩大金融、科技、养老保健等服务业规模，促进消费结构优化升级，构建大商贸、大金融、大旅游、大文化、大物流的格局，建成服务国际化大都市、辐射关中—天水经济区的现代服务业基地。要突出项目带动。政策就是机遇，项目就是力量。要始终扭住战略招商，在严把“四个不要”关口的前提下，深入研究国家产业政策和省市重大产业规划，与西安和西咸新区联手作战，精心谋划项目，充分储备项目，全力争取项目，豁出三五年的功夫，面向全球引进一批像三星电子、神华陶氏一类的超大型、旗舰型产业项目和具有国际水准的跨国集团，引进有助于产业转型升级、延长产业链条、带动就业增收的优势项目。要完善“五个一”项目推进机制，千方百计破解土地、资金等瓶颈制约，全力加快重大项目建设，用“撑竿跳”打造咸阳经济升级版。要增强县域活力。县域经济是共建大西安的战略基点，县域经济腾飞之日就是大西安建成之时。要继续实施“一县一策”，以争创“西部百强县”和“陕西十强县”为动力，引导各县市区在基础设施、产业培育、生态治理上既争先创优、打造特色，又协同联动、整体崛起。要探索将部分市级经济社会管理权限下放到县一级甚至重点镇，为企业减负，为基层松绑。要壮大民营经济。民营经济是共建大西安的重要增长点。要按照“催生一批、做强一批、引进一批、衍生一批”的思路，降低准入门槛，优化政策环境，鼓励支持民间资本参与产业培育和基础设施建设，扶弱培强，全民创业，形成民营经济蓬勃发展的燎原之势。

*二要在统筹城乡发展上有新进展。*统筹城乡发展是破解“三农”问题的根本途径，是一场深刻的社会变革。要牢固树立“全域咸阳”理念，把“四化并举”贯穿到城乡统筹发展全过程，着眼未来几十年，甚至上百年，高标准编制城乡建设发展规划，科学确定城乡空间结构、产业布局、功能区划和发展规模，构建中心城市、县城、重点镇和新型农村社区良性互动的市域城镇群。要用国际化大都市标准审视中心城市的规划建设管理工作，推动北塬新城建设全面提速，推动咸阳高新区突破发展，推动“3+6”工程持续发力，进一步优化“三城两带”空间布局，完善城市综合功能，提升城市核心竞争力。要加快“智慧咸阳”建设，整合信息资源，搭建共享平台，构建全面覆盖、高效灵敏的现代城市管理体系。要把县城作为统筹城乡发展的主引擎，支持兴平、泾阳建设大都市组团城市，乾县、礼泉、三原建设卫星城市，彬县、长武建设市域副中心城市，支持武功、永寿、旬邑、淳化等县打好“旅游牌”、“生态牌”、“文化牌”，增强县城的聚集承载能力。要把小城镇作为统筹城乡发展的关键点，加快省市重点示范镇建设，打造一批有个性、有魅力、有活力的特色小城镇，促进城乡产业相互衔接、经济有效融合、人力资源合理流动。要把新型农村社区作为统筹城乡发展的结合点，按照规划是引领、增收是核心、产业是支撑、改革是动力、“三个集中”是抓手的思路，“一手拉，一手推”，促进土地集约利用、农业规模经营、农民多元就业、公共服务均等，加快释放农村发展潜能，探索创造城乡一体化发展的咸阳模式。

*三要在改善民生质量上有新提升。*民生是“咸阳梦”的出发点和落脚点，改善民生才能点亮“咸阳梦”。要秉承“民生优先、富民强市”的理念，无论多么困难都要持续加大民生投入，每年实施若干项重大民生工程，积极回应群众的普遍关切，满腔热情、实实在在地关爱弱势群体，在学有所教、劳有所得、病有所医、老有所养、住有所居上取得更大进展，让所有咸阳人生活有尊严、发展有机会、权益有保障。要大力实施城乡居民收入倍增计划，通过产业富民、就业富民、创业富民、帮扶富民等措施，促使城乡居民收入增速大幅增长，力争今年农民人均纯收入赶上全国平均水平。要坚持一手抓扩面，一手抓提标，在新合疗、城乡养老等社会保障类项目做到市内一体化管理的基础上，积极探索西咸两市社会保障一体化的新模式，确保社保标准与西安同步提升。贫困不是大西安、更不是小康。要坚决打赢以旱腰带地区为重点的新一轮扶贫开发攻坚战，力争到2017年消除绝对贫困，不让任何一个家庭、任何一个人在建设大西安中掉队。

*四要在文化发展繁荣上有新作为。*文化是城市的灵魂，是人民的精神家园。建设大西安既取决于经济硬实力，也取决于文化软实力。要把文化大发展大繁荣摆上更加重要的位置，继续深化文化体制改革，一手抓经营性文化产业，一手抓公益性文化事业，让丰富的文化资源转化为亮丽的文化形象、雄厚的文化实力。要突出秦文化特色，打响秦文化品牌，充分挖掘咸阳文化的丰富内涵，广泛利用各种平台和载体，促进

文化与经济、科技、旅游、城市建设深度融合，改造传统文化产业，培育新兴文化业态，建设一批特色文化产业园区，尽快使文化产业成长为支柱产业。要持续实施文化惠民工程，加大文化基础设施建设力度，推进公共文化服务网络向乡镇、向社区、向农村延伸。要不断推出“大戏、大剧、大作、大片”，让咸阳文化走向全国、走向世界。要积极创建全国文明城市，深入开展群众性精神文明创建活动，扩大社会主义核心价值体系的知晓率和认同感，引导人们自觉践行社会公德、职业道德、家庭美德，挖掘和树立一批在全省全国叫得响的先进典型，形成知荣辱、讲正气、促和谐的社会风尚。

*五要在生态文明建设上有新突破。*山清水秀但贫穷落后，不是我们的追求；殷实小康但资源枯竭、环境污染，同样不是我们的目标。未来大西安必然是一个生态、宜居，人与自然和谐共生的美丽大西安。要把生态文明建设的理念、目标、原则贯穿到经济、政治、文化、社会建设的全过程，从建设一个个美丽社区、美丽乡村、美丽城镇做起，城乡联动，标本兼治，加快建设美丽咸阳，让绿色成为咸阳大地的主色调。要坚持一手抓节能减排，一手抓生态治理再造，切实摆脱“资源依赖路径”，利用环境倒逼机制调结构、促转型，坚决淘汰落后产能，以铁的决心解决大气和水污染问题，积极发展循环经济和清洁能源，推动发展模式向低碳、绿色、环保转变。要加大兴水、扩林、增绿力度，继续推进国家环保模范城市和森林城市创建工作，加快渭河综合治理、咸阳湖二期工程等重大生态绿化项目建设，让人民群众既能安居、乐业、增收，又能共享山青、水秀、天蓝的“绿色福利”。

*六要在创新社会管理上有新举措。*加强和创新社会管理，营造和谐安定的社会环境，是共建大西安的应有之义。要适应利益多元、诉求多样、矛盾多发的新形势，准确把握规律，运用系统思维，推进体制机制和方法创新，加大依法治市力度，全面推行网格化管理，不断提高社会管理科学化水平。要结合机构改革，加快转变政府职能，在刚性管理上依法到位，在柔性服务上规范精细，做到该政府管的管住管好、管出水平，该由市场和社会办的，要简政放权、减少干预。要健全完善利益共享机制，做好稳定风险评估工作，深化信访积案化解和治安突出问题治理，提升平安建设水平，发动群众参与社会事务管理和矛盾排查化解，前移关口、延伸触角，从源头上遏制和消除不稳定因素。要树立安全发展理念，加强重点领域和重点行业监管工作，消除薄弱环节和各类隐患，推进安全生产迈上科学化、制度化、常态化轨道，确保群众生命财产安全。要用好管好新兴媒体，把握正确舆论导向，更多地聚合健康向上、和谐奋进的正能量。

四、加强党的建设，着力强化共建大西安的组织保障

共建大西安、实现大跨越，圆好“咸阳梦”，关键在人。提交这次全会审议的四个文件，其核心都是为了解决人的问题。其中，《关于进一步加强市委常委会自身建设的意见》，就是要从市委常委班子抓起、从市级领导干部抓起、从党政“一把手”抓起，继续把学习贯彻党的十八大精神引向深入，扎实开展以为民务实清廉为主要内容的党的群众路线教育实践活动，促使各级领导干部练好内功，强筋壮骨，带头增强道路自信、理论自信、制度自信，带头坚定理想信念，带头遵守民主集中制原则，带头密切联系群众，带头克服特权思想，真正以良好形象取信于民。《关于进一步深化干部人事制度改革的意见》，就是要把选人用人的权力交给制度，交给程序，交给民主，不搞暗箱操作、不搞平衡照顾、不搞论资排辈，使所有干部都践行“功夫下在平时，命运掌握在自己手中”的道理，把心思和精力更多地放到干事创业上，决不让低调务实、埋头苦干的人吃亏，决不让不跑不要、竭力干事的人吃亏，决不让长期在艰苦岗位上工作的人吃亏。《关于实施全员大培训的意见》，就是要利用3年~5年时间开展全员大教育、大培训活动，让干部群众熟悉省市共建大西安的目标原则和政策措施，善于借鉴先进经验和成功做法，增强素质，增长才干，让外行变为内行，让内行更加精通，全面提升工作的标准、效率和质量。《关于弘扬务实作风狠抓工作落实的意见》，就是要促使各级党员干部进一步增强抓落实的责任意识，掌握抓落实的科学方法，健全抓落实的长效机制，狠刹庸懒散奢等不正之风，让狠抓落实、实干兴咸成为全部工作的主旋律。全市各级各部门要认真学习领会文件精神，结合实际制定具体办法，通过加强党的思想建设、组织建设、作风建设、制度建设和反腐倡廉建设，进一步激发人的斗志，提高人的素质，发挥人的作用，为共建大西安、实现大跨越提供可靠保障。

为了早日实现“咸阳梦”，必须拓展世界眼光，以宽广的视野、开阔的胸怀和高远的境界，立足咸阳，着眼全局，面向未来，自觉把咸阳发展放到全国、全球总体格局中定位，放到省委、省政府对大西安的总体部署中把握，使咸阳迅速融入时代潮流，紧密对接世界大势。必须强化战略思维，善于把解决具体问题与化解深层矛盾结合起来，把眼前需要与长远谋划统一起来，走一步、看两步、想三步，问政于民、问需于民、问计于民，依法决策、科学决策、民主决策，增强决策的科学性、前瞻性和可操作性，牢牢掌握主动权。必须勇于开拓创新，持续推进思想解放，以敢为天下先的豪气，以“赴百仞之谷而不惧”的勇气，大胆探索、大胆创造、大胆革新，盯紧排头，善解难题，动真碰硬，争创一流，确保各项工作更好地体现时代性、把握规律性、富有创造性。必须弘扬实干作风，大兴学理论、学政策、学先进之风，大兴重调研、重创新、重落实之风，把各项战略部署、重大规划转化为具体项目、具体抓手，一任接着一任干，一级带着一级干，真正踏石留印、抓铁有痕。凡是看准了的事，都要分秒必争、刀下见菜；凡是对群众承诺了的事，都要掷地有声、说到做到；凡是决定了的事，都要用心用力、精益求精，善始善终、善作善成，真正用我们的辛苦指数换取群众的幸福指数。必须始终克己奉公，把权力当作责任，把为民作为追求，持之以恒地执行中央八项规定，旗帜鲜明地抵制不正之风，以德立身，以公处事，以廉

政府工作报告

——2013 年 4 月 24 日在咸阳市第七届人民代表大会第一次会议上

咸阳市人民政府代市长　卫　华

各位代表:

现在,我代表市人民政府向大会报告工作,请予审议,并请市政协各位委员和其他列席人员提出意见。

一、过去四年工作回顾

过去的四年,是咸阳发展进程中极不平凡的四年。四年来,全市上下坚持以科学发展观为指导,以转变经济发展方式为主线,抢抓西部大开发以及《关中—天水经济区发展规划》出台等一系列重大机遇,有效应对国际金融危机的严重冲击,努力克服发展中出现的困难和问题,全市经济社会步入发展的新阶段。

*经济发展势头强劲,综合实力显著增强。*2012 年全市生产总值完成 1616.2 亿元,是 2008 年的 2.1 倍,年均增长 14.3%,高出全省平均增速 0.6 个百分点,人均生产总值突破 5000 美元大关,连续三年每年跨上一个一千美元台阶。地方公共财政预算收入 69.2 亿元,财政总收入连续跨越 100 亿元、200 亿元两个台阶,达到 224.5 亿元。全社会固定资产投资 1616.5 亿元,每年保持 30% 以上增速,机场二期、福银高速相继建成,西平铁路、亭口水库加速推进,基础设施保障能力显著提升。县域经济平均规模达到 92.7 亿元,彬县跨入“陕西十强县”行列,地方财政过亿县市区由 3 个增加到 12 个,县域经济整体呈现协调联动、加快发展的态势。

*产业结构逐步优化,转型升级成效初显。*全市三次产业加快发展,产业结构调整到 17.5 : 56.9 : 25.6。工业主导作用日益凸显,七大支柱产业支撑能力增强,高新区成功升级为国家级高新技术产业开发区,新兴纺织工业园加快建设,规模工业总产值达到 2234.5 亿元,是 2008 年的 2.8 倍,工业贡献率达到 48.7%。农业基础地位更加稳固,粮食生产连年丰收,水果、蔬菜及鲜奶产量居全省第一,农业总产值稳居全省第一。现代服务业加速发展,市场体系日益健全,消费结构逐步升级,社会消费品零售总额达到 398.5 亿元,是 2008 年的 1.9 倍。

*城镇建设步伐加快,聚集功能有效提升。*科学编制规划,完善基础设施,不断提升城市承载力、城镇带动力和综合竞争力。中心城市建成区面积扩大到 86 平方公里,绿化覆盖率达到 41.3%,主城区改造提升“3+6”工程扎实推进,北塬新城建设全面启动,城中村改造步伐加快,提前取消秦都桥、渭城桥收费,一批市民关注的重大道路桥隧、供水及绿化工程相继建成,城市的现代化气息日益浓厚。城乡一体化发展步伐加快,县城建设水平整体提升,14 个省市重点示范镇建设进展顺利,49.7 万农村居民进城落户,全市城镇化率达到 45.2%。成功创建国家卫生城市,创建国家环保模范城市、国家园林城市进展顺利。咸阳被确定为第一批国家智慧城市试点城市。

*各项改革深入推进,对外开放日益扩大。*市县政府和乡镇机构改革以及文化体制、集体林权制度改革任务顺利完成,医药卫生体制改革深入推进,事业单位分类改革稳步实施,国有企业改革取得突破性进展,非公有制经济占到全市经济的半壁江山。积极推进西咸一体化,全力服务支持西咸新区建设,连接西咸两市的干线公路达到 13 条,错位发展、互动双赢的共建格局初步形成。持续优化投资发展环境,坚定不移抓好招商引资工作,累计引进合同项目 1251 个,实际完成投资 1976.5 亿元,益海嘉里、中粮集团等世界 500 强企业在我市投资落户。

*生态环境得到保护,持续发展能力增强。*大力实施“蓝天、碧水、绿色、宁静、朝阳、安全”工程,大气污染治理工作扎实推进,渭河流域水污染防治三年行动计划进展顺利,在全省率先实现

树威,坚决守住底线、不越“红线”,做到既干事又干净、干成事又不出事,塑造高尚的人格魅力和良好的公仆形象。必须增进团结协作,充分发挥党委统揽全局、协调各方的核心领导作用,重制度、按程序、讲规矩,广泛调动全体党员和干部群众的热情与积极性,动员人大、政府、政协和驻咸部队、人民团体以及老干部全民参与,确保全市一盘棋、上下一条心、各方一股劲,形成共建大西安的浩荡之势,汇聚咸阳大跨越的磅礴力量。

同志们,咸阳的昨天灿烂辉煌,咸阳的今天生机勃发,咸阳的明天无限美好。共建大西安、实现大跨越,率先在西部全面建成小康社会,是历史赋予我们的神圣使命,是最美丽、最精彩、最温馨的“咸阳梦”。这个梦,牵动着每一个咸阳人的心,照亮了咸阳人奋发进取的现实愿景。让我们在省委、省政府的坚强领导下,负重加压、克难奋进,矢志不渝、激情拼搏,昂首阔步把咸阳各项事业推向前进,为实现我们共同的梦想而努力奋斗!

"县县建成污水处理厂"的目标,农村生活垃圾规范化处置模式在全省推广。主要污染物排放量削减率连续四年完成或超额完成任务,万元GDP能耗、水耗分别较2008年下降14.5%、55.8%。四年累计造林169.8万亩,森林覆盖率提高到28%。有效保护基本农田,耕地总量保持动态平衡。

保障民生力度加大,社会大局稳定和谐。四年累计投资226.6亿元,建成民生项目6057个。2012年城镇居民人均可支配收入、农民人均纯收入分别达到25758元、7464元,是2008年的1.95倍、2.1倍。城镇登记失业率控制在2.8%以内,农村劳动力转移就业118万人。各类社会保险覆盖面进一步扩大,13个县市区全部纳入城乡居民社会养老保险国家级试点范围,新型农村合作医疗参合率达到99%,免费义务教育制度全面推行,保障性住房累计建成8.6万套,群众看病难、上学难、住房难等问题逐步缓解。33万城乡低保对象基本生活得到有效保障,32.5万70岁以上老人领到高龄津贴。新一轮扶贫开发全面启动,"三告别"工程提前三年完成,从根本上改善了22万贫困人口的生产生活条件。206.8万农村群众不安全饮水问题得到解决。率先在全省实现了村村通油路(水泥路)的目标。公共文化服务体系不断健全。低生育水平继续保持。"平安咸阳"建设扎实推进,安全生产形势总体平稳。同时,双拥、老龄、妇女儿童、残疾人、慈善、红十字等事业全面发展,外事、侨务、对台、民族、宗教、审计、统计等工作取得新成效,气象、地震、人防、档案、地方志等事业有了新进步。

各位代表,过去四年是咸阳综合实力提升最快的四年,是城乡面貌变化最大的四年,是社会建设成效最为显著的四年,是人民群众得到实惠最多的四年,市六届人大一次会议确定的主要任务提前一年实现,咸阳连续六年获得全省目标责任考核优秀等次。这些成绩的取得,是省委、省政府和市委正确领导的结果,是市人大、市政协监督支持的结果,是历届历任领导同志大力关心的结果,是全市广大干部群众团结拼搏的结果。在此,我代表市人民政府,向全市人民,历届历任的老领导、老同志,各民主党派、工商联、无党派人士和社会团体,驻咸部队、武警消防官兵、政法干警,向所有关心咸阳发展的同志们、朋友们表示崇高的敬意和衷心的感谢!

回顾发展历程,咸阳之所以能克服困难挑战,实现逆势而上、跨越发展,最重要的是我们坚持第一要务不动摇,强化赶超意识,不断深化对发展规律和市情实际的认识,着力完善发展思路,加快发展步伐,推动经济发展始终走在上升通道;最关键的是我们坚持解放思想不停步,勇于深化改革、扩大开放,通过破除体制机制障碍、加强区域合作,形成了发展的新优势;最根本的是我们坚持改善民生不懈怠,始终把群众利益放在第一位,真心实意为群众办实事、做好事、解难事,让广大群众更多更好地共享改革发展成果;最核心的是我们坚持党的领导不偏移,自觉维护市委权威,主动接受人大、政协和社会各界的监督,依法行政、民主决策,汇聚起了推进咸阳各项事业发展的强大合力。

各位代表,四年来,我们和全市人民并肩奋斗、砥砺前行,创造了令人振奋的辉煌成就,为未来发展奠定了坚实基础。只要我们倍加珍惜来之不易的好形势,倍加珍惜团结奋进的好氛围,在继承中创新,在创新中发展,咸阳的明天一定会更加美好!

肯定成绩的同时,我们也清醒地认识到发展不平衡、不协调、不可持续的问题依然突出。主要是:经济总量不大,人均水平低,欠发达仍然是我们的基本市情;产业结构不够合理,一产大而不强,二产结构不优,三产发育不足;城镇化水平低,城乡二元差距明显,群众收入特别是农民收入偏低,提升公共服务水平的任务十分艰巨;环境承载能力脆弱,能耗水平偏高。政府自身建设需要加强,作风不实、效率不高、奢侈浪费等问题依然存在。对此,我们将采取有力措施加以解决。

二、今后五年总体要求和奋斗目标

今后五年是我们共建大西安、实现大跨越的关键时期,也是为全面建成小康社会打下坚实基础的决定阶段。冷静分析形势,我们要清醒地看到,世界经济已进入深度调整期,低速增长态势仍将延续。国内经济下行压力和产能相对过剩的矛盾突出,宏观形势比较复杂。同时,更要看到,我国经济社会发展的基本面和长期向好的趋势没有改变,东部向西部产业转移步伐加快,为我们继续保持发展势头创造了良好的外部条件;国家优先推进西部大开发,加快关中—天水经济区建设,特别是省委、省政府作出省市共建大西安的重大部署,《陕西省主体功能区规划》将我市8个县市区划分为国家层面的重点开发区,咸阳已经进入建设大西安、带动大关中、引领大西北的"第一方阵",必将得到中省更大的政策支持;我市正处在工业化、信息化、城镇化、农业现代化的加速期,多年来积聚的能量正在释放,咸阳实现跨越发展其时已至、其势已成。我们要始终坚定必胜信念,直面风险挑战,抓住用好机遇,奋力实现"弯道超车",在新的起点上开创全市经济社会发展的新局面。

今后五年经济社会发展的总体要求和主要目标是:**高举中国特色社会主义伟大旗帜,坚持以邓小平理论、"三个代表"重要思想、科学发展观为指导,紧扣科学发展、富民强市的主题和加快转变经济发展方式的主线,深入贯彻市第六次党代会和市委六届五次全会精神,大力实施"四大战略",加快推进"六个发展",努力把咸阳建成区域经济一体化发展的先行区、现代产业体系完善的示范区、高端科技要素聚集的创新区、大秦文化特色凸显的展示区、生态文明高度发达的宜居区。**力争到2017年,实现生产总值、地方公共财政预算收入、城镇居民收入、农村居民收入"四个翻一番",城镇化率达到60%,科研经费支出占生产总值的比重达到2%,森林覆盖率达到30%,单位生产总值能耗和主要污染物排放明显降低,环境质量明显好转。在此基础上,加快建成西部工业强市、农业强市、科教强市、文化强市,使群众生活水平在西部领先、生态建设水平在西部领先、城乡统筹发展水平在西部领先,在西部率先全面建成小康社会。

实现“四个强市、三个领先”的目标,是490多万咸阳人民最期盼、最美好、最温馨的“咸阳梦”,更是新一届政府履职施政的基本方向和首要任务。

今后五年,我们将把加快发展作为第一要务,着力推动经济综合实力实现大提升。围绕实现率先发展,迅速做大经济总量,不断提高发展质量,大力实施招商引资和项目带动战略,积极构建多元化、集群化、创新型、可持续的现代产业体系,推动工业化、信息化、城镇化和农业现代化同步发展,促进县域经济争先进位,加快建设西部工业强市、农业强市,打造咸阳经济发展的升级版。

今后五年,我们将把统筹城乡作为关键举措,着力推动城乡一体化发展水平实现大提升。牢固树立“全域咸阳”理念,处理好城乡、区域、产城等重大关系,加快城乡规划建设、产业发展、基础设施、公共服务、政策机制一体化步伐,推动中心城市向国际化迈进,县域聚集带动能力显著提升,城镇体系更加健全,城乡差距明显缩小,力争城乡统筹发展水平走在西部前列。

今后五年,我们将把科技进步作为强大引擎,着力推动自主创新能力实现大提升。以建设西部科教强市为统揽,大力实施科技创新“12351”工程,加快建设创新型区域及国家级“两化”融合试验区,促进科技与工业、农业、金融、文化等各个领域全面融合,建立健全企业为主体、市场为导向、产学研相结合的技术创新体系,逐步把经济发展引导到创新驱动、内生增长的轨道上来,使科技对经济增长的贡献率大幅提升。

今后五年,我们将把文化兴咸作为重大战略,着力推动文化软实力实现大提升。加快建设西部文化强市,突出秦文化主题,坚持文化事业与文化产业并重,大力发展富有咸阳特色的文化产业、文化产品、文化品牌,健全公共文化服务体系,丰富人民群众精神文化生活,充分彰显人文魅力,大幅提高文化产业增加值,使咸阳成为全国有较大影响力的文化高地。

今后五年,我们将把保护环境作为不懈追求,着力推动生态文明建设水平实现大提升。着眼于推进可持续发展,把节约资源和保护环境贯穿到经济社会发展全过程,优化国土开发空间格局,推进城乡园林化建设,抓好渭河、泾河、沣河综合整治,加快实施一批重大生态项目,积极发展循环经济,打造绿色生活空间,培育绿色生态环境,在全省乃至西部率先实现生态美、环境优,让人民群众共享山青、水秀、天蓝的“绿色福利”。

今后五年,我们将把改善民生作为根本目的,着力推动群众幸福指数实现大提升。把发展经济与改善民生紧密结合起来,制定公共服务体系建设规划,突出抓好广大群众最期盼解决的就业、教育、医疗、安居和社会保障等方面的事情,基本形成城乡均衡的公共服务体系,力争城乡群众生活水平在西部领先。

各位代表,共建大西安、实现大跨越、圆好咸阳梦,是一项承前启后、继往开来的宏伟事业。我们将恪尽职守、不负重托,脚踏实地、真抓实干,和全市人民一道,共同谱写科学发展、富民强市的新篇章!

三、2013年主要任务

今年是省市共建大西安的首战之年,也是本届政府工作的开局之年。我们将深入贯彻落实党的十八大、省委十二届二次全会和市委六届五次全会精神,坚持保增长、快转型、抓统筹、优环境、促改革、惠民生,力争经济增速在全省争先进位、人均GDP进入全省中等,不断巩固咸阳经济社会发展的好势头。主要预期目标是:全市生产总值增长13%,全社会固定资产投资增长30%,规模以上工业增加值增长19%,社会消费品零售总额增长16%,地方公共财政预算收入同口径增长16.2%,城镇居民人均可支配收入和农民人均纯收入分别增长15%和16%,万元GDP能耗下降3.5%。

(一)全面融入大西安建设。在共建中融入,在融入中跨越,促进优势互补、一体共建、合作双赢。

促进产业联动发展。坚持错位发展,强化配套协作,借助共建大西安的政策红利和品牌优势,优先发展渭河高端产业带,加快建设福银高速特色产业带,积极打造咸旬高速绿色生态产业带。以高新区、彬长旬能化基地等为重点,积极承接产业转移分工,打造大西安的制造业配套基地、能源建材供应基地和科技成果转化基地,走出一条“陕西制造、咸阳配套”、“西安研发、咸阳转化”的先进制造业发展之路。

支持西咸新区建设。加强与西咸新区及各新城沟通协商,加快财权、事权划分,健全协作体制,谋求共建共享。对西咸新区50个重点项目继续实行市级领导牵头、部门县区包抓制度,做好服务保障工作,为西咸新区发展提供有力支持。

强化基础设施对接。加强与西安、西咸新区规划衔接,继续实施西咸道路交通对接工程,推进秦汉大道、沣泾大道等工程加快建设,力争西安地铁1号线西延段、西咸北环线工程早日开工,增加公交客运线路,促进生产要素在两市区域内自由流动、合理配置。

(二)全力推进工业转型升级。强化工业主导,实施九大产业规划,加快结构调整,促进“两化”融合,推动工业经济向高端化、集群化和品牌化迈进。

实施“1113”工程。严格实行“领导联系、部门负责、一企一策、一抓到底”工作机制,加大政策扶持力度,优先保障资金、土地等生产要素,推进100个重点工业项目按计划建成,确保100个扩能技改项目早日达产达效,扶持100个成长型企业壮大规模,促进30户大企业、大集团加快发展。

着力抓销售拓市场。全面落实省、市鼓励促销保产拓市场的政策,积极组织开展促销活动,帮助企业开拓国内外市场,实现以销稳产、以销促产。实施质量兴市战略,引导企业创新管理、改进工艺、研发新品,争创驰名商标和名牌产品,提高市场竞争力。

建设六大工业板块。启动六大工业板块规划编制工作,加强政策协调,合理配置资源,加快工业产业布局调整优化。实行重大项目联手引进,加强县域工业集中区建设,发展壮大支柱产业,完善配套服务体系,延伸产业链条,形成规模优势,促进能化、现代建材、高新技术、高端装备制造、食品工业、战略性新兴产业等六大工业板块加快崛起。

深化国企改革。把今年作为国有企业改革攻坚年，积极引进优质增量资产，优化重组产权结构，促进国有资产保值增值。加快新兴纺织工业园基础设施建设，加大纺织下游产业引进力度，确保搬迁入园企业年内实现正常生产。推进中国电子信息产业集团兼并重组彩虹集团，规划建设电子信息产业园，加快振兴电子信息产业。

壮大非公有制经济。列支3000万元扶持小微企业发展，加强中小企业服务平台建设。鼓励发展小额贷款公司、资金互助社等新型金融机构，解决企业融资难题。

（三）加快建设现代农业。认真贯彻中央一号文件精神，以增加农民收入为核心，强化科技支撑、园区引领，提升农业规模化、产业化、集约化水平。

壮大农业优势产业。实施农业发展"五大工程"，加快北部县核桃产业、旱腰带酿酒葡萄产业、南部设施蔬菜、都市农业和500万头PIC生猪等基地建设，新增设施蔬菜3万亩、杂果经济林20万亩、水果6万亩。开展现代农业示范园区建设年活动，新创建省市级现代农业园区20个。深化咸阳与杨凌农业科技合作，增强科技对农业发展的支撑作用。引进培育农业产业化龙头企业，促进"一村一品、一乡一业"发展，培育农产品品牌。

创新农业经营体系。加大新型职业农民培养力度，扶持联户经营、专业大户、家庭农场、农民专业合作社等新型经营主体。做好农村集体土地确权登记发证工作，稳步推进农民承包地经营权流转，积极发展适度规模经营。以农机推广、农资配送、信息提供为重点，大力发展农业社会化服务组织。

加强基础设施保障。抓好全国农业机械化示范区建设，年内推广实用农业机械5万台。全力服务保障东庄水库建设，加快亭口、红岩河等重点水源工程建设步伐，实施大型灌区续建配套及节水改造项目，发展节水灌溉16万亩，解决农村不安全饮水40万人。加强防灾减灾体系建设，提高农业抵御自然灾害能力。

（四）突破发展现代服务业。按照"规范低端、提升中端、培育高端"的思路，大力发展生产性服务业，加快发展生活性服务业，着力建设服务国际化大都市、辐射关中—天水经济区的现代服务业基地。

推进服务业优化升级。启动实施《振兴服务业三年行动计划》，促进服务业拓宽领域、增强功能、优化结构。支持西咸空港综合保税区项目建设，发挥咸阳汽车商贸物流园、明珠国际家居新城的聚集辐射效应，引进知名物流企业，培育壮大现代物流产业。支持沣西新城信息产业园建设，促进信息、科技、金融等服务业加快发展。推进东方帝王谷—高科技历史文化产业园等项目尽快落地，加快张裕酒庄项目建设。加强旅游宣传推介，优先发展乡村旅游，打响"关中印象"旅游品牌，带动旅游产业与现代农业、休闲保健以及文化产业融合互动发展，吸引西安市民来咸观光旅游。

积极扩大消费。认真落实促进消费的各项政策措施，加快构建扩大消费需求的长效机制。规划建设特色商业街区，积极发展城市综合体，新建改建一批城乡市场，打造一批便民消费示范社区，策划一批节会展销活动。严格执行带薪年休假制度。扩大餐饮、商贸等传统消费，鼓励发展电子商务等新兴消费业态，促进消费结构升级。加大市场监管力度，让群众放心消费。

（五）强化投资拉动。坚持把扩投资、上项目作为保增长、促转型的有力举措，增强经济发展内生动力。

加快重点项目建设。今年全市确定150个重点项目，总投资3050.2亿元，年度投资605.8亿元。严格落实"五个一"工作机制，认真解决征地拆迁、融资以及环境保障等方面的问题，推进西电集团变压器生产线二期、台湾统一食品生产线等项目加快建设，做好安吉汽车物流西部基地、中石油西北化工润滑油等项目前期工作，力争早开工、早建设。

提升招商引资水平。树立战略招商理念，创新招商方式，强化定向招商、以商招商，积极吸引世界500强以及央企、民营100强企业来咸发展。加强项目包装储备，确保重大项目有序接替。加大对党政主要领导引进重大项目的考核力度，提高项目落地率、资金到位率和开工投产率，全年招商引资完成投资700亿元。实施市场多元化战略，扩大外贸规模，提高经济外向度。

优化投资发展环境。深化投资发展环境整治活动，建立发展环境考核评价和问责机制，严肃查处乱收费、乱罚款、乱摊派、乱检查等现象，坚决斩断伸向企业的"黑手"，努力营造重商、亲商、安商的浓厚氛围，打造西部投资洼地、服务高地。

（六）积极推进新型城镇化。坚持"空间集聚、产城互动、城乡统筹、生态宜居"的原则，加快构建"一核三带多点"城镇体系。

高标准建设中心城市。修编完善城市总体规划，启动咸兴区域控制性详细规划编制。积极推进北塬新城开发建设，加快主干道路以及市民文化中心等项目建设，着力打造生态田园城市示范新城。深入实施主城区改造提升"3+6"工程，加快城西快速干道、北环路、渭河廊桥等项目建设，启动咸阳湖二期、两寺渡公园、咸阳植物园工程，提高供水、供气、供热等保障水平，完善学校、医院、人防等公共设施，着力解决交通拥堵、停车难等市民关心的问题。深入推进"多城同创、城乡联创"，加快"智慧城市"建设，推行精细化、人性化管理，巩固提升国家卫生城市创建成果，力争通过国家环保模范城市和国家园林城市验收，打造以文为魂、以水为脉、以绿为韵、宜居宜业的城市新形象。

增强城镇聚集带动能力。启动实施县城三年大提升计划，完善市政、市场和公共服务设施，提升县城承载能力。支持兴平、泾阳主动接受大西安辐射，建设大都市组团城市；推动乾县、礼泉、三原提升建设标准，建设卫星城市；鼓励彬县、长武强化产业支撑，建设市域副中心城市；引导武功、永寿、旬邑、淳化等县打好旅游牌、生态牌、文化牌，提升建设水平。继续抓好16个省市重点示范镇建设，支持各县市区再建设1个～2个重点镇。鼓励发展镇域产业园区,积极开展扩权强镇试点,增强城镇发展活力。

推进城乡一体化发展。启动城乡统筹发展规划编制工作,全面推广旬邑经验,扎实推进彬县—长武—旬邑、礼泉—乾县以及武功示范区建设,支持秦都、渭城探索城市郊区城乡一体化发展新路子。抓好新型农村社区建设,稳步撤并自然村,加快农村住房改造步伐,完善公共服务和基础设施,带动新农村建设上水平。深化户籍制度改革,扎实做好农村居民进城落户工作。

(七)*加强生态文明建设*。一手抓污染治理,一手抓生态再造,加快建设美丽咸阳。

狠抓节能减排。把节能评估审查和环境影响评价作为强制性条件,推动规划环评与项目环评联动,强化能源消费总量控制。坚决关闭淘汰落后产能,确保发电及水泥生产企业脱硝工程按期建成。加强城市大气污染治理,持续改善大气质量。加快东郊以及兴平、礼泉、三原污水处理厂二期工程建设,打好渭河流域水污染防治三年行动攻坚战。实行最严格的水资源管理制度,加快建立取水许可总量控制指标体系。大力推广节能、节水、节材技术设备,推进资源循环利用。加强耕地保护,提高土地集约节约利用水平。

加强生态治理。扎实推进城乡园林化建设,加强道路沿线、荒山荒坡和村镇等区域绿化,造林34万亩,绿化道路300千米,治理水土流失410平方千米。深化公路环境整治工作,切实抓好农村环境集中连片整治试点和垃圾规范化处置工作,控制农村面源污染,着力解决污水排放、"垃圾围村"等群众关心的难点问题。强化矿山环境修复治理,改善矿山生态环境。

(八)*着力保障和改善民生*。今年民生投资安排85亿元以上,重点实施十大领域70类民生项目。

不断提高群众收入。大力促进高校毕业生等重点群体多渠道就业,加强扶持引导和技能培训,发放小额担保贷款8.2亿元,新增农村富余劳动力转移就业10万人、城镇就业5万人,城镇登记失业率控制在4.2%以内。兑现强农惠农富农政策,一县一策促进农民增收,建立农民收入持续增长机制。严格执行最低工资标准制度,拓宽居民财产性收入渠道,确保城镇居民收入稳定增加。

大力发展社会事业。始终把教育放在优先发展的位置,加强义务教育和高中教育,大力发展职业教育,完成学前教育三年行动计划,提高教育基础设施建设水平,解决好特殊群体子女上学问题,让孩子们都能上好学,享受到优质公平的教育。深化医药卫生体制改革,鼓励基层创新,推进县级公立医院改革,加快乡镇卫生院和县急救中心等项目建设,努力为群众谋取更高水平的医疗服务。深入开展全民健身活动,办好市第十届运动会。积极实施农村母亲健康工程。稳定低生育水平,人口自然增长率控制在5.5‰以内。

完善社会保障体系。稳步扩大社会保险覆盖面,不断提高补助标准和待遇水平,将新型农村合作医疗和城镇居民基本医疗保险人均补助标准提高到300元,启动实施医疗保险二次报销工作。完善失地农民保障措施,建成市流浪未成年人救助保护中心,推广彬县、泾阳县农村互助养老模式。加大保障性住房建设力度,妥善解决中低收入群体住房困难。

加快推进扶贫开发。切实抓好六盘山片区4县扶贫开发,着力改善贫困地区基础设施条件。以移民搬迁为突破口,积极争取地方政府债券资金支持,打好旱腰带地区扶贫开发攻坚战。扶持贫困群众发展特色产业,确保贫困地区农民人均纯收入增幅高于全市平均增幅,全年建设整村推进连片开发村100个、移民搬迁5000人,实现稳定脱贫10.5万人。

创新社会管理。健全社会管理服务体系,全面推进社区服务站建设,强化对流动人口、特殊人群和虚拟社会的服务管理,关心农村空巢老人、留守妇女和儿童。实施"六五"普法规划,推进法治咸阳建设。加强精神文明建设,大力弘扬阳光、重诺、尚礼、乐善的咸阳精神,倡导形成敬业奉献、遵纪守法、互助友爱的良好风尚。

加强平安建设。继续实施平安建设十大工程,扎实推进社会治安防控体系建设,力争刑事、治安案件发案数明显下降,人民群众对社会治安的满意率进一步提升。完善各方利益共享、社会矛盾多元化解、社会稳定风险评估机制,着力构建信访化解大网络,推进政府依法行政、公民依法行为、信访问题依法处置,从根本上减少信访问题发生。严格落实安全生产责任制,加强食品药品质量安全监管,推进安全生产形势持续好转。

各位代表,保障和改善民生是政府义不容辞的责任。在此,我代表市政府向全市人民承诺,我们一定做到工作重点进一步向民生倾斜,财力物力进一步向民生投放,全面增进群众福祉,改善群众生活,让全市人民日子过得更加殷实、更加幸福!

四、切实加强政府自身建设

面对新的形势和任务,我们将以转变政府职能为核心,以提高行政效能为关键,以增强政府执行力和公信力为根本,着力建设人民满意政府。

一是深入解放思想,建设学习型政府。大力营造"学习者智、学习者强、学习者胜"的浓厚氛围,引导各级干部积极学理论、学政策、学先进,不断提高驾驭市场经济、应对复杂局面和推动科学发展的能力。健全学习培训制度,组织广大干部深入学习贯彻党的十八大精神,学习市场经济、政策法规、现代科学知识,做到认识上有新提高、工作上有新举措、实践上有新进展。

二是坚持依法行政,建设法治型政府。牢固树立法制理念,带头学法、守法、用法,坚决做到原则面前不打折扣、不搞变通、不越红线。进一步完善行政决策机制,把公众参与、专家论证、风险评估作为重大决策必经程序,推进依法决策、科学决策、民主决策。严格规范执法行为,坚决防止损害群众利益的问题发生。继续深化行政审批制度改革,精简和规范审批事项。积极推进政务公开,完善政府信息发布制度,提高政府工作的透明度。

三是强化人本理念,建设服务型政府。始终把群众满意作为政府工作的

出发点和落脚点,全心全意为群众办实事、谋福利。坚持问政于民、问计于民、问需于民,畅通联系群众渠道,完善市民旁听政府常务会议制度,善于听取社会各界的工作建议,虚心接受群众的批评意见。自觉接受市人大及其常委会的依法监督和市政协的民主监督,高质量做好人大代表建议和政协委员提案办理工作。

四是不断改进作风,建设务实型政府。认真执行中央、省委和市委关于改进作风的各项规定,大力开展以治理“庸、懒、散、奢”为重点的“改作风、抓落实、促发展”主题活动,着力解决群众反映强烈的作风问题。坚持对标管理,按照“全省争第一、全国创一流”的要求,盯紧排头、奋力赶超,营造真抓实干、争先创优的浓厚氛围。健全抓落实的工作机制,加强效能监察,严格行政问责,以扎扎实实的工作作风推动各项任务落实。

五是加强监督制约,建设廉洁型政府。全面推进惩治和预防腐败体系建设,强化对行政审批、招标投标、土地出让、政府采购等重点领域和关键环节的监管。深化廉洁自律教育,提倡艰苦奋斗,厉行勤俭节约,力戒铺张浪费,严格控制“三公”经费支出,加强对领导干部经济责任审计,严格查处各类违规违纪案件,确保干部清正、政府清廉。

各位代表、同志们,咸阳是一片成就梦想的热土。在中华民族伟大复兴“中国梦”的激励和感召下,我们一定会秉承秦人开放包容、敢为人先的胆略和气魄,始终坚持一言九鼎、真抓实干的作风,不断开创共建大西安、实现大跨越的新局面,为实现在西部率先全面建成小康社会的“咸阳梦”而努力奋斗!

附:

政府工作报告名词解释

1.《关中—天水经济区发展规划》:2009年6月10日由国家发改委颁布实施。关中—天水经济区是《国家西部大开发“十一五”规划》中确定的西部大开发三大重点经济区之一。

2.陕西省十强县:省政府每年对全省83个县进行综合测评和排位,对综合考核前十名的县域单位进行表彰奖励,授予“陕西省经济社会发展十强县”称号。2011年陕西省十强县是:府谷县、神木县、靖边县、高陵县、吴起县、志丹县、彬县、凤县、韩城市、安塞县。

3.主城区改造提升“3+6”工程:即“万亩水面、万亩绿林、万亩花卉”三万工程,“城市道路畅通、北塬新城开发、旧城改造提升、两河四岸规划建设、西咸交通对接、城市容貌提升”六大工程。

4.14个省市重点示范镇:即“兴平市西吴街道办、礼泉县烟霞镇、彬县新民镇以及长武县亭口镇”四个省级重点示范镇,“秦都区马庄镇、渭城区渭城街道办、淳化县润镇、武功县武功镇、乾县临平镇、永寿县常宁镇、三原县陵前镇、泾阳县云阳镇、彬县北极镇和旬邑县太村镇”十个市级示范镇。

5.渭河流域水污染防治三年行动计划:2012年,省政府制定出台了《渭河流域水污染防治三年行动方案》。根据这一《方案》,咸阳市计划实施96个项目用于渭河流域水污染防治,投资总额23.16亿元。

6.智慧城市:指借助物联网、传感网,在家居、路网监控、票证管理、数字生活等诸多领域,构建城市发展的智慧环境,形成生活、产业发展、社会管理的新模式和新的城市形态。

7.“三告别”工程:从2009年开始,全市决定用6年时间,对居住环境恶劣、生活困难的5.4万户21.3万群众实施“三告别”(告别土窑洞、告别危漏房和告别独居户)工程。

8.四大战略:工业主导、文化兴咸、生态优市、民生为先。

9.六个发展:坚持“四化”并举、推进统筹发展,坚持三产联动、推进协调发展,坚持科技支撑、推进转型发展,坚持区域协作、推进开放发展,坚持生态为重、推进绿色发展,坚持民生优先、推进和谐发展。

10.“12351”工程:即“12351”科技创新工程,是指组织实施100项重大科技产业化项目,培育200家成长性科技型中小企业,建设壮大30个科技产业示范基地,支持发展50个科技创新平台,打造100个科技创新团队。

11.国家级“两化”融合示范区:“两化融合”是指以信息化带动工业化、以工业化促进信息化,走新型工业化道路。2011年,国家工信部批准西安—咸阳为国家级“两化融合”试验区。

12.六大工业板块:彬长旬能化产业板块、乾礼泾现代建材产业板块、咸兴高新技术产业板块、泾河高端装备制造产业板块、沣西战略性新兴产业板块、兴礼泾三食品工业板块。

13.农业发展五大工程:粮食单产提高、果业提质增效、畜牧收入倍增、蔬菜设施栽培、百万亩杂果经济林等五大工程。

14.PIC生猪:PIC猪是当前市场上最受欢迎的种猪或商品猪之一。PIC五元杂交商品猪是充分利用配套系中母体和个体的杂交优势,集合各个品系优点培育的品种。

15.“五个一”工作机制:一个重大项目、一名市级包抓领导、一个牵头负责部门、一套服务措施、一个服务班子。

16.“一核三带多点”城镇体系:指以中心城市为核心,以西宝、福银、咸旬三条主要交通干线县城为纽带,以重点镇为支撑的“一核三带多点”扇形空间布局。

17.多城同创、城乡联创:从2005年开始,咸阳市开展了创建国家卫生城市、国家环保模范城市活动。2011年我市成功创建国家卫生城市,2012年国家环保模范城市通过环保部技术调研。2012年我市又启动了创建国家园林城市工作,已通过省级初审及国家申报。同时,为了把创建活动引向深入,逐步向县区和镇村延伸,使创建活动走向常态化、机制化。

18.平安建设“十大工程”:服务发展守护工程、维护稳定长城工程、严打整治净化工程、安全防范天网工程、基层建设强基工程、平安共建联创工程、流动人口融入工程、特殊人群回归工程、“两新”组织延伸工程、亮点示范辐射工程。

19.“三公”经费:指政府部门人员因公出国(境)经费、公务车辆购置及运行费、公务招待费。

大 事 记

1月

5日 “2012中国欢乐健康游”陕西启动仪式在咸阳市举行。咸阳市组织群众进行太极拳、健身操、秧歌等表演，举办了养生保健义诊、养生休闲体验、文物旅游大讲堂、西部帝王陵区域旅游合作联盟年等活动。

6日 咸阳市“十大孝子”、“十大孝媳”、“十佳公婆”颁奖典礼在陕工职院明德礼堂举行。

在北京召开的中国/联合国人口基金第七周期生殖健康/人口与发展项目启动会上，武功县被国家和联合国人口发展基金确定为第七周期性别平等与公共参与项目试点县。武功县是西北地区唯一一家。项目试点期限为5年(2011年~2015年)。

18日 省长赵正永带领省级相关部门负责人到西北一棉纺织股份有限公司，代表省委、省政府看望慰问纺织行业一线职工，他强调，各级政府一定要采取切实措施，尽心尽力调整好各种社会利益关系，使劳动者特别是低收入行业职工工资与全省经济发展同步增长。

29日 全市招商引资和“三查三进三解”(即查思想、查作风、查效能，进农村、进企业、进社区，解民忧、解民困、解民怨)主题教育活动动员大会在彩虹俱乐部举行，这是咸阳市连续10年在春节收假第一天举行招商引资和主题教育大会。

2月

6日 彬县首次实行高中学生免交学费，成为陕西省第五个、咸阳市首个实施十五年免费教育的县(市、区)。彬县连续五年，累计投资12亿元，实施了10大类139项校建工程，建设了教育园区、镇公办幼儿园等项目，在巩固提高九年义务教育成果、实现“双高双普”的基础上，落实了两免一补、蛋奶工程和学前一年免费教育，为全县广大学生和幼儿创设了优越的就学条件和环境。

7日 咸阳市投资980万元建成咸阳市突发公共事件卫生应急指挥中心，成为全省唯一完成市级突发公共事件卫生应急指挥中心建设的地级市。新建成的市突发公共事件卫生应急指挥中心，涵盖了1个卫生应急指挥大厅、1个突发事件新闻发布厅、2个突发事件卫生应急专家会商室、1个卫生应急值守室，并与咸阳市120指挥中心、110指挥中心和119指挥中心实现完全对接，能够实时监控到120急救车辆的动态信息，可以实现与120急救车辆的直接对讲，促进完善市卫生系统对各类突发公共事件的监测预警和应急处置。

14日 市委召开常委会议，研究加快现代产业体系建设和县域经济发展有关事项。

全市总投资247.82亿元的139个重点项目暨民生工程集中开工，全市重点项目和民生建设工作全面启动。

15日 全省2012年保障性安居工程建设项目集中开工仪式，在秦都区渭滨花苑保障性住房小区现场举行，咸阳市2012年27个保障性住房项目在13个分会场同时举行开工仪式。

20日 交通运输部集中连片特困地区交通扶贫规划工作布置会在咸阳市召开，贯彻落实中央会议精神和《中国农村扶贫开发纲要(2011年~2020年)》，结合新时期、新阶段扶贫开发工作新特点、新要求，组织编制新十年交通扶贫规划，动员部署集中连片特困地区交通扶贫工作，为未来十年交通发展提供有力支撑和保障。下午，交通运输部在咸阳市听取了全省连片特困地区交通扶贫工作情况汇报。

22日 省委、省政府2011年度目标责任考核总结表彰大会在西安召开，咸阳市被评为全省2011年度目标责任考核优秀单位，是全省2007年开展年度目标责任考核以来，在地级市中唯一一家连续五年获此项荣誉。

陕西咸阳500万头PIC商品肉猪生产基地建设项目在淳化启动。省农业厅和咸阳市将在北部果区淳化县、永寿县、礼泉县、彬县、长武县和旬邑县6县，实施500万头PIC商品肉猪生产基地建设项目。项目将利用5年完成，建立从曾祖代到父母代层次分明、功能齐全的PIC良种繁育体系，建立标准化规模育肥场为主体、万头村为辅助的生猪生产体系，建立屠宰、加工、销售等环节紧密联系的现代经营体系，形成上下贯通、左右相连的现代生猪生产基地。

23日 省委书记赵乐际深入到西咸新区秦汉新城渭河综合整治工地考察调研。他强调，要高度重视渭河整治，加大力度、保证质量、加快进度，加强绿化、美化和污染治理，建设安澜渭河、绿色渭河，打造关中生态长廊。

24日 中国共产党咸阳市第六届纪律检查委员会第二次全体会议、全市党风廉政建设责任制工作会议、市政府廉政工作会议召开。会议要求坚持标本兼治、综合治理、惩防并举、注重预防的方针，按照保持党的纯洁性要求，严明党的纪律，加强作风建设，强化监督检查，进一步优化发展环境，继续加大查办案件力度，着力解决反腐倡廉建设中人民群众反映强烈的突出问题，努力开创党风廉政建设和反腐败斗争新局面。

27日　在北京人民大会堂召开的全国双拥模范城(县)命名暨双拥模范单位和个人表彰大会上,咸阳市被全国双拥工作领导小组、民政部、解放军总政治部授予"全国双拥模范城"称号。武功县获"全国双拥模范县"称号。

29日　西咸新区沣西新城首批总投资30亿元的基础设施项目"十路二桥二泵站"(即秦皇大道、白马河路、兴咸路、康定路、天雄西路、文景路、兴业路、沣渭大道、红光大道、永平路,秦皇大道立交和白马河路立交,以及2个渭河泵站)开工建设。

3月

3日　西咸新区空港新城首批总投资162.68亿元的8个项目集中开工,标志着空港新城的发展由谋篇布局蓄势阶段正式转入全面建设阶段。

12日　咸阳市与冰岛雷克雅内斯贝尔市建立友好城市关系备忘录签字仪式在市政府举行。雷克雅内斯贝尔市市长阿尼·西格富松和市长姜锋共同签署咸阳市与雷克雅内斯贝尔市建立友好城市关系备忘录。

13日　西咸新区与中国联通战略合作协议签约仪式在北京举行。中国联通将投资约20亿元在沣西新城建设西北大区互联网数据基地项目,主要包括西北数据中心、呼叫中心和运营中心等,解决就业2万人以上。

19日　咸阳新兴纺织工业园管委会与西安工程大学签订产学研战略合作协议,同时聘请西安工程大学名誉校长、中国工程院院士姚穆为咸阳纺织产业发展顾问团首席专家、西安工程大学5位教授为顾问团专家。

国务院扶贫开发领导小组办公室在其官方网站发布《国家扶贫开发工作重点县名单》。永寿县、长武县、淳化县、旬邑县继续列入国家扶贫开发工作重点县,彬县调出,永寿县、长武县、淳化县为集中连片特殊困难地区范围内的国家扶贫开发工作重点县。

20日　由《中国作家》杂志社、市委宣传部、深圳宇宏集团主办的《中国作家》咸阳创作基地暨《中国作家》书画院咸阳分院,在宇宏·健康花城揭牌。

21日　10时55分,泾阳县口镇东曹村席继明采石场发生山体坍塌事故。经核实,此次事故共造成6人死亡,其中4人当场死亡,2人受伤后送医院抢救无效死亡。事故发生后,市委、市政府责成市安监、公安等相关部门和泾阳县即刻组成事故调查处置工作组,尽快查明事故发生原因,严肃追究相关监管人员责任,全力做好善后安抚工作。要求市级有关部门立即针对全市煤矿、采石场等场所及电力、交通等有关行业开展安全隐患大排查,坚决杜绝类似事故再次发生。

24日　历时3年多、投资近百亿元,陕西省和国家民航局"十一五"重点建设项目西安咸阳国际机场二期扩建工程竣工。至此,西安咸阳国际机场迈入3座航站楼、2条跑道运营的新时代。扩建后的西安咸阳国际机场,新建长3800米、宽60米的跑道,4F等级飞行区、3号航站楼、综合交通枢纽以及供电、供水、供油、消防等各类配套设施。工程投运后,西安咸阳机场航站楼总面积将达到45万平方米,停机位达到123个,2条跑道,可保证跨洋洲际飞行,供全球最大的空客A380飞机起降,能够满足年旅客吞吐量5000万人次的保障需求。

26日~29日　政协咸阳市六届四次会议召开。大会通过了政协咸阳市六届四次会议提案审查情况的报告、关于常委会工作报告的决议、关于六届三次会议以来提案工作情况报告的决议和政协咸阳市六届四次会议政治决议。

27日　市政府与陕西星王企业集团有限公司大型煤化工项目签约仪式举行。陕西星王集团在咸阳市建设的大型煤化工项目总投资446亿元,主要建设360万吨煤制甲醇、1000万吨煤焦化、100万吨煤焦油、140万吨烯烃等化工项目。首期建设68万吨甲醇制烯烃项目,投资118亿元,技术采用中国自主知识产权的DMTO(即以煤或天然气代替石油做原料生产乙烯和丙烯的技术)二代技术,项目建设期2年。

27日~31日　市第六届人民代表大会第四次会议召开。会议以举手表决的方式,接受裴育民辞去市人大常委会主任职务请求,接受赵庆明辞去市人民政府副市长职务请求。以无记名投票的方式,选举赵庆明为市六届人大常委会主任。大会通过了关于咸阳市人民政府工作报告的决议、关于咸阳市2011年国民经济和社会发展计划执行情况与2012年国民经济和社会发展计划的决议、关于咸阳市2011年财政预算执行情况和2012年财政预算的决议、关于咸阳市人大常委会工作报告的决议、关于咸阳市中级人民法院工作报告的决议、关于咸阳市人民检察院工作报告的决议。

31日　泾河新城总投资约800亿元,以秦龙现代生态智能创意农业园为龙头的30个重大项目集中开工建设,由此标志西咸新区泾河新城打造西安咸阳北部中心战略进入全面实施阶段。

市委召开常委会议,决定,在全市开展向呼秀珍和她的"雷锋家庭"学习活动。呼秀珍和她的"雷锋家庭",是咸阳市在深入推进学雷锋常态化活动中涌现出的一个先进典型。多年来,呼秀珍一家三代人,以雷锋为榜样,以家庭为纽带,爱岗敬业、助人为乐、无私奉献,创新进取,将在日常工作生活中践行社会公德、职业道德、家庭美德和个人品德,有机地统一到为人民服务的实践中,先后有5人次获省部级劳模和先进工作者称号,受到社会各界的广泛关注和赞誉。

4月

5日~9日　咸阳市组团参加第十六届中国东西部合作与投资贸易洽谈会。签约项目114个,总投资1651.87亿元,较上年增长30.82%。其中,合同项目108个,合同引进资金1558.01亿元,较上年增长46.84%;协议项目6个,协议资金93.86亿元。项目涉及能源、石化、机械、建材、食品、旅游、农业、商贸、基础设施、房地产等10多个产业领域。另外,内贸成交9348万元,涉及食品、电子元器件、汽车配件、水泥等产品。

11日~30日　第三届咸阳湖赏花节举办。赏花节以"展示和谐文明新咸阳"

为宗旨,宣传倡导“城市与自然和谐共生”的生活理念,实现“一泓碧水润古城,绿林鲜花满咸阳”的景象。在咸阳湖赏花节景区,150万株20个品种以上的名贵郁金香被布置成“生命之源”、“玉壶流醉”、“相依”等十余个花卉造型。7000余株樱花,采取点、线、面结合的方式,成行、成片栽植,错落有致,花开时节,“两边樱花夹驰道、落英缤纷铺满径”,烂漫似云霞,花香四溢。3万株40多个品种的牡丹,形成牡丹专类园,观赏面积8.67公顷,牡丹与樱花、郁金香互为呼应、步步有景、步移景移、各具特色。

11日　市长姜锋主持召开2012年“3+5”工程(即“三万工程”和城市道路畅通、北塬新城开发、旧城改造提升、两河四岸规划建设、西咸交通对接工程)项目进展情况汇报会,要求紧紧围绕建设现代新都市、和谐新咸阳目标,提升境界,创新理念,大手笔谋划,强力推进“3+5”工程实施,加快构建主城区“三城两带”格局。

12日　国家发改委编制的《陕甘宁革命老区振兴规划》(2012年~2020年)正式出台,规划范围包括8个地级市和9个县(市),咸阳市旬邑县、淳化县、长武县、彬县、三原县、泾阳县共六县纳入规划。

23日　呼秀珍和她的“雷锋家庭”先进事迹第三场报告会在彩虹俱乐部举行。市上领导和1000余名干部职工聆听报告。

25日　咸阳地理空间框架建设项目合作协议签署仪式在市政府举行,咸阳市与国家测绘地理信息局、陕西省测绘地理信息局携手,共建共享咸阳地理空间框架建设项目。

27日　咸阳市政府与国务院国资委在北京举行合作备忘录签字暨央企进陕发展活动启动仪式,促进央企在陕西开展新一轮战略合作。咸阳市共签订战略合作协议项目23个,引进资金1100多亿元。

28日　在2011年度陕西省县域经济社会发展表彰电视电话会议上,县域经济社会发展“十强县”、“五强区”等榜单出炉,彬县再次跨入陕西十强县行列,跃至全省第七位。

《咸阳经典旧志稽注》出版发行座谈会召开,9位相关专家围绕《咸阳经典旧志稽注》出版发行发言交流。《咸阳经典旧志稽注》历经两年的编排整理,由陕西出版集团三秦出版社出版,丛书共13个分册,310万字,含咸阳市13个县市区历史上具有代表性的旧县志15部,其中,明代2部、清代8部、民国5部。

5月

10日　以吉尔吉斯斯坦前总统奥通巴耶娃为团长的吉尔吉斯斯坦友好代表团一行来咸考察访问。

11日　省第十二次党代会第二次全体会议在西安陕西大会堂召开,会议选举出了陕西省出席党的十八大代表,选举出十二届省委委员、候补委员、省纪委委员。市委书记千军昌,市委副书记、市长姜锋当选省委委员。市委常委、市纪委书记刘曙阳当选省纪委委员。千军昌、张民席、常亚琼当选陕西省出席中国共产党第十八次全国代表大会代表。

12日　由咸阳师范学院和中国秦汉史研究会共同主办的关中古代陵寝文化暨秦汉历史文化学术研讨会举行。研讨会旨在进一步促进陕西关中古代陵寝文化与秦汉历史文化研究和交流,不断推动富有地域特色和时代特征的学术研究与文化建构工作。

15日　市委召开常委(扩大)会议,传达学习省第十二次党代会精神,安排部署全市贯彻落实工作。会议指出,全市各级要充分认识省第十二次党代会召开的重要意义,深刻领会和牢牢把握“推动科学发展,富裕三秦百姓,为全面建设西部强省而努力奋斗”的大会主题,深刻领会和牢牢把握过去五年改革发展实践取得的宝贵经验,深刻领会和牢牢把握大会确定的全面建设西部强省和“三强一富一美”的战略目标,深刻领会和牢牢把握经济建设、政治建设、文化建设、社会建设及生态建设的重点任务和主要措施,深刻领会和牢牢把握保持党的先进性和纯洁性的根本要求,动员带领广大干部群众以省党代会精神为动力,振奋精神,真抓实干,推动全市经济社会在新的历史起点上实现新的更大的发展。

全国五好文明家庭表彰暨家庭道德建设工作推进会在北京召开。咸阳市呼秀珍家庭获第八届“全国五好文明家庭”标兵户称号并作为受全国表彰的先进典型在大会上作了题为《在家庭道德建设中传承“雷锋精神”》的发言。

西北医疗器械(集团)公司的“西诺”注册商标被国家工商总局授予“中国驰名商标”称号。这是咸阳市企业商标首次获得此称号,也是国内口腔医疗设备行业唯一获得该项荣誉的企业。

21日　全省残疾人托养服务工作现场会在咸阳市召开。

24日　在青岛召开的全国“阳光家园”计划总结部署暨现场工作会议上,中国残联公布了首批全国“阳光家园”示范区和示范机构及第二批全国“阳光家园”示范创建地区和机构的名单,咸阳市被确定为第二批全国“阳光家园”示范创建地区。此次确定的全国示范区共20家,咸阳市是陕西省唯一的一家示范市。

6月

3日　在全国2012首届新兴产业发展创新论坛暨低碳经济推介成果发布活动会议上,旬邑县获“中国低碳经济示范县”称号。

5日　咸阳市首届“十佳环保爱心使者”表彰暨纪念“六五”世界环境日“绿色呼唤”文艺会演在彩虹俱乐部举行。

16日　中国人民大学、中山大学、厦门大学、华东师范大学、东南大学、北京外国语大学6所高校对口支援西藏民族学院文献信息网络建设研讨暨图书捐赠活动在西藏民族学院举行。

20日　咸阳市政务服务中心正式运行,27个政府职能部门在55个办事窗口,以“审批流程最优、审批手续最简、审批效率最高、审批速度最快”的办事效率,为企业和群众集中办理115项行政审批和便民服务事项。

25日　咸阳市河南商会举行成立大会。

咸阳市始终与河南籍的企业家保持着良好的协作关系。2011年，豫商在咸阳投资兴办各类企业68家，从业人员5万多人，咸阳豫商企业创造产值20多亿元，上缴税金约1亿元。

7月

3日 陕西省科协组织开展2012年度陕西省科普教育基地认定工作，咸阳市有郑国渠国家水利风景区、兴平市图书馆、陕西长武农田生态系统国家野外观测研究站、咸阳市环境科普教育基地、咸阳市渭城区华潮衡器展馆、永寿县图书馆、礼泉县靳宝善图书馆、昭陵博物馆、旬邑县博物馆、旬邑县唐家民俗博物馆、旬邑县青少年校外教育活动中心、泾阳县青少年活动中心、长武县气象局等13家单位被认定命名为省科普教育基地，在全省各地市中位居第一。

6日 全国首座煤矿通风瓦斯(乏风)发电厂在彬长大佛寺煤矿成功并网发电，这标志着中国煤矿通风瓦斯(乏风)利用和实现煤矿瓦斯"零排放"取得实质性突破。

10日～11日 全国煤炭建设工作座谈会在咸阳市召开。会议总结新世纪以来特别是"十一五"以来，煤炭建设领域改革发展经验，探索新时期煤炭建设工作思路，进一步推进煤炭结构调整，转变煤炭经济发展方式，提升煤炭工业发展的科学化水平。其间，与会代表参观了陕西煤业化工集团彬长矿业有限公司小庄、文家坡矿井、胡家河煤矿、大佛寺煤矿和新生能源公司、生产服务中心等重点建设项目。

12日 中共中央政治局委员、国务委员刘延东在咸阳市调研时强调，要认真学习贯彻全国科技创新大会精神，全面落实中央关于深化科技体制改革、加快国家创新体系建设的决策部署，充分调动地方、企业、高校和科研院所等各方面的积极性、主动性、创造性，切实把科技摆在优先发展的战略地位，推动创新型国家建设不断迈上新台阶、实现新跨越。

13日 全省第一个环保专业科技展馆——咸阳环境教育基地开馆，展馆每周二、周六免费向市民开放，团体预约后随时参观。

16日 总投资20亿元的西咸新区温商电器高端制造产业园在泾阳县开工建设。

省科技厅、金融办、财政厅等单位确定咸阳市为陕西省首批促进科技与金融结合试点区，成为首批试点的两个地级市之一。

30日 市委六届三次全体(扩大)会议召开。

8月

3日 全市创建工作大会在市委第一会议室举行，总结工作，表彰奖励先进集体先进个人，安排部署任务。会议指出，创建工作是迅速提升城市建设水平、优化人居发展环境、塑造对外良好形象的直接抓手和有效途径。市委、市政府在新的阶段提出多城同创、城乡联创，在巩固创卫成果，冲刺创模目标的基础上，启动国家园林城市创建。

7日 省长赵正永带领省级有关部门负责人，来咸阳市检查咸阳新兴纺织工业园建设情况，他强调，要紧紧抓住集中搬迁和园区建设这一重大机遇，着眼于长远发展，加快改造提升步伐，尽快形成新的竞争力，重新焕发纺织产业生命力。

20日 全省党史育人工作经验交流会在旬邑县召开。

22日 中国近代著名水利学家、教育家李仪祉纪念馆在泾阳县建成开馆。全国政协副主席陈宗兴、全国政协原副主席钱正英分别发来题词和贺信。省长赵正永宣布纪念馆开馆并为李仪祉雕像揭幕。

省发改委在咸阳市召开陕西咸阳化工产业园规划座谈会。参加会议的省有关厅局处室负责人充分肯定了园区建设的思路和发展条件，并就园区选址以及安全、地质、环保、水资源、交通等条件以及电力保障、资源储量等方面提出了好的意见和建议，并表示全力支持陕西咸阳化工产业园建设。

27日 市委召开常委会议，研究审定《关于推进统筹城乡发展、加快城乡一体化进程的实施方案》、"三告别"工作总结表彰、《关于进一步完善市县财政体制的意见》等事项。

30日～31日 根据《国家环境保护模范城市创建与管理工作办法》的相关要求，省级预评估工作组来咸对咸阳市创建国家环保模范城市进行省级预评估，咸阳市顺利通过。

9月

1日 国务院下发批复，同意咸阳高新技术产业开发区正式升级成为国家级高新区，从而使咸阳高新区的发展上升到了国家战略层面。

投资2200多万元实施的彬县玉祥CNG(压缩天然气)加气站已投入试运行，这标志着北部五县有了首家CNG汽车加气站。

永寿县在国务院召开的全国三北防护林四期工程总结表彰暨五期工程启动大会上，被授予"三北四期工程生态建设突出贡献奖先进集体"称号。

5日 咸阳市教育局被国务院表彰为"两基"工作先进单位。

10日 中国共产主义青年团咸阳市第五次代表大会在彩虹俱乐部召开。大会全面落实市第六次党代会精神，回顾工作，研究任务，选举产生共青团咸阳市第五届委员会。

17日 全市推进统筹城乡发展加快城乡一体化进程暨"三告别"工作总结表彰会召开，贯彻落实市委、市政府关于推进统筹城乡发展、加快城乡一体化的一系列决策部署。市委、市政府坚持把实施"三告别"工程作为造福贫困群众、改善农村民生的战略任务，集全市之智谋划、举全市之力推进，取得了显著的成效。共使10个县的5.4万户22万贫困群众告别了土窑洞、危漏房和偏远山沟，其中1.29万户特困群众住进了新居、摆脱了贫困，分别为任务户数的100.2%和107.5%，实现了6年任务3年完成的目标。

18日 2012年度西北土地利用与管理形势观测点(陕甘宁片区)工作座谈会及培训会在咸阳市召开，贯彻国家土地总督察指示精神，通报工作进展情况，表彰先进单位先进个人,开展观测点业务培训。

20日　咸阳市创建国家园林城市省级初审会举行,经过专家组技术评估通过省级初审。

22日　生猪养殖世界第三、亚洲第一的广东温氏集团与陕西淳化县正式签订百万头生猪一体化养殖项目协议,总投资15亿元的106万头生猪养殖项目落户淳化。

25日　西咸立体城市项目签约仪式暨全球设计招标会在西安举行。此项目是西咸新区新型城市化建设的重点项目,总用地3.81平方千米,投资总额约300亿元,综合容积率将达到4.0以上,其中核心区1.57平方千米为集中建设区,将建设约600万平方米的建筑面积,容纳居住人口10万~15万人;解决3万~4万人的就业,南北两侧2.22平方千米主要为景观生态缓冲区,并结合场地特色发展新型农业,打造区域知名的现代农业示范基地。

陕西中医学院隆重举行建校60周年暨本科教育53周年庆祝大会。全国人大常委会副委员长桑国卫题词"传承岐黄、博学致远"。全国政协副主席张梅颖、国家人口和计划生育委员会主任王侠等发来贺信。

26日　全省民企进陕发展推进大会暨重点项目签约仪式在西安市举行。咸阳市共签约项目77个,签约资金469亿元。

中国民主促进会咸阳市第四次代表大会召开,听取并审议民进咸阳市第三届委员会工作报告;选举产生民进咸阳市第四届委员会和民进陕西省第十次代表大会代表。党新安当选新一届民进咸阳市委会主任委员。

27日　咸阳高新技术产业开发区建设动员大会暨授牌仪式,在西安陕西省科技资源统筹中心隆重举行,至此陕西省国家级高新区已达到6个。根据国务院的批复精神,高新区实行现行的国家高新技术产业开发区政策,按照布局集中、产业集聚、用地集约、特色鲜明、规模适度、配套完善的要求,努力成为促进技术进步和增强自主创新能力的重要载体,成为带动区域经济结构调整和经济发展方式转变的强大引擎,成为高新技术企业"走出去"参与国际竞争的服务平台,成为抢占高新技术产业制高点的前沿阵地。

28日　咸阳市在陆军预备役第一四一师射击场(兰池大道)举行"秦剑2号"反恐怖演习暨十八大安保誓师大会。

25日~29日　2012全国赛艇锦标赛在咸阳湖举办。解放军、北京、山东、浙江、湖南、陕西等22个省市区的代表队参加,比赛分为男、女单人双桨,男、女双人双桨,男、女八人单桨有舵手等18个小项,和奥运会对口项目有14项,有运动员、教练员和工作人员923人,参与比赛和训练的赛艇307艘。陕西省有48名运动员、16艘赛艇参加12个项目的角逐。山东队共获得女子四人双桨、女子四人单桨、男子八人单桨有舵手等6个项目的冠军,广东队获得男子四人单桨等5个项目的冠军,陕西队获得两项比赛的冠军。

10月

8日　市委召开常委会议,传达学习省委、省政府《关于省市共建大西安加快推进创新型区域建设的若干意见(征求意见稿)》和省委书记赵乐际在省委常委会上的重要讲话精神、中省领导关于在咸阳国家级高新区建设动员大会暨授牌仪式上的重要讲话精神,部署四季度经济工作,安排当前社会稳定、宣传思想和舆论导向工作。

9日　全省县级党政领导优先发展教育彬县现场会召开。会议要求认真学习贯彻全国教师工作和"两基"工作总结表彰大会精神,进一步夯实县级党政领导责任,加强战略谋划,找准工作定位,注重统筹协调,推动教育优先发展、均衡发展,加快建设教育强省步伐。

9日~10日　省委书记赵乐际深入礼泉县和兴平市调研。他强调,要抢抓发展机遇,同步推进农业现代化和县域工业化、城镇化,保持势头、促进和谐、建设绿色、增收富民、抓好党建,推动县域科学发展上台阶。

10日　民革咸阳市第五次代表大会召开,大会听取和审议民革咸阳市第四届委员会工作报告;选举产生民革咸阳市第五届委员会和民革咸阳市第五次代表大会代表。市政协副主席、民革市委会主委李忠贤受民革咸阳市第四届委员会委托作工作报告。陈永慧当选为新一届民革咸阳市委会主任委员。

11日~12日　全省廉政文化建设示范点暨廉政教育示范基地工作现场会在旬邑县召开。会上,马栏革命纪念馆等9个场馆被命名为陕西省第二批廉政教育示范基地,中共旬邑县纪委等5个单位介绍经验。

12日　市红十字会第一次会员代表大会召开,审议过去五年工作,明确目标任务,选举产生新一届理事会。

18日　《永寿县志(1990~2005)》首发式在永寿县举行。《永寿县志(1990~2005)》由陕西人民出版社出版发行,是咸阳市出版的第一部二轮县级志书,也是全省出版的第四部二轮县级志书。全书28编101章132万字,以图文并茂的形式,集中反映了1990年至2005年间,永寿县政治、经济、文化及社会诸方面的发展历程,全面展示了改革开放以来,永寿县经济社会发展取得的成就,为人们了解永寿、认识永寿提供丰富翔实的地情资料。

23日~24日　全省县域工业集中区创新发展现场会在兴平市召开。总结通报全省县域工业集中区发展情况,交流推动县域工业集中区建设和发展经验,安排部署促进工业集中区创新发展工作。

24日　投资约24亿元的陕西统一企业有限公司建厂奠基仪式在位于礼泉县城东的食品工业园区举行。陕西统一企业有限公司由统一企业(中国)投资有限公司与郑州统一企业有限公司共同出资组建,为外商独资企业,建设内容为茶、果汁饮料和方便面生产项目,工程规模为新建8条饮料生产线,6条食品生产线,2条制瓶生产线。

29日　咸阳市举行第三届"感动咸阳"道德模范颁奖典礼。经宣传发动、基层推荐、公示投票、评委评审等程序,卢效平等19人获第三届"感动咸阳"道德模范称号,张思德电力服务队获敬业奉献集体称号。

咸阳市举办《咸阳化工产业园总体规划》专家论证会。咸阳市拟在礼泉西张堡镇和烽火镇区建设咸阳化工产业园区，加快资源深度转化步伐，延长产业链条，同时承载西咸主城区化工企业扩能搬迁，促进咸阳市能化产业集群化、园区化、规模化发展。

30日　由咸阳市委、市政府支持创办，市委宣传部主导建设的蝌蚪网——中国咸阳学习型城市云平台建设项目正式启动。蝌蚪网具有开放的图书馆、公共的阅览室、海量的数据库、学习的云平台四大基本功能，以学习型党组织、机关、企业、社区、村镇、家庭等六大群体为主要服务对象，充分利用云计算、决策分析优化等信息技术，通过网络基础资源整合和网络信息资源共享。

全省学前教育三年行动计划现场推进会在三原县召开，会议全面总结成绩，查找问题，交流经验，推动全省三年行动计划目标任务全面完成。

农业部确定咸阳市为全国农业机械化示范区，这是陕西省唯一、全国第二个地市级国家农业机械化示范区。

11月

1日　咸阳市第三次归侨侨眷代表大会召开。大会审议通过了市侨联二届委员会工作报告的决议，选举产生了新一届侨联领导班子，表彰了咸阳市明星侨资企业、优秀侨资企业家、全市侨务工作先进集体和先进个人。会议选举李晓华为新一届侨联主席。

5日　咸阳社会主义学院揭牌仪式暨首期党外干部培训班开学典礼举行。咸阳社会主义学院实行与市委党校、行政学院"一校两院"三位一体的办学格局。

6日　咸阳市召开北塬新城规划汇报会，征求对北塬新城规划的意见。

9日　中华思源扶贫工程咸阳示范点竣工仪式在乾县峰阳镇朱家坪村举行。

16日　咸阳市召开全市领导干部大会，传达学习党的十八大精神。十八大代表、市委书记千军昌向与会者传达中国共产党第十八次全国代表大会精神，会议由市委副书记、市长姜锋主持，十八大代表常亚琼、张民席在主席台就座。赵庆明、李效民、卫华、赵润民、刘曙阳、惠进才、唐利如、赵宽兴、马俊民等在家市上领导参加。

20日～24日　咸阳市组团参加第十九届中国杨凌农业高新科技成果博览会。咸阳展团共签约项目61个，总金额116.6亿元。3个产品获后稷特别奖，10个产品获后稷奖。咸阳展团被组委会授予优秀组织奖、优秀展示奖和优秀成交奖。

21日　9时40分，兴平市莽山路福瑞花园小区发生天然气采暖锅炉房爆炸事故，事故造成6死1伤。事故发生后，市委书记千军昌，市委常委、常务副市长赵润民，副市长刘印生立即带领市安监、公安、质监、卫生、应急、消防等部门主要负责人赶赴事故现场，指导救援。正在外地招商的市长姜锋得知情况后，立即打回电话，要求全力以赴抢救受伤人员，切实做好善后处置工作。同时，兴平市委、市政府主要领导第一时间赶赴事发现场，组织开展抢险救援。

22日　咸阳博物院建设工程在秦遗址塬下破土动工。咸阳博物院建设工程是咸阳市文化惠民重大工程，主体由国家科技成就奖获得者、中国工程院首批院士、著名建筑学大师张锦秋主持设计，建筑总体以北斗七星布局，传统与现代融合的风格，组块贯连的建筑结构形式，按照"渭水贯都，以象天汉，横桥南渡，以法牵牛"的理念，以秦代宫殿建筑为意向，采用现代的手法设计。咸阳博物院总建筑面积37170平方米，投资约8亿元，计划3年建成。

26日　市委常委会议专题学习贯彻十八大精神，审定咸阳市贯彻省委、省政府《关于省市共建大西安加快推进创新型区域建设的若干意见》的意见。会议要求，要紧紧围绕"共建大西安"这一战略目标，理清工作思路，发挥自身优势，坚持错位发展，加快结构调整步伐，推动产业转型升级，全力构建以新型工业为主导、现代农业为基础、现代服务业为支撑的现代产业体系，不断增强区域经济综合实力。

30日　省委副书记、省长赵正永到咸阳市就省市共建大西安工作进行调研。他强调，咸阳要以十八大精神为指导，明确咸阳融入大西安的战略定位、基本要求和要处理的"四个关系"。抓住机遇，顺势而上，实现跨越发展。

12月

3日　省科技厅与咸阳市政府建立科技工作会商制度，并举行第一次会商会议。市委书记千军昌出席并致辞。市长姜锋和省科技厅厅长奚正平签署《议定书》。会议围绕共同推进咸阳高新区建设和发展特色产业基地、推进科技与金融结合试点工作、推进农业科技创新和现代农业示范、推进咸阳科技创新服务体系建设、支持咸阳市创建国家创新型城市工作等内容进行。

3日～11日　国家农发办综合检查组全面检查了咸阳市2011年度农业综合开发项目和资金的实施执行情况，议定通过国家综合检查。

4日　总投资约3.3亿元的陕西九洲再生资源有限公司废弃电子物拆解处理生产线，在礼泉县再生资源产业园区建成试运行。项目填补了全省废弃电子物自动化拆解处理空白，是全省规模最大、综合处理能力最强、自动化程度最高、科技创新最多的废弃电子物拆解处理生产线。

5日　全省应急值守综合应用系统现场会在咸阳市召开。

第十一届（2012）中国政府网站绩效评估结果发布暨经验交流会在人民大会堂举行。根据会议发布的2012年中国政府网站绩效评估结果，咸阳市门户网站位列全国296个地市级政府网站第九名。这是市政府门户网站继2010、2011两年跃升全国地市级政府网站第九名后，第三次稳居全国十强。

6日　全省县乡道路交通安全监管工作现场会在武功县召开，研究分析道路交通安全形势，总结推广武功县在县乡道路交通安全管理方面的成功经验和做法，切实推进各地县乡、校园周边道路及客运、农机等车辆安全管理。

7日　陕西省暨咸阳市青少年教育基地——金池革命旧址揭牌仪式在彬县龙高镇金池革命旧址举行。

12 日　全省大学生村官工作会议在咸阳市召开,会议要求认真贯彻党的十八大和全国大学生村官工作会议精神,不断提高大学生村官工作制度化、规范化水平。

14 日　全国加强基层动物检疫工作现场经验交流会在咸阳市召开,推广咸阳加强基层动物检疫“六个一”(即一把手负责、一条龙管理、一链式发展、一统化建设、一流化队伍、一体化模式)工作机制,总结部署全国动物卫生监督工作。

17 日　召开全市领导干部大会,专题传达学习习近平总书记《在中央政治局会议上关于改进工作作风密切联系群众的讲话》《十八届中央政治局关于改进工作作风密切联系群众的八项规定》,中央办公厅、国务院办公厅《贯彻落实〈十八届中央政治局关于改进工作作风密切联系群众的八项规定〉实施细则》的通知等有关文件精神。

18 日　亭口水库工程大坝围堰合龙截流成功,亭口水库进入全面建设期。

19 日~21 日　咸阳市第六届人民代表大会第五次会议在咸阳彩虹俱乐部召开。会议通过《咸阳市第六届人民代表大会第五次会议选举办法》,选举产生 65 名咸阳市出席陕西省第十二届人民代表大会的代表。

陕西延长石油西北橡胶有限责任公司举行成立大会。延长石油集团是中国西部地区规模最大的省属企业和全国财政贡献最大的地方企业。西北橡胶厂成立于 1959 年,2008 年加入延长石油集团以来,抓老厂改造、产品升级和子午轮胎项目建设,实现跨越式发展,为国家载人航天工程提供军品配套,民品远销欧美等地。

秦都区通过省发改委和省电力公司的“新农村电气化”验收考评,成为全省首个 A 类新农村电气化县(区)。

20 日　由市人力资源和社会保障局与咸阳日报社、咸阳广播电视台、咸阳教育电视台等市级媒体联合开展的全市 2012 年度“创业之星”评选揭晓,陈伟等 10 人被评为“创业明星”,郭天妮等 10 人被评为“创业标兵”。

24 日　在北京召开的首届全国社会主义新农村建设发展论坛暨全国社会主义新农村建设示范县镇成果发布会上,旬邑县获得“全国社会主义新农村建设示范县”称号。

26 日　全市领导干部党的十八大精神和构建现代产业体系推进经济社会发展轮训班开班。这次轮训分类分批进行,分别举办十八大精神及县域经济专题培训班、十八大精神及现代服务业专题培训班、十八大精神及城市建设专题培训班和十八大精神及现代工业专题培训班 4 个班次,县域经济专题班安排一天半学习,其他三个班次均安排三天半学习时间。

29 日　前期投资 50 亿元,西北地区最大的医药航母、科研中心,在国际上具有重要影响的医学研示范基地——第四军医大学医教研综合园区项目落户西咸新区秦汉新城。

(石忙刚　谢小英)

嘉气始降　(陈云龙　刻)

咸阳市十大科技新闻

一、咸阳高新区升级为国家高新区。经国务院批准，咸阳高新技术产业开发区正式升级成为国家高新区，从而使咸阳高新区的发展上升到了国家战略层面。

二、11月1日，咸阳市召开全市科技创新大会，总结咸阳市科技工作，安排部署推进全市科技创新工作，表彰全市科技创新先进单位和先进个人，成立咸阳市科技专家顾问团，出台《中共咸阳市委、咸阳市人民政府关于加快关中统筹科技资源改革，率先构建创新型区域的决定》。

三、2012年度全市专利申请量首次突破千件。全年专利申请量达1100余件，较上年增长了26%，位居全省地级市首位；全年技术合同交易额突破6亿元。

四、市科技工作体制机制不断创新。咸阳市被确定为省首批促进科技和金融结合试点市，在科技创新与金融创新结合模式上有了新突破；省科技厅与市政府科技工作会商制度正式建立，标志着厅市科技合作进入一个崭新的阶段。

五、市科技创新成果显著，一批科技项目被中省立项支持。2012年，咸阳市被陕西省科技厅确定为全省“十二五”制造业信息化科技工程重点城市和区域之一。申报的“反应性不抽出橡胶防老剂”等14个创新项目被科技部列入国家科技型中小企业技术创新基金立项，支持经费859万元。承担的省科技统筹创新工程计划(地方重大专项)“金属精密成型关键技术研究及产品(群)开发”项目顺利实施。咸阳市科技项目获得省科学技术奖18项，其中一等奖3项，二等奖5项，三等奖10项，位居全省地级市第一位。

六、市科技惠民工作取得较大成效。科技部、财政部2005年启动实施“科技富民强县专项行动计划”以来，三原县、礼泉县等6个县市区先后得到国家科技富民强县专项支持，累计获得国家资金资助1062万元；咸阳市申报的项目“基于计算机网络的重大心血管疾病、出生缺陷及地方病的防治管理”得到科技部、财政部2012年度国家科技惠民计划项目立项，支持经费1600万元。

七、市“千人进千社、千技惠千村”科技行动启动。一批基层农业科技特派员深入农业生产一线，进入农民专业技术合作社，提供“一对一”专业化农业科技服务，帮助农民解决生产中的实际问题。

八、一批拥有世界先进技术的生态保护工业项目落户咸阳市。国家首座煤矿通风瓦斯(乏风)发电厂在彬长大佛寺煤矿成功并网发电，这标志着中国煤矿通风瓦斯(乏风)利用和实现煤矿瓦斯“零排放”取得实质性突破；西北首家水泥企业脱硝工程在陕西声威建材集团公司建成投运，突破了水泥工业发展的环保瓶颈。为化工废物利用提供技术支撑的碳氢资源高效综合利用技术研究中心在兴化开工建设。

九、市科技创新政策巡回宣讲活动启动，全市第六届十佳科普明星产生。“菜单式”科技创新政策巡回宣讲活动正式开始，省科技厅副厅长许春霞作了题为《强化科技创新，支撑区域发展》的首场宣讲；赵世民、孙文雅、辛宝、毛强、何建虎、葛升群、李建国、张震晨、马芳林、董建平十人被评为咸阳市第六届十佳科普明星。

十、市农业科技工作成果显著。由市农科院、兴民种业、登峰种业选育的小麦新品种中麦349、玉米新品种糯玉118、陕单26通过国家审定，长旱58以公顷产9041.55公斤的最高纪录通过国审。秦优10号双低高产油菜新品种选育和泾渭茯砖茶产业化成功申报国家农业科技成果转化资金项目。

——摘自《咸阳日报》2013年1月4日第1版

XIANYANG YEARBOOK 咸阳年鉴

咸 阳 概 况

自然环境

地理环境 咸阳市地处陕西省关中盆地的中部,东与铜川市、渭南市为邻,西与宝鸡市接壤,北同甘肃省的庆阳市、平凉市毗连,南接西安市,南北长149.4千米,东西宽139.7千米,总面积10189.4平方千米。咸阳市地势北高南低,呈阶梯状,高差明显,界限清晰,黄土高原、平原居主导地位。东北部的石门山峰海拔1826米,为全市最高点。全市最低处在东南部的三原县大程镇清河出境地,海拔366米。北部是黄土高原南缘的一部分,大体以泾河为界,西南部是黄土丘陵沟壑区,东北部是残原黄土沟壑和土石低中山,南部为渭河盆地,属关中平原的一部分,地势平坦,水土流失轻。盆地又可分为泾渭冲积平原和黄土台原,从北向南呈阶梯状分布。境内山系山脉集中分布在中北部,主要有子午岭余脉的马栏山、石门山,中部嵯峨山、笔架山、北仲山、九嵕山和五峰山自南而北依次排列。咸阳市农垦历史悠久,市境南部平原除栽培树种外,自然植被分布较少;渭北黄土高原上仅在旬邑县的马栏、石门山区保留一定面积的天然次生林,在淳化县北部的黄花山,泾阳县北部的嵯峨山、北仲山以及永寿县的槐平山区残存极少量的天然次生林,而绝大部分地方天然植被已被人工植树所代替。森林覆盖率为17.5%。地形地貌南北迥然不同,立地条件相异,从而形成各类光、热、水、土组织类型,是发展综合农业的优良基地。

水资源 ①境内水资源主要由河川径流和地下水所组成。全市多年平均自产地表径流5.43亿立方米,地下水不重复量3.66亿立方米,另外还有入境客水量60.79亿立方米。大气降水量是地表径流及地下水补给的主要来源之一。年平均降雨量567.9毫米,年降水总量58.60亿立方米。境内年降水量的分布呈南少北多之势。②河流水系属黄河流域渭河水系。渭河干流从南缘流过,在市境汇入的主要支流有漆水河、新河、沣河、泾河、石川河,其中泾河最大,形成了泾河、渭河两大水系。市内10平方千米以上的河流和沟道有158条,100平方千米以上的河流有26条。③地下水资源南富北贫。南部潜水是地下水的主要部分,分布广泛,但富水程度差异较大。潜水埋藏浅,易于开发,循环交替快,易于调蓄。由于连续干旱,地表水供给不足,地下水开采过度,致使有的河流和池塘干涸,地下水位持续下降。全市水资源人均占有量和耕地平均占有量较低,分别为全省的20.5%和18.53%,在全省十地市中排第九位。过境客水较多,但利用难度较大。地表水与地下水分布极不平衡。

土地资源 全市土地总面积101.89万公顷,按地貌特征可分为土石山地、丘陵地、原地和川道地四大类。属暖温带半湿润落叶阔叶林灌丛褐土带向北部暖温带半干旱草原黑垆土带的过渡地区。北山以北属黑垆土带,北山以南属褐土带。有效灌溉面积约占全省的五分之一,主要分布在南部各县市区。全市土地资源南北差异较大,经济发展水平自南向北逐渐下降。南部土地条件较好,地势平坦,土壤肥沃,垦殖指数高,农业相对发达。北部以黄土高原丘陵沟壑为主,还有少量山地,垦殖指数低,林牧用地比重较大,土地资源的利用深度和农业发展水平较低。

生物资源 咸阳市气候温暖,雨量适度,地形复杂,土地广阔,为生物的繁衍提供了良好的条件。植物资源丰富,优势树种有辽东栎、山杨、白桦、油松等。大面积的人工林以刺槐为主,四旁绿化以杨树为主。林木总蓄积量为500万立方米。人工种草保留面积6.81万公顷。中草药资源比较丰富,开发历史悠久,已发现品种多达626种,分布遍及全市。野生药材138种,人工种植药材33种。此外,野生果类植物、野生油料植物、纤维植物、香料和化工原料植物等均有一定蕴藏量,但开发利用还很不充分。野生动物资源有鸟类14目30科140余种,兽类6目14科约40种。经济价值高的野生动物有狸、獾、鼬及鸣禽等。

矿产资源 境内已发现的矿产资源主要有煤、铁、石灰石、石英砂岩、陶土、油页岩及石油等,主要集中在北中部台坳区,其中经济价值最大的是煤炭资源。煤炭资源集中在彬县、长武县、旬邑县、淳化县、永寿县的部分地区。已探明储量为101亿吨,预测为150亿吨左右。煤种主要为不粘结煤、长焰煤,为中灰粉、低硫、低磷至中磷、低发热值至高发热值的低变质烟煤,是较好的动力煤和气化用煤。石灰石是咸阳市仅次于煤炭的主要矿产,储量非常丰富。主要分布在中部的乾县、永寿县、礼泉县、泾阳县、三原县境内的北部山地一带,东西延长75千米,质量佳、厚度大,储量估计有3000亿立方米。矿石的碳酸钙含量97%以上,氧化钙含量55%以上,是生产水泥、电石、轻质碳酸钙等产品和烧制石灰的优级矿石。

咸阳市四至坐标

表1

名称	最东		最西		最南		最北	
	坐标	所在地	坐标	所在地	坐标	所在地	坐标	所在地
咸阳市	109°10′30″ 34°42′09″	三原县大程镇冯家塬村	107°38′53″ 35°14′30″	长武县洪家镇下柳村	108°20′03″ 34°11′56″	兴平市桑镇永流村	108°37′27″ 35°32′41″	旬邑县马栏镇转角村
秦都区	108°47′51″ 34°20′28″	沣东街道办北营村	108°33′36″ 34°24′25″	双照街道办大魏村	108°41′05″ 34°14′13″	钓台街道办南米庄村	108°38′03″ 34°29′40″	马庄镇将相村
渭城区	108°57′28″ 34°25′17″	正阳街道办同仁村	108°40′06″ 34°28′44″	北杜镇杨家寨村	108°43′15″ 34°19′46″	中山街道办事处团结村	108°47′41″ 34°29′22″	底张街道办王村
三原县	109°10′30″ 34°42′09″	大程镇冯家塬村	108°46′21″ 34°47′24″	嵯峨镇小盘村	108°57′03″ 34°33′51″	城关镇新安寨村	108°55′28″ 34°50′31″	马额镇郝家村
泾阳县	108°58′22″ 34°29′24″	崇文镇北丈八寺村	108°29′42″ 34°43′37″	兴隆镇西苗村	108°57′57″ 34°26′40″	高庄镇聂冯村	108°31′03″ 34°44′23″	兴隆镇白马杨村
乾县	108°24′20″ 34°28′57″	灵源镇孝义村	108°00′15″ 34°26′25″	临平镇清水营村	108°21′34″ 34°19′33″	马连镇南上官村	108°16′24″ 34°45′15″	峰阳镇峰西村
礼泉县	108°41′46″ 34°32′54″	阡东镇临泾村	108°17′37″ 34°45′38″	南坊镇五峰村	108°22′13″ 34°20′49″	史德镇纪付村	108°21′06″ 34°50′03″	南坊镇大牌村
永寿县	108°21′06″ 34°50′03″	豆家镇和平村	107°56′41″ 34°51′14″	永平镇张良村	108°00′31″ 34°29′03″	店头镇坡龙头村	108°10′15″ 34°57′45″	永太镇张贺村
彬县	108°21′08″ 34°56′60″	龙高镇金池村	107°48′49″ 34°58′12″	韩家镇太光村	107°53′45″ 34°50′30″	底店镇西庙头村	108°07′31″ 34°17′09″	永乐镇永乐村
长武县	107°58′20″ 35°12′55″	相公镇东咀村	107°38′53″ 35°14′30″	洪家镇下柳村	107°51′50″ 34°59′39″	亭口镇冢丰村	107°44′13″ 35°18′44″	地掌镇汤渠村
旬邑县	108°52′13″ 35°19′40″	马栏镇杨家店子村	108°07′31″ 35°17′09″	底庙镇咀头村	108°21′18″ 34°56′58″	土桥镇东曹村	108°37′27″ 35°32′41″	马栏镇转角村
淳化县	108°49′16″ 34°48′01″	固贤镇咀头村	108°18′29″ 34°51′32″	胡家庙镇御泉堡村	108°41′06″ 34°42′56″	石桥镇刘家硷村	108°34′45″ 35°02′36″	铁王镇安子洼村
武功县	108°19′42″ 34°20′31″	长宁镇东马村	108°00′47″ 34°25′53″	游凤镇苟家坡村	108°14′38″ 34°12′09″	小村镇梅花村	108°06′29″ 34°26′34″	苏坊镇铁陈村
兴平市	108°37′19″ 34°15′32″	阜寨镇段家村	108°17′49″ 34°14′43″	桑镇苟家坡村	108°20′03″ 34°11′56″	桑镇永流村	108°32′38″ 34°26′53″	店张街道办事处北堡子村

咸阳市的最高最低点海拔和位置信息表

表 2

名　称	最　高　点			最　低　点		
	坐　标	高程(米)	所在地	坐　标	高程(米)	所在地
咸阳市	108°34′48″ 35°04′54″	1826	旬邑县清塬镇石门村	109°08′59″ 34°38′45″	366	三原县大程镇大程村

咸阳市海拔分段面积表

表 3

单位:平方千米

名　称	<500 米	500–1000 米	1000–1250 米	1250–1500 米	1500–2000 米	2000–2600 米	2600–3000 米	3000–3500 米	>3500 米
咸阳市	2005.6	3645.8	2888.7	1141.9	507.4				
秦都区	218.6	40.8							
渭城区	261.9	6.9							
三原县	300.4	273.3	2.5	0.4					
泾阳县	533.6	206.4	24.7	11.4	0.7				
乾　县	0.5	961.1	34.6	3.4					
礼泉县	95.9	726.9	175.9	12.6					
永寿县		285.0	475.8	127.1					
彬　县		267.0	779.1	135.0					
长武县		136.8	426.7	6.8					
旬邑县		34.5	535.5	725.5	478.9				
淳化县		401.1	433.9	119.7	27.8				
武功县	207.3	184.8							
兴平市	387.4	121.2							

咸阳市行政区划面积、平均海拔、平均坡度及东西、南北长度表

表 4

名　称	面积(平方千米)	平均海拔(米)	平均坡度(度)	东西长度(千米)	南北长度(千米)
咸阳市	10189.4	890	9.9	139.7	149.4
秦都区	259.4	439	0.6	21.9	28.5
渭城区	268.8	439	1.1	26.6	17.8
三原县	576.6	518	4.2	37.0	30.8
泾阳县	776.8	521	4.9	44.0	32.4
乾　县	999.6	709	4.8	36.9	47.5
礼泉县	1011.3	721	7.1	37.0	54.1
永寿县	887.9	1067	12.9	37.2	53.1
彬　县	1181.1	1098	15.3	49.2	49.3
长武县	570.3	1079	13.5	29.5	35.3
旬邑县	1774.4	1358	18.1	67.7	66.2
淳化县	982.5	1060	12.5	47.0	36.3
武功县	392.1	491	1.5	29.0	26.6
兴平市	508.6	448	0.7	29.9	27.7

咸阳市坡度分段面积表

表5　　　　　　　　　　　　　　　　　　　　单位：平方千米

名　称	3°以下	3°-8°	8°-15°	15°-25°	25°以上
咸阳市	4723.3	1428.5	954.9	1594.7	1488.0
秦都区	251.9	7.2	0.3		
渭城区	248.5	17.4	2.6	0.3	
三原县	414.4	56.2	47.9	40.3	17.8
泾阳县	593.7	60.3	26.1	35.5	61.2
乾　县	644.7	198.8	58.4	54.8	42.9
礼泉县	569.0	169.5	85.3	98.3	89.2
永寿县	200.8	212.2	127.7	193.3	153.9
彬　县	263.0	181.4	156.9	286.8	293.0
长武县	180.7	74.5	70.1	127.6	117.4
旬邑县	274.1	158.1	231.9	569.3	541.0
淳化县	242.1	242.9	140.8	185.9	170.8
武功县	352.5	30.8	5.5	2.5	0.8
兴平市	487.9	19.2	1.4	0.1	

注：以上表格根据《陕西基本地理省情(2011)》整理

气候气象　咸阳市地处暖温带，属大陆性季风气候，四季冷热干湿分明，气候温和，光、热、水资源较丰富，有利于农、林、牧、渔各业发展。全年平均降水量为537毫米～650毫米，全年平均温度9.0℃～13.2℃，全年太阳辐射为4.61×10^9焦耳/平方米～4.99×10^9焦耳/平方米。热量条件南北差异明显，年均气温南部一般比北部高4.2℃。累计年光照时数平均为2017.2小时～2346.9小时，6月、7月、8月3个月的日照时数占全年的32%左右，对夏收作物的成熟和秋作物的生长发育很有利。北部初霜来得早，终霜结束晚，无霜期为172天～205天；南部初霜来得晚，终霜结束早，无霜期为212天～223天。

2012年咸阳市气候影响评价　2012年咸阳市气候比较平稳。2011年11月至2012年1月，咸阳市降水偏多，气温正常，土壤墒情较好，对于小麦安全越冬比较有利。2月各地降水偏少，气温偏低，对于小麦返青无不利影响。3月平均气温正常，月降水量较常年偏少61%～99%。4月全市气温偏高2℃～3℃，降水量较常年偏少8%～94%，对小麦拔节、抽穗带来一定影响。5月全市平均气温16.1℃～21.3℃，大部县区较历年同期偏高1℃～2℃，降水量49毫米～70毫米，大部县区较常年同期偏多5%～40%，天气气候条件总体上有利于小麦成熟。6月全市平均气温20.3℃～26.6℃，大部县区较历年同期偏高1℃～2℃，降水量20毫米～86毫米，大部县区较历年同期偏少29%～82%，有利于小麦收割、晾晒，但不利于夏播出苗。7月平均气温21.6℃～27.6℃，北部正常年，南部偏高1℃，降水量36毫米～131毫米，北部大部偏多7%～33%，南部大部偏少8%～79%。8月全市平均气温19.8℃～25.5℃，北部大部偏低1℃，南部大部接近常年，降水量75毫米～140毫米，大部县区较历年同期偏多15%～31%。9月平均气温14.2℃～19.7℃，大部县区接近常年，降水量92毫米～143毫米，除兴平偏少3%外，其余各县较历年同期偏多7%～52%。10月全市平均气温9.0℃～14.6℃，大部县区较常年偏高1℃，降水量8毫米～20毫米，较历年同期偏少67%～88%。11月平均气温1.1℃～6.2℃，大部县区较历年同期偏低1℃～6℃，降水量4毫米～14毫米，较历年同期偏少34%～82%。从农业气象角度来看，气候变化使光、热、水匹配不够协调，2012年属农业气候一般年份。

气温分布　2012年，咸阳市年平均气温为8.9℃～14.1℃，北五县为8.9℃～11.5℃，旬邑、淳化分别偏低0.1℃和0.2℃，其余县区较历年偏高0.1℃～0.2℃。南部县区为12.1℃～14.1℃，除乾县偏低0.6℃外，其余各县区较历年偏高0.1℃～0.6℃。年内温度，4月、5月、6月、7月、10月偏高，1月、2月、8月、11月偏低。年极端最低气温出现在1月，北五县为-13.2℃～-20.5℃，南部县区为-10.4℃～-16.2℃。年极端最高气温出现在6月，北五县为32.4℃～35.5℃，南部县区为37.6℃～39.6℃。①冬季(2011年12月～2012年2月)平均气温：12月平均气温-3.1℃～1.0℃，大部县区接近常年；1月平均气温-5.9℃～-1.3℃，大部偏低1℃；2月平均气温-3.0℃～1.9℃，偏低1℃。②春季(3月～5月)平均气温：3月全市平均气温3.9℃～8.3℃，大部接近常年；4月平均气温12.5℃～17.4℃，大部偏高2℃～3℃；5月平均气温16.1℃～21.3℃，大部偏高1℃～2℃。③夏季(6月～8月)平均气温：6月平均气温为20.3℃～26.6℃，大部偏高1℃～2℃；7月平均气温为21.6℃～27.6℃，北部大部接近常年，南部大部偏高1℃；8月平均气温为19.8℃～25.5℃，北部大部偏低1℃，南部大部接近常年。④秋季(9月～11月)平均气温：9月平均气温14.2℃～19.7℃，大部县区接近常年；10月平均气温9.0℃～14.6℃，大部偏高1℃；11月平均气温1.1℃～6.2℃，大部偏低1℃～2℃。

降水分布　咸阳市2012年年降水量为384.2毫米～600.0毫米，除旬邑偏多3%外，其余各县少4%～23%。①冬季降水：12月4毫米～9毫米，大部偏多

13%~96%;1月8毫米~15毫米,大部偏多53%~170%;2月降水1毫米~4毫米,偏少61%~99%。②春季降水:3月全市降水8毫米~23毫米,大部偏少16%~89%;4月降水5毫米~38毫米,偏少8%~94%;5月降水49毫米~70毫米,大部偏多5%~40%。③夏季降水:初夏6月降水略偏少,降水20毫米~86毫米,大部偏少29%~82%;7月降水36毫米~131毫米,北部大部偏多7%~33%,南部大部偏少8%~79%;8月降水75毫米~140毫米,大部偏多15%~31%。④秋季降水:9月全市降水92毫米~143毫米,大部偏多7%~52%。10月全市降水8毫米~20毫米,偏少67%~88%。11月降水4毫米~14毫米,较历年同期偏少34%~82%。

日照分布 全年日照时数2011年12月1日至2012年11月30日,北五县为1874小时~2082小时,南部为1504小时~2118小时,除泾阳偏多6%外,其余各县区较历年同期偏少4%~20%。12月各县日照为89小时~157小时,各县区均较历年同期偏少;1月各县日照60小时~158小时,各县区较常年偏少;2月全市日照为52小时~139小时,大部县区较常年偏少。3月全市日照为112小时~161小时,大部县区均较常年偏少;4月全市日照为210小时~257小时,各县区均较常年偏多。5月各县日照时数为158小时~205小时,各县均较历年同期偏少;6月各县日照为144小时~259小时,除咸阳偏少外,其余各县均较历年同期偏多;7月各县日照144小时~228小时,除泾阳偏多外,其余各县均较历年同期偏少;8月全市日照为103小时~218小时,除泾阳正常外,其余各县均较历年同期偏少;9月全市日照为139小时~196小时,除武功偏少外,其余大部各县较历年同期偏多;10月全市日照为121小时~189小时,除淳化、永寿、乾县、泾阳、礼泉偏多外,其余各县均较历年同期偏少。11月全市日照为59小时~108小时,各县均较常年偏少43.1小时~95.1小时。

初终霜冻 初霜冻接近常年,北五县旬邑2012年10月中旬出现初霜冻。终霜冻结束偏早,各县区普遍在2012年4月中旬结束霜冻。

重大天气气候事件及影响 ①雾霾天气频繁,影响广泛:2011年11月~12月全市共出现大雾日数21天,分布范围广,主要在南部地区。全市11月~12月出现59站次大雾天气。大雾发生站次较常年同期偏多。其中能见度小于500米的大雾天气有25站次,能见度小于100米的大雾天气有12站次。11月16日大雾范围最广,有6站次,11月22日大雾强度最大。2012年1月出现大雾天气8天共19站次,能见度小于500米的大雾天气有8站次,能见度小于100米的大雾天气有3站次。11月22日,大雾致使西安咸阳国际机场能见度不足100米,无法达到飞行标准。西安咸阳国际机场进出港航班全部延误,机场启动航班大面积延误应急预案,滞留旅客约3000人。②夏旱:6月上、中旬咸阳市无明显降水,气温偏高,土壤水分蒸发较快,导致多地土壤墒情达重旱标准。虽28日~29日有一次降水过程,对缓解旱情起到一定积极作用,但仍有部分地区旱情依然持续。直到7月上旬,全市旱象才全部得以缓解。③高温:6月11日~13日咸阳市出现高温天气,南部地区有6个县最高温度超过35℃,其中武功县最高温度38.7℃,为武功县自1954年以来历史同期第三高温天气,仅次于1992年(39.3℃)和2011年(39.8℃)。④冰雹:6月18日,咸阳市旬邑县、彬县出现大风冰雹天气,雹粒直径0.5厘米左右,持续时间12分钟,造成2.6万人受灾,农作物受灾面积约3600公顷,绝收300余公顷,直接经济损失7400余万元。7月13日,北部部分地区出现冰雹,并造成一定的灾害,但受灾情况较往年偏轻。⑤暴雨:汛期强降水主要以局地性暴雨为主,未造成重大财产损失。其中7月7日~8日降水过程,礼泉、武功降雨量超过50毫米,出现暴雨天气。8月31日~9月1日降水过程,北部长武、彬县局地出现暴雨天气,此次过程最大降水出现在兴平南市镇,95毫米。8月8日永寿常宁镇出现降水量55.2毫米的局地强对流天气。9月7日~8日降水过程,礼泉、乾县降水量分别达51.5毫米和52.8毫米,出现暴雨天气。

气候影响专题评价 ①气候条件对冬小麦生产影响。播种至出苗:2011年9月~10月全市降水正常略偏多,土壤含水量好,基本保证冬小麦如期播种,顺利出苗。分蘖至越冬:2011年11月~2012年1月,全市降雨偏多,加之前期土壤底墒情较好,整体情况有利于冬小麦冬前分蘖和安全越冬,无旺长出现。2月降水偏少,但土壤墒情依然较好,冬小麦长势整体良好。返青至拔节:开春以后,降雨偏少,但秋播地区墒情适宜,有利于冬小麦生长,冬小麦整体长势良好。孕穗至抽穗:4月降水偏少,气温偏高,降水量偏少对其生长发育影响不大,整体气象条件有利于冬小麦生长。灌浆至乳熟:5月全市降水偏多,月平均气温偏高,有利于小麦灌浆乳熟。但由于多阴雨天气,对小麦后期成熟有一定影响,使冬小麦收获推迟。②气象条件对夏玉米的影响。播种至出苗:入夏以后,咸阳市气温偏高,降水偏少,对玉米出苗、农作物生长、果实膨大造成严重影响。出苗至拔节:7月上旬至7月下旬,咸阳市气温偏高,降水偏多,大部地区土壤水分墒情适宜。气温高加之土壤墒情良好,玉米苗情转化升级加快。拔节至开花:8月上旬,气温正常,降水偏少,整体条件有利于夏玉米生长。灌浆至成熟:8月中下旬,夏玉米陆续灌浆乳熟,由于降水偏多,影响夏玉米灌浆乳熟。9月降水偏多,使部分地区夏玉米晚熟。③气象条件对果品生产的影响。2012年1月咸阳市月平均气温比历年同期偏低1℃左右,温度偏低不仅使病虫越冬基数减少,而且使果树冬眠负积温有效增加,果树冬眠充足。同时造成果树发育期推迟,从而避免苹果花期冻害的出现,使中心花坐果率大幅提高。4月,苹果萌动开花期气温波动大,冷暖变化剧烈,对果花正常发育、开放有较大影响,但降温区域与花期相错,总体花期霜冻灾害影响不大。下旬以来气温升温较快,高温低湿天气使部分果园出现“穹花”现象,影响正常授粉、受精及幼果生长。5月,咸阳市降水适宜,光热资源充足,适合苹果生长。6月,主要果区作物生长大部分时段气温适宜,近中旬出现1次高温天气,但持续时间短、范围小,总体对果树影响不大。降水偏少,部分果区出现旱象,使苹果生长缓慢。6月18日,咸阳市旬邑县、彬县出现大风冰雹天气,雹粒直径0.5厘米左右,持续时间12分钟,造成2.6万人受灾,农作物受灾面积约3600公顷,绝收300余公顷,直接经济损失7400余万元。7月13日,北部部分地区出现冰雹,并造成一定的灾害,但受灾情况较往年偏轻。7月~8月,苹果进入二次膨大期,由于降水偏多,缩短伏旱持续时间,为苹果二次膨大创造条件。9月,果区光照条件好,气温较高,昼夜温差大,没有连阴雨,对果实着色成熟有利。④气象条件对其他方面的影响。2012下半年灾害性天气较多,夏旱、高温、冰雹、暴雨等灾害性天气不利于人们的日常生活、工作,对交通、建筑及室外作业带来一定影响。特别是对设施农业造成较严重的危害。全年日照偏少,对林业、蔬菜、园艺等部门生产造成一定困难。由于后半年降水偏少,对全市水库蓄水不利。

气候影响综述 2012年,咸阳市气候较平稳,气候灾害较少,气候总的趋势是朝着干暖化趋势发展。雾霾天气较多,对交通运输造成不利影响;6月出现夏旱,6月17日~18日北部部分地区遭遇一次冰雹天气。同时,整个汛期期间个别地区出现暴雨天气。虽然对农业生产造成一定不利影响,但均未造成重大财产损失。2012年秋季降水少,部分地区出现旱情,对小麦后期分蘖不利,给2013年小麦生产造成不利影响。冬季气温略偏高,降水略偏少。

(尹盟毅)

历史人文

建置沿革 咸阳市的政区建置,始于夏代。公元前21世纪,市境西部为有邰氏封地,东南部为有扈氏管辖地,北部为畎夷等原始氏族部落。商代,发展到邰、豳、程、犬方等方国。市区在市境东南部,西周为丰、镐二京近郊,东周时封于秦。公元前350年,秦孝公在此筑城立阙,因“地处九嵕山之南、渭水之北,山水俱阳”而得名。秦始皇统一中国后,在都城置内史,统辖关中各县。

内史、三秦、三辅 公元前221年,秦始皇统一中国、划一全国郡县时,咸阳周围因属京畿要地,由内史直接管辖。内史的辖境,按《史记》载:北至九嵕甘泉,南至户杜,东至黄河,西至千渭之交,奄有整个关中地区。其辖县在今市境内者有:咸阳、废丘、泾阳、好畤、漆、栒邑、云阳8县。还有属于北地郡的鹑觚县。秦末,项羽入关,废除郡县制,恢复分封制。将秦内史和上郡的部分地区分成雍、翟、塞3国,谓之“三秦”。今市区窑店以东属塞国,窑店以西属雍国。汉高帝二年(前205),刘邦“还定三秦”,消灭了3个封国之后,更秦内史地为渭南、河上、中地3郡。九年复为内史。武帝建元六年(前135),以长安为中心,分置左、右内史。长安以东为左内史,长安以西为右内史。太初元年(前104),改长安以东为京兆尹(京,大;兆,多。取高大众多之意),渭城以西为右扶风(取扶助风化之意),长陵以北为左冯翊(即凭依、屏翳,取凭借依仗其辅卫京师之意),谓之“三辅”。境内有右扶风的渭城、安陵、茂陵、平陵、槐里、漆、栒邑、好畤9县,左冯翊的池阳、谷口、云陵、长陵、阳陵、云阳6县。东汉初,右扶风治城迁至槐里,左冯翊治城迁至高陵,领县有所调整。撤渭城入长安,撤云陵入云阳、好畤2县,撤谷口、好畤入池阳县,撤漆县入武功。至此境内有右扶风及所辖的槐里、安陵、平陵、茂陵、武功、栒邑、漆7县,左冯翊的池阳、阳陵、云阳3县,京兆尹的长陵县,安定郡的鹑觚县。

州、郡 东汉末年,在关中及甘肃置雍州。三国魏又分河西为凉州,陇右为秦州;在关中,改京兆尹为京兆郡,右扶风为扶风郡,左冯翊为冯翊郡。又分扶风、安定2郡,在漆县置新平郡。将长陵、安陵2县并入京兆郡的长安县,阳陵并入京兆郡的高陆县(秦汉高陵县,因与曹操墓名相同而更名),平陵、茂陵2县并为始平县,云阳并入池阳县,池阳西部(今乾县地域)划入美阳县。这一时期,境内有扶风郡及所辖的槐里、始平、武功3县和美阳县地,新平郡及所辖的漆县、栒邑、鹑觚3县,冯翊郡的池阳1县。西晋,迁扶风郡治于池阳,在槐里置始平郡。分美阳置好畤县。改栒邑为汾邑,鹑觚改属安定郡。这一时期,境内有始平郡及所辖的槐里、始平、武功3县,新平郡及所辖的漆县、汾邑2县,安定郡的鹑觚县,扶风郡的池阳、好畤2县。东晋南北朝时期,境内先后经历前赵、后赵、前秦、后秦、北魏、西魏、北周等朝代更替,郡县废置繁杂。后赵太和二年(329)在关中复置雍州,分始平和长安,在故渭城置石安县。前秦苻健,又恢复司隶校尉,分京兆在长陵城置咸阳郡,在咸阳侨置灵武县。皇始二年(352),分池阳置泾阳县,在嵯峨山北置三原护军,以其地有丰原、孟侯、白鹿3原得名。北魏始光年间(424~428)在池阳县谷口置宁夷护军,遂分池阳置宁夷县。太延二年(436)改汾邑为三水县,太平真君七年(446)撤销始平郡,始平县改属扶风郡。撤销三原护军,改置三原县。皇兴二年(468)在漆县境内置白土县。太和十一年(487),分雍州置岐州,分扶风置武功郡,分泾阳北部在嵯峨山前置云阳县,分好畤置漠西县。熙平二年(517)分鹑觚置东阴槃县。正光年间(520~525)改北地郡为北雍州,在三原置建忠郡。西魏大统元年(535),升宁夷县为宁夷郡,分县南置新畤县,县北置甘泉县。后改宁夷为秦郡。大统十四年(548)分泾州新平郡置南豳州,在广寿原置广寿县。废帝时改南豳州为豳州,辖新平一郡。改东阴槃为宜禄县。北周迁扶风郡治于始平,撤槐里入始平县,分三原东部置华池县,撤宜禄入鹑觚县。明帝二年(558),在云阳县置云阳郡,在灵武县置灵武郡。建德二年(573)撤销建忠郡,三原改属冯翊郡。撤销秦郡新畤、甘泉合为宁夷县。灵武郡、县一并撤销。三年(574)撤销武功郡,美阳并入武功县,属扶风郡。撤好畤入漠西县。大象元年(579)改广寿为永寿县。至北周末,境内有咸阳郡及所辖石安、泾阳、宁夷3县,扶风郡及所辖始平、武功、漠西3县,豳州及所辖新平郡的白土、三水、永寿3县,云阳郡及所辖云阳县,冯翊郡的三原、华池2县,泾州平凉郡的鹑觚县。隋开皇三年(583),废除郡制。同时撤华池入三原县、撤石安入泾阳县。四年更白土为新平县,撤永寿入新平县。九年(589)置州、县两级地方政区。十八年(598)改宁夷为醴泉县。分漠西置上宜县,改漠西为好畤县。大业三年(607)又改州为郡。撤好畤入上宜县。至隋末,境内有京兆郡的始平、武功、醴泉、上宜、三原、泾阳、云阳7县,北地郡的新平、三水2县,安定郡的鹑觚县东北部。

道(路)、府　唐代,在关中设京畿道,道下置府、州、县。武德元年(618)分泾阳、始平置咸阳县,二年分醴泉置好畤县,分新平置永寿县。贞观二年(628)分新平、保定、鹑觚置宜禄县。文明元年(684),分好畤、醴泉、始平、武功、永寿在唐高宗乾陵处置奉天县。景龙四年(710)改始平为金城县。开元十三年(725)因豳州的"豳"字与"幽"字形相近,易混淆,改为邠州。至德二年(757)改金城为兴平县。至唐末,境内有京兆府的咸阳、三原、泾阳、醴泉、云阳、兴平、武功、好畤、奉天9县,邠州及所辖的新平、三水、永寿、宜禄4县。公元895年,李茂贞割据凤翔,在奉天县置乾州,领奉天一县。在华原县置耀州。后唐同光元年(923),三原、云阳划归耀州。五代末,境内有京兆府的咸阳、兴平、泾阳、好畤、醴泉、武功6县,耀州的三原、云阳2县,乾州及所辖奉天县,邠州及所辖新平、三水、永寿、宜禄4县。北宋在陕西及甘肃部分地区置永兴军路,下辖4府、5军、15州、90县。淳化四年(993),分云阳北部在梨园镇置淳化县,以淳化年号命名。熙宁五年(1072)撤销乾州,以奉天属京兆府。政和七年(1117),在奉天县置醴州,奉天还属醴州。北宋末,境内有京兆府的咸阳、兴平、泾阳3县,耀州的三原、云阳2县,邠州及所辖新平、宜禄、三水、淳化4县,醴州及所辖奉天、武功、醴泉、永寿、好畤5县。金代,改永兴军路为京兆府路,邠州改属庆原路。天德三年(1151),改醴州为乾州。大定二十九年(1189),为避金显宗允恭的音讳,改武功为武亭县。至金末,境内有京兆府的咸阳、兴平、泾阳、云阳4县,耀州的三原县,乾州及所辖奉天、醴泉、武亭、好畤4县,邠州及所辖新平、淳化、永寿、宜禄、三水5县。元代,在陕西置行中书省,改京兆府路为奉元路。邠州改省直属。至元元年(1264),改武亭为武功县。五年(1268),撤好畤入奉天县,又撤奉天入醴泉县。七年(1270),撤宜禄入新平县,撤三水入淳化县。元末,境内有奉元路的咸阳、兴平、泾阳3县,耀州的三原县,乾州及所辖醴泉、武功、永寿3县,邠州及所辖新平、淳化2县。明代,改奉元路为西安府。邠州、三原县、醴泉县改属西安府。成化十三年(1477)分淳化置三水县。万历十一年(1583),在邠州宜禄镇置长武县。明末,境内有西安府的咸阳、兴平、泾阳、三原、醴泉5县,乾州及所辖武功、永寿2县,邠州及所辖淳化、三水、长武3县。清代仍置西安府。雍正三年(1725),乾州、邠州改省直隶州。至清末,境内有西安府的咸阳、兴平、泾阳、三原、醴泉5县,乾州及所辖武功、永寿2县,邠州及所辖淳化、三水、长武3县。

督察区　1912年中华民国成立后,省下的地方政区,改为道、县两级。1933年撤销道制,只存省、县两级。1935年~1940年,陕西省先后在县以上设10个行政督察区。境内置有第十、第七两个督察区和第二、第九两个督察区的辖地。第十行政督察区,公署设咸阳县中山街(今市区中山街),辖咸阳、长安、泾阳、三原、兴平、蓝田、邠县、高陵、富平、临潼10县。第七行政督察区,公署设邠县县城,辖邠县、长武、乾县、永寿、醴泉5县。栒邑、淳化属第二行政督察区,武功属第九行政督察区。

特区、分区　1935年冬,中央工农红军长征到达陕北后,成立了苏维埃中央政府西北办事处。分原陕北革命根据地的陕甘边苏区栒邑县马栏镇设关中特区,辖新正、永红、赤水、淳耀四县。新正县址在栒邑县后掌乡杨坡头村,永红县址在今旬邑底庙镇郭村,赤水县址在今淳化县十里塬镇马家山,淳耀县址在今耀州区照金镇庙湾。1937年,关中特区改属陕甘宁边区。1937年9月,撤永红入新正县。赤水县址迁于栒邑县马庄桥,淳耀县址迁于淳化县南村乡安社村。1940年,关中特区改为关中分区。迁淳耀县址于淳化县秦河乡桃渠原。1941年,赤水县址又迁回马家山。至1946年,关中分区辖位于甘肃境内的新宁县和位于栒邑、淳化、耀县境内的新正、赤水、淳耀3县。1948年6月至1949年9月,关中各县相继解放。与此同时撤销关中分区,在市境设置三原、咸阳、邠县三个分区。三原分区,1949年5月设于三原县城,辖三原、泾阳、高陵、富平、耀县、铜川、淳化7县。咸阳分区,1949年5月设于咸阳县城,辖咸阳、长安、鄠县、盩厔、武功、兴平6县。邠县分区,1949年7月设于邠县县城,辖邠县、长武、栒邑、永寿、乾县、醴泉、麟游7县。

专区、地区　1950年5月,撤销三原、邠县分区,咸阳分区改为咸阳专区,辖咸阳、兴平、鄠县、盩厔、高陵、三原、泾阳、淳化、醴泉、栒邑、富平、耀县、铜川13县。乾县、永寿、邠县、长武、麟游、武功划归宝鸡专区。1952年12月分咸阳县城区置县级咸阳市。1953年撤销咸阳专区。咸阳市、咸阳县、邠县、铜川县由省直辖。三原、泾阳、高陵、富平、耀县划归渭南专区。盩厔、兴平、醴泉、淳化、栒邑划归宝鸡专区。1958年12月,咸阳县并入咸阳市。长武、栒邑并入邠县,永寿、醴泉并入乾县,高陵、泾阳、淳化并入三原县,扶风、武功并入兴平县。1961年恢复长武、栒邑、永寿、醴泉、泾阳、淳化、武功等县制。同年10月复设咸阳专区,辖咸阳市及兴平、鄠县、盩厔、高陵、三原、泾阳、淳化、醴泉、乾县、永寿、栒邑、邠县、长武13县。1964年9月10日,经国务院批准,改醴泉为礼泉、栒邑为旬邑、邠县为彬县。1966年,咸阳市划归西安市。1969年,咸阳专区改名咸阳地区。1971年咸阳市复属咸阳地区。

地级市　1984年,撤销咸阳地区,

咸阳市改为省辖市。将原地区所属的高陵、周至、户县划归西安市，将原宝鸡地区的武功县、杨陵区划归咸阳市。原县级咸阳市改为秦都区。地改市后，咸阳市境辖秦都、杨陵2区及武功、兴平、泾阳、三原、礼泉、乾县、永寿、彬县、长武、旬邑、淳化11县。1986年12月，以市区乐育路为界，分秦都区东部置渭城区。至此，咸阳市辖3区11县。1993年6月18日，经国务院批准，兴平撤县设市（县级市）。1997年7月，国务院决定建立杨凌农业高新技术产业示范区，示范区管委会为省政府直属派出机构，享有地市级行政管理权、省级经济管理权和部分省级行政管理权，不再隶属于咸阳市。

行政区划 按照省委、省政府《关于全面开展乡镇机构改革的指导意见》要求，2011年7月，咸阳市完成撤乡并镇工作。共撤并乡镇（撤镇设办）31个，全市乡镇数量由原来的182个减少为151个，其中建制镇126个，街道办事处25个。此轮共撤乡53个，其中并入镇的乡31个，设镇22个，撤镇设立街道办事处9个。咸阳市辖秦都区、渭城区、兴平市、武功县、乾县、礼泉县、泾阳县、三原县、永寿县、彬县、长武县、旬邑县、淳化县，共10县2区1市。全市共有126个镇、25个街道办事处。

2012年咸阳市行政区划一览表

表6

县市区	街道办事处和镇数	街道办事处和镇名
秦都区	12	马庄镇、人民路街道办事处、吴家堡街道办事处、西兰路街道办事处、古渡街道办事处、渭阳西路街道办事处、马泉街道办事处、陈杨寨街道办事处、钓台街道办事处、沣东街道办事处、渭滨街道办事处、双照街道办事处
渭城区	10	北杜镇、渭阳街道办事处、文汇路街道办事处、新兴路街道办事处、中山街街道办事处、正阳街道办事处、窑店街道办事处、渭城街道办事处、周陵街道办事处、底张街道办事处
兴平市	13	庄头镇、赵村镇、桑镇、南市镇、南位镇、阜寨镇、汤坊镇、丰仪镇、东城街道办事处、西城街道办事处、店张街道办事处、西吴街道办事处、马嵬街道办事处
武功县	8	普集镇、武功镇、苏坊镇、游凤镇、贞元镇、长宁镇、小村镇、大庄镇
乾　县	16	城关镇、临平镇、梁村镇、姜村镇、王村镇、薛录镇、马连镇、阳洪镇、注泔镇、灵源镇、阳峪镇、峰阳镇、新阳镇、周城镇、大杨镇、梁山镇
礼泉县	12	城关镇、史德镇、骏马镇、西张堡镇、阡东镇、烽火镇、烟霞镇、赵镇、昭陵镇、叱干镇、南坊镇、石潭镇
泾阳县	13	泾干镇、云阳镇、永乐镇、崇文镇、高庄镇、太平镇、王桥镇、桥底镇、中张镇、兴隆镇、口镇、三渠镇、安吴镇
三原县	11	嵯峨镇、渠岸镇、城关镇、陂西镇、安乐镇、独李镇、西阳镇、大程镇、鲁桥镇、陵前镇、新兴镇
永寿县	11	监军镇、常宁镇、店头镇、仪井镇、甘井镇、马坊镇、豆家镇、御驾宫镇、渠子镇、永太镇、永平镇
彬　县	13	城关镇、永乐镇、北极镇、义门镇、小章镇、新民镇、炭店镇、香庙镇、龙高镇、太峪镇、底店镇、韩家镇、水口镇
长武县	9	昭仁镇、洪家镇、丁家镇、亭口镇、巨家镇、相公镇、彭公镇、地掌镇、枣元镇
旬邑县	11	土桥镇、张洪镇、太村镇、清塬镇、城关镇、郑家镇、职田镇、马栏镇、湫坡头镇、底庙镇、丈八寺镇
淳化县	12	城关镇、方里镇、润镇、官庄镇、十里塬镇、胡家庙镇、马家镇、车坞镇、固贤镇、卜家镇、铁王镇、石桥镇
合计	151	

民族 据2010年第六次全国人口普查统计,咸阳市境有汉族和蒙古、回、藏、维吾尔、苗、彝、壮、布依、朝鲜、满、瑶、土家、哈尼、哈萨克、傣、黎、佤、畲、高山、东乡、纳西、柯尔克孜、土、达斡尔、仫佬、羌、撒拉、仡佬、锡伯、怒、俄罗斯、鄂温克、裕固、门巴、珞巴35个少数民族。汉族人口为483276人,是境内的主体民族,占常住人口数的99.76%;各少数民族人口为11550人,占常住人口数的0.24%。

境内汉族是在漫长的历史长河中,由华夏族同其他部族长期交往和共同发展中融合而成的。这种融合,主要表现在3个重大历史时期:

先周至西周。周人的先祖曾先后在境内居住。后稷居邰(今杨陵、武功),公刘居豳(今彬县、旬邑),古公居岐(包括今乾县、武功西部),王季居程(今市区东部),文、武居丰、镐(包括今市区南部)。周人5次迁徙,促进了境内各部族与周族的交往与融合。

先秦至秦。秦人的先祖亦先后在境内居住。大骆、非子居犬丘(今兴平),灵公居泾阳,献公居栎阳,孝公迁都咸阳,至秦始皇以咸阳为中心,统一中国。这期间,秦人不断将六国贵族及寻常人家迁居咸阳,形成了“关中无旧族”的局面。这种局面,加速了汉民族形成的进程。

十六国至北朝。西晋后期,因战乱和灾荒,境内原住民大多数逃到四川、汉中、湖北一带,匈奴、鲜卑、氐、羌等少数民族大量进入境内。各民族的首领,先后在长安建立过前赵、前秦、后秦、西魏、北周等政权,并设置学校,教授经典,积极推行汉化教育。至隋、唐时期,留在境内的各族群众,已经基本融汇于汉族之中。隋、唐至今,汉族一直是境内居民的主体。

少数民族中以回族人口居多(5620人),满、藏、蒙古、壮等6个民族的人口在百人以上,其他少数民族的人口在百人以下。

少数民族的人口数量虽少,但分布地域很广,大分散,小聚居,插花居住在咸阳市所辖的秦都区、渭城区和武功、三原、泾阳、礼泉、乾县、永寿、长武、彬县、旬邑、淳化10个县及兴平市的城镇和农村,其中以秦都区、渭城区的文汇路、新兴路、人民路、秦皇路和兴平市市区、七里铺等地较为集中。

人口 五六千年前,境内渭河、泾河及其支流两岸,居住着许多原始氏族部落。后稷教民农耕,人口开始定居并逐步发展。秦、汉时境内人口已逾百万,每平方千米人口密度达100人。秦都咸阳和西汉五陵邑的人口都曾达每平方千米1000人之多。宋代以后,咸阳不再是京畿要地,加上战争与灾荒,至明代,境内人口下降到30万左右。清乾隆时期,人口增至100万以上,1949年达到165.18万人。中华人民共和国成立后,生产发展,生活安定,医疗条件改善,人口增长较快。1953年增加到186.14万人。1956年开始提倡计划生育,控制人口增长。1978年中共十一届三中全会后,把计划生育列为基本国策,各级党委和政府坚持常抓不懈,逐步控制了人口增长速度。

2012年末咸阳市常住人口及人口密度

表7

指标名称	总人口(万人)	人口密度(人/平方千米)
全市总计	492.86	484
市辖区	95.09	1800
秦都区	51.03	1967
渭城区	44.06	1639
兴平市	54.56	1073
武功县	41.47	1058
乾　县	52.98	530
礼泉县	45.07	446
泾阳县	49.16	633
三原县	40.66	705
永寿县	18.58	209
彬　县	32.56	276
长武县	16.9	296
旬邑县	26.38	149
淳化县	19.45	198

据人口变动抽样调查推算,2012年末咸阳市常住人口为492.86万人,比上年末增加1.63万人,其中城镇人口222.82万人,城镇化率为45.21%。出生率为10.22‰,死亡率为6.14‰,人口自然增长率为4.08‰。2012年年末,秦都区、渭城区常住人口为95.09万人,占总人口的19.3%,县市常住人口为397.77万人,占总人口的80.7%。全市人口密度为每平方千米484人,其中市区为1800人,秦都区人口密度最大,每平方千米1967人,旬邑县人口密度最小,每平方千米149人。

(周晓光)

宗教 明代以前,境内汉族多信佛教或道教,回族信奉伊斯兰教。明末清初,天主教传入境内。1840年鸦片战争后,天主教和基督教遍及各县,外国传教士纷至沓来。1931年,梵蒂冈在三原县城设立三原教府,建起了当时关中最高最大的教堂。天主教和基督教相继成为境内信徒较多、影响较大的宗教。

新中国成立后,天主教、基督教界驱逐了敌视中国、干涉中国内政的罗马教廷代理人,割断了与帝国主义势力的联系;佛教、道教废除了寺院的封建剥削和特权压迫,僧、道自食其力;伊斯兰教摆脱了民族不平等的枷锁,恢复和新建了咸阳、兴平、三原、礼泉、长武等地清真寺,从而开展了正常的宗教活动。

“文化大革命”中,境内所有宗教被迫停止活动。中共十一届三中全会以后,归还了教堂、寺观等宗教财产,恢复了宗教活动。据统计,至2012年底,全市共有依法登记的宗教活动场所276处,宗教教职人员721人,信教群众20万人。其中佛教寺院76处,比丘73人,比丘尼165人,信教群众约6.5万人;道教宫观19处,乾道19人,坤道15人,信教群众2万余人;天主教堂59处,主教1人,神甫26人,修士1人,修女68人,信教群众3.3万人;基督教堂点113处,教牧人员185人,信教群众6.7万人;清真寺8处,阿訇8人,全市穆斯林约1.5万余人。

语言 咸阳市方言大部分属北方官话区中原方言关中片,而杨陵区五泉、武

功县游风部分村庄、彬县永乐、长武巨家、路家等地属中原方言秦陇片。市境大的方言点有：市区话、窑店话（渭城区属）、兴平话、武功话、礼泉话、乾县话、永寿话、南彬话（包括彬县城关及彬县南部）、北彬话（主要包括彬县香庙、龙高、新民、炭店、曹家店等地）、长武话、旬邑话、淳化话、泾阳话、三原话。淳化方言韵母系统与市境内关中片方言又有一定差异，主要表现在对普通话〔ən：əŋ〕（记写方音用国际音标）两组各韵母的读法上：大部分地区读作〔ɛ̃：əŋ〕等，五泉等地并作〔əŋ〕等，淳化读作〔ei：əŋ|iɛ̃：iŋ|uei：uŋ/ɥei：ɥəŋ|yɛ̃：yŋ〕。此外，秦都区渭河南、渭滨、兴平北乡、旬邑底庙等方言岛，其语音又各具特色。

咸阳历史悠久，唐以前是建都之地或京畿要地，语言源远流长。西汉扬雄的《方言》一书就大量记述了包括咸阳在内的“关西”、“秦晋”方言。如《方言》卷八：“貛，关西谓之貒。”许慎《说文解字·豸部》：“貒，兽名，读若湍。”今咸阳市方言即称“貛”为“貒”〔t‘ũã〕（“团”阴平）。又如宋代陈彭年等所修《广韵》一书中记录了许多字，是咸阳市方言的本字：〔熁 ɕiɛ 阴平〕是“烤”的意思，《广韵》业韵虚业切，《集韵》注：“～，火迫也。”〔擨　ɕi 阴平〕，用手掌打，如“在娃脸上～”，《广韵》支韵许羁切：“～，击也。”

元明之际山西大量移民迁来关中，咸阳市方言便具备了山西方言词汇的一些特点。举侯精一、温端政主编的《山西方言调查研究报告》（山西高校联合出版社1993年7月出版）一书中一些例词和例句如下，1、2、3、4、5分别是临汾、和顺、长治、文水、万荣的方言。

1.茅子（厕所）　手巾（毛巾）　凉着了（感冒了）　2.早起（清早）　刀（菜刀）　晌午饭（午饭）　3.吃烟（抽烟）　4.日头（太阳）　年时（去年）　蛛蛛（蜘蛛）　5.莲菜（藕）　老哇（乌鸦）　爷（祖父）　风匣（风箱）　胡墼（土坯）

建国后，群众文化水平普遍提高，尤其是国家大力推广普通话，干部、学生的口语向普通话靠拢的趋势日益明显。如旬邑中老年人“第、地”读作“替”，“办、伴、拌、瓣”读作“判”，“局”读作“渠”，“跪、柜”读作“愧”，“件”读作“欠”等，而青年人多读作与普通话声母相一致的不送气清声母。

交通　咸阳自古素有交通要冲之称。古时，咸阳北有关中通往河西走廊的泾河谷地；南扼渭水漕挽天下；西通陇西；东处泾渭交汇地带。左扶崤函，右控陇蜀，战时兵家必争。渭水于此折向东北，构成关中东西大道的分界线，自古中原和长安来往于川、甘、青、宁、新各地者，均由此处渡渭，咸阳成为西出阳关，北上萧关，东至长安，直抵中原的交通枢纽。秦直道是秦统一六国后，为北御匈奴修建的，它南起云阳林光宫（今淳化县凉武帝村）至九原郡（今内蒙古包头市西），全长约合今1400余里，是秦咸阳到九原郡最直接的道路，称之古代的高速公路。而后，陇海、咸铜、西韩铁路在此接轨，公路网织，四通八达，西安咸阳国际机场是中国最大航空港之一，初步形成了公路、铁路、民航相互交融的大交通格局。

公路　截至2012年底，全市境内公路总里程15046.927千米，按行政等级分：国道6条749.165千米，省道10条534.401千米，县道1591.168千米，乡道1827.889千米，村道10266.407千米（不含村间生产道路及未硬化土路），专用公路76.071千米。按技术等级分：高速公路337.362千米；一级公路180.215千米；二级公路645.905千米；三级公路1753.938千米；四级公路1861.274千米。全市13个县市区中有11个通高速公路，全部实现用二级以上公路相连接，形成以“四纵四横”为骨架，以农村公路为分支，多方辐射、相互贯通，高速、便捷的“扇形”区域性公路交通网络。有一级货运站1个，一级客运站1个，二级客运站9个，五级客运站98个，农村公路招呼站1064个。

铁路　境内贯穿有陇海、咸铜、西安枢纽北环线等3条铁路营业线，境内铁路营业线设有车站16个，其中二等站1个（咸阳车站）、三等站4个（杨陵镇、武功、兴平、萧家村车站）、四等及以下车站11个（黄家寨、咸阳西、咸阳北、长陵、泾河、永乐店、三原、独李村、大程、茂陵、马嵬坡车站）。其中陇海线、北环线为双线电气化线路，咸铜线咸阳—长陵区段为单线电气化铁路、萧家村—阎良区段为非电气化区段，西安—兰州客专、西安—平凉铁路正在建设。

民航　西安咸阳国际机场是重要的国内干线机场、国际定期航班机场和区域性中心机场。2012年，机场旅客吞吐量2342万人次、运输起降20.33万架次、货邮吞吐量17.48万吨，增幅分别达到10.7%、11%、1.3%。全年共有港龙、亚航等8家承运人进入运营，航空公司总数达到34家，新增运营航线30条，总数达到201条。

文物　咸阳是中国历史上第一个封建帝国秦的首都，又是汉、唐等十余个王朝的京畿重地，是闻名世界的古丝绸之路的第一站。悠久的历史给咸阳留下了极为丰富的历史文化遗产，主要体现在古遗址、古墓葬、古建筑等方面。古遗址众多，内涵丰富。最具代表性的有秦咸阳城遗址，郑国渠首遗址和西汉甘泉宫遗址等。古墓葬分布广泛，最为集中。自西周至唐末，分布在咸阳境内的历代帝王陵墓，其中以西汉和唐代帝陵最为集中和壮观，被誉为中国的金字塔群。西汉十一位皇帝中，有九位葬于咸阳原上，其中高祖长陵、武帝茂陵、昭帝平陵、惠帝安陵、景帝阳陵均设有陵邑，因而咸阳原又称“五陵原”。关中唐十八陵有九座在咸阳，东西绵延百里，气势磅礴。唐太宗李世民的昭陵是其中最具代表性的一座，陵园面积15万公顷，陪葬墓198座，是中国乃至世界上规模最大、陪葬墓最多的一座帝王陵园；唐高宗李治与女皇武则天合葬的乾陵闻名世界。古建筑主要有旬邑泰塔、彬县开元寺塔、泾阳崇文塔、三原城隍庙等。石刻主要有彬县大佛寺石窟等。据统计，全市有各类文物点5313处，其中古遗址1037处，古墓葬1135处，古建筑247处。各级重点文物保护单位340处，其中国家级文保单位20处32个点，省级文保单位93处。馆藏文物6万多件，其中珍贵文物上万件。

咸阳市全国重点文物保护单位一览表

表8

名　　称	时　代	类　别	所　在　地	公布时间
西汉武帝茂陵	汉	古墓葬	兴平市南位镇茂陵村	1961年3月4日
汉骠骑将军霍去病墓	汉	古墓葬	兴平市南位镇茂陵村	1961年3月4日
唐太宗昭陵	唐	古墓葬	礼泉县九嵕山	1961年3月4日
唐高宗乾陵	唐	古墓葬	乾县梁山	1961年3月4日
武则天母杨氏顺陵	唐	古墓葬	渭城区底张街道办陈家村	1961年3月4日
秦咸阳城遗址	秦	古遗址	渭城区窑店街道办牛羊村	1988年1月13日
西汉高祖长陵	汉	古墓葬	渭城区窑店街道办汉陵村	1988年1月13日
昭仁寺大雄殿	唐	古建筑	长武县城东街	1988年1月13日
大佛寺石窟	唐	石刻、石窟	彬县县城西10千米	1988年1月13日
郑国渠首遗址	战国、民国	古遗址	泾阳县王桥镇上然村	1996年11月20日
甘泉宫遗址	秦、汉	古遗址	淳化县铁王镇凉武帝村	1996年11月20日
西汉惠帝安陵	汉	古墓葬	渭城区正阳街道办白庙村	2001年6月5日
西汉景帝阳陵	汉	古墓葬	渭城区正阳街道办张家湾村北	2001年6月5日
西汉昭帝平陵	汉	古墓葬	秦都区双照街道办王家村	2001年6月5日
西汉元帝渭陵	汉	古墓葬	渭城区周陵街道办新庄村	2001年6月5日
西汉成帝延陵	汉	古墓葬	渭城区周陵街道办南贺村	2001年6月5日
西汉哀帝义陵	汉	古墓葬	渭城区周陵街道办南贺村	2001年6月5日
西汉平帝康陵	汉	古墓葬	渭城区周陵街道办大寨村	2001年6月5日
唐高祖献陵	唐	古墓葬	三原县大程镇永合村	2001年6月5日
唐肃宗建陵	唐	古墓葬	礼泉县武将山	2001年6月5日
唐德宗崇陵	唐	古墓葬	泾阳县安吴镇东砼村	2001年6月5日
唐敬宗庄陵	唐	古墓葬	三原县陵前镇柴尧村	2001年6月5日
唐武宗端陵	唐	古墓葬	三原大程镇桃沟村	2001年6月5日
唐宣宗贞陵	唐	古墓葬	泾阳县兴隆镇崔黄村	2001年6月5日
唐僖宗靖陵	唐	古墓葬	乾县城关镇南陵村	2001年6月5日
开元寺塔	宋	古建筑	彬县县城	2001年6月5日
泰塔	北宋	古建筑	旬邑县城	2001年6月5日
崇文塔	明	古建筑	泾阳县崇文镇太平村	2001年6月5日
三原城隍庙	明	古建筑	三原县东大街	2001年6月5日
咸阳文庙	明	古建筑	咸阳市中山街	2006年5月25日
武陵寺塔	宋	古建筑	永寿县永平镇	2006年5月25日
秦直道遗址(旬邑段)	秦	古遗址	旬邑县境内	2006年5月25日

咸阳市省级重点文物保护单位一览表

表9

名　　称	时　代	类　别	所　在　地	公布时间
邵家河二号遗址	新石器	古遗址	三原县嵯峨镇邵家河村	1992年4月20日
樊家河二号遗址	新石器	古遗址	三原县嵯峨镇樊家河村	1992年4月20日
郑家坡遗址	新石器	古遗址	武功县郑家坡村	1992年4月20日
香尧遗址	新石器	古遗址	武功县普集镇香湾村	1957年5月31日

续表1

名　　称	时　代	类　别	所　在　地	公布时间
史家遗址	新石器	古遗址	武功县普集镇史老村	1957年5月31日
王烧台遗址	新石器	古遗址	武功县小村镇下雷村	1957年5月31日
将台山遗址	新石器	古遗址	长武县丁家镇代河村	1992年4月20日
拜家嘴遗址	新石器	古遗址	长武县枣元镇张家沟村	1992年4月20日
董家坪遗址	新石器	古遗址	长武县洪家镇公主村	1992年4月20日
下孟村遗址	新石器	古遗址	长武县亭口镇下孟村	2003年9月24日
洪水村遗址	新石器	古遗址	三原县大程镇洪水村西南	2003年9月24日
岸底遗址	新石器、商、周	古遗址	武功县游凤镇岸底村北	2003年9月24日
郭村遗址	新石器、周、汉	古遗址	乾县新阳镇东郭村	2003年9月24日
朱马嘴遗址	商、西周	古遗址	礼泉县南坊镇朱马嘴村	2003年9月24日
西梁家遗址	周	古遗址	淳化县润镇西梁家村	1992年4月20日
碾子坡遗址	周	古遗址	长武县亭口镇碾子坡村	1992年4月20日
望夷宫遗址	战国	古遗址	泾阳县高庄镇五福村	2003年9月24日
口镇宫殿遗址	秦、汉	古遗址	泾阳县口镇街南	2003年9月24日
杨赵宫殿遗址	汉	古遗址	泾阳县兴隆镇杨赵村东	2003年9月24日
秦甘泉宫遗址	秦	古遗址	乾县注泔镇南孔头村	1992年4月20日
梁山宫遗址	秦	古遗址	乾县梁山镇太子岗村	1992年4月20日
池阳宫遗址	秦、汉	古遗址	三原县嵯峨镇天井岸村	1992年4月20日
沙河古桥遗址	汉、唐	古遗址	秦都区钓台街道办事处资村	1992年4月20日
安仁瓷窑遗址	宋	古遗址	旬邑县城关镇安仁村	1992年4月20日
姜嫄墓	新石器	古墓葬	武功县武功镇南侧小华山	1992年4月20日
公刘墓	先周	古墓葬	彬县龙高镇土陵村	1992年4月20日
周陵	周	古墓葬	渭城区周陵街道办	1956年8月6日
娄敬墓	汉	古墓葬	永寿县店头镇明月山	1957年5月31日
陆贾墓	汉	古墓葬	永寿县店头镇东北村	1957年5月31日
苏武墓	汉	古墓葬	武功县武功镇龙门村	1957年5月31日
公孙贺墓	汉	古墓葬	彬县水口镇祁家崖村	1957年5月31日
勾弋夫人墓	汉	古墓葬	淳化县铁王镇大圪村	1957年5月31日
苻坚墓	前秦	古墓葬	彬县水口镇九田村	1957年5月31日
李昞墓	北周	古墓葬	渭城区窑店街道办后排村	1956年8月6日
牛弘墓	隋	古墓葬	长武县相公镇相公村	1957年5月31日
隋炀帝陵	隋	古墓葬	武功县武功镇洛阳村	1957年5月31日
永康陵	唐	古墓葬	三原县陵前镇侯家堡村	1992年4月20日
长孙无忌墓	唐	古墓葬	永寿县渠子镇永寿坊村	1992年4月20日
安金藏墓	唐	古墓葬	永寿县监军镇永安村	1992年4月20日
杨贵妃墓	唐	古墓葬	兴平市马嵬街道办西	1956年8月6日
王徵墓	明	古墓葬	泾阳县安吴镇王家村	1992年4月20日
北周武帝孝陵	北周	古墓葬	渭城区底张街道办陈马村	2003年9月24日
于志宁墓	唐	古墓葬	三原县陵前镇兴隆村东	2003年9月24日
冯晖墓	五代	古墓葬	彬县底店镇二桥村	2003年9月24日

续表2

名称	时代	类别	所在地	公布时间
陶穀墓	北宋	古墓葬	彬县城关镇刘家湾村	2003年9月24日
马理墓	明	古墓葬	三原县城关镇新立村	1956年8月6日
胡登洲墓	明	古墓葬	渭城区窑店街道办窑店村	2003年9月24日
刘古愚墓	清	古墓葬	秦都区马庄镇天阁村	1992年4月20日
李仪祉墓	民国	古墓葬	泾阳县王桥镇寺背后村	1992年4月20日
兴平北塔	唐	古建筑	兴平市北寺巷	1957年5月31日
报本寺塔	宋	古建筑	武功县武功镇街道	1957年5月31日
香积寺塔	宋	古建筑	礼泉县烽火镇刘家村	1992年4月20日
千佛铁塔	明	古建筑	渭城区北杜镇福昌寺	1956年8月6日
中王堡木塔	明	古建筑	三原县安乐镇中王堡	1957年5月31日
凤凰台	明	古建筑	咸阳市城区仪凤街	1957年5月31日
古龙桥	明	古建筑	三原县城北清峪河上	1992年4月20日
兴平文庙大成殿	明	古建筑	兴平市县门街	1992年4月20日
武功城隍庙	明	古建筑	武功县武功镇东街	1992年4月20日
太壶寺大殿	明	古建筑	泾阳县泾干镇二条街	2003年9月24日
东里花园	明、清	古建筑	三原县鲁桥镇东里堡村	1992年4月20日
唐家民宅	明、清	古建筑	旬邑县太村镇唐家村	1992年4月20日
礼泉文庙	清	古建筑	礼泉县城关镇中山街	2003年9月24日
孟店民宅	清	古建筑	三原县鲁桥镇孟店村	1992年4月20日
泾阳文庙	清	古建筑	泾阳县文庙街	1992年4月20日
金龟寺塔	清	古建筑	礼泉县阡东镇吴家村	1992年4月20日
马家河石窟	五代	石刻、石窟	旬邑县土桥镇马家河村	1992年4月20日
金川湾石窟	唐、宋	石窟	淳化县石桥镇金川湾村	2003年9月24日
宏道书院旧址	明、清、民国	近现代旧址	三原县北城书院巷	2003年9月24日
安吴青训班旧址	近代	近现代革命旧址	泾阳县安吴镇安吴堡村	1992年4月20日
马栏革命旧址	近代	近现代革命旧址	旬邑县马栏镇马栏村	2003年9月24日
中国人民抗日红军前敌总指挥部暨八路军总部旧址	近代	近现代革命旧址	泾阳县云阳镇西街	2003年9月24日
西塬化石出土地	更新世	其他	旬邑县马栏镇西塬村	2003年9月24日
秦直道遗址(淳化段)	秦	古遗址	淳化县境内	2003年9月24日
宁家遗址	新石器	古遗址	礼泉县建陵镇宁家村和三王村之间	2008年9月16日
咸阳古渡遗址	明清	古遗址	渭城区渭河北	2008年9月16日
刘李沟遗址	隋、唐、五代	古墓葬	三原县西阳镇刘李沟及以西贾家坡村、苏家坡村、李家坡村、孙家坡村	2008年9月16日
惠家宫殿遗址	秦汉	古墓葬	三原县新兴镇惠家村	2008年9月16日
七尉墓(七尉坟)	唐	古墓葬	永寿县城东北御驾宫镇翟家山村西南	2008年9月16日
杨双山墓	清	古墓葬	兴平市桑镇桑镇小学内	2008年9月16日
新兴油店	明、清	古建筑	渭城区东明街	2008年9月16日
望仙宫	明、清	古建筑	武功县小村镇下雷村	2008年9月16日

续表3

名　　称	时　代	类　别	所　在　地	公　布　时　间
旬邑文庙	明	古建筑	旬邑县东大街	2008年9月16日
教稼台	明	古建筑	武功县武功镇东门外	2008年9月16日
武功关帝庙	明	古建筑	武功县武功镇武杨路	2008年9月16日
寺背后塔	明	古建筑	武功县小村镇寺背后村	2008年9月16日
悟空禅师塔	唐	古建筑	泾阳县安吴镇嵯峨山	2008年9月16日
李家村防卫楼	清	古建筑	泾阳县安吴镇西李家村	2008年9月16日
于右任故居及民治中学	清末、民国	建筑	三原县城关镇西关斗口巷	2008年9月16日
三原天主教堂	民国	建筑	三原县城关镇南关街中段西侧巷内	2008年9月16日
烟霞草堂	清末	建筑	礼泉县烟霞镇山底村	2008年9月16日
云寂寺铁钟	金	其他	永寿县甘井镇五星村	2008年9月16日
石泉炼钢炉	1958年	其他	礼泉县石潭镇石泉村	2008年9月16日
国家大地原点	1978年	其他	泾阳县永乐镇北流村	2008年9月16日

旅游　咸阳是中国金字塔之都，文物古迹星罗棋布。在2002年全国旅游知名品牌评选中，咸阳被评为“中国金字塔之都”知名品牌。4A级景区、女皇武则天和唐高宗李治的乾陵，是世界上唯一一座两朝皇帝、一对夫妻的合葬墓。3A级景区、唐太宗李世民的昭陵开创了中国古代皇家墓葬依山为陵的先河，陵区分布着魏征、房玄龄、程咬金等198座陪葬墓，是世界上最大的皇家陵园。唐太宗为纪念浅水原大战修建的大佛寺保存着西北第一大佛，已经成为丝绸之路上著名的3A级旅游景区。杨贵妃墓、顺陵也都是重要的唐文化旅游景区。4A级景区、汉武帝刘彻的茂陵是汉陵中规模最大的一座，前后修建了53年。西汉“文景之治”开创者之一、汉景帝刘启的阳陵已发现90多座从葬坑，出土文物4万多件，其中断臂裸俑被称为“东方维纳斯”，依托阳陵从葬坑建设的全国唯一一处地下实景博物馆已盛大开放。

咸阳五陵原——中国金字塔群

五陵原，是以西汉王朝在咸阳原设立的五个陵邑而得名。又因帝王陵墓众多，气势宏伟、规模巨大，而被誉为中国的“金字塔群”。汉高祖九年（前198年），刘邦接受了郎中刘敬的建议，将关东地区的2000石大官、高訾富人及豪杰并兼之家，大量迁徙关中，侍奉长陵，并在陵园附近修建长陵县邑，供迁徙者居住。此后，汉惠帝修建安陵，汉景帝修建阳陵，汉武帝修建茂陵，汉昭帝修建平陵之时，也都竞相效法，相继在陵园附近修造安陵邑、阳陵邑、茂陵邑和平陵邑。

五陵原地处关中平原中部的咸阳北原上，南临渭水，北接北山山系，东西长约40千米，南北宽约20千米，总面积800平方千米，具有特殊的地理位置。五陵原地区的名胜古迹和珍贵文物星罗棋布。从建国初期开始，考古工作者即着手对五陵原地区进行卓有成效的考古发掘，先后发现了秦都咸阳宫殿建筑遗址、望夷宫、兰池宫、六英宫和六国宫殿等一大批名胜古迹，以及汉代玉奔马、鎏金铜马、皇后玉玺和数以千计的陪葬兵马俑等珍贵文物。

五陵原上的陵邑墓葬有：周文王和周武王的周陵；秦人墓葬；西汉的11代皇帝中除文帝霸陵和宣帝杜陵在渭河以南外，其余9个皇帝的陵墓即高祖长陵、惠帝安陵、景帝阳陵、武帝茂陵、昭帝平陵、元帝渭陵、成帝延陵、哀帝义陵和平帝康陵都分布在渭水以北的咸阳原上；唐代的顺陵、苏君墓和李晒墓。此外，还有不少古代的窑址亭塔等名胜古迹，其中秦汉窑址、杜邮亭、平陵肥牛亭、北杜铁塔，最具代表性。

茂陵　国家AAAA级重点旅游景区。茂陵是汉武帝刘彻的陵墓，是西汉帝王陵中规模最大的一座。陵体高大宏伟，形为方锥。周围有卫青、霍去病、霍光、金日磾、李夫人等陪葬墓20余座，星罗棋布，蔚为壮观。霍去病墓前石刻是中国迄今发现最早、保存最完整，最具有艺术价值的大型石刻群，雕刻手法简练，借石拟形，浑然天成，生动逼真，意气盎然，有出神入化之妙，被视为人类艺术之瑰宝。以气魄恢宏、风格豪迈闻名遐迩。茂陵博物馆建在霍去病墓前，是以汉武帝茂陵、霍去病墓及大型石刻群而蜚声海内外的西汉断代史博物馆。总占地面积154836平方米，馆藏文物5021件，国宝文物14件。博物馆园林景色宜人，仿汉建筑群林立，亭台楼阁，碧波荡漾，苍松翠柏，芬芳馥郁，三季有花，四季常青，已形成融文物、古建、园林于一体的著名旅游观光胜地。

乾陵　国家AAAA级重点旅游景区。乾陵位于乾县城北6千米的梁山上，距古都西安76千米，是中国唐王朝第三代皇帝高宗李治（628～683）和中国历史上唯一的女皇帝武则天（624～705）的合葬陵。雄伟的乾陵仿唐长安城格局构筑，分为宫城、皇城和外城三个部分。内城面积约为230万平方米，有南朱雀、北玄武、东青龙、西白虎四门。外城周长40千米。现存有华表、翼

咸阳市境内古陵一览表

表10

朝代	姓名	庙(谥)号	卒年(公元)	陵号	陵址	备注
西周	姬昌	周文王	前1056(?)	周文王陵	渭城区	
	姬发	周武王	前1043	周武王陵	渭城区	
	姬诵	周成王	前1021	周成王陵	渭城区	
	姬钊	周康王	前996	周康王陵	渭城区	
	姬繄扈	周共王	前900	周共王陵	渭城区	
	姬囏	周懿王	前892	周懿王陵	兴平市	
战国	嬴驷	秦惠文王	前311	公陵	渭城区	
	嬴荡	秦悼武王	前307	永陵	渭城区	
西汉	刘邦	汉高祖	前195	长陵	渭城区	
	刘盈	汉惠帝	前188	安陵	渭城区	
	刘启	汉景帝	前141	阳陵	渭城区	
	刘彻	汉武帝	前87	茂陵	兴平市	
	刘弗陵	汉昭帝	前74	平陵	秦都区	
	刘奭	汉元帝	前33	渭陵	渭城区	
	刘骜	汉成帝	前7	延陵	渭城区	
	刘欣	汉哀帝	前1	义陵	渭城区	
	刘衎	汉平帝	6	康陵	渭城区	
	李夫人	孝武皇后		英陵	兴平市	(追封)
	勾弋夫人	(孝昭)皇太后		云陵	淳化县	(追封)
前秦	苻坚	世祖	385		彬县	
北齐	高纬	后主	580		咸阳北原	
	高恒	幼主	580		咸阳北原	
北周	宇文觉	孝闵帝	557	静陵	渭城区	
	宇文毓	明帝	560	昭陵	渭城区	
	宇文邕	武帝	578	孝陵	渭城区	
	宇文赟	宣帝	580	定陵	渭城区	
	宇文阐	静帝	581	恭陵	渭城区	
隋	杨坚	文帝	604	泰陵	杨陵区	
	杨侑	恭帝	619	庄陵	乾县	(追封)
唐	李虎	太祖	551	永康陵	三原县	(追封)
	李昞	世祖	572	兴宁陵	渭城区	(追封)
	李渊	高祖	635	献陵	三原县	
	李世民	太宗	649	昭陵	礼泉县	
	杨氏	无上孝明高皇后	670	顺陵	渭城区	(追封)
	李治	高宗	684	乾陵	乾县	
	武则天	大聖皇帝	705			
	李亨	肃宗	762	建陵	礼泉县	
	李适	德宗	805	崇陵	泾阳县	
	李湛	敬宗	826	庄陵	三原县	
	李炎	武宗	846	端陵	三原县	
	李忱	宣宗	859	贞陵	泾阳县	
	李儇	僖宗	888	靖陵	乾县	

马、无字碑、六十一蕃臣石像等精美绝伦的大型石刻100多件。乾陵石刻是乾陵地面重点文物之一，主要分布在乾陵司马道两侧，华表、翼马、翁仲、六十一蕃臣像、无字碑和述圣记碑等是其杰出代表。乾陵石刻题材新颖、生动逼真、雕刻简练，这些精美绝伦的大型石刻，代表了唐王朝高度发展的封建文化和石刻艺术，被誉为盛唐石刻艺术的露天展览馆，也是中国现存古代成组大型石刻艺术的杰作。在陵园的东南隅分布有17座陪葬墓。已发掘了其中的5座，出土了以唐三彩为代表的珍贵文物4000余件，壁画1200多平方米，石雕线刻画150平方米。经保护性整修后，永泰公主墓、章怀太子墓和懿德太子墓地宫全年对外开放，供中外游客参观。壁画是乾陵陪葬墓的主要出土文物之一，面积大、品位高、题材广、内容新。永泰、章怀、懿德等陪葬墓出土了约1200平方米绚丽多彩的墓室壁画，堪称中国唐代瑰丽的地下艺术画廊。其中《宫女图》《打马球图》《客使图》《狩猎出行图》《观鸟捕蝉图》等壁画，对研究唐代建筑、服饰、风俗、体育活动、宫廷生活等都有珍贵的史料价值。乾陵陪葬墓出土的唐三彩，分为生活用器（三彩盘、绿釉瓶）、俑（三彩天王俑、武士俑）、动物（三彩大马）和各种模型四大类，尤以生活用器、各种俑和动物最多。表现形式多样，体现了唐朝社会开放、繁荣昌盛的时代特征。乾陵是第一批全国重点文物保护单位，也是盛唐文化的代表性旅游区。

汉阳陵　国家AAAA级重点旅游景区，全国重点文物保护单位。汉阳陵博物馆是依托西汉景帝刘启与王皇后同茔异合葬的阳陵陵园建设的一座巧妙融合现代科技与古代文明、历史文化与园林景观于一体的大型文化旅游景区，是国家一级博物馆。汉阳陵陵园主要由帝陵陵园、后陵陵园、南区从葬坑、北区从葬坑、礼制建筑、陪葬墓园、刑徒墓地以及阳陵邑等部分组成。在近200座从葬坑和近万座陪葬墓内，一列列武士俑披坚执锐，气势威武；一排排仕女俑宽衣博带，美目流盼；成群成组的猪、马、牛、羊、鸡、狗等动物陶塑，密密匝匝，累千上万，这些精美的文物遗存真实地再现了汉代的宫廷文化和社会生活，被誉为20世纪中国重大考古发现。汉阳陵现已建成了建筑风格独特、装饰精美、陈列手段先进的考古陈列馆；兼具复原和保护于一体，体现秦汉高台建筑高大雄伟、古色古香的帝陵城南阙门建筑遗址保护展示厅以及宗庙遗址和帝陵外藏坑遗址保护展示厅等四个博物馆。特别是帝陵外藏坑遗址保护展示厅，被2005年召开的国际古迹保护理事会第十五届年会确定为世界文物保护和展示的示范工程。它是世界上第一座采用国际上最先进的文物保护和展示理念建成的全地下遗址博物馆，世界上第一座将现代科技与古代文明相结合的博物馆，中国第一座真实展示现场发掘过程和文物遗存的博物馆，中国第一座让游客零距离多角度观赏文物遗存的博物馆。

昭陵　国家AAA级重点旅游景区。昭陵是唐朝第二代皇帝李世民的陵墓，是陕西关中“唐十八陵”中规模最大的一座，位于咸阳市礼泉县城东北22.5千米的九嵕山上。1961年，国务院公布昭陵为全国第一批重点文物保护单位。陵园周长60千米，占地面积200平方千米，共有陪葬墓198座，被誉为“天下名陵”，是世界最大的皇家陵园。它是初唐走向盛唐的实物见证，是了解、研究唐代乃至中国封建社会政治、经济、文化难得的文物宝库。考古工作者先后发掘了徐懋功、尉迟敬德、程咬金、张士贵、郑仁泰、长乐公主、韦贵妃等40余座陪葬墓，遂建成了建筑面积7000平方米，陈列面积2000平方米，绿化面积15000平方米的昭陵博物馆。昭陵博物馆位于昭陵陵园中心的李勣（徐懋功）墓前。西距县城15千米，北距陵山11千米，是一座遗址型博物馆。博物馆馆藏文物8000余件，现有陈列室四座，即昭陵文物精品陈列室，唐墓壁画陈列室，碑石陈列室两座（昭陵碑林），四座陈列室共集中展示昭陵陵园近40座陪葬墓出土的精品文物400余件（组）。在昭陵文物精华展厅里，陈列着昭陵祭坛遗址和部分陪葬墓出土的大批珍贵文物，既有陶瓷和红陶，也有昭陵独有的彩绘釉陶和绚丽多彩的唐三彩。张士贵墓出土的贴金彩绘文武官俑被定为国宝级文物。唐墓壁画陈列室展出诸多陪葬墓出土的大量壁画，有婀娜多姿的侍女，翩翩起舞的乐伎，神态各异的给使，还有贵夫人乘牛车出行的场面。这些都是唐代政治、外交、文化和军事活动的视觉再现。昭陵碑林始建于1974年，共收集昭陵六骏碑、唐太宗像碑、昭陵图碑等60余通，出土墓志40余合，60余通碑石中有22通1979年被国家文物局公布为书法艺术名碑，尽为国家一级文物。40余合墓志，有26合被定为国家一级文物。昭陵碑林被称为中国三大碑林之一。1991年建成长乐公主墓文管所和韦贵妃墓文管所并正式对外开放。2000年，投资750万元，修建从昭陵博物馆起，途经长乐公主墓文管所、韦贵妃墓文管所至昭陵主峰的14.8千米的旅游专线，使整个景区成为陕西省境内重点和热点景区之一。

三原城隍庙　国家AAA级重点旅游景区。位于三原县城，是陕西省内保存完整的古建筑群之一。建于明洪武八年(1375)，六百多年来曾翻修和增修九次。为宫廷式建筑，用均衡对称方式把楼、殿、庑、坊、亭等四十多个单座建筑按主次布局在纵横轴线上。五个廊院相套向纵深和两侧伸展。中轴线上布着三道门、四重牌坊、五座重檐殿楼。应门、戏楼、钟鼓楼、献殿、拜殿、陪殿、寝殿等主体建筑各具特色。体现了中国古建筑的特点：平面轮廓规整，整体布局合理、结构严谨、疏密得当，刻镂精致，纹饰典雅。它是研究明清建筑的直观实物。三原博物馆设在城隍庙内，收藏了近三千件珍贵文物和一百多通碑刻，其中岳飞书出师表和于右任书法石刻为世称颂。

咸阳博物馆　国家二级博物馆，国家AAA级重点旅游景区。位于咸阳市中山街中段，馆址为明代(1371)所建文庙，占地面积约8531平方米，四进院落，坐北面南，主要建筑有牌楼、献殿（一殿）、东西两庑、大成殿（二殿）、三殿、小牌楼、偏院正殿等。2006年被国务院批准为第六批全国重点文物保护单位。馆藏文物1.4万余件,藏品级别高,数量大,品类丰富,种类齐全。珍贵文物有:汉代玉马、玉俑头、彩绘指挥俑;战国时期错金银鼎、安邑下官锺、龙钮錞于、鲁王虎符;唐代刻花赤金壶、三彩单峰驼等。咸阳博物馆以收藏、展示秦汉历史文物为主,辅以历代碑石和宗教文物陈列等五大块、八个方面的内容,展出文物5000余件,享誉国内外。其中西汉兵马俑陈列,主要展示1965年出土于汉高祖长陵陪葬墓区的杨家湾西汉三千彩绘兵马俑的发掘及研究情况,以开放式的坑位陈列形式,使人感受到"东有秦俑,西有汉俑"秦汉两代不同的历史文化风貌;以其军阵严整,气势宏大,彩绘精美,研究价值极高而享誉中外,为研究汉代军事、丧葬礼仪制度以及雕塑绘画艺术提供了宝贵的实物资料。秦宫遗址和秦阿房宫遗址出土的一批文物珍品,更是研究秦史的明证。碑石陈列,展出了北周至民国碑石45件组,其中的"唐代顺陵残碑"为武三思撰文、睿宗李旦书丹,有武则天造字16个,史料价值极高。"咸阳马俑精品展"精品荟萃,展出了咸阳近年来新出土文物100余件。咸阳博物馆已形成多层次、全方位内容结构,满足游览参观、历史研究等要求,深受广大游客的欢迎。

咸阳市旅游景区一览表

表11

景区名称	地址	等级
茂陵	兴平市西吴街道办道常村	AAAA
乾陵	乾县梁山	AAAA
汉阳陵	咸阳市渭城区正阳街道办	AAAA
三原博物馆	三原县城	AAA
咸阳博物馆	咸阳市中山街	AAA
大佛寺石窟博物馆	彬县城关镇	AAA
昭陵博物馆	礼泉县烟霞镇	AAA
古豳文化博览园	旬邑县中山街	AAA
袁家村关中印象体验地	礼泉县烟霞镇袁家村	AAA
唐杨贵妃墓博物馆	兴平市马嵬街道办	AAA
甘泉湖旅游景区	淳化县城	AAA
侍郎湖景区	彬县底店镇	AAA
马家堡关中特委革命旧址	旬邑县职田镇马家堡村	AAA
石门山国家森林公园	旬邑县清塬镇石门关村	AAA
黄土地窑洞生态度假庄园	永寿县监军镇等驾坡村	AAA
乾陵黄土民俗村	乾县县城	AA
李靖故居	三原县鲁桥镇东里堡	AA
于右任纪念馆	三原县城	AA
安国寺	渭城区仪凤北街	AA
顺陵	渭城区底张街道办龙枣村东	AA
程家川自然风景区	彬县香庙镇程家川村	AA
金池革命旧址	彬县龙高镇金池村	AA
龟蛇山自然风景区	彬县龙高镇	AA
泾阳博物馆	泾阳县城	AA
郑国渠国家水利风景区	泾阳县王桥镇	AA
爷台山战地主题公园	淳化县爷台山	AA
昭仁寺	长武县昭仁镇东街村	AA
苏武纪念馆	武功县武功镇龙门村	AA

咸阳市共有A级以上景区28家,其中4A级3家,3A级12家,2A级13家。2012年新增15家(3A级5家,2A级10家),升等1家(3A)。

彬县大佛寺 国家AAA级重点旅游景区。修建于唐贞观二年(628),是李世民为他指挥下的彬州浅水原大战中阵亡将士超度亡魂所建。现为全国重点文物保护单位。石窟依山傍水、凿岩为室、雕石成像、架木为楼、凌空飞阁、气势磅礴。窟内20米高的阿弥陀佛坐像是陕西第一大佛,自古就有关中第一奇观之称,造像雄伟庄严、凝重优美、线条明晰,保护完好,被誉为中国盛唐石窟艺术的奇观。大佛寺不仅是战争的纪念建筑,也是大唐盛世的象征,对于研究唐代历史、战史、佛学史都提供了重要的实物依据。

唐杨贵妃墓 国家AAA级重点旅游景区。位于兴平市西12千米处古称"马嵬坡"之地,其以"古冢留香,诗碑放彩"的独特魅力而驰名海内外。它是唐玄宗李隆基的宠妃杨玉环之墓,现为省级重点文物保护单位。杨贵妃墓原是一个土冢,相传冢上封土香气宜人,能美容颜,被称为"贵妃粉"。游女纷纷拾取,日久天长,封土剥取殆尽。为了保护墓葬,故砌成现在这风格独特的青砖冢。整个墓园依山而建,呈阶梯状。园内有唐献殿、青砖墓冢,两厢碑廊镶有唐以后历朝名人学士题诗石刻32通,存诗300余首,文辞隽永,书体各异,褒贬不一,甚为珍贵。高5.8米的贵妃汉白玉雕像耸立园中,其形态雍容华贵,神情安逸。

乾陵黄土民俗村 国家AA级重点旅游景区。乾陵黄土民俗村位于乾陵脚下的西兰公路旁,为中韩合作兴建,1997年对外开放,占地近3万平方米,是新开发的民俗旅游景点。黄土民俗村所占地据传是唐代建造乾陵时能工巧匠的居住遗址,后经修葺,成为皇亲国戚和达官贵人的休闲避暑之地。民俗村依地势修建一组大型窑洞民居群，每处窑洞既是民居，又是不同内容的民俗陈列室。长达2000多米的黄土“龙洞”蜿蜒曲折，犹如地下长廊，间隔有序地陈列着关中地区炎黄子孙繁衍生息、婚丧嫁娶、寿诞庆典、传统礼仪、节令活动、文化娱乐、集市贸易、农耕狩猎和衣、食、住、行等民俗实物或塑像，并在“龙洞”长廊中设有地下餐厅，内容十分丰富，集中展示黄河流域关中地区的民俗文化和黄土风情。

古豳文化博览园　国家AAA级重点旅游景区。位于旬邑县城中心东大街以北，占地6公顷。整个园区分为三大功能区。文化旅游区有陈列着具有世界之最的古象和犀牛化石等珍贵文物的古象犀牛化石展厅和始建于明万历十一年(1583)，旬邑现存的唯一的文庙；还有建于北宋嘉祐四年(1059)的泰塔，为全国重点文物保护单位；以及建于2007年，建筑面积3200平方米，内设被联合国教科文组织授予“民间工艺美术大师”称号的库淑兰剪纸展览和展示精品剪纸、刺绣、布艺、工艺挂件、石雕等作品的民间手工艺品展览以及定期为游客举行旬邑唢呐等民俗风情演艺及民间艺术展演的宣传文化中心。休闲娱乐区由彩色音乐喷泉、世界级民间艺术大师库淑兰的作品、雕塑、景灯、石柱、休闲坐椅、健身娱乐器材及绿化景观组成。体育运动区由400米标准跑道、足球场、羽毛球场、4个篮球场组成。古豳文化博览园已成为一个展示旬邑历史、民俗文化、体现城市生活的新型城市空间，形成集文化、旅游、体育、休闲于一体的城市会客厅。

关中印象体验地——袁家村　位于礼泉县烟霞镇以北3千米九嵕山昭陵脚下。袁家村先后被评为全国第一批特色景观旅游名镇(村)示范、全省新农村示范村、国家级生态村庄、“一村一品”农家乐明星村、国家AAA级旅游景区、中国最具魅力休闲乡村。2007年，投入资金2500多万元成功打造袁家村关中印象体验地，集中展示明清以来的关中农村文化生活的演变历程。建起包括德瑞恒油坊、永泰和布坊、五味斋醋坊、童济功茶坊、五福堂面坊、辣子坊天一阁、卢氏豆腐坊、稻香村醪糟坊和青砖白瓦的老宅子，古色古香的工艺品等传统民俗的手工作坊一条街。2010年，新建关中特色小吃一条街和西式别墅庭院。已经发展农家乐48户，一户一个特色，一户一个品牌，从农家乐房屋打造、室内外装饰装潢、家具摆设等小节，都注入传统文化要素，形成袁家香辣子、卢记豆腐、女儿红酒等特色文化产业品牌。袁家村村容整洁，环境优美，庭院风格迥异，清雅幽静，家庭旅馆干净舒适，千年古槐，亭台楼阁，展现关中民居特有的魅力，配以独具风味农家饭菜，令人流连忘返，是减压、休闲、度假、观光的理想之地。

于右任纪念馆　于右任名伯循，字右任，出生于陕西三原，他是国民党元老，民主革命家，名著一代的诗人和书法大师，一生爱祖国、爱人民、爱故乡、兴水利、建农场、办学校，护持民族文化遗产，深受海内外崇仰。1992年，三原县各界单位、群众、台湾标准草书会、日本高崎书道会等共同筹资兴建“三原于右任纪念馆”，1997年11月10日开馆。纪念馆位于县城东部，占地0.67公顷，主楼为三层仿古建筑，建筑面积2700平方米。纪念馆陈列展览共三大部分。第一展厅为“于右任先生爱国事迹展”。以照片、手札(亲笔信)等实物资料，展现于右任反清、反帝，投身辛亥革命，统领陕西靖国军，支持国共合作，力主团结抗日，和平统一等爱国活动。第二展室为“于右任先生墨品”展列。于右任各个时期的楷、行、草书作品，亲笔书稿，海内外出刊的诗文、书法版本等150多套件，习仲勋、马文瑞、赵朴初、陈立夫、蒋纬国等名流大家的题词书法等30余件。第三展厅“现代书法作品展”，展出全国各地及日本、新加坡、马来西亚等著名书法家的书法、篆刻作品，定期轮流展出130多件，并开辟“茹欲立先生书法陈列室”，展出茹欲立的文稿、手札、书法等作品60多件。纪念馆院内有“三原于右任纪念馆创修记”碑及六角碑亭。

李靖故居　位于三原县城北15千米的鲁桥镇东里堡，因是1300多年前卫国公李靖修建，故称“唐园”，俗称东里花园。据史料记载，唐园初建时，规模宏大，富丽堂皇。共分北、西、南三园，北、西两园毁于解放前，现只存南园，占地面积3.2公顷。这里曾居住过两位不同历史时代的英雄。一位是唐代开国名将李靖，另一位是民族英雄杨虎城。1918年，陕西成立靖国军，司令部就设在唐园(李靖故居)，唐园随即改名“靖国公园”，靖国军总司令于右任题写了“靖国公园”匾额。整个园林以鱼池为中心，周围布置连绵起伏的亭台楼阁、花草树木。鱼池南边是妙香亭，北边是一座具有南方建筑风格的小庭院，有堂(读书堂)，后有楼(观稼楼)，楼下有三孔窑洞，是杨虎城曾居住过的。两边有廊房，八卦亭立于中间，使整个院落形成一个整体。据专家鉴定，此庭院建筑属唐代建筑形式，经过历代修葺。与庭院遥遥相对的望月楼，是明代建筑，飞檐翘角，雕梁画栋，龙首兽脊。与望月楼隔山相望的是挂云楼，宋代建筑，民国时期倒塌后，重新做了翻修，带有一定的中西结合形式。挂云楼脚下是将南方建筑风格汇聚一处的池沼、石舫浓缩的长安八景微缩景观。在这古色古香的园林东南角竹林深处，掩埋着革命先烈史可轩。史可轩是兴平人。按照习俗，应该是“落叶归根，入土为安”，却因特殊的历史背景，被葬于靖国公园。李靖故居为爱国主义教育基地。

民风民俗　咸阳，是中国封建社会第一朝帝都和汉、唐等十三朝京畿重地，素以秦都、汉陵著称于世，是中华民族古代文明的重要发祥地之一，受中国传统文化熏陶极深。这里是秦风唐韵之乡，文明礼仪之邦，民风淳朴，注重礼仪，民俗独特，民俗文化源远流长，文化内涵十分丰富。在中国传统节日习俗方面，诸如春节贴春联、贴门神、贴年画，除夕守岁，拜年，长辈给未成年晚辈压岁钱。正月十五闹元宵、耍社火、猜灯谜，吃元宵，舅家给外甥送灯笼。清明节扫墓，祭奠祖先，祭扫烈士陵园。端午节门上悬挂艾蒿，吃粽子。中秋节家人团圆，吃月饼，赏月。重阳节登高、赏菊。腊八节吃腊八粥。腊月二十三日过小年，祭灶等。这些节日习俗与全国其他地区大同小异。进入20世纪90年代后,有些人除了保持着一定的传统节令习俗外,也开始过起了洋节,如圣诞节、情人节、母亲节等。

以西安和咸阳为中心的关中人,在衣、食、住、行、娱乐等方面,形成了自己独特的生活方式。外地人将这些独特的生活方式和习俗概括戏称为“十大怪”:面条像腰带,锅盔像锅盖,辣子是道菜,泡馍大碗卖,碗盆难分开,帕帕头上戴,房子半边盖,姑娘不对外,有凳不坐蹲起来,唱戏吼起来。这种生活方式与习俗,表现出咸阳和关中人的质朴、淳厚、粗犷和豪爽。

咸阳民俗风情,还体现在丰富多彩的民间艺术和传统体育活动中。从书法绘画、剪纸、雕塑、戏剧、歌舞和曲艺杂弹,到工艺品的编织和制造;从热闹欢腾的社火,晃荡的秋千,到高翔的风筝,既有古都传统文化的风采,又有西北黄土风情的神韵。

非物质文化遗产 *弦板腔* 第一批国家级非物质文化遗产项目。弦板腔又称“板板腔”,由主要伴奏乐器“弦子”和敲击乐器“板子”而取名。其音乐旋律节奏明快,悦耳悠扬,唱腔刚柔相济,感人动听,能充分表达戏剧剧情。随着历史发展演进,弦板腔从早期基本乐器的“二弦”、“三弦”、“板子”发展到加入板胡、二胡等多种民族乐器,在演唱方面由早期注重表演武打戏发展到表演历史演义和缠绵委婉的多种剧情的戏剧。弦板腔历史上在民间流传范围较广,主要分布在陕西省乾县、礼泉、兴平、武功、周至、户县,以及甘肃庆阳、正宁、天水、合水、兰州等地。其中在陕西乾县、兴平、礼泉最为盛行。弦板腔作为视听艺术具有十分明显的音乐美感,节奏愉快、悦耳动听,长期以来,为广大人民群众所喜爱,在活跃群众文化生活,陶冶情趣方面发挥了重要作用。弦板腔所表演的剧目相当丰富,历来以表演列国戏和三国戏最多,如《桃园结义》《三请诸葛》《回荆州》等以及《紫金簪》《武则天》等;新编剧《借驴》《十三姐妹闯三关》《七星剑》;移植剧有《穷人恨》《沙家浜》《智取威虎山》等。

旬邑彩贴剪纸 第三批国家级非物质文化遗产项目。旬邑彩贴剪纸是以民间剪纸为基础图像元素,用彩色纸剪出无数个小圆点和大片形体图案,采取剪、贴、衬三种工艺粘拼、点缀,继而创作一幅完整的作品,主要以人物、动物、花卉、民俗、民歌、宗教信仰,吉祥意寓等为表现题材。同时每幅作品配附优美动听的民歌、歌谣、使其相得益彰,引人入胜。它突破单色剪纸的小巧形式,在表现形态上是极其生动而自由的,不带任何条条框框的束缚与限制,每幅作品都有比较明显的原生性和独创性。代表作有《剪花娘子》《三公主坐云端》《老来上神归山去》《手提仙桃四两半》《娘娘婆,逗儿哥》《江娃拉马梅香骑》《空空树》《十二月花》《一树梨花靠粉墙》《南岸子上来马队啦》《背枪打日本》《不到东井做宰星》等。

咸阳河水“𰻞𰻞面” 陕西省第三批非物质文化遗产项目。𰻞𰻞面是陕西风俗歌谣“十大怪”中的第一怪,谓之“面条像裤带”。其根在咸阳,原始名称叫“咸阳河水𰻞𰻞”,与之相关还衍生一个民间造字“𰻞”,是中国饮食文化一个独特的例证。有一首民谣专门说这个字的写法:一点飞上天,黄河两大弯,八字大张口,言字往里走,左一扭,右一扭,你一长,我一长,当中夹个马大王,心字底,月字帮,楔个钉钉挂麻糖,推上车车上咸阳。咸阳是渭河在关中最大的渡口,历来人口多,用水量大。城内有“甜水井巷”证明地下多有苦水,用沉淀后的河水做面食是曾经共同的习惯。加之𰻞𰻞面制作相对简单,碗大、量足,用热油泼辣椒面以调味,更符合当地人喜面食、好酸辣、讲究实在的心性,所以传承具有广泛的生态空间。

咸阳琥珀糖制作技艺 陕西省第二批非物质文化遗产项目。琥珀糖原名虎皮糖,简称皮糖。琥珀糖的制作历史悠久,传说秦时吕不韦试制出琥珀糖为秦始皇之母治气管炎。又传说在清朝光绪二十六年,八国联军侵入北京,慈禧太后逃往西安时吃后所赐得名,一直沿用至今。咸阳城内有仪凤西街蓝家、法院街魏家和王家及城外的张家等最为有名。其工艺之精湛、口味之纯正誉满三秦。琥珀糖中加有干姜、桂圆、桔梗、陈皮等药物,不仅具有香、甜、脆的纯正口感,在缺医少药的时代更具有其独特的药用价值。可以作为治疗咳嗽、气喘、多痰的辅助药品。

重阳追节送花糕 陕西省第三批非物质文化遗产项目。咸阳民间俗称给女儿追节为“走女家”。“走女家”送礼有讲究做花糕(用面蒸做的花馍)的礼俗。因此“走女家”也称“送花糕”。其中女儿新婚追送中秋节的“九月花糕”尤为讲究。一般要送两个花糕。用肩担挑或二人抬送。花糕呈塔形,并取“糕”与“高”的谐音。示意层层晋级,步步登高。糕塔以面饼分层垒成,三层五层不限,周沿为花边,层间以大枣、核桃撑托,上层塑以盘龙或团花做顶。顶部广插色彩艳丽的面花,面花以动物花鸟或戏剧人物构成,是花糕的精华部分,也是艺人技巧发挥的尖峰。“九月花糕”浓缩着重阳节传统的文化底蕴,彰显着民间崇尚吉祥喜庆的民俗文化精神。

渭河南忙罢古会 陕西省第二批非物质文化遗产项目。秦都区渭河南忙罢古会是一种地域民俗文化,每年农历六月初一,从吴家庄开始,农历七月底在北槐等村子结束,前后两个月。其间,所有村庄皆选一个特定的日子家家过会待客。具体日期多为单日,偶有双日。这一天,不但亲戚都要来,而且彼此相好的朋友也会登门,有人叫它亲戚会,有人叫它女婿会,也叫它蒸馍会,还有的叫它老碗会。是生产、生活交流的平台,是联络人与人之间亲情和友情的纽带。

牛拉鼓 陕西省第一批非物质文化遗产项目。“咸阳牛拉鼓”曲牌名叫“什样锦”,始于秦,是唯一留存于民间最完整的大型民间鼓乐3套曲。它历史悠久,结构完整,由四个鼓头,四环花样,两大主调,三种过门,两种停鼓所组成。鼓舞动作有“六招八十八式”,即“舞、跑、跳、鼓、梆、槌”六大套路,八十八套动作,如:“霸王背鞭,童子拜佛,大鹏展翅,空中霹雳”等。有舞台、广场和游行多种形式的表演。“咸阳牛拉鼓”

咸阳市非物质文化遗产名录

表12

项目名称	申报地区、单位或个人	级别	批次	类　别
弦板腔	乾　县	国家级	第一批	传统戏剧
旬邑彩贴剪纸	旬邑县	国家级	第三批	民间美术
中华老字号张记馄饨制作技艺	咸阳张记馄饨馆	省级	第一批	传统手工技艺
牛拉鼓	渭城区	省级	第一批	民间舞蹈
蛟龙转鼓	乾　县	省级	第一批	民间舞蹈
长武道场	长武县	省级	第一批	民俗
咸阳琥珀糖制作技艺	秦都区	省级	第二批	传统手工技艺
渭河南忙罢古会	秦都区	省级	第二批	民俗
秦汉战鼓	渭城区	省级	第二批	民间音乐
武功土织布技艺	武功县	省级	第二批	传统手工技艺
普集烧鸡制作技艺	武功县	省级	第二批	传统手工技艺
农业始祖后稷传说	武功县	省级	第二批	民间文学
乾州布玩具	乾　县	省级	第二批	民间美术
乾州四宝制作技艺	乾　县	省级	第二批	传统手工技艺
秦琼敬德门神传说	礼泉县	省级	第二批	民间文学
礼泉皮影	礼泉县	省级	第二批	民间美术
泾河号子	泾阳县	省级	第二批	民间音乐
泾河竹马	泾阳县	省级	第二批	民间舞蹈
三原老龙	三原县	省级	第二批	民间舞蹈
东寨十八罗汉	三原县	省级	第二批	民间舞蹈
三原金线油塔制作技艺	三原县	省级	第二批	传统手工技艺
监军战鼓	永寿县	省级	第二批	民间音乐
永寿民间剪纸	永寿县	省级	第二批	民间美术
柳毅传书	长武县	省级	第二批	民间文学
长武庙宇泥塑礼仪	长武县	省级	第二批	民俗
旬邑唢呐	旬邑县	省级	第二批	民间音乐
重阳追节送花糕	秦都区	省级	第三批	民俗
咸阳河水𰻞𰻞面	秦都区	省级	第三批	传统手工技艺
李式太极拳	渭城区	省级	第三批	传统体育、游艺与杂技
渭城区“二月二”古庙会	渭城区	省级	第三批	民俗
苏蕙织锦回文与武功民间送手绢风俗	武功县	省级	第三批	民俗
西王禹村纸台	礼泉县	省级	第三批	民俗
泾阳木偶	泾阳县	省级	第三批	传统戏剧
泾阳砖茶制作技艺	泾阳县	省级	第三批	传统手工技艺
茯砖茶制作技艺	陕西苍山茶业有限责任公司	省级	第三批	传统手工技艺
渭北地坑式窑洞建筑技艺	泾阳县	省级	第三批	传统手工技艺

续表1

项目名称	申报地区、单位或个人	级别	批次	类　别
泾阳水盆羊肉制作技艺	泾阳县	省级	第三批	传统手工技艺
三原蓼花糖制作技艺	三原县	省级	第三批	传统手工技艺
彬县灯山庙会	彬　县	省级	第三批	民俗
古豳国传说	彬　县	省级	第三批	民间文学
彬县大佛寺“三月八”庙会	彬　县	省级	第三批	民俗
旬邑咪子戏	旬邑县	省级	第三批	曲艺
历代皮影戏文学剧本	兴平市	市级	第一批	民间文学
秦腔脸谱绘画技艺	兴平市	市级	第一批	民间美术
赵家醪糟	兴平市	市级	第一批	传统手工技艺
旗花面制作工艺	武功县	市级	第一批	传统手工技艺
陕西快书	礼泉县	市级	第一批	曲艺
礼泉烙面制作工艺	礼泉县	市级	第一批	传统手工技艺
老朱家肉夹馍制作工艺	泾阳县	市级	第一批	传统手工技艺
彬县民间刺绣	彬　县	市级	第一批	民间美术
崔少锋脸谱	长武县	市级	第一批	民间美术
旬邑御面制作工艺	旬邑县	市级	第一批	传统手工技艺
荞面饸饹制作工艺	淳化县	市级	第一批	传统手工技艺
老王家烧鸡制作技艺	王仁义	市级	第二批	传统手工技艺
平湖派琵琶演奏艺术	市艺术研究室	市级	第二批	民间音乐
渭河号子	秦都区	市级	第二批	民间音乐
劝善和劝善经	秦都区	市级	第二批	民俗
五陵原黑陶制作技艺	渭城区	市级	第二批	传统手工技艺
兴平曲子坐唱	兴平市	市级	第二批	曲艺
苏武陵园祭祀活动	武功县	市级	第二批	民俗
武功镇东河滩会	武功县	市级	第二批	民俗
乾州花棍	乾　县	市级	第二批	民间舞蹈
枣坪纸台	泾阳县	市级	第二批	民间舞蹈
泾阳太平曲子坐唱	泾阳县	市级	第二批	曲艺
三原面花制作工艺	三原县	市级	第二批	传统手工技艺
长武背芯	长武县	市级	第二批	民间舞蹈
旬邑民间执事说唱词	旬邑县	市级	第二批	民间文学
旬邑石门爷(扶苏)传说	旬邑县	市级	第二批	民间文学
旬邑十三花宴席	旬邑县	市级	第二批	民俗
秦都咸阳民间剪纸	秦都区	市级	第三批	传统美术
弄玉吹箫的传说	渭城区	市级	第三批	民间文学
北杜纸活制作技艺	渭城区	市级	第三批	传统手工技艺

续表2

项目名称	申报地区、单位或个人	级别	批次	类　别
丁兰刻母传说	兴平市	市级	第三批	民间文学
杨双山的传说	兴平市	市级	第三批	民间文学
贞元烧伤药	武功县	市级	第三批	传统医药
乾州面塑	乾　县	市级	第三批	传统美术
关中夯歌	泾阳县	市级	第三批	传统音乐
关中农耕歌	泾阳县	市级	第三批	传统音乐
关中传统婚礼	泾阳县	市级	第三批	民俗
刘氏中医技艺	三原县	市级	第三批	传统医药
来家唢呐	永寿县	市级	第三批	传统音乐
任派唱腔	永寿县	市级	第三批	传统戏曲
永寿土梁油制作	永寿县	市级	第三批	传统手工技艺
彬县民间刺绣	彬　县	市级	第三批	传统美术
彬县荞麦凉粉制作工艺	彬　县	市级	第三批	传统手工技艺
彬县旋木工艺	彬　县	市级	第三批	传统手工技艺
民间歌谣	旬邑县	市级	第三批	民间文学
绣鞋运坟土	淳化县	市级	第三批	民间文学

昔时技艺以师承传播，演奏每与社火祭祀相关。传至郑明寿一代，鼓乐成为新时代之群众艺术，遂使鼓面扩大、鼓壁加高，并被郑明寿始载置牛拉大车架之上鼓乐舞腾踏，“咸阳牛拉鼓”由此而得名，郑明寿亦被誉为“西北鼓王”，浸淫乡里、影响八方，形制日渐壮阔，技艺多彩。

中华老字号张记馄饨制作技艺　陕西省第一批非物质文化遗产项目。“张记馄饨”1918 年起源于山东滕州济南府张广赐，1937 年迁店至陕西咸阳制作经营至今。由于张记馄饨制作考究，技艺高超，馄饨皮薄肉嫩，汤鲜味美，碗大馄饨多，不但长期深受当地民众的信赖，而且西北地区颇有名气，全国也有所闻，也常有外宾慕名光顾，民间长期流传“汤鲜味美馄饨张”之说。

秦汉战鼓　陕西省第二批非物质文化遗产项目。秦汉战鼓已有 3000 多年的历史，分布在渭城区正阳街道办事处掌旗寨一带，传说咸阳市渭城区正阳街道办事处掌旗寨辖区内曾有人在军中掌旗，在其告老还乡后，将战鼓调传入该村，世代相传，一直流传至今。秦汉战鼓分为三部曲：第一步，出征曲；第二部，交战曲；第三部，凯旋曲。三部曲前均有流水调，气势雄壮豪迈，仿佛修筑万里长城号子声。

渭城区二月二古庙会　陕西省第三批非物质文化遗产项目。“二月二古庙会”位于咸阳市渭城区毕原路中段渭阳街道办事处双泉村境内。相传唐朝某年，大病流行，瘟疫肆虐。药王孙思邈在这里收集药方，治病救人。当时为了快速治疗，药王就把自己研制的中药夹在面里，做成豆子形状，经过翻炒，加工成馍豆，散发给大家，大家吃了药王发的炒馍豆，病很快就好了。后来这里的百姓为了纪念药王孙思邈，就修了座寺庙，来供奉祭奠。“二月二古庙会”就这样而来。吃馍豆，祭祀药王的民俗就这样保留下来。药王洞也成了人们祈求身体安康的场所。

李式太极拳　陕西省第三批非物质文化遗产项目。李式太极拳源于武当张三丰祖师所创，历代口传心授，至第十二代传人李宗有已近七百年历史。李式太极拳刚柔相济，是外形、意念、内裆即内丹三合一太极拳，修炼体系完整，从基础的拳架套路开始逐步到推手、器械、功法、武医等循序渐进，独有的八十六式基架、两仪九功、八大功法、架子分向走法、三百六十单元手等，对研究传统武术文化有重要的学术价值。

农业始祖后稷传说　陕西省第二批非物质文化遗产项目。相传距现在约四千年前，炎帝后裔有邰氏的女儿姜嫄因踩巨人足迹而生子。以为是不祥之物，结果三弃不死，就又抱回养育，起名叫“弃”。弃从小喜欢农业，在母亲的教诲下，长大后遍尝百草，掌握了农业知识，在教稼台讲学，指导人们种庄稼。传说他的精神感动了天帝，派神仙下凡，送来百谷种子，让其为民造福，被大家尊称为神农后稷。

武功土织布技艺　陕西省第二批非物质文化遗产项目。武功土织布织造工艺极为复杂，从采棉纺线到上机织布，大大小小约 72 道工序，主要包括四个方面：一是纺线，先用棉花搓捻子，再在纺车上拧抽出细如丝的线。二是整线，把纺锭上的线穗子通过线轮后，再上拐，成束、浆洗、晾干、缠成线筒子。三是进行“经线”工艺组合，设计配色型,俗称“经布”,然后再梳理经线,俗称“刷布”。四是把经线滚子架上织机织布。武功土织布为农耕文化的发展和中华文明的延续发挥了巨大的作用,其生产技艺是千百年来劳动人民长期的智慧结晶。

普集烧鸡制作技艺　陕西省第二批非物质文化遗产项目。普集烧鸡,起始于河南人郭志平。1940年,为了逃避战乱,他携带家眷来到陕西省武功县普集投友定居,以祖传清宫烧鸡技艺谋生。因普集火车站人流量大,烧鸡被旅客带到四面八方,因而定名为普集烧鸡。

苏蕙织锦回文与武功民间送手绢风俗　陕西省第三批非物质文化遗产项目。前秦才女苏蕙出生于武功县苏坊村,婚后丈夫窦滔被发配流沙(今甘肃敦煌一带)。她思夫心切,每日写诗抒怀,并用五彩线织成诗文,共841字,辗转反复读,能读出几千首诗,这就是流传千古的织锦回文璇玑图。女皇武则天称其为“天下第一才女”。《回文璇玑图》成为爱情的象征,武功由此引发民间送手绢风俗,至今广泛流传。

蛟龙转鼓　陕西省第一批非物质文化遗产项目。蛟龙转鼓是流传于陕西西部的一种独特的民间鼓舞,源于明代朱元璋宫廷内之凯旋庆功乐舞,嘉靖年间在宫廷广泛流传,明神宗万历二十一年(1593),由乾州在朝为御马太监的梁忠带到民间,由故里梁、吴、司、曹四大家族世代传授,已有400多年的历史。以乾县王村镇为中心辐射关中大地,因鼓壁周围绘有“蛟龙”图案,击鼓时围绕鼓跳跃旋转,如同一条蛟龙腾空而跃,故名蛟龙转鼓。

乾州四宝制作技艺　陕西省第二批非物质文化遗产项目。乾州四宝,包括锅盔、挂面、豆腐脑、馇酥四种民间食品,前三宝是唐修建乾陵时,修陵官兵发明的饮食品种,馇酥是唐代祭祀食品,后传至民间。经历代不断改进,质量越来越好,色香味俱全,成为民间传统食品。乾州四宝是乾县饮食文化的代表,具有浓厚的关中饮食文化特色,深受大众喜爱。

乾州布玩具　陕西省第二批非物质文化遗产项目。乾州布艺是流传于陕西乾县的一种独特的民间手工艺品的代表作,集民间剪纸、刺绣、制作工艺为一体的综合艺术。布艺,即布上的艺术,它是以布、绸、绢、缎等为主要原料,以民间百姓对美好生活向往的内容为题材,用变形、夸张的手法,同时融合、吸收民间美术中多种品类的制作技艺,通过剪、缝、绣、贴、挑、拔(扎)、拼、缠、纳、叠、镶等技法来制作的一种布质工艺品。是陕西民间工艺中的一朵瑰丽的奇葩。

秦琼敬德门神传说　陕西省第二批非物质文化遗产项目。贴门神是春节特有的传统文化风俗之一。每逢除夕,人们便把旧门神撕下来,换上新门神。门神顾名思义就是守护宅门的神灵,是中国古代人们想象出来的宅院保护神的统称。过去门神主要贴于大门的门板两侧,主要有“驱鬼避邪”和“祈福迎祥”两类门神,包括捉鬼门神、武将门神、祈福门神等等。一般宅第大门饰武将门神,内室门户贴祈福门神。捉鬼门神一般画着钟馗,武将门神大都为秦琼和敬德,祈福门神多作与福、禄、财神相似的文官打扮。

礼泉皮影　陕西省第二批非物质文化遗产项目。礼泉皮影的产生年代不详,但种种迹象表明,礼泉皮影产生的年代久远,或是在中国皮影产生之初就已诞生。礼泉皮影是在中国农耕社会基础上产生的一种艺术,是古代人民思维与物质观念的产物。它的题材、内容、艺术形式都是为适应古代人民生活和居住特点而产生的,具有浓厚的乡土气息和地方特点。它符合百姓的审美情趣,深为大众喜爱。作品具有美观大方,形象夸张、刻工精湛、细腻,色彩明快、雅俗共赏等特征。

西王禹村“纸台”　陕西省第三批非物质文化遗产项目。西王禹村的“纸台”是为纪念七仙女帮助大禹治水而产生的,是与寺庙祭祀活动相辅相成的。古时的纸台表演都是在晚上进行的,所以在场地中间有四个掌灯之人,四人围成正方形,仙女们围绕四盏灯变换队形进行表演。随着时代变迁,纸台表演由晚上改为白天,四盏灯也相应变为四面旗。走纸台时由村中的姑娘们身穿七仙女的戏服,上妆戴花,扮成仙女模样。再用白纸糊成一米见方的纸框,中间留有一尺见方的小框,“仙女”们两腿站于其内,随着鼓点,碎步而行,飘飘忽忽,如踩白云,几十个人不断变换队形,甚为壮观。

渭北地坑式窑洞建筑技艺　陕西省第三批非物质文化遗产项目。下沉式窑洞四合院村落,在建筑构图上是潜掩式空间,形成深藏不露的地下人居环境。下沉式窑洞造型的最大特征是在“中矩”的背景下以弧形的拱壳“中规”造型,均衡统一,比例适度,极富韵律感。从室内的窑顶或室外的拱头线来看,无不“以圆为美”。如此,“中规”与“中矩”相济,体现了中华民族传统的“天圆地方”对大自然的认识观念。它记录了人类穴居的历史,是古人类住宅建筑的活化石,已成为一种文化符号。

泾河号子　陕西省第二批非物质文化遗产项目。泾河号子是泾河流域产生的一种伴随渡船而歌唱的民间歌曲。泾阳县是泾河号子的主要产生地和传承地,其特点是铿锵有力、节奏感强,具有极强的穿透力,上世纪80年代经音乐工作者普查整理的号子有“上下车号子”、“行船号子”、“调船号子”等10多首。

泾阳木偶　陕西省第三批非物质文化遗产项目。木偶,又称傀儡,泾阳当地又俗称“搁葫芦”。用它来表演的戏剧叫木偶戏。木偶艺术约从宋末元初开始引入泾阳,历经元、明、清演变,及至民国已非常成熟。泾阳木偶属于木偶系列里典型的杖头木偶,角色分为旦角、生角、花脸、杂角类等。由木偶、操纵演员、配音演员和乐队四部分组成。

泾阳水盆羊肉制作技艺　陕西省第三批非物质文化遗产项目。战国时秦始皇在泾阳张家山修建郑国渠,征召民工无数,由于人多、活重,用铁锅熬煮羊肉,用其肉汤泡锅盔,因其味美无比而得到众民工的赞赏,这是泾阳水盆羊肉的雏形。经无数代人的挖掘、丰富、发展,民国时期已形成一定的规模和独特的风味。泾阳水盆羊肉是在继承祖辈独特的炮制方法的基础上发展完善起来的，味道鲜美，营养丰富，颇受泾阳及周边群众的喜爱。

泾河竹马　陕西省第二批非物质文化遗产项目。泾河竹马主要分布于太平镇枣坪村，周边及各村也有仿效及传人，但数百年来，仍以枣坪人演出的竹马最为正宗。“竹马”最早起源于人类童年时期的儿童游戏——黄口稚儿，以竹枝骑于胯下做跨马状，你追我赶。后经漫长的人类历史，竹马逐渐又演变为成年人的游戏抑或是体育项目或娱乐活动。相传药王孙思邈寻找草药途经枣坪东沟，遇到泾河之北一身患恶疾之人。这个人已被病魔折磨得生不如死，想到东沟来早早地了此残生。孙思邈给了他一个偏方和几服草药，这个人服完后竟痊愈。这个人满怀感恩之心来到东沟感谢孙思邈时，这里早已人去沟空。这个人为了纪念孙思邈，请人在东沟凿洞建庙，当庙建成后，这个人请枣坪人来庆祝，枣坪人就在庙前拉开场子，表演的就是自己的竹马。

泾阳砖茶制作技艺　陕西省第三批非物质文化遗产项目。泾阳砖茶历史悠久，颇负盛名，明、清时期曾为“陕引”、“甘引”之主要茶品。明朝初期，湖南安化黑茶作为官茶远销西北。当时，湖南人将安化黑毛茶运往泾阳手工筑制成砖形，故称“泾阳砖”；因在伏天加工，故又称“泾阳伏茶”；还因其有中草药茯苓之功效，又被称为“泾阳茯茶”；由于系用官引制造，清代前期须在兰州府缴纳三成至五成砖茶作为税金，交给官府销售，又叫“官茶”、“府茶”；其余的砖茶由茶商按照政府指定的销区销售，故称为“附茶”。因泾阳砖茶给泾阳人民带来巨大的经济效益，还被泾阳人称为“福茶”。

三原金线油塔制作技艺　陕西省第二批非物质文化遗产项目。金线油塔又叫千层油饼，相传是清末光绪、宣统年间赵伯安研制而成。赵伯安是三原县城椽巷人，一生酷爱厨艺，尤其是面食制作技艺。他凭自己的心灵手巧，研制生产出千层油饼后，一时引起人们的关注，生意日趋红火，随即开办起悦丰和油饼铺（在今三原县城西城隍庙广场西北角），顾客盈门，络绎不绝。1956年，赵家悦丰和经过公私合营，第二代传人赵志正不负父辈期望，广收门徒，将家门这一传统技艺无私地传授给弟子，使陈桂花、刁智敏、王万海、宋良、马建华等三原名厨受益匪浅。

三原蓼花糖制作技艺　陕西省第三批非物质文化遗产项目。蓼花糖源于明代正德年间（1506－1521），原称蓼花雪糖，后来简称蓼花糖。蓼花糖的主要原料为精选上等糯米，优质芝麻仁、豆粉、饴糖、棕榈油等。制作工艺繁细，操作严密，从原料到成品，需经二十四道工序，历时半年而成。其状如莲藕或线棰，圆满丰实、洁白细腻，松酥适口。表为金黄色，粘饰芝麻，芝香浓郁，香酥甜脆，风味独特，回味无穷。

三原老龙　陕西省第二批非物质文化遗产项目。三原老龙又名西关老龙或筒子龙，主要分布在三原县原区和大小灌区，以县城西关东村、西关西村等村为代表，故名“西关老龙”。三原老龙作为一种民间龙舞艺术，起源于民间传说唐王李世民为龙图“画龙点睛”为百姓祈福求雨的故事。从此，为了得到龙的庇佑而年年风调雨顺，三原百姓在舞龙前必到清河边上举行隆重点睛仪式。随着时代变迁，三原老龙已由最初的祭祀活动演变为欢庆娱乐活动，且成为三原县春节、元宵佳节社火活动之首。

东寨十八罗汉　陕西省第二批非物质文化遗产项目。东寨十八罗汉起源于清代咸丰年间，唯三原县西阳镇东寨村独有，演职人员以东寨南村周家为主，9名青壮年和9名少年分别扮成“罗汉”形态，故名“十八罗汉”。

监军战鼓　陕西省第二批非物质文化遗产项目。监军战鼓历史悠久。据群众传说，监军战鼓是随军作战时鸣金击鼓之战鼓的鼓点的流传和演变，故称“监军战鼓”。起源隋唐，盛行于成吉思汗时代。监军战鼓系集体演奏，多则百余人，少则三四十人。每年逢春节及重大节日，配合仪仗队，在大街进行演奏。声势浩大，气势雄伟，节奏鲜明，富有朴实的民间色彩。

永寿民间剪纸　陕西省第二批非物质文化遗产项目。永寿民间剪纸是关中剪纸的典型代表。广大劳动妇女在耕织之余，为了装饰美化生活，以五颜六色之彩纸剪成窗花、圆花、云角布置风窗、炕围、顶棚。其作品源远流长，风格南北兼容。既有南方的小巧玲珑、纤细秀美，又有北方的造型单一、线条粗犷。题材广泛，飞禽走兽、蔬果草虫、人物屋宇、民间故事、戏剧人物皆可为表现对象。

彬县大佛寺三月八庙会　陕西省第三批非物质文化遗产项目。大佛寺三月八庙会是民间地方传统庙会。相传农历三月初八是大佛的生日。每年三月初六即有善男信女从四面八方赶来礼佛，或进香还愿，或求子祈福，或旅游观光，三月初八达到高潮，日接待游客万人以上。每年庙会期间，摊点密布，客商云集，游人杂沓，十分热闹。山门外百货云集，民间工艺品、土特产应有尽有，还有各色风味小吃。有时也有戏剧演出。

彬县灯山庙会　陕西省第三批非物质文化遗产项目。灯山庙会是彬县民间传统集会。每年农历正月十五在城关镇水帘村花果山进行。南北朝时期，灯山周围民众在山崖面上开凿许多石洞，即“九曲十八洞”，后称为“水帘石堡”，以避兵祸。唐贞观年间，天下太平，政治清明，为了庆祝升平，人们在九曲十八洞的周围凿出灯头大的石窝，其中可盛清油一碗，压上新灯捻，十三日晚，点亮十二盏正灯和通往九曲十八洞的各盏路灯。十四日晚，再扩点“轿顶”和“北斗星”。正月十五全部点亮。灯山有大小灯窝1700余孔，全部点亮后形成壮观的亭台楼阁，有极高的艺术欣赏价值。

古豳国传说　陕西省第三批非物质文化遗产项目。古豳国民间故事流传，在唐代已经有地名佐证，唐代姜嫄墓所在的今水北村一带地名为“公刘乡”（根据出土碑石记载），明代知州姚本咏邠州诗当中对姜嫄、公刘、太王事迹多有提及，而且有过考证（康熙本孙星衍著《直隶邠州志》记载）。上世纪90年代，彬县文化馆根据搜集整理的古豳传说出版过《彬县民间故事》集成。

长武道场　陕西省第一批非物质文化遗产项目。长武道场俗称"打醮",是一种融鼓器乐、说唱为内容的宗教祭祀性综合艺术。从清代中期起源于长武县彭公乡方庄村,已流传200余年。主要以道教祭祀为目的,活跃于民间殡葬、庆寿、庙会活动中。多种演唱内容有道经、孝经,亦含部分儒释道伦理,甚为广泛,韵调古有70多种。曲牌包括祭灵、菩萨登台、赞八仙等30多类。其调古朴低沉、悠扬委婉,具有浓厚的古乐特色。历史上长期流传于陕、甘交界地区。是道教文化遗留在长武县乃至省内外一份较完整和独特的音乐艺术遗产。

长武庙宇泥塑礼仪　陕西省第二批非物质文化遗产项目。长武庙宇泥塑,是当地人民在农耕社会生活中,利用实体性物质塑造形象,以祀神娱人为目的,含有历史、宗教、民俗等多元文化内容的传统艺术,有着深刻的社会历史根源。据县志记载:南北朝时期,长武始建画阁寺,唐初建昭仁寺,之后历代皆立庙观寺刹。规模较大的有昭仁寺、强村寺、马成寺、兴龙寺、回朝寺、云德寺、永福寺等20多处。明清以来,儒、释、道三教传播广泛,遍布城乡村落。庙宇林立,庙庙塑像,给民间泥塑、壁画营造广阔的文化空间。

柳毅传书　陕西省第二批非物质文化遗产项目。柳毅传书原本是发生在长武县芋元乡柳泉村的一个真实故事,后经长期流传逐渐演化为传奇故事或神话故事,终被历代文人定格为《柳毅传》。柳泉村位于长武县相公镇,呈半平原山沟地貌,泾水环绕,兴龙山湾与之相抱。旧时,村民依山崖凿窑而居,筑有土城围堡。当地人奉柳毅为尊神,建庙立祠祭祀。"柳毅传书"传说,村民是以口耳相传,一代一代传下来。

旬邑咪子戏　陕西省第三批非物质文化遗产项目。咪子戏利用吹奏咪子模仿戏剧人物各类唱腔,利用吹奏模仿形式代替戏剧不同角色人物;以人数少,演奏方式灵活多样,深受群众欢迎;咪子戏演奏的剧目多,是群众喜闻乐见的一种经典曲艺。有《二进宫》《十对花》《赶坡》《探窑》等。它盛行于明末清初,至今已有几百年的历史。咪子戏在旬邑传承主要以家族传承为主,因为其在演奏上讲究技巧,也要掌握戏剧人物的表现形态和内心变化,是以需要艺人心传口授。咪子戏这一曲艺形式活跃在广大农村,在演奏中以人少唱大戏,既活泼又形象,既逼真又热闹,深受群众喜爱。其主要用于民间婚丧嫁娶、婴儿满月、老人祝寿、乔迁等庆典活动。

旬邑唢呐　陕西省第二批非物质文化遗产项目。唢呐是旬邑民间流行的吹奏乐器。它以高亢嘹亮、气势磅礴、场面宏大的特性,根植民间,久传不衰。分布在旬邑南、北、中三大原区的唢呐吹奏乐班有40余家,艺人近千人。

地方特产　苹果　咸阳市是陕西省优质苹果的主要产区之一。淳化、旬邑是著名的中国苹果之乡。旬邑县、淳化县、礼泉县、彬县、乾县跻身中国苹果20强县之列。其中"秦冠"、"红富士"、"红星"、"红冠"苹果先后被评为部优、省优产品。苹果果形端正,色泽艳丽,果肉细脆香甜、多汁,耐贮藏,富含人体所需的维生素C、钙、铁、磷等10多种营养成分。秦冠苹果果实呈圆锥形,着色浓红,果点明显,果肉黄白色,肉质松脆、汁多、味甜,风味芳香。红富士苹果果实呈圆形或长圆形,着色片红或条纹红,果面光滑,果肉黄白色、肉质细脆致密,果汁多,酸甜适度。

彬州梨　彬州梨产于彬县、长武县一带,多集中于沟谷两侧。这里气候温和,雨量适中,水热资源丰富,土层深厚,质地良好,结构松散,有利于梨树根的深扎和透气通风。彬州梨果实匀整个大,皮色洁净,肉质细嫩,清脆香甜,汁丰爽口,栽培历史悠久,曾作为历代贡品。

晋枣　晋枣盛产于彬县、长武县等地,栽培历史悠久,早在三千年前的周初就有栽植。彬县的大晋枣和长武的黑山枣形若长卵,色如红棕,皮薄核小,肉质酥脆而甘美,宜鲜食,也宜干制,营养丰富,是果品中的珍品。

辣椒　境内辣椒种植历史悠久,以"秦椒"驰名。以兴平市、武功县产出的品质最优,具有颜色鲜红,辣味浓郁,体形纤长,肉厚油大,表面皱纹均匀等特点。分为青、干两种,尤以干椒最为有名,研面油泼后,为佐食佳品。制成辣子酱,香醇适口。秦椒含维生素丙和多种营养成分,经常食用,可以健胃,增加食欲。

大蒜　主要种植在兴平市的桑镇、汤坊、赵村等地和武功县一带。栽培的白皮大蒜以个大、味辣、鲜脆闻名全国,素有"中华蒜王"之称。所产蒜薹有鲜嫩、粗壮、味浓的特点。亩产蒜头、蒜薹达1100公斤。

秦川牛　中国地方良种,是中国体格高大的役用牛种之一。产于陕西省关中地区,因"八百里秦川"而得名。境内以礼泉县、乾县、武功县、兴平市、秦都区、渭城区为中心产区。秦川牛毛色紫红,体格高大,胸宽而深,背腰平直,四肢健壮,结实有力,蹄质坚实,呈肉红色。头大小适中,眼大口方,鼻镜粉红,角短而圆,颈粗短适中,肌肉发达。公牛平均体高141.66厘米,体重594.5公斤,母牛体高124.5厘米,体重381.3公斤。最大挽力,公牛479.9公斤,母牛281.2公斤。肉用性能好,秦川牛成熟早,增重快,18月龄屠宰体一般可达400公斤,屠宰率60.75%。肉质细嫩,柔软多汁,色泽鲜红,含高蛋白质和多种氨基酸,脂肪低。适应性强,耐粗饲。

关中驴　是中国优良大型驴种之一,在国内外久负盛名。产于陕西省关中平原地区的渭河及其主要支流泾河流域一带。境内南部以兴平市、礼泉县、乾县、秦都区、渭城区、武功县为主要产地。关中驴属挽驮兼用型,体格高大,头颈高扬,肌肉发达,紧凑结实,体态健美,前胸宽广,背腰平直,尻短斜,肋骨开张,腹部充实,四肢端直,肌腱明显,韧带发达,蹄质结实,举止灵活。被毛细短而有光泽,毛色以黑为主,多具粉鼻、亮眼、白肚皮(口、鼻、眼圈和腹下为白色毛),栗色或青色很少,偶尔出现乌头黑(全身被毛均为黑色)。

关中奶山羊　是中国著名的奶山羊品种之一。主要分布在三原县、泾阳县、礼泉县、乾县、秦都区、渭城区。关中奶山羊体质结实,遗传性能稳定。鼻直嘴齐,眼大颈长,胸宽背平,腰长尻宽,乳房庞大。该品种利用年限一般6年~8年,泌乳期6个月~8个月,平均200天左右,产奶量200公斤~300公斤。奶质优良,其中干物质为12.8%,蛋白质为3.53%,乳脂率达4.2%。淘汰母羊育肥后屠宰率为49.70%,净肉率39.50%。关中奶山羊耐粗饲,易管理,抗病力强,适应性良好,平原山区均可饲养。

西农奶山羊　主要分布在秦都区、武功县、三原县、泾阳县等地。西农奶山羊体格高大,体质结实,毛短、色白,具有"头长、颈长、体长、腿长"的四长特点,产羔率200%。每胎平均产奶量800公斤,乳脂率3.53%。

关中黑猪　主要分布在兴平市、武功县、乾县、泾阳县、长武县、三原县等地。外貌特征为体格中等,被毛全黑色,体质粗壮,腹大而不下垂,四肢结实,乳房7对。肥育性能为246日龄,平均体重87.9公斤,肉料比为1∶4.09。屠宰率为69.4%,背膘厚3.77厘米,皮厚0.34厘米,眼肌面积1.65平方厘米,胴体瘦肉率为52%。关中黑猪为肉脂兼用型,具有生长快、瘦肉率高、肉质好、产仔多的特点。

革命历史　富于革命传统的咸阳人民,在近、现代史上书写了光辉的篇章。清咸丰、同治年间,三原、泾阳、礼泉等地回民反抗官府劣绅压迫,举行起义,并配合太平军、捻军入陕部队打击清政府军,不屈不挠,可歌可泣。清末,宋伯鲁等参与了中国近代史上著名的"戊戌变法"。20世纪初,于右任、柏筱余、吴聘儒、焦易堂等加入同盟会,追随孙中山,为辛亥革命奔走呼号,旗帜鲜明地反对袁世凯窃国称帝。中国共产党建党初期,魏野畴、史可轩、耿觉、张含辉等先行加入中国共产党的行列,高举共产主义大旗,为发展党的组织、开展地下斗争和组织武装暴动,大义凛然,宁死不屈,为革命献出了年轻而宝贵的生命,建立了不可磨灭的功绩。1928年,在中国共产党的领导下,旬邑、淳化、三原、礼泉等地农民开展武装斗争,举行了声势浩大的渭北起义。1933年8月,三原武字区成为陕西省第一块革命根据地。1936年12月,中国工农红军进驻云阳镇(在泾阳县),红军总部设在南门内文家。西安事变后,中共陕西省委重新组成,省委设在云阳镇北街毛家。1937年,红军在云阳镇改编为国民革命军第十八集团军,由泾阳、三原等地出发,东渡黄河,开赴抗日前线。1937年10月,在党中央和老一辈无产阶级革命家的亲切关怀下,于泾阳县安吴堡举办西北青年训练班,为革命队伍培训了一批又一批优秀的青年干部。淳化、旬邑两县大部分地区为革命老区。在抗日战争和解放战争期间,咸阳成为国民党统治区通往延安的交通线,革命领袖、爱国志士、热血青年,肩负着崇高的使命,冒着生命危险,从这里秘密往来。1948年4月,西北野战军(中国人民解放军第一野战军)在今旬邑的马栏、转角等地集结,分左、中、右三路向西府挺进,拉开了西府战役的序幕。在长期的革命斗争中,2429位烈士献出了自己的生命。解放后,在旬邑、淳化、三原、长武等地分别建立了纪念碑、纪念馆或烈士陵园。

历史名人　咸阳历代名家辈出。上古的后稷(弃)、公刘,是中国农耕文化的开拓者、先行者。东汉的伏波将军马援,战功赫赫,立志"马革裹尸",献身疆场,名垂千古;班彪、班固父子,呕心沥血撰写《汉书》,其后班昭又继父兄宏愿,最终完成了这部彪炳千秋的史学巨著;少有大志的班超,投笔从戎,以"不入虎穴,焉得虎子"的胆识,出使西域,历经31度春秋,密切了内地和西域的关系;经学家马融,博学宏通,绛帐授徒,著名学者郑玄、卢植等皆出其门;经学家赵岐撰写的《孟子章句》为研究《孟子》的重要著作;博学多才的贾逵,在经学和历法计算中卓有建树。三国时著名的机械制造学家马钧,被时人称为"天下之名巧"。西魏政治家苏绰,协助宇文泰进行改革,为北周开国奠定了基础。一代英主李世民的"贞观之治"史不绝书,千古传颂;军事家李靖、侯君集,为唐初的国家统一立下了卓越功勋;晚唐小说家皇甫枚,其《三水小牍》脍炙人口,名重一时。宋代有理财家范祥,文学家陶穀、张舜民。宋金时的王嚞(即王重阳)创立了全真道教,被尊为全真教祖师。明代的康海为"前七子"之一,其《中山狼》为杂剧名著,所撰《武功县志》为中国古代地方志中的上乘之作;机械学家王徵,致力于译介西方科学技术,又自撰《诸器图说》,极具巧思;回族学者胡登洲,嘉靖年间朝觐麦加归国后,潜心研究宗教哲学,开创了中国的伊斯兰寺院经堂教育,为陕西境内伊斯兰文化的发展做出了卓越贡献;直言敢谏的马理,学行纯笃,尤长于经学,晚年编撰的《陕西通志》更为世所称道;清代的农学家、教育家杨屾所著《豳风广义》《论蚕桑要法》等,是中国18世纪农业生产的科学总结。近代以来,精英人杰更是不胜枚举,他们中有回民起义领袖白彦虎,维新派教育家刘古愚,国民党元老、爱国诗人、一代书法大师于右任,中国比较文学研究的先驱吴宓,戏剧改革家、剧作家范紫东,第六届中共中央候补委员、中共四川省委代理书记刘愿庵,渭北游击队创始人苗家祥、黄子文,教育家、《老百姓报》主编李敷仁,毛泽东的秘书、外交家王炳南,以及社会主义时期各条战线上的英雄模范赵梦桃、邵小利等。

自然保护区　石门山自然保护区　位于旬邑县城东南部,距县城21千米,保护区面积3万多公顷。区内有保存完好的自然生态体系,天然次生林、原始森林及人工林构成良好的植被条件。生活有国家一、二类及省级一、二类保护动物金钱豹、土豹、穿山甲等30余种。山水、森林、动物、珍禽等自然资源丰富而神奇,其人文景观丰富、历史悠久,秦直道、石门关、扶苏庙和姜嫄圣母庙等蕴涵着丰富的历史典故,是秦文化的重要组成部分。

翠屏山自然保护区　位于永寿县城北17千米处,总面积为1.92万公顷,区内以人工林和天然灌木林草为主,林木覆盖率57%。区内大面积分布的以刺槐、油松为主的人工林,是黄土高原地区人工生态系统典型代表。区域内已发现金钱豹等一级保护动物。该区是渭河与泾河的分水岭,区内沟壑密布,溪流众多,溯源侵蚀强烈,建立人工林自然保护区将极大促进涵养水源,防止水土流失,对保护区域的生态环境及312国道的安全均有重要意义,为研究人工林结构、动态演替特征,次生植被的恢复及合理改造途径提供理想场所,亦是进行生态保护和科普宣传教育的天然课堂。

爷台山自然保护区　位于淳化县东北部,距县城12千米。保护区面积1万公顷。爷台山自然保护区具有保存完好的自然生态体系,区内层峦叠嶂,曲径通幽,林密茂盛,气候湿润,构成了黄土高原少见的自然景观,伴随着季节的变换,形成了春花、夏荫、秋果、冬雪的四季景致。境内野生动植物物种丰富,种群、群落数量较多,分布有金钱豹、野牡丹等国家重点保护物种。

咸阳名片　中国地热城　2006年3月10日,国土资源部和中国矿业联合会在北京正式授予陕西咸阳市“中国地热城”称号。咸阳成为国内第一个获得这一桂冠的城市。咸阳市地热资源储量丰富。据地质勘探部门和地矿行政主管部门探明,咸阳市城区及周围300平方千米范围内,热水储量为495亿立方米,推测远景区面积为3000平方千米,热水储量为3450亿立方米,为大型中低温地热田,具有温度高、压力高、出水量高、效益高等特点。咸阳地热资源开发有着悠久的历史,最早的记载可以上溯到1000多年前盛唐时期。市区因温泉而取名的地名,诸如魏家泉、马跑泉、双泉、大泉等遗存有多处,并且一直沿用至今。而有目的地勘查开发地热资源始于上世纪80年代中期,经过零星的地质作业和小范围的勘探,1992年底,第一口地热井在辖区内的兴平开凿成功。至2012年,咸阳市共有地热开采井50余眼,回灌试验井1眼,地热采暖面积410万平方米。

中国历史文化名城　咸阳市1994年被国务院命名为第三批历史文化名城,评语为:咸阳,位于陕西省中部。古为秦国都城,汉时先后为新城、渭城,唐置咸阳县。有周陵、秦咸阳城遗址、西汉诸陵及唐顺陵和昭陵、乾陵等9座唐代帝王陵,还有唐代昭仁寺、大佛寺、杨贵妃墓和明代铁塔等文物古迹。

中国魅力城市　在2004年CCTV首届中国魅力城市评选中,咸阳市最终从全国600多个参评城市中脱颖而出,被评为中国魅力城市,也是西北五省唯一获此殊荣的城市。组委会颁奖词:中国版图的圆心城市,中国魅力城市咸阳!早在汉唐以前,咸阳就已经完成了城市性格塑造。先民开创的周秦雄风,延续成后来的汉唐气韵。咸阳人热情、诚实,崇尚一言九鼎,明礼诚信,维持着城市的王者风范。13个王朝的京畿重地,咸阳!咸阳魅力口号:中国第一帝都——咸阳。

中国十佳宜居城市　2005年,在由香港中国城市竞争力研究会发布的“2005中国城市竞争排行榜”上,咸阳市榜上有名,一举入选“中国十佳宜居城市”,也是西北地区唯一入选城市。香港中国城市竞争力研究会对咸阳的入选评价是:咸阳——中国古都,历史文化资源得天独厚,城市形象与城市品牌快速提升,文化产业和旅游产业极具开发潜力;充分利用毗邻省城西安的区位优势,以宏大的魄力、前瞻的视野主动牵手西咸一体化的发展战略,现代化交通网络逐渐完善;城市居民生活品质在同类城市中居于前列;接受西安直接辐射,城市现代化服务业极具发展潜力。咸阳以其独特的比较优势、核心的竞争优势与良好的经济社会发展基础,在新的历史条件下必将迅速崛起。

中国优秀旅游城市　1988年,咸阳市被评为中国首批优秀旅游城市。咸阳是中国历史上第一个统一的封建王朝秦的都城,已有2300多年历史,素有“华夏第一都”的美称。咸阳又是周、汉、隋、唐等十多个王朝的京畿重地,古丝绸之路的第一站,文物古迹荟萃,是中华民族几千年文明历史的天然历史博物馆。全市有文物景点5313处,其中国家级和省级重点文物保护单位113处;帝陵27座,各类陪葬墓256座,被誉为“中国的金字塔群”。女皇武则天与唐高宗李治的合葬墓乾陵、规模宏大的汉武帝茂陵、陪葬品丰富的汉景帝阳陵、气势宏伟的唐太宗昭陵等,文物旅游内容丰富,堪称中国之最。举世闻名的昭陵六骏、数以万计的汉兵马俑,精彩绝伦的唐墓壁画,气势雄浑的顺陵石雕和茂陵大型成组石刻,皆为国家瑰宝。彬县大佛寺、长武昭仁寺、三原城隍庙等著名寺庙,建筑奇特堂皇。巍然耸立的北杜铁塔、三原木塔、泾阳崇文塔等,各显特色。闻名遐迩的马栏关中分区革命旧址、安吴青训班旧址、八路军总部旧址、爷台山战役旧址等革命旧址景点,既是观光旅游胜地,又是爱国主义教育基地。新兴的中医康复保健旅游和生态农业观光旅游,作为特色旅游项目,受到旅游者青睐。积淀深厚的传统医学文化,著名的陕西中医学院、陕西中医研究所等科研院所,一批享有崇高声誉的医学教授和专家的高超精湛的医疗技术,富有特殊疗效的新药特药和保健药品,加上内涵丰富的陕西医史博物馆、中医药膳、药浴、足疗、武术、气功等项目,形成独具特色的咸阳保健旅游。以拥有万亩果园、十万亩槐树林和田园山庄为旅游地的生态农业观光旅游也日益兴盛。咸阳市初步形成了以历史文化旅游为主体,以养生保健和休闲度假旅游为支撑,乡村旅游、红色旅游、民俗旅游协调发展的旅游产业格局,成为陕西重要的旅游目的地之一。全市拥有4A级景区3处,3A级景区12处,2A级景区13处,星级酒店25家。2012年共接待国内外游客3200万人次,实现旅游综合收入165亿元,位居全省前列。

国家卫生城市　2005年以来,市委、市政府把创建卫生城市作为推动科学发展、构建和谐咸阳的战略举措,作为改变城市环境面貌、解决建设与管理历史欠账、加快西咸一体化与国际化大都市建设进程的有力抓手,作为优化人居和发展环境、完善城市服务功能、提高城市承载力和综合竞争力的重要载体,作为增强城市公共卫生能力、提升市民健康文明素质和幸福指数的创新平台,作为推进经济发展方式和市民生活方式转变,实现自然、社会与人的全面、协调、可持续发展的有效途径,科学把握宏观形势,顺应市民愿望期盼,作出创建国家卫生城市的战略决策,秉承“科学创建、依法创建、和谐创建、快乐创建”的工作理念，坚持“党委领导、政府组织、部门负责、群众参与、科学治理、社会监督”的工作原则，按照“让咸阳天天有变化，使百姓人人都受益”的工作要求，举全市之力，集全民之智，6年多来持续深入推进创卫各项工作，2007年获得省级卫生城市称号，2010年5月通过国卫暗访调研，2010年10月通过国卫技术评估，走出一条西部欠发达地区创建卫生城市的新路子，2011年11月，咸阳市获得“国家卫生城市”称号，完成国卫各项技术指标和基本要求，促进全市经济社会又好又快发展。

（石忙刚　谢小英）

国民经济和社会发展

概况　2012年，全市实现生产总值1616.21亿元，按可比价格计算，比上年增长14.5%。其中，第一产业增加值283.10亿元，比上年增长6.1%，占生产总值的比重为17.52%；第二产业增加值919.31亿元，增长19.8%，占生产总值的比重为56.88%；第三产业增加值413.80亿元，增长9.3%，占生产总值的比重为25.60%。按常住人口计算，人均生产总值32846元，约合5205美元。全市县域经济总量1019.7亿元，占全市经济总量的63.1%；县域经济平均规模92.7亿元，比上年增加15.1亿元。全市非公有制经济增加值808.0亿元，占生产总值的50.1%，比上年提升0.9个百分点。

农业和农村经济　全市实现农林牧渔及服务业增加值283.1亿元，按可比价计算，增长6.1%。①粮食连续九年丰收。全年粮食种植面积40.03万公顷，其中夏粮22.84万公顷、秋粮17.19万公顷。粮食总产200.2万吨，连续九年获得丰收。其中，夏粮产量102.7万吨，秋粮产量97.5万吨。棉花种植面积253.8公顷，产量192吨。油料种植面积2.38万公顷，总产4.7万吨。全年蔬菜种植面积8.71万公顷，比上年增长5.0%；蔬菜总产量368.3万吨，增长6.2%。果园面积27.44万公顷，比上年增长1.3%。其中，苹果面积21.26万公顷，增长1.2%。水果产量546.4万吨，增长2.5%。其中，苹果产量455.0万吨，增长3.3%。②畜牧养殖持续增长。全年肉类总产量20.5万吨，比上年增长5.9%。其中，猪肉产量15.2万吨，增长5.2%；牛羊肉产量2.4万吨，增长2.7%。禽蛋产量10.7万吨，增长2.8%。奶类产量74.6万吨，增长1.2%。其中，牛奶产量64.9万吨，增长0.7%。年末大牲畜存栏45.45万头，同比增长0.9%。其中，牛存栏45.1万头，增长1.0%；年末羊存栏112.5万只，增长0.7%。其中，奶山羊存栏69.7万只，增长10.9%；年末生猪存栏206.6万头，增长7.4%；年末家禽存栏1117.6万只，增长5.7%。③林业绿化进展顺利。当年造林3.35万公顷，零星(四旁)植树846.5万株，新育苗2200万公顷，苗木产量13217.5万株，成林抚育作业9200公顷。

工业和建筑业　全年实现工业增加值786.47亿元，按可比价格计算，比上年增长21.5%。其中规模以上工业增加值704.3亿元，增长23.5%。规模以上工业总产值2234.5亿元，同比增长29.5%。分轻重工业看，轻工业产值620.2亿元，增长30.9%；重工业产值1614.3亿元，增长29.0%。工业产品销售率为97.2%，与上年持平。①支柱产业发展迅速。七大支柱产业完成总产值2125.62亿元，比上年增长28.1%。其中，能化工业1020.34亿元，增长25.1%；装备制造工业411.85亿元，增长30%；食品工业317.17亿元，增长28.4%；建材工业142.42亿元，增长35.4%；医药工业95.27亿元，增长31%；纺织服装工业91.12亿元，增长28%；电子工业47.43亿元，增长52.1%。②企业规模快速扩张。全市规模工业企业601户，比上年净增91户，户均产值3.7亿元，比上年增加0.3亿元。其中，亿元以上企业352户，比上年净增55户；产值10亿元以上企业39户，比上年增加11户；20亿元以上14户，比上年增加6家，100亿元仍为长庆石化一家。③企业经济效益快速增长。规模以上工业企业实现利润234.8亿元，比上年增长22.9%。其中，国有企业27.5亿元，增长15.3%；集体企业5.6亿元，下降12.9%；股份合作企业0.7亿元，增长88.9%；股份制企业167.9亿元，增长25.1%；外商及港澳台商投资企业18.6亿元，增长16.3%；其他经济类型企业14.6亿元，

咸阳市生产总值

表13

指标名称	单位	2012年	2011年	同比增长(%)	构成	
					2012年	2011年
生产总值(现价)	亿元	1616.21	1361.32		100.00	100.00
第一产业	亿元	283.10	252.46		17.52	18.58
第二产业	亿元	919.31	740.40		56.88	54.31
#工　业	亿元	786.47	624.28		48.66	45.77
第三产业	亿元	413.80	368.46		25.60	27.11
人均生产总值	元/人	32846	27751			
生产总值(可比价)	亿元	1436.93	1255.03	14.5		
第一产业	亿元	231.22	217.93	6.1		
第二产业	亿元	821.57	685.67	19.8		
#工　业	亿元	702.28	577.95	21.5		
第三产业	亿元	384.14	351.43	9.3		

增长41.4%。税金总额164.2亿元,增长37.8%。工业企业经济效益综合指数348.0,比上年提高37.3个百分点。④建筑业平稳较快增长。全市全社会建筑业增加值132.84亿元,比上年增长10.7%。全市具有资质等级的总承包和专业承包建筑企业85户,比上年增加12户;实现总产值455.2亿元,比上年下降18.3%。其中,国有及国有控股企业288.0亿元,增长42.1%。资质以上建筑企业全年共签订合同额772.0亿元,比上年下降2.0%。全市建筑企业房屋建筑施工面积2320.8万平方米,增长23.4%。其中,新开工面积1134.4万平方米,增长15.4%。

固定资产投资 全社会固定资产投资完成1616.47亿元,比上年增长28%,扣除价格因素,实际增长24.8%。其中,固定资产投资(不含农户)1486.33亿元,增长30.6%。在固定资产投资(不含农户)中,第一产业投资54.39亿元,增长33.8%;第二产业投资718.32亿元,增长25.3%;第三产业投资713.63亿元,增长39.5%。在第二产业投资中,工业投资687.62亿元,比上年增长32.2%。全年基础设施投资共完成177亿元,比上年增长36.5%。其中,交通运输、仓储和邮政业完成投资102.2亿元,增长68.3%;水利、环境和公共设施管理业完成投资73.8亿元,增长15.7%。民间投资838.8亿元,增长31.5%,占固定资产投资(不含农户)的56.4%。保障房建设进展顺利。全年保障性安居工程在建项目145个,实际开工41626套,超全年计划3.5%,共完成投资额64.7亿元,竣工21117套。房地产业平稳发展。全年房地产开发投资151.8亿元,比上年增长25.2%。其中,住宅投资145.6亿元,增长25.7%。房屋施工面积1009.6万平方米,增长33.1%。其中,新开工面积273.9万平方米,增长43.0%。商品房销售面积139.8万平方米,下降35.2%。商品房销售额53.4亿元,下降35.0%。

交通和邮电 全年交通运输、仓储和邮政业增加值61.0亿元,比上年增长8.6%。①交通运输业稳步发展。全年公路客运量13356万人次,客运周转量425924万人千米;公路货运量7192万吨,货运周转量1858379万吨千米。年末实有公共汽车营运车辆576辆,公共汽车客运总量13121万人次,实有出租汽车2742辆。境内等级公路里程15048.9千米,其中高速公路里程536.7千米。②邮电通信业健康发展。全年邮电业务总量27.52亿元,比上年增长14.8%。其中,邮政业务总量2.1亿元,下降11.8%;电信业务总量25.42亿元,增长17.7%。年末全市电话用户479.64万户,比上年增长15.0%。其中,固定电话用户59.71万户,增长2.8%;移动电话用户419.93万户,增长32.2%。移动电话中的3G用户70.26万户,增长69.2%。电话普及率97.3部/百人。国际互联网用户52.74万户,增长49.1%。

国内贸易及市场价格 全市社会消费品零售总额398.48亿元,同比增长16.5%,扣除价格因素,实际增长14.2%。其中,限额以上企业(单位)实现消费品零售额143.46亿元,增长20.1%。①乡村消费增速快于城镇。城镇消费品零售额298.04亿元,比上年增长15.4%;乡村消费品零售额100.44亿元,增长19.7%。②餐饮收入增长较快。餐饮收入52.62亿元,增长22.3%;商品零售345.86亿元,增长15.6%。③市场物价同比上涨。全年居民消费价格总水平上涨2.7%。其中,城市上涨2.6%,农村上涨2.8%。分类别看,八大类商品及服务价格同比“六涨两平”。其中,食品上涨4.2%,烟酒及用品上涨4.9%,衣着上涨2.6%,家庭设备用品及维修服务上涨2.3%,医疗保健和个人用品上涨3.3%,居住上涨2.7%,交通和通信、娱乐教育文化用品及服务价格持平。

对外经济及外事旅游 ①招商引资取得显著成就。全年共引进合同项目315个,合同引资2277.6亿元。其中,30亿元以上的项目16个,10亿元~30亿元的项目39个,5亿元以上项目98个。②外贸进出口下降。全年外贸进出口总值(海关口径)43298.9万美元,比上年下降7.3%。其中,出口37359万美元,增长0.8%;进口5939.9万美元,下降38.6%。进出口差额(出口减进口)31419.2万美元,比上年增加4123.0万美元。③利用外资快速增长。全年新增外贸企业72户,新批外商投资企业5个,实际利用外资7080万美元,同比增长16.7%。④旅游业发展速度加快。全年共接待国内外游客3200万人次,比上年增长30%;旅游总收入165亿元,增长32%。其中,接待境外旅游者32.7万人次,创外汇收入1.47亿美元。全市乡村旅游接待村62个,接待户645个,共接待游客805万人次,实现旅游收入4.2亿元。

财政 金融和保险 ①财政收入快速增长,民生支出大幅上升。全市财政总收入完成224.52亿元,比上年增长22.9%。其中,地方财政一般预算收入69.17亿元,增长30.6%。税收收入48.26亿元,增长16.7%;非税收入20.9亿元,增长21.6%。财政支出236.36亿元,增长24.3%。关乎民生支出增长较快。其中,社会保障和就业23.69亿元,增长29.4%;医疗卫生22.47亿元,增长20.5%;城乡社区事务12.82亿元,增长33.5%;农林水事务32.78亿元,增长14.5%;教育64.38亿元,增长38.6%;住房保障13.75亿元,增长25.0%。②金融运行稳定。年末全市金融机构人民币(不含外资)各项存款余额1570.48亿元,比上年增长17.7%;比年初新增235.32亿元,同比增加31.3亿元。其中,个人储蓄存款余额981.58亿元,比上年增长18.8%;比年初新增155.33亿元,同比增加32.23亿元。金融机构各项贷款余额646.04亿元,比上年增长19.4%;比年初新增105.03亿元,同比多增13.23亿元。其中,短期贷款193.2亿元,比上年增长20.4%,比年初新增32.71亿元,同比增加13.25亿元;中长期贷款422.81亿元,比上年增长19.9%,比年初新增70.2亿元,同比增加11.19亿元。金融存贷比为41.1%，比上年提高0.6个百分点。③保险市场健康有序发展。年末全市保险业主体机构34家。其中，财险公司17家，寿险公司17家。全年保险保费收入41.15亿元，同比增长5.6%。其中，财产险保费收入9.33亿元，增长18%；寿险保费收入31.82亿元，增长2.4%。全年保险业机构支付各类赔(给)付款9.68亿元。其中，财产险赔款支出4.49亿元，寿险赔(给)付5.19亿元。

科学技术和教育 ①教育事业稳步推进。全市普通中学308所，专任教师25172人，在校学生36.11万人，初中毕业生升学率95.37%。中等职业教育学校37所，专任教师2005人，在校学生7.78万人。小学1314所，专任教师26322人，在校学生35.57万人。幼儿园682所，在园幼儿15.9万人。②科技创新力度加大。组织推荐2012年度陕西省科学技术奖19项，12个项目获省级科技奖励。其中，一等奖3项，二等奖2项，三等奖7项。全年共申请专利948项，授权565项，全市技术合同交易额6.22亿元。

文化 卫生和体育 ①文化产业较快发展。全市实现文化产业增加值52.0亿元，比上年增长28.2%，占生产总值的比重为3.2%，比上年提高0.8个百分点。全市共有剧场、影剧院10个，公共图书馆图书总藏量1238千册(件)，订销报刊60千份，广播节目综合人口覆盖率99.3%，电视节目综合人口覆盖率99.5%，有线电视入户率32.8%。②卫生事业稳步发展。全市拥有卫生机构4657个，其中医院129家，社区服务中心(站)99家，卫生院197家，村卫生室3437个。共有床位2.15万张，其中医院病床1.6万张，卫生院病床0.41万张。共有卫生机构人员4.01万人，其中卫生技术人员3.19万人。卫生技术人员中执业(助理)医师0.86万人，注册护士1.12万人。③体育事业持续稳步发展。全市共有体育场馆31个。成功举办2012年全国赛艇锦标赛、咸阳市机关运动会、咸阳市第四届足球联赛等重大赛事活动。在省第十五届单项比赛中，参加16个项目比赛，获得总分3010分。全年体育彩票销售1.39亿元，比上年增长8.8%。

水利 水利系统全年完成建设投资20亿元。全年有效灌溉面积22.75万公顷，旱涝保收面积14.99万公顷，机电灌溉面积17.04万公顷。当年发展节水灌溉面积1.2万公顷，治理水土流失面积420平方千米，解决饮水人数60.5万人。渭河综合整治完成投资2.8亿元，加宽整治堤防34千米。

人民生活和社会保障 ①人民生活水平稳步提高，生活质量进一步改善。城镇居民人均可支配收入25758元，比上年名义增长15.9%，扣除价格因素，实际增长13.0%。在城镇居民人均总收入中，工资性收入22225元，比上年名义增长18.3%；经营净收入1571元，增长15.7%；财产性收入630元，增长15.0%；转移性收入3352元，增长5.8%。城镇居民人均生活消费支出18094元，比上年增加2261元，增长14.3%。农村居民人均纯收入7464元，比上年名义增长16.6%，扣除价格因素，实际增长13.4%，实际增速高于城镇居民0.4个百分点。其中，工资性收入3207元，比上年名义增长19.9%；家庭经营性收入3169元，增长15.9%；财产性收入556元，增长10.5%；转移性收入532元，增长8.6%。农村居民人均生活消费支出6057元，比上年增加1356元，增长28.8%。全年城乡居民收入比为3.45：1(以农村居民人均纯收入为1，上年该比值为3.47：1)，比上年降低0.02个百分点。②社会保障水平进一步提高。全年城镇新增就业人数6.31万人，登记失业人数1.5万人，城镇登记失业率为2.8%。就业培训2.67万人，创业培训1.39万人，农村劳动力技能培训26.91万人。新增农村劳动力转移就业27.3万人，转移就业规模118万人，创经济收入127.9亿元。发放小额担保贷款14.5亿元。全年参加失业保险人数41.87万人，参加城镇基本养老保险人数51.05万人，参加基本医疗保险职工人数62.76万人，参加工伤保险人数37.73万人，参加生育保险人数25.33万人。全市13个县市区全部纳入国家级城乡居民社会养老保险试点范围，全市参保人数261.09万人，为52.02万人发放了基本养老金。全年共办理农村居民进城落户20.23万人。新型农村合作医疗参合人数380万人，共为782.6万人次补偿医药费用11.5亿元。③社会福利事业稳步发展。全市社会福利性收养单位10个，共有床位2139张，收养人数1053人。年末纳入城市低保34226万户、77530万人，平均保障标准231元/人，支出25619万元；纳入农村低保95964万户、241042万人，平均保障标准105元/人，支出30199万元。农村五保对象7456人，其中集中供养对象1962人。全年共发放城乡低保、五保供养、医疗救助和临时救助资金7.18亿元，下拨孤儿基本生活费补助资金755万元、高龄补贴6929.2万元、抚恤补助资金1.81亿元。

生态环境质量 市区空气质量二级和好于二级天数317天。全市二氧化硫排放量88345吨，比上年削减2.9%。氮氧化物排放量100264吨，削减3.77%。化学需氧量排放量63509吨，削减2.12%。其中工业和生活化学需氧量排放量28942吨，削减3.96%；农业化学需氧量排放量34567吨，削减0.53%。氨氮排放量6191吨，削减2.58%。其中工业和生活氨氮排放量4558吨，削减3.15%；农业氨氮排放量1633吨，削减0.97%。

安全生产 全年发生各类安全生产事故1459起，死亡144人，经济损失1942.8万元。道路交通事故造成122人死亡，交通事故损失68.4万元，火灾事故损失739.9万元。

(周晓光)

2009年~2012年 咸阳经济社会发展综述

概况 2009年以来，咸阳立足经济社会发展实际,以科学发展观为统领,紧扣富民强市主题和转变发展方式主线,抓住国家实施新一轮西部大开发和关—天经济区发展规划、陕西省建设西咸新区的历史机遇,攻坚克难、砥砺奋进,综合经济实力迈上新台阶,产业转型升级迈出新步伐,民生事业建设取得新进展,城市软实力得到新提升,咸阳变得越来越美好。

经济总量过千亿元 2009 年 ~ 2012 年,全市生产总值以年均增加 247 亿元以上的水平快速增加,2010 年跻身全省“千亿元俱乐部”,2012 年 1616.2 亿元,较 2008 年翻一番多,总量实现历史性跨越,在全省稳居第三。2009 年 ~ 2012 年,全市生产总值年均增长 14.3%,2011、2012 年连续两年增速高于全省平均水平。其中,2011 年比全省高 0.3 个百分点,2012 年比全省高 1.6 个百分点。2012 年在全省的位次由第 9 位提升到第 7 位,创 4 年来最高水平。

人均 GDP 突破 5000 美元 全市人均 GDP2008 年仅为 2201 美元,历时 2 年,2010 年首次突破 3000 美元,之后每年跨越 1000 美元台阶,2012 年突破 5000 美元大关,5205 美元,为 2008 年的 2.4 倍,实现历史性的连续跨越,标志着咸阳经济发展进入快速发展的新阶段。与全省平均水平相比,全市人均 GDP 从相当于全省的 77.6% 提升到85.2%,年均提升 1.9 个百分点。

财政收入实现翻番 4 年来,全市财政总收入由 2008 年的 60 亿元,相继跨越 100 亿元、200 亿元大关,快速提高到 2012 年的 224.5 亿元,4 年间增加164.5 亿元,年均增长 39.1%。2012 年地方财政收入 69.2 亿元,是 2008 年的 2.9 倍。财政收入占 GDP 的比重13.9%,比 2008 年提高 5.1 个百分点。财政收入的快速增长,对于增强发展后劲、健全完善社会保障体系、提高人民生活水平提供有力的资金保障。2012 年,全市财政支出 236.4 亿元,比 2008 年增长 2.8 倍。

产业结构优化 全市突出“增量优结构扩空间、存量调结构腾空间”,围绕“催生一批、做强一批、招引一批、衍生一批”的“四个一批”工作思路,大力发展实体经济,促进市场主体数量繁荣、规模提升、质量优化,着力构建现代产业体系,加快三次产业协调发展。一、二、三次产业结构由 2008 年的 19.5∶50.0∶30.5 调整到 2012 年的 17.5∶56.9∶25.6,4 年间一、三产业占比分别下降 2 和 4.9 个百分点,二产上升6.9 个百分点,表明随着“工业强市”战略的实施,咸阳市以工业经济为主的第二产业对全市经济增长的支撑作用非常明显,正在实现由农业大市向工业强市的转变。

城镇化进程加快 随着咸阳工业化进程的推进,城镇化步伐不断加快,城市聚集辐射功能明显增强,中心镇发展活力进一步激发,西咸新区的沣东新城、沣西新城、秦汉新城、泾河新城、空港新城的建设已经正式实施,北塬新城已经纳入城市总体规划。2012 年,全市常住人口 492.86 万人,城镇化率 45.2%,比 2008 年提升 5.6 个百分点,年均提升 1.4个百分点。

县域经济竞相发展 2010 年,全省县域经济考核中彬县首次进入全省县域经济“十强县”行列,实现咸阳“十强县”“零”的突破;2011 年彬县又前进 2 个位次,在全省 83 个县市中排第 7 位。2012 年,全市县域经济平均规模 92.7 亿元,是 2008 年的 2.2 倍;县域经济占全市经济总量的 63.1%,比 2008 年提高 1.3 个百分点。非公经济占据半壁江山。2012 年全市非公经济增加值 808.0 亿元,占 GDP 的比重为 50.0%,比 2008 年提高 2.6 个百分点。

农村经济全面发展 4 年来,全市各级紧紧围绕增加农民收入核心,加大农业结构调整,加快农村经济发展,不断推进新农村建设,全面提高农业综合生产能力,促进农民增收、农业增效、农村发展。粮食生产连年增产。2012 年粮食实现“九连丰”,总产 200.2 万吨。农林牧渔业总产值465.4 亿元,是 2008 年的 1.9 倍。农业增加值 283.1 亿元,4 年年均增长 6.8%。水果、蔬菜的面积和产量均稳居全省第一。2012 年全市果园面积 27.44 万公顷,比 2008 年增长 11.9%;水果总产量 546.4 万吨,是 2008 年的 1.4 倍。蔬菜种植面积 8.71 万公顷,比 2008 年增长 15.7%;蔬菜总产量 368.3 万吨,是 2008 年的 1.3 倍。畜牧业规模养殖水平大幅提升。2012 年全市肉类总产量 20.5 万吨,是 2008 年的 1.5 倍;蛋类总产量 10.7 万吨,是 2008 年的 1.4 倍;奶类总产量 74.6 万吨,是 2008 年的 1.4 倍。18 个省级、45 个市级现代农业示范园建成且示范带头作用显现,“一村一品”、“一镇一业”向纵深发展,礼泉县白村获得全国第一批“一村一品示范村”称号,泾阳的菜、兴平的猪、礼泉的果已经叫响全国甚至走出国门,北部五县的 500 万头 PIC 商品肉猪生产基地项目有序实施。

工业强市步伐坚实 4 年来,咸阳全力实施“工业强市”战略,以转型发展为主线,奋力构建现代产业体系,强力推进产业结构优化升级,全市工业经济形成“主导优势产业加快发展、战略性新兴产业加速壮大、传统优势产业稳步提升”的新格局,工业对全市经济发展的支柱作用凸显。2012 年,全市工业占 GDP 的比重为 48.7%,比 2008 年提高 6.6 个百分点。全市规模以上工业总产值 2234.5 亿元,是 2008 年的 2.8 倍,4 年年均增长 29.1%;规模以上工业增加值 704.3 亿元,按可比价格计算,比上年增长 23.5%,4 年年均增长 20.3%。4 年间,先后建成大唐彬长电厂、彩虹玻璃基板、天宏多晶硅、兴化大化工、子午轮胎、海螺水泥等一批重大项目,引进西瑞集团、延长集团、新加坡嘉里集团、冀东水泥集团、海螺水泥集团、华鲁钢铁等一批大型知名企业落户咸阳。以长庆石化为代表的能化工业产值占规模以上工业总产值的 45.7%,装备制造、食品、建材等工业凭借优越的技术、资源优势健康发展,医药工业也在不断做大做强,纺织工业在调整产品结构、改造升级中重塑辉煌,电子工业优势渐失。全市在重点打造咸阳高新区(国家显示器件产业园)、彬长旬能化基地的基础上,已形成兴平装备制造工业园、乾县纺织工业园、彬县循环经济工业园等县域工业园。

固定资产投资高速增长 4年来,全市紧抓国家实施西部大开发、陕西建设西咸新区的机遇,着力推进项目建设,固定资产投资呈现投资总量迅猛扩张、投资结构进一步优化、投资载体建设加快推进和投资主体多元化的格局,2010年1050.5亿元,突破千亿元大关,2012年1616.5亿元,创历史新高,夯实经济发展的基础,增强经济发展的后劲。4年全社会固定资产累计投资4731.6亿元,年均增长31.5%。大佛寺煤矿、大唐彬长电厂、兴化大化工、福银高速咸阳段、引石过渭、海螺水泥等一大批关系全市经济社会长远发展的重点骨干项目相继竣工投产,渭河综合治理全面启动,咸阳筹建的首条高速公路——咸旬高速正式动工,长期制约咸阳发展的电力、水利、公共基础设施等瓶颈明显缓解,固定资产投资已成为拉动全市经济发展的助推器。

第三产业繁荣活跃 4年来,随着咸阳经济快速发展和工业化、城镇化进程的不断加快,消费市场体系不断完善。华润万家、人人乐、国美、苏宁、世纪金花等全国知名零售商齐聚咸阳,明珠家居、秦楚汽车城等大型消费市场投入运营,给咸阳的消费市场提供更加优良的环境。在多项惠民政策和刺激消费政策引导下,居民消费持续增长,消费结构不断升级,住房、家用汽车、通讯、体育、文娱、旅游和高档耐用品等消费热点不断涌现。2012年,全市实现社会消费品零售总额398.48亿元,是2008年的1.9倍,年均增长17.0%。随着秦、汉、唐文化的发掘,每年都引来众多游客参观旅游;北部五县独特的自然风景以及礼泉的关中风情也带动咸阳的旅游市场。2012年,全市共接待国内外游客3200万人次,比2008年增长1.9倍,年均增长30.3%;实现旅游综合收入165亿元,比2008年增长2.1倍,年均增长33.0%。2012年,实现进出口总额4.33亿美元,比2008年增长16.2%。实际利用外资7080万美元,是2008年的1.9倍。

居民收入持续增加 4年来,全市上下始终把以人为本、富民优先放在突出位置,千方百计提高人民群众生活水平和质量,积极实施“全民创业”战略和百万农村劳动力转移就业工程,扩大城镇职工养老保险覆盖面,新型农村合作医疗提前三年实现全覆盖,启动实施新型农村社会养老保险试点工作和城镇居民基本医疗保险工作,城乡居民最低生活保障实现应保尽保,退休职工养老金、新农合补助、城市低保、农村低保、五保户供养标准分别提高,城乡居民收入快速增长。2011年全市城镇居民人均可支配收入突破2万元大关,22224元,2012年又增长15.9%,25758元,比2008年翻了将近一番,年均增长18.2%。4年间,农民人均纯收入一年一个千元台阶,2012年7464元,比2008年翻了一番,年均增长20.7%。从2010年起,农民人均纯收入增速连续三年快于城镇居民人均可支配收入增速。城乡居民收入比由2008年的3.76∶1缩小为3.45∶1(以农民人均纯收入为1)。2012年城乡居民储蓄存款余额981.6亿元,比2008年增长1倍。

社会保障体系框架基本确立 4年来,全市社会保障体系建设取得明显成效,社会保障体系框架基本确立,城乡养老、医疗和最低生活保障制度建设取得突破性进展,基本实现老有所养、病有所医、住有所居、幼有所教,努力做到发展为了人民、发展依靠人民、发展成果由人民享受。建立健全城乡居民养老制度,农村养老保险全覆盖,70周岁以上的老人享受高龄补贴。提高城乡低保、农村五保和优抚对象的生活补助标准,建立低收入群体生活补贴与物价上涨联动机制。对65岁以上老人进行免费体检,农村孕产妇免费住院分娩。城镇职工基本医疗保险和城镇居民基本医疗保险参保率稳定在98%,新农合参合率99%。城乡义务教育以及学前一年教育实现全面免费,农村义务教育阶段全面实施“蛋奶工程”。

(周晓光)

专 辑

"三查三进三解"主题教育活动

概况 2012年1月29日，按照省委开展"三问三解"（问政于民、问需于民、问计于民，解民忧、解民怨、解民困）活动的部署，市委召开"三查三进三解"主题教育活动动员大会，决定利用一年，分学习教育、基层实践、长期包联3个阶段，在全市各级基层党组织和全体党员干部中开展以"查思想、查作风、查效能，进农村、进企业、进社区，解民忧、解民困、解民怨"为主要内容的"三查三进三解"主题教育活动，着力解决党员干部思想作风方面存在的突出问题和群众关心的热点难点问题，促进干部作风转变，提高服务群众能力，密切党群干群关系，加快建设现代新都市、和谐新咸阳。主题教育活动得到省委副书记孙清云，省委常委、组织部长李锦斌批示肯定，获2012年度"陕西组织工作改革创新奖"一等奖，相关做法在全省"为民服务创先争优、做人民满意公务员"经验交流视频会上介绍经验，《中国组织人事报》《陕西日报》《当代陕西》等中省媒体先后予以报道。

全员学习提素质 学习教育阶段主要是查思想、查作风、查效能，分动员部署、集中学习、民主评议三个环节。集中学习环节，各单位利用10天，每天坚持集中学习2小时以上，通过领导辅导、座谈交流等方式，组织干部带着问题学、深入思考学，着力提升思想境界和能力素质。一些县市区和单位还采取封闭培训、知识测试等办法，全员培训，以考促学，确保学习效果。民主评议环节，采取个人自评、干部互评、领导点评等方式，帮助干部查不足、找差距，切实解决思想作风方面存在的突出问题。全市各级各部门各单位普遍召开民主评议大会，干部逐人述职，与会人员逐一填写"三查三进三解"活动群众评议表，提出评议等次和意见建议，部门单位主要负责人一对一进行点评，指出存在问题，帮助督促干部履职尽责、干事创业、服务群众、推动发展。

"三查三进三解"活动干部民主评议大会 （市委组织部 供）

集中进驻察民情 基层实践阶段，按照"市县分级负责，实现全面覆盖"的要求，组织各级干部进驻包联的农村、企业和社区，开展走访座谈，倾听群众呼声，做到"三必驻"、"五必访"即："升级晋档"活动三四类村必驻、困难企业和非公有制企业必驻、矛盾突出和问题集中的社区必驻，老党员老干部必访、群众职工代表必访、各类先进必访、困难群众职工必访、信访户必访。要求驻点干部走访联系包联村三分之一以上农户、企业中层以上干部和10名以上职工、社区全体干部和10户以上住户，逐户（人）填写"三查三进三解"活动群众评议表、征求意见表，由包联的村、企业和社区党组织审核后填写情况反馈表，形成走访调研总结报告。各部门各单位成立工作组，主要负责人带队，机关干部全员参与，明确任务要求，严肃工作纪律，与群众同吃同住同劳动，在面对面交流中了解社情民意，做到带着感情下去、带着问题回来。全市3.8万名机关干部分批进驻2768个行政村、771户企业和155个社区，结对帮扶困难群众2.13万户，走访群众29.6万人次，征求意见建议6.8万条，进一步掌握基层迫切需要解决的问题和群众所急所需所盼，密切与群众的联系。

长期包联解难题 长期包联阶段，市委制定出台《关于建立"集中进、长期包、坚持派"长效机制的意见》，为每个市县部门确定2个村、1户企业和1个社区长期包联，组织包联部门定期选派优秀后备干部和年轻干部驻点工作，通过部门包村、领导联点、干部驻村，建立机关干部直接联系服务群众长效机制，推进为民服务零距离、创先争优常态化。要求驻点干部做到"五个一"，即记好一本工作日志、填写好一份民情调查表、制定好一份帮扶计划、帮扶一户困难群众、撰写一份调研报告；当好“五大员”，即包联部门和帮扶对象的联络员、惠民利民政策的宣传员、帮解困难问题的服务员、信访矛盾纠纷的调解员、基层组织建设的指导员。各级各部门普遍实行包联服务承诺制和承诺销号制，结合各自职能和帮扶对象实际，送政策、送资金、送技术、送服务，把力量对口集中、项目对口倾斜、资源对口整合，持之以恒地为基层和群众服好务，并把履诺践诺情况作为年度目标考核的内容之一严格考核。驻点干部发挥自身特长，主动协调联系，着力抓好部门包扶任务的落实，累计帮助解决问题6700多个，调处矛盾纠纷740多件，提供帮扶资金892万元，办实事好事830多件。

（田宝平）

统筹城乡发展

明晰工作思路 市委、市政府始终把城乡发展一体化作为解决“三农”问题的根本途径，在探索中创新理念，在实践中丰富路径，加快形成城乡发展一体化的政策框架体系。以新农村建设奠定城乡一体发展基础。党的十六届五中全会作出建设社会主义新农村的决策部署后，咸阳市立足市情实际，采取示范带动、资金整合、项目捆绑等一系列切实可行的举措，强力推进“百村示范，千村推进”工程，累计建成高标准示范村500多个，涌现出旬邑县、彬县等在全省乃至全国有影响的先进典型，初步探索出一条欠发达地区新农村建设的新路子。以“三告别”工程加快城乡一体化进程。2009年，市委、市政府在深入调查研究的基础上，审时度势作出贫困群众告别土窑洞、危漏房和偏远山沟的重大决策部署。经过三年多的合力攻坚，累计投入资金47.2亿元，使10个县的5.4万户21.3万贫困群众实现“三告别”，不仅啃下扶贫开发的“硬骨头”，而且挖掉贫困群众的“穷根子”，在全省乃至全国产生较大反响，中央电视台《新闻联播》对此作了专门报道。以统筹城乡发展推动城乡一体化建设全面展开。着眼城乡发展一体化的新趋势，2012年，在先后赴成都、山东、河南等地学习和调研的基础上，制定出台五份配套政策文件，提出“一二三五”（即贯穿一条主线，工业化、信息化、城镇化、农业现代化“四化并举”；扭住两大关键，农民增收和公共服务均等化；推进三个集中，土地向适度规模经营集中、农民向城镇和新型社区集中、项目向园区集中；实现五位一体，城乡规划建设一体化、产业发展一体化、基础设施一体化、公共服务一体化、政策机制一体化）的工作思路，确定13个示范镇和22个示范村作为第一梯队试点，明确示范镇和示范村建设标准，先行先试，探索路径，力争用3到5年，创出一条富有咸阳特色的城乡发展一体化的新路子。

促进农民增收 坚持把促进农民增收作为统筹城乡发展的核心任务，制定出台《关于促进农民增收的指导意见》，提出两年内全市农民人均纯收入达到全国平均水平，加快构建集约化、专业化、组织化、社会化的新型农业经营体系。加快建设现代农业园区。采取政府主导、典型示范、以奖代补等方式，吸引资本、技术、土地等要素向园区聚集，先后建设省市级现代农业园区61个，其中省级园区18个。加快推进产业优化升级。实施粮食单产提高、果业提质增效、畜牧规模扩张、蔬菜设施栽培、百万亩杂果经济林建设五大工程，加快500万头PIC生猪项目建设步伐，主要农产品总量稳居全省第一。大力发展产业化龙头企业。按照“引进一批、扶持一批、做强一批”的思路，发展壮大产业化龙头企业，全市农业产业化龙头企业发展到310家，其中规模以上企业180家，国家级重点龙头企业5家，省级重点龙头企业55家，初步形成果汁、乳品、粮食、食品等七大农产品加工物流企业群。健全农民专业合作组织。鼓励龙头企业、能人大户、集体经济组织创办领办农民专业合作社，提高农民应对市场竞争的组织化、专业化程度，全市农民专业合作社发展到2073家，入社会员17.5万户，带动农户57.4万户。2012年，全市农村居民人均纯收入7464元，增长16.6%，城乡居民收入比由2009年的3.9∶1缩小到2012年的3.45∶1。

加快城乡建设 按照“全域咸阳”的理念，整合城乡资源要素，集中捆绑项目资金，加快构建以中心城市为龙头、以县城为支撑、以重点镇为依托、以中心村或者新型农村社区为基础的现代新型城镇体系。中心城区建设围绕加快构建“三城两带”（北塬新城、咸阳主城、渭河南城和五陵原历史文化景观带、渭河生态景观带）的空间布局，大力实施城建工程，城市功能日趋完善，品位不断提升，顺利实现国家卫生城市和省级环保模范城市、园林城市创建目标。县城建设以打造统筹城乡发展平台为目标，积极探索多元化投资、科学化管理、滚动化发展的县城建设长效机制，11个县市建成区面积122.45平方千米，县城道路674.5千米，绿化面积2742公顷，建成垃圾处理场13个，创建国家卫生县城1个、省级卫生县城5个、省级园林县城5个。2012年，全市26个县域工业集中区完成工业产值1544亿元，县域经济平均规模92.7亿元。重点镇建设抢抓省上“关中百镇”建设机遇，对道路、供水、绿化、生态环境等基础设施项目集中整合，捆绑使用，发挥好项目资金的最大效益。2012年，14个省市级重点示范镇完成投资24.2亿元，农民进城20.2万人，带动全市城镇化率达到45.21%，比上年提高2.65个百分点。新型农村社区建设按照“小村向大村集中、大村向中心村靠拢、中心村向社区转化、社区向城镇发展”的思路，全面启动彬县、旬邑县、渭城区等县区在新型农村社区建设方面的探索实践，彬县炭店镇河西社区、旬邑县郑家镇王家社区等新型社区初具规模。

改善城乡面貌 针对农村基础设施薄弱的现状，集中财力，全力解决农村群众出行难、吃水难、居住差等问题。城乡路网建设。按照“路通、站成、车通”的原则，修建通村道路1.06万千米，使全市农村公路总里程达1.37万千米,在全省率先实现村村通油路或水泥路目标。加大农村客运站点建设力度,行政村班车覆盖率100%。提高供水保障水平。突出抓好重大水源、农村安全饮水和节水灌溉等重点工程,农田有效灌溉面积25万公顷,节水灌溉面积14.47万公顷,农村自来水普及率90%。改善城乡生态环境。推进绿色家园建设、千里绿色长廊、宜林荒山造林等绿化工程,累计建成绿色家园示范村1983个,其中省级“三化一片林”绿色家园生态示范村320个,全市森林覆盖率28%。开展农村环境综合整治工作,推广清洁能源,农村生活垃圾规范化处置实现全覆盖。

健全公共服务 牢固树立民生为重的理念,推动公共资源向农村和农民倾斜,农村社会事业和保障水平不断提高。发展农村教育事业。加快农村中小学布局调整和标准化建设,健全城乡教师互动交流机制,农村义务教育“两免一补”政策、农村中等职业学校免费就读政策全面落实,新建96所公办幼儿园已有24所投入使用,45万学生受惠“蛋奶工程”,受益学生人数居全省第一。发展农村卫生事业。扎实推进医药卫生体制改革,县级公立医院改革全面启动,乡镇卫生院、村(社区)卫生服务机构全面配备使用基本药物并实行零差率销售,65岁以上老人免费健康检查和农村孕产妇免费分娩政策全面落实。发展农村文化事业。扎实推进文化体制改革,农村电影数字化放映工程全面实施,文化资源共享工程建成县级中心13个,乡镇综合文化站178个,城乡群众精神文化生活日益丰富。加强农村社会保障。全市13个县市区全部纳入城乡居民社会养老保险国家级试点范围,参保209.07万人,新农合、城镇居民医疗保险补助标准分别提高到300元、250元,农民群众老有所养、病有所医、困有所济的愿望逐步实现。扩大城乡就业。初步建立覆盖城乡的公共就业服务体系,在全省率先把回乡农民工纳入创业培训和小额担保范围,个人贷款限额提高到8万元。2012年,全市城镇新增就业6.31万人,新增农村劳动力转移就业27.3万人,城镇登记失业率在2.8%以下。

深化体制改革 坚持把深化城乡改革作为统筹城乡发展的持久动力,激活城乡生产要素,促进城乡融合发展。推进农村土地流转。在稳定完善土地承包经营制度的基础上,鼓励和引导农民以出租、互换、转让、转包、股份合作等多种形式,推进土地向规模经营集中,截至2012年底,全市共流转土地5.7万公顷,占耕地总资源的15.1%。推进农村产权制度改革。集体林权主体改革全面完成,农村集体土地所有权、集体建设用地使用权、村民宅基地使用权登记发证率分别达到96.2%、26.3%和54%。支持旬邑县率先成立农村产权交易中心,为全市推进农村产权制度改革创造经验。推进城乡一体化改革。按照“试点带动、重点突破”的思路,集中人力、财力、物力,渭城区、旬邑县统筹城乡发展试点和彬县省级农村公共服务均等化试验区建设扎实推进。本着“降低门槛、放宽政策、简化手续”的原则,正在逐步放开户籍制度,促进有条件的农民向市民转变。推进农村金融改革。全面落实农村金融各项扶持政策,13个县市区均设立小额贷款公司或融资性担保公司,制定农村住房抵押贷款、优质果园抵押贷款,以及金融机构支持城镇建设的试行办法和指导意见,有效缓解农民群众贷款难、融资难的问题。2012年,全市涉农贷款余额292.18亿元,同比增加51.55亿元。

强化保障措施 坚持把城乡发展一体化作为全局工作的重中之重,切实做到思想上真重视,领导上真加强,资金上真投入。领导带头抓落实。将城乡发展一体化工作作为“一把手”工程,县市区委书记带头包抓示范镇,县市区长包抓示范村(社区)建设。健全“三个一”(即一位市级领导包抓、一个市级部门牵头、一个示范点一个帮扶单位)包抓示范镇、村推进机制,一包三年不变,扎实做好试点工作。健全机构抓落实。成立市县两级推进统筹城乡发展工作的专门机构,将市统筹城乡发展领导小组办公室单独设立,充实力量,明确职责。加大投入抓落实。建立财政支持推进统筹城乡发展资金增长机制,确保财政投入增幅明显高于经常性财政收入的增幅。在此基础上,市财政连续三年再拿出1.5亿元,为示范镇、村(社区)每年分别支持300万元和50万元,支持示范镇村建设。强化督查抓落实。加大督查力度,实行“月检查、季通报、半年观摩”制度,通过现场推进会、全市观摩会、经验交流会等方式,动态管理,末位淘汰,跟踪问效,推动落实。

(张晓峰)

招商引资

概况 2012年,全市继续坚持“科学、理性、绿色、效益”和“抓项目就是抓发展、抓大项目就是抓大发展、抓一批大项目就是抓跨越式发展”的招商理念,狠抓项目洽谈和项目落实,着力改进招商方式,努力优化投资环境,招商引资工作水平全面提升,为全市经济社会可持续发展提供有力的支撑。2012年,全市引进合同项目315个,合同引进资金2277.58亿元,完成投资654.93亿元。为全年任务的109.16%,完成投资比上年净增109.05亿元,增幅为19.98%。其中,各县市区、市高新区、市新兴纺织工业园引进合同项目276个,合同引进资金2176.10亿元,完成投资612.54亿元。市直部门引进合同项目39个,合同引进资金101.48亿元,完成投资42.39亿元。315个合同项目中,农业类项目27个,合同引进资金170.05亿元,完成投资28.67亿元;工业项目134个,合同引资562.82亿元,完成投资302.39亿元;服务业及基础设施类建设项目154个,合同引进资金1544.71亿元,完成投资323.87亿元。2012年,咸阳市被评为“全省招商引资先进单位”;第十六届西洽会“先进单位”;获2012年度苏商投资中国首选城市、最佳投资环境城市称号。

招大引强 2012年,全市坚持按照大企业引领、大项目带动、大产业发展的原则，始终把招商引资的重点放在成长性好、带动性强的大项目上。共引进资金在10亿元以上的项目55个，引进30亿元以上的项目16个，较2011年增加7个。引进10亿元至30亿元的项目39个，较2011年增加8个。福建厦门国锂投资有限公司投资50亿元的中国锂产业园、中国东方航空公司西北分公司投资30亿元的西部飞机维修基地、统一企业（中国）有限公司投资24亿元的统一食品生产、广东温氏集团投资15亿元的百万头生猪一体化养殖、山东烟台安德利果汁股份有限公司投资10亿元的安德利果蔬汁果胶生产、陕西凯德能源开发有限公司投资11.8亿元的20万吨/年芳构化深加工项目等36个项目实现当年签约，当年开工建设，部分项目已经建成投产。香港五洲国际集团投资50亿元的西北商贸博览城等其余18个重大项目正在进一步完善前期工作。

重大项目推进 实行新的项目推进落实机制。2012年咸阳市调整成立新的招商工作委员会，由市长担任主任，市发改委、住建局、招商局等部门为成员，专门协调解决项目推进落实过程中存在的问题。一年来，市招商引资委员会共召开专题会议6次，重点研究解决浩润环保产品科技园等55个重大招商引资项目存在的问题。全市继续坚持市级领导包抓和“五个一”项目落实工作机制，全方位落实工作责任，确保每一个重大项目落实工作有序推进。对西洽会签约的55个3亿元以上项目及25个重大项目分别由每位市级领导包抓，同时，也明确相关县市区和部门的责任，确保招一个、落一个。2012年，全市签约的5亿元以上重大项目共98个，已有60个开工建设，签约项目开工率61.22%。各县市区制定重大项目落实工作推进方案，指派专人协助项目单位办理立项报批、土地征用以及环境保障等手续，加快项目洽谈落实进程，切实提高合同履约率和实施进度。市上重奖重大招商引资项目。在2012年年初召开的全市招商引资动员表彰大会上，市政府拿出618万元对2011年度招商引资先进集体、重大项目和先进个人进行奖励。其中用于奖励重大项目的金额244万元，占到奖金总额的39.5%。

投资促进活动 在第十六届西洽会上，全市共签约项目125个，总投资1351.97亿元，较上届同比增长27.43%。引进10亿以上的项目35个，5亿元至10亿元项目28个，亿元以上项目占到签约项目总数的94.4%。截至年底，“西洽会”签约项目中，6个项目已建成，75个开工建设，完成投资152.61亿元。有针对性参加第二届陕粤港澳经济合作周活动、第十六届“厦洽会”、第二届中国—亚欧博览会、第十三届中国国际食品和饮料展览会、第十届中国国际电池技术交流会、第三届海峡两岸经贸合作大会等一系列活动，共签约重大项目44个，总投资680.55亿元。由市上主要领导带队分别赴“长三角”、“珠三角”、“环渤海”等地区，开展“一对一、点对点”的专项促进活动，共走访央企和知名企业180户，洽谈对接项目120个，签约合同项目50个，协议项目60个。

创新招商方式 扎实开展驻点招商。2012年以来，3个招商分局拜访各类企业316户，搜集投资信息260条，签约项目20个，总投资385.2亿元。加大自产项目推介招商。截至年底，全市共完成自有项目包装策划11类173个，包装的部分项目通过推介已取得实效。策划包装的旱腰带地区酿酒葡萄种植及酿酒项目、500万头PIC商品猪项目已正式签约，东方帝王谷、乾陵大景区等项目正在进一步洽谈推进。落实两套班子运作机制，一套班子在家抓落实，一套班子外出抓招商，积极外出叩门招商，全年先后有200余批次、900多人次由县市区领导带队外出洽谈对接项目。

推进项目管理 建立全市动态招商引资项目库。2012年，全市共征集并整理出招商引资项目329个，总投资3000多亿元，项目涉及农业、旅游文化、装备制造、能源化工、电子信息等11类产业。制定《咸阳市招商引资项目管理办法》，对招商引资项目策划包装、管理、推介发布及考核等提出明确要求。开展网上招商。2012年，全力打造咸阳市招商引资门户网站，网站上传招商项目300多个，囊括全市30多个园区的数据、图片、资料和信息，建立起客商对话平台，打造出多功能、全天候、一站式服务的招商门户网站。

优化投资环境 在全市开展“投资环境整治年”活动，继续推行首问负责制、限时办结制、服务承诺制、责任追究制，积极受理协调项目建设中存在的问题和困难，为项目建设营造良好的环境。继续执行“20个平静工作日”制度，确保企业和投资商集中精力搞经营，减少对投资商投资和经营的检查干扰。利用督促项目落实和年度考核之机，全面了解企业在建设过程中遇到的发展环境问题，现场解决问题，先后为26户企业办理、更换“绿色通道证”。加强宣传，提升城市形象。6月，咸阳市从全国60家入围城市中脱颖而出，获得广大苏商青睐，获“2012年度苏商投资中国首选城市”、“最佳投资环境城市”称号。同时，精心制作咸阳市招商引资专题宣传片《荣耀咸阳》，在11月举办的第二届陕粤港澳经济合作周活动中播出，提高咸阳的知名度和影响力。

招商引资奖励 2013年2月16日（农历正月初七），召开全市招商引资大会，对2012年招商引资先进单位和个人进行表彰奖励。奖励分为大项目奖、先进单位奖、项目策划包装奖、服务保障奖、先进个人，通报表彰省级招商引资先进单位。招商引资大项目奖：渭城区陕西有色金属控股集团有限公司投资100亿元的电子光伏产业园（一期65亿元）项目、渭城区四川吴昇投资有限公司投资45亿元的吉峰西北农机总部基地项目、兴平市西安福达商贸有限责任公司投资10.4亿元的冷链物流中心项目、礼泉县统一企业（中国）投资有限公司投资24亿元的统一企业食品生产基地项目、乾县重庆市凯仁机械制造有限公司投资18亿元的北方凯仁汽配生产项目、泾阳县天津亿联置业有限公司投资

20亿元的中国西部五金机电城项目、三原县中石油兰州分公司投资8亿元的年产200万吨油田助剂扩产项目、武功县江苏沭阳众联开发有限公司投资7.5亿元的武功镇综合开发项目、彬县陕西煤业集团有限公司投资12.6亿元的大佛寺煤层气开发利用项目、永寿县陕西凯德新能源开发有限公司投资11.8亿元的年产20万吨芳构化深加工项目、长武县陕西正通煤业开发有限责任公司投资65亿元的高家堡煤矿及综合开发项目、旬邑县中国西部投资集团有限公司投资18亿元的旬邑县城东区综合开发项目(商贸流通部分投资10亿元)、淳化县广东温氏集团有限公司和陕西汉宝科技发展(集团)有限公司共同投资18.2亿元的百万头生猪养殖一体化及PIC曾祖代原种猪场建设项目等13个大项目获招商引资大项目奖。招商引资先进单位奖:秦都区、渭城区、泾阳县、兴平市、礼泉县获先进县市区一等奖;三原县、旬邑县、彬县、永寿县、市高新区、市新兴纺织工业园获先进县市区二等奖;市发改委、市工信委、市财政局、市旧城办、市招商局获先进市直部门一等奖;市环保局、市住建局、市粮食局、市审计局、市人社局、市农机管理中心、市食品药品监督管理局、市招商一分局获先进市直部门二等奖;市煤炭局、市水利局、市卫生局、市中小企业促进局、市林业局、市招商二分局、市质监局、市文广局、市招商三分局获先进市直部门三等奖。三原县、彬县、旬邑县、永寿县、市招商局、市农业局、市文物旅游局获招商引资项目策划包装奖。市监察局、市考核办、市公安局、市驻北京联络处、市国土资源局、市地税局、市商务局、市科技局、市统计局、市工商局、市扶贫办、市重大项目办、市交通运输局、市城建局、市国税局、市工商联、市政务服务中心、市台办、市金融办、市招商项目管理中心、咸阳日报社获招商引资服务保障奖。李晓曦等83人获招商引资先进个人奖。受省级表彰招商引资先进县区:武功县、乾县、淳化县、长武县。

(马　刚)

重大项目建设

概况　2012年全市安排市级重点建设项目150个,总投资3188亿元,年度计划投资542.2亿元。截至年底,150个市级重点项目完成投资706.4亿元,为年度计划的130.3%,投资完成超出上年166.4亿元。39个项目全面建成投产。

续建项目　50个续建项目共完成投资413.8亿元,为年度计划的134.8%,2000万套/年子午轮胎项目、西电集团二期变压器系列项目、陕西有色咸阳新能源产业园项目等29个项目超额完成年度投资计划。

新开工项目　100个新开工项目共完成投资292.7亿元,为年计划的124.5%,吉峰农机西北总部基地建设项目、伟宏钢结构项目、统一饮料和方便面生产线建设项目等33个项目超额完成年度投资计划。

兴化综合利用技改项目　项目位于兴化集团以南,占地48.2公顷。包括:新增年产30万吨合成氨、年产30万吨甲醇、年产30万吨纯碱、年产32.4万吨氯化铵、年产25万吨硝酸铵、年产6万吨浓硝酸等系列技改项目、已二酸生产线及辅助配套设施、甲胺生产线及辅助配套设施、聚碳酸酯生产线及辅助配套设施等。项目总投资34.6亿元,由兴化集团投资建设。项目建成后年销售收入增加20.2亿元,利润总额5.7亿元,所得税1.5亿元。

海螺新型干法水泥生产线及纯低温余热发电建设项目　项目位于礼泉县,总投资30亿元,占地70公顷,分两期建设。一期建设日产5000吨新型干法优质水泥熟料生产线2条,年产440万吨水泥粉磨系统、18兆瓦纯低温余热发电站1座、110千伏变电站1座,并建成必要的生产生活设施。二期建成日产12000吨新型干法优质水泥熟料生产线1条、年产560万吨水泥粉磨系统、20兆瓦纯低温余热发电站1座。项目建成后,年可产优质水泥熟料1000万吨,年销售收入38亿元,年可增加财政收入5亿元,年减排二氧化碳量20万吨,可直接、间接安置劳动力5000多人。

(王　刚　黄　迪)

民生工程

概况　2012年咸阳市民生工程计划总投资87.5亿元,安排846个项目。实际完成投资101亿元,已建成项目815个,跨年度实施项目30个。促进就业、收入倍增、全民社保等十大领域项目实施进展顺利。

促进就业工程　就业补助和人才培训工作已全部实施到位,累计补助资金16567万元。基层就业和社会保障服务设施建设项目完成投资720万元。

收入倍增工程　涉及促进农业发展、提高农民收入的发展工程和家电下乡补助项目,累计发放各类补助资金73150万元。种植业良种工程、植保工程、保护性耕作、生猪和奶牛标准化规模养殖(小区)等基本建设项目完成投资3009万元。

全民社保工程　涉及城乡低保、城乡医疗和各类人员的生活补助及城乡社区服务体系建设,累计发放各类生活补助资金268495万元。养老设施试点工程、城市社区服务体系建设、社会和社区养老服务体系等基本建设项目完成投资1448万元。

教育提升工程　涉及义务教育保障机制、贫困生救助体系、营养餐计划等政策补助项目,累计发放各类补助资金87496万元。基本建设项目包括农村学前教育推进工程、农村中小学校舍安全工程、中西部农村初中校舍改造工程、边远艰苦地区农村教师周转宿舍建设工程、中等职业教育基础能力建设工程等项目,累计完成投资24816万元。

卫生健康工程　涉及卫生培训、卫生补助补偿、县级公立医院改革等政策补助类项目，累计发放各类补助资金22826万元。基本建设项目包括基层医疗卫生服务体系、农村急救体系建设、基层医疗卫生机构管理信息系统建设等项目，完成投资6909万元。

文化惠民工程　涉及省级科普专项、公共文化服务、群众体育发展项目、农家书屋等补助类项目，累计发放各类补助资金5229万元。基本建设项目广播电视村村通建设项目总投资905万元。

住房保障工程　累计完成投资342329万元，其中廉租房建设项目完成投资39943万元；公共租赁住房建设项目完成投资174490万元；廉租房租金补贴项目均按标准实施补贴。

消除贫困工程　包括以工代赈示范工程、易地扶贫搬迁、预算内以工代赈项目等，累计完成投资36237万元，其中发放各类扶贫补助资金21827万元，为部分贫困人员解决基本生活困难。

改善环境工程　涉及环境治理、生态建设、污水垃圾处理等补助类项目，累计发放各类补助资金22779万元。基本建设项目包括农村公路建设、村庄道路建设、城镇建设、污水垃圾处理建设、县城供排水建设等项目，累计完成投资41619万元。

生产服务工程　涉及退耕还林、农业服务设施建设、气象服务等补助类项目，累计发放各类补助资金13541万元。基本建设项目包括农村电网改造升级工程、农村沼气工程建设、渭河综合治理、退耕还林、农田水利建设等项目，累计完成投资54338万元。

（凌　雷　田　甜）

大西安建设

省市共建大西安　加快推进创新型区域建设的若干意见　2012年11月26日，省委、省政府印发《关于省市共建大西安加快推进创新型区域建设的若干意见》（陕发〔2012〕6号），进一步加快建设大西安，带动大关中，引领大西北，构建创新型区域。大西安包括西安市行政区域、咸阳市主城区和西咸新区，相应辐射到咸阳其他县级行政区域。《若干意见》指出，力争经过5年的发展，大西安城市竞争力在同类城市群中排位显著提升，初步建成一体化发展的国际大都市、创新驱动的现代产业聚集区、文化生态大融合的国际旅游目的地和开放包容的内陆开放开发高地。《若干意见》的支持力度超过之前任何一个“一市一策”的政策，省上今后5年直接支持的资金将超过120亿元，另外通过调整城市基础设施配套费征收标准，还可新增收入超过60亿元。

政策和项目争取　《若干意见》制定过程中，咸阳市加强与省发展改革委的汇报沟通，争取到水利建设基金与西安同按70%返还，支持咸阳申报全国创新型城市试点和全国现代科技服务业试点城市，推动省科技资源中心在咸阳设立分中心，支持主城区加密城市路网和西咸公交无缝对接，支持咸阳申报城市餐厨废弃物资源化利用和无害化处理城市试点，加大对咸阳相关县的转移支付，支持咸阳市行政区域内除主城区以外的其他县基础设施建设，支持礼泉—乾县、彬县—长武—旬邑城乡统筹示范带建设等一系列针对咸阳市的支持政策。同时，西安地铁1号线咸阳延伸段、亭口、柏岭寺、东庄、红岩河水库、引羊济乾、咸阳博物院、秦咸阳城、五陵原大遗址保护等一批项目纳入《若干意见》中，这些关乎咸阳市长远发展、破解瓶颈制约的项目将得到省上的大力支持。

主要目标　①经济综合实力迈上新台阶。到2017年，生产总值超过2500亿元、力争3000亿元，年均增长13%以上；地方财政一般预算收入超过150亿元，年均增长20%以上；城镇化率力争超过60%。②现代产业发展迈上新台阶。形成与西安以及西咸新区互动错位、高端高质的现代产业体系，二三产业占比明显提高，产业布局进一步优化，非公有制经济占比超过60%，实际利用外资超过2亿美元。③科技创新能力迈上新台阶。统筹科技资源综合改革取得明显成效，人才队伍综合实力进一步增强，劳动者素质和创业就业能力大幅提升。R&D（研发）经费支出占生产总值的比重达到5%，技术成果交易额达到10亿元，每万人发明专利拥有量超过3件。④生态环境建设迈上新台阶。城市建成区绿地率超过38%，全市森林覆盖率超过30%，主城区和县城生活垃圾无害化处理率、污水处理率均超过90%，单位生产总值能耗和主要污染物排放完成约束性指标。⑤民生改善工作迈上新台阶。城镇居民人均可支配收入超过5万元，年均增长15%以上；农民人均纯收入超过1.5万元，年均增长16%以上。学前教育和高中阶段教育全面普及，主要劳动力平均受教育年限超过12年。建立完善的覆盖城乡居民的基本医疗卫生体系和社会保障体系，城镇登记失业率控制在4%以下。

重点任务　着力培育支撑区域快速发展的特色产业体系。做大做强优势产业，改造提升传统产业，培育扶持战略性新兴产业，构建现代服务业体系，加快发展现代都市农业。着力推进重点板块快速崛起。加快西咸新区、高新区、咸阳化工产业园、彬长旬能化基地、咸兴武工业走廊、泾三工业密集区、乾礼泾现代建材和兴礼泾三食品等八个重点工业板块建设。着力推进城乡统筹发展。城镇化是经济社会发展的客观趋势。提升中心城市功能，迅速启动北塬新城建设，加快县城和重点镇建设，促进城乡一体化发展。着力保障和改善民生。提高城乡居民收入，促进教育均衡发展，健全社会保障体系。着力优化生态环境。推进生态保护建设，切实加强环境保护，强化资源节约利用。着力加快基础设施建设。构筑一体化综合交通体系，统筹开发利用水资源，加强电网及信息化建设。

支持政策　市财政每年筹集2亿元，与省上的1亿元专项资金，共同作为咸阳市重点投融资公司的资本金,支持咸阳市产业结构调整和重点板块建设等。市财政设立2亿元重大项目扶持资金,支持引进总投资在5亿元以上的工业生产项目配套基础设施建设和前期准备工作。对产值10亿元以上装备制造业企业缴纳的增值税、所得税地方留成部分,2015年前实行50%返还政策,对房产税、城镇土地使用税实行减税政策。对投资5亿元以上或投资额2亿元以上且每亩固定资产投资200万元以上国家认定的高新技术项目,自缴纳所得税当年起前5年按实际上缴所得税地方留成部分全部给予奖励。对新建的固定资产投资额在5亿元以上的高星级酒店,给予连续三年减免营业税、房产税的优惠。对新引进的农业产业化类项目,2017年前按实际上缴所得税地方留成部分给予奖励。完善金融业发展激励机制,市内银行业金融机构用于咸阳市境内企业的新增贷款,比上年每增加1亿元给予3万元奖励,对中小企业信用担保机构按其每年新增担保额的1%给予风险补贴。对新设立或新迁入的全国性金融机构总部、工业和商贸类企业总部,根据注册资本和发展情况给予一次性补助。

(张军红)

“三告别”工作

概况 2009年8月,市委、市政府从改善民生、保障民生、促进城乡统筹发展的大局出发,以解决土窑洞、危漏房和独居户贫困群众的居住困难和生存发展问题为重点和突破口,举全市之力启动实施“三告别”(告别土窑洞、告别危漏房、告别独居户)工程。市委、市政府提出的“力争三年、确保四年基本实现三告别”的目标如期实现,广大搬迁贫困户实实在在享受到“三告别”工程带来的实惠,过上幸福美好的新生活。

完成搬迁任务 2009年,全市共有“三告别”户5.4万户21.3万人,其中特困户1.2万户5.1万人。至2012年8月,全市采取6种搬迁安置方式(向县城搬迁安置、向中心城镇搬迁安置、建设移民新村统一安置、修建免租房安置、入住敬老院安置、花插安置),共计搬迁54081户220072人,其中特困户1.29万户,分别为总任务的100.2%和107.5%,全市基本实现“三告别”目标。其中:2009年,搬迁6007户26599人;2010年,搬迁19896户82252人;2011年,搬迁22078户87770人;2012年,已完成6100户23451人搬迁房屋主体建设任务。从各县来看,旬邑县2010年在全市率先实现“三告别”,永寿县、礼泉县、泾阳县3县2011年上半年提前实现“三告别”,彬县、淳化县、三原县、武功县4县2011年11月底前完成任务,长武县、乾县到2012年8月,已基本完成任务。

资金投入 共投入各类资金47.2亿元,其中扶持资金11.9亿元(贫困户建房补助5.98亿元,基础设施建设和产业开发及其他5.94亿元)。其中5.98亿元建房补助资金中:市财政投入1.2亿元;各县财政投入2.92亿元;行业部门1.24亿元;“两联一包”扶贫单位投入1902.39万元;秦都区、渭都区、兴平市和中国银行总行、南通市等社会各界投入4280.6万元。各方资金的投入,保证工程的顺利实施。

市级扶贫单位和社会帮建工作 全市先后安排153个市级单位包扶153个村的“三告别”,每个单位每年包建2户~5户,共投入建房资金1902.39万元,帮建搬迁户1307户;同时还投入其他资金1517.2万元,积极帮助搬迁特困户解决生产生活困难问题,帮助包扶村解决产业发展和基础设施建设等问题。秦都区、渭城区、兴平市3区市对口支援永寿县、淳化县、长武县3县,共投入900万元,帮助搬迁450户。中国银行总行投入北四县(除彬县)902.9万元,帮助搬迁726户。南通市对口扶贫投入434万元,帮助搬迁232户。社会其他方面援助2043.7万元,帮助搬迁1800多户。

规划建设及质量安全 各县高度重视“三告别”新村和新居规划设计及质量安全,普遍采取由县住建部门负责,专业规划搬迁新村,并根据搬迁户家庭人员结构、经济状况、立地条件、居住需求等情况,设计多种新居房屋样式,推荐给搬迁户选择,新村新居规划科学、布局合理,力求满足搬迁户基本生活生产和长远发展需要。在质量安全管理方面,多数县都下发文件,对“三告别”工程选材、工队资质、防震抗震、工程监理等方面都作了明确规定,从新村选址、地基处理、施工过程到竣工验收全程监督管理,规范建筑市场,加强质量安全管理,全市“三告别”规划水平和工程质量明显提高。长武县为了保证“三告别”工程质量,先后制定下发《关于做好第二轮“三告别”工作的通知》《关于整顿全县农村建筑市场,规范村民住宅建设的通知》和《“三告别”移民搬迁施工安全措施要求》。彬县“三告别”新村规划科学,新居设计合理,布局大气,建设水平高。礼泉县搬迁房屋建设上有顶圈梁,下有底圈梁,四周建有抗震角柱,结构安全稳固,质量可靠。乾县对群众自发集中联建的项目,推选群众代表监理,乡村监督,质量逐级负责,监管责任明确到人,既保证建房质量,又节约建房成本。

基础设施配套建设 各县普遍按照部门职能、归口负责的原则,采取相关部门项目整合实施的办法,捆绑解决“三告别”新村水、电、路等基础设施配套建设,确保搬迁户搬得出、迁得进、住得稳。至2012年8月,全市共有455个“三告别”集中安置新村(点),新修乡村道路423.8千米(水泥路184千米,沙石路和土路239.8千米),移民新村已完全解决饮水307个村,已解决通电344个村。

产业扶贫措施及落实 各县在实施“三告别”过程中,都高度关注搬迁户后续发展问题,帮助他们寻求增收新路子,制定扶持新措施,培育发展新产业,帮助搬迁户稳步走上脱贫致富的路子。全市“三告别”配套建设和产业发展等已投入资金约5.94亿元。长武县采取免费发放种苗、补贴修建养殖设施和每公顷烤烟补助3000元等措施，大力扶持搬迁户发展优质核桃643.67公顷、优质果园184公顷、獭兔5000多只、大棚蔬菜300多棚等。彬县仅韩家镇就投入扶持资金200多万元，已扶持群众栽植金银花133.33公顷，还配套建设加工厂，实现收购、加工、销售一条龙，群众每公顷收入45000元～75000元，五年成园每公顷收入可达15万元以上，帮助群众开辟新的增收门路。其他各县也都因地制宜、突出特色发展农家乐、乡村旅游、杂果经济林、特色养殖、种植等产业，帮助搬迁户培植新的增收来源，确保搬迁户发展有路子、生活有奔头。

"三告别"工作主要成效和作用 "三告别"工作的成效和作用主要体现在：①改善贫困群众的生存环境。"三告别"工程把贫困群众从土窑洞、危漏房和偏远山沟独居户中搬迁出来，搬进配套设施更加完善、公共服务更加到位、利于生产、便于生活的新村新居，帮助群众从根本上摆脱恶劣的生存环境，为他们加快发展、脱贫致富创造良好条件。②改变传统的生产生活方式。"三告别"使贫困群众明白，种地是副业，打工是正业；种粮是副业，栽果是正业；冬天不歇业，正好创事业。拓宽生产发展门路，改变传统生产方式。同时，搬迁群众走上水泥路，用上自来水、沼气、太阳能，洗上热水澡，生活方式发生显著变化。可以说，"三告别"使贫困群众传统的生产生活方式，发生一场革命性的变革，使贫困群众生存发展实现质的跨越。③增加贫困群众收入。"三告别"既帮助群众有效降低生产生活成本，又通过政府补助建房，增加群众的财产性收入，同时促进搬迁群众参与到二三产业，提高工资性收入。使贫困群众收入较大幅度增加，收入构成更加多元化、多样化，缩小城乡居民收入差距。④提高农民素质。通过实施"三告别"，不仅使贫困群众告别恶劣的生存环境，更可贵的是告别落后的思想观念，激发起他们思变思富的信心和决心，他们对美好生活更加向往，脱贫致富的愿望更加强烈，人人思富裕，个个谋发展，全力以赴干事创业已变成他们的自觉行动，整体素质和发展能力明显提高。⑤节约大量土地。贫困群众集中安置后，腾出大量的土地。如永寿县朱介村建新房占地7.67公顷，实施"三告别"后土地复垦新增耕地153.33公顷，是新村面积的20倍。全市"三告别"工程共可腾出旧庄基地约5333.33公顷，为整个贫困地区的发展提供更加广阔的空间。⑥加快城乡统筹发展。贫困群众搬迁出来后，生活条件明显改观，基础设施更加完善，有效改变落后地区的面貌，促进各项公共服务均等化，在很大程度上解决这一区域发展的"短板"问题，带动整个农业农村的发展，缩小城乡差距，加快城乡一体化进程。⑦密切党群干群关系。"三告别"工程的实施，使各级干部更直接、更有效地服务群众，也使老百姓从一件件看得见、摸得着的实事中得到实惠，切身感受到党和政府的关怀，感受到社会主义大家庭的温暖。可以说，通过这项工作，办成实事，转变作风，拉近距离，使党群干群关系更加融洽、更加密切。⑧促进农村和谐稳定。通过实施"三告别"，使贫困地区常年积累的居住差、出行难、致富慢、贫富差距较大等一系列深层次矛盾和问题，得到有效解决，特别是最弱势群体的利益诉求得到实现，有效维护社会公正公平，促进农村大局的和谐稳定。⑨繁荣农村经济。"三告别"工程用工用材量大面广，波及建材市场、运输市场、人力市场，甚至餐饮服务市场等诸多领域，有效拉动内需，促进发展，繁荣农村经济。⑩抗灾减灾作用凸显。特别是在先后多次的特大暴雨和连阴雨灾害中，"三告别"工程有效保障广大群众的生命财产安全，其抗灾减灾作用反复得到检验。这一点，从大小雨灾中，大家看到的搬迁后倒塌的一排排土窑洞中都能深刻感受到。

"三告别"工作成功经验 咸阳市"三告别"工作得到省委、省政府的充分肯定。2010年11月，省上在淳化县召开全省移民扶贫现场会，向全省推广咸阳市的做法和经验。2011年10月，中央电视台《新闻联播》对咸阳市"三告别"作了专门报道。"三告别"工程的实施，探索和积累了诸多成功的经验和做法，对推进其他工作也都具有很强的借鉴意义。①领导重视是前提。市委、市政府坚持把"三告别"工作摆在全局工作的重要位置，全力推进。各级领导高度重视，市委、市政府主要领导亲自抓，逢会必讲"三告别"，下乡必看"三告别"。主管领导更是把"三告别"工作放在心上，拿在手中，坚持调查研究在一线，指导工作在一线，有力地推动此项工作顺利进展。全体市级现职领导每人每年包抓一个村，带头推进"三告别"。各县也都把"三告别"作为"一把手"工程，县委、县政府主要领导亲自安排部署、检查督促，所有县级现职领导都包乡包村。各级领导的高度重视，促进"三告别"工作深入推进。②资金投入是保证。资金是实施"三告别"工程的瓶颈问题。市县各级积极探索，按照政府主导、农民主体、社会援助、各记其功的原则，采取市县财政拿一点、相关部门整合捆绑一点、"两联一包"扶贫单位帮一点、社会各界捐一点、银行贷一点、土地复垦资金置换一点的"六个一点"的办法，共投入各类扶持资金11.9亿元，有效解决"三告别"资金投入问题，为"三告别"工程顺利实施提供有力保障。③合力攻坚是基础。在实施"三告别"工程中，市县财政不遗余力支持抓；扶贫、发改、住建、民政等部门，整合行业资源共同抓；秦都区、渭城区、兴平市3个区市对口永寿县、淳化县、长武县3县，开展县区对口支援抓；组织动员153个市级单位组成9个市级扶贫团，开展包县包村包户抓；中国银行总行和南通市，对口扶贫援助抓；香港嘉里集团、陕西中晟昊工程建设有限公司等知名企业，纷纷投身"三告别"。形成全市动员、各方参与、步调一致、合力攻坚的可喜局面，为"三告别"目标如期实现奠定坚实的基础。④建立制度是关键。市上先后出台《"三告别"工程资金筹集使用管理办法》《"三告别"工程考核验收办法》《"三告别"工作管理有关规定》等，全市实行"一月一会、一月一通报"，市委市政府督查室还将"三告别"工作作为市上主要领导关注事项，实行月报督查制。同时,将“三告别”任务纳入各县和市级相关部门年度考核内容,实行“一票否决”。这些制度,保障各项任务落实,确保“三告别”目标如期实现。

(宫永锋)

创建工作

概况 2012年,全市各级各部门和广大干部群众,贯彻全市创建工作大会精神,秉承“科学创建、依法创建、和谐创建、快乐创建”的工作理念,落实“党委领导、政府组织、部门负责、条块结合、综合治理、群众参与、社会监督”的工作机制,以完善城乡基础设施、提升市容环境品质、加强公共卫生服务、加大生态环境保护、深化城乡联创为重点,集智举力、埋头苦干、攻坚克难、扎实工作,较好完成年度预定的各项目标任务。多城同创工作取得重大阶段性成果。中心城市顺利通过国家环保模范城市省级预评估及国家技术调研,国家园林城市如期通过省级初审及国家申报,国家卫生城市创建成果进一步巩固提升,城市建设管理工作全面加强。城乡联创工作取得新的突破性进展。公路环境综合整治工作扎实推进,农村生活垃圾规范化处置工作全面推广,卫生县城、环保模范县城、园林县城创建工作深入开展,全市新建成一批省级或国家级卫生镇村和生态示范镇村,广大农村环境面貌有了较大改善。创建工作长效管理机制不断健全完善。各级各部门按照创建长效机制“85321”的工作要求,坚持“巩固、提升、深化、创新”八字总体思路,落实长效管理有工作标准、有人员责任、有流程制度、有考评奖罚、有经费保障五有要求,实行整改问题销号制、责任追究制、法人代表奖励制三项制度,完善规范化的作业和监管体系两个责任体系,落实一把手工程,一月一考评,基本建立起一套符合实际的管理机制,为实现创建目标、巩固提升创建成果奠定基础。

创建国家环保模范城市 严格落实各级各部门污染减排目标责任,开展环境突发事件应急演练,加强环保队伍能力建设,强化环境执法监管,全面提升环境保护工作水平。全力治“水”。深入开展渭河流域水污染综合防治,督促所有县市区污水处理厂开展脱氮除磷提标升级改造,开展武功至咸阳城区段沿渭排污口环保执法大检查,严厉查处违法排污行为,确保企业实现稳定达标排放。全力治“气”。开展大气联防联控,要求水泥、煤电、石油化工等重点行业实行脱硝技改工程,加大落后产能淘汰力度,对满20年10万千瓦以下的小火电机组和1000万块以下的砖厂实施关闭,加大对建筑拆迁工地、道路市政施工工地、有毒有害废气、石灰场、采石场、储煤场环境整治力度,努力减轻空气扬尘污染。认真解决损害群众健康的突出环境问题。切实加强全市集中式饮用水水源地环境保护,保障饮水安全。加大对扰民噪声、餐厨垃圾、工业固废、危险废物环境监管,维护群众环境权益。加强创模申报工作。主动加强与环保部、省环保厅业务沟通与对接,做好申报资料的收集整理,认真组织开展迎检模拟演练,狠抓薄弱环节的整改提高,如期通过国家环保模范城市省级预评估及国家技术调研。

启动国家园林城市创建 成立由市委、市政府主要领导任组长,市委、市人大、市政府、市政协分管领导任副组长,市级相关部门和各区主要负责人为成员的创园工作领导小组,领导小组下设办公室(市创建办),负责全市创园工作的组织协调、检查督办、考核评比等职能。市委、市政府办公室印发《咸阳市2012年创建国家园林城市工作方案》,将创园工作纳入年度目标责任管理,作为全市重点工作来抓。各级政务网站、新闻媒体、市区电子屏幕定期发布创建工作动态,市创建办深入开展“最美庭院、最美社区、最美阳台”有奖评选活动,调动广大市民的参与积极性和热情。加强综合管理,提升绿化建设水平。市政府制定《绿地系统规划》《城市绿化管理办法》和《关于加强城市绿化规划建设管理实施绿线绿色图章制度的通知》等规范性文件,明确到2020年以前,城市绿化建设管理的指导思想、基本原则和近远期目标,提出绿地系统规划的结构布局和总体框架等,将绿地规划纳入城市基本建设审批程序,核定各类建设项目的绿地控制指标。加大园林绿地建设,增强城市生态功能。大力实施“万亩绿林、万亩水面、万亩花卉”三万工程和“城市大绿、周边造绿、街道造景、庭院添绿、蓄水湿地”五大工程,不断提高城市绿化量和养护质量。在城南沣河一带,建成占地17.7公顷的沣河生态绿林,在城北实施“千亩绿林”工程,打造以渭河为主轴、以古咸阳秦汉历史文化为背景,绿化面积82万平方米的绿化景观区。咸阳湖与“渭滨公园”、“古渡公园”、“统一广场”、“清渭楼”、“古渡遗址”、“渭水晚情”等景点交相辉映,形成“南湖北林、南水北绿”的田园都市新格局。加强建设管控,提升城市品质品位。开展历史风貌、古树名木、湿地、生物多样性保护工作。深入推进节能降耗,形成以市政集中供热为主,天然气、地热、地源热泵、污水源热泵等多元化供热的城市供热格局,住宅供热计量收费比例25.99%。推广新型墙体材料,节能建筑比例38%以上。开展创建节约型机关活动,推广节能新技术、新产品,积极发展太阳能、液化气等清洁能源。加强保障住房建设,使1.9万户低收入住房困难家庭得到保障。大力发展公共交通,加快步行、自行车交通系统规划建设,加大林荫路和公共停车位建设,为广大市民营造宜居宜业的工作生活环境。截至年底,建成区绿化覆盖面积2880公顷,绿化覆盖率41.32%;绿地总面积2306公顷,绿地率33.08%;公园绿地面积588公顷,城市人均公园绿地面积8.26平方米,基本达到国家园林城市申报要求。

巩固提升国家卫生城市创建成果 完善城市基础设施:实施“畅通工程”,加快滨河西路、沈平路、联盟一路、上林路、胜利街建设改造,缓解交通拥堵。加大环卫投入,落实免费公厕管理经费,为城区新配备8辆机械化洗扫车,使果皮箱总数量达到3700个。加快农贸市场改造步伐,城区新建4个农贸市场,升级改造5个农贸市场,完成32个社区便民市场建设任务。开展蔬菜进社区便民直通车试点,加快社区教育、医疗、体育、文化、公厕等综合配套服务设施建设。市容环境卫生管理:突出抓好城区清扫保洁、生活垃圾收集处置、环卫设施管理维护、城中村和城乡结合部卫生综合整治等重点工作。开展街景整治和建筑立面管理,落实门前"三包"管理,从严整治乱贴乱画、乱堆乱放、乱搭乱建、乱停乱放、乱摆摊点等严重影响市容的"五乱"现象。加强建筑拆迁工地防尘管理,铁腕整治"疯狂"渣土车辆,加强公厕免费开放后的后续管理,全面提升城市科学化管理水平。爱卫组织管理和健康教育:按照三级政府、四级网络的要求,健全市、区、镇办、社区(村)四级爱卫组织,建成10个健康科普园示范社区,广泛开展无烟单位、无烟办公室、无烟家庭创建活动。食品安全和公共场所卫生管理:落实各级各部门食品安全分级管理责任,突出抓好生产、流通、消费等环节安全监管,加大对食品问题的查处力度,规范蔬菜农药残留检验工作,严防重大食物中毒事件。坚持春、秋两季集中消杀和日常综合治理相结合的除"四害"工作制度,加强医疗废物管理,加强传染病防治工作,强化公共卫生防病能力。

推进城乡联创 继续开展公路环境综合整治活动。以干线公路及城镇村过境公路沿线为重点,开展"卫生文明示范路"创建活动。2012年,全市共清运垃圾、建材堆积物9万余立方米,拆除违章建筑800余间、固定广告牌4180块,整修建筑立面50余万平方米,关停取缔非法煤场、石料厂、灰场污染企业107家,硬化道路出入口183处,刷白、修剪行道树20余万株,栽植绿化苗木30多万株,完善公路标线标牌等安保设施2000余处,公路环境治理工作取得阶段性成果。开展城乡环境卫生整治行动。全面推行农村生活垃圾规范化处置模式,落实卫生清扫保洁制度和专职工作人员,13个县市区基本建立"村收集、镇转运、县处理"的农村生活垃圾规范化处置模式,受到省委、省政府肯定。推进城乡联创。淳化县完成国家卫生县城申报,泾阳县通过省级卫生县城考核验收,实现国家或省级卫生县城全覆盖,兴平市、彬县、乾县通过省级园林县城考核验收,全市新建成一批省级或国家级卫生镇村和生态示范镇村,广大农村环境卫生面貌有了较大改变。

强化创建推进保障措施 落实工作责任。市委、市政府继续把创建工作纳入全市年度目标管理责任考核和领导干部政绩考核,坚持市级领导包抓制和各级各部门党政"一把手"负责。加大资金投入。市财政进一步加大对创建工作的投入,同时鼓励民间资本和外资有序进入城建领域,形成多元化的融资机制。宣传发动工作。把群众教育与城市管理有机结合起来,开展广覆盖、全方位、深层次的宣传发动,使广大群众在参与中提升素质,在创建中享受成果,增强市民的城市意识、文明意识、环境意识和卫生意识。加强督查考核。市委、市政府将市双创办改设为市创建办(同时加挂市城乡建设管理协调委员会办公室、市城市容貌提升工程领导小组办公室牌子),在继续全市创建工作的督查、督办、考评等职能的基础上,又新增加更多更重要的城市建设管理职能。市创建办积极落实"85321"创建工作长效机制,加大对创建工作的督查指导和考核奖惩工作力度,坚持月考评奖罚制度、挂黑牌、问题曝光、"晒问题"、"解剖"镇办、特别督查、责任追究等系列推进制度,确保市委、市政府关于创建工作的重大决策部署全面落实。

(杨拓社 党 参)

西咸新区建设

西咸新区

概况 西咸新区位于西安、咸阳两市建成区之间,西起茂陵及涝河入渭口,东至包茂高速,北至规划中的西咸环线,南至京昆高速,涉及西安、咸阳两市7个县区的23个镇和街道办事处。规划控制范围882平方千米,包括空港、沣东、秦汉、沣西和泾河五个分区组团。西咸新区党工委、管委会作为省委、省政府派出机构,统一负责西咸新区开发建设,代表省人民政府行使有关西咸新区开发建设的管理权,具有省级部门经济管理和规划、土地、建设、环保等行政管理权限。在重大项目、城乡统筹及规划实施方面具有市级管理权限及部分社会事务管理职能。西咸新区管委会内设办公室、规划土地环保局、经济发展建设局、规划编研中心、土地储备中心、信息中心、财务中心等7个部门。下设空港新城、沣东新城、秦汉新城、沣西新城、泾河新城5个分区组团管委会,分别负责各规划范围内的开发建设工作。2012年,《西部大开发"十二五"规划》将西咸新区列入西部地区重点建设的城市新区,明确要求将西咸新区打造为区域性中心城市核心区域和现代田园城市。西咸新区以建设现代田园城市为目标,以社会建设为先导,创新城市发展方式,以就业为核心布局产业,发展复合型田园农业,探索城乡一体、产城一体的新型城市化道路,将建设成为全国创新城市发展方式实验区、大西安主城功能新区、西部新兴产业基地和科技创新中心、全国历史文化保护示范区。西咸新区按照"集约、集群、集成"的发展思路,重点发展信息技术、新能源、新材料、节能环保、高端装备制造、临空产业、现代物流、现代服务、文化旅游和都市农业等主导产业,规划十大产业园区,形成产业互补、错位布局、协同发展的良好局面,按照"拉开骨架、对接主城、提升环境、产业起步、体现概念"五个重点开展工作。2012年,西咸新区完成固定资产投资305.8亿元,超额完成年度计划207亿元的48%;全年招商引资实际到位资金167.6亿元,超额完成年度计划127亿元的32%;争取银行贷款等各项资金158.5亿元,超额完成年度计划100亿元的58.5%;全年实施土地征迁储备2326.67公顷,超额完成年度计划2000公顷的16%。

拉开骨架 各组团主城区骨干路网基本形成、局部城市面貌初显,城市基础设施和公共配套同步推进。各新城一批城市骨干路网道路已开工,主要包括:空港新城的第五大道、空港南环路、北辰大道;沣东新城的尚航路、石化大道、三桥新街;秦汉新城的空港大道东段、上林北路、秦宫二路;沣西新城的秦皇大道、红光大道、白马河路、天雄西路等4条主干道及兴咸路、康定路、永平路等3条次干道;泾河新城的高泾中路、高泾南路、原点西路等。各新城项目进展较为顺利。

对接主城 西咸新区与西安主城连接的骨干道路和轨道交通。包括跨组团的道路,主要是"四路三桥",其中正阳大道、秦汉大道、沣泾大道、红光大道已开工建设,"三桥"中的红光大道跨沣河桥建成,正在推进正阳大道跨渭河桥、跨泾河桥前期工作。渭河横桥已建成竣工,号称大西安最美城市道路的兰池大道连接西安经开区。发展轨道交通,"西咸建设、轨道先行",编制"南岸成网、北岸连线"的轨道交通规划,提出5年200亿元、10年1000亿元投资计划。

提升环境 主要指渭河、沣河、泾河综合治理和昆明池、五陵原万亩森林的建设。秦汉新城渭河综合整治18千米防洪工程、堤顶道路、景观工程全面完成,成为全省渭河治理的亮点工程;渭河综合整治沣西、沣东段9.6千米的防洪工程12月已开工;沣河综合改造完成投资约2亿元。长陵绿化全面完成,栽植油松1万多棵,帝陵景观效果进一步提升,渭河北岸湿地运动公园基本建成。昆明池和五陵原万亩森林项目正在抓紧推进前期准备工作。

产业起步 加快临空产业园区、空港保税园区、统筹科技资源改革示范园区、新加坡产业园区、五陵原文化产业园区、周陵新兴产业园区、沣西信息产业园区、西咸国际文教园区、泾河地理信息产业园区、现代物流产业园区等十大产业园区推进和建设。招商引进一批全国行业骨干企业、开工一批重点项目,沣西信息产业园三大运营商和全国人口数据中心等项目已入驻,联通项目和全国人口数据(西安)中心项目全面开工,临空产业园区的西部飞机维修基地推进比较顺利,第四军医大学"医教研"项目已开工,西咸国际文教园区等项目正在洽谈合作。

体现概念 一是西咸新区现代田园城市点状布局的市镇体系,不搞"摊大饼"。二是以社会建设为核心推进城镇化和城乡一体化。指出城镇化关键在于解决农民怎么进城、农地怎么进城、农业怎么进城,强调集约用地和承载人口两个目标同时实现，都属于社会建设范畴，这是西咸新区的突出特点。

（杨彬彬）

秦汉新城

概况 2012年，秦汉新城围绕“人文古都，田园新城”的目标，以重大项目引进建设为重点，完善管理体系，统筹各方关系，强力突破重点，协力攻坚克难，新区呈现出良好的发展态势。全年实施重点项目79个，完成固定资产投资123亿元，为年度计划的125%；招商引入合同资金503亿元，是年初计划的5倍，落实到位资金23亿元，超额完成30%，实际利用外资500万美元；完成融资22亿元。

重点项目建设 投资300亿元的北京万通立体城市项目通过国际招标，即将开工建设；投资80亿元的第四军医大学“医教研”项目获得总后批复后，合作协议正式签订，规划设计和征地工作全面启动；投资17亿元的西安交大二附院秦汉新城分院和西藏民院实训基地项目顺利签约。秦汉清华中学土建工程完成90%，与清华附中委托管理协议已签订，2013年9月可顺利实现开学目标。秦文化园规划设计正加紧进行，咸阳博物院部分已开工建设；在塬北服务区设立“文化产业园区”，成立文化产业园管理办公室，引入投资37亿元的OCA文化创意园项目。投资3.2亿元的北京花木公司生态田园休闲观光项目规划方案已确定，流转土地246.67公顷，配套基础设施已开工建设。引入天朗集团投资20亿元的“秦汉农城”项目，已流转土地533.33公顷，预计2014年底全面建成；张裕葡萄酒庄已完成投资5亿多元，即将投入试运营。星河湾、中科、佳莲等一批高端城市综合体和陕煤建、天朗等总部基地、西咸购物城等项目落户秦汉新城。其中，陕煤建办公楼、百翼写字楼已全面开工建设；与中国500强企业新华联签订50亿元的总部基地和“优美小镇”项目，与南翔集团签订投资50亿元的商贸中心项目。在周陵新兴工业园区成功引入投资近3亿元的恒盛新材料基地、德荣汽车零部件生产以及加拿大G&Z公司投资1亿美元的轨道交通设备生产等20多个项目；在秦都汽车产业园引入汽车贸易物流服务项目40多个，奔驰、宝马、沃尔沃、一汽奥迪、别克等多个知名品牌入驻。在硅电子产业园引入新能源汽车电机驱动装置生产基地、陕西有色太阳能光伏电池项目等项目。其中陕西有色太阳能光伏电池项目已进入全面建设阶段，一期年底基本建成。

重点区域路网和配套基本形成 连接秦汉新城和西安经开区的横桥工程已全面建成，成为西咸新区“四路三桥”骨干路网中第一个建成的重点工程；正阳大桥项目前期准备全部到位，建设方案已经黄河水利委员会审批通过。沣泾大道（上林北路段）全线路基贯通，临港路、空港大道东段全面建成，周陵产业园区“三纵三横”的骨干路网全面形成，照明、绿化及水、电、暖、讯等配套设施全部到位。渭河北岸片区兰池二路中段、酒庄路、秦苑一路、三路、四路全面开工建设，渭河河堤路、兰池大道支线、秦宫二路、兰池二路东段已建成，渭河北岸骨干路网初步形成。确立新城供天然气、供暖行业的特许经营模式，与咸阳市自来水公司签订供水合作协议，及时解决张裕酒庄、周陵新兴产业园区、硅电子产业园以及兰池大道周边重点建设项目的用电、用水、通讯等问题。加大对市政基础设施和环境卫生的管理，全年用于绿化、保洁、路灯养护资金超过1000万元。

秦汉新城张裕瑞那城堡酒庄效果图　　（西咸新区管委会　供）

生态建设 渭河综合治理工程及堤顶道路工程已全部竣工；渭河生态景观带基本建成，完成绿化面积269.33公顷，栽植绿化苗木21万余棵，灌木及草皮300万平方米，该项目已成为渭河综合治理的示范性工程；长陵绿化改造顺利完成，栽植油松1万多棵，移栽小苗4万多株，帝陵景观效果进一步得到提升；周陵产业园道路绿化加快推进，全年栽植乔灌木近3万棵；太伟运动公园完成整个场地造型、人工湖和草皮种植；兰池二路、光伏三路等道路绿化工程全面完成，新区生态环境显著改善。

保障房建设 承担西咸新区下达的5900套和咸阳市分配的3500套保障房建设任务，实施渭柳佳苑、兰池佳苑、周礼佳苑、望贤小区等4个保障性住房和安置房建设项目，全年完成投资27亿元，总计开工9500多套，建成3000多套，超额完成西咸新区和咸阳市分配的建设任务。

破解发展难题 2012年共上报土地1000公顷，累计上报面积3000公顷，共批复503.2公顷，经省政府会议研究通过497.47公顷。积极解决征迁难的问题，通过实践和调研，及时调整和完善征地拆迁政策，参照西安标准，为辖区拆迁群众每人赠送10平方米商业用房,大幅度提高地面附着物补偿标准,将群众购买高层安置房价格从900元/平方米调低到730元/平方米,极大地调动群众参与新区建设的积极性,加快征迁工作速度。全年印制宣传册3万多份,以通俗易懂的形式进村入户宣传征迁政策,引导群众算经济账,从根本上遏制乱搭乱建行为。通过银行贷款、信托、BT等方式,完成融资22亿元。其中,通过信托、贷款完成11.7亿元,储备土地融资10.3亿元。协调咸阳市成立"治安办公室",全年办理治安案件14起,刑事案件2起,处理工地阻工纠纷案件315起;城管综合执法部门联合当地镇办,加大对乱搭乱建、违规偷沙盗土的治理力度,全年制止处理偷沙40多次,查处违法建设460余起,拆除违法建筑82处,维护新城建设秩序。

(宇文琳　刘子龙)

空港新城

概况　2012年,空港新城以"打造第四代国际空港城市"为总目标,以"创新跨越"为发展主题,坚持"功能整体规划,项目协同发展"开发理念,扎实开展"谋篇、布局、蓄势",全力推进项目建设,招商、融资、征地、保障等工作都取得明显成效,全年项目开工个数、固定资产投资完成额、招商引资合同签约额、实际到位资金额、土地征收数量及保障房建设全面超额完成年度计划目标,新城大开发、大建设的场面已经形成。

规划工作　着眼空港新城未来发展,编制出台《保税物流园区建设方案》《西部飞机维修基地建设方案》《安居置业建设方案》《千亿元LED电子产业基地规划》《城市中心区规划》(简称"三方案两规划"),形成以综合保税区为功能支撑,以飞机维修和LED产业为两大核心驱动,以城市中心区和保障房为综合配套的新区发展格局。超前谋划城市建设需要,编制完成空港新城控制性详细规划、城市风貌与特色研究及城乡统筹、燃气、电网等6项城市规划,正在开展优美小镇、底张重点镇、给排水、道路、净空管理和噪声控制等12项规划;编制完成《空港新城产业规划》和《北部区域现代田园城市发展规划》,逐步构建起较为完善的规划体系。

项目推进　①大项目集中实施,五大板块动力核心形成。坚持"功能整体规划、项目协同发展"开发理念,推进大企业、大项目投资空港新城。综合保税区(一期)保税事务服务中心完成土方施工,进行混凝土灌注桩,临建办公区已搭设完成,道路硬化、绿化及景观施工结束并已投入正常使用。西部飞机维修基地东航新机库主体封顶,货运区各单体正在进行装饰和设备安装。绿地新城项目一期主体全面开工,售楼中心、展示中心及周边绿化已基本建设完成。空港国际物联城项目正在抓紧施工。嘉民物流园项目正式落户,正在进行征地和方案设计工作。北辰谷项目方案设计正在进行。大项目集中实施,有力带动核心枢纽区、临空产业区、中央商务区等五大板块的同步发展。②基础设施及配套项目同步实施,城市功能快速提升。以迅速提升城市功能为基本思路,大力实施基础设施及配套项目建设。空港临空产业园(空港商务中心)基础混凝土浇筑完成。空港国际酒店项目主体封顶。第五大道和空港南环路部分路段完成粗油铺设。空港综合交通枢纽项目正在收尾,通信、供电线路迁改和信息化、天然气输配工程正在随道路施工同步进行。空港花园社区、北辰大道、西咸北环线等项目正在开展前期征地和施工图设计工作。这些项目的实施,弥补区内发展较为滞后的短板,使空港新城直接参与到高质量、高水平的区域竞争当中。③项目推进机制进一步强化,运行更加高效。以江泽林副省长"抓项目要有钉子精神"为总要求,不断完善项目推进机制。成立保税物流、保障房、飞机维修基地3个项目建设指挥部,组建空港保投、置业、航投、文旅4个子公司,全力推进"三方案两规划"实施。从计划、备案、统计、监管、验收等环节入手,加强对项目的全过程管理。科学制定年度经济发展计划、年度项目建设和固定资产投资计划;建立项目备案制度、综合管理台账和经济运行分析制度;强化项目用地、工程、市政、施工安全管理,形成项目开工和投产的管理办法。建立重大项目专题会议制度,出台《重点工作考核办法》,强化任务、标准、进度、时限、责任人5个关键环节。

资金筹措　在融资平台成立时间短、净资产规模小、无经营现金流、信贷政策收缩的艰难处境下,管委会主要领导挂帅,主抓融资工作。与国家开发银行、建设银行、农业银行、浙商银行、中信银行等13家金融机构对接,获得授信额度;通过BT合作方式,招引中铁二十局、中铁一局、华山路桥等企业参与第

2012年临空经济论坛　　(西咸新区管委会　供)

五大道、南环路等路网项目建设，融集建设资金。与省发改委、财政厅、工信厅等部门衔接，多渠道了解不同领域项目申报资金支持的重点、方向和要求，争取中省扶持资金。

招商引资 首次亮相西洽会，成功签约绿地新城、空港国际物联城、西咸商谷等4个项目，总投资420亿元，签约数量及签约总额在五个新城中均名列第一。参加第二届陕粤港澳经济合作活动周，成功签约嘉民物流、富立LED等项目，总投资超过15亿元，全球最大的工业地产基金管理企业落户空港新城。推介空港新城投资优势，引入国内快递巨头圆通速递、国际物联城、浩源光纤等一批临空特色鲜明的重大项目。成功承办2012中国飞机维修峰会和第九届中国国际半导体照明论坛，正式发布千亿元西部飞机维修基地规划和千亿元LED产业基地规划，引起国内外业界广泛关注。受邀参加第三届中国临空经济峰会，提出临空经济将成为新一轮世界经济增长极的新观点，在国内外引起较大反响。

对外宣传 策划发表以主要领导署名的《临空经济：新一轮世界经济的增长极》等3篇文章，协调行业权威杂志进行高端访谈，开展空港新城成立一周年重点项目巡礼报道，制作完成空港新城招商宣传片、一周年微电影，开通空港新城门户网站，创刊《天地乘》杂志，启用空港新城LOGO（徽标），进一步提高空港新城在国内临空经济领域的影响力。配合重点招商活动，在凤凰卫视、陕西卫视、《陕西日报》《半导体照明》等多家媒体展开同步宣传；配合项目开工，在项目启动区竖立35块大型项目宣传牌，在省内外主流媒体刊发新闻100多条，为空港新城营造良好的发展氛围。

环境保障 与渭城区建立“共建共享”工作机制，联合开展为期3个月的投资环境专项整治活动，抓重点指标、重点项目、重点工作，取得良好的效果。与咸阳市公安局协调，组建空港新城公安协调办公室，正式接管项目建设案件管辖行政管理权限；与西部机场集团积极落实战略合作框架协议，确定综合保税区、总部基地、航空食品等一批重点合作项目，和谐稳定的发展氛围基本形成。与渭城区、空港新城公安协调办建立“六级联动”联合执法机制，聘请各界代表22人作为执法监督员，全面开展土地、规划、户外广告、环境保障等方面的执法监督工作；向群众发放2万本《政策宣传册》，查处60多起违法建设，制止42起阻挠项目工程建设行为，保障项目建设有序进行。与电力、通信、国防光缆、成品油等17家产权单位协调沟通，完成管线迁改15处，保证已开工项目的顺利建设。

重点项目 ①空港新城西部飞机维修基地。西部飞机维修基地项目是空港新城依托枢纽机场发展临空产业的重要内容，是空港新城立足产业发展趋势，高起点、高标准规划的功能性、标志性项目，与正在建设的千亿元LED产业基地一起构成空港新城未来发展的核心动力，并与西咸空港综合保税区形成互动发展的良好格局。基地重点发展航空公司综合运营基地、航空维修、航空培训、航空制造、公务机、金融服务、民航保税等七大产业，努力形成飞机维修与翻修的全产业链覆盖，进而以集群优势催生聚变。整个项目围绕机场跑道，分为东、西两个区，计划投资30亿元。②空港绿地新城。空港绿地新城项目由上海绿地集团投资建设，总投资约260亿元，位于空港新城CBD（即中央商务区）板块，距离机场航站楼的车程不足5分钟，规划总面积约500万平方米，分四期建设。将建设一座集企业总部基地、大型商业集群、星级酒店、航空服务、国际教育、创意产业、国际旅游集散以及中高端居住示范社区等于一体的大型城市综合体，打造为西部地区首屈一指的绿色低碳建筑标杆，形成空港新城的城市中心。

（赖慧君）

沣西新城

概况 沣西新城作为西咸新区五大组团之一，是未来西安国际化大都市综合服务副中心和战略性新兴产业基地，规划范围东至沣河，南至大王镇及马王街办南端，西至规划中的西咸环线，北至渭河南岸。总面积143平方千米，其中西安市93平方千米，咸阳市50平方千米。建设用地64平方千米。涉及西咸两市、3个区县（秦都区、长安区、户县）、5个镇办（钓台街道、陈杨寨街道、高桥街道、马王街道、大王镇），91个行政村，约3.5万户，14万多人。组建以来，沣西新城高举“现代田园都市”大旗，践行“大开大合”理念，以“世界一流、品质沣西”为目标，坚持“产城一体、板块推进”的发展思路，实施“一二三产

施工中的秦皇大道　　（西咸新区管委会　供）

联动,现代服务业、战略性新兴产业、都市农业并举”的发展战略,构建“八园四区”的产业布局,“八园”即信息产业园、西咸国际文教园、总部经济园、节能环保产业园、创业科技孵化园、生物医药产业园、新材料产业园、健康养生园。“四区”即行政商务区、都市休闲区、生态农业区、丰京遗址保护区。

主导产业 沣西新城把信息产业作为主导产业,规划建设25平方千米的信息产业园,以“技术服务领先,特色品牌鲜明”为目标,以“数据沣西、智慧西咸、备份中国、物联世界”为方向,大力推动信息产业和大数据产业发展,计划到2020年累计完成投资1000亿元,实现产值2000亿元,聚集人员25万人,建成国家级信息产业基地和大数据处理中心、国家政务资源备份与处理中心。园区建设已上升为省级战略,中国联通、中国电信、中国移动、陕西广电等四大网络运营商集中入驻,全国人口数据备份与处理中心、未来国际大数据产业园、西部云谷等多个项目相继开工,园区道路、保障房、创新载体等配套设施加快建设。2012年12月6日,沣西新城在北京召开2012西咸新区大数据高峰论坛,发布沣西新城大数据产业园发展规划,获得社会各界和行业龙头的广泛关注和高度肯定,在全国范围内率先举起大数据产业旗帜。至此,沣西新城信息产业集聚、集群、集约发展态势已经初步显现。

项目建设 2012年,沣西新城坚持“以项目为核心、以产业为支撑”不动摇,全力以赴抓项目,集中精力搞建设,呈现出大开发、大建设的良好势头。全年完成固定资产投资48.74亿元,引进项目17个,合同引进资金75.49亿元,实际到位资金9.59亿元,开工保障房5948套、82.87万平方米,融资实际到位36.02亿元。

(张 萍)

泾河新城

概况 泾河新城规划面积146平方千米,建设用地47平方千米,位于西咸新区东北方向,是中华人民共和国大地原点所在地。具体范围包括咸阳市泾阳县永乐镇、崇文镇、泾干镇三镇的全部和高庄镇的一部分。泾河新城规划范围内的行政村共计63个,人口14万人,区内主要交通干道有包茂高速、包茂高速复线、咸铜铁路。泾河新城建设的目标是建设西安国际化大都市统筹城乡发展示范区和循环经济园区。以城乡统筹为总领,以建设现代田园城市为目标,以现代化工业为依托,以完善的产业链为纽带,实现五个组团产业互补、错位布局、协同发展。在开发初期,提出要高起点、宽视野、严标准和集中优势资源,实施重点突破的原则,在决策上跳出传统发展的思路,走出特色的发展道路。2012年,以华轩饰品城为示范的泾河湾田园城市示范区、以崇文重点镇为亮点的崇文文化旅游景区、以中国锂产业园为龙头的新能源新材料工业园区初具规模,秦龙现代生态智能创意农业园区、森禾现代花卉园区、温州电器生产基地等总投资1200亿元的45个项目开工建设。成功引进乐华欢乐世界、西咸农庄等合同金额458亿元的项目。

(《咸阳年鉴》编辑部 搜集整理)

沣东新城

概况 2012年,是沣东新城“项目建设主体年”,也是经济社会事业全面提升的一年。按照“大项目带动、板块化推进、统筹式发展、包容性增长”的总体发展思路,加快开发建设步伐,推进城乡统筹发展,获“2012年度陕西区域经济最具活力区县奖”,全区经济保持平稳较快增长,社会事业全面发展,社会大局保持稳定。2012年沣东新城累计完成固定资产投资77.7亿元;完成地方财政一般预算收入1.14亿元;实际引进内资14.45亿元;实际利用外资1900万美元;重点项目建设完成投资68.5亿元。

重点项目建设 昆明池项目:完成《昆明池水利工程规划方案》和《昆明池水利工程效果图》的编制工作;完成10.4平方千米水面的概念性规划和控制性规划的编制,召开昆明池文化生态景区(一期)水域初步设计专家评审会,昆明池项目集中安置社区工程11月底已经开工。统筹科技资源示范区项目:一期“协同创新港”启动建设,沣东新城第一学校和项目涉及5个村的安置小区11月底开工,沣东城市广场、沣东国际医院等16个项目的落地工作正在加快推进。阿房宫遗址公园项目:国家文物局已经正式审批通过《阿房宫遗址保护规划》,完成阿房宫广场的建筑设计工作。三桥街区综合改造项目:进入全面建设的新阶段,大明宫项目已完成一期主体封顶,华润万象城一期项目即将达到正

西咸新区沣东新城统筹科技资源改革示范基地效果图 (西咸新区管委会 供)

负零，澳门广场、CBD 中心、保利城市综合体等项目已完成土地出让。都市农业项目：编制涵盖 80 平方千米范围的都市农业专项规划，组建西安沣东现代都市农业发展有限公司。以道路为主的基础设施项目全面提速，尚航路、石化大道、三桥新街等道路全面开工建设；启动 3 个 110 千伏变电站及水厂、热源、气源等配套建设，率先完成城市地下管网综合信息系统建设。六村堡工业园项目：完成控规编制工作，以特尔佳、坚瑞、伟合、飞轮为主的工业类项目已完成或启动土地挂牌，正在积极进行开工前的勘探和场地平整等前期准备工作。沣东国际车城项目：总规划编制工作初步完成，总投资 3.5 亿元的西安市车管所的落地工作正在全力推进。

招商引资 2012 年，沣东新城共签约项目 21 个，签约金额总计 628 亿元。在第十六届西洽会上，共引进项目 8 个，总投资 263 亿元，其中包括中交建投资 200 亿元的昆明池综合开发项目和投资 13 亿元的特尔佳缓速器生产基地项目。在省政府“央企进陕”签约仪式上，与中水电 BT 投资项目顺利签约。在海南三亚成功举办招商推介会，总金额 130 亿元。其中，世界 500 强企业美国都乐集团、海南万钟实业、聚鼎天成等项目均取得实质性进展。此外，还出台《沣东新城“强工业、稳增长”奖励办法及措施》《吸引总部企业发展总部经济的扶持政策》，设立 3000 万元专项资金用于促进工业发展，中石化西安分公司成为西安市第六家过百亿元的工业企业。

城市建管 坚持规划引领。进一步修改完善沣东新城总体规划及各类专项规划，完成统筹科技资源示范区、三桥国际车城、六村堡现代产业区、昆明池文化生态景区、阿房宫、建章宫及水电气暖等市政专项规划，2 月 28 日，沣东新城规划展馆正式开馆，集声、光、电于一体的展览形式受到各级领导和辖区群众的一致好评。进一步提升建管水平。完成三桥、斗门、高桥 3 座垃圾压缩站建设；以做好国家卫生城市复审为抓手，全面做好市容环境整治、渣土运营秩序管理、四城联创、建筑工程施工、五小企业整治等工作；深入开展“安全生产年”、安全生产领域“打非治违”和“138”专项行动及“安全生产月”等一系列活动，全年未发生较大安全生产事故。进一步加强环境保护工作。全年关闭 11 家造纸企业，辖区造纸企业仅剩 1 家，超额完成污染减排任务。沣河综合治理、渭河全线整治堤防加宽等生态环境建设类项目进展顺利，沣河综合治理 I 期堤防及堤内部分园林绿化工程基本完成；组织实施西安建新环保公司年处理 200 万吨的建筑废弃物处置与综合利用项目，加快淘汰落后产能。

城乡统筹 沣东新城坚持以城中村改造为突破口推动经济社会全面发展。大力推进城中村改造工作。全年累计完成投资 21 亿元；累计完成土地征收 733.33 公顷，完成投资 5.5 亿元。加大民生工作力度。确定实施 6 大类、42 项民生实事，邀请基层群众代表列席主任办公会，深入开展“民生问解员”活动，有效解决关系群众切身利益的一些热点、难点问题；完成 6500 套保障房建设；实施“文化共享工程”及“农家书屋建设”，实现书屋全覆盖；仙乐苑骨灰纪念堂建安工程主体结构基本完成；实施“就业增收工程”、“社会保障工程”、“便民服务工程”、“教育卫生工程”及“农民安居工程”，新区住房、医疗、养老等公共服务水平不断提升，民生状况得以不断改善。

体制创新 按照“创新机构设置、管理精简高效”和“大部制”的构建理念，重新调整设置管委会 18 个内设机构，实施全员招聘、末位淘汰等制度，管委会一百余人承担一个行政区的所有经济社会管理职能，“小政府、大社会”的构建理念得以充分体现。按照“事权下放、做实街办”的原则，先后把土地执法、市容环境、征地拆迁等多项事权下放街办，进一步充实和完善街道的职能，充分调动基层工作的积极性。加大街道和管委会干部交流力度，打破原长安、未央界限，共有 5 个街道 13 名干部平行交流；同时在街道与管委会机关之间交流 19 名干部，促进管委会与街道两级管理体制融合。

（《西安年鉴》编辑部）

机　　构

市级机构

中国共产党咸阳市委员会

书　　记　千军昌
副 书 记　姜　锋　卫　华
常　　委　千军昌　姜　锋　卫　华　赵润民
　　　　　刘曙阳　惠进才　陈俊锋　杨　勇
　　　　　唐利如　赵宽兴　马俊民
秘 书 长　庞少波
副秘书长　戴建强　郭立志　姚斌县　周浩荣
　　　　　李忠祥

咸阳市人民代表大会常务委员会

主　　任　赵庆明
副 主 任　吴养民　严宪文　刘国志　寇述政
　　　　　曹兴魏　肖　芳
秘 书 长　贺国华
副秘书长　郭来道　刘文华　黄显明　韩渭萍

咸阳市人民政府

市　　长　姜　锋
副 市 长　赵润民　陈俊锋　车建营　严维佳
　　　　　王新宇　刘印生　李晓静
市长助理　秘书长　王树茂
副秘书长　闻俊辉　韩晓长　杨劝林　袁　锋
　　　　　王恩怀　夏长江　韩保锋　吴若阳
　　　　　贺拴海　康秉陆　邬　彬　刘　辉
　　　　　李忠平　张志荣　王　蔚　何小鹏
　　　　　王春霄　韩彦霄　刘　磊　张　红

中国人民政治协商会议咸阳市委员会

主　　席　李效民
副 主 席　李文化　郑建新　邢玉瑞　党新安
　　　　　罗志勇　曾广中　李忠贤
秘 书 长　田晓东
副秘书长　何武杰　姚鼎新

中国共产党咸阳市纪律检查委员会

书　　记　刘曙阳
副 书 记　穆正烈　刘爱群　洪俊明
常　　委　刘曙阳　穆正烈　刘爱群　洪俊明
　　　　　赵　龙　王跃进　戴世友　王秋娥
　　　　　王先宏
秘 书 长　洪俊明

中国人民解放军咸阳军分区

司 令 员　赵宽兴
政治委员　徐世忠
副司令员　邱卫华
参 谋 长　关现伟
政治部主任　晏　铎
后勤部部长　王　革

咸阳市中级人民法院

院　　长　樊　云
副 院 长　罗小锋　张忠玉　陈利平　李　宏
纪检组长　刘小刚
政治部主任　畅满绪
执行局局长　张建安

咸阳市人民检察院

检 察 长　刘世民
副检察长　崔景文　赵林海　陈恩惠　白海民
　　　　　周国胜
纪检组长　冯陕珠
政治部主任　武整社

反贪污贿赂局

局　长　殷　军
副局长　肖斌长

反渎职侵权局

局　长　雒　强
副局长　崔华林

中国人民武装警察部队咸阳市支队

支 队 长　张小学

第一政治委员　韩渭云
政 治 委 员　黄少安
副 支 队 长　王维新　王晓斌
副政治委员　陈　凯
参　谋　长　陈进贵
政治部主任　严春晴
后勤部部长　佛月升

中共咸阳市委工作部门及其负责人

办公室

主　任　戴建强

防范和处理邪教问题领导小组办公室

主　任　李忠祥
副主任　王文印

国家保密局

局　长　姚斌县
副局长　王长喜　姜勤发

组织部

部　长　惠进才
副部长　上官亚强　马建炜　王　敏　樊自斌
　　　　张兴发　程建田

年度目标责任考核委员会办公室

主　任　惠进才
副主任　樊自斌　张生龙

基层组织建设工作领导小组办公室

主　任　王　敏
副主任　王　青　于新平

宣传部

部　长　唐利如
副部长　刘　鹏　赵民哲　聂周勇　郭群星

精神文明建设指导委员会办公室

主　任　赵民哲
副主任　陈新年　毛　欣

理论讲师团

团　长　郭群星
副团长　孔庆海

统战部

部　长　马俊民
副部长　周少华　杜俊霞　季宏伟　王伟杰

台湾工作办公室

主　任　卫根奎
副主任　郭力峰　张云贤

政法委员会

书　　记　杨　勇
副 书 记　张　力　白登友　何新春　张尚文
政治部主任　吴增明

社会治安综合治理委员会办公室

主　任　白登友
副主任　董　彬　孙　波

维护社会稳定办公室

主　任　何新春
副主任　赵一桥

法学会

副会长　孔　辉

政策研究室(统筹城乡发展工作领导小组办公室)

主　任　赵强社
副主任　王　劲　窦建杰

新农村建设领导小组办公室

主　任　王　劲
副主任　王振龙

直属机关工作委员会

书　　记　习智万
副 书 记　王云鹏　苗春雷
纪工委书记　侯宁平

机构编制委员会办公室

主　任　金　毅
副主任　赵晓茹　屈养孝

老干部工作局

局　长　张兴发
副局长　刘文璋　胡启涛　葛掩护　朱建忠

中共咸阳市委直属事业机构及其负责人

党校

校　长　卫　华
副校长　杨　震　徐上进　王德春　许治林

党史研究室

主　任　任天龙
副主任　卢聪慧

档案馆(局)

馆（局）长　鱼　霖
副馆(局)长　王海英

咸阳日报社

社　长　万晓林
总　编　高彦民
副社长　曹　剑

副总编　姚　平　曹　锋

咸阳市人大常委会工作部门及其负责人

办公室

主　　任　刘文华
副 主 任　刘根让

内务司法委员会

主 任 委 员　周金龙
副主任委员　李西川

财政经济委员会

主 任 委 员　万　民
副主任委员　张克忠

教科文卫委员会

主 任 委 员　贠国彪

代表资格审查委员会

主任委员　郑宏科

人事代表选举工作委员会

主　任　王建民
副主任　田日新

城乡建设环境资源保护工作委员会

主　任　马根亮
副主任　徐泾阳

农业与农村工作委员会

主　任　潘新泉
副主任　王　剑　车向东

信访督办室

主　任　刘志斌
副主任　王福堂

离退休老干部管理服务办公室

主　任　郭传海

市人大常委会机关党组纪检组

组　长　张守谦

咸阳市人民政府工作部门及其负责人

办公室

党组书记　王树茂
副 书 记　闻俊辉　韩晓长
主　　任　闻俊辉
副 主 任　朱　琦　田峰兵
纪检组长　张　晨

政务信息化办公室

主　　任　白秋生
副 主 任　王义川　吴继东
纪检组长　刘超产
总工程师　侯勃峰

发展和改革委员会

主　　任　张晓峰
副 主 任　许双会　申海民　杨源杰　谢晓明
　　　　　魏俊英　王小练
纪检组长　任全智
总工程师　槐文军

物价局

局　　长　张昭东
副 局 长　王军社　邵建珍　李航安　党英群
纪检组长　荆玉良

粮食局

局　　长　许双会
副 局 长　文兴虎　朱　林　赵颜明
纪检组长　樊继锋
总经济师　孙典锋

工业和信息化委员会（国有资产监督管理委员会）

主　　任　吴礼生
副 主 任　李瑞锋　刘宏焰　唐　璞　黄　锐
总经济师　王波会
纪委书记　张绍武

中小企业促进局

局　　长　王　旭
副 局 长　向兴斌　苟增诚　黄金军　张仲雄
纪检组长　邓晓凤
总工程师　陈晓莉

煤炭工业局

局　　长　李　强
副 局 长　陈东阳　杨金蚕　钱永胜　刘岷学
纪检组长　张典著

教育局

局　　长　张　存
副 局 长　王锁院　吴胜利　张立凯　丁收卫
　　　　　陈复职
纪检组长　孙立波

科学技术局

局　　长　张璞波

副 局 长　林胜利　成　胤　陈　莉
纪检组长　樊　波
总工程师　刘　萍

民政局

局　　长　张万春
副 局 长　姚存信　王　安　赵续生　燕三全
　　　　　冯永信
纪检组长　孟颖华

公安局

局　　长　韩渭云
副 局 长　王水军　张维护　张新宽　康柳毅
　　　　　鲁立彪　韩鑫锋
政治部主任　马卫星
纪委书记　姜　润

司法局

局　　长　朱德旺
副 局 长　韩振刁　魏定平　曹大庆　陈　岩
政治部主任　郑灿俊
纪检组长　张勇士

监察局

局　长　穆正烈
副局长　赵　龙　康建设　王跃进

审计局

局　　长　刘爱侠
副 局 长　何初国　张建伟
总审计师　樊延平

财政局

局　　长　何新来
副 局 长　孙忍厚　甘宏文　张荣辉　张银环
　　　　　严接乐
纪检组长　连玉仓
总会计师　曾长青

人力资源和社会保障局

局　　长　马建炜
副 局 长　陈先利　李选文　袁光宇　李建怀
　　　　　王哲民　彭增刚
纪检组长　李红梅

公务员局

局　长　陈铁琪
副局长　张　鹏　曹建民

国土资源局

局　　长　宋加琦
副 局 长　黄志社　员培琪　张　忠　李　烈
　　　　　李锡夏
纪检组长　田海林
总工程师　宇显锋

环境保护局

局　　长　卫西亭
副 局 长　刘高毅　白小平　师曼莉　王光明
　　　　　冯护国
纪检组长　张胜过
总工程师　薛　扬

住房和城乡建设规划局

局　　长　冯望云
党组书记　张旭东
副 局 长　张旭东　吕　毅　范志忠　赵斌正
　　　　　张耀祥　王延坪　刘　枫　陈光锋
纪检组长　王文德
总规划师　沙　石
总工程师　陈　浩

城市建设管理局

局　　长　王　靖
党委副书记　周社员
副 局 长　李约民　何崇彦　朱智慧　张怀博
　　　　　雷春林　梁永道
纪委书记　唐家骥
总工程师　刘正利

集中供热和燃气管理办公室

主　　任　李作有
副 主 任　孙维平　张云峰　姜怀民
纪委书记　晁泾山
总工程师　赵振兴

城市管理综合行政执法局

局　　长　刘　健
副 局 长　肖宗利　张文辉　王普宪　杨拓社
纪检组长　安乃汉

农业局

局　　长　季志林
副 局 长　李国华　宋丰产　张新玉　杨保团
　　　　　韩晓航
纪检组长　吴　鑫

扶贫开发办公室

主　　任　张国兴

党组书记　聂东周
副 主 任　聂东周　王玺民　巩玉锋　刘　晔
纪检组长　袁　博

农业机械管理中心

主　　任　刘　辉
副 主 任　刘宗仁　吴健平　王彦明
纪检组长　胡新路

林业局

局　　长　惠存虎
副 局 长　王学柱　魏　蕾　秦新安　张应顺
　　　　　贾亚维
总工程师　袁海荣

水利局

局　　长　王生江
副 局 长　张红星　解　鹏　李　健　王亚峰
　　　　　邢　博
纪检组长　王养民
总工程师　袁国莉

商务局

局　　长　史红岐
副 局 长　王卫国　杨春雨　贾　群　强救济
　　　　　傅保民

交通运输局

局　　长　李陕学
副 局 长　严志强　任科志　郝志煜　陈军宪
　　　　　胡建泉
纪检组长　刘振宇
总工程师　张智作

文化广电新闻出版局

局　　长　刘　鹏
副 局 长　康亚民　贾黎明　樊莉霞　张学松
　　　　　王炳乾　马社强
总工程师　李智锋

文物旅游局

局　　长　高春毅
党组书记　樊延平
副 局 长　张云霞　庞联昌　王晓谋　杨　军
　　　　　王微波　杨海廷
纪检组长　李耀武

体育局

局　　长　魏　琦
副 局 长　张建刚　孙宏斌　王景华　郭美娟
纪检组长　张西岐

卫生局

局　　长　方文旭
党委书记　李西安
副 局 长　李西安　董克权　张延武　张自治
　　　　　杨建民　马　剑

食品药品监督管理局

局　　长　赵更昌
副 局 长　王根运　张云峰　王美玲　槐子玺
纪检组长　鲁新瑞

人口和计划生育委员会

主　　任　薛　沛
副 主 任　乔禄瑞　何陕平　王振锋　管小磊
　　　　　郑彦文
纪检组长　刘生斌

统计局

局　　长　权展文
副 局 长　郭建军　鄢　鹏　张　勇
总统计师　姬　敏
纪检组长　赵　侃

信访局

局　　长　张志荣
副 局 长　冯　社　郭　涅　赵路路
纪检组长　徐　斌

安全生产监督管理局

局　　长　梁　达
副 局 长　陈建刚　宋连生　王建国
总工程师　时雅男
纪检组长　牛顺利

民族宗教事务局

局　　长　周少华
副 局 长　虎　杰
纪检组长　穆　政

人民防空办公室(民防局)

主　　任(局长)　许新琦
副主任(副局长)　李晓燕　吕建民　王　勇

纪检组长　商高锁
总工程师　王志耿

工商行政管理局

局　　长　魏　强
副 局 长　张立平　刘　鸿　张　涛　张文军
　　　　　房丽娟　李　东　倪宝军　贾文水
政治部主任　李　东
纪 检 组 长　倪宝军

质量技术监督局

局　　长　葛升群
副 局 长　朱志强　任凌志　何惠军　方晨斌
　　　　　李文钊　韩德超
政治部主任　王念文
纪 检 组 长　牛洪波
总 工 程 师　吴　宏
总 检 验 师　石卫阳

咸阳市人民政府直属事业机构及其负责人

招商局

局　　长　刘　辉
副 局 长　任　涛　杜靠民　王　琼
纪检组长　薛林峰

供销合作社

主　　任　陈富民
副 主 任　邵建学　周毓辉
纪检组长　成秀琴

外事与接待办公室

主　　任　孙新学
副 主 任　门亚莉　杨东兴　王　焕
纪检组长　张洪林

地方志编纂委员会办公室

主　　任　杜建儒
副 主 任　任博远　张德科

地震局

局　　长　陈文龙
副 局 长　黄　英
纪检组长　冯开社

住房公积金管理中心

主　　任　白西功
副 主 任　李晓强　邵　波　李满义

纪检组长　张晓虹

咸阳市人民政府派出机构及其负责人

高新技术产业开发区管理委员会

党工委书记　王新宇
主　　任　陈肖坪
副 主 任　刘爱平　王志民　梁兴汉　张　烨
　　　　　陈志龙
纪 委 书 记　王文生

中国人民政治协商会议咸阳市委员会各部门及其负责人

办公室

主　　任　何武杰
副 主 任　赵山清　刘玲霞

综合办公室

副主任　葛剑平

学习委员会

主　任　王泳耀
副主任　高亚洲

提案委员会

主　任　郑阿利
副主任　刘文彦

经济科技委员会

主　任　恩玉飞
副主任　鲁辉茂

文教体卫委员会

主　任　刘国栋
副主任　刘　敏　李　彦

社会法制委员会

主　任　张成炜
副主任　韩孟高

民族宗教祖国统一联谊委员会

主　任　杨荣政
副主任　穆亚莉

文史资料委员会

副主任　李　欣

离退休老干部管理办公室

主　任　台清云

机关党组纪检组

纪检组长　魏国鹏

中共咸阳市纪律检查委员会各部门及其负责人

办公室

主　任　陈　波

第一纪检监察室

主　任　汤志胜

第三纪检监察室

主　任　王安平

案件审理室

主　任　吴　慧

纠正行业不正之风室

主　任　屈孟浩

干部监察综合室

主　任　赵晓荣

党风廉政建设室

主　任　池剑锋

执法监察室

主　任　徐　满

教育研究室

主　任　刘　毓

信访室(举报中心)

主　任　邢家祥

案件管理室

主　任　赵六汉

咸阳市民主党派和工商联及其负责人

中国国民党革命委员会咸阳市委员会

主　委　陈永慧
副主委　张文瑞　蔺剑青　孙文军
秘书长　田　瑛

中国民主同盟咸阳市委员会

主　委　车建营
副主委　王巧萍　亚斌建　杨卫军　韩云峰
秘书长　杨强壮

中国民主建国会咸阳市委员会

主　委　邵建珍
副主委　张国钢　刘新军　陈诗兰　张　开
秘书长　侯　轩

中国民主促进会咸阳市委员会

主　委　党新安
副主委　苟晓瑜　刘志岗　蒋彬凤
秘书长　张　虹

中国农工民主党咸阳市委员会

主　委　赵昌华
副主委　韩　玲　芮红亚　闫明亮

九三学社咸阳市委员会

主　委　邢玉瑞
副主委　王伟平　张红梅
秘书长　王献民

工商业联合会

主　　席　王　江
党组书记　杜俊霞
副 主 席　杜俊霞　周彬平　杨海斌　吕　明
郁　鹏　陈康劳　王延岭　王保安
王　斌　彭晓宏　张松林　鱼光英
赵　菁　李连祥
秘 书 长　李建峰

咸阳市主要群众团体及其负责人

总工会

主　席　何彩娥
副主席　梁立昌　朱丽华　王　强　任恒敏
李少卿

共青团咸阳市委员会

书　记　林　梅
副书记　刘　杰　刘战军　罗　曦

妇女联合会

主　席　王玉娥
副主席　程　燕　白　洁

科学技术协会

主　席　谭尊相
副主席　程　婕　苏　蓉

残疾人联合会

理 事 长　梁　宇

副理事长　李　琦　相彦刚　张国庆

文学艺术界联合会

副 主 席　蒙文星　王民安　陈天民　王　海

归国华侨联合会(侨务办公室)

主　任　梁晓琦

主　席　李晓华

副主席(副主任)　张双强

红十字会

会　长　车建营

副会长　郭怀玉　段　萌

关心下一代工作委员会

主　任　应志治

副主任　冯学超　张进才

秘书长　姚安杜

中省直属机构

国家税务局

局　　长　刘慧民

副 书 记　翟建毅

副 局 长　韦敏学　杨　驰　马清理　张小鹏

纪检组长　史栓锁

总会计师　梁咨询

总经济师　王　军

地方税务局

局　　　长　孙向坤

泾渭分局局长　李　捷

副　局　长　邱英南　张　演　代凌江　王建芳

纪 检 组 长　马　鸣

总 经 济 师　张宝宁

总 会 计 师　谢　玲

政治部主任　刘云河

盐务管理局

局　长　杨俊礼

副 局 长　张党建　乔君炜

总会计师　王慧娟

纪委书记　王树茂

气象局

党组书记　赖学强

局　　长　张树誉

副 局 长　朱海利　周德宏

纪检组长　王兴民

中国人民银行咸阳市中心支行

行　　长　李后成

副 行 长　罗航海　张数民

纪委书记　马　峰

中国银行业监督管理委员会咸阳监管分局

局　　长　宁喜祥

副 局 长　赵云峰　袁　诚　王　敏

纪委书记　刘运超

中国工商银行股份有限公司咸阳分行

行　　长　李　骏

副 行 长　符会玲　秦文涛　解　涛　王小东

纪委书记　雎　义

中国农业银行咸阳分行

行　　长　赵伟民

副 行 长　周志岐　崔明凡　张丛林　高　原

纪委书记　李茂林

中国银行股份有限公司咸阳分行

行　　长　王利锋

副 行 长　王　菁　宋世辉　魏　薇　李　昕

纪委书记　任大坚

中国建设银行股份有限公司咸阳分行

行　　长　张　庚

风险主管　唐新民

副 行 长　范　军　郭军明　艾小平

纪委书记　郭军明

中国农业发展银行咸阳市分行

行　长　王铁军

副行长　丁国理　田宏谦

长安银行股份有限公司咸阳分行

行　　长　梁保平

副 行 长　田延丰

纪委书记　毛宝婷

陕西省农村信用社联合社咸阳办事处

主　任　王　力

副主任　田敏义　李治平

供电局

局　　长　武云飞

党委书记　刘安灵
副 局 长　刘安灵　杨金善　米中明　康林贤
　　　　　陈在军　郑晨阳
纪委书记　刘　雄
总会计师　张淑敏

陕西省地方电力(集团)有限公司咸阳供电分公司
总 经 理　任忠锋
副总经理　张秉文　朱延学
总会计师　李小娟
纪委书记　王尊良

邮政局
局　　长　柴英池
副 局 长　赵守林　祝晓敏　汪康强　黄　健
纪委书记　汪康强

烟草专卖局(公司)
局长(经理)　王云彪
副 经 理　雷学锋　洪　炜　赵军辉
副 局 长　李文哲
纪委书记　张社生

陕西广电网络传媒(集团)股份有限公司咸阳分公司
总 经 理　周建忠
党委书记　苟世忠
副总经理　段振峰　程湘礼

养老保险经办处
处　　长　殷彩林
副 处 长　上官孝义　曹国丽
总会计师　张菊香

国家统计局咸阳调查队
队　　长　董　军
副 队 长　冯俊涛
纪检组长　陈春侠

无线电管理委员会办公室
主　任　陈世贤

长途电信线务局
局　长　李长孝
副局长　王　智

中国电信股份有限公司咸阳分公司
总 经 理　杨青峰
副总经理　马国祖　信　恒　高俊峰

中国移动通信集团陕西有限公司咸阳分公司
总 经 理　姬新县
副总经理　李　刚　毛　强　王　颖
纪委书记　孙兆荣

中国联合网络通信有限公司咸阳市分公司
总 经 理　田　先
副总经理　贾俊军　赵生彬　刘建录　李　博

县市区机构

秦都区

中共咸阳市秦都区委员会
书　记　陈肖坪
副书记　韩宏琪　贾东林
常　委　陈肖坪　韩宏琪　贾东林　卓鹏飞
　　　　惠碧仙　董世忠　李晓政　徐国健
　　　　杜驰晔　胡　超　田　地

咸阳市秦都区人大常委会
主　任　冯长安
副主任　任长安　孙青霞　朱　艳　杜群明

咸阳市秦都区人民政府
代区长　韩宏琪
副区长　卓鹏飞　董世忠　宁雪慧　史耀东
　　　　郭　鹰　王　宁　燕　军

政协咸阳市秦都区委员会
主　席　梁昕泉
副主席　冯建臣　赵昌华　李金虎　李卫星

中共咸阳市秦都区纪律检查委员会
书　记　惠碧仙

渭城区

中共咸阳市渭城区委员会
书　记　彭新盛
副书记　杨美乐　梁胜利　蒲博霞
常　委　彭新盛　杨美乐　梁胜利　蒲博霞
　　　　李晓曦　李　睿　王亚娥　邢晓明
　　　　陈　锋　刘向东　李洪斌

咸阳市渭城区人大常委会
主　任　聂文卫
副主任　杨存悌　杜彩玲　刘毅力　南步忠

咸阳市渭城区人民政府

区　长　杨美乐
副区长　李晓曦　成小曼　姚会林　马秋实
　　　　文　涛　李　强

政协咸阳市渭城区委员会

主　席　刘　军
副主席　牛云科　蒲田德　梁祖一　张国钢
　　　　姚少荣

中共咸阳市渭城区纪律检查委员会

书　记　李　睿

兴平市

中共兴平市委员会

书　记　杜润民
副书记　苏晓梅　薛泰峰
常　委　杜润民　苏晓梅　薛泰峰　刘兆龙
　　　　郭永强　魏曙新　潘　辉　赵俊强
　　　　计德亮　刘海燕　屈百全

兴平市人大常委会

主　任　苏小妹
副主任　武建合　吕　雯　任向东　袁团会

兴平市人民政府

代市长　苏晓梅
副市长　刘兆龙　潘　辉　殷建强　鲁羽娜
　　　　余龙彦　苏东明　吴　凯　安建礼

政协兴平市委员会

主　席　薛彦斌
副主席　杨　闻　韩金岭　张　娟

中共兴平市纪律检查委员会

书　记　郭永强

武功县

中共武功县委员会

书　记　孙亚政
副书记　田一泓　邵　红
常　委　孙亚政　田一泓　邵　红　蒲　军
　　　　张永强　曾俊伟　董海峰　王　鹏
　　　　李伯增　段　芳　马　鸿

武功县人大常委会

主　任　薛　岩
副主任　刘锦锋　宋尚锁　徐　丰　王秋霞

武功县人民政府

县　长　田一泓
副县长　蒲　军　张永强　刘　敏　任建生
　　　　朱小团　马红旗　孔　睿

政协武功县委员会

主　席　张永亮
副主席　王孝文　吴芳萍　葛　超

中共武功县纪律检查委员会

书　记　王　鹏

乾　县

中共乾县委员会

书　记　刘勇锋
副书记　任　杰　邢步宜
常　委　刘勇锋　任　杰　邢步宜　焦志鹏
　　　　李　函　靳建国　魏志诚　景雪峰
　　　　李　平

乾县人大常委会

主　任　苟斌训
副主任　侯建明　李世杰　郑　英　周密霞

乾县人民政府

县　长　任　杰
副县长　焦志鹏　李　函　裴黎明　郭宏伟
　　　　张振乾　唐彩霞　师　虎　张继荣

政协乾县委员会

主　席　张和平
副主席　高　凌　师庆璋　张静妮

中共乾县纪律检查委员会

书　记　靳建国

礼泉县

中共礼泉县委员会

书　记　孙矿玲
副书记　王满院　钟　伟
常　委　孙矿玲　王满院　钟　伟　杨冲锋
　　　　寇　宁　戴勇强　张　鹏　侯仲垠
　　　　许四清　张永忠　崔　恒

礼泉县人大常委会

主　任　张孝平
副主任　刘清祥　韩永利　高　潮　陈国诚

礼泉县人民政府
县　长　王满院
副县长　杨冲锋　戴勇强　李建宏　许　军
　　　　杨力年　赵亚莉　晁卫安　蒋　苹

政协礼泉县委员会
主　席　陈展望
副主席　魏崇浩　郑光民　刘敏贤

中共礼泉县纪律检查委员会
书　记　寇　宁

泾阳县

中共泾阳县委员会
书　记　王福选
副书记　何建军　刘前锋
常　委　王福选　何建军　刘前锋　杨占成
　　　　张向阳　刘　峰　刘　辉　张　静
　　　　王　敏　李　琳　张荣华

泾阳县人大常委会
主　任　宁占平
副主任　袁奇峰　刘随群　潘新有　刘清军

泾阳县人民政府
县　长　何建军
副县长　杨占成　张向阳　张一凡　李小桥
　　　　马红旗　张　勇　范永显

政协泾阳县委员会
主　席　张卫中
副主席　宋军武　贾　谊

中共泾阳县纪律检查委员会
书　记　刘　辉

三原县

中共三原县委员会
书　记　李志坚
副书记　余天西　郑富超
常　委　李志坚　余天西　郑富超　骆兴放
　　　　张宏立　王　健　何　锐　崔　骏
　　　　邸殿玺　宁晓春　乔恩平

三原县人大常委会
主　任　张　肃
副主任　史明建　周雪艳　幸　钢　杜广宇

三原县人民政府
县　长　余天西
副县长　骆兴放　王　健　亚斌健　周新合
　　　　王　苗　赫　虎

政协三原县委员会
主　席　郭宝彦
副主席　赵智英　周　樑　谢　强

中共三原县纪律检查委员会
书　记　张宏立

永寿县

中共永寿县委员会
书　记　齐海斌
副书记　王强民　蒙　群
常　委　齐海斌　王强民　蒙　群　张云哲
　　　　孔庆伟　史朋宣　赵效恩　王　飞
　　　　巨振宏　王高锋　拜敬元

永寿县人大常委会
主　任　张怀星
副主任　张伟锋　苏兴波　罗春晓　张翠梅

永寿县人民政府
县　长　王强民
副县长　张云哲　赵效恩　石宝平　杨军荣
　　　　吕阿妮　李　军　闫海洋

政协永寿县委员会
主　席　张晓儒
副主席　李志龙　任　各　程进荣

中共永寿县纪律检查委员会
书　记　史朋宣

彬　县

中共彬县委员会
书　记　李建民
副书记　陈万峰　王宏志
常　委　李建民　陈万峰　王宏志　张胜利
　　　　吴　琳　景群峰　陈白杨　谢　蓉
　　　　吴新建　高永科　史志强　史国辉

彬县人大常委会
主　任　李福民
副主任　李忠堂　杨建涛　伊雪峰　衡　冲

彬县人民政府

县　长　陈万峰
副县长　张胜利　景群峰　史国辉　杨艳月
　　　　刘　旭　杨小平　张　宇

政协彬县委员会

主　席　池军旺
副主席　李　军　焦庭文　董金玲

中共彬县纪律检查委员会

书　记　高永科

长武县

中共长武县委员会

书　记　孙景宏
副书记　温志刚　王炳建
常　委　孙景宏　温志刚　王炳建　侯军利
　　　　杨　骥　刘　勇　胡江涛　李俊英
　　　　韩　光　燕志平　曾令祥

长武县人大常委会

主　任　陈永昌
副主任　范滋民　崔拴效　代建民　韩　玺

长武县人民政府

代县长　温志刚
副县长　侯军利　杨　骥　蒋彬凤　苏建民
　　　　弥宝慧　白鹏蛟　刘　域

政协长武县委员会

主　席　李拴发
副主席　史忠和　宋广和　贾　文

中共长武县纪律检查委员会

书　记　李俊英

旬邑县

中共旬邑县委员会

书　记　刘新余
副书记　高玉峰　来　祯
常　委　刘新余　高玉峰　来　祯　贺建权
　　　　杨孟珠　高航校　胡　烨　田更文
　　　　李新海　苏恺宏　张　克

旬邑县人大常委会

主　任　张军涛
副主任　王惠民　李益瑞　王佰胜　第五振东

旬邑县人民政府

县　长　高玉峰
副县长　贺建权　高航校　房晓飞　张青会
　　　　李晓军　王　树　王永刚

政协旬邑县委员会

主　席　安岁民
副主席　房喜坤　乔鸿正　王丽瑛

中共旬邑县纪律检查委员会

书　记　杨孟珠

淳化县

中共淳化县委员会

书　记　刘　涛
副书记　张　渭　刘常俊
常　委　刘　涛　张　渭　刘常俊　谢　军
　　　　雷党社　刘敏轩　鱼剑锋　穆宁谦
　　　　蒲春侠　高生奇　蔡建发

淳化县人大常委会

主　任　张斌林
副主任　强俊明　李秋生　崔玉峰　王朝东

淳化县人民政府

县　长　张　渭
副县长　谢　军　刘敏轩　刘钰堂　张会文
　　　　刘　艳　赵　威　贠彦武　张富华

政协淳化县委员会

主　席　武冬莉
副主席　孙　浩　唐志磊　杨　冰

中共淳化县纪律检查委员会

书　记　雷党社

经　济

农业·农村经济

概　述

概况　2012年，全市各级农业部门紧紧围绕发展现代农业、统筹城乡发展、促进农民增收总体目标，以调整优化结构、转变增长方式为主线，以创建现代农业园区为突破口，促进主导产业优化升级，引导农业向二产融合，向三产延伸，全市农村经济保持“稳中有进”的良好发展态势。农业实现全面丰收，粮食总产200.23万吨，实现“九连增”；水果总产546万吨，蔬菜总产368万吨，肉、蛋、奶总产分别为20.5万吨、10.7万吨、74.6万吨，较上年均有新的增加，农业增加值283.1亿元，增长6.1%，全市农民人均纯收入7464元，较上年增长16.6%。PIC生猪、现代果业、设施蔬菜、粮食高产创建、现代农业园区等重点项目建设取得突破性进展。动物卫生监督工作“咸阳经验”在全国推广。

（李晨光）

农业产业化

概况　着力培育现代农业经营主体，加快龙头企业、现代农业园区和一村一品发展，积极引导农产品加工物流企业和农民专业合作社加入现代农业园区建设行列，全年新增省级农业产业化龙头企业27家，市级25家，省级现代农业园区14家，市级园区45家，省级一镇一业示范镇9个，一村一品示范村79个。渭城张裕酒庄、益海嘉里金龙鱼粮油加工一期、礼泉统一饮料和方便面生产线、安德利果蔬汁生产线建设项目建成投产；三原伊利乳制品生产线、醴泉湖双维城民俗园建设项目进展顺利；总投资5.2亿元的旬邑万头种猪场建设项目、6000万元的渭城肉鸡养殖基地建设项目、5600万元的永寿5万头生猪良种繁育项目、广东温氏集团淳化百万头生猪项目基地等一批重点建设项目开工建设，全市农业产业化水平显著增强。

（李晨光）

农业综合开发

土地治理项目　2012年，农业综合开发工作围绕提高农业综合生产能力和促进农民增收，加大资金投入，以产粮大县为重点，大规模建设旱涝保收高标准农田，支持现代农业产业体系建设，努力提高土地产出率、资源利用率和劳动生产率，提升农业整体素质、效益和竞争力，促进农业可持续发展。土地治理项目首次覆盖13县市区，涉及16个镇。开发任务7133.33公顷，其中：改造中低产田5466.67公顷，高标准农田建设示范工程项目1333.33公顷，小流域治理333.33公顷。总投资为10945万元，财政资金10243万元，其中：中央财政6256万元，省级3446万元，市级439万元，县级102万元。群众自筹702万元，其中投工投劳折资545万元。主要项目任务为，水利措施：新建修复排灌站4座，新打修复机电井233眼，架设输变电线路和埋设地埋线82千米，衬砌田间U形斗分渠175千米，埋设低压输水暗管326千米。农业措施：改良土壤660公顷，整修沙石硬化机耕路235千米，新修水泥路7千米。林业措施：营造防护林773.33公顷，栽植胸径3厘米以上国槐等12.7万株。科技推广措施：农民技术培训6万人次，示范推广1506.67公顷。全市新增灌溉面积1633.33公顷，改善灌溉面积4580公顷，年节约水量595万立方米，新增粮食1380万公斤，项目区直接受益农民年纯收入增加总额2777万元。

产业化项目　2012年以强化农业基础设施建设为重点，突出产业结构调整，精心组织，创新开发。按照扶优、扶强、扶大的原则，集中资金、重点扶持优势主导产业，着重解决制约农业产业发展的环节，推进农业产业化发展，带动农民增收。共实施完成2012年度产业化补助项目5个，总投资3265万元，其中财政投资428万元，企业自筹837万元，银行贷款2000万元。5个项目分别是秦都区农产品万吨冷链及批发市场项目，渭城区周陵街道办事处百亩大棚蔬菜基地新建项目，泾阳县300吨蔬菜示范基地建设项目，淳化县266.67公顷文冠果经济林基地扩建项目，三原县食用菌加工基地扩建项目。完成产业化中央财政贷款贴息项目2个，贴息金额总计141万元。分别是秦都区年消耗6000吨晒青毛茶加工建设项目，武功县年产3000吨果干生产线项目。完成省级产业化园区项目1个，为长武县黑河川千亩设施蔬菜基地建设项目，总投资468万元，其中财政投资385万元，自筹资金35万元，其他资金48万元。通过项目的实施，年新增总产值1677万元，直接受益农民年收入增加总额3516万元，年新增就业611人。

（葛科显　张　军）

咸阳市第四批省级农业产业化经营重点龙头企业名单(27家)

秦都区(1家)

陕西华荣园林景观建设集团有限公司

渭城区(3家)

咸阳金利投资集团股份有限公司

咸阳康民面粉有限公司

全市农业概况

表 14

指标名称	计量单位	2012 年	2011 年	同比增长(%)
一、农村基层组织				
乡政府	个	0	60	
镇政府	个	116	116	持平
村民委员会	个	2770	2770	持平
乡村户数	户	87698	87738	-0.1
乡村人口	人	331193	331352	-0.1
乡村从业人员数	人	172254	172369	-0.1
#女从业人员	人	85128	85231	持平
二、年末耕地总资源	公顷	366140.13	367350.73	-0.3
#常用耕地面积	公顷	359572.83	359268.73	0.1
1. 年内增加耕地资源	公顷	3448.73	2631.8	31.0
2. 年内减少耕地资源	公顷	4659.33	2704.47	72.3
退耕改园面积	公顷	1231	858.87	43.3
退耕还林还草占地	公顷	166.67	-	-
国家基建占地	公顷	1331.47	810.07	64.4
三、水果面积	公顷	274416.53	270809.4	1.3
水果产量	吨	5463202	5328370	2.5
四、肉类产量	吨	204921	193488	5.9
#猪肉产量	吨	152405	144814	5.2
牛羊肉产量	吨	24407	23775	2.7
五、奶类产量	吨	745987	736835	1.2
#牛奶产量	吨	649080	644572	0.7
六、禽蛋产量	吨	107266	104327	2.8

注:镇政府中不包括县城所在的城关镇。

全市农作物播种面积和产量

表 15

指标名称	播种面积(公顷)	公顷产(公斤)	总产量(吨)
一、粮食作物	400251.93	5010	2002301
夏　粮	228368.73	4500	1027244
#小麦	227936	4500	1025621
秋　粮	171883.2	5670	975057
#玉米	157990.87	5850	924937
二、经济作物			
棉　花	253.8	750	192
油　料	23776.73	1965	46722
#油菜籽	22455.87	1980	44591
蔬　菜	87163.93	42255	3683250

咸阳瑞雪面粉有限公司
兴平市(2家)
兴平市晁庄实业公司
兴平市锦丰实业西北有限公司
武功县(2家)
咸阳女皇果蔬食品开发有限公司
咸阳苏绘民间土布工艺品有限公司
泾阳县(2家)
陕西雅泰乳业有限公司
陕西康大饲料有限公司
三原县(4家)
陕西景盛肥业集团有限公司
陕西万家乐实业有限公司
咸阳三原思味食品有限责任公司
陕西三原鑫源面粉有限公司
礼泉县(2家)
咸阳纤手纯棉土织布工艺品有限公司
咸阳溢辉绿色果品开发有限公司
永寿县(1家)
永寿好农夫现代农业发展有限公司
长武县(5家)
咸阳天丰农业科技有限公司
陕西金醇古酒业有限责任公司
陕西福气农业综合开发有限公司
陕西中盛果业有限公司
长武鑫隆冷库
旬邑县(4家)
咸阳佰群贸易有限公司
陕西蓝海果业有限公司
陕西卓越现代农业发展有限公司
陕西绿野果业有限公司
淳化县(1家)
咸阳嘉煜粮食贸易有限公司

（李晨光）

粮食生产

概况 按照“良种引路、良法配套、依靠科技、主攻单产”的工作思路，围绕小麦、玉米两大作物，突出抓好良种统繁统供、测土配方施肥等关键技术的推广应用，粮食高产创建活动成效显著，创造和刷新全省多项纪录，“防虫保粮”行动取得全面胜利，为全年粮食丰收奠定坚实基础。全年全市粮食种植面积40.02万公顷，总产200.2万吨，完成省考目标任务的116%，粮食生产实现“九连丰”。

推进良种化 坚持把种子工程作为提升粮食生产水平的重要抓手，坚持培育、引进、开发、推广、监测相结合的原则，创新工作体制，健全种业体系，努力实现种子生产专业化、经营集团化、管理规范化、繁育推广一体化、大田用种商品化，提高全市小麦、玉米良种的专业化、规模化和产业化水平，确保粮食安全。建好小麦良种繁育基地，确保生产用种安全。坚持“多方参与，政府监管”的原则，加强小麦良种“三田”建设，根据小麦秋播计划面积，及时分解下达小麦穗行圃（系）、原种田（圃）和良种繁育田“三田”面积。全市建立小麦种子三田10674.3公顷，其中小麦穗行圃（系）10.03公顷、原种田（圃）701公顷、良种繁育田9963.27公顷。实施良种补贴，优化品种结构。按照“全面覆盖、整体推进、因地制宜、补贴农民”的思路，全面落实良种补贴政策，激励和调动群众选用优良品种的主动性。加强市场监管与技术服务。市县两级种子管理机构认真履行职责，落实企业派驻制度，加强统供种子的监督抽检，严把种子质量关，加大种子市场检查力度，严打销售假劣种子坑农害农行为。同时加强技术指导服务，提出全市小麦、玉米品种区域布局指导意见，推进良种统繁统供，加快优新品种推广应用。

测土配方施肥 坚持把开展测土配方施肥作为一项重大农业技术措施抓住不放，紧紧依托国家测土施肥项目建设，不断加大测土配方施肥力度，积极在全市范围内推行，实现粮食生产“提品质、节成本、增效益”的目的。全年完成测土配方施肥面积33.67万公顷，其中小麦17.33万公顷，春玉米2万公顷，夏玉米5.67万公顷，苹果7.33万公顷，小麦公顷均节本增效615元，玉米公顷均接本增效649.5元，苹果公顷均节本增效1950元，共增效益2000万元以上。建立示范基地15个，示范面积1026.67公顷。

优化粮食种植结构 把推广玉米覆膜种植技术作为优化粮食种植结构，实现科技增粮，确保粮食安全，促进农民增收，繁荣农村经济的重要举措。把地膜玉米推广作为春耕生产的首场战役，重点安排部署，逐一将推广任务落实到村镇、农户、田块。围绕“统一选用良种、统一配方施肥、统一田间管理、统一物化补贴”的要求，积极组织农技、土肥、种子、植保等部门技术人员，开展大规模的地膜玉米技术巡回指导，做到栽培技术到户、良种良法到田、技术要领到人，提升科技入户率和地膜玉米管理水平。全市推广春播地膜玉米面积3.8万公顷，平均公顷产7908公斤。

防虫保粮 2012年，全市小麦播种面积22.79万公顷，小麦吸浆虫发生面积11万公顷，其中防治达标面积5.67万公

小麦秸秆检拾打捆综合利用　　（市农机中心　供）

顷(公顷虫量450万头以上),重发面积1.8万公顷(公顷虫量1500万头以上),重发田块平均公顷虫口3900万头,最高每公顷5.4亿头,主要分布在渭城区、秦都区、兴平市、武功县、泾阳县、三原县、礼泉县、乾县和长武县9个县市区49个镇,重发区涉及21个镇。其中南部县市区发生面积为10.8万公顷,北部(长武县)2000公顷;全市达到防治指标面积5.67万公顷。面对严峻的形势,全市各级政府、各有关部门高度重视,按照“预防为主,防治结合”的原则,坚持“带药侦察,发现一点,控制一片”的方针,开展以小麦吸浆虫为主的病虫草鼠害统防统治。全市各类病虫草害发生197.2万公顷次,较上年增加15.1万公顷次,累计防治194.7万公顷次(其中夏田作物防治面积94.9万公顷次,秋田作物防治83.3万公顷次),较上年增加32.9万公顷次,保产粮食31.6万吨,挽回经济损失4.3亿元。仅“防虫保粮”一项,挽回粮食损失1.58亿公斤。

高产创建 把开展粮食高产创建活动作为挖掘生产潜力、提升生产水平、提高粮食产量、保障粮食安全的重大举措来抓,通过创建高产示范典型的辐射带动,推动粮食区域性大面积均衡增产,粮食生产走向标准化、专业化、规模化。在13个县市区实施高产创建项目,建设小麦高产创建万亩示范片19个,面积13931.3公顷,建立百亩核心攻关田30个,面积297.45公顷;共辐射带动7.98万公顷。建立玉米高产创建万亩示范片26个,面积1.79万公顷;百亩核心攻关田28个,总面积266.67公顷,共辐射带动面积8.23万公顷。泾阳县中张镇西王村玉米高产创建百亩核心攻关田平均公顷产11415公斤,创造陕西省百亩夏玉米高产纪录。泾阳县小麦高产创建万亩水地示范片和百亩核心攻关田平均公顷产8626.5公斤和9198.75公斤,均获全省水地高产第一;三原县小麦超高产示范田平均公顷产10562.4公斤,创陕西省水地小麦0.15公顷以上最高纪录;长武县小麦高产创建万亩旱地示范片平均公顷产7470.9公斤,百亩核心攻关田平均公顷产9041.55公斤,永寿县千亩示范方平均公顷产7642.35公斤,再创全省旱地小麦高产纪录。

(张建利　张志红)

果业生产

概况 2012年,全市果业系统紧扣果农增收,瞄准市场需求,主动应对市场新变化,调整果品种植结构,增加市场需求旺盛的特色果品,积极实施果园管理各项技术措施,严格规范现代果业项目,着力提高果业生产技术水平,加大果农科技教育培训力度,加快有机果品、绿色果品基地建设,扎实推进果业产业化经营,果业生产实现新的突破。基地规模不断扩大,果品产量、质量稳步提高,管理水平逐步提升,果品品种结构逐渐趋于合理,果农收入逐年增长。全市各类果园面积27.442万公顷,水果总产546.32万吨,其中苹果454.94万吨。

现代果业建设 2012年,市果业办侧重果业经济效益的提升,既注重优生区果业规模扩张,又注重适生区果业经济效益的逐年增长,夯实咸阳果业发展后劲,细化量化果业十二五规划。在北部苹果优生区积极实施退耕扩果、畜牧促果、科技兴果、生态优果、全民抓果战略,把低产粮田有序退出,逐步扩大优生区苹果面积。改善早、中、晚熟品种结构。在南部和旱腰带地区大力发展葡萄、石榴、柿子等特色杂果和桃、杏等经济效益高的特色时令水果。永寿县、长武县、彬县、旬邑县、淳化县及乾县、礼泉县北部,以发展晚熟富士为主,礼泉县南部及旱腰带地区以葡萄(红提、绿提、美人指)、石榴发展为主,乾县南部及旱腰带地区以葡萄(红提、绿提、美人指)、双矮苹果发展为主,泾阳县以酿酒葡萄发展为主,三原县以酿酒葡萄、早熟苹果及部分杂果发展为主,实行适地适树,发展一村一品,形成区域特色,推广现代果业集成栽培技术,大幅增加果农收入。

“四项”关键技术推广 2012年,仍然把推广“四项”关键技术(大改形、强拉枝、巧施肥、无公害)作为果业的主要工作,加强果业集成技术推广,强化示范辐射带动作用、夯实项目资金落实,加强信息服务,实行因园改形,因树整型。完成大改形4.352万公顷,强拉枝8.35万公顷,病虫害防治18.67万公顷,果实套袋189.66亿只,施有机肥12.53万公顷。通过大力推广“四项”关键技术,果品质量显著提高,优质果率80.3%。

果园机械作业　　(市农机中心　供)

病虫害综合防治 把病虫害的物理防治、果实套袋工作,作为建设优质苹果基地的有效措施来抓。全面推广“四项”关键技术和现代果业集成技术,建设“果、畜、沼、草”生态果园,推行“灯、板、带”物理防治技术。全年,全市安装太阳能杀虫灯4422台,防治面积1.18万公顷;悬挂粘虫板269.3万张,扑食螨袋17万个,性诱芯29.1万个,绑缚诱虫袋541.6万张。准确发布病虫害信息,印发技术传单,指导果农适度用药,科学防治。

果品促销 开发优质苹果。依据市场需求,开发贴字果、艺术果、礼品果、富硒果、有机苹果、牛奶果、SOD(超氧化物歧化酶)果,不断丰富果品的文化内涵,将唐诗、宋词、对联等贴在苹果上,以此来适应不同消费群体的不同消费需求。同时,宣传引导果农改变过去采摘、清洗比较粗放,分级不严,包装不精巧的习惯,对生产出来的果品进行商品化处理,严格分等分级,搞好清洗、打蜡,精细包装,做出高端精品,增加果品附加值。加大宣传力度。2012年,市果业办组织果品营销企业参加广西东盟博览会、武汉农博会、杭州名优果品交易会、贵阳农产品交易会、北京国际农产品交易会、上海博览会、杨凌农高会、洛川苹果节。培育龙头企业。着眼于培育鲜果加工、配送、销售一体化的现代物流配送中心,积极发展果品营销、贮藏企业,帮助企业建设基地、开拓市场,把一批有实力的大户培育成产业化龙头企业,提高抗御市场风险的能力,增强市场竞争优势。全市有果品营销龙头企业19户,年出口果品52.6万吨,贮藏能力75万吨。

(陈臻渊)

畜牧生产

概况 全市畜牧生产以推进畜牧标准化生产,转变畜禽养殖方式,提高畜牧业科技水平和经济效益为中心,狠抓动物卫生监督体系建设、500万头PIC商品肉猪基地建设、规模养殖场(小区)和种公猪站建设、动物疫病防治、秸秆综合开发利用等工作,促进畜牧产业的快速发展,有力地保障城乡居民的“菜篮子”供应。

畜产品质量监管 开展“瘦肉精”、生鲜乳、饲料、兽药及兽药残留等专项整治行动,加大检测监管,畜产品质量安全水平稳步提高。全年共抽取各类畜禽样品773批次,其中生鲜乳样品360批次,未检出三聚氰胺。生猪养殖、屠宰环节“瘦肉精”抽检175批次、饲料样品中“瘦肉精”抽检188批次、养殖环节活畜尿液中“瘦肉精”抽检50批次,合格率均为100%。全市未发生重大畜产品质量安全事故。

畜牧业重点项目建设 500万头PIC商品肉猪基地项目进展顺利,全年共建成PIC项目猪场75个,其中千头祖代场、千头父母代场40个,年出栏万头育肥场34个,种公猪站1个,新建猪舍和办公用房面积305762平方米,其中猪舍714栋,面积289718平方米,改造圈舍50栋,面积15268平方米。项目第一批补助资金1800万元和以奖代补资金200万元已下拨。旬邑县百万头生猪大县项目新建2000头祖代种猪场2个,600头商品代种猪场38个,千头育肥场30个,百头示范户350个,建成供精站3个,发展生猪养殖专业合作社30个。标准化示范创建活动有效推进。礼泉宏源、武功旭日、旬邑卓越等13家企业获得部省级标准化养殖示范场称号,全市累计创建部省级标准化示范场38个。

制定养殖规划 在充分调研的基础上,根据各县市区畜牧业发展实际,因地制宜、合理规划制订《咸阳市500万头PIC商品肉猪基地建设发展规划》《咸阳市30万头高产奶牛基地建设规划》《咸阳市家禽养殖业发展规划》和《咸阳市100万只奶山羊基地建设规划》,提出利用五年在北部果业基地县建设500万头PIC商品肉猪基地,在南部粮食主产县建设30万头高产奶牛基地,以三原县、泾阳县、渭城区、兴平市等城市郊区为主建设1000万只蛋鸡养殖基地和年出栏3000万只肉鸡养殖基地,以泾阳县、三原县、淳化县、旬邑县、乾县等奶山羊养殖大县为核心,建设咸阳市100万只高产奶山羊养殖基地的目标。

畜禽良种工程项目 在生猪良种建设方面,本香集团、温氏集团、雨润集团和陕西汉宝集团在咸阳市投资建设的种猪场项目陆续建成或开工建设,先后建成兴平市、武功县、旬邑县、永寿县4个种公猪站,对全市生猪产业发展提供种源保障和体系支撑。在奶牛良种繁育

生猪养殖　　(旬邑县志办　供)

方面,泾阳县、三原县等县先后进口澳洲良种奶牛500多头,各县市区积极实施奶牛良种补贴项目,繁育高产犊牛1.6万头。畜禽良种工程的实施,扩大咸阳市的畜禽良种群体规模,增强良种供应能力,提升畜禽群体质量。

饲料工业 全市饲料工业总体运行良好,产量稳步增长,品种结构进一步优化,饲料质量稳定提升。2012年,全市饲料工业总产量44万吨,总产值14.8亿元,分别比2011年增长35%和33%,为畜牧业持续健康协调发展提供有力的物质支撑。

动物疫情监管 组织实施重大动物疫病强制免疫,2012年春秋两季共免疫奶牛43.7万头、黄牛37.8万头、猪364.8万头、羊204.9万只,禽2048.5万只。全市高致病性禽流感、牲畜口蹄疫、高致病性猪蓝耳病、猪瘟、鸡新城疫常年免疫密度保持在95%以上,猪、牛、羊挂标率100%,畜禽免疫密度、免疫抗体合格率和牲畜挂标率超过部颁规定标准,顺利通过省畜牧局组织的春、秋两季重大动物疫病防控检查考核。全市无高致病性禽流感、口蹄疫、高致病性猪蓝耳病等区域性重大动物疫情发生流行。

(王　恒)

动物卫生监督

概况 紧紧围绕"不发生区域性重大动物疫情、不发生重大畜产品质量安全事件"两大目标,严格执行《动物防疫法》《兽药管理条例》等法律法规,着力在改善基础设施、提升队伍素质、增强监管实效等方面下工夫。2012年,全市共落实动物卫生监督体系建设经费988万元,建成检疫检测室面积4040平方米,设立镇动物卫生监督分所147个,核定新增加人员编制297个,购置瘦肉精检测仪、兽药残留速测仪等仪器设备1164台(套),制定完善10个方面42项规章制度,市县两级就动物疫病防治、检疫操作规程、动物卫生监督执法办案等内容集中轮训动物卫生监督人员780人次,使动物卫生监督工作和体系建设得到加强与改进,受到国务院领导和省委省政府主要领导的肯定。12月14日,农业部在咸阳市召开全国加强基层动物检疫工作现场经验交流会,在全国推广咸阳市动物卫生监督工作的经验。《农民日报》发表题为《动物卫生监督工作的一面旗帜》,解读"咸阳经验"的丰富内涵,对咸阳市的动物卫生监督工作进行深度报道。《陕西日报》《咸阳日报》《西北信息报》对咸阳的工作专版报道、高度评价。

(王　恒)

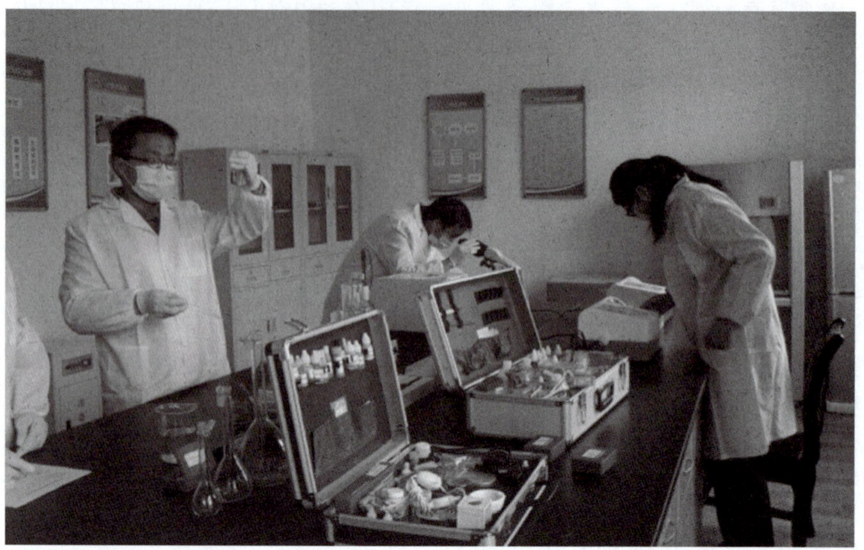

动物检疫检测室　　(市农业局　供)

渔业生产

概况 2012年,全市渔业生产持续发展,水产品产量稳步增长,完成水产品产量8800吨。积极争取渔业项目,增强渔业发展后劲。编制完成咸阳市2012年渔业基础设施省级财政专项资金项目实施方案和"菜篮子"项目实施方案。渔业基础设施省级财政专项资金项目涉及渔业支撑能力建设、旧塘改造和渔业科技创新与推广三个方面。计划投资281.07万元,其中省级财政专项资金150万元,自筹资金131.07万元。"菜篮子"项目计划对兴平市庄头渔场的6.67公顷渔场进行改造,计划投资37.5万元,"菜篮子"扶持资金25万元,自筹资金12.5万元。部分项目正在积极争取中。开展"渔政队伍建设年"活动和渔业文明执法窗口创建活动,完成全市112名渔政执法人员的换证工作。

水产品质量安全监管 4月17日,召开全市渔业工作会议,安排部署全年渔业工作,并同各县市区水利局签订水产品质量安全目标责任书,进一步夯实水产品质量安全监管工作。研究制定下发《咸阳市2012年水产品质量安全专项整治实施方案》,认真开展"水产品质量安全专项整治活动"。全市全年共出动渔政执法人员2332人次,累计对935个水产养殖户、超市、农贸市场进行执法检查,进一步规范生产经营行为。制定下发《关于进一步加强水产品质量安全监管工作的通知》《关于下达2012年第一批水产品质量安全抽检计划的通知》等文件,切实加强水产品质量安全监管工作。截至年底,全市共检测样品1522个,定量检测57个,定性检测1465个;鲤鱼750个,草鱼718个,水发鱿鱼54个。已检样品合格率100%。

渔业船舶管理 2012年5月,市渔政站对全市渔业船舶进行调查摸底,对36艘养殖渔船进行隐患排查。打击证照不全、不符合建造规定和三无渔船下水运行,保证渔业船舶的安全航行、作业和渔民生命财产安全。

池塘健康养殖技术示范推广项目 全市共落实推广面积420公顷，其中示范面积66.67公顷，辐射面积353.33公顷。兴平市实施面积233.33公顷，示范面积33.33公顷，辐射面积200公顷；武功县实施面积186.67公顷，示范面积33.33公顷，辐射面积153.33公顷。共投放鱼种73万公斤，投喂配合饲料944万公斤。成鱼总产量5540吨，公顷均13185公斤，总产值7021万元，纯收入870万元，公顷均收入20715元，均超额完成项目任务，为项目在全市的全面推广发挥很好的示范作用。

（杨　恒）

蔬菜生产

概况 2012年，全市蔬菜生产以保障供给和增加农民收入为目标，坚持市场导向和效益优先，按照“规模化种植、标准化生产、商品化处理、品牌化销售、产业化经营”的发展思路，以增加设施为重点，突出区域特色，优化产业结构、依靠科技进步，增强生产能力，不断提升蔬菜产业发展水平。全市蔬菜呈现出产销两旺的良好势头，蔬菜种植面积8.7万公顷，总产368万吨，其中设施蔬菜3.2万公顷，蔬菜总产值90亿元以上。

设施蔬菜生产 依托省政府百万亩设施蔬菜工程项目，坚持“规模发展、板块推进”的思路，大力发展设施蔬菜生产，在南部以秦都区、渭城区、兴平市、武功县、三原县、泾阳县等6个县市区为主，巩固建设沿西宝高速和208省道“V”字形设施蔬菜产业带；在北部以淳化县、彬县为主建设渭北地区最大的设施蔬菜基地，重点扶持建设百亩以上的标准化设施蔬菜示范基地。年内新增设施蔬菜0.31万公顷，其中新建日光温室大棚0.08万公顷、大拱棚0.23万公顷。

清水莲菜基地建设 坚持把清水莲菜基地建设作为咸阳市深化农业产业结构调整、促进农民增收的一项重要举措，引导渭河、泾河沿岸的兴平市、武功县、秦都区、泾阳县、三原县等县市区，大力发展清水莲菜，打造渭河北岸百里清水莲菜产业带，取得明显成效。年内全市新增清水莲菜300公顷，全市基地面积3200公顷。

大棚蔬菜　（市农业局　供）

新品种 新技术推广应用 不断加快咸阳市蔬菜品种更新换代步伐，优化品种、品质结构，先后引进示范名特蔬菜品种50多个，良种转化率90%以上，品种结构进一步优化，精细菜、大路菜、保健菜合理搭配，常规品种、反季节品种互补，种类齐全，花色繁多，极大地丰富城乡居民的餐桌膳食供应。广泛推广应用蔬菜工厂化育苗、秸秆生物反应堆、病虫绿色防控、宽行密植栽培、设施蔬菜斜垄栽培、双膜草帘覆盖、无土栽培等栽培技术，全市示范秸秆生物反应堆技术1040棚。

蔬菜质量安全 全面落实无公害生产技术规程，加强投入品监管和产地环境治理，推进标准化生产，加大无公害蔬菜产地认证、产品认定、注册商标等工作力度，突出农产品质量安全，打造无公害蔬菜品牌。2012年，全市累计建成无公害蔬菜面积2.43万公顷，认证无公害蔬菜产品65个。蔬菜质量安全始终保持较高水平，在2012年全国农产品质量安全各季度例行监测中，咸阳市蔬菜产品合格率93.3%以上。

（张建利　张志红）

烟叶生产

概况 全市种植烟叶1084.93公顷，烟农户984户，分布在18个镇80个村，户均1.1公顷。调整扶持政策，建立烟田救灾补偿机制，增加生产种植风险基金。烟叶收购秩序良好，收购烟叶186.5万公斤，上中等比例91.17%，其中上等烟同比提高10.1个百分点，公斤均价18.68元，户均收入35421元。

基础设施建设 投资1418.56万元建成基础设施项目151个，其中建密集式烤房128座，机耕路30.9千米，机械33台，育苗大棚33座，为烟农增收提供保障。加强烟技员培训和对烟农的指导服务，全面组织实施《咸阳烟叶综合标准体系》，落实各项生产技术，规范化作务水平明显提升。

（魏　锋）

农业机械

概况 2012年，市农业机械管理中心围绕全市“三农”工作大局，提前两个月超额完成农机年度考核目标任务。9月，农业部确定咸阳市为“全国农业机械化示范区”（在全国只有咸阳市和河南省漯河市2个地级市）。10月，陕西省档案局经过审核,通过市农机管理中心档案管理工作“AA”级认证。咸阳市农机购置补贴工作名列全省第一。12月5日,陕西省农机局对咸阳市农机构置补贴工作进行通报表彰。在全市开展农机平安创建活动取得新成效。12月7日,陕西省人民政府在武功县召开“全省县乡道路交通安全监管现场会”,总结推广武功县农机部门和交警部门联合执法,县乡道路13年没有发生交通事故的经验和做法。2012年,市农机管理中心被陕西省农业厅确定为2012年度全省创建文明行业先进单位。

农机购置补贴 2012年,全市争取中省农机项目及资金1.25亿元,补贴购置各类农业机械41013台,惠及农户22977户,新增动力5万千瓦,全市农机总动力262万千瓦。各县市区都成立主管县长任组长,纪检、监察、财政、农机、公安、农口相关部门为成员的农机购置补贴工作领导小组,形成政府牵头抓总,农机部门负责实施,相关部门积极配合、共同参与的工作机制。围绕全市“粮、果、畜、菜”四大主导产业,现代农业产业园区建设、统筹城乡发展、农机合作组织建设,编制出合理、科学、便于操作的资金使用方案。结合全市“果品生产机械化提升年”活动,突出重点把资金向全市确定的100个现代农业园区、农机合作组织和大户,100个“粮、果、畜、菜”主导产业与新农村建设相结合的农业机械化示范村倾斜,推广先进实用的果业生产机械8800台。大力推广一站式农机补贴办公,简化办事程序,方便农民群众办理业务。实行纪检监察部门全程参与的监督检查工作机制,做到阳光操作,规范管理。抓好对供货企业资质的推荐、审定和供货企业备案、承诺工作,确保农机购置补贴政策落实到位。

农业机械化生产 组织360名技术人员指导检修工作,免费发放跨区作业证3300份,组织2485台联合收割机开展跨区机收,发布天气、作业信息手机短信2.6万条,开设农机供油绿色通道105个,全市“三夏、三秋”分别投入农业机械12万台,完成机收作业323333公顷,机播349333公顷,机耕513333公顷,为咸阳市粮食生产实现“九连增”目标作出贡献。

秸秆机械化利用 2012年,按照“综合统筹、板块推进、面上示范、整体提升”的工作思路,在秦都区、渭城区、武功县、兴平市、泾阳县、三原县、乾县、礼泉县8个县市区实施秸秆机械化综合利用项目,重点推广小麦秸秆捡拾打捆、机械高茬还田、玉米秆带棒青贮、玉米秆加工饲草和食用菌基料,秸秆压块燃料等技术。争取秸秆综合利用项目资金280万元,推广各类秸秆综合利用机具5860台,在高速路两侧和机场周围共建立7个秸秆机械化综合利用万亩示范田和1个千亩示范田,新扶持建设兴平新兴、武功禾盛、乾县康盛、泾阳润源等15个秸秆综合利用专业合作社,完成利用28万公顷,机械加工饲草145万吨。实现农民增收节资2.3亿元。

农机安全生产 开展农机安全专项整治活动。与市交警队联合制定《咸阳市集中开展农机安全生产打非治违专项行动实施方案》,重点对未注册登记、未检验行驶作业、无证驾驶和违反规定载人等违法行为进行打击。在全市大力实施“两免一补”政策(免注册登记费、免农机检验费、对农机互助险进行补贴),调动广大机手参加检审验的积极性,使全市农机注册登记率、农机驾驶持证率、农机检验率大幅提升。总结和推广武功道路交通安全监管经验。12月7日,省政府在武功县召开全省县乡道路交通安全监管现场会,推广武功县在县乡道路交通安全监管上农机与交警联合执法的成功经验。深入开展创建“平安农机”活动,兴平市争创部级“平安农机”示范县,旬邑县争创省级“平安农机”示范县。2012年,全市新注册登记拖拉机、联合收割机5102台,检验合格拖拉机、联合收割机16359台,考核发证3403名,办理农机安全互助险3305份,全市未发生重特大农机事故。

机械化保护性耕作 2012年,在长武县、旬邑县、三原县、泾阳县、兴平市、礼泉县、武功县等7县市实施部、省机械化保护性耕作示范项目。其中,长武县、旬邑县、三原县、泾阳县为部级项目县,兴平市、礼泉县、武功县为省级项目县。重点实施农作物秸秆覆盖、免耕播种、机械化深松等农机新技术,项目总投资621.45万元,推广保护性耕作机械1991台。新增保护性耕作示范面积1.21万公顷,辐射推广保护性耕作示范面积2.8万公顷,项目实施范围涉及39个镇209个村。2012年共为项目区群众增收节资5562.51万元。

(王锋锋)

水利水保

概况 2012年,全市水利工作按照“重点水源工程引领,渭河整治项目拉动,除险加固工程支撑,饮水安全项目提升,水保生态项目跟进,农田水利项目提速,推动水利科学发展”的工作思路,完成各项目标任务。全年共完成水利投资20亿元,为任务的111%;治理水土流失面积420平方千米,为任务的105%;解决饮水安全人数60.5万人,为市上考核任务的170%;发展节水灌溉面积1.2万公顷,为任务的150%;完成水产品产量8800吨;水资源费征收入库3000万元,为任务的110%。

水利建设投资 全市各级水利部门用足、用活中央一号文件精神,积极争取中省投资,大胆利用信贷资金,广泛吸纳社会资本和民间资金,以亭口水库、渭河综合整治等事关发展和民生的大项目为重点,编制《咸阳市重点水利项目册》,全年完成水利建设总投资20亿元,超出年度任务11个百分点,创历史新高。中省下达咸阳市水利投资计划90487万元,安排防洪工程26441万元,水保12509万元,病险水库除险加固2215万元,水资源工程44501万元,基本农田建设项目3600万元,渔业280万元,小水电项目941万元。

重点水源工程建设 亭口水库工程建设年度完成投资1.5亿元,枢纽及反调节蓄水工程初步设计通过省水利厅审查，上报省发改委待批；输配水工程初步设计已经完成，输水洞开挖贯通，大坝工程10月开工建设，12月18日实施截流。柏岭寺水库累计完成投资7000万元，项目前期工作已基本完成。工程前期附属工程已基本完工。移民工作集中安置67户的房建工程，已完成49户，完成唐家移民新村进村道路1.3千米。红岩河水库累计完成投资9900万元，项目建议书已经黄委会审核，移民安置、三通一平（水通、电通、路通和场地平整）等工作已全面展开，可行性研究报告已通过审查，移民安置房均已开工建设，购房合同已签订结束；泄洪排沙洞已开工建设。配合东庄水库前期工作，协调淳化县、礼泉县建设库区地质勘探工作道路；配合东庄水库设计单位在发改委、交通运输局、环保局等有关部门完成基础资料收集工作；项目建议书修编已基本完成14大类和58个子项设计内容和规划、工程、移民三大专题研究报告。

水利规划 抓住中省加快水利改革发展的历史机遇，创新工作方法，超常规争资立项，在广泛推介6类17个项目的基础上，精心规划全市中小河流治理、咸阳湖二期、旱腰带水利开发、张家山泉群开发等重点项目。印发《咸阳市重要支流泾河治理项目前期工作安排意见》，并委托省水环境设计院和市水利设计院完成设计工作，咸阳市重要支流泾河治理项目已经接受黄委会审查，正在抓紧时间修改完善。开展咸阳湖二期工作，市水利局组织编制《渭河咸阳城区段综合治理续建工程规划方案》，方案6月21日经市政府第62次常务会议审查同意，7月25日市委常委会通过该规划方案并批准成立工程指挥部。可研报告编制完成，已与市发改委联合上报。张家山泉群供水工程正在稳步实施，工程涉及三原县、泾阳县两县近80万人的饮水安全问题。项目已经过省上批复，各类机构已建立，前期工作招标正在进行。旱腰带地区水利开发规划形成，按照市委、市政府的安排部署，市水利局召开专题会议研究如何破解水资源紧缺对旱腰带地区经济社会发展的瓶颈制约，组织专业技术干部深入旱腰带地区摸底调研，最终形成《咸阳市旱腰带地区水利开发规划》，初步匡算未来10年将投资20亿元解决旱腰带地区缺水问题。

城乡供水 解决60.5万农村群众的饮水安全问题。协同发改委编制咸阳市2012年农村饮水安全项目投资建设计划。全年全市共上报农村饮水安全项目建设计划五个批次，涉及总投资5.6亿元，解决饮水不安全人数90万人次。至年底，全市已完成投资2.9亿元，建成饮水安全工程260处，在建工程1处，解决60.5万人的饮水不安全问题。城市供水保障能力不断提升。全年咸阳城区供水总量为4500万立方米，其中地下供水量2767万立方米，石头河水库地表水向城区供水1733万立方米。地下水供水量中自来水公司供水量为2219万立方米，西郊给水工程筹建处供水量548万立方米。全市13个县市区县城供水总量为1846万吨。同时严格按照省水利厅和有关部门规定，定期对城市供水的原水、出厂水、管网水水质进行检测，确保城市供水水质安全。认真开展二次供水的日常管理工作，对于二次供水单位逐个摸底登记，办理二次供水资质证，全方位进行监督管理。截至年底，已经办理二次供水资质证110家。

水库及中小河流治理 实施水库除险加固工程共下达投资计划4372万元；全年累计完成工程投资3318万元，除险加固水库17座。完成淳化县马家山、礼泉县北坊等7座一般小（二）型水库初步设计，市级审查工作已经完成，正在拟定批复文件，计划2013年建设。实施水库移民后期扶持工作。发放水库移民后期直补资金410.82万元，发放率100%。编制完成咸阳市2011年大中型水库移民后期扶持项目计划、2011年大中型水库库区和移民安置区中央应急资金项目计划和2011年小型水库移民后期扶助项目计划。中小河流治理快速推动。完成建设投资3970万元，实施旬邑县三水河重点段、乾县漆水河临平镇段、武功县漆水河集镇段共三处防洪工程建设任务，完成彬县红岩河义门、永乐镇段，三原浊峪河鲁桥镇段，乾县漆水河四兴村段，旬邑县三水河马栏段，礼泉泔河烽火段共五处防洪工程初步设计。启动武功漆水河大庄段、彬县太峪河太峪镇段共两个项目的设计工作。全面完成省水利厅下达的中小河流治理项目建设任务。

洪涝干旱灾害科学防范 强化防汛措

三水河防洪工程　　（市水利局　供）

施，确保度汛安全。2012年，咸阳市汛情总的特点是降水时空分布不均，汛期暴雨频繁。面对多轮次暴雨天气和异常严重的秋淋暴雨洪水灾害，全市超前防范，科学决策，各级防汛责任人深入包抓区域现场指挥，果断处置突发性灾害23起，采取强硬措施及时转移撤离受险群众2万余人，出动抢险人员3000多人次，机械车辆270台次，减少受灾人口3万人，减淹耕地1.01万公顷，避免粮食损失2.5万吨，挽回经济损失1.1亿元。积极开展抗旱工作，有效减轻灾害损失。防抗冬春旱期间，全市共投入抗旱资金700多万元，累计投入抗旱人员2万多人次，开动各类水利设施1.2万多处，完成抗旱灌溉面积28.67万公顷，挽回粮食损失6.5万吨。

水保生态建设 加大水保治理力度。全市共完成水土流失治理面积420.2平方千米，为年度任务的105.05%，其中建设基本农田47.85平方千米，营造水保林(经果林)195.48平方千米，人工种草16.87平方千米，封禁治理160平方千米。强化水土流失监测研究和水土保持预防监督工作。以落实水土保持“三同时”(与主体工程同时设计、同时施工、同时投入使用)制度为重点，加强采矿、公路等大中型开发建设项目水土保持规范化管理，严格重点建设项目水土保持方案审查审批力度，加强水保预防监督和保护工作，全市开发性建设项目水土保持方案编报率92%，依法巩固治理成果。

(杨　恒)

林　业

概况 2012年，咸阳市围绕创建“国家园林城市”和“国家森林城市”，实现咸阳城乡园林化总体目标，以城乡园林化建设、杂果经济林和林业重点工程为重点，全年共完成各项林业重点工程营造林3.35万公顷，为目标考核任务2.22万公顷的151%，其中：人工造林2.24万公顷，飞播造林0.2万公顷，封山育林0.91万公顷；完成道路绿化447.1千米，建设绿色家园生态示范村136个，分别为任务的149%和136%；全市未发生一起大的森林火灾和成灾的森林病虫害。

林业重点工程建设 2012年，继续大力实施退耕还林、天然林资源保护、三北防护林工程等林业重点工程，全市完成退耕还林工程1.15万公顷，完成天保工程0.47万公顷，完成三北工程0.98万公顷，全面完成目标任务。千里绿色长廊建设已完成省林业厅下达咸阳市157千米任务，省上下达咸阳市522.7千米的总任务已全面完成。

杂果经济林建设 2012年，咸阳市把杂果经济林建设与产业发展、农民增收有机结合起来，下发《关于扶持核桃产业发展意见》，继续大力发展以核桃为主的杂果经济产业。全年新建杂果经济林1.76万公顷，为年度任务1.33万公顷的132%，其中：核桃1.51万公顷，花椒0.01万公顷，石榴0.04万公顷，其他0.2万公顷。截至年底，全市杂果经济林累计发展到7.9万公顷，成为农民致富增收的又一支柱产业。

集体林权制度改革 2012年，在巩固完善主体改革成果的基础上，全面推进集体林权制度配套改革工作。全市累计发放林权抵押贷款46笔，林地抵押面积620公顷，贷款金额310万元。全市流转林地总面积3191公顷，流转宗地数为86宗，涉及流转金额480.92万元。在兴平市、泾阳县、礼泉县、乾县、彬县等县市组建林业专业合作社16个，注册资金1259万元，发展会员3500多人。政策性森林保险试点工作推进顺利，全市已签约投保森林保险面积5.4万公顷，缴纳保费162万元，投保金额3.24亿元。

森林旅游业发展 继续将森林旅游业发展放在林业工作的突出位置，贯彻落实《陕西省森林公园条例》，强化景区基础设施建设，加大宣传推介力度，森林旅游实现新突破。全市新修和改造景区道路91千米，景区植树造林426.5公顷，设置床位365张，餐位总数647个，旅游从业565人。年接待旅游人数25万人次(含海外游人1.52万人次)，旅游收入1103.8万元。

国有林场危旧房改造项目 2012年，咸阳市贯彻落实国家国有林场危旧房改造有关政策规定，加大建设速度，强化督促检查，确保全市国有林场危旧房改造工作顺利推进。截至年底，全市11个国有林场危旧房改造项目，已完成主体封顶829户，封顶率93%，完成投资13102万元，为计划投资的245%。

森林公安机关专项行动 全市森林公安先后开展“防火患、查火案”、“冬季行动”、“打击野生动物及其制品网络犯罪和非法贸易”、“打击野生动物资源违法犯罪”等专项活动，共查处办理各类林业行政案件94起，行政处罚94人次，罚款12.33万元，查出并清除林区火灾隐患12处(起)，责令整改火灾隐患的厂矿企业2个。

(高　航)

工　　业

概　　述

概况　2012年,全市各级各部门坚持"工业主导"战略,紧紧围绕全年目标任务,真抓实干、攻坚克难,面对复杂的国内国际形势,抓早动快,迎难而上,以推进"1113"工程为重点,全力抓好工业品促销保产稳市场工作,全市工业经济保持平稳较快发展态势,规模以上企业实现工业总产值2234.47亿元,同比增长29.5%;规模以上企业实现工业增加值704.3亿元,同比增长23.5%;实现销售产值2172.1亿元,同比增长28.8%,产销率97.2%。企业用电量累计59.6亿千瓦时,同比增长11.9%。

工业经济运行特点　①工业经济保持高速增长。2012年咸阳市规模以上企业工业总产值增长29.5%(2008年33.8%,2009年21.3%,2010年37%,2011年32.7%),规模以上企业工业增加值增速为23.5%(2008年25.1%,2009年14.3%,2010年21.9%,2011年22.1%)。100户重点监测企业实现规模以上工业总产值1848亿元,占全市规模以上工业总产值的84%。亿元以上企业同比增加40户,产值过亿元企业总数276户,占规模以上工业企业总户数的46%。②工业主导地位进一步彰显。2012年全市实现生产总值1616.2亿元,其中:第一产业增加值283.1亿元,比上年增长6.1%,占生产总值的比重为17.5%;第二产业增加值919.3亿元,增长19.8%,占56.9%;第三产业增加值413.8亿元,增长9.3%,占25.6%。规模工业增加值占GDP的比重为43.6%,比上年提高3.2个百分点,对GDP的贡献率为64.4%,高出同期7.2个百分点,拉动GDP增长9.3个百分点,贡献率和拉动力均居国民经济各行业之首。③七大支柱产业全面增长。七大支柱产业完成规模以上工业总产值2125.6亿元,同比增长28.1%,占全市规模以上工业总产值的95.1%,其中:电子工业增长52.1%;建材工业增长35.4%;医药工业增长31.0%;装备制造工业增长30.0%;食品工业增长28.4%;纺织服装工业增长28.0%;能化工业增长25.1%。④主要工业产品产量七成以上实现增长。全市重点监测的74种主要工业产品54种增长。其中:原煤产量5085.1万吨,增长17.4%;植物油39.2万吨,增长129.2%;方便面17.2万吨,增长18.6%;合成氨49.0万吨,增长77.8%;水泥1132.0万吨,增长0.6%;平板玻璃567.8万重量箱,增长22.6%;纱10.42万吨,增长38.0%;化学药品原药1051.0吨,增长26.5%;中成药11351吨,增长38.3%;橡胶轮胎外胎70.3万条,增长97.9%;发电量174.7亿千瓦时,增长2.3%;原油加工量506.4万吨,增长4.0%;布27115.9万米,增长1.7%;彩色显像管108.9万只,下降42.9%。⑤县属企业高速增长。全市县属企业完成产值1373.2亿元,同比增长36.0%;中省企业完成产值668.0亿元,同比增长19.7%;市直属企业完成产值192.8亿元,同比增长22.0%。⑥股份制企业支撑工业经济发展。股份制企业完成产值1571.77亿元,占全市规模以上工业总产值的70.3%,同比增长30.7%;国有企业完成产值290.68亿元,同比增长27.0%;集体企业完成产值55.6亿元,同比增长14.4%;外商及港澳台投资企业完成产值180.36亿元,增长18.8%。⑦工业经济效益趋缓,利税增长平稳。工业经济效益综合指数348%,低于上年同期2.9个百分点。12月末全市规模以上工业实现利税403.5亿元,同比增长20%;其中利润234.8亿元,同比增长22.9%;亏损企业亏损额16.2亿元,同比下降21.5%。

推进支柱产业健康发展　强化工业经济运行协调保障。加大对煤电油气运等生产要素的协调保障力度,不断完善重点物资运输协调机制,引导企业多渠道筹集资金,改进银企洽谈方式,提高效率和工作成效,有力促进重点企业的生产经营。进一步谋划重点支柱产业的发展。定期对七大支柱产业的产品、价格、供需等变动情况进行监测,针对行业发展需要,积极协调推进彩虹集团与CEC(中国电子信息产业集团)的资产重组;协助有关企业探讨为三星公司提供产品配套;向省政府争取市属纺织企业职工提前5年退休政策,帮助企业甩掉"包袱"轻装上阵。制定出台咸阳市九大产业发展规划,提出各产业发展的重点、目标任务、空间布局以及保障措施,为全市产业发展布局更加合理奠定基础。

工业经济"1113"工程成效明显　出台12项措施支持"1113"工程加快发展,积极协调有关单位落实扶持政策;召开银政企洽谈会,为在建重点工业项目提供资金支持。派驻54个"1113"工程企业发展协调组,了解企业生产经营和项目建设情况,听取企业建议和意见,解决实际问题,形成优势资源向"1113"工程集中,优质服务优先向企业提供的良好氛围。全年新增规模以上企业92户,总户数601户;100个重点工业项目完成工业固定资产投资393亿元;100个扩能

全市工业概况

表16

指标名称	计量单位	2012年	同比增长(%)	指标名称	计量单位	2012年	同比增长(%)
一、规模以上工业企业数	个	601	17.8	2.市县区属	亿元	1566	34.1
1.国有经济	个	45	18.4	#市直属	亿元		
2.集体经济	个	16	-15.8	县市区属	亿元	1373.2	36.0
3.其他经济	个	540	19.2	三、在规模工业总产值中			
二、规模工业总产值	亿元	2234.47	29.5	1.轻工业	亿元	620.24	30.9
按经济类型分组				2.重工业	亿元	1614.25	29.0
1.国有经济	亿元	290.68	27.0	四、七大支柱工业产值	亿元		
2.集体经济	亿元	55.6	14.4	1.能化工业	亿元	1020.34	25.1
3.股份合作经济	亿元	10.49	162.8	2.装备制造工业	亿元	411.85	30.0
4.股份制经济	亿元	1571.77	30.7	3.食品工业	亿元	317.17	28.4
5.外商及港澳台经济	亿元	180.36	18.8	4.建材工业	亿元	142.42	35.4
6.其他经济	亿元	125.59	40.8	5.医药制造工业	亿元	95.27	31.0
按隶属关系分组				6.纺织服装工业	亿元	91.12	28.0
1.中省属	亿元	668	19.7	7.电子工业	亿元	47.43	52.1

主要工业产品产量

表17

产品名称	计量单位	2012年	2011年	同比增长(%)	产品名称	计量单位	2012年	2011年	同比增长(%)
1.原煤	万吨	5085.1	4331.5	17.4	13.平板玻璃	万重量箱	567.8	463.2	22.6
2.发电量	亿千瓦时	174.7	170.8	2.3	14.合成氨	万吨	49.0	27.5	77.8
3.小麦粉	万吨	81.0	67.6	19.9	15.饮料酒	千升	132071	90764.0	45.5
4.配混合饲料	万吨	42.0	35.5	18.2	16.中成药	吨	11351	8205	38.3
5.乳制品	万吨	13.3	16.6	-20.0	17.水泥	万吨	1132.0	1125.7	0.6
6.软饮料	万吨	91.1	72.5	25.7	18.金属切削机床	台	480	461	4.1
7.纱	万吨	10.42	7.6	38.0	19.气体压缩机	台	2982	2264	31.7
8.布	万米	27115.9	26671.6	1.7	20.橡胶轮胎外胎	万条	70.3	35.5	97.9
9.印染布	万米	7438.8	6830.0	8.9	21.多晶硅	万克	116.6	133.0	-12.3
10.机制纸及纸板	万吨	18.3	8.9	107.2	22.商品混凝土	万立方米	476.4	304.7	56.4
11.纸制品	吨	48044	44643	7.6	23.精制食用植物油	万吨	39.2	17.1	129.2
12.原油加工量	万吨	506.4	487.0	4.0	24.彩色显像管	万只	108.9	190.7	-42.9

技改项目完成投资107.42亿元;30户大集团大企业实现工业总产值868.2亿元,同比增长17.3%,有力地促进全市工业经济的快速发展。

制定九大产业发展规划 2012年,市工信委经过深入调研,聘请专家,并经市政府同意,历时半年,编制出台咸阳市能源化工、装备制造、电子信息、食品、纺织服装、建材、医药、航空和新兴等九大产业发展规划(2012~2016),从宏观上解决产业发展操作层面的问题,为全市工业产业发展奠定坚实基础。同时,在产业谋划中,注重加快彩虹集团与CEC的重组和推动华润在咸两户企业的改制及入园工作,成立电子产业项目促进工作领导小组,加快与三星电子的产业配套工作,和省医药集团对接,对市医药产业发展提出建设性的规划意见。

纺织工业园建设初具规模 2012年,园区启动建设项目19个,其中基础设施建设共拆迁农户178户534间民房

53400平方米，迁移坟茔1300余座、果树15000余棵、蘑菇棚58个、畜禽养殖场18974平方米。截至9月底，223.87公顷已实现交地施工。园区"两纵一横"路网已全部建成通车，2000米主排污管道铺设完毕。标准化厂房建设和配套设施及设备工作有序进行。总投资7亿元、总建筑面积30万平方米的3户企业标准化厂房已完成投资3.2亿元。污水处理厂已完成方案设计和招标工作；110千伏变电站、园区供热中心已完成地勘和设计；园区自备井供水已完成方案设计，正在进行审批；纺织博物馆10月25日开工建设；安置小区11月27日启动建设；投资13.58亿元新型纺织设备已完成购置招标工作。

推进国企改革改制　偏转股份的资产重组工作基本完成；西北二棉与陕西二棉政策性破产工作平稳有序；兴平造纸厂依法破产工作有序推进；市纺织电子电器厂、粮油机械厂改制工作全面完成，市工艺美术总公司、市国有企业干部管理服务中心有限公司进行终结清算；市内燃机配件二厂、市房地产公司的清产核资工作已结束；完成对原市石油公司的改制验收。通过一系列的改革工作，盘活一批国有资产，为传统企业再谋发展打下基础。

县域工业经济增速强劲　各县市区紧盯全年目标任务，加强工业投入，制定切实可行的发展措施，县域工业经济竞相发展，形成北部县能源产业崛起，中部县建材、食品产业发展强劲，南部县市区化工、装备产业向高端迈进的良好态势。2012年各县市区工业增速均保持两位数的增长，其中规模以上工业总产值前五位的是：秦都区570.3亿元、渭城区482.7亿元、兴平市229.3亿元、彬县197.6亿元、三原县181.0亿元；增速前五位的是：永寿县49.0%、秦都区38.7%、乾县38.7%、礼泉县35.0%、武功县33.6%。

工业发展平台建设　高新区、纺织工业园及省级新型工业化示范基地建设：推进纺织企业退城入园和医药产业整合前期准备工作，促进产业聚集发展。融资平台建设：协调企业和金融机构进行洽谈对接，及时向金融机构推介优质企业和项目，解决企业融资难，促进企业发展。全年为企业申请担保支持资金1500万元。服务平台建设：成立咸阳市企业及企业家联合会，入会会员208个，为全市工业发展搭建沟通平台。

（罗　震　王靠党）

能化工业

煤炭工业

概况　2012年全市累计原煤产量5085.1万吨，比2011年增长17.4%，占全省地方煤炭生产总量的12.5%，位居全省第二，实现工业总产值199.4亿元，累计销售原煤4985万吨。全年发生煤矿伤亡事故1起，死亡1人，比上年减少1起1人；煤矿百万吨死亡率0.03，同比下降50%；各项煤矿安全最低控制指标继续保持全省最低，煤矿安全生产形势持续稳定。

安全生产　市、县煤炭局严格执行煤矿安全生产目标责任考核制度，逐级签订安全生产目标责任书，分解落实煤矿安全监管任务。市煤炭局坚持实行局领导带领科室包县、包矿抓安全责任制，各产煤县也严格执行县级领导联系煤矿包抓安全制度、向辖区各类煤矿派驻安全监督员，市、县两级通过进一步健全煤矿安全例会制度、隐患跟踪问效制度、矿级领导带班下井制度、矿长安全隐患约谈制度等安全监管机制，加大对煤矿安全生产主体责任的有效落实。围绕"查大系统、治大隐患、防大事故"中心目标，市煤炭局全年共组织开展煤矿安全大检查7次，组织开展各类专项检查14次，累计下发隐患整改通知书310份，排查安全隐患3775条，现场整改2765条，限期整改1010条，整改率100%。各产煤县都能够结合工作实际，始终把煤矿安全作为重点，开展辖区煤矿安全大检查和隐患排查，对检查发现的问题，议定措施，落实责任，及时督办治理，防止重特大事故发生。严格监管，规范煤矿生产建设秩序。2012年，全国煤矿事故频发，特别是榆林市府谷县瑞丰煤矿"八一六"大冒顶事故发生后，按照省、市政府会议精神和市上领导的重要批示，辖区煤矿立即停产，市煤炭局分三组对全市所有煤矿开展全覆盖、地毯式、拉网式的煤矿安全大检查，通过细查严管，有效遏制煤矿重特大事故的发生，对违规生产的煤矿企业，责令要求停产整顿，严厉杜绝明停暗开等违法生产和建设行为。

矿山紧急救援演练　（市煤炭局　供）

安全基础建设 狠抓矿井安全质量标准化建设,2012年,全市煤矿质量标准化建设全面达标。地方矿井中11处达到一级标准,9处煤矿被国家安监总局命名表彰为国家级安全质量标准化矿井。全市30万吨/年以上生产矿井全部完成"六大系统"(通信联络系统、监测监控系统、供水施救系统、紧急避险系统、压风自救系统、人员定位系统)建设,比国家和省上要求提前半年。旬邑县、彬县已建成煤矿安全监控中心,县区所辖23对矿井已与市煤炭局监控中心联网,全市煤矿安全监控覆盖率85%。全年市监控中心共编发监控运行分析简报12期,下达电话处置指令130次,实现煤矿安全生产各类信息的采集、存储、传输和处理。全年完成培(复)训煤矿主要负责人27人次;安全管理人员300人次;培(复)训特种作业人员1500人次;新工人按规定培训合格,持证率100%。

矿井技术改造 年内顺利完成旬邑县百子煤矿、彬县陈家坪三号井2个项目的机械化改造,彬县蒋家河煤矿联合试运转、淳化县二号井15万吨/年技术改造、彬县火石咀煤矿300万吨/年改扩建项目,新开工长武县高家堡煤矿。

煤矿瓦斯治理 2012年,咸阳市煤炭工业局贯彻执行国务院办公厅《关于进一步加强煤矿瓦斯防治工作若干意见的通知》精神,紧密结合全市煤矿安全生产实际,狠抓瓦斯灾害治理,全市共抽采瓦斯8363万立方米,瓦斯综合利用4105万立方米,瓦斯抽采及综合利用在全省领先。

煤矿整顿关闭 按照省政府批复的咸阳市煤矿整顿关闭工作方案,咸阳市地方管辖的永寿县兴发煤矿、彬县陈家坪一号井已按照"三不留、一闭毁"(不留人员、不留采矿设备、不留建筑物、毁闭井筒、恢复地貌)要求关闭到位,完成省政府下达咸阳市的煤矿关闭任务。

煤炭资源整合 2012年,市煤炭工业局落实省市领导指示,加快辖区煤矿的资源整合工作,7月,完成淳化县安子洼一号井资源整合项目并组织竣工验收,8月,完成永寿县毛家山资源整合项目,10月,启动永寿县碾子沟和旬邑县旬东长安煤矿的资源整合项目。

矿山应急救援 咸阳市矿山救护中队按照"加强战备、严格训练、主动预防、积极抢救"的工作思路,加强备战演练,细化内部管理。根据《煤矿安全规程》和《矿山救护规程》的要求,2012年先后在彬县拜家河煤矿和大佛寺煤矿救援中心开展水灾救援配合模拟演练和大型灭火装备演练,对服务矿井进行多次预防性检查,成立预防性检查工作领导小组,提出矿不漏井、井不漏面、面不漏点的预检要求,共出动预检80人次,排查安全隐患50余条,修正11对矿井的应急预案,熟悉服务矿井的安全状况,掌握各个矿井的灾害特点,矿井安全预检工作取得实效。

(魏争光)

彬县煤炭有限责任公司 公司是集煤炭、电力、煤化工、房地产、建材、物流为一体的企业集团,位居中国煤炭工业百强第66位,资产总额62亿元,员工3393人。有年设计生产能力300万吨的下沟煤矿、120万吨蒋家河煤矿两对生产矿井,拥有2×200兆瓦煤矸石资源综合利用电厂、100万吨煤基二甲醚、120万吨水泥粉磨站、400万吨雅店煤矿四个在建项目。公司分别控股陕西宇源置业有限公司、陕西煤化能源有限公司、咸阳彬源洁净煤有限责任公司、咸阳彬煤实业有限公司、咸阳天喜建材有限责任公司、彬县永安运输公司,参股陕西彬长开发建设公司、陕西西平物流有限责任公司、陕西万晟通实业有限公司、陕西天秦煤炭运销公司、彬县农村信用联社。是市、县骨干企业和利税大户,公司先后获联合国清洁煤技术示范和推广企业、国家煤炭工业优秀企业、全国煤炭工业特级安全高效矿井、全国依法生产先进煤矿、全国"安康杯"竞赛优胜企业、中国煤炭工业科学技术一等奖、二等奖,中国慈善企业、最具社会责任感企业,中国质量服务信誉AAA级企业、中国公益明星企业、陕西省先进集体、文明单位、省级十大科技成果奖、工业经济运行监测先进单位、经济发展功勋单位、三秦慈善奖等。2012年,公司全年完成原煤生产648.22万吨,完成工业总产值74.89亿元,实现销售收入84.96亿元,上缴国家税费12.63亿元,实现利润7.27亿元,人均社会贡献额76.8万元,全公司人均年收入10.1万元,公司资产总额234.58亿元。

(李晓云)

陕西旬邑县旬东煤业有限责任公司 陕西旬邑县旬东煤业有限责任公司位于旬邑县城关镇番川沟内,距旬邑县城20千米。辖旬东煤业公司长安煤矿、旬东洗煤厂等企业。在岗职工1300多名,其中中高级技术人员132名,固定资产7.5亿元。年设计生产能力69万吨,井田东西长4.6千米、南北宽4.1千米,面积18.50平方千米。井田内主要可采煤层为侏罗纪延安组4-2煤层,煤层平均厚度6.5米,保有储量7533万吨。主要采用综采放顶煤工艺,采用综掘机掘进,原煤皮带化运输,矿井机械化率98%。矿井回采率由原来小煤矿开采的20%提高到75%。公司先后投入1.5亿元,对矿井安全设施进行升级改造,提升矿井抗灾害能力,实现本质安全型数字化矿井。连续三年实现零伤亡安全目标。投资6.5亿元建设旬东循环经济产业园区,投资3亿元,配套建设的三水河集中供热项目已建成投产,完成旬邑县城供热辐射,满足全城供热需求。本着工业反哺农业的理念,旬东煤业公司在旬邑县、咸阳市助教办学、修桥铺路、新农村建设和资助贫困大学生等工作中,累计投入资金5320万元,旬东煤业公司连续被评为"重教兴学先进集体"、"新农村建设先进集体"、"农村公路建设先进集体"。2012年,公司实现原煤产量60万吨,产值23140万元。

(袁尚志)

旬邑县中达燕家河煤矿有限公司 旬邑县中达燕家河煤矿位于彬长旬煤田百子沟区,井田面积23.02平方千米,有员工991名。2012年3月被批准为年产120万吨的矿井。2011年6月开凿的边界风井,已完成投资2000多万元,工程进展顺利,贯通后将对矿井安全提供进一步保障。先后投资2247万元,率先装备完善井下安全避险“六大系统”,引进安装矿山压力监测系统、电力监测监控系统、语音广播系统、候车室电子屏等一系列自动化装备。投资2600多万元,对井上洗煤厂进行工艺改造,先后建成压滤车间、浅槽车间等,降低职工劳动强度,增加效益。同西安科技大学合作,引进推广窄煤柱开采技术,煤柱宽度由20米减少至8米,仅8215工作面一条顺槽推广实验,即可增加回采量10.4万吨,增加销售收入5700万元。投资880万元,建成职工活动多功能厅,2012年5月正式投入使用。2012年,投资1130万元,新建职工宿舍楼两栋;投资120万元,建设高标准职工安全培训中心,内设电教室、安全警示厅、矿史展览厅等。2012年原煤产量117.26万吨,产值57099万元。

(袁尚志)

陕西长武亭南煤业有限责任公司 公司实施科技兴企战略,采煤机械化和全煤巷道掘进机械化程度100%,健全KJ95N安全监测监控、井下移动通讯和人员定位等先进设施,保障矿井安全生产。积极参与新农村建设和各种社会公益活动,大力支援电煤供应,促进地方经济社会发展。截至2012年末,累计生产煤炭1348万吨,上缴各类税费17亿元,2012年生产原煤163.05万吨,实现产值7.7亿元。

(郭 伟)

旬邑虎豪黑沟煤业有限公司 公司位于旬邑县清塬镇苍儿沟。东接旬耀公路,西邻211国道,是咸阳市及旬邑县重点招商引资企业和利税上缴大户。占地2.01平方千米,有员工534名。矿井设计生产能力51万吨/年,可采储量1351万吨。产品具有热稳定性好、发热量高、低灰、中富硫等特性,是发电、民用、化工、冶金、建材的优质原料和首选燃料。公司积极融入地方经济建设当中,在适应中找出路,从适应中求发展,于发展中促提升,致力于“创建一流矿井”建设,走出一条既遵循集团公司做大做强总体工作思路,又符合地方发展的省外特色创业之路,并率先跨入地方煤炭企业管理先进行列。公司先后被评为“国家级安全质量标准化煤矿”、“陕西省管理服务创新单位”、“陕西省安全质量标准化矿井”、“陕西省煤矿安全生产先进集体”、“咸阳市煤炭安全生产先进单位”、“咸阳市环境治理工作先进单位”,并获得“咸阳市模范职工之家”、“咸阳市百家示范工会”、“咸阳市经济技术创新一等奖”、“旬邑县社会主义新农村建设包扶工作一等奖”、“陕西省精神文明创建先进单位”等称号。2012年原煤产量37.76万吨,产值11705万元。

(袁尚志)

石油化工

概况 2012年,咸阳市依托资源优势和龙头企业的牵引作用,将石油化工、煤化工、橡胶化工、肥料化工等作为石化领域主要发展方向,大力推进煤向电转化、煤向化工转化、煤向载能工业品转化进程。围绕煤炭开发,推动能源化工下游产品开发生产,重点推进煤制醇醚、煤制烯烃、二甲醇、汽车轮胎、清洁燃油以及煤制精细化工产业项目建设。在长庆石化、兴化集团、咸阳化工等优势企业集团的引领下,2012年末实现规模工业产值1020.3亿元,占全市工业总产值的48.0%,较上年增长25.1%。其中规模工业企业128户,占全市规模以上工业企业总户数的21.3%。重点工业项目中陕西彬长矿业集团180万吨煤制甲醇、陕西煤化集团公司100万吨煤基二甲醚项目进入实质性建设阶段;陕西蓝鸟生物质能发电项目、陕西宏恩环保金属铜资源再生利用项目、陕西迈凯德化工有限公司搬迁改造项目(年产1000吨多晶硅切削液、年产3000吨硝酸异酯、年产6000吨石油化工助剂)、彬煤公司下沟煤矿末煤洗选系统项目、彬县陈家坪煤矿3号井技改项目、鸿元石油化工有限公司润滑油生产线项目、永寿县金狮电化厂20万吨碳化钙项目、陕西宝塔山油漆股份有限公司卷材涂料的开发应用项目、彬县云林工贸有限责任公司年生产5000吨不饱和树脂陆续开工。多个扩能技改项目如陕西延长石油集团有限责任公司节能及综合利用技术改造项目(年产30万吨合成氨、30万吨甲醇、30万吨纯碱和32.4万吨氯化铵)2012年新增产值13.5亿元;长庆石化分公司60万吨/年柴油加氢项目,新增产值4亿元;陕西渭河发电有限公司4×30万千瓦纯汽式发电机改成抽汽式热电机组2012年新增产值5000万元。

(刘小虎)

中国石油天然气股份有限公司长庆石化分公司 公司位于陕西省西咸新区秦汉新城,固定资产32亿元,原油加工能力为500万吨/年。可生产各种标号清洁汽油、轻柴油、3号喷气燃料、石脑油、化工轻油、丙烯和苯等十多种产品,其中3号喷气燃料管输到西安咸阳国际机场。在册员工1143名,平均年龄37岁,大专以上文化程度占67.76%。2012年,公司加工原油506.37万吨,实现销售收入328.43亿元、同比增加37.25亿元,上缴税费67.18亿元(地税6.03亿元),财务账面利润2.45亿元。主要经济技术指标全面好于预算,轻质油收率84.06%、提高1.56个百分点,加工损失率0.56%、降低0.04个百分点,炼油能量因数耗能8.94千克标油/吨·因数、降低1.06千克标油/吨·因数,新鲜水单耗0.50吨/吨,降低0.12吨/吨,这4项指标创历史最好水平;综合商品率93.78%,比预算提高0.78个百分点;吨油完全加工费168.63元/吨,继续保持先进水平。在中石油公布的年度经营指标评价中得分名列炼化企业第一。

生产优化调整 以二次加工路线和产品结构为重点,积极开展生产优化调整。强化全过程生产受控管理,装置平稳率99.88%,同比提高0.43个百分点。主要生产装置均满负荷运行,高效产品比例同比提高11.57个百分点,97号汽油比例20.62%,航煤增加6万吨,丙烯增加0.37万吨。原油综合损耗和成品油储发耗分别比预算降低0.12和0.27个千分点。统销产品配置计划完成率102.69%,产销率100.48%;自营产品销售9.63万吨,产销率100.52%。以运行部门为重点,实施安全观察与沟通2788人次,发现并纠正不安全行为2236起。建立典型事故事件案例库,分享资源78起。查处"三违"(违章指挥、违章操作、违反劳动纪律)行为280起,签发停止作业卡22张。

加强环保建设　强化环保设施运行管理,重点环保设施运行率100%。完成气浮池扩量改造、高浓度生化处理系统加盖和渭河外排水达标隐患整改项目。污水处理量同比增加7.7%,外排水合格率100%。公司保持二十年安全生产无上报事故的良好态势,连续五年获得中石油安全环保双先进,并获得国家安监总局命名的首批"全国安全文化建设示范企业"称号。继续加强节能节水基础管理,修订节能管理办法、考核细则,完善统计分析评价机制。加强重点节能设备的精细管理,节约制氢原料气155万立方米,回收低压瓦斯气同比增加713万立方米,回收凝缩油同比增加798吨,加热炉热效率90%以上,节能监测合格率85%。加大废水综合处理和回收利用力度,凝结水回收量增加16立方米/小时;建设投运循环水排污"三法絮凝+连续电渗析"项目,产水量37立方米/小时。全年中水回用率80.8%,同比提高1.7个百分点。完成50台高危介质泵和12台污油池(罐)液下泵改造,消除总变及部分配电室隐患16处。全面开展罐区隐患排查,识别评审各类问题102项,整改隐患67项。加强设备腐蚀监测,安装常减压装置在线腐蚀监测系统,完成连续重整、加氢裂化和制氢装置RBI项目风险评估。

强化设备运行管理　将承包范围由大型机组、关键设备扩展到机泵、压力表、阀门等,实行"定人、定岗、定责"管理,使设备完好率99.85%,同比提高0.19个百分点。

项目开发研究　全面完成"炼化能量系统优化研究"课题任务,建立模型16套,实施优化方案17项,炼油综合能耗可降低4.32千克标油/吨,6月中旬顺利通过中石油验收。"炼油催化剂研制开发与工业应用"项目进行工业试用和评价。"低成本加氢裂化预硫化剂的开发与应用"项目完成实验室模拟。"催化裂化余热锅炉烟气净化用高温过滤技术研究"项目完成阶段总结验收。获得专利授权9项,其中自主申报7项,合作申报2项。完成MES(制造执行系统)拓展应用和信息门户软件平台升级工作;设备综合管理平台、电子巡检系统和安全受控系统上线运行。

生产管理　坚持每周通报质量合格率指标,确保产品出厂检验合格率100%,公司质量管理体系被中石油评定为A级。配合能源计量完善项目,新增和改造计量器具40台,送外检定计量器具486台。持续改进测量管理体系,A类测量设备周检率100%。完成所有206项制度梳理修订工作,新增41项,废止22项。减少流程总数167个,增加关键控制点51个,确保内控体系持续有效运行。开展合同签订情况专项分析,规范申报、审查、审批程序,合同审查、履约率100%。坚持集中采购,完善"零库存"管理,加快物资流通速度,累计节约采购费用2497万元。完成工程项目、检维修、技改等外付款结算审计176项,审计金额4.95亿元,核减847万元。

(殷　涛)

电力工业

咸阳供电局　咸阳供电局是陕西省电力公司直属的国家大型一类供电企业,负责咸阳市、杨凌农业高新技术产业示范区的电力规划、电网建设、电力营销和用电服务等工作,以建设运营电网为核心业务,下辖兴平电力局和杨凌供电分局,对泾阳县、三原县、乾县、礼泉县等十个县实行直供和趸售供电。截至2012年末,售电量完成90.61亿千瓦时,电压合格率99.85%,供电可靠率99.94%,年网供最高负荷160.65万千瓦;在全市公共服务行业社会行风评议中连续七年位居第一。

安全生产　全面落实"安全年"60条重点措施,共整改隐患40项,整改率100%,高质量完成68项技改大修任务,农村安全用电强基固本工程得到国家电网公司高度肯定。按照"抓落实、重执行、保安全、促发展"的安全管理理念,全面推广痕迹管理,按月开展安全生产分析和安全绩效奖惩,推行防外力破坏三级监控,电网经受住160.65万千瓦历史最大负荷的考验,截至12月31日,实现连续安全生产2566天。

电网建设与发展　开展电网专项诊断分析,滚动修订《"十二五"电网发展规划》,编制完成《2013年~2015年电网基建投资建议计划报告》。主动与西咸新区发展对接,秦汉、空港和沣西新城等5项电力专项规划已通过管委会的评审。创新"四结合一强化"(即职能管理和业主项目部管理相结合、专业管理规划与电网发展规划相结合、细化内部分工和强化过程管理相结合、党支部工作和中心工作相结合,强化安全、质量保证体系建设)管理模式,建成110千伏线路264.5千米、变电容量9.15万千伏安,全面完成年度里程计划,马泉变电工程获国家电网公司西北区域"质量流动红旗"表彰,咸阳供电局被评为省公司基建管理综合先进单位。加大配网建设力度,完成147项工程建设任务,秦都区成为全省首个A类新农村电气化县(区)。

经营管理　充分发挥综合计划的管控作用,严格执行《月度绩效考核管理办法》,同业对标综合排名始终在省公司名列前茅。全面规范财务管理,深化加强全面预算和成本管控,财务集约化、规范化和精益化管理水平大幅提升,咸阳供电局被评为省公司财务管理先进单位。以"量、价、费、损"专项活动为载体,完成高压客户接电323户、容量38.82万千伏安,实现营业普查增收2411.99万元,实现并保持全局无高损馈路的成绩。马嵬标准化示范供电所顺利通过国家电网公司验收。完成4家集体企业整合重组,及时补充完善相关规章制度,逐步实现分工专业化和机构扁平化。加大市场开拓力度,客户工程市场占有率大幅提升,集体企业清产核资和主业与多种经营企业分开工作均获得省公司先进集体称号。不断提升审计工作力度和质量，完成各类审计项目115项，五步工作法则和标准作业卡在省公司推广。

（刘西安）

陕西渭河发电有限公司　是陕西省最大的外商投资电力企业。公司由香港中旅（集团）有限公司、中国华能集团公司、陕西省能源集团公司三方共同投资，实行董事会领导下的总经理负责制。公司资产总额54亿元，注册资本18亿元，总装机容量4台30万千瓦。2012年，公司继续坚持以经济效益为中心，深入开展“管理提升”、“全员创收年”活动，全力应对电力和煤炭市场，狠抓安全生产、多发多供、管理提升、技术改造等工作，超额完成全年各项生产经营任务，实现热电联产目标。

安全管理　按照“安全第一，预防为主，综合治理”的工作方针，安全管理工作力度持续加大。认真落实国家“安全生产年”的有关要求，深入开展“春季安全”、“秋季安全”、“安全生产月”等活动，克服降雨、冰雪等各类不利因素，使设备性能、运行水平、事故防范能力等不断提高，确保生产整体稳定。结合生产任务重，技改工作多的特点，签订安全项目责任书，明确责任，落实措施，重点项目和重点部位严格防范，确保各项工作安全有序进行。坚持安全工作与个人效益挂钩，加大事故处罚力度，安全工作重奖重罚，形成安全工作齐抓共管的良好态势，保障公司安全局面的长期稳定。全年未发生重大设备、人身、火灾等不安全事故，截至2012年底，累计实现安全生产2422天，创公司运营以来最好纪录。

多发多供　2012年，电力市场继续呈现供大于求局面，下半年受经济下滑影响，需求进一步下降，加上水电丰沛，发电形势极为严峻。公司始终把多发多供作为全年中心任务，统筹安排发电计划，制定保障措施，确保发电工作抓出成效。面对各发电企业基数电量下调的现实，多方协调，积极跟踪，确保指标下达、计划落实、调度实施各环节工作全面落实。狠抓生产管理，着重抓好运行管理、机组维护、人员培训等工作，精心调整，精心维护，确保机组安全可调、稳发多发。通过努力，全年完成发电60.6亿千瓦时，实现上网电量56.3亿千瓦时，超额完成全年电量任务。

燃煤管理　围绕“保量、提质、控价”的总体要求，全力抓好煤炭采、制、化等各项工作，确保全年煤炭采购任务顺利完成。在公司内部强化煤炭进入环节管理，采用自动采样、分部门化验、全过程监控等有效手段，加大扣水除杂等工作力度，确保入厂煤质稳中提高。全年煤炭热值同比提高约0.42兆焦/千克。同时深入外部市场，调查研究，准确分析，把握时机，分时段调整采购策略，取得明显成效。年初及时与省煤炭运销集团等重点国有矿签订电煤订购协议，克服年初煤炭供应紧张局势，为一季度电量超发提供保障。在6月～9月，抓住煤炭价格降低机遇，采用“周比月评，比质比价”的采购办法，降低燃料成本。年末提前部署，及时完成冬储煤存储，有效抑制年末煤价翘尾因素，为年末发电任务的完成提供保障。

热电联产　热电联产项目是公司“十年发展战略”的重要内容，也是公司求生存谋发展的重要举措。公司在做好厂内设备改造和管网建设的同时，积极和厂外管网建设方协调配合，克服河道施工、供热谈判等难关，保证冬季供热目标的如期实现。截至年底，除3号机组通流供热改造计划2013年实施外，其余4台机组供热改造工作已全部竣工，2012年11月12日，正式向西安北郊市政供热，实现热电联产的战略目标。

技术改造　2012年在完成机组常规检修项目的同时，各项技改工作实现预定目标。4号机组A级检修完成标准项目510项、非标项目258项、试验监督项目86项，重点实施汽机通流改造、发电机增容改造、供热改造、低氮燃烧器及其配套改造等6项重点改造项目。5号机组B级扩大性检修，除进行DCS改造、低氮燃烧器改造等工作外，完成标准项目437项，非标项目221项，试验监督项目44项。两项重点工作均按计划如期完成，实现机组点火、冲转、并网一次成功。4号机组通流改造后，额定工况下，机组出力增加2.5万千瓦，单机供电煤耗降低20克以上，达到设计要求。

（崔晓明）

大唐渭河热电厂　2012年，大唐渭河热电厂贯彻落实大唐集团公司“管理提升年”的总体要求，强化安全监督，夯实安全基础，安全形势明显好转；拓展热力，争取政策，减亏增效成效显著；规范管理流程，完善责任考核，管理秩序逐步规范，较好地完成全年的各项目标任

节能减排、清洁生产　　（大唐渭河热电厂　供）

务。截至年底,电厂实现安全生产1342天,非计划停运次数、缺陷数量呈快速下降趋势,安全形势明显好转。全年完成发电量32.2亿千瓦时,同比实现电量增发1.67亿千瓦时、供热面积新增248万平方米,12月燃料标单较年初降低114元/吨,11月、12月连续盈利,全年实现大幅减亏。

热力开发　坚持将供热作为突破重围、减亏增效的核心和关键,成立供热协调小组,取得热力开发的重大突破。特别是西安方向供热,合理利用政策,推动谈判进程。7月16日,与西安热力公司正式签订城北区域300万平方米的供热协议,泾河工业开发区新增龙凤苑、金陵小区供热面积100万平方米。承揽机场方向热网委托运营工作,建立良好的合作关系。在热网建设中,倒排工期、落实责任,紧盯关键节点,确保热网施工的顺利推进,实现各区域按期供热。全年完成供热量155.08万吉焦,同比增加17.74万吉焦。

燃料管理　紧盯市场变化,广开煤源,加大优质低标单煤拉运力度,进一步优化来煤结构。同时进行煤场扩容,增加库存3万吨,提升抗风险能力。全年共来煤163.2万吨,保证电煤供应。加强采制化管理,明确工作标准、奖惩细则,对来煤异常等情况的处理流程进行规范,严厉打击偷煤换煤、掺杂使假的恶劣行为。合理实施配煤掺烧,在确保设备安全和环保达标排放的基础上,加大低质低价地方煤掺烧量,根据煤种煤质细分五类煤,同时依据负荷曲线和燃料采购信息及时调整掺烧方案。生产经营密切配合,保证燃煤"采购、接卸、堆放、掺配、燃烧"各环节顺畅,收到很好的成效。7月~12月掺烧低质煤44.3万吨,掺配比例50%,有效降低入炉标单,在区域对标厂中排名第一,全年共节约成本2088万元。项目得到公司的高度认可,并作为"管理提升年"创新创效成果在公司2013年工作会上进行经验介绍与展示。

节能减排　优化机组运行方式,依托对标平台,寻找差距及时改进,提高机组运行经济性。9月~10月利用电量负荷低谷时机进行2号机揭缸提效,修后供电煤耗降低3.25克/千瓦时。自主创新实施1、2号机组增压风机旁路改造,降低脱硫厂用电率0.3%,技术已获国家专利局批准,填补陕西公司专利技术空白。改造疏水回收系统,降低机组补水率0.5%。全年综合厂用电率完成5.92%,公司系统对标第二,发电油耗完成2.11吨/亿千瓦时,水耗1.86千克/千瓦时,均列公司系统对标单位第一。

(陈　永)

陕西省地方电力(集团)有限公司咸阳供电分公司　2012年,陕西省地方电力(集团)有限公司咸阳供电分公司以建设创新型企业为总揽,以建设一流市级供电企业为主线,深入开展各项工作。全年安全生产形势平稳,售电量完成49.02亿千瓦时,同比增长13.69%,超预算1.51%;售电收入完成26.88亿元,同比增长23.2%,超预算1.03%;综合线损率完成4.5%,低于预算指标1.11个百分点,全面超额完成全年各项预算指标和重点任务,顺利完成一流市级供电企业创建任务,公司先后获得全国电力行业优秀企业、省级文明单位等称号。

电网建设　完成基本建设投资4.46亿元,完成计划投资的97.69%,新建110千伏"3站2线",投运110千伏"2站2线",建成35千伏"2站1线",投运"3站2线",新增主变容量137兆伏安,新增输电线路79.73千米。改造35千伏~110千伏变电站6座,新增主变容量47.25兆伏安/6台。6座变电站完成110千伏系统接入设计,3座变电站完成接入审批。110千伏咸阳北部电网优化工程顺利竣工投运,供电可靠性和电网安全水平大大增强。全面推行中低压工程典型设计,彬县、旬邑县建成新农村电气化县。

停电管理年活动　坚持"百姓用电无小事",开展"停电管理年"活动和居民用电服务质量大提升专项行动。开展线路通道治理、10千伏线路实时调管、标准化台区和标准化配电室改造,以及带电作业、状态检修、综合检修等工作。10千伏馈路停电次数同比下降6.5%,停电时间同比下降12.6%。主网线损率完成1.32%,同比下降0.55个百分点。供电可靠率RS-3完成99.81%,同比上升0.02个百分点。综合电压合格率完成98.71%,同比提高0.39个百分点。主网设备完好率100%,其中一类设备占有率98.75%,同比提高0.24个百分点。带电作业班半年累计实施带电作业103次,多供电量190.2万千瓦时。淳化分公司开展中低压电网综合检修,礼泉分公司在袁家民俗村建成智能用电台区,永寿试点应用10千伏线路故障定位仪。市公司修试中心全面实施状态检测185次,完成变电站三轮检测任务,发现并消除缺陷隐患46处。

技术创新　开展课题研究69个,3个项目被集团公司批准立项实施,出台《咸阳供电分公司技术进步和管理创新成果评审奖励办法(试行)》,成立成果评审奖励委员会,首次开展市级创新成果评审工作,表彰创新成果13项。2011年2项成果在集团公司系统推广应用,《10千伏及以下电网建设与改造工程档案管理》获得全国电力行业2012年管理创新成果三等奖,电力物料管理系统创新项目顺利上线,在武功县、泾阳县开展"银行集中划拨电费"缴费试点。

项目建设　与泾河新城管委会、西安大兴煤气层综合利用项目、淳化东庄水库、兵器工业园和周至道教文化展示区、渭北工业园高陵组团、长武二甲醚等重大用电项目积极洽谈,先后召开电网建设规划专题会、重大项目对接会、用电洽谈会。始终坚持省政府第53次会议纪要和供电营业区原则,积极向各级政府和相关部门汇报争取,得到各方面的有力支持。全年新增315千伏及以上大客户容量244.3兆伏安,客户丢失率为0,市场占有率增长1个百分点,达到15.87%。

站所基础管理　推进站所综合治理,制定领导人员分片包抓制度、站所明察暗访制度和站所排名管理考核办法,实施县公司职能部门和站所综合横向排名整顿工作。制定《供电所建设管理标准》《供电所定置管理标准》和《"最美供电服务窗口"创建标准(试行)》等制度,开展“最美供电服务窗口”创建活动。全面实施生活质量提升工程,提高员工收入水平,基层站所设施条件和环境面貌明显改善。建成命名规范化供电所示范所3个、标准化呼叫中心示范中心1个、标准化电能计量所示范所2个,规范化供电所示范所总数8个。建设标准化变电站标杆站3个、标准化调度所示范所1个、标准化保线站标杆站2个。“96789”热线人工接入率同比提高5.2个百分点。

专业技术人才队伍建设　坚持全员培训和岗位练兵,获得2012年陕西省“地电杯”职业技能培训竞赛团体第一名和3个工种个人第一名。开展青年员工职业生涯规划,实施“名师带徒”和“师徒结对子”活动,签订师徒合同34份。举办各类培训75次,参加3240人次,组织春秋两季继续再教育121人,36人取得工程类中高级职称,5人通过国家会计中级职称考试,54人取得技师技术等级,人才当量指标完成0.8251,超出计划指标0.0041个百分点。

全面推行全员绩效考核　坚持目标责任管理,深化综合目标责任考核,年中、年末对各单位、各部门实施考核排名。将年度综合目标责任考核引入辅业管理,开展辅业公司会计基础工作规范化创优活动和辅业公司规范化管理创优增效活动,制定修订《辅业公司会计核算办法》《辅业公司年度综合目标责任考核检查细则》等辅业管理制度。制定《全员绩效考核管理办法(试行)》和《督办督察工作实施办法》,按月组织实施月度工作督办和员工绩效考核工作,将全员绩效考核落实到每个站所和每位员工。

“安全生产年”活动　开展“安全生产年”活动,顺利实现全年安全生产无事故目标,截至年底,安全运行1335天。制订《咸阳分公司安全工器具管理制度》《外来人员进站工作管理制度》《生产员工安全等级评价工作管理办法》等制度,建成智能化工器具室3座,建成安全文化长廊、安全文化社区13个。实施安全专项监督645次,现场查处违规违章72起,完成《咸阳供电分公司安全风险评估报告》。坚持开展“安全活动月”、“陕西爱电日”等活动,扎实开展隐患排查治理和交跨测量工作,累计排查一般隐患2033项,治理1992项,整改率98%。加大电力设施保护工作力度,查处违约用电25起、外力破坏案件21起、窃电案件1起,挽回经济损失14.5万元。

(王　科)

装备制造工业

概况　咸阳市装备制造业已形成通用设备制造业、专用设备制造业、交通运输设备制造业、电气机械和器材制造业、仪器仪表及文化办公用机械制造业和金属制品业等六大门类。骨干企业主要有陕西柴油机重工有限公司、华兴航空机轮刹车系统有限责任公司、陕西航空电气有限公司、红原航空锻铸工业公司、同力重工、咸阳宝石钢管钢绳有限公司等。主要产品有船舶发动机、汽车刹车系统、无缝钢管等。同时围绕这些企业的生产还形成一批中小型配套服务企业。随着经济的快速发展和国家宏观政策调整,作为制造业“母机”的装备工业乘势而上,生产和效益同步上扬。咸阳市装备制造业发展以应用信息技术提高机械工业技术装备水平,采用高新技术和先进设备改造传统产业,发展机电一体化工业,重点发展动力机械、新型纺织机械、医疗器械、包装机械、工业设备和普及型数控机床。以大型骨干企业为龙头,加快建设装备制造业基地。2012年,全市装备制造业规模以上企业完成工业总产值411.85亿元,占全市规模以上工业总产值2234.47亿元的19.4%,同比增长30%,高于全市平均增速0.5个百分点;实现工业增加值116亿元,同比增长24.8%;产销率为97%;占全省装备制造业规模以上企业工业总产值3283.8亿元的12.5%。2012年,全市装备制造业运行特点是运行态势良好,继续保持平稳较快增长的势头。装备制造业的高增长源于通用设备制造、专用设备制造企业产销两旺,增幅分别达70%和60%。总体来看,全市装备制造业正在适应由政策推动向自主增长有序转变的态势,运行在平稳较快增长的轨道中,继续对全市工业经济增长发挥支撑作用。2012年,全市装备制造业重点工程,如法士特轻微型汽车动力总成项目、电容式电压互感器、电流互感器技术改造项目均进展顺利。2012年3月15日~18日,咸阳市政府代表团组织秦都区、渭城区、兴平市、武功县、三原县、泾阳县等5个县市区,30户装备制造企业带着300多个产品,参加在西安举办的第十四届西部国际装备制造业博览会,对于宣传咸阳装备制造业,扩大咸阳装备制造企业的知名度起到积极的促进作用,特别是陕西柴油机重工有限公司生产的柴油船舶发动机的参展,引起国内外客商的高度关注。咸阳展团销售额5000万元。被“第十四届制博会组委会”评为最佳组织奖、最佳展台奖、战略合作伙伴。为科隆橡胶等6户企业争取省装备制造业发展基金600万元。为四〇八厂、一四八厂、同力重工、宝石钢管钢绳公司争取营业税、所得税返还近2000万元。

(王安吉)

西安航空制动科技有限公司　公司是中国军、民航空机轮刹车系统研发、试验、生产基地。有职工5000余人,公司总部及研发中心设在西安高新技术产业开发区,占地约3万平方米。生产基地分设在陕西兴平、贵州安顺两地,占地约120万平方米。2012年公司实现营业收入14.5亿元,实现利润总额5000万元。公司科研实力雄厚,始终处于国内航空机轮、刹车系统、刹车材料研制生产的主导地位,是武器装备科研生产二级保密资格单位,公司还多次通过环境管理体系和职业健康安全管理体系及ISO9000等体系认证、复检。专业配套齐全,具有机械加工,热表处理,冷热冲压,有色、黑色金属铸造、锻造,粉末冶金,碳-碳复合材料,塑压及橡胶等专业的研制生产和刀夹量具、各类模具制造能力。拥有性能齐全的理化试验、计量设备,具备完善的综合检验测试手段。公司拥有世界先进的大型电惯量模拟动力试验台,是中国航空机轮胎机轮刹车试验中心。公司为一汽、二汽、上汽等研发配套的汽车制动器系列产品得到德国大众的认可,公司汽车产品通过TS16949质量体系认证。华兴牌注册商标为陕西省著名商标。

(刘小博)

陕西奉航橡胶密封件有限责任公司 公司是专业生产各类高精度氟橡胶骨架油封密封件产品的高新技术企业,位于陕西兴平装备制造工业园区,有员工435人;2012年完成产值过亿元,上缴税金600万元。公司的主导产品有各类高精度骨架油封密封件、"O"型圈等,应用于重型汽车、商用车、坦克、液压、石化、电力、军用直升机等领域。公司主要产品与陕西法士特、陕西汉德车桥、陕西重汽、中国重汽、北方奔驰等国内大中型企业长期配套,配套产品远销十几个国家和地区。奉航公司技术设备先进,具有雄厚的技术开发和创新能力,拥有省级研发中心,通过与西北橡胶研究院、陕西科技大学、西安理工学院共同研究交流,不断提高自主研发能力,提高产品质量、不断改进产品性能。奉航公司密封件产品已掌握具有国际先进水平的核心技术,能够满足各主机厂间同步开发的需求。通过ISO9001质量管理体系认证、ISO/TS16949国际汽车质量管理体系认证;先后获"陕西省名牌产品","第十九届全国发明展览会银奖","陕西省优秀民营企业"等称号。

(刘小博)

陕西兴包企业集团有限责任公司 公司位于兴平市丰仪工业区。企业资产3.6亿元,员工1300余名,2012年生产生活用纸6万吨,产值3.8亿元,上缴税金1000万元以上。其主导产品"欣雅""欣家"牌生活用纸连续三届被陕西省评为"陕西名牌产品","欣雅""欣家"商标被评为"陕西省著名商标"。公司通过ISO9001-2000质量体系认证、清洁生产认证、ISO14001-2004环境体系认证。2012年,公司计划分期投资4亿元新建具有国际先进水平的6万吨木浆纸生产线,两条木浆纸生产线已投产。公司始终坚持"要发展必先治理"的原则,把吸取国内外先进技术,节能减排、加快环保治理步伐作为企业运营的核心工作,紧抓不放。累计投资1.24亿元进行中段水处理、黑液碱回收系统的技改扩建项目,实现企业效益与社会效益双赢。其中先后投资3800万元建成日处理中段水3万吨的生化处理厂,采用先进的三级处理流程,做到达标排放,在治理污染的同时,实现企业的可持续发展。总投资6000万元建设的日处理180吨漂白麦草浆正规碱回收工程,每天可处理造纸黑液2200立方米,回收烧碱40多吨,实现造纸黑液的零排放。

(刘小博)

陕西通达钢铁有限公司 公司是专业生产高频直缝焊管、热浸镀锌钢管、冷弯空心型钢等产品的企业。可生产Φ17毫米~219毫米之间数百个品种规格的圆管、方矩管、热浸镀锌管及各类挂镀件等产品。形成年产高频焊管45万吨、热镀锌钢管16万吨的生产能力。至2012年,一、二期工程已全部建成投产,总投资3.5亿元。实现年产值2亿多元,上缴税费200多万元,提供就业岗位300多个。

(董社昌)

陕西沃克齿轮有限公司 公司由陕西黄工集团齿轮有限责任公司与陕西省投资公司共同投资组建,注册资本1400万元,专业生产齿轮、花键轴及传动部件总成,是法士特汽车传动集团有限公司旗下具有法人资格的子公司,隶属于通用设备制造行业,主要为法士特汽车传动集团公司生产重型汽车变速箱配套的齿轮、花键轴及杂件等;同时为广西柳工机械股份有限公司等工程机械企业生产ZL50C装载机变速箱、驱动桥配套的齿轮、花键轴及传动部件总成。2012年,公司增加"副箱中间轴生产线项目",生产加工精度、检测、效率都有所提高。生产齿轮、花键轴及杂件等313万件,实现销售收入8521万元,完成工业总产值2537万元,上缴利税170万元。

(许战军)

咸阳海龙复合材料有限责任公司 公司专业从事密封技术研究和密封零件制造。其密封产品有5大系列,1000多个品种,涉及动车组、铁路机车、缝纫机、汽车、石化机械、高压电器及变压器等行业,产品销往全国30个省、市、县、区和美国、欧盟、日本、韩国、台湾等国家和地区。公司有员工94名,其中高工9人,工程师12人,技师15人。通过ISO9000国际质量管理体系认证,先后获得"国家重点新产品"、"陕西省高新技术产品"、"陕西省科技型企业"、"陕西省高新技术企业"、"陕西百强民营企业"、"陕西省A级诚信纳税企业"、"咸阳市优秀科技企业"、"乾县纳税大户"、"诚信纳税人"、"优秀民营企业"、"陕西省中小企业创新研发中心"等称号,并多次获得新技术研究成果奖,受到省市政府部门的多项奖励。公司以"人本、质量、厚德、努力、创新、和谐、长久"为质量经营理念,提供顾客满意的密封产品,被美国、日本、韩国和台湾等地主要客户评为"优秀供应商"。2012年,公司实现销售收入1700万元,为国家上缴利税113万元。

(刘　倩)

陕西秦航机械制造有限责任公司 公司是集研发、生产、销售、服务为一体的专业化高科技生产车桥铸件、变速箱及配套产品的民营企业。公司位于陕西省咸阳市永寿县火车站大街。公司注册资本2000万元,总占地面积10.45公顷,建筑面积83815平方米。在职员工180人,其中大专以上43人,中高级以上技术职称8人。公司先后购置国内先进的铸造生产线一条,数控车床50台套,各类先进的铸床、冲床30余台,拥有一套国内先进的技术研发设备。公司主要产品有发动机壳、车桥外壳、小盖壳体等。2012年公司完成工业总产值3亿元。

(栗振兴)

食品工业

概况 2012年,全市食品工业运行总体健康良好,呈现出生产较快增长、价格高位运行、效益不断提升、投资持续增长的良好态势。全市食品工业产值317.17亿元，增长28.4%，占全部工业总产值的14.9%，对全市工业增长起到拉动作用。全市食品生产规模继续扩大，规模以上食品工业企业99家，占全部工业企业的16.5%，工业产值317.17亿元，在全市工业产业中位居第三位。食品工业产品档次有所提升，营养健康、方便快捷、优质安全食品需求扩大，食品市场向多元化方向发展，推动产品档次有所提升，精深加工食品消费比例逐渐提高。全市食品工业企业固定资产投资持续增加，台湾统一食品、广州加多宝、伊利乳业等一批知名企业落户咸阳，一批优势特色产品、商标荣获名优产品、知名商标，工业技术水平取得新进展。粮油产业、肉类加工业、酒和饮料类制造业、乳制品制造业、果蔬禽蛋类加工业、休闲食品和方便食品业等七大类产业实现持续发展，产业总体形势较好。重点企业陕西娃哈哈、红星软香酥、彩虹商贸、光明乳业、白象食品等大多数企业和集团生产经营状况良好，产量产值稳步增长。

（唐　宏）

陕西正大有限公司　公司是由泰国正大集团与陕西省牧工商总公司联合兴办的大型现代化农牧企业，总投资1200余万美元，业务涉及饲料、现代畜禽产业化养殖技术推广等方面。公司拥有年产量30万吨的现代化饲料厂，已通过ISO9001质量管理体系认证和HACCP食品安全管理体系认证，为陕西畜牧业生产提供"正大"牌（获中国名牌及中国驰名商标称号）鸡、猪、鱼、奶牛等优质全价饲料和浓缩饲料。2012年，公司饲料产销量20万吨，总产值6.85亿元，2012年度食品养殖总产值1.9亿元，利税4853.2万元。

（魏红莉）

陕西白象食品有限公司　公司拥有在岗职工715人，其中残疾员工260人，吸纳当地下岗工人和农民就业。生产的"白象"牌系列方便面以精湛的制作工艺，优良的口味，受到广大消费者的喜爱和好评。行销全国30多个省、市、自治区。2012年实现产值2.5亿元，销售额2.7亿元，纳税2012万元。

（魏红莉）

鲁洲生物科技（陕西）有限公司　公司是大型玉米深加工企业，公司地处兴平市兴渝路54号，占地面积14万平方米，建筑面积3.4万平方米，有员工600余人，年加工玉米能力21万吨、年产淀粉糖17万吨。主要产品为：果葡萄糖浆、麦芽糖浆、麦芽糊精、玉米蛋白粉、玉米胚芽、玉米纤维等产品，尤其是F55果葡萄糖浆产品是西北地区唯一的生产线，公司与可口可乐、百事可乐、伊利、蒙牛、维维、银桥等知名企业建立良好的业务关系。2012年被评为"国家高新技术企业"，公司所产的"鲁洲"牌高麦芽糖浆被陕西省名牌战略委员会评为"陕西省名牌产品"。2012年，公司实现工业总产值5.6亿元，比上年增长1.35亿元，销售收入5.6亿元，比上年增长0.3亿元，上缴各类税金3749.1万元，比上年增缴1729.4万元。

（刘小博）

陕西石羊食品有限公司　公司是由陕西石羊集团、山东六合集团、四川新希望集团共同组建的集肉食品加工、销售、动物养殖与技术推广为一体的综合性公司，位于泾阳县永乐镇。公司采用"公司+基地+农户"合作养殖模式，由公司负责提供鸡苗、饲料、兽药、服务、回收一条龙服务，带动周边规模养殖户1000多户，对加快当地畜牧产业发展，促进农民增收，起到明显辐射带动作用。通过"清真食品"认证、ISO22000食品安全认证、"肯德基"供应商认证，获"全国食品工业优秀龙头食品企业"称号。2012年，公司总产量23.23万吨，实现销售收入2.31亿元，上缴利税61.1万元。

（许战军）

陕西咸阳淳化中富实业有限公司　公司位于淳化县城关镇龙屋村，注册资金2000万元，固定资产1000万元，有职工236人，其中：中高级以上职称的管理人员7人，技术人员11人。公司本着"高标准、国际化、零退货"的经营理念和"客户的满意度就是我们的工作标准"的服务理念，以客户为关注焦点，以市场为导向，经过不断努力和高速发展，已成为SGF（国际果汁保护协会）和中国饮料工业协会的理事单位，并已通过ISO9001：2000质量体系认证。主要加工果品、蔬菜，生产非直接饮用的浓缩果蔬汁，以提供给下游饮料生产企业作为果蔬饮料及其他饮料的主要原料和配料。主要销往美国、加拿大、澳大利亚、日本、南非、韩国等国家和地区。2012年，公司果汁产量17742吨，实现产值25729万元。

（陈忠东　宋小伟）

怡科食品有限公司　公司位于泾阳县桥底镇，是西安交大博通资讯股份有限公司（持股比例90%）和西安经发集团有限公司（持股比例10%）共同出资组建的浓缩苹果汁生产加工企业。主要生产浓缩苹果汁、固（液）态苹果果糖、蔬菜汁、复合果蔬汁等，公司采用世界先进的果汁加工工艺及生产设备和质检仪器，每小时处理鲜果60吨，年生产2万吨浓缩苹果汁。在陕西省苹果汁生产企业中年产量排名第四，年可处理鲜果15万吨。被农业部评为全国农产品加工出口示范企业，产品主要销往德国、韩国、美国及日本等国家。取得欧盟认证（SGF会员证）、犹太认证、危害分析与关键控制点（HACCP认证）、ISO9000认证等多项国际质量标准认证。2012年，公司生产浓缩苹果汁1.6万吨，实现销售收入9753万元，同比增长5%，工业增加值2000万元，同比增长10%，上缴利税150万元，同比增长11%。

（许战军）

华丰食品（咸阳）有限公司　公司总投资3330万元，注册资本为1680万元，流动资金3000万元，设备投入2650万元。公司有员工610名，其中具有初级以上职称的各类技术人员85名，中高层管理人员30多名。产品主要有华丰三鲜伊面、华丰油泼辣子酸汤面及魔法士系列干脆面和魔法士双节棍棒棒冰等休闲食品。华丰食品（咸阳）有限公司是陕西省民委负责产品监制的清真食品定点生产企业，华丰系列伊面也多次被评为少数民族消费者喜爱产品。华丰食品（咸阳）有限公司很好地带动当地农产品的深加工，年消化小麦约1万吨，辣椒等农副产品500吨，为当地解决就业500人。2012年，公司实现不含税销售收入20005万元，上缴利税1042万元。

（董社昌）

陕西米旗食品工业有限公司 公司位于陕西三原清河食品工业园内。公司占地2.47公顷，总投资1.5亿元，建筑面积1.8万平方米，引进国内先进生产设备，具备国际标准、符合现代食品生产要求。已通过QS质量安全管理体系和ISO22000:2005/HACCP食品安全管理体系认证。拥有三大系列、十二单品的生产线，产品多年来畅销国内多家知名企业。2012年在职人员180人，实现产值6853.58万元，纳税513万元。

（魏红莉）

建材工业

概况 2012年，依托咸阳市丰富的石灰石矿产资源，促进建材产业加快结构调整与升级，采用先进技术发展绿色建材工业，咸阳市形成以水泥工业、玻璃工业为主体，以煤建材、冶金建材和化学建材为特色的建材工业体系。2012年末实现规模工业产值142.42亿元，占全市工业总产值的6.7%，较上年增长35.4%。其中规模工业企业62户，占全市规模以上工业企业总户数的10.3%。2012年列入市政府“1113”工程中，100个在建重点工业项目中建材工业项目25个，总投资129.3亿元；100户扩能技改项目中，建材产业11户，技改总投资11亿元；100户成长型企业中建材工业13户。建材工业以新型干法水泥、浮法玻璃、卫生陶瓷、管材和新型墙体材料等为重点发展方向，重点推进台湾玻璃中国控股有限公司1000吨/天在线low-E浮法玻璃生产线项目、河南海洋化纤集团有限公司年产5万吨造币用纸、证券用纸项目、陕西高科建材（咸阳）管道科技有限公司铝型材及管材生产线项目，陆续开工。

（刘小虎　韩崇虎）

冀东海德堡（泾阳）水泥有限公司 公司是由唐山冀东水泥股份有限公司与海德堡水泥控股香港有限公司共同出资成立的中外合资企业。公司有两条5000吨/天熟料新型干法水泥生产线及配套的25兆瓦纯低温余热发电项目，两条生产线均以高起点、高标准的环保设施进行建设，平均每年消耗粉煤灰、硫酸渣、工业炉渣、脱硫石膏、硅石尾矿等工业废渣超过120万吨，生产“盾石”牌P.O52.5R系列硅酸盐水泥500万吨，产品广泛用于西安地铁二号线、郑西客运铁路专线、包西铁路等国家重点工程和基础设施工程建设。余热发电项目使能源利用率提升至95%以上，为全省循环经济发展和环境保护事业做出重大贡献。2012年，生产水泥380万吨，实现销售收入9.58亿元，工业增加值3.79亿元，上缴利税3.08亿元。

（许战军）

泾阳声威建材有限公司 公司位于泾阳县云阳镇，是浙江声威集团在陕投资的民营股份制建材（水泥）企业，拥有职工600人，年产水泥200万吨，生产线全部采用国际领先的新型干法生产工艺技术，主要生产声威牌普通硅酸盐52.5R、42.5R复合低碱水泥等，产品广泛应用于高速公路、铁路、机场等国家重点及民用工程。是国家产业政策重点鼓励类企业，通过陕西省资源综合利用和清洁生产企业认定，ISO14001:2004环境管理体系、ISO9001:2008质量管理体系、GB/T28001-2001职业健康安全管理体系和产品质量认证。2012年，投资850万元，采用先进的选择性非催化还原技术对2500吨/天新型干法水泥窑1号生产线进行烟气脱硝改造，减少氮氧化物的排放量。全年共生产水泥193万吨，实现销售收入5.09亿元，工业增加值9136万元，上缴利税3398万元。先后被评为外省区市在陕投资优秀企业、全国建材行业质量管理先进单位、全国水泥行业品质检验大对比全优单位、咸阳市工业发展突出贡献先进单位，咸阳市优秀民营企业。

（许战军）

陕西华特玻纤材料集团有限公司 公司是陕西延长石油（集团）有限责任公司下属单位，位于陕西省兴平市。陕西华特玻纤材料集团有限公司下属陕西华特新材料股份有限公司、陕西海特克复合材料有限公司、陕西华特实业分公司、职工医院4个单位。公司注册资本金8000万元。企业生产规模国内排名第一，在世界排名第三，主要从事耐高温特种玻璃纤维制品的研发生产，具有丰富的生产管理经验和研发实力，被中国玻纤工业协会命名为“中国特种玻纤生产基地”。有员工2786人，占地面积27.7万平方米，建筑面积12.9万平方米。拥有高硅氧、无碱、耐碱、湿法无纺制品、贵金属（铂、铑、铱）加工、表面涂覆、玻璃钢复合材料、经编织物等专业生产线。产品广泛应用于电子信息、航空航天、新型墙体、环保节能、电绝缘、风力发电材料、体育器材等诸多领域，是发展高新技术产业不可缺少的结构材料和功能材料。公司特种玻纤产品在国际市场占有20%的份额。2012年华特集团先后获中国建材行业500强、中国航天突出贡献供应商、陕西省高新技术企业、名牌创建先进企业等称号。无碱渔竿布、耐碱无捻粗纱、BNT玻纤过滤网布被评为陕西省名牌产品，ISO9001质量管理体系通过中国船级社审核，清洁生产管理项目获得全国建材行业管理创新成果二等奖。采取灵活的营销策略，以大客户为重点对象，巩固老客户、开发新客户，形成“以重点产品为主导、以常规产品为基础、以新特小产品为补充”的产品营销格局。安全生产健全完善机制，对重大工程项目、技术设备改造、抢修工作全程安全监督，坚持节假日安全巡查，杜绝安全隐患，保证安全顺畅生产。公司紧扣行业发展趋势及市场需求，充分利用产业结构调整及区域政策机遇，以特种玻璃纤维及制品深加工为主业，以新项目和核心子公司为融资平台吸引外部投资，实现项目建设带动技术提升及产能扩张，大力发展适用于新材料、新能源及新兴产业制品，把公司建成管理规范化、产品系列化、品质高端化、市场国际化，具有区域和行业影响力的企业集团。加大技术进步步伐，以项目带动发展，以体制创新、文化建设为保障，综合能耗降低15%以上，努力实现零排放，使公司成为管理科学、优势突出、品质精良、环境友好、服务一流的世界著名特种玻璃纤维企业。陕西华特玻纤材料集团有限公司2012年整建制划归陕西延长石油集团有限责任公司管理。依据国家、行业、陕西省的产业政策，国家"新材料产业十二五规划"、国家国防科工委的"十二五"规划、陕西省材料工业"十二五"规划及陕西省军民融合发展规划，积极争取延长石油集团公司的支持，并结合企业实际，华特集团公司制定"十二五发展战略规划"。重点进行高性能纤维及制品生产基地发展规划建设，规划计划共投资25亿元，分两个阶段完成华特集团公司项目建设：第一阶段：投资4300万元，用一年完成生产区整体改造，使老生产区工艺技术、装备水平、生产环境、职工收入明显提升，节能环保达到国家标准要求。第二阶段：投资24.5亿元，新征土地53.33公顷，用3年~5年完成新生产区建设。2012年，华特集团合并实现工业总产值3.04亿元，较上年增长6.51%；实现主营业务收入2.73亿元，较上年降低4.08%；实现利税1006.97万元。

（刘小博）

咸阳菊花水泥有限责任公司 2012年，公司生产水泥10.77万吨，实现销售收入2716.45万元，上缴税收185.27万元。生产的P.O42.5R、P.C32.5R普通硅酸盐水泥通过国际ISO9001产品质量认证，经国家水泥质检中心连续数年抽检，出厂水泥、富裕强度、袋重、一等品四个合格率100%。

（许战军）

电子工业

概况 全市共有规模以上电子企业20户，其中省部属企业6户，市属企业4户，其他企业10户。电子工业企业中上市公司2户，主要产品有整机产品、元器件产品和原材料产品三大类。骨干企业有彩虹集团、陕西如意广电科技有限公司、咸阳偏转集团公司等，主要产品有光伏玻璃、玻璃基板、LED发光基板、广播发射机、卫星接收机、磁性材料、覆铜板、锂离子电池及电子器件。随着国家的改革及政策的调整，各企业不断地加快产业结构调整步伐，加快企业战略转型速度，进一步培育和扩大新的利润增长点，同时一批重点新产业项目相继开工。截至2012年，电子工业全年实现工业总产值47.43亿元，同比增长52.1%，占全市规模以上工业总产值的2.2%，高于全市规模以上工业增速22.6%。

存在问题 全市电子企业主要集中在CRT电视产业链上，随着市场萎缩，电子企业生产困难，彩虹集团逐步向光伏产业发展，但是光伏产品受国际市场的影响发展不景气；电子工业产业领域的新产品、新材料、新设备、新技术的开发还存在瓶颈，技术创新体制与投融资体制尚需进一步完善；电子工业产业结构不合理，产业集群度低，信息产业领域上规模的龙头企业不多；人才资源结构性矛盾突出。

（王玉珂 姚 磊）

彩虹集团 立足"显示器件及其零部件的研发制造、光电产品整机及其相关零部件的研发制造"的主业定位，彩虹集团着力培育和发展与国家战略性新兴产业高度吻合的显示器件业、部品材料业、光电子相关业等三大主业，分别涉及新一代信息技术、新能源、新材料、节能照明等产业领域。经过不懈努力，已基本形成北京总部（投资和管控），陕西、长三角、珠三角、合肥产业基地的发展布局；液晶基板玻璃、新型发光材料等业务已接近或达到国际先进水平，光伏玻璃、节能照明、LED（发光二极管）等业务跃居或接近国内行业先进水平。拥有二级全资、控股公司11家，参股公司10家，直属单位1家；拥有2家上市公司：彩虹股份和彩虹电子；有职工1.1万余人，总资产189亿元。2012年12月，经国务院国资委批准，彩虹集团整体并入中国电子信息产业集团有限公司。

（彩虹集团）

咸阳偏转集团公司 *主要经济指标*

2012年，尽管原主导产品偏转线圈全面停产，对公司整体产业格局产生重大影响，但是，新兴的液晶部件及锂电池产业经历几年的发展，逐渐步入良性运行轨道，形成较为稳定的市场资源，产销明显增长，呈现良好的发展态势。2012年完成工业总产值82924万元，完成年计划的104.8%，同比增长7.9%；销售收入86586万元，完成年计划的105.1%，同比增长4.6%，出口创汇8980万美元，完成年计划的102%，同比增长4.1%。

新产业生产经营 2012年，威力克公司全年实现销售收入1856万元，比2011年同期增长243%；捷盈公司在代加工业务的基础上，不断加大自主产品的生产，全年实现销售收入6181万元，比2011年同期增长20.3%；威海大宇公司实现销售收入7.4亿元，比上年增长7.2%，是该公司建立以来销售收入最高的一年。

产品创新 三个核心企业在新市场开发上取得突破性进展，分别与国内一流的行业领先企业进行合作和产品供货。新产品开发成效较为显著。2012年，捷盈电子公司全年新开发产品两大灯系十几种规格，并且大多数规格已经实现批量供货。威海大宇公司新产品电脑一体机、电视、特殊显示器实现销售12万台，占总销售数量的11%，占总销售收入的25%。威力克公司共计开发10款铝壳3款软包电池新产品，其中6款铝壳产品已经进入量产。

（曾 兰）

医药工业

概况 截至2012年底，全市医药工业规模以上企业19户，完成产值95.27亿元，同比增长31%，占全市支柱产业比重4.5%。拥有胶囊、片剂、颗粒剂、糖浆剂、口服液、注射液等23种剂型,1252个药品批准文号,其中80%为中药制剂。拥有医疗机构制剂室10个,生产制剂品种199个,其中中成药约占55%。2012年中成药产量11351吨。重点企业有陕西白鹿制药股份有限公司、陕西康惠制药股份有限公司、陕西健民制药有限公司等。其中1亿~5亿元10户,5亿~10亿元1户,10亿~20亿元2户,龙头陕西步长制药有限公司完成产值29亿元,同比增长29.6%。

(张建军)

陕西步长制药有限公司 步长制药是一家专注于中药专利药研发、生产、销售的国内知名企业,公司拥有员工万余人,在山东、陕西、河北、东北设有生产基地,同时在北京、上海、广东设有分公司。经过多年发展,公司已建成一支高素质、专业化团队,拥有10家药厂,销售网络交叉覆盖全国1.5万个医院和13万个零售药店。2012年,步长依靠科技、学术、专家,带动产业发展,以"科技研发强、医学推广强、生产制造强"为企业的核心竞争力,为创造百年企业不懈奋斗。超额完成年度销售任务,为国家纳税15.3亿元。2012年,《医药经济报》发布2011年度中国制药工业百强榜,步长凭借良好的销售业绩,蝉联"中国制药工业百强"第8位。4月,步长制药获"中国中西医结合学会科学技术奖";12月,步长制药获评"2012中国中医药行业最具影响力民族品牌";赵步长获陕西省发明协会第三届"发明创业奖"特等奖。同时,步长制药致力于公益事业,在"第九届中国慈善排行榜"评选活动中,步长制药获"十大慈善企业"称号;11月,"健康中国2012公益项目"评选,步长制药获"公益项目创新奖"。步长制药发起"共铸中国'心'——西部地区心脑血管病健康关爱计划",针对西部贫困地区心脑血管病患者进行免费救助。2012年,"同心·共铸中国心"走进西藏、青海、甘肃,为当地群众免费巡诊、送医送药等,为他们送去健康关爱,推动西部医疗卫生事业的提升。

(步长制药)

陕西省医疗仪器厂 企业主导产品为"露水牌"CR.W系列体温计,已通过ENISO9001/ENISO13485国际质量管理体系认证和CE认证,获得自营进出口权。玻璃体温计棒式、内标式、元宝形等系列产品年生产能力可达1800万支以上;同时生产有温度计系列等产品,并可满足用户"定牌制作"的需要。企业资产总额4404.6万元,其中固定资产2295万元。2012年,企业实现销售收入1363.5万元,上缴国家税金102万元。

(魏红莉)

纺织工业

概况 截至2012年底,全市纺织工业规模以上企业44户,完成产值91.12亿元,同比增长28%,占全市支柱产业比重4.1%,占全省纺织服装工业总产值的41%。拥有棉纺纱锭110万锭,各类织机9960台,其中无梭织机2591台。主要产品包括纱线、坯布、印染布和服装。年产纱线10.42万吨、各类坯布2.71亿米、印染布7438万米,年生产服装49.2万件,包括西服、休闲服、工服、衬衫、儿童服装、针织服装、床上用品等。同时,土织布也已形成产供销链条较为完善的产业,形成礼泉"纤手"、乾县"秦彩"、武功"苏绘"、兴平"金梭子"四大品牌,具有一定的市场知名度。乾县棉纺织产业集聚发展的势头明显。截至2012年底,全县共有各类纺织企业30多家,纱锭规模60多万锭,织机5000台。年实现产值约30亿元,成为西北地区民营纺织第一大县。咸阳市重点企业包括西北一棉、西北二棉、华润纺织、八方纺织、际华新三零陕西同润纺织等重点纺织企业。其中年产值1亿元~5亿元企业21户,5亿元~10亿元企业2户。

(张建军)

陕西同润纺织有限公司 公司是集棉花收购、仓储、加工销售于一体的民营企业,注册资金900万元,二次工程启动后注册资金为3000万元。公司有员工700余人,有国内外先进纺纱设备10万锭,年产棉纱约万吨,年产值3亿元,实现利税1500万元,带动地方包装、运输、餐饮、纺织配件、销售及维修的可持续发展,起到推动地方经济发展的带动作用。在纺织产品出口受阻,内销不旺,生产成本大幅度增加的情况下,公司推出并完成设备技改,二次扩建项目先后改造清花设备、空调设备,引进精梳机,德国赐来福气流纺机,日本村田自动络筒机,10万锭纺纱规模可承做国内各种规格优质棉纱线。经济指标完成年产8000吨棉纱,产值约3亿元。

(刘 倩)

纺织工业

金盾纺织(泾阳)有限公司 公司是香港独资企业,主要从事棉花收购与加工、棉花生产与销售。拥有国内先进水平的LA009-FA203清梳联合机组和精梳设备,国际先进水平的自动络筒机设备,均配置有变频和自调匀整装置,达到机电一体化水平。主要产品是21ˢ-80ˢ各类纯棉普梳、纯棉精梳棉纱,产品主要作为各类机织、针织面料的生产原料。产品主要销往福建、广东、江苏、四川、重庆、河北等地。2012年,公司生产各类棉纱10040余吨,实现销售收入5.7亿元,同比增长4.01%,工业增加值4200万元,同比增长4.34%,上缴利税680万元。公司先后获得“陕西省农业产业化经营重点龙头企业”、“陕西省纺织工业调整和振兴规划实施方案重点培育企业”、“省级质量服务信誉品牌企业”、“国企改革工作先进单位”、“诚信纳税户”等称号。2012年,被陕西省质量中心授予“质量信得过推荐单位”,其中“泾河牌”纯棉普梳纱被陕西省人民政府评为“陕西省名牌产品”。

(许战军)

陕西八方纺织有限责任公司 2012年,公司实现工业总产值(大合并)3.67亿元,实现销售收入3.16亿元。公司以“品种效益年”活动为抓手,不断加大技术交流力度和人力、财力投入,成立产品研发室,制定《加强新产品开发工作实施方案》,与陕工职院、西安工程大学和纺研所签订技术协作协议,使产品定位不断向功能型、复合型、环保型、效益型迈进,收到较好效果。全年开发棉纱产品25个,开发棉布新产品104个,其中有44个品种批量投产,有18个品种毛利率16%以上,新产品实现产量138万米,实现产值1275万元,实现利润100万元。4个系列10个新产品通过省级新产品鉴定,“劲松”牌精梳棉本色布获陕西省名牌产品称号,赛尔迪伊、赛尔维萨、绮斯罗三个面料入围秋冬季中国流行面料,成为2012年陕西省纺织行业唯一入围企业。通过工艺试验和单唛试纺,使配棉更加合理,努力寻求质量、效率与产量的最佳结合点。针对生产中长期难以解决的课题,成立质量攻关组,通过合理配棉调整工艺,普梳纱千米棉结、精梳纱千米棉结均比上年降低30%和50%,达到多年来最好水平;通过优化浆料配方,提高浆轴质量,解决有梭30ˢ品种梭底粘胶问题,使喷气80ˢ品种上浆率下降1.5个百分点;通过调整边纱穿法,控制落后机台,使喷气十万纬断头由上年的40根减少到31根,降低幅度明显;通过加强抽验和及时反馈,使有梭下机一等品率58.82%,比上年提高3.31个百分点;等级品由每月的8.9万米下降为7.5万米,下降幅度为16%。严格执行标准,建立新的质量监督办法,保证产品质量持续稳定,实现连续三年重大质量“零”索赔的目标。企业荣获质量管理小组活动优秀企业,后纺车间获全国QC优秀成果奖。各车间开展三班制、兼并带、工序承包等新的用工管理模式。前纺车间率先在气流纺工序成功试行三班制,大幅提高职工工资,节约用工25%。有梭车间、后纺车间、动力部、治保部也在部分岗位试行三班制,为实现人员精简和职工实际收入提高的双赢奠定基础。全年万锭用工同比减少21人,百台用工同比减少5人,职工总数由年初的4110人下降为3749人,超额完成全厂用工减少4%的目标任务。根据咸阳市“退城入园”安排,公司抓好生产经营和入园前期准备工作。成立园区建设工作领导小组和退城入园政策研究室,经多方调研考察、优化论证,制定公司《产品定位和设备选型方案》《人员分流和主辅分离方案》,为企业“退城入园”奠定坚实的基础。

(许敏盟)

咸阳华润纺织有限公司 2012年,咸阳华润累计生产纱线共8718吨,坯布3566万米,实现工业总产值30862万元,销售收入33657万元,上缴税金2883万元。

新产品开发 2012年,咸阳华润面对棉花等原料价格大幅下跌、全棉高支品种销售不畅,价格持续下跌等不利影响,努力开拓市场,以调整产品结构和生产高毛利率品种为出发点,加强订单产品和优化销售渠道,防范经营风险,努力提高生产经营水平。企业在细化梳理出全棉、粘胶及混纺、涤及涤棉混纺和功能性面料四条生产线的基础上,加大新产品开发力度,进行产品结构调整,产品结构逐步由纯棉向功能性面料、装饰面料方面发展。相继生产、开发防静电黑丝细斜纹布、防静电经向黑丝细平布、交织巴比布、T/R系列哔叽和纯天丝30ˢ和60ˢ等新品种。服装面料方面,逐步下掉全棉大路品种,加大粘胶及混纺产品的生产规模,使全棉产品的生产量由上年的70%下降到40%左右,粘胶及混纺产品的生产量由原来的20%增加到45%。粘胶及混纺产品突破原来只能生产人棉单一品种的局面,相继生产人棉其他订单品种,为客户试织FB60X(60+Fe68D)不锈钢丝等7个品种,拓宽品种范围。在加强粘胶产品的基础上,加大天丝及导电布系列产品的研发,使品种结构逐步向特种纤维、功能性面料方向发展。家纺面料方面,在粘胶产品上得到突破,成功为富安娜家纺等企业生产订单立品,为宜家家纺批量生产T100DX(T14+C7)93X(23+23)87″色织布,使产品结构由单一的全棉产品向多种非棉纤维发展。进一步加强市场反应机制,修订、完善、规范订单产品生产管理流程;生产部、品质部、市场部和物流部随时召开碰头会,对订单产品生产过程中出现的问题进行及时协调解决。

淘汰落后产能 进行技术改造 咸阳华润一直把“设备自动化、技术先进化、产品差异化”作为企业发展的目标。华润纺织集团已经累计投入2亿元实施五次技术改造项目。至2012年6月,企业共淘汰落后纱锭4.8万锭、淘汰有梭布机1290台及其他老式设备共计2000台(套),更新为进口宽幅喷气织机、自动络筒机、双浆槽浆纱机、国内先进细纱机、清梳联设备以及部分纺部配套设备380台(套),提升企业的设备能力。经过技术改造和淘汰落后产能后,企业拥有的103612枚纱锭全部为FA以上设备;织机597台,其中喷气织机522台,片梭织机75台,自动络筒机29台,企业“无卷化、精梳比例、自络无接头比例和无梭化比例”分别达到80%、80%、100%、100%,全面实现无梭化,企

业生产能力进一步增强。

(庞一民)

西北二棉纺织有限公司 2012年,西北二棉以"品种、质量、效率、成本、效益"为主线,以"企业经济效益、职工生活质量双提升"为目标,着力巩固纱布机效率,提高纱线质量,合理生产布局,规范岗位合理用工,稳妥推进改革改制。11月30日,咸阳市中级人民法院以(2012)咸民破字第0002-4号民事裁定书宣告西北二棉集团有限公司破产。使企业在今后的发展路程中做到资产优良,轻装上阵,更好地参与市场竞争,实现年初职代会上改制目标,西北二棉纺织有限公司走向调整结构、转变经济发展方式之路。全年工业总产值累计实现28495.55万元,销售收入累计实现21292万元。

(刘　英)

陕西中南越强纺织品有限公司 公司位于咸阳市乾县工业区,是专业从事高档服装纱线的生产制造商,公司注册资金800万元。在职员工235人,占地面积4公顷,建筑面积24695.84平方米,绿化面积4300平方米。经营纺织原料购销、棉花、籽棉收购加工、针纺织品、针织服装面料、服装的加工与销售。公司总投资9200万元引进国内外先进的纺织设备,全部生产线均采用机电一体化、工业电脑控制。厂房、空调、除尘等附属设施均达到国家节能环保要求。生产规模为3.6万纱锭,生产能力为年产纯棉纱约4500吨,年用棉花量约5000吨。2012年,实现年产值12983万元,利税715万元。

(刘　倩)

陕西华润印染有限公司 公司是一家主要从事纯棉、涤棉等织物的漂白、染色、印花加工的中型印染企业,主打产品为功能性服装面料,并能根据客户需要对织物进行超柔、防缩、轧光、阻燃、防雨、防油、吸湿排汗、碳素磨毛等特殊整理,产品远销港、澳、日本及欧美等市场,市场信誉良好。公司资产总额8949.2万元,有职工近400人。公司拥有2条半前处理生产线,染色、印花、后整理生产线各2条,主机设备主要从日本、荷兰、德国等国进口;质量检测手段齐全,通过ISO9001国际质量体系认证;拥有污水、烟气在线监测等先进环保设施,日处理污水能力6000吨。年生产能力4500万米,年产值1.5亿元。华润纺织集团先后投资2000余万元对企业进行技术改造,购置直辊布铗丝光机、显色皂洗机、连续轧染机、立信MFS定型机、长环蒸化机等主机设备,提高设备性能和生产效率。公司加强同省内科研单位、纺织院校及上下游产业链以及优势企业合作,开发功能性工装(军装)面料,形成较强的差异化产品竞争优势。新产品"特种油田工装面料"获得华润纺织集团最佳实践案例三等奖;"防静电阻燃防水防油污全棉纱卡"面料,通过"国家纺织质量监督检验中心"和"中国纺织科学院研究测试中心"的检验。2012年,陕西华润印染有限公司响应支持国家和政府淘汰落后产能的号召,完成淘汰落后产能1400万米,拆除74型及超年限印染设备16台的任务指标,为加快公司产品结构调整,推进节能减排和可持续发展,为创建低碳环保及节约型社会做出积极的贡献。2012年,公司完成印染布总产量2460.63万米,合格率99.07%;销售量2482.67万米,完成销售收入9234.65万元。

(杨振立)

咸阳市煤炭工业局

市委书记姜锋在市煤炭局检查工作

副市长刘印生深入井下检查工作

市煤炭局局长白秋生（左一）在彬县水帘洞煤矿检查安全生产工作

咸阳市煤矿安全监控中心监控平台

咸阳市煤炭工业局为政府直属管理机构。局机关内设秘书科、安全监察科、开采监管科、发展规划科、信息调度科和纪检监察室等6个职能科室，下辖市矿山救护大队（副县级建制）和市煤矿安全监控中心（正科级建制）2个事业单位。市煤炭局认真贯彻落实国家、省、市关于煤炭工业发展和煤矿安全生产的一系列政策规定，按照“标准建设、规范操作、制度管理、文化引领、常抓不懈”的思路，狠抓落实，有力地促进了全市煤炭工业又好又快发展。原煤产量连续七年稳居全省第二，连续十年被省政府表彰为安全生产先进单位。全面完成了省上下达咸阳市的煤矿关闭工作任务，瓦斯抽采及综合利用水平走在全省前列，地方煤矿创建国家级质量标准化矿井连续四年全省领先，地方煤矿单井规模和综合机械化开采水平位居全省第一，煤炭文化软实力的带动和支撑效应日趋彰显。2012年9月，市煤炭工业局被国家人力资源和社会保障部、中国煤炭工业协会联合表彰为“全国煤炭工业先进集体”，为全省唯一受到国家表彰的地市级煤炭管理部门。

长武县亭南煤矿

中國人民解放軍陕西陆

兰州军区参谋长刘粤军（前右二）来师检查指导工作

师党委班子成员参加轻武器射击考核

陕西陆军预备役步兵第一四一师于1998年10月由陆军四十七集团军步兵第一四一师改建，下辖五个团，分别预编在延安、榆林、铜川、渭南、咸阳等地区。2012年，师党委紧紧围绕“抓住机遇谋发展，围绕中心搞建设，突出重点求作为，真抓实干创一流”的思路，大力加强思想政治建设、应急应战能力建设、党委班子和干部队伍建设、基层全面建设、综合保障能力建设，先后完成了“赞颂科学发展成就、忠实履行历史使命”主题教育、学习贯彻党的十八大精神暨四级主官培训、师党委班子考核、维稳备勤、“西部12”战役演习、信息化“学建用”活动等大项工作任务，部队全面建设呈现出整体推进、稳步发展的良好局面。

办公楼

軍預備役步兵第一四一師

邀请边防学院教授李业平来师辅导授课

组织师、团、营、连四级主官学习贯彻党的十八大精神

组织维稳备勤人员进行警棍、盾牌训练

咸陽市水利局

渭城区兴隆村大棚高效节水工程

泾阳县泾惠局灌区斗渠渠道改造工程

除险加固后的冯村水库

旬邑县三水河重点段防洪治理工程

做好城市供水管网改造、确保城市供水安全

渭河防洪工程施工现场

渭河综合整治兴平段堤身碾压施工现场

全面建成后的葡萄基地高效节水工程

礼泉县王家沟水保生态林

亭口水库工程施工现场

旬邑县柏岭寺水库施工现场

咸陽市人口和

获咸阳市2011年度政风行风建设优秀单位

计生工作者深入建筑工地为流动人口送政策送服务

人口文化宣传志愿者活跃在基层

2012年，全市人口和计划生育工作以科学发展观为统领，以稳定低生育水平、统筹解决人口问题、实现人口长期均衡发展为目标，以人口计生综合改革为动力，以婚育新风进万家活动为先导，以流动人口均等化服务试点为抓手，以人口计生“三大工程”为重点，狠抓质量管理，深化优质服务，坚持依法行政，人口计划圆满完成，人口计生工作水平明显提升，人民群众满意程度不断提高。全年人口出生率9.41‰，自增率4.7‰，出生人口政策符合率98.2%。咸阳市被国家人口计生委确定为全国流动人口社会融合示范工程试点市和幸福家庭创建试点市。市人口计生委被人社部、国家人口计生委授予“全国人口计生工作先进集体”称号，在2012年全市政风行风测评中名列部门第一名。

計劃生育委員會

计生家庭优先享受改革发展成果

实施免费孕前优生健康检查项目

计划生育便民服务大厅为群众提供方便快捷优质服务

广泛动员群众积极参与母亲健康工程

共青团咸阳市委员会

市委书记姜锋、市长卫华等领导出席庆祝“五四”青年节暨第十二届“十大杰出青年”表彰大会

共青团咸阳市第五次代表大会召开

举办共青团系统及全市各界青年学习贯彻十八大精神座谈会

参加全市机关干部运动会

团市委书记林梅（左二）为“四比四赛”主题演讲大赛获奖选手颁奖

咸阳市纪念建团90周年暨“杰出（优秀）青年卫士”、“杰出（优秀）青年企业家”表彰大会

二〇一二年度目标责任考核

优秀单位

中共咸阳市委

咸阳市人民政府

二〇一三年五月

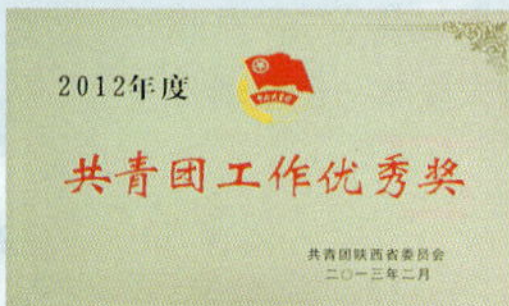

未成年人思想道德建设工作

先进单位

中共陕西省委

陕西省人民政府

二〇一三年一月

授予：二〇一二年度平安建设

先进单位

中共咸阳市委

咸阳市人民政府

二〇一三年二月

咸阳市科学技术局

团结奋进、锐意进取的领导班子

咸阳市科学技术局是主管全市科技计划与管理的政府职能部门，负责拟订全市科技创新政策和科学技术中长期发展规划。市科技局以统筹科技资源为抓手，不断完善科技创新服务体系，大力实施“12351”科技创新工程，积极探索科技与金融、产学研合作的新途径新模式，开展创新型企业试点，推动中小企业技术创新，加速技术转移和科技成果转化，促进高新技术企业发展和科技产业化。为广大中小企业及各类人才提供了良好的创新平台，营造了拴心留人的环境，将经济发展方式转变到依靠科技进步提升现实生产力，在创新型咸阳建设和关中天水经济区建设中，努力彰显科技服务的新成效，不断开创咸阳市科技工作新局面。

由市生产力促进中心搭建的咸阳市中小企业公共科技服务平台（网址：http://www.xysmes.cn）已彰显了较好的服务作用，为广大中小企业提供全方位的科技信息与技术服务，帮助中小企业诊断和解决众多技术难题，促进合作共赢和企业做大做强。

2013年陕西省暨咸阳市科技活动周现场咨询宣传活动

国家级示范

生产力促进中心

中华人民共和国科学技术部

二〇〇四年七月

市生产力促进中心被确定为国家级示范中心

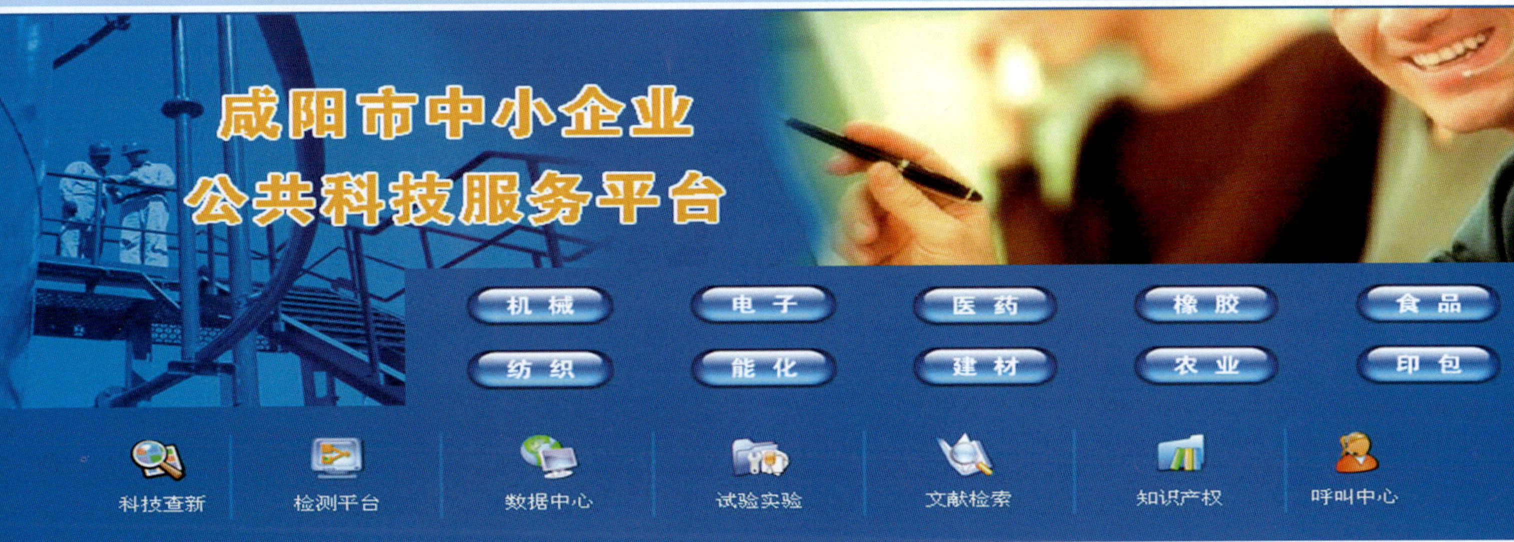

意见反馈 | 技术支持：陕西华泽信息科技有限公司

咸阳市中小企业公共科技服务平台 | 咸阳生产力促进中心 版权所有(2001-2007)

陕ICP备06000992号

咸阳市农机管理中心

省长娄勤俭（前左二）在武功县检查三夏机收机播工作

市委书记姜锋，市长卫华，市委副书记、市政协主席乔军在兴平检查夏收农机使用情况

市农机管理中心主任刘辉（左四）深入田间地头宣讲农机优惠政策

咸阳市实施全国农业机械化示范区动员会

咸阳市农机管理中心以提高现代农机装备水平、促进农业增效农民增收为目标，以实施全国农业机械化示范区为抓手，立足农机抓农机，跳出农机抓农机，围绕大局抓农机，大力推广先进适用农业机械，创新农机安全监管方式，提升农机化服务水平，健全管理激励机制，内强素质，外树形象，使全市农机化事业不断迈上新台阶，为实现“四强三领先”西部强市“咸阳梦”做出积极努力。全市累计争取中省农机项目资金3.54亿元，带动农民投入7亿元，农业机械总量达到47万台部，总值达到21亿元，惠及农户10余万户，农业机械化综合水平达到59%。咸阳市农机管理中心先后被评为全省农业机械化管理工作先进单位、全省农机安全监理工作先进单位、全省“AA”级档案管理先进单位。

玉米机械化收获

咸阳市烟草专卖局（公司）

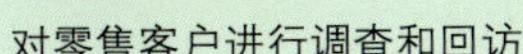
对零售客户进行调查和回访

刚烘烤出来的“黄金叶”

咸阳市烟草专卖局成立于1986年6月，陕西省烟草公司咸阳市公司成立于1986年9月，内设16个科室，下辖11个县（市）局（分公司），咸阳市局（公司）秦都分局、渭城分局和城区客户服务中心，管理原咸阳复烤厂办事处，控股并监管咸阳烟叶复烤有限责任公司和宏立商贸有限责任公司。在岗正式职工588人，聘用员工226人，内退职工313人。

2012年，咸阳市烟草专卖局（公司）销售卷烟93.777亿支，同比增长1.73%，单箱销售收入16151元（不含税），同比增长16.09%，市场状态保持良好。全年完成“两烟”销售收入307495万元，同比增长14.39%；实现税利58762万元，同比增长8.89%，其中利润28733万元，同比增长5.66%。

全市烟农户984户，种植烟叶1084.93公顷，分布在18个镇80个村，户均1.1公顷。投资1418.56万元建成基础设施项目151个，其中密集式烤房128座，机耕路30.9千米，机械33台，育苗大棚33座，为烟农增收提供了保障。2012年，全市查获涉烟案件1513起，其中万元以上81起，同比增加45起，司法处理24人，查扣违法卷烟983.13件，案值439.84万元。成功破获了“七一六”假烟网络案件，涉案假冒雪茄烟500余件，标值100余万元。实施阳光许可工程，加强许可证监管，扎实开展持证零售户基础信息核查，新办证1766个，注销1163户，取缔无证经营618户。推行内管委派制，成立内管派驻办和派驻小组，配备专职人员，内管工作进一步加强。

邀请消防专家对机关职工进行消防知识辅导

开展爱国主义教育，喜迎共和国63岁华诞

秦都区 QINDUQU

秦都区以“驻二晋一创五星”活动为载体，开展党的群众路线教育实践活动，区委书记陈肖坪（左一）深入联系点与农民朋友亲切交谈

区长韩宏琪（前左二）深入重点工程建设，现场解决存在的具体问题

总投资40亿元的安吉物流等8个项目集中开工建设

总投资16.3亿元1000兆瓦多晶硅铸锭项目一期顺利建成

秦楚汽博城营销中心

秦都跨越发展跃居全省七强区，区委书记陈肖坪（右一）在全省县域经济社会发展会议上领奖

总投资256亿元的9个重大项目落户秦都，区长韩宏琪（前排右）在秦都区2013年第一批招商引资项目集中签约仪式上

总投资6.8亿元年产135万套法士特同步器项目建成投产

彩虹光伏玻璃生产线竣工运行

百万元重奖教育功臣

群众文化艺术活动亮彩纷呈

苗木花卉产业蓬勃发展

兴平市 XINGPING SHI

2012年10月，省委书记赵乐际来兴平检查指导工作

2012年11月30日，省长赵正永来兴平就省市共建大西安工作进行调研

兴平市委书记杜润民（左一）、市长苏晓梅领取省级卫生城市牌匾

2012年，兴平市以创建陕西十强县（市）为目标，按照“推进工业强市、加快进位赶超、提振创业激情、打造魅力兴平”的总体要求，推动大项目建设，积极推进新农村建设，全力加快城市化进程，全市经济社会继续保持强劲的增长态势。全市生产总值完成145.2亿元、增长13.5%；规模工业总产值、增加值分别完成229.3亿元、62亿元，增长26.5%、24.5%；全社会固定资产投资完成142.7亿元，增长28%；财政总收入完成8.4亿元、增长20.5%，地方财政收入完成3.93亿元、增长28.6%；城镇居民人均可支配收入27246元，农民人均纯收入8437元，均增长16%。全国加强基层动物卫生检疫工作现场观摩会和全省有机肥生产现场会、全省县域工业集中区创新发展现场会在兴平市召开。兴平市先后获得陕西省级卫生城市、陕西省级园林城市、全省县城建设先进市等称号。

渔塘湿地

陕西兴化30万吨合成氨 30万吨甲醇装置

陕西兴化43000空分装置

陕柴总装车间

香鹅雁养殖

农田中新安装的太阳能虫情监测灯

兴平市万亩清水莲菜一角

第三届荷花节活动现场

彬县

BINXIAN

2012年10月9日，省委副书记孙清云（前左二）、副省长朱静芝（前左三）视察彬县教育工作

2012年3月8日，副省长祝列克（前右二）视察彬县农业农村工作

2012年10月23日，中国彬县第四届柿子节暨公刘农耕文化节举行

2012年7月6日，邠州千狮桥通车典礼

2012年7月30日，市长姜锋在彬县邠州千狮桥视察

2012年10月9日，全省县级党政领导优先发展教育现场会在彬县召开

2012年6月12日，全省公安系统"彬州杯"警务实战演练在彬县举行

旬邑县

城区群众搬迁安置房

文化园

石门山国家森林公园西大门

马家堡关中特委、关中分区革命旧址

旬邑县坚持以科学发展观为指导，以构建富裕文明和谐新旬邑为目标，优化经济结构，转变发展方式，提升发展质量，全县经济社会步入了科学发展、跨越发展、和谐发展的新时期。连续五年被评为全市年度目标责任考核优秀等次，先后获全国绿色小康县、全国苹果20强县、全国新农村建设示范县、全国新农村建设档案示范县、全国新农合工作先进集体、国家卫生县城、中国低碳经济示范县、全省医改工作先进县等称号。

县城集中供热公司一角

原底社区下西头新村

旬邑苹果

百万头生猪大县建设

淳化县

省市领导娄勤俭、姜锋、卫华等视察杨凌农高会淳化展区

副省长庄长兴来淳化调研

市长卫华来淳化调研

百万头生猪养殖项目在淳化开工

2012年，淳化县委、县政府紧紧围绕“果畜强县、旅游强县、新型工业强县和生态名县”建设目标，坚持发展第一、项目至上，争取各级各类专项资金6.8亿元，引进世界第二，亚洲第一的广东温氏总投资15亿元的百万头生猪养殖一体化项目。实施重点项目56个，年度完成投资23.58亿元。获“全省招商引资先进县”称号；大力发展现代农业，咀头红提葡萄示范园成功创建“省级现代农业示范园”，卜家设施蔬菜示范园成功创建“市级现代农业示范园”，“淳华”牌红富士苹果获第五届中国陕西（国际）苹果博览会金奖；实施“大文化、大生态、大旅游”建设，启动总投资10亿元的四十里黑松林文化生态长廊建设项目，完成长廊绿化573.33公顷。建成淳礼跨谷观光索桥，甘泉湖旅游景区和爷台山战地主题公园分别成功创建国家3A级和2A级旅游景区。

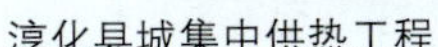

淳化县城集中供热工程

PIC曾祖代种猪由美国运抵咸阳机场，落户淳化

211国道拓宽改线工程2千里试验段竣工

淳化县医院住院部大楼落成

咸阳市实验小学

市委书记姜锋、市长卫华参观学校科技节展览

咸阳市实验小学是咸阳市唯一的一所市属小学，占地11533平方米，建筑面积7700多平方米。有29个教学班，1800余名学生。学校为每个教室配备先进的多媒体设施和高品质的多功能教室、录播教室、科学探究实验室、藏书丰富的图书馆以及塑胶人造草坪操场，为师生的共同成长提供了一流的保障。学校有83名教职工，具有大专学历的教师达95%，全国模范教师2名，陕西省特级教师2名，省市级教学能手、知名教师、骨干教师、教坛新秀等30多名。先后有50余人次获国家、省、市级优秀教师、优秀党员、先进工作者等称号，200余篇教师论文在国家、省、市级刊物上发表、获奖或交流。学校先后获“全国红旗大队”、“中西部中小学网络教室示范校”、“全国中小学未成年人思想道德教育先进单位”、“陕西省师德建设先进单位”、“陕西省素质教育示范学校”、“陕西省文明校园”等多种荣誉称号。

载歌载舞　欢庆“六一”

优美的校园环境

学校春季趣味运动会剪影

咸阳市军队离休退休干部第二休养所

老年人阅览室

老年人正在用餐

干净、整洁的操作间

老年人休闲广场

咸阳市军队离休退休干部第二休养所位于市区沈家小区沈福巷，是1987年经市政府批准筹建，1993年正式成立的正县级事业单位，隶属于市民政局。主要职能是从事对军队移交地方政府管理的离退休干部、退休无军籍职工安置管理和服务。全所有工作人员、军队离休退休干部、无军籍职工等共计155人。2012年，军干所本着为进一步推进服务管理社会化，深化细化对老干部的服务，投资80余万元建起了“军干所老年人日间照料中心”，使他们更好的过上幸福地晚年生活。咸阳市军队离休退休干部第二休养所先后被国家民政部授予“全国先进干休所”称号，被陕西省民政厅授予“和谐军休家园”称号。被咸阳市委、市政府授予“文明单位”。

咸阳市第二军干所老年人日间照料中心

老年人日间照料中心外景

咸阳市水利工作队

队长周勇翔慰问三原东周儿童村儿童

全市水利专业技术人员继续教育首期培训学员合影

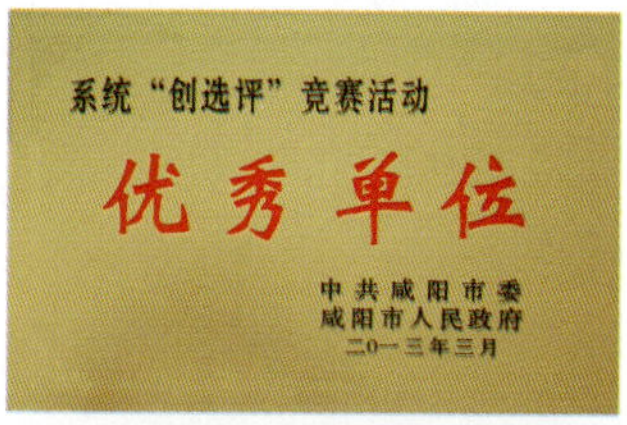

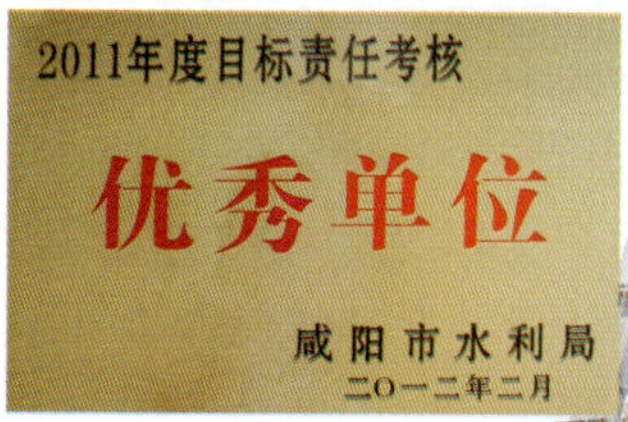

咸阳市水利工作队于1967年经原咸阳军分区农业生产办公室批准成立，隶属咸阳市水利局，为县级事业单位。主要负责全市水利工程建设项目的技术指导，承担相关公益性水利项目的建设。负责全市地下水资源的勘探、勘测和开发，负责全市防汛抗旱应急救援工作，承担全市工化专业救援队相关职责分工；维护、维修防汛抗旱设备；负责全市水利新技术推广和对外经济技术合作交流；承担全市水利系统干部职工业务技术培训工作；负责全市水利行业安全生产技术指导和培训；指导各县市区水利工作队业务工作。市水工队组织180余人次参加渭南、咸阳等地抗洪救灾工作。积极参加陕西省国防动员委员会在渭南华县险工段组织的“秦动2009”渭河抗洪抢险实兵演练，严格落实各类抢险救援任务，累计完成泾河七二四生死大营救等大小救援21次，成功施救20多人，受到社会各界人士的广泛好评。组织水利安全生产、防汛抢险救生技能、工程安全检查监督及专业技术人员继续教育培训45期，4600人次，连续多年被省水利厅评为全省水利经济先进单位、抗洪救灾先进单位、省水利厅“创选评”竞赛活动最佳单位和咸阳市水利系统先进单位。2012年度市被委、市政府表彰评为的“创选评”优秀单位。

系统“创选评”竞赛活动
优秀单位
中共咸阳市委
咸阳市人民政府
二〇一三年三月

2011年度目标责任考核
优秀单位
咸阳市水利局
二〇一二年二月

水工队防汛抗旱抢险应急救援队员进行防汛抢险演练

咸阳市城市客运管理处

处领导一线检查督导

开展稽查活动，维护消费者、经营者的合法权益

咸阳市城市客运管理处是咸阳市交通运输局下属的全额财政事业单位，其主要职责是依照《陕西省出租汽车客运条例》，对城区出租汽车实施行业管理。市城市客运管理处牢固树立“发展现代交通、奉献一流服务”的行业理念，坚持规范管理、文明执法，以营运出租客运车辆和从业人员为重点，加强职业道德教育培训，强化市场稽查整治，畅通投诉举报渠道，依法保护经营者的合法利益，维护消费者的合法权益，努力打造咸阳出租客运品牌，为全市群众提供舒适、安全、快捷的出行服务。先后获“咸阳市文明示范窗口单位”，“全省文明执法示范单位”，创选评竞赛优秀单位等称号。

咸陽市城市建設投資
XIANYANG SHI CHENGSHI JIANSHE TOUZI KONGGU

1 市委书记、市人大常委会主任姜锋（左一）在市政府副秘书长、市城投集团董事长李忠平（右一）陪同下视察由咸阳城投集团融资支持建设的新兴纺织工业园区标准厂房

2 国家开发银行与市政府举行高层联席会议，市长卫华出席

3 副市长程建国（左二）考察西阳村旧城改造（城投时代）项目

控股集團有限公司

TUAN YOUXIAN GONGSI

由市城投集团承建的咸阳市重点项目咸兴大道南北幅主干道全线通车

市城投集团系统在全市团干部“四比四赛”演讲大赛中获二、三等奖

咸阳市城市建设投资控股集团有限公司成立于2000年3月，是经咸阳市政府批准成立的市政府直属国有独资企业，是集城市建设投融资主体、国有资产经营主体、项目市场运作主体于一身的投融资运作平台。截至2012年底，集团公司资产总额169亿元，拥有全资子公司6家，控股子公司2家，参股子公司5家，管辖事业单位1家。2012年，集团公司积极应对复杂的宏观经济形势和国家调控政策，务实奋进、开拓创新，在全体员工的共同努力下，创新融资机制取得新突破，全年共完成融资申报32亿元，成功发行10亿元信托资金，有力支持咸阳市新兴纺织工业园区开发建设和纺织企业技术升级改造。以市融资担保公司为抓手，为117户中小企业提供贷款担保8.7亿元，经公司扶持的企业2012年共计实现销售收入43亿元，牵头成立了资产托管公司，金融服务体系进一步健全。市级重点项目咸兴大道实现了当年开工当年通车的骄人业绩。集团下属城投置业公司成功取得国家房地产开发企业二级资质，启动首个自主地产项目城投时代。能源开发业务完成了转角井田煤地质勘探工作。城投物业公司对外业务拓展和管理服务水平进一步提高。集团全年实施目标绩效考核初见成效，科学决策机制进一步完善，法人治理结构再上新台阶，各项工作都取得了较好成绩。

咸陽市第一人民醫院

国家卫生部副部长尹力（右二）和卫生部机关党委副书记、纪委书记窦熙照（左一）来市一院视察平安医院创建工作

省政协副主席张生朝（左二）在市一院视察新农合工作

咸阳市第一人民医院（原咸阳地区医院）创建于1939年，经过多年的发展壮大，已形成融医疗、教学、科研、预防、保健于一体的现代化三级综合医疗机构。医院开放床位900张，配备有数字血管造影机、三星核磁共振、菲力浦64排CT、眼部OCT、准分子激光近视眼治疗仪、GE四维彩色超声多普勒等万元以上高新设备300多台（件）。以眼科、骨科、泌尿外科、肝胆外科、神经外科、心脏内外科、神经内科、新生儿科等为专科特色，常年聘请省内著名专家定期坐诊、手术，是西安医学院附属医院、咸阳市医学培训中心、咸阳市体检中心、咸阳市眼科医院。

作为政府公立医院，咸阳市第一人民医院始终坚持最大限度让利于患者的原则，对新农合患者实行二级收费标准；承担“贫困白内障患者复明工程”项目，每位贫困白内障患者均可得到中央财政补助800元；是咸阳地区唯一指定实行“西部贫困家庭疝气儿童手术康复计划”的定点单位，在正常农合疗报销的比例基础上，无偿为每位患儿（2周岁-14周岁）增加1200元补贴；这些惠民政策极大地缓解了农民就医费用负担。先后获全国百姓放心优质示范医院、陕西省新农合先进单位、咸阳市价格诚信单位等荣誉称号。

兰州大学第二临床医学院研究生培养点在院挂牌

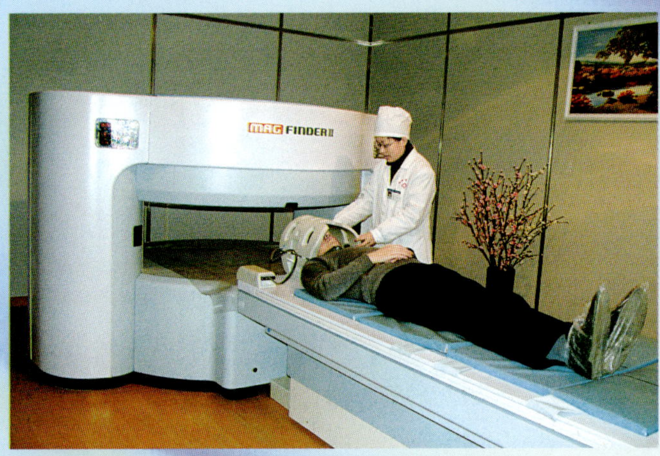

三星磁共振设施

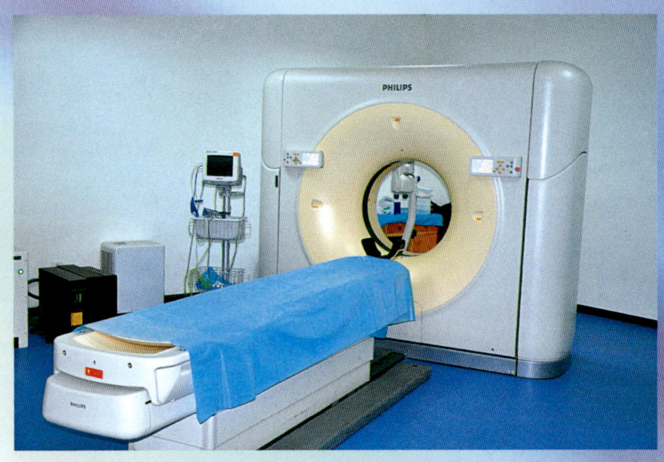

64排128层螺旋CT

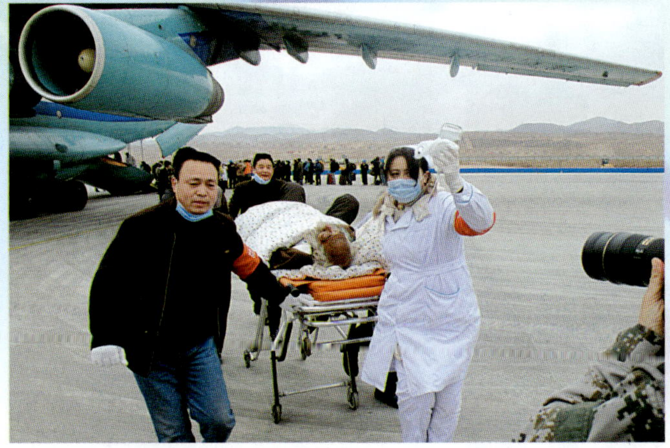
玉树地震时，市一院医疗队在机场紧急接转藏族伤员

医院专家走上街头为群众义诊查体

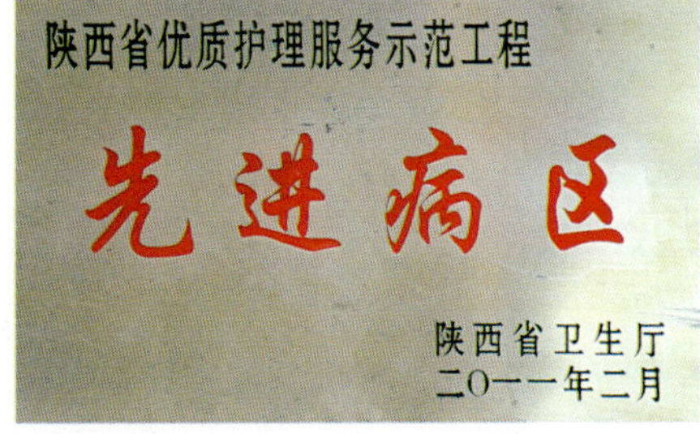

咸阳市中心医院

原咸阳市卫生局局长方文旭(右)和咸阳市中心医院院长苏旅明(左)喜接三甲牌匾

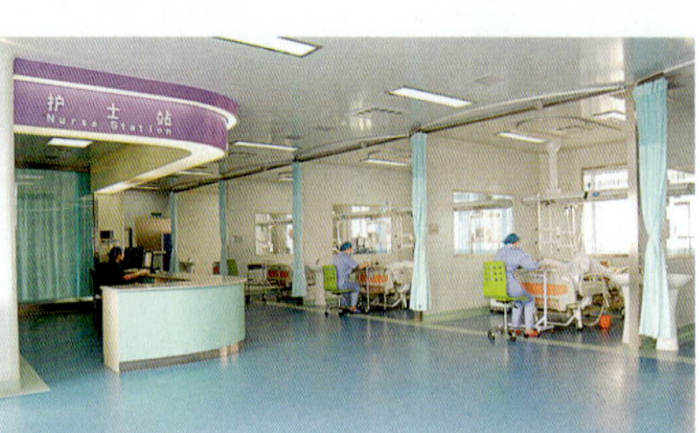
重症医学科病区

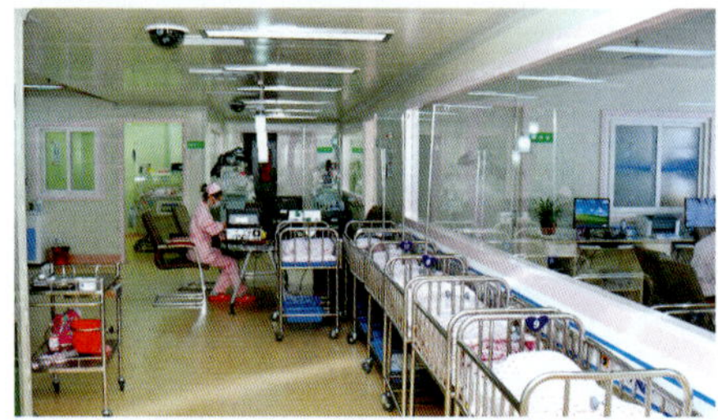
新生儿科病区

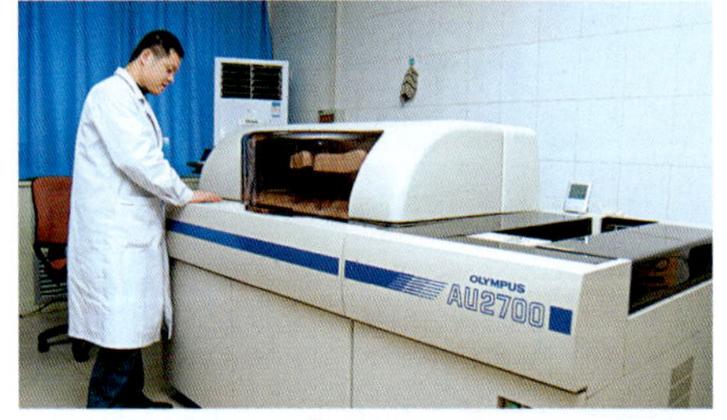

检验科大型全自动生化分析仪

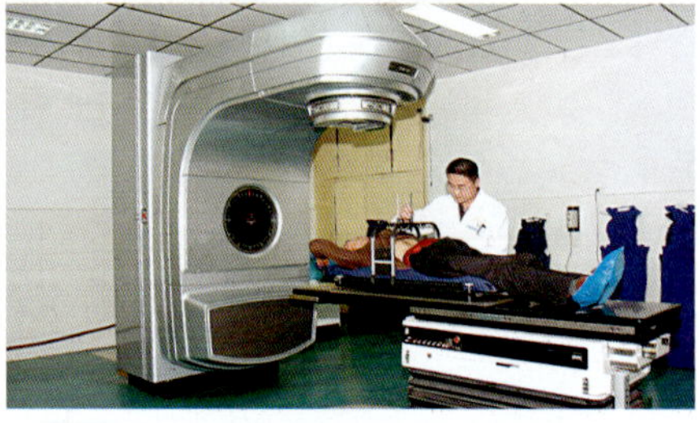
肿瘤放疗中心正在为病人进行放射治疗

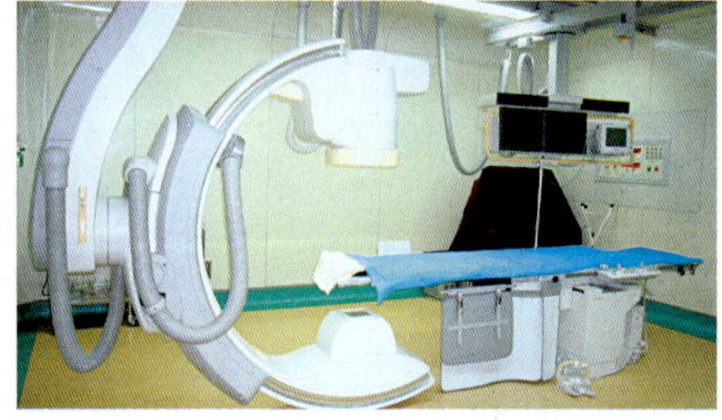
具有先进血管造影功能的菲利浦大型C型臂

咸阳市中心医院创建于1953年1月，原咸阳市第二人民医院，是咸阳市卫生区域规划内的国家公立大型三级甲等综合医院，咸阳市急救中心、咸阳市传染病院、咸阳市卫生应急指挥中心均依托医院设立，医院承担全市医疗、教学、科研、急救、康复及干部保健任务。

医院环境布局合理，技术力量雄厚，医疗设备先进。建筑面积约8万平方米，设有本部和东郊分院（含市传染病院）。正式编制床位950张，实际开放床位1100张；临床医技科室48个；职工总数2176人，其中专业技术人员1430人，副高及以上人员157人，研究生及以上学历80余人；拥有螺旋CT、核磁共振、直线加速器、大型C型臂等先进医疗设备1160余台（件）。医院有百级层流洁净手术室、中心消毒供应室、中心重症监护室、中心腔镜室、学术报告厅和会议室，其中国际高标准手术间14间，各专业重症监护病床102张。2012年门急诊量38万余人次，收治病人约4.1万人次，手术例数1.1万余例次，业务收入4.5亿元。截至2012年底，医院总资产约6.51亿元。

医院医疗综合实力强，医疗技术和医疗质量在咸阳地区群众中享有较高声望。拥有省级优势专科1个，省级特色专科1个，市级重点专科14个，5个实验室和研究室。享受国务院特殊津贴专家2名，受到省部级以上表彰英模、专家9名，省级跨世纪215人才5名，市管专家5名，市级跨世纪三五人才26名，40余名专家教授担任省医学会相关分会委员或常委。

团结、严谨、仁爱的医生队伍

咸阳市市政工程公司

森林公园

劳动路

渭城路

友谊路

咸阳市市政工程公司成立于1964年，是咸阳市市属企业，隶属于咸阳市城市建设管理局。公司具有市政公用工程二级总承包资质，注册资金2000万元。主要从事城市道路、桥涵、给排水、公路、园林广场及环保工程等的施工建设。2004年通过ISO9002-2000版国际质量体系认证，建立了完善的质量保证体系。公司有职工426人，其中：高级职称15人，中级职称47人，初级职称72人，各专业技工150余人。公司下设市政维修分公司、市政机械化施工分公司、市政建材分公司、锐新园林景观有限公司、交通工程分公司、市政检测公司及五科一室9个项目部，拥有先进的施工机械设备，公司专业配备齐全，技术力量雄厚，机械装备先进，具有健全的施工管理及质量保证体系。具有较强的经济实力和施工能力。承担着咸阳市80%以上的城市道路排水工程的建设，完成了咸阳市人民路、迎宾大道、世纪西路、渭城西路、渭阳西路西延段、上林南路等城市主干道工程建设任务。同时，公司立足咸阳，着眼陕西，瞄准全国，先后承建了西安电子科技大学校区道路、西安石油大学新校区室外道路管网工程、西安高新开发区、经济技术开发区以及宝鸡、渭南等地的市政工程建设任务。工程合格率均为100%，公司先后多次被陕西省人民政府、咸阳市人民政府评为“重合同、守信用”企业。连续多年被咸阳市人民政府、咸阳市城市建设管理局评为工程施工先进单位、安全生产先进单位、精神文明建设先进单位、廉政建设先进单位等。

金秋菊展

西北工業大學启迪中学

The QiDi Middle School Attached To NPU

对外交流

教研成果

西北工业大学启迪中学是经咸阳市教育局批准，由陕西启迪科技园发展有限公司和西北工业大学共同投资2亿多元创办的一所“高投入、高标准、高起点、高质量”的全日制省级标准化完全中学。学校占地百余亩，建筑面积6万多平方米，有72个教学班，学生近4000人。学校以“启人天赋，迪筑未来”为宗旨，实施精致化、多元化、国际化的特色教育。对接西工大附中，同步发展，双向互动，高点设标；立足国本，放眼全球，多层次全方位育人。培养具有国际视野和民主、开放、科学、创新意识的国家栋梁。营造生态启迪、人文启迪、魅力启迪、活力启迪、绚丽启迪的美好氛围。将启迪办成生态校园、书香校园、温馨家园、快乐学园、成才乐园，使每一个孩子都能够体验成功、快乐成长、顺利成才。2008年办学以来，西工大启迪中学实现了2009、2010、2011、2012年中考成绩全市“四连冠”。2012年，继首届高考取得“开门红”之后再创佳绩：一本上线率48%，二本上线率87%，本科升学率高达98.9%。其他各年级参加的省市区各级各类统考、全省学业水平测试以及学科竞赛成绩，也都在省市名列前茅。2011年晋升为“咸阳市标准化高中”；2012年晋升为“陕西省标准化高中”。2012年被教育部确定为“全国实验课题'少教多学'实验学校”。2011年被国家留学基金会确定为“出国留学人才培训基地”。2012年被全国教育学会确定为“全国示范校园文明社团”。

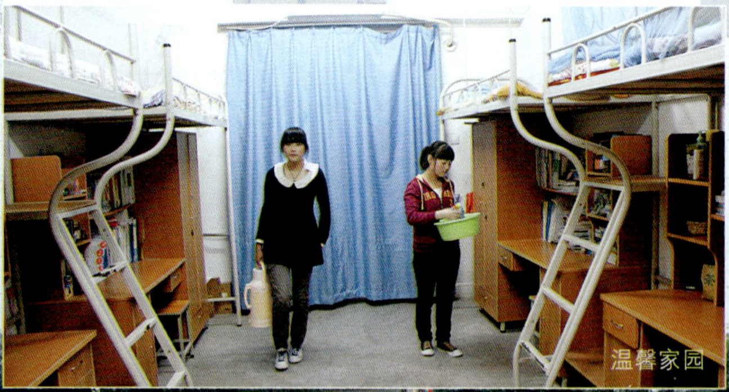

温馨家园

探究实验室

非公有制经济

概　述

概况　截至2012年底，全市中小企业、非公经济组织15.6万户。其中，中小企业（非公企业）3.2万户，个体工商户12.4万户。从业人员88万人。营业收入2187.38亿元，总产值2221.92亿元，工业总产值1459.98亿元，三项指标较上年增速均在27%以上。规模以上企业464户，其中规模以上工业企业406户。产值亿元以上企业142户，5000万元以上企业282户，千万元以上企业527户。全市中小企业、非公有制经济在国民经济中的贡献份额50%，入库税金36.5亿元，占全市地方财政收入的52.6%，较上年提高2.3个百分点，已成为全市地方财政收入的重要来源。2012年，全市非公有制经济组织为农民人均纯收入提供份额3212元，占农民人均纯收入的43%左右。全市形成以海升、汇源、通达等为龙头的果汁加工产业链；以银桥乳业、娃哈哈为龙头的乳制品加工产业链；以锦丰、华丰、华龙方便面等为龙头的粮食加工产业链，这些产业链纵向不断延伸，横向不断扩大，已形成种、养、加，产、供、销的产业格局，带动当地种植业、养殖业的全面发展，全市中小企业、非公有制经济组织共转移劳动力88万人，占全市总劳动力的36.5%左右，近三年来，年均新增转移劳动力6万人，为发展壮大农村经济作出贡献。

园区建设和资金扶持　坚持以招商引资和加强园区规划及基础设施建设为重点，按照“工业发展园区化、园区发展产业化、产业发展集群化”的发展方向，积极有效推动县域工业园区建设，使县域工业园区保持较快发展态势。截至2012年底，全市县域工业集中区完成工业总产值1604.5亿元，占全市中小企业总产值的72.2%。实现税金49.33亿元，营业收入1544.4亿元，固定资产投资361.5亿元，基础设施建设投资43.3亿元。2012年，全市县域工业园区项目建设完成投资318.2亿元。加大扶持资金争取力度。其中，争取中央中小企业工业技改投资资金103万元，扶持项目1个；争取省级中小企业发展专项资金1218万元，扶持项目44个；争取省级县域工业园区发展专项资金800万元，扶持园区项目8个；获得国家中小企业发展专项资金640万元，扶持项目9个；获得省级工业中小企业新增产能流动资金贴息贷款285万元，扶持项目15个。

（刘　斌）

管理与服务

项目发展　做好项目的筛选包装，积极争取中省专项扶持资金。与咸阳日报社、市民营企业家协会共同开展首届最具影响力民企人物暨最具发展潜力工业园区系列评选活动。共评选出秦都科技产业园、渭城民营科技产业园、兴平装备制造工业园等11个最具发展潜力工业园区，并予以宣传表彰。组织参加第九届中国国际中小企业博览会，组织参会企业46家，参会190余人，参展产品5大系列80余种，散发宣传资料1万余份。在中国中部投资贸易博览会上，组织举行咸阳市县域工业园区项目推介会暨集中签约仪式，邀请客商参会，会上签订合同项目28个，签约资金50亿元。

企业融资　召开银企洽谈会。先后组织中国银行、长安银行、农业银行、建设银行与全市50多户中小企业召开银企洽谈会，签约项目30个，协议贷款6亿多元。召开小微企业贷款经验交流会。协同中国银行业监督管理委员会咸阳监管分局组织全市11家银行、信用社等金融机构，召开全市小微企业贷款经验交流会，与4家银行进行经验交流。加大担保从业人员培训力度。组织全市9户担保公司14人去成都参加“金融危机下担保公司风险控制、项目选择”培训班。申报国家、省上担保风险补助。全市有12家公司申请国家与省财政的贷款担保风险补助，共获补助800多万元。广泛宣传省市关于扶持小微企业发展的意见。《国务院关于进一步支持小型微型企业健康发展的意见》和《省政府关于支持小型微型企业健康发展的实施意见》下发后，市中小企业促进局积极宣传，统一印发给各县市区和部分中小企业家，供其学习。

中小企业培训及服务平台建设　开展中小企业创新调研。通过严格调研，确定咸阳苏绘民间土布工艺有限公司、陕西科力特种橡塑公司等11户企业为省级创新研发中心，已上报省中小企业促进局等待认定。组织开展高校毕业生百日网上招聘活动。共有39户企业在中小企业网上发布120个岗位招聘信息，有1200多人参与招聘洽谈。组织咸阳海龙复合材料有限公司、咸阳天成石化节能科技有限公司等7户高科技技术企业参加第七届APEC（亚太经济合作组织）中小企业技术交流暨展览会，取得良好效果。以市政府名义下发《咸阳市中小企业服务平台建设实施意见》，申请国家对咸阳市服务平台的扶

全市非公有制经济增加值及比重

表 18

行 业	非公有制经济增加值(亿元)	占 GDP 比重(%)	县市区	非公有制经济增加值(亿元)	占 GDP 比重(%)
总 计	808.02	50.00	秦都区	160.66	49.67
第一产业	68.37	24.15	渭城区	128.42	48.20
第二产业	506.66	55.11	兴平市	76.77	52.87
工 业	437.58	55.64	武功县	39.80	53.68
规模以上	356.79	50.66	乾 县	55.88	51.70
规模以下	80.79	98.30	礼泉县	51.61	47.50
建筑业	69.08	52.00	泾阳县	62.55	53.00
第三产业	232.99	56.31	三原县	64.70	53.70
交通运输、仓储和邮政业	36.62	59.98	永寿县	15.35	44.00
批发和零售业	73.39	81.30	彬 县	70.48	51.75
住宿和餐饮业	23.97	89.30	长武县	20.35	45.60
金融业	4.75	13.95	旬邑县	40.81	46.99
房地产业	26.92	93.46	淳化县	19.83	46.48
其他服务业	67.35	38.98			

持资金 110 万元和省中小企业促进局的扶持资金 60 万元,同时,与省中小企业促进局签订关于服务平台建设项目责任书。开展创业人员及企业职工的培训。2012 年,市县两级管理部门以中小企业管理、中小企业政策法规、中小企业投融资知识等为主要内容,举办各类培训班 16 期,培训企业职工 8070 人次。咸阳市已认定的 5 家社会化创业培训机构,为企业培训职工 31000 人次。在全市开展两期银河培训班,共培训中小企业高层管理人员 870 多人次。其中,组织 53 名优秀民营企业家赴清华大学培训。

(刘 斌)

与华相宜 (陈云龙 刻)

交 通·邮 政

公 路

交通建设 2012年,市交通运输局多措并举加强项目资金筹措和建设管理,全面实现预期目标。交通投资超额完成:全市交通建设累计完成投资72亿元,超额完成年度任务,其中农村公路和运输站场完成投资分别是计划任务的5倍和8倍多。市财政全年共向交通运输工作投入建养资金3.69亿元,较上年度增加1.74亿元。项目建设有序推进:咸旬高速土地指标全面落实,马庄引线建成通车;西宝高速改扩建、兰池大道、渭河横桥、旬麟公路和福银高速彬县出入口、咸阳东出入口、西宝高速咸阳西出入口改扩建工程全面建成;咸兴大道兴平段实现通车;城西快速干道南段主车道油面贯通;G312彬县南沟至长武亭口段改建工程超计划完成年度任务;合凤高速前期工作按计划推进;西咸北环线征地拆迁和30个西咸交通对接项目按计划全面启动。建成农村公路324公里、桥梁1054延米/8座。西安咸阳国际机场综合枢纽站竣工投入运营,沣东物流中心主体工程完工,乾县旅游客运站正式开工,咸阳三里桥综合枢纽站前期工作完成,建成乡镇五级客运站3个、农村招呼站257个,全面完成年度建设任务。

公路管养 高标准推进干线公路养护:组织开展大中修工程和质量管理劳动竞赛等活动,建立日常养护管理和养护生产体系,全市国省干线公路年均优良路率89.5%、质量指数89.4,均高于省定指标。高标准完成211国道迎检抢修和交通运输部集中连片特困地区交通扶贫规划工作布置会的筹备工作。多举措提升农村公路服务水平,在全省率先将农村公路管养工作纳入对各县市区的年度目标责任考核。扎实推进农村公路管养示范县、示范镇和文明示范路创建活动,彬县、秦都区、渭城区三个省级示范县和武功县、旬邑县两个市级示范县的创建工作全面启动。把农村文明示范路作为重点,明确路段和标准要求,设立专项补助资金,开展巡回观摩,加强指导检查,共创建高标准农村文明示范路458千米。以"农村公路管理养护年"活动为主线,县、乡公路年均优良路率分别达到83.4%、61.3%,路容路貌和综合服务水平显著提升,代表陕西接受交通运输部的督导检查。严管理保障公路安全畅通:加强公路巡查和大件运输管理,建立完善路政与运政、交警、收费等联动机制。不断强化源头治理,对短途超限运输车辆私自加高车厢、护栏等行为进行专项治理。开展夏季治超集中整治活动和多次路面集中打击行动,有效遏制超限运输势头。在全省独家以市政府名义组织开展公路环境综合整治活动,实现公路环境综合整治由临时型、突击型向长期型、长效型的转变,公路环境面貌明显改善,受到全国爱卫办验收组的充分肯定。高度重视应急保畅工作,开展"干线公路应急保畅年"活动,国省干线基本实现全路段全天候通畅。

行业管理 围绕建设和谐交通中心目标,精心履职,强化监管,道路运输加快发展,行业大局和谐稳定。狠抓道路运输:大力发展农村客运,全市新增通村客运班线3条,新增、更新通村客运车辆103辆。与公安部门联合开展道路运输和驾驶员培训市场专项整治,规范经营行为,净化运输市场。扎实推进道路客运公司化、集约化经营工作,全市客运班线公司化经营率91.4%,高于计划指标。大力加强信息化建设,启动公交"一卡通"和3G视频传输系统,市县运政信息网建成投入运行,全市"两客一危"车辆(即从事旅游的包车、三类以上班线客车和运输危险化学品、烟花爆竹、民用爆炸物品的道路专用车辆)入网联控率70%以上。扎实推进行业"畅

交 通　邮 电

表19

指标名称	单 位	2012年	2011年	同比增长(%)
一、交　通				
公路客运量	万人	13356	12766	4.6
公路旅客周转量	亿人千米	42.5924	40.5	5.2
公路货运量	万吨	7192	6178	16.4
公路货运周转量	亿吨千米	185.8379	156.65	18.6
二、邮电				
邮电业务总量	亿元	27.33	23.97	14.0
#邮政业务总量	亿元	2.76	2.38	15.8
电讯业务总量	亿元	24.57	21.59	13.8

通工程”，编制《咸阳市可持续城市公共交通深化规划》，新增公交车35辆，平稳顺利完成出租车调价和新增出租车的前期工作，在客运行业中开展系列优质文明服务、出租车品牌车队创建、和谐劳动关系创建等活动，公共交通运行效率和服务水平进一步提升。严格质量监管：执行政府监督、行业监管、法人负责、社会监理、企业自检、设计监控“六位一体”质量监管体系，强化质量管理人才培训，突出抓好在建工程质量监督、实体质量检测、工程项目交竣工验收、建设市场综合管理等工作，工程质量合格率、关键指标合格率均高于省定指标。强化安全维稳：以确保重大节假日、“十八大”和省市党代会期间行业安全稳定为重点，在全行业扎实开展“安全生产年”、“客运安全年”和“打非治违”等专项行动。大力加强安全生产宣传报道工作，在咸阳交通运输网设立“安全生产”专栏。同时，认真汲取“八二六”特大交通事故的教训，落实各项安全管理制度，加强道路、水路和铁路道口日常检查、管理，全系统安全形势平稳。强化信访维稳工作，行业大局整体稳定。加强财务管理：在积极向上争取各类资金的基础上，进一步加强行业内部财务管理、审计、通行费征收等工作，财务管理水平稳步提升。按期撤销6个政府还贷二级公路收费站，人员转岗安置、遗留债务化解等工作稳妥推进。

交通运输部集中连片特困地区交通扶贫规划工作布置会在咸阳市召开 2月20日～21日，交通运输部集中连片特困地区交通扶贫规划工作布置会在咸阳市召开，会议的主要内容是贯彻落实中央扶贫开发工作会议精神和《中国农村扶贫开发纲要(2011年～2020年)》，组织编制新十年交通扶贫规划，动员部署集中连片特困地区交通扶贫工作。交通运输部综合规划司、科技司、扶贫办、政策法规司、运输司、规划研究院、科学研究院以及部公路局和21个省市交通运输厅负责人，六盘山区四省、区扶贫办负责人和陕西省省市有关领导和两级发改、扶贫部门负责人参加会议。会议要求，要做好相关规划的衔接，针对贫困地区的实际需求进行补充、调整、完善和提高。要打破行政区划界限，把集中连片特困地区作为一个整体通盘设计。要加强省际的沟通与协调，在规划方案、技术标准、实施安排等统一考虑，统筹推进，有效支持区域优势互补和合作，促进区域共同发展。要做好相关政策层面的衔接，保持既有政策的连续性。要上下联动，密切配合，部、省和各级交通主管部门各司其职、各负其责、齐心协力、协调联动、紧密配合、相互支持，切实把各项保障政策落到实处。20日下午和21日，与会人员深入西咸新区秦汉新城、G30连霍高速武功服务区、S107白塔道班和长武县等地，实地调研了解交通基础设施建设和交通扶贫工作情况。

咸阳市举行公交“一卡通”和3G视频传输系统启动暨出租车品牌车队授旗仪式 3月30日，市公交“一卡通”、3G视频传输系统启动和出租车品牌车队授旗仪式在统一广场举行。建设公交“一卡通”和3G视频传输系统、创建出租车品牌车队是市交通运输局落实市委、市政府建设“智慧咸阳”和国际化大都市、提升公交发展水平、服务全体市民的最新实践。公交“一卡通”手机、IC乘车卡刷卡项目由市公共交通总公司与中国移动咸阳分公司合作建设，具有现代、时尚、便捷等优点，建成后，市民只需要携带手机或IC乘车卡就可以在公交车POS机上感应支付乘车费，既方便市民出行，又提高运营效率。公交车3G视频传输系统项目由市公共交通总公司与中国联通咸阳分公司合作建设，建成后可有效解决公交运营实时视频监控、GPS定位、自动报站、经营数据报表统计与分析等多种需求。把3G和GPS综合运用于公交智能管理，在全国公交行业开先河。出租车品牌车队创建是市交通运输局为提升出租车服务水平、方便市民出行开展的一项活动，已建成品牌车队12个，分别是党员号、先锋号、女子号、博爱号、诚信号、和谐号、文明号、爱心号、雷锋号、青年号、巾帼号、安全号。

35辆公交新车上线运营 4月19日，市政府举行35辆公交新车上线仪式。上线的35辆新车，全部采用国内公交系统最先进的电子控油系统，款式新颖，节能环保，且均安装冬季暖气设施，开陕西省公交车之先河。这些车辆分别投入18路、21路、20路、16路四条线路，成为展示咸阳风采、提升城市形象的又一亮丽风景线。

集中治超行动 进一步打击超限超载行为，巩固治超成果，市交通运输局组织开展集中治超行动。此次行动划分为三个片区，由市运管处牵头，协调各县市区运管所对旱腰带地区石料场，渭河、泾河流域沙石源头企业装载行为进行集中整治；咸阳公路管理局抽调3辆流动检测车和执法人员，负责对关中环线、S208线及周边区域进行集中整治；市路政执法大队抽调执法人员，负责对S104线进行路面集中打击。截至5月15日，全市共检查车辆5185辆，查处超限车辆137辆，卸载货物800余吨，公路超限超载率牢牢控制在2%以下，综合治超工作取得阶段性成果。

开展农村公路管理养护年活动 深化农村公路管理养护体制改革，进一步规范管养行为，提升管养水平，使农村公路更好地服务于城乡统筹发展、社会主义新农村建设和群众便捷出行，市交通运输局在各县市区交通运输局、农村公路管理站及乡镇农村公路管理机构组织开展农村公路管理养护年活动。此项活动从2012年6月19日开始，到2014年9月结束，分为动员部署、具体实施、总结评比三个阶段，主要通过落实各级农村公路管养责任、强化路面养护、完善配套市设施、规范养护管理、提升作业水平、强化检查考核等措施，实现全市农村公路路况、安全通行能力、优良路率指标和群众满意度的“四个全面提升”。在活动开展过程中，将在秦都区、渭城区、彬县3个县区开展省级农村公路管理养护示范县创建活动，力争到2014年9月，三县区日常养护费、农村公路管理机构人员工资和办公经费全额纳入政府年度财政预算并100%

到位,农村公路列养率100%,县乡道优良路率均高于全市平均水平1个百分点以上,农村公路超限超载率稳定控制在2%以内,每县每年创建农村公路文明示范路200千米以上,为其他县市区树立标杆,以此带动管理养护年活动深入开展。此项活动全面推开。

咸阳市首台公路专用清扫车投入试运行 8月7日,由咸阳公路管理局和长安大学筑机学院等相关单位联合研制的咸阳市首台新型公路路面清扫吸尘车投入试运行。此项目为省公路局科技项目之一,是在电动车底盘基础上研制开发而成,全车电力驱动,具有零排放、零污染、操作简便、运行费用低、安全可靠等优点,清扫宽度1.5米,每小时可清扫路面20千米,充电一次可连续工作8小时,较人工清扫每年可节约50余万元,正式定型批量生产后可达到国内领先水平。

城西快速干道工程机动车道沥青混凝土下面层完工 城西快速干道工程过唐至陈家台段2011年1月正式开工,2011年年底完成排水工程,2012年开始专业管线及路基路面施工。截至2012年12月5日,该段机动车道沥青混凝土下面层已完工,共计完成沥青混凝土下面层115191平方米/4.7千米,实现主车道通车的目标。

(苟　铭)

铁　路

铁路线路及站点 咸阳市境内贯穿有陇海、咸铜、西安枢纽北环线等3条铁路营业线,境内铁路营业线设有车站16个,其中二等站1个(咸阳车站)、三等站4个(杨陵镇、武功、兴平、萧家村车站)、四等及以下车站11个(黄家寨、咸阳西、咸阳北、长陵、泾河、永乐店、三原、独李村、大程、茂陵、马嵬坡车站)。其中陇海线、北环线为双线电气化铁路,咸铜线咸阳—长陵区段为单线电气化铁路、萧家村——阎良区段为非电气化区段,西安—兰州客专、西安—平凉铁路正在建设。

铁路营运 2012年,咸阳火车站贯彻落实"以严治站、规范管理"的工作方针,强化安全管理,积极夯实管理基础,从规范安全管理长效机制和提高运输效率两方面深入开展工作,不断提升车站安全管理和生产组织水平,努力完成运输生产任务。截至2012年12月31日18时,车站实现无责任行车一般事故1806天。全年货物发送完成314.3万吨,日均8611吨;日均装车168辆;日均卸车47辆;日均办理旅客到发8206人;日均办理行李包裹托运818件;全年运输收入完成71494万元。

(牛建祥)

民　航

概况 2012年,西安咸阳国际机场共保障飞行起降20.33万架次、旅客吞吐量2342万人次、货邮吞吐量17.48万吨,在前半年增速放缓的形势下实现逆势反弹,增幅分别达到11%、10.7%和1.3%。

改善运行环境 2012年,西安咸阳国际机场努力克服投运和保障困难,确保二期扩建工程一次性转场投运。建立较为完善的资产接收机制,完成逾80亿元资产的清点和分类建档,为后期运营盘清家底、理清关系。破解制约生产发展的难题,加大空域协调力度,在民航西北地区管理局、西北空管局和公司的共同努力下,双跑道隔离运行半年之后,取得突破性进展,西安咸阳国际机场成为全国第五个成功实施双跑道混合运行的民用机场。加快推进后续工程,组织、配合老场区、北飞行区土岛改造工程,落实二期绿化整改工作,旅客过夜用房项目如期封顶,机场运行环境改善,重点项目稳步实施。

生产运行 集中开展"打非治违"、"安全生产年"等专项活动,全员安全意识、责任意识和规范意识持续增强。安检站结合安保中心建设,倡导"拓展无限责任",安全管理责任有效落实,安全基础持续巩固。按照"自查为主,督查为辅"原则,形成自下而上的三级监督检查和风险管控模式,安全管控体系有效加强。现场运行中心落实主体责任,加强机坪管理,严查小违规、杜绝大事故,完成CE滑行道改造以及GH联络道和南飞行区土面区整改,机坪运行平稳有序。场区管理部密切关注空港新城规划建设,开展周边障碍物摸底排查,妥善处理边方村水塔建设等隐患,确保机场净空状态良好。公司各运行保障单位完善应急预案,加强培训演练,积极协调组织,保证异常天气和突发情况下机场的正常运行。一年来,西安咸阳国际机场圆满完成"亚欧博览会"、"十八大"等重大活动保障任务。

主业生产 坚定不移地落实航空主战场战略,以枢纽建设带动主业增长,以主业增长推动枢纽建设。针对管理局编制下发的《咸阳机场枢纽建设研究》和《指导意见》,及时制订实施方案,促使利好政策落地生根。开展战略营销。公司领导带队进行战略推介,深航西安分公司设立取得突破性进展,驻场运力同比增加15架,最高达到65架。深挖潜力资源,加大时刻清理,航班执行率提高至夏秋航季的93%。加强中转建设。加密区内航线,优化中转服务,增强空地联运,西宁、银川、榆林等主要中转客源地日航班量均超过12班;新开通机场至西峰长途客运线路,地面通达城市10个,枢纽功能进一步强化。实施国际厅值机区和头等舱改造,完善国际航班保障机制,优化运行环境,理顺旅客流程,助推国际(地区)业务快速发展。全年共有港龙、亚航等8家承运人进入运营,航空公司总数34家,新增运营航线30条,总数201条。国际(地区)旅客吞吐量实现56.6%的大幅增长,香港航线达到每周17班,西安至赫尔辛基通航协议顺利签署。机场航线网络不断优化,空地运行衔接紧密,枢纽效应逐步显现。

(张海霞)

邮　政

概况 2012年,咸阳邮政业务发展显著提速,以"大计划、大市场、大发展"的理念推进邮政业务发展,全市邮政企业实现业务收入27560.3万元,完成省公司年计划的99.14%,同比增长15.9%,有效收入62.65%,较上年增长25.04%,收入规模全省排名第三位,完成计划进度和有效收入均排全省第五位。全面完成省公司下达的收支差额计划,全员劳动生产率17.44万元/人。员工收入相应增长。

金融代理业务 代理金融业务完成收入15889.63万元,同比增长21.31%,储蓄余额规模快速扩张,2012年储蓄余额新增首次突破20亿元,达21.25亿元,同比多增5.46亿元,超额完成省公司计划任务,企业余额规模顺利突破百亿元大关,年新增和总规模实现双跨越。全市代理保险实现规模18055万元,排名全省第四,销售中邮人寿保险10869万元,中邮规模占比60.2%,累计销售理财类产品46904万元,同比多增44170万元。

邮务类业务 邮务类业务完成收入9121.43万元,同比增长9.23%,完成省公司计划的100.02%。①电子商务业务突出抓好邮储用户和农村票务市场的开发,其中短信项目收入882.13万元,较上年增长55.8%,占到整个电子商务业务收入的76%,有力支撑电子商务业务的发展。②函件业务围绕咸阳文化旅游市场和房地产、医药、保健品等市场展开营销,《人文陕西》明信片项目顺利完成收入计划,数据库商函项目取得良好的发展效果,实现收入516.14万元,贺卡项目在超额完成收入计划的同时,还提高发展质量,定制型贺卡收入占比84.16%。③集邮业务良好开拓政府市场,个性化和订单邮品两大项目超额完成省公司计划任务,其中《和田玉》系列邮品在8月份成功首发,部分邮品实现二次加印,产品收益和社会宣传效果良好。④报刊业务突出抓好校园等市场的开发,取得实质性的进展,文化礼盒、大收订项目都超额完成计划任务,有力推动报刊业务的发展。⑤分销业务重点抓好节庆市场的开发,策划春节礼品菜、端午粽子、中秋月饼、酒类分销项目,其中净菜销售规模位列全省第二,实现收入101万元。⑥包裹专业全市开展春茶包裹、爱心包裹和母亲包裹等专项营销活动,包裹业务全年实现收入661万元。截至年底,10个省管项目合计创收6117.41万元,完成年计划5650万元的108.27%。

代理速递物流业务 代理速递物流业务完成收入1497.37万元,服务质量指标明显提升,用户投诉率下降40%,客户满意率95%。

基础管理 财务预算管理有效加强。规范成本费用管理,对代理金融业务费、集邮产品开发成本、贺卡业务的印制费、分销专业的月饼等部分专业、部分业务成本费用,进行统一标准,统一管控,压缩业务发展成本费用支出,收入质量进一步提高。严格管控非生产性支出。通过优化家属院和办公楼管理,制定《咸阳邮政企业资金管理办法》严格资金管控,应用远程报账系统对非生产性支出实行定额标准控制等"增收节支"活动,企业日常费用进一步压缩,其中仅水费一项全年节省开支140余万元,节约型企业建设初见成效。债务偿还速度加快。通过降本增效、欠费清理、库存盘活等多项措施,全年共计偿还省公司贷款3413.79万元,进一步减轻企业发展负担。人力资源管理不断强化。深化人力资源盘活,全局各单位通过"内部退养"、"工时管理",盘活人员49人,将其中29人分别调整到代理金融大堂经理等岗位,有效支撑重点业务发展带来的人员紧缺;理顺派遣劳务工管理,与劳动合同到期的劳务派遣人员续签劳动合同。教育培训活动开展持续有效。全年全市共举办各类培训班34期,培训干部职工1700余人次,职工观念和素质技能进一步转变和提高。理顺内部管理流程和编制。按照"小机关、大营销"思路,理顺市区内邮件处理和投递作业流程,将市区邮件处理中心和发行投递局的生产部门全部划归秦都分局,生产大院安全保卫划归物业公司,进一步理顺企业内部管理秩序,提高工作效率。加强后备干部培养,根据发展需要,选拔一批能力强、作风好、素质过硬的优秀年轻人充实到领导干部队伍,为企业发展注入新的活力。加强人力资源管理支撑工作,完成县局人事档案集中管理工作。对全市劳务工五险进行核对,对前期遗留问题进行处理,保障劳务工福利待遇,有效规避企业用工风险;落实老干部的各项待遇,组织参加省公司离退休干部门球赛,并获得团体第一名的优异成绩。

网点建设和网络优化 ①扎实推进基础设施建设。加大网点迁址、装修改造力度。市局早安排、早动手,统一安排、统一标准,全年投入近800万元对26处网点进行标准化装修改造。加大金融自助设备和生产用车的投入。新增15台ATM机,全市113个金融网点ATM机增加到77台,其中3台为存取款一体机,缓解网点服务压力;为全市县城以上投递段道配备98辆电动车,提高外部投递作业效率,新增8辆投递生产用车,改善邮件运输环境。通过这些网点装修改造和设施设备的投入,企业形象和服务能力进一步提升。②企业生产流程不断优化。加大企业内部生产场地标准化改造力度,流程优化工作扎实推进,生产条件明显提升。市县两级投资60余万元,通过土建和设备更新两部分工程,对7个县(市)局的投递室、分拣封发室、报刊分发室进行标准化的改造。改造后的投递、分拣、封发一体化作业现场焕然一新,操作区域宽敞明亮,生产设备崭新整齐,各类规章制度和图表悬挂有序,促进网运重点考核指标的实现。加强网运作业流程管理,重点网运考核指标达到省公司要求。实施旺季网运项目管理,有效支撑旺季生产。

(周　强)

信息产业

概述

概况 2012年,全市政务信息化工作紧紧围绕建设智慧城市、打造幸福咸阳的目标,按照创新为先、服务为本、民生至上、应用引领的发展理念,坚持以智慧城市建设为总抓手,以政务信息化应用为核心,以"一个中心、两个平台、七大应用"为支撑,全力抓好智慧城市建设前期工作、政务网站建设、县级电子政务统一平台建设应用、政务信息安全等工作,着力深化为发展、政务、民生服务,提升全市政务信息化应用层次,提升全市信息化发展指数,提升民生幸福感,提升智慧城市建设水平,全市政务信息化建设取得新的进展。政务信息化在服务全市经济社会发展和民生等方面综合效益进一步显现。"中国咸阳"门户网站连续三年获全国地市级网站十强称号,咸阳市连续三届获中国城市信息化50强称号。

智慧城市建设 智慧城市建设从2011年5月开始前期工作。2011年11月1日,市委、市政府举行咸阳市智慧城市启动仪式。2012年智慧城市建设进入全面实施阶段。市委、市政府将智慧城市建设任务列入各县市区和市级有关部门年度目标考核指标。市政府第55次常务会议审定通过《咸阳市智慧城市重点建设项目和专项资金管理办法》,对智慧城市重点项目管理、资金管理、资产管理及监督考核作了明确规定。市政府与国家、省测绘地理信息局签署咸阳地理空间框架建设共建共享合作协议。市智慧城市重点项目建设领导小组先后组织国家、省、市信息化专家和有关部门20余次召开讨论会、座谈会、评审会,对智慧城市重点项目建设设计方案进行修改完善,审定市信息化基础资源综合服务中心、市地理信息公共服务平台、市社会管理与服务信息平台、市数字城管、市新农合信息系统、市综合应急指挥系统等建设方案。在借鉴外地经验,听取专家建议的基础上,经认真研究,将智慧信用和智慧旅游两个项目纳入智慧城市重点项目之中。2012年底市民服务信息系统建成,并正式运行。数字城管系统已开始建设。市公交"一卡通"项目已为600多辆公交车安装刷卡计费设施,发放公交卡2000多个。咸阳市被国家地理信息测绘局列为全国地理信息框架建设试点市,市地理信息公共服务平台完成数字化大比例尺地形图数据和三维信息系统的转换开发及城区航拍工作。市信息化基础资源综合服务中心、社会事业公共服务平台已完成招标,启动建设。新农合医疗信息服务系统、应急指挥综合信息系统、智慧信用与企业信息服务系统等已完成财政评审。智慧城市各重点项目进入全面实施阶段。

智慧城市重点项目建设方案评审会　　（市信息办　供）

县级电子政务统一平台全面建成 市政府将县级电子政务统一平台建设列入县市区目标责任考核指标,先后召开加快推进县级电子政务统一平台建设工作会、县级电子政务统一平台建设推进会。2012年底全市各县市区电子政务统一平台全面建成,形成完整的市县两级电子政务统一平台体系,礼泉县、彬县、淳化县依托开展多项信息化应用服务成绩显著,彰显信息化建设的功能和作用。

"中国咸阳"门户网站建设 紧跟政务网站发展潮流,始终把强化服务作为政务网站建设重点,围绕国家和省上网站评测体系,以民生福祉、服务政府、信息公开、社会视点为宗旨,实施"中国咸阳"门户网站优化升级,启动"中国咸阳"门户网站民生服务平台和场景式服务系统建设。网站信息更加丰富,功能更加实用，互动更加完善，服务更加人性。在网站栏目和内容保障上，围绕市委、市政府重大工作，新开设聚焦咸阳北塬新城、建设智慧城市、打造幸福咸阳、“三查三进三解”主题教育活动、学习贯彻党的十八大精神等专题栏目。12月5日，第十一届2012中国政府网站绩效评估结果发布暨经验交流会在北京召开，“中国咸阳”门户网站在全国296个地市级政府网站中综合排名第9位，是继2010年、2011年获得全国地市级政府网站10强后取得的又一荣誉。

政府信息公开 突出社会各方关注和与群众利益密切相关的事项，进一步完善市政府信息公开指南和目录、市政府各部门单位信息公开指南和目录；强化市县政府和各政府部门网站政府信息公开专栏内容保障。完善“中国咸阳”门户网站工程建设领域等信息公开和诚信体系建设专题栏目内容，完成社会管理与服务平台服务事项及公开信息的需求调研和业务梳理。开展政府信息公开工作社会评议、问卷调查等活动，提高公众对政府信息公开工作的参与度和关注度。进一步拓宽政府信息公开形式，增加县市区政府信息公开公共查阅点数量，方便群众查询，提升政府信息公开的群众满意度。召开全市政府信息公开重点工作推进会，并加大督促检查，推动工作深入开展，顺利通过省政府信息公开检查考核，受到省上的充分肯定。

政务信息安全和信息化宣传培训 按照国家、省上要求和全市智慧城市建设需要，制订完善网络与信息安全、数据中心机房管理、网站运行维护、网络管理等制度和网站网络应急预案，争取落实信息资源管理工作机构，加强平台的运行监测工作，提高安全防范能力，确保平台和网络的安全高效运行。结合智慧城市建设，组织有关部门和各网络运营公司赴浙江宁波学习考察智慧城市建设，邀请有关专家进行智慧城市建设相关专业培训，会同中国软件评测中心在西安举办政务网站建设培训班，分期分批对各县市区、各有关部门技术人员培训，提高全市政务信息管理人员业务水平和安全防范意识。

（王卫刚）

长途线务

概况 咸阳市长途电信线务局是维护国家一、二级国防长途干线光缆线路的专业维护单位，同时承担咸阳地区电信骨干网络维护任务。主要职责是确保国防长途干线、本地骨干网线路安全运行，打造优质高效的传输网络服务社会。国家一、二级长途光缆干线承担着中央和地方各级党政军通信保障任务，并负责社会公众长途通信服务，其中：“西兰乌”一级干线东起上海，西至德国的法兰克福，途经14个国家，是名副其实的“欧亚大陆信息高速公路”；“呼西”一级干线是连接陕西省与内蒙古自治区的通信主干线。本地骨干网络线路已经成为咸阳市党、政、军、民信息传递与世界沟通连接的桥梁和基础设施，为改善咸阳的投资环境、促进经济发展、维护社会稳定起着重要作用。2012年，咸阳长途电信线务局从加强基础管理、完善制度建设和加大维护技术含量入手，大力推进管理创新、技术创新，取得较好成绩：实现干线光缆线路全年安全畅通“0”阻断；本地骨干网阻断指标比上年压缩30%以上；在全省组织的季度干线维护工作检查中均获得前两名的好成绩。

重要通信保障及维护 完成国家法定节假日、“两会”、“卫星发射”、“省十二次党代会”、“部队军演”、“亚欧博览会”、“十八大”、中组部、中宣部、中央部委等重要通信保障任务38次，累计97天。其中“十八大”重要通信保障是年度保障工作重中之重，“十八大”召开前一月，市长线局根据集团公司、省长线局电视电话会议精神安排部署保障具体工作。分别完成1600余千米干线光缆线路安全隐患排查和整治；召开“十八大”保障专题机线联席会议，研究确定“干线光缆应急抢修调度预案”；组织开展“十八大”通信保障应急演练活动，检验机线密切配合、调度有序、响应迅速。“十八大”保障期间包线员每天全程巡回线路2遍；分局每天巡回线路1遍；市局分两组每天巡查线路1遍；省局领导检查指导维护工作8次。共开展4次步巡检查：徒步巡查里程1500余千米；宣传走访穿墙过户、房前屋后等住户300余名；施工机械手120余名；检查外力施工配合现场35处。年初在西兰乌、呼西沿线刷写大型护线宣传标语1500余平方米，扩大干线宣传影响。开展警示地贴粘贴专项工作，粘贴警示地贴630余块；架空线路跨路杆根粘贴反

政府信息公开重点工作推进会 （市信息办 供）

光警示贴,提高架空杆路安全系数。全年增设、更换高标桩、标石(含宣传标石)、宣传牌、明标明记等各类设施2600余根(块);刷新全部直埋线路设备8000余根(块);二干架空线路换杆39根;换拉线、地锚130余条;吊线垂度整理165杆档;更换吊线2650米;更换架空接头盒8处;更换三线交越保护管610米;清理附挂的线缆;光缆挂牌237块。按期完成防汛加固项目122.75立方米,确保干线安全度汛。

外力施工管控 市长线局始终将外力施工配合防障工作作为重中之重,在外力施工前与施工建设单位沟通联系,耐心细致地宣传讲解国防干线重要性,严格执行外力施工配合制度。布置施工现场,设立醒目标志,坚持24小时施工看护,制定防障措施、签订安全协议。“十八大”保障期间对施工单位送达停工通知及中国人民解放军某部队和陕西省长途电信线务局联合下发的《“十八大”保障期间国防光缆保障公函》。制作50面护线宣传横幅,悬挂在外力配合现场和线路沿线重点村镇;制作各种护线宣传彩旗120面,捆绑在外力施工现场高标桩、标石上,提高路由清晰度,渲染通信保障气氛。2012年累计完成一级干线外力施工配合38处,配合长度7.81千米。二级干线外力施工配合完成57处,配合长度17.18千米。

基础管理 修订《干线维护质量监督检查办法》,量化“四级人防”工作内容,严格执行巡检周期、提高巡检质量,坚持量化考核,按月下发《月度维护质量检查通报》,对检查情况和存在问题及时下发质量检查单,及时督促各级维护人员履行各自职责。试点“外勤助手”GPS(全球定位系统)巡检系统应用工作,新巡检系统对巡回信息的提取更实时,能动态观察维护人员工作轨迹,强化巡检系统管理。月度绩效工资向基层维护人员倾斜,并根据月度质量检查结果,对工作认真负责的包线员进行奖励,鼓励先进,提高对包线员工作付出的认可,增强包线员自身工作的成就感。

护线法制宣传 坚持用企信通每周及节假日对机械手、线路沿线穿墙过户户主发送保护干线温馨提示短信。做好主动预防性工作:全年新增机械手122名;累计344名;回访评估623人次,知晓率99%以上。穿墙过户回访492人次,知晓率100%。5月17日,与市公安局经文保支队联合在人民广场设点宣传,制作相关“通告、案例、介绍”宣传展板及宣传磁带光盘,印制宣传横幅。“十八大”召开前夕,与市公安局经文保支队(市三电保护领导小组办公室)、驻咸通信部队召开“十八大”通信保障工作座谈会。11月5日,与重点外力施工建设单位座谈,通报确保国防干线安全的配合工作要求,对保障的政治意义和法规讲解宣传。

(王书锋)

通　信

概况 2012年,咸阳市无线电管理工作按照“管资源、管台站、管秩序、服务经济社会发展、服务国防建设、服务党政机关,突出做好重点无线电安全保障工作”的总体要求,加强无线电监测工作,维护空中电波秩序,促进全市无线电通信事业健康有序发展。截至年底,全市广播、电视、差转、中继、基地台、对讲机、数传、业余电台、通信基站等无线发射设备共计4598台,其中建有2G(即第二代移动通信技术)基站3179个,3G(即第三代移动通信技术)基站1111个。2G用户317.48万,3G用户10.57万,移动通信用户合计约328.06万,较上年增长4.8%。

频率台站数据清查 市无线电管理委员会办公室继续加大频率台站检查工作的力度。根据省无线电管理委员会办公室对台站数据库建设所提出的具体要求,市无线电管理委员会办公室台站管理人员多次深入设台单位,重新核对设备参数。对于西安咸阳国际机场、五九四台等大的设台单位,力争做到不漏一台设备,不漏一项数据,保证数据库的准确和完整。在核查工作期间,累计修正数据12800余条,使数据库的完整性和准确性从最初的70%提高到99.8%。在10月份国家组织的检查中,咸阳台站数据库的准确率100%。

日常监测 坚持日常监测报告制度,按时准确完成无线电频谱监测统计报告。一年来共完成日常监测3000余小时,电磁环境测试40次报告,完成固定监测月报12份,建立监测报告技术档案,较好地掌握本地区电磁环境情况。全年共接到军队、公安、机场、运营商等用户各类无线电干扰投诉16起,有效查处排除13起,配合友邻地区协查3起。在全国高考及各类职称考试中,根据省无线电管理委员会办公室的指示,派出监测车辆及技术人员进行保障,对考场周边进行严密监听、监测和巡查,严防利用无线电技术作弊。全年共保障各类考试19次,抓获作弊人员11名,压制可疑信号118个,确保考试公平、公正、安全进行。其中二级建造师考试保障抓获作弊人员4名,涉案金额50多万元,交公安部门处理。

无线电管理法规宣传 根据省无线电管理委员会办公室做好无线电管理宣传月活动指示精神,市无委办下县市区、进校园,扩大无线电管理宣传普及面,切实帮助设台单位和群众解决实际问题。结合《中华人民共和国无线电管理条例》颁布实施十九周年,8月20日,组织召开《条例》宣传活动专题会议,各设台单位主要负责人参加会议。会议明确了此次宣传活动的意义、时间安排、宣传方式及内容,集中学习《条例》内容和相关法律、法规,提高与会人员对此次宣传活动的认识。将宣传主题“无线电频谱——稀缺的国家战略资源”印制在环保购物袋和宣传笔记本上,根据宣传内容制作近万份宣传单及宣传彩页,20块宣传栏和5个宣传横幅。制作专题宣传片,在咸阳电视台、咸阳教育电视台和各县区电视台播放宣传。从9月初开始,工作人员分成两组下县市区、进校园开展宣传活动。按照宣传工作安排,工作人员每到一个县,就深入到广电部门和其他设台单位,指导他们开展好宣传活动,帮助设台单位解决实际存在问题。在每个县市区最少选择一所学校开展专题宣传，举办一次形式多样的广场宣传。有效扩大《条例》及有关法规的教育面，使广大市民、在校学生和用户进一步加深对无线电管理工作的认识和了解，增强依法使用无线电的意识，促进无线电管理工作的落实。

设备检测及频率占用费收缴 从5月开始，对设台用户年度设备检测及收费工作全面展开。结合台站核查工作，重新对各用户频占费标准进行核定，并攻坚克难，开拓频占费资源——广播电视频占费，全年共收缴频率占用费21万余元。

充分发挥业余无线电爱好者作用 到2012年底，咸阳共发展业余无线电爱好者156名。加强咸阳市应急通信能力，充分利用无线电爱好者的通信资源造福咸阳人民，市无线电管理委员会办公室积极与市应急办公室、市地震局取得联系，决定把全市无线电爱好者组织起来，率先在秦都区成立地震应急志愿者通讯分队，在5月5日“中国业余无线电日”举行授旗仪式。

（李卫社）

中国电信股份有限公司咸阳分公司

2012年，中国电信股份有限公司咸阳分公司按照“加快融合、3G推进，实现用户规模翻番，加速收入梯级增长，抢夺收入市场份额”的经营策略，有效结合经营实际，瞄准年度经营目标，牢牢把握市场动态，分阶段开展“大干50天，实现开门红”、“冲刺半年线，收入双过半”、“收入加速度、智能销售达标”、“大干66天、备战6.6亿”的四联接力竞赛活动，确保份额和收入高质量、高速度提升。

渠道运营 全力推进新建网点扩张。社会实体渠道净增近50%，为移动业务的规模发展创造有利条件。提升已建网点运营能力。公司领导带头包抓一至两个卖场，帮助、指导社会渠道开展“七天乐”促销、合约机营销等活动，提升销量和运营利润，逐步明确营销主线，即旗舰卖场、专营店以合约机销售为主，开放式渠道以双模机切入为主。开展占领开放式渠道活动。通过阶段性高激励，撬开开放渠道，吸引开放渠道积极参与C网终端的销售；全力培养高效的代理渠道核心队伍。打造代理商队伍。通过优化佣金体系，提升渠道价值，建立以智能终端奖励向社会渠道倾斜的导向，提高一线营销人员、代理商智能终端销售奖励标准。同时优化奖励项目，将合约奖励、终端（智能）奖励、达量奖、流量包奖励、房补等奖励标准优化。激发代理渠道老板、员工各层面的积极性。

融合发展 公司在坚持“得移动者得天下”主体同时，坚持融合发展不动摇，打造业务差异化优势，以宽带融合的发展带动智能机销售规模发展。通过细分市场，紧抓宽带融合发展来源。在原有市场深度挖潜促发展，迁转营销提价值。在新增资源区域紧抓跟进营销，确保驻地网新建工程、补陪、扩容工程的投资效益最大化。针对异网宽带用户开展营销。政企行业应用，带动全业务融合发展。融合发展中坚持终端销售重于销卡，3G智能终端销售尤为重要的营销理念。针对宽带需求用户，以融合套餐带动智能终端销售，针对移动业务用户，以终端引领融合套餐销售。实现移动业务和宽带业务的双向拉动。坚持融合政策的管控，做到营销脚本统一、营业受理规范、IT支撑到位、代理结算及时、服务预案完善、人员培训全面、推广过程有效。坚持不懈开展小区路演，保证现场活动效果。

拓展行业应用 持续有组织地开展聚类攻坚活动，圈定聚类、行业目标用户，采取团购合约机营销策略，取得苹果销售的突破。与三原县政府签约智慧新农合项目，带动行业应用发展。拓展校园代理渠道，优化营销策略带动规模。在拓展校园代理渠道方面，校园代理人数由上年的213处拓展至480处，代理网点同比增幅125%。在优化营销策略方面，运用营销利器“校园翼讯”带动融合发展，以“学子卡”优惠组合带动智能机销售，在秋季校园活动中优化营销模式，采取订单式采购，以智能终端为核心实施促销。校园营销策略上实施圈子营销，实现营销方式的突破。多项举措的实施及机制的优化，促使8月、9月秋季校园智能机销售2万多户。校园用户市场份额比上年提升12%。

打造双精品网络 坚持预防为主，保障干线畅通，公司从组织保障、保障方案、应急预案、人员到位、模拟演练等多方面着手开展工作，顺利完成通信保障任务。打造精品宽带网络。在对FTTH（即光纤到户）建设使用流程进行梳理的基础上，印制下发《FTTX（H）业务规范指导手册》，要求各单位按规范操作，通过对局内工单的分析，制定措施，开展培训，提高局内工单6小时到岗率；通过优化九索系统宽带端口占用信息采集方法提高宽带端口占用信息准确性，并及时发布宽带资源预警，提高支撑建设效率、保证支撑准确度。打造精品3G网络。通过开展多项专项工作，做好移动业务发展支撑。在华为公司工程技术人员的指导下，对公司进行的专项系统优化工作，既提升主要网络指标，也培养自有人员的优化能力。通过开展高校营销期间的专项支撑，对已有网络承载能力进行评估，采取小区裂分、基站扩容等方案，有效提升用户感知，在打胜校园营销攻坚战中发挥重要的支撑作用。

（张　伦）

中国移动通信集团陕西有限公司咸阳分公司 *营销管理* 2012年，中国移动咸阳分公司运营收入完成14.2亿元，通话客户数超260万户，通话客户市场占有率69%。持续深化渠道转型，G3客户实现规模发展。全面实施渠道转型。加快实体渠道建设和改造步伐，超额完成省公司下达任务，全面实现自营厅100%改造、渠道100%承载终端销售业务、渠道100%全产品营销的“三个100%”目标；电子渠道效能不断提升，业务办理量占比81.5%。多手段提升终端销售能力。结合营销重点，不断优化计件薪酬及酬金标准，提升全渠道终端销售积极性，同时在各区域开展多项促销活动，进一步提升终端销售能力。狠抓重点工作落实，存量新增并重经营。在存量经营工作中，狠抓过程管理，细分目标客户，依托预警系统，开展精确营销，实施客户精确匹配及全渠道承载营销，快速落实全省统一预存营销活动；实施集团客户摸底及纳入，对关键人加强预警监控；实施群组营销，优化资源投向，确保核心客户稳定与价值提升。在新增拓展工作中，紧抓季节性营销和重点市场营销，以农民工返乡为契机，加大宣传和现场营销力度。在春、秋季高校营销中继续坚持稳定存量、拓展新增的发展思路，紧扣智能机、高流量两大新亮点，在做好新用户发展的同时，紧密结合G3智能终端进行营销。加强深度运营，数据业务稳步发展。高度重视流量运营，加强培训力度，提升各级人员营销能力，紧抓终端融合营销，加大手机上网套餐包的发展；实施多渠道宣传，全方位营销，提升WLAN（即无线局域网）业务规模；创新发展、精确营销，促进成熟型业务稳步提升。狠抓信息化发展工作。认真履行与市政府签订全面战略合作协议的内容，参与“智慧城市、幸福咸阳”建设，率先建成并运营市政府政务（市民）服务中心等100余项信息化服务项目，有效践行优秀企业公民的社会责任，服务广大民生。

网络管理　以提升客户感知为目标，不断夯实网络基础，快速提升网络各项指标，有效推进四网协同发展。加强基础维护，开展传输网整治、电源安心行动。持续开展网络优化，通过开展“深耕行动”等专项活动，促使网络质量明显提升。开展四网协同，网络负荷均衡承载，G网利用率超过70%，TD（即时分同步的码分多址技术）码资源利用率从年初的13%提升至38%，WLAN流量占比超过80%。持续加大全业务运营能力的储备；积极开展接入网整治，通过新建OLT（即光线路终端），实施多个小区宽带的链路优化改造工作，实现链路质量整体提升50%以上。狠抓工程进度，严把工程质量关，完成GSM（全球移动通信系统）17期、TD5期、AB类单位预覆盖、传输网等工程。加强网络信息安全保障，完善工作机制，完成十八大期间的通信网络与信息安全保障工作。

服务体系建设　坚持“客户为根、服务为本”的理念，深入开展“为民服务创先争优”活动。改善服务短板，完善服务体系，优化业务流程，推动营业厅窗口转型。开展各类延伸活动，加强客户的情感修复工作，持续有效落实“优服务”的显性宣传和主题提升活动，全年标准满意度76.92，提升2.81，营业厅满意度同比提升8.03，公司连续3年被咸阳市政府纠风办评为政风行风测评优秀单位。

企业管理　落实“管理集中化、运营专业化、机制市场化、组织扁平化、流程标准化”的管理要求，以管理提升活动为抓手，推进改革创新，激发组织活力，确保高效运营。全面推进量化绩效计件薪酬制度，实现一线岗位人员100%全覆盖；不断优化组织机构设置，合理配置人力资源，精简撤并市区片区和经营单位农村分部，全区试行推进渠道运营集中化和自有营业厅连锁化运营；持续优化绩效、激励管理，不断激发员工工作积极性；优化中层领导干部考核管理机制，加强各层级人员能力提升培养力度；确保骨干员工稳定和素质提升；全年共组织培训1760次，参与培训8606人次，培训覆盖98%。加强成本规划和管控。加强对成本预算、使用监控、预警通报的精细化管理，提升成本投入效率和效益；提升经营租赁费、动力水电费等刚性成本的管控水平；落实勤俭节约要求，深入开展成本标杆管理。积极开展管理提升。围绕“精管理、优方法、提效率”主题，以“狠抓落实促提升，树立标杆促发展”为工作基准，着力解决热点、难点问题，围绕15大领域，形成阶段性成果32项，涉及市场运营、财务管理、网络建设、支撑管理等方面，促进管理效率的进一步提升。深入推进“走听转”活动，开展员工心理关爱工程，帮扶困难员工，持续开展“为员工办十件实事”、“绿色行动计划”、“爱心100”助学活动等各项工作，建立起内外部和谐发展体系。2012年，中国移动咸阳分公司获得“全国文明单位”、“陕西省先进集体”等称号。

（黎　超）

中国联合网络通信有限公司咸阳市分公司　2012年，咸阳联通公司聚焦业务增长，创新营销模式，优化资源配置，提升市场份额，在经营发展、网络质量提升、客户服务、综合管理等方面都取得新的进展。发挥终端、渠道与应用的拉动作用，促进3G业务的规模发展，全年累计净增用户10.26万户，用户规模21.7万户，较上年同比增长90.3%，3G用户占公司移动业务出账用户的30%，较上年同比增长13%。通过现网挖潜和扫街行动，全年净增宽带用户2.36万户，同比增长91.7%，基本实现净增用户翻番。持续推进业务转型，2G结构性调整初见成效，基本实现2G业务收入的稳定有效发展。推广行业应用，全年集团客户业务收入完成2.07亿元，同比增长42.43%。持续提升销售能力，落实渠道经营管理责任制，深化体验式营销和名单制发展，营业厅平均产能提高44%，社会渠道月销量由1月的3500户提升至12月的8000户。

网络优化　加强移动网络优化，3G与2G网络质量投诉率分别呈下降趋势。落实宽带装移修公开服务承诺，及时率98%以上。推进3G行动计划，加强客户质量系统管理，落实全业务消费提醒。推进营业服务提升工程，建立“集团客户服务响应中心”，深化微博客服应用，实施全网监测，3G业务满意度保持行业领先。扩建站点带宽，加速提升网络覆盖水平。以提升移动网络品质，实施宽带普及提速工程为抓手，持续提升网络质量和能力。公司3G网络共有基站1107个，室内分布268处，其中151个镇办、3A以上景点、彬长旬等大型厂矿企业的覆盖率100%，交通干线、机场、连霍高速、包茂高速、福银高速、西宝动车覆盖率99%，市区、县城区域95%。2G网络共有基站1170个，室内分布175处，其中彬长旬等大型厂矿企业、151个镇办的覆盖率100%，市区、县城覆盖率95%，境内通车高速、国道、省道、铁路覆盖率85%，旅游景点及农村地区覆盖率在80%左右。IP（网协）城域网互联网出口带宽由10G增加到40G，POP（电子邮件邮局协定）节点由原来的1个增加至5个，OLT节点由原有的15个增加至117个。新增宽带端口3.6万个,累计8.6万个。

(张　伟)

信息化建设

广电网络

概况　2012年,陕西广电网络传媒(集团)咸阳分公司坚持以经营工作为中心,不断深化改革,创新创造,锐意进取,全面完成各经营指标。自9月起,秦都、渭城营业部正式按照模拟支公司运作,5个营业厅整建制移交至两营业部管理,进一步划小核算单位,优化组织架构。实施领导包抓责任制,班子各成员经常性深入各支公司指导工作,协调解决困难和问题,促进支公司经营发展。经营考核机制不断完善,考核激励力度逐步加大,季度单项奖和年度超额完成奖及时兑现。

业务建设　农网项目建设稳步推进。继续推行"政企合作、共同投资"的农村有线电视用户发展模式,全市共申报实施农网延伸项目及农网数字电视整转项目18个,其中泾阳县、乾县农网项目得到当地政府支持。农网项目的实施,带动市县两级有线电视用户的发展,截至年底,市县两级共发展用户45932户。高清互动业务发展成效显著。以双向网络改造为依托,以e+TV全业务营销活动为载体,全年累计发展高清互动用户20248户,完成年度任务的171.6%。高清互动业务市场营销体系日趋完善,公司业务转型初见成效。网络双向化建设步伐加快。市县两级网络双向化建设覆盖用户120537户,完成年度任务的200.9%。7月13日,全省双向接入网建设现场会在咸阳市召开,对咸阳分公司双向网建设经验进行推介。数据业务实现新突破。全年净增个人宽带用户6535户,创历年新高,在线用户突破2.2万户。全年签订专网、专线项目43个,合同线路701条,其中秦都区电子政务统一平台建设及线路租用项目、礼泉社区网络化管理监控项目和彬县远程医疗会诊专网项目均为全省首家。

提升服务水平　全业务维护服务模式正式实施,网上营业厅上线运行,全年建设营业厅1个、营业网点11个,服务软硬件环境不断完善,服务效率明显提高。

内控管理　以人、财、物、政、事为主线的内控管理体系不断完善,内部审计制度及财务物流定期对账机制坚持实施,周工作例会制度、预算经费管理制度建立并实施,OA(办公自动化)系统顺利上线,公司运营支撑水平不断提升。安全传输和安全管理常抓不懈,顺利实现"两会"、"奥运会"、中秋、国庆及"十八大"期间的安全传输及安全生产目标。

(杨宏伟)

科技网络平台

完善公共科技服务平台功能　按照"整体规划、分步实施、有限目标、突出重点、注重应用、服务为先"的原则,发挥咸阳市境内的高校、科研院所及大型企业的科技资源优势,建立机械、电子、医药、能化、橡胶、食品、纺织、建材等十个行业分平台。市科技局及时组建机构,整合技术力量,周密制订市公共科技服务平台建设方案,重点在强化科技平台的服务功能、服务模式上下工夫,为市级中小企业提供项目推介、大型仪器、政策咨询、投资融资、标准文献、分析检测、项目申报等相关服务,激活区域科技创新资源,有效解决社会科技资源分离分散分割的问题,以及利用率低与中小企业普遍存在的"缺技术、缺设备、缺人才"的矛盾。

(霍运动)

国 内 贸 易

概 述

概况 2012年,咸阳消费品市场运行平稳,消费环境不断优化,消费市场持续活跃。全市实现社会消费品零售总额398.48亿元,比上年增长16.5%。其中:限额以上企业(单位)实现消费品零售额143.46亿元,增长20.1%。按经营单位所在地分,城镇消费品零售总额298.04亿元,比上年增长15.4%;乡村消费品零售总额100.44亿元,比上年增长19.7%。全年全市共新增限上企业107户,直接贡献零售额13.74亿元,占限上零售额的9.6%。零售业在全市社会消费品零售额中一直处于主导地位,在城乡居民人均收入持续增长、国家政策支持的背景下,零售业态取得快速的发展。2012年零售业实现零售额305.90亿元,增长16.1%,占全市社会消费品零售总额的76.8%。国家的惠农政策越来越多,涉及面越来越广,使乡村市场的发展"冲力"十足,全年全市乡村市场累计实现社会消费品零售总额100.44亿元,比上年增长19.7%,超出城镇市场4.3个百分点。2012年,在全市限额以上批发零售企业中,家具类实现零售额3.1亿元,同比增长40.8%;建筑及装潢材料类实现零售额2.2亿元,同比增长38.5%;五金、电料类实现零售额2.1亿元,同比增长35.5%,书报杂志类实现零售额4.6亿元,同比增长25.3%;汽车类实现零售额12.1亿元,同比增长34%;日用品类实现零售额3.6亿元,同比增长36.6%。

(赵国哲)

国内贸易

表20 单位:亿元

指标名称	2012年	同比增长(%)
社会消费品零售总额	398.48	16.5
#限额以上单位消费品零售额	143.46	20.1
按地域分:城 镇	298.04	15.4
乡 村	100.44	19.7
按行业分:批发业	39.96	12.4
零售业	305.90	16.1
住宿业	5.80	28.1
餐饮业	46.82	21.6

粮油商业

概况 2012年,全市粮食系统坚持践行"为耕者谋利,为食者造福"理念,以加强调控保安全、深化改革转方式、提升产业惠民生、科学管粮上水平为目标,做好各项粮食工作,保障全市粮食安全。全年累计收购粮食18亿公斤,较上年增加2.7亿公斤,其中国有粮食企业累计收购5.7亿公斤,较上年增加0.2亿公斤;累计销售粮食8.3亿公斤,较上年增加1亿公斤,其中国有粮食企业销售6亿公斤,较上年增加0.4亿公斤。国有粮食企业有力发挥作用,为全市农民增收1.8亿多元。

加强宏观调控 2012年,省政府将咸阳市粮食储备数量纳入省考指标中,市粮食部门紧紧抓住这有利机遇,攻坚克难,出台下发文件,落实任务指标,加大检查力度,将粮食储备纳入市县年度目标责任制管理范围。市县储备粮共增加5800万公斤,成品储备粮油共增加300万公斤,超额完成省上下达的粮食储备任务。为了管好库存储备粮油,确保在非常时期储备粮油调得动、用得上,市、县粮食、财政、农发行还制定储备粮管理办法和粮食应急预案,并以市、县政府名义下发执行。市级储备粮管理办法分为总则、管理权责、计划管理、储存管理、储备粮动用、监督检查、法律责任、附则等。《办法》规定,市级储备粮品种为小麦、标粉、大米,食油为菜子油。其粮权属市政府,市粮食局负责储备粮行政管理,市财政局负责安排储备粮贷款利息、储存费用、轮换费用补贴;农发行市分行负责安排所需贷款,并实施信贷监督。在全市或部分县区发生粮价波动、重大自然灾害或突发事件时,由市粮食局、财政局提出市级储备粮动用方案,经市政府批准后执行。在此基础上,按照市政府应急工作的有关要求,市县两级进一步完善粮食应急预案,落实应急加工企业和供应企业,强化粮油市场价格监测点的工作,实行粮油市场信息周报、旬报制度,定期会商和准确研判市场走势,正确引导市场预期,着力开展粮食流通统计和社会粮油供需平衡调查工作。

粮食基础设施建设 全市各级粮食部门紧紧抓住"十二五"仓储设施建设的机遇,争取申报和建设工作。先后有秦稷集团公司、良友集团公司和旬邑县、泾阳县、彬县、淳化县等争取到建设项目,这些项目涉及粮食物流、深加工和粮仓建设等,项目总投资1.5亿元,一些项目已经投入使用。截至年底,共新增仓容3000万公斤、罐容5000万公斤,新增粮食加工能力10万吨。彬县粮食局还采取企业自筹、政府补贴的方式投资800万元,在底店新建一座年产3万吨的面粉厂,即将投入使用。秦稷集团公司拟在全市实施“放心馒头”工程,此项目计划投资约2000万元,拟建设馒头生产线,设立经销点,形成连锁经营模式。馒头生产线正在加紧建设之中,计划在市区设立50个经销店。兴平粮食局计划用3年开展“放心粮油”全覆盖工程,已建成并启动城东放心粮油示范店,此店可满足周边2万群众的生活需求。为提高粮油质量检验水平,市粮食局争取到中央财政资金230万元,用于更新购置检化验仪器,夯实检化验基础设施。按照全国农户科学储粮工程计划,6100户农户配发科学储粮装具,避免农户粮食产后损失,受到当地群众的好评。

(惠　明)

食盐专营

食盐安全　市盐务局继续开展以“食盐安全村”创建工作为载体的盐政管理进基层活动。按照全省工作部署,咸阳食盐安全村建设从2011年开始,达到三年全覆盖的工作要求。2012年全市2766个行政村,累计建成食盐安全村2588个,占三年创建任务的93.56%。秦都区、渭城区、兴平市、礼泉县、泾阳县、三原县、彬县、永寿县、武功县被授予“食盐安全县(市区)”。至此,两年来全市已有12个县市区全面完成食盐安全村创建任务。食盐“三率”水平高居全省前列,碘盐覆盖率99.89%、碘盐合格率99.18%、合格碘盐食用率99.05%。

计划执行　2012年食盐计划调运和销售工作开展良好,继续坚持“以奖代补”的激励措施,实行月考核、季评比、年奖罚的工作机制。全年实现盐品销售3.8万吨(其中食盐销售2.85万吨),与上年同比增加1059吨。全市实现销售收入10628.26万元,首次实现销售收入过亿元。

市场稽查　利用“三一五”消费者权益日、“五一五”碘缺乏病防治日等重要时段开展集中宣传。日常宣传中,采取跟集赶会、走村入户的方式进行宣传。通过查看群众的盐罐子,为群众测试食盐碘含量,兑换群众手里的劣质食盐等方式,加强宣传效果。在各类宣传活动中,全市共设立宣传咨询点600余处,制作宣传展板668块,张贴横幅标语500余条,发放各种宣传资料20余万份,制作发放宣传围裙2万条,为群众兑换劣质食盐400余公斤,宣传教育32万人次。2012年,全市共建立私盐举报网点672个,聘请食盐安全信息员768名,查处盐业违法行为5起,查获伪劣盐品3024公斤。

质量管控　全市从食盐流通的各个环节,加强质量管理。加强对每批次到站盐品的质量检测、对经销户及群众家中食盐的随机抽检、对三级公司在食盐批发和销售等各个环节的质量检测把关,确保调入和销售的食盐符合质量标准、老百姓吃上放心合格的食盐。全年市县两级共抽检食盐171批次,进行碘含量分析171批次,亚硝酸盐检测57批次,亚铁氰化钾检测35批次,盐品检测率100%,确保入库销售食盐质量合格率100%。全年全市未出现涉盐质量安全事故。

(张瑞锋)

烟草专卖

概况　咸阳市烟草专卖局下辖兴平、长武、彬县、淳化、永寿、旬邑、礼泉、乾县、武功、三原、泾阳等11个县(市)局(分公司)、咸阳市局(公司)秦都分局、渭城分局和城区客户服务中心,管理原咸阳复烤厂办事处,控股并监管咸阳烟叶复烤有限责任公司和宏立商贸有限责任公司。有从业人员(不含复烤有限责任公司和宏立商贸有限责任公司)1127人,其中在岗正式职工588人,聘用员工226人,内退职工313人。2012年,咸阳市烟草专卖局(公司)以建设整体实力持续提升的责任咸烟、服务特色鲜明一流的品牌咸烟、内部管理高效顺畅的活力咸烟、发展环境平稳有序的和谐咸烟“四个咸烟”为目标,以做实做精为主线,全面推进“卷烟上水平”,取得显著成绩。

卷烟营销　全年销售卷烟93.777亿支(18.76万箱),同比增长1.73%,单箱销售收入16151元(不含税),同比增长16.09%,市场状态保持良好。全年完

发展环境平稳有序的咸阳卷烟市场　　(市烟草专卖局　供)

成"两烟"(卷烟和烤烟)销售收入307495万元,同比增长14.39%;实现税利58762万元,同比增长8.89%,其中利润28733万元,同比增长5.66%。销售全国性重点骨干品牌98258箱,同比增长21%,占总销量的52%;销量排名前15位品牌销售5.6万箱,同比增长18%,占总销量的30%;低焦油卷烟销售8392箱,同比增长18%;在销卷烟规格由年初的122个减少到88个。开发应用"乐访"服务营销系统,客户服务手段实现信息化,全市客户拜访到位率95%以上。建成"泾渭情"服务品牌示范店5家,网上订货户占到总客户数的97%,网上订货成功率97%,电子结算率99%。卷烟物流实行垂直管理和非法人单独核算,开展虚拟利润核算,整合减少2个中转站,直配区送货量62%,送货线路由46条精简为41条。

专卖管理 2012年,全市查获涉烟案件1513起,其中万元以上81起,同比增加45起,司法处理24人,查扣违法卷烟983.13件,案值439.84万元,其中串码真烟801.26件,同比增加261.22件,假烟181.87件,同比减少497.63件。成功破获"七一六"假烟网络案件,涉案假冒雪茄烟500余件,标值100余万元。实施阳光许可工程,加强许可证监管,扎实开展持证零售户基础信息核查工作,新办证1766个,注销1163户,取缔无证经营618户。推行内管委派制,成立内管派驻办和派驻小组,配备专职人员,内管工作进一步加强。

规范管理 落实行业关于严格规范工商企业卷烟经营行为的相关规定。全年监管工程投资、物资采购和宣传促销项目35个,涉及金额2244.23万元。扎实开展"天价烟"专项治理活动,建立长效机制,顺利通过省烟草局检查和国家局复查验收。开展全面审计"回头望"工作,加强工程项目审计,送审52项3031.36万元,审减184.51万元。对8个县局负责人进行离任经济责任审计,对宏立公司进行全面审计,其经营资金由1300多万元压缩到500万元以内。修订完善民主管理办事公开目录和各项制度,通过内网、公示栏公开事项273项。清理整顿内部职工参与卷烟经营行为为25人。

基础管理 以"管理创一流"为目标,组织开展"企业管理提升年"活动。全市行业会议费、业务招待费和办公费分别同比下降26.12%、8.34%、16.73%,集中清理3年以上往来账158笔489万元,处置回笼闲置资产491万元。修订发布各类制度47项。承办全省行业企业管理现场会,顺利通过质量管理体系行业审核。扎实开展物流对标管理,物流总费用同比下降18.03%,物流费用率0.94%;单箱物流费用151.07元,同比下降19.4%,多数对标指标达到或优于全省平均水平。科技创新获得省烟草局成果奖2个,通过验收鉴定项目2个,获得授权实用型专利1个,在核心期刊发表论文24篇。开展安全标准化达标创建活动,安全无事故目标得以实现。信访工作受理事项7件,全部妥善处置,市烟草专卖局获全市应急管理先进单位称号。

咸阳烟叶复烤有限责任公司 公司设综合办公室、企业管理部、财务计划部、市场业务部、设备技术部、生产管理部、工艺质量部、后勤管理部、安全保卫部9个部门,共有正式员工148名,大专以上文化程度106人,各类专业技术人员27人,各类技术工人69人。

生产加工 按照客户配方加工的要求,成立工艺技术中心,完成配方打叶工作站检测设备和技术人员的配备,依据烟叶特性和客户需求,开展"一企一策"工艺策划,组织实施精细化、均质化、标准化配方打叶,被江苏中烟评为优秀定点复烤加工企业。2012年复烤加工烟叶2100万公斤,生产成品烟1350万公斤,加工收入5947万元,实现利润130万元。

市场建设 咸阳烟叶复烤公司长期与陕西中烟工业公司、陕西烟草进出口公司合作,并成功进入甘肃、湖南、浙江、川渝等省外加工市场,与全国12家工业公司和12家商业公司建立业务关系。2012年,通过进一步加大市场开发工作力度,采取领导分片包干的办法,深入走访市场,开展技术交流,强化服务措施,陕南市场占有率提高20%以上,实现湖北、广东、云南、江苏、贵州加工市场新的突破。

(魏 锋)

饮食服务

概况 2012年,咸阳市餐饮服务业围绕打造餐饮宾馆品牌,壮大规模,提升档次,深入开展各类竞赛、评比达标和品牌创建活动,餐饮服务、经营规模、管理水平、服务质量都有提升,涌现出一批文化特色鲜明的知名企业和行业骨干。开展"咸阳餐饮品牌20强"评定工作和陕西省餐饮品牌30强的申报评审工作。咸阳阿瓦餐饮文化连锁有限公司、陕西昭陵实业集团有限公司、咸阳女皇实业有限公司、咸阳国贸大酒店有限公司被省商务厅命名为陕西餐饮品牌30强企业。开展陕菜品牌店创建工作。好德文化餐饮管理有限公司、咸阳国贸大酒店有限公司、咸阳荔枝湾大酒店、陕西航空大酒店、咸阳女皇大酒店、彬县彬州宾馆、陕西时代王朝大酒店、乾陵大酒店、咸阳红螺湾假日酒店、咸阳三原小吃宴、三原老百姓大厨房餐馆、三原老黄家被省商务厅命名为陕菜"品牌店"。在全市餐饮宾馆业开展"评比达标、交流展示"活动。联合市工商局、市卫生局、市文物旅游局、市质监局、市人社局、市餐饮协会对餐饮宾馆企业进行全面检查评比,按照评分细则和综合检查情况,餐饮宾馆企业进行排序,并将检查评比结果在新闻媒体予以公布,接受社会监督。2012年全市现有餐饮法人单位576个,其中宾馆酒店60多家,星级酒店25家(其中四星级2家,三星级16家,二星级7家)。从业人员5.1万人。

(陈建斌 陈永强)

供销合作社

概况 2012年,市供销合作社狠抓供销社经营服务网络建设和合作经济组织建设两个重点,强化项目建设,取得良好的经济效益和社会效益。全市系统商品总购进62亿元,总销售60亿元,汇总利润1450万元。

农村现代流通供销网络建设 充分发挥系统连锁经营网络优势,加强农资市场、农产品销售网络和日用品销售网点建设,全系统共建成乡镇连锁超市14个,村级农家店65个。全系统累计建成农资龙头企业11个,农资连锁直营店505个,镇加盟店213个,农家店1060个。基本形成每个镇有连锁超市、大部分村有加盟店的企业主体。以网络为支撑,通过统一品牌标志、统一物流配送、统一服务标准,进一步加大"新网工程"(即新农村现代流通服务网络工程)工作实施力度,全面建立以集中采购、统一配送、连锁经营为主要形式的现代农村商品流通模式。建成彬县家福乐购物超市、长武县全都购物广场、三原上海客都购物超市、兴平乐家购物广场、泾阳新商城综贸市场、秦都新嘉惠商贸城等一批有一定经营规模的网络配送中心4个,镇连锁超市14个,建设村级农家店65个,咸阳天洋农业生产资料公司、长武天丰农业科技有限公司、兴平市果菜储销公司、彬县城关供销社等16户"新网工程"实施龙头企业,充分发挥自身健全的网络优势,积极扩大销售终端,规范经营体系,提升服务水平,服务网点遍布乡村,组织供应化肥85万吨,农药3970吨,农地膜3123吨,农民足不出村就能买到放心的生产资料和生活资料。

重点项目建设 实施项目带动战略。全市共筛选进入市、县两级项目库重点项目80多个,争取到扶持项目4个,到位资金565万元。累计争取到中、省专项投资项目25个,到位资金1360万元,拉动地方和企业配套资金86500万元。建成重点项目26个,其中"新网工程"项目9个,网络薄弱空白县项目11个,省级财政补助项目3个,农业综合开发项目2个。投资5.3亿元的咸阳百旺供销农资市场主体工程建设基本完工。投资3200万元建成咸阳天洋农资有限公司农资配送中心。投资1800万元的旬邑农资农产品批发市场项目投入运营。

农村合作经济组织建设 创办农民专业社30家,为任务20个的150%。新增入社农民6532户,累计创办、领办各类农民专业合作社378家,入社农户34289户。组织7个实力较强的专业合作社和社属企业参加第三届全国农校对接洽谈会,秦都兴盛蔬菜专业合作社、兴平大地农产品专业合作社分别和西安技师学院、咸阳职业技术学院签订总计800万元供货合同。市供销干校成功申报阳光工程培训基地,年内举办农民经纪人培训班10期,培训农民经纪人800人。累计举办培训班35期,培训农民经纪人和各类农村实用人才4500人,3200名农民经纪人通过培训理论考试,获得国家统一颁发的农产品经纪人资格证书。这些经纪人包装农产品150多个,为解决农民农产品卖难问题发挥重要作用。

基层供销社综合改革 实施基层社改造、重组、重建工作,通过各种方法引进社会能人、投入和吸纳社会资金对基层社实施改造,使基层社的整体面貌有了明显的改观,为农服务功能有效提升。乾县供销社紧紧抓住小城镇建设机遇,新建基层社4个,武功县供销社、彬县供销社克服困难,致力基层社改造,使80%基层社基础设施改善,全市有3个专业合作社得到全国供销总社农业综合开发项目扶持,到位扶持资金150万元。武功镇供销社和张洪供销社被全国供销总社命名为"基层供销社文明示范单位"。

农产品服务体系建设 市政府出台《咸阳地产蔬菜供销直通车工程实施方案》。市供销社以组织农产品进城为重点,构建农产品经营服务新体系。围绕各地主导产业,领办、创办种植、养殖、加工、营销服务等各类合作经济组织和专业合作社,开展一体化服务,带动农民进入市场,促进农民实现增收致富。由供销社牵头,秦都区、渭城区供销社协作,泾阳县学明蔬菜专业合作社实施,9月蔬菜供销直通车工程开始在中华小区、秦宝小区试点。截至年底,已经建成蔬菜直通店8个,车辆5台,专业销售人员40人,联系建立起农产品生产基地2处,销售农副产品630多万元。有效缓解专业合作社菜农卖菜难和这些小区居民买菜贵、不方便的问题。

咸阳泾渭茯茶生产加工 咸阳是茯砖茶加工制造的发源地,是古代丝绸之路"茶马互市"的主要通道。2007年,市社招商引资投资成立的咸阳泾渭茯茶有限公司是国家级农业产业化重点龙头企业,注册资金1200万元,是集茶叶科研、茶叶加工、茶叶贸易、茶文化传播于一体的现代化茯茶产销企业,拥有国内黑茶行业第一个高标准清洁化生产体系、陕西第一个完善的茶叶质量审评检测体系、第一个茶叶企业技术研究中心、第一个茶学科教实训基地。公司本着"诚信、专业、合作、创新"的用人观,聚集一大批敬业务实的茶叶经营管理与技术型人才,有人员185人,其中研发人员20人。2012年底,公司资产总额6165.10万元,固定资产3123.91万元,销售额较上年大幅度提高,实现销售收入4265.85万元,利润总额1246.59万元。2012年,茯砖茶制作技艺入选陕西省非物质文化遗产名录,咸阳泾渭茯茶公司先后被评为陕西省文化产业示范单位、工业旅游示范基地、养生保健旅游推荐单位、秦都区农业产业化龙头企业标兵单位等。在质量体系的建立完善中,企业获得中国质量认证中心认定的HACCP认证证书,同年"泾渭"牌茯茶获得陕西省人民政府认定的名牌产品称号。公司对茯砖茶生产线进行技术改造,扩建原有的烘房、原料库、成品库,使得企业生产规模进一步扩大。同时大力发展科技研发,以科技创新带动企业发展,提高产品质量。建立企业研发中心和完善的茶叶质量安全检测中心,与安徽农业大学、湖南农业大学、中国茶叶加工研究院、陕西农产品加工研究院建立科研协作关系。公司已取得1项省级科技成果,1项国家发明专利,成功申报20项专利。

(罗斌武　刘峰鸽)

石油经销

中国石油天然气股份有限公司陕西咸阳销售分公司 中国石油陕西咸阳销售分公司是中国石油天然气股份有限公司陕西销售所属地市级公司。公司位于秦都区人民西路西郊加油站北，主要从事汽油、柴油、润滑油三大类成品油的批发和零售。下设兴平市、武功县、杨陵区、长武县、彬县、永寿县、乾县、礼泉县、泾阳县、三原县、淳化县、旬邑县、秦都区、渭城区14个片区经营部和润滑油经营部，辖茂陵1座油库，有营运加油站110座，资产总额2亿多元，公司员工1300余人。2012年，销售各类成品油41.8万吨，缴纳税金5118.52万元，公司全年实现全区油库、加油站无等级事故。

网络建设　2012年，公司以完善销售网点分布为重点，不断加强与各级职能部门沟通，12月6日，与咸阳市政府签订《战略合作框架协议》。根据各片区经营部“十二五”规划和市场形势，公司以西咸新区、秦都区、渭城区为网建重点，严格按照《中国石油2010版建设标准规范》要求，以方便车辆进站加油，提高客户满意度、舒适度为设计前提，建设高标准高质量销售网点。对片区经理、站经理及多家入围施工单位项目负责人进行加油站建设标准、施工安全管理、安全经验分享等内容的专题培训。建立健全管理制度，制定《招标管理办法》《承包商管理办法》《施工现场管理办法》等。

加油站管理　建立加油站油品配送情况反馈机制，每日下班前对当天配送计划的执行情况进行跟踪掌握，保证油品当天配送到站，尤其在农耕和节假日重点需求期间，加强资源协调，确保市场平稳供应。在“三夏”期间与市农机管理中心联名印发“柴油保供”文件，在全区运营加油站开设农用车辆加油绿色通道，并集中小型配送油罐车组成流动加油车送油到田间地头。制定客户同类投诉处理办法，将客户投诉纳入月度综合考核。在所辖全部加油站推进IC油卡管理系统建设，满足客户“一卡在手，全国加油”的需求，为客户随时随地办卡、充值、挂失、兑换积分提供便捷的服务。以秦都西郊站、杨凌渭惠站和兴平朱曹站为样板，在全区打造61座精品便利店加油站。推进精细化管理，把加油站形象、管理和现场服务水平不断向前推进，为客户提供方便快捷、安全满意的优质服务。

安全管理　各级人员全面签订《安全环保责任书》和《安全生产合同》2200多份。制定《安全环保奖考核管理办法》，将安全管理与所属各单位月度综合考核和薪酬兑现挂钩。在公司每周工作例会中进行安全经验分享，强化管理层安全意识。加大月度检查和节假日前安全检查力度，开展岗位风险点“一口清”活动，公司1200余人参加岗位风险分析和排查隐患，对查出问题现场整改。

油品数量质量管理　2012年，公司出台《数质量管理办法》，制定严抓细管、堵塞漏洞的过硬措施。严格落实每月对各片区3座以上加油站进行油品抽检，全年共抽检2500余份油样。加油站接卸每车直调油必须留样2瓶封存，经配送司机签名，送茂陵油库化验。建立油品配送车辆月度稽查机制，对油品从炼厂到站的一级配送和油库到站的二级配送运输全程进行跟单作业，实行动态管理，随时掌握油品配送数量质量情况。建立对油品配送车辆司机不轨行为全员监督举报的奖励制度。油库对每车出库油品标注油高、油温和出库时间，逐步实现以体积标准和加油站进行交接。

非油业务　全区共有昆仑USmile便利店94座，2012年，实现非油收入2583万元。打造精品便利店，对全区61座便利店形象包装、商品种类、物品陈列等全方位进行精品打造。针对非油商品配送不及时问题制定《非油商品库存管理暂行办法》，分别建造分公司非油商品中转仓和站内便利店商品库房，并签订二次物流配送合同，建立从站到库的便利店要货、配送机制，使各站便利店至少两周配送一次，保证非油商品不脱销断档。建立非油客户档案和拜访机制，制定非油促销费季度滚动使用计划。大力开展化肥销售，累计销售化肥3742吨。

（吴雯婷）

商品交易市场

概况　“万村千乡市场工程”。由5户承办企业在全市共建设改造验收合格农家店104户（含直营店24户）；信息化改造合格农家店88户；建设4个配送中心和5个商贸中心，国家补贴资金1000万元。农产品流通网络框架基本

“万村千乡市场工程”——农家店　（李军朝　摄）

形成。根据省商务厅2012年农产品现代流通综合试点工作通知精神和《关于转发“双百市场工程”农贸市场建设标准和验收规范的通知》要求，认定6个农贸市场建设改造项目和13个“农超对接”建设项目符合验收标准。有咸阳市秦都区大秦西市农副产品交易市场新建项目、彬县公刘街农产品批发市场升级改造项目、彬县东升农贸市场新建项目、武功县普集镇李大农贸市场新建项目、三原旺家旺蔬菜市场升级改造项目、泾阳云阳蔬菜批发市场升级改造项目等6个新建改造农贸市场，陕西京英实业发展有限公司冷链项目、礼泉海通果业有限公司配送中心建设项目、咸阳荣泰农业发展有限公司冷链项目、彬县天盛果业有限公司冷链项目、咸阳天丰农业科技有限公司冷链项目、咸阳绿源农贸有限公司冷链项目、咸阳女皇果蔬食品开发有限公司冷链项目等7个大型农产品流通企业实现对接。咸阳市秦都区吴帅蔬菜专业合作社瓜果蔬菜残留检验检测项目、陕西省兴平市雅虎大蒜专业合作社冷链项目、三原玉圆食用菌专业合作社冷链项目、三原育春果品专业合作社冷链项目、三原双泉苹果专业合作社冷链项目、泾阳县绿地食用菌专业合作社冷链项目等6个专业合作社形成规模。“镇超工程”呈旺盛势头。2012年，咸阳市共建设标准化超市12家，分别为杨凌良友商贸连锁有限责任公司(杨凌良友商贸连锁有限责任公司西城超市)、彬县中山商贸有限责任公司(彬县中山商贸水口超市)、陕西聚家连锁超市有限公司(聚家普集街店、聚家五七〇二店)、长武县永德宏商贸有限责任公司(长武县永德宏超市洪家镇店、长武县永德宏超市昭仁镇店)、陕西德林工贸有限责任公司(德林购物广场三渠店、德林购物广场新商城店)、咸阳赐金商贸有限公司(汇金超市张洪店、汇鑫购物广场太村店、金鑫购物广场职田店、凌云购物广场底庙店)，争取国家补贴资金240万元。

(赵国哲　李宏刚　高　科　王　斌)

食品安全监管　市工商局召开全系统食品安全监管工作会议，层层签订目标责任书，明确宣传培训、食品检测等工作任务；9月，由市工商局领导带队，组成5个检查组，采取实地查看、查阅监管资料等形式，对各县级局的食品检测、日常监管、食品进货查验记录制度落实、食品经营户培训教育、专项整顿等重点工作落实情况进行督查检查，及时将检查结果分析整理，下发检查通报，有力地促进工作。严把食品市场准入关，坚持“先培训，后发证”的原则，办理食品流通许可证3733个(其中市局办理105个、县级局办理3628个)，累计创建省、市、县级食品示范店1035户；在秦都区、渭城区率先推行“一岗一册”(即“食品监管责任岗”和“食品安全日常监管工作手册”)试点，明确监管人员，留下监管痕迹，进一步夯实监管责任；深入开展食品安全专项整治，检查食品经营户8693户次，对散装食用油、酱菜、果冻、老酸奶、腐竹等39个批次食品委托专业机构进行抽检，下架问题食品3300公斤，查处不合格食品586袋、过期食品689袋、不合格猪肉60公斤。

整顿和规范市场经济秩序　先后开展“双节”市场整顿、虚假违法广告、商标侵权、打击传销、不正当竞争等专项执法行动。取缔无照经营1227户，查处广告案件101件、商标案件36件；取缔传销窝点67个，教育遣散1097人。开展汽车、食盐、成品油、文化、旅游市场等专项整治和打击黑网吧、净化校园周边环境等工作。全系统共查处各类经济违法案件2431件，其中万元以上案件131件，罚没1130余万元。市工商局被市政府评为“食品安全监管工作先进单位”。全市创建省级“文明诚信市场”10个、“文明诚信集市”2个，市级“文明诚信市场”17个、“文明诚信集市”5个。

(黄玉林)

对外经济贸易

概　　述

概况　据海关统计,2012年咸阳市进出口总值为43299万美元,较上年(下同)同比下降7.32%,其中,出口总值37359万美元,同比增长0.84%,进口总值5940万美元,同比下降38.59%。实现贸易顺差31419万美元,完成年进出口任务5.1亿美元的85%,占全省进出口总值的2.93%,位居全省第三。新增1家对外承包企业,全年对外劳务输出250人。

进出口主要特点　①一般贸易进出口总值27240万美元,同比下降13.84%,占全市进出口总值的62.91%。加工贸易进出口总值15983万美元,同比增长8.17%,占全市进出口总值的36.91%。②外商投资企业、国有企业进出口下降,私营企业进出口增长。国有企业进出口23116万美元,同比下降15.81%,占全市进出口总值的53.39%。外商投资企业进出口12507万美元,同比下降1.73%,占全市进出口总值的28.89%。私营企业进出口7675万美元,同比增长17.43%,占全市进出口总值的17.73%。③企业数量创历史新高。2012年咸阳市有进出口业绩的企业106家,较上年同期增加30家。其中进出口总值超百万美元的企业40家(占全市有进出口业绩企业数量的37.74%),进出口总值合计4.09亿美元,占全市进出口总值的94.46%。④浓缩果汁和化工产品出口持续增长,受国际市场不景气的影响,纺织品和机电产品出口下降。机电产品出口总值11888万美元,同比下降22.53%,占全市出口总值的31.82%;果汁出口总值9102万美元,同比增长9.1%,占全市出口总值的24.36%;纺织品出口总值4550万美元,同比下降35.18%,占全市出口总值的12.18%;化工产品出口总值5982万美元,同比增长1.16倍,占全市出口总值的16.01%。⑤与咸阳市有贸易往来的国家和地区103个,较上年增加14个。其中对大洋洲、拉丁美洲、非洲市场进出口大幅增长,对亚洲市场进出口所占比重较大。2012年咸阳市进出口排名前五位的国家或地区是:美国(6507万美元)、香港(6324万美元)、澳大利亚(5061万美元)、韩国(3888万美元)、日本(3097万美元)。

(加晓刚　张　民)

2012年全市外贸进出口前十位国家(地区)统计表

表21　　　　金额单位:万美元

国别(或地区)	进出口总值	出口总值	同比增长%	进口总值
美国	6507	6064	-21.07	443
香港	6324	6324	-17.22	
澳大利亚	5061	4935	730.69	126
韩国	3888	2477	7.95	1411
日本	3097	2213	2.98	884
印尼	2636	2636	-14.60	
德国	2016	1434	-20.90	582
台湾	1648	1108	-29.32	540
荷兰	1004	999	-30.30	5
比利时	895	895	47.72	

利用外资

概况　2012年咸阳市新批外商投资企业5户,总投资18225万美元,同比增长0.57%;合同外资9986万美元,同比增长32.06%;实际利用外资7080万美元,同比增长12.94%,完成年计划7000万美元的101%,创历史新高。截至2012年底,全市累计批准外商投资企业387家,总投资269699万美元,合同利用外资120720万美元,实际利用外资86359万美元。

利用外资特点　新进外资向第三产业扩散,新批的外资企业除工业领域外,新增水处理和物业管理类项目。外资到位资金以老企业增资为主。

(加晓刚　张　民)

2012年全市外贸企业进出口海关统计表

表22 金额单位:万美元

单位名称	进出口总值	出口总值	出口增减%	进口总值
合计	43299	37359	0.84	5940
生益科技	9890	7213	1.8	2677
兴化股份	5826	5826	123.96	
通达果汁	4470	4470	-13.83	
八方纺织	2819	2107	-15.6	712
彩虹电子	2573	1872	-66.69	701
阿果安娜	1650	1650	339.47	
三川果蔬汁	1569	1569	46.86	
泾阳怡科	1356	1356	10.29	
彩虹玻璃	1351	645	-10.18	706
西北二棉	1337	1337	-31.24	
西北一棉	845	823	-54.22	22
三原润禾	686	686	528.42	
健康蜂业	645	645	77.78	
陕西华特	604	603	2.5	1
咸阳医疗	573	289	4.54	284
宏远航空	437	279	9.14	158
陕西炫博	401	401	1203.09	
天瑞商贸	367	367	-40.83	
延长橡胶	321	262		59
世嘉贸易	298	298	79.89	
宝石钢管	290	290	-21.89	
九冶建设	224	224	1000.07	
台玻咸阳	221			221
华润纺织	194	194	-64.77	
昊鑫贸易	152	152		
三精科工贸	146	146	-3.69	
钜和木业	127	127	27.73	
隆盛财贸易	127	127		
电建三公司	126	126		
步长医药	124	124	89.04	
荷立医疗	121	56	-19.12	65
建兰商贸	120	120		
克莱鲍	115	115	21.55	
金山电器	115	71	-52.17	44
吉顺进出口	114	114		
隆昌盛贸易	112	112		
昌隆泰贸易	107	107		

续表1

单位名称	进出口总值	出口总值	出口增减%	进口总值
中瑞家具	104	104	71.51	
恒盛泰贸易	103	103		
中兴果业	102	102	40.37	
大湖汇金	84			84
咸阳粮机	80	80		
合木实业	79			79
文联商贸	78	78		
连志商贸	69	69		
兴佳进出口	69	69		
庆艳商贸	67	66		1
健雄商贸	65	65		
金果食品	65	65	27.29	
昊和贸易	62	62		
汇发进出口	61	61		
福兴贸易	60	60		
信华通贸易	60	60		
慕元商贸	60	60		
丰果商贸	60	60		
勇鑫商贸	60	60		
昊海商贸	60	60	-13.63	
旺顺商贸	60	60		
章禾贸易	60	60		
英健商贸	60	60		
永达源商贸	59	59		
龙腾进出口	59	59		
捷祥进出口	58	58		
淳化中富	58	58	5.51	
炎锋商贸	57	57		
昊麟商贸	54	54		
富祥进出口	53	53		
捷盈电子	50			50
远生商贸	46	46		
华润印染	46	46	188.34	
广博商贸	43	43		
万福商贸	43	43		
天昊商贸	42	42		
龙跃商贸	42	42		
四季红果蔬	42	42	-29.53	
都乐商贸	39	39		

续表2

单位名称	进出口总值	出口总值	出口增减%	进口总值
陕西航空	38	36	-23.66	2
澳华瓷业	36	36	-9.78	
同骏益	32			32
宏达植化	29	29	63.37	
欧亚纺织	24	24	-83.26	
高源试剂	22			22
际华新三零	20	20	-73.01	
华潮衡器	17	17		
溢辉果品	16	16	-45.66	
秦岭电气	14	14	-20.48	
宏达实业	10	10	-7.71	
金山益昕	10	10	1549.24	
华星电子	9	9	57.94	
虹瑞贸易	8	5	-86.63	3
同心连铸	7	7		
蓝星玻璃	7	7	-82.55	
佛蓝玻璃	7	7		
西北橡塑	6	1	-85.86	5
禧塬商贸	4			4
埃森合金	4	4	587.08	
赛尔特电子	3			3
恒安纸业	3			3
康可德	2			2
蓝科生物	2	2		
绿琪果业	2	2		
三晋医疗	2	2	9.78	
陕柴重工	1			1
华星电阻	1	1	-35.87	

金融业

银行

概况 2012年,咸阳市金融部门按照“稳中求进”的总体要求,贯彻落实中央关于“稳增长”的一揽子计划,继续执行稳健的货币政策,确保政策的连续性和稳定性,加大对实体经济的信贷投入,支持咸阳经济发展,全市经济金融运行总体呈现平稳向上的良好态势。截至年末,全市金融机构本外币各项存款余额1574.55亿元,比年初增加235.54亿元,增长17.6%;各项贷款余额647.23亿元,较年初增加103.59亿元,增长19.05%。

人民币存款 2012年全市各项人民币存款稳步增长,且增速加快。12月末,全市金融机构人民币各项存款余额1570.48亿元,较年初增加235.32亿元,增长17.63%,增速较上年同期加快0.76个百分点。从季度增长来看,呈“高开低走回升”的总体态势。其中,一季度新增72.98亿元为全年最高点,二、三季度分别新增62.01亿元和36.74亿元,四季度回升至63.56亿元。从存款构成分析,个人存款增量较上年大幅增加,单位存款增加有所回落。2012年,全市金融机构个人存款新增161.31亿元,同比多增37.33亿元,其中个人储蓄存款新增155.33亿元,占各项存款新增额的66.01%。全市金融机构单位存款新增59.84亿元,占各项存款新增额的25.43%,增量较上年同期减少20.79亿元,其中活期存款和定期存款分别新增45.19亿元和9.73亿元;此外,委托存款新增1.77亿元,财政存款减少0.99亿元。分机构看,全市金融机构存款都有不同程度的增长,仅有农发行咸阳市分行存款有所下降。全年市农信社新增存款67.96亿元,占各项存款新增额的28.88%,建行咸阳分行新增38.89亿元,农行咸阳分行新增30.65亿元,市邮储银行30.11亿元,工行咸阳分行新增25.42亿元,长安银行咸阳分行新增15.56亿元,中行咸阳分行新增14.13亿元,中信银行新增5.14亿元,兴业银行新增4.73亿元,交行咸阳分行新增2.32亿元,招商银行新增0.01亿元,而农发行咸阳市分行减少0.38亿元。

人民币贷款 2012年全市信贷增速较2011年有所加快,并且高于存款增速。12月末,全市金融机构人民币贷款余额646.04亿元,全年新增贷款105.03亿元,较年初增长19.41%,增速较上年同期加快0.42个百分点,并高于存款增速1.78个百分点。从季度增长来看,呈“冲高回落”的态势。其中一、二季度分别新增12.74亿元、26.91亿元,三季度达到高点新增35.81亿元,四季度回落到29.57亿元。分结构看,短期贷款和中长期贷款均保持平稳增长,增速快于上年同期;票据融资增速减缓。12月末,全市短期贷款余额193.2亿元,较年初增加32.71亿元,增长20.38%,增速较上年末加快7.64个百分点。其中,单位贷款新增30.86亿元,占短期贷款新增量的94.33%。中长期贷款余额422.81亿元,较年初增加70.21亿元,增长19.91%,增速较上年末加快1.76个百分点。其中个人中长期贷款新增37.91亿元,固定资产贷款新增16.38亿元。票据融资余额30.04亿元,较年初增加2.12亿元,增长7.59%,增速较上年末大幅下降93.49个百分点,其中12月份受到各金融机构压缩规模、调整信贷结构的影响,票据融资当月减少6.71亿元。分机构看,中资全国性大型银行和区域性中小银行稳步增长,中资全国性中小型银行增长迅猛,市场占比大幅提升。2012年,全市农发行、中信、兴业、招商银行四家中资全国性中小型银行贷款增加26.62亿元,占全部金融机构贷款增量的25.35%,市场占比较上年末大幅提高22.14个百分点;工行、农行、中行、建行、交行和邮储银行增加42.39亿元,占全部金融机构贷款增量的40.36%;两家中资区域性中小银行贷款新增36.02亿元,占全部金融机构贷款增量的34.29%,其中,农信社贷款新增29.94亿元,位居全市各金融机构贷款增量之首。

外汇存贷款 12月末,全市金融机构外汇存款余额6486万美元,较年初增加364万美元,增长5.95%;外汇贷款余额1888万美元,较年初减少2279万美元,大幅下降54.69%,其中短期进出口贸易融资贷款减少1881万美元,单位普通贷款下降400万美元。

银行间债券市场 2012年,咸阳市债券市场成交量同比大幅增加,票据回购重回市场。债券市场成交量同比大幅增加。2012年全市债券市场累计交易量177.06亿元,同比增长75.34%。其中,现券成交6亿元,质押式回购成交171.06亿元。债券投资总额8.7亿元,实现投资收益3335.19万元。票据回购重回市场。自2010年以来,咸阳市票据市场已有两年没有发生过票据回购业务。2012年12月,咸阳市5家农村信用联社为了在信贷额度外有效提高资金收益,先后与恒丰银行西安分行办理买入返售票据16.19亿元。

票据市场 2012年,全市票据融资规模快速增长。全市累计签发银行承兑汇票12.41亿元,同比增加5.57亿元,增长81.43%;累计办理银行承兑汇票贴现191.95亿元,同比增加128.16亿元,增长200.91%。

全市金融机构人民币存款情况

表23　　单位:亿元

项　目	年末余额	比年初增减额	
		2012年	2011年
各项存款	1570.48	235.32	204.02
1.单位存款	551.19	59.84	80.62
#活期存款	423.58	45.19	56.16
定期存款	65.06	9.73	14.61
通知存款	7.91	2.57	-2.57
保证金存款	13.54	5.18	1.92
2.个人存款	988.54	161.31	123.98
储蓄存款	981.58	155.33	123.10
保证金存款	0.06	0.05	-0.05
结构性存款	6.89	5.93	0.92
3.财政性存款	7.12	-0.99	1.16
4.临时性存款	3.24	0.77	-0.76
5.委托存款	2.91	1.77	-1.06
6.其他存款	17.48	12.62	0.07

全市金融机构人民币贷款情况

表24　　单位:亿元

项　目	本期余额	比年初增减额	
		2012年	2011年
各项贷款	646.04	105.03	91.80
(一)境内贷款	646.04	105.03	91.80
1.短期贷款	193.20	32.71	19.46
(1)个人贷款及透支	58.65	-1.13	10.35
#个人消费贷款	1.91	0.95	0.07
(2)单位普通贷款及透支	126.07	30.86	7.86
#经营贷款	126.07	32.88	5.89
固定资产贷款	0.00	-2.02	1.97
(3)银团贷款	0.00	0.00	0.00
(4)贸易融资	8.48	2.99	1.25
(5)境外筹资转贷款	0.00	0.00	0.00
2.中长期贷款	422.81	70.21	59.02
(1)个人贷款	199.06	37.91	42.56
#个人消费贷款	118.36	14.60	29.68
(2)单位普通贷款	179.89	35.07	8.58
#经营贷款	41.72	18.69	-1.37
固定资产贷款	138.17	16.38	9.95
(3)普通并购贷款	7.94	0.00	2.94
(4)银团贷款	35.92	-2.77	4.94
3.票据融资	30.04	2.12	13.32
(二)境外贷款	0.01	0.00	0.00

黄金市场 2012年,全市黄金市场业务发展势头良好。全年黄金业务交易总量为2715.59千克,较上年同期增加147.13千克,增长5.73%;其中,实物黄金交易量360.4千克,同比增加144.09千克,增长66.61%;账户金交易量2355.2千克,同比增加3.05千克,增长0.13%。从交易类型看,商业银行卖出1471.12千克,买入1244.48千克。

(师立斌)

中国人民银行咸阳市中心支行 2012年,中国人民银行咸阳市中心支行围绕稳增长目标,结合咸阳辖区经济金融实际,牢牢把握"稳中求进"的工作基调,高效履行基层央行职责,维护区域金融稳定,提升金融服务水平,促进地方经济金融平稳健康发展。2012年被省综治办、省公安厅命名为省级"平安单位",被市委、市政府授予"咸阳市金融管理先进单位"、"服务工业经济发展先进单位"、"金融支持非公经济发展先进单位"。

货币信贷　深刻理解稳健货币政策内涵,不断增加货币政策执行的针对性、有效性和灵活性。坚持按期召开经济金融形势分析会,加强与地方政府及相关部门的沟通联系,搭建政银企对接平台,促进银企合作项目35个,落实资金总额85.1亿元。坚持"有扶有控"信贷原则,加强对地方法人金融机构信贷规划的调控,开展信贷政策执行导向评估考核,引导金融机构加大对重点领域及薄弱环节的信贷支持。加大债务融资工具推广力度,全力支持企业利用票据市场、银行间债券市场进行融资。充分运用货币政策工具,拓宽支农再贷款适用范围,累计发放支农再贷款3亿元。截至年末,全市金融机构人民币贷款余额为646.04亿元、增长19.41%。新增贷款105.03亿元,其中涉农贷款占比46%,小微企业贷款占比29.1%。促进地方经济稳步快速增长。

金融稳定　组织召开全市房地产市场监测工作座谈会,建立完善房地产信息共享制度。扎实开展金融稳定现场评估工作,对辖内2家金融机构开展稳健性现场评估。加强对地方法人金融机构风险监测,对全市银行、证券、保险和实体经济风险进行全面排查。密切跟踪兴平市“八二九”非法集资案和武功县1家食品公司非法集资案,指导相关县支行依法参与案件后续处置工作,应急反应迅速,情况上报及时。进一步完善金融管理与服务工作机制,规范宏观审慎管理工作流程,推动全市金融业持续、快速、健康发展。全年办结金融消费投诉11件。

金融服务　关注农村金融服务需求,银行卡助农取款服务取得明显效果。开展银行账户非现场监管试点工作,批量迁移金融机构账户1万多户,账户管理水平进一步提升。推动人民币流通净化工程,加强反假宣传和培训,完善考核激励机制,加大小面额人民币投放力度,改善辖区人民币流通和服务环境。以长武县巨家镇为典型,组织召开信用村镇建设现场推进会,信用村镇创建工作机制进一步完善。加强征信体系建设,顺利推进机构信用代码推广应用,认真做好小微企业信用增值计划工作,中小企业担保公司和小额贷款公司被纳入信用评级范围。全面开展县域金融机构CSE综合评估工作,县域金融服务不断改善。重视调查研究工作,组织召开咸阳市金融学会第五次会员代表大会,为上级行和地方政府提供一批有参考价值的调研成果。全力推广财税库银横向联网业务,国税系统成功接入财税库银横向联网电子缴税系统。创新优化国库系统管理模式,开展县级国库系统管理员跨区域集中管理试点工作,有效降低系统维护操作风险。加强金融IC卡推广工作,开展IT系统应急演练,科技业务能力不断提升。发挥金融服务组织管理职能,组织金融机构开展职工业务竞赛活动,金融队伍素质和履职能力得到全面检验。

反洗钱监管　建立三级审核制度,反洗钱动态评价及风险预警工作的准确性进一步提高,建立反洗钱走访调查评估指标体系,指导辖内金融机构开展客户身份识别工作,成功堵截3起涉嫌金融诈骗活动,并移交2条可疑犯罪活动线索。强化现场检查,金融机构合规经营水平和县支行反洗钱监管履职水平得到提升,对两家高风险机构进行反洗钱现场检查。

货币发行　发挥全省人民币流通净化工程示范单位作用,组织业务竞赛活动,加强反假宣传和培训,建立残损币兑换和假币收缴投诉督办机制、券别调剂预约合作机制、公众监督及投诉督办机制和业务考核激励机制,通过公开倡议、签订承诺书、经验交流、现场观摩、召开推进会等形式,使全市人民币流通净化工程向纵深开展。

外汇管理　落实货物贸易外汇改革措施,完善系统档案信息,组织货物贸易培训会,督促100多家企业签订《货物贸易外汇业务办理确认书》,完成40多家重点监测企业非现场核查工作。加强外汇业务指导,通过核查国际收支、检查外汇银行政策执行情况和外汇业务办理情况、开展外商投资企业年检工作,督促外汇银行依法合规经营。全面开展人民币跨境贸易结算工作,6家银行机构取得开办跨境人民币业务资格,跨境人民币结算量累计近3.9亿元,结算规模居省内地市第一。

（师立斌）

中国银行业监督管理委员会咸阳监管分局　服务小微企业　2012年,中国银行业监督管理委员会咸阳监管分局印发《2012年咸阳银行业小微企业金融服务工作要点》,明确全年的工作目标、工作重点及措施要求。召开2012年小微企业金融服务工作会议,明确2012年小微企业金融服务工作目标和重点举措。针对小微企业融资贵问题设置调查问卷,对135户重点企业融资成本进行问卷调查。继续推行小企业联络员制度,解决小企业融资难问题。走访调研,及时解决小微企业金融服务中存在的问题。针对长安银行小微企业专营支行管理中存在人员配备、任务考核、利率定价、贷款流程、产品创新五个方面的问题发出提示通知书,要求其限期进行整改。按月统计、按季通报,及时掌握进度,督促做好小微企业金融服务工作。对工作进展不大,排名靠后的机构通过约见谈话、通报批评等措施进行督促。3月和10月分别召开小微企业金融服务情况专题通报会,要求未达标的银行机构采取有效措施,确保目标的实现。扎实开展“小微企业金融服务宣传月”活动。分局和各银行业机构都开办小微企业金融服务宣传专栏,分局与中行咸阳分行、长安银行咸阳分行联合组织开展两场银企对接会。对各机构宣传活动开展情况进行巡查,促进宣传活动的扎实开展。搭建平台,促进交流提高。8月,组织召开全市银行业小微企业金融服务工作经验交流会,7家银行机构汇报各自的成功做法和经验,会议取得促进工作交流、促进思想重视、互相借鉴提高的良好效果。通过以上措施,小微企业金融服务工作取得良好成效。截至年底,全辖小微企业贷款余额77.47亿元,较年初净增加20.66亿元,小微企业占全部贷款比例稳步上升,达到11.4%,较年初提高0.91个百分点,小微企业贷款增速为36.37%,高出全部贷款增速15.89个百分点。累计实现投放63.36亿元,同比多投放27.07亿元。

“三农”信贷支持　开展“支农信贷产品创新年”活动。全市农信社已创新信贷产品15项,办理第一笔知识产权抵押贷款,三原县、武功县等农村信用联社还针对辖区实际,相继开发小微企业联保贷款和商户“信用共同体”联保贷款两项信贷产品,为全市农村中小金融机构全面推进农村金融产品和服务方式创新,支持县域发展率先做出有益的尝试。开展“抓高管、促素质、强考评、提质效”主题强化管理年活动。以风险培训为重点,突出抓好高管人员培训、考核和考试,强化高管的动态监管,增强高管综合素质,切实提高守法合规经营意识,夯实风险防控的基石。9月,分两期举办咸阳市农村中小金融机构高级管理人员培训班,对农信社120多名高管进行培训。开展“增资扩股强实力、提早主动迈向农村商业银行”优化股金年活动。制定印发《关于加快推进农村合作金融机构股权改造的指导意见》,遵循“质量为先、成熟一家、审批一家”的原则,严把准入关口,鼓励支持本地股东参与农信社股份改制。截至年底,全市农信社股本金较年初增加3.43亿元,总额8.53亿元。督促农信社将信贷资金投入坚持向农业倾斜、农户倾斜、县域经济发展倾斜。督促农信社通过走村入社、设点宣传,推介产品,让社会各界全面充分地了解金融信贷服务产品,拉近与小微企业、农户的距离。截至年底,农信社涉农贷款余额为164.38亿元,增量为30.35亿元,高于上年同期4.19亿元,增速22.65%,高于全部贷款平均增速4.07个百分点。持续做好农村中小金融机构风险化解工作。继续对农信社300万元以上的大额贷款实行备案制度,坚持大额贷款逐月监测制度,对高风险行业、国家政策限制类行业、房地产贷款等均告知联社审慎发放。督促农信社采取增扩股金、贷款回收、贷款处置转让等多种途径,完成贷款集中度压降任务。

融资平台贷款风险化解 建立政府融资平台贷款存量、增量、现金流覆盖情况以及分类处置情况4类台账,准确及时向省银监局报送平台贷款周报、半月报及月报。截至年底,辖区共有平台公司5家,贷款余额9.93亿元,较年初减少2.31亿元。组织召开辖区2012年政府融资平台监管工作会议,将省银监局平台贷款监管工作会议精神及时传达到各银行业金融机构,安排辖区政府融资平台监管工作。对辖内机构平台贷款还本付息情况进行收集、整理,密切关注辖内地方政府融资平台的集中到期风险。按照省银监局要求对截至2012年6月末有余额的全口径政府融资平台贷款中的展期贷款、重组贷款、借新还旧贷款、不良贷款五级分类情况进行核查。开展平台贷款现场检查工作。6月中旬,对涉及辖区退出类融资平台2011年末余额最大户——咸阳市城市建设投资有限公司贷款的工行、建行、交行咸阳分行进行现场检查。对兴业银行西安分行、国开行陕西省分行发放的咸阳市城市建设投资公司平台贷款进行检查,检查金额22亿元。检查发现部分贷款项目的《贷款使用和资金支付动态监控表(制式)》无法了解贷款使用实际情况和工程进度等问题,提出整改措施和建议。

银行业案件风险防控 组织召开辖区银行业机构案件风险防控和安全保卫工作会议,印发《咸阳银监分局2012年银行业案件防控工作要点》。制定《咸阳银监分局与银行业金融机构内部审计部门监审联动工作机制办法(试行)》,加强分局与机构内审部门的互动。按季召开风险通报会,督促各机构重视案件防控工作。继续按季完成案件风险排查的抽查和督导工作,并就存在的问题提出监管要求,确定机构整改时限。同时,建立风险排查查出问题台账,对机构已整改问题及时销号,对未整改的问题下发提示书,要求机构及时整改,消除风险隐患。继续把“四项制度”(高管人员定期交流、重要岗位人员岗位轮换、履职回避和强制休假制度)作为案防的一项重点工作加以落实。印发《咸阳银监分局2012年持续推进案件防控“四项制度”落实工作方案》,以台账形式对各机构四项制度执行情况进行监测,要求各机构定期报告四项制度落实情况。9月,组织召开辖内大型银行案件防控工作学习会,认真学习银监会关于案件防控的政策规定,剖析相关案件,汲取教训,筑牢思想防线,提高案件防控水平。

加强对房地产贷款的监测分析 继续做好房地产贷款的监测工作。督促各行按月报送《房地产企业贷款发放统计表》《个人按揭贷款发放统计表》,实时监测全辖房地产开发贷款、个人按揭贷款发放情况。在上年监测台账的基础上,与人行、统计局、住房和城乡建设规划局等单位建立《咸阳市房地产运行监测分析与信息共享制度》,实现信息共享。按照要求,对房地产贷款情况统计表进行补充完善,并下发各机构执行,将数据提供人民银行,为市金融办做好全市房地产运行监测工作尽责尽力。针对不同机构的风险情况及时提示风险。其中对农信社偏好发放房地产开发贷款的问题,分局多次进行风险提示,督促其将信贷资金更多地投向“三农”。截至年底,全市银行业金融机构房地产贷款144.82亿元,较年初增加21.96亿元,增长17.87%;房地产贷款余额占全市银行业全部贷款余额的21.20%,较年初下降0.33个百分点。

开展贷款五级分类质量规范年活动 成立“贷款五级分类质量规范年”重点工作项目领导小组,督促各机构成立领导小组、制订具体实施方案,确定牵头部门和联络人员。对辖内各银行业机构“贷款五级分类质量规范年”活动开展情况进行两次现场核查。检查机构18家。检查贷款户数46户、53笔,金额90932万元。建立正常、关注类贷款监测台账和自查发现的五级分类发生偏离贷款监测台账,实时监测不良贷款变化。对长安银行咸阳分行营业部及16家支行的贷款质量情况进行现场检查。检查发现4笔贷款839.85万元五级分类不准确等5类17个具体问题,针对存在问题提出整改要求。截至年底,全辖银行业金融机构不良贷款余额36.83亿元,较年初减少3.38亿元,不良贷款占比5.39%,下降1.65个百分点。

(郭晓霞)

中国工商银行股份有限公司咸阳分行

2012年,中国工商银行咸阳分行贯彻落实“强基础、促转型、重创新、提品质”的工作方针,围绕支持地方经济发展,开展“学新、用新、创新”活动,实现全年各项改革发展目标。实现拨备前利润4.28亿元,全部存款较年初增加28.05亿元,各项贷款较年初增加5.77亿元,实现中间业务收入15287万元。

支持地方经济发展 向电子、能源、基础设施建设等咸阳市支柱型产业及大中型企业累计投放30亿元,支持支柱型产业和大中型企业稳步发展;向小企业累计放款12亿元,净增贷款3.5亿元,解决小企业融资难的问题。累计投放个人贷款10.86亿元,为居民个人改善住房和消费经营活动提供金融支持。全力开展信用卡业务,信用卡资产规模7.58亿元,发放分期付款7.07亿元,支持行业及个人消费过程中的短期融资需求。办理贴现金额42亿元,满足企业的融资需求,实现国际结算11840万美元,结售汇17731万美元,办

理国际贸易融资4483万美元，支持咸阳市进出口企业的发展。

业务产品渠道创新　坚持在“新”字上做文章，信用卡分期付款、贵金属、个人理财、对公理财、结构性存款、国内贸易服务业务等新业务和产品较快速发展，满足居民个人融资和投资双重需求。满足咸阳经济建设需要，完成长武县支行开业和泾河新城网点建设、开发区长虹路支行迁址以及县区支行营业室的装修改造工作。加快渠道建设，新增自助设备18台、自助终端新增27台，POS(销售终端)收单市场扩户334户，净增电子银行核心客户12.7万户，满足居民网上结算、电子商务等需求。

服务质量效率提升　按季开展“插红旗、亮黄牌”活动和“满意在工行”活动，加大现场和非现场检查力度，推广客户评价系统和排队管理系统，加强员工服务技能培训和考核，进一步完善服务工作的机制，服务考核连续四个季度保持系统内前三位次，年末系统内综合考核全省第二。开展“普及金融知识万里行”活动，履行社会责任，使金融知识走进平常百姓家，提高社会公众金融知识水平。

（李文鹏）

中国农业银行股份有限公司咸阳分行

2012年，农行咸阳分行围绕“加快发展，提升进位”主线，应对市场挑战，提升价值创造力、风险控制力和综合竞争力，各项业务经营稳健、协调发展，核心经营指标平稳增长，到年末，全行人民币各项存款余额285.62亿元，较年初增加32.8亿元，增幅16.65%；在“四大行”存量市场份额29.01%，排名第二位，增量市场份额26.63%，中间业务收入同比增收610万元，增幅6.16%；利润同比增盈0.68亿元，增幅20.05%。

信贷资产结构　狠抓资产业务营销，合理调配信贷资源，重点支持华彬煤业、西平铁路、延长橡胶、益海嘉里、兴化化工等三级核心客户，年末A+级以上优质法人客户贷款占比90%，较年初提升37个百分点。重点发展个人住房、农村生产经营等风险相对较低、收益水平较高的个人信贷业务，个人贷款余额占比40.33%，增量占比30.97%。到年末，全行人民币各项贷款余额65.57亿元，较年初增加12.53亿元，在“四大行”存量市场份额20.97%，排名第三位，增量市场份额31.29%，排名第二位。信用风险防控水平提升较快，到期贷款现金收回率99.94%，高于全省0.24个百分点，创农行历史新高；存量信用劣变率0.02%，同比下降0.08个百分点；不良贷款余额较年初下降1550万元，不良贷款占比4.63%，较年初下降1.39个百分点。

县域三农业务　县域业务发展较快，各项存款较年初增加16.31亿元，同比多增7516万元，增量占全行总额的50.05%；各项贷款较年初增加3.92亿元，同比多增1.04亿元，增量占全行总额的31.31%；中间业务收入5128万元，同比多收入205万元，占全行总收入的49.85%；涉农贷款余额26.25亿元，占全行贷款总额的40%，较年初增加4.47亿元。服务“三农”渠道拓宽，全行累计发行惠农卡765737张，居全省第一位；设立金穗“惠农通”服务站2754个，新增“农商通”650部，新增惠农支付通710部，电子机具镇、村覆盖率分别为100%、91.4%。“惠农通”示范站、标准站建设及电子机具镇村覆盖率、交易量均居全省第一。

网点改造　2012年，全行立项标准化网点建设项目17个，立项投资4056.93万元，网点改造力度为近三年之最。新投放自助设备74台，总数280台。年末电子渠道分流率70.56%，较年初提高7.36个百分点。先后完成80个网点的文明标准服务导入、50个网点的营销技能提升导入和5个网点的IBM软转型项目落地，创建标杆网点20个，网点服务水平稳步提升。

（宋君翔）

中国建设银行股份有限公司咸阳分行

2012年，建行咸阳分行紧密围绕省分行“求知求新求变”的经营思路，以负债业务、中间业务为核心，以资产业务为支撑，以案件防控为重点，狠抓市场拓展不放松，取得良好的经营业绩和管理业绩，资产负债规模再上新台阶，利润总量创历史最好水平。分行领导班子被建行陕西省分行评为“2012年度‘四好’领导班子”，咸阳分行被评为建行陕西省分行“2012年度先进单位”、“2012年服务质量最佳分行”。

主要经营指标　截至年末，全行一般性存款余额289.59亿元，年新增43.4亿元。其中：企业存款余额134.68亿元，新增15.42亿元；个人存款余额154.91亿元，新增27.98亿元。各项贷款新增17.99亿元，余额101.19亿元。其中：公司类贷款新增13.25亿元，余额69.91亿元；个人类贷款新增4.74亿元，余额突破31.28亿元。累计实现账面利润4.49亿元，同比增加8541万元，增幅23.51%。

业务拓展　完成网点搬迁改造2个，增设自助银行20个，新投入自助设备63台，更新设备16台，设备运行总量174台。积极推动升格网点开办对公业务，管理权统一上收分行，采取就近支行营业主管代管核算的形式，开办对公业务网点10家，并全面启动网点综合化建设培训工作，在网点全功能服务上进行有益探索。加大产品创新和业务转型。促成世纪金花龙卡和咸鱼网联名卡发行，信用卡客户新增22282户，信用卡消费额8.14亿元，同比增长68.1%；ATM开机率、缺钞率、全功能服务率分别为99.41%、0.16%、98.41%。

风险管控　实施积极主动风险管理策略，对有信贷余额的大中型公司类授信客户进行重检，对客户授信政策、用信条件、是否做到尽职全面自查和风险分析判断，严把风险关口。加强内部控制和操作风险管理，强化基层机构操作风险管理和检查，完善全行突发事件应急预案，深入开展不相容岗位梳理和操作风险自评估。开展案件风险防控工作，与各支行、本部各部门负责人签订案件防控工作责任状，每季度召开案件防控工作联席会议，专题研讨、协调、督办和考评案件查防工作，全面开展信贷业务、柜面业务部位案件风险专项治理及贷后管理环节、员工参与违反行为规范的案件风险排查工作，防止出现案件和重大风险。

（杨　涛）

中国农业发展银行咸阳市分行 截至2012年末,中国农业发展银行咸阳市分行各项贷款余额486697万元,较年初增加49571万元,同比增加112303万元;各项存款日均余额50749万元,较年初增加7749万元;人日均存款195万元,较年初增加28万元;不良贷款余额21477万元,较年初增加4517万元,不良贷款率4.41%,较年初增加0.53个百分点;清收第三轮财政欠息904万元;实现中间业务收入162万元;实现国际业务结算量1278万美元;网银结算量306719万元;实现账面盈余3949万元,同比多盈余554万元。

信贷支农 3月初,按照"保收购,保优质企业,不保劣质企业"的主导原则,提前开展夏粮收购企业贷款资格认定,5月初对第一批取得收购贷款资格的15户和85个收购网点在《今日咸阳》等媒体上公告,收购网点覆盖全市所有县区,确保收购不出空白点。及时做好粮食企业评级授信,全市共评出A级以上粮食企业21户,核定企业的最高贷款额度20400万元和授信额度384531万元,确保不因资金供应出现打白条和卖粮难问题。加大支持夏粮收购宣传力度,咸阳电视台以《市农发行10亿元资金保障夏粮收购》为题对市农发行支持夏粮收购工作进行专题报道,并被陕西电视台《新闻联播》采用转播。《咸阳日报》头版刊登《市农发行坚持"六个提早"积极支持夏收》的新闻稿件。2012年全行累计发放各级储备粮油贷款92300万元,支持企业储备原粮43353.5万公斤、储备油25万公斤;发放调控粮油贷款11000万元,支持企业储备油2347.5万公斤;发放准政策性贷款54860万元,支持企业收购原粮8677.5万公斤、油28.5万公斤。加大农业农村基础设施建设贷款。全年市农发行发放旬麟公路项目后续贷款1.58亿元,营销新农村建设及水利建设项目客户共4户,涉及贷款41.49亿元。其中,总投资1.7亿元的柏岭寺水库供水项目已上报省行待批;总投资29.04亿元的泾河新城崇文镇新农村建设项目正在落实抵押土地性质变更工作;总投资25.62亿元的亭口水库建设项目中的供水工程正在争取立项批复;总投资7.49亿元的渭河西咸新区秦汉新城段水利建设项目,承贷主体正在落实第一还款来源。

存款组织工作 两次组织县支行行长赴河北保定市分行、易县支行学习兄弟行组织存款工作先进经验。市农发行还与咸阳电视台合作录制组织公众存款的宣传片,在咸阳电视台滚动播放一周,进一步加大宣传报道的广度和深度,充分调动客户开办存款业务的积极性。逐月统计分析企业销货款归行率,对销货款回笼率较低的客户,及时通过与企业或主管部门的协调沟通,督促企业按时将销货款归行;对商业性客户,将销货款归行率与客户评级授信、浮动利率、融资规模相挂钩,并实行末位淘汰机制。同时,严格控制因现金代理存放的同业存款和企业网银资金额度,最大限度减少无效资金占用,提高资金使用率。以现有客户为纽带,将其关联企业、销售网络、合作单位以及与市农发行有业务往来的担保公司、审计评估机构、保险公司列入组织存款目标客户,充分发挥存款组织的关联带动效应。以支持粮棉油收储和一批党政关心、惠及民生的重点项目为突破,加大与地方政府及有关部门的联系,积极营销财政资金、住房公积金、养老统筹基金、社会福利资金及项目配套资金等存款。制定印发《组织存款工作奖励办法》,将组织存款按照营销金额、难易程度分为3大类、5个档次,并实行差别化奖励。全行拿出20万元的费用,对组织存款成绩突出的单位和个人进行专项奖励,激励员工积极营销存款,增强全行组织存款的工作责任心和积极性。2012年,全行人日均存款195万元,较年初增加28万元。

不良贷款清收 摸清底数,掌握实情,制定清收措施。通过对所有不良贷款企业明察暗访,掌握不良贷款的形成原因,资金流向、抵(质)押品变现能力,按照"一企一策、一企多策"的工作思路,制订差别化有针对性的清收方案,印发《2012年不良贷款清收处置实施方案》,对因执行国家粮食收购任务经营不善或改革改制挤占挪用形成的呆账贷款,通过与主管部门交涉,清收无望的,及时向上级行申请呆账贷款核销;对因市场原因造成暂时周转困难的企业,鼓励企业创新融资模式,拓宽资金来源,及时归还贷款;对因产能过剩、生产成本高于同业水平、市场占有率低和扭亏无望的企业,加派客户经理,紧盯库存和现金流,督促企业及时还本付息;对已经关门歇业,停止生产,无物资保证又躲避监管,拒不还款的企业,及时向企业加派驻企客户经理,弄明查清企业资金流向,紧盯第二还款来源,为今后的法律诉讼做足准备。强化组织管理,落实清收责任。各支行(室)经理(行长)为不良贷款清收处置第一责任人,负责制定不良贷款清收处置方案和落实各岗位工作任务,主管信贷的副行长(副经理)为具体负责人,负责制定贯彻落实计划和具体组织实施。为加强对重点行的政策指导,市行成立两个由高级业务副经理(副专员)带队的不良贷款定点清收工作组,深入有新增不良贷款的泾阳、武功支行开展驻企定点清收。完善不良贷款清收考核管理机制。年初,市行在给各支行(室)下达工作任务时,提高部分支行(室)不良贷款清收任务的考核比例,将不良贷款清收处置工作纳入全年业务经营重点考核,继而与奖金、费用及班子成员任职资格挂钩。同时,市行党委及时加强对重点行的工作督导,全年三次约谈武功、泾阳支行班子成员,听取不良贷款清收处置工作汇报,集体探讨清收处置方式方法的不足,共同商定工作举措。加强风险监测,严控新增不良贷款。成立贷款风险排查工作领导小组,印发《贷款风险排查工作实施方案》,组建4个贷款风险排查小组,对截至2011年末所有正常类和关注类贷款(剔除粮棉油政策性财务挂账占用贷款及粮油附营业务停息挂账占用贷款)开展行际间交叉检查,涉及企业71户,贷款金额282327万元。对重点企业加派客户经理,紧盯企业库存实物、现金流及销货款回笼等,督促企业及时还本付息,严防挤占挪用,严控新增不良贷款。2012年,全行累计现金清收不良贷款2151万元,其中:清收存量不良贷款663万元,清收新增不良贷款1488万元。核销呆账贷款1491万元。

财政欠息清收　市、县行均成立专门的财政欠息督导清收小组，明确各部门的职责、目标和要求。并逐企业清理核查，摸清历年财政欠息的实际情况。制定《关于清收财政欠息工作实施方案》，明确清收方案和计划，分解下达市、县行应承担的清欠任务。对各支行（室）完成县级财政应承担的第二轮挂账25%的利息，按实际收回金额给予奖励。对清收工作实行市行领导包片、部门包行，按月通报情况，督促加快进度。采取《送阅件》等形式，向市政府、市人大、市人民银行汇报财政欠息及拨补情况，争取重视和支持。截至年底，督促市财政拨补到位市农发行第三轮财务挂账利息拨补1250万元（其中2012年拨付700万元，上年拨补550万元），累计清收904万元。

中间业务　全力做好保险代理业务。全年在做好现有客户抵（质）押品保险代理的同时，将客户的其他资产及人员纳入保险代理营销范畴，做到应保尽保，不留死角。同时，以现有客户为基础，积极营销与其有业务往来的关联企业、合作单位等，扩大保险代理范围，增加保险代理份额。并建立健全保险代理台账，实时掌握资产投保状况，科学预测保险代理收入。扩宽国际业务范围。深化学习和培训力度，提高国际结算业务操作熟练度和精确度，努力提高结算质量和服务水平，做好客户维护和开发工作，拓宽业务渠道。推进咨询顾问业务。围绕客户需求和信贷风险防控需要，扎实开展客户评级、抵质押资产评估、会计报表审计、资信调查、信息定制、融资顾问和常年财务顾问服务等咨询顾问业务培训，及时组织精兵强将深入企业开展业务宣传，努力打开业务局面，全年实现咨询顾问业务收入69万元。2012年，市农发行实现中间业务收入162万元，完成年任务的61%。

（武　杰）

中国银行股份有限公司咸阳分行　2012年，中国银行咸阳分行围绕“高质量发展资产业务、高速度发展中间业务、低成本发展负债业务”的发展思路，以提升市场竞争力为目标，以加强客户群建设为主线，以负债和中间业务为重点，全面落实“调结构、扩规模、防风险、上水平”的经营方针，转变经营策略，创新管理方式，深入开展创先争优活动，不断加强内控、企业文化、党风廉政建设和安全防案工作，各项工作呈现出健康、稳步、良性的发展态势。人民币一般性存款余额112.09亿元，人民币各项贷款余额466411万元，实现营业利润21238万元。

业务工作　狠抓客户基础建设。加强与市县发改委、招商局的联系和沟通，加大招商引资项目和西咸新区建设项目的跟进与营销。确定专人做好E线通业务的服务工作，对公客户群不断壮大。加大存款营销力度。按照省行的工作部署，以拓展核心存款为第一要务，以行政事业单位存款的增长为突破口，实施公私联动营销，把重点放在市县财政、驻咸部队、院校、烟草、卫生等重点客户上，实现市级107家事业单位人员津贴代发和兴平市财政非税收入、市住房公积金中心保障性住房专户等的开立，行政事业存款占全行公司存款的比例由年初的35.89%提高到43.72%。高质量发展资产业务。面对经济下行压力加大的不利影响，通过不断创新产品及业务模式，在有效运用信贷规模的基础上继续优化结构。选择符合中国银行咸阳分行投放政策的项目及时跟进营销，着力加大对机场、煤炭、水泥、能源化工、纺织、装备制造及建筑业等重点行业、关键项目的资金支持力度，全年公司贷款累计投放近8.59亿元（不含票据融资）。高速发展中间业务。加大中间业务考核力度，对收益高、市场潜力大的中间业务产品采用多层面、多维度考核，有力地推动中间业务快速发展。做好项目储备。在研究同业、研究市场、研究客户、研究产品的基础上，为下年储备一批公司、个人存量挖掘客户、目标客户、有效客户、授信客户。与能源化工基地长武县、旬邑县政府签署战略合作协议，为后续业务的辐射和机构的设立奠定基础。

网点建设　按照总行、省行加强网点效能建设的总体要求，结合网点战略布局规划，加大低产低效网点的整改力度，将低产低效网点向西咸新区、规划扩展的新城区以及县域经济活跃的县市搬迁。低产低效网点由年初6家减少为2家。完成新设立彬县支行和彩虹南二路支行的装修搬迁开业工作，特别是彬县支行开业以来业务发展的良好势头，起到示范引领作用，完成新设立西安咸阳国际机场T3航站楼支行的装修工作，12月7日对外正式营业，泾阳县支行的装修工程已接近尾声，礼泉支行已完成施工设计。出台网点员工上班排班指导意见。实行分行领导包抓包扶机制，通过对网点大堂经理、综合客户经理的强化培训，增强网点的营销能力。按照文明优质服务规范化要求，加大文明优质服务培训和监督检查力度，聘请人员对各基层网点文明优质服务工作进行检查，使员工的服务水平明显提高。

授信管理　加大对不良客户的催收力度。截至12月末，实现现金清收10205.42万元。开展“贷款五级分类质量规范年”活动，严格把控分类标准，执行有关监管规定以及内部管理规定，分类标准与操作过程保持一致，所有贷款都能真实反映咸阳分行资产质量，未发现贷款客户偏移状况。

费用管理　在费用资源的配置上，本着“战略导向、突出重点、有保有压、动态调整”的原则，以分行发展战略和中长期战略规划为指导，结合市行当年业务发展计划，强化财务资源配置对业务发展的经营导向功能。突出业务重点和战略重点，营销费用与关键业务及核心客户挂钩，整体资源向基层和一线部门倾斜，提高投入产出效率。有保有压，加强保障渠道建设与业务拓展，严控行政运营费用及三项压缩费用（即内部会议费、外事费、交通工具类费用），根据业务动因配置费用、优化费用结构，鼓励勤俭节约。动态调整，假如政策和经济环境、总省行战略目标、上级行财务资源配置办法等发生重大变化，则将按新形势、新要求进行预算调整。在费用管理上，收死一头，控制一头，管死行政运营费用，控制市场费用；在费用报销权限和流程上,可控费用下放权限,简化流程;不可控费用上收权限,实行额度管理与例外管理相结合的管理模式;将省行配置的30%负债业务挂钩费用和通过其他途径获取的约50万元,作为全行战略业务发展补充保障基金,推动战略业务及重点业务发展。

(郭岗雄)

陕西省农村信用社联合社咸阳办事处

2012年,咸阳办事处按照“控风险、促发展,抓根本、谋长远”的总体思路,积极实施理念引领、管理创新、风险严控、服务优先,稳中求进、科学发展。围绕增强“一个能力”(增强核心竞争能力,提高市场份额),优化“两个结构”(优化资产和负债结构),坚持“两个不能”(不能有骄傲自满情绪,坚定发展无止境的信念;不能有松懈麻痹思想,忧患意识常驻心间),实现“三个确保”(确保业务稳步快速发展,领跑金融同业;确保监管指标全面提升,加快改制步伐;确保安全运营无案件),实施“四个着力”(严管理、夯基础,着力控风险;增规模、提速度,着力强实力;转机制、调结构,着力抓营销;强素质、转作风,着力促发展)等工作重点,加快业务创新,狠抓工作落实,完成各项既定目标任务。全市农村合作金融机构年度新增存款71.5亿元,在全市银行业首家存款突破370亿元,增长23.8%。全年累计投放各项贷款187.5亿元,净投放31.9亿元,增长18.6%,贷款规模历史性突破200亿元,成为金融支持地方经济发展的第一力量。实现财务收入22.7亿元,实现考核利润6.8亿元,同比增盈1.3亿元,消化历年挂亏2.2亿元,盈利水平再创历史新高,盈利能力、发展后劲明显提升。全市提取呆账准备金3.7亿元,拨备余额8.8亿元,拨备充足率139.8%,拨备覆盖率为71.7%,除泾阳、兴平联社外,12家联社(农商行)拨备充足率都在100%以上。全市不良贷款余额12.3亿元,较年初下降2.3亿元,不良占比6%,较年初下降2.48个百分点。

支持地方经济发展 坚持市场定位,加大支农力度。全市信用社信贷资金投入坚持向农业倾斜、向农户倾斜、向县域经济发展倾斜。全年累计发放各类贷款187.5亿元,农业贷款累计投放119.6亿元,余额160亿元,净投放27.3亿元,重点支持种养业大户、农副产品深加工、创业大户、粮食贩运等农业产业发展。全力推进农村信用户、信用村、信用镇创建。针对各联社信用工程建设发展滞后的问题,办事处把信用工程建设作为一项“打基础,利长远”的基础工作来抓。制订《全市信用工程建设实施方案》《信用工程建设三年规划》和考核办法,加强考核评比,统一档案资料,全力推进信用户、信用村、信用镇创建。截至年底,全市共评定信用户72万户,占农户数的73%,创建信用镇9个,信用村281个。2012年8月,咸阳市人民政府、金融办、人民银行、银监局、咸阳办事处在长武县联合召开咸阳市信用村、镇建设工作现场推进会,肯定全市农信社的信用工程建设。推进“金融服务进村入社区”、“阳光信贷”和“富农惠民金融创新”信贷三大工程。加大信贷产品宣传,在《咸阳日报》开办信合专栏,办事处对全市成熟的信贷产品进行专版连刊宣传,刊登信贷产品17个,电子银行产品10个,让社会各界全面了解咸阳信合的金融产品。各联社学习借鉴洛阳银行经验,开展“扫街营销”活动,逐街逐户走访营销,搜集优质客户信息,实施等级评定,集中授信。打造“一县一业、一业一品”信贷产品服务格局,全市“一县一业、一业一品”工程建设创新17个信贷产品。累计发放各项农业贷款119.6亿元,累计投放小微企业贷款21.6亿元,为全市中小微企业的快速发展提供支撑。积极支持“民生金融”工程。全年累计投放创业促就业小额担保贷款13412笔,9.98亿元,到12月末,全市创业促就业小额担保贷款余额12.5亿元。加快信贷产品创新,满足市场需求。面对国内外经济发展趋缓,国内经济结构矛盾突出的不利现状,各县市区联社根据辖区经济发展状况,创新金融产品,积极迎合市场需求,发现需求、培育需求、创造需求,在防范风险的基础上,贷款投放平稳有序。武功联社针对县域经济发展的特点和2012年县域重点项目,适时推出政府工薪人员工资卡抵押贷款、个体商户信用共同体贷款、小微企业存货抵押贷款、个人住房及商用房按揭贷款等,并不断扩大授信面、授信额度,切实推动贷款营销工作,支持县域经济发展。杨凌联社紧紧抓住杨凌作为陕西首批订单农业贷款试点区域这一机遇,探索订单农业贷款,打破长期以来规模化、集约化、订单化农业的资金瓶颈问题,成功向2户订单农户发放100万元订单农业贷款,试点工作取得初步成效。秦都联社向正大家具市场、大唐商贸购物广场、美佳超市等市场的商户发放商户“信用共同体”贷款22笔,金额600万元,解决商户的融资难题,促进商户间的合作互信,实现农信社、商场、商户三方“共赢”。

电子化建设 电子银行业务实现新突破,服务功能不断增强。截至年底,全市富秦卡发卡91.7万张,卡存款余额45.5亿元,发行富秦钻石卡597张、金卡678张、富秦家乐卡36563张,累计授信6642笔,授信金额7亿元,贷款余额5.8亿元,单户平均授信额度为10万元。ATM机130台,短信服务签约37463户,电话银行签约65503笔;布放POS机1087台,POS机收单已累计营销特约商户1072户,实现交易金额2.67亿元;发展助农取款业务服务点577个,交易金额33.65万元。6月28日,办事处承办“陕西信合金融IC卡首发仪式”,陕西电视台、《陕西日报》、咸阳电视台、《咸阳日报》等媒体进行宣传报道。

(杨晓民)

保 险

概况 2012年,咸阳市新增保险主体机构3家,增加就业3700人。全市共有保险主体机构34家,其中产险公司17家,寿险公司17家,下属分支机构280个,保险从业人员15000余人。截至年底,全市保费收入411504.65万元,同期增长21714.31万元,增幅为5.57%,其中产险公司保费收入93273.42万元,同期增长14221.96万元,增长18个百分点;

寿险公司保费收入318231.23万元,同期增长7492.35万元,增长2.41个百分点。全市共赔(给)付96798.31万元,赔(给)付率为23.52%,比上年度增加17.91%。其中产险赔付44905.86万元,赔付率为48.14%,比上年同期增加33.41个百分点;寿险赔(给)付51892.45万元,其中长期险给付48570.76万元,给付比例为15.84%,比上年同期增加9.66个百分点,短期险赔付3321.69万元,赔付率28.32%,比上年降低19.15个百分点。保险密度799元,保险深度2.64%。全年上缴车船使用税、营业税、城建税、教育附加税、个人所得税等12461.44万元。2012年,全市共承保小麦9.18万公顷,玉米1.11万公顷,苹果2.51万公顷,设施蔬菜"银保富"2690.67公顷,森林5.67万公顷;能繁母猪81928头,奶牛55566头,肉牛6164头,育肥猪11305头,仔猪4976头;承保陕西省高速公路建设集团、延长石油、中国联合网络通信有限公司、陕西有色集团多晶硅等重点企业建设项目,为企业财产安全提供风险保障;解除农民后顾之忧,实施"银保富"工程,开办蔬菜大棚保险;为全市所有中小学生提供校园方责任险,提供保险保障10.9亿元。

咸阳市保险行业协会 是咸阳市保险行业自律性的社团组织,为非营利性的社团法人。筹建于2003年3月,2004年2月25日,陕西省民政厅批准于同年4月9日正式成立。2010年3月24日召开第三届会员代表大会实现换届。咸阳市保险行业协会的业务主管单位是中国保险监督管理委员会陕西监管局,登记管理机构是陕西省民政厅。在日常工作中,接受陕西省保险行业协会的业务指导。协会的业务范围包括:协调自律,促进保险市场公平、有序竞争和健康发展;规范同业之间的竞争行为,协调会员之间的业务纠纷,接受保险当事人的咨询;代表保险行业的共同利益,维护会员的合法权益;组织辖内保险市场调研和国内外业界交流,沟通保险行业信息;组织业务培训,扩大保险宣传,提高公众保险意识;完成陕西保监局委托办理的有关事项等。随着保险业的发展和市场主体的不断增加,咸阳市保险行业协会的会员单位由成立时的10家已增加到34家。

(师立斌 李放孝)

中国人民财产保险股份有限公司咸阳市分公司 2012年,人保财险咸阳市分公司以"稳中求进,进中求好,好中求快,又好又快"为目标,应对快速变化的市场形势,加快业务发展,提升经营效益。取得良好的经营成效。全年累计实现保费收入42802.9万元,同比净增保费5071.9万元,增速13.44%,完成省公司下达的年计划的100.43%。全年处理各类赔案49315件,直接赔款累计支出22512.66万元,较上年增长44.94%。超额完成省公司下达的利润计划。公司被中国人保集团公司党委授予"创先争优活动先进集体"称号;被陕西保监局授予2011年度保险系统先进集体;被市委、市政府授予"2011年度保险业支持地方经济发展突出贡献单位"。乾县、杨凌示范区、泾阳县、旬邑县、淳化县5家公司进入全省30强县支公司先进行列。

业务发展 积极应对市场,抓好车险业务发展和转型。加大续保率、竞回率、承保率的考核力度,制定《2012年车险"三率"考核奖励办法》。坚守合规底线,推进车险业务有效发展,通过车险转型,结构调整,车险的经营效益仍然保持良好,继续引领带动整体业务发展。加大宣传力度,推进车险电话销售较快发展。抓宣传,抓服务,抓信息。做到保落地、保顺畅、保发展,加大呼出呼入量。在城市中心广场、大型商场等公共场所播放人保电话销售广告。适时召开全市电话销售业务现场推动会,组织现场观摩、经验交流、点评分析。全市车险电话销售保费收入4178万元,同比增长405%,超额完成省公司下达年度计划。强化车险渠道建设,推进保险进社区,加强与车商、4S店的业务合作,深挖家用车业务潜力。车险业务转型发展和结构调整取得初步成效,盈利能力大幅增强。家庭自用车承保台数同比增长10982台,增幅30.17%,保费增长3037.46万元,增幅38.61%。车险产品线实现承保利润2247万元,比上年增长661万元,增速41.68%。

农业保险 依托各级政府和涉农部门,加大工作力度,政策性农业保险再创新高。扩大政策性农业保险业务承保面。在风险可控的前提下,政策性苹果保险承保面积2.51万公顷,"银保富"设施蔬菜大棚保险承保2693.33公顷,政策性奶牛保险承保5.35万头,承保能繁母猪6.72万头,承保玉米1.11万公顷,承保小麦8.05万公顷,承保森林5.4万公顷。积极探索和创新,利用杨凌农业保险创新实验区的特殊政策,新开办政策性肉牛、育肥猪、仔猪保险。全年农业险保费收入8358万元,同比增长4210.8万元,增速101.53%。为推动农业稳定发展、农民持续增收提供强有力的保险保障。公司被集团公司授予中国人保2011年农村保险"业务开拓先进单位"称号。加强三农保险服务体系建设,推进"一号工程"落地。加强与市、县政府的汇报协调,市政府为此专门下发《关于印发推进全市"三农"保险服务体系建设工作实施方案的通知》,推动全市13个县市区政府发文,全面推开三农保险服务体系建设工作。抓好基层"三农保险服务办公室"布局,全辖乡镇保险服务办公室已挂牌187个,13个县市区实现镇全覆盖。做到机构、人员配置、营业办公场所落实到位,顺利通过总公司的检查验收。

服务举措 加强职场建设,完善硬件设施。优化、美化、亮化营业办公环境,按照标准化要求整修市分公司出单中心、理赔中心大厅和各基层服务网点营业场所,公司的外部形象得到提升。推行总公司颁布的《客户服务基本标准》,从职场设置、人员着装、挂牌上岗、服务术语、服务流程等方面进行细化和规范。以理赔服务为抓手,提升理赔服务水平和能力。加大对服务流程的测评和绩效考核力度,每月按照工作数量、质量、效率与薪酬挂钩,加快理赔和出单速度,提高客户满意度。

(李树生)

中国太平洋财产保险股份有限公司咸阳中心支公司 2012年,中国太平洋财产保险股份有限公司咸阳中心支公司围绕“以客户需求为导向”的战略转型开展工作,全年完成保费收入4754.43万元,同比增长6.71%,其中车险同比增长9.31%,赔款支出2190.36万元,简单赔付率44.95%,结案率93.38%,其中车险结案率93.74%,未决件数639件,简单赔付率46.07%,费用支出772.9万元,简单费用率16.26%,综合成本率72.56%。公司在维护好原有渠道业务的同时,进行客户回访、市场调研等,采取多种形式采集市场信息,总经理带头拜访,听取意见和建议,根据各种不同声音,及时反馈,合理部署,全面做好渠道业务发展的各项维护工作。通过赠送礼品的方式让利于客户,让客户享受到真正的实惠,也让客户感受到太平洋保险这种新型服务体验与购买保险后的附属价值或延伸服务等。加强四级机构渠道建设的管理,提升四级机构整体经营发展能力。2012年,在大的市场环境不佳的情况下,四级机构的业务一直保持较为稳定的发展态势,员工的服务意识和工作效率普遍明显提升。通过不断加强电话销售渠道、大型车队业务、银保业务、车商4S店业务、产寿险交叉销售业务、政府采购业务、重大项目业务的攻关力度,不断拓宽业务领域,深入合作范围。全年共计洽谈并达成合作的车商4S店有8个,专、兼业代理机构16个、代理营销员67个、经纪公司1个等,有效地促进公司渠道业务的发展,加快发展速度,提升业务规模。

(赖苏娥)

中国太平洋人寿保险股份有限公司咸阳中心支公司 2012年,中国太平洋人寿保险股份有限公司咸阳中心支公司以“诚信天下、稳健一生、追求卓越”为核心价值观,践行保险行业各项行为规范,为广大客户提供优良的保险服务。截至2012年底,咸阳中支下辖11家分支机构,遍布咸阳市内及各个县市区,员工总数1100人左右。全年完成保费收入2亿余元。个险方面,在咸阳地区个险业务发展整体放缓的情况下,咸阳中支个险渠道努力克服不利因素的影响,2012年全年期缴达成2634万元,标保达成14873万元,在咸阳寿险市场的份额占比由2011年的9.9%上升至10.9%,在太平洋人寿保险陕西分公司的各家中支名列前茅。公司加强对销售队伍的教育和培训,严把销售渠道入口关,杜绝销售人员在市场中的违规行为。规范管理各项流程,提高理赔案件处理时效,控制风险环节,做好业务发展的后台支持工作。全力推行专线专网电子化办公,采用新技术终端作为展业手段,提高信息技术防范水平,不断加强配合业务发展的后台支持工作。

(陈 伟)

中国大地财产保险股份有限公司咸阳中心支公司 2012年,中国大地财产保险股份有限公司咸阳中心支公司以保监委2012理赔服务年为契机,夯实基础服务工作,从调度、查勘、定损节点开始,细化流程,方便客户,开展理赔服务达标活动,提升服务水平。实现保费收入4131万元,较上年增加729万元,增幅为20.26%,高于咸阳财险市场平均增速2.27个百分点,市场份额4.43%,较上年增加0.08个百分点,业务结构合理。车险、非车险占比为82∶18,全年处理各类赔案29006件,累计支付赔款1990.58万元,满期赔付率为47.1%,实现较好的经营利润,基本达成年初制定的各项工作目标。实现效益和规模的均衡发展。规模、效益均创咸阳大地保险公司成立8年来历史新高。全年业务持续快速发展,较上年月均增长保费60万元以上。机构产能进一步提升,全市8家县级支公司增速最高的100%,50%以上增速的为4家。

(黄 超)

中华联合财产保险股份有限公司咸阳中心支公司 咸阳中心支公司下设4个职能部门、2个业务部门,以及秦都区、渭城区、杨凌示范区、泾阳县、彬县、三原县、旬邑县、礼泉县、永寿县等9个县区分支服务机构。2012年末,公司累计实现保费收入2.76亿元,各类灾害事故赔款支出1.38亿元,上缴税款0.46亿元。践行“服务至上、信守承诺、回报社会”的服务宗旨,经营范围涉及机动车辆保险、家庭财产保险、人身意外保险、健康医疗保险,以及各类企业的财产保险、责任保险(包括各类职业责任保险)、货物运输保险、团体人身伤害及医疗保险等领域。2012年,咸阳中心支公司实现保费收入5676.76万元,同比上升37%,其中农业保险保费收入700.85万元;赔款支出2831.57万元,简单赔付率为49.88%,同比下降23.6个百分点;实现利润588.46万元。

(薛 刚)

安邦财险咸阳中心支公司 2012年,咸阳中支整体实现保费收入1674.30万元,人力成本下半年下浮18500元/月,下浮比率23.16%,综合成本率79.29%,由于各个机构房租的上浮导致2012年综合费用率上升2个百分点,全年案件起数1041件,立案率100%,结案率85.11%,拒赔案件8起。全辖案件同期相比下浮4.5个百分点。积极转变思路,做到公司整体大目标客户,员工小目标客户,从客户需求出发,做好直销业务和绩效考核的完成,同时加大力度做好电话销售业务的推荐和增值服务的落实工作,全年共计完成电话销售业务102.71万元。非车险共计保费24万元,在传统保费业务占比1.5%,银保业务共计收入保费12249万元,全面完成省公司下达的任务指标。依托总公司政策,做到车险散单业务电销化,大块业务团单化,积极推进公司业务,优质业务大发展,以效益为导向,寻找目标客户,实现保费收入210万余元,在大块业务上,实现申请车队团单11个,保费累计收入890万元。同时在银保渠道和工行、农行建立一人一车的合作项目,在4S店和咸阳众秦、龙瑞、北京现代等6家建立长期的合作关系。落实省公司的各个季度考核方案,同时结合咸阳中支本级落实保费业务,依托各个四级机构的保险市场的特点,抓落实,抓结果,实现各项指标基本达标的要求。实行各个组员直销业务和绩效挂钩,做到人人有预算,人人有保障,实现公司和员工双丰收的铺垫工作。推进国家公务车招标的工作,相继成功投保兴平市食品药品监管局、陕西省石头河灌溉管理局、礼泉县林业局、杨凌气象局等事业单位车辆，同时参加咸阳市区行政事业单位公务车招标工作。

（王力锋）

泰康人寿保险股份有限公司咸阳中心支公司　泰康人寿保险股份有限公司咸阳中心支公司位于咸阳市人民中路，拥有1个本部，9个县级服务部，5个镇服务网点。有内勤管理50余人，外勤销售500余人，客户近5万人，开设的业务有个险业务、银保业务、团险业务及电话销售业务。2012年，咸阳中支完成保费收入1.28亿元，其中个险业务收入6512万元，团险业务收入196万元，银保业务收入6100万元，累计赔付335万元，业务规模跻身于咸阳寿险市场前列。

（袁喜梅）

新华保险咸阳中心支公司　新华保险咸阳中心支公司经营各类人寿保险、健康保险、意外伤害保险以及养老保险，建立个人代理、银行代理、续期服务、团体投保、网站销售等多元化的销售渠道，为客户提供方便的保险购买方式。公司拥有寿险销售人员及120多名正式员工，搭建完善的销售和服务网络，全市分支机构14个，包括8家支公司、5家营销服务部及1家城区联合营业区。2012年，公司坚持“以客户为中心”，紧密围绕价值提升的方针，全年实现保费收入7.47亿元，同比增长11.93%，市场份额22.2%，继续稳居咸阳寿险市场第二位，全年结案3794件，赔付2159万元。2012年，咸阳中支提出“价值管理当先，均衡发展为本”的经营思路，推动公司战略转型，实现业务规模增长。运营工作效率不断提升，客户服务、理赔指标全面通过考核，其中理赔客户满意度97.1%，柜面客户满意度98.2%，客户投诉10日内结案率100%。

（张　黎）

证　券

西部证券股份有限公司咸阳西兰路证券营业部　2012年，咸阳西兰路证券营业部稳客户、拓渠道，合规经营，取得一定的经营成果。加大客户维护力度，积极应对客户流失，从营销到管理各方面做好应对的准备和部署。维系固有存量客户。多管齐下，对客户维系、沟通、交流起到良好的成效。拓展新业务，推广新产品、新业务打开新局面，其中“债券业务”特别是国债逆回购业务，以及下半年开通的“两融业务”（融资、融券业务）带来较大的反响，得到客户的肯定。借助创新东风，丰富产品线、给客户提供新的增值空间。同时新业务的推出，给营业部的营销业务拓展带来新活力。营业部依托公司财富管理中心，利用营业部的现有投资顾问队伍，初步搭建起理财服务平台，9人取得投资顾问资格。

（高　峰）

西部证券股份有限公司咸阳渭阳中路证券营业部　西部证券股份有限公司咸阳渭阳中路证券营业部全面代理沪深A股、B股、基金、债券、国债回购、创业板等交易品种。2012年，营业部成为西部证券首批开展融资融券业务的证券营业部。2012年，面对低迷的市场行情和其他券商进入咸阳市场的压力，咸阳渭阳中路营业部以合规经营、稳健发展为指导思想，有针对性地向客户提供服务，对现场客户、非现场客户及潜在客户提供多层次、多样化的服务，充分满足各类客户多角度的投资需求。加强反洗钱宣传，为客户发送各种非法证券活动案例宣传彩页，配合人民银行等监管部门通过多种形式开展投资者风险教育宣传活动，提醒客户警惕各类非法证券活动，增强风险防范意识，自觉抵制非法证券活动，维护自身合法权益。做好网络系统安全建设、安全保卫维护稳定等工作，全年无重大投诉、无安全事故发生。

（李　葳）

经济管理与监督

宏观调控

经济社会发展宏观调控目标 2012年，全市经济社会发展主要目标：生产总值增长13.5%；全社会固定资产投资增长25%以上；规模以上工业总产值增长18%；规模以上工业增加值增长18%；地方公共财政预算收入同口径增长21%；社会消费品零售总额增长17%；城镇居民人均可支配收入增长15%；农村居民人均纯收入增长16%；城镇登记失业率控制在4.2%以内；人口自然增长率控制在5.5‰以内；万元生产总值能耗降低3.5%。

国民经济和社会发展主要任务 加大争资引资融资力度，保持固定资产投资较快增长；加强衔接协调沟通，全力推进重点项目建设和重大项目前期工作；以实施“四个一批”（即催生一批、做强一批、招引一批、衍生一批）为重点，加快构建现代产业体系；以“升一融二延三”（即加快促进第一产业向第二产业融合、向第三产业延伸）为抓手，切实推进“三农”工作；加快重点板块建设，提高承载功能和城镇化水平；积极扩大消费需求，保持物价水平总体稳定；着力保障和改善民生，健全基本公共服务体系；坚持不懈推进节能减排，加强生态文明建设。

国民经济和社会发展主要任务完成情况 2012年全市生产总值完成1616.21亿元，同比增长14.5%，其中：第一产业增加值283.10亿元，增长6.1%；第二产业增加值919.31亿元，增长19.8%；第三产业增加值413.80亿元，增长9.3%；全社会固定资产投资1616.5亿元，增长28%；规模以上工业增加值完成704.3亿元，增长23.5%；社会消费品零售总额完成398.48亿元，增长16.5%；地方公共财政预算收入完成69.17亿元，同口径增长30.6%；城镇居民人均可支配收入25758元，增长15.9%；农村居民人均纯收入7464元，增长16.6%；居民消费价格指数102.7，上涨2.7%；人口自然增长率4.08‰；万元生产总值能耗降低3.5%。

全市固定资产投资

表25　　单位：亿元

指标名称	2012年	同比增长(%)
全社会固定资产投资	1616.5	28.0
1.固定资产投资	1486.3	30.6
按报表种类分：①项目投资	1334.6	32.9
②房地产开发	151.8	25.2
按产业分：第一产业	54.4	33.8
第二产业	718.3	25.3
#工业	687.6	32.2
第三产业	713.6	39.5
2.跨地区投资	80.5	-11.1
3.农村私人建房	48.7	5.0

产业结构调整优化 ①固定资产投资平稳增长。全年全社会固定资产投资完成1616.5亿元，同比增长28%。投资结构明显改善，第一产业投资54.4亿元，增长33.8%。第二产业投资718.3亿元，增长25.3%。第三产业投资713.6亿元，增长39.5%；150个市级重点项目顺利推进。全年完成投资706.4亿元，为年度计划的130.3%。彩虹光伏玻璃四期、张裕酒庄、安德利果蔬汁生产线、高科建材咸阳管道生产基地二期、西宝高速公路改扩建等39个项目已建成或基本建成。②“三农”工作不断加强。粮食生产实现“九连丰”，全年总产量200.2万吨，增长7.6%。水果、蔬菜、肉、蛋、奶产量稳定增长，分别达到546.4万吨、368.3万吨、20.5万吨、10.7万吨、74.6万吨，其中苹果产量440.1万吨。新建省市现代农业示范园区32个，新发展市级农业产业化龙头企业25家、专业合作社400家。亭口水库完成输配水工程初步设计，输水洞全线贯通，柏岭寺水库附属工程基本完成，红岩河水库项目建议书获得省上批复，东庄水利枢纽工程进场道路开工建设，羊毛湾水库乾县供水工程、张家山泉群开发项目前期工作加快推进。③工业转型升级步伐加快。强力推进“1113”工程，七大支柱产业全面增长，工业主导作用充分发挥。全年规模以上工业总产值2234.5亿元，增长29.5%。七大支柱产业完成产值2125.6亿元，增长28.1%。全市74种工业产品中54种实现增长，原煤、原油加工量、发电量分别增长17.4%、4.0%、

2.3%，工业用电量59.6亿千瓦时，增长11.9%。全市非公有制经济增加值808亿元，占生产总值的比重为50%。④服务业提速发展。全年社会消费品零售额398.5亿元，增长16.5%。其中限额以上企业（单位）实现消费品零售额143.5亿元，增长20.1%。

（胡 波 党 鑫）

实施《陕甘宁革命老区振兴规划》

《陕甘宁革命老区振兴规划》 2012年3月，由国家发改委编制的《陕甘宁革命老区振兴规划》（2012年～2020年）正式出台。规划范围包括8个地级市和9个县（市），旬邑县、淳化县、长武县、彬县、三原县、泾阳县6县纳入规划。《规划》将陕甘宁革命老区定位为黄土高原生态文明示范区、国家重要能源化工基地、国家重点红色旅游区、现代旱作农业发展示范区、基本公共服务均等化试点区。《规划》提出到2015年，国家能源化工基地初步建成，农产品加工业、红色文化产业、旅游业等特色产业初具规模；城乡居民收入和人均基本公共服务能力超过西部地区平均水平。到2020年，现代能源产业体系基本完备，人民生活水平和质量不断提高，基本公共服务达到全国平均水平，实现全面建成小康社会目标。

支持政策 《陕甘宁革命老区振兴规划》指出老区地位特殊、贡献卓著，国家将继续给予政策支持，并制定了财税金融、投资、国土资源、生态环境、社会支持等五方面的支持政策。主要有：中央财政继续完善转移支付制度，不断加大对老区的转移支付力度。通过财政贴息、费用补贴等方式，鼓励和引导金融机构加大对老区重点工程和建设项目的信贷支持。中央和地方财政性投资优先向老区民生工程、基础设施和生态环境等领域倾斜。中央安排的病险水库除险加固、生态建设、农村饮水安全、大中型灌区配套改造等公益性建设项目，取消县及县以下资金配套。提高中央公路建设资金对国省干线公路改造的补助标准。土地利用年度计划指标适度向老区倾斜。研究设立国家生态补偿专项资金，加大对六盘山区生态补偿力度。建立资源型企业可持续发展准备金制度。推行排污权市场化交易机制。建立中央企业支持老区发展的长效机制。鼓励东部地区和省（区）内发达县市开展自愿帮扶。建立军队医院与老区医院对口援助机制。完善慈善公益政策，支持老区建设发展。

项目争取 在咸阳市的积极争取下，有亭口水库、东庄水库、咸旬高速、富平—耀州—照金—旬邑公路、西安—平凉铁路、银川—西安铁路、西安—宝鸡—兰州客运专线、彬长—临沂特高压输电通道、咸阳—彬县—长武支线输气管道、彬县长武太阳能光伏发电、彬长矿区、彬长旬煤制烯烃、泾河新城西部核心物流基地、马栏—安吴革命旧址、爷台山红色旅游景区、泾阳—淳化—旬邑—铜川—富平革命遗迹线、渭河泾河综合治理、彬县—长武—旬邑城乡统筹示范带等一批项目纳入国家《规划》或省上实施方案。

咸阳市革命老区概况 泾阳县、三原县、彬县、长武县、旬邑县和淳化县6县是陕甘宁革命老区的南大门，曾是陕甘宁边区关中分区和中共陕西省委、关中地委机关所在地。从总体上看，咸阳市革命老区发展仍落后于全市平均水平，老区面积占全市的57%，但生产总值仅占全市的33.1%；人均地区生产总值是全市的90%、全省的73.8%、全国的66%；城镇化率比全国、全省、全市平均水平分别低10.9个百分点、9.9个百分点和4.4个百分点。

咸阳市革命老区发展目标 到2015年，老区6县生产总值达到780亿元，年均增速超过全市平均增速；农产品加工业、装备制造业、商贸物流业和旅游业等特色产业初具规模，彬长旬能源化工基地实力进一步增强；基础设施、生态环境建设取得重大进展；节能减排和资源综合利用水平不断提高，节水型社会建设迈出实质性步伐；贫困人口大幅减少，城乡居民收入超过西部地区平均水平。到2020年，老区6县生产总值超过1500亿元，经济实力显著增强；现代能源产业体系基本完备，单位生产总值能耗及污染物排放量进一步降低；城乡居民收入大幅增加，人民生活水平和质量显著提高；民生和社会建设明显加强，基本公共服务达到全国平均水平，全面建成小康社会。

咸阳市革命老区发展重点 加快基础设施建设，进一步改善发展环境；发展壮大特色优势产业，提升自我发展能力；推进新型城镇化，促进城乡一体化发展；加强生态环境保护，建设黄土高原生态文明示范区；支持老区加强以改善民生为重点的社会建设，推进城乡基本公共服务均等化；支持老区深化改革和扩大开放，不断增强发展的内在活力和动力。同时为了确保老区建设重点工作的推进，咸阳市贯彻《陕甘宁革命老区振兴规划》实施意见，共提出基础设施、产业、生态环保、社会事业等四大类427个重大项目，总投资近4500亿元。

（张军红）

财 政

财政收入 2012年，全市财政总收入完成224.5亿元，较上年增长22.2%。地方财政收入完成691686万元，为预算的107.2%，同口径增长30.6%（剔除2011年探矿权和采矿权“两权”价款等收入51135万元，按同口径比较，下同）。其中：税收收入482643万元，为预算的94.6%，增长16.7%；非税收入209043万元，为预算的154.8%，增长21.6%。

财政支出 2012年，全市财政支出完成2363626万元，完成调整预算的95.3%，增长24.3%。分项目完成情况是：一般公共服务305586万元，增长27.37%；公共安全108432万元，增长25.2%；教育643765万元，增长38.6%；科学技术12457万元，增长29.3%；文化体育与传媒44842万元，增长8.4%；社会保障和就业236940万元,增长29.4%;医疗卫生224655万元,增长20.5%;节能环保46387万元,增长-10.9%;城乡社区事务128177万元,增长33.5%;农林水事务327941万元,增长14.5%;交通运输53003万元,增长12.3%;资源勘探电力信息等事务40127万元,增长30.4%;商业服务业等事务19182万元,增长-12.6%;金融监管等事务支出1201万元,增长-34.0%;国土资源气象等事务19751万元,增长-30.1%;住房保障支出137520万元,增长25.0%;粮油物资管理事务6819万元,增长-17.9%;国债还本付息支出4048万元,增长203.2%;其他支出2224万元,增长-63.2%。

县域财政 全市县级(含高新区)地方财政收入完成440405万元,增长17.67%,增收66136万元。全市收入亿元县12个,其中:超2亿元的9个,超5亿元的3个。全市县级(含高新区)财政支出完成1893632万元,增长23.63%,增支361891万元。

财政收入管理 将收入任务分解到各级财税部门,多次召开财税联席会议,协调解决征管中存在的问题,市财政局采取领导包县市区抓收入促支出的非常措施,税务部门采取加强税收调研、强化预测分析、着眼重点税源、实施重点督查等措施,超额完成收入任务,全市财政总收入、地方公共财政预算收入增幅均位居全省前列。

财政支出管理 严格支出考核,协同职能部门做好项目立项、申报工作,全面清理结转项目,加快项目实施及验收进程,将项目未执行完的资金,纳入下一年度统一管理、统筹使用。严格预算下达和资金拨付时限,基本做到中省下达的专项资金两周内分配下达,市级专款及民生资金与序时进度同步,切实提高支出进度。每月对预算执行情况进行考核通报,督促各县市区加快支出进度。2012年全市财政支出进度达到95.3%,财政资金使用效率进一步提高。

支持稳增长 支持经济发展平台建设。市级财政筹备并注资5000万元成立咸阳市财政投资控股有限公司,增资1亿元加快推进市高新技术产业开发区发展,筹资1亿元支持北塬新城建设,进一步发挥财政产业扶持、资金投资引导作用,促进优势产业集群发展。扩大财政投融资。代理发行地方政府债券3.5亿元,协议利用国际金融组织和外国政府贷款1500万欧元,并积极申请世行小城镇和城市道路综合改善项目贷款,促进保障性住房、实验中学建设、城市建设等一批事关全局和长远发展的大工程大项目。引导协调金融机构增加融资平台贷款,在继续做好涉农贷款增量奖励等相关工作的同时,又在秦都区、渭城区进行金融机构中小企业贷款增量奖励试点工作,鼓励金融机构加大对中小企业贷款支持力度。有效利用中央决策。根据中央宏观调控政策预调微调的重大决策部署及有关会议精神,各级财政部门主动作为,策划包装一批项目,由市上主要领导带队,专程向财政部、国家发改委等有关部委汇报,首批3大类25个重大项目,均得到有关部委的肯定。支持扩大消费。兑付家电下乡、以旧换新财政补贴资金5514万元,拉动市场销售128万台。再次提高企业退休人员养老金,健全城乡低收入群体生活补贴与物价上涨联动机制,拨付补助资金3845万元提高纺织行业职

全市地方财政收入情况

表26 单位:万元

预算科目	2012年	2011年	同比增长%
收入合计	691686	585573	30.6
税收收入	482643	413639	16.7
增值税	76167	76278	-0.1
营业税	162324	141513	14.7
企业所得税	45741	42488	7.7
个人所得税	9367	9926	-5.6
资源税	10001	7356	36.0
城市维护建设税	39634	46178	-14.2
房产税	12932	8122	59.2
印花税	9530	5816	63.9
城镇土地使用税	13271	9648	37.6
土地增值税	13471	13695	-1.6
车船使用和牌照税	7181	6619	8.5
耕地占用税	53858	27176	98.2
契　税	28753	17766	61.8
烟叶税	413	1058	-61.0
非税收入小计	209043	171934	21.6
专项收入	27965	74214	-62.3
行政事业性收费收入	69135	60134	15.0
罚没收入	36577	18680	95.8
国有资本经营收入	46713	9405	396.7
国有资源有偿使用收入	28544	8139	250.7
其他收入	109	1362	-92.0

注:收入增幅为同口径增长指标。

工工资，推动居民消费购买能力提升。以“智慧城市”建设为重点，培育壮大信息与科技等服务业，促进服务业发展壮大。大力支持“新网”工程，加快农村及社区农产品流通零售网络建设，拓宽消费领域。全力推动现代工业体系建设。市级安排工业发展专项资金8000万元、国有资本经营预算收入4000万元，支持工业发展和国有企业改革。尤其是集中资金确保纺织工业园区建设和国企改制工作推进。向省上借款1亿元并投入4000万元，支持新兴纺织工业园区建设。拨付2.4亿元确保偏转集团重组及西北二棉、陕西二棉政策性破产工作顺利实施，筹措5000万元，解决16户政策性破产企业职工遗留社保问题。全力支持两型社会建设。全市全年节能环保支出46387万元，支持关闭高能耗、高污染小企业，鼓励工业、建筑节能，推进渭河咸阳段综合整治，积极为咸阳市申报争取节能减排中央财政综合政策示范项目，促进绿色经济、循环经济发展。加大对城镇污水处理设施及其配套管网建设支持力度，推动农村清洁工程启动，支持县市区购置195辆垃圾运转车，全面推行农村生活垃圾规范化处置模式。

民生保障　民生支出规模有效增加。全市财政民生支出191.9亿元，占地方公共财政支出的81.3%，教育、社保、医疗卫生、住房保障等民生支出增幅绝大部分高于地方财政支出，财政保障民生能力显著提高。民生保障标准逐步提高。2012年，财政筹措资金，落实民生项目补助标准提高各项政策，共涉及城市义务教育免学杂费、农村义务教育寄宿制学校生均经费、农村最低生活保障、高龄老人生活保健及新农合、城镇居民医保等十余项民生项目。民生保障范围不断扩大。将咸阳市农村信用社原信用代办站业务代办员、农村籍曾受聘在基层税务机构工作的人员、政策性破产企业一次性安置部分困难人员纳入养老补助范围，建立普通高中生均公用经费补助机制、大中专院校和中职学校家庭经济困难学生生活补贴制度，将中职教育免学费政策范围扩大到一、二、三年级在校生中所有农村（含县镇）学生、城市涉农专业和家庭经济困难学生。财政保障民生成效突出。超额完成教育支出占地方财政支出22%的省考任务，有力支持教育事业发展。切实支持咸阳市社会保障体系建设，城乡居民社会养老保险国家级试点达到县市区全覆盖，社会救助力度不断加大。新增发放创业促就业小额担保贷款14.01亿元，直接扶持1.47万人创业，吸纳、带动5万多人就业。助推基本医疗保障制度完善，县级公立医院改革全面启动，镇卫生院、村（社区）卫生服务机构全面配备使用基本药物并实行零差率销售，职工医保、居民医保和新农合住院费用补偿比例大幅提高。投入1000万元支持市民文化中心前期准备工作开展，完成政法机关基础设施建设债务清理审核上报工作。

全市地方财政支出情况

表27　　单位：万元

科目名称	2012年	2011年	同比增长%
支出合计	2363626	1901867	24.3
一般公共服务	305586	240032	27.37
国　防	32	0	-
公共安全	108432	86574	25.2
教　育	643765	464627	38.6
科学技术	12457	9634	29.3
文化体育与传媒	44842	41377	8.4
社会保障和就业	236940	183134	29.4
医疗卫生	224655	186392	20.5
节能环保	46387	52044	-10.9
城乡社区事务	128177	95996	33.5
农林水事务	327941	286387	14.5
交通运输	53003	47201	12.3
资源勘探电力信息等事务（原采掘）	40127	30762	30.4
商业服务业等事务（原粮油）	19182	21953	-12.6
金融监管支出	1201	1821	-34.0
地震灾后恢复重建支出	537	0	-
国土资源气象等事务	19751	28262	-30.1
住房保障支出	137520	109985	25.0
粮油物资储备管理事务	6819	8303	-17.9
债务付息支出	4048	1335	203.2
其他支出	2224	6048	-63.2

服务“三农”　全年投入涉农资金33亿元，推动“三农”发展。以现代农业园区建设为重点，大力推动PIC商品猪、设施蔬菜、核桃、红枣经济林发展，促进农业产业升级。全市投入水利建设资金9亿元，争取农业综合开发资金1亿余元，支持农业生产条件改善，有力保障粮食生产“九连丰”。拨付惠农补贴资金5.65亿元，争取省级资金600万元支持农民培训，提高农民就业致富能力，促进农民增收。投入政策性农业保险保费补贴3467万元，为12万农户提供

46亿元的风险保障。筹集扶贫资金2.3亿元,支持41个扶贫开发重点村建设,大力推进产业化扶贫、开发式扶贫。以14个省市示范镇建设为重点,深入开展村级公益事业建设一事一议奖补工作,加大对农村道路、文化设施、绿化、排水等工程支持力度,农村基础设施日趋健全完善。礼泉县、彬县两个省级化债试点县完成"两税垫交"(指免除农业税前,乡村干部为完成上级下达农业税和特产税收缴任务,替村民垫交农业税及农业特产税而形成的债务)公益性债务化解任务,其他县市区基础性工作也已完成,共核查"两税垫交"债务2.9亿元。

财政管理改革　稳步推进预决算公开,市级50个部门公开部门预算,10个部门公开部门决算。开展预算绩效评价,选取两项资金及市本级21个预算单位各1项资金进行试点。国库管理改革纵深推进,8个县市区将国库集中支付范围扩大到所有预算单位,县级公务卡改革基本完成,5个县市区完成非税收入收缴制度改革。深入清理整顿财政专户,将采购管理、工资发放等6个专户收归国库科统一管理。市级电子化政府采购业务全面启动,财政投资评审核减投资3.25亿元。市县两级财政信息大平台建设已完成并投入运行,实现财政数据集中。开展会计考试无纸化试点工作,全市会计基础工作规范化考核单位512个,占应参加考核单位的85%。对全市政法转移支付资金、教育费附加资金等9项资金使用情况进行专项检查,涉及资金17.78亿元,发现问题资金约3.6亿元,占检查资金总额的21%。标准化财政所建设任务基本完成,乡镇财政"两基"(基础工作和基层建设)进一步加强。

(王　娟)

国家税务

税收收入　2012年,全市国税系统始终坚持组织收入原则,牢牢把握组织收入工作的主动权,税收收入再创历史新高,总量122.82亿元;增长幅度位居全省国税系统第一,比上年增长18个百分点,增收18.76亿元,为咸阳经济社会的稳步发展提供坚强的财力保障。扎实开展税收收入调研。组织力量对各基层单位纳税前五名的重点税源进行摸底调查,如实掌握全系统75户重点企业2012年的计划产量、纳税及生产能力;8月,针对税收收入增长大幅放缓的实际状况,对占全市税收总量78%的16户重点企业经济运行及纳税情况进行调研,形成专题报告,为科学研判收入形势提供"第一手资料"。加强收入分析预测。坚持收入月度分析报告制度,建立月度收入分析档案,密切跟踪宏观经济和企业经营形势变化,利用宏观数据、重点税源、税收普查等各种信息,从经济因素、政策因素、征管因素等方面,全方位、深层次地掌握影响税收收入变化的诸多原因,进一步提高分析预测的科学性和准确性。强化重点税源管理。将全市年纳税额100万元以上的企业纳入到重点税源监控范围,监控重点税源的年纳税额占总收入的90%以上。建立重点税源企业网上监控制度,加强对重点税源的跟踪监控,对全市重点行业、产业以及支柱企业的生产经营、纳税、税收负担等情况有更为全面的了解,增强组织收入的主动性。

依法治税　落实《依法行政实施纲要》,不断整顿税收秩序,强化税法宣传,在全市范围内营造良好的税收法治环境。深入开展税收执法责任制考核。以"税收执法信息系统"为突破,逐步建立健全执法岗位责任体系和工作标准,实现各类执法事项工作标准明晰化、工作流程规范化;及时公开税务行政审批、执法依据、办事流程、执法结果等涉税信息,切实保障纳税人的知情权、参与权和监督权。截至2012年,全系统18个基层单位已连续5年实现执法考核"零过错"。大力整顿和规范税收秩序。按照"阳光稽查、和谐执法"的工作思路,开展以房地产业、建筑安装业、煤炭运销企业为主体的税收专项检查工作,共计检查企业310户,查补收入2461.19万元。积极与地税、公安等部门沟通,建立部门联席会议制度,大力查处发票违法犯罪活动。全年累计稽查各类纳税人3796户,查补总额1.84亿元。广泛开展税法宣传活动。围绕"税收·发展·民生"的宣传主题,通过开展声势浩大的首日宣传、"邮政传税讯,鸿雁送税法"、"税收服务乡村行"以及"微动力,正能量"等群众喜闻乐见的税法宣传方式,在全市范围内深入开展形式多样、内容丰富的税法宣传活动,进一步增强社会各界对税收工作的理解和支持。

全市国税系统"清风伴我行"演讲比赛　(市国税局　供)

税源管理 结合税源结构特点，优化工作流程，完善管理机制，统筹推进税源专业化、信息化管理，税收征管质量和水平进一步提高。开展税源专业化试点工作。年初，结合全市经济发展和税源结构实际，研究制订《税源专业化管理试点工作方案》及《指导意见》；并依据各县市区地域、征管等特点，分别制作北部县、南部县市区《税源专业化管理构架图》，在三原局、长武局、旬邑局开展税源专业化试点工作，最大限度地发挥现有征管资源的功效，为全面推行税源专业化管理奠定坚实的基础。深化各税种管理。强化对“增值税管理信息系统”相关数据的分析利用，增值税日常管理切实得到加强；开展企业所得税汇算清缴、纳税评估等工作，所得税收入质量稳步提升；加强成品油消费税监管，消费税收入大幅增长；全面推广车购税电子申报软件，车辆购置税的申报效率和准确率大大提高。牢固树立税收风险管理理念。依托“税收征管状况暨风险管理系统”，制订《税收征管状况分析暨风险管理系统工作方案》及实施细则，对全市三项管理类一级预警指标、394户遵从类预警纳税人的风险应对工作进行全面审核检查，有效震慑纳税人对涉税数据造假的侥幸心理。继续加大信息管税力度。按照“简并票种、统一式样、建立平台、网络开具”的发票改革总体思路，不断扩大网络发票使用范围，广大纳税人发票开具的真实性进一步增强。全市使用网络普通发票的纳税人2357户，同比增长411户。主动与财政、国库、银行等各部门联系沟通，扎实推进财税库银横向联网工作，有效实现各个部门之间的信息共享。自2012年8月正式运行以来，全系统已成功签订三方协议8665户，累计征收税款33.4亿元，占当期全部税款的76.4%。全市国税系统税收专业化、信息化管理工作迈上一个新台阶。

纳税服务 按照“平台规范、手段多元、部门联动、简便快捷、效能监控”的纳税服务工作思路，不断优化服务方式，改进服务手段，落实税收政策，国税机关的服务效率进一步提升。落实中央出台的各项结构性减税政策，严格执行新一轮支持西部大开发、加快中小企业发展等方面的税收优惠政策，进一步减轻企业和居民的税收负担。一年来，共计减免各项税金5.67亿元，办理免抵退税2.75亿元，有力支持企业的快速发展。优化纳税服务方式。继续加大12366纳税服务热线宣传力度，开通运行短信服务平台，增设专家坐席，鼓励纳税人进行在线咨询投诉，充分发挥税企之间的“沟通桥梁”作用。截至年底，已累计受理纳税人咨询9982次，话务量位列全省各地市第二位。同时，采用视频培训、互动交流等方式，对全市部分一般纳税人、重点税源企业、A级信用等级单位的财务科长和办税人员等1200余人，进行增值税政策专题宣讲和解读，进一步提高纳税人办理涉税业务的能力和水平。拓宽纳税服务渠道。以“税企携手、共建和谐”为主题，通过开展“税企和谐文化基地共建”、“税企合作互动”以及“税企文化体育互乐”等形式多样的“税企和谐文化共建”活动，不断加深税务机关与纳税人之间的沟通和交流，增进税企友谊，和谐税企关系。参与咸阳人民广播电台《阳光热线》节目，与广大听众进行直播交流互动，树立国税部门的良好形象。在省国税局委托第三方调查机构开展的纳税满意度测评中，咸阳国税系统总体满意度位列全省第三。

（李　鑫）

地方税务

组织收入 2012年，全市地税系统共组织各项收入89.21亿元，同比增长21.04%，增收15.51亿元。地方税收56.31亿元，同比增长11.84%，增收5.96亿元。其中营业税23.54亿元、资源税1.43亿元、土地使用税1.89亿元、企业所得税12.19亿元、个人所得税4.67亿元、城建税7.68亿元、印花税0.95亿元、土地增值税1.35亿元、房产税1.85亿元、车船税0.72亿元；社保费及各项基金29.47亿元，同比增长46.37%，增收9.34亿元；教育费附加3.43亿元。

依法行政 在全系统深入开展“行政执法年”活动。制定依法行政工作计划和实施方案，安排部署6大类23项工作任务，量化部门职责和工作时限，并将依法行政工作纳入目标责任考核的范围，夯实工作基础。启动创建“依法行政示范单位”活动，设立法规工作人才库，组织全系统法律知识网络考试，增强全系统依法行政的意识。落实各项税收优惠政策，严格减免税审批管理，先后为享受西部大开发、高新技术企业和小型微利企业等优惠政策的企业，减免所得税2.56亿元；严格落实营业税起征点调整政策，为全市22600多户未达起征点的个体工商户减免税收。开展税收规范性文件管理、行政许可审批项目清理、税收行政处罚案卷评查和规范行政处罚裁量权活动，统一规范全市税务稽查案卷，推广应用稽查标准化底稿，强化税收执法监督。依托税收执法责任系统和征管业务系统，定期汇总通报税收执法和征管质量考核结果，促进税收执法质量的提升。突出重点行业专项检查、重大税收违法案件查处、税收专项检查和打击发票违法犯罪活动，全年共检查各类纳税人160户，查补收入1.5亿余元；查处重大涉税违法案件10起，查补收入1100余万元；收缴非法发票1.05万余份，追缴税款362万余元，有效规范税收秩序。加强与各职能部门的沟通协调，提请市政府出台《咸阳市税收保障工作实施意见》，各县市区成立综合治税领导小组、召开收入协调会、组织部门联合执法等，为组织收入工作提供坚强保障。

税(费)源管理 组建纳税服务、数据管理和纳税评估局，强化数据分析应用、风险识别应对和纳税服务的专业化分工，推进机关扁平化管理和实体化运作。实行税源专业化管理工作联席会议制，建立定期通报、定期沟通、多方协作的工作机制。突出纳税评估的核心地位，全系统成立16个专业纳税评估机构，把50%的征管力量充实到纳税评估岗位。制定3大类8个方面的纳税评估考核指标，健全工作考评体系。按月下发税源管理风险分析报告，规范评估工作流程。完成煤炭、货物运输、餐饮和娱乐行业纳税评估模型的建设,编印《行业纳税评估模型汇编》和《纳税评估优秀案例汇编》,提升纳税评估的专业化水平。全年共开展专业评估3015次,日常评估4.49万次,评估入库税款1.56亿元。组建数据管理中心,出台数据管理办法,明确部门职责和工作流程。组织编印《数据预警分析指标手册》和《第三方信息交换传递办法及目录》,定期发布数据分析报告,提升数据分析和加工能力。突出应用系统推广,通过数据质量审计系统和风险管理系统,整改系统内异常信息1.3万条,向基层推送风险点1.93万个,夯实信息管税基础。全面推行存量房评估工作,完善存量房交易价格税收管理,共评估交易存量房509次,征收税款1006万元,评估调增税款110万元。严格所得税管理,全年12万元以上个人所得税自行申报人数首次突破1500人,企业所得税汇算清缴收入连续四年增长比例超过30%。定期对非正常户和税务登记证失效户实施公告,建立网络在线发票定期分析比对机制,促进征管质量的全面提升。依托市、县市区、所三级监控网络,推行重点税源跟踪问效和重点建设项目全程监控管理,强化重点税源源泉控管。制定领导干部分包联系重点企业制度,市县局领导深入企业实地走访,了解税源实际情况,科学研判收入形势,及时调整征管措施,增强组织收入工作的针对性,确保重点税源税收的及时足额入库。2012年,全市1007户重点税源企业入库税收39.22亿元,占税收总额近70%,成为稳固税收增长的主要力量。按照税费同计划、同安排、同落实、同检查、同考核的要求,在全市组织费源普查和欠费集中清缴活动,试点运行残保金税式管理,推广电子台账、银行代收、网上缴费等征缴模式,开展社保费扩面宣传,有效提高基金的征缴效率。

纳税服务 由纳税服务局统一管理市区办税大厅和服务窗口,整合服务资源,压缩管理层级。开展“减限制、减时间、减环节、减成本”活动,积极推行“先办后审、通岗全能”的管理模式,将21项涉税事项前移到办税服务厅统一受理,全面落实“一窗式”、“一站式”服务,减少办税环节,提高办税服务的效率。拓展“网上申报”、“同城通办”、“批量扣税”、“网络在线发票”和POS机终端查询缴税的覆盖范围,依托“门户网站、12366热线、纳税微博和QQ群”开展政策发布、纳税咨询和征纳互动,方便纳税人。全年共推广“网上办税”用户9611户,征收税款7.9亿元;网络在线发票用户4900户,月开票量19万余份;12366服务热线和门户网站共受理纳税人咨询2.52万次。在全系统办税厅开展“四亮”和“四比”活动(即“亮身份、亮职责、亮承诺、亮形象”和“比技能、比作风、比业绩、比奉献”),通过办税服务明星评比、专业技能培训和定期业务考试,提升办税服务人员的技能。围绕税法宣传“六进”(即进机关、进乡村、进社区、进学校、进企业和进事业单位)活动,先后开展“游湖赏景·牵手税收”、“我们的一天”税收体验、税收征文漫画比赛、“税收管理员的苦与乐”摄影展、税收政策巡回宣讲、维权服务沙龙等活动,在全社会营造依法诚信纳税的良好氛围。联合《陕西日报》《咸阳日报》、咸阳电视台、咸阳广播电台、《今日咸阳》等7家省市媒体开展“三秦记者地税行”活动,深入全系统16个基层单位,对地税亮点工作、诚信纳税典型和先进人物事迹进行集中报道,在全社会营造“走进地税、了解地税、关注地税”的良好氛围。

(郑永刚)

统　计

概况 2012年,全市统计工作以企业一套表联网直报全面实施为核心,以深化统计方法制度改革为动力,全面提升统计能力,不断提高数据质量,统计职能进一步强化,为全市经济平稳较快发展提供有力的统计保障。先后获全省企业一套表联网直报、全省维护妇女儿童权益先进集体,全市工业发展、节能降耗、平安建设、非公经济、双创、招商引资、人口计生先进单位等十余项称号。

统计改革 基本单位名录库建设。市、县统计局强化行政推动,在编制、工商、质监、民政等成员单位的大力支持和紧密配合下,基本建成真实完整、更新及时的基本单位名录库;集中开展“清网行动”,在全省首家实现临时码使用率“清零”,使各项业务建立在更规范科学的调查单位数据库之上。市统计局和渭城区、秦都区、乾县、礼泉县、三原县、彬县、武功县等7个县统计局被评为全省专项整治工作先进集体。完成企业一套表改革。经过深入宣传、分级培训、细致衔接,顺利完成全市“三上”企业和房地产开发企业一套表改革,建立完整统一的企业统计报表体系,彻底结束多头布置、交叉填报的历史。联网直报成功。动员全市统计系统精心组织、全力推进,加强培训、狠抓质量,全市1200户(不含军工)企业联网直报“并轨”一举成功,网报率和成功率均100%,完成数据生产流程再造。彬县、乾县等县区组织有力,成绩突出,分别被评为全国、全省先进集体,市统计局被评为陕西省企业一套表联网直报先进集体。数据质量得到有力保障。加强“三上”企业申报管理,在工业、住建、商务等部门的配合下,新增“三上”企业156户,各项数据来源更加真实可靠,也有力支撑经济增长。四大工程的成功实施,标志着统计生产方式发生深刻变革。

业务建设 专业统计工作。各专业采取有力措施加强业务建设,数据质量和工作效率进一步提高,实现新旧制度和统计指标的有序衔接。建立科学严谨的数据质量评控体系。研究制定工业、贸易、农业等主要专业联网直报形式下新的《数据质量评估控制办法》,从网报、审核、评估等环节入手,科学制定评估系数,有效控制虚报、瞒报、漏报等现象。加大现场核查力度。组成督查组全面开展“三上”企业和房地产开发企业数据质量全面核查,现场反馈,跟踪整改,及时解决质量问题。两次对全市保障性安居工程统计工作进行检查,确保数据准确及时。新业务得到加强。开展重点服务业企业调查,加强对基层的业务和技术指导。联合市委宣传部、市文广局进一步理顺文化产业数据报送渠道，开展新增行业调查。专项调查组织有力。西咸新区、非公经济、城镇化率、投入产出、城乡划分、企业成本费用、人口变动抽样、妇女儿童两纲、企业景气等调查都全面完成任务，数据质量稳步提高。

数据质量 统计能力提升。将市统计局5个科级事业单位整合为副县级建制的市社会经济调查中心，武功县社情民意调查中心、彬县社会经济调查中心先后成立运行，各县城调、农调力量不断加强。从源头和基础入手提高数据质量。“三上企业”（即规模以上工业企业、限额以上批发零售住宿餐饮企业、资质以内建筑业企业和房地产开发企业）审批、居民收入调查、粮食产量统计等都建立在企业、记账户、农田等现场核实和测算基础上。加大执法力度，全年共检查462个单位，立案查处129起。坚持三级管理和三级审核责任制。每项统计数据都由科室负责人、分管领导、局长办公会三级管理，逐级审核，建立数据质量责任制，明确管理和质量责任。“开门搞统计”赢得广泛信任。主要统计数据全市汇总、核算和分县审核、评估，都把相关部门统计数据和行政登记资料作为重要参考依据。城镇居民收入调查数据12项评估因素中，部门数据和登记资料占90%的权重。统计工作环境显著优化。争取市县两级政府彻底清理向统计部门下达指标任务、干扰联网直报、影响数据质量等不合法、不合理的文件规定，明确各项发展指标的责任单位，消除统计部门的指标任务压力。数据生产更加公开透明。开展形式多样的统计开放日活动，在《咸阳日报》开辟专版刊登生产总值、规模以上工业、城乡居民收入数据生产流程，向社会各界展示开放透明的统计形象。

统计服务 服务宏观决策。市统计局代市委、市政府起草全市促进农民增收的指导意见和“一县一策”配套文件，提出完整的增收思路和十二条措施。代市政府起草五年《县域经济争先进位的考核意见》，对发展滞后的7个县区调研分析后分别提出指导性建议。指导经济发展。市统计局汇报发言成为市政府常务会议分析研究、安排部署季度经济工作的主要内容之一，经济运行分析预测观点和工作建议得到充分采纳。及时针对电子、纺织工业存在的问题调研形成汇报材料，报送市政府和有关部门采取措施，避免工业增速下滑。参与社会建设。完成2011年度目标责任考核县区工作满意度、2012年季度公众安全感和基层政法单位满意度等民意调查，被调查单位按照调查结果有针对性地改进工作。在省对市工作满意度调查中，咸阳市整体满意度大幅提升，群众对社会治安的满意度在调查的8项工作中最高。

（周晓光）

国家统计局咸阳调查队 2012年，咸阳调查队强化基础管理，有效沟通协调，拓宽服务领域，提高业务水平和数据质量，加强统计调研力度，改革城乡住户一体化和价格数据采集。开展并组织实施城市居民家庭收支调查，居民消费价格调查（CPI），工业品生产者价格调查（PPI），房地产价格调查，服务业、规模以下工业、采购经理指数、畜禽监测等常规专项调查，组织工作满意度、陕西省专利产品产值、国有企业党风廉政建设等非常规专项调查。在总队已公布的专业评比中，获一等奖3个，二等奖6个。咸阳队被评为全国一体化调查先进集体，3人被评为省级先进。

改革创新 顺应城乡发展一体化，促进城乡共同繁荣的时代趋势，根据国家统计局的工作部署，2012年住户调查实现城乡一体化调查。咸阳市原有100户城市居民生活调查扩展为180户城市和农村居民收支情况调查，对一直分别开展的城乡住户调查进行一体化改革，实现城市居民和农村居民收入和支出调查数据的一体化统计，对更加完整准确地反映城乡居民收支状况、更好地满足统筹城乡发展、改善收入分配格局，都具有重要意义。

优质服务 紧贴现有调查资料，挖掘调查信息；深入基层专题调研，撰写调查报告，全年共撰写信息分析150余篇。全队编发咸阳调查28期、各类专报16期。被咸阳市领导批示9篇，引起较好反响。以市为总体的消费价格调查和规模以下工业调查获得地方政府的赞许与认可。

（杨　婷）

物　价

价格调控 2012年，全市物价涨幅呈现高位平稳回落。面对经济下行压力加大，企业经营困难等严峻复杂经济形势，市物价局认真贯彻省上运用价格政策促进经济平稳较快增长的政策措施

物价指数

表28　　上年=100

项目名称	全　市	城　市	农　村
居民消费价格总指数	102.7	102.6	102.8
#食　品	104.2	105.2	103.1
烟　酒	104.9	105	104.8
衣　着	102.6	99.7	106.3
家庭设备用品及维修服务	102.3	101.4	103.1
医疗保健和个人用品	103.3	102.2	104.5
交通和通信	100	99.5	100.4
娱乐教育文化用品及服务	100	100.7	99.3
居　住	102.7	102.4	103
商品零售价格总指数	102.2	102.3	102.1

和对管理通胀预期工作进行监督检查的通知要求,成立贯彻省物价局三个文件精神工作领导小组,分解落实工作责任,将促增长、稳定物价总水平的任务落到实处。完善加强价格监测工作。按照国家和省物价局关于价格监测有关要求,从监测点建设、价格监测业务管理和监测数据校对、统计工作入手,加大对全市187个商品品种价格监测和各类数据采集、校对和汇总工作;新增成品油价格监测点6个,对成品油价格、储存量、销售量实行日监测报告制度。按时完成国家、省和市本级监测商品各类数据采集16387条次,上报7859条次,完报率100%。为各级价格分析决策提供科学依据。市物价局、武功县、三原县物价局被评为2012年度全省价格监测先进单位,市局监测科科长丁立平被评为全国价格监测先进个人。做好市场分析和价格走势预测工作。遵循市场变化规律,及时加强蔬菜、鸡蛋、部分农产品和猪肉价格异动分析,摸清价格波动的原因,将市场价格变动情况以《送阅件》上报市委市政府。5月,生猪价格低于猪粮比时,根据监测分析结果,建议启动《咸阳市防止生猪价格过度下跌预案》,市商务、财政部门适时开展猪肉储备工作,对稳定市场猪肉价格起到积极作用。全年共报送市场价格信息42篇,编发《咸阳价格监测》34期。价格调节基金受煤炭市场价格下滑影响,省政府要求从8月起暂停征收煤炭基金。全市前期共征收煤炭价格调节基金28375万元,比上年同期增收11613万元,同比增加约64%。经市政府批准,从市级留成中列出部分用于补助集中供热亏损和产煤区地质灾害治理。组织起草的《咸阳市价格调节基金征收管理办法》,经市政府常务会议研究通过,将择机征收。积极协调推进平价商店建设。9月,《咸阳市建设平价商店稳定农副产品价格保障群众基本生活实施意见》下发,牵头协调财政、商务、工商、供销等9个部门成立平价商店建设管理工作领导小组,明确相关责任和任务。各相关部门按照平抑物价、减少流通环节,维护农副产品价格基本稳定的原则,建设以“社区便民蔬菜直销店和生鲜超市”为主、车载蔬菜销售为辅的新型蔬菜流通模式。至年底,市区已初步形成1个配送中心、2个社区生鲜超市、2个标准化菜市场、16个社区便民菜店和15辆常温配送车的社区蔬菜零售网络。永寿县物价局制订出台平价商店及平价销售区考核管理办法、价格补贴方案和平价商店管理规定3个文件,第一批6家平价商店已正式挂牌运营。

价格改革 按照中省价格改革要求,抓住物价涨幅平稳回落的有利时机,根据咸阳市发展实际,积极理顺公共事业和服务领域价格矛盾。经省物价局批准,出台咸阳市城区非居民用水价格调整方案,按程序审批乾县、长武县、淳化县、礼泉县4个县的非居民用水价格,将现行城市供水价格从5类简化为居民生活用水、非居民生活用水和特种行业用水3类,水资源费、污水处理费完成阶段改革要求,减轻供水企业亏损。6月,经市政府同意,顺利出台市区出租车运价调整方案。此次出租车运价调整中,严格按照成本调查监审、方案公示、召开听证会、完善报批调价方案等程序执行,建立出租车运价与燃料价格联动机制,制定价格改革对社会稳定工作的风险评估细则和办法。调价后,企业运行平稳,社会反应良好。按规定审批咸阳至彬县等5条公路客运线路票价,审核市东郊污水处理厂二期污水处理价格,妥善解决延长石油集团橡胶有限公司自建污水处理设施污水处理费问题。

收费管理 坚持把年度审验作为清费减负工作的重要抓手,严格按照省物价局审验工作8项内容和5项原则,组织市县两级全面开展2011年度收费许可证年审工作。全市共审验收费许可证2095个,其中行政事业性收费证1462个,经营性收费证633个,审验率100%。共注销收费许可证23个,取消收费项目6项,降低收费标准5项。坚持重点审验与常规审验相结合,对二一五医院、陕中附院等15家存在超标准收费问题的单位下发整改通知书,督促纠正不合理收费行为。市物价局和泾阳县物价局被评为全省收费统计工作先进单位。会同市教育局在《咸阳日报》和政府网上公布咸阳市2012年春、秋季中小学收费标准,对咸阳师范学院、陕西财经职业技术学院和民院附中等服务性收费进行审批备案。根据《经济适用住房价格管理办法》,明确和规范市经济适用房价格管理权限和审批程序,审批“望原新村”经济适用房销售价格。新备案住宅小区物业收费和交通工具停放服务收费24家,并在市物价局价格信息网上公布。委托彬县物价局适时召开彬县大佛寺门票价格调

全市物价系统政风行风工作会议 (市物价局 供)

整听证会,落实旅游门票价格信息报告制度,促进旅游事业健康持续发展。与市卫生局、市人力资源和社会保障局联合下发推进县级公立医院医疗服务价格改革实施意见,乾县、永寿县、淳化县等7个县完成县级公立医院医疗服务价格改革任务,实现药品价格零加成和降低大型仪器检查费、适当提高部分医疗服务收费等改革要求。

价格监督检查 把开展"市场价格监管年"活动的重点放在市场调节价商品价格的监督管理上。结合春节、五一、国庆等节假日,组织开展重要民生商品价格监督检查和市场巡查,全市共组成33个检查组,出动210人次,对辖区大型超市、农贸市场等进行价格巡查,先后查处咸阳世纪金花购物中心、客都商贸市场明码标价不规范和人人乐、华润万家在促销活动中低标高结等价格违法行为,规范市场价格秩序。根据年度工作安排,3月~5月,集中60天在全市开展涉农价格与收费专项检查,对农民建房、农产品市场流通、农机服务、婚葬等8项涉农价格和收费执行情况进行全面检查。出动人员196次,检查涉农收费单位56个。坚持开展价格诚信建设活动。泾阳县组织召开经营者座谈会,统一认识,明确目标,倡议带动,表彰树立一批诚信示范单位,收到较好的社会效果。开展商品房明码标价备案和专项检查工作。市商品房销售备案工作在住建部门大力支持下,实行先备案价格再发放预售许可证和网签,全市商品房销售明码标价备案基本全覆盖。实施备案和明码标价制度以来,房地产开发企业价外加价现象得到有效遏制,消费者投诉大幅下降。据统计,全市房地产开发企业价格备案161家,备案商品房32426套,总面积约500万平方米。配合商业、工商部门对15家大型零售企业向供应商违规收费问题进行清理整顿,对全市12家面粉加工企业和106家商品混凝土生产企业进行价格巡查,规范企业经营行为。及时办理群众价格投诉举报,全年共受理1279件,其中价格咨询1021件,举报案件258件,物业、医疗、教育和交通等领域投诉案件约占85%。全市共查处各类价格违法案件420个,没收违法所得79.89万元,清退不合理收费23.24万元。

价格公共服务 开展成本监审工作。完成市区公办高中和民办中小学教育成本、望原新村经济适用房、市区出租车运营、彬县大佛寺、长武等5个县市自来水等12项成本监审任务,推进政府价格决策科学化。推进价格认证工作。涉案物品和车损鉴定工作进展平稳,全年共受理车损鉴定案件2558起,涉及标的金额879万元,接受涉案财物价格鉴定委托48起,涉及金额420.82万元。做好涉纪、涉税财物价格鉴定各项准备和试点工作。武功县、乾县和永寿县3个县通过省上第三批规范化价格认证中心创建验收,"双认定"工作走在全省前列。严格按照《涉案财物价格鉴定案卷》示范文本收集整理案卷,做到案件程序合法、要素齐全、结论公正,资料完整,在全省价格认证案卷质量评比中,市价格认证中心取得第一名的好成绩,并被评为全国价格认证先进单位,永寿县、彬县价格认证中心被评为全省价格认证工作先进集体。政务信息公开工作。及时收集、梳理需要公开的信息上传政府门户网站,定期更新和维护单位网站,服务经济社会发展。全年共更新各类信息2287条次,发布价格信息2278条次,网站点击2.3万余人次。加强价格宣传交流。利用"三一五"消费者权益保护日、政风行风宣传日普及价格法规和知识,通过新闻媒体、政府网站及时向社会公布国家明令取消和停止的收费项目。在市区出租车运价、城市供水价格等重大价格改革过程中,均通过报纸和网络向社会发布价格方案公告、组织价格听证,充分掌握舆情。与西安市物价局共同举办第八届西咸价格交流与联席会议,交流探讨城市道路和经营性停车场机动车停车收费相关问题,为做好两市停车收费管理工作提供思路和借鉴。编发《价格工作简报》,扩大价格工作影响范围和受众面,全年编发19期。

(刘　军)

工商行政管理

提升服务水准 2012年,市工商系统围绕经济社会发展的主要预期目标,抓好国家工商总局《关于支持陕西经济社会发展的意见》等各项优惠政策和全市非公有制经济发展环境评议制度的落实,着力在"主动服务、积极服务、创造性服务"上下工夫。积极推行"五办四通"和"六无"服务(即资料齐全马上办、资料不全指导办、紧急项目加班办、特殊项目跟踪办、重大项目领导办;对符合条件的确保畅通、对有利于企业发展的适当变通、对需要与相关部门联系的主动疏通、对难以疏通的加强沟通;登记无过失、承诺无失信、用语无违禁、收费无违规、干部无违纪、服务无投诉),完善预约、回访、行政指导和"一企一策"等服务制度,发放行政指导提示书、告诫书、建议书3000余份,对招商引资项目、下岗职工等开辟绿色通道,减免工商登记费2.3万元,将企业科、食品科、消保科等经常与人民群众打交道的科室迁至一楼综合服务大厅办公,使各类市场主体感受到政策的优惠,享受到发展环境的宽松。全市28户企业被认定为市级守合同重信用企业,23户企业被认定为省级守合同重信用企业。严把市场准入关,注册登记合格率100%。通过企业年检11918户、个体户验照60160户,企业年检率和个体户贴花验照率分别达到85.8%和95%。市工商局与平凉市工商局、长武县工商局与泾川县、灵台县工商局分别结为友好单位。全市新增个体工商户14261户、私营企业1928户、外资企业22户,为咸阳经济发展注入新的活力。

"西诺SINOL"成功申报中国驰名商标

积极开展引导地理标志商标注册工作,开展"一村一品一商标"、"一县一业一品牌"活动,邀请省工商局"商标知识讲师团"来咸对100多户企业进行商标知识培训,起草《咸阳市实施"商标强市"品牌战略促进经济发展的意见》和《咸阳市驰(著)名商标奖励办法》,上报市政府审定下发。全市注册商标总数

5600件,其中市级知名商标141件、省级著名商标97件,协助咸阳西北医疗器械集团(有限)公司成功申报"西诺SINOL"中国驰名商标,实现咸阳市中国驰名商标零的突破。

服务农村改革发展 深入开展"红盾护农"活动,查扣涉案农资320吨,新发展农村经纪人1047名,举办培训班6期,参训620人次,为农民和市场架起产销桥梁。特别在农民专业合作社的培育发展过程中,做到"四优先"(即优先提供咨询服务、优先核名、优先受理、优先登记),实行"事前、事中、事后"全程指导服务。下发《2012年创建农民专业合作社示范社实施方案》,创建农民专业合作社示范社50户、标兵示范社5户,引导和鼓励条件适宜的专业合作社,在产权清晰、自愿互利的基础上进行跨区域协作与重组,让合作社覆盖更多农户,新增农民专业合作社617户,着力打造"富民强市"的工作亮点。

信息化建设 不断加大信息化建设培训力度,完成国家工商总局、省工商局的网上"基层工商机关公务员消费者权益保护专题网络培训"和全省工商系统升级改造后的网站应用培训等,配合市政府完成政务中心搬迁后的网络改造工程。抓好咸阳工商服务网的建设,全市企业基本信息、信用信息做到实时在线查询,企业年检、名称查重、12315申诉举报等业务实现网上办理,网上年检企业12000余户,方便群众办事。网站发布各类信息5万余条,办理网上答疑60余条,网页浏览量突破110万人次,被评为全市优秀政务网站。同时,按照市政府安排,抓好"智慧信用与企业信息服务系统"建设,完成项目设计,通过专家评审。系统投入运行,将实现工商、国税、地税、质监等27个部门之间的经济社会基本单元基础信息和各类监管信息数据整合,实现全市企业基础信息和信用信息的交换与共享,对构建良好的企业信用和社会信用环境,促进全市经济社会又好又快发展必将发挥重要作用。市工商局被评为全省工商系统信息化建设先进集体、全市政府信息公开工作先进单位。

做好体制调整工作 面对体制调整中出现的各类矛盾和困扰,市工商局耐心细致地做好体制下划的政策宣传、解释工作,有效化解矛盾,引导大家正确认识体制调整,正确对待个人岗位变化和进退去留,做到思想不乱、工作不断、队伍不散,维护和谐稳定的大局。多次与市编办、人力资源和社会保障局、财政局等部门联系协调,妥善解决交流干部、经费工资暂借等问题。按照市委、市政府的安排部署,进一步严明政治纪律、人事纪律和财经纪律,按时完成各县级局的人事档案移交等工作,确保体制调整工作的顺利完成。

(黄玉林)

质量技术监督

质量管理 2012年,市质量技术监督局多措并举,质量兴市战略得到有效实施。市政府召开全市质量工作会议,表彰质量先进,部署质量工作;省质监局与市政府及质量兴市成员单位召开《关于开展质量兴市推进西咸新区建设合作备忘录》落实推进联席会议;市长姜锋结合《质量发展纲要》精神在《中国质量报》发表《以质量兴市支撑质量强市》一文,为全市质量工作发展指明方向,推动全市形成《纲要》宣传贯彻热潮;市政府审议通过《咸阳市市长质量奖管理办法》《咸阳市特色品牌评定管理办法》,确定在咸阳市设立"市长质量奖"和"咸阳市特色品牌"两个质量奖项;举办800多人参与的"质量与经济发展方式转变"专题讲座;开展企业质量信用等级评定,帮扶18户企业的19个产品申报陕西名牌;武功县质量创建工作,被省政府表彰为2012年度陕西省质量兴省先进县;推动名牌产品培育、推荐和扶持工作更加规范化,组织制定并下发《咸阳市名牌战略指导委员会办公室关于筛选推荐"十二五"期间名牌培育企业规划的通知》,加大对质量保证体系健全、产品市场竞争力强、发展潜力好的企业扶持力度;组织开展质量月宣传、特种设备安全知识进校园、食品安全宣传周、实验室开放日、世界标准日、世界计量日等形式多样、富有成效的宣传活动,推动全社会更加重视质量。

标准化工作 至2012年底,咸阳市地方标准备案19项,企业标准备案306项,国家级农业标准化示范区11家,企业良好行为创建25家;制订《咸阳市特色农产品标准体系》,收录最新国家、行业及地方标准2830项,基本涵盖全市17个农业特色产业;在市发改委、市文物旅游局、市民政局等单位的大力协助下,咸阳博物馆等4家企业通过省质监局和省发改委联合专家评审,确定为全省首批服务业标准化试点企业,其中咸阳博物馆被省质监局推荐申报为国家级服务业标准化试点;拟定《咸阳市标准化发展战略纲要》并获市政府审议通过,根据纲要,到2020年,咸阳市将力争培养一支素质高、能力强的标准化人才队伍,培育一批采用先进标准且市场竞争力强的知名企业,标准化对经济和发展的贡献率将明显提升。

计量和认证认可工作 计量工作方面,制定《咸阳市诚信计量示范单位达标验收细则》,109家商业、服务业企业开展诚信计量自我承诺公示;加强对市场零售商品、定量包装商品、过度包装商品的源头治理;检定强检计量器具176632台(件),检查计价器、加油机、热量表、电能表、医疗用仪器等强检计量器具2998台(件);制定《十二五节能降耗工作实施方案》,与70家重点能耗企业签订能源计量节能服务目标责任书。加大计量惠民力度,"五二〇"世界计量日前后,全市累计发放计量宣传资料5万余份,免费为群众检测血压计425台、人体秤360台,清洗眼镜510副,联合医院免费为社区群众测量血压、检测视力。在为贫困学生免费检测配镜公益活动中,全市有1350名学生受益,获社会各界好评。加强认证认可执法监管和机构管理,加大强制性认证产品监管力度,检查3C(强制性产品认证制度)获证企业26家,对18家实验室进行专项监督检查,23家质检机构进行备案;进一步规范自愿性认证市场秩序,抽查管理体系获证企业34家，流通领域有机产品经销商场、超市36家。被省质监局评为西部认证强省建设工作先进单位。

食品生产加工环节质量安全监管 率先在全省实行食品安全远程视频监控系统，监控服务范围覆盖至全市7个县市区12家乳制品企业；聘请20名专家教授组建食品安全专家库；出台《食品安全监督管理指导意见》，进一步明确市、县质监部门在日常监督管理、监督抽查、食品生产加工小作坊的监管、食品企业许可、食品安全风险监测工作等方面的职责和要求；加强食品监督抽查并监督指导处理，严格食品企业日常监管，并把食品小作坊监管纳入常态化；加大培训力度，投入7万余元，在咸阳市和三原县分两期举办全市食品生产加工环节从业及监管人员食品安全知识培训班，免费培训700余人；举办食品安全知识宣传有奖竞答暨名优特色食品展示活动，22家食品生产企业参与宣传和产品展示，并向社会做出确保食品质量安全的郑重承诺，对提升全市名优特色食品竞争力，强化食品企业主体责任意识起到积极推动作用。市质监局被市政府、省质监局分别评为2012年度食品安全工作先进集体、食品安全监管工作先进单位。

特种设备安全监察 开展各类特种设备专项整治，强化特种设备日常安全监察，开展"打非治违"专项行动，消除隐患159起；牵头组织市住建局、供热办、天然气公司等部门组成10个督查组，分赴各县开展特种设备和常压锅炉安全隐患查治督查工作；与670家单位签订《特种设备安全责任告知书和承诺书》，检验特种设备7656台，压力管道69455米，校验安全阀2600只；及时召开全市电梯安全专项整治会议，宣传贯彻自动扶梯和自动人行道新标准和新检规，已改造验收合格91台；完善应急救援队伍和专家库，修订《咸阳市特种设备应急救援预案》并以市政府名义颁布，组织开展高空缆车断电困人事故、天然气管道泄漏、液化气泄漏着火、电梯困人救援等演练7次，推广安装电梯卫士近800台，提高特种设备应急能力。市质监局被市政府评为2012年度安全生产工作先进单位。

监督稽查 配合省质监局开展农资、贵金属、光电产品等81类产品的监督抽查，组织不合格企业及时整改，配合对15户企业进行工业生产许可证取证审查；组织对全市化肥、防水卷材等生产许可证企业开展产品联动抽查、生产条件现场检查和无证清查工作。始终保持对质量违法的高压态势，有效遏制各类质量违法案件上升势头；以开展行政执法提升年活动为载体，组织实施食品、农资、建材、汽配、化妆品、纤维及其制品等"质监利剑行动"六大战役和打击侵犯知识产权、打击制售假冒伪劣产品两个专项行动，立案查处违法案件200余起，落实办理国家质检总局、省质监局转办投诉举报案件8起，有效维护市场经济秩序和群众利益；充分发挥12365投诉举报平台作用，化解多起质量纠纷，有力打击假冒伪劣违法行为。市质监局被省政府办公厅评为打击侵犯知识产权和制售假冒伪劣商品专项行动先进集体。

质监体制调整 质监体制调整是党中央、国务院基于落实食品安全地方政府负总责而作出的重大决策。系统干部职工自觉维护省、市政府决定，坚决服从大局，积极配合做好体制调整各项工作的落实；系统各单位领导干部切实负责，对政府决定坚决执行，对具体问题全力协调，在体制调整的关键时期，牢记使命、恪尽职守，确保队伍稳定和体制调整工作的平稳顺利进行。市质监局党组不等不靠，把完成体制调整任务作为头等大事，主动与省质监局、市政府及相关部门密切配合，全力争取支持。经过艰苦细致的工作，市质监系统下划工作基本完成，转业军人、交流干部、异地任职、分流人员等诸多遗留问题得到妥善解决。下划后，市质监局及时加强督促和指导，各县市区质监局主动围绕地方经济发展大局履职尽责，全市系统队伍稳定、工作秩序良好。

（杜静秋）

安全生产监督管理

概况 2012年，全市共发生各类事故1459起，死亡144人，受伤199人，经济损失1942.8万元。各类事故死亡总人数为全年控制指标的100%。与上年相比，事故起数、死亡人数、经济损失分别上升167.7%、2.1%、40.3%，重伤人数下降15.7%。道路交通事故情况：发生道路交通事故212起，死亡125人，事故

安监部门对全市危险化学品企业进行检查 （市安监局 供）

起数同比减少16起,下降7.0%,死亡人数同比减少6人,下降4.7%。工矿商贸行业事故情况:发生生产安全事故8起,死亡21人,事故起数增加1起,死亡人数增加9人。火灾事故情况:发生火灾事故1167起,同比增加857起,上升276.5%,没有人员伤亡。农业机械发生事故72起,死亡1人。实现省、市政府提出的控制重大生产安全责任事故的目标。全年未发生一起重大以上生产安全事故。全市各类事故死亡总人数总体控制指标,工矿商贸、道路交通、农机、森林火灾4项绝对控制指标和重特大事故控制指标均控制在省上下达的指标以内。

落实安全生产责任制 市安全生产监督管理局研究、提交市政府常务会议审议通过并印发《咸阳市人民政府市长、副市长安全生产工作职责分工》《咸阳市安全生产委员会成员单位安全生产工作职责》和《咸阳市安全生产事故隐患排查治理工作制度》,进一步明确市政府市长、各副市长和市安委会成员单位在安全生产监督管理方面的职责,细化应承担的责任、事故隐患处理的程序、措施,确保安全生产责任全覆盖,消除监管盲点,规范全市隐患排查工作。依据省上下达咸阳市的安全生产控制指标及工作任务,结合全市实际,将安全生产控制考核指标和工作任务逐一分解、细化。组织与县市区政府和市级有关部门签订安全生产目标责任书,使安全生产责任在县区、部门、企业,层层有担子,人人有责任。加强对安全生产各项目标任务完成情况的日常监督检查,采取综合督查检查、专项督查检查、重大事项专项督办和及时通报等形式,努力做到上下通力协作,部门相互配合,确保安全生产各项控制考核指标和重点工作任务圆满完成。

打非治违 隐患排查治理专项行动 ①非煤矿山打非治违、隐患排查治理。开展全市非煤矿山安全生产大检查。把检查的重点放在事故隐患突出、违法生产、整合期间无证或证照不全、非法生产、矿山建设项目未依法履行安全设施“三同时”(同时设计、同时施工、同时投入生产和使用)等问题上,采取会同市政府督查组、市安全生产执法监察支队明察暗访、专项检查和督查、日常监督检查等方法,加大行政执法力度,取得明显成效。针对非煤矿山打非治违重点,建立健全联合执法机制,切实履行部门打非治违责任。针对泾阳县、淳化县、三原县3县采石企业非法盗采行为,分别给3个县的县长下发市长督办令和市安委会督办令。要求坚决落实“三断两清”,即断电、断路、断炸药;清理场内人员和设备,严防生产安全事故的发生。对海螺水泥公司以建代采的行为,责令停止生产,限期整改。针对咸阳菊花水泥有限公司矿山高陡边坡这一重大隐患难以整改的实际,彻底封堵进入矿山的道路,暂扣安全生产许可证,已报请省安监局予以注销。截至年底,共查处非法违法生产企业72家,建议相关县市区政府关闭非法非煤矿山采石和破碎企业64家。推进矿山企业整合,提升安全生产条件。会同市国土资源局按照“五化”(经营公司化、作业机械化、开采规模化、爆破专业化、安全标准化)目标,淘汰年生产能力10万吨以下规模露天开采企业39家,将79家露天采石企业整合为40家。对已取得采矿权且资源整合整顿期间无违法生产行为的企业,确保企业在具备基本安全生产条件下进行生产经营,积极进行安全预评价、安全设施设计,使企业尽快进入建设阶段,依法投入生产。已有33家矿山企业办理国土资源手续,17家已办理安全设施“三同时”相关手续,11家已批复建设。②危险化学品打非治违、隐患排查治理。全年共开展3次危化专项检查,重点检查石油化工企业、危险化学品储存经营企业、石油天然气及成品油长输管线企业,通过检查监督,解决企业安全投入不到位、安全制度不落实、隐患排查治理不到位等问题。以市长督办令的形式对省上挂牌督办的安全隐患进行督促,确保重大隐患按期整改。加大对重点危化生产经营企业及挂牌督办隐患企业的检查力度。重点检查企业自查情况,查处隐患登记建档情况及隐患整改落实情况,积极督促省上挂牌督办的重大事故隐患的整改。截至年底,共检查危化生产企业60户次,经营企业240户次,查处隐患185条,整改完成172条,隐患整改率97%。严格危化品行政许可和建设项目安全设施“三同时”,全年核发危险化学品企业安全条件、安全设施设计、竣工验收意见书59份。督促中石油、中石化、延长壳牌等重点企业开展安全标准化创建工作,截至年底,全市危化行业安全标准化达标企业294家。③烟花爆竹打非治违、隐患排查治理。持续

市安监局检查建筑工地安全生产工作 (市安监局 供)

开展烟花爆竹安全生产专项督查活动。会同工商、公安、质监、供销等部门组成督查组，督促有关县市区及生产经营企业对查出的问题制订整改方案，落实整改责任，开展隐患整治工作，及时消除事故隐患。协助、指导、督促各县市区烟花爆竹打非工作。全系统共查处非法违法储存、经营烟花爆竹行为6起，收缴非法产品850余件。督促县市区按要求及时对烟花爆竹批发公司进行改造提升。截至年底，11个县市区的烟花爆竹批发公司均已提升改造完毕，2个县区的烟花爆竹批发公司正在改造中。严格行政许可和安全设施“三同时”。全年共核准烟花爆竹批发经营改扩建项目手续6户，安全设施竣工验收意见书5份，烟花爆竹生产厂家机械化改造1户。④冶金、机械加工等工矿商贸打非治违、隐患排查治理。在全市集中开展冶金、机械加工、液化气储存站、非高危生产经营企业违法行为、建设项目安全设施“三同时”落实情况专项执法检查。共检查企业185家，查出隐患925条，已整改920条。⑤落实综合监督管理职能，深化安全生产打非治违、隐患排查治理专项行动。坚持以煤矿、非煤矿山、道路交通、建设工程、危险化学品、烟花爆竹、特种设备、人员密集场所消防等行业领域为重点，不断深化安全生产隐患大排查大整治活动。全年，全市排查事故隐患18500余条，已整改18300余条，整改率98.9%。

安全生产大检查 2012年，市安监局组织开展节假日期间和重点时段全市性的安全生产大检查，重点检查煤矿、非煤矿山、危险化学品和烟花爆竹、道路交通运输、建设工程、特种设备、消防等行业（领域）的企业。特别是党的十八大期间，采取企业自查、县上检查、市上专项督查和综合督查相结合的方式，组成5个市级行业检查组和1个综合督查组，对全市集中开展安全生产大检查、大排查活动进行全面督查。强化隐患整治，及时排查隐患，整治隐患，保证重要时期的安全生产形势稳定。

应急管理 督促煤矿、非煤矿山、建筑施工、危险化学品、道路交通等1000多户高危行业和重点企业，修订安全生产事故应急预案，建立、完善事故应急救援体系。组织中航油西北油库、兴平益海嘉里食用油公司、陕西天宏硅材料有限公司、咸阳化学工业有限责任公司等8家企业开展安全生产应急救援演练。通过演练活动，进一步提升全市生产经营单位的安全管理理念和管理水平，完善全市安全生产事故应急救援预案，保障全市生产经营活动持续稳定、安全高效运行。

安全生产监督 市安监局业务科室、局属业务单位工作人员全年有三分之二的时间深入企业指导安全生产工作，规范生产活动和行为，帮助企业落实主体责任，建立和完善各环节、各岗位的安全责任制，完善安全生产管理制度及重点岗位安全操作规程，指导企业加强安全机构建设和人员素质培训，及时监督和督促企业消除各类事故隐患，提升安全生产保障条件和水平，力争杜绝生产安全事故的发生。

生产安全事故查处 按照“四不放过”（事故原因未查清不放过，事故责任人未受到处理不放过，事故责任人和周围群众未受到教育不放过，事故制订切实可行的整改措施没有落实不放过）和“科学严谨、依法依规、实事求是、注重实效”的原则，对发生的4起较大事故和6起一般生产安全事故进行认真调查，依法严肃追究事故单位和有关责任人的责任，及时向社会公布处理结果。其中，已追究刑事责任4人，行政处分10人。除泾阳“三二一”较大事故外，其他事故均在规定期限内结案。

安全生产宣传教育培训 充分发挥新闻媒体宣传引领作用。在《咸阳百姓生活》开辟专栏，宣传安全生产法律法规及安全生产知识，报道全市安全生产领域各项活动，营造全市人民关注安全的氛围。加强各级各类人员安全教育培训，开展各级领导干部、企业负责人和安全管理人员、特殊岗位作业人员的安全培训。全年举办培训班58期，培训3500多人。认真开展“安全生产月”和“燃气安全宣传月”活动，组织各相关部门深入厂矿、企业、学校、社区，通过事故案例展板、发放宣传资料、现场咨询等形式，在全市开展“安全生产咨询周”、“延长杯”安全生产知识竞赛、危险化学品安全法规知识竞赛等一系列宣传教育活动，增强广大从业人员的安全意识。

（曹攀峰）

食品药品监督管理

创建饮食用药安全环境 2012年，市食品药品监督管理局以保障人民群众饮食用药安全为重点，建机制抓规范、重监管防事故、打假劣保安全、增亮点树形象，超额完成年度目标任务。食品安全监管合力增强。认真履行职能，积极开展工作，充分发挥领导、组织、协调功能。食品安全“三个一”工作机制的建立，将食品安全作为“一把手工程”，实行“第一问责”和“一票否决”。加强对食品安全形势的分析研究，落实每周一例会、每月一次重点检查、每季度一次食品安全工作扩大会议，每半年向市级主要领导汇报一次食品安全工作情况。全年组织召开食品安全综合监管工作会议5次、食品安全委员会全体扩大会议4次，基本形成“全市统一领导，部门加强监管，各方联合行动，社会广泛参与，行业严格自律”的食品安全工作格局。开展“食品安全放心县区”创建活动，彬县率先成为全省创建“省级食品安全放心县”，获得专项资金200万元、现金奖励10万元。制定市食品安全工作考核办法和督查督办制度，修订食品安全重大事件应急预案。进行食品安全风险评估和绩效评价，严查问题食品和问题企业，加大处罚力度。依法查处泾阳红旗乳业、三原佳香香油厂、陕西美力源乳业等产品不合格事件，以及乾县非法屠宰提取牛血清、胡某非法加工酱菜等案件。快速有效处置淳化县黄甫中心小学食物中毒事件，对3名责任人实施问责。全年无100人以上或出现三级以上重大食品安全事故发生。建立农村监管网络，实现食品安全无缝监管。在全市151个镇办设立食品(药品)监督管理所,调整人员编制588名,充实基层监管力量,扩大食品安全监督的覆盖面。餐饮服务水平整体提升。全面推行餐饮服务量化分级管理,强力推进餐饮服务食品安全示范创建工程。年初制定餐饮服务食品安全量化分级评定标准、示范创建工作方案、示范街(店)评定细则。从许可管理、人员培训、场所环境、设施设备、采购贮存、加工制作、清洗消毒、食品添加剂和检验运输等九个方面入手,督促企业改善设施条件,完善管理制度,建立食品原料(添加剂)进货查验(使用)、成品留样、餐具消毒、废弃油脂流向等八个使用管理台账。全市6437家持证餐饮服务单位量化分级(A、B、C三级)管理率91%(A级358家、B级1706家、C级3794家);创建餐饮服务食品安全示范街15条、餐饮服务食品安全示范店232家,提升餐饮服务食品安全管理水平。加大节假日、中高考期间和重大活动的食品安全保障力度,完成全国赛艇锦标赛、全国煤炭工作座谈会等19次大型活动餐饮服务食品安全保障任务。对全市餐饮服务单位的315批次的13个品种进行监督性和评价性抽验,合格率96%以上。全市无一例使用非食品添加剂的产品;大专院校食堂使用的盒饭无一例不合格;餐饮企业供应的元宵、粽子、月饼等节日食品均符合相关标准,全市餐饮服务食品安全有保证。提高准入门槛,严把餐饮服务许可资料审核、现场核查等关口,核准撤销下级部门违规许可1件,全市新发、换发餐饮服务许可证2522家。药品安全监管科学有效。加强药品生产质量安全监管,对全市13家企业252个国家基本药物品种实施电子监管。对陕西步长、景丰、春晖等22家企业进行GMP(药品生产质量管理规范)认证跟踪检查和委托生产专项检查。对全市4家注射剂生产企业进行飞行检查、指派驻厂监督员,提高企业药品生产质量管理水平。突出特殊药品监督检查,每季度对全市2家二类精神药品和毒性中药材生产企业(永寿制药厂、昊源中药饮品厂)、4家蛋肽类批发企业(医药工业集团、医药配送公司、陕西诚信、新高新)、2家麻醉和一类精神药品定点经营企业、2家蛋肽类经营企业、2家美沙酮门诊部的特殊管理药品的购、存、销情况进行监督检查。对3家生产麻黄碱复方制剂生产企业、3家配制含麻黄碱类复方制剂医疗机构的原料药购进、保管、使用情况进行专项检查,确保特殊管理药品无一例丢失、滥用、流弊事件。率先在药品生产企业开展中药材、中药饮片购进备案管理工作,对全市28家生产企业、10家医疗机构制剂室建立购进备案登记,责令使用非药用部位和劣质中药材的8家企业进行整改落实,走在全省前列。药品市场监管取得突破。严格经营许可,审批新开办药品零售企业行政许可42家,变更许可事项47件。推进药品经营企业GSP(良好供应规范)认证工作,完成GSP认证84家,年度任务超额完成40%;对314家零售企业、26家批发企业进行GSP认证跟踪检查。开展流通领域药品安全专项整治、驻店药师在岗履职和处方药凭处方销售集中检查、互联网违规发布药品信息专项治理等,对全市56家批发企业、830余家零售企业、2000多家医疗机构进行逐一检查,对2家零售连锁企业的法人进行约谈,注销经营许可证11份,移送工商部门违法药品广告案14件。做好全市县级公立医疗机构药品"三统一"(统一采购、统一价格、统一配送)配送企业遴选的报名初审、资料审核、实地考察、评审评分等工作,从40余家报名企业中遴选出13家企业进入招投标程序,确保全市从10月1日起全面推行县级公立医疗机构药品实行"三统一"配送,配送率100%。完善责任体系,实施电子监管,推进药品安全示范县创建工作取得实质性突破,乾县国家级药品安全示范县顺利通过省级验收。保健品、化妆品、医疗器械监管扎实推进。开展保健食品摸底调查,对全市660家经营企业登记造册。组织6家保健食品生产企业、3家化妆品生产企业签订质量安全责任承诺书,明确企业主体责任。对减肥、缓解疲劳、辅助降血糖、改善睡眠等重点品种的40批次保健食品进行监督抽验,对5批次抽验不合格产品依法查处。开展保健食品专项整治"绿剑行动",检查保健食品生产企业6家、持证企业15家、经营企业1593家次,受理群众举报19起,取缔非法宣传讲座6次,下达整改通知书159份,捣毁制假窝点1个,取得实实在在的效果,获全省保健食品专项整治"绿剑行动"先进集体称号。加强医疗器械质量管理,受理零售药店兼营医疗器械开办及换证89家;完成一类医疗器械产品再注册6个;对2大类63个品种40个批次的医疗器械进行抽验。组织开展医疗器械经营企

开展食品药品安全知识宣传　　(市食品药品监督管理局　供)

业监督检查、医疗器械使用单位专项检查、无菌医疗器械产品无菌性能及环氧乙烷残留量专项检查,下达责令整改通知书33份,提请省食品药品监督管理局对8家医疗器械经营企业予以注销。筑巢引凤,争取省医疗器械检测中心5亿元建设项目在咸阳市落户,为医药企业来咸投资提供技术支撑。

严厉打击食品药品假冒伪劣行为 开展铬超标胶囊专项整治。抽验569批次,组织企业自检5929批次。完成药品监督抽样791批次,不合格105批次,不合格率13.3%。完成委托检验36批次,不合格4批次,不合格率11.1%。完成药品快检1200批次。向全国371个地市发出协查函件539份。下架不合格胶囊药品、保健食品1168盒(瓶)。责令停产1家、查封企业生产线4条。召回、清理、登记问题胶囊34个品种145批次206.6万粒,并进行集中销毁,净化医药市场。指导加强胶囊剂生产质量管理和检验,帮助指导企业自购安装铬含量检验检测设备仪器23台套,实现药品安全和产业发展的双促进。开展药品专项执法检查。查处君寿堂药业、奥星制药生产销售胶囊剂药品,秦星胶囊有限公司生产销售铬超标空心胶囊及非法出租药品生产许可证,苏超鹏无证经营药品,刘津明非法加工保健食品等重大案件。办理外地协查函647件,受理群众举报1564起,全市立案查处各类违法案件2935件。移送公安机关食品药品违法犯罪大案要案2件,形成打假治劣的高压态势。开展药物不良反应检验检测。建成覆盖全市32家药品生产企业、28家医疗器械生产企业和312家医疗机构的药品(医疗器械)不良反应(事件)监测网点1113个,并实施电子注册。全年报送药品不良反应报告2495份、医疗器械不良事件报告354份,分别完成任务的190%和203%,列全省之首,咸阳市药品不良反应中心被评为全国药械不良反应(事件)监测工作先进地级市中心。

树立食品药品监管工作良好形象 注重联系工作实际、贴近民生需求开展学习。组织全市系统科、局长赴银川学习交流,举办县市区局长培训班,开展行政执法学习竞赛活动,选送干部外出参加国家局、省局或市上组织的专项业务培训,受训率90%以上。联合高新区组织8家药械生产企业负责人,赴天津、苏州、泰州、深圳四地参观学习医药产业发展先进经验,为咸阳市医药产业发展决策提供可行性报告。开展向史俊琴、高立勤等优秀监管人物学习活动。武功县食品药品监督管理局稽查队队长马党军被省食品药品监督管理局授予"陕西省十大药监之星"称号。市局获全省系统行政执法先进单位、目标责任考核先进单位称号。开展"科技之春宣传月"、"食品安全宣传周"、"安全用药月"、"食品药品安全大检查大整治"、"假冒伪劣食品药品集中销毁"等重点宣传活动,邀请新闻媒体和群众参观食品安全示范街(店),制作食品药品安全示范创建专题宣传片,创办《咸阳食品药品监管动态》,印发《食品药品安全知识100问》。在国家级专业媒体和省、市媒体、政府网站发布工作动态报道、信息430余篇,主动曝光食品药品违法企业3家,增强舆论引导的公信力和影响力。借助镇(街道)、村(社区)的活动站(室)、宣传栏(画廊)等举办食品药品安全讲座、张贴宣传挂图,提高消费者对食品药品安全的认知能力。

(王煜哲)

审　计

概况 2012年,市县两级审计机关共完成审计单位1350个,专项审计调查14个,超额完成年度计划。审计查出主要问题金额8.8亿元,增收节支5.5亿元,核减工程造价4亿元,建议意见被采纳1245条。被批示、采用审计信息382篇次,发现移交经济案件线索1件,涉及人1名,促进被审计单位建立健全规章制度227项,被审计单位制定整改措施354项,向社会公告审计结果44篇。有效地扩大审计工作的震慑力和社会影响力,较好地发挥审计建设性作用。

财政审计 市县两级审计机关共完成2011年度本级预算执行情况和其他财政收支审计任务86个,财政决算66个,有效拓展审计覆盖面,维护财政资金的运行安全。同时,按照法定程序分别向同级人大常委会作审计工作报告。市审计局认真组织市委办公室、市委组织部等23个预算执行单位开展内审自查,综合报告得到市政府主要领导和主管领导的重要批示。并按照市人大常委会的要求,市审计局对2010年度市级预算执行和其他财政收支情况审计问题及时督促整改,全面落实"全面审、跟踪改"的要求。秦都区、永寿县、彬县等县区也组织部分单位进行内审自查,针对抽查中存在的问题提出审计意见和建议。

社保审计 社会保障资金审计是2012年审计工作的重中之重,市领导高度重视,全市统筹安排,组建机构,印发方案,组织培训,集中统一推进。针对涉及的五大类十八项社保资金,查出社保资金管理使用中存在四大类十四个问题,查出违纪违规资金5000余万元,提出加强社会保障资金的管理和使用的建议。政府采纳审计建议,召开专题整改会议,具体落实审计整改工作,取得明显成效。市审计局受到审计署表彰,被评为全国社保审计先进公务员集体。此外,三原县审计局结合本县实际,还开展对教育、卫生等方面群众关心的热点问题进行审计,使国家支农惠民政策落到实处。

行政事业审计 市审计局根据省审计厅授权,完成对陕西中医学院第一附属医院、陕西省核工业二一五医院2011年度财务收支情况的审计。按照市政府要求,调增咸阳仲裁委员会、市妇幼保健院财务收支审计任务。淳化县、泾阳县、礼泉县、乾县、渭城区、兴平市和永寿县审计局共对209个行政事业单位进行审计或审计调查,揭示事业单位财务收支和财务管理中存在的薄弱环节和突出问题,针对问题提出加强财务管理和整改的意见及建议,使"一审二帮三促进"的作用充分发挥,有效维护国家财经法规的严肃性。

专项和行业资金审计 全市围绕国家重大政策和民生问题,开展扶贫专项资金、库区水利移民搬迁专项资金、渭河流域综合治理、公积金征收管理和使用情况等50个单位的审计或审计调查,涉及资金8.74亿元,查出违规改变项目计划和资金用途128万元,滞留闲置资金135万元,客观地反映有关部门职责履行情况和民生政策落实情况,规范资金管理;市审计局根据审计署紧急安排,开展对永寿县、武功县、三原县、乾县和彬县中小学布局调整情况专项审计调查,促进农村中小学布局更加合理。根据政府和人大要求,开展市城投公司债券资金的管理使用和市本级城建系统债务专项审计或审计调查及市级一级预算单位往来账项清理工作,针对问题提出防范和化解风险的意见和建议,得到人大、政府肯定。

经济责任审计 市县两级审计机关针对党政领导同步审计和领导干部任中审计两个弱项,突出"权力运行"和"责任落实"两个重点,调整机构,规范制度,创新方法,分类评价,融入绩效元素,主动协调组织部门委托,先后完成316名领导干部的任期经济责任审计。其中,任中审计82名,离任审计234名,审计查出负有直接责任的问题金额4147万元,主管责任问题金额336470万元,领导责任问题金额10879万元。市审计局、乾县、淳化县审计局积极探索党政领导干部任期经济责任同步审计,旬邑县、长武县、彬县、泾阳县、渭城区审计局加大任中审计比例,实现同步审计、任中审计零的突破,有效推动经济责任审计工作的深入发展。

固定资产投资审计 全市以政府新增重点建设项目、校安工程、领导批示调增项目为重点,完成投资审计项目474个,灾后恢复重建竣工决算审计项目68个,审计查出主要问题金额2.17亿元。在审计过程中紧紧围绕预算造价、拦标价、工程决算三个环节,现场抽查工程建设情况、资金使用情况、审查变更调整、全面核对财务资料和计价项目,共核减投资额3亿多元。市审计局注重关口前移,审计项目同比增加17个,核减工程造价6181.47万元,核减概算总投资2.56亿元,同比增加2.2亿元,为政府节约大量资金。乾县审计局坚持实行工程预决算"双审制",规范建设单位基本建设程序,保证建设资金真实、合法、有效使用。三原县审计局在政府大力支持下,从全县范围内调剂5名专业技术人员加强投资审计,对全县重点工程建设实施跟踪审计。

企业审计 在"摸家底、揭隐患、促发展"的基础上,开展对陕西秦稷粮业科技集团有限公司和市区4户供热企业2011年度资产负债损益审计,融入绩效元素,对企业效益进行分析评价,提出促进企业可持续发展的合理化建议,为政府有效解决咸阳市取暖用户剧增和供热能力严重不足的矛盾提供翔实可靠的数据和切实可行的建议。乾县、长武县、兴平市审计局对23户国有控股企业实施审计,为促进企业增收节支发挥审计监督作用。

制度建设 针对不同审计类型特点,在业务操作上完善经济责任审计的分类评价体系,依法制定和规范《咸阳市党政主要领导干部和国有企业领导人员经济责任审计实施办法》《咸阳市市本级经济责任审计对象分类管理办法》《咸阳市党政主要领导干部和国有企业领导人员经济责任审计评价办法》《咸阳市党政主要领导干部经济责任同步审计实施办法》和《咸阳市审计进度控制办法》五项制度办法,完善审计项目质量控制体系,改进审计复核、审理工作,开展审计质量检查,将审计工作全部纳入法治轨道,确保审计工作依法推进。加强审计机关内部管理,制定《咸阳市审计局机关纪律作风督查制度》。针对计算机、绩效审计和党风廉政工作,相应修改考核制度,建立新的考评机制,与个人评优评先挂钩,实行一票否决。创新审计方式,探索审计项目"双向选择"管理方式,实践交叉审计、联合作业、岗位轮换,整合审计资源的新路子,有效缓解审计力量不足与审计任务较重之间的矛盾。同时,始终坚持以审计准则为准绳,重点关注审前调查、编制审计方案和审计记录三个环节,强化现场审计管理,充分发挥"基础性"、"龙头"和"监视器"的作用。

审计信息化建设 全面布通全市审计专网,12个县区达到省、市、县(区)"三级联通",提高审计效率和审计覆盖面。通过实施审计管理系统和现场审计实施系统的综合、交互应用,实现"以审计项目为龙头,以信息交互为基础,以科学决策为核心"的数字化审计管理模式,促进审计管理全面规范、审计资源充分共享。审计管理系统中已入库公文478篇,外部来文办理225篇,内部行政、业务公文办理253篇,基本实现无纸化办公;全年共有52个项目进行网上审理;建立网上培训课件14个,为审计工作开展提供信息资源保障。2012年,全市完成计算机辅助审计项目130个,上报省审计厅参加AO(现场审计实施系统)应用实例评选项目69个,其中:获得省级优秀奖5个,应用奖8个,鼓励奖42个,优秀奖获奖项目数量并列全省第一。上报省审计厅计算机审计方法4个,获得优秀奖1个,入选奖1个,计算机审计方法和获奖项目实现突破。

(王 峰)

国有资产监督管理

概况 2012年,全市企业国有产权管理工作紧紧围绕国企改革发展的目标,按照"依法合规、市场机制"的原则,不断强化规范意识、服务意识和责任意识,健全监管制度体系、强化基础管理、服务国企改革发展,努力实现国有资产保值增资。根据国资监管和国企改革发展的工作需要,依据国务院国资委、省国资委相关规定,在充分调研基础上,结合企业实际,围绕过程监督、责任追究等机制建设,制定《关于建立企业国有资产评估重大项目专家评审制度的实施意见》《咸阳市市属国有及国有控股企业实物资产转让管理办法》。同时,组织对已出台的《咸阳市市属国有及国有控股企业重大事项报告制度暂行规定》《咸阳市市属国有及国有控股企业投资监督管理暂行办法》进行梳理完善，提高其操作性，逐步实现产权管理工作制度化上的有序运作。缩小与“国资监管上新水平，国企发展上新台阶”目标的差距，不断规范产权登记、资产评估、产权进场交易等事项。①推动实施新的产权登记办法，为加强国资监管夯实基础。贯彻落实新的产权登记办法，充分发挥产权登记的功能与作用，全面梳理企业产权架构，摸清家底，为企业理清产权关系，优化布局结构提供基础数据，年底召开培训会，详细讲解国务院国资委第29号令要求和工作指引的内容。按照“应登必登、应登即登、登则登准”的原则共办理国家出资企业产权登记174户，其中：市级一级国家出资企业63户；县（区）级一级国家出资企业84户。②资产评估工作进一步规范。保障评估质量，建立从事资产评估的资产评估事务所数据库，对评估机构的资质、规模、信誉度、服务质量及执业情况实行动态跟踪管理。对涉及产权转让、资产重组等重大资产评估项目的，市国资委以招标或随机方式选择从数据库中确定评估机构。在评估报告审核过程中坚持合规性审核和合理性审核相结合，对于重大资产转让项目，或资产额1000万元以上的资产评估项目，按照重大项目专家评审制度，组织各方面的专家进行评审，并根据专家评审意见出具核准或备案意见。特别对企业产权转让、以非货币资产对外投资等《企业国有资产评估管理暂行办法》规定应当进行评估的行为严格审查。对应评估未评估的违规行为一旦发现，严肃叫停，要求其规范操作。据统计，2011年、2012年共办理34宗国有资产评估项目的备案，评估价值总额19.81亿元，比资产账面值增加9.88亿元。③坚持以产权转让为基础的进场交易制度。积极探索，建立完善资产处置管理办法。特别是制定企业实物资产转让管理办法，明确要求企业重要实物资产范围包括转让方列入固定资产的房地产、机动车、特种车辆及其他单宗原值20万元以上或批次原值50万元以上的机器设备、物品等转让，应当在西部产权交易所公开进行。同时要求企业应当依据有关法律法规以及通知的规定，规范对实物资产的监督管理，制定本企业集团的实物资产管理制度，上报市国资委备案。严格按照规定程序严把产权转让项目批准关。注重加强对企业报审事项内部决策程序的审查。在企业转让国有产权时，要求企业要做好可行性研究，按照内部决策程序进行审议，并形成书面决议，对涉及职工安置事项的转让项目要经过职代会讨论通过。严格按照规定履行报批程序。对于转让全部国有资产的，或者转让部分国有资产致使国家对该企业不再具有控股地位的事项，报请本级人民政府批准。对于3号令，及国资发产权[2006]306号规定的允许协议转让范围的转让事项，报请省国资委批复。在产权交易过程中，当产权转让交易价格低于评估结果的90%时，要求企业暂停交易，在获得批准机关同意后方可继续进行。据统计，2011年、2012年共计批准产权转让项目11个，进场交易项目5个，协议转让项目1个，市土地储备中心土地收储项目2个。④组织做好产权界定协调工作。根据工作安排，在陕西同人会计师事务所有限公司和陕西丰瑞律师事务所对市食品公司劳司产权情况进行专项调查基础上，重新梳理市食品公司劳司产权界定情况，2012年7月、10月两次组织召开协调会，对上访职工提出的问题现场答复，提出市食品公司劳司的产权界定意见并予以上报。⑤完善企业法人治理结构。通过对市水务集团、市旧城改造投资建设公司等新组建国有独资公司章程的审批，明晰新设公司股东会、董事会、监事会的职责，形成权力机构、决策机构、监督机构和经营管理者之间的制衡机制，指导和促进其建立权责明确的现代企业制度。

国有资本经营预算收益收缴 按照《咸阳市市级企业国有资本收益收缴管理暂行办法》、市级企业国有资本收益收缴管理暂行办法和市财政局下达的2012年市级国有资本经营预算，组织上交市财政国有资本收益4000万元，其中：国有资产处置收益收入3500万元，经营收入500万元。

（王仪丽）

XIANYANG YEARBOOK 咸阳年鉴

城乡建设

城乡规划

规划编制 2012年，咸阳市住房和城乡建设规划局强化规划立市理念，认真做好城市规划编制工作。年内，启动《咸阳市城市总体规划》修编工作；修编《咸阳市市域城镇体系规划》《沣河两岸景观规划》；编制完成《咸兴之间发展战略规划》《咸阳市城市综合防灾规划》《咸阳湖二期修建性详细规划》《货运北环线城区段两侧绿化景观设计》《咸阳市城市广场和重要节点控制性规划》《汇通夜市整治规划》《文林路街景整治规划》及《北塬新城总体规划》《北塬新城起步区修建性详细规划》《咸阳市中央商务区城市设计》《咸阳主城扩展区修建性详细规划》《迎宾大道两侧修建性详细规划》等二十多个专项规划和《咸阳湖北岸堤外景区规划设计》《彩虹二路沿街环境景观整治规划》《抗战路沿街景观整治规划》《联盟二路沿街景观整治规划》等环境景观整治规划。进一步完善主城区路网规划，完成《咸阳市综合交通规划》；完成主城区新建、改造道路设计方案及2012年城建项目中道路设计方案审批工作，提出东风路北延段、毕塬路、彩虹路北延段改造等道路设计条件。配合政府相关部门进行中心城区道路交通“畅通工程”建设工作，提出道路桥梁规划设计条件35个、审核批复道路桥梁设计方案26个，确保“畅通工程”各项工程建设顺利实施。开展地下停车场规划及建设情况普查，共普查53个住宅小区，2个商业建筑，对已改变用途的停车场要求恢复停车功能。鼓励单位和个人投资兴建社会停车场，缓解城区停车难的问题。在规划编制中，采用公开招标、邀请招标等形式，把重要规划、重点项目委托给国内一流水平的设计院所，提高规划编制水平。

村镇规划编制 2012年，市住建局在完善修编相关城镇总体规划的同时，重点抓了县城排水规划、撤村并点规划及相关专项规划的编制。按照省建设厅要求，全市11个县市及兴平市西吴街道办、礼泉县烟霞镇、长武县亭口镇、彬县新民镇、旬邑县太村镇、彬县北极镇等6个重点镇委托设计单位编制县城、重点镇排水专项规划，并通过技术审查。县城排水规划的编制，为11个县市积极争取到中央财政城镇污水处理设施配套专项资金5500万元。三原县、长武县、彬县委托设计单位编制生活垃圾处理设施专项规划。淳化县、旬邑县、礼泉县、泾阳县、永寿县等5县也委托设计单位，正在加快编制生活垃圾处理设施专项规划。武功县、三原县、泾阳县、礼泉县、永寿县、彬县、长武县、旬邑县、淳化县完成全县撤村并点规划，兴平市、乾县也和设计单位签订协议，正在加紧编制。年内，按照《关于下达2012年城镇规划建设目标任务的通知》要求，启动撤乡并镇后建制镇的规划修编工作，完成武功县长宁镇、泾阳县王桥镇等24个镇撤乡并镇规划修编；完成长武县冯家示范村（社区）、旬邑县王家社区等16个农村新型社区规划编制。编制完成淳化县润镇五爱村社区、石桥镇咀头村、旬邑县郑家镇王家社区等14个社区规划。

规划审批 2012年，咸阳市住建局在规划审批中，加快节奏，压缩时限，对产业项目提前介入，上门服务，促进项目早开工、早投产。继续严格规划审批程序，推行规划审批公开，对新审批的规划方案实行批前公示和批后公布，采取在建设项目所在地附近张贴、在咸阳城建网上公布等方式公开规划方案，接受各方监督。对审批确定的方案，统一由建设单位在建设工地设置项目公示牌，公示牌上标明项目名称、用地性质、红线图、单体建筑层数等重要信息。严格标准办理户外广告牌匾审批，坚持审批前现场查看，审批时严格条件，建设中全程监管，发证时验收把关。全年户外广告牌匾审批共受理78件，审批68件，退回改进10件。验出不合格5件，并责令限期改正。全年共核发选址意见书49份，用地规划许可证40份，规划设计条件26份。核发建设工程规划许可证90个，总建筑面积约440万平方米。核发房屋建设工程规划验收合格证56个，进行行政处罚23件。召开大型规划设计方案论证和评审会12次。

规划监管 2012年，市住建局在规划管理中，严格按照法律法规和技术规定办事，严查违规违法行为。加大执法力度，查处违法违章建筑。多次组织建设工程执法检查，共查处规划手续不全项目23个，立案处理项目23个，罚款886万元，有力遏制城区违法建设的苗头。加强户外广告管理，年初对全市广告牌匾进行安全排查，发现安全隐患18处。对检查中发现的问题，一律要求限期整改。通过全面排查，有效消除户外广告存在的安全隐患。积极推进户外广告管理升级改造，对全市现有的单立柱和重要路段的广告牌进行升级改造，将原有的广告牌全部改换三面翻和高清显示屏。共完成改造单立柱4个，广告牌4块，提升城市形象。

（李　梅）

城市建设

概况 2012年中心城市城建项目共计88项，市城市建设管理局共承担58项（其中，续建项目8项，新建项目32项，前期项目18项），占总任务的66%。项目建设呈现出起步早、行动快，推进有力、齐头并进，收尾强势、完成较好等特点。

城市道路建设 建成经电路，完成经电北路建设任务和沈平路、滨河西路、劳动路已征迁段建设任务，打通建民路、铁江咀路、友谊南路等断头路，高标准实施安定路、胜利街、扶苏路等道路改造工程。建设西宁街、东明街、西道巷排水等背街小巷改造和人民东路、人民中路等路段的人行道改造工程。文兴路、联盟二路北延段等项目正在进行土地指标办理等前期手续和征迁、设计等准备工作。十（丁）字路口展宽渠化完成乐育路与民生路十字口、渭阳路与团结路丁字口工程，体育场十字正在收尾，超额完成咸通路与人民路十字口、渭阳路与乐育路丁字口的展宽渠化，缓解市区的交通拥堵压力，方便市民出行。

桥涵工程建设 完成市区7座立交桥的粉刷、维护工作，乐育路北口跨街天桥正在抓紧建设。文林西路环境整治工程正在实施箱涵建设及路床建设，上林北路上跨咸铜立交工程、文汇西路跨秦皇路桥梁及配套工程等项目正在办理前期手续，初步具备开工条件。桥梁、涵洞等工程项目梯次推进，进一步改善路网架构，完善城市功能。

园林绿化建设 中心城市完成创建国家园林城市的申报，与国家住建部规划管理中心签订卫星遥感测试合同。三原县、永寿县通过省级园林县城绿地系统规划评审，乾县、彬县和兴平市顺利通过省级园林县城考核验收。淳化县润镇通过省级园林城镇绿地系统规划评审，三原县大程镇通过省级园林城镇考核验收。完成胜利街广场绿化、彩虹二路绿化、人民路东立交绿化改造任务和千亩绿林二期已征迁段绿化建设任务，实施义务植树和城区绿化补栽、大树补植工程，金旭绿地等绿化工程正在收尾。启动人民广场改造和拆墙透绿工程，陇海铁路及郑西客运专线城区段防护景观林工程正在协调征迁问题，文咸广场、彩虹绿林正在协调办理前期手续。全市绿化面积不断扩张，绿化档次不断提高，"西部绿城"魅力初显。

城市亮化建设 采取街巷基本亮化、道路全面亮化、节日景观亮化等方式，把道路照明、景观照明、商业照明等融为一体，高档次实施渭阳东路、团结路、滨河路、咸通路等路段照明改造工程，完成春节亮化美化设计，咸阳湖两岸景观亮化工程中秦都桥、渭城桥、咸阳桥亮化正在面向社会公开招标。加强城区广场、游园、绿地等处的亮化节能降耗改造工作，对城市重要节点、重要路段、重要区域的亮化设施改造提升，彰显秦汉特色，提升中心城区亮化水平。

城市美化建设 大力实施鲜花上路、特色花卉街区打造等鲜花栽植工程，在城市主要绿地、绿带、道路、广场、节点、十字等处增植月季、紫薇等各类花卉苗木。完成春节、五一、国庆等节假日美化亮化工程，在城市各大广场、十字和城市出入口进行亮化美化装饰布景，增加城市内涵。举办以"菊香古城、幸福金秋"为主题的2012年金秋菊展，全市共布展菊花69万盆、时令花卉110万盆，立体造型42组，进一步提升市民幸福指数和咸阳的知名度。

城市管理 不断健全长效管理机制，提升城市管理水平。制定《关于进一步加强城乡生活垃圾处理工作的实施意见》和《咸阳市餐厨垃圾废弃物管理办法》，修订《咸阳市城市生活垃圾处理费征收使用管理暂行办法》，起草《咸阳市生活垃圾焚烧运营监管实施细则》。扎实开展城乡综合整治活动，督促各县市区按照要求对辖区垃圾填埋场建设和管理进行整改，为秦都区、渭城区增加清洗保洁车辆和设备，监督相关部门和单位加大清扫保洁力度，增加作业次数，提高作业质量，确保市容环境卫生干净整洁。严格绿色图章和绿线管理制度，规范苗木迁移、砍伐程序，抽调一批管理人员，对毁绿、损绿等行为进行整顿清理，对个别小区和企事业单位绿量不足、绿化档次不高等问题进行查处。严格市政道路占用、开挖的审批手续，依法管理，规范管理，取缔一批乱挖乱占市政设施行为。全年组织市政路桥、园林绿化、城市亮化、广场游园等设施管理巡查190余次，发现并及时处理各类

统一广场成为市民休闲娱乐的好去处 （钟志德 摄）

问题300多件,办理各类开挖占用、苗木迁移等手续227起,拒批不合理占用手续176起、纠违350余起,提升城市管理水平。

环卫工作 餐厨垃圾收运处置系统完成规划选址、土地预审、立项批复和可研、环评、能评编制工作,咸阳市被国家发改委列入全国餐厨垃圾收运处置系统第二批试点城市初选城市。成功举办第七届环卫工人节。完成城区生活垃圾收运系统建设任务,环卫基础设施建设项目中公厕建设正按计划有序实施,果皮箱正在制作造型,粪便无害化处理站进行辅助设施建设,生活垃圾焚烧发电厂进入收尾工作。垃圾处理工作运行规范,城市生活垃圾填埋场被国家住建部专家组评定为国家Ⅰ级填埋场,承担的省考指标——城市垃圾无害化处理率92%,超出两个百分点(省考指标为90%)。

(李　乐)

城市管理

概况 2012年,市城市管理综合行政执法局加快推进城市综合执法科学规范管理,围绕市委市政府巩固提高创卫成果、创建环保模范城市、创建国家园林城市和全市"十二五"规划的总体部署,始终坚持把提升城市管理水平作为第一要务,牢固树立"文明执法树形象、严格执法求实效"的执法理念,完成各项工作任务,为建设生态优美、幸福温馨的现代新都市、和谐新咸阳作出贡献。被市委市政府评为双创工作"一等奖",被省政府评为全省行政执法先进集体;规划综合执法队被团市委授予"青年文明号"标兵单位。

依法行政 围绕创建"全省依法行政示范单位"活动,全面落实执法责任制,着力推进自由裁量权基准制度建设,不断规范执法行为。①推进行政处罚自由裁量权基准制度落实。从执法工作实际出发,出台市城市管理综合行政执法局《行政处罚自由裁量权规范管理实施办法》和《行政处罚自由裁量监督考核制度》等规范性文件,印制成"口袋本",人手一册,便于随时学习、随时使用,全面规范执法队员的执法权限、执法程序和执法行为。为贯彻落实《中华人民共和国行政强制法》,及时启用《强制执行催告书》等文书21种。先后邀请西北政法大学行政法学院王德星教授专题辅导《行政强制法》,邀请西安莲湖区城管执法局领导介绍城市管理标准化执法经验等。②率先在全市行政执法部门实施代履行。按照行政强制法中赋予综合执法部门的强制执行手段,遵循实现行政处罚与消除违法后果相统一的原则,制定出台《咸阳市城市管理综合行政执法局代履行程序规定》,印制《代履行决定书》。按照"谁污染,谁清理"的原则,对金方圆、世贸和南洋地产等5家开发公司依法实施代履行,及时清理积存和乱倒垃圾,保障良好的市容环境卫生秩序。③坚持案卷评查和重大案卷审理制度。坚持每季度对全局系统执法案卷从违法事实认定、法律依据、执法程序等进行全面检查,防止和避免随意执法、违法执法。局系统案卷办理工作受到省法制办案卷评查工作组充分肯定,代表咸阳市参加全国依法行政检查抽查。2012年办理执法案件447宗,增加342宗。成立局重大案卷审理工作小组,对违法事实严重、影响较大、处罚金额较高的违法案件坚持集体研究讨论,依法作出处罚决定,确保执法效果和严肃性。连续5年保持执法案件零复议撤销、零败诉、零赔偿的"三零"目标。④组织执法观摩,加大执法效能考核力度。6月,组织执法示范街创建活动暨执法观摩会议,对各执法队依法行政、创新管理方式方法等现场参观交流,促进各执法队相互学习,比学赶超。结合"创选评"竞赛活动,制定《城市管理综合执法人员岗位责任考核评比办法(试行)》,实行队周早会、局月讲评制度,积极开展执法效能督察,以中队为单位,每月坚持对全局执法管理工作进行效能考核,奖优罚劣,促进工作。

市容环境卫生管理 将2012年定为"城市科学管理年",按照《城市科学管理年活动实施方案》要求,全局上下始终保持严谨细致的工作态度和饱满的工作热情,坚持"5加2,白加黑"、"错时上岗"、"一线工作法"等执法措施,探索城市管理长效机制,不断加强执法处罚力度,抓好城市管理各项工作,集中力量整治各类严重影响城市市容环境卫生秩序的现象。①全程监控,做好建筑垃圾监管工作。专门成立渣土处置办公室,指导各建筑工地依法有序处置建筑垃圾,报请市政府修订《咸阳市城市建筑垃圾管理暂行办法》,进一步细化

向市民宣传城市管理法规　　(市城市管理综合执法局　供)

管理措施，落实换票制和准入制度，推行湿法拆迁、平车装运，督促建筑工地硬化出入口，设置冲洗台。在市区设立2处渣土督查点，建成2处建筑垃圾填埋场，试行开展建筑垃圾资源利用工作。强化拉运车辆管理，为170余辆渣土车加装盖板，安装GPS，制作统一标志牌，为市商砼车辆安装防漏兜。指导成立6家建筑垃圾处置公司，先后4次组织召开在建、拆迁、市政工程工地负责人、建筑垃圾处置公司和商砼站负责人参加的建筑垃圾管理会议，通报问题，提出整改。采取交叉执法、蹲点执法、源头管理和规划介入打组合拳等方式，先后开展5次建筑垃圾运输处置专项整治活动，有效遏制乱拉乱倒、抛撒扬尘等违法行为。②疏堵结合，整治取缔占道经营成效显著。持续不断开展占道经营专项整治活动，积极推进"三进"工作，大力实施便民新生店建设，目前已经建成沿街瓜果肉菜"新生店"180家，累计发放奖励补助12万元，对55家出店经营门店提出整改要求并予以处罚。夏季持续开展夜间占道经营和夜市烧烤整顿活动，坚决做到还路与民。尝试开展便民摊点进社区活动，特别是对占道烧烤采取"一出三入"的方法(出城区、入市场、入店铺、入场院)，取得较好的效果。在中华广场、中宏小区和开元商城等主要路段和重点区域设立执勤岗亭，主动服务市民，展示执法队伍新形象。③突出重点，逐步加大禁噪禁烧工作力度。在高考、中考期间，坚持每晚对夜间环境噪声进行专项整治，高限处罚噪音扰民问题，及时将电子广告屏噪音扰民纳入监管范围，在市区推行静音广告，深受市民欢迎。春节、清明及农历十一期间，能够提早介入，及时发布禁烧冥纸冥币的通知、通告，并在咸阳电视台、《咸阳日报》等媒体反复宣传，引导群众文明祭祀。同时设计制作60多个仿古焚烧炉，在中心城区设立40多个"文明祭祀点"，规范祭祀行为，方便市民群众，城区沿街烧纸现象基本禁绝。④多措并举，野广告治理更加高效。采取"一呼、二刷、三抓、四奖、五断"五种措施综合治理野广告，依法严肃查处乱写、乱画、乱涂、乱贴行为。抓获办证涂写者13人次，奖励举报37人次。⑤加快数字化城管系统建设。组织起草《咸阳市智慧城市数字城管系统建设方案》，全面优化系统设计和应用程序。先后完成项目立项审批工作和项目Ⅰ标段、Ⅱ标段及项目监理招标、选址和数字城管实景三维数据普查工作。

城市规划执法 ①拆控结合，规划执法力度不断加大。采取"严防、严控、强拆"相结合的办法，对全市所有在建工地进行不定期检查，年内共查处在建工程106处，强行拆除违法建筑近3000平方米，对中储股份、陕西丽彩置业30多家建设项目违规建设行为进行查处；强制拆除原七〇四厂区内的违章建筑，保障劳动路道路建设项目的顺利实施。加强户外广告综合治理，有效维护规划管理秩序，规划管理迈上新的台阶。②强化职能，着力加强房产物业监督管理工作。成立房产物业管理中队，依法查处阳光小区等37家物业小区损毁绿地建设停车场的行为，查处华城国际等15起违法预售商品房案件，妥善处理秦源小区等27起业主投诉物业管理问题，特别是7月份依法查处陕西明玉置业公司"都市风景苑"项目欺诈预售商品房案件，涉案金额400万元，市城管综合执法局及时移交公安部门立案侦查，维护市民群众合法权益，挽回受骗群众的经济损失。③继续加大户外广告牌匾整治力度。加大对城区主要路段的楼体、楼顶广告牌和软体广告的整治力度，严查各类户外无手续广告，截至年底，共查处户外广告、违规违建门头100处，强制拆除广告牌6000余平方米，整改工地文化墙广告20处1800平方米，震慑违规随意设置广告牌的行为。

(李　庚)

集中供热和燃气管理

概况 2012年，咸阳市燃气热力事业立足于咸阳市优化城市发展环境、增强城市竞争力、提升城市品位的发展方向，围绕"供好热、供足气"中心任务，努力为广大市民提供优质服务。按照"硬件增后劲、软件暖人心、管理提效益、借力促项目"的总体思路，加大热源等基础设施建设，增加供给能力，增强发展后劲；提高人性化服务水平，强化优质服务理念，打造行业品牌；创新行业管理思路，解决供需矛盾，缓解亏损与成本倒挂，打牢长远发展基础；以人为本，健全机制，挖潜增效，拓市场、增效益，提升企业管理水平。全系统共完成营业收入5.04亿元，是目标任务的119%；供应天然气1.61亿立方米，是目标任务的107%；销售液化气5813吨，是目标任务的109%；建成1台75吨/时和1台100吨/时循环流化床锅炉，敷设管网7.4千米；新增供热面积137.4万平方米，是目标任务的106%；敷设天然气管网82千米，是目标任务的4.1倍，发展天然气居民用户8066户、公福(商业)用户49户，分别是目标任务的134%、490%。天然气民用灶前压力合格率、集中供热用户室温合格率等服务技术指标均达到部颁标准。

市政府支持供热事业发展 伴随着咸阳市经济建设的大发展和城市规模的不断扩大，供热行业面临的矛盾日益凸现。供需矛盾突出。2011年底调查摸底，全市需要供热的面积3200多万平方米，各种形式的供热仅有1200多万平方米，缺口2000多万平方米。热价成本倒挂，政策性亏损严重，供热企业入不敷出、难以为继。4户供热企业政策性亏损累计2亿多元。市供热燃气办会同政府有关部门起草修订《咸阳市关于加快集中供热事业发展有关问题的通知》《咸阳市集中供热管理办法》和《咸阳市民用建筑分户计量管理办法》，5月4日市政府第60次常务会议研究通过。3月开始，供热燃气办配合市审计局对4户市属供热企业截止2011年10月底的经营状况进行审计。10月23日，第七次市长办公会议依据审计结果研究决定，对4户市属供热企业截止2011年10月底的政策性亏损1.52亿元分5年予以补助，并对2012年冬季供热补助资金3000万元，缓解供热企业的资金压力。

基础设施建设 主城区“三期项目”经省发改委批复后,立即付诸实施,敷设管网38千米,保证城市新建住宅和商业用户的即时入住、即时用气的需要。大力推进“气化咸阳”惠民工程步伐。北五县输气管网工程因要经过几个县,穿越林地、河道和公路,办理各种手续复杂,施工难度大。市天然气总公司作为工程的主力军,下大力气解决工程建设融资问题,有效整合力量,合理确定施工方案,强力推进工程建设进度,敷设管网44千米;办理6个县的管线走向批复、5个县的选址意见批复。完成工程年度投资1.1238亿元,共敷设管网82千米。供热工程建设时效性强,必须当年开工、当年建成。在资金筹措难度大,工程建设压力大的情况下,承担锅炉建设任务的北区供热公司和沣河供热公司在贷款和施工时间受到限制的情况下,克服重重困难,精心组织施工,沣河供热公司投资5000多万元建设的100吨/时锅炉,4月动工,10月底全面建成,并按时投运供热。北区供热公司投资5800多万元建设的75吨/时锅炉和2.14千米主管网全面建成。西区供热公司请专家会诊,多方论证,投资500多万元,更换、加大热源站出口的管径,并在中华广场加敷管网,有效解决多年来下游供热效果不佳的问题,提高下游的输汽能力,改善供热效果。

企业管理 以强化考核、健全激励机制、严把重点环节监督、实施全方位精细化管理为手段,增强企业内部活力,保证正常生产供应,降低成本,提高运营效益,不断使企业管理从根本上迈向科学化的道路。集中精力抓主要矛盾和矛盾的主要方面,外拓市场、内强管理,推动企业管理水平不断上台阶。市天然气总公司以强化职工主人翁精神为目标,增强企业管理的透明度,使职工以多种形式参与企业经营管理决策。召开职工代表大会,通报公司发展情况,讨论公司重大决策,听取职工意见和建议;举办公司成立20周年庆典活动,通过专题片、图片展、文艺演出等形式,展示公司20年的历程和辉煌成就,激发广大干部职工干事创业的热情;在市区燃气市场相对饱和、工业用户用气量下降的情况下,抓住大西安建设的历史机遇,主动出击,拓展市场,与秦汉新城签订《天然气供应特许经营协议》,与沣西新城的合作协议基本达成;积极服务于落户咸阳市的台资企业,达成给台玻供气的协议。各供热公司采取领导包抓、分片承包、实施奖励等有效措施加大供热稽查和收缴供热欠费力度。对核查的结果,建立用户档案和经营档案,有效杜绝盗热、瞒报供热面积的行为,热费清欠取得很好的成绩。西区供热公司清缴欠费200多万元;查处隐瞒的供热面积8万多平方米,增收160多万元;严格控制供热成本,对热源站的耗煤量量化考核,耗煤量超标处罚、节约奖励。市热力公司强化生产调度管理,建立远程监控系统,随时掌握用户的用热参数,及时调整蒸汽供应量,严格控制单位面积蒸汽消耗量;加强管网巡查,杜绝蒸汽“跑冒滴漏”,使管网热损率控制在6%左右,节约蒸汽1.2万吨。沣河供热公司从制度建设入手,完善管理制度;狠抓职工劳动技能培训提高,强化职工培训。坚持从煤矿进原煤,进优质煤,确保煤的数量和质量。供热燃气办煤炭采购监督领导小组,坚持定期不定期对各公司的供热用煤进行抽查化验,发现问题及时通报。市煤气公司针对液化气用户减少、经营困难的实际,组织人员进行市场调研,调整经营思路,发展农村市场,保证售气量的超额完成。

优质服务 始终把优质服务作为树立行业形象、打造行业品牌的主要抓手,多管齐下、多措并举,开展多种形式的便民服务活动,增强服务的主动性、针对性和时效性,及时为广大用户排忧解难,及时化解矛盾纠纷,使优质服务水平不断提升。重视设备检修保养。加大排查检修力度,消除设备隐患,确保设备正常运行,实现供应稳定。按照“谁运营、谁检修,谁检修、谁负责”的要求,将责任落到实处。检修工作按照“可修可不修的修、可换可不换的换”的原则进行,确保检修质量。在搞好企业各自设备和管网检修的同时,对业主自管的换热站提供技术支持,督促并帮助严格检修保养,确保冬季供热效果。落实用户管理员制度。各供热公司采取领导包片、用户管理员包小区的服务方式,在各小区公开用户管理员的姓名、职责和联系电话,方便用户。用户管理员除上门收费外,还定期不定期上门测温、上门服务,帮助用户排除故障。定期检查评比。供热期间,供热燃气办抽调人员,每半月对各供热公司的供热效果进行一次抽查检查,供热燃气办每月召开一次供热例会,对供热情况进行通报,对发现的问题责令限期整改。加强应急值班,重视用户投诉问题处理。各公司都加强应急值班,调整充实应急人员,配备应急设备和设施,定期进行应急演练,公布应急电话,全系统应急电话24小时有人值守,随时接处用户反映的问题。市天然气总公司投资20多万元,对客服系统进行升级,加强人员培训,提高接线人员在线处理问题的能力和水平,同时聘请10名义务监督员,定期召开座谈会,了解用户需求,及时改进服务,全年在小区(单位)开展便民服务活动127次。

安全工作 市天然气总公司以“主动出击,预防为主”为安全工作思路,建立工地信息档案,凡天然气管网穿越的工地,从开工到竣工,全程监督;组织人员,对全市180家锅炉用户、670户公福(商业)用户,进行集中安全检查,及时消除安全隐患;利用媒体广泛宣传安全用气常识,提高广大用户的安全意识。市煤气公司高度重视安全生产,组织安全培训6次,培训180人次,安全常识考试2次;在出厂的每个钢瓶上粘贴安全用气提示语。各供热公司在非供热期,结合设备检修保养,对存在隐患的设备、管网及时彻底整改。兴平市“一一二一”事故发生后,市供热办抽调热力燃气企业专业技术人员,由3名领导带队,深入全市13个县市区,对热力燃气安全进行专项检查,及时发现问题,及时督促整改。一年来,全系统生产供应安全无事故发生。

(曾仓振)

房地产业

概况　2012年,咸阳市房地产开发投资完成136.57亿元,其中保障性安居工程建设投资完成60.27亿元,商品房建设完成投资76.3亿元(其中住宅建设完成投资66.8亿元),同比增长18%。房地产开发施工面积646万平方米,同比增长6%。各类房屋竣工面积228.3万平方米,其中商品住宅竣工面积189.26万平方米。市区房地产开发完成投资39.6亿元,同比增长5.6%,其中住宅建设完成投资32.86亿元,房地产开发施工面积315万平方米,竣工面积176.6万平方米,同比增长6.8%。新建各类保障房317万平方米,共计41360套。

房地产建设　　（王保卫　摄）

房地产开发建设　2012年,市本级共有房地产开发施工项目107个,其中续建项目93个(竣工项目14个),新开工房地产项目14个,主要有陕西隆平置业有限公司开发的上林路以西林景苑项目,计划投资14.75亿元,计划建筑面积37万平方米,2012年1月开工建设;咸阳凯创置业有限公司开发的陈杨寨以南高速公路出口以东陈阳新界项目,计划投资9.6亿元,计划建筑面积40.3万平方米,2012年2月开工建设;陕西中昊实业有限公司开发的咸阳世纪大道沣渭世纪中心,项目计划投资5.45亿元,计划建筑面积5.19万平方米,2012年3月开工建设;陕西丽莱房地产开发有限公司开发的珠泉路珠泉新城项目,计划投资24.1亿元,计划建筑面积92.48万平方米,2012年8月开工建设;陕西高科实业发展有限公司开发的玉泉路过唐村丽彩溪悦城项目,计划投资11亿元,2012年8月开工建设;陕西云投置业有限公司开发的咸阳世纪大道东段国润城项目,计划投资57.5亿元,计划建筑面积146万平方米,2012年11月开工建设。当年新开工项目还有咸阳华泰房地产开发公司开发的湖境尚都、陕西金方圆实业发展有限公司开发的金方圆广场、西安经发沣渭地产有限公司开发的世纪大道东段白桦林印象项目等。2012年受理房地产开发资质办理129家,其中申请暂定资质22家;核定资质等级24家;资质升级11家;有效期延续42家;暂定资质延期13家;资质重要信息变更17家。

房地产市场　2012年市本级新建商品房预售合同登记备案1.16万套,预售面积125.55万平方米,成交额51.35亿元;发放预售许可证51个,批准预售面积250.32万平方米。办理二手房交易过户手续1450宗,面积13.76万平方米,成交金额4.87亿元,其中存量房交易过户667宗,面积6.47万平方米,成交金额2.3亿元;成本价房屋交易过户686宗,面积4.7万平方米,成交金额1.47亿元。新增房屋租赁登记备案144宗,新增租赁备案面积19.08万平方米,累计租赁管理总面积85.73万平方米。房产市场管理工作认真贯彻落实《国务院办公厅关于进一步做好房地产市场调控工作有关问题的通知》和省住房和城乡建设厅、省监察厅《关于进一步做好确定2011年度新建住房价格控制目标的通知》精神,采取有效措施,加强房地产市场监管,规范市场行为,努力引导房地产市场健康有序发展。严格执行新建商品房项目预售审批,加强商品房预售环节管理,实行商品房"一房一价"制度和售楼部现场公开合同示范文本、预售许可、预售资金监管账户、施工计划、工程进度等公示制度,采取实地勘察项目工程进度,坚持预售楼盘项目跟踪检查的办法,严厉打击虚假宣传、违规预售(销售)房屋以及捂盘惜售等行为。咸阳市住房和城乡建设规划局会同中国人民银行咸阳市分行联合下发《咸阳市商品房预售资金监管办法》,7月份开始执行申请预售的商品房项目全部开通"商品房预售资金专用账户",实行商品房预售款托管,防止开发企业将预售资金挪用,确保预售资金用于本项目的工程建设。严格执行商品房销售合同网上签约制度,有效防范开发项目未达到商品房预售条件或未取得预售许可进行违规销售房屋和可能发生"一房二卖"等问题。按照"尊重历史、同类比照、一事一议"的办法,积极稳妥解决历史遗留办证问题。共解决32个单位公房遗留办证问题7400件(套)、私有房屋登记遗留办证问题19宗2119件(套)。2012年直管公房完成租金收入2024761.28元,完成直管公房大中修、维修36处共285374.75元,工程量2919.4平方米。

城镇房屋权属登记　2012年,全市完成城镇私有房屋所有权登记25838件,其中初始登记9987件,转移登记10167件,变更登记854件,预告登记4759件,其他登记71件。私有房屋登记总建筑面积272.85万平方米,其中初始登记112.68万平方米,转移登记99.29万平方米,变更登记9.14万平方米,预告登记50.95万平方米,其他登记0.79万平方米。完成非私有房屋所有权登记5789件,其中初始登记2676件,转移登记736件,变更登记280件。成本价登记2049件。经适房登记48件。总建筑面积79.97万平方米,其中初始登记36.74万平方米,转移登记15.35万平方米,变更登记9.1万平方米,成本价登记18.28万平方米,经适房登记5000平方米。房屋抵押登记13212件,抵押房屋建筑面积198.89万平方米,抵押金额4.8亿元。

物业管理 依据建设部《物业服务企业资质管理办法》,严格做好物业管理企业资质审核,建立健全物业管理市场准入和清出制度,加强物业服务企业资质管理。全市2012年新审批物业管理企业47家。全市从事物业管理且具备相应资质的企业214家,其中市区物业管理企业160家,各县物业管理企业54家;外地来咸从事物业管理的企业18家。从业7000余人,其中各类专业技术人员1000余人,取得全国物业管理企业经理岗位证书及管理员岗位证书的1500余人,实施规范化物业管理项目2055个,管理面积1200余万平方米,服务人口30余万人,市区物业管理覆盖面80%。全年共归集专项维修资金6087.17万元。累计归集专项维修资金3.37亿元;受理审核拨付维修资金93.06万元,累计审核拨付额217.66万元。缴存物业保修金1432.95万元,累计缴存金额3782.78万元。2012年物业管理工作,加强新建住宅小区前期物业管理的监督,物业管理企业在实施前期物业管理工作中,开发建设单位和物业管理企业按照约定的服务内容、服务标准签订物业服务合同,防止建设单位与物业管理企业相互推诿,损害业主利益。共实施物业招标项目23个,物业服务合同备案23起。指导住宅小区业主委员会的工作,落实业主大会制度,理顺物业管理企业与业主、业主委员会以及街道办事处、社区联动的工作机制。加大住宅小区物业管理收费监管,开展全市物管小区收费专项检查,规范企业的物业服务收费行为,增强物业服务收费透明度,维护业主的合法权益。

国有土地房屋征收 结合全市国有土地房屋征收工作实际,起草《咸阳市国有土地上房屋征收评估机构选定办法》《咸阳市国有土地上房屋征收停产停业损失补偿办法》和《咸阳市国有土地上房屋征收住房保障办法》拟稿(待审定),修订《咸阳市国有土地上房屋征收与补偿暂行办法》拟稿(待审定),进一步规范全市国有土地房屋征收工作。全年实施国有土地房屋征收项目3个,其中市政道路工程征收项目2个,征收面积1.75万平方米,市政工程项目征收工作基本结束。人民东路北侧征收项目,涉及被征收户204户,征收工作进展顺利。规划设计院、市环境监测站项目已完成调查摸底和方案拟订等前期工作。妥善解决拆迁遗留问题,先后对瑞嘉大厦项目1户、清泰街项目3户、明城小区项目2户拆迁遗留问题进行处理。

(马应海)

住房公积金管理

住房公积金归集 2012年,市住房公积金管理中心以推进实现"住有所居"为目标,住房公积金整体工作继续保持着健康、高速发展的态势。市本级及秦都区、渭城区等8个县市区把各类津补贴纳入缴存基数,缴存比例调整为个人5%,单位12%;先后对西咸新区秦汉新城管委会、咸阳海泉湾温泉有限公司、人保秦都支公司等350家单位发送催建催缴公函,依法对咸阳威力克能源有限公司、咸阳四方包装有限责任公司等4个单位实施强制缴存;在《咸阳日报》、住房公积金网站等媒体分3期对缴存较好的120家单位进行公告表彰,对170家停缴、断缴、未建单位进行公告提醒。依法归集强度的不断加大,使《住房公积金管理条例》作为法的严肃性,在咸阳辖区单位干部职工中得到普遍强化,增强缴存意识,推动归集大幅增长。全年新增缴存单位259个,达到4286个;新增缴存职工8835人,达到40.1万人;归集住房公积金15.39亿元,同比增加3.89亿元,增长33.83%,完成市上下达目标任务的153.9%。累计归集59.21亿元,缴存余额42.01亿元,比2011年底增加10.78亿元。

贷款发放 不断调整修订《住房公积金贷款管理办法》,降低贷款门槛,扩展担保方式,简化放贷程序,提高放贷效率,公积金贷款"慢"与"难"的问题已不复存在,赢得广大干部职工的好评;深入市场捕捉项目信息,先后与开发企业及建设单位签订三方合作协议140余份,并确定专人跟进服务,实时掌握合作项目贷款的时间需求,排解贷款过程中的相关障碍,促成贷款尽快发放。先后在秦都区、渭城区、兴平市、彬县等10个县市区实施贷款审批授权,完善相关管理措施,确保授权审批有序实施,贷款发放速度明显加快,发放总量大幅上升。2012年,全市向4702名干部职工发放住房公积金个人贷款8.59亿元,向玉泉苑公租房项目发放贷款4亿元,全年累计发放住房公积金贷款12.59亿元;住房公积金个贷发放同比增加1.09亿元,增长14.53%,完成市上下达年度目标任务的214.75%,累计发放住房公积金个人贷款19.54亿元,个贷余额17.21亿元,个贷率46.5%,同比提高5.13个百分点,比全省平均水平超出4.63个百分点;累计有3.2万余名职工通过住房公积金贷款解决家庭住房困难。

保障房项目建设 2011年9月,市委、市政府先后要求市住房公积金管理中心承担玉泉苑、文苑公寓、幸福家园项目建设任务,使市住房公积金管理中心成为全省唯一参与保障房建设的管理中心。3个项目共占地约64.33公顷,总投资约50亿元。市中心面对缺人手、无资金、少经验等困难,主动出击,攻坚克难,扎实工作,任劳任怨。截至年底,玉泉苑项目已完成投资6亿余元,规划的18栋住宅楼全部封顶,开始室内安装与外粉,配建的4栋商住楼正在基础施工;文苑公寓已完成投资2亿余元,规划的住宅楼桩基工程已全面完成,施工企业已开始基础施工;幸福家园项目市城投公司顺利移交,已进地勘探。

政策宣传 精心组织开展纪念《条例》颁布13周年宣传活动,市县设立咨询点31个,印发彩页30多万份,接受政策咨询40万人次,市委常委、副市长陈俊锋在《咸阳日报》发表署名文章,各县市区政府分管领导发表电视讲话;集中4天对全系统干部职工进行政策业务知识培训,开办缴存单位专管员业务知识培训班7期,培训专管员1300余人次,在省级以上新闻媒体刊发宣传稿件6篇,在市级新闻媒体刊发宣传稿件22篇;32890000服务热线24小时受理干部职工咨询,日接咨询电话50余次;优化咸阳住房公积金网站栏目设置,更新网站内容,增强网站浏览性,日均点击5000余人次,回复网上咨询、投诉50余次,网站被市信息办确定为"市级示范网站"。

资金运作 市住房公积金管理中心制定完善《住房公积金管理运作程序》《内审制度》,加强内部审计,坚持每季度对缴存、录入、提取、贷款等情况进行检查,杜绝骗提骗贷等问题的发生;及时转存到期资金,努力实现增值收益最大化;引入竞争机制,完善《金融委托业务考核办法》,6月,再次组织对全市10家市级银行和35家县级银行金融委托业务的考核,对评为优秀的工行人西支行等5家先进单位,总计调拨1亿元资金增加其存储量;对态度不端正、配合不密切、办事效率低的3家银行进行通报,并督促其限期整改。全年给3.5万余名干部职工提取住房公积金4.22亿元,占当期归集额的28.05%。累计提取住房公积金16.04亿元,提取使用率为60.09%。通过规范资金管理,全年增值收益创历史新高,达4545万元。

咸阳市列入国家利用公积金贷款支持保障性住房建设试点城市 2009年,国家利用住房公积金贷款支持保障性住房建设试点信息发布以来,市住房公积金管理中心坚持不懈地向市政府、省政府、建设部做专题汇报。通过两年多的不懈努力,2012年9月,咸阳市被住建部、财政部等批准列入国家试点城市,并确定玉泉苑、文苑公寓为首批试点项目,批准贷款额度9.5亿元(是全省最多的地市)。试点工作的实施,既可提高住房公积金的使用效率,也为住房公积金服务咸阳经济社会发展提供更大平台。

(向 将)

保障性住房建设和管理

概况 2012年全市新建保障性安居工程住房项目81个,其中13个廉租住房项目,19个经济适用房项目,17个公共租赁住房项目,16个限价商品房项目,16个城市棚户区改造项目,完成投资60.27亿元,新建保障性安居工程住房建筑面积317万平方米、共计41360套,其中廉租住房5627套,建筑面积28万平方米;经济适用房5696套,建筑面积52.43万平方米;公共租赁住房12647套,建筑面积69.49万平方米;限价商品房9284套,建筑面积90.26万平方米;城市棚户区改造房屋面积76.6万平方米、8106户。全市完成新增租赁补贴发放2750户。2012年保障性安居工程建设工作,按照陕西省下达的年度目标任务和工程建设总体要求,落实目标任务,夯实工作责任。2月,在咸阳市城区安居工程项目现场举办全省保障性安居工程集中开工仪式,各县市区以及实际承担建设任务的单位到会参加开工仪式,现场签订《2012年度住房保障工作目标责任书》,层层落实工作责任,加强督促检查,狠抓工作落实,采取每月进行一次检查打分排名,每周通报、每季度将考核结果在《咸阳日报》公示等措施,促进全市续建工程项目的进度,确保部分保障房续建项目主体工程年内竣工,配套设施达到入住条件,实现实物配租。2012年底全市累计竣工各类保障房共计24340套,14071户城镇住房困难家庭已经喜迁新居。建立住房保障工作机制,完善住房保障配套政策。理顺住房保障工作机制,市、县两级政府成立住房保障工作领导小组,落实住房保障工作人员,进一步整理编制城镇居民住房信息数据库,完成城镇居民住房信息平台建设,为配租、配售保障性住房提供技术支持,确保保障性住房分配公平公正。结合实际修订完善咸阳市保障性住房配套相关政策,研究起草《咸阳市城区公共租赁住房保障实施方案》《咸阳市城区限价商品住房销售管理实施方案》拟稿(待审定),为城镇中等偏下收入家庭、新增就业人员

全市保障性住房工作表彰大会 (市住建局 供)

和外来务工人员租赁公共租赁住房、购买限价商品住房提供政策依据。根据陕西省上调城镇居民最低收入标准,印发咸阳市《关于进一步加快城区廉租住房租赁补贴发放工作的通知》,及时调整租赁补贴发放标准。城区低收入家庭人均月收入标准由原来的465元提高到650元,补贴标准由原来的每人每月每平方米4元提高到5.5元。租金补贴申请工作由秦都区、渭城区具体组织实施,确保租赁补贴资金及时发放到位。

(马应海)

建筑业

建筑业管理 2012年,市住建局继续深入开展安全生产年活动。年内,印发《2012年咸阳市建筑行业继续深入扎实开展"安全生产年"活动实施方案》,明确实施阶段和工作要求。并根据省住建厅和市安委会的部署要求,结合全省开展的"打非治违"活动,下发《关于开展2012年建筑施工"安全生产月"活动的通知》,结合市建设工程安全生产形势需要,对原《咸阳市建设工程重大质量安全事故应急救援预案》进行修订,确保市工程建设领域应急救援工作的及时有效开展。做好汛期建筑施工安全生产工作,防范自然灾害引发建筑施工安全生产事故的发生,印发《关于加强汛期建筑施工安全生产工作的通知》,要求加强对深基坑开挖与支护、大型机械设备、脚手架、高大模板支模体系等重点内容和环节的监控,确保各项安全防范措施落实到位。年内,印发《2012年咸阳市建筑安全专项整治工作实施方案》,落实企业安全生产主体责任,及时消除施工现场存在的安全隐患,有效防范和遏制建筑安全生产事故,促进建筑安全生产形势的稳定;针对陕西省和全国发生的重大安全生产事故,召开全市建筑施工安全生产工作会议,印发《关于立即开展全市建筑施工安全生产专项整治工作的紧急通知》《关于进一步加强建筑施工安全工作的通知》《关于进一步加强建筑工地火灾隐患排查整治工作的紧急通知》,加强建筑市场安全监管工作。全年组织开展全市春季、夏季和冬季施工质量安全大检查和以建筑起重机械、保障性住房、火灾隐患等为重点的各类专项检查,累计检查工程800余个,建筑面积1000多万平方米。查出施工安全隐患300余条,对检查发现的存在严重质量安全隐患的5家建设单位、10家施工单位、7家监理单位分别予以通报批评、暂停招投标资格、罚款等处理。通过开展施工质量安全检查,促进建设各方责任主体的质量安全意识,及时发现和消除一批安全隐患,有效保证全市建筑施工质量安全。全年建筑施工质量安全无事故,工程质量验收合格率100%。全年核发建设工程施工许可证96个,办理竣工验收备案54个。创建省优质工程"长安杯"4个,市优质工程"秦阳杯"7个,命名市级文明工地96个,申报省级文明工地27个。完成招投标项目405个,总面积830万平方米,中标总造价150亿元。

墙改和建筑节能 2012年,咸阳市墙改工作以建筑节能监管为中心,加快推进可再生能源建筑应用步伐,加强县市区墙材革新,推进既有建筑节能改造,在绿色建筑、可再生能源建筑应用、既有建筑节能改造和墙材革新等方面取得新的创新和突破。全市新型墙体材料生产量为12.5亿块,全市新增节能建筑面积205万平方米,新增可再生能源建筑应用面积近10万平方米,新增太阳能光伏发电装机容量7.5兆瓦,完成既有建筑节能改造3万平方米,新增农村建筑节能示范353户。累计节煤7.7万吨,节地135.07公顷,减少二氧化碳排放19.3万吨。

建设工程抗震设防 2012年,市住建局全面加强房屋建筑工程抗震设防管理工作,加大工程抗震巡查执法力度,提高新建工程抗震设防质量水平,推进农村抗震民居示范村建设,确保抗震工作稳步发展,做到房屋抗震"大震不倒、中震可修、小震不坏"。建设工程抗震设防专项审查按照由审查人员先进行初审,技术副总工复审,分管领导审核后再签发意见书的程序进行。对不能满足国家抗震设防法规,违反强制性标准和规范,存在抗震质量安全隐患的工程设计,抗震审查一律不予通过。对于结构体系复杂,超限工程或技术上吃不准的项目按省上要求邀请有关专家进行会审,提高抗震设计审查深度,认真查找问题,从源头上保证工程抗震设防质量。全年市区共审查建设项目101项,建筑面积约630万平方米,纠正一般性条文103条,市区建设工程审查覆盖率95%以上,审查合格率100%。同时,对市区断裂带周边珠泉新城项目、紫裕兰庭项目邀请省市知名专家进行论证,确保在建项目避开地震断裂带。完成丽彩集团溪悦城项目、金方圆广场项目、珠泉新城项目、丽彩广场采用人工复合地基方案的评审论证。同时,把提高新建工程抗震设防质量作为抗震工作重中之重,市区建设项目从基础开挖到主体封顶实行设防质量全过程跟踪检查,确保不漏项目,不漏施工节点检查,不留死角。在监督中,对于存在违反国家强制标准,随意降低抗震设防措施,违反施工规范,偷工减料等违法行为,坚决做到该停工的停工,该整改的整改,该处罚的处罚,绝不姑息迁就。特别是重点解决市城投公司建设的旧城改造项目不履行抗震设防审查手续的问题,多次派人现场督办,下发书面意见,从根本上彻底解决设防管理的"盲区",有力保证抗震设防质量安全。全年累计检查在建工程96项,单体工程291个,建筑面积约395万平方米,责令补办设防审查6家,停工整改8家,经济处罚7家,现场及时纠正设防质量隐患38处,设防质量合格率97%,比上年提高2个百分点。

(李　梅)

九冶建设有限公司 是在原中国第九冶金建设公司基础上通过改制重组而成的大型综合性建筑施工总承包企业,注册资本金1.2亿元。公司总部位于陕西省咸阳市咸红路,下辖8个工程公司和3个控股(或参股)单位,在陕西、河南、山东、新疆等4省区9市建有生产生活基地。有员工3200余人,各类专业技术人员1500余人，其中教授级高工13人、高级专业技术人员280余人。年施工工业与民用建筑面积100万平方米，安装调试机电设备2万吨，制作安装钢结构、非标准10万吨，安装工业管道与公用管道15万米。年施工生产能力80亿元以上。公司具有房屋建筑、冶炼、机电安装、市政工程等4项施工总承包一级资质，钢结构制造特级资质，水工金属结构制作与安装、管道工程等9项专业承包一级资质。有一、二类压力容器设计与制造、起重机械安装修理等资格以及境外招标和施工资格。同时具有承包境外工程、劳务输出等6项对外经营合作资格。在非洲马里，亚洲沙特、阿联酋、卡塔尔等国有施工项目。2012年，公司实现签约量56.7亿元，企业总产值42.87亿元，结算收入33.57亿元。

（罗拱北）

陕西建工集团第六建筑工程有限公司 具有一级房屋建筑工程施工总承包资质、一级市政公用工程施工总承包资质、一级建筑装修装饰工程专业承包资质、一级钢结构工程专业承包资质、一级园林古建筑工程专业承包资质、一级地基与基础工程专业承包资质和一级消防设施工程专业承包资质。可承担大型工业与民用建筑、装饰工程、钢结构工程、地基与基础工程、公路工程、防水工程、市政公用工程、水利水电工程、园林古建筑工程、消防工程、土石方工程和建筑幕墙工程等。公司有职工1175人，各类专业技术人员985人，其中，享受国务院特殊津贴专家1人，全国优秀项目经理（建造师）12人，正高级工程师2人，中、高级职称人员279人，国家一、二级建造师251人，造价工程师及造价员80人。2012年，公司完成总产值34.36亿元，承接任务46.6亿元。公司累计获国家优质工程"鲁班奖"4个，国家优质工程银奖3个，全军优质工程奖2个，兰州军区优质工程一等奖2个，陕西省"长安杯"奖27个，西安市"雁塔杯"奖21个，咸阳市"秦阳杯"奖4个，陕建集团"华山杯"奖18个，国家级新技术应用示范工程2个，国家实用新型专利6项，国家发明专利2项，国家级工法3项，国家级QC成果8个，全国建筑施工安全文明工地之最1个，全国AAA级安全文明标准化诚信工地6个，省、市级文明工地171个，省建筑业绿色施工示范工程3项。

（都　晖）

陕西建工集团第十一建筑工程有限公司 是国家房屋建筑工程施工总承包一级企业。同时，具有市政公用工程施工总承包二级、化工石油工程施工总承包二级以及钢结构工程专业承包一级、地基与基础工程专业承包一级、园林古建筑专业承包一级、建筑装饰装修专业承包一级、机电设备安装工程专业承包一级等资质。2012年，公司建成"长安杯"工程1项，建成"雁塔杯"、"华山杯"、"秦阳杯"各1项，获得省级文明工地12个、市级文明工地14个。在抓好生产经营工作的同时，公司高度重视企业科技创新，2012年获省级新技术示范工程2项，省级优质结构工程5项，市级结构示范工程3项。QC技术获国家级二等奖6项，省级一等奖6项。编制省级工法5项，其中4项被推荐申报2013年国家级工法，并取得专利6项。

（魏　伟）

咸阳市建筑安装工程总公司 2012年，市建筑安装工程总公司承接经营任务19.8亿元，完成生产总值9.5亿元，交竣工项目35个，工程合格率100%，现场达标率85%，合同履约率100%，创省级文明工地2个，市级文明工地9个，获1项全国QC成果一等奖，4项省级QC成果一等奖，3项省级"结构示范工程"，7项市级"结构示范工程"。无重大安全事故。总公司被评为"守合同重信用"企业，"中国建筑业最具成长性百强企业"，"陕西省建筑业50强企业"等。赵拓获陕西省优秀企业家、陕西省优秀建造师、陕西省保障性安居工程建设劳动竞赛优秀建设者称号，惠引弟获陕西省优秀总工程师称号，杨海龙获全国住房城乡建设系统劳动模范称号。

适应市场　加大经营工作力度　充分发挥各分公司在经营工作中的主力军作用。年初通过对各分公司人员状况及上一年经营情况的分析，对分公司经营承包方案进行修改，并签订目标责任书，明确分公司的目标、职责、权利与义务，确保全年经营工作顺利开展。适应市场变化，积极寻求适合市场的经营策略。经营系统定期召开经营工作会议，分析市场形势，讨论存在问题，及时拿出应对方案，并提出工作要求及目标。各分公司每月编制《工程情况报表》，每月底统计总公司承接任务情况，编制动态报表，及时分发到有关领导及相关部室，提供第一手资料配合相关部室工作。对各分公司开具的介绍信、预留信息进行登记，及时上传网站，方便查询。定期到规划局、检察院办理投标企业廉洁准入卡。经过经营系统全体人员的不懈努力，全年承接经营任务19.8亿元。

提升质量安全意识　加强施工现场管理　①加强技术、质量管理工作。落实强制性准则，促进工程质量进一步提高。在质量管理方面，以创建文明工地为突破口，坚持"以人为本，以质量为核心，以科技为动力"的原则，统筹计划，分步实施，树立典型，以点带面，稳步推进工程质量提高。组织公司全体员工进行职业健康安全管理体系标准的培训，并抓好体系运行的落实工作。公司通过每月召开生产会，经常性不定期检查，召开现场会，创优质工程，创文明工地等，促使工程质量不断提高。抓科技创新工作。结合企业自身的优势和特点，开展技术创新，争创优质工程，取得显著成果，获得QC小组活动4项一等奖，其中1项获得全国工程建设QC小组活动成果发布一等奖。同时取得3个省级结构示范工程，7个市级结构示范工程。②抓生产安全管理和服务工作。总公司在安全生产管理方面紧紧围绕"2012安全生产年"活动主题，全面开展安全生产管理工作。公司对新开工的项目都在现场进行一级安全教育，普及安全工作的常识，增强安全意识，明确各级各部门的安全责任。全年进行专项检查、定期检查、综合检查、节假日和季节检查12次，不定期巡查200多次，发现隐患、不合格项130项，复查整

改合格率95%。对2台不合格塔吊,6部不合格施工电梯立即停用整顿,全年对30个新开工工程进行公司级的一级安全教育。对52名一线技术人员、安全管理人员进行安全检查新规范的宣讲,并对基层41名青年干部就“新材料、新工艺、绿色施工”进行授课。

(刘怀毓)

城镇化建设

村镇建设 2012年,市住建局推进县域城镇化进程。按照市政府加快城镇化建设的统一部署,督促指导各县市区围绕年度目标任务,按照总体规划要求,加大基础设施建设投入,注重硬件建设,城镇面貌有了明显变化,综合服务功能进一步增强。各县市在建设资金有限的情况下,以道路改造提升、排水、绿化、亮化、广场建设、旧城改造、垃圾处理场建设为重点,11个县市共修建县城道路21千米,人均道路面积由2011年的12.96平方米提高到13.35平方米,人均提高0.39平方米,达到县城建设标准要求(人均13平方米);建成区绿地面积增加238公顷,建成区绿地率由2011年的16.54%提高到18.48%,增加1.94个百分点;公园绿地面积685公顷,新增9公顷;用水普及率由89.96%提高到91.32%,提高1.36个百分点。完成固定资产投资285168万元,城镇服务功能进一步完善。村庄道路建设进一步推进,全市共修建村庄内部道路842千米,完成总投资25260万元。积极争取省级项目86个,争取省补资金385万元。垃圾处理场建设力度进一步加快,淳化县、三原县、永寿县、长武县、泾阳县、彬县、旬邑县、武功县、兴平市、礼泉县、乾县等11县市的生活垃圾处理场已经全面建成并投入运营,三原县、泾阳县、永寿县等3县通过省住建厅组织的等级评定,达到Ⅱ级以上垃圾处理场标准。县城生活垃圾无害化处理率68.4%,超出年度目标任务3.4个百分点,超额完成年度目标任务,农村人居环境进一步改善。

省级重点示范镇建设 2012年,咸阳市省级重点示范镇建设全面推进。长武县、彬县、礼泉县等县一批市政基础设施和公用服务设施项目相继建成,新区建设形象初步显现。兴平市西吴街道办、礼泉县烟霞镇、彬县新民镇、长武县亭口镇四个省级重点示范镇计划建设96个项目,总投资161943万元。其中新区市政基础、公用设施项目72个,投资76886万元,新区住房项目12个,计划投资74910万元,建成区提升改造项目12个,计划投资10146.6万元。截至年底,已完工80个,正在建设14个,1个取消,停工1个,完成投资151450万元,占总投资的93.52%。长武县亭口镇计划投资51418万元,完成投资53260万元,为年度投资的103.58%,25个项目全部完工。彬县新民镇计划投资34550万元,完成投资35760万元,为年度投资的103.5%,34个项目全部完工。礼泉县烟霞镇计划投资32707.6万元,完成投资32856万元,为年度投资的100.45%,25个项目21个完工,4个正在加紧建设。兴平市西吴办计划投资43267万元,完成投资29574万元,占年度投资的68.35%,29个项目正在建设。

市级示范镇建设 2012年,市住建局稳步推进市级示范镇建设,太村镇、润镇、临平镇、北极镇、云阳镇、渭城街道办、武功镇道路排水、绿化亮化、建成区提升改造效果明显,镇容镇貌有了明显变化,城镇辐射带动能力明显增强。10个镇全年的目标任务是每个镇完成投资额不少于3000万元,完成总投资30000万元。10个镇计划建设94个项目,其中新区市政基础、公用设施项目65个,新区住房项目9个,建成区提升改造项目20个。全年10个镇已完成投资92230万元,超额完成全年任务。

农村危房改造 2012年,市住建局扎实推进农村危房改造工作。年初,市住建局在认真调研的基础上,与市发改委、市财政局联合制订《咸阳市2012年农村危房改造工作实施方案》,明确农村危房改造工作的原则、程序和要求,保证农村危房改造工作有序进行。年内,向省政府争取农村危房改造指标10750户(其中建筑节能示范1650户),争取中省补助资金10517.5万元。中省补助资金全部下拨各县,危房改造竣工10920户,建筑节能示范竣工1650户,竣工率为102%,完成总投资77482万元。2012年11月6日,参加全国农村危房改造工作检查协调会的全体成员,对乾县阳洪镇上旦村集中改造的37户进行观摩,建设部及全国检查组成员给予一致好评。农村危房改造项目实施四年来,全市共完成30251户的危房改造任务,争取中省补助资金26012.89万元。较好解决农村残疾人家庭、五保户、低保户、困难户等家庭的住房问题,减轻困难群众建房经济负担,农村困难群众的基本住房和安全得到保障。

(李　梅)

开 发 区 建 设

高新技术产业开发区

概况 2012年,高新区管委会以申报升级国家高新区为目标,以招商引资和园区建设为重点,狠抓各项工作的落实,全年各项工作进展顺利。7月12日,中共中央政治局委员、国务委员刘延东到高新区视察,并发表重要讲话。8月19日,国务院正式批准升级为国家高新区。9月27日,在省科技统筹中心举行授牌仪式,全国政协副主席、科技部部长万钢授牌。全年实现生产总值41亿元,增长35.9%;工业总产值114亿元,增长29.1%;规模以上企业工业总产值107亿元,增长31.8%;工业增加值32亿元,增长31.3%;出口总额1.2亿美元,增长9.6%;地方财政一般预算收入8963万元,增长40.7%。

咸阳高新技术产业园区升级为国家高新技术产业开发区 2010年9月1日,咸阳高新区启动申报升级国家高新区工作,成立申报升级国家高新区专项工作组,落实人员、职责、任务和计划。11月11日,高新区管委会向市政府上报《关于申报国家高新技术产业开发区的请示》。11月30日,邀请科技部高新司耿战修巡视员来高新区调研指导。12月23日,邀请省科技厅副厅长邱义路来高新区调研指导。12月,还专门委托具有丰富申报升级工作经验的北京长城战略研究所专门策划包装申报升级材料。申报升级国家高新区工作启动后,得到市委、市政府高度重视,将申报工作纳入到市政府重要工作日程。2011年1月10日,市政府成立申报升级国家高新区工作领导小组。1月13日,市政府向省科技厅进行申报升级专题汇报。2月17日,召开市申报工作领导小组第一次会议,分解落实各成员单位的申报工作任务。2月24日,市政府向省政府上报《关于将咸阳高新技术产业开发区申报升级为国家级高新技术产业开发区的请示》。2011年5月4日,省政府向国务院上报《关于咸阳高新技术产业园区升级为国家级高新技术产业开发区的请示》。5月23日,邀请省科技厅厅长奚正平来高新区调研指导。7月6日,市上领导向朱静芝副省长专题汇报,积极寻求省政府的支持。其后,高新区多次前往北京,与科技部高新司、火炬中心进行对接、汇报,积极争取。9月15日,在曹健林副部长来宝鸡参加第九届国家高新区管委会主任联席会之际,市上主要领导和省科技厅领导班子,专程在西安就咸阳高新区申报升级工作进行专门汇报。2012年2月21日,科技部火炬中心专家组一行6人来咸阳,对高新区实地调研考察。专家组一致认为咸阳高新区区位优势特殊,科教资源丰富,文化底蕴深厚,主导产业特色鲜明,办区宗旨明确,创新能力较大提升,具备升级申报条件。3月29日,市政府及高新区主要领导前往科技部,向副部长曹健林专题汇报。随后,市政府及高新区领导多次前往西安、北京,紧密联系省科技厅、省发展改革委、省国土资源厅、省住房与建设厅,科技部、国家发展改革委、国土资源部等部门,全力做好各部委审查工作。8月19日,国务院下发《关于同意咸阳高新技术产业园区升级为国家高新技术产业开发区的批复》,咸阳高新区升级为国家高新区。9月27日,在省科技资源统筹中心举行国家高新区授牌仪式暨建设动员大会,全国政协副主席、科技部部长万钢授牌,市委书记千军昌、市长姜锋接牌,省长赵正永出席授牌仪式。

招商引资 围绕电子信息、高端橡胶、生物医药、航空制造等四大产业,不断破解招商瓶颈,精选项目,主动出击,大力引进符合产业定位的大项目、高新技术项目,全年共合同引进工业项目7个,引进资金29.58亿元,其中,10亿元以上项目1个(无锡虹彩),5亿元~10亿元项目2个(康惠制药、海天制药);引进地产项目1个(力高城市综合体),总投资82亿元。正在重点跟踪项目有2个(省石化院、中航西控),涉及资金约52亿元。

项目建设 全年共安排工业建设项目15个,总投资39.8亿元。各个项目进展顺利,共完成到位资金22.3亿元。其中,重点项目多晶硅已建成9个单体工程,部分设备和人员已到位,并开始试生产;步长制药三期办公楼和厂房已封顶;西橡院项目已开工建设;凯迪橡胶已完成征地,正在圈墙;过唐污水处理厂主体工程已基本建成。

基础设施建设 全年共安排基础设施建设重点项目7个,总投资5.84亿元。星火大道、星光大道2个项目开工建设,到年底已完成主干道建设,油面已铺;创业东路、永昌路西延段2个项目完成招投标等前期工作,正在协调拆迁;汉仓路北段、高科三路2个项目已完成立项、勘察定点等工作;两寺渡公园正式开工建设,完成部分绿化,正在开挖人工湖。还完成柳仓街收尾工程、渭滨中学门前道路改造和市上建设的劳动路征迁等工作。

融资工作 高科公司在市政府的支持下,市财政出资1亿元,将注册资本由0.5亿元提高到2亿元,并扩大经营范围,更好地为高新区开发建设融资奠定良好的基础。启动以高科公司为融资平台的高新区企业债券发行工作,完成方案初稿,资产包装,并确定广发证券公司为主承销商,发行10亿元企业债券。与市土地储备中心合作,启动土地的收储开发工作。

(赵社卫)

北塬新城

概况 北塬新城位于咸阳主城区北部、西咸新区西北部,东接空港新城,南邻秦汉新城,规划范围为:西起西咸北环线,东至福银高速,北至秦都区马庄镇北,南至五陵原以北(五陵原旅游路—咸平路—双韩路)。规划范围内共涉及4个县(市)区的6个镇(街办)、57个行政村,涵盖秦都区马庄镇全域共21个村、双照街办21个村,渭城区周陵街办1个村;礼泉县骏马镇6个村;兴平市店张街办5个村,南位镇3个村。规划范围内现状人口约9.8万人,总面积130平方千米,其中规划建设用地81.6平方千米,占规划总面积的62.7%。北塬新城地处二级台塬,生态环境较好,地势平坦,土地资源集中,利用条件较好,开发前景广阔。

开发建设的目标任务 ①战略定位。围绕省市共建大西安的战略部署,按照“一年成势、五年成形、十年成城”的总体目标和“规划引领、基础先行、生态优先、产业造城”的发展思路,通过政府主导、市场运作的开发模式,将北塬新城打造成西咸国际化大都市的核心区,西咸一体化的先行区,西部承接产业转移的创新区,高新技术、新兴制造业的集聚区,西部现代物流业的基地,历史文化旅游产业的高地和现代都市农业的先行示范区。②功能布局。秉承建设生态化、现代化新城的理念,将北塬新城布局为“一核三轴六组团”。一核:即新城综合服务核心;三轴:即以兴塬路为横向功能联系轴、以平福大道和行政服务中轴形成的一实一虚两条纵向轴线;六组团:即一个综合服务组团、一个生活功能组团、四个产业功能组团。③产业定位。按照与西咸新区各新城“协同、错位、互补、融合”的思路,确定北塬新城的产业定位是:做强临空产业和高新技术产业,做优现代服务业,做大现代物流业,做精文化旅游业。产业目标:建成以临空产业和高新技术产业为龙头产业的高端制造业基地,以行政服务和商务金融为重点的现代服务业基地,以仓储物流产业为重点的现代物流业基地,以秦汉文化为特色的文化产业聚集区。④发展步骤和目标。按照“统一规划、分步推进、联动开发、统筹发展”的思路,北塬新城的发展目标分为近期、中期和远期三个阶段:第一阶段(2012年~2015年),快速启动,重点突破。区域综合实力有所增强,城市路网框架基本形成,起步区和重点功能区开发初具规模,公共设施配套,辐射带动力初步显现,区域居住人口达到15万人以上。第二阶段(2016年~2020年),全面推进,形成框架。区域综合实力大幅提升,主导产业基本形成,辐射带动力强劲,城市功能趋于完善,区域居住人口达到30万人以上。第三阶段(2021年~2030年),优化提升,持续发展。生态田园新城基本建成,形成发达的现代工业、服务业和现代都市农业相互融合、互为补充的现代产业体系,优美城市与生态环境相互依存、和谐共生的互动发展格局,区域居住人口达到60万人以上。

北塬新城管委会组建 2012年11月,北塬新城开发建设管理委员会组建,按照市委、市政府的部署和要求,自加压力,主动作为,抓住规划编制、宣传推介、前期调研、项目谋划、规范管理等,快速推进各项工作。明确管委会班子分工,抽调充实人员力量,筹建内设机构。借鉴西咸新区五个新城和铁岭新城的做法,结合北塬新城的实际,明确“政府主导、市场运作、团队支持”的开发模式,制定各项运作和管理制度,做到有机构、有人员、有制度,工作有序开展。自2012年5月起,分别启动《北塬新城总体规划》《北塬新城产业发展规划》《北塬新城起步区修建性详细规划》的编制和评审报批工作。

搭建投融资和城市建设运营平台 按照市长办公会议纪要精神,注册成立北塬新城发展集团有限公司,与省开发行、建行咸阳分行、长安银行咸阳分行等金融机构和北京首创财富等投资机构接触洽谈,达成合作意向。多次与铁岭财京投资有限公司、河北卓达集团等投资建设公司接洽,寻找战略合作伙伴。广泛招引储备项目。制定投资优惠政策,与浙江新湖集团、重庆同元集团、中电电气、亚欧物流、星王集团等多家知名企业接触洽谈,达成合作意向,谋划一批基础设施、公共服务和民生保障项目,做好项目储备。规范项目管理。落实市政府《关于规范北塬新城规划范围内建设项目管理的通知》精神,会同市监察、发改、住建、国土资源等部门,加强督促检查,规范北塬新城规划范围内的招商引资、项目规划、建设和用地审批管理等工作,进一步加强现状控制。

(朱海峰)

咸阳新兴纺织工业园

概况 2012年,新兴纺织工业园管委会以工程建设为重点,全面开展基础设施建设、标准厂房建设、招商引资和融资等工作。园区遵循开放式、市场化运作理念,扩大产学研合作创新力度,与行业协会和高等院所等大型科研机构签订战略合作协议,同时聘请多名国内知名专家学者参与纺织工业园建设;建立健全市场化管理机制,在不增加编制情况下与市规划局等部门联合成立分局,是政府机构在园区建设方面探索的新模式,形成的新合力。园区建设得到省市领导的关注,建设成果受到国内纺织产业相关部委高度重视。4月,国家工信委、中国纺织工业联合会授予园区全国承接纺织产业转移示范园区;5月,世界经济贸易联合促进会授予园区“最具投资价值优胜奖”称号;10月,国家工信委、中国纺织工业联合会授予园区“中国纺织产业集群示范基地”称号；12月，陕西服装工程学院、陕西国际商贸学院、陕西工业职业技术学院授予园区“实习与就业基地”称号，获2012年度中国纺织服装行业“十大产业园区”称号。

园区建设 2012年，园区启动建设项目19个（总投资额40.95亿元），完成固定资产投资15.2亿元；完成土地征迁223.87公顷；标准厂房等4个重点项目全面开工建设；招商引资正式签订入园合同2个；融资到位资金18.5亿元；供热中心等项目BOT吸引社会资本8.8亿元。①土地征迁。采取各种办法，在确保稳妥的前提下全力加快征地拆迁工作。②规划设计制定。经不断督促协调，将规划设计周期缩短到一半时间以内，方案设计在注重新材料应用、新环保技术使用、新工艺采用等理念应用中，进一步加强设计科学性、先进性，既完善产业链布局，又提升产业承载能力，为建设施工提供设计保障。完成总体设计规划16个，单体设计40多个。③核心启动区路网建设。园区所有路网建设采用BT方式，很好解决建设资金问题。2012年，按照园区总体规划，启动“两纵一横”（纺织三路、纺织四路、胭脂路）主干道路网建设，已全面建成通车，支线道路正在积极准备施工。同时，完成主排污管道铺设2000米，基本保证园区开发和企业入园需要。④综合配套设施建设。总投资约8000万元的110千伏变电站经与电力部门协商，采取管委会直接投资建设的方式，有效缩短建设周期（原计划3年），降低运行成本（可节约0.035元/千瓦时），已完成总体设计及接入方案等技术准备工作；总投资3.8亿元的供热中心以BOT方式由陕煤集团进行建设，采取先进的水煤浆技术，节能环保无污染，已开工建设（一期供热186吨/时）；总投资约3000万元的供水中心11月开工建设（日供水1万吨）；总投资1亿元的污水处理厂（一期）采取BOT方式由咸阳金芙蓉环保科技有限公司进行建设，已开工建设（一期日处理污水4万吨）；总投资5400万元集行政服务、工程技术研发、质量检测、信息管理等一体的综合服务中心正在进行主体三层封顶；花园小区27栋楼均正在进行基础施工；公租房小区15号、16号楼正在进行基础施工。⑤招商引资。按照“点对点招商、一对一接洽、顾问式招商”的工作思路，通过与中国纺织工业协会、中国纺织工业联合会等多个协会组织搭建信息沟通平台，积极参与浙商商会、闽商商会等商会组织的专题招商会。投资8.26亿元的汉普顿服装生产和正南服装两个项目已开工建设；西安科技大学功能性矿用柔模材料产研基地、陕西省纺织品研究所、深圳“阔太”、雅尔艾服装等项目已签订入园框架协议。全年完成招商引资到位资金5亿元。

企业搬迁 按照“整合资源、产业升级、股权多元”的发展战略，纺织企业改造升级、搬迁入园工作已实现总投资20.58亿元。①集团组建。2012年，为纺织企业改制改革寻求突破，以西北一棉、西北二棉、陕棉八厂为基础组建成立咸阳市纺织集团有限责任公司。确定首期形成环锭纺29.52万锭，转杯纺2064头，喷气织机1546台的生产能力，设备总投资13.58亿元。12月19日、28日分别完成国际设备、国产设备的招标工作。同时积极制定纺织集团的发展战略和组织构架，为纺织企业搬迁及入园后长远发展打下坚实基础。②标准化厂房超常规建设。采取倒排工期，领导分抓等措施，全力加快企业标准化厂房建设。1号标准化厂房12月31日主体结构封顶，超出计划工时226天，已完成总工程量的60%。2号和3号标准化厂房均已完成主体结构50%工程量。③融资工作助力搬迁改造。2012年，与市城投公司形成战略联盟，采用多平台、多渠道、多品种的方式进行融资，确保纺织企业搬迁改造和园区初期建设的资金需求。积极与国家开发银行、交通银行、中国银行等金融机构创新合作，采取信贷、企业债券、信托资金、中期票据、金融租赁等方式，已到位资金18.5亿元。

企业重组 以企业重组为中心，以企业改革、职工安置为重点，制订西北二棉政策性破产、职工安置一揽子方案，确保企业重组稳步有序进行。①实施西北二棉政策性破产。11月30日，咸阳市中级人民法院宣告西北二棉集团公司破产，政策性破产工作进展顺利。选择自谋职业1279人，12月20日已全部离厂；提前退休1780人。②制订企业职工安置方案。2012年，制订包括3户重点入园企业在内的16户纺织企业职工安置方案。通过纺织企业搬迁入园、开发公益性岗位等方式妥善安置纺织企业职工。特别是积极争取到省市1.5亿元解决纺织企业职工养老统筹等问题，争取到省上纺织职工提前5年退休的安置政策，为多渠道、多方式、多岗位实现全面妥善安置职工的目标奠定基础。

（刘　旭）

咸阳年鉴

政　治

XIANYANG YEARBOOK

（侯晓钟　摄）

中共咸阳市委

概 述

概况 2012年,市委把中央和省委的方针政策与咸阳实际相结合,团结带领广大党员干部群众,围绕主题主线,突出工作重点,开拓创新,真抓实干,推动全市经济社会保持又好又快发展的喜人态势,实现建设现代新都市、和谐新咸阳的良好开局。全年完成生产总值1616.21亿元、增长14%,地方公共财政预算收入完成69.2亿元、同口径增长30.6%。

完善富民强市的发展思路 开年之初,根据市第六次党代会的总体部署,深入贯彻中央经济工作会议和省委十一届八次全会精神,明确提出把调结构、促开放、惠民生、保稳定有机结合起来,努力实现稳中求进、好中求快、又好又快发展。省第十二次党代会之后,按照"三强一富一美"的要求,积极开展调研,制定出台相关发展规划,分产业、分县区、逐园区明确工作思路和重点,使省党代会精神进一步具体化、咸阳化。省委、省政府作出省市共建大西安的战略部署后,认真研究制定咸阳市贯彻落实意见,引导全市上下围绕"共建"目标,主动参与、主动服务、主动配合,努力在建设大西安进程中彰显新作为。十八大之后,组织开展各种形式的宣传报道、学习培训、理论研讨等活动,围绕经济社会发展的全局性问题,扎实开展调查研究,科学谋划未来发展。

经济发展保持稳中有进 产业结构调整取得实效。坚持统筹兼顾、协调协同,推动三产联动发展、融合贯通,不断增强转方式、调结构的实效性。工业主导地位进一步巩固,规模工业实现总产值2234.5亿元、增长14.5%。农业基础更加牢靠,粮食生产实现"九连丰",农业生产总值480亿元、增长6.5%。现代服务业特色凸显,全年实现社会消费品零售额398.48亿元、增长16.5%。项目建设成效明显。坚持内引外联与向上争取相结合,积极推行"五个一"工作机制,招商引资和项目建设有新进展,全社会固定资产投资完成1616.47亿元、增长28%。板块经济增势强劲。突出板块的引领、带动和集聚作用,分类指导,强力推进,努力打造咸阳发展新优势。全力支持配合西咸新区建设,加快建设新兴纺织工业园。高新区成功升级为国家级开发区,彬长旬能化基地建设扎实推进,北塬新城建设有序推进。

城乡一体发展格局初步形成 提高现代农业发展水平。积极构建集生产、加工、流通、储藏为一体的现代农业经营体系,新建成省市现代农业示范园区32个,新增市级重点龙头企业25家、农民专业合作社400家。推进县域工业化进程。坚持"一县一策",积极引导各县市区以工业园区为载体引进项目、促进产业集聚,不断增强县域工业发展水平,全市26个县域工业集中区实现产值1544亿元,县域经济平均规模92.7亿元。加快城镇化步伐。牢固树立规划立市和"全域咸阳"理念,积极构建城乡一体化发展的平台。中心城市围绕加快构建"三城两带"的空间结构,扎实推进各项重点城建项目。抢抓县城标准化和重点示范镇建设机遇,不断加快4个省级和10个市级重点示范镇建设。

群众生活水平提升 全力增加群众收入。全面落实财政支持、小额贷款、税费减免等创业扶持政策,出台《进一步扩大就业的十条意见》,推动各个群体充分就业。全市城镇新增就业6.3万人,新增农村劳动力转移就业24.1万人,城镇居民人均可支配收入25758元、增长15.9%。农民人均纯收入7464元、增长16.6%。深入推进扶贫开发。制定下发《关于加强扶贫开发工作的意见》,加快推进北部五个贫困县和旱腰带地区扶贫开发工作。"三告别"工程六年任务三年完成的目标顺利实现。不断强化社会保障。逐步健全统筹城乡的社会保障体系,全市13个县市区全部纳入城乡居民社会养老保险国家级试点范围,参保209.07万人。加快保障性住房建设,新开工保障性住房项目81个41360套(户),累计竣工2.43万套,14071户城镇住房困难家庭喜迁新居。

实施文化兴咸战略 精神文明建设卓有成效。弘扬"阳光、重诺、尚礼、乐善"的咸阳时代精神,使之成为全市人民的价值追求和自觉行动。深度挖掘宣传呼秀珍和她的"雷锋家庭"先进事迹,深入开展"第三届感动咸阳道德模范"、"咸阳市十大杰出青年卫士"评选活动,积聚学先进、尚品德、讲奉献的正能量。文化事业蓬勃发展。高标准承办全国赛艇锦标赛、成功举办第三届咸阳湖赏花节等活动,为广大群众提供丰盛的文化大餐。争取中、省文化专项资金6200万元立项建设市群艺馆,完成两个文化中心、30个文化活动室和240套村级文化活动室的器材配送任务。文化产业发展有新突破。精心筹备参与第六届中国西部文化产业博览会,集中展示咸阳市文化产业发展的特色和优势。开展招商洽谈活动,签订文化产业合作意向金额5亿元。

生态文明建设 生态环境保护水平不断提高。扎实推进“多城同创”,大力实施“三万”工程,开展“绿色家园”、“整洁农家”等创建活动,国家卫生城市创建成果得到巩固和提升,园林城市和环保模范城市创建分别通过省级预评估和省级初审,全年完成营造林3.33万公顷,建设绿色家园生态示范村108个。节能减排稳步推进。进一步加强节能减排工作,39户重点用能企业月均能源削减20%。全市二氧化硫、化学需氧量、氨氮和氮氧化物较上年分别削减3.1%、1.6%、0.5%和2.1%。环境综合治理成效明显。大力开展“整治违法排污企业、保障群众健康”环保专项行动,查处违法企业41家。扎实做好渭河、泾河、沣河综合整治工作,渭河咸阳段呈现出堤固、水清、岸绿的新景象。

加强和创新社会管理 加大综治维稳力度。深入开展“打黑除恶”、“收刀缉枪治爆”和“四打击、三整治、三防范”专项行动,坚决扫除“黄、赌、毒”等丑恶现象。全年共破获各类刑事案件4000余起,打掉恶势力团伙15个,群众对社会治安的满意度不断提升。高度重视信访工作。坚持领导干部带头开门接访、带案下访、包案息访制度,深入开展社会矛盾“大排查、大调处、大防范”活动,全市各级领导干部共接待上访群众5.2万人次,化解各类信访案件1.16万件。着力加强社会管理。以“平安建设”十大工程为载体,不断完善特殊人群服务政策,加强对社会人、社会组织、特殊行业的管理,深入开展安全生产专项整治活动,社会管理的前瞻性和实效性不断增强。

党的建设 加大干部教育培训力度。制定出台《关于进一步加强和改进干部教育培训工作的意见》,举办多种专题培训班,选派1000多名干部赴外地、到部门、下基层挂职锻炼,干部整体素质进一步提升。加强领导班子和干部队伍建设。进一步巩固双推双考、双推荐一面试、大评委制等干部选任方式成果,制定《咸阳市“2+2”模式竞争性选拔干部暂行办法》,深入推进“四考”竞争性选任模式和“三百工程”,实现竞争性选拔干部工作的科学化和常态化。加强党的基层组织建设。以创先争优活动为统揽,进一步深化农村升级晋档、科学发展和城市“文明社区、和谐家园”创建活动,圆满完成村“两委会”换届工作。扎实开展“三查三进三解”主题教育实践活动。全市3.8万名机关干部帮助群众解决问题5200多个,调处矛盾纠纷740多件,提供帮扶资金892万元,办实事好事830多件。深入推进党风廉政建设。扎实推进反腐倡廉制度创新,认真查处发生在群众身边的腐败问题,深入开展专项治理,有效预防重点领域和关键部位不廉洁问题的发生。全年共立案915件、结案717件,党纪政纪处分967人。

(刘国阵)

组织工作

概况 2012年,全市各级组织部门坚持“贴近中心、找准位置,突出重点、创先争优”的工作思路,围绕迎接党的十八大和学习贯彻十八大精神,以深入开展“创争出”(全市创优秀、全省争先进、全国出经验)活动为抓手,推进改革创新,狠抓工作落实,组织工作科学化水平进一步提高,为实现建设现代新都市、和谐新咸阳良好开局提供坚强组织保证。

领导班子和干部队伍建设 完成县市区人大、政府、政协换届选举工作,党委提名人选均以全票或高票当选。组织完成市民革、市民盟、市民进、市工商联、市侨联、团市委换届有关工作。以制度建设为抓手,加强换届后领导班子思想政治建设,健全完善市县党委议事决策、分工负责、工作协调、内部监督、自身建设等五方面的制度,推进领导班子运行规范化、决策民主化,在全省市县党委领导班子内部制度建设部署推进会上介绍经验。召开全市干部监督工作会议,制定出台《关于深入整治用人上不正之风进一步提高选人用人公信度的若干意见》《关于进一步加强市级部门(单位)干部选拔任用工作的意见》,开展集中督查和专项检查,着力规范干部选拔任用工作,选人用人公信度不断提高。在2012年全国、全省组织工作满意度民意调查中,咸阳市四项指标在全省综合排名均位列第一。

干部人事制度改革 推行干部德的反向测评,进一步树立德才兼备、以德为先的用人导向。采取公推公选方式竞争性选拔市级部门总工程师4名、国有企业监事会主席3名,县市区竞争性选拔干部100余名,咸阳市“2+2”(考核、考评加考试、考察)竞争性选拔干部模式被中组部《组织工作改革创新案例》选录,竞争性选拔干部工作逐步走向科学化、常态化。深入推进“三百工程”(百名基层优秀干部进机关、百名机关年轻干部下基层、百名优秀后备干部多岗锻炼),对18名挂职担任县市区和市级综合部门副职的年轻干部进行期满考核任用,构建来自基层一线党政领导干部培养选拔链。启动实施以“从党政机关和事业单位遴选50名、市属国有企业遴选50名优秀年轻干部进行为期5年跟踪培养”为主要内容的后备人才跟踪培养“555”工程,采取竞争性方式选拔,实行综合培养、动态管理,产生较大反响。

干部教育培训 依托咸阳大讲堂、全市领导干部党的十八大精神和构建现代产业体系推进经济社会发展培训班等,培训县级以上干部3000多人次。开展千名干部异地异岗挂职,选派85名优秀年轻干部赴发达地区挂职学习、60名县市区和市直部门新任科级干部交叉挂职、1154名县市区机关干部到基层和重点工作一线挂职培养。实施基层干部“科学发展主题培训行动计划”,组织开展观摩验收,将基层干部培训向纵深推进、向行业拓展,培训各类干部34.5万人次。完善干部培训学时学分亮牌管理制度,健全激励约束机制,培训质量和效果进一步提高。咸阳市干部教育培训工作在全省组织部长会议上交流经验,《当代陕西》进行专题报道。

基层党组织建设 以开展基层组织建设年为契机,推动基层党组织普遍晋位升级。制定出台意见,调整考核指标体系和分值,深化村级党组织“升级晋档、科学发展”活动,全市创建示范村197个。制定《关于在全市城市社区深化“文明社区、和谐家园”活动做好“评星定级、晋位提档”工作的实施方案》,狠抓队伍建设、设施改善和经费保障,全市163个城市社区基本实现“三有一化”(有人管事、有钱办事、有场所议事,构建城市基层区域化党建工作格局)目标。开展集中组建活动,采取单独建、联合建、挂靠建、统筹建等方式,新组建“两新”组织党组织95个,组建率45%。做好村“两委”换届收尾工作,集中解决一批多年未换届的难点村问题,村级党组织换届100%。积极探索党代表作用发挥的途径和办法,健全大学生村官培养、管理、使用机制,中组部“基层一线党代会代表发挥作用问题研究”课题成果经验交流暨研讨会、全省大学生村官工作会议在咸阳召开。

人才队伍建设 调整充实市委人才工作领导小组,建立领导小组例会暨季度汇报制度,落实任务责任,规范运行机制,党管人才格局不断完善。评选表彰市有突出贡献专家65名,咸阳市科研人员首次入选“西部之光”访问学者。深入实施“双培双带”、“校地合作”等项目,加大基层实用人才培养力度,开展“百名专家基层行”活动,组织相关专家深入一线服务指导,促进人才作用发挥。完善落实津贴发放、考察疗养、定期慰问等制度,广泛开展科学人才观学习宣传活动,进一步营造尊重知识、尊重人才、尊重劳动、尊重创造的良好社会氛围。

年度目标责任考核 修订《咸阳市年度目标责任考核实施办法》,制定《关于强化招商引资和重大项目建设工作考核的意见》,不断完善考核评价办法、指标体系和制度机制,考核工作科学化水平进一步提高。坚持对省考指标实行月报告、季分析制度,总结分析主要经济指标运行和重大项目建设情况,对落后指标及时提示预警。完善市级领导包抓县市区工作机制,开展半年集中检查和重点工作督查,定期召开推进会,有力促进各项任务落实。咸阳市在全省目标责任考核中连续第六次获得优秀等次。

(田宝平)

宣传工作

概况 2012年,市委宣传部坚持理论武装,注重舆论引导,深化文明创建,加强道德建设,大力实施“文化兴咸”战略,扎实推进各项工作,为建设现代新都市、和谐新咸阳提供有力的思想保证、精神动力和舆论支持。

弘扬咸阳时代精神 树立文明新风 围绕推进社会主义核心价值体系建设,弘扬“阳光、重诺、尚礼、乐善”的咸阳时代精神,切实加强思想道德建设和精神文明创建,营造“学先进、创文明、比奉献、促和谐”的良好社会氛围。抓好重大典型学习宣传。积极响应党中央关于推进学雷锋活动常态化的号召,深入发掘并在全市广泛开展向呼秀珍和她的“雷锋家庭”学习活动,先后组织事迹报告会、理论研讨会、演讲比赛和征文比赛等10项系列宣传活动300多场次,编印出版4辑80多万字的资料汇编,在社会上引起强烈反响。《人民日报》、新华社、中央电视台、《中国妇女报》等40多家中省主流媒体集中刊发刊播相关文稿3000多篇,呼秀珍和她的“雷锋家庭”受到中宣部《新闻阅评》的高度肯定。全国妇联等部委授予呼秀珍家庭“全国五好文明家庭标兵户”称号,呼秀珍入选2012年度“全国教书育人楷模”候选人。深化群众性精神文明创建活动。建立文明单位管理数据信息库,实现动态化、规范化、制度化管理。全市共申报创建省级各类先进集体83个,市级各类先进集体160个,创历年新高。以执法部门和窗口单位为重点,广泛开展“创佳选优评差”竞赛活动。深入开展“城乡共建、结对帮扶”活动,市级70多个部门、400多个文明单位和全市近400个行政村结成对子,共同开展农村精神文明创建活动。2012年5月,中央文明委在山东烟台召开全国城乡共建精神文明座谈会,咸阳市作为西部唯一的地级市,在大会作了经验介绍。加强公民思想道德建设。以迎接党的十八大胜利召开为契机,依托全市300多家窗口单位,在公共场所广泛开展“讲文明树新风”、“文明大行动”等各类创建活动,开展各类交通法规宣教活动100多场次,印发倡议书、宣传资料近100万份,组织各项志愿活动500余场次,受教育群众120多万人次。认真开展未成年人思想道德建设,积极争取扶助资金1900万元,援建希望小学46所,资助贫困学生1万余名。成立全省首家青少年法律援助中心,积极推进乡村青少年宫建设。广泛开展第三届感动咸阳道德模范评选活动,社会各界强烈反响,参与投票120多万人,创历年新高,龚奇福等19名先进典型受到表彰,全市新风正气进一步弘扬。广泛开展理想信念教育。深入挖掘咸阳红色文化资源,加强马栏革命旧址建设,淳化爷台山战地公园、三原于右任纪念馆省级爱国主义教育基地成功申报。组织开展以理想信念为主要内容的各类主题教育活动200多场次,在全社会唱响热爱咸阳、奉献家乡的主旋律。

理论武装 密切关注基层思想动态走向,推进理论宣讲和思想政治工作的载体、手段、方法创新,不断提高理论武装的针对性和实效性。建设理论武装的新平台。按照“智慧城市”的总体部署,学习借鉴省地税局,宁波、上海等地的先进经验,广泛接触中国电信咸阳分公司、西安立天信息科技公司、全国各数字资源供应商,先后就网站征名、建设论证、合作洽谈、资源购买等召开30多次专题会议,有效解决管理、运行、技术等各方面的问题,多方争取资金240万元,创造性地启动建设蝌蚪网——中国咸阳学习型城市云平台,市委书记千军昌出席启动仪式。依托蝌蚪网进行全市干部理论网络考试已基本完成项目主体框架搭建,即将进入整体正式运行阶段,为全市理论武装拓展广阔的工作平台。拓展理论武装的新途径。以党委中心组理论学习为龙头,积极探索中心组工作开展的新途径。5月31日,在礼泉县召开全市县市区党委中心组理论学习现场观摩会议,进一步提升全市党委中心组理论学习水平。依托咸阳大讲堂、咸阳论坛等宣讲主阵地,拓展青年大讲堂、咸阳女性大讲堂、秦都大讲堂、武功大讲堂、淳化大讲堂等一批理论学习平台,全市各级各类宣讲150多场次,30多万人次参与,提高干部群众的理论水平和政治素养。创新理论武装的新机制。深入开展创建学习型城市活动,使之与提高市民素质、提升城市形象结合起来;在学习型党组织、机关、企业、社区、村镇和家庭等六大创建活动中,积极探索和实践常态化、长效化工作机制,进一步完善各类创建考核评估指标,确定六大类创建231个示范点,深入开展多层次、全方位的学习教育活动,在全社会倡导终身学习、解放思想、创新发展的价值取向。

学习贯彻十八大精神 学习方面:十八大召开之前,着眼于营造理论学习氛围,策划组织理论学习教育、"科学发展,成就辉煌"主题宣传、加强舆论引导等30多项各类活动。十八大闭幕后,出台下发《中共咸阳市委关于认真学习宣传贯彻党的十八大精神的通知》等系列文件,确定重点学习内容,制定系统学习计划,对全市十八大精神的学习情况进行全面的安排部署。采取党委书记讲党课、专家教授专题辅导等多种形式,坚持把十八大精神学习与创建学习型城市相结合、与创先争优活动相结合、与争创"六连优"相结合,以学习促各项工作任务完成,在全市迅速掀起十八大精神的学习热潮。宣传方面:十八大召开前,下发《关于迎接党的十八大宣传报道工作的意见》。十八大召开后,又及时下发《关于党的十八大精神宣传报道工作的意见》等系列文件,召开各类专题会议9次,围绕研讨培训、理论宣讲、营造氛围、主题宣讲等4大板块,精心策划组织由8个部门牵头,63家部门、高校、媒体参与的县级领导干部培训班、专题报告会、"旗帜的力量"演讲赛等15项全市性重大活动。截至年底,市十八大精神宣讲团成员已宣讲十八大精神120多场次,全市已举办十八大精神各类宣传活动200多场次,受众60多万人。贯彻落实方面:在全市开展"学习十八大,共建大西安"主题宣传活动。着眼于融入大西安、建设新咸阳,坚持高点定位,用国际化、全球化、现代化的思维定位主题活动的主题目标。着力做好聚集美好愿景、聚焦宏伟目标、勾画发展思路、展示文明活力等8个方面的重点宣传教育工作。围绕这一重大宣传学习活动,全市已成立工作机构,制订实施方案,各相关单位密切配合,学习十八大,共建大西安的实践热潮正逐步在全市掀起。

社会舆情引导管理 牢牢把握团结稳定鼓劲、正面宣传为主的原则,积极应对突发事件,有效引导社会舆论,为全市科学发展营造良好的社会氛围。加大正面宣传力度。围绕市委、市政府重大战略决策,召开通气会、新闻例会20多次,下发指导性报道意见18份,创办刊发《新闻阅评》10期,对市级媒体进行有效引导和科学监督,组织"走转改集中采访"、"科学发展 成就辉煌"、"四大宣传战役",配合"感知陕西、尽览人文"、"十八大精神在三秦"等一系列重大宣传报道活动,在《人民日报》、中央电视台等中央媒体刊发刊播稿件300多篇条,省级媒体刊发刊播800多篇条,产生良好的影响。切实做好媒体监管。成立副处级建制的咸阳市互联网信息办公室,建设市、县两级网络管理机构和队伍。坚持管理和建设并重,认真贯彻落实中央《关于加强和改进互联网管理工作的意见》《关于加强微博客管理工作的意见》,加强互联网信息建设,培育文明理性的网络环境。在全市13个县市区和80多个部门,建立健全300多人的市县两级新闻发言人和联络员队伍,并采取以会代训的模式进行培训。先后举办2012年全国赛艇锦标赛等重大新闻发布会16场次。积极探索地级市新闻舆论工作管理办法,提高新闻媒体的管理和服务水平。妥善应对突发事件。在宝鸡峡引渭渠死尸事件、泾阳县采石场塌方、西藏民院学生咸阳湖溺水身亡、毒胶囊整治、高价烟销售、兄妹跪求葬父、永寿县问题家电下乡、兴平市锅炉爆炸、长武县车辆超标等突发事件发生后,第一时间主动介入,妥善应对,全面跟进,精心指导,最大限度地降低负面影响,保持全市社会舆论的平稳健康发展。推进对外宣传。不断加强与中省及海外媒体联系,充分利用西洽会、文博会、农高会、全国赛艇锦标赛等重大活动推介宣传咸阳,累计在海外及网络媒体刊发咸阳市各类宣传稿件360余篇(条)。精心策划组织实施"感知陕西 尽览人文"2012全国电视联合采访活动咸阳摄制工作,由咸阳市和安徽卫视、浙江卫视、新疆卫视联合拍摄的《渭水人家》《行走塬上》《老崔和他的"老崔牌"苹果》分获二等、三等和优秀奖。承办媒体组织和行业协会自律学术论坛,邀请北京大学、中国传媒大学等70余位专家学者会集咸阳,进行高层次的学术研讨,扩大咸阳影响。

文化强市工作 增强文化自信,强化文化自觉,采取有效措施,大力实施"文化兴咸"战略,全面建设文化强市,获"全国文化体制改革工作先进市"称号。加快文化产业发展步伐。制定出台《咸阳市文化产业发展规划(2011年~2020年)》,确定全市文化产业发展指导思想、总体目标、发展步骤和空间布局。按照"做大旅游文化产业、做强养生休闲产业、做好广播影视产业"的总体要求,加紧培育壮大咸阳报业、咸阳广告、咸阳演艺、咸阳影视、咸阳旅游、咸阳文投等市场主体。向外推介咸阳市文化产业项目,与陕文投集团、北京中盛投资集团、甘肃熊猫梦文化投资公司、北京华视影视投资公司等全国知名企业广泛接洽,组织协调有关单位和企业参加陕粤港文化产业交流活动,签约总投资额60多亿元的大秦古桥风情园和旬邑赵家洞崖居先周文化景区项目,争取重大文化产业项目东方帝王谷成功落户咸阳,全市文化产业发展呈现良好的发展势头。增加公共文化建设投入。

深入实施广播电视“村村通”、文化信息资源共享、社区和镇综合文化站、农村电影放映、农家书屋等文化惠民工程，启动建设6个县市区“两馆”改造扩建项目，4个综合文化镇建设工程，完成2017个行政村“农村广播应急网”建设工程设备安装前期准备工作，不断推动公共文化服务逐步向公益性、均等性和便利性发展。提高文艺作品创作水平。联合《中国作家》杂志社在咸阳创立《中国作家》创作基地，邀请80多名全国著名作家、编剧来咸采风，国龙联盟等文化投资企业来咸考察对接。围绕习仲勋在马栏、安吴青训班、安吴商妇等重大题材，初步形成一批富有咸阳地域特色和广阔市场前景的创作剧本和合作项目，全市文艺创作演出呈现喜人态势。与八一电影制片厂合作拍摄的轻喜剧电影《一起飞》在人民大会堂首映并取得较好的票房收入。长篇小说《城市门》获全省“五个一工程奖”，被长春电影制片厂改编拍摄成同名电影。市文联副主席王海的长篇小说《剪花娘子》入选中国作协重点扶持工程项目。陕西传媒爱乐交响乐团“喜迎十八大交响音乐会”成功演出，北京华视与咸阳市合拍电视剧《安吴寡妇》协议成功签约。

（曹　飞）

统战工作

民主党派工作　咸阳市认真贯彻落实中发[2005]5号和陕发[2005]14号文件精神，坚持把政治协商纳入各级党委和政府决策程序，市县两级共召开不同层面党外人士座谈会、通报会、协商会26次，在扩大知情范围和参与程度的同时，广泛征求党外人士对党委、政府工作的意见和建议。注重引导民主党派健康有序地参与政治，扎实推进参政议政“建千言、献百策”工程，广大民主党派成员和无党派人士，通过市县人大、政协等平台，共提意见、建议和提案、议案310多件，受到党委、政府的高度重视。2012年，市县各级民主党派开展扶贫帮困活动50多次，为困难群众送医、送药、送科技、送法律援助，为包抓镇村落实项目，为贫困学子捐资助学，先后投入资金280多万元，相继争取民主党派中央、省慈善协会、省光彩会扶贫基金，动员企业家出资捐款共1300多万元，为保障和改善民生作出积极贡献。加大宣传引导工作，印发《党派信息》13期，宣传总结全市党派工作成绩，进一步扩大社会影响。协助市级民主党派机关工会换届，成立市级民主党派机关妇委会，营造民主党派机关团结干事、和谐共事的良好氛围。完成民革、民盟、民进3个民主党派的换届工作，顺利实现政治交接。

民族宗教　贯彻落实党的民族宗教政策和《宗教事务条例》，扎实抓好民族宗教“促双和、保稳定”工作，推进民族和睦、宗教和顺。加强同民族宗教界代表人士的联系，及时了解民族宗教界人士诉求。加强党政领导干部民族宗教知识培训，组织市县两级分管民族宗教工作的党政领导干部参加中、省举办的专题培训班，进一步提高党政干部对宗教工作重要性的认识。高度重视宗教教职人员队伍建设，加强教职人员和信教群众的教育引导，把一批爱国爱教、具有较高政治素质和宗教造诣的中青年教职人员团结在党和政府的周围。深入开展民族团结进步创建活动，引导各族群众共同团结奋斗，大力发展民族经济、民族产业，帮助少数民族群众聚居村改善环境，加强散杂居及流动人口中少数民族群众的服务保障，确保少数民族群众的合法权益。加强宗教事务的管理，不断完善县（区）、镇（街道）、村（社区）三级宗教事务管理机制，建立基层统战宗教联络员队伍，形成职责明确、上下联动、反应迅速、防范有力的宗教工作网络。深入开展“和谐寺观教堂”创建活动，扎实推进基督教私设聚会点依法治理工作，完善三级宗教事务管理机制，坚持抓早、抓小、抓苗头，防止影响稳定的宗教事件发生，确保民族宗教领域平稳和顺。着力抓好宗教界重大活动的组织筹备，举办“陕西省第二届玄门讲经暨咸阳论道”活动，全国道教协会会长任法融到会讲经，全省道教及各界人士130多人参加讲经活动，在宗教界产生良好的影响。

对台工作　贯彻中央对台方针政策，以争取台湾民心工作为主线，以推动咸台经济、文化交流与合作为重点，深入开展对台宣传和涉台教育活动，认真维护华夏经纬网咸阳网页，及时做好信息收集、采写、报送，分期组织市、县台办干部参加中、省培训，提高工作能力和水平。加强对台招商，积极参与“西洽会”、“两岸经贸科技合作大会”等大型经贸活动，邀请有影响、有实力、有投资意向的台湾经济人士来咸考察投资，精心做好接待工作，成功引进投资24亿元的台湾统一集团礼泉饮料食品项目、投资20亿元的台湾康群企业彬县多功能休闲服务中心建设项目。扎实做好赴台审批事项，严格执行有关规定，加强同国台办、省台办的工作衔接，及时完成赴台经贸团体审核上报工作。优化台商投资环境，定期深入台资企业调查走访，及时解决生产经营中的困难和问题，确保台玻集团兴平项目一期工程的顺利点火。做好涉台纠纷调处工作，先后协调解决台资企业投诉案件2起，为台资企业加快发展营造良好环境。

海外联谊　开展形式多样的海外联谊活动，进一步密切同海外社团、知名人士的联系，拓展海外联谊空间，先后同港澳台及马来西亚、澳大利亚、荷兰、日本、泰国、秘鲁、加拿大、俄罗斯、菲律宾、美国、伊朗等10多个海外乡亲社团、工商组织建立联系交往。持续推进“情系咸阳、共谋发展”活动，以“苏氏恳亲会”、“魏氏宗亲会”、“李氏宗亲会”为依托，举办公祭苏武、公祭郭子仪、大唐贞观文化朝圣大典等大型活动，加强同海外友好社团、知名人士的交流交往，市、县相继邀请海外人士来咸寻亲、祭祖、访友、考察1000余人次。实施扶贫开发“帮民困、解民忧”工程，积极引进海外援助资金、项目，争取美国角声爱心汇点基金投资3600万元为泾阳县建设儿童村，香港应善良慈善基金捐资25.92万元为三原县马额镇建设卫生院，侨胞捐资29.2万元为彬县曹家店医院购入医疗设备。重视海外招商,成立市侨商会,举办“海内外侨商进咸阳”投资推介会,来自海内外李氏宗亲机构的负责人以及李姓精英、企业家、实业家、侨商代表共200余人参会寻觅商机,共谋发展。定期走访重点侨台港资企业,及时处理来信来访,协调有关部门对生活困难侨眷给予补助,对侨眷下岗子女再就业实行免费培训,受到侨界群众的广泛称赞。按照充分尊重、广泛联系、加强团结、热情帮助、积极引导的工作方针,加强同新的社会阶层人士的联系,关注他们的利益诉求,畅通反映意见建议的渠道,确保有序的政治参与。扎实做好黄埔同学工作,对全市黄埔同学进行调查摸底,建立人员数据库,对困难同学给予补助。

经济统战　扎实做好市工商联换届的人事提名和大会选举工作。加强对县市区工商联换届的指导,确保换届工作有序推进,13个县市区全部完成换届任务。认真贯彻中、省《关于加强和改进新形势下工商联工作的意见》,协助市委、市政府出台咸阳市《实施意见》。先后成立咸阳市川渝商会、河南商会、女企业家商会、侨商会,组织咸阳市非公企业参加西洽会、厦洽会等大型会展,多次组织市工商联和有关商会,赴成都、重庆等地进行招商推介,组织有关人士赴广东会见知名台商,并选定50个发达城市,依托商会组织建立友好关系,进行重点招商。引导非公企业转变发展模式,通过研发新产品、延伸产业链条、提高产品质量等途径走绿色发展、可持续发展之路,不断提升企业的核心竞争力。充分发挥联系非公经济的优势,组织本地规模以上非公企业、特别是工商联副主席、副会长企业,定期进行观摩交流,着力打造非公经济“互动交流、比学赶超、争先进位”广阔平台,推动全市非公经济发展。加强非公经济人士的横向交流,成立市工商联会员代表联络组,进一步推动非公企业之间的学习交流。

党外干部培训　学习领会中央和省委关于加强新形势下党外代表人士教育培训改革和队伍建设等文件精神,协助市委办公室下发咸阳市《关于贯彻〈2010年~2020年党外代表人士教育培训改革和纲要〉的实施意见》。坚持把党外干部、知识分子和党外代表人士的教育培训,作为统战工作的重要任务,加大培训力度,分批组织民主党派、无党派代表人士参加中央统战部、省委统战部专题调训,进一步提高党外人士的理论修养和综合素质。加强党外人士教育培训阵地建设,成立咸阳社会主义学院,举办全市第一期中青年党外干部培训班,对53名年轻优秀的党外干部进行集中培训,并赴延安进行革命传统教育。重视党外代表人士的储备,对全市各县市区、市级国家机关各部门、各人民团体、驻咸科研院所和有关企事业单位,副科级以上党外干部和具有中级以上职称的党外知识分子进行一次全面摸底,及时建立信息数据库,入库党外干部358名,其中,党外县级干部118名,科级干部234名。入库党外知识分子1200多名,其中,具有高级职称的党外知识分子620多名。加大党外干部的使用力度,对16名党外干部职务进行调整。

舆论宣传　全面贯彻“文化兴咸”战略部署,大力弘扬“阳光、重诺、尚礼、乐善”的咸阳时代精神,立足各县市区地域民俗、历史人文、旅游项目,依托各类宗亲会、恳亲会、文化节、旅游节,在统战领域培育文化亮点、打造文化精品,以统战文化引导社会热点,扩大价值认同,为经济社会又好又快发展提供智力支持和精神保证。加大统战调研和信息宣传力度,通过报刊、网络等媒体,交流工作经验,扩大对外影响。重新开通咸阳统战网,以全新的版面、栏目设置重装上线,日平均点击量300余次,多条信息被中央统战部、省委统战部网站及人民网、中国新闻网等主流媒体刊登。精心组织开展统战系统专题调研活动,根据统战工作的形势任务,选定10多个调研主题,分层开展统战调研和理论研讨。统战部机关全年共编发信息30余期,向中央、省委统战部报送信息200多条,在省市报刊刊登统战信息50多条,市县两级统战部门、民主党派机关、党外代表人士形成调研成果130多篇,进一步提升统战工作的影响力。

(张　倩)

机构编制

市政府机构改革　2012年,全市机构编制工作围绕市委、市政府决策部署,致力体制机制创新。理顺部门职责关系。会同市级有关部门及秦都区、渭城区政府,围绕城市旧城改造部门责任分工及市、区事权划分等进行专题调研,提出建设性意见。制定下发市扶贫办、市中小企业促进局的“三定”规定,明确其职责任务、内设机构和人员编制。调整农业综合开发机构设置,将市农业综合开发领导小组办公室划入市财政局,解决机构调整和人员划转等问题,促进市农业综合开发项目资金争取。优化政府机构设置。将市北塬新城开发建设领导小组办公室更名为市北塬新城开发建设管理委员会,撤销市彬长旬能化基地办公室,设立咸阳市能源化工产业发展办公室(陕西咸阳化工产业园管理委员会),调整工作职能,理顺管理体制。适应全市统筹城乡发展需要,将设在市委政策研究室的市统筹城乡发展工作领导小组办公室单设,作为市委、市政府管理的正县级机构,挂靠市委办公室,从体制机制上保障全市重大战略部署的加快实施。促进政府职能转变。参与全市行政审批制度改革,调研提出市人社、教育等12个部门拟保留、取消、调整和下放行政审批事项的意见。在原市政务大厅的基础上,组建新的市政务服务中心,加强部门行政审批事项的集中办理,促进部门职能转变。

县镇政府机构改革　2月,市委、市政府办公室下发《关于进一步深化巩固市县政府和乡镇机构改革的通知》,加强对县级改革的跟踪督查和考核评估,基本解决部分县级政府工作部门挂牌机构设置不规范、撤乡并镇不彻底以及机构编制管理不严格等改革遗留问题。同时,优化县级机构设置,调整健全彬县文物旅游景区管理机构,促进县域经济转型;撤销礼泉县、彬县、淳化县等县城管办、环卫处等多支多重执法机构，组建城乡市容环境管理机构；调整批复渭城区、泾阳县等县区西咸新区发展服务机构，支持推进西咸新区建设。转变镇政府职能。在礼泉县、长武县等4个县的省级重点镇探索开展赋予县级部门部分经济社会管理权限试点工作，为理顺县镇职权关系，扩大重点镇管理权限，促进重点镇发展提供有益借鉴。协调指导泾阳县、永寿县等县的镇全面推行"一厅式"便民服务，经验做法被《陕西日报》《咸阳日报》刊载报道。

行业行政管理体制改革 按照省政府要求，平稳完成市、县工商、质监系统机构编制和人员划转，落实地方政府食品安全监管责任。加强市级综治机构建设，将市社会治安综合治理委员会办公室更名为市社会管理综合治理委员会办公室，增加领导职数，增设相关科室。加强县级政法委规范化建设，明确其职责任务、内设机构、人员配备和领导职数，适应政法综治维稳工作需要。规范明确县级国家安全机构设置，为国家安全任务较重县配备专职领导，健全完善国安防线网络和运行机制。

事业单位分类改革 以事业单位清理规范为抓手，对全市5000多家事业单位进行"拉网式"调查摸底，市委、市政府办公室下发《咸阳市事业单位清理规范工作实施方案》。突出"撤、并、转"三个关键环节，督促市、县两级对职能萎缩、名存实亡或承担阶段性工作任务已完成的事业单位予以撤销；对设置过于分散、规模过小、难以有效履行职责的予以整合；对从事生产经营活动具备条件的予以转企改制。全市共撤销事业单位562家，整合113家，转企改制15家；共收回事业编制758名，核销298名。同时，强化事业单位机构编制动态调整，促进全市社会事业发展和民生改善。调研设立市固体废物和机动车排气污染管理机构，调整设置县级环境监测机构，明确县镇生活垃圾管理职责分工，为咸阳市"创模"提供体制机制保障；为市政务信息办增设信息资源管理机构，加强对全市信息资源的集中有效管理；为市人社局信息中心挂牌设立市社会保障卡管理中心，保障"一卡通"的组织实施，有效支撑智慧城市建设加快推进。先后为13个县市区批设公办幼儿园92所，核定教职工编制3238名；为各县市区设立残疾人托养服务机构，在县级综合医院挂牌成立残疾人康复机构；给长武等6个县设立中心敬老院机构，指导各县市区组建城乡居民社会养老保险经办中心机构；为市、县设立农产品质量安全检验检测和食品药品稽查执法机构，为各镇（办）设置食品药品监督管理所；为市、县组建动物疾病预防控制中心和动物卫生监督所，为各镇（办）挂牌设立动物卫生监督分所。从全方位健全完善政府公共服务体系，确保人民群众"学有所教"、"残有所托"、"老有所养"、"食有所安"。

机构编制管理 按照机构编制"改革、管理、法制化"三位一体、协调推进的要求，探索建立机构编制"管住、管活、管好"的新机制。坚持机构编制"省、市两级审批，分级监督管理"和"编制审批在先"原则，严格执行"一支笔"审批和《控编通知单》制度，推行编制实名制管理，对涉及加快发展、改善民生的机构编制事项，以及公务员招考、事业单位公开招聘、军转干部和复员战士安置计划等严格按程序审批，做到机构编制"编委领导一支笔审批，编办一家承办，编制部门一家行文"。创新事业单位编制管理，联合市组织、人社、财政等部门，出台《咸阳市市级事业单位编制分类管理办法》，对全市事业单位编制实行正式编制和聘用名额两类进行管理，除骨干管理人员和专业技术人员由政府面向社会公开招聘或遴选外，其他人员实行"经费包干、人员自聘、合同管理"，减轻财政负担，调动用人单位积极性。开展机构编制核查、清理"吃空饷"等工作，先后3次对县级机构编制审批管理、机关事业单位规范进人、领导职数配备使用等进行专项督查，查处违规问题，切实维护机构编制"刚性"纪律。

事业单位登记管理 加大事业单位年度检验力度，按期完成年检任务。市级年检法人事业单位235家，年检率80%以上。严格事业单位法人资格审查，先后办理新设立登记法人单位18家、变更登记71家、注销登记12家，对未年检的16家法人单位进行限期责令整改，对290份档案进行分类整理，规范事业单位日常登记管理；加大法定代表人培训力度，对市县近2000名事业单位新任法定代表人进行集中培训；在市县两级确定9家事业单位，推进事业单位法人治理结构试点工作；扎实推进中文域名注册登记管理工作，全市732家

中央编办来咸调研　（市编办　供）

行政事业单位完成注册提交,360 多家已经正式使用中文域名。联合市审计局,先后对市级事业单位 3 名离任法定代表人进行经济责任审计,规范事业单位法人行为。

(刘高利)

政策研究

调查研究工作 3 月~5 月,由市委政策研究室牵头组织市级有关部门和县市区参与,深入开展"加快推进咸阳城乡一体化"专题调研活动。形成《全市城乡一体化现状、问题与对策》的调研报告。全年先后 4 次配合省上完成"试行农村社区化管理"、"农业农村工作形势"、"战略新兴产业调研"和"关中创新发展问题调研",形成《咸阳市农业农村工作形势分析与相关建议》《咸阳市战略新兴产业发展情况报告》《咸阳市创新发展调研报告》和《城乡基本公共服务均等化评价指标体系的构建和实证分析》。围绕非公有制经济转型升级、村级党组织、农村环境卫生和战略新兴产业开展专题调研,形成《关于加快非公有制经济发展转型升级的几点建议》《帮助农民增收致富村级党组织应大有作为》和《我市农村环境卫生集中整治的调研报告》。市委政研室重视捕捉外地改革发展的成功经验,以《决策参阅》送各级领导参阅。先后形成《加快工业园区建设 实施"工业主导"战略》《抢抓杨凌设市机遇,同步实现我市兴平、泾阳撤市县改区的建议》和《河南新乡和安阳两市建设"新型农村社区"的做法与启示》送阅件,其中《河南新乡和安阳两市建设"新型农村社区"的做法与启示》,受到市政府主要领导批示。安排专门力量,收集上报咸阳市领导干部优秀调研文章,参与全省党政领导干部优秀调研参评活动,全市共有 5 篇领导干部的调研文章获奖,其中二等奖 2 篇,三等奖 3 篇。完成 2011 年全市领导干部优秀调研文章的评比工作,以市委办名义起草下发《2011 年全市领导干部优秀调研成果通报》。对《咸阳调研》刊物再次改版扩容。改版后的《咸阳调研》主题鲜明,容量增大,每期刊发文章数量是过去的 3 倍,受到各级领导的好评。8 月 22 日,在全国政研系统联席会议上,《咸阳调研》被评为全国"十佳党刊"。继续保持赠阅交流制度,与全国 90 多个地市级党刊交流赠阅,转载各地具有开拓性、借鉴性的新闻信息、经验及做法。

农业农村工作 ①精心部署全市农业农村工作。年初,组织参加全省农村工作会议,起草市领导在会议上的发言,并就贯彻全省农村工作会议精神提出意见。2 月中旬,筹备召开全市农村工作会议。总结 2011 年农业农村工作,并对 2012 年农业农村工作全面部署。②贯彻落实中央一号文件精神和省、市农村工作会议精神。中、省、市农村工作会议结束后,市委政研室起草印发《关于认真开展 2012 年中央一号文件学习宣传活动的通知》。活动结束后,市委政研室对各县市区学习宣传中央一号文件和贯彻落实省市农村工作会议精神情况进行检查。③协同有关部门加大农村干部培训工作。10 月,协同省委政研室,对秦都区、彬县、旬邑县和泾阳县的政研室、农村工作领导小组办公室的同志和部分镇领导干部进行短期培训,并组织赴山东省学习考察现代农业发展的经验做法。12 月,组织 40 多名县市区农村工作干部赴重庆参观学习农业产业化经验做法。④开展农村环境卫生集中整治活动。先后以市委办、市政府办名义起草下发《关于开展农村环境卫生集中整治的通知》和《全市农村环境卫生集中整治工作评分细则》,明确集中整治活动的时间安排、整治内容、保障措施和考核标准。联合市委市政府督查室、市电视台、咸阳日报社等单位,采取不打招呼,随机暗访抽查的方式,深入各县市区对农村环境卫生集中整治工作进行抽查,现场拍照,并召开反馈会,通报县市区存在问题,提出整改要求。3 月底,组织人员分成三个组,每县市区各抽取 2 个集贸市场、3 个镇、6 个村,全市共抽查 39 个镇,78 个村,26 个集贸市场,通过查阅资料、现场查看、召开相关座谈会等,按照《全市农村环境卫生集中整治工作评分细则》相关要求,逐项打分,对集中整治开展情况和整治成效进行全面考核验收,农村环境卫生面貌有一定改观,整治工作取得阶段性成效。⑤开展 2 次农业和农村工作督促检查。3 月,结合全市农村环境卫生集中整治活动,对各县市区春季果园管理、动植物防疫和植树造林、农村困难群众救济、抗旱救灾等农业和农村的几项紧要工作进行一次全面检查。5 月,利用统筹城乡发展示范点选点时机,对各县市区贯彻落实中央一号文件精神和省、市农村工作会议精神情况进行检查。同时,以市委、市政府名义起草下发《2012 年县市区农业农村工作考评办法》。上半年对全市各县市区农业农村工作进行全面检查,并按照打分情况排序。对各县市区上半年农业农村工作的亮点、存在的问题及改进措施、意见进行分县市区反馈,受到各县市区重视和赞扬,市长姜锋批示。⑥推进农村改革试验区工作。4 月,由省委政研室牵头,组织省专家组代表国家农村改革试验办对礼泉县农村改革试验区新农村建设课题进行评估验收,经专家组论证评估,礼泉县全面完成各项试验任务,达到预期目的。农村改革试验区课题通过国家评估验收。随后,市委政研室在充分调研论证的基础上,研究选定彬县为省级农村改革试验区,承担"城乡一体化"课题试验,组织省市级专家组进行调研论证。

新农村建设 以"居住集中化、环境生态化、管理社区化、设施城镇化"为方向,持续推进新农村示范新村建设。年初向各县市区下达 100 个市级示范村建设任务,并定期检查督导。坚持推行市级领导联县包村工作机制,新农村建设党委一把手负责制,新农村建设资金捆绑机制,新农村示范村、一村一品示范村、互助资金试点村、扶贫开发重点村"四位一体"建设机制,新农村建设"五个一"(一月一汇报、一季一通报、半年一检查、一年一观摩、年终一考核)督查机制,保证各项新农村建设任务落实。至年底,各县市区示范新村建设任务全部完成。

(王　江)

机关党的工作

概况 2012 年,市直机关共有 7230 名党员,新成立党支部 3 个,换届党委 4 个、党总支 3 个、党支部 8 个。全年共接收新党员 28 名,转正 29 名。

思想建设 开展社会主义核心价值体系学习教育。市直各基层党组织把理想信念教育作为重中之重,教育引导党员干部学习践行社会主义核心价值体系,认真贯彻党的基本理论、基本路线、基本纲领、基本经验,增强政治敏锐性和政治鉴别力,坚定共产主义远大理想和中国特色社会主义共同理想的信念。党员干部教育培训。市直机关各基层党组织坚持以党组(党委)中心组为龙头、以科级以上党员干部为重点的理论武装工作格局,推动理论学习经常化、制度化。同时不断加大对机关党务干部和理论骨干的培训。12 月,举办党务干部培训班,以党的十八大精神和党务知识作为培训的主要内容,邀请专家教授进行专题辅导,把市直机关学习贯彻十八大精神推向高潮。

组织建设 实施以党支部建设为重点的"固本强基"工程,使基层党组织建设不断规范化、制度化。7 月,举办入党积极分子培训班,培训入党积极分子 120 余名。开展评优创模活动。6 月,召开市直机关纪念建党 91 周年暨表彰大会,新接收的党员进行入党宣誓,老党员重温入党誓词,并对 2011 年度市直机关 34 个先进基层党组织,167 名优秀共产党员和 42 名优秀党务工作者表彰。开展"创优争先"活动。在机关党组织中开展"五好"党组织(班子团结好,组织活动开展好,围绕中心发挥作用好,理论学习组织安排好,思想政治工作做得好)创建活动。按照"五好"要求,工委对各基层党组织活动开展情况进行分类排队,有三分之二的基层党组织达标,通过"创先争优"活动,机关党的建设迈上一个新台阶。基本形成各基层党组织围绕中心抓党建,抓好党建促发展的格局。

党风廉政建设 推进廉政文化建设。在深入学习贯彻党的十八大精神和中央《实施纲要》以及省委《具体要求》基础上,以加强机关党风廉政建设为切入点,加强对党员领导干部廉政建设责任制落实,强化对广大党员的廉政意识的教育。4 月 9 日,组织全体党员干部参观省纪委在咸阳市体育馆举办的反腐倡廉成果展。5 月 16 日 ~6 月 19 日,在市直机关开展"帝都清风颂"征文演讲比赛,共收到 56 个单位 61 篇征文,从中精选出 22 篇进行演讲,比赛评出一等奖 1 个,二等奖 3 个,三等奖 6 个,优秀奖 12 个。在 2011 年评选的 10 个市级廉政文化进机关示范点的基础上,2012 年市直机关工委又评选出 3 个省级廉政文化示范点,获得省委通报表彰。7 月,组织全体干部收看党员教育片《信仰》和反腐影片《忠诚与背叛》,使大家深受教育。完善权力制约和监督制度。市直各基层党组织认真贯彻《党内监督条例》,坚持行政主要领导报告工作制度,重视和加强党内监督。健全规范权力运行和有效监督制度,协助行政领导建立完善业务管理和反腐防范机制。为严肃党纪,按照党章有关违纪违法规定,2012 年开除党籍 2 人。

(苏建忠)

老干部工作

概况 截至 2012 年底,全市共有离退休干部 33107 人,其中离休干部 1765 人,退休干部 32342 人。离休干部中,第二次国内革命战争时期参加革命的 10 人,抗日战争时期参加革命的 179 人,解放战争时期参加革命的 1576 人;享受省级待遇的 10 人,地厅级和享受地厅级待遇的 66 人,县处级和享受县处级待遇的 901 人,一般干部 788 人;分布在市直单位的 685 人,县市区的 1080 人;供给关系在机关事业单位的 1022 人,企业单位的 743 人。

政治待遇 围绕喜迎党的十八大胜利召开,组织离退休干部深入开展"创先争优"主题教育总结活动;春节、"七一"和中秋节普遍走访慰问老干部、老党员,把党和政府的关怀温暖送到老干部的心坎上;举办健康保健和城市化与生态文明专题讲座,为老干部宣讲预防身体亚健康和城市生态保护知识;组织离退休干部游览第三届咸阳湖赏花节,参加全国赛艇锦标赛开幕式;两次组织离退休老干部参观视察彬县、长武县和秦都区、渭城区工农业生产和重点项目建设,进一步增强他们支持改革发展的信心和决心;3 次举办党的十八大精神传达学习和辅导会,把老干部的思想和行动统一到十八大精神上来;年度为老干部征订《陕西老年报》《金秋》《离退休干部参考》《咸阳日报》等报刊共计 5 万多份,加强离退休干部思想政治建设。

生活待遇 向市财政申请年度市属企业离休干部遗属生活困难补助费 63.12 万元和老干部"两项"经费(公用经费、特需经费)50 万元,保证遗属正常生活和老干部学习活动正常开展;市上和大部分县市区、市直部门,对离休干部和干部管理权限范围内的退休干部普遍进行体检,做好老干部健康保健工作;继续完善退休干部信息库建设,对信息收集不全和建库工作进展缓慢的单位,强化人员业务培训和督查指导,确保建库工作质量和标准;如期完成老干部年报工作,对全市老干部的基本情况做到全面掌握;年度共接待老干部来信来访 46 件 101 人次,办理完结 44 件,其中省市领导批办 11 件均及时处理解决,有效地维护老干部队伍的和谐稳定。

发挥作用 适应形势发展要求,不断加强老年社团组织建设,鼓励支持老年科技协会、老年诗词书画研究会、关心下一代工作委员会、咸阳市黄河文化研究会等老年社会组织发挥引领作用,形成比较健全的老干部发挥作用工作新机制。两次协助省委老干部局在三原县、泾阳县举行省老年科技协会举办的科技成果进基层启动仪式,充分发挥老科协在宣传推广科技成果方面的积极作用;鼓励和支持广大老同志积极参与各级关教工作,帮助青少年健康成长;组织开展评选推荐离退休干部发挥作用工作先进集体和先进个人,全市有3个单位和5名个人受到省上表彰;市委老干局连续3年与秦都区崇文学校联合举办为期10天青少年《弟子规》暑期培训营,邀请离退休老干部、老教师讲课,参训青少年累计800多人次。全市各类老年社团125个,有20022名离退休干部在诸多领域发挥作用,占离退休干部总人数的45%。

基础设施建设 先后争取省县市区老干部学习活动阵地建设资金300多万元,有效改善老年大学、老干部活动中心基础设施条件。截至年底,全市共建有市县两级老年大学13所,分校11个,教学点1个,共计建筑面积7500余平方米,分设专业22个,在校学员7000余人。市县两级老干部活动中心14个,部门、单位、社区、镇老干部活动室550多个,共计建筑面积17000多平方米。

(许明华)

党校工作

概况 2012年,市委党校认真贯彻落实党的十八大和中、省党校工作会议及市第六次党代会精神,丰富党校内涵,创新创建载体,加大教学、科研工作力度,实现建成省内一流市级党校的奋斗目标。咸阳市深化县级党校办学体制改革的成功做法,得到中组部、中央党校的充分肯定,市委副书记卫华在全国县级党校工作座谈会上介绍经验。中央党校办公厅副巡视员兼地方办主任谢煜桐来咸阳市,就地方党委重视和加强党校工作进行专题调研。

干部培训轮训 以打造具有党校特色的干部教育品牌课程为目标,根据干部培训需要调研情况,研究新专题,更新教学内容,全年共开发基层党建、创新和加强社会管理、依法行政、网络媒体正确应用等新专题53个,丰富教学专题库,增强培训的针对性和实效性。以创新教学模式、改进教学方式、提高培训质量为目的,开展教学研讨活动,加大教学方式方法改革力度。先后召开“集体备课会”、“教学研讨会”,创办《党校教学研究》内部交流期刊,达到相互学习,共同提高的目的,进一步推动教学方式方法创新。在主体班学员教学过程中,实行班主任跟班、考勤公示、结业论文答辩及学习情况通报等制度,全面加强学员管理,塑造党校良好的学风。在办好春秋两季新任县级干部进修班、中青年干部培训班的同时,先后开展全市统筹城乡发展专题研讨班、全市公安机关科级以上干部轮训班等。全年共举办各类培训班38期,培训4841人,其中,开展主体班、专题研讨班16期,培训干部1539人。

科研资政 在教研人员自主调研的基础上,组织调研人员对民俗文化的传承与流变、文化产业发展等6个专题进行深入调研,形成调研报告5篇,提交市委、市政府送阅件6份,受到市委、市政府的充分肯定。组织承办全市呼秀珍和她的“雷锋家庭”理论研讨会,深入剖析提炼呼秀珍和她的“雷锋家庭”的精神内涵和现实意义,为全市学习宣传呼秀珍和她的“雷锋家庭”精神产生积极推动作用。组织召开全市党校系统理论研讨会,围绕“加强对中国特色社会主义文化建设重大理论和实践问题研究”这一主题,共收到论文206篇,评选出优秀论文59篇,全方位、多角度对全市文化产业发展进行理论探索。申报全国党校系统重点调研课题4项,完成中、省课题6项。参加全省党校系统第26次理论研讨会,全校有9篇论文获奖,连续5年被评为全省党校系统理论研讨会征文组织工作先进单位。全年在省级刊物上发表文章10篇,在市级刊物上发表文章30篇。创办集理论性、学术性、实践性为一体的内部季刊《探索与实践》,首刊2012年第一季度出版,面向国内省级以上党校、市级各部门、各县区免费发送,收到良好社会反响。至年底,累计出版发行4期,刊登各类理论文章、调研报告52篇。

行政学院和社会主义学院工作 11月5日,在市委党校加挂社会主义学院牌子,实现党校、行政学院、社会主义学院“一校两院”三位一体的办学格局,使教学、科研、师资及培训对象等资源得到有效整合,形成集领导干部、公务员、民主党派和无党派人士培训为一体的培训工作格局。全年共举办市级行政机关和参管事业单位新任科级干部培训班2期,培训公务员102名;举办党外中青年干部培训班1期,培训党外中青年干部55名,实现社会主义学院工作的良好开局。

(杨彬杰)

保密工作

保密宣传教育 2012年,市保密局以保密宣传月活动为契机,将保密知识宣传和保密法制教育结合起来,同板展示,同屏播放,效果良好。创新宣传教育载体。通过发短信、挂横幅、举办保密知识讲座、播放保密宣传教育片等形式,深入宣传保密法律法规、保密防范措施等知识。扩大宣传教育覆盖面。推行“进机关、进单位、进社区”活动,把全市党政机关、军工单位、科研单位所有工作人员和重点企事业单位核心工作人员全部纳入宣传教育范围。依托市委党校为保密教育培训基地,将保密宣传教育内容列入市委党校领导干部教育培训课目。加强保密理论研究。副局长王长喜撰写的《秘密的危机与保密的挑战》一书已由国家保密局下属的金城出版社公开出版发行,受到上级的肯定并已经作为保密研究项目申请报省国家保密局立项。

党政机关保密管理 着力做好保密管理制度建设。制定下发《加强涉密文件资料档案管理工作的通知》《加强涉密载体销毁管理工作的通知》《加强涉密影像定点单位管理工作的通知》《加强涉密文印单位资质管理工作的通知》等文件,推进定密责任人制度落实工作。重点做好要害部门部位管理。按照《陕西省省级要害部门部位管理实施细则》要求,对全市保密要害部门部位在落实好人防、物防和技防措施的基础上,进一步完善信息安全管理方面的工作制度。认真做好涉密人员管理。建立和完善涉密人员上岗资格审查和离岗脱密期管理制度。做好计算机网络安全管理。结合新《保密法》有关计算机及信息安全的要求，进一步加强信息安全制度建设，严格遵守计算机及移动存储介质分级分类管理制度，坚决做到"涉密不上网，上网不涉密"，杜绝网络泄密隐患，重点完善涉密计算机、移动存储介质安全使用制度、更换备案制度、销毁管理制度等。

保密安全检查 开展常规保密检查。做好各类考试保密检查服务工作。开展全市网络清理检查工作和各类专项检查工作。十八大前夕，对全市网络安全进行清理检查，对全市党政机关和重要企事业单位购买、使用网络设备情况进行排查，对涉密影像制作定点单位和涉密载体销毁管理工作进行清理核查，及时发现和消除安全隐患。推进移动存储介质单向导入装置、清理检查工具等保密技术产品的配备工作，不断提高保密技术防范水平。

保密服务 开展保密培训服务，先后5次深入机关及企事业单位进行保密知识、技术及相关法律培训。提供保密技术服务。市保密局采取不定期下访的方式，安排技术好、业务精的工作人员深入各县市区和市级机关、企事业单位，提供计算机安全检查、涉密自动化设备使用维护、计算机安全知识等保密技术服务和咨询。指导机关单位做好保密技术设备配备工作，做好重大涉密会议的手机信号屏蔽及电磁泄漏检查工作，确保不发生泄密事件。采取定点方式，提供涉密载体销毁、涉密载体(影像)复制服务，增加电、磁介质的销毁业务，解决咸阳市涉密载体销毁难、复制难的问题，杜绝销毁、复制过程中的泄密隐患。

(张　超)

党史资料征编研究和宣传

概况 2012年，中共咸阳市委党史研究室切实履行"以史鉴今、资政育人"的部门职能，征编研究宣传各项工作成效显著。连续第七年被省委党史研究室评为"全省党史工作先进市"，5篇理论文章入选全国党史文化论文集，《习仲勋在旬邑》获全国党史部门党史优秀成果著作类二等奖，中央党史研究室主任欧阳淞来咸考察并对全市党史工作予以肯定。

出版《咸阳革命遗存录》 市委党史研究室在完成全市革命遗址普查的基础上，用近1年，从散落于咸阳境内众多的革命遗址遗迹中，筛选出具有代表性的遗址150处，编纂出版《咸阳革命遗存录》一书。全书共计6万余字、图片278幅。该书的出版，填补咸阳市革命遗址、遗迹资料的空白，对全市红色旅游资源的挖掘、保护、利用起到重要的指导作用。

完成《峥嵘岁月——习仲勋在关中分区》初稿 5月，《峥嵘岁月——习仲勋在关中分区》完成送审稿。全书约16.5万字、100余幅图片，重点描述习仲勋同志在关中渭北地区的战斗生活经历。截至2012年底，书稿先后报送省委党史研究室专家学者，市委、市政府有关领导，习仲勋同志生前身边的工作人员和亲属，以及中央文献出版社审阅，并根据相关意见进行修改调整，以期使该书内容更充实、更完整。

资料征编 启动《中国共产党咸阳历史》第二卷(1949年10月～1978年12月)、第三卷(1978年12月～2007年12月)专题资料的征集及编写工作。这是两部基础性的党史书籍，全面真实地记载新中国成立以来中共咸阳市委领导咸阳人民探索社会主义建设道路的艰辛历程，科学总结中共咸阳组织在社会主义建设中的经验教训。4月，经市委批准同意，市委党史研究室以市委办名义下发《关于全面开展〈中国共产党咸阳历史〉第二卷、第三卷专题资料征集及编写工作的通知》，明确任务要求和征编内容。两部作品涉及专题资料127个。市委党史研究室承担40个专题的征编任务，另有23个部门、13个县市区承担其他87个专题。至年底，市委党史研究室查阅档案300余卷，复印资料2020页，指导督促各单位完成22个专题资料的征编任务。完成《2011年党委工作纪事》专题资料征编上报工作。共整理上报相关资料14份、11万余字。为市委宣传部编辑的《可爱的咸阳》一书撰写第五章"红色革命 激情岁月"稿件3万余字，提供图片20幅。

专题研究 参加全国首届"党史文化论坛"征文活动，组织上报理论文章7篇，其中《党的利益在第一位——简析习仲勋主政关中时期的土改政策》《党史文化如何转化为文化产业的几点思考——以陕西省咸阳市旬邑县为例》《党史文化与民族精神》《弘扬党史文化，开发红色旅游产业》《将党史文化融入未成年人思想道德建设初探》5篇文章入选全国党史文化论文集。撰写的《加强咸阳红色文化资源保护利用，服务现代新都市和谐新咸阳建设》一文，在陕西省红色文化资源保护利用研讨会上获得优秀论文二等奖，收入陕西省红色文化资源保护利用研讨会论文集。加大党史人物专题研究力度，积极参加"陕甘边革命根据地与照金苏区"学术研讨、"党的利益在第一位·习仲勋革命精神"征文活动，撰写《习仲勋主政关中分区时期的统战思想》《陕北革命根据地之基础——渭北革命根据地的创建及意义》《党的利益在第一位——浅论习仲勋的革命精神》《习仲勋与陕甘边革命根据地》《习仲勋主政关中时期文教建设思想试析》等理论文章。全面完成"党史一卷本"的编写工作。修改、审定兴平市、永寿县、长武县、武功县4个县市的"党史一卷本"。至年底，市、县两级党史部门全部完成"党史一卷本"的编写工作。

宣传教育 加强"咸阳党史"网站的管理维护。制定《咸阳党史网站信息报送制度》，畅通各县市区党史信息上报渠道；及时更新网站内容，利用文字、图片、视频等各种载体将原本比较枯燥的党史知识生动活泼地展现在广大读者面前。不断加大党史工作宣传力度。

积极向《陕西党史》、市委信息办、《咸阳日报》、咸阳电视台等单位媒体报送各类信息30余篇;参与咸阳门户网站访谈栏目,通过门户网站详细介绍市委党史研究室近年来在党史征编、研究、宣传等方面取得的成就和经验做法。与《咸阳日报》合作,开办“喜迎十八大”之历史丰碑、红色记忆、红色足迹等栏目,以图文并茂的形式,专版宣传咸阳地方党史知识。配合中央电视台、北京九州文化传播中心、八一电影制片厂等传媒制作单位来咸考察、录制专题纪录片,提供有关习仲勋、汪锋等老一辈革命家在咸阳战斗、生活的历史资料,扩大咸阳党史工作的影响力。8月,“全省党史育人工作经验交流会”在旬邑县召开。

(陈晓强)

档案工作

农村档案 年初,市档案局在全市总结推广旬邑县开展创建社会主义新农村建设档案示范县活动的经验,安排部署农村档案工作。派业务人员具体帮助指导旬邑县镇(社区)和村组开展农村档案分类和编目的整理规范工作,经过省市县三级的共同努力,旬邑县11月顺利通过国家级验收。截至年底,全市档案示范镇、示范村84个,基本达到“五有”(有档案、有场所、有装具、有制度、有专人管理)的标准,初步建立起县、镇、村三级档案工作网络,全市农村档案工作有新突破。

重点项目(工程)档案管理 按照《咸阳市重点建设项目(工程)档案管理办法》的要求,市档案局明确服务范围和工作责任,重点对市级重点工程——石头河水库供水工程、市天然气管道续建工程、农村沼气工程档案进行监督和指导。其中石头河水库供水工程档案已经通过市级验收,其余重点工程档案得到及时收集整理和安全保管。长武县、彬县、兴平市等县市档案局加大对重点项目(工程)档案的监管指导,理顺管理体制,落实管理责任,主动开展检查验收,保证重点工程档案的管理和安全。

企业档案工作 按照《企业档案工作规范》的要求,市档案局和市国资委联合制定并下发《关于进一步加强国有企业档案工作意见》,充分发挥企业档案协作组织的作用,采取监督指导、现场观摩等方法,督促市属国有企业编制企业档案归档范围与保管期限表,全年完成国棉一厂、陕棉八厂等5个企业《文件归档范围与保管期限表》的编制和审批工作,累计有10余家市属国企达到规范标准,企业档案规范化的整体水平有所提高。

民生档案 市档案局以省上《关于加强民生档案工作的实施意见》为指导,与民政、农业、卫生等职能部门密切配合,推进养老、合疗、移民搬迁、林权改革、新农村建设等重点档案建设工作。在全市养老保险系统,秦都区、兴平市等5个县市区档案通过省AAA级认证。通过指导验收,秦都区七里铺移民工程处档案得到规范化管理。各县市区全力加强养老、医疗、“三告别”扶贫工程以及城乡整体拆迁过程中形成的各类档案资料的管理,为促进社会管理、方便群众、维护稳定奠定基础。

档案馆库建设 市档案馆新馆建设已列入市北塬新城市民文化中心建设项目,建设面积将达到或超过1万平方米。市馆对馆库和办公场所的水、电、暖、网线路进行维护改造,对查档接待室进行改扩建,增添新的办公桌椅、电脑及打印复印设备,配备先进的视频监控和电化教学等设施,档案保管条件和安全设施明显改善。列入国家“十二五”规划建设的长武县档案馆开工建设,完成主体工程二层。彬县档案馆建设已完成主体工程,建筑面积4767平方米。淳化县、乾县、渭城区积极推进新馆建设,各项前期准备工作充分扎实,全市馆库建设进入全新的发展时期。

档案年检 市档案局组织业务人员深入市财政局、九冶集团等53个单位进行档案年度检查,年检合格率98%,优良率65%。同时,帮助和指导部门和行业开展档案目标管理认证工作,市档案局组织指导和验收养老保险经办和地税两个系统的省AAA级认证工作,市农机管理中心、高新区管委会通过AA认证。

档案资源建设 按照国家档案局9号令的要求,制定《咸阳市档案馆接收档案的暂行规定》《咸阳市档案馆接收档案细则》,对档案接收的范围和标准做了修订和完善,使档案资源的范围更加宽广。截至年底,依法接收到期应进馆档案1300余卷(盒),较上年增长30%。国家重点档案抢救和保护工作进展顺利,申报乾县、长武县、泾阳县珍贵档案资料征集编研项目,争取中省财政资金23万元;完成淳化县230卷民国档案抢救任务。武功县民国档案编目工作全面完成。市档案馆修复整理500多册馆藏图书资料;清理、鉴别、分类、计量、登记3188件珍贵馆藏文物级档案,档案资源建设成效初显。

档案信息化 建设区域性档案目录中心,如期完成向省档案局报送全市新中国成立前革命历史和民国档案案卷级目录数据的任务。与陕西杰胜信息公司合作,签订市档案馆信息数据安全日常维护协议,网站、网络、计算机、数据库安全得到保证。馆藏档案案卷级、文件级目录录入3万余条。档案信息网站更新内容64条,年点击66343人次。

档案安全设施和制度建设 修订完善《咸阳市档案馆馆库安全值班办法》《安全应急预案》,将档案安全和科室、个人的职责相结合,奖罚并重,档案安全责任落到实处。加强档案安全保密教育。重点对电子文件存储、传输、上网等环节进行严格审核和管理,杜绝信息泄密和安全事故的发生。结合馆库维修改造,加强安全基础设施建设,补充完善防盗、防火、防潮设施,更换消防设备,投放防虫药物,安装电子监控设施等,档案安全得到有效保障。

(王　蓓)

纪律检查·行政监察

“抓作风 优环境 促发展”主题实践活动 2012年,按照市委的统一安排,市纪委组织开展“抓作风、优环境、促发展”主题实践活动,全市各级各部门把这项活动作为重点工作,普遍成立领导机构和工作机构,制订工作方案,公布举报电话和举报邮箱,针对干部作风、行政效能、执法行为等方面存在的问题,开展以明察暗访为主要形式的监督检查,严肃处理影响投资发展环境的问题。全市先后查处损害和影响投资发展环境案件21件,处理公职人员23人;各级公安机关破获影响企业落户发展、阻挠施工建设的案件17起,打掉恶势力团伙8个,抓获违法犯罪嫌疑人51人。省委、省政府领导对咸阳市“抓作风、优环境、促发展”主题实践活动给予充分肯定,《陕西日报》专题报道。6月,咸阳市被评为“苏商投资中国首选城市”和“最佳投资环境城市”,社会各界对咸阳投资发展环境满意度大幅提升。

监督检查 各级纪检监察机关坚持围绕中心,服务大局,对党委政府部署的重大项目进展、中心工作落实等情况,开展监督检查。会同有关部门对78项西洽会签约项目和“央企进陕”在咸投资项目落实情况进行检查,对存在问题下发督查通报,责令限期整改,对没有按期完成任务和影响社会稳定的市直单位和县市区的主要负责同志进行约谈。对“十二五”时期经济社会发展重大举措贯彻落实情况的监督检查。会同相关部门,重点检查各县市区“十二五”规划纲要制定情况、重大政策措施的制定落实以及重大工程和项目安排推进情况。督促各县市区政府和有关部门认真解决经济社会运行中的苗头性问题,增强发展的协调性和可持续性。对水利改革发展政策措施落实情况的监督检查,在城市规划区及各县市区开展防止地下水环境进一步恶化专项治理活动。将水资源开发利用、节约保护主要指标纳入全市年度目标任务考核体系,加大水资源管理执法检查力度,先后共查处破坏水利设施、违法修建水工程、拒缴水资源费、破坏污染水源地等水事违法案件50余起,打击水事违法行为。加强对水利工程建设情况的监督管理。对渭河综合治理、灌区续建和节水改造、中小型水库除险加固、农村饮水等水利工程项目建设和资金管理使用情况进行检查。全市实施各级各类水利工程13类365个,已完成水利工程330个,整改存在问题135条、整改监察意见建议30项。对节能减排和环境保护政策措施落实情况的监督检查,采取明察暗访等方式,对13个县市区涉及20多个企业开展渭河流域水污染防治工作进行全面检查。重点监督检查企业脱硝和污水排放提标改造工程建设,6个县区污水处理厂的脱氮改造已经完成,4个县区污水处理厂提标改造已经完成,沿渭河三家造纸企业完成提标改造。与综合执法、工商等10部门联合开展春季环保督察专项执法检查、重金属行业专项执法检查、氮肥行业专项执法检查。查处违法企业55家,限期整改45家,取缔关闭10家,办结省上转批案件18起,受理查处环境投诉1399起。对保障性住房建设工程的监督检查。对全市72个保障性安居工程进行专项督查,对存在问题以送阅件形式报告市委市政府,对落实不力、进展缓慢的部分县市区及时下发《督办通知》。

反腐倡廉宣传教育 广泛开展廉政文化“六进”(进机关、进社区、进学校、进农村、进企业、进家庭)活动,组织集中

咸阳市坚持领导干部任前廉政法规考试制度,图为考场一角 (市纪委 供)

学习565场次,专题辅导62场次,报告会9场次,赠送“廉政台历”240册,营造崇廉尚俭的舆论氛围。开展家庭助廉活动,130多名市级部门和县镇主要负责人家属赴马栏监狱接受廉政教育,《中国妇女报》《党风与廉政》等媒体进行专题报道。加强廉政教育基地和示范点建设,马栏革命纪念馆、安吴青训班旧址被命名为省级廉政教育基地,9个单位被省纪委确定为廉政文化建设示范点。开展向呼秀珍和她的“雷锋家庭”学习活动,举办报告会28场次。举办十七大以来陕西省反腐倡廉建设成果展咸阳展区的巡展,1.3万名党员干部和群众参观展览。开展“帝都清风颂”演讲竞赛活动,组织演讲赛73场次。组织1360余名副县以上党员领导干部观看《苏联亡党亡国20年祭——俄罗斯人在诉说》专题教育片,组织4000余名党员干部及群众观看全省廉政精品剧目在咸巡演。

查办案件 全市各级纪检监察机关受理信访举报1428件,立案915件,结案917件,党纪政纪处分967人,立案总数位居全省前列。重点查处失职渎职、贪污贿赂、破坏社会主义经济秩序、侵害人民群众利益等案件。加强对基层办案的督促和指导,实行包抓责任制,制定《咸阳市纪检监察机关查办案件工作年度考评办法(试行)》,加大查办案件工作考核力度。印发《关于进一步加强和改进新形势下纪检机关案件审理工作的意见》和《关于进一步加强和改进监察机关行政复议和行政应诉工作的意见》,注重加强对基层案件审理工作规范和指导,解答案件请示和政策咨询30余次。认真落实“一案双报告”(查办案件实行结案报告和案件分析报告)制度,发挥查办案件的治本功能。

反腐倡廉制度建设 村民监督委员会换届工作全面完成,成员待遇全面落实,主任补贴全部纳入县级财政预算,对8301名村民监督委员会成员进行轮训培训。2012年,村民监督委员会共列席村两委会9362次,提出意见建议4635条,监督村级重大事项2996个,纠正不合理村级事务1064件,化解矛盾3269起。廉政风险防控制度在13个县市区和65个市级部门全面推开。基层医疗机构药品“三统一”(统一采购、统一价格、统一配送)制度实现县镇村全覆盖,全市配送药品价值8474万元,群众看病难、看病贵的问题得到有效缓解。向重点工程项目派驻监察组219个,纠正问题201个,制止违规行为71起,挽回经济损失622万元。镇(街道办)“廉政灶”制度步入正轨,节约招待费154万元。1396名领导干部接受群众点名接访,其中违纪违法问题198件,生活困难问题336件,政策落实问题235件,矛盾纠纷问题322件,其他问题203件,立案查处违纪问题101件。组织任前廉政考试46场,553名干部参加考试。信访听证终结、办案协作区制度得到较好落实。完成市级电子化政府采购平台建设,设备调试安装全部到位,进行申购和审批试运行。进入建设工程招投标中心项目266项,中标总造价63.6亿元,节约资金1.96亿元。市本级采用招拍挂方式出让土地51宗,成交额26亿元。完成政府采购7.79亿元,节约资金5967万元。

纠正损害群众利益的突出问题 对全市中小学教育收费情况进行专项检查,纠正秦都区部分学校违规向学生收取班费、渭城区部分学校不及时开具收费票据等问题。重点查处公路“三乱”(乱设站卡、乱罚款、乱收费)案件5件,纠正问题5起,责任追究13人。重点查处违规拆迁案件6起,其中5起办结。对渭城区碱滩新村违法拆迁问题调查处理,给予3名党员干部党纪政纪处分。重点查处医药购销和医疗服务中侵害群众利益案件,查处违规企业4家,责令停产1家,查封生产线3条,对6家使用不合格药用胶囊的企业进行查处。召开全市2012年行政执法部门政风行风评议会议,对10个重点部门进行现场质询,对群众提出的346条意见和建议,向有关单位发出督办函,要求限期整改。

领导干部权力运行监督 下发《关于重申严禁领导干部借婚丧嫁娶等事宜大操大办收敛钱财有关规定的通知》,明确要求领导干部办理婚丧嫁娶等事宜要事先报告。加大对《廉政准则》和领导干部廉洁自律若干规定宣传教育,40名地厅级领导干部,1713名县处级以上干部,3956名科级干部报告了个人重大事项;各级纪委领导同下级党政主要负责人谈话1174人次,任前廉政谈话1555人次,诫勉谈话204人次,函询84人次。严格执行党政机关厉行节约各项规定,车辆购置及运行费用支出减少2100万元,公务接待费用支出5720万元,比上年同期减少447万元,下降7%,审批19名党政干部因公出国(境)申请。全面完成车辆信息登记、汇总统计和审核上报等工作,全市核查违规车辆104辆,已处理违规借换10辆,超标车94辆,其中91辆上报申请留用。印发《关于严肃因公出国(境)人员审批管理纪律的若干规定》,严格因公出国(境)人员审批管理和工作纪律。推进基层党务公开,广大党员的知情权、监督权得到较好落实。加强警示训诫防线建设,实施警示训诫1368人。

惩防体系建设 结合全市党风廉政建设目标责任考核,对全市2011年惩防体系建设任务落实情况进行考核。继续落实重大项目公开招投标、土地出让招拍挂和政府集中采购等制度,着力从源头上预防腐败问题的发生。13个县市区确定重点岗位5940个,绘制流程图4738个,排查风险点68177个。65个市级部门确定重点岗位863个,绘制流程图564个,排查风险点1785个。40多个国有及国有控股企业廉政风险防控管理工作有序开展。廉政风险防控制度逐步建立,廉政风险防控机制逐步形成。

(尹彦平)

人民代表大会

市六届人大四次会议 咸阳市第六届人民代表大会第四次会议2012年3月27日~31日在彩虹俱乐部召开。大会预备会议通过大会议程和会议主席团、秘书长名单。会议听取和审议咸阳市政府工作报告;市2011年国民经济和社会发展计划执行情况与2012年计划(草案)的报告;市2011年财政预算执行情况和2012年财政预算(草案)的报告;市人民代表大会常务委员会工作报告;市中级人民法院工作报告;市人民检察院工作报告。会议对上述报告作出决议。会议以举手表决的方式,接受裴育民辞去市人大常委会主任职务请求,接受赵庆明辞去市人民政府副市长职务请求。以无记名投票的方式,选举赵庆明为市六届人大常委会主任。此次大会共收到代表提出的建议、批评和意见179件,分别交有关部门研究处理并负责答复代表。

市六届人大五次会议 咸阳市第六届人民代表大会第五次会议2012年12月19日~21日在彩虹俱乐部召开。会议依法选举产生65名咸阳市出席陕西省第十二届人民代表大会的代表。

市六届人大常委会会议 2012年,咸阳市第六届人民代表大会常务委员会召开常委会会议6次(即第二十次会议至第二十五次会议)。①第二十次会议2月27日召开。会议审议通过《咸阳市人民代表大会常务委员会工作报告(草案)》《关于召开咸阳市第六届人民代表大会第四次会议的决定(草案)》《咸阳市第六届人民代表大会常务委员会代表资格审查委员会关于代表资格终止和补选代表资格审查的报告(草案)》《咸阳市第六届人民代表大会第四次会议主席团和秘书长名单(草案)》《咸阳市第六届人民代表大会第四次会议列席人员名单(草案)》和《市人大常委会2012年工作要点(草案)》,决定市六届人大第四次会议2012年3月27日在咸召开,并进行相关人事任免。②第二十一次会议5月15日召开。会议听取全市《宗教事务条例》实施情况报告,听取和审议市政府关于咸阳市垃圾处理场和污水处理厂的建设及运行情况的报告,并进行相关人事任免。③第二十二次会议6月29日召开。会议听取和审议市政府贯彻实施《中华人民共和国未成年人保护法》情况的报告和贯彻落实国务院《粮食流通管理条例》情况的报告;会议决定任命王新宇、李晓静为咸阳市人民政府副市长,会议还进行了其他人事任免。④第二十三次会议8月30日~31日召开。会议听取和审议市政府贯彻实施《道路交通安全法》情况的报告,咸阳市实施《中华人民共和国体育法》及《全民健身条例》情况的报告,咸阳市2012年上半年国民经济和社会发展计划执行情况的报告,咸阳市2012年上半年财政预算执行情况的报告,咸阳市2012年上半年地方政府债券收支安排及市级预算调整方案(草案)的报告,市政府关于咸阳市城乡住房规划建设和管理情况的报告,全市农村新一轮扶贫开发和“三告别”工作情况的报告;审议通过《咸阳市第六届人民代表大会常务委员会代表资格审查委员会关于代表资格终止的报告》。⑤第二十四次会议10月30日~31日召开。会议听取全市《妇女儿童权益保护法》实施情况的报告,市政府关于城市供热情况的报告;听取和审议了2011年市财政决算情况的报告,2011年市本级预算执行和其他财政收支情况的审计工作的报告,全市文化体制改革和文化产业发展情况的报告,市政府贯彻落实《市人大常委会关于加快推进我市现代农业发展的决议》情况的报告;审议通过《关于召开咸阳市第六届人民代表大会第五次会议的决定(草案)》《咸阳市第六届人民代表大会第五次会议主席团和秘书长名单(草案)》,会议决定市六届人大第五次会议2012年12月4日在咸召开。会议还进行了其他人事任免。⑥第二十五次会议12月14日召开。会议审议通过《咸阳市人民代表大会常务委员会关于变更市六届人大五次会议召开时间的决定(草案)》《咸阳市第六届人民代表大会常务委员会代表资格审查委员会关于代表资格终止、补选代表资格审查的报告》《咸阳市第六届人民代表大会第五次会议列席人员名单(草案)》,听取和审议咸阳市人民政府关于市国有纺织企业厂区旧城改造项目从国家开发银行申请贷款有关问题的报告,听取咸阳市人民政府关于全市安全生产工作的汇报。会议决定市六届人大第五次会议召开时间变更为2012年12月19日。

审议决定重大事项 市人大常委会依照《关于决定报告备案重大事项的规定》,围绕事关咸阳市改革发展稳定的重大问题,及时依法审议决定重大事项。一年来,先后作出《关于召开咸阳市第六届人民代表大会第四次会议的决定》《关于召开咸阳市第六届人民代表大会第五次会议的决定》《咸阳市人民代表大会常务委员会关于变更市六届人大五次会议召开时间的决定》等决定3项,有效推动咸阳市经济社会全面发展。

监督工作 市人大常委会结合全市经济社会发展大局,就重大问题和重要工作,听取和审议市政府专项工作报告17项,形成审议意见10项。关注宏观经济运行。常委会把监督宏观经济运行和财政预算执行工作列入重要议事日程,先后听取和审议2012年上半年国民经济与社会发展计划执行情况报告和财政预算执行情况报告、2012年上半年地方政府债券收支安排及市级预算调整方案(草案)的报告、2011年市财政决算情况的报告、2011年市本级预算执行和其他财政收支情况的审计工作的报告,审查批准2011年财政决算报告和审计工作报告。结合宏观经济运行中带有普遍性、倾向性的问题,提出加快经济结构调整、促进农民持续增收、加大重点项目建设、加强财政预算管理等意见。促进社会事业发展。常委会十分重视城市建设、城乡发展工作,在深入调研的基础上,听取和审议《道路交通安全法》的贯彻落实情况的报告,全市城乡住房建设和管理情况的报告以及城市供热情况的报告,并提出完善基础设施、加大管理力度等审议意见。常委会非常关心全市文化体制改革工作进展情况,在全面调研掌握实际情况的基础上,听取和审议全市文化体制改革和文化产业发展情况的报告。此外,常委会还就全市《宗教事务条例》的实施情况听取市政府专项工作汇报,并对市政府落实市人大常委会《关于我市贯彻〈中华人民共和国人口与计划生育法〉和〈陕西省人口与计划生育工作条例〉审议意见》的情况进行跟踪监督。促进农业和农村发展。常委会始终把农业和农村发展作为审议监督的重点,听取和审议市政府贯彻落实《市人大常委会关于加快推进我市现代农业发展的决议》情况的报告,并对全市农村新一轮扶贫开发和"三告别"工作的情况深入调研,提出要进一步加大资金筹措、规范资金管理、提高工程建设质量、完善相关配套设施、发展特色产业和农村文化建设的意见。听取和审议市政府《粮食流通管理条例》贯彻执行情况的报告,提出要改善基础设施、加大扶持力度等审议意见,以确保粮油市场稳定,提高农民种粮的积极性。始终关注民生建设。常委会组织对全市中小学校园布点、校园及校车安全情况进行调研,促进全市中小学校撤并工作规范有序进行。对全市劳动力转移安置工作情况进行调研。常委会对咸阳市实施《体育法》及《全民健身条例》情况开展执法检查,提出加快体育设施建设、加强队伍建设、提高竞技水平;加强引导扶持,促进产业发展等审议意见。此外,常委会还听取和审议市政府关于《未成年人保护法》《妇女儿童权益保护法》的专题工作汇报,促进妇女和未成年人合法权益的保护工作,推动儿童健康成长。加大环保监督力度。常委会围绕"渭河三年变清"的目标,以渭河流域生态环境保护为重点,开展调研采访活动,加大环境综合整治监督力度。同时,继续开展古都环保世纪行活动,以"旱腰带"地区石灰岩资源开采整顿为重点,组织人大代表开展集中视察和明察暗访,对北部"旱腰带"地区矿产资源开采和生态环境保护进行跟踪监督。此外,常委会还组织对全市垃圾处理场和污水处理场的建设及运行情况进行深入调研,听取市政府相关工作的专题汇报,提出发挥两场功能、完善税费征收支付、推进农村生活垃圾规范化处置工作的审议意见,有效推进全市环境保护工作。

人事任免和代表资格审查 2012年,市人大常委会严格依法,注重程序,共任免国家机关工作人员78人,其中,任命57人,市人大常委会工作机构组成人员2人,决定任命市人民政府副市长2人,市人民政府工作部门负责人4人,市中级人民法院20人,市人民检察院15人,批准任命县区人民检察院检察长14人。免去职务21人,其中,市人大常委会2人,市人民政府工作部门负责人4人,市中级人民法院9人,市人民检察院6人。同时,常委会根据法律规定,对出缺的17名市人大代表终止代表资格,补选22名市人大代表。

代表工作 常委会领导积极联系人大代表,定期走访座谈,了解履职情况,加强沟通协调,听取意见建议。一年来,常委会领导共走访代表30多人次。围绕重点项目、西咸新区、民生保障等重点问题,组织省、市代表开展集中视察和专题调研。组织代表赴延安、榆林等市视察学习,取得良好效果。扩大代表对常委会工作的参与,邀请代表列席市人大常委会会议,参加常委会组织的执法检查、视察和调研活动,参与市委及"一府两院"的重要活动,为代表履职创造条件。市六届人大四次会议召开后,常委会立即安排部署代表建议、批评和意见办理工作,组织常委会组成人员和代表,深入到政府相关部门和县市区,从交办、答复、检查、落实等具体环节入手,对代表建议的办理情况进行专项集中调研和督促检查。代表提出的建议已全部办理完毕,并答复代表。

(李 鑫)

人 民 政 府

概 述

概况 2012年,咸阳市人民政府按照"稳中求进、好中求快"的总基调,采取"抓项目、促投资,抓工业、保增长,抓消费、扩内需,抓招商、增后劲,抓民生、促和谐"等政策措施,解决发展中存在的突出问题,圆满完成全年各项目标任务。生产总值完成1616.21亿元、增长14.5%,全社会固定资产投资完成1616.5亿元、增长28%,人均生产总值突破5000美元大关,财政总收入完成224.5亿元、增长22.9%,地方公共财政预算收入完成69.17亿元、增长30.6%,城镇居民人均可支配收入25758元、增长15.9%,农民人均纯收入7464元、增长16.6%。咸阳市连续六年获得全省目标责任制考核优秀等次。

加快建设现代产业体系 坚持把三产联动作为壮大经济实力的有力抓手,加快结构调整步伐,推进产业转型升级,全力构建多元化、集群化、创新型、可持续的现代产业体系。大力发展现代农业。继续实施粮食单产提高、果业提质增效、畜牧收入倍增、蔬菜设施栽培和百万亩杂果经济林等五大工程,加快建设北部县核桃产业、旱腰带葡萄、南部设施蔬菜、都市农业和500万头PIC生猪基地等特色农业板块,新建省市现代农业示范园区32个,新发展市级农业产业化龙头企业25家、专业合作社400家,全力推进一产向二产融合、向三产延伸。粮食生产实现"九连丰",粮食总产量200.2万吨、增长7.6%;肉、蛋、奶产量分别增长5.9%、2.8%、1.2%。全市农业增加值完成283.1亿元、增长6.1%。亭口水库、柏岭寺、红岩河、东庄水库等一批重大水利基础设施建设推进顺利。突出发展现代工业。制定出台《关于做好2012年工业经济平稳较快发展重点工作的意见》《加快中小微型企业发展的若干意见》等文件,启动实施工业发展"1113"工程,扎实开展为企业"送政策、送服务、送支持、送温暖"活动,市财政拿出8000万元作为工业发展资金,将市信用担保公司资本金扩充到5亿元,规模以上企业发展到601户。规模以上工业增加值完成704.3亿元、增长23.5%,工业占全市经济总量48.7%。高新区成功升级为国家级高新技术产业开发区,新兴纺织工业园进展顺利。非公经济健康平稳发展,非公经济增加值占生产总值50.0%。加快发展现代服务业。按照"规范低端、提升中端、培育高端"的思路,大力实施"服务业发展三年行动计划",东方帝王谷高科技历史文化产业园、奥特莱斯商业综合体等项目前期工作加快推进,原点新城、秦都汽车产业园、张裕葡萄酒庄等项目建设进展顺利。全市实现社会消费品零售总额398.48亿元、增长16.5%。

坚持项目带动 增强发展后劲 按照"抓项目就是抓发展,抓大项目就是抓大发展,抓一批大项目就是抓跨越发展"的理念,强化项目带动,着力增强投资拉动作用。推行"一个重大项目、一名市级包抓领导、一个牵头负责部门、一套服务措施、一个服务班子"的"五个一"工作机制,坚持重点项目市长季度协调会制度,深入开展投资发展环境整治年活动,确保项目建设顺利推进。150个市级重点项目共完成投资670亿元,为年度计划的120%。全面创新招商方式,实行"一套班子在家抓落实,一套班子外出抓招商"工作机制,修订完善招商引资考核奖励办法,建立重大招商项目推进协调会制度,全力推进招商引资工作再上新台阶。全年共引进合同项目259个,完成投资554.6亿元,为年度计划102.2%。

加快城乡一体化步伐 按照"三城两带"空间布局,启动咸阳中心城市总体规划、咸兴区域、渭河两岸城市设计等规划编制工作。北塬新城进入实质性建设阶段。总投资233.6亿元、年度计划投资88亿元的城建项目进展顺利。多城同创深入开展,国家卫生城市创建成果得到巩固,创建国家环保模范城市通过环保部技术调研,创建国家园林城市完成申报。"智慧咸阳"建设列入国家智慧城市试点。启动市域城镇群以及城乡基础设施、公共服务等规划编制工作,加快4个省级和10个市级重点示范镇建设,省市级示范镇完成投资24.2亿元,为年度计划的127%。扎实推进有条件农民进城落户,农民进城人数20.2万人。全市城镇化率45.2%。制定出台《关于加快推进县域经济发展的若干意见》,一县一策支持,逐县区明确进位目标、出台扶持政策,加快县域工业集中区建设,努力壮大县域经济实力,县域经济平均规模92.7亿元。

提升生态文明建设水平 实施"生态优市"战略,进一步加大污染防治和生态保护,推进资源集约节约利用,努力提升可持续发展能力。加强重点行业能源消费总量管理,39户重点用能企业月均能源削减20%。坚决淘汰落后产能,加强环保基础设施建设,全面落实节能减排工程措施,大唐彬长电厂、泾阳声威水泥、海螺水泥脱硝设施投入试运行。大力发展循环经济,彬县循环经济工业园、长武煤电工业园初具规模。全市二氧化硫、化学需氧量、氨氮、氮氧化物较上年分别削减3.1%、1.6%、0.5%和2.1%。扎实推进渭河流域水污染防治三年行动,96个项目已建成11个,完成投资8.6亿元。城乡园林化建设扎实推进,完成营造林3.33万公顷,建设千里绿色长廊157千米、绿色家园生态示范村108个。加强农村环境综合整治,实现全市农村生活垃圾规范化处置全覆盖。

提升群众幸福指数 坚持把民生作为最大的政治,从解决群众最关心、最直接、最现实的利益问题入手,大力实施民生工程,全年共安排10大领域74类843个民生工程,总投资87.5亿元。全面提升群众收入,落实财政支持、小额贷款、税费减免等创业扶持政策,推动各个群体充分就业,新增城镇就业6.3万人、农村富余劳动力转移就业27.3万人。制定《关于促进农民增收的指导意见》,促进农民收入稳步增长。加快发展社会事业,新建96所公办幼儿园已有56所投入使用,学前教育毛入园率89.7%;扎实推进医药卫生体制改革,建成乡镇卫生院45个、农村标准化卫生室1437个,县级公立医院改革全面启动,药品"三统一"和零差率销售覆盖县镇村三级医疗机构。低生育水平持续稳定,人口自然增长率控制在4.7‰。不断强化社会保障,逐步健全统筹城乡的社会保障体系,13个县市区全部纳入城乡居民社会养老保险国家级试点范围,参保209.07万人。新农合、城镇居民医疗保险补助标准分别提高到300元、250元。"蛋奶工程"受益学生人数居全省第一。65岁以上老人免费健康检查和农村孕产妇免费分娩政策全面落实。加快保障性住房建设,新开工保障性住房项目81个41360套(户),累计竣工2.43万套,14071户城镇住房困难家庭喜迁新居。加大扶贫开发力度,出台《关于加强扶贫开发工作的意见》,全面启动以六盘山片区县和旱腰带地区为主战场的新一轮扶贫开发工作,建成扶贫开发重点村41个,9万人实现脱贫。"三告别"工程六年任务三年完成,彻底改变5.4万户22万群众的生产生活环境。

确保社会大局和谐稳定 加强矛盾纠纷排查化解,建立健全化解社会矛盾的体制机制,坚持领导干部带头开门接访、带案下访、包案息访制度,深入开展社会矛盾"大排查、大调处、大防范"活动,集中解决信访突出问题,较好地实现"一控双降"目标。深入推进平安建设"十大工程",切实抓好治安重点地区集中排查整治,坚决扫除"黄、赌、毒"等丑恶现象,群众对社会治安的满意度不断提升。不断深化安全生产"一岗双责"制度,积极开展安全生产隐患大排查大整治活动,对非煤矿山、道路交通、人员密集场所等重点行业领域开展专项整治活动,各类事故起数和死亡总人数均在控制指标以内。

加强政府自身建设 自觉接受人大及其常委会监督,依法执行人大决定决议,认真办理人大代表建议、批评和意见,配合人大常委会开展执法检查、人大代表视察及专项调研。支持人民政协履行政治协商、民主监督、参政议政职能,办理政协提案,采纳委员调研成果。全年办结人大代表建议179件、政协委员提案735件。扎实开展投资发展环境整治年活动,市政务服务中心2012年6月建成运行,建成县级政务服务中心109个、镇便民服务中心157个,村(社区)便民服务中心608个。不断深化干部廉洁自律教育,强化行政审批、招标投标、土地出让、政府采购等重点领域和关键环节的监管,严格查处各类违规违纪案件,确保干部清正、政府清廉。深入开展"三查三进三解"主题教育活动,认真查找在思想作风方面存在的突出问题,各级干部工作作风进一步好转,服务发展的能力明显增强。

(崔阿团)

行政执法

规范性文件审查 市政府法制办认真开展规范性文件合法性审查,充分发挥规范性文件对全市改革、发展、稳定的推动、引导和保障作用。全年共审修规范性文件及其他涉权涉法文件17件。尤其注意出台与群众利益息息相关的规范性文件,如《咸阳市农民工工资支付保障暂行办法》《咸阳市防雷减灾管理办法》等。

行政复议 贯彻执行《行政复议法》及《行政复议法实施条例》。全年市政府法制办受理行政复议申请11件,均在法定时效内办结。案件办理中,注意本着"构建和谐、案结事了"的原则,能调解结案的即调解结案,全年共调解结案2起。

重大协议合同审修 全年市政府法制办共组织审修各类协议合同事项23件,如对《咸阳市智慧城市数字城管项目委托监理合同》《咸阳市东郊污水处理厂二期工程投资建设经营合同书》等一系列重大协议合同,及时组织审修,提出法律意见,确保相关事项的顺利开展。

"公正文明"执法标兵评选活动 经市政府同意,市政府法制办组织开展第三次年度全市"公正文明"行政执法标兵评选活动,通过各县市区和市级各部门层层推荐并进行网络公众投票,评选出30名咸阳市"公正文明"行政执法标兵,促进全市依法行政工作。

(姚铁练)

民政工作

概况 2012年,全市民政系统认真履行"以民为本、为民解困、为民服务"工作宗旨,切实做到以项目建设为抓手,民政公共服务能力不断增强;以落实政策为抓手,民政对象权益得到有效保障;以规范化管理为抓手,民政工作服务水平不断提升;以队伍建设为抓手,民政部门自身建设全面加强,全面完成年度各项工作任务,为建设西咸国际化大都市做出积极贡献。全国社会救助统计工作培训会、全省乡镇民政工作站站长第二期示范培训班等相继在咸阳市召开或举办。至年底，全市民政行政机关在职人员613人，有军干所(中心服务站)11个、综合性社会福利院1个、县级社会福利院1个、县级社会福利老年服务中心11个、街道办事处老年活动中心6个、社区居委会活动站475个、敬老院65个、光荣院6个、休疗中心5个、福利企业25家、军事供应站1个、军事纪念建筑物29处(其中:烈士陵园15个)、救助管理站12个、殡仪馆6个、婚姻登记管理处13个、经营性公墓8个、民政工作站151个、社区中心民政工作站27个(有镇民政工作站工作人员693人,村级民政信息监督员2125人)、社区居委会164个。全市主要民政对象378278人。其中城市低保对象77530人,农村低保对象241042人,农村五保供养对象7456人,享受抚恤补助的重点优抚对象50531人,军队离退休人员553人,孤残儿童1166人。全市各类民政事业经费107431万元,其中城市居民最低生活保障资金支出25619万元,农村居民最低生活保障资金支出30199万元,医疗救助支出6548万元,临时救助支出1646万元,农村五保供养资金支出1184万元,救灾支出(中、省、市)3434万元,抚恤事业费19828万元,军休安置经费14996万元,项目支出2479万元,社会福利支出1500万元。

咸阳市军休社区综合服务中心揭牌仪式　　(市民政局　供)

民政项目建设　咸阳市本级形成西院、东院、北院和咸阳烈士陵园“三院一园”的总体格局。西院以市社会福利大厦、市军休社区综合服务楼为主体,包含市社区网络信息平台、市救灾指挥中心和职工餐厅等,投资1.087亿元,已成为咸阳民政的一张亮丽名片。东院以市社会福利院、市儿童福利中心、市复退军人光荣院为主体。北院规划建设市流浪未成年人救助保护中心、市救灾物资储备中心、市防灾减灾科普宣传教育中心和市退役士兵培训中心。市流浪未成年人救助保护中心项目已开工建设,已完成地下打桩工程。市救灾物资储备中心已完成立项和图纸设计;市防灾减灾科普宣传教育中心已落实土地1.33公顷,前期手续已办结,市退役士兵培训中心已立项并完成图纸设计。咸阳市烈士陵园一期投资1000万元,占地1.93公顷,建成陈列馆、广场、纪念碑等基础设施,已对外开放;二期扩建6.67公顷,已完成规划、设计等工作,土地手续已报省国土资源厅。殡仪馆搬迁计划投资1.2亿元,市委常委会、市政府常务会议已通过。县市区民政项目也进展顺利。2011年社区服务中心建设任务全面完成;兴平市、乾县中心敬老院已投入使用,武功县、礼泉县中心敬老院主体已完工;旬邑县、礼泉县救助管理站年底前完工;三原县福利中心、乾县福利中心、旬邑县夕阳红养生楼等建设项目以及乾县罗家岭烈士陵园、淳化县烈士陵园等扩建项目进展顺利。通过民政基础设施的不断完善,民政公共服务能力进一步提升。

双拥优抚　咸阳市连续六次被评为全国双拥模范城,武功县连续四次被评为全国双拥模范县。全面落实重点优抚对象新的抚恤补助标准,共下拨抚恤补助资金1.96亿元。义务兵家属优待金按新标准足额发放,全市共发放优待金3986万元。安排500多名老复员退伍军人到市光荣院休疗,并开展“为烈士寻亲”、清明节革命烈士陵园祭扫等活动,营造缅怀先烈关爱英雄的浓厚社会氛围。零散烈士纪念设施抢救保护工作走在全省前列。认真学习贯彻新的《兵役法》和《退伍士兵安置条例》,顺利完成退役士兵和转业士官接收安置任务。制定《咸阳市退役士兵职业教育和技能培训资金使用管理实施细则》,在咸阳职业技术学院等6所定点培训院校,分两期对1250名退役士兵进行职业教育和技能培训。军休干部“两项待遇”(政治待遇、生活待遇)全面落实,房改工作进展顺利。建立涉军稳定活动风险评估制度,涉军稳控和信访督办工作成效显著。

专项社会事务管理　在全市社会组织中继续开展“基层组织建设年”和“创先争优”主题实践活动,新建党组织9个;在市本级30个社会组织中开展评估工作,对262个市本级社会组织年度检查,优化社会组织发展环境;办理社团和民办非企业单位准予登记23个,变更登记13个。《政区大典·陕西卷》咸阳部分的编纂工作进展顺利,咸阳行政区域界线详图集审定和地名数据库采集工作基本完成。婚姻登记处达标升级工作有序开展,服务质量不断提高。

殡葬改革　市政府出台《关于加快推进全市殡葬改革工作的意见》和《关于建立我市困难群众殡葬救助制度和殡葬基础设施建设补助政策的意见》,确定秦都区、渭城区和武功县为殡葬改革试点县。积极落实困难群众殡葬救助政策,将见义勇为牺牲人员和土葬区自愿火化村民一并纳入救助范围。大力推进城市公益性公墓建设,市政府同意建设用地由政府无偿划拨,并补助每个公墓50万元。秦都区、兴平市、武功县城市公益性公墓建设进展顺利。

(梁江峰)

扶贫开发

概况 2012年,全市扶贫工作认真贯彻落实中省扶贫会议精神,以增加贫困人口收入为中心,以集中连片特困地区为主战场,以实施"一村一策、一户一法"方略为重点,全面推进专项扶贫、行业扶贫和社会扶贫,着力改善贫困地区发展条件,提高贫困群众自我发展能力。

扶贫调研 围绕中省扶贫会议精神贯彻落实,市委、市政府成立扶贫专项调研领导小组,市委副书记卫华、副市长严维佳担任调研领导小组正、副组长。市委办公室、市委政策研究室、市政府研究室、市扶贫办、市财政局、市水利局、市林业局、市农业局、市交通运输局、市国土资源局共10多个部门,抽调20多名人员,分两个调研组,紧紧围绕贯彻中央扶贫开发工作会议精神,采取召开座谈会,走访乡村干部,现场查看重点村户等方式,对全市11个县市新世纪前10年扶贫开发工作情况、当前农村贫困状况、致贫原因、面临的困难和问题等,进行全面调研。形成《咸阳市新阶段扶贫工作情况报告》《咸阳市新阶段扶贫移民搬迁工作情况报告》《咸阳市新阶段扶贫整村推进工作情况报告》《咸阳市新阶段扶贫产业发展工作情况报告》《咸阳市新阶段贫困户素质建设工作情况报告》等15份调研报告。各县市也按照市上的统一安排部署,广泛开展调研。通过调研,对新阶段前10年的扶贫工作进行全面总结,摸清咸阳市扶贫现状,提出初步规划。4月12日和13日,市长姜锋带领有关市级领导,深入乾县、礼泉县、三原县、泾阳县等县,专项调研旱腰带地区扶贫开发工作。同时邀请省交通运输厅、省扶贫办、省水利厅领导参加调研并指导工作。通过调研,进一步明确旱腰带扶贫工作的思路,把解决干旱缺水问题作为首要任务,加强基础设施建设。把移民搬迁作为旱腰带地区扶贫开发的核心和关键,培育壮大特色产业,切实增加群众收入。把旱腰带地区作为全市扶贫开发的重中之重,创新思路,强化举措,加大投入,坚决打好扶贫开发攻坚战,让贫困群众和全市人民同步迈入小康社会。

编制规划 经过深入调研,编制《咸阳市〈中国农村扶贫开发纲要(2011~2020年)〉实施意见》《咸阳市旱腰带特困片区扶贫攻坚规划(2011~2020年)》《六盘山片区咸阳市连片特困地区区域发展与扶贫攻坚规划》,提出扶贫开发和国家重点特困片区扶贫开发的指导思想、基本原则和目标任务,明确扶贫开发的对象和范围、工作内容和重点,并在保障措施以及组织领导方面提出具体方案。重点分析全市旱腰带、六盘山特困片区的基本情况,提出旱腰带扶贫的指导思想和基本原则、发展目标和实施步骤,并涉及旱腰带扶贫的内容和途径、规划建设项目、政策保障、组织领导情况。

整村推进 2012年,咸阳市整村推进共投入财政扶贫资金6670万元,其中41个整村推进项目4100万元,共新修村庄街道水泥路78.2千米,排水渠10千米,整修村庄街道20条,建沼气池380座,安装太阳能热水器120台,民居改造2099户,绿化美化1万平方米,修建U形渠8.7千米,修建基本农田100公顷,建成小型水利工程3处,道路配套5000平方米,修缮学校4所,建成村级文化活动室8个,医疗室5个,安装路灯319台套,修建村级活动广场15个,项目村的基础设施和村容村貌发生显著改变。扶持贫困户发展苹果、核桃、烤烟、葡萄等种植业1786.67公顷,扶持发展猪、羊、鸡等养殖业8.66万头(只),新建蔬菜大棚20个,扶持农产品加工户26户,贫困农户的收入显著增加。

移民搬迁 2012年,省上共下达咸阳市扶贫移民搬迁财政资金5371万元,涉及47个村,计划搬迁1856户8297人。已完成扶贫移民搬迁1856户8297人搬迁建房任务,其中964户搬迁户入住新居。基础设施配套建设47个村,共新修硬化水泥路37.7千米,衬砌排水渠(沟)43.6千米,铺设饮水管网12.2千米,建设输电线路2080千米,铺设地砖1800平方米,建设广场3000平方米。移民新村(点)基础设施配套建设项目任务基本完成。

贫困户增收 ①小额到户扶贫贷款。2012年,省上下达咸阳市小额到户扶贫贷款规模8300万元。咸阳市实际投放9329.90万元(信用社4034.68万元、邮政储蓄银行2594.50万元、农行1220.00万元、互助资金1480.72万元),扶持120个镇、665个村、398个重点村、9851户贫困群众发展种植、养殖、加工、运输等产业,特别是苹果套袋、蔬菜大棚、笼养鸡、养兔等产业增收效益明显。②贷款贴息项目。2012年的计划任务共17个,安排贷款额度16950万元。③互助资金项目。咸阳市共有167个互助资金协会,全部注册并开展工作,项目村总户数189492户,804775人。其中,贫困户99912户,413210人。资金总量3242万元,发放借款8466笔,借款总额3366万元。已回收借款6015笔,回收资金2173.20万元。④产业扶贫项目。2012年,省农发扶贫办下达咸阳市产业扶贫项目23个,涉及财政扶贫资金1755万元。

贫困户能力建设 ①"雨露计划"。2012年省农发扶贫办下达咸阳市"雨露计划"培训任务4360人资金767万元,涉及10所培训学校。全市"雨露计划"培训实际招生4210人。正在进行人数核实和第一次40%报账资料的准备工作。②实用技术培训工作。继续按照实用、实际的原则进行农民实用技术培训,全年共培训10万人次。③大学生资助项目。2012年省农发扶贫办下达咸阳市大学生资助项目2600人1146万元,资金通过"一卡通"发放到贫困大学生手中。

社会扶贫 继续深入推进中央定点扶贫、通咸扶贫、“企村扶助行动”和省市级“两联一包”等社会扶贫工作。全年共争取各类社会扶贫资金4000多万元，支持贫困群众搬迁和发展生产。其中，中国银行总行扶贫资金550.7万元、南通市援助资金160万元、省级“两联一包”参扶单位投入各类帮扶资金919.35万元、香港嘉里集团郭氏基金会在淳化县投资617.50万元、“企村扶助行动”144家企业投入帮扶资金1000.53万元，市级“两联一包”落实帮建资金666.57万元，不断拓宽社会扶贫范围，争取社会扶贫单位开展智力扶贫。争取清华大学在咸阳市13个县市区各建立一个远程教育教学网站，所有远程网站全部开通，发挥作用。并组织77名中小学教师、教育局长和建站学校校长赴清华大学面授10期。

贫困人口识别与建档立卡 严格执行个人申请、村组评议、镇审核、县级审批、公告公示等程序，确定贫困户，完善和加强贫困户信息管理，逐户建档立卡，做到户有卡、村有册、镇有簿、县有完整资料档案，全市83.3万贫困人口的录入建档立卡工作已全部完成。

旱腰带扶贫攻坚 旱腰带地区人畜饮水困难，生产生存条件很差，是咸阳市扶贫开发一块难啃的“硬骨头”，是咸阳市确定的市级连片特困地区。市上出台专门的攻坚规划，规划在旱腰带地区实施“农民增收工程、生活生产用水工程、交通网络体系建设工程、移民搬迁工程、林业绿化工程、生态环境治理工程”六大工程。2012年，咸阳市财政已投入3000万元，市级相关部门投入行业资金8亿元，新修乡村公路50千米，修村组道路35千米，维修农村公路880千米，新打机井13眼，新修人饮工程15处，解决15万人的饮水问题，治理水土流失面积650平方千米，新增基本农田3333.33公顷，搬迁贫困群众3000多人，旱腰带扶贫攻坚规划启动实施。

（宫永锋）

人力资源

公务员管理 坚持“凡进必考”制度，为市县乡三级行政机关招录公务员212名。健全完善公务员管理机制，积极开展公务员数据信息采集和录入工作，建立公务员管理信息库。强化公务员培训，坚持凡进必训和逢晋必训制度，创新培训办法，以加强延安精神、职业道德等培训为重点，开展公务员初任、任职、专门业务和更新知识培训，全市培训公务员2600多人，公务员队伍整体水平和依法行政能力全面提高。深入开展做人民满意公务员活动，做好公务员表彰奖励和年度考核工作，组织完成市级125个行政机关和参管事业单位5113人的考核备案，称职等次以上97.4%，推荐表彰先进集体81个，先进个人164名。公务员遴选、转任、晋升、回避、交流和辞职辞退等工作都正常开展。

人才队伍建设 以专业技术人才和高技能人才队伍建设为重点，继续实施“三五”人才工程，推荐享受国务院特殊津贴专家9人，省级顶尖人才5名，批转省级“三五”人才6名。不断完善职称制度改革，开展镇卫生专业技术职称改革试点，组织2.75万人的全国职称外语、一二级建造师和计算机应用能力等级考试，完成教育、工程、农业、卫生等14个系列2234人的中级职称评审和755名高级职称批转工作。组织实施“人人技能”工程，完成4.2万人的职业技能鉴定考核工作，全市新增高技能人才9412人，培养技师和高级技师174人。开展劳动技能竞赛，咸阳市高级技师董兆军获“第十一届全国技术能手”称号。积极实施农村基层人才队伍振兴计划，为基层招聘从医、从教、从事农技服务工作人员308人，助学金项目74人。加大引智工作力度，执行引智项目18个，引进外国专家120人次，着力解决工农业生产技术难题。加大农村实用人才培养选拔力度，培养农村实用人才1万名。

工资人事制度改革 进一步规范工资收入分配制度，联合市级有关部门顺利完成410个机关事业单位22259人的津补贴和绩效工资调整工作。建立健全企业工资三方协商机制，实行工资指导线制度，落实企业最低工资标准，努力提高企业职工工资收入。继续深化事业单位人事制度改革，坚持公开招聘制度，组织完成全省统一公开招聘中小学、幼儿园教师工作，为全市招聘新任教师308名。规范完善事业单位用人机制，按照“因事设岗、按岗聘用、竞争上岗、合同管理”的原则，加强岗位设置后续管理，完善人员聘用制度，全市共办理事业单位岗位聘用核准备案6854人。

军转安置工作 进一步完善军转安置办法，强化适应性培训，完成93名军转干部安置任务。落实企业军转干部解困政策，开展“走百家企业、访千名军转干部”活动，对85名困难军转干部进行个案救助，发放解困资金1400多万元。完善信访维稳工作机制，制定突发事件应急处置预案，建立重大事项社会稳定风险评估机制，落实领导带班、干部值班和领导接访制度，实行“五包”责任制，对重点部位和重点人群中的不稳定因素进行认真排查，全面监控，提前介入，合理处置，把问题消灭在萌芽，有效维护社会和谐稳定。根据省政府文件精神，并结合咸阳市的实际情况，对全市13个县市区和53户企业军转干部的在岗、下岗（内退、失业）情况进行调查统计，建立核实工资台账。及时审批企业主管部门上报的《咸阳市军转干部生活困难补助申请表》。全年审批市属企业在岗、下岗、内部退养、失业企业军转干部补助人员共计165人，审批金额合计167.5万元。

劳动关系 促进职工收入与企业效益同步增长 根据咸阳市经济社会发展状况，提高落实最低工资和津贴标准。从2012年起以15%的年均增长幅度强化企业工资增长指导线的作用，推行企业工资集体协商，使纺织行业等企业工资大幅提高。根据省人社厅2012年度全省企业职工工资增长的调控目标及咸阳市企业2012年度工资指导线,已审批18户市属企业上报的工资指导线增资报告,平均增幅15.18%。

提高劳动合同签订率　以中小企业、服务业、个体工商户为重点,不断提高劳动合同签订率。规范劳动合同管理,开展“春暖行动”,劳动合同签订率90%以上。全市企业劳动合同签订率为96.36%。其中国有及国有控股企业签订率为99.63%,内资企业签订率为96.35%,港澳台投资企业签订率为96.42%,外商投资企业签订率为96.83%,农民工签订率为64.12%。

对全市劳务派遣工作全面摸底　根据省上《关于对全省劳务派遣单位开展摸底调查工作的通知》文件要求,对全市劳务派遣单位进行全面的摸底调查。咸阳市共有劳务派遣单位49家,被派遣劳动者约有3.8万人。其中,劳务派遣用工单位行业主要分布在建筑业、机械加工业、石油化工、制造业、服务业等行业。劳务派遣单位的注册资金分为:50万元、100万元、200万元不等;一般的劳务派遣单位都设有办公室、人力资源部、财务室,配备的人员为5人~20人。劳务派遣单位劳动签订率在95%以上。通过调查了解,这些劳务派遣单位在实际工作中普遍认为有招工难、人员素质和能力偏低、社会保险缺项、年轻人期望值偏高等现象。存在问题有劳务派遣市场不规范、同工不同酬现象、被派遣人员顾虑用工单位工资、福利待遇不能及时落实,担心维权得不到当地政府支持等。

推进工资集体协商制度　贯彻落实上级对工资集体协商的总体要求,全市各级集中力量,上下联动,依法推进企业普遍开展工资集体协商,通过开展多形式、多层次的协商要约,采取“上代下”、“上参下”等灵活多样的协商办法,坚持重点突破与全面推进相结合,注重分类指导,充分发挥工资集体协商指导员队伍作用,形成推进工资集体协商的强大声势,维护职工经济权益,促进劳动关系和谐稳定,推动企业健康发展与社会和谐稳定。

劳动保障监察　2012年,全市共开展各类劳动保障专项执法检查4次,检查用人单位3342户,涉及劳动者16万人;发出询问通知书2032份,责令改正决定书812份,督促用人单位补签劳动合同2万余份;受理各类群众举报投诉874起,立案查处766件,办结766件,时效结案率100%,超过省市下达的98%时效结案率两个百分点;接待来访群众1340人次,答复电话、信函和网络咨询1756次,参与处理突发群体性事件20起;开展集中法规宣传6次,发放宣传资料3.5万份,依法为农民工追讨工资3122万元,完成各项工作任务。

用工年检和日常监管　继续加大“网格化”监察和“网络化”管理工作力度,实行监察人员分片到户,责任到人,采取审查资料与实地检查相结合的方式,加强劳动保障年检工作力度,对辖区内各用工单位进行全面排查。通过发放企业年审自查登记表、走访用工单位等方法,全面了解企业在支付劳动报酬、签订劳动合同、缴纳社会保险以及女工及未成年工特殊劳动保护等方面的情况,不断完善用人单位用工数据,对市管用人单位做到“一户一档”、“一户一评”,实现对用人单位的重点监管和跟踪监控,依法督促800多户用人单位参加社会保险。

专项治理　2月~3月,对全市人力资源市场进行全面清理和规范,共检查职介机构88户,取缔未经许可登记擅自从事职业中介活动“黑职介”15家,遏制职业介绍领域的违法犯罪活动。5月~6月,开展用人单位遵守劳动用工和社会保险法律法规情况专项检查,重点对全市劳务派遣企业、招用农民工较多的建筑、制造、餐饮和其他中小型劳动密集型企业及个体经济组织进行依法检查。共检查小型用工企业1830户,涉及劳动者62451人,查处未登记注册和被吊销撤销营业执照仍在非法从事经营活动的单位31户,下发责令整改书248份,责令支付及补偿赔偿金66.01万元,为广大求职者创造一个良好的择业环境。

“维权追薪”　全市专项检查共检查用人单位1245户,涉及农民工8.13万人,为689名农民工追讨工资1376万元,形成防范和打击农民工工资拖欠案件的高压态势,确保农民工工资能够按时足额兑现。利用劳动监察机构服务平台,对全市建筑施工工地工资发放情况逐步推行“一表清”制度,对建筑施工工地中所涉及的开发商、施工单位、劳务公司及普通劳动者的基本情况进行统一管理,监控工资支付情况。开通维权“绿色通道”,畅通12333举报投诉电话,实行工作人员24小时值班,同时还利用来人、来信、网络等有效途径接受群众投诉,对涉及农民工欠薪案件做到有诉必查,有查必果;对存在拖欠工资问题的用人单位,严格按照有关规定及时进行调查,坚决做到快速受理、快速查处、快速结案;对恶意欠薪、欠薪逃匿案件以及涉嫌诈骗犯罪的工资拖欠案件,移交公安机关依法处理;对于由工资拖欠引发的突发事件,坚持劳动监察人员第一时间赶到现场,做好解释、协调工作,确保事件平稳解决。先后与公安、信访等部门协作,依法及时处置建筑工地农民工群体讨薪事件。

劳动人事争议仲裁　2012年,市劳动人事争议仲裁中心共受理劳动人事争议案件162件,接转上年度未结案件数11件,当期结案166件,时效结案率94.27%。涉及劳动者181人,共为劳动者挽回经济损失约300万元,共接待群众咨询2000余人次。完成《拖欠农民工工资类劳动争议案件专报表》的月报和快报,《劳动人事争议调解和仲裁统计表》《仲裁机构立案受理的重大集体劳动争议案件情况表》《劳动人事争议仲裁情况统计分析报告》等季报、年报和统计分析报告工作。这些统计工作的开展,对部省领导机关把握劳动人事争议案件的发展趋势和规律,起到重要作用。

(常　虹)

外事工作

概况　2012年,咸阳市共接待来咸友好访问团组10批次,办理因公出访人员59批次。

出访　4月3日，市委书记千军昌率咸阳市友好代表团一行6人访问莫兰德市，双方签署“莫兰德市议会——咸阳市人民政府经贸合作协议书”，标志着两市的友好交往迈入一个全新的时期。4月，市委常委、常务副市长赵润民率咸阳市友好代表团一行6人访问美国纽约州罗切斯特市。访问期间，代表团拜会罗切斯特市市长，双方续签友好城市协议书，探讨两市互派公务员研修交流的具体事项，进一步了解罗切斯特市政府工作的运转情况和公务员管理体制。7月12日～16日，咸阳市派遣手工艺家陈恩慧、马团周及翻译南红艳赴土耳其萨利市参加萨利市国际手工艺术节，与国外手工艺家交流，宣传中国手工艺术。7月17日～20日，以市长姜锋为团长的咸阳市政府代表团一行6人访问土耳其萨利市，访问期间，双方签署建立友好城市关系备忘录。7月20日～8月2日，由咸阳市实验小学校长纪耀明为团长的咸阳市教育代表团一行15人访问美国纽约州罗切斯特市，访问期间，代表团住在寄宿家庭，考察该市大学，与美方师生交流，加强两市教育交流。10月18日～24日，以副市长车建营为团长的咸阳市教育代表团一行5人赴美国纽约州罗切斯特市访问，访问期间，两市领导商讨咸阳市中学教师赴美国中学交流研修等有关事项，考察罗切斯特市昆纳斯中学、莫尔非中学，并与美国中学师生开展交流，考察校园建设。12月11日～16日，咸阳市中学生代表团一行26人赴韩国义城郡访问，访问期间，代表团一行参观考察义城中学、安溪中学，并与当地师生交流。

来访　3月10日～13日，冰岛雷克雅内斯贝尔市市长阿尼·西格富松率友好代表团一行5人对咸阳进行友好访问。市长姜锋会见代表团一行，双方签署两市建立友好城市关系备忘录。访问期间，代表团赴绿源公司、西部机场集团及泾阳县云阳镇温室农业示范点考察。3月12日，意大利保罗·布朗一行访问咸阳。市委常委、常务副市长赵润民与代表团一行就农业资源的合作开发进行座谈。4月3日～7日，以副郡守申再杰为团长的韩国义城郡代表团一行5人访问咸阳，市委常委、副市长陈俊锋会见代表团一行。代表团一行出席第十六届西洽会开幕式，考察咸阳职业技术学院、子午轮胎公司、武功县刺绣制作等一村一品项目。5月10日，以奥通巴耶娃为团长的吉尔吉斯斯坦友好代表团一行6人访问咸阳。市委常委、常务副市长赵润民会见代表团一行，代表团考察西北二棉，促进双方在纺织业领域的合作与交流。5月24日，韩国驻西安总领事馆总领事全哉垣先生一行访问咸阳，市委书记千军昌会见全总领事一行。全哉垣一行赴中韩合资企业陕西蓝鸟生物质能发电有限公司考察。5月14日～17日，澳大利亚莫兰德——咸阳友好促进委员会常务理事、墨尔本皇家理工大学公共艺术学院教授杰夫·霍格一行2人访问咸阳，市委常委、常务副市长赵润民会见来宾。来宾考察咸阳师范学院和咸阳职业技术学院，并与咸阳职业技术学院签署两校合作协议书。8月7日～11日，韩国义城郡教育支援课长罗永圭率义城郡中学生代表团一行22人来咸访问。访问期间，代表团一行赴咸阳启迪中学及武功县普集中学交流。10月21日，以克罗帝奥·卡查为团长的意大利DOMO集团访问咸阳。市长姜锋会见代表团一行。双方就在咸阳市投资葡萄酒生产和核桃深加工进行深入交流。11月24日～25日，冰岛外交与外贸部常务秘书长恩纳·古纳松一行来咸访问。市委常委、常务副市长赵润民会见恩纳·古纳松一行。访问期间，外宾考察西安咸阳国际机场和绿源公司，此次访问加强双方航空、地热资源开发与利用等方面的交流与合作。12月4日，意大利城市规划建筑设计师盖特一行访问咸阳。副市长严维佳会见盖特一行。双方就葡萄酒生产、苹果出口等合作项目进行详细交流并确立对接单位。

（李苏迎）

信访工作

概况　2012年，全市信访工作围绕15类重点群体稳控和省上年初下达的“一控双降”目标任务，狠抓“信访工作落实年”活动。全年召开联席会议扩大会议8次、各类工作会汇报会12次、信访问题研判会议5次、案件交办会议15次，工作部署到位。组织专项督查督办、联合督查38次，下发督查通报7期，跟踪问效到位。累计召开信访问题协调会议238次，现场协调解决房产办证、小区供热、民工工资、住房困难等信访问题7类372件；召开信访老户问题答复会18次，问题解决到位。发出工作提醒函、督办函28份，编发《信访摘报》10期，《领导送阅件》12期，《信访情况》33期，《今日信访要情》66期，《驻京信访工作简报》24期，信息处置到位。640件群众来信办理及时准确无差错。办理市长信箱邮件2580件，受理网上投诉986件，回复及时，群众满意。受理专线电话4570个，事事有回音，件件有着落。全年接待来市上访9246人次，受理群众信访事项1718件，协调化解1563件，化解率91%。中省交办案件120件，按时办结120件，按期办结率100%；市立信访案件73件，按期办结70件，按时办结率95.8%。全年组织开展4次矛盾纠纷排查专项活动，累计排查各类矛盾纠纷5897件，化解5683件，化解率94.5%。从各种渠道获取各类重点群体信访信息58条，成功预防42次重点群体串联信访；建立涉军、企业改制等15类重点群体和重点人信息档案，全年组织重点群体对话40次。组织开展驻京、省集中劝返活动4次，劝返上访208人次，十八大、全国“两会”期间的劝返工作两次获全省先进；参与市上重大活动接访劝返51次。按期办理信访积案77件，三级终结信访事项32件；申报中省专项资金512.64万元，化解疑难信访问题50件。13个县市区进入全省“三无”县市区行列，成为全省唯一所有县市区实现“三无”的地市。中省市“两会”以及省、市党代会期间集中劝返工作任务，均实现会议期间“零集访”目标，党的十八大期间咸阳市没有发生进京集体上访、无一人进京非访和滞留，实现市委市政府提出的“零集访、零非访、零滞留”目标。集中劝返工作2次被省联席办(处理信访突出问题及群体性事件联席会议办公室)表彰嘉奖,2名干部评为全省信访工作先进个人,市信访局被评为全国信访系统先进集体,并受到人社部、国家信访局联合表彰。

集中劝返 2012年,全国"两会"和党的十八大期间,分管信访的市级领导带领各县市区主管领导和公安、信访干部驻京接访,累计召开工作会议9次,编发工作简报24期,共计劝返进京人员63人次,圆满完成目标任务,两次集中劝返都被评为先进集体。省"两会"和党代会期间,赴省劝返,两次劝返赴省上访35人次,顺利实现"零集访、零登记"目标,受到省联席办的贺电表彰。市"两会"及市上重大活动期间,市信访局多次参与安保维稳工作,累计妥善处置赴会上访6批231人次,确保会议和重大活动正常进行,受到市委市政府的充分肯定。

领导干部接访 年初,市委、市政府下发《关于市级党政领导和市级有关部门主要负责同志接访(约访)时间安排的通知》《市级领导包抓重点信访案件的通知》等文件,将市级领导接访日期、领导的姓名、职务、分管工作等内容在信访大厅公示。8月以来,每天安排一名市级领导到市接待中心坐班接访。各县市区都实行县级领导值班接访工作制度,每天安排一名县级领导到县信访接待大厅值班接访、到包抓镇(办)接访、走村入户下访,现场协调化解问题。按照《领导干部定期接待群众来访工作的实施意见》要求,全市各级领导带头定点接访、重点约访、专题接访,包抓处理重点信访案件。全市各级领导干部通过接访下访活动共接待上访群众17748批52266人次,受理各类信访事项12385件次,化解各类信访案件11642件次,化解率94%。全市领导干部接访的成功经验和实效成为全省典型。全市各县市区和部门经常组织干部深入镇办、社区和村组,对一些重点信访案件跟踪督办,及时化解矛盾纠纷。据统计,全市共有5万多名机关干部深入2767个行政村和企事业单位,排查化解矛盾纠纷3000多起,为群众办实事8570多件,解决难题4500余件。逐案及时回访落实工作责任。市联席办、各县市区联席办都建立工作台账,对领导接访的信访问题发生地、责任单位、产生原因、接待处理意见、办理结果等要素详细备案,由市委市政府督查室牵头,纪检、组织、人社等相关部门配合,及时回访,严格督查,确保件件有着落、事事有结果。全年全市各级党政领导和信访干部回访1127人次,督促落实信访案件2389件,领导干部接访下访工作走在全省前列。

信访积案化解 按照中央联席办"2012年8月底前要基本化解现有信访积案"的要求,市联席办对全市中省交办案件以及市立信访积案及时进行归类梳理,以市委办、市政府办文件下发《咸阳市市级领导包抓重点信访案件的通知》,对中省交办的77件信访积案和市上确定的21个疑难重点案件,明确市级包案领导,由涉案县市区和部门逐案制定化解措施,并4次组织联合督查组督导检查,促进工作落实。17名市级领导按照联系的部门和分管领域,对各自包抓信访案件,亲自约谈上访人,召集有关部门反复协调,推进案件化解。包抓重信重访案件的市级领导多次深入包抓县市区,主持召开听证会、研判会,吃透案情,理清思路,制定切实可行的化解措施,督促落实。对案件复杂,缺乏政策依据和支持的,包抓领导上门做上访人思想工作,宣传解释政策,提供必要的帮助,积极转化上访人。对个别无具体诉求但长期上访的人员,包案领导认真分析研究,综合运用思想教育和法律、经济、行政等手段,因情、因案施策,提出解决问题的具体意见。2012年,中省各级先后交办咸阳市信访积案77件,其中2月20日交办57件,截至6月底全部办结,结案率100%,大部分信访人已经息诉息访,息诉率80%,位居全省第一。办理三级终结案件32件,终结后息诉1件。"五清"活动(清理中省市县交办的信访积案、清理超时未办结的信访事项、清理重复来县去市赴省集体访事项、清劝在京滞留上访人员、清劝长期在省市县委、政府办公场所滞留的上访老户活动)以来,国家信访局转送咸阳市的24件信访事项已办理22件。

基层基础工作 基层信访网络建设进一步加强。按照"小矛盾小纠纷由小组调解员调解,跨组矛盾纠纷由居(村)委调委会直接调解,复杂纠纷由镇办调处中心协调化解,重大矛盾纠纷由县市区综治委协调调解,突出矛盾纠纷由市联席办及有关职能部门联合调解"的工作机制,全市建成182个镇办矛盾纠纷调处中心、2767个村级工作站,每个村小组都确定一名调解员,形成市、县、镇、村、组五级矛盾纠纷排查化解工作网络。形势研判形成制度。坚持信访稳定形势月研判制度,重点排查化解因企业改制、房屋拆迁、土地征用、涉法涉诉、医患纠纷等可能引发的突出矛盾和苗头性信访问题,对排查出的突出信访问题和不稳定因素重点研判分析,集中力量查办,将矛盾和不稳定因素解决在萌芽状态。全年市、县两级累计召开各类分析研判会议93次,研判重大信访问题318件,协调化解信访问题302件。按照"用群众工作统揽信访工作"的要求,始终把机制创新作为加强基层基础工作的有效途径,市、县两级信访接待中心坚持"一站式接待、一条龙服务、一揽子解决"的工作原则,对来市、县信访的群众,按照集中登记、归口分流、联合调处的工作步骤,切实做到来访问题化解在接待中心,矛盾纠纷解决在基层,上访人员吸附在当地。旬邑县、长武县成立群众工作部,旬邑县、彬县在镇(社区)建成群众工作站,永寿县在镇(社区)成立社会服务管理中心,武功县、淳化县用群众工作统揽信访工作试点推进顺利。

稳控各类重点信访群体 咸阳市涉军群体、襄渝铁路民兵、国地税系统助征员、西飞公司精简下放人员等重点群体10余类,涉访人数较多。由市委市政府督查室牵头、市直有关部门配合,对中、省出台的各项政策落实兑现情况进行重点督查，并建立市、县、镇三级稳控包联责任制，定期组织与重点群体对话沟通40次，确保人员稳定。每逢重大节日和中省重大活动，都组织走访慰问，给重点人及部分家庭生活困难的人员送去慰问，使这部分人感受到党和政府的温暖，全年共走访慰问37次。针对省上已有政策的涉访群众，市信访局4次组织专项检查，要求各县市区按照财政投入比例全额落实资金，确保政策按时落实到位，涉访人员安心生活。妥善处置苗头信息。2012年，共获取重点群体聚集上访信息51条，成功处置42次聚集上访，“五一”、“八一”、“十一”以及中省各级重要会议前，部分重点群体策划的全国、全省聚集活动中，咸阳市很少有人参与，重点群体稳控效果明显。

（池　做）

地方志工作

概况　2012年，咸阳市地方志编纂委员会办公室以发展繁荣独具特色的方志文化为己任，深入贯彻《地方志工作条例》和《陕西省实施〈地方志工作条例〉办法》，全面完成年度目标任务。《咸阳年鉴》(2011)蝉联“全国年鉴编校质量特等奖”，市方志办被评为2012年度全省综合年鉴编纂工作先进单位和全省旧志整理工作先进单位，2012年度全市目标责任考核优秀单位，被市委、市政府授予文明单位标兵称号。

全市地方志工作会议召开　2月15日，全市地方志工作会议召开，市委常委、宣传部长唐利如主持会议。市人大常委会副主任、市地方志编纂委员会副主任吴养民，副市长、市地方志编纂委员会副主任车建营出席会议，省地方志办公室副主任王新中等应邀莅临会议，各县市区地方志办公室主任，市级各专业志承编单位秘书科长、编辑共100余人参加会议。会议回顾总结2007年以来五年间全市地方志工作的成绩和基本经验，提出“十二五”期间全市地方志工作的总体要求、目标任务和工作措施。要求以科学发展观为统领，以地方志工作法规为依据，以服务全市经济社会发展为出发点和落脚点，坚持修志与用志并举的方针，围绕大局，服务中心，在实施“文化兴咸”战略中实现方志文化的大发展大繁荣。具体工作任务概括为“一为先，三并进”，即以二轮修志为先，推动年鉴、网站、用志三项工作齐头并进。会议表彰“十一五”期间全市涌现出的地方志工作先进单位15个和先进工作者31名，以及《咸阳年鉴》(2011)编纂工作先进个人30名。

二轮修志工作　《咸阳市志》编纂工作取得阶段性成果。全年征集《咸阳市志》资料200多万字，累计征集资料500多万字，占资料征集任务的80%以上；完成政区、人口、水利、文物、体育卫生等编30万字的文字稿件编辑任务和人物部类40万字的稿件撰写任务。市级专业志编纂工作进展明显。承担86部专业志编修任务的78个部门中，又有10个部门启动修志工作，全市开展专业志编修的部门50多个。年内先后完成初稿的有《科技志》《建设志》《人口和计划生育志》《妇女志》《金融志》等5部，终审《审判志》《档案志》《建设志》《咸阳职业技术学院校区建设志》。第二轮县市区志编纂工作扎实推进。《永寿县志》10月出版发行；《旬邑县志》3月召开二审会议，提出修改意见和建议百余条，11月，完成《旬邑县志》二审意见修改任务。指导长武县加大县志资料补充力度，重新修改完善篇目大纲，完成《长武县志》总纂；加大督促检查力度，促使秦都区、兴平市、三原县、淳化县等县市区完成80%以上志书资料征集任务，渭城区、泾阳县、武功县、乾县、彬县等县区在抓紧收集资料。县市区加大二轮修志工作的推进力度。6月28日，兴平市召开地方志工作会议，9月4日，武功县召开二轮修志工作促进会，9月，由乾县政府办联合督查室、考核办、县志办组成联合检查组，对修志涉及的126个单位进行全面检查，11月28日，渭城区召开第二轮修志工作推进会，从各个方面推进二轮修志工作。

年鉴工作　《咸阳年鉴》(2012)在提高编纂质量的基础上，进一步缩短出版周期，增强时效性。制定严格的编辑校对规程，对资料征集、编辑校对、版式审定、宣传彩页、出版印刷等各个工作环节，明确提出工作质量细则、完成时限。采取缩短出版周期、提前介入各个环节等措施，科学统筹、合理安排。10月，《咸阳年鉴》(2012)由陕西人民出版社正式出版发行。全书设37个类目、220个分目、11个子分目、1386个条目，共计140万字。彩色插页64个。全面系统地反映咸阳市2011年自然、经济、政治、文化和社会的基本情况。在保持大的框架设计和篇目设置的前提下，突出年度特色和地方特色，新设立国务院总理温家宝来咸调研考察、“三为”创先争优主题实践活动、统筹城乡发展、“三告别”工作、第六次全国人口普查、智慧城市建设、西咸新区建设、北塬新城建设、咸阳市新兴纺织工业园、示范镇建设等新的栏目，更新咸阳市基本地理情况资料，增加文化和民生部类的比重，刊登咸阳市非物质文化遗产和咸阳市农村老年人生存状况、农村留守妇女儿童情况等内容，并特别组织“建设现代新都市、和谐新咸阳”（分“实施工业主导战略”、“实施文化兴咸战略”、“实施生态优市战略”、“实施民生优先战略”等四部分）和“国家卫生城市、民生幸福之都”等彩页专题，力求以图文并茂的形式，全方位、多角度反映咸阳市的发展轨迹和建设成就，为社会各界了解认识和研究咸阳提供翔实的、权威性的资料。县市区综合年鉴编纂工作快速推进，2012年彬县、永寿启动年鉴编纂工作，全市开展年鉴编纂工作的县市区11个，年内有秦都区、兴平市、乾县、三原县、永寿县、淳化县、彬县等7个县市区相继完成各自年鉴的编纂或出版。

地情信息化建设　充实完善地情资料库建设。完成《咸阳年鉴》(2011)和秦都区、渭城区、兴平市、武功县、乾县首轮志书500多万字内容的录入任务，更新市情概览栏目内容，新增方志论坛栏目的领导讲话和专家发言内容。做好全市地情网站建设的督导工作。制定下发《关于切实做好2012年陕西省地情网站群建设以奖代补项目建设工作的通知》,对网站群建设提出具体要求,指导兴平市、武功县等完成项目建设任务。通过咸阳地情网这一平台,向《中国地方志》《中国地方志通讯》《陕西地方志》、陕西地情网、咸阳政务信息网发送各种信息60余条。同时编发《咸阳方志》12期,向各县市区和市级各相关单位及时通报全市二轮修志工作的情况。

方志队伍建设 加强业务研讨。市志办年初制定《2012年度政治和业务学习计划》,做到业务学习研讨的时间、内容、组织和参与者四落实。成立业务指导组,各成员分类别分重点承担学习研究课题,坚持每月由一名业务人员在学习会上汇报交流学习体会。结合评审《旬邑县志》和讨论《市城建志》《市卫生志》篇目,多次开展业务研讨活动。强化业务培训。做好以会代培工作。市地方志办公室7月31日至8月1日在淳化县召开第二轮县市区志总纂知识培训会,9月10日召开《长武县志》(1990~2010)篇目研讨会,11月14日召开《秦都区志(1991~2010)》部分编章评稿会。在这些会上,市志办就第二轮县市区志编纂各个环节需要注意的问题,结合各县市区二轮修志工作实际进行有针对性的辅导培训,切实提高县市区修志人员业务素质。先后参加省上举办的综合年鉴高级培训班和市县级志书主编培训班,30多名业务人员参加培训。创造条件自主举办培训。业务指导组先后在市人防办、物价局、卫生局等单位,上门培训修志人员150人次。加强交流学习。5月,湖南省常德市方志办一行7人来咸,开展座谈交流,相互学习借鉴。7月,组织修志人员赴渭南市地方志办公室,听取经验介绍,推动方志工作。

《咸阳经典旧志稽注》出版发行座谈会召开 4月28日,《咸阳经典旧志稽注》出版发行座谈会召开,西北大学、咸阳师范学院6位教授,咸阳市有关专家学者,围绕《咸阳经典旧志稽注》出版发行发言交流,省地方志办公室主任刘培仓、陕西出版集团三秦出版社总编赵建黎出席并讲话,副市长车建营致辞。在座谈会上,西北大学著名学者李之勤、阎琦、杨希义、吕卓民和咸阳市的专家、学者和教授,畅谈《咸阳经典旧志稽注》丰富的内容、厚重的史实以及出版的现实意义,认为其具有高度的学术价值和实用价值。陕西省地方志办公室主任刘培仓指出,《咸阳经典旧志稽注》抢救和保护了历代旧志,要弘扬好祖国优秀的传统文化,使《咸阳经典旧志稽注》走向社会,发挥其"资治、教化"作用。《咸阳经典旧志稽注》为旧志整理丛书,由咸阳市地方志办公室整理编纂,陕西出版集团三秦出版社出版,共13个分册,310万字,含咸阳13个县市区历史上具有代表性的旧县志15部,其中,明代2部,清代8部,民国5部。

《咸阳年鉴》蝉联全国年鉴编校质量特等奖 在中国出版工作者协会年鉴工作委员会组织的第六届全国年鉴编校质量检查评比中,《咸阳年鉴》2011卷以上乘的质量、精美的印刷获得编校质量评比特等奖。《咸阳年鉴》按照打造精品、争创全国一流年鉴的办刊宗旨,全面反映市情、突出地情特色,精心做好编辑校对工作,编校质量不断提升,是全省唯一蝉联此项荣誉的地市级综合年鉴。

人大调研组视察地方志工作法规贯彻落实情况 6月11日~13日,市人大常委会副主任寇述政带领市人大教科文卫委员会成员,对全市贯彻落实国务院《地方志工作条例》和《陕西省实施〈地方志工作条例〉办法》工作情况进行调研,市地方志办公室主任杜建儒、纪检组长张德科陪同调研。调研组一行深入到彬县、旬邑县、淳化县、泾阳县,在对县地方志办公室实地视察的基础上,召开座谈会,听取县人民政府贯彻落实《条例》和《办法》工作情况,并就有关问题进行深入探讨交流,充分肯定四县在贯彻落实《条例》和《办法》中所取得的成绩,提出要依据《条例》和《办法》规定,市县两级人民政府切实做好"一纳入五到位"(地方志工作纳入县市区经济发展计划和政府工作,领导到位、机构到位、经费到位、队伍到位、条件到位),方志机构要认真履行《条例》和《办法》赋予的修志、编鉴、旧志整理和方志资源开发利用四大职能,进一步发挥地方志在服务当地经济社会发展中的重要作用,并实事求是地指出四县地方志工作中存在的突出问题。由人大视察地方志工作法规贯彻落实情况,在陕西省尚属首次,对咸阳市地方志工作起到有力的推动作用。

第二轮修志业务培训班在宁波大学举办 9月15日~20日,咸阳、宝鸡第二轮修志业务培训班在宁波大学举办。这次培训由咸阳、宝鸡两市地方志办公室联合主办,宁波大学人文与传媒学院承办,主要以第二轮市、县志编纂理论和务实为主,邀请国内具有深厚方志理论知识和丰富修志实践的9名专家教授或一线方志工作者授课,咸阳市组织市县两级43名修志人员参加培训。

《永寿县志》(1990~2005)举行首发式 10月18日,《永寿县志》(1990~2005)首发式在永寿县政府四楼会议室举行,省地方志办公室主任刘培仓,陕西人民出版社总编李晓峰,市政府副市级咨询员黄启平,市地方志办公室领导杜建儒、张德科,永寿县县委书记齐海斌、县长王强民等出席,宝鸡市麟游县和咸阳市13个县市区地方志办公室主任等到会祝贺。咸阳市人民政府、新疆且末县档案史志办公室发来贺信。《永寿县志(1990~2005)》由陕西人民出版社出版发行,是咸阳市出版的第一部二轮县级志书,也是全省出版的第四部二轮县级志书。全书28编101章132万字,以图文并茂的形式,集中反映1990年至2005年间,永寿县政治、经济、文化及社会诸方面的发展历程,全面展示改革开放以来,永寿县经济社会发展取得的巨大成就,为人们了解永寿、认识永寿提供丰富翔实的资料。

(王　瑜)

侨务工作

概况 2012年,市归国华侨联合会、市侨务办公室充分发挥侨界智力密集、人才荟萃、联系广泛的优势，广泛团结动员归侨侨眷和海外侨胞，在积极参与全市经济、政治、文化、社会建设以及拓展海外联谊、开展招商引资、依法维护侨益、开展群众工作、加强自身建设等方面做了大量工作。

理论学习 采取多种形式在侨务干部中广泛开展十七届六中全会、省十二次党代会、中国侨联八届四次全会、省侨联六届四次全会、市第六次党代会、市委六届三次全会精神以及中省市文件的学习宣传活动，特别是深入开展十八大精神的学习活动，组织全体党员干部集中收看十八大开幕式，观看十八大献礼影视剧，交流心得体会，撰写学习笔记和理论文章，掀起学习、宣传、贯彻十八大精神的热潮，坚定不移地用十八大精神统领侨务工作。在《陕西日报》《咸阳日报》《陕西侨园》等刊发报道信息稿件10多篇。

服务经济建设 通过参加各类项目投资洽谈会招商。邀请香港、新加坡、澳大利亚、福建、广东等地200多名客商参加中国东西部合作与投资贸易洽谈会、厦门中国国际投资贸易洽谈会、海内外侨商投资项目推介会等大型招商活动，进行项目实地考察和推介。通过举办项目投资推介会招商。参与由陕西省42家侨资企业组成的陕西省侨商会代表团来咸考察，并举办投资推介会。组团赴浙江、福建等地明星百强侨资企业叩门招商。主办、承办、协办侨资企业投资推介洽谈会5次，邀请来咸参观考察客商1500余人次，发放投资环境和项目宣传资料2000多份。至2012年底，经市侨联、侨办牵线搭桥，签订投资合作项目30多个，引进资金19.3亿元，直接引进项目9个，引资2.4亿元。侨资企业总量380多家，投资额超过25亿美元。组织成立侨商会，吸收会员侨资企业60多家，聘任省内外乃至海内外有较强经济实力、知名度高、社会影响大的海内外侨领、侨商担任海外会长、名誉会长，推选咸阳市实力强、贡献大的侨资企业家担任会长、副会长、常务理事等。《陕西日报》《华商报》《咸阳日报》、咸阳电视台等多家媒体对咸阳市侨商在经济建设中做出的突出贡献进行报道。

海外联谊 加大与海外华侨华人社团交往。与泰国、马来西亚、加拿大、伊朗和台湾等10多个国家和地区的20多个华侨华人社团广泛结交，建立密切关系，多次商洽项目投资合作事宜，邀请和接待西班牙中国和平统一促进会、匈牙利华人社团、葡萄牙华人华侨观光旅行团等10多个海外华侨华人社团，接待客商近2000人次。增进与省内外尤其是沿海地区侨联组织的密切交往。与福建、广东、上海及西安、宝鸡等省内外近60个地市侨联结成友好对子或保持经常性联谊交往，定期互访。邀请陕西省侨商会代表团来咸进行投资项目考察活动，并举办项目推介会，对咸阳发展环境和投资政策进行推介。被市政府列为重要成员单位，积极参与省市组织的“民企进陕发展”活动，打造咸阳侨务工作知名品牌。会同中华世界李氏、郭氏、苏氏等三个宗亲会及有关县区开展寻根祭祖、宗亲文化联谊活动，邀请美国、韩国、香港及全国各省的李氏、郭氏宗亲，华侨华人、侨商企业家、实业家、专家学者800多人。本着“文化搭台、经济唱戏、政府主导、宗亲联谊”的宗旨，举办5场规模大、影响深的海内外侨商进咸阳项目投资推介会。在社会上引起强烈反响，逐步在全市上下唱响“挖掘文化遗产，整合文化资源，联系侨商侨胞，服务经济文化”的主旋律，此项活动已成为咸阳市开展海内外文化交流，促进经贸合作的知名品牌，提升咸阳在海内外的影响力和知名度。

“侨爱工程” 2012年，先后联系香港轩辕基金会捐资25万元港币为礼泉县西张堡镇信生卫生院援建门诊楼等配套设施，联系美国角声基金会为咸阳师院40名贫困大学生发放助学金50万元，引进海外善款800多万元兴建中国第四个“角声华恩儿童之家”，项目正在加紧实施。

维护侨益 密切与侨界群众联系。走访归侨侨眷200多人次，征求归侨侨眷和侨资企业意见建议100多条。切实维护归侨侨眷合法权益。采取多种形式开展《中华人民共和国归侨侨眷权益保护法》和陕西省《实施办法》学习宣传活动，发放侨法宣传资料1000多份，无偿为归侨侨眷和相关人士提供法律咨询和援助50多人次，营造尊侨、爱侨、护侨、助侨的社会氛围。重视做好侨务信访工作，领导带头查办、督办4起重点信访案件，受到侨界群众的充分信赖，被国务院侨办评为全国侨务信访工作示范单位。实施关爱工程。为1966年以前回国的老归侨每月发放150元生活补助，为10户特困归侨侨眷发放定期补助费、一次性大额补助费10多万元，为兴平市、三原县部分困难侨眷家庭发放致富项目扶持资金8万元，双节走访慰困难归侨侨眷20多户，发放慰问金和补助费近18万元，累计慰问困难归侨侨眷100多人次，发放救济金和慰问品价值约58万元。

参政议政 充分发挥侨联政治优势和组织优势，做好侨界重点人士的政治安排，向各级人大、政协推选代表和委员。引导侨界人大代表和政协委员紧紧围绕全市保增长、保民生、保稳定、促发展方面的热点、难点问题，开展深层调研考察活动，撰写专题调研文章，正确反映侨情民意，以主人翁的姿态参政议政，为党委和政府广建良策，向两会提交建议、提案20多件，受到市政协和政府有关部门的高度重视。

侨联换届 10月19日，召开市第三次归侨侨眷代表大会，选举产生新一届侨联领导班子，提出今后五年的工作任务和奋斗目标，并对全市优秀侨资企业家、明星侨资企业，侨务工作先进集体和个人表彰，市级四大家领导和市委常委莅临大会，市委副书记卫华和市委常委、统战部长马俊民发表重要讲话，对过去五年全市侨务工作成绩给予充分肯定。

（赵建超）

对台工作

咸台经贸和招商引资 2012年,在市县台湾工作办公室和有关部门的共同努力下,对台经济工作取得大的突破。2月初,天福茗茶咸阳店追加投资2000万元。6月28日,台玻集团浮法玻璃生产项目正式点火,开始调试设备。台玻集团作为中国玻璃行业的老大,是世界十大玻璃生产企业之一,世界排位第四名,落户兴平的台玻咸阳玻璃有限公司位于兴平市装备制造工业园,主要生产浮法玻璃。项目一期投资近20亿元,占地47.33公顷,有员工600余人,设备调试完成正式投产后将成为世界上最大的玻璃窑,日熔化矿料1200吨,使用寿命10年~12年,二期深加工项目建成后将再解决300多人就业。10月24日,陕西统一企业有限公司在礼泉县食品工业园区举行奠基典礼。项目占地20公顷,计划投资24亿元,项目建设周期24个月,计划建设8条饮料生产线,6条方便面生产线和面包、蛋糕、饼干等生产线。项目建成后,预计年产值50亿元,年上缴税金4亿元,同时为700余人提供就业岗位,将成为陕西乃至西北地区重要的生产基地。

涉台投诉协调 2012年,市台办共协调处理台商投诉案件3起。陕台合资企业陕西华亚天然食品有限公司总经理陈学虎被害一案,向秦都区台办发了督办函,要求其积极协调,确保该案各刑事被告依法得到批捕并提起公诉,接受法律的审判,以维护台胞台属及台资企业的合法权益。泾阳县市容环境卫生管理局工作人员与成都统一企业食品有限公司销售人员发生冲突致人受伤一案,已经作出妥善处理,泾阳县市容环境卫生管理局向成都统一企业食品有限公司销售人员赔礼道歉,返还被扣押物资和车辆,赔偿医药费4700元,及时控制事态的发展。受理台玻咸阳玻璃有限公司投诉陕西玉祥天然气公司不能履行供气合同的案件,及时进行协调并报告省台办。10月,促使台玻咸阳玻璃有限公司与市天然气总公司签订供气合同。

重要人士接待 全年累计接待台胞5批45人。深圳台协会介绍深圳台资企业德力电子实业有限公司负责人钟建轩来咸阳市详细了解电子产业现状、投资环境及优惠政策等,市台办详细介绍相关情况。5月10日,接待台湾统一企业有限公司总经理林金龙,健力宝西安有限公司总经理刘泽汉一行。6月28日,接待台湾中小企业协会西安联络处副处长钟东家一行5人。7月8日,接待台湾中华基金会2012台湾中学教师参访团一行32人。9月10日,接待以台玻集团董事长林伯丰为代表的台湾企业考察团。

对台宣传和涉台教育 全年共报送信息37篇,其中上报省台办10篇,华夏经纬网27篇。开设涉台主题教育活动2场,使1500余名干部接受教育,配合有关部门制作、发送宣传资料100余份。在市县党校开设涉台教育课程,500余名干部接受教育。

涉台工作 选派市台办及彬县、乾县、武功县、礼泉县、兴平市台办有关人员,于3月、6月、11月、12月赴京参加全国地方对台干部培训班和全国涉台突发事件培训班。多次深入武功县、兴平市、泾阳县、三原县等县市,走访台资企业和台资项目,及时协调其在生产、经营、建设等过程中遇到的困难和问题,加快台资项目在咸阳市落户。为市侨商会成立大会联系、推荐台资企业6户,并有1人当选为市侨商会副会长。配合"2012年大陆魅力城市专案"宣传入岛专项工作,向市委报送《关于开展宣传入岛专项工作的报告》。对《咸阳市涉台突发事件应急预案》进行修改完善,并上报省台办。

(梁洪武)

伏庐墨相　　(陈云龙　刻)

人民政协

政协咸阳市六届四次会议 政协咸阳市六届四次会议2012年3月26日至29日在咸阳召开。会议的主要议题是听取和审议政协咸阳市第六届委员会常务委员会工作报告和提案工作情况的报告;列席咸阳市第六届人民代表大会第四次会议,听取并讨论政府工作报告和其他报告;审议通过有关决议。政协咸阳市第六届委员会主席李效民,副主席李文化、郑建新、邢玉瑞、党新安、罗志勇、曾广中、李忠贤,秘书长田晓东及468名政协委员出席会议。市委、市人大、市政府领导和咸阳军分区、市中级人民法院、市人民检察院、市总工会的主要负责人及长期从事统战、政协领导工作的老同志出席开幕式、闭幕式。省政协副主席张生朝应邀到会指导。驻咸全国、省政协委员及市直有关部门负责人共83人列席会议。会议认真听取和审议市六届政协常务委员会工作报告和提案工作情况的报告,听取并讨论政府工作报告、法检两院报告及其他报告。会议批准主席李效民代表第六届政协常务委员会所作的工作报告和副主席党新安所作的提案工作情况的报告。会议赞同政府工作报告和市中院、市检察院工作报告及其他报告。会议期间,中共咸阳市委、市人大、市政府领导和有关部门负责人听取10位委员所作的大会发言,与委员共谋发展大计。大会期间共收到提案724件,经审查确定立案715件。会议期间,委员们认真参加各次大会,深入开展小组讨论,运用大会这一协商议政平台,紧贴科学发展、富民强市主题建言献策、履行职能。

政协咸阳市第六届委员会常委会议 政协咸阳市第六届委员会2012年共召开4次常委会议(即第十二次常委会议至第十五次常委会议)。①第十二次常委会议2月28日召开。这次常委会议的主要任务是:为即将召开的政协咸阳市六届四次会议做准备,以实际行动确保政协咸阳市六届四次会议圆满召开。会上,学习传达省委政协工作会议精神,通过政协咸阳市第六届委员会增补委员名单和关于召开政协咸阳市第六届委员会第四次会议的决定,审议政协咸阳市第六届委员会第四次会议议程草案,通过政协咸阳市第六届委员会第四次会议日程、常务委员会工作报告报告人名单和关于六届三次会议以来提案工作情况报告报告人名单以及政协咸阳市第六届委员会第四次会议各次大会主持人名单,秘书长名单,副秘书长名单,分组办法和各组召集人名单,列席人员范围、列席人员名单,分组名单,秘书处机构设置和工作任务和政协常委会2012年度工作要点;审议政协咸阳市第六届委员会常务委员会工作报告讨论稿和关于六届三次会议以来提案工作情况的报告讨论稿等。会议决定:政协咸阳市第六届委员会第四次会议2012年3月26日至29日在咸阳召开,会期3天半。②第十三次常委会议3月28日召开。会议听取政协咸阳市六届四次会议各小组讨论情况汇报;审议政协咸阳市六届四次会议提案审查情况的报告(草案)和政协咸阳市六届四次会议各项决议(草案)。③第十四次常委会议6月19日召开。副市长车建营应邀列席会议。会议围绕“实施‘文化兴咸’战略,推动文化改革发展”进行协商议政。会上,与会常委围绕《关于我市文化产业发展情况的调查》《关于我市公共文化建设情况的调查》《关于我市文化演艺单位改制情况的调查》等三方面调研进行协商讨论并积极建言献策。④第十五次常委会议9月25日召开。副市长王新宇应邀列席会

政协委员视察重大项目　　（政协咸阳市委员会办公室　供）

议。常委会上,市发改委通报全市重点项目建设情况,市农业局通报全市现代农业园区建设情况,市政协就视察全市重点项目及现代农业园区建设情况进行汇报,与会的政协常委围绕“重点项目建设和现代农业园区”这一主题展开讨论,并提出许多意见和建议。

调研视察 参政议政 ①开展调查研究。5月,在全市经济指标双过半的关键时期,常委会围绕“文化兴咸”课题,组成文化产业发展、公共文化建设和文化演出单位改制3个专题调研组,由主席、副主席带队,邀请各民主党派、工商联负责人和政协委员60人分赴全市13个县市区和有关职能部门,采取实地观摩、召开座谈会等方式深入调查研究,为推动全市文化产业项目带动战略实施、建设“西部文化高地”聚智助力。专题调研形成3份有见地有深度有分析的调研报告和1份综合报告。市长姜锋批示“所提建议很好,很有参考价值,并请结合全市文化产业发展规划,深化改革,突出重点,在‘文化兴咸’上要有新突破”。②组织集中视察。8月初,常委会紧跟全市项目推进工作部署,组成“重点项目建设”专题视察组,深入秦都区、渭城区等8个县市区和高新区16个重点项目建设现场,为项目建设牵线搭桥、献计出力,形成《关于我市重点项目建设情况视察报告》1份,市长姜锋作出批示,要求“9月再召开一次重点建设项目推进会,切实解决存在的突出问题”。9月中旬,常委会立足咸阳市“三农”实际,组成“现代农业园区”视察组,与市委领导一同深入三原县、泾阳县、永寿县、旬邑县和淳化县5个县的12个农业重点项目推进现场,专题视察咸阳市现代农业园区建设。视察中,委员们真切感受到“现代农业有看头,看了以后有劲头,坚持发展有奔头,农民群众得甜头”。《关于我市现代农业园区建设视察情况通报》报送市政府后,市长姜锋再次批示,强调“这份视察通报很好,分析问题透彻,所提建议理念超前,措施有力,请认真学习借鉴。并就农业园区建设情况专题召开会议,进一步安排部署,解决突出问题,推进健康发展”。③助推重点工作。主席、副主席按照市级领导包抓重点工程和重大项目安排,深入一线抓项目,尽心尽力促项目,引导带动广大委员为市委、市政府中心工作补位助力。主席会议成员带领政协委员多次深入长武县、泾阳县、礼泉县等53个重点工程现场,协调解决问题,推动工作落实。定期走访委员企业50多家,协调海通投资担保公司为10余家企业融资3.2亿元。完成结对帮扶、创卫复审、项目包抓等各项重点工作任务,推进兴平台玻、秦都安吉物流、泾河新城、城西快速干道、渭河污染防治、汽车工业园等一大批重点项目和民生工程的实施。

提案办理 2012年,政协咸阳市委员会推行提案办理社会监督机制、全程跟踪量化考评机制,加大提案督办力度。继续实行市政协领导督办重点提案的做法,主动加强与党委、政府部门的沟通与协调,促进提案的办理落实。市政协六届四次会议以来,共收到提案735件,立案728件,办复率100%,委员满意率95%。《关于启动“银发工程”关注老年人精神生活的建议》《关于加大城区教育投入幅度的建议》《关于推行免费婚检提高人口质量的建议》等一批民生提案得到有效督办。委员们长期关注的城区交通拥堵、清渭楼改造、市政基础设施、西咸路网对接等重点提案得到及时办理、积极落实或妥善解决,凸显政协提案的地位和优势。

(刘红军)

民主党派·工商联

中国国民党革命委员会咸阳市委员会

概况 自身建设 市委会领导和机关同志参加中共咸阳市委、市委统战部组织的各种学习会。10月27日,召开五届二次全委扩大会议,传达学习省委书记赵乐际来咸讲话、市委书记千军昌在市委常委(扩大)会议上的讲话;11月21日,市委会邀请西藏民族学院教授为全体党员作学习贯彻十八大精神辅导报告;11月27日,组织市委委员座谈学习十八大精神的体会;机关人员在学习中记写学习笔记和心得体会,相互交流学习。4月1日,召开市委委员学习全国、全省两会精神座谈会。召开基层支部主委会议,学习传达全市统战系统《关于组织动员统一战线参与扶贫开发的安排意见》《关于进一步开展社会主义核心价值体系学习教育活动的安排意见》《关于全市统战系统招商引资“六个一”活动的安排意见》《关于在民主党派中开展“同心”思想活动的安排意见》等文件精神,要求全市民革党员密切联系实际,把开展同心思想、社会主义核心价值体系学习教育活动与本职工作相结合,开展形式多样的社会服务活动。继续加强与中共宣传部门和主要新闻单位的联系与合作,全年向陕西民革网站、《咸阳日报》、党派信息等报送稿件20余篇。

组织建设 全年共发展党员19人,其中本科文化程度14人,专科文化程度5人,平均年龄39岁,为组织注入新的活力。进一步完善后备干部的选、育、用机制,不断更新后备干部信息库,截至年底,后备干部为20人。11月,选派6名后备干部参加民革陕西省委会在社会主义学院举办的党务骨干培训,3名科级干部参加市委统战部组织的党外中青年干部培训。4月28日,渭城支部召开第八次党员大会,完成换届工作。按照《民革陕西省委员会关于2012年换届工作的实施方案》的要求,3月25日,民革咸阳市委会召开四届七次全委扩大会议,完成出席民革陕西省第十一次代表大会的代表选举工作和民革陕西省第十一届委员会委员人选推荐工作。7月24日至26日,14名代表参加民革陕西省第十一次代表大会,陈永慧、段萌、张娟当选为民革陕西省第十一届委员会委员。12月5日至12月10日,市政协副主席、原民革市委会主委李忠贤出席民革全国第十二次代表大会。10月10日,市委会召开第五次代表大会,市政协副主席、民革市委会主委李忠贤代表四届委员会作了《同心同德同向,全力构建富强民主文明和谐新咸阳》的工作报告。陈永慧当选为主委,张文瑞、蔺剑青、孙文军当选为副主委。

参政议政 市委会围绕全市经济发展大局,选择重点调研课题,多层次、多角度开展调研。3月,市委会主委赴兴平检查包抓的“央企进陕”在咸投资项目;4月中旬,市委会领导参加市政协组织的“我市文化产业发展情况”调研活动,调研组深入秦都区、渭城区、乾县、市文化广电新闻出版局等单位,对全市文化产业发展的概况及主要存在问题听取情况汇报,收集素材,积累资料,形成2篇有价值的调研报告。7月,市委会领导和秦都一支部党员到花荣园林、马家寨苗木花卉基地、中山实业苗木花卉责任有限公司,对现代农业发展进行调研。11月10日,市委会领导到三原支部和党员座谈,调研基层组织工作。11月20日,参加西郊支部学习贯彻十八大精神座谈会,听取基层党员发言,随后又参观党员创办的企业——黄河轮胎有限公司,了解企业发展情况。参政议政,做好两会的提案、议案工作。在政协咸阳市六届四次会议上,市委会提交大会发言2篇,提交集体提案30件,民革党员中的政协委员提交个人提案90余件;市委会主委陈永慧代表市委会作《关于我市城乡居民最低生活保障的建议》的大会发言;市委会集体提案《加强社区文化建设 构建和谐文明社区》被确定为市政协领导重点包抓提案;政协咸阳市六届四次会议上,市委会被市政协评为提案工作先进单位。建言献策,履行政治协商、民主监督职能。2012年,市委会主要负责人6次参加中共咸阳市委、市政府、市委统战部召开的座谈会、协商会、情况通报会等,就全市经济发展、十二五规划等问题积极建言献策,在履行政治协商、民主监督职能等方面发挥积极作用。年初,在政府工作报告征求意见会上,市委会领导就教育和城市建设等有关方面坦诚提出意见;5月,市委会领导参加关于加强党外代表人士队伍建设的征求意见会,针对党外代表人士队伍建设方面存在的主要问题和原因,提出切实可行的意见和建议,为党委、政府的科学决策提供依据。

社会服务工作 市委会号召党员积极参与捐资助学、扶贫帮困及各项社会公益活动。党员皇甫少剑为永寿县马坊镇耿家小学捐款2万元,并送去书本、文具等;兴平支部全体党员捐钱和体育用品,为莪子小学建体育器材室;市委会副主委孙文军资助双照街道办事处双照村3名贫困学生;8月30日,市委会领导带领秦都一支部、秦都二支部、西郊支部、医卫支部部分党员赴礼泉县昭陵镇任池村,为4名贫困大学生每人送去3000元学费。在市委统战部统一组织下,深入淳化县固贤镇固贤村入户走访,查民情、问民需、解民困,进行问卷调查,为群众讲解中央一系列惠农富农方面的方针和政策,并为贫困户送去毛衣等慰问品。在开展活动中,兴平支部党员陈吉祥向马嵬街道办事处安家村困难户杨全昌资助1万元现金;三原支部党员黄安荣、全新宏分别为三原县安乐镇、陵前镇修路捐款1万元,为当地农村发展献计出力。

(田　瑛)

中国民主同盟咸阳市委员会

概况　思想建设　市委会组织广大盟员认真学习《中共中央关于加强新形势下党外代表人士队伍建设的意见》和陕西省第十二次党代会精神,积极开展树立和践行社会主义核心价值体系学习教育活动,开展向呼秀珍和她的雷锋家庭学习活动。市委会充分利用《咸阳盟讯》和咸阳民盟网站进行宣传。共更新网站信息102条,编辑《咸阳盟讯》2期、《咸盟快讯》2期。在《各界导报》《陕西盟讯》《咸阳日报》《党派信息》等刊登稿件56篇,完成理论调研文章2篇。民盟市委召开主委会议,专题学习十八大精神。11月21日,市委会召开六届二次委员会,主委车建营向全体委员作了十八大精神辅导报告。11月23日,市委会承办民主党派联系会议,结合学习贯彻中共十八大精神,组织民主党派机关干部参观咸阳市环保教育基地,强化生态文明建设的理念。12月3日,由咸阳市青年书法家、民盟盟员刘方创作的十八大报告百米书法长卷在市委大楼展出,受到市委领导好评。9月25日至26日,在北京召开的民盟思想宣传工作会议上,民盟咸阳市委获民盟中央“民盟思想宣传工作先进集体”称号。

组织发展　积极进行政治交接,圆满完成换届工作。市委会成立民盟咸阳市换届领导小组,拟定《换届实施方案》,推选民盟咸阳市第六次代表大会代表。7月19日至21日,民盟咸阳市19名代表出席民盟陕西省第十一次代表大会,3名代表当选省委委员,其中1名代表当选常委,1名代表当选盟中央代表大会代表。9月26日至27日,民盟咸阳市第六次代表大会召开,大会通过民盟第五届委员会工作报告,选举产生民盟咸阳市第六届委员会。12月8日~14日,咸阳市副市长、市委会主委车建营参加民盟第十一次全国代表大会。按照《基层组织换届工作实施细则》,完成乾县总支、武功总支、咸阳师院总支的换届工作,为兴平总支增补4名委员,为西藏民院支部增补1名副主委。按照“事先培养,事中考察,事后教育”的原则,发展盟员60名。对盟的后备干部队伍信息更新和补充。

参政议政　在政协咸阳市六届四次会议上,市委会共提交提案70件,其中集体提案30件,盟员委员个人提案40件。盟员于艇、聂雯、张玉凤分别作了大会发言,盟市委集体提案《进一步推进农村信息化水平》和《应加强对民办教育机构的管理》等8件提案被评为优秀提案。4月10日~15日,市委会领导参与咸阳市政协组织的调研工作,对秦都区、渭城区等5个县区的文化产业发展情况调研。7月5日~6日,市委会领导参加咸阳市交通运输局组织的咸阳市人大代表、政协委员体验交通管理及服务工作调研。5月12日,民盟咸阳市委组织部分民盟专家、学者对三原县文化旅游业与观光农业发展整合进行专题考察调研。盟员专家学者们对发展模式和方向提出思路和见解,特别是对发展中可能遇到的困难及存在的问题提出许多建设性意见。

社会服务　开展扶贫帮困活动,1月16日,市盟领导赴长武县朱家沟村进行春节慰问,带去大米、食用油及慰问金。上半年,经市委会多次协调,为武功县贞元镇中川中王村争取资金36万元,为村里打深水井一口,并修通出村公路,建起数字农家书屋。10月20日,民盟陕西省委、民盟西安市委、民盟咸阳市委在长武县亭口镇宇家山村联合开展医疗、科技、法律“三下乡”活动。开展法律咨询和义诊,为村里捐赠10台电脑和价值5000余元的常用药品。5月30日,民盟兴平总支为汤坊镇建房村小学和五丰村华英小学留守儿童捐赠图书500册、体育用品40件及3000元学习用品。开展“农村教育烛光行动”。开展“一对一”帮教活动,100多位盟员和农村老师结对,通过短信和网络平台进行咨询交流。开展民盟“同心·烛光行动”活动。4月24日,省市专家组走进泾阳县口镇中学,为泾阳县北片区的100多名教师送去新课程理念和优质示范课。围绕活动开展撰写的稿件《同心·烛光行动走进泾阳》被《各界导报》刊登并获得“宣传人民政协好新闻”二等奖。开展义务书写春联活动和义诊活动。1月10日~22日,民盟秦都、渭城、综合等基层组织的盟员书法家们在10个场点,为群众书写春联3000多副。3月4日,民盟陕西中医学院第二附属医院支部的11名医疗专家,利用休息时间开展义诊、科教宣传咨询活动,向群众发卫生知识手册400余册,诊治病人350余人。4月18日,民盟泾阳总支在口镇村义诊100多人次,发放资料300多份。

(王菊荣)

中国民主建国会咸阳市委员会

概况　思想建设　以学习贯彻中共十八大精神为契机,全面加强思想建设。通过举办辅导报告会、学习座谈会、走访基层宣讲、开展学习体会征文等活动,在基层掀起学习贯彻活动高潮。11月22日,举办咸阳市非公经济人士党的十八大精神学习报告会。4月24日,召开委员扩大会议,传达学习《中共中央关于加强新形势下党外代表人士队伍建设的意见》以及省十二次党代会精神、民建陕西省委第八次代表大会精神。全年向省委会网站、《陕西民讯》投稿,编发学习简报等24期。积极参与统战系统开展的“聚人心、勇作为、促发展”同心活动及“社会主义核心价值体系”学习教育活动。5月25日,市直老年支部召开“社会主义核心价值体系”

座谈讨论会。为民建中央践行“社会主义核心价值体系”活动征文提供稿件。会员苟晓峰的《让社会主义核心价值观成为我们的自觉意识和习惯》和王献民的《党派成员践行社会主义核心价值体系必须做到的四点坚持》提交民建中央。全年共在《民讯》《陕西民讯》《陕西日报》《各界导报》《咸阳日报》及网络发表稿件150余篇，在各级电视、广播报道50余次。在省委会对2012年度新闻宣传工作的表彰通报中，市委会获先进单位二等奖，主委邵建珍的《构建现代民营企业文化》被评为省委会优秀作品奖。

组织建设　认真把握会员发展的方针政策和程序标准，坚持做到“质量不降低、程序不漏项”。对要求入会的30余人进行考察，与他们所在单位或中共党组织取得共识，将符合条件的18人吸收入会。18名新会员全部为大专以上文化程度，其中大学本科以上12人（硕士2人，大学本科10人）；具有中高级职称4人；平均年龄37岁。截至年底，全市共有会员371人。举办新会员培训班1期，对2010年以来入会的新会员进行会章、会史和统战理论的教育。

参政议政　参与重点课题调研。年初，结合落实民建省委和市委统战部年度调研任务，提出并确定重点调研课题，由市委会理论研究委员会牵头负责，明确领导，抽调专人，深入调研，圆满完成任务。《促进经济快速协调发展》《做大做强文化产业》2篇调研课题文章报送民建陕西省委。承担省委会调研任务，组织专人调研咸阳六盘山片当前的贫困状况、致贫原因、面临的困难和问题，写出《六盘山片咸阳辖区脱贫专题调研报告》，提交省委会，省委会汇总后提交民建中央。积极建言献策。领导集体参与市上重大决策协商。市委会领导班子参加市委、市政府和市委统战部召开的民主协商会、情况通报会、座谈会、征求意见会等10余次，就咸阳市大政方针的制定、新农村建设、“双创”等有关重大问题提出意见和建议。参加市政协组织的调研、视察活动和有关方面组织的检查、评议活动，向市委、市政府及有关部门提出许多好的意见和建议。利用各级人大、政协平台履行参政议政职能。全市会员中有7人担任市、县两级人大代表，60人担任省、市、县三级政协委员。市委会充分利用这一资源，鼓励支持他们深入基层，收集与咸阳发展有关的信息和群众关心的热点问题，通过各级人大、政协提出意见、建议和提案。全年，会的各级组织共提交集体提案和个人提案100余件。由市委会牵头调研执笔的《关于促进六盘山连片特困地区脱贫致富的调研报告》已被省委会确定为省政协十一届一次会议的大会提案，《关于金融支持小微企业发展的建议》确定为大会发言。在省政协会议上，主委邵建珍共提交提案7件。政协咸阳市六届四次会议上，市委会提交集体提案30件。市委会集体提案《关于加强食品安全监管的建议》被市政协评为六届三次会议以来优秀团体提案。9名会员的个人提案获政协咸阳市六届三次会议以来优秀个人提案，占到36件优秀个人提案总数的25%。主委邵建珍受到第六届政协界别优秀召集人通报表彰。在市政协举办的咸阳市文化建设调研会上，苟晓峰就文化建设提出6点建议，受到政协咸阳市及有关部门的高度重视，体现民建界别委员高涨的参政议政热情和履职积极性。反映社情民意。全年共向省委会、市政协报送社情民意信息10余篇，一篇被民建中央采用。其中，在国务院以国发〔2012〕14号文件出台的《国务院关于进一步支持小型微型企业健康发展的意见》中，采纳咸阳民建原副主委郑勇提交的关于扶持中小企业发展建议中的有关内容。年初，市委会《对独生子女伤亡家庭开展救助活动的建议》的社情民意信息在报送省委会后，被民建省委会和民建中央采用。信息由全国人大代表、省委会副主委赵超以《独生子女死亡其父母应由政府养老》提交全国人大后，被新浪、搜狐、华商报等采访报道，引起社会大众对于独生子女伤亡家庭的极大关注。陕西省人民政府已将此项建议形成正式文件下发到全省各地市，咸阳市政府11月29日下发咸政办发［2012］171号文件，要求人口计生、财政、税务、民政等各部门要制定相关的政策措施建立完善失独家庭养老扶助制度。

社会服务　组织开展帮困扶贫。市委会设立“民建爱心基金”，主要用于会内特困会员的家庭生活补助，首次活动共募集资金3.59万元。已向30人次会员发放扶贫款1.5万元。市委会对76名积极参与“民建爱心基金”捐款的会员通报表彰。关爱老会员。慰问并为会内13名75岁以上的老会员赠送礼品。关爱残疾孩子，促进社会和谐。“六一”前夕，30名会员自愿捐钱捐物，到秦都区聋哑康复学校开展爱心慰问活动。企业总支会员易育英等人捐资1.86万元，为咸阳康复教育学校维修校舍，又出资1万元购置30套吊柜，解决孩子们衣物无法存放的难题。关爱特困职工。1月17日上午，渭城二支部15名企业家会员每人捐资500元，慰问咸阳陕西一棉社区10户特困职工，为他们送去米面油等食品及慰问金。9月14日，会员李俊伟与社会爱心人士一道扶贫慰问，解决乾县朱家坪村办小学教室照明问题。市委会建立“一帮一”帮扶老龄困难会员制度。对各支部需要帮扶的老龄以及生活困难的老会员进行“一帮一”帮扶。民建三原县支部积极关注弱势群体，主动奉献爱心，全年捐款30余万元。为残疾贫困户援建新居。市委会联合有关单位筹资84万元为乾县12户残贫村民援建新居。5月16日，由民建咸阳市委和市民营企业家协会联合主办的“中华思源工程咸阳示范点建设项目捐款暨开工仪式”在乾县朱家坪村举行，这是民建咸阳市委争取民建中央思源工程专项扶贫基金及社会各界款项84万元，为该村12户残疾贫困户援建新居。新房建设顺利完工，12户贫困残疾人家庭已入住新居。为会员企业排忧解难。6月18日，组织企业家会员参加省委会组织的民建会员企业融资对接会。为会员企业融资近3亿元。10月16日，在市委会副主委刘新军的带领下，民建咸阳市委会组织5名会员企业家参加在西安阎良举行的第一届“中国民营航空产业发展论坛”。12月5日至6日，邀请清华大学客座教授万钧为70名咸阳民营优秀企业家就“市场·品牌·领袖”作了两天的专题辅导。组织会员企业家参加2012中国(新疆)非公有制经济发展论坛。向民建非公经济会员发放问卷20份,通过问卷的形式形成调查报告和政策建议,为更好服务会员企业提供参考。协助政府做好再就业工作。企业家会员主动安排下岗职工就业。据不完全统计,全市会员企业共安置下岗职工、农村剩余劳动力6000余人。

(伊丽娜)

中国民主促进会咸阳市委员会

概况 参政议政 ①围绕中共咸阳市委、市政府的重大战略决策,积极建言献策。市委会主要领导参加中共咸阳市委、市政府举行的民主协商会、座谈会、情况通报会、意见征询会等,就市委、市政府的重大决策,人民群众普遍关心的问题发表意见,提出建议。②利用“两会”平台参政议政。在年初对提案工作作出明确要求,办公室在各支部征集提案素材,市政协委员和广大会员坦诚建言献策,围绕全市社会热点、难点问题,提供大量提案素材。在2012年咸阳市“两会”上,共提交集体提案33件,个人提案29件,人大议案8件,内容涉及教育、文化、农业、环保、民生问题等诸多方面。市委会的提案《关于加快城乡养老院建设的建议》获“十大优秀提案”,提案《关于把我市打造成物流商贸中心的建议》被评为优秀团体提案。荀晓瑜提交的提案《依托文物资源优势,加快旅游业发展》获“十大优秀提案”,刘晓华提交的《关于抢救北部县区民间歌谣》的提案,被列为咸阳市非物质文化遗产督办提案。《关于加强我市秦文化建设的建议》的提案,受到市政府领导的高度重视,促使市上从凸显秦文化特色、修建秦的历史事件群雕、咸阳历史文化设计等方面考虑,充实咸阳市文化产业发展的规划。③撰写《建设适应时代要求的高素质参政党》《民主党派基层组织现状和发展趋势初探》等3篇统战理论文章。其中有1篇被选入民进陕西省委主办的《关注》杂志中。发挥基层组织和会员的作用,社情民意和信息工作取得一定成绩。《关于加大农村通讯电力设施的保护力度》《关于加强我市空气质量检测及治理的建议》等10余条信息被有关部门采用。④市委会的人大代表、政协委员和特邀员充分发挥民主监督作用,先后参加市上有关单位组织的检查评议活动,市交警支队和市环保局等单位组织的监督检查活动,提出操作性强的建议。

思想建设 ①市委会认真组织学习邓小平理论、“三个代表”重要思想、十八大精神、民进十一大和中省会议精神,带领会员深入开展社会主义核心价值体系、“同心思想”等主题教育活动,在《咸阳民进》杂志开设主题教育活动征文专栏,刊登理论文章,宣传先进支部和模范会员。在学习中,结合民进中央开展的“关于加强新形势下我会思想建设的意见”,结合“树立践行社会主义核心价值体系”学习教育活动,促进广大会员互动交流,增进思想共识,提高学习质量,融入工作实践。②加强宣传工作,扩大社会影响。出版4期《咸阳民进》,全年向《团结报》《各界导报》《陕西民进》《咸阳日报》等报刊投稿,刊发30多篇。另外,市委会举办的重大活动,先后多次被民进中央网和咸阳电视台等媒体报道。9月,会员刘晓华被民进中央授予树立和践行社会主义核心价值体系先进个人称号。

组织建设 完成秦都中学支部、秦都职业教育中心支部换届。严把入会关,按照程序,从14名申请者中择优吸收11名新会员,平均年龄38岁,截至年底,全市共有会员415名。不断健全培养、考核、推荐、选拔后备干部的工作机制。建立后备干部数据库,充实后备干部队伍,积极推荐会员到各级人大、政府、政协担任职务或在本单位担任实职。会员中有市政协副主席1人,副县长1人;有省人大代表2人,市人大代表2人,其中市人大常委1人;市政协委员14人,其中常委2人;县区人大常委1名,县区政协委员20人,其中常委5人;有大学院系领导5人,中学校长、副校长、主任8人。抓好教育培训工作。2012年有5名基层负责人和骨干会员在省社会主义学院学习。市委会领导带领机关工作人员走访基层组织,调研基层工作,并与单位党委沟通和交流。按照民进陕西省委和省、市委统战部的要求,市委会根据省委统战部《关于协助各民主党派市县地方组织做好换届工作的意见》的文件精神,研究制定《民进咸阳市委会换届方案》,成立换届领导小组和工作小组,并加强与省委会、市委统战部协商沟通,做到目标明确、任务落实,有条不紊。换届领导小组广泛听取市委委员、支部主任和会员的意见建议,新一届领导班子候选人从民主测评、民主推荐的整个过程都严格按照规范的程序操作。民进咸阳市第四次代表大会9月召开,完成换届工作。

社会服务 市委会发挥教育、法律、文化界人才优势,开展送文化、科技下乡和法律咨询等活动。举全市会员之智,集全市会员之力,不断开拓社会服务工作新领域。组织会员响应市委、市政府开展的“扶贫帮困送温暖”活动,累计捐款1万余元;3名律师会员提供法律援助30多次,免费提供法律咨询60多次;咸阳市“志愿者联盟”创始人牟敏,组织志愿者上街募集衣物,3天募集衣物4990件,及时为困难群众送去温暖。剧团支部深入农村“送戏下乡”。市委会从办公经费中挤出资金,购买100余册图书捐赠给咸阳康复教育学校;会员张温静创办的学校,共举办社区家长培训班30期,培训家长1200余名,康复失聪儿童228名,其中85%的康复聋儿进入普通学校就读。平陵中学支部主任李俊勇创办的平陵果业合作社,已发展会员1000多名,辐射带动周边60多个自然村,得到秦都区政府和省果业协会的多次表彰。

(赵 勇)

中国农工民主党咸阳市委员会

概况 思想建设 2012年,中国农工民主党咸阳市委会组织机关干部和全市农工党员深入学习中共十八大精神,深刻领会中国农工民主党第十五次全国代表大会的主要内容，学习中共咸阳市委六届三次全会精神。开展“三查三进三解”主题教育活动，并不断把“同心”思想和社会主义核心价值体系学习教育活动引向深入。年初，制订学习计划，对机关干部和农工党员的理论学习提出明确要求，力求掌握精神实质。开辟理论学习园地，每位同志撰写“三查三进三解”主题教育活动、“同心”思想和社会主义核心价值体系教育活动、学习中共十八大和农工党十五大精神等理论学习心得，交流学习研究成果。机关人员写学习心得10篇，记学习笔记6万余字。进一步坚定农工党员坚持中国共产党领导、走中国特色社会主义道路的信念，夯实多党合作的思想政治基础，为开辟农工党工作新局面提供可靠的理论依据和思想保证。

组织建设　3月，市委会召开组织工作会议，要求各基层组织要注重对入党积极分子的培养，要把组织建设作为基层工作的出发点和落脚点，努力培养和造就一批有能力素质高的农工人才队伍，为发展农工各项事业提供人才保障。11月初，推荐张琳泉、朱水莉等5人参加农工党陕西省基层骨干理论培训班。按照“坚持标准，严格程序，注重质量”的原则，全年发展的11名党员，均具有大专以上学历，其中医卫界占90%。

参政议政　开展主题调研。4月，市委会领导随同市人大教科文卫委员会监督市政府落实市人大常委会《关于我市贯彻〈中华人民共和国人口与计划生育法〉及〈陕西省人口与计划生育工作条例〉审议意见》的情况；5月，市委会参加市政协第三调研小组赴乾县、旬邑县，进行“深化文化体制改革”主题调研活动；7月，随市人大教科文卫委员会赴长武县、武功县、礼泉县等地，开展《中华人民共和国体育法》和《全民健身条例》执法检查；9月，市委会领导参加市人大对全市文化体制改革和文化产业发展情况的调研；12月，市委会协助农工省委在市区进行“全市药品‘三统一’整治工作”调研活动。形成《关于培养文化理念，提高我市全民素质的建议》《关于优化投资环境，确保经济持续发展的建议》《关于加大文化基础设施建设力度，促进城乡文化协调发展的建议》《关于咸阳市药品“三统一”工作整治情况的调研报告》《关于加强咸阳市社会管理的思考》等提案和调研报告。利用人大、政协会议，认真履行职责，积极建言献策，提交提案议案。在省政协十届五次会议上，提交提案4件；在市六届人大四次会议上，提交建议5件；在市政协六届四次会议上，市委会和政协委员共提交提案54件，内容涉及人民群众所关心的民生热点问题。其中《关于加大对农业规模经营扶持力度的建议》《关于加强农民工技能素质培训的建议》《关于保障超市食品监督的提案》《关于尽快解决失地农民生活保障问题的提案》《博物馆——凤凰台周边棚户区及道路改造建议》《关于修复主干道人行道方砖的建议》《关于增加陈杨寨高速收费窗口的建议》《关于医疗卫生改革有关问题的提案》《关于改变咸阳市公务员工作作风问题》等20余件提案，被市政协作为重点包抓提案，受到有关部门的重视。其中《关于增加陈杨寨高速收费窗口的建议》已被市政府采纳，新增的十五个收费车道正在建设。

社会服务　抓好定点帮扶。市委会继续把秦都区马泉社区服务中心确定为长期帮扶单位。4月，抽调医术精湛的农工党员、各医院专家，为该社区卫生院医生进行常见病、多发病的诊断处理培训以及并发症预防的辅导讲座，使马泉社区服务中心成为疾病预防、社区卫生服务、新型农村合作医疗三位一体的重点卫生机构，医院的卫生条件、医疗技术、服务质量都有明显提高，方便当地群众。市委会与秦都区卫生局联合，邀请英国语言学会继续为秦都辖区村卫生室提供免费培训，并为秦都区部分乡村卫生室捐赠医疗器械，开展义诊，改变乡村卫生室的基础设施和面貌，缓解农民群众看病难、看病贵问题，提升村卫生室的服务水平。市委会妇女工作委员会联合陕中二附院妇科医院，“三八”期间到基层卫生所对女同志进行健康知识讲座，增强广大妇女的健康知识。开展主题宣传。市委会利用“中国环境与健康宣传周”、“中国国际科学与和平周”、“科技之春”、“五下乡”活动及节假日，开展爱心帮扶、义诊义画、健康咨询及文化下乡等服务活动。上半年，组织市中心医院、陕西中医学院第一和第二附属医院、秦都区疾控中心等医院的专家、教授、医护人员和部分书画家70余人，深入泾阳县、武功县等县开展以“绿色经济与健康”、“科技四下乡”为主题的大型义诊、咨询、宣传活动。通过发放宣传单、现场咨询、答疑解惑及举办知识竞赛、义书义画等形式，宣传人居环境和健康知

2012中国环境与健康宣传周咸阳·武功行活动　（农工党咸阳市委会　供）

识,宣传各种疾病对人体的危害,免费发放药品。据不完全统计,仅在5月第五届“中国环境与健康宣传周咸阳·武功行”活动中,参加的专家教授和农工党员就有50余人,义诊2700余人次,答疑解惑2000余人次,发放宣传册、宣传画、环保袋、日常传染疾病预防宣传单等资料4000余份。11月,在第24届“中国国际科学与和平周”活动中,参加的专家教授和农工党员有30余人,义诊2000余人次,答疑解惑800余人次,发放资料宣传单3000余册。

(杨海莲)

九三学社咸阳市委员会

概况 参政议政 社市委领导及社员中的各级人大代表、政协委员、特约监督人员参加各级党委、政府召开的协商会、通报会,参加各级人大、政府、政协召开的座谈会以及视察调研等活动,做到事前认真调研,会上踊跃建言。主委邢玉瑞被聘为陕西省教育督察员,陕西省高级人民法院廉政监督员。组织参与专题调研。形成《咸阳旅游业发展存在的问题和发展探索》等调研报告7篇。社员薛建锋、马金花对城市农贸市场布局规划和陕西关中北部原区地坑窑村庄规划调研后,形成的《城市农贸市场布局规划方法探究》和《浅析陕西关中北部原区地坑窑在村庄规划中的保护与利用》,推动相关工作的有效开展,获得《城市建设理论研究》杂志的优秀论文二等奖。王伟平撰写的《浅谈西部农业产业升级的途径与措施》被九三中央论坛收录。9月14日,社市委主要领导陪同社省委副主委李佐成,秘书长高辉带领的西北农林科技大学专家教授一行,在旬邑县调研城乡统筹与新型农村社区建设,通过走访考察与座谈研讨相结合的方式,深入旬邑县原底社区、郑家镇王家社区和太村镇统筹城乡发展示范点进行实地调研。走村入户,与县乡领导交谈、与农户交谈,全方位了解新型农村社区建设中的实际情况,对城乡统筹与新型农村社区建设项目开展调研。组织建言献策。在省政协会议上,邢玉瑞《关于幼儿园与小学校车配备管理的建议》、田少库《关于调控房价的建议》获省政协十届四次会议以来的优秀提案。在社省委全体委员会议上,王伟平《关于在转变经济发展方式中建设服务型政府的建议》被评为社省委优秀参政议政成果。在市政协六届四次会议期间,社市委共提交集体提案30件,委员个人提案18件,大会发言2篇,提案内容丰富,针对性、可行性强。社市委《加强基础设施建设,打造国际化大都市》及社员景海萍《关于我市农业专业合作社及信息化建设的建议》的提案获十大优秀提案,社市委《加快转变农业发展方式,提高农业可持续发展水平》获优秀团体提案,王伟平《关于强化居民小区物业管理,加强治安防范的建议》获优秀个人提案,王伟平、沙石获得优秀界别召集人表彰。

自身建设 组织开展学习教育活动。按照统战系统开展的“聚人心 勇作为 促发展”同心活动及关于进一步开展社会主义核心价值体系学习教育活动的安排意见,依据自身特点,发扬社的优良传统,发挥自身的独特优势,积极开展各阶段的学习教育活动,通过加强学习全面提升社员的素质。开展学习杨佳征文活动,社市委收集遴选的征文在上报社省委的同时在《咸阳九三》刊登。开展学习贯彻十八大精神和九三学社第十次全国代表大会精神以及社省委第十次代表大会精神活动。组织开展纪念活动。12月24日,社市委举办庆祝社市委成立20周年纪念大会。社省委副主委高勇、赵力强和中共咸阳市委常委、统战部部长马俊民出席并讲话。市级各民主党派负责人应邀出席,会议总结回顾社市委20年来的发展历程,明确新时期新阶段社市委工作的方向。表彰优秀基层组织,优秀社员和优秀社务工作者。加大宣传力度。进一步充实九三学社QQ群和《咸阳九三》社讯。在市委统战部党派信息、《陕西九三社讯》以及咸阳市委统战部官网,宣传报道社市委的一些重大活动和在参政议政、民主监督、自身建设等方面的成绩,发挥思想宣传阵地的作用,扩大九三学社的影响。全年编印《九三咸阳社讯》2期。发布报道、信息、文章50余篇。重视组织发展和后备干部队伍建设。组织发展注重政治素质、注意结构协调,做到有计划稳步发展。全年发展社员23人,平均年龄37岁,具备博士学历的3位,研究生学历的4位,且在各自单位都是骨干,为社组织注入新鲜血液。截至年底,全市共有社员225人,平均年龄52.8岁。在抓好组织发展的同时,社市委进一步调整完善后备干部名单,选送后备干部参加社省委中青年骨干培训班、全市党外中青年干部培训班学习。8月31日,举办2012年基层组织领导暨新社员培训班,就社章社史、参政议政、信息、基层组织工作开展系列讲座。

社会服务 社市委与陕西中医学院基层委员会联合组织20名社内专家,赴三原县中医院开展义诊。活动现场,医疗专家诊病情、开药方、量血压,共为群众义诊服务200余人次,向当地医院赠送医学书籍1700册,并为该院的硬件建设、软件建设及发展前景出谋划策,对医护人员进行业务知识培训。

(赵 青)

咸阳市工商业联合会

概况 思想教育 宣传培训 2012年,市工商联结合全市开展的“三查三进三解”主题教育活动和“投资发展环境整治年”活动,加强机关干部和非公代表人士的理论学习。邀请部分非公代表人士参加机关的集中学习和讨论,重点学习十七届六中、七中全会、中央经济工作会议、省第十二次党代会和市第六次党代会精神。党的十八大召开后,及时制定下发全市工商联系统和非公经济人士学习贯彻十八大精神安排意见,参加市委统战部组织的全市统战系统学习宣传十八大精神座谈会,举办非公经济人士学习十八大精神报告会,邀请咸阳市十八大代表常亚琼作专题辅导,120多名非公经济人士参加报告会。联合市妇联、市民营企业家协会等单位,共同举办咸阳市第四届优秀民营企业家“贤内助”表彰活动,32名“贤内助”获得表彰。开展对非公经济人士的思想教育工作,举办专题讲座4期,培训

250多人。举办两个健康培训班两期，培训226人。举办“唱响同心曲，永远跟党走”非公经济人士创业事迹报告会，并组织非公人士参观马栏革命纪念馆，开展红色革命教育。在《陕西新工商》发表文章简讯28篇。将会办刊物《商会信息》改版为《咸阳商会》，全年编发《咸阳商会》4期。

调查研究 参政议政 2012年市“两会”上，市工商联提交集体提案6份，工商联界别政协委员提交提案50余份，各县市区工商联政协委员提交提案300余份。深入会员企业，了解企业发展现状，面临的困难和问题，撰写翔实的调研报告。形成《关于进一步发展我市医药产业的调查报告》《发挥工商联、民间商会作用，促进个体私营经济发展》等调研报告12篇。10月，市工商联组织非公经济人士赴汉中、四川等地学习考察，并形成《咸阳市工商联组织非公人士赴汉中、四川考察报告》。

组织建设 对外联络 2012年，全市各级工商联共发展会员340名，其中企业会员80户，团体会员3户，个人会员257名，截至年底，全市共有会员7759名。按照咸办发《关于市县两级工商联做好换届工作的意见》精神，年初，各县市区工商联进入换届程序，至年底，12个县完成换届。9月20日～21日，召开全市加强和改进工商联工作会议暨咸阳市工商业联合会（总商会）第五次会员代表大会，选举产生新一届工商联（总商会）领导班子。成立咸阳市工商联女企业家商会和咸阳市河南商会。与汉中市工商联、四川省广元市工商联、绵阳市工商联、德阳市工商联等4家工商联（商会）组织缔结为友好商会。

服务管理 光彩扶贫 2012年，咸阳市工商联继续做好会员服务管理工作和光彩扶贫工作。走访咸阳步长集团、陕西康惠制药股份有限公司、陕西摩美得制药有限公司等8家医药制药企业及市上有关部门，就组建咸阳医药企业集团事项开展调研论证。在民企进陕活动中，引进新疆克拉玛依大光建筑公司参与民企进陕发展推进大会暨重点项目签约仪式，成功签约3亿元，投资咸阳市物流业。举办《民营企业如何防范金融风险》等法律知识培训班两期，150余名非公人士参加培训，举办银企对接培训、技能培训等培训班15期，培训1000余人。召开市工商联（总商会）非公经济发展观摩交流会，对全市20余家非公企业进行观摩学习，加深相互间的沟通与了解。会同团市委、市中小企业局举办第五届咸阳市“杰出（优秀）青年企业家”评选表彰活动，市总商会副会长王曙光被评为优秀青年企业家，会员姚振学被评为杰出青年企业家。全市工商联组织、同业商会、异地商会为会员提供各种信息咨询200余条，依法维权50余起，为企业协调关系70余次，融资5000余万元。“六一”儿童节，市工商联女企业家商会筹资5万余元，前往咸阳特殊儿童康复中心、秦都区沣东街道办八家小学、淳化县城关镇南村中心小学进行慰问。在资助贫困大学新生入学活动中，市总商会副会长、咸阳梦实业有限公司董事长彭岚捐资32.5万元资助65名贫困大学新生顺利入学，彬县工商联组织非公人士为贫困大学生捐款76.6万元，旬邑县工商联组织非公人士捐款240万元资助贫困大学生600名，为新农村建设捐款246万元。据不完全统计，各县区市工商联、同业商会募集资金350余万元，资助800余名贫困大学生顺利入学，在新农村建设中，募集资金400万元用于修路、街道硬化等项目。

（李剑波）

人民团体

咸阳市总工会

学习贯彻党的十八大精神 走中国特色社会主义工会发展道路 2012年，全市各级工会认真学习宣传贯彻党的十八大精神。举办“喜迎十八大，义赠书画作品周”活动。参加全国工会学习贯彻党的十八大精神视频会议和省委、市委宣讲团党的十八大精神报告会。组织市总工会机关干部4次学习中央党校专家的辅导讲座录像。与市委组织部共同举办工会主席十八大精神培训班。全市各级工会组织先后举办学习报告会、座谈会数十场次，掀起学习十八大精神的热潮。广泛开展中国特色社会主义工会发展道路的学习宣传活动。在省总工会确定6月份为全省“中国特色社会主义工会发展道路学习宣传月”活动后，市总工会及时安排，购置发放学习书籍，分批次组织全市30多名工会领导干部参加省总工会学习培训班。在省总工会“中国特色社会主义工会发展道路”研讨会上交流发言。承办省总工会“中国特色社会主义工会发展道路”理论报告会，全市有700多名党政领导、工会干部和职工代表参加。邀请部分工会干部和社会人士召开学习宣传座谈会，全市有7个县区和市直基层工会也召开多种形式的座谈讨论会，使社会主义工会发展道路深入人心。

劳动竞赛和经济技术创新活动 印发《咸阳市“十二五”职工经济技术创新活动方案》。开展“当好主力军、建功‘十二五’”和“工人先锋号”创建活动。全市各级工会开展比管理、比技能、比服务、比安全、比操作规范，创一流岗位的“五比一创”活动。“五一”前夕，市劳动竞赛委员会召开咸阳市“十佳工人先锋号、十大技术明星（杰出工人）”表彰大会。市委主要领导出席大会并作重要讲话。围绕提升纺织职工操作技能水平和金融行业职工窗口服务效能，精心筹备举办全市纺织行业、金融行业职工技能大赛。组队参加全省餐饮行业职工技能大赛。围绕推广节能减排成果、先进操作法等内容，开展“职工科技创新成果推广年”活动，并获省总工会优秀组织奖。组织开展重点工程立功竞赛活动。咸阳市获省级劳动竞赛优胜单位2个、标兵5人、示范岗1个、省级重点工程立功竞赛先进个人4人。

劳模服务管理 完成全国工人先锋号、全国五一劳动奖章和省级劳动模范、先进工作者、先进集体的评选上报工作。全市荣获全国工人先锋号1个、全国五一劳动奖章3人，省级工人先锋号4个、省级先进集体4个，有34人被授予陕西省劳动模范、先进工作者荣誉称号。及时发放全国劳模三金、省级劳模困难补助金和市级退休劳模荣誉津贴共计100多万元。按照市政府与市总工会第八次联席会议精神，协调市财政局、人社局、医改办落实会议所定事项。组织百余名一线市级劳模观摩市政重大工程并赴山西大寨考察学习。按照省总工会要求，组织280名全国和省级劳模在省人民医院体检。市劳模协会组织部分劳模开展“爱心一日行”活动。还组织全市市级劳模免费体检。较好地落实党和政府关于劳动模范的有关待遇。

“安康杯”竞赛活动 开展“职业病防治宣传周”、《女职工劳动保护特别规定》宣传和“查隐患促整改，遵章守纪保安康”万名职工安全承诺签名等活动，发放宣传单1万余份、安全防护手册4000多册。印发全国总工会和国家煤

咸阳市劳动模范协会爱心活动 （市总工会 供）

矿安全监督局《特聘煤矿安全群众监督员管理办法》。建立由168名职工组成的全市煤矿安全群众监督员队伍。全市共有408家单位的20.4万名职工参加“安康杯”竞赛活动。围绕“送清凉、战酷暑、安全生产齐努力”主题，各级工会筹集资金45万元开展“送清凉”活动。市县两级工会还参与多起安全事故调查处理工作。

企事业单位民主管理 印发《2012年厂务公开民主管理工作要点》。开展厂务公开职代会星级创建活动调研和《学校教代会规定》知识竞赛，并对部分县区教代会和校务公开工作检查。指导基层工会开展职代会民主评议国有企业领导人活动。汇总上报对《陕西省企业民主管理工作条例》的征求意见。完成全省厂务公开互检工作。全市公有制企事业单位厂务公开和职代会建制率100%，非公有制企业75%。

工资集体协商工作 完善《咸阳市总工会工资集体协商工作考核奖励办法》，召开全市工资集体协商工作推进会。开展工资集体协商“要约行动月”活动，共发出工资集体协商要约书2020份，回应率80%，到部分县市区和企业开展工资集体协商工作调研。坚持工资集体协商情况季报制度，完成全年工资集体协商季报表收集整理上报工作。组织市县两级30名工资集体协商指导员参加全国总工会、省总工会的培训。举办全市工会工资集体协商工作培训班。加强对县市区工会工资集体协商工作的检查考核，对13家获得优秀、良好的单位进行表彰。到年底，全市共签订工资集体合同4119份，覆盖企业5905个，覆盖职工35.7万人，建制率85%。

“三亮”活动 咸阳市在被全国总工会确定为“工会组织亮牌子、工会主席亮身份”活动试点单位后，市总工会在调研的基础上，提出在全市工会组织开展“工会组织亮牌子、工会干部亮身份、工会工作亮特色”活动。通过召开动员大会、印发工作方案、编发“三亮”活动简报等形式加强检查督导。开展县区“三亮”活动互检，召开全市“三亮”活动推进会。咸阳市作为全国总工会在陕西的两家试点单位之一，在全总召开的“双亮”工作会议上交流发言，全总领导对咸阳市的“三亮”工作给予充分肯定。

困难职工援助中心规范化建设 组织13个县市区工会赴武汉市青山区参观学习青山区构建困难职工帮扶中心、劳动争议调解中心、职工法律援助中心和农民工维权中心“四位一体”的做法，为推动咸阳市困难职工援助中心工作常态化、规范化提供有益的借鉴。严格执行《困难职工帮扶中心专项资金管理办法》等规定，对部分县市区专项资金的使用情况进行审计检查，确保帮扶资金的规范使用。对市总本级和13个县市区援助中心纸质档案和电子档案进行完善补充，全市已累计为困难职工33341人建立档案。

职业培训和就业服务工作 举办春季大型免费职介洽谈会，联系用工单位167家，提供就业岗位6700多个，参加应聘的大中专毕业生和下岗失业人员1.5万人次。开展“就业援助月行动”、“技能培训促就业行动”等，全市工会系统培训下岗职工和农民工6800多人次，发放培训补贴100多万元。市县两级工会筹集资金150万元，开展“金秋助学”活动，资助800多名困难职工和困难农民工子女上大学。

“送温暖”和“交友帮扶”活动 双节期间，市总本级投入100多万元，救助慰问160余家单位的2000多名困难职工、农民工和劳模。联合陕西中洲知青基金会对100名困难职工进行重点救助。投入15万元，救助患大病职工80多名。投入20万元，开展各级领导干部“交友帮扶”和“教师节”慰问活动。举办“咸阳市女职工健康生活报告会”，为纺织、电子等困难企业的1136名困难女职工进行“两癌”（乳腺癌、宫颈癌）的筛查体检，为2336名困难女职工购买女职工特殊疾病保险。一年来，全市各级工会筹措送温暖款物800多万元，共帮扶、救助、慰问困难职工群众万余人次，基本做到帮扶工作全覆盖、不遗漏。

职工维稳工作 加强工会信访、“12351”职工维权热线、市总《工会情况》、网站等工作，及时编发《情况反映》报送有关部门。制定工作预案、突出工作重点，及时做好十八大、省市两会和涉日维稳等社会舆情的引导工作。创建全市职工舆情宣传信息员QQ群和市总工会学习型城市蝌蚪网信息库。完成《关于劳动合同法修正案（草案）修改意见》的征集上报工作。完成全国第七次职工队伍状况的调研、全总职工劳动经济权益实现情况的调研。参与咸阳偏转集团公司和西北二棉的改制工作。各级工会组织积极排查、化解各类矛盾纠纷，维护全市科学发展、和谐发展的局面。

开展“深入基层大走访 服务职工大帮扶”活动 按照省总工会“四个万”（派万名干部、进万家企业、访万户家庭、帮万名职工）活动统一部署，结合咸阳工会实际，在全市工会组织中广泛开展“深入基层大走访、服务职工大帮扶”创先争优主题实践活动。成立领导小组，制定《关于深入基层大走访、服务职工大帮扶实施方案》。市总工会组成4个工作组，赴13个县市区和30多家企业、社区及3个“两联一包”（副省级以上现职领导干部联系一个扶贫开发工作重点县，包扶一个重点村；省级各部门、各单位联系一个扶贫开发工作重点县，帮扶一个贫困乡（镇），包扶一个扶贫开发工作重点村，规模大、实力强的单位要包扶两个以上重点村）扶贫村走访、调研和慰问。按照市委、市政府的要求，向3个扶贫村捐助移民搬迁、道路硬化、人畜饮水资金近20万元，解决农民群众的实际问题。全市各级工会先后深入到662户企事业单位和3427户困难职工家庭进行走访慰问，发放慰问品、慰问金32.4万元，向有关方面反映问题、建议38件次，转变工作作风，增进与职工群众的联系，使“四个万”取得阶段性成果。

（张　琳）

共青团咸阳市委

概况 2012年,团市委按照“以团建为基、以服务为本、以创新为魂”的工作思路,围绕大局求作为,重点突破上水平,打造品牌树形象,团结带领全市广大团员青年投身“现代新都市、和谐新咸阳”建设,圆满完成全年各项目标任务。2012年,团市委受到省、市各类表彰奖励17项,各基层团组织共受到中、省、市各类表彰奖励31项,推树各类青年典型106名。

基层组织建设 召开咸阳市第五次团代会,选举出新一届团市委领导班子及出席省十二次团代会代表,为今后五年全市共青团工作指明正确方向和奋斗目标。结合省、市《关于加强新形势下基层“党建带团建”工作的意见》,指导各县市区、各行业系统修订完善“党建带团建”工作政策和制度措施,推动基层团建与基层党建在工作空间、工作内容和推进步伐上紧密结合,实现党建带团建、团建促党建的良好局面。督促全市13个县市区、126个镇和2675个村级团组织按时完成团组织换届任务,配备团干部143名,市县镇三级团委班子配备率100%。率先在全省配备市、县两级少先队总辅导员,实现团建工作的超前谋划和稳步前进。镇实体化“大团委”率先超额完成。下发《乡镇实体化“大团委”工作方案》,以工作定期通报、督办检查、包抓联系点和建立基础台账等四项制度促进工作全面安排部署和集中推动。在全市13个县市区所属镇域经济相对发达、青年群体聚集较多的镇,举行镇实体化“大团委”直属团组织集体挂牌仪式,建立团建示范点,以点带面,推动工作。为17个镇争取17万元经费支持,团市委正科级以上干部分赴13个县市区各镇实体化“大团委”建设工作联系点指导开展工作。全市126个镇新建镇直属团组织2830个,覆盖团员18450人,青年48022人,任务完成率112.3%,此项工作得到团省委高度肯定,咸阳市在全省工作推进会上介绍经验。“两新”组织团建全面覆盖。年初,联合市委组织部、市工商局等6个部门下发《关于坚持党建带团建推进“两新”组织团建“全覆盖”的实施方案》和《关于在全市非公有制企业团组织中广泛开展“达标创优”活动的通知》。协同有关单位,多次、反复登门拜访、送服务,促进团建。承办“陕西省非公企业团建百日攻坚活动启动仪式”及“团中央西北片区非公团建推进会”现场观摩活动。依托务工党组织、政府驻外办事处、务工有为青年创办的企业等阵地,组建咸阳驻外团工委11个,有效服务咸阳市在外务工青年1000余名。全年共新建“两新”团组织551家,覆盖35岁以下青年11628人,团员6575人。

青少年思想道德建设 学习宣传贯彻党的十八大精神。下发《关于组织团员青年认真学习宣传贯彻党的十八大精神的通知》,召开咸阳共青团系统及全市各界青年学习贯彻十八大精神座谈会,举办陕西省暨咸阳市共青团送十八大精神“五进”(进农村、进社区、进企业、进校园、进工地)活动启动仪式及乡村青年文化节,通过各种方式,使十八大精神传达到每一名青年当中。下发《关于在全市共青团、少先队组织中开展“学习十八大精神——弘扬社会主义核心价值、做中国特色社会主义事业接班人”主题团、队日活动的通知》,举办以“弘扬社会主义核心价值、我为大西安建设添砖加瓦”和“红领巾心向党——十八大与我们的未来”为主题的团、队日示范活动,邀请党的十八大代表常亚琼与广大团员青年面对面、心连心交流。全市各级团组织开展“千名团干部宣讲十八大”活动,抽调党的十八大青年代表、专家学者、优秀青年代表及团市委机关人员等组成“党的十八大精神共青团咸阳市委宣讲团”,由团干部带头深入企业、农村、学校、工地、社区,传播党的十八大精神,教育广大团员青年立足本职,踏实工作,做十八大精神的践行者和排头兵。全面完成《青年思想引导大纲》转化工作。及时掌握青年思想动态,引导青年正确认识和把握形势,凝心聚力,创新创效,共谋发展。指导13个县市区、7所院校、34个国有及国有控股企业、203个非公有制企业等基层团组织按时完成《大纲》的编写转化工作,引导全市青少年不断坚定跟党走中国特色社会主义道路的信念,引导青少年树立正确的社会主义核心价值观。不断丰富青少年理想信念教育。举办“陕西省暨咸阳市少先队学习雷锋好榜样主题队日”示范活动和“学习呼秀珍和她的雷锋家庭、践行社会主义核心价值观”演讲大赛,开展“十八岁成人仪式”教育实践活动、“劳动·

首届咸阳市“天翼飞Young杯”青少年才艺大赛　　(团市委　供)

创造·奋斗——我的青春故事”励志教育活动、2012年省市“中学生西京学院品学奖”评选活动，成功举办首届咸阳市“天翼飞Young杯”青少年才艺大赛汇报演出。举办“红领巾大讲堂”143期，承办陕西省“红领巾心向党，延安精神永不忘——党团队旗三秦传递”活动，为迎接建团90周年以及省第六次少代会的召开营造良好社会氛围。与团省委共同命名金池革命旧址、安吴青训班为省、市青少年教育基地，为以活动阵地为依托加强未成年人思想道德建设搭建新平台。创新教育引导工作模式。主动适应以互联网、手机、微博、QQ为代表的新媒体在青年中日益普及的形势，利用新媒体转变传统工作模式。全面改版升级团市委门户网站，巩固和加强团属网络阵地建设，对原有的版面优化改造，使之能够展现当今青年人的青春和活力；分类建立QQ群交叉覆盖。建立县市区、镇街道各层面和学校、企业、机关各条线的QQ群，又按就业创业、志愿服务、高校团干部在咸挂职、关爱留守儿童等专项工作以及各种青年兴趣爱好建QQ群，通过条块结合建群组，形成对团员青年交叉覆盖，为各级团组织提供团结凝聚、分类引导各种青年群体的有效渠道；创办咸阳共青团手机报，免费将团务知识、通知公告、专题活动等动态信息第一时间发送给各级领导、团干部和青年，为广大团员青年提供快速、及时、便捷、灵活、有效的信息服务。至年底，咸阳共青团手机报已编辑、发送13期，受众6000余人次；以服务青年为宗旨，集宣传、资讯、服务、互动功能于一体，开通咸阳共青团新浪和腾讯官方微博及团干部个人微博3000个，发送信息3万余条，搭建共青团组织与广大青年交流互动的新平台，已成为青年健康文化建设的新空间，成为咸阳共青团的一个新宣传窗口、一张新名片。

青年就业创业 开展咸阳市“第五届杰出(优秀)青年企业家”评选活动、2012年度“青年文明号”、“青年安全生产示范岗”和“青年岗位能手”创建评选活动，发挥先进典型在全市经济建设中的示范作用和生力军作用。成功承办“陕西省农村青年致富带头人‘倾听青年心声、共促农村发展’集中月活动启动仪式”，成立咸阳市青年就业创业服务指导队，并为广大农村青年致富带头人聘任青年就业创业服务指导师。全市共建立青年就业创业服务指导队13支，聘任导师140人。在全市大中专院校开展“创业英雄校园行”系列活动，组织具有创业经验的青年企业家、大学生创业典型、具有感人经历的创业者走进大学校园开展宣讲、交流，用他们的亲身经历感动、教育大学生，鼓励、引导大学生自主创业。与人社部门、金融部门合作，全年培养青年岗位能手1105名，创建青年安全生产示范岗50个，市级青年文明号55家，为青年发放创业小额贷款1.7282亿元，贷款2812人，扶持3000余名青年创业，带动就业9689人。开展农村青年科技实用技术培训，全市共举办农村青年“领头雁”培训31期，培训农村青年1万余人，并争取省级“领头雁”项目1县4镇，争取资金3万元。建立青年就业创业见习基地101家，提供见习岗位526个，成功对接岗位342个，见习青年1096名，帮助508名青年实现就业。

青年志愿服务 组织开展以“传承雷锋精神、参与志愿服务、建设和谐咸阳”为主题的志愿服务活动，全市共计百余家单位的万余名青年志愿者在各自的服务点上开展倡导文明风尚、困难帮扶、便民服务、环境保护等形式多样的志愿服务活动。争取团中央“大学生志愿服务西部计划项目”在咸阳继续实施，56名大学生在咸阳市服务。开展“共青团关爱留守儿童志愿服务行动”，协调动员各级团组织和志愿者团队与农民工子女较集中的学校结对帮扶。联合安利咸阳分公司分别举办咸阳市“爱在同一片蓝天下”——关爱特殊儿童青年志愿服务活动和“青亲暖冬行动”活动，活动共向留守儿童捐赠价值4.2万元的爱心物资。围绕学业辅导、亲情陪伴等“七彩课堂”内容开展“千名团干部结对帮扶千名留守儿童、万名青年志愿者结对帮扶万名留守儿童”行动，共与190所学校的30180名留守儿童“一对一”结对帮扶。通过集中活动带动全社会进一步关注、关心留守儿童。同时，三原县、永寿县、长武县等县团委也纷纷开展爱心捐助、文艺表演、感受城市等关爱活动。至年底，已结对学校192所，结对农民工子女29245人，共捐赠138.7万元现金及物品。组织开展咸阳市“希望学子——爱心与你同行”资助贫困大学新生活动，建立健全贫困学子助学档案，开辟活动宣传新阵地，将市区的LED屏幕、出租车电子广告屏等作为宣传重点，通过社会化动员方式从机关、事业、企业等单位和个人募集资金。2012年共筹集到助学金1900余万元，救助贫困大学新生5426名。

青春增绿工程 举办以“保护地球母亲，环保促我成长”为主题的第三届咸阳市大学生科技节演讲大赛和“环保杯”青少年环保征文大赛，引起青少年对环保的重视和支持，增强对环保的责任意识。开展“渭河治理、青年先行”保护母亲河行动，通过印发传单，组织社团活动，举办演讲、知识竞赛，发放生态环保宣传画，小册子，广泛宣传生态、环保知识，帮助青少年牢固树立绿色、低碳、环保、文明、健康生活方式，动员青少年参与资源节约型和环境友好型社会建设，增强广大青年的绿色文明意识、生态环境保护意识和可持续发展意识。成功申报长武清源青年志愿服务团水源地保护项目、泾阳郑国渠风景区青少年志愿团国家水利风景区生态修复项目及兴平志愿服务总队“城市绿化，青年先行”环保志愿项目等5个项目为省级2012年青少年环境保护资助项目和优秀资助项目，获资助金额1.9万元。

预防青少年违法犯罪 召开预防青少年违法犯罪工作领导小组第一次全体会议，审议通过《咸阳市综治委预防青少年违法犯罪专项组工作制度》和《专项组各成员单位任务分工》并督促各部门认真落实。在全市13个县市区全面推广“模拟法庭”，进一步增强青少年法制意识。全年创建青少年维权岗36家和预防青少年违法犯罪基地17个,开展丰富多彩的预防活动,较大程度减少青少年的犯罪数量。

“咸阳市杰出(优秀)青年卫士”评选活动 围绕构建社会主义和谐社会,联合市综治委等18家单位开展“咸阳市杰出(优秀)青年卫士”评选活动,全市各行业、系统推荐候选人百余人,按照优中选优、统筹兼顾的原则,表彰30名“咸阳市杰出(优秀)青年卫士”,活动的开展,进一步引导广大青年弘扬社会正气,维护社会稳定,服务经济发展,激发全社会特别是广大青年积极投身建设和谐新咸阳的热情。

共青团咸阳市第五次代表大会 9月10日上午,中国共产主义青年团咸阳市第五次代表大会在彩虹俱乐部召开。大会全面落实市第六次党代会精神,回顾总结过去工作,研究确定今后任务,选举产生共青团咸阳市第五届委员会。大会号召全市团员青年务实创新,砥砺奋进,为建设“现代新都市、和谐新咸阳”而努力奋斗。市委书记千军昌出席开幕大会并作重要讲话,团省委副书记张小平莅临讲话。姜锋等市上领导到会祝贺。市总工会主席何彩娥代表群众团体致贺词。会上,团市委书记林梅代表共青团咸阳市第四届委员会向大会作了题为《践行科学发展,凝聚青春力量,团结带领团员青年为建设现代新都市、和谐新咸阳而努力奋斗》的工作报告。大会选举出由35名委员和15名候补委员组成的新一届团市委,选举出64名咸阳市出席共青团陕西省第十二次代表大会的代表,通过《关于〈共青团咸阳市第四届委员会工作报告〉的决议》和《〈团费收缴、管理和使用情况的报告〉的决议》。9月11日下午,共青团咸阳市第五次代表大会闭幕。

(高　鹏)

咸阳市妇女联合会

概况 2012年,市妇联以建设“坚强阵地和温暖之家”为主线,继续深入实施“五大行动”(巾帼创业就业行动、女性素质提升行动、和谐家庭创建行动、妇女儿童关爱维权行动、强基固本行动),各项工作都取得明显成效。

女性创业就业促进工作 打造咸阳妇女特色产业。市妇联领导深入渭城区、泾阳县、淳化县等县市区的妇女手工艺品专业合作社调研,召开手工艺品领办人座谈会5期,并在《陕西日报》《咸阳日报》等媒体对咸阳市妇女手工艺品产业进行集中宣传、推介。组织20多名民间手工艺品能手、2000多件作品参加2012第三届大唐西市文化艺术博览会,会上与5家单位和个人达成合作意向。组织48名选手参加陕西省第四届妇女手工艺品技能大赛,7人获一等奖、18人获二等奖、23人获三等奖。提高妇女创业就业能力。先后在礼泉县建陵镇山西头村、彬县城关镇朱家湾村、淳化县车坞镇沟圈村举办妇女实用技术培训班,为群众赠送实用技术书籍500余本,受益妇女近万名。组织开展西咸女企业家、女科技工作者联谊活动,率领近20名女企业家、女科技工作者走进西安科技大市场进行交流、座谈。开展“春风送岗位”行动,活动现场共接受群众咨询600多次,免费发放各类创业就业资料1000多册(份),现场达成就业意向200余人。全年全市妇联系统通过举办各类农村实用技术培训班293期,培训妇女4.8万余人次,劳务输出妇女22834名。推动妇女小额信贷财政贴息政策落实。下发《关于传达全省妇女小额担保贷款工作推进暨培训会精神的通知》,并与市人社局积极协商,在市人社局系统召开全市创业就业促进会,明确下一步工作措施、奋斗目标。同时,组织督导组赴渭城区、泾阳县、武功县、旬邑县等县区进行巡回督查,引导妇女创业,为有创业意愿的妇女协调贷款,强化跟踪服务。2012年,全市各级妇联共为2394名妇女提供小额担保财政贴息贷款1.5亿元,帮助妇女实现创业就业梦想。

女性素质提升 邀请十八大代表常亚琼作了“坚定信念、围绕中心、服务大局,学习贯彻十八大精神”专题报告。《咸阳女性》杂志、咸阳妇女网开设专栏,刊登各界妇女学习十八大精神理论文章。举办咸阳女性大讲堂·学习贯彻落实十八大精神报告会。深入开展“走进基层、走进家庭、走进妇女、共促和谐”活动,送十八大报告下乡村、进社区、入“妇女之家”。全年市妇联共举办咸阳女性大讲堂3期。在《中国妇女报》《陕西日报》《咸阳日报》等专版刊登咸阳市开展关爱留守妇女儿童、手工艺品、维护妇女权益、妇女之家等方面的稿件。在咸阳广播电台制作播放关爱农村留守妇女儿童专题节目,发行《咸阳女性》杂志4期。组织市妇联机关干部唱响《巾帼奋进曲》,并拍摄MTV视频在全省进行展播。举办庆三

女企业家联谊会开展参观交流活动　　(市妇联　供)

八"巾帼建功"表彰大会暨"巾帼文明岗"风采展示活动、庆三八"环保杯"妇女书画大赛,表彰55个"巾帼文明岗",100名"巾帼建功标兵",20名先进工作者。市妇联协助有关部门联合推出呼秀珍和她的"雷锋家庭"这一先进典型,在全国范围内掀起学习热潮。呼秀珍被表彰为全国"五好文明家庭"标兵户,受到全国妇联副主席、书记处第一书记宋秀岩的亲切接见。同时,市妇联向全市广大家庭发出《向呼秀珍"雷锋式家庭"学习的倡议书》,开展"学习呼秀珍和她的'雷锋家庭'"征文活动,共评出一等奖3篇,二等奖6篇,三等奖9篇,优秀奖12篇。

和谐家庭创建 下发《关于深入开展和谐家庭创建活动的通知》,3名咸阳女性获"三秦优秀文化女性"称号。向省上推荐五好文明家庭15户,其中5户获省"五好文明家庭标兵户",1户获全国"五好文明家庭标兵"称号,在全市开展"五好文明家庭"评选表彰活动,120户家庭获市"五好文明家庭"称号。联合市纪委、市监察局在旬邑县开展全市"树清廉家风,建和谐家庭"廉政文化进家庭系列活动启动仪式。多形式助推未成年人思想道德建设。利用"三一五"家庭教育大讲堂,在市机关幼儿园举办《走进孩子心里,伴孩子健康成长》专题家庭教育报告会,在秦宝幼儿园举办"传统文化与家庭教育"报告会。全年共举办家教培训69期,培训2万余人,推荐省级"阳光少年"16名,十佳少年1名。"六一"期间,协调市级党政领导分别深入渭城区陵照中心小学、兴平市田阜社区幼儿园和市机关幼儿园,慰问少年儿童和一线教育工作者。多途径开展巾帼志愿服务活动。评选表彰3支市级优秀巾帼志愿服务队,组织60多名巾帼志愿者亲手为留守儿童编织毛衣。联合市中院的巾帼志愿者到礼泉县石潭镇小河村开展巾帼志愿服务活动,联合市妇幼保健院的志愿者为群众进行健康咨询,免费体检。

妇女儿童关爱维权 注重维权,妇女权益实现新突破。利用三八维权周,组织20多家市妇儿工委成员单位,集中开展妇女儿童维权宣传活动,共出动干部200余人,悬挂宣传条幅20条,摆放宣传展板40块,发放资料5万余份,现场接待咨询群众1000余人次。制定下发《咸阳市关于开展妇女信访代理工作的实施意见》,并全面组织实施,全年共完成法援案件15件,其中涉及妇女家庭权益类的10件,直接帮助受援人挽回经济损失42.22万元。市妇联机关共接待来信、来电、来访112件,处理率100%。真情关爱贫困妇女儿童。全年市妇联共争取到"妇女之家"、贫困妇女儿童救助、妇女就业创业、儿童成长家园、民办托幼园所补助等五大类民生项目资金224.52万元,受益群众万余人。实施"母亲邮包"项目,项目资金430多万元,惠及全市4万名贫困妇女。开展"喜迎十八大,情暖夕阳红"活动,到淳化县车坞镇沟圈村、秦庄服务中心寺村走访慰问贫困老人,为老人送去慰问金及药品。同时,市妇联争取市级财政支持,自主包装"妇女之家"示范创建、妇女创业就业、贫困妇女救助等项目,项目资金30万元,受益妇女万余人。全面推进两规实施。市政府颁布《咸阳市妇女发展规划(2011年~2020年)》和《咸阳市儿童发展规划(2011年~2020年)》后,市妇联在咸阳妇女网、《咸阳女性》杂志上开辟专栏,大力宣传,并印制5000份规划宣传册,分发到各基层妇联。组织召开全市妇儿工委全体(扩大)会议、2011年~2020年妇女儿童发展规划培训会,对新规划的宣传、实施工作作详细的部署和安排。

基层组织建设 在全市59家非公有制企业中建立健全"妇女之家"。开通网上"妇女之家"——咸阳市妇联官方微博,建成省、市"妇女之家"示范点355个,精品点35个。在彬县召开全市基层妇女组织负责人培训暨"妇女之家"示范点创建工作交流会,为52个市级"妇女之家"示范点授牌。下发《关于在全市妇联系统开展"下基层、访妇情、办实事、促发展"活动的实施意见》,在淳化县召开全市"下基层、访妇情、办实事、促发展"活动推进会。市妇联领导分别带队深入到秦都区、渭城区、兴平市、武功县、礼泉县、淳化县,重点走访农村留守老人、流动妇女儿童、单亲贫困母亲等特殊困难群体,积极提供政策、信息、项目等服务和创业就业指导。

(徐明娟)

咸阳市科学技术协会

第二十届"科技之春"宣传月活动 3月15日,陕西省暨咸阳市第二十届"科技之春"宣传月活动启动仪式在彬县举行。省人大常委会科教文卫委员会主任秦天行等16名省市领导、48家省市部门和单位主要负责人、50名省市专家及社会各界代表5000余人参加。以"普及科学知识,提升全民素质,建设和谐咸阳"为主题的"科技之春"宣传月活动历时近1个月,初步统计全市共开展重点活动218项,科技下乡406次,举行科普进社区90多场次,开展科技培训和各类讲座150多期次,出动科普宣传车68台次,办科普专栏136期,展出科普挂图3400余幅,科普展板3200余块,赠送科技书籍21750册,印发科普宣传资料25.6万余份。33个省、市"科技之春"组委会成员单位向彬县开展"四送一训"(送资料、送科技、送新项目、送新成果以及开展农村实用技术培训)捐送活动,共捐送总价值8826.36万元的民生项目、科技书籍和设备。4月6日,在市区举办"科普宣传一条街"宣传活动,75家单位在凤凰广场、统一广场、中宏广场等设立宣传点,布置展板1500块,悬挂宣传条幅100余条,发放各类宣传书籍、资料40多万份,参与群众超过10万人。4月1日至30日,在市区开展"智慧城市信息化体验"活动,市直机关、社会各界100余家单位近5000人次参观体验无线民生、智能交通、智能家庭、数字农业、智慧城市、智慧交通、智慧医疗、智慧家庭、数字城管、全球眼、云计划、物联网等百余项项目应用。

第三届咸阳大学生科技节 4月12日,第三届咸阳大学生科技节在咸阳中医学院开幕。以"科技给我力量,创新伴我成长”为主题，共组织大学生科技创新大赛、大学生职业生涯规划大赛、大学生课外学术科技作品展评、大学生医学知识竞赛、大学生电子技能(PPT制作)大赛、大学生校园非常职场模拟招聘会等12项市级重点活动，共有11所高校、近2万名学生参与。经各高校选拔推荐和专家评审，雷博等145人作品分获一、二、三等奖，陕西工业职业技术学院等10个单位被评为先进集体，西藏民族学院计算机协会等10个社团被评为优秀科技社团，陕西邮电职业技术学院电脑协会甄苗等10名科技社团干部被评为优秀科技社团干部。大学生科技节已成为咸阳市品牌活动。

全国科普日 全市以“节约能源资源、保护生态环境、保障安全健康、促进创新创造”为主题，共开展市级重点活动26项。9月16日，在教育电视台演播大厅举行市第四届公众科学素质电视大赛，渭城区三普社区等6支代表队通过预赛从全市12支代表队中脱颖而出，分获一二三等奖，市人大常委会副主任寇述政等市级领导和市全民科学素质工作领导小组成员单位领导以及300名市民代表观看比赛，大赛实况在教育电视台播出，收视观众超过百万。9月13日，在市环境教育基地启动“水孕健康、珍爱环境”青少年珍爱环境科学实践活动，全市1000余名师生代表及科普志愿者参加活动。9月15日至21日，在全市开展“科学饮食用药进万家”活动，共举办以“人人关心食品安全，家家享受健康生活”为主题的科学饮食进万家活动15场次，张贴食品安全科普知识宣传挂图390套1950张，利用科普活动站(室)、科普惠农服务站、科普惠农培训学校等科普阵地开展食品安全科普知识讲座、报告会100余场次，近万名群众受益。组织全市48324人参加全省食品安全科普知识竞赛，联合市农业局组织全市1.2万名农民参加2012年全国农民科学素质网络竞赛。

基层科普行动 市科协围绕农村科普工作重点，培育先进典型，对渭城区新风无公害葡萄专业协会等25个农村专业技术协会、秦都区毛村设施果蔬科普示范基地等11个农村科普示范基地、宇文联巧等12名农村科普带头人给予表彰通报。命名中国移动咸阳分公司智慧城市信息化体验厅等10个单位为“咸阳市科普教育基地”，长武农田生态系统国家野外观测研究站等13个单位被省科协认定命名为“陕西省科普教育基地”，认定工作位居全省第一。创建10个省级科普示范社区，评选出9个先进市级科普示范社区和9名社区优秀科普宣传员。创建9个市级科普示范镇、4个市级科普示范街道办、12个市级科普示范村、4个市级科普示范社区。在中国农村专业技术协会第四次代表大会上，旬邑县北山果农协会、泾阳县云阳地区蔬菜技术协会、淳化县果业协会、渭城区底张镇奶牛协会、三原县兔业协会和李志明分别获“全国先进农村专业技术协会”称号和“全国农技协先进工作者”称号。旬邑县悦丰果农协会等14个单位和个人获财政部、中国科协表彰奖励，共获奖励资金235万元。永寿县养猪协会等13个农村专业技术协会、渭城区郁园绿化苗木繁育科普示范基地等4个科普示范基地、哈中选等3名科普带头人、秦都区勤俭路社区等6个社区荣获省财政厅、省科协表彰奖励，共获奖励资金124万元，中省项目获奖数量和奖励总金额为历年之最。

学术交流 开展2012年“学术金秋”活动。结合加快发展现代农业、建设现代工业体系、发展现代服务业、推进县域经济发展等内容，围绕“提升科技创新能力，服务经济结构调整”主题，历时3个多月，组织开展省级重点示范活动6项，市级重点活动33项，专题交流会40余场，学术报告96场次，交流论文3000多篇，100多个市级学会、科研院所和大专院校参与活动。农业科技创新推广应用学术研讨会、发展咸阳现代农业园区学术研讨会、森林公园可持续发展学术研讨会、中美妇科肿瘤临床及病理学进展国际学术交流研讨会、全国护理学术年会、西咸两市数学研讨会等学术交流活动内容丰富，启迪科学思维，激发创新活力，为推动科学发展、富民强市提供科技支撑和智力支持。4月12日，特邀中国工程院院士、长安大学教授李佩成作题为《在科学实践中培养良好的科学道德和学风》的报告，全市1000多名师生代表参加。利用咸阳科普大讲坛这一创新载体，先后邀请市高级畜牧师武学锋、教授级高级工程师李振宇、中医学院副教授袁普卫等专家学者，在社区、机关、农村、学校、军营举办“人畜共患疾病预防”、“用标准化科学指导生活”、“普及心理健康知识”、“职业病的防治”等专题科技报告会，受益群众3000多人。

青少年科技教育 联合市教育局举办第27届咸阳市青少年科技创新大赛，共有50余所学校2500多人参加这次活动，上报大赛的作品有132件。经专家组评审，评选出科技创新成果竞赛奖一等奖8名、二等奖10名、三等奖18名；评选出优秀社会实践活动作品一等奖1名、二等奖4名、优秀奖5名；优秀科技辅导员创新作品一等奖2名、二等奖2名、三等奖4名；选送18件作品参加陕西省第27届青少年科技创新大赛，获二等奖7名、三等奖9名。8月11日~12日，咸阳市代表团一行5人赴宁夏银川市参加全国第二十七届青少年科技创新大赛，市科协被中国科协、教育部、科学技术部等9部委联合评为第27届全国青少年科技创新大赛“基层赛事优秀组织单位奖”，在全省仅此一家。组织举办第17届少儿科幻绘画展评活动。13个县市区及有关单位共报送作品275幅，经专家评审，评出一等奖15名、二等奖25名、三等奖60名，组织工作先进单位14个，优秀组织工作者11名，优秀辅导老师14名。上报参加全省联评作品40幅，获得省级一等奖2个、二等奖3个、三等奖8个、优秀组织奖15个、优秀组织工作者7名、优秀指导教师9名。向中省推荐的兴平市秦岭小学刘汶鑫的作品“家庭用水循环器”和渭城区中铁二十局子校徐锦一的作品“自动颜料生产机”，获全国少年儿童科学幻想绘画三等奖。9月26日，市科协组织部分优秀少年儿童科幻画辅导教师及组织工作人员参加陕西省少年儿童科学幻想绘画培训班。由省科协、省文明办、省教育厅、团省委、省关工委5部门联合举办的全省第四届青少年科普知识竞赛，咸阳市共有450名参赛选手获奖，其中特等奖2名、一等奖30名、二等奖61名、三等奖357名，16个单位被评为先进组织单位，王婷等25人被评为先进个人，市科协连续四年获先进组织单位奖项。7月23日至29日，市科协组织30名在校高中生赴西安电子科技大学，参加为期一周的2012年全国青少年高校科学营西安电子科技大学分营活动。

（杨驱虎　韩海莹）

咸阳市文学艺术界联合会

迎接十八大文艺活动　深入学习宣传十八大精神是2012年市文联和文艺工作的主线。市文联组织举办一系列文艺宣传活动，使文联喜迎十八大，深入学习宣传十八大精神月月有活动，季季有重点，亮点不断，高潮迭起。开展书画精品展和采风、文学等活动。举办喜迎十八大第四届“舞动咸阳”国际标准舞邀请赛，全国各地舞蹈家和舞蹈爱好者组队65个，800多人参赛切磋技艺，展示魅力咸阳的新风采，取得良好的社会效果。在全社会大力弘扬雷锋精神，联合市委宣传部举办呼秀珍和她的雷锋家庭图片展，搜集整理各种资料3000余份，展出图片、文字资料、实物1000余份，市级党政机关、群众团体、院校的5000余名干部职工参观展览，接受教育。大家普遍反映展览设计新颖精美，资料翔实，展馆布置科学现代，观看之后令人印象深刻。举办咸阳市迎接十八大书画精品展，共展出画作180多幅，表达市书画界期盼十八大胜利召开的喜悦之情，全面展示市美术书法创作成果。举办“喜迎十八大红色诗歌朗诵书画笔会”，书画家现场创作书画作品40余幅，部分作品被红色记忆博物馆收藏。十八大胜利召开之后，市书协会员刘方用3天时间，书写十八大报告百米长卷，在市委大楼大厅、社区、工厂等处展览，反响热烈。

惠民文艺活动　市文联围绕元旦、春节、“五二三”、国庆等重大节日和重要主题，策划和开展一系列形式多样，群众喜闻乐见的文艺活动，丰富城乡人民文化生活，取得较好的效果。组织艺术家深入农村、厂矿、学校体验生活、采风创作、慰问演出。市书法家协会深入武功县、泾阳县等地创作书法作品360多幅，无偿赠送慰问群众。春节期间，书法家协会、美术家协会先后组织书画家深入渭城区政府、东煜公司、司魏村、李都村、北槐村等企事业单位、农村义写春联1500余副。与三粮液集团、川渝商会、泾渭集团等单位举行联谊笔会。作家协会举办“文学之夏”大型采风活动，市县两级50多名作家，深入永寿县，开展采风活动，创作一批反映永寿人民科学发展，协调发展，可持续发展，打造绿色永寿的文学作品。同时举办文学创作提高培训班，邀请咸阳师院博士许君娥、王鹏程就小说创作的走势为各县作协主席和重点作家作辅导。组织摄影家协会赴礼泉红星软香酥公司，会同礼泉县、兴平市摄影家协会50余人，对红星软香酥公司进行全面拍摄，命名红星软香酥公司为咸阳市摄影家协会摄友之家，授予牌匾。在袁家村和北部山区乡村进行实地摄影创作。会同礼泉县摄影家协会和淳化县摄影家协会共同举办全国摄影大赛活动，并组织摄影爱好者赴礼泉县、永寿县、淳化县、彬县等地进行摄影采风活动，义务为农村金婚、银婚老人摄影留念。举办纪念“五二三”讲话70周年系列活动。在“五二三”讲话70周年前夕，举办纪念座谈会，广大文艺界代表人士畅谈坚持《讲话》精神，繁荣文学创作的体会。组织多名文艺家在《咸阳日报》上发表署名文章。围绕纪念《讲话》，组织“红色记忆”采风活动，撰写歌颂红色记忆的作品。组织30多名书法家在陕西省机电工程学校组织“龙腾盛世、翰墨兴邦”百米长卷现场书写活动。举办纪念“五二三”讲话发表70周年咸阳市美协会员作品展。电视艺术家协会举办《星光大道》陕西赛区选拔赛，来自省内外各行业、不同年龄段的5000多名参赛选手参赛，先后举办比赛30多场，大大活跃城乡人民群众的文化生活，选拔出一批优秀的文艺人才。摄影家协会经过3个多月的精心筹备，举办“龙腾盛世·和谐咸阳城市亮化美化摄影大赛摄影展”，展出有代表性摄影作品137幅。同咸阳湖管理处共同举办第三届赏花节摄影作品展，展出作品80幅。评出一等奖1幅、二等奖2幅、三等奖3幅，优秀奖10幅。在外滩1号售楼处同陕西汉道置业有限公司共同举办“大美唯真”咸阳湖主题摄影大赛展，收到参赛作品近千幅，展出作品100幅，评

文艺家下乡采风　　（市文联　供）

出一等奖1幅、二等奖2幅、三等奖3幅,优秀奖94幅。举办"建平杯"咸阳市首届摄影艺术作品展,前后历时5个月。全年共组织各类文艺活动168场次,直接观众16.5万人次,为文化大发展大繁荣作出应有贡献,在广大群众中产生广泛影响。

文艺创作 始终把文艺创作作为工作的重中之重,常抓不懈。积极鼓励、支持各协会、各艺术门类的文艺工作者多出优秀文艺作品,并千方百计为文艺创作创造良好的环境和条件。2012年各个艺术门类的艺术创作都取得可喜成绩。市作协主席杨焕亭创作三卷本百万字长篇小说《汉武大帝》,副主席刘公出版长篇小说《爱好痛》,副主席鲁曦出版诗集《问月》,理事王永杰出版散文集《不负今生》,老作家梦萌出版长篇小说《倾城》。名誉主席卢太运的长篇小说被列为2012年中国作家协会重点扶持项目。杜建国的散文集《渭水情思》在"第十届'中华颂'全国文学艺术大赛"中获"一等图书奖"。市作协全年在各类刊物发表小说、散文、诗歌作品300余篇。市音协祁越创作的《走近你》获中国音乐家协会成才之路二等奖,祁越的《三十年》和赵永生的《秦川》获陕西省"五个一"歌曲作品优秀入围作品奖。张义平作曲、程洋作词的歌曲《梦回娘身旁》,获陕西省第十二届"五个一工程奖"优秀歌曲提名奖。在"陕西省第十届电视金鹰奖"评选中,视协选送的电视节目获得三个奖项。楹协会员全年在《中国楹联报》《三秦楹联》杂志、《咸阳日报》《楹联家》等发表楹联作品及相关文章620余副(篇)。协会出版《楹联家》春联专版,免费为市民发放1000份。民协会员韩靖出版《韩靖现代剪纸艺术》《古今人物剪纸百图》和《吉祥团花剪纸百图》作品集,在全国新华书店发行。其中《韩靖现代剪纸艺术》精选韩靖20年创作精品200余幅,全面反映韩靖在现代剪纸艺术领域取得的成果,获陕西省委宣传部"四个一批人才"专项资助资金。与长武县民协联合出版《长武县非物质文化名录图典》。由旬邑县纪委主编,市民协会员王兴科绘图的《民俗图案说不准》廉政建设图集在旬邑县印刷发行。市剧协共组织创作戏曲剧本6部,《乡情》《四家亲》《赵桢认母》等3部参加全省艺术创作会,尤其是《四家亲》被省上创作会认为是优秀剧本。剧协主席薛恩光创作的故事《一个自强打造母爱的妈妈》和《华山峭壁之巅的气象人》被省委宣传部、省文联、省文明办选中,在全省各地市及大专院校共演讲30余场。曹亚莉创作的曲艺说唱《陕西关中八大怪》参加省文化产业开幕式等活动演出,并申报全国群星奖。姜德华创作的相声《"四化"院长》获陕西省曲艺作品一等奖,创作曲子《一只鸡》荣获陕西省曲艺作品一等奖。美协出版个人作品集10余部。入选陕西省第三届花鸟画展作品32件,其中获一等奖1人,二等奖1人,优秀奖5人。入选省文联、省人口计生委举办的"迎十八大作品展"作品13件。入选"长安精神——陕西当代中青年国画作品展"作品31件。入选省美协主办的"纪念五二三"写生展作品11件。在陕西人文千年创作工程中,陈恩惠的作品《咸阳古渡》,王东峰的作品《商鞅变法》通过初审。书协杨智敏获中国书协"百里杜鹃"优秀奖,李乐获中国书协第三届青年书法篆刻展优秀奖等,21人次获得全国性展览奖励。舞蹈家协会副主席冯维雅和曹锦旗获得第二十六届中国国标舞锦标赛金奖。编创的舞蹈《美丽的梦》参加由文化部、省委宣传部、省文化厅举办的陕西省第三届少儿艺术节获优秀剧目奖,优秀创作奖。舞蹈《䠞䠞面》参加由省委宣传部、省文化厅举办的陕西省第六届艺术节获优秀剧目奖,创作奖,并入选全国群星奖评选。

文化交流 2012年,市文联采取"走出去,请进来"的方法,广泛开展文化艺术交流活动。先后邀请中国书协培训中心专家讲师团,著名书法理论家付德峰、篆刻家崔宝堂等多位名家来咸讲课。与西安市美协、西安画院在咸阳大美堂联合举办"西咸名家国画作品联展",展出作品50幅。邀请雷涛、王芳闻、畅广元、邢小利等文学界领导、专家教授指导咸阳文学创作,点评作品,交流心得。加强咸阳市作家作品与影视界对接,市文联副主席、作协副主席王海的小说《城市门》被拍摄为同名电影。组织召开刘公长篇小说《爱好痛》研讨会,宣传创作成果,扩大作品影响。在彩虹中学设立书法教育基地,邀请省市书法名家举办书法讲座,培育后备人才。3月,在宇宏·健康花城举办《中国作家》咸阳创作基地暨咸阳书画分院揭牌仪式。中国作协副主席陈忠实,省人大常委会副主任白阿莹,市委书记千军昌,市人大常委会主任裴育民,市长姜锋,省作协党组书记雷涛以及鲁迅文学院原常务副院长雷抒雁,现代文学馆原副馆长周明,《中国作家》副主编杨匡满、王青风,市政协副主席曾广中等出席仪式。揭牌仪式上进行书画艺术交流,咸阳市文艺家还奉献精彩的文艺节目。先后组织赴云南、广东、宁夏、山西及西安、宝鸡、铜川、商洛等地开展文化交流。创造条件扩大咸阳市与外地文艺名家进行交流学习活动。联合市委宣传部、省美协、终南印社在西安亮宝楼举办董扬写意花鸟画展。书协应邀参加重庆长江刻石活动,交流作品19件。美协主席成中艾应大洋洲文联邀请,随陕西画家代表团前往澳大利亚进行采风交流活动。美协副主席邓俊鸿和陕西美术代表团前往马来西亚参加"2012马来西亚世界艺术博览会",有多幅作品在中国馆展出。美协名誉主席窦仲化、文军先后前往澳大利亚进行艺术交流。邓宇春、董扬等六人分赴中国书协、美协进修。民协韩靖做客湖南卫视《天天向上》秀剪纸,马团周代表中国参加在土耳其举办的"国际手工艺术节",王兴科参加由中国民协在上海举办的"第二届全国农民画展",获优秀奖,作品收入《第二届全国农民画展优秀作品集》。李小超户外青铜雕塑群《村庄记忆》展在法国尼斯市展出,共展出雕塑作品十五组,均为青铜材质,以雕塑家李小超特有的群组方式推出,场面壮观、宏大,具有极强的表现力和震撼力。这是尼斯市和中国艺术家的首次专题性的合作,也是中国大型雕塑作品以如此庞大的阵容首次走进法国。

另外,李小超在香港中央图书馆展览厅举行《乡亲父老》雕塑展。这一系列展览、交流活动,既丰富人民群众的文化生活,促进文艺创作,也开阔视野,宣传咸阳。

队伍建设 坚持把文艺队伍建设放在突出位置,夯实文艺工作基础。继续举办咸阳文艺大讲堂。先后邀请西安美院教授、著名画家杨季、老画家窦仲化、李白颖等名家为咸阳市广大文艺工作者和2000多名市民作精彩的文学、美术、书法创作、壁画绘画等讲座,有力提高文艺人和市民的文化素养。各协会也从实际出发,采取多种形式加强会员培训,书协将书法“雅集”升级为书法大讲堂,举办6场专题学术研讨会,6人赴京深造,形成良好的学习氛围。市作协主席杨焕亭深入县区做培训。关心文艺家的创作生活。在经费十分困难的情况下,先后组织20多名文艺家分赴西双版纳、宁夏吴忠、山西晋城等地写生学习,交流感情,切磋技艺,真正为文艺家办实事好事。采取多种形式发展壮大人才队伍。积极发展各级会员,增加新鲜血液。2012年共发展市级协会会员160多人,推荐加入省级各协会会员60多人,国家级会员10人。至年底市级各协会共有会员3500余人,其中国家级会员350多人,省级会员2200余人。

(秦　力)

咸阳市残疾人联合会

概况 2012年,市残联立足残疾人最直接、最关心、最迫切的现实利益问题,落实对他们的各项优惠政策和帮扶措施。全年将符合城乡居民最低生活保障条件的19451名(农村14069名、城镇5382名)残疾人纳入城乡低保、农村五保供养等生活救助或临时救助范围。帮助13650名贫困残疾人及其家庭解决温饱。对317户残疾人危房进行改造。落实《咸阳市城乡居民养老保险试行办法》中对残疾人的优惠政策,全市已有12.97万残疾人参保,参保率38.7%,其中3.9万名重度残疾人,由政府按照每人100元给予全额补贴,9.07万中度和轻度残疾人也享受部分代缴的优惠政策。全市13个县市区均建立残疾人托养服务机构,托养残疾人1322名,其中就业662名。依托社区社会服务机构创办残疾人日间照料服务中心8所,托养残疾人72名,为3020名贫困残疾人提供实用技术培训,完成居家安养1800名。落实7.3万名贫困残疾人2012年度生活补贴经费,累计资金4380万元。

残疾人就业扶助 市残联把扶持和扩大残疾人就业放在事业发展的突出位置。2012年底,全市已入库残疾人就业保障金1300多万元,安排残疾人就业1340人。组织召开2012年度残疾人就业招聘洽谈会。全市13个县市区的82家用人单位,共为残疾人提供就业岗位812个,涉及操作工、缝纫工、设计员、传菜生、内勤等二十多个工种,共有1100多名残疾人参加招聘洽谈会。依托残疾人扶贫基地、就业培训基地、残疾人托养服务中心和各类职业培训学校,累计培训3020名贫困残疾人。组织9名盲人参加全国盲人医疗按摩等级考试,并获得等级考试证书。从市级残保金中列支30万元,为60户符合条件残疾人无偿给予3000元~5000元不等的扶持资金,并对6名残疾人提供小额担保贷款,最高8万元。全年累计接待残疾人求职262人次,协调联系用工单位11家,提供就业岗位320个,签约率30%。争取补贴资金28.8万元,开发残疾人公益性岗位160个,全部通过银行卡发放岗位补贴。投入150万元,建立残疾人就业扶贫基地23个,累计安置残疾人职工315名,培训残疾人1850名,带动和辐射周边1200余名残疾人实现增收。

康复服务 “全国助残日”前夕,市残联一次性投入100万元,购买1000辆轮椅、1000副拐杖和350台助听器,全部免费发放所辖的残疾人。投入80万元,依托镇卫生院和社区卫生服务中心,建立50个基层(镇、社区)残疾人康复站。全年免费实施白内障复明手术803例;争取中、省项目和资金百万元,使189名脑瘫、智障残疾儿童得到免费康复训练,22名肢残儿童免费实施矫治手术;投入600万元,为266名贫困残疾人安装假肢。为700名精神病患者实施免费服药救助,对120名重度患者进行免费住院救助;为18名聋儿和64名成年听力残疾人配发助听器,资助10名享受人工耳蜗或助听器的贫困听障儿童在定点机构接受免费康复训练;为253名残疾人进行辅助器具个性化适配评估,适配轮椅、拐杖、助听器等急需的辅助器具734件。

文化生活 随着武功县、乾县、三原县、永寿县、旬邑县、淳化县、兴平市等7个县市电视台开播电视手语节目,截至2012年底,全市11个县市级电视台全部开播电视手语节目,架起与听力残疾人沟通交流的桥梁。组织8名智障儿童参加“2012西安国际特奥足球融合计划比赛”,获得优胜奖。

(陈　玉)

咸阳市消费者协会

“一会两站”建设 全市共建“一会两站”3102个(其中消协分会184个,12315联络站、消费者投诉站2918个),创建省级示范会站6个,聘请工商消费维权联络员3305人,形成上下贯通、覆盖城乡、快捷高效的消费者申诉举报网络;召开全市工商系统12315“五进”示范站建设工作会议,在大型商场、超市、市场、企业、景区建立消费维权服务站63个,下发《12315“五进”工作手册》160本和《“一会两站”工作手册》1800本,为基层消费维权站点提供良好的业务知识支持,确保“一会两站”建成一个、规范一个、作用发挥一个。

12315行政执法体系建设 编发《12315简报》3期,对申诉举报数据汇总分析,不断完善12315工作机制,提升维权效能。紧紧围绕“消费与安全”主题,组织60户企业召开消费维权行政集体约谈会,举行形式多样的“三一五”纪念宣传活动,接受咨询3.3万人次,发放宣传资料10万余份,展出宣传板176块,发布维权公益短信50万条,集中销毁各类假冒伪劣商品45个种类,营造浓厚的宣传纪念氛围。在各级12315消费维权窗口深入开展"岗位学雷锋、履职提效能"活动,满腔热忱为消费者服务。开展流通领域商品质量专项整治和打击假冒伪劣商品行动,确保广大群众的消费安全。受理消费者投诉12600余件,受理省工商局分流转办消费者(申)投诉697件,为群众挽回经济损失1300余万元。市消费者协会获"全国消协组织消费纠纷处理2010~2011先进集体"称号。

(黄玉林)

咸阳市红十字会

红十字志愿服务 3月,市红十字会在全市红十字系统开展主题为"学雷锋——红十字志愿服务在行动"活动。活动以"关爱他人、促进和谐、志愿服务"为主要内容,探索新时期践行雷锋精神的新形式、新内涵,开展形式多样的学雷锋志愿服务活动。3月6日,市红十字会召开"学习雷锋——红十字在行动"高校座谈会。来自咸阳职业技术学院、咸阳市卫校等8所高校红十字组织负责人和志愿者代表30余人参加座谈。3月7日,西藏民族学院44名红十字志愿者齐聚火车站开展志愿服务活动,成为站前一道亮丽的"风景线"。3月20日,各高校红十字组织利用10天开展"一封家书,让爱传递"活动。300余名红十字志愿者利用课余向家乡的村长、乡医写信介绍红十字会的宗旨、性质和任务,宣扬红十字知识和"扶贫救心"等人道救助项目。给家乡的困难群众,尤其是贫困心脏病、白血病患者提供救助信息,播撒健康福音。各县市区红十字会开展多形式的志愿活动。重点对留守老人和儿童、贫困患病家庭等社会弱势群体开展"红十字关爱生命志愿服务行动"。3月13日,乾县红十字会在姜村镇举办乾县"红十字关爱生命志愿行动"公益讲座。姜村、王村等5个镇的70余名乡医参加由陕中二附院心胸外科主任柏本健教授作的题为《病情危重程度的判断及应急工作方法》的讲座。在乡医中进行"红十字关爱生命"志愿服务问卷调查。还为全县首批确定的35个"扶贫救心"项目联络点发放牌匾。

红十字"三救"和"三献"业务 红十字会的宗旨是保护人的生命和健康,提出将"三救"(应急救援、应急救护、人道救助)和"三献"(献血液、献造血干细胞、献人体器官组织)提升为红十字会的核心业务,市红十字会进一步调整工作思路,紧紧围绕核心业务谋篇布局,开拓创新。推进备灾救灾工作,进一步完善灾害应急机制。按照《中国红十字会灾害救助规则》的基本原则和要求,制定《咸阳市红十字会灾害与突发事件应急预案》,建立健全灾害救助管理制度,确保遇到灾情,力争"第一时间"上报争取救灾物资。7月~9月,长武县、永寿县、武功县等7县市遭受严重暴雨和冰雹灾害,群众房屋、道路、排水等基础设施及农作物等受损严重。市红十字会将受灾情况汇总后,立即上报省红十字会,争取到棉被500床,夹克衫500件,价值64280元。全力做好国家备灾救灾仓库项目的报建工作。省红十字会备灾救灾物资仓储基地是总会在全国设立的6个区域性备灾救灾中心之一,承担着中国红十字会西北五省及陕西省周边救灾物资的储备任务,属国家级备灾救灾中心。项目建设周期2年,总投资1.58亿元,总建筑面积43490平方米。项目主要建设物资库、清洗消毒车间、管理生活用房等基础设施。项目建成后,将成为一个适应陕西省备灾救灾要求,管理规范,具有相应储备和调控能力并快速反应的国家级备灾救灾物资仓储中心和调配指挥中心。项目自落户咸阳后,市红十字会积极行动,多方联动,先后向规划、土地等相关部门上报征地选址等多份文件,多次向市委、市政府主要领导和分管领导汇报项目进展情况,争取支持和协调。经过近两年的不懈努力,该项目已通过土地预审、环境评估等程序,前期报建手续基本完成。卫生救护培训工作初步展开。普及卫生救护知识,进行初级卫生救护培训,组织群众参加现场救护。3月17日~18日,市红十字会救护培训中心在咸阳技工学校举办"关爱生命——现场应急救护培训班"。经过两天14个课时的培训,以28名户外运动爱好者和救援队员为主的参训学员,全部通过现场理论和技能考核,取得红十字急救员证。9月~10月,市红十字会救护培训中心又先后对乾县83名从事电力、建筑、安监等高危行业的从业人员和武功县教育系统、卫生系统的61人进行培训。到年底,累计培训172名红十字急救员,其中166名取得市红十字会急救员证。举办首届咸阳院校"关注急救,关爱生命"公益讲座。针对民众自救互救观念落后,技能偏低的现状,市红十字会从2012年5月8日"世界红十字日"开始,组织咸阳市户外救援队的专业救护人员先后到市卫校、咸阳职院、师范学院、能源学院等院校举办五场主题为"关注急救,关爱生命"大型公益讲座,近1000名师生、红十字会员和志愿者聆听讲座,提高认识,掌握必要的应急救护技能。开展各类主题救助活动。继续做好"扶贫救心"博爱救助项目。自2011年市红十字会和陕西中医学院第二附属医院联合开展"扶贫救心——红十字在行动"救助项目以来,已使80多名贫困心脏病患者成功手术,每名患者均得到市红会1000元至5000元不等的术后补助,社会反响越来越大。3月8日,长武县昭仁镇庙底村45岁的席青琴将一面"搭建博爱平台、传承奉献精神"的大红锦旗送到市红会,感谢"扶贫救心"行动救了她的命。做好疼痛患者专项救助活动。"红十字健康计划——疼痛患者救助活动",是省红十字会与华东医药宁波有限公司联合推出的针对创伤性疼痛、外科手术后疼痛、中度癌痛等患者免费发送"氨酚双氢可待因片"药品的公益救助活动。9月,根据省红十字会通知精神,市红会将价值26624元的"氨酚双氢可待因片"4160盒发放给兴平市、彬县、乾县、渭城区和市中心医院,用于疼痛患者临床的免费治疗。日常救助活动社会影响良好。针对一些特别困难,病情比较严重,但又不符合红十字会项目救助的困难群众，市红十字会在救助能力有限的情况下，通过市红会门户网站发布求助信息，呼吁社会关注，给予帮助。截至年底，共发布求助信息 30 条，汇总上报“小天使基金”救助的 10 例，“天使阳光基金”救助的 6 例。对于突发的，社会关注度高的求助事件，各级红会都在“第一时间”予以救助。5 月 30 日，咸阳小兄妹“跪街葬父”事件发生后，市红十字会上门捐赠 1000 元钱，作为小兄妹父亲后事的费用。6 月 3 日，媒体报道乾县姜村镇田晁村李红芳患世界罕见病的消息后，乾县红十字会第一时间前往其家中慰问看望，并与民政、卫生制订救助方案。在全县开展募捐倡议，共募得善款 19000 元。7 月，彬县红十字会针对贫困重大疾病在校学生开展主题为“携手人道，红十字在行动”的全县大募捐活动。102 个单位（部门），1 万余人次共募得捐款 78 万余元。白血病在校学生、彬中教师患者各有 1 人分别获得 9 万元和 1.5 万元的救助金。推进“三献”工作。积极参与无偿献血的宣传、招募和表彰工作。市红十字会与市委宣传部、市文明办和市卫生局等十家单位，共同启动无偿献血宣传周活动，表彰无偿献血十大感动人物。宣传周活动中，进行“公仆献血做表率，共建文明新咸阳”，无偿献血走进市委、市政府机关大院，走进企事业单位、大型社区、高校、部队等宣传招募活动，推动无偿献血工作的新高潮。据统计，一年以来，长武县、乾县、武功县、礼泉县等县联合县有关部门利用学雷锋月、“五八”世界红十字日和“六一四”等节日，广泛宣传无偿献血科学常识，累计组织动员城乡群众和志愿者 400 余人献血 10 万毫升。人体器官组织捐献工作初步展开。8 月，咸阳市 4 人参加省红十字会举行的人体器官捐献协调员培训班，学习掌握器官捐献的基本条件、方式、程序和内容等；为器官捐献的宣传和推动工作奠定基础。随后，成立陕西省人体器官捐献办公室咸阳工作站，开始对外办公，接受咨询登记。截至年底，共接受咨询并答复 50 人次，其中 10 人已签署人体器官捐献自愿书。

“红十字博爱周”系列宣传活动 举行防灾减灾及应急知识宣传活动。各县市区在本区域会员单位，特别在“博爱家园”项目点以及会员、志愿者群体中开展由总会和《中国红十字报》联合举办的防灾避险知识答卷，2000 余人参与。长武县、礼泉县红十字会还举办防震减灾科普知识主题讲座以及疏散演练等活动。永寿县红十字会联合县抗震办在颐和广场举行陕西省第三届防震减灾宣传活动。现场发放宣传资料 1000 余份、防震减灾科普书籍 500 余本。广泛开展红十字理念、宗旨等知识的宣传活动。博爱周期间，长武县、礼泉县、乾县、兴平市红十字会通过街道设点，摆放宣传板、悬挂横幅、上街咨询、散发宣传资料等形式开展宣传活动。组织开展“扶贫救心”大型义诊筛查活动。“扶贫救心——红十字在行动”是咸阳市自 2011 年以来自主创新的一个救助项目。各县红十字会通过报纸、传单、宣传栏、短信等形式，大力宣传“扶贫救心”项目。重点开展人道救助服务活动。各县红十字会对需要救助的人群摸底调查，慰问看望。乾县红十字会分别对新阳镇三合村何某和周城镇董城村赵某进行慰问和救助，为他们分别送去 1000 元的救助金；长武县红十字会深入到洪家、地掌、昭仁等镇，为 5 名残疾儿童每人送去水果、牛奶等食品及 200 元慰问金；礼泉县开展“博爱送农家”活动，看望烟霞镇大阳村李某等 5 户农村留守老人和儿童，为他们送去慰问品和学习用品；兴平市红十字会拿出 8000 元对筛选出的 4 名农村贫困家庭患白血病和先天性心脏病儿童进行救助，向每位受救助孩子的家长发放 2000 元的救助款。网站建设不断完善，市红十字会进一步调整完善一些栏目，充实“红会新闻”、“捐款查询”等 6 个精品栏目的内容。至 11 月，市红十字会网站发布各类原创稿件 200 余篇，公开相关政务信息 150 余条，社会访问量总计 5.4 万余人次。

红十字项目 灾后重建项目基本结束。至 2012 年底，“五一二”汶川特大地震所涉及的兴平市、武功县等七县市的 120 个博爱卫生站、5 所学校、13 所卫生院等 99% 的灾后重建项目均全部建成并投入使用。剩余的个别项目完结后，即可下拨尾款。“红十字博爱家园”项目实施顺利。咸阳市共 8 个博爱家园项目点，项目总预算 289.85 万元。截至年底，各项目点软、硬件建设按计划有步骤实施，基层组织建设和志愿服务工作全面展开，生计基金基本发放完毕。长武县、礼泉县等县项目已经收尾验收。10 月 16 日，省红十字会赈济救护部部长舒玉民等一行对武功县、兴平市、乾县、彬县的“红十字博爱家园”项目进行检查督导。11 月 6 日，中国红十字会总会赈济救护部部长王平等总会第三督导评估组一行 6 人，对乾县、长武县“红十字博爱家园”项目进行督导评估，认为咸阳市“博爱家园”项目选点符合要求，党委政府重视，项目实施各有亮点，达到预期目的。争取申报不同渠道的项目。红十字会核心项目：6 月，按照省红十字会的文件精神，坚持向非地震受灾县倾斜项目的原则，市红十字会一共向省红会上报总投资 1686 万元的 33 个核心项目待批。11 月 14 日，咸阳市第二批申报红十字核心项目共三类 5 个，其中卫生救护项目、备灾救灾项目各 1 个，博爱家园项目 3 个，总投资 378.1 万元。招商证券博爱基金救助项目：争取到招商证券博爱基金向市红十字会捐赠的 20 万元，主要用于救助 14 岁以下贫困先心病患者。此项活动是“扶贫救心”活动的延续和深化，救助标准为个人自付的 40%，最高救助 5000 元封顶。香港红十字会项目：9 月争取到香港红十字会“博爱家园社区为本减灾”项目落户长武县。该项目涉及长武县两个镇 3 个村，总计投资 66 万元。第二批将要实施项目的永寿县、彬县和兴平市等 3 县市的基本资料已上报，等待香港红十字会的审批。台湾红十字会项目：争取到台湾红十字会向咸阳市援建 6 个博爱家园项目，每个项目点投资 35 万元，共计 210 万元，主要用于社区发展项目建设。美国美中慈善基金会项目：经过实地考察和论证，向市中心医院争取到该基金会捐赠的一台价值 1000 万元的核磁设备和价值

700万元的螺旋CT一台。该项目提供6年售后技术支持。免疫荧光检测仪转赠项目:通过省红十字基金会,为各县市区医疗卫生单位争取到由广东万孚生物技术有限公司捐赠的价值120万元的免疫荧光检测仪100余台。捐方已向咸阳市捐赠该设备26台,价值31.2万元,已在26个二级以上卫生医疗机构免费安装。“关爱工程系列丛书”捐赠项目:与人民代表报社陕西事业发展中心和陕西今易飞文化传媒有限公司合作,在全市范围内开展“关爱工程:中小学生教育系列丛书”图书捐赠活动。

召开第一次全市会员代表大会 4月底,省红十字会第七次全省会员代表大会召开后,市红十字会立即向市委、市政府和联系分管的领导报告省上会议的主要精神和市上召开会员代表会的请示和实施方案。8月28日市委常委会议上专题研究同意市红十字会召开全市第一次会员代表大会。10月12日,会议在市委第一会议室召开。省红十字会党组书记、常务副会长张宝安,市委、市政府、市人大主要领导出席会议。全市(县、区)红十字会、基层红十字组织、红十字团体会员单位及社会各界代表、特邀红十字会员、红十字志愿者150余人参加会议。副市长、市红十字会会长车建营主持开幕式。陕西省副省长、省红十字会会长郑小明,宝鸡市等全省十个地市红十字会分别向大会发来贺信、贺电。与会代表观看咸阳市五年工作成果专题片《大爱咸阳》;表彰全市红十字系统先进集体和先进工作者;选举产生新一届市红十字会常务理事、会长、副会长、秘书长;聘请市委书记千军昌、市长姜锋为名誉会长,市人大常委会副主任寇述政、市政协副主席曾广中为名誉副会长。

红十字基层组织建设 加大在各类学校中成立红十字学校工作委员会的步伐,进一步促进红十字运动基本知识和人道法传播、志愿服务、救护知识培训、预防艾滋病青年同伴教育等红十字青少年活动在校园的开展,提高红十字青少年工作质量和学校素质教育工作,推进全市各级学校建立红十字会组织。在陕西商贸学院、陕西财经职业技术学院、陕西能源学院、陕西工业职业技术学院等10所院校成立以红十字会宗旨为指导的爱心社、志愿者协会等红十字基层组织,开展不同形式和层次的志愿服务活动。开展青少年防灾避险及应急知识宣传活动,增强全社会防灾减灾意识,应对自然灾害以及志愿服务的能力。倡导和抓好志愿服务工作。10月,市红十字会制订下发《咸阳市红十字志愿服务管理办法(草案)》等相关文件。通过大力传播和开展各具特色的志愿服务活动,红十字志愿者队伍不断壮大。武功县红十字会在全县教育系统成立红十字基层组织28个,大力发展会员和志愿者队伍,形成以常规性救灾、救助、救护为主要内容的基层人道工作志愿服务平台。兴平市红十字会发展注册志愿者近百名,成立丽华置业志愿服务队,开展一系列志愿服务活动。长武县红十字会发展基层组织145个、团体会员8个、个人会员246人,招募红十字志愿者718人,注册会员220人,其志愿组织和志愿人员的数量及规模为全市第一。全年全市各县市区共发展团体会员单位47个,成人会员509人,发展青少年会员5545人。市红会本级共发展会员1200余名,注册志愿者1000名。

红十字会自身建设 加强队伍建设。2012年5月,市编办下发文件为市红十字会增加2名编制,使会机关编制达到7名。加强党对红十字会各项工作的领导。坚持以制度管财、管事、管人,提高工作效能。改善办公条件,提高服务水平。市上将市地震局原来的10间办公用房划拨给市红十字会。经过刷新修缮,市红十字会5月28日正式搬迁至新址办公。推进县级红十字会理顺管理体制。兴平市、武功县、礼泉县、乾县、永寿县、长武县、彬县、渭城区等县区市红十字会已完全理顺管理体制,配备专职领导和工作人员。

(杨　搏)

军　　事

咸阳军分区

思想政治建设 2012年，咸阳军分区认真抓好党委中心组带机关理论学习，落实全区干部自主选学工程学习内容；抓好基层官兵学习，将年度各项政治工作整理编印成《学习资料》下发官兵人手一册；开展主题教育实践活动，统一组织人武部主官、机关干部战士，赴旬邑马栏革命纪念馆和马栏监狱参观学习；做好经常性思想政治教育，在全区深入开展大谈心和矛盾隐患大排查活动，排查解决问题隐患；广泛开展国防教育征文活动，做好先进典型宣传报道。

战备训练 狠抓日常战备落实，加强战备库室规范化建设，按规范整治作战值班室，密切关注驻地民情社情，特别是9月中旬和十八大期间，先后两次备勤集结民兵应急分队500人；召开驻军暨民兵预备役防汛抢险联席会议，组织杨陵区人武部民兵应急分队完成杨凌新华府蘑菇菌棚倒塌抢救被埋群众任务，组织渭城区人武部民兵应急分队完成宝鸡峡高干渠渭城段泄漏坍塌封堵和后续淤泥清理抢险任务。组织渭城区民兵舟桥连赴渭南华县进行跨区联训，组织彬县防化连与地方专业救援单位进行矿山救援挂钩代训。大抓民兵心理战分队教育训练，完成全省民兵心理战分队教育训练现场观摩会任务；分两批组织党委班子、人武部主官和机关全体干部进行迎考强化训练，高标准迎接省军区军事斗争检验评估，评估成绩达标；两次集中组织征兵业务培训，落实入伍义务兵优抚金发放等相关政策。创新征兵工作的方法手段，完成年度兵员征集任务。

民兵应急力量常态化建设 会同市委、市政府联合下发《关于推进民兵应急力量常态化建设常态化服务的意见》，对全面推进民兵应急力量常态化建设、常态化服务进行规范。专题召开民兵应急力量常态化建设汇报会，研究制定《民兵应急力量常态化建设检查考评细则》，与市委、市政府组成联合检查考评组，逐单位全面、量化考评。《解放军报》内参、总参、兰州军区、省军区先后转发经验做法，军委和两级军区首长分别对分区探索民兵应急力量常态化建设的做法作出重要批示，给予高度评价。

部队安全管理 严密组织“学条令、训队列、整秩序”教育整顿，进行队列训练和会操。组织全区所有驾驶员到地方交管部门进行交通法规考试；对团级单位安全隐患排查和“查库考哨”活动情况进行全面检查，与团级单位主官现场签订《安全隐患排查整改责任书》；突出加强武器库规范化管理，修订完善武器库各类预案，组织进行应急和适应性演练。投资110余万元征用武器库周边0.27公顷土地建立隔离区，完善取暖和生活设施。省军区在分区武器库召开规范化管理现场观摩会，受到与会人员一致好评。总部、两级军区工作组先后六次对分区安全管理工作进行检查，给予肯定。

兰州军区司令员王国生来咸检查调研 3月21日，兰州军区司令员王国生在省军区司令员郭景洲、参谋长移友学的陪同下，率工作组到咸阳军分区检查调研，听取咸阳军分区全面建设情况汇报，检查咸阳军分区指挥楼工程建设情况。会上，王国生指出，咸阳军分区领导班子政治坚定，素质良好，团结有力，工作扎实，成效明显，特别是勇于解决历史遗留问题，推进基础设施建设，融入地方发展，抓应急，做好事，全心全意为当地老百姓服务，希望一如既往做好各方面工作。同时，对下一步在思想整治、军事训练、安全稳定、基础设施和支援地方经济社会建设等方面提出具体要求和殷切希望。

组织参加省军区预提参谋集训 3月7日~31日，军分区组织全区6名预提参谋人员，参加省军区在教导大队组织的预提参谋集训。重点对一体化指挥平台系统操作使用、手工标图、计算机标图、作战计算、地形分析、沙盘堆置等课目进行系统训练，经过25天的强化训练，所属人员指挥技能和业务能力有较大幅度提高。

组织参加省军区选拔性比武竞赛 省军区4月中下旬，在全省范围内进行选拔性比武竞赛，为参加兰州军区比武竞赛选拔训练尖子。4月17日~18日、22日~25日，军分区由参谋长关现伟带队，组织机关6名参谋、2名战士分别参加省军区共同课目和参谋专业选拔性比武竞赛，兴平市人武部副营职参谋杨博取得文书拟制单项课目第二名，被省军区通报表彰。

首长机关训练 贯彻落实中央军委主题主线重大战略思想，坚持党委议训、全员参训、全力抓训，以迎接兰州军区对军分区（警备区）、预备役师（旅）党委班子成员军事训练考核和省军区军事斗争准备检验评估为契机，科学制订训练计划，外请专家授课辅导，采取挂靠训练，投资100余万元搭建各类平台,切实加强军分区、人武部首长机关训练,突出军事理论学习、一体化指挥平台运用、专业技能和个人体能训练。在党委班子备战兰州军区考核的同时,分两批组织分区首长机关和人武部主官集中强化训练,学习军事知识,掌握基本技能,提高业务能力,全体人员的综合素质、信息化水平明显提升。

组织防汛抢险勘察 召开驻咸部队 民兵预备役防汛抢险联席会议 6月上旬,军分区司令员赵宽兴、参谋长关现伟及市防汛办主任对全市渭河各险工段进行现地勘察,了解掌握渭河沿岸各险工段基本情况、防汛状况、防汛物资储备情况,防汛抢险预案修订完善情况。6月14日,咸阳军分区组织召开驻军和民兵预备役部队防汛抢险联席会议。会议通报咸阳地区的雨情、汛情,分析预测渭河防汛形势,调整健全驻咸部队防汛抢险指挥部,审议通过《驻咸部队防汛抢险方案》,并明确相关单位及驻咸部队、民兵预备役人员防汛抢险任务。

协调组织驻军 民兵常态化应急分队参加抢险救援行动 2012年10月30日9时许,位于杨陵区五泉镇的杨凌新华府现代农业有限公司杏鲍菇食用菌标准化工厂车间发生蘑菇架倒塌事故,导致正在生产的9名员工被压埋。事故发生后,杨陵区人武部及时了解掌握情况,第一时间将情况上报分区,分区首长指示,司令部及时了解掌握事故情况,要求杨陵区人武部迅速组织民兵常态化应急分队,配合当地政府做好各项应急救援工作。接到分区命令后,杨陵区人武部立即组织干部、职工和100名民兵常态化应急分队人员,协同武警、消防官兵共计200余人,迅速赶赴事故发生地点,展开抢险救援工作,11时左右,9名被困人员全部被救出后送往杨凌示范区医院救治(其中7名伤者生命体征平稳,2名因伤势过重抢救无效死亡),经过10个小时的持续艰苦奋战,杨陵区人武部组织民兵配合当地有关部门完成现场清理工作,最大限度保护人民群众生命安全和企业财产,受到各级政府和当地人民群众好评。12月15日21时50分,宝鸡峡高干渠渭城区渭城段,因引水渠渗水,导致地基下沉塌方,造成引水渠南侧岸堤出现15米决口险情,造成渭城办朝阳四路、上林北路等部分主要街道被淹,道路多处受损,人民群众生命财产安全受到严重威胁。灾情发生后,军分区、人武部立即启动防汛应急预案,快速反应、积极应对、妥善处置,迅速组织民兵常态化应急分队150人协同武警、消防相关人员,迅速加入到抢救救援工作当中,封堵决口、排除险情,经过6个多小时的持续奋战,险情顺利排除。

完成年度征兵任务 2012年,军分区贯彻执行国务院、中央军委《2012年冬季征兵命令》和各级关于征兵工作的有关指示要求,以省军区征兵业务会议精神为依据,紧紧围绕依法征兵、科学征兵、廉洁征兵,及时召开征兵领导小组会、征兵工作会,与市政府联合下发《关于加强征兵工作的通知》,加强组织领导,周密计划安排,严密组织实施,较好完成征集任务。

新闻报道工作 2012年,军分区新闻报道工作紧紧围绕中心工作、大项任务,精心筹划组织,细化宣传方案,严密制定措施,形成党委领导抓、机关带头写、基层官兵广泛撰稿的良好局面,新闻稿件的数量和质量较往年有明显提升。全年共在各级媒体刊发新闻稿件465篇,其中中央级媒体160篇、省级媒体刊稿305篇。军分区新闻报道工作被省军区表彰为先进单位,政治部干事张帆分别被兰州军区和省军区通报表彰为先进个人。

参支参建工作 2012年,军分区认真贯彻落实省军区参加和支援地方经济社会建设协调会精神,努力营造双拥共建浓厚氛围。组织开展咸阳市书画家进军营活动,参加咸阳市庆祝第九个世界献血日宣传周活动。抓好三原县新兴镇曹惠村扶贫帮困“三告别”工作收尾工作,对分区定点帮扶解困工作检查验收。密切关注非法聚集活动动向,成功劝返7名赴省军区上访的复转军人。礼泉县和泾阳县人武部参支参建工作经验在省军区召开的“一部一乡镇”平安共建座谈会上予以转发,泾阳县人武部进行大会交流发言。与咸阳市中级人民法院联合签发《关于审理涉军维权案件的若干意见》。

(程继科　高瑾睿　王国玮
王先永　关现伟　胡博伟)

武警咸阳市支队

思想政治建设 2012年,武警咸阳市支队着眼迎接、保卫、贯彻十八大的特殊要求,把学习宣传贯彻十八大精神作为首要政治任务,把举旗帜、听党话、守纪律作为核心要求,把“赞颂科学发展成就、忠实履行历史使命”和“讲政治、顾大局、守纪律”“两项重大教育”与纪念建党91周年、建军85周年和武警部队重新组建30周年结合起来,深入推进当代革命军人核心价值观培育践行,跟进开展形势任务、政治纪律和“四反”(即“反渗透、反心战、反策反、反窃密”)教育,官兵政治坚定,忠诚可靠。把讲政治、顾大局、守纪律作为贯穿全年的政治任务,列入年度教育计划,利用党课教育、党日活动等时机,狠抓经常性教育,官兵举旗帜、听党话的信念更加坚定。结合年度转换、季节变化、人员调整、干部转业等时机,深入开展军魂教育、警示教育和“四个正确对待”(即正确对待进步、正确对待荣誉、正确对待组织、正确对待自己)教育,及时传达学习全国“两会”精神,收看胡锦涛在共青团成立90周年纪念大会上的重要讲话和中央电视台“警心向党”史诗晚会,开展“传承雷锋精神,弘扬时代新风”主题实践活动,引导官兵自觉珍惜组织培养、珍惜岗位、珍惜荣誉、珍惜事业。副参谋长李东虎被共青团咸阳市委表彰为“十佳杰出青年卫士”。乾县中队政治指导员李忠良获总队优秀“四会”政治教员比武竞赛第一名。扎实开展任务中政治工作,1个单位、243名官兵立功受奖。加强先进军事文化建设,投资74万余元用于警营文化建设。探索拓展网络思想政治工作,13名战士考入武警院校和士官学校，2 名大学生士兵提干。政治工作 16 个做法、2 个教育提纲被总队转发，新闻刊稿 161 篇。支队政工网被总政治部表彰为全军政工网优秀网站。被总部表彰为“新华网·人民武警”宣传报道先进单位。

完成中心任务　把保中心作为重中之重，突出抓标准、抓规范、抓能力、抓隐患、抓信息化。加大党委管勤议勤力度，坚持重大任务主官一线督导，确保万无一失。紧抓固定目标执勤，深入开展执勤安全大讨论和警示性执勤教育，投入资金扩建支队作战勤务值班室，升级执勤信息系统，新建网管中心机房，指导完成部分中队执勤信息化建设。坚决贯彻敏感期“两个稳定”（即维护社会稳定和保持部队自身安全稳定）工作指示精神，立足应对最复杂情况，加强情报收集和形势研判，反复修订处突反恐预案，完成西安、咸阳两个方向维稳任务。落实作战勤务值班“日交接”和查备勤制度，坚持网络查、随机查、突击查、专项查相结合，突出“值班到岗、编班到日、领班到哨、查勤到位、处置到场”五个环节管控，每周下发通报，每月专题分析，季度集中讲评，落实奖惩责任，确保固定目标绝对安全。严密组织参加“卫士-12”网上演习，分批组织机关干部和执勤分队轮训，司令部参加总队参谋业务网上培训考核取得团体第三名。十中队副政治指导员李亮、十一中队排长刘鹏被总队表彰为“优秀教练员”。加强反恐力量建设，购买配置多种新型反恐装备，组织机动中队特勤排和执勤中队应急班集中强化，新装备操作训练做法被总队推广。参加咸阳市“秦剑-2 号”反恐演习，展示形象。

正规化建设　把保稳定作为压倒一切的硬任务，坚持依法从严治警不放松，实现秩序正规、纪律严明、内部和谐、安全稳定。深入开展“条令学习月”活动、警容风纪专项治理、“防自满、找差距、抓落实、保安全”教育整顿，持续开展正规化达标创优活动，总队考评 8 个单位优秀、14 个达标。狠抓安全管理，开展创安倒计时、“七防”（防自杀、防私自离队、防奸情、防不良交往、防雷击淹亡、防自然灾害、防交通事故）安全教育和隐患排查治理、“迎盛会、严纪律、树形象、保安全”作风纪律整顿，建立周末学法长效机制，2 个做法被总队转发。扎实开展季节性灾害隐患排查治理，派出 4 个工作组，逐单位、逐目标指导排查安全隐患，宣传普及安全预防常识，修订完善安全工作措施，组织紧急避险演练，协调治理灾害隐患 22 个。把抓学习与抓规范、抓养成、抓作风统一起来，在支队信息网开设专栏，2 次组织警容风纪检查和女干部警容风纪专项治理，3 次网上抽测条令知识，编印 4 期活动简报，组织城区部队队列会操，提高活动质量。严格网络安全管控，严密组织涉密载体、秘密文件清查整治，6 次检查保密安全，为全支队所有电脑安装“武警部队涉密电子文件标签和水印管理系统”，施封 USB 接口，移动储存介质登记造册，确保信息安全。持续深化内部关系治理，开展 3 个回合“大排查、大讨论、大谈心”教育整顿，通报表彰 14 名优秀带兵干部、骨干。严防重大安全问题，对要害部位人员集中政审，5 次组织驾驶员教育整顿，7 次检查枪弹管理，更换 18 名服役期满军械管理员，组织涉密载体、秘密文件清查整治，支队被总部表彰为连续 11 年预防事故案件工作先进单位。

基层建设　学习贯彻武警党委 1 号文件和总部、总队基层建设工作会议精神，重心下移、力量下沉，持之以恒抓基层打基础，基层建设水平全面提升。按照“能力素质互补、地域搭配合理、年龄结构优化、保持相对稳定”的要求，提升调整 21 名基层主官，为部分中队配备副营职主官，基层党委（支部）班子实现结构合理、素质互补、年龄优化。加强基层组织考察帮建，细化规范党员承诺活动，开展风气建设教育整顿，基层党委、支部班子整体作用明显。认真落实武警部队党建带团建工作规范，把创先争优与“双争”评比统一起来，对全年党日活动统一安排，每季度集中进行党课教育，分片组织党员发展对象培训，深入开展“党徽戴起来、红歌唱起来、典型抓起来、形象树起来”主题实践活动，礼泉县中队党支部和副参谋长李东虎、永寿县中队政治指导员张酒泉受到总队表彰。贯彻总队《纲要》培训精神，以《基层日、周、月、季工作规范》为基本教材，组织基层干部学理论、学法规、学业务、练技能、强素质，各级干部能抓会管、能说会教的基本能力明显提高。加强干部履职督导，落实蹲点住班、当兵代职规定，安排 4 批工作组、4 个考核组、1 个重点帮建工作组帮建指导，四、五大队被总队表彰为基层建设先进大队，礼泉县中队被总队表彰为基层建设标兵中队，十一、十二、秦都、泾阳、旬邑、长武、武功、勤务中队被表彰为基层建设先进中队。

综合保障　以保中心、保生活为重点，积极推进现代后勤建设。紧跟形势任务完善保障预案，调整充实保障力量，储备更新战备物资，规范出入库管理，组织 29 名军械员、12 名卫生员集中培训，开展运输、军需、卫勤专业岗位练兵，完成涉日维稳、新兵野营拉练、“卫士-12”演习和咸阳市“秦剑-2 号”反恐演习后勤保障任务。强化精细管理理念，组织 3 期司务长集体办公，通过以会代训、集中授课、抓点示范、现场观摩，规范内容，统一标准，细化责任。对 14 名中队主官、6 名司务长离任审计，完成资产清查核对，受到总队审计组好评。严格执行新伙食费标准，组织司务长、炊事员集中培训，不定期检查通报基层伙食，官兵对伙食普遍比较满意。永寿县中队中队长陈琦、杨陵区中队司务长李丛涛、勤务中队汽车修理工马磊分别被总队表彰为好当家、红管家、小行家。学习贯彻《军人保险法》，退伍战士保险金发放安全顺利。严格执行新伙食费标准，广泛开展资源节约活动，农副业生产收益 19.75 万元。卫生防病工作受到好评。机关迁建征地推进有力，售房工作稳步推进，第二次军用土地普查测绘圆满完成，指导完成 7 个中队和支队机关部分营房装修、改建和设施维护。做法在总队营房工作会议上推广。

（张永冲）

人民防空

概况 2012年,全市人防工作以“发展大融合、能力大提升”为主线,以“创一流、争第一、追求卓越”为目标,以“大检查、大培训、大宣传”活动为推力,人防工程、指挥通信、法规建设、平战结合、两防一体化、机关建设等各项工作取得显著成绩。2012年,市人防办被国家人防办表彰为“全国人民防空宣传教育工作先进单位”,被兰州军区表彰为“人防信息化建设先进单位”,被省人防办表彰为2012年度全省人防工作优秀单位。

工程建设 严格按照人防工程建设审批程序,从在建项目的基坑开挖、地基处理、隐蔽工程、主体工程等四个关键环节进行质量监督检查,准确掌握审批结建工程的“第一手”资料,对建设中存在的问题及时纠正,保证结建工程的质量要求,市本级全年共办理、审批结建工程面积是全年任务的2.5倍,人防结建工程面积完成全年任务的2.4倍。实现人防工程建设面积历史性突破。针对县级人防工程发展滞后的现状,实行领导联系包抓机制,采取月检查通报、季考核评比、年总结奖惩的方式,加大检查指导,县市人防工程建设呈现出从无到有,从小到大,从结建到单建,从被动建到主动建的良好局面。

指挥通信 全面推进基于信息系统的指挥通信体系建设。推进人防基本指挥所信息系统建设。投资470万元的基本指挥所隔震、屏蔽、消防项目已通过省办专家组验收;投资2000万元的基本指挥所和地面应急指挥中心信息系统集成和安装招标工作已进行完毕。推广自备电源的防空警报器。提高防空警报器抗意外干扰能力,汲取汶川地震和日本大地震的教训,创新思路,理性作为,在市区安装自备电源电声警报器,实现市区在突然停电状态下,警报器仍然可以向市民发送预警信号,并在县市推广。

防空警报试鸣暨防空防灾演练 （市人防办 供）

人防执法 贯彻落实《人民防空法》和《行政许可法》,全面推进依法行政。全年市本级收缴人防工程易地建设费完成全年任务的164%。全年县级人防收缴人防易地建设费完成任务的102%。

平战结合 坚持以市场为导向,拓展经营思路和开发模式,按时清理到期合同,严把人防工事出租收费关。按照“谁投资、谁收益、谁使用、谁维管”的原则,加大人防维护改造力度,与供电、供水、工商、税务部门联系,为投资人提供各种优惠条件,人防工程开发利用效益增强。县级人防单建工程建设也呈现出强劲的势头,彬县、兴平市、礼泉县、泾阳县、武功县、乾县等县市已拿出单建工程规划、设计方案,同时已经县委、县政府专题会议进行论证审定,适时进行启动建设。

两防一体化建设 按照“两防一体化”的发展思路,积极抓好人防(民防)专业队伍的组建、训练和演练工作。5月18日,举行“五一八”防空警报试鸣暨防空防灾演练,19000多名师生参加演练,首次将高炮和航模运用到演练中,增加实战效果。此次演练活动规模大,参加人数多,动用设备技术先进,参演单位配合密切,新闻媒体介入全面,后续社会影响广泛。开展人防(民防)专业队伍的训练和演练。将人防应急指挥系统纳入政府抢险救灾体系,把人防专业队伍纳入应急救援队伍建设之中。加大人防疏散基地和应急避难场所建设和资金投入,在秦都区、渭城区各选择一个镇作为人防疏散基地建设示范点。联合市应急办和市城建局,修建统一广场民防应急避难场所,确保紧急情况下,城市居民能安全疏散转移。

（田　瑜）

政 法

概 述

概况 2012年，全市各级政法综治和维稳部门，按照“理性思考、系统谋划、务实推动、科学发展”的工作思路，以实施平安建设“十大工程”（服务发展守护工程、维护稳定长城工程、严打整治净化工程、安全防范天网工程、基层建设强基工程、平安共建联创工程、流动人口融入工程、特殊人群回归工程、“两新组织”延伸工程、亮点示范辐射工程）为载体，开展政法干警“忠诚、为民、公正、廉洁”核心价值观教育实践活动，推进社会矛盾化解、社会管理创新、公正廉洁执法三项重点工作，提升维稳工作水平，人民群众对社会治安的满意率在全省排名不断上升，为加快建设现代新都市、和谐新咸阳创造安全稳定的社会环境。

服务全市经济发展 自觉将政法工作置于发展大局，实施服务发展“守护工程”。当好企业发展的服务员，优化投资环境。政法各部门结合工作职能，分别制定服务发展的具体意见，优化投资环境，自觉搞好服务。建立政法系统与经济主管部门的联席会议制度，加强与企业的联系互动，改进服务方式，简化办事环节，规范工作流程。开展“千件司法（检察）建议”活动，及时向企业提出建议，引导企业规避风险，预防违法犯罪。开设企业家法制培训班，普及经济法律法规知识，建立重点建设项目警务室，提供优质便捷服务。当好市场秩序的保安员，严厉打击经济犯罪。将维护经济秩序、保障市场主体权益作为工作重点，站在维护公平竞争、完善社会主义市场经济体制的高度，坚决查处经济犯罪，有效整顿和规范市场秩序，促进经济健康发展。依法打击合同诈骗、金融诈骗、偷税漏税、职务侵占、商业贿赂、侵吞国有资产犯罪，坚决打击制假、售假特别是生产伪劣药品、食品、种子及其他农业生产资料犯罪，从严惩处强揽工程、哄抢盗窃建设物资和破坏阻碍重点项目施工等违法犯罪行为。全年破获经济犯罪案件247起，打击处理犯罪嫌疑人265名。严肃查处职务犯罪，立案查处土地矿产征用、生态环境保护、惠农政策性补贴方面的贪污贿赂案件70件86人，查处渎职侵权案件22案39人，维护公共投资安全。当好经济关系的协调员，化解矛盾纠纷。综合运用经济、行政、法律、教育等手段，依法处理涉及金融证券、征地拆迁、农民工工资等方面的经济纠纷，维护各类市场主体合法权益。坚持“调解为先”，慎用强制措施和扣押企业涉案款物，最大限度地避免影响企业生产经营。共审结民商事案件16709件，调撤率68.73%。加大行政案件诉前调解力度，对涉及土地征收、房屋拆迁、环境保护、劳动和社会保障、行政处罚等行政案件，主动加强与行政机关的沟通，以行政和解方式审结，实现法律效果和社会效果的统一。

维稳工作 健全完善各项维稳工作机制，最大限度地将不稳定、不安定因素化解在基层和萌芽状态，做到“五个坚决防止”（即坚决防止发生危害国家安全和社会稳定的重大政治事件、坚决防止发生严重暴力恐怖事件、坚决防止发生大规模群体性事件、坚决防止发生大规模进京上访活动和重大个人极端事件、坚决防止发生重大公共安全事件）。完善维稳信息预警研判机制。建立健全市、县、镇、村四级排查化解工作员暨信息员网络，加强情报信息的搜集报送和研判，依托县市区委政法委，全部建

全市维护稳定工作会议召开 （市委政法委 供）

立“国家安全领导小组办公室”,对影响社会政治稳定的苗头性、倾向性问题早预警、早报告、早介入,将不稳定因素化解在萌芽状态。根据形势发展变化定期召开稳定形势研判会,排查梳理不稳定因素,研究提出具有针对性的工作建议和具体措施。市上每月两次(5日、20日)、县上每周一次(周五),遇有重大不稳定因素和其他重大情况随时研判,提高情报信息的实效性和准确性。全年举行形势研判会22次、专题研判15次、搜集情报信息315条,有效预警38次,化解集访、非法聚集事件27次。完善不稳定因素排查化解工作机制。建立健全党委政府统一领导、主管部门组织协调、有关部门各负其责的排查化解领导体系。市级领导坚持定期在信访联合接访大厅接访群众,听取群众诉求,解决群众困难。实行市级领导包抓解决影响稳定突出问题制度,对13个突出问题,由市级领导分别包抓,并明确牵头单位、配合单位和责任人,提出具体要求,明确解决时限。建立完善一批专业调解组织,有效化解因供暖、征地拆迁、医患纠纷、交通事故等引发的矛盾纠纷1410件。召开全市人民调解工作会议,表彰全市“十佳”调解明星、20个调解工作先进集体和百名调解能手,促进人民调解工作深入开展,增强各级排查化解矛盾的主动性和自觉性。结合“三查三进三解”主题教育活动,开门接访、入户下访和领导包案,深入开展社会矛盾“大排查、大调处、大防范”活动,共排查不稳定因素65件,化解62件,化解率95%。完善社会稳定风险评估机制。坚持把社会稳定风险评估作为重大决策、重大政策、重大项目等制订实施的前置程序和必备条件,各县市区和18个相关市级部门全部建立健全风险评估机制;151个市、县部门制定重大事项社会稳定风险评估实施办法或方案,45%的镇(街道)组织实施重大事项稳定风险评估。全年报备稳评项目167个,已对133项完成评估,对12项决定停止或暂缓实施。完善应急处置机制。加强应急处置机制和力量建设,修订完善应急预案,积极开展实战演练,确保快速反应、及时应对、妥善处置。在全省率先建立跨县市区应急联动机制,并圆满完成视频演练,受到中央维稳办肯定。加强对建设项目涉及国家安全事项管理,从源头上打击和防范境外间谍情报机关敌对势力的渗透、窃密和破坏活动。先后成功防范境内外敌对势力煽动非法聚集活动6起,启动一级戒备2次、二级戒备3次、三级戒备2次,市委、市政府主要和主管领导在指挥中心值守,确保重点时段咸阳市无人员参与非法聚集活动。建立异地联动协作机制。建立定期通报点评机制。制定下发“一控双降”(控制群体性事件上升势头、降低集访、越级访)考核办法和具体指标,建立通报提醒制度,定期通报存在的不稳定因素和工作开展情况,提出明确要求。3次对各县市区综治维稳信访工作进行点评,肯定成绩,指出问题,提出要求,推动责任落实。建立特殊时期督查机制。强化重大敏感时期的督查工作,督促各级各部门落实第一责任,及时交办涉稳突出问题和重点信访案件。督促指导采取得力措施,化解矛盾、解决问题、消除隐患。实现“一控双降”目标。

平安创建 全市各级党委、政府按照“第一要务抓发展,第一责任保稳定”的要求,把创建“平安咸阳”作为政法工作的有效载体,坚持打防结合,综合治理。加强基层基础建设。组织实施基层建设“强基工程”,按照信息化支撑、网格化管理、常态化服务的思路,研究制定《镇(街道)社会管理服务平台建设的意见》《关于推进“一村(社区)一法官”工作机制建设的实施意见》等文件,提出明确标准,落实具体职责。按照机构一体化、职能具体化、队伍专业化、制度经常化、内容规模化、经费正常化的要求,建成171个标准高、功能全的镇(街道)社会管理服务中心,配备主任和专职工作人员737名,普遍设立办事大厅;在村(社区)、学校和企事业单位普遍建立警务室,在2148个村建立法官工作室,在镇(街道)建立检察官工作室和司法所。加强防控网络建设。组织实施安全防范“天网工程”,投入2亿多元推进新型治安防控体系建设,建立以市、县公安机关和派出所三级报警监控中心为支撑的技防网络,市区和各县城区均实现视频监控全面覆盖,并向农村延伸。形成专业巡防力量与群防群治队伍相接合,点、线、面相结合,巡警控线、民警控面、群防控片、楼长单元长控点的多方位、全覆盖、大防控网络。加强内部单位安全防范工作,帮助指导学校、企事业单位、党政机关及“两新组织”健全安保机构,落实安保措施,消除安全隐患,提高防范水平。加强突出问题整治。以实施严打整治“净化工程”为龙头,深入开展“打黑除恶”、“收刀缉枪治爆”等专项行动,以城中村、城乡结合部、车站沿线、校园及周边、经贸市场、娱乐场所、居民小区为重点,加大整治力度,扫除“黄、赌、毒”丑恶现象,营造良好治安秩序。全年破获各类刑事案件4744起,其中破获八类主要刑事案件703起,抓获犯罪嫌疑人3931名,提请批捕2390名。新发命案67起,已破65起,破案率97%。加强校园安全稳定工作,全市各类学校已配备专职保安2428人、保卫人员3500余人,成立护校队2331个,聘请法制副校长1210人,建立警务室1116个;在1100多所学校重点部位,安装视频监控系统、红外线防盗报警装置等技防设备,增强处置突发事件的能力。严格安全生产日常执法、重点执法和跟踪执法,落实事故查处分级挂牌督办、跟踪督办、警示通报、诫勉约谈和现场分析制度,及时消除事故隐患,严厉打击非法违法生产经营建设行为。组织进行预防重特大交通事故的“平安1号”、“平安2号”百日专项整治行动,消防部门开展“清剿火患”战役。事故起数、死亡人数、重伤人数全面下降。平安建设宣传。组织实施平安共建“联创工程”,动员广大群众积极参与平安建设。通过组织培训、悬挂横幅、图片展示、巡回广播、文艺演出等形式,宣传平安创建。印制110余万份平安咸阳服务卡,走村入户发放宣讲,收集意见建议,听取群众诉求,帮助解决困难。召开政法系统与媒体恳谈会,制定出台《关于进一步加强和改进政法宣传工作的意见》,建立健全与媒体沟通的长效机制和工作平台,定期不定期召开情况通报会，征求新闻媒体对政法工作的意见和建议，不断改进工作。建成咸阳政法公众信息网，将《政法简报》改版增容，扩大发放范围，拓宽覆盖面。围绕法治咸阳建设，根据领导干部、公务员、企业管理人员及青少年的不同情况，定向编写教材，开展具有针对性的普法宣传。共开展法制宣传2400余场次，建成法治广场29个、法治文化宣传街（墙）240条（面），发放各种普法宣传资料120多万册。加强“两率一度”（社会治安满意率、平安创建知晓率、政法队伍满意度）调查工作。开展三次对县市区、镇（街道）和政法部门及基层单位的“两率一度”调查，并加强调查结果的应用和转化。多次召开会议，推广经验，剖析问题，研究提升“两率一度”的方法措施，按照部门抓巩固、后进抓帮扶、整体求提升的思路，总结提升和推广先进经验，对社会矛盾多发、工作进展缓慢、群众意见大的地方，由政法委员会委员蹲点包抓，明确整改措施，督促任务落实。

社会管理创新　始终把对人的服务和管理作为社会管理创新的核心，坚持以人为本、服务为先，建立10项综治工作制度，明确各专项组职责任务，完善12类工作台账。实行流动人口精细化服务管理。实施流动人口“融入工程”，健全完善“以证管人、以房管人、以业管人”的管理手段，落实警务室民警和房主、业主、用工单位的管理责任，人口相关信息系统建设应用覆盖率、实有人口登记率、重点人员管控率均100%。实行特殊人群亲情化服务管理。组织实施服务管理特殊人群的“回归工程”，开展“超前帮教”、“亲情帮教”，组织走访服刑在教人员及其家属，帮助解决就业和生活困难问题。全面推进社区矫正工作，建立就业、教育、公益劳动等基地48个，建成“司法E通——社区矫正信息管理平台”，实现社区矫正管理从“人防”向“技防”转变。实行“两新组织”（新经济组织和新社会组织）规范化服务管理。组织实施“两新组织”延伸工程，开展拉网式排查建档，对在册登记的非公经济组织和社会组织，推动建立党、团、工会组织，健全完善日常管理、服务和监督机制，落实内部安全稳定法人责任制及其社会责任，引导督促他们妥善处理劳资关系，认真履行职责义务。实行新兴媒体常态化服务管理。组建500多人的舆情导控队伍，处置各类有害信息5457条，对在网上煽动非法聚集的18名重点人员落地处理，及时准确地把握舆情导向。实施亮点示范“辐射工程”。创建各类工作亮点95个，基本成熟的52个，市上培育推广26个，兴平市社会管理巡查团，渭城区强基工程建设、彬县加强对青少年服务管理的做法被全省推广，彬县的做法受到中央综治办的肯定。

（姚　伟）

司法行政

概况　2012年，全市司法行政工作扎实开展。全年排查调处各类矛盾纠纷17098件，成功调处16220件，调处率97%。至年底，全市共建成规范化司法所151个，达到省级示范所67个。深入到各机关单位、企业、学校、农村、社区等发放法律宣传资料70余种100万余册，举办法制讲座2200场次，开展各类法制宣传2300场次，解答咨询2.6万余人次，举办各类法制文艺演出29场次，受教育近35万人次。全市办理各类公证1.5万余件，评查案卷900宗，其中优秀卷宗30%；律师办理刑事、民事案件6000余件，担任法律顾问270家。全年共为弱势群众办理各类法律援助案件1537件。咸阳市司法局被省司法厅表彰为信息工作先进单位，被市纠风办评为行风政风测评优秀单位，被市保密委评为保密工作先进集体。

依法治市工作　2012年，市司法局先后组织工作组深入基层，对全市“六五”普法工作的启动情况进行检查和督促，确保“六五”普法工作按计划展开。召开全市法制宣传工作会议。安排部署全年普法依法治理工作。制定下发《2012年全市普法依法治理工作要点》，分解任务，夯实责任。扎实开展法律“六进”活动。结合主题宣传，开展“科技之春法制宣传”、“消费者权益保护宣传”及“向家庭暴力说不”、“未成年人保护法宣传”等活动2300场次。

法治文化阵地建设　市司法局与市委宣传部、市住建局联合发文，要求在全市各县市区建设法治文化广场、镇办建设法治文化街区、社区（村组）建设法治文化广场和法治文化墙。市司法局在旬邑县召开全市文化阵地建设现场会，在全市推广旬邑县建设法治文化墙、法治文化广场的经验，截至年底，全市已建成法治文化广场27个、法治文化街151条。

全市公职人员无纸化法律知识考试　按照全省统一安排，12月4日9时30分至11时，市依法治市办组织全市近3万名领导干部、公职人员、企业经营管理人员进行无纸化学法用法考试。统一采用全国普法办组织研发的一套集学法用法、普法考试、讲座辅导、普法报表、综合管理等功能为一体的无纸化学法用法和普法考试系统软件。进行正式考试前还专门举办市级机关和各县市区参加的全市无纸化普法考试工作培训会。11月28日～12月3日先后发放6套模拟试题进行演练，确保12月4日全市无纸化普法考试顺利进行。

咸阳市首家社区矫正公益劳动基地在秦都区建成　6月16日，在陕西银杏老人院举行“秦都区社区矫正公益劳动基地”揭牌仪式。秦都区司法局制定《秦都区社区矫正公益劳动管理办法》《秦都区社区矫正公益劳动工作制度》《秦都区社区矫正公益劳动协议书》，安排全区所有社区矫正人员每月到基地参加公益劳动，为老人提供梳头、剪指甲等服务，为老人院提供绿化、保洁等服务。让矫正人员参与公益劳动，不仅培养服务意识和公德意识，同时，也充分发挥劳动基地教育改造作用，为矫正人员顺利回归社会搭好桥、铺好路。

咸阳市第一家驻看守所“法律援助工作站”成立　10月26日，咸阳市第一家驻看守所“法律援助工作站”在武功县看守所正式揭牌成立。武功县看守所法律援助工作站由县法律援助中心安排律师,定期到法律援助工作站值班。工作站无偿为被羁押人员解答法律咨询、代写法律文书、开展不定期的法制宣传教育活动,同时为符合条件的人员无偿提供法律援助。解决部分困难在押人员"请不起律师,打不起官司"的困境,提高在押人员的教育转化率。

举行执业律师集中宣誓和继续教育活动 5月12日~13日,咸阳市司法局、咸阳市律师协会在彩虹银座举行执业律师集中宣誓和继续教育活动。全市27家律师事务所和14家法律援助中心的230余名执业律师共同学习《陕西省执业律师宣誓办法》,合唱国歌,面向国旗举手宣誓。邀请西安政治学院教授李广义给广大律师作了国际、国内形势的专题报告。

举办全市司法行政系统新进干警培训班 8月28日~29日,咸阳市司法局对2012年新进司法行政系统的52名干警在咸阳市委党校进行培训。培训采取封闭式管理模式,培训内容包括《核心价值观教育主要内容精读》《新形势下如何做好人民调解工作》《法律援助相关业务知识》《司法行政工作的改革与发展》《公证业务知识》《如何才能当好一名优秀司法所长》等。

国家司法考试 2012年国家司法考试9月22日、23日进行,咸阳市625名考生在西北国棉二厂中学参加统一考试。

(孙　静)

国家安全

概况 2012年,咸阳市国家安全局围绕"建一流班子、带一流队伍、创一流业绩"和实现业务工作跨越发展的奋斗目标,以深入开展创先争优活动为契机,坚持政治建警、素质强警、从严治警、从优待警、文化育警,突出党的十八大安保工作中心,狠抓队伍建设、内防保密工作和正规化建设,严密防范和打击各种分裂、渗透、颠覆破坏活动,完成年度各项工作任务,全面建设跻身全省系统内部前列。

业务工作 开展情报信息搜集工作。立足国家安全机关职能任务,紧贴咸阳实际,突出党的十八大安保工作中心,加大情报信息搜集,全年共搜集情报信息535条,被上级采用300多条,其中100多条被省部以上采用,为各级正确决策提供情报支持和决策依据。加强专案侦查工作。全年共破获危害国家安全的专案8起,其中6起被国家安全部评定为甲类案件,及时消除暴力恐怖隐患和社会不稳定因素,维护咸阳政治安全和社会稳定。加大对全市国家安全小组和人民防线的组织建设、工作指导和检查考核力度,明确职责任务和工作要求,作用发挥明显。开展技术安全保卫建审工作。按照"保核心、保要害、保重点"的要求,发挥技术职能优势,完成以党的十八大安保为中心的对全市党政军重点要害部门的网络信息安全检查及对市"两会"的技术安全保卫工作。

(高言国)

公　安

概况 2012年,全市公安机关充分发挥职能作用,深化严打整治行动,不断创新行政管理,全面加强队伍建设,圆满完成各项工作任务。全市公安机关共破获各类刑事案件4744起,抓获犯罪嫌疑人3931人;共查处治安案件16126起,查处违法人员18779人次。通过各级公安机关的不懈努力,全市社会治安形势持续平稳,人民群众安全感和满意度不断上升,为全市经济社会又好又快发展创造良好的社会治安环境。

群体性事件处置和维稳工作 完善情报信息网络,建立情报信息预警机制,共向市委、市政府和省公安厅及时上报各类深层次、内幕性、预警性情报信息2600余条,及时化解市农机公司职工赴省上访、涉军涉教群体聚集上访、银行协解内退人员上访等不稳定因素。妥善处置因征地拆迁、医患纠纷、集中供热、企业改制、基层选举、拖欠工资、非法集资等引发的较大规模群体性事件60余起。涉日维稳期间,进一步完善预防和处置非法聚集活动工作预案,严格重点人员、网络舆情和社会面治安管控,响应启动一、二级戒备状态20余次,全市未发生非法聚集游行事件。另外,市公安局还成功组织"秦剑-2号"反恐怖演习,提升公安机关反恐处突能力。

反邪教工作 先后组织开展"12震慑"、"12净网"、"尖刀专案"等专项行动,坚持抓早打小、分类施治,防止有害气功及邪教组织坐大成势。加大对"实际神"、"法轮功"等邪教组织的打击力度,深入开展对"门徒会"、"观音法门"的摸底调查工作,深挖其组织体系和骨干成员,坚决遏制其在全市滋生蔓延。在武功县、彬县、长武县等地成功摧毁"菩提功"、"人宇特能功"、"元极功"等有害气功组织。全年共破获"法轮功"、"实际神"等各类邪教案件57起,打击处理177人,进一步压缩邪教组织和有害气功的活动空间。

公安信访 深入开展"入户下访"、"开门接访"等活动,进一步强化"警务室、派出所、县市区公安局、市公安局"四道防线,努力做到"小事不出警务室,大事不出派出所"。全市共排查化解矛盾纠纷510起,化解信访问题65件,上级交办的104起重点信访案件全部办结息诉。特别是十八大前夕,市局党委班子成员分别带领联合检查督导组,赴各县市区开展信访案件专项督导,摸排掌控长期无理缠访闹访和案件"三跨三分离"(跨地区、跨部门、跨行业;人事分离、人户分离、人事户分离)重点人员动向,严格落实"五定一包"(定领导、定人员、定措施、定时限、定奖惩、包抓获)制度。全市未发生涉法涉诉进京赴省信访案件。

虚拟社会管控 加强对互联网以及推特、微博等新型网络工具的动态管控,开展虚拟社会管控网建设"百日会战"、清理整治"网络黑市"、互联网政治谣言和有害信息清理整治等专项行动，及时发现处置各类涉稳及有害信息，落地调查重点人员18名，迅速查处网民“毛骆驼”借“薄熙来事件”煽动策划游行，彩虹中学学生方某、网民刘某在网上煽动反日游行等事件，成功侦破部督“九二三”考试泄密专案、部督“MM公寓”案等一批重大案件。

“狩猎行动”中，民警对侵财犯罪易发案场所进行盘查 （市公安局 供）

打击严重暴力犯罪 始终保持高压态势，将杀人、绑架、伤害致死等严重暴力犯罪作为打击重点，集中力量，快侦快破，先后成功破获乾县“一·二三”故意伤害致人死亡案、泾阳“三二八”关中环线抢劫杀人案、秦都“五二三”绑架案、兴平“六一六”杀人案、三原“八一四”杀人案、秦都“一○二五”杀人案等一批有影响的大要案件。全年全市公安机关共立各类刑事案件6994起，其中立八类主要刑事案件727起；破获各类刑事案件4744起，其中破获八类主要刑事案件703起，抓获犯罪嫌疑人3931人，批准逮捕2390人。全年共发命案67起，破获65起，破案率97%；打掉拐卖妇女儿童犯罪团伙20个，解救妇女、儿童104人。

打黑除恶 坚持“打早打小、露头就打”和“黑恶必除、除恶务尽”的原则，以黑恶势力涉足的行业场所为工作重点，深入摸排、缜密侦查，加大对强揽工程、强卖建材、强迫交易、阻挠项目施工以及盘踞在建筑、运输、批发市场等领域的“电霸、水霸、沙霸、车霸”、“地下出警队”、“非法调查公司”等黑恶势力的打击力度，先后打掉以田西鹏为首的车匪路霸，以陈小飞为首涉及强奸、强迫卖淫等违法犯罪的恶势力团伙15个，从中破获各类刑事案件101起，抓获违法犯罪人员96名，有力打击犯罪分子的嚣张气焰。

打击侵财犯罪 在全市实行“小案不立举报制度”，针对入室盗窃、街面“两抢”、电信诈骗、盗窃车内财物、撬盗保险柜等群众反映强烈的治安热点问题开展专项打击和整治。以打团伙、打系列、打流窜为重点，精心组织开展专案攻坚和区域性专项行动。成功侦破长武“三一七”特大黄金被盗案，一举打掉作案68起的武功车鑫等13人特大盗窃团伙、作案27起的永寿于群利等3人盗抢团伙、作案20余起的兴平7人盗割通信电缆团伙和作案20余起的三原入室盗窃团伙等，有力地遏制“两抢一盗”案件的高发态势。全年全市共破获“两抢一盗”、诈骗等侵财类案件3185起，破案数同比增加26.59%。

打击经济犯罪 以金融领域、财税领域、商贸领域、知识产权领域、证券期货领域和涉众型经济犯罪等六个领域为重点，深入开展打击经济犯罪的“破案会战”。在全国范围内发起集群战役1起，参与集群战役23起，共破获各类经济案件273起，抓获犯罪嫌疑人265名，为群众挽回经济损失约2亿元。尤其是“一○一八”商业贿赂案等一批重大案件的成功侦破，受到市委、市政府的充分肯定。仅“一○一八”系列商业贿赂案就抓获犯罪嫌疑人42名，涉案金额1.26亿元，专案组向外省市公安机关移交商业贿赂案件线索126条，从中破案92起，抓获犯罪嫌疑人46名。同时，还深入开展整治非法集资专项行动，破非法集资案3起，抓获犯罪嫌疑人5名，涉案金额3600多万元。

禁毒工作 开展“六二六”禁毒宣传和社区戒毒等工作，加强对吸毒人员的排查管控，全年强制隔离戒毒212人、社区戒毒30人。集中开展娱乐服务场所涉毒问题集中整治、易制毒化学品专项整治、缉毒破案会战等专项行动。兴平禁毒大队破获“一一二三”团伙运输贩卖毒品案（省公安厅目标案件），抓获涉案嫌疑人14名；禁毒支队与武功禁毒大队联手破获公斤级目标大案，缴获毒品海洛因1060克、辅料1600余克，成功切断东莞至咸阳的贩毒通道；长武县公安局利用区域边界查控卡点，破获一起特大跨国运输毒品案件，缴获海洛因850克；渭城禁毒大队破获文会贩毒案件，缴获毒品海洛因700克，缴获毒资31万元。2012年，全市共破获毒品犯罪案件347起，缴获各类毒品10361.05克，抓获涉案人员380名，有力遏制涉毒犯罪的发展蔓延。

“853”工程建设 在社会治安防控体系建设方面，按照省公安厅要求，狠抓“853”工程建设（即“八张网、五个机制、三年完成”），开展“853”工程建设“百日攻坚”活动。区域边界查控网建设方面，全市建成省际、市际、县际公安检查站20个。视频监控网建设方面，市局和13个县市区公安局视频监控及传输平台全部搭建完成，先后安装视频监控探头4.1万个,城镇视频监控覆盖率100%;安装电子视频监控设备及GPS卫星定位系统的公共交通工具3210辆,覆盖率96.1%。街面巡逻防控网建设方面,建立完善各级巡逻队伍,落实网格化巡逻责任警区102个。城乡社区防控网建设方面,建立社区警务室153个、农村中心警务室415个、治保会3240个,全面提升对社会治安的驾驭能力。单位内部防控网、实有人口管理网、阵地控制网和虚拟社会管控网等网络建设也都取得突破性进展,顺利通过省公安厅和省综治办的检查验收。信息化预警机制、实战化勤务机制、扁平化指挥机制、责任化组织机制、长效化保障机制等五项机制也得到不断完善。

对缉枪治爆行动中收缴的非法枪爆物品进行销毁　　（市公安局　供）

“打四黑除四害”　全市公安机关按照公安部和省公安厅的统一部署,在全市范围内组织开展以打击“黑作坊”、“黑工厂”、“黑市场”、“黑窝点”为主要内容的“打四黑除四害”(“四害”是指害百姓、害家庭、害社会、害国家)专项行动。各级公安机关综合采取公安主动打、部门联合打、大要案件和重点地区挂牌打等措施,严厉打击整治从事制假售假、收赃销赃、涉黄涉赌涉毒等违法犯罪活动,切实保证老百姓的生活安全。全年共查破此类案件24起,捣毁窝点26个。其中,市公安局治安支队侦破的制售假证章案件,抓获犯罪嫌疑人5名,受到公安部通报表彰。

缉枪治爆　全年先后三次组织开展缉枪治爆专项行动,大力收缴流散在社会上的枪支弹药和爆炸物品,深化涉枪涉爆重点人员摸排,加强对民用爆炸物品各环节的安全监管。全市共收缴各类非法枪支206支、子弹13874发、管制刀具894把、弩13把、手榴弹21枚、废旧炮弹94枚、炸药5700公斤、雷管1539枚、黑火药12.8公斤。6月12日,市公安局在三原县组织开展非法枪支公开销毁活动,对收缴的692支枪支集中销毁。9月,成功举办全市“涉爆”从业人员业务培训,参训率100%。

校园安保及周边环境整治　组织开展“护校安园”专项行动和校园及周边环境综合治理,重点对网吧容留未成年人上网问题、校园及周边治安问题、校园及周边交通秩序进行集中整治。查处校园周边私房出租屋5692家,清理娱乐场所1765家,清查网吧150余家,排查整治涉校安全隐患1021处。共建成校园警务室911个、治安岗亭724个,督促配设校园专职保安员2792名。为校园配备警棍、钢叉、防割手套等防护器材,并指导督促各中小学及幼儿园在校区内安装视频监控探头、固定目标联网报警装置,切实增强防范能力。对全市618辆校车重新进行检查,规范校车标志,并对校车驾驶员进行集中培训。在城区主干道校园门前放置7台移动式信号灯,在各高校、中小学校、幼儿园门前设置4608个警告、限速慢行等交通标志,重新施划15万米人行横道线。

治安重点区域和突出问题整治　对全市31个治安重点区域及治安突出问题进行全面摸排,集中优势警力,采取多项举措,开展专项整治,有效改善重点区域的治安状况。加强“扫黄打非”的力度,共取缔无证违法经营违法出版物摊点58家,收缴各类盗版淫秽光碟11225张,涉案总值10余万元。在娱乐服务场所深入推进打击淫秽色情违法犯罪专项行动,先后清理检查娱乐服务场所3245家,查处涉黄案件267起。在禁赌工作中,坚持零容忍,取缔涉赌电子游戏厅23家,收缴赌博游戏机454台,行政拘留49人。完善网吧管理制度,开展网吧“清异扫黑”专项行动,对全市294家在册网吧进行彻查,停业整顿网吧15家,限期整改86家,取缔黑网吧41家。继续加大旅馆业信息系统建设,严格旅客住宿登记,对城中村、出租屋及中小旅社信息采集推广使用“警易通”。全市纳入旅业信息系统的旅馆共1290家,安装旅业信息系统287套(50张床位以上),中小旅馆安装“警易通”568套,旅馆业信息系统安装总数和比例均在全省前列。

油气和“三电”生产秩序专项整治　组织开展“灭油鼠端黑窝”专项行动,取缔非法收油、炼油窝点4个,收缴“土炼油”13吨,破获破坏易燃易爆设备案件8起,盗窃原油案件42起,涉案金额300余万元。在打击盗窃破坏“三电”(即电力、电信、广播电视)设施违法犯罪专项斗争中,依法取缔废旧金属收购站点18家,吊销营业执照3家,停业整顿27家。全市破获盗窃破坏“三电”设施案件126起,打掉盗窃团伙8个,抓获犯罪嫌疑人57名。

交通环境和消防安全整治　交警部门以整治“三超一疲”（即超速、超员、超载和疲劳驾驶）、酒驾醉驾等违法行为为重点，结合全市道路交通实际，组织开展预防重特大交通事故百日专项整治等一系列集中行动。全年全市共发生交通事故212起，较上年同期下降7.02%；死亡125人，下降2.34%；受伤187人，下降20.67%；直接经济损失68.4万元，下降35.81%。消防部门先后组织开展以“防火、防爆、防事故”为主要内容的消防安全大检查和“清剿火患”战役，以学校、宾馆、酒店、影剧院、商场、旅游景区等公众聚集场所为重点，全面进行安全大检查，督促各单位落实消防安全制度，及时发现和消除一大批安全隐患。全市共发生火灾事故1167起，直接经济损失739.9万元，无人员伤亡。

人口管理　以实有人口管控网建设为契机，通过经常性的入户调查和信息积累，实现对常住人口的动态掌握和追踪管理，落实流动人口实名登记制度，实施流动人口“融入工程”，全年共登记出租房屋1.3万余间、暂住人口13万人，设立流动人口管理服务中心和站点713个。基层公安机关通过定期检查与不定期检查相结合，普遍检查与重点检查相结合等方式，实现对各类重点人员的有效管控。结合农村居民进城落户，深化户籍管理制度改革，实行城乡统一的人口登记管理，协助相关部门着力破除城乡分割的二元社会管理体制。2012年，全市进城落户17万人，促进人口的合理流动。

出入境管理　在全市启用电子普通护照，完善县级出入境窗口受理工作。依照警务信息公开的要求，在办证大厅和市公安局互联网门户网站公布护照办理流程、收费标准、办理时限等，并实行网上预约服务、延时服务、首问责任制和受理交费“一站式”服务。开辟特事特办“绿色通道”，针对奔丧、留学、探望危重病人等紧急事由，当日受理，当日审核，确保申请人能够及时拿到证件。市县两级公安机关全年共办理证件52847本、签注61582枚，同比分别增加59%和57%。外国人管理方面，将常住境外人员纳入实有人口管理，建立健全派出所外管工作台账，对临时来咸外国人，依托治安旅业系统，及时发现登记，及时进行管理。截至年底，咸阳市实有常住外国人195人，来自27个国家，分布在全市10个县市区。

监所管理　各级监管部门强化监所安全管理，查找管理的薄弱环节和漏洞，市公安局和各县市区全部由“一把手”分管监管工作，并实行纪检监察特派员制度，夯实工作责任，落实监管民警津贴，补充监管民警数量，推动监管工作的扎实开展。截至年底，全市累计收押各类人员12574人，处理出所11918人，在押1812人，确保侦查、审判、起诉工作的顺利进行。6月5日，全市20处监管场所同时开展看守所开放日活动，共计400余名社会各界代表受邀参与活动。

全市集中开展除夕消防安全巡查“零点行动”　（市公安局　供）

信息化建设　提升公安科技化水平，警务信息综合应用平台、情报信息综合应用平台、公安数据综合查询系统、数据传输上报系统等信息化高层应用不断深化。完成全市三、四级网和机关局域网的升级改造，完成350兆无线集群通信系统三期建设，形成覆盖全市的集群通信漫游指挥网络。整合内外网业务数据，充实、完善综合数据库和资源库，为部门间信息共享平台建设打下基础。协调各相关单位和接入业务承建商，持续推进全市公安边界接入平台建设。各业务警种的信息化建设和应用水平也不断加强，刑侦DNA（脱氧核糖核酸）数据库全年共录入违法犯罪嫌疑人血样25526条，现场勘验系统录入信息2851条，采集录入十指指纹42559份。治安部门积极维护派出所人口综合管理系统软硬件环境，巩固派综系统升级改造成果，对执法办案模块进行程序优化，全市共录入各类数据信息300多万条，涉及暂住人口、重点人口、监管对象、出租房屋、单位行业场所和群防群治组织等。禁毒部门也在积极推广应用DIAS系统和动态管控系统，各警种、各部门信息化建设和应用逐步深化。

执法规范化建设　各级公安机关坚持“以制度促规范”的理念，完善执法制度和执法程序，开发“执法办案部门负责人审核案件质量考评系统”，确保各类警务活动和执法工作的良性发展。通过执法办案问题点评会、执法质量大检查和案卷评查等活动，不断规范基层公安机关执法行为。对在执法检查、执法考评中发现的执法违法问题，以及群众举报控告、新闻媒体曝光、上级机关交办、其他机关移交的案件,经查证属实或司法机关确认的执法过错案件,实行责任倒查,严肃追究相关人员责任。在全市启用和推广执法办案与监督信息系统,开展公安机关执法办案区改造,规范设置候问室、询问室和讯问室,保证“三室”的电子监控、录音录像设施的安装和使用,确保执法办案安全。各级法制部门加强日常案件审核把关,切实从事实、证据、程序、运用法律等方面严把审核关,确保无不当强制措施和错案发生。2012年,全市公安机关刑事案件批捕率为96.01%,起诉率为98.27%,退查率为7.67%,办案质量明显提升。主动将劳动教养的审批依据、程序和适用对象等事项全面公开,邀请纪检、检察机关、人民法院、人大、新闻媒体、律师以及广大人民群众进行监督。对涉访涉诉案件启动疑难案件会诊机制,严格执行涉敏感案(事)件人员劳动教养请示报告制度,退回涉访和不符合适用范围案件20余起。严格规范劳教适用范围,全年全市共批准决定劳教案件190案272人,同比下降14%。

(葛　昭)

检　察

刑事检察　2012年,全市检察机关贯彻“严打”方针,坚持把化解社会矛盾贯穿于执法办案的全过程,努力维护社会和谐稳定。共批捕各类刑事犯罪嫌疑人2395人,起诉2855人,同比分别下降1.4%和上升1.3%。重点打击杀人、爆炸、绑架等严重暴力犯罪和“两抢一盗”(即抢劫、抢夺、盗窃)等影响群众安全感的多发性犯罪,共批捕上述犯罪嫌疑人1577人、起诉1933人,分别占批捕、起诉刑事犯罪嫌疑人总数的65.8%和67.7%,始终保持对严重刑事犯罪的高压态势。与公安机关密切配合,共提前介入830起重大案件侦查活动。贯彻宽严相济的刑事政策,坚持该严则严、当宽则宽、区别对待,对轻微刑事案件依法建议法院适用简易程序494件;依法不批捕111人,审查不起诉53人;已收到法院生效刑事判决1449件2332人,均作有罪判决;无逮捕后撤案、撤回起诉和判决无罪案件,办案质量和执法水平进一步提高。

查办和预防职务犯罪　两级院自侦部门按照“有案必办、突出重点,确保质量、提高效率,增强效果、保证安全”的总体要求,围绕推进社会矛盾化解、促进社会管理创新,切实加大执法办案力度。共立案侦查贪污贿赂职务犯罪案件127件150人,立案人数同比上升6.4%。其中,查办大案、特大案件53件,同比上升26.2%,查办要案3件,同比持平,大要案占立案总数的43.8%;共立案侦查渎职侵权等职务犯罪案件25件43人,人数同比上升10.3%。其中重特大案2件,同比持平。自侦案件没有无罪判决案件。通过办案,为国家和集体挽回经济损失1000余万元。在办案中,坚持打防结合,预防为主,共开展职务犯罪预防调查160件,提出预防职务犯罪检察建议209件,开展职务犯罪警示宣传教育280次,开展预防咨询469次,开展行贿犯罪档案查询1479次,职务犯罪预防工作深入推进,预防效果进一步增强。4月,市检察院研究起草《关于2010至2011年打击和预防职务犯罪综合报告》,从近两年来全市检察机关查办职务犯罪的基本情况、犯罪发展特点、发案趋势预测、预防对策建议等四个方面,进行综合研判,并报告市委、市人大、市政府、市纪委、市委政法委及其领导,为咸阳反腐倡廉建设和经济社会平稳健康发展提供决策依据和建议。

诉讼监督　①立案监督。两级院共办理立案监督案件102件,其中,要求公安机关说明不立案理由59件,公安机关主动立案54件,通知公安机关立案1件,已立案;建议自侦部门立案3件;监督纠正公安机关不应当立案而立案40件51人,人数同比上升37.8%;立案监督案件法院已作有罪判决14人。②侦查活动监督。共追加漏罪101宗,同比上升15.1%,纠正漏捕191人、漏诉159人,同比均上升14.4%;针对公安机关办案中的违法问题发出《纠正违法通知书》358件,同比上升191%,已全部纠正;发出《检察建议》172件,同比上升38.7%,侦查活动监督工作继续保持良好的发展态势。③刑事审判监督。两级院通过提抗、出席二审法庭和列席法院审委会等形式,加强对审判活动的监督。共列席法院审委会1014次,同比上升11.2%。基层院按二审程序提出抗诉6件,市院支持4件,法院审理后改判2件3人,发回重审2件;按审判监督程序提请抗诉1件,法院审理后发回重审2件(含上年积存1件)。加强对侦查和审判活动中的违法情况的监督,共发出《纠正违法通知书》356件,已纠正350件,同比上升65.9%,维护司法公正;发出《检察建议》319件,同比上升94.5%,且大都被采纳,增强监督的及时性和准确性。④刑罚执行和监管活动监督。全市检察机关继续保持无超期羁押案件的良好态势。在刑罚执行、监管活动监督中发现违法活动并提出纠正意见661件,同比上升69.1%,已纠正657件,同比上升69.8%;共审查减刑、假释708件,同比下降8.6%,发现并纠正减刑、假释不当53件(上年同期43件)。⑤民事审判和行政诉讼监督。全市受理民事行政申诉案392件,立案151件;两级院共提请抗诉55件;市检察院向市中院抗诉29件,同比上升16%;市检察院提请省检察院抗诉7件,同比上升16.7%;法院已审结18件,其中改判15件、调解2件,维持原判1件,抗诉再审改变率94.4%;向两级法院发《检察建议》53件,同比上升60.6%,法院采纳53件;发《再审检察建议》43件,同比上升43.3%,法院采纳41件。

控告申诉检察　两级院控申部门在坚持做好日常工作的同时,继续开展“清理涉检信访积案”和“案件评查”专项活动,化解涉检信访积案4件,完成案件评查189件,初核举报线索211件,受理刑事申诉13件,已全部办结。受理赔偿申请并立案3件,已审结2件。开展刑事被害人救助11件,落实刑事被害人救助资金8.69万元,办理举报人奖励和保护119人,没有发生因泄密导致举报人遭受打击报复的情形,重要信访信息无瞒报、谎报的情形。

队伍建设 通过组织开展"三查三进三解"、政法干警核心价值观、宣传贯彻党的十八大精神等学习教育实践活动，增强全体检察干警的大局意识、责任意识和服务意识，统一执法思想，规范执法行为。加强对检察干警群众工作方法和工作经验的再教育再培训，不断改进工作方法，提高群众工作能力，着力提升社会公众满意度；教育和引导全体检察干警，始终坚持依法履职、执法为民，用实实在在的检察工作成效去推进满意度的提升。市检察院先后推荐120人次参加全国、全省检察机关基层院检察长、晋升高级检察官、案件集中管理、司法警察晋衔等培训。组织修改后刑诉法、监所检察业务、检察政工统计等专项培训和修改后刑诉法知识竞赛、法律文书评比等竞赛活动，培训干警600余名，全体干警的执法能力和办案水平进一步提升。2012年，全市有24名干警通过国家司法考试，队伍专业化水平不断提高。继续落实市院派员参加基层院民主生活会制度，实行市检察院党组成员包抓基层院制度，落实市院巡视基层院制度，推行基层院检察长述职述廉制度等，指导和帮助基层院开展规范化建设。组织秦都区院和礼泉县院检察长向市院述职述廉报告工作。市检察院对礼泉县院领导班子进行巡视。继续开展警车管理，禁酒令执行情况，办案安全防范，自侦案件扣押、冻结、处理涉案款物和财政转移支付资金使用情况的专项检查，不断健全完善并全面推行查办职务犯罪案件"一表三卡"（案件线索初查情况备查表、办案告知卡、办案廉政监督卡、变更强制措施登记卡）、案件回访、执法档案、检务督察、检务公开等制度，加强内部监督，促进文明办案。坚持开展经常性的警示教育活动，努力防止和减少干警违法违纪问题。全年共收到干警违法违纪案件举报线索件3件，全部进行初核，虽然没有发现应给予纪律处分的问题，但对有关人员和部门都进行了警示谈话，提升检察干警的执法形象。

咸阳市检察机关出台意见服务现代新都市和谐新咸阳建设 贯彻市第六次党代会、全市政法工作会议精神，增强检察机关服务发展大局的责任感和使命感，确保市委、市政府重大决策部署的落实，市检察院出台《咸阳市检察机关服务和保障现代新都市和谐新咸阳建设的若干意见》（以下简称《意见》）。《意见》紧紧围绕市委、市政府大力实施"四大战略"，加快建设现代新都市、和谐新咸阳的重大决策部署，要求并指导全市检察机关和全体检察干警认真履行法律监督职能，深入推进三项重点工作，充分发挥打击、预防、监督、教育、保护等职能作用，为咸阳经济社会发展提供有力的司法保障和良好的法律服务。一是着力服务和保障发展大局。深入推进治理商业贿赂工作，依法查处工程建设、房地产开发、土地管理和矿产资源开发、国有资产管理、金融、司法等领域和环节的职务犯罪，维护公平竞争的市场环境。深入开展整治非法集资问题专项行动，积极参与整顿和规范市场经济秩序工作，维护正常的市场经济秩序。二是着力服务和保障民生民利。继续抓好严肃查办危害民生民利渎职侵权犯罪专项工作，坚决查办重大安全生产事故、食品药品安全事件背后的失职渎职犯罪。充分运用检察手段服务"三农"，加强涉及土地承包经营权流转、土地征收、房屋拆迁、劳动争议等民事行政申诉案件的法律监督。三是积极预防和减少职务犯罪。紧紧围绕重点项目建设、招商引资、园区建设以及商业贿赂等专项治理工作，进一步强化对公共资金使用、公共资源配置、公共项目实施等重点领域和环节的职务犯罪预防工作，切实为经济转型营造良好的政务环境。四是依法打击各类刑事犯罪活动。深入推进打黑除恶专项斗争，依法严厉打击破坏经济秩序、涉足民生领域和危害农村发展的各种黑恶势力以及其他新型黑恶犯罪活动。依法严厉打击严重暴力犯罪、"两抢一盗"、拐卖妇女儿童等犯罪，维护人民群众生命财产安全，维护良好的社会管理秩序。五是积极参与对重点领域的社会管理。参与对流动人口的服务管理，严格依法掌握涉罪外来人员逮捕、起诉条件。会同有关部门落实刑释解教人员帮教管理等工作，加强对监外执行和社区矫正的法律监督。六是更加注重化解社会矛盾。健全完善首办责任制和领导接访、下访、巡防等工作机制，扎实推进涉检信访积案化解工作。完善重大敏感案件、热点敏感问题分析研判制度，全面推行执法办案风险评估预警机制，主动做好隐患排查、风险防范和矛盾化解工作。七是进一步加强诉讼监督工作。对侵犯企业、企业经营者、工人、农民以及被拆迁户等合法权益的刑事案件，加大立案监督和侦查监督工作力度，对确有错误的刑事裁判依法及时提出抗诉，对程序违法、裁判不公以及违反法定程序执行、超范围执行、久拖不执行等民事执行问题，及时监督人民法院依法纠正。八是努力改进执法办案方式。对企业法定代表人、生产经营负责人和技术骨干人员涉嫌一般犯罪的，在确保案件侦查诉讼程序顺利进行的前提下，可以不采取拘留、逮捕等强制措施。不着检察（警）服、不驾驶制式警车进入发案单位，尽量减少对企业声誉的影响。高度重视维护企业形象和产品声誉，慎重采取查封、扣押、冻结等措施，维护企业正常经营发展秩序。九是严格掌握法律政策界限。慎重对待在经济转型过程中出现的新情况新问题，正确区分工作失误与渎职犯罪的界限、合法收入与违法所得的界限、经济纠纷与经济犯罪的界限、企业合法融资与非法集资的界限。十是不断完善服务和保障的工作机制。对经济转型过程中出现的相关案件，建立健全检察环节的优先受理、办理、反馈以及报告和沟通协调机制，探索建立与公安、法院等部门的沟通联络机制，正确处理刑事和民事交叉的问题，努力实现法律效果、政治效果与社会效果的有机统一。

咸阳市检察院后勤装备处被最高人民检察院表彰为全国检察机关"计划财务装备工作先进集体" 2008年以来，咸阳市检察院后勤装备处紧紧围绕检察中心工作，不断提高检务保障能力，大力加强经费保障、"两房"建设、科技装备建设、财务和资产管理工作,推动各项检察计财装备工作取得新的进展。院领导重视计财装备工作,经常听取计财工作专题汇报,要求计财部门充分发挥协调管理和保障作用,为检察工作发展提供强有力的后勤保障。针对院公用经费保障一直比较紧张这一现状,分管领导出面积极争取省市党委、政府对检察机关计财装备工作的重视和支持,千方百计聚财。落实规章制度,突出抓好管财。加强财务管理,后勤装备处先后多次对财务管理制度进行修订,明确开支范围,规定审核、审批权限,不断规范和完善财务管理审批程序。支出精打细算,切实抓好用财。坚持厉行节约、科学计划、合理预算、保证重点,把握经费保障的重要环节,最大限度地发挥资金的使用效益,保证各项检察工作的顺利开展。

咸阳市检察院反渎职侵权局被评为全国检察机关“优秀反渎职侵权局” 在全国检察机关第五次反渎职侵权侦查工作会议上,咸阳市人民检察院反渎职侵权局被评为全国检察机关“优秀反渎职侵权局”,受到最高人民检察院表彰。陕西省检察机关反渎局中仅有2个单位获此殊荣。咸阳市检察院在省检察院和市委领导下,深入贯彻中央、省、市委加强反渎工作的文件和部署,全面履行反渎职侵权职能,科学推进反渎职侵权工作,服务和保障咸阳经济社会发展大局。围绕大局,组织查办一批受到党委和群众关注的渎职侵权犯罪案件。其中2010年至2012年7月,全市共立案查处渎职侵权案件62件106人,包括重特大案件8件21人,通过办案挽回直接经济损失466万元。关注热点,重点查处危害民生民利渎职犯罪案件。2011年以来,全市检察机关共查办危害民生民利渎职侵权犯罪案件13件26人,占立案人数的37.14%。通过查办危害民生民利的案件,引起社会的强烈关注,得到社会的好评,赢得群众的赞誉。坚持规范执法,不断提升执法办案的综合效果。2010年以来,全市反渎案件综合质量指标始终位于全省前列,反渎案件结案率、起诉率和有罪判决率均高于全省平均数。开拓创新,不断完善反渎职侵权工作机制。市院反渎局先后与市直70多个司法和行政执法部门建立渎职侵权犯罪案件联席会议制度,有效提升惩治和预防渎职侵权等职务犯罪的联动效应。坚持狠抓队伍、打牢基础。持续提高反渎干警素质能力,大力推进反渎工作争先创优。2010年以来,全市共有5名反渎干警被评为全国、全省检察机关反渎业务和办案标兵;市院和13个县区(市)院反渎局分别升格为正县、正科建置;咸阳市检察机关反渎工作在全省综合考评中连续四年名列前三。

咸阳市检察院依法成功抗诉一起刑事案件 被告人刘某因与前妻陈某发生感情纠纷,纠集安某等7人,在咸阳市七厂十字将陈某和其男友高某强行挟持上面包车,拉至咸阳市北郊平陵后并对二人实施殴打。安某威逼高某拿5000元钱将此事摆平,高某被迫答应,并与其朋友王某联系送钱,后7被告人意识到王某可能报警,遂放弃取钱。随后又将高某拉至咸阳市北郊一果园对其实施殴打,安某劫走高某身上600余元现金后,将高某释放。秦都区人民法院经审理认为:安某的行为构成敲诈勒索罪、非法拘禁罪,决定执行有期徒刑一年,并处罚金人民币6000元。市检察院审查后认为:该案其他6名被告人所犯罪行定性准确,量刑适当。安某的行为同时构成抢劫罪、敲诈勒索罪和非法拘禁罪,秦都区人民法院定性错误、适用法律错误,导致量刑畸轻,决定支持秦都区检察院抗诉意见。该案经咸阳市中级人民法院开庭审理,支持市检察院的抗诉理由,依法判处被告人安某构成抢劫罪、敲诈勒索罪和非法拘禁罪,决定执行有期徒刑三年六个月,并处罚金7000元。

(杨　磊)

审　判

概况 2012年,全市法院始终坚持“为大局服务、为人民司法”工作主题,践行科学发展观和社会主义司法理念,围绕“抓班子、带队伍、促审判、树形象、提升公信力”的工作思路,履行宪法和法律赋予的职责,加强审判、执行工作和队伍建设,各项工作取得新的进展。两级法院全年共受理刑事、民事、行政、国家赔偿、申诉申请再审、执行、减刑假释等各类案件25055件,审执结24404件,结案率97.36%,同比上升1.92%,未结案同比下降42.44%。其中,市中院共受理刑事、民事、行政、国家赔偿、申诉申请再审、执行、减刑假释等各类案件2661件,审执结2576件,结案率96.28%,同比上升1.32%;连续三年实现结案率上升、未结案下降、调解撤诉率上升的良好局面,为促进全市经济社会平稳较快发展、构建和谐咸阳提供司法保障和法律服务。

刑事审判 全年全市法院共审结各类刑事案件2052件,同比上升0.15%;判处罪犯2937人,同比下降4.3%。其中,市中院审结刑事案件344件,同比上升6.83%,结案率95.79%。两级法院依法严厉打击故意杀人、绑架、抢夺、抢劫、盗窃、黑社会性质组织、毒品犯罪等严重危害社会治安的犯罪行为,努力增强人民群众的安全感。贯彻“宽严相济”刑事政策,对初犯、偶犯、过失犯罪和未成年人犯罪依法从轻、减轻或免除处罚,减少社会对抗。依法办理减刑假释案件,促进服刑人员改过自新。做好刑事附带民事案件调解、轻微刑事案件和解工作,依法保护被害人及其亲属合法权益。维护未成年人合法权益,预防、矫治未成年人犯罪,保障未成年人健康成长。市中院加强未成年人犯罪预防和权益保障工作,坚持“教育、感化、挽救”的方针和“教育为主、惩罚为辅”的原则,审理好每一件涉少案件,并对未成年人案件进行跟踪回访。深入开展“少年法庭开放日”活动,坚持办好青少年“维权热线”,为青少年提供法律服务。在咸阳市风轮小学成立“红领巾法学院”,聘任小法官进行模拟开庭;与陕西科技大学联合开展针对新生的法制意识“认知教育活动”,让大学生们了解法院办案流程,增强法律意识。

民事审判 2012年，全市法院共审结各类民商事案件16271件，同比上升3.21%。其中，市中院共审结各类民商事案件16709件，结案率97.30%，同比上升2.52%。两级法院着眼于平安咸阳创建和西咸国际化大都市建设，依法及时、稳妥地审理涉及群众生产生活和省、市重点企业、重点工程建设、民营企业发展等民商事案件，依法调节市场交易秩序，保护公民、法人的合法权益。共审理合同案件6205件，涉案标的36656万元。依法妥善处理婚姻家庭、人身损害赔偿、劳动争议等案件，注重保护妇女、儿童、老人、残疾人等弱势群体的合法权益。共受理婚姻家庭案件6040件，受理人身损害赔偿案件1444件，受理劳动争议案件262件，妥善化解社会矛盾，促进家庭邻里和睦、社会和谐。加大对知识产权的保护力度，依法审理知识产权案件，促进科技创新，保护有序、自由竞争，知识产权案件的调撤率93%。探索多元化纠纷解决机制，全市法院调解、撤诉民商事案件11484件，调撤率74.07%。

行政审判 全市法院共审结各类行政案件167件，同比下降35.02%。其中，市中院新收各类行政案件166件，同比下降37.12%，结案率93.79%。依法审结三原县万云龙等76名出租车车主诉市交警支队、三原丰原出租汽车公司行政登记纠纷案，北八道物流集团有限公司诉渭城区人民政府行政管理纠纷案等行政诉讼案件。妥善处理涉及土地征收、房屋拆迁、环境保护、劳动和社会保障、行政处罚等行政案件，主动加强与行政机关的沟通、协调，以行政和解方式结案的占全部行政诉讼案件的30.7%，取得良好的社会效果。

执行工作 全市法院继续开展创建"无执行积案先进法院"、"委托执行案件专项清理"、"执行申诉信访案件化解"三项活动，不断完善执行工作长效机制，实现执行工作良性发展。按照最高人民法院的要求，推行分段集约执行工作机制，改变以往"一人包案到底"的执行方式，提高执行工作的整体效率，实现执行行为的高效透明；进一步完善执行联动机制，统筹协调各方面的资源和力量，形成推动执行工作的合力；健全执行工作的领导协调机制，完善解决"执行难"联席会议制度，加强机构建设，为执行工作的顺利开展提供组织保证；规范执行行为，加强对执行程序各个环节的管理监督，有效防止执行权滥用和违法执行；深入开展反规避执行专项活动，落实执行威慑措施，最大限度保护债权人合法权益。对所有执行信访、疑难案件实行领导包案，加大督办力度，限期结案。深入开展"清理委托执行积案"专项活动，提高执行工作的整体效率，维护司法权威。全年全市法院共受理执行案件4958件（加旧存5064件），已执结4873件，执结率97.89%。

审判监督工作 全市法院坚持"实事求是，有错必纠"的原则，对发现原判确有错误的案件，坚决依照审判监督程序依法予以纠正。共受理申诉、申请再审案件122件，检察院抗诉、上级法院指令再审案件26件，申诉、申请再审和再审案件的数量占一审案件的0.7%。市中院通过审判监督程序再审改判案件17件，撤销一、二审判决，发回重审或指令再审17件。加大案件评查和权力制约力度，案件质效进一步提升。深化刑事案件量刑规范化改革，细化量刑标准，规范量刑程序，公开量刑过程，合理限制自由裁量权。清理未结案，下发《关于在全市法院建立长期未结诉讼案件定期通报及督办机制的通知》，加强审限监督，提高审判效率。

"两项活动" 继续开展审判"五进"（进农村、进社区、进学校、进企业、进军营）和征询旁听庭审公民对裁判的意见和建议活动。全市法院采用"五进"方式开庭审理刑事、民事、行政等各类案件6121件，占各类案件结案总数的25.53%，其中院长担任审判长审理案件3件，庭长、副庭长担任审判长审理案件3681件，占"五进"案件数的60.14%，以调解、撤诉方式结案3563件，占"五进"案件数的58.21%，旁听72908人，10575人参与调解。征询旁听庭审公民对裁判意见和建议案件共5405件，占结案总数的22.55%，征询对象为人大代表的688人、政协委员的480人、公民代表的12169人，征询对象参与调解4863人，收到意见、建议2384条，采纳1871条；全市法院提出司法建议案件共416件，反馈72件，落实57件；诉前调解956件，其中调解成功620件；召开宣判大会24次，旁听15424人；采用人民陪审团方式审理案件28件，

开展"五进"活动，市中院干警进礼泉县北岭村走访群众并开展法制宣传

（市中院 供）

其中调解、撤诉案件5件。

涉诉信访工作 全市两级法院深入贯彻中央政法委《关于进一步加强和改进涉法涉诉信访工作的意见》,开展继续化解涉诉进京赴省访案件专项活动,把有效化解信访案件作为人民法院促进经济发展和社会和谐稳定的中心工作来抓,加强涉诉信访源头治理,继续开展“带案指导”,注重提高各基层法院案件质量和效率,加强案件评查,努力从源头上减少和预防涉诉信访问题。加强立案信访服务,改建立案信访大厅,在大厅内设立案诉讼引导、立案审查、立案调解、救助服务、查询咨询、材料收转、判后答疑、信访接待、执行信访、纪检监察10个窗口,为群众提供诉讼便利,减少涉诉信访案件。全市两级法院承办的366件涉诉进京访信访案件及市委政法委交办的73件信访案件,已全部化解,总息诉率为100%。

“一村(社区)一法官”工作机制建设

根据省委政法委、省综治办、省高院《关于推进“一村(社区)一法官”工作机制建设的决定》,市委政法委、市综治办、市中院共同制定《关于推进“一村(社区)一法官”工作机制建设的实施意见》,9月13日联合召开全市“一村(社区)一法官”工作机制建设推进会。针对咸阳市区企业、学校较多且矛盾纠纷多发的实际,市中院在基层法院联系平台覆盖村组、社区后将企、校作为中院法官联系重点,会同市国资委、市教育局,在深入调查研究的基础上,选择市区内23个企业和38所学校,三机关联合发文,设立“法官工作站”。各基层法院也相继成立“一村(社区)一法官”工作机制建设领导小组和办公室,并及时制定《“一村(社区)一法官”工作机制建设的实施方案》,对“一村(社区)一法官”工作机制建设的目标任务、活动内容、方法步骤等都做了具体安排和要求,确保这项工作真正落到实处、抓出成效。截至年底,全市2769个村、157个社区(合计2926个)已全部成立法官工作室,村、社区覆盖率100%,三原县法院还在20个大型企业、乾县法院在23所学校挂牌成立法官工作室。活动开展以来,全市法院共走访群众7075户,为群众化解矛盾纠纷200余起,巡回开庭370件,调解处理289件,发放法律宣传资料3.4万余份,法制宣传130场次,征求群众意见300余条,接到群众来电咨询700余次,解决群众实际困难160多起,召开群众座谈会300余次,基层调解组织人员培训22场次。

“一村(社区)一法官”工作机制启动仪式 (市中院 供)

社会管理综治工作 围绕平安咸阳创建工作,两级法院强化未成年人犯罪预防工作,将“教育、挽救、惩罚、预防”的方针落到实处,减少社会对抗因素;总结完善刑事案件量刑规范化试点工作,探索未成年人罪犯的社区矫正方法;开展法律进校园活动,以案说法进行法制宣传,增强青少年的法制意识。围绕构建和谐社会目标,加大诉讼调解力度,完善诉讼和非诉讼相衔接的矛盾纠纷解决机制,市中院与市司法局联合下发《关于加强人民调解与诉讼调解衔接工作的实施意见》,把诉讼调解与人民调解有机结合起来。围绕加强对弱势群体的司法保护,设立“维护妇女儿童权益法庭”,妥善审理涉婚姻家庭案件,充分保护妇女儿童的合法权益。

审务公开 深化案件评查机制,将全面评查与重点评查相结合、发现问题与改进规范标准相结合,不断提高案件质量。2012年,市中院共评查各类案件2314件,其中优秀229件,良好2046件,合格39件,无不合格案件;协助省法院对武功县、永寿县等8个基层法院上年度已审结的案件进行评查,提高全市法院的案件质量。组织开展“两评查”(庭审评查、裁判文书评查)活动,邀请人大代表、政协委员及社会各界人士对法官开庭情况进行庭审观摩,通过评查案件组织评比优秀法律文书。全年共评查545场,其中,中院56场、基层法院489场;评查裁判文书1500份,其中,中院224份、基层法院1276份。建立个人业绩档案,对审判(执行)工作的审(执)结率、调解(撤诉、和解)率、人民陪审率、发回重审和改判率等指标进行量化,全面考核各部门及各基层法院的审判执行工作。全年共发出全市法院审判管理通报12期,取得较好效果。

黄日松绑架案 市检察院2012年4月24日以被告人黄日松犯绑架罪,向市中院提起公诉。经审理查明,2011年5月中旬,被告人黄日松和未婚妻刘帆妮来到永寿县店头镇方里村刘帆妮家,同刘帆妮父母协商结婚一事,刘家提出彩礼,被告人黄日松因当下没钱便一直住在刘家。后黄日松在和刘帆妮亲戚接触过程中发现刘帆妮的叔父刘军海家境尚可，还有一11岁的小男孩刘某某。同年6月底，被告人黄日松便产生了绑架刘某某并向刘某某之父刘军海索要赎金的想法。2011年7月5日，被告人黄日松在扶风县新区汽车站移动专营店以50元购买移动手机卡一张藏于家中。2011年7月23日，被告人黄日松以“打鸟”为由将刘某某从家里骗至扶风县天度镇阎马村和梁赵村交界处的闫家沟，采取双手掐脖的方式将刘某某掐死后推入闫家沟四支渠内。当晚10时30分许，被告人黄日松在刘帆妮家中用事先准备好的电话卡给刘军海发送内容为“你要你娃就准备10万元希望合作不要报警”的短信息。2011年7月24日，被告人黄日松被永寿县公安局抓获归案。经咸阳市公安司法鉴定中心鉴定：被害人刘某某系被他人扼压颈部致机械性窒息死亡。市中院审理后认为，被告人黄日松以谋取非法利益为目的，绑架他人，其行为已触犯《中华人民共和国刑法》第二百三十九条之规定，构成绑架罪，依法判处死刑，缓期二年执行，并处没收个人全部财产，剥夺政治权利终身。

王镇故意杀人案　市检察院2012年3月21日以被告人王镇犯故意杀人罪，向市中院提起公诉。经审理查明：2009年年初，被告人王镇与周向阳之妻孙亚雪相识并发生不正当男女关系，此后，王镇怀疑孙亚雪与河南籍客商张会清之间有不正当男女关系，又因孙亚雪未能与丈夫周向阳离婚，王镇怀恨在心。2011年9月23日21时30分左右，被告人王镇携带匕首、砍刀，骑摩托车来到礼泉县叱干镇堡园村周向阳家，因王镇与孙亚雪等言语不和，发生争执。9月24日凌晨2时许，王镇拿出随身携带的砍刀冲出套间，在躺着的张会清的头部连砍几刀，周向阳、孙亚雪发现后从套间跑出来夺王镇手中的砍刀，王镇随即用砍刀砍了周向阳几刀，砍刀掉到地上后，王镇又用携带的匕首向周向阳、孙亚雪乱刺，周向阳、孙亚雪倒地后，王镇又用匕首向张会清身上连刺数刀，致被害人张会清、周向阳、孙亚雪死亡。市中院审理后认为，被告人王镇因其与被害人孙亚雪的感情纠葛，在与被害人孙亚雪、周向阳、张会清发生争执后，不计后果持砍刀、匕首采取刺、捅的方式，先后致三人死亡，其行为已触犯《中华人民共和国刑法》第二百三十二条之规定，构成故意杀人罪，遂以故意杀人罪判处被告人王镇死刑，剥夺政治权利终身。

调解处理涉外民商事纠纷　原告利高有限公司系2003年4月受让香港客香村饭店有限公司持有第三人陕西华建塑胶制品有限公司65%股份的外商股东，2009年，利高有限公司以华建塑胶制品有限公司怠于行使合法债权，给公司造成损害为由向人民法院提起股东代表诉讼，要求债务人张新民偿还欠款144928.66元及利息，并承担本案诉讼费用。该案经咸阳市秦都区人民法院立案审理，判决驳回利高有限公司的诉讼请求。利高公司不服提起上诉，咸阳市中级人民法院驳回上诉，维持原审判决。利高有限公司仍不服，遂多次上访并向陕西省高级人民法院及最高人民法院提起申诉，最高人民法院经审理认为，利高有限公司系于英属维乐京群岛注册的公司，本案系涉外民商事纠纷，故撤销原审裁判，指定市中院按照一审程序进行审理。市中院民一庭接到该案后，合议庭成员认真研讨案情，找出双方矛盾的争执点，多次走访有关单位调查了解案情，不厌其烦深入当事人家中，认真倾听双方当事人的诉说，帮助其分析矛盾解决的方法，最终使双方当事人握手言和，达成调解协议，结束这场历时3年，经历四级法院的纷争。

（李颜军）

仲裁工作

案件受理　2012年，咸阳仲裁委员会共受理各类案件389起，争议标的1.7亿元。案件主要涉及商品房买卖、建设工程、经济合同、知识产权、金融保险、产品质量责任等权益纠纷。案件都以较高的办案质量和水平，维护公民、法人和其他组织的合法权益。

仲裁法规宣传　咸阳仲裁委员会根据自身“公正高效、一裁终局”的优势，本着当事人至上，热心、诚心、耐心为当事人服务的思想，努力提高仲裁法律服务的质量，为构建和谐咸阳积极化解纠纷。通过对市辖区内政府机关、国有大中型企业、民营企业、仲裁联络站的上门服务，宣传《仲裁法》，规范合同文本，提高合同的仲裁约定率。组织工作人员参加咸阳“三一五”消费者权益保护日、“一二・四”法制宣传日、咸阳市房地产展销会等活动，为与会企业和群众提供仲裁咨询服务。

（沈小东）

咸阳年鉴

文　化

XIANYANG YEARBOOK

（钟志德　摄）

精神文明建设

学习宣传贯彻党的十八大精神主题活动 2012年，市精神文明建设指导委员会办公室以迎接和学习、宣传、贯彻、落实十八大精神为主线，以推进社会主义核心价值体系建设为根本，按照“科学发展、成就辉煌”宣传教育活动的统一要求，从年初开始就先后在全市党政机关开展“喜迎十八大网络传播”、迎接十八大“精神文明建设成果展示”等活动，进一步引导广大干部群众了解和掌握党的十六大特别是十七大以来全国、全省、全市改革开放和社会主义现代化建设的辉煌成就，鼓舞和凝聚全市上下为建设现代新都市、和谐新咸阳而团结奋斗的热情和力量。十八大闭幕后，在各大媒体开辟“道德模范人物事迹展播”专栏，挖掘闪光事迹、报道先进典型，在全社会营造学习先进、争当先进的浓厚氛围。

第三届“感动咸阳”道德模范人物评选活动 年初，市上下发《关于开展第三届“感动咸阳”道德模范人物评选活动的通知》，各县市区，各系统和市直部门经过层层推荐和群众自荐，106人被确定为第三届“感动咸阳”道德模范人物候选人，咸阳电视台、《咸阳日报》《今日咸阳》、咸阳政府信息网对所有候选人的事迹进行深度报道，在社会各界引起强烈反响。据统计，此次活动参与投票120多万人，其中纸质选票80多万张，创下历届最高。经过审核推荐、群众投票、专家评审等程序，最终评选出“孝老爱亲、助人为乐、诚实守信、敬业奉献、见义勇为”等五个类别19名道德模范和咸阳供电局张思德志愿服务队1个先进集体。10月29日，在海泉湾大剧院举行颁奖典礼，市上主要领导为道德模范颁奖，并给予每位道德模范5000元的奖励，咸阳电视台对颁奖全程进行现场直播，使道德模范的事迹家喻户晓，进一步在全市掀起学习模范的热潮。同时，组织开展“我评议，我推荐身边好人”活动，全市共有12人次上榜，居全省之首。

第三届感动咸阳道德模范颁奖典礼　　（市文明办 供）

道德领域突出问题专项治理活动 按照中、省要求，结合咸阳市实际，印发《关于进一步开展道德领域突出问题专项教育和治理活动的实施方案》，召开全市道德领域突出问题专项教育和治理活动工作会议，对活动的开展进行周密安排部署，形成配合联动的工作合力。市科协、市双创办、市教育局、市妇联等市直部门以科普知识宣传、环境卫生整治、诚信教育、市民文明素质教育、健康知识普及教育、关注留守儿童、婚育新风进万家、扶弱助残献爱心等活动为载体，不断丰富和提高道德实践的形式和内涵，促进道德治理活动的纵深发展。各县市区通过举办图片展、文艺会演、演讲征文等不同形式，有针对性开展公民道德实践活动。秦都区开展“见贤思齐、感恩秦都”精神文明建设系列活动；武功县连续多年开展“十大孝子、十大孝媳、十佳公婆、十佳城市美容师”评选表彰活动；旬邑县在举办道德大讲堂和宣讲会的基础上，还在全县范围内开展以“如何提高公民的思想道德修养”为主题的演讲征文比赛。通过各项活动的开展，广大市民群众的文明意识普遍增强，全社会呈现出惩恶扬善、风清气正的社会环境。

道德模范 陕西精神 咸阳时代精神宣传教育活动 年初，市委发出《开展向呼秀珍和她的“雷锋家庭”学习的通知》后，迅速在全市各行各业掀起学习热潮。组织呼秀珍和她的“雷锋家庭”事迹报告团进高校、进企业、进机关、进社区作巡回报告30余场次，道德模范的引领示范作用得到充分发挥,有力地促进社会风气的不断好转。《中国妇女报》、中央电视台、《陕西日报》《华商报》《今日咸阳》等省内外媒体都分别对呼秀珍和她的"雷锋家庭"的先进事迹进行全方位、多角度的报道,产生良好的社会效果。同时,市文明办积极动员各县市区、各单位及广大干部群众征订《陕西精神》系列丛书,认真学习"爱国守信、勤劳质朴、宽厚包容、尚德重礼、务实进取"的"陕西精神"和"阳光、重诺、尚礼、乐善"的咸阳时代精神,引导广大干部群众知乡情、懂乡史、爱家乡、作贡献,把社会主义核心价值观的内在要求转化为干事创业、为民服务的实际行动。

农村精神文明创建 在年初召开的全省宣传思想暨精神文明建设工作会上,咸阳市开展的"五送五建"(送富民政策到农村,建成一批文明示范村镇;送致富技术到农村,建立一批科技示范户;送道德规范到农村,建乡风文明长效机制;送先进文化到农村,建乡村文化演出小分队;送卫生服务到农村,建立医疗服务志愿者队伍)活动获"全省宣传思想文化工作创新奖",并被写入《陕西省精神文明建设工作要点》,在全省予以推广。5月,市委常委、宣传部长唐利如作为西北地区唯一的代表在全国城乡共建精神文明座谈会上作经验介绍,咸阳市开展的"五送五建"活动在全国得到展示,受到各级领导的一致赞誉。在农村精神文明建设中,继续围绕"生产发展、生活宽裕、村容整洁、管理民主、乡风文明"的总要求,坚持以"五送五建"活动为抓手,加大"送"、"建"、"用"、"派"的力度,并根据中省文件精神,结合全市实际,下发《关于进一步加强新形势下农村精神文明建设实施意见》和《关于推进城乡共建精神文明的实施意见》,完善咸阳市农村精神文明建设的制度和机制,切实加强对全市农村精神文明建设工作的指导。各县市区、市级各部门、各级各类文明单位开展形式多样的结对帮扶活动,截至年底,全市累计送科技图书 1.6 万册,送体育文化器材 880 套件,举办科技报告会 1250 场次,转移培训劳动力 10 万人,送戏、送电影下乡 1600 场次,医务人员为农民义诊 10 万人次,免费发放药品价值 30 万元,新修通村公路 600 多千米,铺设饮水管网 3 万多米,改厕 2 万余座。据统计,自 2010 年以来,全市累计创建各级文明村镇 150 个,其中文明村 96 个。

青少年宫建设 争取 2012 年度新增少年宫建设项目 9 个。2011 年度审批通过的 8 个建设项目全部建成投入使用,160 万元中央彩票公益金全部按时到位。彬县采取财政支持、企业赞助、文明单位结对帮扶的形式,建成投入使用 19 所少年宫,实现乡村学校少年宫全覆盖。9 月 20 日,陕西省中央彩票公益金支持乡村学校少年宫项目专题会议暨骨干培训班在彬县举行,中央文明办三局局长谭陆对彬县建设少年宫工作给予充分肯定,为做好乡村学校少年宫工作提供宝贵经验,中央文明办、省文明办分别在内刊上对彬县经验介绍推广。

开展向呼秀珍和她的"雷锋家庭"学习活动 呼秀珍,女,1944 年 12 月出生,中共党员,1965 年参加工作,中学特级教师,咸阳市渭城区道北铁路中学退休教师。从事教育工作 47 年来,辛勤耕耘、无私奉献,先后获得全国教育系统劳模、陕西省劳模和陕西省道德模范等 30 多项荣誉称号,两次得到党和国家领导人的接见。在呼秀珍带领下,呼秀珍一家三代都以雷锋为榜样,以家庭为单位,爱岗敬业,助人为乐,严于律己,无私奉献。丈夫郭士成,中共党员,中铁一局新运公司退休工人,先后获得中铁一局新运公司优秀党小组长和优秀党员等荣誉称号。长女郭巧,中共党员,咸阳市公安局秦都分局吴家堡派出所教导员,先后获得全国优秀人民警察、全国巾帼建功标兵、陕西省道德模范等荣誉称号。长女婿岳刚库,中共党员,咸阳市公安局交警支队陈杨大队教导员,获得陕西省交警系统优秀民警等荣誉称号。小女郭灵,中共党员,解放军三〇七医院政治部干部,荣立医院三等功。小女婿林仲武,中共党员,中国人民解放军军事医学科学院科技部干部,荣立本院三等功 2 次。外孙女岳亮,咸阳市中华路小学五年级学生,连年被学校评为"三好学生"。弟弟呼兰中是省委、省政府表彰的先进工作者,弟媳苗淑梅是原纺织部表彰的优秀设计工作者。呼秀珍和她的家庭成员,数十年如一日,矢志不渝地实践和传播雷锋精神,并在日常工作生活中将践行社会公德、职业道德、家庭美德和个人品德,有机地融入为人民服务的实践当中,在各自平凡的岗位上创造出了不平凡的业绩,先后有 5 人获得省部级劳模和先进工作者荣誉称号,受到社会各界的广泛关注和高度赞誉。他们不愧为中华传统美德与鲜明时代特征紧密结合的典范,不愧为在学习雷锋常态化活动中涌现的优秀典型,不愧为全市党员干部群众学习的先进楷模。市委决定,在全市广泛开展向呼秀珍和她的"雷锋家庭"学习活动。学习他们对党忠诚、永葆先进的政治品质,学习他们恪尽职守、追求卓越的敬业精神,学习他们助人为乐、奉献社会的高尚情怀,学习他们团结和睦、互助互励的优良品德,学习他们严于律己、淡泊名利的崇高风范。先后组织事迹报告会、理论研讨会、演讲比赛和征文比赛等 10 项系列宣传活动 300 多场次,编印出版 4 辑 80 多万字的资料汇编,在社会上引起强烈反响。人民日报、新华社、中央电视台、中国妇女报等全国 40 多家中省主流媒体集中刊发刊播相关文稿 3000 多篇,呼秀珍和她的"雷锋家庭"受到中宣部《新闻阅评》的高度肯定,人民日报《内参》刊载呼秀珍和她的"雷锋家庭"的先进事迹,全国妇联等部委授予呼秀珍家庭"全国五好文明家庭标兵户"称号。

(李　辉)

文化新闻出版

文学艺术

文艺活动 举办全省文化艺术咸阳赛区电视大赛、陕西省秦腔电视咸阳海选赛，举办咸阳市艺术家万亩桃花园采风活动以及“刘仁礼冰雪山水画展”、“陕西水墨名家邀请展”系列书画展。由咸阳市众多艺术家历时8个多月创作完成的长20米、宽2.4米的巨幅山水画《大秦岭》和长8.1米、宽1.8米的巨幅工笔画《牡丹图》，气势恢宏、匠心独运，展示咸阳市艺术创作的厚重功底、发展成就和艺术家巧夺天工的艺术才华，彰显三秦大地浓厚的地域资源和现代文明。

广播影视创作 9月，由作家王海创作、获陕西省“五个一工程奖”的长篇小说《城市门》改编的同名电影，以咸阳为拍摄地，由咸阳市和长影集团联合摄制完成。作为一部向十八大献礼的影片，实现由咸阳本土作家创作、在咸阳本土拍摄电影“零”的突破，填补咸阳市电影事业发展的空白。一年来，共征集本土剧作家创作剧本27部，其中大型秦腔现代戏《乡情》等4部本子参加全省剧本讨论会。在“陕西广播影视奖”评选中，咸阳市制作的《李小超和他的村庄》获得电视文艺类专题一等奖，《关注留守儿童，用爱守护希望》获得广播电视新闻类访谈节目二等奖，6件作品获得“陕西新闻奖”，获奖档次和数量位居全省各地市前列。

文化艺术演出 在陕西省第二届民族器乐大赛上，咸阳市选手车佳容获弦乐类大赛一等奖。在“第十四届中国上海国际艺术节”上，咸阳市选手裴丽妮代表陕西电视台唯一演员参加全国19个剧种的演出，获优秀表演奖。

（高　斌）

图　书

联合编目工作 2012年，咸阳图书馆共上载数据9批，7000多条，联合编目新书3万多册，回溯建库3万多册图书。咸阳图书馆采编部门针对免费开放后读者量骤增的新情况，集中力量，加快图书的采购和编目工作。全年共采购图书近7000种，1万余册，码洋约50余万元。全年共加工图书2.3万余种、约5.1万多册。其中加工地方文献约300种、700余册。在检索方面更是为读者提供多条检索点，也使读者能更多了解咸阳图书馆的图书收藏情况，提高读者检索功能和使用效率，提高文献的使用率。

阅读推广 咸阳图书馆响应联盟2012年阅读推广活动安排，本着让更多的市民走进图书馆，了解图书馆，利用图书馆，从而营造全民阅读良好氛围的宗旨，全年利用春节、世界读书日、图书馆服务宣传周、六一儿童节、暑假等时段，开展“欢欢喜喜过大年，轻轻松松读好书”系列读书活动、“手牵手——农村青少年阅读行动”、“播撒阅读种子，构建公共文化”全民阅读活动、“三秦书月，书香咸阳”图书漂流等活动。每月定期为读者推荐新书两批50种，全年共推荐新书700多种。利用文化共享设备，开展形式多样的讲座报告，全年开展视频讲座、报告39次，受众1200多人次。全年向广大市民免费播放优秀经典影视片12次，受众478人次。举办各类大型展览8次，接待市民读者万余人。尤其是元宵节读书灯谜晚会和暑期“童心舞台”少儿才艺展示应广大读者和市民的要求，成为常年保留的亮点活动，吸引上万人次参与和观看。少儿部积极筹备“绘出心中的童谣”全国少年儿童童谣绘画创作征集大赛活动，获得中国图书馆学会青少年阅读推广委员会“积极组织奖”。

流通服务 免费开放后，咸阳图书馆的到馆读者人次逐年递增，工作人员的借阅工作量相对加大。咸阳图书馆本着“一切为了读者，一切服务读者”的服务宗旨，提升自身服务品质，不断创新和改进工作方式和方法。咸阳图书馆开展送图书进社区、进学校、进军营、进机关、进厂矿活动，扩大服务区域，使更多的读者都能享受到公共文化服务。2012年新增馆外借阅点4个，总数17个。着力扩大“图书流动服务车”服务范围，2012年新增流动车服务点3个，累计流动服务点6个，大大增强馆藏图书的流动性，为广大读者提供优质、方便的服务。经统计，2012年全年到馆读者突破26万人次，与上年相比，增加10%左右。办理读者证6326个，图书外借258641册次，阅览点外借29485册次，流动服务车外借近2.6万册次，免费接待自习人员21900人次。读者流通服务工作获得2012年度全省“联盟流通服务工作先进集体”表彰。

数字资源推广 咸阳图书馆电子阅览室更新改造后，延长开放时间，每天比原来多开放3.5小时，全年延长开放1260小时。利用共享工程设备开展“阅读进网络活动”，全年办理数字阅览证480个。与省图书馆联合举办“小人书 大天地”国家图书馆藏“中国连环画”展览、“中国人文期刊历史与发展”大型展览,使更多的读者了解数字资源的内容与魅力。利用共享工程设备先后免费举办老年读者免费计算机知识培训班16期,参与的老年人近2000人;为农民工网上订票,参与近百人次;为高考考生及家长提供查询成绩和填报志愿活动;组织“残障儿童”走进电子阅览室活动等。利用文化共享工程资源,每月在电子阅览室定期举办形式多样的视频讲座、优秀影片展播等,吸引众多读者观看。

地方文献的联合征集 地方文献征集协作网成立后,与陕西省图书馆、泾阳图书馆、旬邑图书馆等形成地方文献交换网络,交换图书上百种。又与蓝田图书馆、铜川图书馆、三原图书馆、彬县图书馆、富平图书馆建立交换网络。全年共交换文献资料423种627册,其中公共图书馆共交换208种286册;各院校馆共交换215种341册。通过交换,资源互补,充盈各地地方文史资料、年鉴、统计志、行业志等宝贵的地方性史料。特藏文献工作获得2012年全省“联盟地方文献联合征集工作先进集体”表彰。全年征集文献资料674种2077册。

(安　静)

新图书作品简介

《爱好痛》 长篇小说。刘公著。2012年9月中国言实出版社第一版第一次印刷,2012年11月再版,2012年12月召开研讨会。作品描绘一部复杂多元、色彩斑斓的城市浮华图卷,作家致力于在“荣”与“衰”的错位中寻找审美表达的视角,在经济繁荣的绚烂色调下描绘出一种城市精神沉没的人文生态。有一定历史厚度,是陕西长篇小说创作的又一重要收获。居于权力漩涡中心的人物如陈佳鸣们,在权力角逐的残酷中,价值观被极度地扭曲,用虚伪的油彩涂抹着作为争名于朝所必需的华丽外表;或在人欲横流的灯红酒绿中消费女人的美色,或在纸醉金迷中宣泄官场的绝望与失落;或用销蚀女人的青春去构筑飞黄腾达的桥梁。作品贯穿深刻而又犀利的文化和批判精神。刘公,中国作家协会会员,陕西省精短小说研究会主席,咸阳文学院院长,咸阳市作家协会副主席,出版有长篇小说《闪烁的亮点》,中短篇小说集《在乎山水之间》,短篇小说集《灵魂撕裂的那一刻》(入选第五届鲁迅文学奖),小小说集《新潮小小说》等。多篇小说被翻译到国外,入选国内外中学大学语文教材,小说《打个报告来》入选《中国新文学大系》(1976-2000年卷)。多次应邀参加国际性的学术研讨会。

《天地悠悠》 长篇小说,何冠雄著。太白文艺出版社2012年4月第一版第一次印刷,作品坚持现实主义的创作道路,围绕复员军人黄小林回乡创业的人生历程展开,深刻地展现中国社会大变革时代,人们与贫困、落后抗争,与愚昧、无知搏击,与爱欲、诱惑较量的生存景观,大跨度、多视角地展示黄土地儿女,推进改革开放事业的艰难历程。何冠雄,陕西省作家协会会员,汉族,大学本科学历,中学高级教师,机关干部,先教书后从政,工作之余从事文学创作,在全国各级报刊发表诗文一百余篇。出版有诗集《飘落心灵的花瓣》。该书是作者的第一部长篇小说。

《秘密的危机与保密的挑战:大众保密漫话》 大众保密漫画丛书之一。王长喜著。金城出版社2012年9月第一版第一次印刷,140千字。该书以独特的思维视角、全新的理论架构,为读者展示一个伸手可及的秘密与保密的世界,从理论上揭示秘密面临的危机和保密面临的挑战,揭示现实生活中人们面临的秘密的危机和保密的挑战,深化保密理论研究,同时使读者更加关注秘密与保密的相关问题,从而把保密理论应用于丰富的社会实践。此外,将保密工作与和谐社会建设相联系,找到二者的切入点,对于提升保密工作水平和地位具有积极的推动作用。王长喜,陕西咸阳人。中共党员,经济师。市国家保密局副局长。

《散在身边的碎片》 散文集。郭忠凯著。大众文艺出版社2012年3月第一版第一次印刷,168.5千字。《散在身边的碎片》共分“不切实际或者其他”、“周边的社会”、“四溢的情感碎片”、“假在我的圆心下面”等4个章节。该书以作者为圆心,写他的思索、情感、亲友等,文章轻快,内容清淡,文句轻松是这本书的特点,茶余饭后,房左屋右,国事小情等,读来亲切自然。郭忠凯,中国诗歌学会、陕西省作家协会会员,咸阳市作家协会副秘书长、创联部主任,咸阳公路管理局路缘文学社副社长兼秘书长。

《渭水秦川　咸阳城阙》 杂文集。沙石著。陕西人民出版社2011年12月第一版第一次印刷,187千字。渭水、秦川、咸阳(城阙),生命在这里孕育,在这里诞生,在这里繁衍,在这里成长,在这里演绎进化,走进中华民族的辉煌殿堂。该书是《帝都秦城的苦旅》的姊妹篇。作者通过研读三秦大地的神秘和她的水脉地气、人文景观来昭示:崛起的前秦在沿海,后劲潜力的储备在西部内陆。一旦西部内陆经济圈形成,跃动的体魄将直立,伟业的形象必将昭示于人类世界。沙石,陕西乾县人。中国作家协会会员、陕西省作家协会常务理事、原咸阳市作家协会主席。已出版散文集《夏夜静悄悄》、中短篇小说集《告别不了的昨天》、长篇小说《倾斜的黄土地》等多部著作。

《百年百部微型小说经典:傻子一样的葡萄》 微型小说集。刘公著。四川文艺出版社2012年2月第一版第一次印刷,180千字。共收微型小说82篇。

《秦汉研究》第六辑 梁安和主编。陕西人民出版社2012年8月第一版第一次印刷,536千字。《秦汉研究》是由中国秦汉史研究会和咸阳师范学院联合编辑的秦汉史研究刊物,每年一期。登载有关秦汉史研究的理论、通论性文章,主要收录来自海内外有关秦汉史研究的各个领域的文章,学术含量较高,对于研究秦汉史具有很高的参考价值。

《永寿县志》(1990～2005) 地方志。永寿县地方志编纂委员会编。陕西人民出版社出版,2012年1月第1版第一次印刷,1320千字。志书共28编,并附附录。全面系统记述一个时期内永寿县政治、经济、文化、社会、人物等方面的情况,突出展现全县广大干部群众探索实践、创业奋斗的艰辛历程与精神风貌,堪为永寿县情的集大成。其文献资料详备,文史价值宝贵,一卷在手,全县在胸,是永寿县文化建设的重大成果。

《满天星斗》 散文集。吴养民著。陕西人民出版社出版。2012年10月第一版第一次印刷,297千字。描述一个悠长的乡村故事,整部书由爱织就连绵不断的乡情和亲情,在回味享受这份大爱的同时,让人深切懂得这份情系苍生的大爱情怀,有着多么深厚的文脉教育和传承凝结。吴养民,陕西旬邑人,从政数年,从小深受耕读传家、勤善为本的家风熏陶,多年来坚持"常读书、务本行、干实事",勤于笔耕,勤于思考,深入实际,注重农村经济、党的建设、人文传统的研究探索,其著作有《防线》《廉政沉思录》《田园笔谈》等约一百多万字。

《桑梓情》 刘勇主编。陕西人民出版社2012年3月第一版第一次印刷,174千字。《桑梓情》是对父亲的怀念和追忆。书中的文章都是其真情的流露,让人读来倍感亲切。这本书既是怀念刘彦凯的图文汇集,也是献给他那个时代及其他人物的一份厚礼。通过这些朴实无华、真情流露的图文,可以了解那段历史的风云变化,管窥那个时期公仆们的精神面貌,感悟真正人生的价值所在,堂堂正正做人、踏踏实实做事。刘勇,教授级高级工程师,硕士研究生导师,中国建筑(室内)装饰协会理事,陕西省工商联常委。

(刘　华　潘晓伟)

群众文化活动

非遗传承保护工作 咸阳市创作的非遗剧种弦板腔古典剧《福寿图》,继2011年在陕西省第六届艺术节上获得优秀剧目奖等6个奖项11个奖次之后,2012年又被选为陕西省优秀舞台剧,深入全省农村各地巡回展演,受到广大农民群众的热烈欢迎和广泛好评。"弦板腔"作为咸阳市首批进入国家级非遗保护名录项目,通过古典剧《福寿图》被重新搬上戏剧舞台,并取得巨大成功,充分展示"弦板腔"这一民族文化的无限魅力,体现咸阳市非遗保护、挖掘、传承、发展的信心、实力和前景,为全市非遗保护工作的深入开展起到示范作用。

群众文化和社区文化活动 组织举办2012年"龙腾古都万家欢"春节联欢晚会和春节戏曲晚会,市上"两会"文艺演出、第三届咸阳湖赏花节文艺演出、金秋菊展文艺演出等大型文化活动。坚持送文化下乡,以文化惠民利民乐民,在全市范围内开展文化"五进"(进广场、进社区、进企业、进学校、进军营)、"三送"(送年画、送春联、送祝福)活动以及全省2012年优秀舞台剧深入基层展演。全年举办各类文化活动500余场次,其中书画展63场次,文化广场活动116场次,社区演出320场次,活跃城乡人民群众的精神文化生活。

基础文化设施建设 三原县恢复省级文化先进县称号,秦都区、兴平市、旬邑县和乾县的先进文化县顺利通过省级验收。彬县、礼泉县、乾县和兴平市4个重点镇综合文体中心工程竣工。两个文化中心、30个文化活动室和240个镇村级文化活动室的文化器材全部配备到位。完成全市有线电视未通达的2730个村的"村村通"和38417户的"户户通"设备安装任务。在全市8个县区86个镇2017个行政村安装"农村广播应急网",实现2777个行政村农家书屋的全覆盖。

公益文化服务 2012年,咸阳图书馆读者突破26万人次,市群艺馆免费开展公益性群众文化培训5000余人次,举办文化专题讲座100余场次,培训农民工子女63场次3000多人次。农村数字电影全年为农民群众放映公益电影33752场,观众600万人次。咸阳市文化"三送"、"五进"系列惠民活动在中央电视台《朝闻天下》栏目播出,市群艺馆获"全省公共文化服务工作先进单位"称号。群众文化活动日益完善,民意调查满意度逐年提升。群众满意度由2010年的73.26%提升到2012年的79.27%,两代表一委员满意度由2011年的93.33%提升到2012年的98.33%。

(高　斌)

文化市场管理

概况 坚持日常监管与集中整治相结合,不断规范经营秩序。加强对全市13个县市区295家网吧、24家电子游艺游戏经营场所、80家印刷企业、40家连续性内部资料性出版物和10家驻咸记者站的日常监督与管理,进一步规范市场经营秩序;节假日期间,在全市范围内集中开展专项整治活动,重点整治中小学周围、城区主要街道两侧区域文化经营单位,严厉打击网吧接纳未成年人等违规经营行为;配合"三一五"活动,在市县两级组织开展出版物市场清理整顿专项行动,集中整治华商报社咸阳发行中心等10余家出版物经销批发单位和校园周边中小学教材教辅销售市场,为创建"平安校园"创造良好的环境。深入开展卫星电视地面接收设施及违规IP电视专项整治工作,遏制电信违规无序发展IP电视业务势头,确保广播电视的安全播出。

专项整治 2012年,全市共开展大规模专项整治活动6次,出动检查900人次,检查网吧445家,查处违规单位78家,取缔黑网吧5家;检查印刷企业、出版物经营单位、非法使用IP电视场所、影院、歌舞娱乐场所等经营单位共42家,收缴盗版光盘2500张、非法出版物1400本(册)。向省"扫黄"办上缴2万张盗版光盘、1.41万份非法印刷品,将收缴的盗版光盘、非法印刷品集中公开销毁。受理群众举报91起,办结案件110起。对全市新闻出版行业"四假"(假新闻、假报刊、假记者和假记者站)

现象坚决打击。通过一系列整治措施,净化全市文化广电新闻出版市场,促进文化市场健康有序发展。

(高　斌)

广播·电视

对外宣传与交流　2012年,咸阳市向央视和省电视台上送节目数量和质量较之往年有大幅度提升,在省电视台发稿率位居全省前列,在中央电视台播发稿件19条,在央视《新闻联播》播发3条。围绕打造城市宣传名片,组织开展咸阳城市宣传用语征集活动,一个月内收到全国各地2000多人的应征作品1万多条,在社会上引起广泛影响,对宣传咸阳、提升咸阳知名度进行一次有益尝试。

安全播出　检查完善全市5个发射站的改造工作,不定期组织全市广播电视台和广电网络分公司进行安全播出应急演练。全年两个调频广播播出15808小时,电视3个频道和槐山转播台播出25524小时,42个频道有线电视传输250912小时,继续保持"零事故"和"零插播",确保十八大和全市"两会"期间的安全播出。

新闻报道　围绕全市中心工作,宣传报道党的十八大、市第六次党代会、人大、政协"两会"、"创先争优主题实践"活动、"全省目标责任考核五连优"、"全国双拥模范城"六连冠以及"创建国家环保模范城市"、"投资环境整治年"等一系列重大重要活动。围绕社会道德建设,及时跟进报道呼秀珍和她的"雷锋家庭"先进事迹,掀起向呼秀珍和她的"雷锋家庭"学习的高潮,在社会上产生强烈反响;开展"第三届感动咸阳道德模范"、"咸阳市十大杰出青年卫士"评选活动,提高广大市民的思想道德素质和文明水准。深入开展"走转改"活动,倾听民情民声民意。《农事科技》栏目播出量逐年加大,增设《科学发展富民强市》《促进农民增收》等栏目,全年制作播出农事科技信息及专题节目100多期、400余条,播发反映基层群众生活的"走转改"新闻和专题稿件200多篇,为基层群众服务的呼声赢得社会各界的好评。

(高　斌)

咸阳日报社

概况　2012年,咸阳日报社把握报业发展大势,努力探索新闻产业做大做强规律,新闻报道工作、报业经营管理、体制机制建设、新闻队伍建设全面推进,获得省级文明单位称号,被省新闻出版局评为陕西省新闻出版行业文明单位,被省报协评为陕西报业发展功勋奖,10余篇稿件获得省级以上新闻奖奖励,报业综合营业额突破4500万元,净收入突破1500万元,广告营业额突破1600万元,广告净收入突破1000万元,较2011年翻一番多。

重点新闻宣传　以重点专题报道为引领,坚持团结稳定鼓劲、正面宣传为主的总基调,全市中心工作报道、重点工作报道、深度报道、典型报道异彩纷呈,为十八大胜利召开和学习贯彻营造积极健康向上的主流舆论。推出"贯彻党代会精神,建设现代新都市、和谐新咸阳",全市"两会"报道、"四大战略"、"三查三进三解"主题教育活动、"喜迎十八大 记者在基层"、"贯彻落实十八大精神 省市共建大西安"等一系列中心工作报道;推出"呼秀珍和她的'雷锋家庭'"系列综合典型报道,在社会上产生强烈反响,引起中、省媒体关注;重大项目建设、民生工程、三农工作、招商引资、旱腰带扶贫、园区建设等专题报道进一步做深做精,突出报道全市各行各业的创新性实践和辉煌成就。

改版扩版　7月1日起,增加索引导读封面版,是一次较大规模的全新改版,在实践层面上解决"党报性质、晚报风格、咸阳特色"这一课题,一经推出,得到社会各界好评,通过印发读者问卷调查,受到广大读者欢迎。成功推出《法制周刊》,适应建设平安咸阳、法治咸阳和社会管理创新的社会需求,拓展报纸的受众群;新增《天南海北咸阳情》《经济视点》《现场目击》《民生热点》《社区新闻》《都市夜新闻》等栏目,报纸的针对性、时效性、吸引力、感染力得到提升。

开展"走转改"活动　"走基层、转作风、改文风"活动促使新闻报道在内容格局上、方式方法上、表现形式上发生积极变化,在A1、A2版开设《转作风改文风记者在基层》《送温暖我在现场》;在《都市新刊》开设《社区零距离》专栏,还在市区各大社区设立记者联系点,挂牌公布记者联系电话,为群众排忧解难。在"走转改"活动中,记者深入各行各业第一线,捕捉到大量来自基层的、鲜活的、接地气的、带着露珠的新闻素材,给报纸带来一片生机与活力,让百姓感觉到新闻工作者从作风到文风的真实变化,成为报纸创新的活力源泉。

评报创优　2012年,完善内部评报机制,组成评报组,建立健全《咸阳日报评报管理办法》,制定《关于对新闻精品进行奖励和重要新闻漏报实行处罚的有关规定》《咸阳日报社人员绩效工资和差错奖罚考核办法补充规定》等制度,将稿件质量、报纸版面评比纳入常态化管理。先后评选好新闻、好版面103件、180人次。

(魏向荣)

文 物·旅 游

概 述

概况 2012年,市文物旅游局按照“加强文物遗址保护,完善基础设施建设,树立旅游城市形象,打造文化旅游高地”的工作思路,积极实施文物保护和利用“六大工程”,继续深化“一城一园两区三带”(一城:在市城区树立中华养生文化名城品牌形象;一园:在秦汉新城建设东方帝王谷——高科技历史文化产业园;二区:把五陵原打造成秦汉文化聚集区、沿关中环线彰显盛唐帝陵文化聚集区;三带:沿福银高速打造“丝绸之路”历史文化旅游观光带、沿咸旬高速打造“秦直道”生态民俗旅游观光带、沿西宝高速打造中华农耕文明旅游观光带)文物旅游业发展格局,全力抓好年度目标任务和各项重点工作的落实,精心打造特色鲜明的城市形象和旅游品牌,全市文物旅游业总体保持健康平稳的发展态势。2012年,全市旅游接待3200万人次,实现旅游综合收入165亿元,同比分别增长30%和32%,相当于全市GDP的10.5%。接待境外旅游者32.7万人次,创外汇收入1.47亿美元。争取中省文物旅游专项资金1.037亿元,招商引资到位资金1.02亿元,东方帝王谷项目成功落地咸阳;文物安全工作获得全省第一名;2010年~2011年陕西西汉帝陵考古调查发掘项目,在2012年全国考古工作会议上获“2011年度全国田野文物考古一等奖”。

文物资源 全市共有各类文物点5313处,其中以汉唐帝陵为代表的古墓葬1135处,以秦咸阳宫遗址为代表的古遗址1037处,以三原城隍庙、旬邑唐家民俗馆、三原周家大院等为代表的古建筑247处,以霍去病墓石刻等为代表的石刻文物2415件(组),以泾阳安吴青训班、旬邑马栏革命旧址为代表的革命文物及其他文物117处。被列为国家级文物保护单位的有32处,省级文物保护单位的有93处,县区级文物保护单位260处。国家级文物保护单位中,古遗址4处,古墓葬20处,古建筑7处,石窟寺及石刻1处;省级文物保护单位中,古遗址29处,古墓葬27处,古建筑24处,石窟寺及石刻2处,近现代重要史迹及代表性建筑7处,其他4处。各级重点文物保护单位已经建立博物馆的有30个,文管所的有46个。汉延陵、义陵、康陵文管所已建成。国有文物单位博物馆25个,其中免费开放博物馆(所)数量为6个(咸阳博物馆、旬邑大象化石博物馆、武功苏武纪念馆、三原于右任纪念馆、淳化县博物馆、泾阳县安吴青训班文管所)。国有非文物系统博物馆数量为1个(陕西中医学院医史博物馆);非国有文物系统博物馆数量为4个(毛主席像章纪念馆、秦都古陶博物馆、陕西明善博物馆、红色记忆博物馆)。

旅游产业 2012年,全市共建成对外开放景区(点)68处,其中国家4A级景区3处(乾陵、茂陵、汉阳陵),3A级景区12处,2A级景点13处;星级酒店25家,其中四星级2家,三星级16家,二星级7家;旅行社42家,其中国际旅行社1家,国内旅行社41家;全国工农业旅游示范点4家;省级旅游强县4个(乾县、淳化县、旬邑县、礼泉县);特色旅游推荐单位8家,文物旅游行业从业人员2.9万人。

文物旅游市场安全 继续坚持全市文物旅游安全大检查制度,每季度进行一次拉网式检查,确保馆藏文物万无一失和田野文物不出事故。落实文物旅游安全责任制,市政府与各县市区政府、市文物旅游局与县市区文物旅游局签订2012年度《文物旅游安全责任书》。建立文物旅游系统应急数据平台,完成文物旅游系统年度应急演练计划,承办全省文物系统消防知识竞赛暨综合消防演练活动。建陵田野安技防项目建成,通过省文物局验收并投入运行。昭陵博物馆、三原博物馆等单位安技防项目全面投入使用。乾陵、崇陵、贞陵、长武昭仁寺技防项目国家评审通过。汉平陵、延陵、渭陵、义陵等帝陵野外安全技防项目已上报省文物局审核。加强文保员队伍建设,春节慰问40名群众文保员,检查群众文保员补助落实情况。对省级以上文保单位群众文保员进行岗位审核,申报文物安全巡查及群众文保员补助经费,拨付全市文物安全巡查和群众文保员补助经费167万元。召开全市文物系统打击文物犯罪“天鹰”专项行动推进会、文物安全“天鹰行动”秋季战役部署会和全市文物旅游稽查工作会议。开展打击文物违法犯罪专项行动,与市公安局深入开展打击文物违法犯罪活动。组织举办全市文物旅游行政执法人员培训班,邀请长期从事文物行政执法和安全督查工作的省市领导和专家授课,全市13个县市区70余人参加培训。督办秦汉新城、空港新城等单位未履行勘探手续违法施工事件,督办礼泉县昭陵墓园在全国重点文物保护范围违法施工事件,对昭陵墓园、周陵商铺建筑、秦汉大道等文物行政违法案件督办处理,配合省文物局对周陵驾校项目进行现场检查督办。组织各类安全巡查、夜间抽查和节假日、

咸阳市旅行社一览表

表 29

单位名称	电　话	地　　址
咸阳国际旅行社	029-32836666	咸阳市东风路
咸阳春秋旅行社	029-33235215	咸阳市乐育南路
咸阳四海旅行社	029-33572666	咸阳市渭阳西路
咸阳中华旅行社	029-33246060	咸阳市人民中路
咸阳新世纪旅行社	029-33273333	咸阳市人民中路
咸阳虹桥旅行社	029-33288888	咸阳市渭阳西路
咸阳西航旅行社	029-33278633	咸阳市人民中路
咸阳神舟旅行社	029-33570000	咸阳市渭阳西路
咸阳凤凰旅行社	029-33166488	咸阳市渭阳中路
咸阳西部旅行社	029-33364466	咸阳市宝泉路
咸阳方圆旅行社	029-32835088	咸阳市渭阳西路
咸阳东方旅行社	029-33347121	咸阳市彩虹路
咸阳华夏旅行社	029-33228077	咸阳市渭阳中路
咸阳游四方旅行社	029-38139666	咸阳市渭阳西路
咸阳九洲旅行社	029-33576988	咸阳市渭阳西路
咸阳帝都旅行社	029-33176855	咸阳市渭阳中路
咸阳阳光旅行社	029-33285888	咸阳市渭阳中路
兴平阳光旅行社	029-38832886	兴平市金城路
咸阳假日旅行社	029-33277866	咸阳市乐育北路
咸阳山水旅行社	029-38100281	咸阳市秦皇路
咸阳海天旅行社	029-33170919	咸阳市人民西路
咸阳寰宇旅行社	029-33283271	咸阳市人民东路
正元电力旅行社	029-33888215	咸阳市咸宏路
咸阳光大旅行社	029-33572222	咸阳市渭阳西路
兴平九州行旅行社	029-38621099	兴平市金城路
咸阳大自然旅行社	029-33222129	咸阳市人民中路
咸阳天天旅行社	029-33233688	咸阳市人民中路
泾阳彩虹桥旅行社	029-36213835	泾阳县二条街
咸阳经纬旅行社	029-33118886	咸阳市秦皇路
咸阳金桥旅行社	029-33280999	咸阳市秦皇路
咸阳新华旅行社	029-33552939	咸阳市玉泉路
咸阳众乐旅行社	029-33192618	咸阳市玉泉东路
咸阳在路上旅行社	029-34765555	咸阳市世纪大道
兴平金航旅行社	029-38612833	兴平市华兴路
咸阳帅游天下旅行社	029-33280607	咸阳市世纪大道

续表

单位名称	电话	地址
中国旅行总社咸阳有限公司	029-33258000	咸阳市团结路
咸阳国泰旅行社有限公司	029-33579260	咸阳市渭阳西路
咸阳虹阳旅行社有限公司	029-33213998	咸阳市乐育南路
咸阳日月旅行社有限公司	029-33769992	咸阳市毕原路
咸阳丽景旅行社有限公司	029-33278260	咸阳市东风路
咸阳康辉国旅行社有限公司	029-33171900	咸阳市团结路
彬县沐洋洋旅游服务有限公司	029-34765100	彬县西大街

咸阳市星级宾馆饭店一览表

表30

单位	地址	星级	邮编	电话	传真
红螺湾假日酒店	咸阳市渭阳西路	★★★★	712000	029-33318888	029-33578600
国贸大酒店	咸阳市体育场十字	★★★★	712000	029-33178888	029-33178888
彩虹宾馆	咸阳市彩虹路	★★★	712000	029-33332666	029-33313456
陕西航空大酒店	西安咸阳国际机场	★★★	712035	029-88797000	029-88797104
空港商务酒店	西安咸阳国际机场	★★★	712035	029-88798681	029-88798515
天一酒店	咸阳市玉泉西路	★★★	712000	029-33560101	029-33560200
昭陵饭店	礼泉县312国道旁	★★★	713200	029-35633829	029-35633508
新好望角大酒店	咸阳市民生东路火车站	★★★	712000	029-33241528	029-33246885
皇都酒店	咸阳市乐育南路	★★★	712000	029-33276666	029-33277722
粤海湾大酒店	咸阳市玉泉西路	★★★	7123000	029-33552233	029-33553222
咸阳海鑫大酒店	彬县公刘街	★★★	713500	029-34966666	029-34926333
咸阳女皇大酒店	咸阳市文汇西路	★★★	712000	029-33257888	029-33255111
长安海航之星宾馆	西安咸阳国际机场	★★★	712035	029-86539530	029-86539533
铁原宾馆	咸阳市新兴北路	★★★	712000	029-33784619	029-33766275
泾阳县花园酒店	泾阳县城	★★★	713700	029-36201888	
三原明德亭大酒店	三原县城	★★★	713800	029-32268000	
陕柴宾馆	兴平金城路	★★★	713100	029-38314167	
甘泉宫大酒店	淳化县城	★★★	711200	029-32779999	
三原红原宾馆	三原县鲁桥镇	★★	713801	029-32422111	
泾阳宾馆	泾阳县县城二条街	★★	713700	029-36222557	029-36222854
华兴宾馆	兴平市秦岭公司五一四厂	★★	713100	029-38249219	029-38249219
金谷大酒店	兴平市槐里路	★★	713100	029-38826135	029-38826131
乾陵大酒店	乾县县城东新街	★★	713300	029-35521420	029-35533380
燕原宾馆	咸阳市毕原东路	★★	712000	029-33787884	029-33787888
秦岭宾馆	兴平市秦岭一路	★★	713100	029-38243201	

季度等安全检查300余次;处理各类文物行政违法案件20起,行政处罚19人;配合公安部门破获文物案件16起,抓获嫌疑人17人,追缴三级文物30件,一般文物100余件组。全市馆藏文物安全万无一失,田野文物安全平稳。咸阳博物馆实现连续27个文物安全年。

项目资金管理与招商引资 完成13家A级景区财务状况年报、旅游景区(景点)和信息统计报送工作。申报17个亿元以上的招商项目,列入第十六届西洽会项目储备库。征集、申报39个文化旅游产业项目,进入全省“十二五”文化产业重点项目库。同时,将符合申报条件的乾陵景区旅游公共服务设施项目、礼泉烽火村旅游景区乡村旅游建设项目和4个乡村旅游项目报省旅游局、省财政厅。召开全市文物旅游重点工作座谈会,完成3个市本级文物旅游重点项目的申报工作。截至年底,争取中省文物保护及旅游发展资金3299万元。完成全国文化文物统计年报快报的布置、录入、汇总工作。完成全市第二季度A级景区接待人次及财务状况的季报统计工作,袁家村景区接待人数位于全市第一。完成陕西—深圳文化产业发展合作交流活动的项目征集工作,参加陕、粤、港文化产业发展座谈会。完成对市文保中心科研楼、石刻艺术博物馆、咸阳博物院重点项目进展情况的督办工作,完成武功望仙宫三清殿抢险维修工程招投标的监标工作,确保专项资金专款专用。全年争取中省文物保护及旅游发展资金1.037亿元,招商引资到位资金1.02亿元,超额完成市委市政府下达的3000万元招商引资任务。完成全国文化文物统计年报录入、审核、汇总工作。2012年,全市文物保护机构78个,其中考古科研机构3个,文物保护机构47个,博物馆机构19个,其他机构9个,主管部门机构14个。文物藏品总数69562件。陈列展览数量87个。文物事业经费总收入16746.9万元,总支出15890.9万元,资产总计17781.9万元。

(门永生)

文　　物

大遗址保护 组织做好汉、唐帝陵等部分大遗址的保护规划编制和文物本体保护工作。秦咸阳城遗址保护规划和汉长陵、安陵、渭陵、延陵、义陵、康陵、汉甘泉宫遗址总体保护规划编制立项已经国家文物局批复同意;郑国渠首遗址、昭陵、乾陵总体保护规划已经按照国家和省文物局提出的修改意见进行修改,并重新上报;汉渭陵、延陵封土抢救性保护工程设计方案已经国家文物局批复同意。继续组织开展秦咸阳城遗址和汉、唐帝陵的考古调查工作。完成秦咸阳城遗址调查面积43万平方米,考古钻探47万平方米,发掘墓葬70座,完成汉长陵、延陵和唐献陵(咸阳辖区内)的考古调查,启动汉平陵的考古调查工作。组织做好全市部分重点大遗址保护范围与建设控制地带栽桩亮界工作。由于栽桩亮界工作标准8月底省文物局才出台下发,所以这项工作比原计划晚启动半年,正在紧张进行之中。完成《陕西文物丛书》(咸阳卷)的编撰工作。三原县、彬县、永寿县3个县分册已出版,其他10个县市区书稿已送交出版社。

丝绸之路申遗 成立咸阳市丝绸之路跨国联合申报世界文化遗产领导小组,制订《咸阳市申报“丝绸之路”世界文化遗产工作方案》,乾陵、大佛寺石窟已被推荐列入申报世界文化遗产项目中国段预备名单。筹备召开咸阳市丝路申遗工作会,市政府与乾县、彬县政府签订丝路申遗工作任务书,全力做好丝绸之路跨国联合申遗各项工作。赴河南申遗成功的遗产点考察学习,彬县大佛寺石窟申遗文本和保护管理规划编制完成。深入调研市文化遗产保护工作,起草《咸阳市人民政府关于加强文化遗产保护工作的实施意见》并上报市政府。乾陵和彬县大佛寺石窟申遗文本和保护管理规划编制进展顺利,年底《彬县大佛寺石窟保护管理规划》已通过国家文物局审批,《彬县大佛寺石窟保护规划》已由省文物局上报国家文物局等待审批。大佛寺石窟申报文本已编制完成,并提交联合国世界遗产中心总部。学习借鉴外省的申遗成功经验,积极争取资金1743.8万元,完成大佛寺明镜台、丈八佛窟的维修,并采取措施对清凉山山体崖面危岩及大佛窟内渗水等情况进行处理。拆除核心区内与文物本体无关的建筑物,并对石窟东区景观进行环境绿化。建立大佛寺石窟博物馆资料室,基本完成主卷、副卷、备考卷的档案整理工作。

基建选址审批和文物勘探 严格按照文物法的有关规定,做好基本建设中的项目选址审核工作。理顺与省上、部分县区的关系,组织做好基本建设中,特别是西咸新区范围内的考古勘探和发掘工作。认真踏察现场,严格把关,做好基本建设中的重点工程咸阳迎宾大道文苑公寓公租房项目、市未成年人救助中心项目、秦汉新城周陵工业园项目等的协调与选址审批工作。完成咸阳市市民娱乐中心、西咸新区秦汉新城开发建设集团有限公司周礼佳苑安居小区、咸阳凝远水泥制品有限责任公司、中石化华北公司低渗油田开发生产基地、西咸新区空港新城南环路二标段、彬县红岩河水库等项目的考古勘探工作,完成勘探面积350多万平方米,发现古墓葬180余座,古文化遗存34处,为建设单位排除地下隐患381处。

文物考古调查 2012年,咸阳市文物考古研究所与陕西省考古研究院联合组队,继续开展汉、唐帝陵和秦咸阳城遗址考古调查,调查勘探面积440万平方米,发现帝陵外藏坑20座、陪葬墓73座、建筑遗址23处、各类墓葬110多座、沟10处、灰坑9座、活土坑52座、踩踏面5处。战国至汉代灰坑、陶窑、水井、道路、墓葬等30余处。咸阳市文物考古研究所先后配合全市基本建设项目工地进行考古勘探和发掘14项,发掘古墓葬54座,古遗址3处,发掘抢救出土文物244(组)件,有效地抢救和保护咸阳境内的地下文物,使基本建设对地下古墓和遗址的破坏降到最低程度。

延陵考古调查 汉成帝延陵位于陕西省咸阳市渭城区周陵街道办严家沟村西北约200米处。陕西省考古研究院与咸阳市文物考古研究所联合组队,对延陵开展调查、勘探工作,3月~6月,田野工作全面结束,勘探面积380万平方米。通过本次调查,确定延陵陵园及帝、后陵形制及范围,发现外藏坑20座、建筑遗址16处、陪葬墓73座。勘探确定延陵区域地下文化遗存的分布及形制结构,延陵陵区由陵园、陵园外陪葬墓两部分组成。帝陵陵园内分布3座外藏坑,帝陵陵园外侧分布17座外藏坑。陵园内西北隅分布有排列整齐的陪葬墓19座,陵园外陪葬墓分布在陵园东、南、西三面。通过考古勘探,全面了解西汉晚期延陵的范围、布局与结构,为西汉帝陵制度的深入研究奠定基础。

献陵考古调查 4月~12月,"唐代帝陵大遗址保护项目"唐陵考古队在三原县唐献陵开展年度考古工作,对陵园南门遗址进行考古发掘,并对陵园石刻进行清理和测量。本次工作是在2010年唐陵考古队对献陵的考古调查和勘探的基础上开展的。献陵是唐高祖李渊的陵墓,陵园形制为"封土为陵"。封土四周修建有夯土城垣,城垣四面各开辟一处神门。南门外有神道,神道的南端原列有一对华表和一对犀牛。献陵南门遗址由门址、门外双阙、门外一对石虎构成。发掘发现南门址整体破坏严重,东半部分因修路已经完全损毁,从残留的西半侧看,门址原为进深两间,面阔五间的殿堂式建筑,门址北侧还残留有门外的漫道或踏步遗迹。南门东侧门阙也因为修路而基本损毁,西侧门阙目前仅剩基础部分,为夯土结构"三出阙",阙体东西长14.5米,南北宽7米。6月,考古队在献陵陵园北部调查时又发现一处大规模建筑遗址,距离献陵北门石虎仅50米。勘探发现该遗址平面形状为长方形,有夯土城垣,外侧有围沟,中央有一座大型宫殿建筑基址。其作用和性质尚不明晰,在此后的唐陵也未发现相似的建筑遗址,考古队正在对该遗址做进一步的考古调查和小面积的发掘,以期对该建筑的性质和作用有所了解。

平陵考古调查 汉昭帝平陵位于陕西省咸阳市秦都区双照街道办大王村南约300米处。8月,开展调查、勘探工作,已确定平陵陵园,帝陵、后陵陵园,部分外藏坑、建筑遗址。

秦咸阳城遗址考古调查 秦咸阳城遗址勘探工作继续围绕秦咸阳宫城周围进行,调查面积约60万平方米,集中在二道原东至柏家嘴西至牛羊沟的范围内,调查过程中围绕咸阳城的布局、不同时代遗迹分布特点等目标进行。2012年3月~11月在聂家沟村北、高干渠以南的区域内(宫城西侧),11月开始对牛羊村南、咸红路南北两侧(宫城正南"秦宫中线")30万平方米的范围内进行勘探。截至年底,在聂家沟发现墓葬80座、沟10处、灰坑9座、活土坑52座、夯土建筑基址6处、踩踏面5处。能够确定夯土建筑基址1处、20余座东西向竖穴土坑墓与秦咸阳城有关。新发现战国至汉代灰坑、陶窑、水井、道路、墓葬等30余处。秦咸阳城GIS地理信息系统自2011年9月份开始实施以来,基本完成地理信息系统的设计开发,咸阳宫城遗址航拍数据的采集、2011-2012年调查与勘探数据的录入、部分咸阳城有关的考古简报与报告的电子化工作相继完成,为秦咸阳城相关问题研究提供平台。

考古发掘 ①西安新竹实业有限责任公司防灾救生设备生产项目古墓发掘。从2011年12月25日开始,到2012年2月23日结束,咸阳市文物考古研究所配合该项目在秦汉新城周陵街道办南贺村以西,西汉元帝渭陵陵园外东北约1.2千米处,发掘清理古墓葬17座,出土文物69件(组),器物质地有陶、玉、铜、铁、铅等,器型种类有陶罐、盘、奁、甑、瓶、俑,玉蝉,铜镜、钱币,铁剪刀、灯,铅镜等。为研究汉唐时期墓葬的分布情况提供实物资料。②陕西永寿煤炭物流集散基地项目古墓发掘。3月14日~4月5日,咸阳市文物考古研究所配合该项目在永寿县城北约0.5千米处,312国道东侧,当地俗称白坊岭,共发掘清理东汉晚期、宋元时期古墓葬15座,出土文物70件(组),质地有陶、玉、铜、铁、铅等,种类有陶鼎、罐、壶、盘、奁、甑、灶、仓、俑等,玉蝉,铜镜、带钩,铁刀、农具等,以及钱币数百枚。这次发掘为研究永寿县城以北两汉时期墓葬的分布提供珍贵资料。③咸阳市城西快速干道工程改造段古墓发掘。3月5日~20日,咸阳市文物考古研究所在该工程陈家台村至312国道发掘清理两汉时期古墓葬3座,出土文物10余件,有铜博山炉、车马器,釉陶壶、陶罐、陶甑、陶盆等。④泾渭新区西安凝远水泥制品有限责任公司周陵项目(南区)古墓发掘。5月9日~19日,咸阳市文物考古研究所在秦汉新城周陵街道办南贺村以北,贺家东村以东,西汉元帝渭陵陵园外东北约1.3千米处,发掘清理战国晚期古墓葬3座,出土文物20余件。⑤陕西塞北绿色土特产开发有限公司周陵项目考古发掘。6月11日~7月22日,咸阳市文物考古研究所在该项目位于秦汉新城周陵办贺家村南,港务一路南侧,共发掘清理东汉时期古墓葬2座、城墙遗址1处。对城墙遗址采取探方式发掘,共发掘探方3个、探沟1个。所发掘的城墙遗址,结合西汉帝陵调查、勘探项目的成果,可以确定其为西汉元帝渭陵陵园北墙的东段局部。⑥陕西德荣新材料科技有限公司电子加速项目古墓发掘。7月18日~25日,咸阳市文物考古研究所在该项目位于秦汉新城周陵办南贺村西南,港务一路与临港路交会路口东南角,发掘清理东汉晚期古墓葬2座,出土文物10余件(组)。⑦陕西省西咸新区秦汉新城开发建设集团有限责任公司周礼佳苑安居小区项目古墓发掘。从2011年6月20日开始,到2012年10月12日结束,咸阳市文物考古研究所在该项目位于咸阳市渭城区周陵办所在地东南(划归西咸新区秦汉新城),进行考古勘探,发现古墓葬3座,实际发掘清理十六国时期、西汉晚期古墓葬5座,出土文物50余件(组)。质地有陶、玉、铜、铁、铅等,种类有釉陶壶、鼎、罐、奁、仓等,陶罐、盆、灶等,陶侍俑、马、牛拉车、猪、狗等,铜箍、勺、弩机、合页及车马器等,还有玉片、铜钱币等,以及大量的板瓦、筒瓦、瓦当等建筑材料残块。尤其值得关注的是M1十六国时期墓葬,咸阳地区该时期墓葬发现的数量较少,本次发掘丰富咸阳十六国时期墓葬资料。M3为等级较高的西汉贵族墓葬,规模宏大,结构完整,为研究西汉时期高等级墓葬的葬制提供重要的实物资料。⑧绿地集团陕西西咸空港置业有限公司空港·绿地新城1.1期示范区项目考古勘探、发掘。从2011年10月9日开始,2012年10月27日结束,咸阳市文物考古研究所在该项目位于咸阳市渭城区周陵办大石头新村以东,福银高速北侧、咸宋路东侧,进行考古勘探,发现有战国时期小型墓葬1座、古道路遗迹1处。道路遗迹勘探报告为“古路:长263米、宽5米、深0.3至0.5米处见踩踏层”,根据探方发掘,依据地层堆积和包含物判断,该道路形成于汉代,以后较长时期继续沿用。⑨陕西迪泰克新材料有限公司华秦科技园项目考古发掘。10月22日~11月11日,咸阳市文物考古研究所在该项目位于秦汉新城周陵新兴产业园辖区内,地处贺家村南,新贺路以东,港务一路南侧,发掘夯墙及门址遗址1处。本次对夯墙及门址遗址的发掘采取分布探方方式发掘。T1位于该项目中西部,布方规格为20×20米,实际发掘面积为500余平方米。发掘的夯墙及门址遗址,结合西汉帝陵调查、勘探项目的成果,可以确定其为西汉元帝渭陵陵园北门址、北垣墙东段局部。⑩陕西华星电子开发有限公司锂电池正极材料磷酸铁锂产业化项目建设用地考古勘探。8月8日~14日,咸阳市文物考古研究所在位于周陵街道办港务一路以南、208国道以北,勘探发现汉代古墓两座。填土内出土有汉代板瓦、筒瓦残片。⑪陕西赛沃金属材料有限公司贵金属加工项目古墓发掘。8月8日~14日,咸阳市文物考古研究所在该项目位于周陵街道办港务一路以南、208国道以北,发掘和清理1座清代晚期墓葬。⑫旬邑县土桥镇魏家村砖厂汉墓考古发掘。7月底,旬邑县土桥镇魏家村砖厂在取土时,发现一座汉代砖室墓。8月1日~2日,咸阳市文物考古研究所对该墓葬进行抢救性发掘和清理。该墓葬位于旬邑县土桥镇魏家村四组以北约500米的砖厂内。墓葬为砖室洞室墓,东西向,方向85度。由墓道、甬道、前室、后室、耳室组成。随葬品:后室内出土铜钱(货泉)14枚,布(货布)1枚。⑬陕西裕丰源房地产开发有限公司成国右岸项目古墓发掘。11月26日~12月4日,咸阳市文物考古研究所在该项目位于咸阳市渭城区周陵办司魏村北,迎宾大道东侧,发掘清理西汉早期高等级墓葬2座。出土文物10余件(组),质地有陶、铜、铁、铅等,器型有陶仓、井、碟、盘、勺,陶猪、狗、鸡、鸽,铜弩机、箍,铁灯以及钱币等。⑭陕西省空港综合保税区投资有限公司空港综合保税区启动工程项目古墓发掘。12月7日~28日,咸阳市文物考古研究所在该项目位于陕西省西咸新区空港新城北杜镇辖区内,地处邓村以北,第五大道东侧,发掘清理唐代墓葬3座,出土文物10余件(组),质地有陶、铁器等,器物有塔式陶罐,陶天王俑、男侍俑、女侍俑,陶马、象等。

文物基础性保护工作 彬县大佛寺石窟明镜台维修保护工程竣工,礼泉文庙维修工程进展顺利,武功望仙宫维修工程开工,武功城隍庙护坡加固工程进入招标程序,回填夯实长武昭仁寺大殿东山墙外3米处地面塌陷2.5米的大坑,确保文物安全。

淳化金川湾石窟修复保护项目 2012年8月,由国家文物局与德国文化遗产保护交流中心合作完成“淳化金川湾石窟修复保护项目”,总投资160万元,为期10天,5名来自德国慕尼黑工业大学的修复师现场对金川湾石窟内的刻经石壁和裂缝进行保护性修复。石窟内岩质主要为青灰色致密状砂岩石,随着千年风雨的冲刷,窟内刻写的经文风化脱落严重。此次中德专家联合修复,重点解决金川湾石窟雕刻的三阶教经文现场保护问题,并建立相应的保护示范区,为陕西省乃至全国石窟寺文物修复提供借鉴和技术指导。

彬县大佛寺石窟保护工程 由陕西文化遗产研究院设计,陕西文物保护修复工程公司承建,总投资780万元,历时一年半的明镜台台面加固维修工程已基本完成。丈八佛窟檐工程由县财政投资115万元,陕西文化遗产研究院设计,西安文物保护修复工程公司承建,历时6个月,工程主体全部完工。

博物馆建设与馆藏文物管理 组织实施博物馆年检工作,加强馆藏文物管理,进一步落实工作责任。对秦都区拟成立的“咸阳墙体材料博物馆”和渭城区拟成立的“咸阳秦风文物商店”初审并上报省文物局验收批准。积极做好第二批国家一级博物馆评定工作,乾陵博物馆、咸阳博物馆、昭陵博物馆通过省文物局验收,已上报国家文物局审查批复。加强馆藏文物管理工作,进一步落实工作责任,全面完成馆藏文物登记、建档、备案等基础工作,不断强化管理手段,形成科学有效的管理机制。做好咸阳市国有可移动文物普查工作,制定普查方案,成立普查机构,组织普查人员培训,全力做好现场普查、成果报送等工作,全市普查试点工作已全面完成。通过普查,全市共有国有可移动文物75688件(组)。其中,文物系统60187件(组),非文物系统15501件(组);珍贵文物13965件(组),一般文物61723件(组)。先后向省文物局申报秦咸阳宫遗址环境改造工程项目、咸阳市新入库陶质文物修复保护项目、顺陵文管所环境整治项目、昭陵博物馆展室陈列改造项目、乾陵博物馆文物库房设施设备更新项目、咸阳市文保中心明代古墓保护修复和壁画库建设等项目,项目经费已陆续到位。全市28家注册博物馆(所)积极参加数字博物馆建设,不断提升博物馆档次。

文化遗产宣传 筹备国际博物馆日宣传活动,制订宣传活动方案,做好宣传活动。做好申办2013年“中国文化遗产日”活动主场城市各项工作,咸阳市成为2013年“中国文化遗产日”主场城市。实地考察并确定乾陵主会场和汉阳陵分会场，起草文化遗产日主场城市活动实施方案，组织召开第八届中国文化遗产日主场城市活动方案讨论会。开展“保护帝王陵——我们在行动”大型帝陵探访活动，走遍咸阳境内分布在7个县区的18座汉唐帝陵，发起拯救帝陵的倡议，集思广益保护帝陵。6家免费开放博物馆、纪念馆积极参加“博物馆免费开放成果展”。落实咸阳市2012年为未成年人办10件实事任务。

“百年承传 瓷艺丹青——景德镇百年陶瓷精品展” 3月，咸阳博物馆与江西景德镇博物馆联合举办“百年承传 瓷艺丹青——景德镇百年陶瓷精品展”，增进咸阳和景德镇两座历史文化名城的文化交流。展出的70件(套)瓷器文物，是代表景德镇20世纪陶瓷工艺水平的艺术精品。展出时间为半年。

“丝路胡人外来风——唐代胡俑展”专题展 乾陵博物馆举办的“丝路胡人外来风——唐代胡俑展”专题展览自2008年8月6日开展以来，受到社会各界和同行的好评，已累计接待游客100万余人。该专题展在特定的文化元素中向社会展示唐代中外文化交流的盛况。为增强民族凝聚力，构建和谐社会做出积极的贡献。乾陵博物馆在展览到期后又延续展期，延续期限为3年，即从2012年8月6日至2015年8月6日。

“佛影留痕——咸阳博物馆佛教文物陈列” “佛影留痕——咸阳博物馆佛教文物陈列”是咸阳博物馆在建馆五十周年之际馆藏佛教文物的首次集中展示，也是2012年5月18日国际博物馆日奉献给广大观众的文化盛宴，共展出文物66件。展出的佛教文物，品类丰富，造型精美，其中西魏模印佛像、北周佛道合一造像碑、隋代石刻菩萨造像、唐代鎏金佛造像、明代大铜佛等是难得一见的文物精品。

爱国主义教育基地活动 进一步加强爱国主义教育基地建设，开展“文物惠民——百万青少年走进博物馆活动”，同时进一步落实特殊群体各项优惠政策，市文物旅游局下发《关于做好〈陕西省老年人优待服务办法〉贯彻实施工作的通知》《关于对持证残疾人参观咸阳文物旅游景区(点)实行免费的通知》等。据统计，年内全市各开放馆、所共免费接待观众及青少年99.91万人次。

文物外展和对外交流 市文物旅游局配合省文物交流中心完成赴美国阿波利斯艺术博物馆和旧金山亚洲艺术博物馆“中国秦兵马俑展”、赴土耳其伊斯坦布尔“华夏瑰宝展”、赴日本“中华大文明展”、赴荷兰与比利时“中国的黄金时代——大唐遗珍展”、赴香港历史博物馆“秦始皇文物大展”、赴西安曲江艺术博物馆“唐墓壁画展”展览工作；完成赴瑞士“兵马俑军队及统一的秦汉帝国”、赴芬兰普理克博物馆和比利时伊格利塞姆展览馆“秦始皇帝的宝藏：西安秦兵马俑展”、赴日本东京国立博物馆“华夏瑰宝展”、赴日本东京上野森美术馆“兵马俑与秦始皇——用科学来阐明历史”等文物展览的筹展工作；完成赴日本“中华大文明展”参展展品的拍摄工作、赴美国阿波利斯艺术博物馆和旧金山市亚洲艺术博物馆“中国秦兵马俑展”的展品拍摄和来宾参观接待等工作；完成赴美国纽约市探索时代广场展览馆的“中国秦兵马俑展”、赴荷兰德伦特博物馆及比利时马塞可市博物馆的“中国的黄金时代——大唐遗珍展”、赴日本东京国立博物馆的“中华大文明展”等展品的归还工作。

唐墓壁画和石刻造像修复保护工程 年内咸阳市文物保护中心共完成：修复保护唐墓壁画5幅，约20平方米；完成24件长武县北魏石刻造像修复保护项目，6月14日通过省文物局专家组的结项验收。

社会文物征集 全市共征集社会流散文物313件(组)，其中陶器19件(组)，彩绘俑24件(组)，石碑4块，石刻247件(组)，青铜器16件(组)，木器3件(组)。

学术专著 2012年10月，由陕西出版集团三秦出版社出版的咸阳市文物系统工作人员学术专著4本：《唐韦贵妃墓志著录补阙》，董临渊著；《唐冯孝忠墓志刊布并跋》，胡元超著；《唐昭陵牛进达墓石门简析》，刘群著；《昭陵陪葬墓石门概述》，李浪涛著。

(门永生)

旅　游

旅游规划编制 完成《咸阳北部生态休闲及红色民俗旅游发展总体规划》和《建设大西安国际一流旅游目的地咸阳行动计划》等编制工作，在广泛征求县市区意见的基础上，多次修改完善，12月20日通过省旅游局组织的专家评审。先后对《陕西省精品景区规划》《陕甘宁振兴规划实施方案》《全市县域经济“一县一策”指导意见》《全市十二五重点产业发展规划》等13个规划以及建设大西安等实施意见提出修改建议。组织专家评审《彬县花果山景区旅游规划》和《安吴青训班红色文化园区总体规划》；《郑国渠国家水利风景区规划》已通过市政府常务会议审批；《乾陵大景区旅游规划及详细规划》已通过专家评审，报市政府待批。《烽火旅游景区发展规划及项目策划》初稿已完成，正在进一步修改完善。《淳化县咀头村旅游发展规划》和《礼泉县山底村旅游发展规划》初稿已编制完成，正在征求社会各界意见。

旅游项目建设 组织召开全市文物旅游重点项目建设座谈会，邀请省文物局、省旅游局、市发改委、市财政局等部门领导就项目策划包装、申报方向、申报政策、申报规则、申报技巧以及项目实施过程中应注意的问题进行讲解，收集整理2012年全市重点前期项目和在建项目82个，为全年的项目建设工作打下好的基础。完成咸阳石刻艺术博物馆、乾陵文化产业园、东方帝王谷、咸阳智慧旅游城市建设等8个招商引资项目的策划包装工作。衔接北京精彩集团来咸考察文化旅游投资项目，多次陪同陕文投集团和美国、香港等地投资商相关人员现场考察项目选址,积极促成东方帝王谷——高科技文化产业园项目落户咸阳。在陕粤港澳经济贸易合作活动周文化旅游产业签约仪式上,市文物旅游局与精彩集团、广东中旅集团分别就组建文化旅游产业投资集团公司和旅游合作签署框架协议。按照2012年省级旅游建设项目申报要求,完成咸阳市10个旅游建设项目申报工作。争取咸阳乡村旅游发展、咸阳旅游宣传、咸阳游客咨询服务中心建设和礼泉乡村旅游发展补助资金600万元。申报国家旅游基金补助项目和县区旅游规划编制项目,落实旅游规划编制资金45万元,落实国家旅游基金100万元。组织武功县、永寿县文物旅游局和武功镇、永平镇政府申报2012年省级文化旅游古镇补助项目总投资1996万元,申请省级补助资金1040万元。项目基础设施建设投资力度不断加大。乾陵景区围绕旅游标准化体系建设及5A景区创建工作,先后投资1665万元,绿化景区面积40多公顷,完成陵区供水、停车场、环保厕所等项目建设;投资200万元,在景区安装实施电子检票系统,9月17日正式投入运行;与中国电信、中国移动公司合作投资400万元,为景区增设警示牌、电子广告屏、坐椅、垃圾筒等基础设施;投资135万元完善景区道路标志牌,增购旅游观光车10辆。长武县投资300万元,完成亭口习仲勋革命旧址的主体工程和道路硬化、老龙山绿化工程。淳化县仲山森林公园建设项目投资800余万元,完成峡谷大酒店基础维修工程,整修峡谷道路13千米,修建、改造景区牌楼3座,完成景区绿化及鱼池修建工程,新建淳礼跨谷观光索桥。淳化县投资50万元完成甘泉湖AAA级旅游景区内的引导标志牌、简介牌、旅游接待服务中心等基础设施建设。三原县周家大院民俗博物馆已完成旅游厕所、生态停车场等服务设施改造工程。彬县投资1.58亿元,改造312国道大佛寺段,提升侍郎湖景区基础设施,修建龟蛇山景区、公刘教稼苑景区的祭祀大殿、阙楼、停车场、游客服务中心等服务配套设施。永寿黄土地窑洞生态庄园二期建设项目投资400多万元,已完成网球场建设;翠屏山景区投资400万元,用于基础设施建设环境整治。礼泉袁家村投资300万元,建成酒吧一条街。旬邑县投资2000万元,完成马栏革命旧址红色景区干部培训大楼主体工程建设。

乡村旅游业 至年底,全市已有62个村发展645家农家乐接待户,乡村旅游共接待游客805万人次,实现旅游直接收入4.2亿元,分别同比增长36%和39%。组织各县市区旅游部门、旅游名镇、乡村旅游示范村负责人等28人,对浙江省安吉县、德清县、奉化乡村旅游的管理经验、经营状况、宣传促销、服务质量提升和政策措施等方面进行全面系统的考察学习,在全市迅速掀起发展乡村旅游的新高潮。建成开通陕西省首家乡村旅游网站,运行两个月来,点击量4万多人次,并以每天500人次左右的访问量递增。积极协调,精心指导,邀请省、市专家和政府领导,多次对大石头村、边方村、烽火村、山底村、贤仓村、咀头村等10个村乡村旅游发展情况进行调查和研讨,及时解决乡村旅游发展过程中存在的突出问题。以礼泉袁家村为代表的乡村旅游发展模式已受到国家、省、市领导的高度关注和社会各界的一致好评。原陕西省委书记赵乐际、省长赵正永、副省长景俊海等领导在袁家村调研时均认为,袁家村的快速发展,为全省乃至全国乡村旅游起到示范带动作用。彬县龙高镇、淳化县石桥镇、永寿县监军镇等3个镇成功申报省级旅游特色名镇,渭城区周陵办大石头村、礼泉县烟霞镇山底村、淳化县石桥镇咀头村、彬县炭店镇林家堡村、底店镇二桥村等5个村成功申报省级乡村旅游示范村。宣传和展示咸阳市乡村旅游的新形象。组织淳化县、礼泉县等县区参加农高会陕西乡村旅游展,散发宣传资料、现场讲解、进行特色旅游商品展销以及民俗文化表演,陕西电视台、西部文化网、腾讯旅游等新闻媒体进行重点采访和报道。整合乡村民俗旅游资源,打造咸阳旅游新品牌。组建咸阳乡村旅游发展有限公司,省旅游局局长董宪民和市长姜锋为公司揭牌。参照《全国工业旅游示范点检查标准(试行)》的要求,开展旅游示范点创建工作,授予泾渭茯茶有限公司为"工业旅游示范点",泾渭茯茶、海泉湾温泉世界、崇英足疗、养生堂等为"养生保健旅游推荐单位"。与西安市旅游局联合召开商贸旅游研讨会并授予原点新城为中国原点大西安商贸旅游示范区。参与编撰《中国红色旅游系列丛书》,对全省"十二五"红色旅游规划纲要进行修改完善,咸阳市红色旅游项目受到省上高度重视。2012年,全市红色旅游共接待游客312万人次,实现旅游综合收入9.21亿元,分别同比增长28%和30%。

旅游行业管理 举办全市重点旅行社负责人座谈会,着力解决咸阳人游咸阳、诚信经营等问题。全年共申报星级饭店1家、旅行社4家,变更事项6家,备案旅行社门市部12家。组织行业管理与稽查部门对市区旅行社进行专项检查,先后检查旅行社26家,门市部19家,下发整改通知书6份,责令停业整顿1家。与县市区文物旅游局及行业单位签署2012年度"创选评"竞赛活动目标任务书。与团市委、市妇联联合举办咸阳市2012年度导游大赛,组织局机关和星级饭店管理人员9人参加省级星评员、饭店内审员培训班,组建成立咸阳市养生保健旅游协会。组织咸阳市旅游行业单位开展"创佳评差(红黑榜)"活动;召开全市星级饭店复核工作会议,指导渭城区湖滨国际大酒店、陕西航空大酒店、兴平晶海国际酒店、彬县彬州国际酒店等开展评星创建工作;对全市星级饭店进行复核检查,取消东方宾馆、云锦园宾馆三星级旅游饭店资格。发挥假日旅游指挥中心的协调作用,以市政府名义召开黄金周假日旅游电视电话会,制订《2012年咸阳市整顿规范旅游市场秩序工作方案》,组织相关部门开展假日旅游联合执法大检查,实现"安全、质量、秩序、效益"四统一的目标。

A级景区(点)创建 举办咸阳市旅游景区质量等级创建暨培训工作会议,安排部署旅游景区建设主要工作和景区创A工作。深入景区检查指导并申请创建A级景区21处。杨贵妃墓博物馆、甘泉湖旅游景区、黄土地窑洞生态度假庄园、彬县侍郎湖自然风景区、旬邑石门山国家森林公园、旬邑马家堡关中特委旧址被省旅游局评为3A级旅游景区;长武昭仁寺、泾阳博物馆、武功苏武纪念馆、彬县程家川自然风景区等10家单位被评为国家2A级旅游景区,实现市旅游景区数量翻番。

旅游统计工作 按照省旅游局和市统计局的年报要求,做好旅游统计信息报送工作,特别是做好季度、半年统计报送工作。完成2012年度全市旅游行业统计年报工作。积极动员、全面摸底,完成全市旅游企业财务信息网上填报工作。做好假日旅游统计。

旅游行风建设 倡导文明旅游和诚信经营,采取明查与暗访相结合的方式,加大旅游稽查力度,对星级饭店、旅行社、景区景点实施检查,督促各企业严格按照标准为客人提供高标准、规范化的服务。认真受理游客投诉,查处违法、违规经营,净化市场环境。主动组织和积极参加省市开展的文物旅游行风宣传评议活动,全行业服务质量、管理水平、游客满意度明显提高。

旅游市场宣传促销 编印出版新的《咸阳旅游服务指南》《咸阳市导游图》《咸阳自驾游地图》和《咸阳名胜诗词书法》等宣传资料。成功举办"2012欢乐健康游陕西启动仪式"、西部帝王陵区域合作旅游联盟第二届年会、渭河流域沿线旅游城市年度工作座谈会、西咸旅游同线联席会议,咸阳市旅游的知名度与美誉度不断提升。咸阳市与西安市旅游局举办的"大西安温泉养生旅游节",推出五项精品旅游活动、多条精品旅游线路及数十项优惠措施,激活冬季旅游市场。与中央电视台二套、浙江电视台、西安电视台、腾讯网旅游频道、中国旅游报、央视网、人民网、凤凰网等30多家媒体合作,对咸阳的历史文化、风俗民情、风味小吃、养生保健等进行全方位的宣传和展示。做好"十一"黄金周期间旅游服务咨询接待工作,在咸阳市各大旅游景区(点)、高速路服务区、车站、机场和主要城市节点设立旅游咨询服务点,为游客提供热情周到的咨询服务活动,有效地应对旅游"井喷"现象。加强咸阳文物旅游网站的更新和版面调整,及时维护更新官方微博,全方位发布咸阳文物旅游动态信息,扩大宣传促销范围和手段。

咸阳乡村旅游发展有限公司揭牌暨乡村旅游网站开通仪式 12月4日,咸阳市举行乡村旅游发展有限公司成立暨乡村旅游网站开通仪式,省旅游局局长董宪民、市长姜锋共同为新组建的乡村旅游发展有限公司揭牌,市委常委、宣传部长唐利如点击开通乡村旅游网站,副市长李晓静出席并讲话。市文物旅游局领导介绍全市乡村旅游发展、咸阳乡村旅游发展有限公司组建和咸阳市乡村旅游网站建设情况。乡村旅游发展有限公司和乡村旅游网站的组建,为全市乡村旅游发展探索新的发展模式。

(门永生)

分朱布白 (陈云龙 刻)

社　会

（贺建国　摄）

科 学 技 术

概 述

概况 2012年,全市科学与技术工作遵循"自主创新、重点跨越、支撑发展、引领未来"方针,积极落实创新驱动发展战略,贯彻全市科技创新大会精神,把推动区域科技进步、增强企业主体意识、提高自主创新能力摆在突出位置。通过优化整合科技资源、创新培育科技项目、加大科技信息推介、促进科技成果转化等多项措施,吸引、鼓励和支持科技型中小企业,建立以企业为主体、市场为导向、产学研结合的区域科技创新体系。加快建立运行省市科技会商机制,启动实施"12351"科技创新工程,开展科技金融结合、院(所、校)企技术洽谈、银企对接融资等活动,促进战略性新兴产业催生培育和传统产业优化升级,不断实现自主创新和内生驱动发展,完成年度各项工作任务。

贯彻全省科技创新大会精神 贯彻落实全省科技创新大会精神,加快推进全市科技创新体系建设。深入传达学习全省科技创新大会精神。组织人员编写《全省科技创新大会精神学习传达提纲和贯彻落实意见及建议》,向市委市政府进行专题汇报。局党组及时组织召开专题会议和全体干部大会,传达学习大会有关文件精神。搞好全省科技创新大会精神的宣传工作。利用《咸阳科技》期刊、《咸阳科技企业》、咸阳科技网及《咸阳日报》等,进行广泛宣传报道。10月26日,举办全市科技创新政策巡回宣讲活动启动仪式暨首场宣讲大会,全市13个县市区、区域内科研院所、高校及相关企业负责人共360多名代表参加会议。筹备召开全市科技创新大会。11月1日,市委、市政府组织召开全市科技创新大会。市委、市政府主要领导出席会议,省科技厅副厅长孙科莅临会议并讲话。会议出台《咸阳市委市政府贯彻省委省政府〈关于加快关中统筹科技资源改革率先构建创新型区域的决定〉的实施意见》和《咸阳市科学技术奖励办法》。

咸阳市被确定为省首批促进科技金融结合试点区 市科技局主动与域内金融机构联系,推介科技项目和企业融资信息,组织银企对接会、座谈会及培训会,择优向金融机构推荐重点科技产业化项目和高成长性科技型企业,搭建科技信用担保服务平台,开展金融担保服务,促进科技与金融的有机结合。截至2012年底,金融机构为92户科技企业提供融资担保服务,银行累计发放贷款4.62亿元。对咸阳市多元化、多层次、多渠道的科技投融资体系建立,探索科技资源与金融资源对接新机制,引导社会资本参与自主创新,促进中小企业快速成长,发挥科技与金融的支撑保障作用。2012年7月,咸阳市被确定为省首批促进科技和金融结合试点区,成为首批试点的两个地级市之一。

咸阳市2012年度国家科技惠民计划项目首次获批 9月,咸阳市申报的项目"基于计算机网络的重大心血管疾病、出生缺陷及地方病的防治管理"得到科技部2012年度国家科技惠民计划项目立项,支持经费1600万元。咸阳市首次列入国家科技惠民专项计划项目。计划主要任务是,支持基层开展具有导向作用先进技术成果的转化应用,提升技术的实用性和产业化水平;支持基层开展重点领域先进适用技术的综合集成和示范应用,推动先进适用技术在基层公共服务领域转化应用。省征集项目通知下发后,市科技局、市财政局联合市卫生局、市地方病防治研究所等单位,根据项目优先支持领域和方向,从人口健康、生态环境、公共安全三大领域进行筛选,把群众最关注的心血管疾病、地方病和出生缺陷等健康问题作为重点,引进西安交通大学第一附属医院研发的具有自主知识产权的慢性病网络规范化管理系统,以旬邑县、永寿县、泾阳县、三原县、彬县高发病乡镇作为推广示范区、示范点,搭建心血管疾病、大骨节病、克山病和出生缺陷网络数字化随访管理系统平台,形成省市县三级专家服务队伍,建立县、镇、村三级慢性疾病综合防治体系。使得示范区高血压、心力衰竭、大骨节病、克山病以及出生缺陷疾病得到有效控制,提高农村居民健康水平。对推动社会发展领域科技进步与创新和推动科技惠民工程实施具有典型示范意义。

"千人进千社 千技惠千村"科技服务在淳化启动 11月9日,全市暨淳化县"千人进千社、千技惠千村"科技行动启动仪式在淳化县举行。省科技厅、市科技局、淳化县等有关领导出席仪式。通过全市"千人进千社、千技惠千村"科技行动实施方案,明确省级"大荔模式"建设县和推广企业、咸阳市"大荔模式"示范企业和农业科技示范基地,为省级"大荔模式"建设县和推广企业、咸阳市"大荔模式"示范企业和农业科技示范基地授牌。通过"千人进千社、千技惠千村"科技行动的实施,在发展农村新兴产业及500万头PIC商品猪养殖、100万亩核桃、20万亩酿酒葡萄种植、10万亩御石榴生产、小麦及玉米技术示范等

咸阳市2012年度中央科技惠民计划专项项目

表31

项 目 名 称	承 担 单 位
陕西省咸阳市地方病、出生缺陷等防控体系建设与应用	咸阳市科技局、西安交通大学第一附属医院

咸阳市2012年度国家农业科技成果转化资金项目

表32

项 目 名 称	承 担 单 位
高产、高油双低杂交油菜新品种秦优11号	咸阳农业科学研究院
茯砖茶生产工艺创新性研究及产业化应用	陕西苍山茶业有限责任公司

咸阳市2012年度科技部创新基金项目

表33

项 目 名 称	承 担 单 位
摩擦密封材料用无石棉矿物纤维材料	咸阳非金属矿研究设计院有限公司
重型车前悬置橡胶复合浮动轴套	咸阳西华橡胶有限公司
反应性不抽出橡胶防老剂	咸阳三精科工贸有限公司
高散热型大功率LED一体化封装照明灯具	咸阳宇迪电子有限公司
多级塔式工程钻头	三原石油钻头厂
光纤车速传感器	咸阳辰和电气有限公司
新型高精度宽范围原棉回潮率测定仪	陕西华斯特仪器有限责任公司
感应探测装置树脂基复合材料	咸阳粘接防腐研究所
自动化样品制备机组	西北地勘机械有限公司
微型单滑块直线导轨副	咸阳蓝博机械有限公司
数控无模风机专用自动旋压机	陕西麦瑞数控设备有限公司
矿山斜孔勘探专用全液压钻机	陕西核昌机电装备有限公司

咸阳市2012年度陕西省科技型中小企业技术创新基金项目

表34

项 目 名 称	承 担 单 位
液晶显示用紫外光固化粘合剂	咸阳秦河复合材料有限责任公司
络瘀通胶囊的产业化	五〇五药业有限公司
多功能铁电性能测试装置	咸阳华维电子有限公司
基于软冗余与风能预测技术的风力发电高效能量转换与控制装置	陕西科达电气有限公司

咸阳市2012年度陕西省重大创新专项资金项目

表35

项 目 名 称	承 担 单 位
阶梯螺旋刀翼式PDC钻头	陕西金刚石油机械有限公司
无毒、不含重金属长效防腐涂料	陕西虹瑞化工科技有限公司
非晶、纳米晶共模电感磁芯	咸阳辉煌电子磁性材料研究所

续表

项目名称	承担单位
运用计算机信息技术改造传统服装生产模式产业化	咸阳杜克普服装有限公司
蒸汽引射预混型多级控制地面火炬烧嘴	陕西金黎明石化工程有限公司
参茸温肾丸	陕西冯武臣大药堂制药厂有限公司
兽用30%替米考星注射液	陕西格林德动物药业有限公司
痹痛舒胶囊	陕西康惠制药股份有限公司
中药材规范化种植示范	咸阳艺博农业技术有限公司
陕西名优核桃产业高效开发示范	陕西新世界核桃良种苗木有限公司
年产5800万株蔬菜工厂化育苗	陕西泾云现代农业股份有限公司
昭陵御石榴新技术示范	礼泉西岭农业科技有限公司
万头良种猪繁育基地及供精站建设	三原新兴新柏裕源种猪场
泾渭茯茶	咸阳泾渭茯茶有限公司

咸阳市2012年度陕西省统筹创新工程项目

表36

项目名称	承担单位
显齿蛇葡萄总黄酮含片研发生产	陕西白鹿制药股份有限公司
三原设施果蔬现代农业科技示范园建设	陕西省华秦果业有限公司
苹果加工及储存新技术应用项目	咸阳果业集团有限公司
高性能车用PVC防石击涂料	陕西中核大地实业有限公司
秦龙麻鸡繁育扩养	咸阳市渭城区秦龙禽业养殖场

咸阳市2012年度陕西省科学技术研究发展计划项目

表37

项目名称	承担单位
新型植物生长调节剂0.1%噻苯隆液剂成果应用推广	咸阳市技术市场
BQCS-Ⅰ型板纸生产线质量控制系统应用推广	陕西西微测控工程有限公司
三原县2012年科技活动周	三原县科技局
科技创新服务体系建设	兴平市科技局
科技信息网络建设	咸阳市科技局
科技信息网络建设	长武县科技局
科技信息网络建设	武功县科技局
资源的利用及开发技术研究(子课题:废旧轮胎再生综合利用)	咸阳惠迪橡胶塑料制品有限公司
公共安全、防灾、减灾技术研究	礼泉县地震办公室
心脑血管治疗技术研究	陕西省核工业二一五医院
肝胰肾脾疾病研究	咸阳市中心医院
肝胰肾脾疾病研究	陕西省核工业二一五医院
优质高产小麦栽培技术集成与示范	三原县农业科技中心
大樱桃日光温室栽培棚结构研究与示范	咸阳市秦耀园艺有限公司

续表

项 目 名 称	承 担 单 位
花卉新品种仙客来引进示范与推广	咸阳市农业科学研究院
高效生态蔬菜种植示范园	秦都区科技开发中心
创汇型苹果科技创业示范基地建设	咸阳北山果业有限公司
农技服务“大荔模式”示范推广	陕西省淳化县欣盛农化有限公司
优质苹果产业化开发与示范	长武县高原果业产业协会
优质苹果产业化开发与示范	淳化县高塬合作社
名优特蔬菜新品种选育及栽培技术研究	渭城区生产力促进中心
无公害莲藕优质高产栽培技术研究	武功县地源清水莲菜种植专业合作社
农村固体废弃物资源化利用技术	兴平市节能环保研究所
优质核桃示范基地建设	乾县科技局
优质核桃示范基地建设	陕西中盛果业有限公司
发酵床养猪技术示范基地建设	武功县长青生态养殖有限公司
陕西特色资源开发示范基地建设	陕西秦都区莽原红红薯农民专业合作社
陕西特色资源开发示范基地建设	武功县生产力促进中心
三原县农技服务“大荔模式”建设	陕西康泰物流有限公司
礼泉县农技服务“大荔模式”建设	礼泉县德隆农化有限公司
乾县农技服务“大荔模式”建设	咸阳绿地灵农业服务有限公司
旬邑县农技服务“大荔模式”示范推广	旬邑县民鑫农业科技服务有限公司
泾阳县农技服务“大荔模式”建设	泾阳汇丰农工贸开发有限公司
泾阳、旬阳科技特派员农村科技创业建设	泾阳县生产力促进中心
礼泉县旱塬红提葡萄专家大院建设	礼泉县生产力促进中心
中成药治疗相关疾病的机制研究	咸阳市中心医院
弧面凸轮数控铣床	咸阳凯达机电设备制造有限公司
重型车前悬置橡胶复合浮动轴套	咸阳西华橡胶有限公司
石油钻杆耐磨带特种电阻缝焊工艺及设备的开发应用	咸阳通普材料连接与改性技术有限公司

方面有着十分重要的意义。

省科技厅与市政府科技工作会商制度正式建立 12月3日下午，省科技厅与咸阳市科技工作会商制度议定书签字仪式暨第一次会商会议举行。市委书记千军昌出席并致辞，市长姜锋和省科技厅厅长奚正平签订《议定书》。省、市等部门领导40余人参加。这次会商会议的召开，对于咸阳市加快协同创新步伐，促进科研成果转化，抢占科技创新驱动发展战略制高点，具有重大而深远的意义。

与清华大学开展产学研对接活动 6月中旬，副市长车建营带领市政府办、市科技局、中国银行股份有限公司咸阳分行及有关科技企业负责人一行17人，赴清华大学开展产学研对接活动。清华大学领导在对接会致辞中强调，作为地方政府领导带队并组团来清华大学对接产学研合作是少有的，清华大学愿与咸阳市建立科技交流与产学研合作的互动机制，使清华大学的科技成果在咸阳转化，并为区域经济社会发展提供支持和服务。此次组团访问的目的，就是借助清华大学的人才与科技资源，为咸阳经济社会发展和产业提升提供智力支持，探索产学研合作长效机制，使咸阳产业发展走创新驱动、内生发展之路。

（霍运动）

科技计划与实施

积极争取部省级项目 对于产业关联度大、技术成熟、市场前景广阔、企业实施基础好的重大科技创新项目，分不同阶段及时推荐申报中省有关科技计划，并在咸阳市科技型中小企业创新基金计划中予以支持，促使其实现产业化。2012年，先后申报完成国家科技型中小企业技术创新基金项目14个、省火炬计划项目9项;工业攻关、成果推广、新能源等计划项目22项;省重大创新专项20项;统筹科技资源项目12项;省县域重点科技专项3项。

组织地方重大科技项目 把组织实施地方重大项目作为统筹科技资源和产学研合作的重要举措,作为增强科技工作显示度的重要抓手,发挥科技创新对传统产业提升与新兴产业发展的重要作用。围绕咸阳市产业发展中的重大技术问题和市上领导关注的重点项目,按照技术链、产业链、服务链的发展规律,凝练并组织科技创新项目,加紧对已实施项目的监管。按照省统筹科技资源科技创新工程计划地方重大专项实施要求,对2011年咸阳市承担的“金属精密成型关键技术研究及产品(群)研发”地方重大项目,带领首席专家多次深入项目承担单位,进行阶段检查,配合省科技厅对项目进度进行二次审查。及时总结推广共性技术,提升配套加工企业的技术水平。积极组织申报2012年的重大科技项目。编制全市橡胶产业科技发展规划,凝练并组织地方重大专项,确定关键技术攻关内容和需要解决的技术难题,协调有关高校和科研院所参与产学研合作,形成若干项共性技术和专利产品,从而引领全市橡胶产业快速发展。咸阳市申报的“橡胶制品关键技术研发与产业化”(4个子项目:盾构法施工隧道管片拼装接缝用弹性密封垫、高性能载重子午线轮胎、高速动车组及重型汽车工业配套动静态密封件、煤矿液压支架和工程机械用高压缠绕/编织液压胶管等关键技术攻关与产品开发)项目已顺利通过省科技厅组织的专家论证和科技评审。项目预计可实现4个共性技术、12个关键技术的突破。预计项目建成后可实现工业总产值62亿元,纳税总额1.4亿元。

公开征集市级科技项目 发布《咸阳市2012年度科技计划项目申报指南》,组织各县市区按时进行项目申报。对公开征集的400多个科技项目,进行形式审查和组织省内科技专家评审,共安排科技计划项目237项,重大科技专项35项,支持科技补助经费2000万元。主要涉及工业、农业、社会发展及其他领域。

(霍运动)

科技研究与成果转化

概况 始终把推动区域科技创新作为科技工作的重点。跟踪在研项目,对具有创新性、带动性的项目给予大力支持。申报国家科技惠民计划项目“基于计算机网络的重大心血管疾病、出生缺陷及地方病的防治管理”,得到科技部、财政部的立项。推动科技园区和特色产业基地建设。抓好咸阳高新区升级国家级高新区的筹划工作。与省科技厅协调,帮助高新区准备申报材料,培养创新载体。高新技术产业区已成功升级为国家级高新区。加强与高校院所的联系与合作,实现经济社会需求与高校院所科技成果的无缝对接。广泛征集全市产业发展技术需求、企业技术难题和高校院所科技成果转化项目共365项,整理编订成册,并在咸阳科技网上推介,组织2次产学研项目对接活动,落实产学研合作签约项目23个。11月16日,全市科技成果对接洽谈会暨首场合作项目签约仪式在市政府九楼会议室举行,陕西境内14个高校和8个科研院所到会推介科技项目,西安工业大学等10个单位与咸阳西北医疗器械(集团)有限公司等10个单位进行产学研合作项目签约。

技术成果转化与服务 把为企业牵线搭桥,推介科技成果,促进产学研合作,加速成果转化作为提升区域生产力水平的重要途径。开展科技成果示范推广,加快科技产业化进程,同时也是为加快知识流动、产学研相结合、建立科技服务战略联盟的一次尝试,努力建设各个行业科技成果转化的通道,推广大专院校已成熟关键技术成果。在年初走访陕西科技大学、西北农林科技大学、西安石油大学等大专院校,挖掘成熟科技成果,编印可在咸阳市转化的科技成果推广项目册等500份,收录各类科技成果200余项,面向全市科技型企业发放,促进科技成果转化对接。2012年,市科技局共举办各类成果推介、对接活动20次,并取得显著效果。市技术市场有针对性筛选科技企业技术成熟、科技含量高、发展前景好的新产品和先进工艺项目,在入滇对接会、重庆高交会等大型科技活动会上进行重点推介。特别是8月,市技术市场受市科技局委派,组织咸阳的科技企业威思曼(咸阳)高压电源有限公司、咸阳非金属矿研究设计院有限公司、咸阳西秦生物科技有限公司、咸阳广通电子科技有限

农业科技服务 (市科技局 供)

公司、三原石油钻头厂、咸阳超越离合器有限公司等17家单位,参加2012西安国际科学技术产业博览会暨第七届西安高新技术成果交易会,共为企业制作宣传展板37块,大力推介宣传咸阳市企业的新技术、新产品,为企业创新发展营造良好的氛围。咸阳市企业初步达成部分合作意向。

技术供需对接服务 2012年,深入企业挖掘企业技术难题及需求,收集技术难题120项,并将这些技术难题及需求编印成册,做到为中小企业服务有的放矢,心中有数。在此基础上,按行业召开技术难题诊断需求对接会,邀请专家与企业面对面座谈或深入企业,帮助企业解决研发、生产过程中存在的技术难题。

制造业信息化工作 省科技厅确定28家制造企业作为全省"十二五"制造业信息化科技工程示范试点企业,其中,咸阳市境内的中船重工集团第十二研究所、陕西摩美得制药有限公司等7家企业进入省级示范试点行列。申报制造业信息化项目18项;召开制造业信息化会议1次。指导科技园区、生产力促进中心、技术市场加强创新服务体系建设,申报国家服务平台后补助项目4个,组织开展生产力促进中心进园区科技服务活动。开展高新技术企业认定与复审。咸阳市高新技术企业已发展63家。民营科技企业发展1780家。

(霍运动)

发明与专利

概况 2012年,全市专利申请量1208件,较上年增长38%;发明专利申请量435件,占申请总量的36%;授权专利728件。

知识产权宣传 全年开展宣传活动5次,发放各类宣传资料8000余份,展出展板34块,接待来访群众1300余人。1月6日,咸阳市专利管理处开展专利保护知识宣传活动。向群众发放《专利法》《专利法实施细则》及知识产权报纸等材料300余份,展出展板4块,向市民宣传知识产权及相关知识,接待咨询群众。4月6日,咸阳市第二十届"科技之春"宣传月之际,咸阳市专利管理处及县市区科技局积极开展知识产权宣传。共发放《专利法》《中国知识产权报》《陕西省专利条例》等宣传资料4500余份,展出展板20块;向前来咨询的群众认真解答专利相关疑问和宣讲专利相关的基础知识,接待咨询群众500余人。5月15日,由咸阳市公安局经侦支队牵头,联合多部门举办"打防经济犯罪,共建美好生活"宣传活动。咸阳市专利管理处积极参与,在活动中宣传知识产权保护,向市民重点解答知识产权保护方面的内容。使广大市民了解到假冒专利行为不仅是对专利权人权利的侵犯,更是对市场经济秩序的扰乱。9月18日,"全国科普日"宣传活动中,彬县知识产权局积极宣传《陕西省专利条例》,累计发放资料2600份,接受咨询260人次;利用《今日彬县》、彬县电视台、彬县公众信息网等,在全县范围内对《条例》进行广泛宣传。

开展企业知识产权小分队服务活动 5月15日,企业知识产权服务小分队组织召开"知识产权主题沙龙暨培训会"。邀请北京路浩知识产权事务所资深专家作专题讲座。咸阳振峰电子有限公司、咸阳科隆特种橡胶制品有限公司等20多家企业参加培训。为企业搭建交流学习的平台,梳理企业开展知识产权工作的思路。9月19日,企业知识产权服务小分队深入彬县水帘洞煤矿、火石咀煤矿等多家企业开展知识产权服务工作。小分队成员就专利技术研发、申请、推广、转化等内容向企业员工提供培训,共培训110多人次。为专利爱好者、创造发明人解答难题10余次,现场挖掘专利技术20件。10月10日,知识产权服务小分队深入秦都区科技产业园,对园区内咸阳勃力模具制造有限公司的领导及技术人员进行有针对性的知识产权培训。服务小分队向参与培训的人员讲解知识产权的意义和特征,并着重讲述在知识产权的保护方面应该注意的问题,对于企业比较关注的发明创造申请专利的条件、程序等作了详细解答。10月15日、16日,企业知识产权服务小分队深入彬县煤炭有限责任公司、润杨公司等20多家厂矿企业进行专利申请等知识产权服务,并为2012年确定的彬县煤炭有限责任公司等2家彬县知识产权优势企业和下沟煤矿、火石咀煤矿等6家彬县知识产权重点企业挂牌。同时,市专利管理处派员入驻咸阳市政务服务中心办公。

知识产权强县工程建设 2012年,渭城区被确定为陕西省第四批实施知识产权强县工程县(市、区),是继彬县、秦都区之后咸阳市又一入选知识产权强县工程的县(市、区)。中共渭城区委、区政府将知识产权作为推动区域经济发展内在动力,组建知识产权管理机构,设立专项资金并制定《渭城区专利创新奖励基金管理办法》,用于对区内专利工作突出的企业进行奖励。2012年,渭城区政府拨出专款30万元用于奖励2011年授权的专利,提高发明人的积极性。渭城区还积极推荐企业争取政府有关专利实施等方面的资金资助,并加强与知识产权中介服务机构的合作,为企业的专利申请提供专门服务。对辖区大企业的知识产权情况进行全面调查,对2011年审批的专利情况进行摸底整理,有效掌握本区知识产权发展现状的第一手资料。

知识产权执法 2012年,市专利管理处根据《2012年陕西省知识产权执法维权"护航"专项行动方案》,深入开展知识产权执法专项行动。全年共开展各类知识产权执法宣传活动5次,检查商品6000余件,抽检专利商品100余件。查处涉及假冒专利商品11种,共计135件,责令相关销售部门限期整改,对销售标注产品的涉嫌假冒专利标志进行处罚。

知识产权区域专项申报 专利产业化及企业知识产权服务 完成2013年陕西省知识产权区域专项的申报工作。向省知识产权局申报2013年专项2项,完成专利孵化项目42项,完成专利展示交易项目31项，培育优势企业2家，验收知识产权试点企业和优势企业3家，共验收专利孵化企业7家、验收专利孵化项目8项。4月19日，市科技局与长安银行咸阳分行联合举办小微企业金融服务银企对话会。向长安银行推介6家发展基础良好，主导产品拥有自主知识产权的科技型中小企业。长安银行小企业部向与会的40多家中小企业代表推介有关知识产权质押等针对科技型小微企业的金融产品。5月16日，省知识产权局领导深入咸阳际华新三零印染有限公司与咸阳华清设备科技有限公司，考察企业的专利产业化项目。考察组对咸阳际华新三零印染有限公司总投资3000万元实施的产业化项目表示肯定。在咸阳华清设备科技有限公司，考察组还就公司的大屏幕拼接显示技术的研发听取详细的介绍，并建议企业尽早建立适合自身发展的知识产权框架及制度。11月7日，省知识产权局对咸阳市申报的陕西华星线绕电阻有限公司、咸阳华光窑炉设备有限公司、三原石油钻头厂等多家企业的"2013年陕西省知识产权专利产业化孵化项目"进行实地考察。考察组对企业的专利技术在人们实际生产生活中所起到的重要作用以及企业重视知识产权工作给予高度评价。

出台《咸阳市知识产权战略实施意见》

2012年，咸阳市正式出台《咸阳市知识产权战略实施意见》。《意见》明确提出"加快科技创新，推进城市转型，实现创建全国知识产权示范城市"的知识产权工作目标，并对下一阶段全市知识产权战略实施工作全面部署。提出以提升社会各行业知识产权意识为重点，不断增强企事业单位知识产权创造、管理和应用能力，提高知识产权的数量和质量，促进专利技术实施和产业化，同时加大对知识产权的保护力度，实现咸阳市科技、经济、社会和谐发展。

（霍运动）

科技管理与服务

科技成果评审和科技奖励 市科技局依据《咸阳市科学技术奖励办法》，加大财政科技投入力度，鼓励院校和企业加快科技创新创业步伐，大幅度提升各类奖项的资金额度。经咸阳市人民政府批准，完成2012年度市级科学技术奖励评审工作。共评定出市级科技成果65项(其中：一等奖6项，二等奖23项，三等奖36项)。

中小企业技术培训服务 围绕中小企业技术需求，充分利用专业技术服务机构的专业优势，开展专题培训服务，提高全市科技型企业技术转移意识。组织举办科技创新专题培训会、咸阳市技术合同认定登记培训会、咸阳市医药行业技术合同认定登记培训会等。2月，针对清华科技园企业集中，对科技创新能力强的企业进行技术合同认定登记专题培训。8月19日，咸阳市技术市场联合咸阳益利德财务软件有限公司，举办中小企业财税政策专题培训会。使中小企业了解政策、运用政策，真正使企业得到实惠。

搭建咸阳市技术转移服务平台 依托境内优势科研力量，采取搭建服务平台、建立科技服务联盟等多种服务模式，为中小企业提供技术转移与成果推广服务，促进中小企业科技创新。技术转移服务平台将囊括咸阳地区各个行业的大量技术成果与需求信息，涵盖政策法规、科技成果、科技中介、科研院所、行业企业等数据库。搭建的咸阳技术转移服务平台将为区域内的企业与科研院所提供技术需求与成果推广信息服务，企业可在该平台上开展技术交易、成果展示、信息查询等业务，收录企业、大专院校的科学技术、产品成果信息，推荐技术信息，接待省内外信息咨询检索。建立一个健全的、完善的、符合咸阳以及周边地区乃至全省需要的互联网技术交易平台，为咸阳及陕西省的中小企业提供技术转移相关的技术服务。平台2012年1月正式投入试运行。

实施新型农技服务 开展农业实用技术示范推广。组织"科技之春"宣传月活动。陕西省暨咸阳市第20届科技之春宣传月活动启动仪式在彬县举行，果树专家许志达等在彬县开展科技培训，发放科技资料5000份。组织36家市直部门在人民路中心广场开展科技宣传和咨询活动，发放各类科技资料、书籍6万余份。联合市委宣传部、市科协组织开展2012年科技周活动，组织13个县市区开展科技培训和科技服务活动。组织蔬菜种植、奶牛养殖、生猪养殖农民技术骨干105人，参加科技部和省科技厅在杨凌组织的科技培训，全部取得初级技术认证。农业科技创新不断增强。秦优8号油菜获得省科技进步一等奖，秦优10号油菜稳居长江中下游地区推广面积第二，油菜、小麦、玉米、葡萄等新品种选育有4个新品种得到审定、6个新品种参加国家和省的区域试验。

（霍运动）

核工业二〇三研究所 是中核集团在西北地区的铀矿资源评价、勘查、科研中心、地质工艺试验中心、环境评价中心以及分析检测中心。拥有国家固体矿产勘查甲级、岩矿测试甲级、环境影响评价甲级、建设项目环境影响评价甲级、区域地质调查乙级、地球物理勘查乙级、地质灾害危险性评估乙级、地质灾害治理工程施工二级等资质。2012年，研究所坚持以"找矿出成果，经营上规模，队伍创一流"为发展方针，完成地质找矿、地质延伸经济等各项工作。获"青藏高原理论创新与找矿重大突破先进单位"称号，刘林获"青藏高原理论创新与找矿重大突破先进个人"称号，地浸砂岩快速评价技术应用项目获国家科学技术一等奖。北秦岭成矿带蓝田铀矿田深部成矿规律及外围找矿远景研究、龙首山地质减交代型铀矿控制因素及找矿方向研究两个科研项目，分获陕西省地质学会第六届优秀找矿成果二、三等奖。在坚持以"地质找矿"为立所之本的同时，研究所努力开拓地质延伸优势产业，逐步开拓分析测试、环境评价、印刷、油田技术服务、工程施工五个领域，实现地质延伸板块经济稳步增长。分析测试中心"车用PVC防石击涂料”项目,不仅获得咸阳市科学技术一等奖,而且获得科技统筹创新工程计划省重大科技成果转化专项基金的支持。环境评价中心是省优秀环评单位,承担着国家采掘、建材火电、核工业、社会区域、冶金机电、农林水利6个行业的建设评价项目,业务范围以陕西为中心,并辐射到西藏、甘肃、河南、内蒙古、新疆、海南等地区。油田技术服务中心开拓长庆油田、延长石油、青海油田、盐湖集团、吐哈油田等市场。彩印厂引进海德堡六色机设备(CD102速霸),提升能力,提高产品质量,对外获得良好的口碑。工程施工板块全年高标准高质量完成16项基础工程施工项目,施工规范,全年无安全事故,特别是中华世纪城一期项目和咸阳苏家堡城改一期项目,桩基工程施工质量合格率100%。全年获得专利9项,其中发明5项,实用新型4项。

(吴　萌)

陕西省地矿局区域地质矿产研究院

2012年,陕西省地矿局区域地质矿产研究院积极实施项目带动战略,共承担省内外区调、矿产勘查、土地规划等方面50万元以上项目45个,创历年来项目承揽新高。抓紧抓好青藏专项项目、“358”项目、省内外地勘基金项目、商业勘查重点项目、国土资源服务项目等,确保提前圆满完成任务,使单位经济再上新台阶。省内,承担的陕西省永寿县碾子沟煤矿资源整合勘探服务项目成果报告通过市级初审,新增加煤炭资源储量上亿吨。陕西省彬县——旬邑油页岩远景调查项目3个钻孔全部见矿,品质也较高。省外,承担的海拔高、条件艰苦的无人区项目——新疆民丰县硝尔库勒锑矿普查项目估算锑矿储量大,为国家新增一个大型锑矿床。承担的青海、新疆、西藏、内蒙古各区调、矿勘项目均取得满意的地质和矿产成果。质量工作明显提升,承担的青藏专项、新疆“358”专项、内蒙古基金项目等6个地质项目分别经西安地调中心、成都地调中心和内蒙古地勘中心专家组评审验收,获得野外验收或总体设计优秀评级,创造研究院历年来地质勘察项目质量年度工作最好纪录。青海办事处工作取得可喜进展。办事处2012年5月成立以来,完成合同价款125万元的青海省茫崖镇柴水沟金矿普查项目,完成2个商业勘查设计,同时申报2个探矿权,其中“青海省大柴旦行委八里沟多金属矿预查”探矿权已通过各级政府机构审查,等待青海省国土资源厅最后审查。办事处还完成青海2个地勘基金项目的设计编写,等待青海省国土资源厅评审。实现第33个安全生产年目标。面对地质项目多,自然条件极其恶劣,特别是野外施工项目多的压力,研究院高度重视安全生产,认真贯彻总公司安全工作会议精神及各类安全活动精神,从组织建设、制度建设、安全培训、措施落实、监督检查等环节严格把关,特别是7月、8月,单位专门组织4个检查组分别对省内外各野外项目重点进行安全生产大检查,取得预期良好效果,保障单位顺利提前完成全年目标任务。

(白宏伟)

中国船舶重工集团公司第十二研究所

是中国船舶工业唯一的热加工工艺研究所,有职工360余人,其中科技人员210人,研究员、高级工程师80余人,科研、生产、测试设备齐全。全所有11个专业研究机构,3个试制机构,2个开发中心和《热加工工艺》杂志社,1个控股子公司(西安船舶材料成型有限公司)。主要从事特种材料研制与验证、表面强化与改性、特种成型及工艺优化、逆向分析与敏捷制造、质量与可靠性评估、理化检测及计量等专业领域的应用技术研究和产品开发。主要产品包括精密复杂铸锻件及辅助材料、高精系列轴瓦、新材料等。2012年,研究所共有19项项目顺利通过上级验收,其中,3项支撑技术项目被评为优秀,3项科技成果获得应用。继续坚持“顶层策划、突出优势、整合资源、有效实施”的新产品开发方针,加强新产品开发组织工作,重点开发“低速机汽缸套”、“中速机活塞”等新产品,并取得阶段性成果。积极参加海事会、海洋工程规划会等,谋划船舶配套、海洋工程、工程机械等领域新产品开发工作。通过持续工艺优化和技术创新,传统产品的核心竞争力不断增强,有效地保障传统产业的可持续增长。2012年,新产品、新市场对经济的贡献率超过50%,科技对产业的支撑作用进一步显现。科技产业保持快速增长。2012年完成销售产值2.25亿元。产业板块格局初步形成。坚持专业化、成品化、规模化发展方针,初步形成船舶配套、疏浚装备、塑性成形及有色金属、滑动轴承等产业板块,优势产业的标杆引领作用逐步显现。拓展天航、合肥熔安、四六一、四六八等大客户的产品市场,开发南京航道局、二〇四所、七一一所等重点客户,开拓四〇三厂、四七九厂、七〇四所、航天泵业等新市场。

(曲　媛)

陕西省农业机械研究所　2012年,陕西省农业机械研究所把技术创新作为深化科技体制改革,增强科技实力的关键,强化产学研用协同创新发展,坚持走“市场有需求、技术有支撑、生产有效益”的发展之路,科技创新实现重大突破。全所共申报科技项目6项,“花椒核桃采收处理和谷物干燥机械研制与示范”项目被列为陕西省科技统筹工程重大科技专项,其中“核桃脱皮烘干机研制”、“核桃破壳分离机研制与开发”两个子课题由省农机研究所承担;“柿饼加工关键设备研发”和“新型青核桃脱皮机的研制与推广”两个项目被省农机局列为陕西省农机科研开发项目。2012年11月14日,由陕西省农业机械研究所承担的陕西省工业攻关项目“钼粉胶管自动计量定容重装备研制”和“稀土制品自动分级检测关键技术与设备的研发”项目,通过省科技厅的项目验收和科技成果鉴定。两个项目技术水平分别达到国内领先水平和填补国内空白。承担的陕西省“13115”科技创新工程重大专项“设施农业配套关键技术装备的研究与开发”、省重大科技创新专项“稀有金属粉末精确计量成型组合装备”、省农业科技创新项目“农业配方肥生产成套设备及工艺技术”和“红枣加工关键设备研究”4个项目已全面完成，待上级安排鉴定验收。承担的陕西省科技统筹创新工程计划“陕西省农业机械检测与技术服务平台”项目进展顺利，其中，投资20余万元对水力机械检测系统进行升级改造，并通过省内专家验收。已完成服务平台网络建设，开始试运行。该项目的完成，将为陕西省农机化事业起到支撑引领作用。按照《高新技术企业认定管理办法》的有关规定和要求，顺利通过高新技术企业复审认定。2012年，全所共撰写并发表专业论文7篇，其中核心期刊发表4篇，申请专利3项，其中发明专利1项。加大科技创新投入和新产品研发创新力度，为北京矿业研究总院成功研制裙边带新型专用提升机，为东方钽业公司完成钽粉变铌粉自动机型的改制，为陕西赛众集团公司成功研制土壤调节剂连续动态配料生产线技术工艺，完成多用途皮带秤创新设计，成功实现无线通讯控制。2012年，包机所共销售CJ系列铁粉充填机89台，配肥生产线两套，为用户成功提供15万吨复混肥生产线成套设备和30万吨土壤调节剂生产线成套设备，实现销售合同额233万元，比上年增长22.5%。

（马新利）

防震减灾

地震事件 2012年，咸阳境内共发生小震9次，即1月3日武功ML2.0级、3月21日武功ML1.7级、ML1.0级，4月10日乾县ML1.1级，6月16日彬县ML 3.0级，7月8日三原ML1.8级，8月24日泾阳ML1.8级，10月14日三原ML1.2级，12月3日武功ML1.1级地震。最大震级3.0级。

地震监测预报 市地震局制订震情跟踪工作方案并组织实施，及时捕捉、处理、上报各类异常信息，落实地震宏观异常3起；保障台站正常运转和信息畅通，全年仪器运行断记率控制在0.1%以下；完成泾阳县、长武县、旬邑县3个县地震信息节点建设及地震信息发布系统建设；严格按照制度进行震情会商，及时组织全市参加省地震局月会商、年中会商、年度会商，每月与省内及山西、河南等邻近城市进行地震资料交换。在重大活动和重要节日期间及时组织会商，为地震安全保障提供研判意见；组建起遍布各县市区，1848个网点3000多人的“三网一员”（即地震宏观测报网、地震灾情速报网、地震知识宣传网和防震减灾助理员）队伍，并组织业务培训2次；向市委、市政府报送“咸震简报”12期、情况反映及地震考察报告等送阅件14件。完成2012年6月16日旬邑—彬县交界3.0级的地震现场工作。通过中国咸阳网、咸阳地震信息网及时发布震情信息，正确引导社会舆情。

震害防御 受理重大建设工程项目安评结果审批项目10个，受理新、改、扩建工程抗震设防要求备案项目79个，备案率100%；地震小区划项目通过国家地震烈度委员会评审和陕西省发展和改革委员会、陕西省地震局组织的验收并正式投入应用。全市24个新建移民新村纳入农村民居地震安全创建范围，对13个申报市级地震安全农居的示范点进行核查验收。2个社区被命名为省级地震安全示范社区，其中1个被推荐申报国家级地震安全示范社区，4个社区被命名为市级地震安全示范社区。配合陕西省地震局完成国家地震社会服务工程数据收集工作。

地震应急 修订完成《咸阳市地震应急预案》，编制完成《咸阳市地震应急工作指南》。2012年，各级各部门和企事业单位预案备案1896个，城市社区和农村行政村地震应急预案编制完成1680个（占全市基层组织的60%）。年内全市中、小学校开展应急演练1669次，社区组织应急演练13次。8个县市区设立容纳万人以上并有明显标志的应急避难场所。对纳入省上“十二五”期间拟建的9个应急避难场所项目，完成前期申报、审查等工作。6个县市区组建地震灾害应急救援队，秦都区、兴平市、永寿县组建不同专业服务门类的22支志愿者服务队。

防震减灾宣传 制定印发《咸阳市2012年防震减灾宣传教育工作计划》以及《2012年防震减灾宣传活动周暨防灾减灾日活动方案的通知》等一系列文件，对宣传工作安排部署，策划组织好宣传活动。5月5日，在咸阳市统一广场举行秦都区应急志愿者队伍授旗仪式及应急通讯分队演练。5月8日，在永寿县举办由陕西省地震局、陕西省文化厅等单位主办的陕西省“第三个防震减灾宣传周”活动启动仪式。5月12日和7月28日，市县两级分别在当地开展集中宣传，向广大群众普及防震减灾科普知识。市县两级主要媒体积极参与防震减灾宣传，电视台播放“科学应对地震灾害”等科教片，《咸阳日报》《今日咸阳》等报刊以及各级政府网站开设地震科普知识、自救互救知识专栏，向社会普及减灾知识。据统计，市县两级在年内组织大型宣传活动9次，开展专题讲座37场，组织知识竞赛13次，展板宣传63次，开展进机关、进学校、进企业、进社区、进农村、进家庭即“六进”活动200多场次，报刊发表文章57篇，电视播放科教片400分钟，发放宣传资料28万份（册）。按照省市县级科普示范学校标准，各级至少要创建一所上一级科普示范学校，构建防震减灾宣传教育长效机制。2012年新创建县级科普示范学校23所，命名市级科普示范学校14所。通过中国咸阳网、咸阳地震信息网、咸阳观震QQ群，及时准确发布防震减灾工作动态，宣传科普知识，搭建起地震部门与社会各界沟通的平台。

（时　钧）

气象观测与减灾

气象观测与预报服务 ①多措并举，扎实开展业务质量提升活动。市气象局每月编发“咸阳市基础业务质量提升”活动动态简报，不定期编发质量提升活动通报批评与表扬等系列材料。出台《咸阳市气象局通信传输和技术保障工作质量考核办法》，完善考核制度，加大奖励，调动保障人员的工作积极性。加强培训，切实提高能力。编印《县局自动站、区域站及网络维护指南》100份,下发各县市区气象局学习使用;举办“区域站保障技术培训班”、“自动土壤水分培训班”、“自动站维护知识培训班”等5期,提高一线人员的操作技能和保障水平。举办咸阳市测报技能比赛活动;开展为期一个月的下站专项检查活动;制定故障及各类数据质量跟踪反馈制度,确保各种疑误记录及时回复;继续实行由基本站夜间负责监控一般站,切实提高资料传输质量。开展“业务质量提升先进台站”和“业务质量提升先进个人”评选活动。②提高监测网络质量,达到省气象局目标要求。全市年内共验收通过百班无错情126个,250班无错情8个;地面、农气、生态、酸雨观测错情率均为0.0‰(省定标准0.02‰和0.01‰)。常规气象信息传输及时率100%(省标100%)、城镇天气预报资料及时率100%(省标99%),酸雨100%(省标98%)、自动站99.62%(省标98%)、区域站98.66%(省标96%)、土壤水分99.7%(省标98%)。各类业务质量均达到或超过省定标准,位于全省前列,促进全市业务整体水平的提升。③预报质量稳中有升,综合预报质量全面达标。1月~11月,24小时一般性降水预报准确率为66.0%;24小时晴雨预报准确率为83.9%;24小时最高温度预报准确率(<±2℃)为70.2%;最低温度预报准确率(<±2℃)为71.7%。④公共气象服务能力显著增强,气象服务覆盖面不断扩大。通过手机短信、电话、显示屏、传真、电视、报纸、微博、预警大喇叭、乡镇气象信息员向决策用户、公众用户及专业用户发送各类预警信息150次,共约45万人次;12121热线电话拨打量为346万人次;开通咸阳气象微博,全年共发布消息186次;预警信息外呼52次,共外呼86万人次;结合“三二三”、“五一二”等主题开展气象科普进校园、进社区等宣传活动6次,发放科普资料10万余份。接受咸阳电视台、教育电视台、广播电台及其他新闻媒体采访40次以上。⑤决策气象服务能力不断增强。针对干旱、高温、雷电、冰雹、大风、暴雨等极端灾害性天气,制订《2012年咸阳市气象局决策气象服务方案》。根据天气形势,提前预报预测、及时发布预警,给各级地方政府及各部门提供科学可靠的决策气象服务,为各地抢险救灾、防灾减灾赢得宝贵的时间,得到各级政府的一致好评。累计发布《重要天气报告》21期、《专题气象服务》2期、《送阅件》1期、《气象灾害预警》3期、《重要气象信息》4期、《重要信息专报》1期、《节假日和大型活动专题气象服务》3期、《春运专题气象服务》5期、《全国赛艇锦标赛气象服务专报》7期、《下周天气与农事生产》41期、《气象决策参考》11期、《气候评价》1期、《灾害评估》1期、《上月气候回顾与当月气候展望》11期、《中期预报》39期、《半年气候评价》1期。⑥加强区域监测联防与部门联动,汛期气象服务效益显著。市气象台加强与省气象台会商,强化与宝鸡、天水、庆阳、平凉等气象局区域联防,加强对县气象局的预报技术指导,主动与市应急办、市国土资源局、市防汛办等部门加强沟通,联合会商,共同开展气象灾害防御。加强与气象信息员的互动,向全市3000余名气象信息员发送信息96批次,共计30万人次,开展有效互动800多人次。先后启动重大气象服务应急命令3次,主动为各级政府和广大人民群众防灾减灾、生产生活提供准确、及时、优质的气象服务,取得明显的社会、经济效益。市气象台被省气象局评为“汛期气象服务先进集体”,1人被评为“先进个人”。⑦完成专项气象服务工作。一是突出抓好春节、清明节、五一黄金周、科技之春宣传月、端午节、高考等重要节假日和大型社会活动气象服务工作。相继为“咸阳湖菊花展”、“中国·永寿第九届槐花节”、“第三届彬县大佛寺旅游节”、“第五届兴平荷花节”和“全国赛艇锦标赛”提供及时准确、针对性强的天气预报、应急服务,受到主办单位的好评。二是围绕“三夏”工作,提供及时、准确和主动的气象服务,发布《春播期天气趋势预测与农事生产建议》1期、《三夏专题气象服务》9期。6月4日召开“三夏”及“高考”气象新闻发布会,得到社会各界和新闻媒体的高度关注和报道,及时发布《高考天气预报》,准确的预报为高考的顺利完成提供保障。⑧继续深入推进“两个体系”(即农业气象服务体系和农村气象灾害防御体系)建设,着力提升为农服务和气象灾害防御能力。2012年,市气象局按照“两个体系”建设实施方案,按照“抓点、连线、扩面,整体推动”的工作思路,不断完善现代农业气象观测网络,强化气象为农服务能力,扩展气象信息发布渠道,全面提升气象服务“三农”能力,为地方“强农惠农富农”提供有力保障。市委市政府将实施气象服务“三农”体系建设列为市委市政府为农办20件实事之一。形成“两个体系”建设的常态化投入机制。2012年,市县政府累计投资290万元。此外,市气象局与市委组织部、工业和信息化委员会、农业局、教育局等部门联合发文,加强共建农村气象服务和防灾减灾工作。市政府发文成立市气象灾害应急指挥部,12个县市区也相继成立县级气象灾害应急指挥部,其中长武挂牌成立气象防灾减灾管理局。市县召开应急指挥部联络员会议13次。市、县与农机、广电、水利、国土等部门签订合作协议近20份。12个县气象局出台《气象灾害应急预案》《气象灾害防御规划》和《气象应急准备认证管理办法》。各县编制完成主要气象灾害风险区划及主要农作物气候资源区划;完成46个镇的应急准备认证工作,建成10个县级气象防灾减灾中心和气象为农服务中心,146个镇气象工作站和370个防灾减灾示范村,印发《乡镇气象工作站记录簿》。咸阳市政府出台《关于建立气象灾害预警信息发布“绿色通道”的通知》,逐步建立信息发布“绿色通道”。全市建设气象灾害预警大喇叭607套,实现共享1095套,后续建设340套。建设电子显示屏375块。现代农业园区气象服务示范点建设是2012年“两个体系”建设的重点,市气象局结合地方农业发展特色,制订切实可行的实施方案,大力推进气象示范园建设。全市已建成苹果、石榴、酿酒葡萄、蔬菜、樱桃、烤烟等现代农业气象服务示范园12个,实现县市区全覆盖。各县市区气象局围绕特色产业、关键季

节，形成《苹果专题服务》《专题送阅件》等系列服务产品，将气象为农服务产品送到田间地头，开展"直通式"气象服务，让农民实实在在感受到气象为农服务的好处。⑨大力推进基层台站综合改革工作。按照中国气象局和陕西省气象局关于基层气象台站综合改革的精神，举办基层台站综合改革培训班，组织多次赴外地调研，推荐长武县气象局为全省基层综合改革试点县局，确定旬邑、乾县、永寿、泾阳和彬县气象局为全市试点县局。其他6个县气象局为市级单项试点县，要求以气象为农"两个体系"建设、气象灾害应急指挥部建设等为突破点，逐步推进。全市基层机构综合改革工作取得阶段性成效。一是实现气象灾害应急指挥部全覆盖，建成气象灾害应急指挥部13个。二是市气象局、兴平、礼泉、泾阳、永寿等县市区气象局将气象行政许可项目集中到市、县政务服务中心集中办理。三是争取地方编制情况良好。彬县气象局申请落实3个地方编制，已经县政府常务会议研究通过；乾县政府常务会议研究通过给气象局增加3名～5名地方编制。另外，长武、彬县、淳化、旬邑四个县气象局共争取挂靠管理的地方编制40个（全部集中在代管的防雹站）。四是新组建减灾服务中心和气象用户服务中心。五是兴平、乾县等气象局将防雷安全纳入到县安全生产目标考核中，加强防雷的安全管理。六是长武省级试点县全面完成省气象局下达的阶段性工作任务。

人工影响天气工作 ①认真安排2012年人影工作。市人影办早安排早动手，2月初下达弹药分配计划，2月16日在全市气象局长会议上对2012年人影工作进行全面安排，3月初下发《关于做好2012年度人工影响天气工作安排的通知》，对全年人影工作进行部署，针对人员培训工作3月中旬下发《关于开展人影培训工作的通知》，提出明确要求，4月27日召开2012年全市气象业务暨人影工作会议，根据省人影办2012年工作要点对全年人影工作进行再安排、再部署，重点强调弹药安全管理、基础设施建设、人员培训、防雹减灾作业等问题。各县人影办认真落实有关会议和文件精神，制订计划，扎实安排，各项工作有序推进。②抓住有利时机，积极组织增雨防雹作业。2012年全市春末到夏初降水偏少，干旱严重，强对流天气出现早，6月下旬到8月冰雹天气频繁，灾害严重。市县两级人影办周密安排部署抗旱增雨和防雹减灾工作，严密监视天气变化，抓住有利时机组织人工增雨作业5次，耗炮弹1145发、火箭弹62枚，累计增雨面积3020平方千米，增雨效益约4300万元。2012年共出现雹云日24个，共组织63个作业点，作业356炮（箭）次，耗炮弹12859发，火箭弹215枚，保护面积3100平方千米，减少经济损失上亿元。③人工增雨缓解旱情。2012年春末到夏初降水偏少，尤其是5月下旬到6月中旬后期，大部县降水偏少严重，果区出现持续高温天气，高温少雨的天气造成农田土壤失墒加快，旱情发展迅速，省、市防总启动Ⅳ级防抗干旱灾害应急预案。市人影办及时转发文件，积极落实文件精神，从人员到位、弹药储备、空域申请、作业时机，射击方式、信息传递、作业公告及作业效果评估等方面对增雨工作进行全面安排部署，各县人影办周密部署，抓住有利时机，积极开展增雨作业。3月1日、4月23、24日、6月25、29日组织5次较大规模的增雨作业，耗炮弹1145发，火箭弹64枚。累计增雨面积3020平方千米，有效缓解旱情。受到各级政府和广大人民群众的普遍称赞。④防雹减灾成效显著。2012年首次冰雹出现早，6月下旬到8月冰雹天气频繁，灾害严重。4月20日，渭城区底张街道办事处出现雷雨冰雹天气，属冰雹出现较早的年份，为防雹工作敲响警钟，6月下旬到8月强对流天气频繁发生，共出现雹云日24个，出现冰雹日14天。全年共发布防雹警报19期，防雹作业指令发布18次，通过手机平台发布信息5700人次。发布人工防雹简报14期，主要作业过程有11次，分别为6月18、21、23、28日，7月13、14日，8月7、9、25、27日，9月18日。在防雹季节，全市人影工作者坚持24小时值班守班制度，充分利用渭北项目建设成果，充分发挥旬邑711数字雷达和TWR01A型雷达监测作用，做到准确预警、精心组织，科学作业，防御及时，有效减少冰雹灾害损失。⑤严格设备审验，加强人员培训。市县两级高度重视人影设备审验工作，协助省军区修械所、航天四十一所技术人员，3月5日至4月13日对全市高炮、火箭进行年检审验，全年共审验高炮52门，火箭40副，由于各县普遍重视，维修保养到位，零部件齐全，审验合格率为100%。人影作业人员的技术培训工作历来是市县两级的重点工作之一，市人影办专门下发文件，规定培训内容，提出明确要求，各县普遍重视，淳化、长武、彬县、永寿等县主管县长到场参加开班仪式并讲话。各县人影办能够按照市人影办要求组织作业人员学习安全知识，人影有关安全规定，人影安全事故案例，吸取其他省市人影安全事故的教训。全市从4月15日至5月6日分县培训炮手166人，火箭手109人，人影作业人员岗前培训率100%。⑥落实陕西人工影响天气领导小组办公室《关于组织开展2012年度全省人影安全生产活动的通知》精神，加强安全检查。市政府、市气象局高度重视人影安全工作。2月20日在全市气象工作会议上对2012年人影工作进行安排部署，签订人影安全工作责任书；安排市人影办4月13日～26日对各作业点安全生产进行检查，重点检查弹药库房、炮站等基础设施建设、弹药储存运输保管使用、人影制度、管理等。5月23～24日积极配合省人影检查组，对市人影办、彬县、长武人影培训、基础设施建设、人影档案、弹药管理、作业流程等进行全面检查，进一步促进人影安全生产工作。⑦抓住关键环节，制定整改措施。针对安全检查发现的问题，专题向市政府汇报，同时针对各县存在的主要问题分县下发《关于人影安全生产工作有关问题的函》，提出明确的整改要求。5月7日至11日，由市政府组织，市气象局牵头，市人影办领导带队，对全市人影安全生产工作再检查，针对作业点、人影弹药库房建设、弹药柜安装、人影地方编制及队伍建设等主要问题与各县主管县长进行磋商,形成一致的整改意见。⑧全面完成2012年人影弹药专用柜安装任务。市县人影办高度重视人影弹药储藏安全,认真落实咸阳市人民政府办公室《关于进一步加强人工影响天气安全管理工作的通知》精神,截至年底,多方筹集资金152万元,47个作业点,5个县级弹药专用柜已安装到位,解决人影弹药储存问题。

气象科技现代化建设 ①加大科研力度。2012年,咸阳市气象局推进气象科技自主创新能力建设。市气象局投入20余万元,支持科研项目10个,围绕气象为农服务、天气预报、防灾减灾、技术保障等业务开展科技攻关。组建一支以高级工程师为领头人、以科研骨干为主力、以新进大学生为青年人才培养对象的气象为农服务科研队伍,市县参加科研人员40余人。成功申报省气象局科研项目6个,其中预报员专项3个,创新基金项目3个。全市科技成果获奖6项,发表科技论文12篇,科普文章4篇,马延庆、袁光明等30余人获省部级、厅局级奖励。其中《农业气象灾害防御技术研究与推广》和《陕西省生态气候环境监测系统建设及推广应用》获2011年陕西省农业技术推广成果奖三等奖;《咸阳市渭北七县人工影响天气技术研究与推广》获咸阳市2011年度农村科技进步一等奖,《咸阳市农业气象灾害监测预警与调控技术研究》获咸阳市2011年度科学技术一等奖。②2012年继续实施项目带动计划。共安排10个重点建设项目。其中,为农服务"两个体系"建设已完成80%,泾阳专项建设全面完成;山洪非工程措施项目2010年的三个县已完成建设任务,并通过水利部门初验,2011年的三个县配套资金全部到位。完成400气象服务热线与12121系统整合;人影安防工程建成11套空域请示批复系统,7套实景监控系统,新建标准化作业点9个,购置弹药柜36个;咸阳新一代天气雷达项目已完成选址、可研报告编制、征地前期准备等工作;彬县迁站完成道路修整、场地平整等前期工程准备;乾县气象监测预警中心完成道路围墙建设工作。③南北互动计划成效显著。市气象局协调长武、三原县气象局分别与渭南韩城市气象局、宝鸡陇县气象局开展跨市示范窗口单位互动结对竞赛,旬邑、泾阳、武功县气象局分别与延安安塞县气象局、渭南富平县气象局、榆林定边县气象局开展跨市为农服务示范单位互动结对竞赛。年内分别开展互访座谈、互派人员交流等形式的互动,达到互相学习,共同提高的效果。各结对县气象局之间互派业务骨干14人次。继续实施科技下基层、素质提高、关注民生、文化建设四项行动。安排高工下基层16人次进行技术指导。技术保障小分队赴县气象局帮助解决技术难题60余次。同省气象台、经济台、气候中心合作,组织市县两级技术骨干研发先进技术20项。开展技术带头人选拔活动,推荐培养技术带头人4名。重点扶持欠发达县区气象局气象科技服务发展项目,兼顾对个别"资源"贫乏、服务项目单一县区气象局的扶持。协调兴平市气象局结对帮扶铜川宜君县气象局,协调省防雷中心结对帮扶淳化县气象局。

(尹盟毅)

社会科学

开展学习宣传十八大精神活动 2012年,市社科联坚持以科学发展观为指导,认真学习贯彻党的十八大重要思想。党的十八大召开前,积极和党建出版社、人民出版社以及市新华书店联系,提前将十八大学习辅导材料以推荐书目的形式进行推荐,要求全市各县市区、各部门在十八大召开之后及时购买学习。十八大召开后,及时在媒体开设学习宣传党的十八大精神理论宣传专题栏目。筹备"咸阳市各界学习宣传党的十八大精神理论研讨会",确定10多位社科理论界专家、市直有关部门负责人为主题发言人,为他们提供学习资料,准备大会发言。11月22日,召开"咸阳市社会各界学习宣传十八大精神座谈会",邀请社科理论界专家、研究机构,群众团体、中省劳模、一线工人、学生等代表60多人参加座谈,《咸阳日报》《今日咸阳》、咸阳新闻网进行宣传报道,《咸阳日报》专门刊发系列专版,为进一步掀起全市各界学习宣传贯彻十八大精神的热潮营造浓厚氛围。

筹建各类学会 切实发挥哲学、社会科学资政育人的积极作用,组织驻咸各高校召开成立学会筹备工作会议,全市各高校的负责人及宣传部长、各学会筹建人30余人参加会议,下发《关于筹建咸阳市哲学社会科学类学会的通知》,就拟成立的13个学会筹建工作进行安排部署,各学会按照搭建班子、制订方案、起草章程,筹备大会的程序有序进行,"咸阳市新闻学会"等一批学会陆续成立。

征集研究成果 深入开展社科理论研究,策划编辑出版一套展示新时期咸阳市哲学社会科学理论成果的图书,3月下发征集稿件的通知,并在《咸阳日报》、中国咸阳网上专门登载,对驻咸各高校进行重点走访,把征稿通知放在驻咸各高校门户网站上,陆续收到社会各界的投稿89篇。5月21日~27日,参加全国大中型城市社科联第23届年会,市社科联下属的诗词学会获"全国先进社团"称号。组织"全省学习型党组织征文竞赛活动",收到各类征文56篇,上报24篇。对《咸阳论坛》杂志进行改革创新,从栏目设置、彩版照片、约稿人员、稿件审阅以及编辑视角、文字校对等,认真研究、反复修改,力求做到质量更好。开办有高层声音、领导讲话、秦汉文化论坛、领导艺术、特别关注、环球采风、读点历史、新书架和争鸣、滴水藏海、资料卡等十多个栏目。

(李玉冰)

XIANYANG YEARBOOK 咸阳年鉴

教　　育

概　　述

概况　2012年，咸阳市有中小学1622所，各级在校中小学学生数、幼儿园在校人数总计946995人，幼儿园、中小学教师69122人。2012年全市教育系统干部师生深入贯彻中省教育规划纲要及实施意见，各项重点工程、各项教育目标任务顺利完成。市教育局获国务院颁发的全国两基工作先进单位奖。彬县成功创建为陕西教育强县，三原县承担全省学前教育现场推进会任务；全省党政领导优先发展教育现场会在咸阳彬县召开。市教育局被省委、省政府评为文明单位，被市委、市政府评为目标责任考核优秀单位；2012年获省教工委、省教育厅精神文明建设最佳单位等省市20余项奖励。

教育资助扶助　全市建立覆盖大学、高中、职中、义务段到学前教育等各层次的教育资助扶助体系。全年农村补助公用经费、免教科书费、贫困寄宿生生活费、城市补助公用经费、农村教学点公用经费等7.27亿元。普通高中贫困生资助、职业中学助学金、学前一年免费1.95亿元。为将近3万名贫困大学生办理生源地助学贷款。乾县筹资120万元资助贫困大学生300人，武功县为188名应届贫困大学生落实助学金，长武县在全省农村义务教育营养改善会上介绍工作经验。全市义务教育阶段1707所学校的近50万名学生享受“蛋奶工程”，占义务段学生总数的82%。长武县、永寿县和淳化县实施营养餐试点，244所学校共5万多名学生按照每生每天3元的标准享受完整午餐或加餐。党和国家的惠民政策真正惠及人民。

现代教育技术提升工程　现代教学设施配备情况：旬邑教育局投资775万元，为29所中小学配备现代化教学设施323套；彬县投资541万元为28所中小学安装多媒体设备；长武县投资120万元改建370个考点电子监控平台。渭城区教育局投入130万元，完成5所学校班班通建设。全市90%的中学、70%的小学共1450所学校接入互联网。610所学校建有网站，拓展优质教育资源。2012年5月，组织咸阳市第八届新课程资源应用与学科整合展示交流，共开展课例13节。组织学校参加教育部教育管理信息中心举办的第三届全国优秀教案评选活动。咸阳电化教育馆获组织奖。组织咸阳市等八届中小学电脑制作活动，收到作品252件，其中19件作品在全省获奖。全市还申报19个现代教育技术研究课题。以此促进教师提高研究和实验能力。

市教育局获全国“两基”工作先进单位

教育　文化　卫生

表38

指　标　名　称	单　位	2012年	2011年	同比增减%
一、教　育				
1. 学校数	个	1622	1683	-3.6
普通中学	个	308	311	-1.0
小　学	个	1314	1372	-4.2
2. 专任教师数	人	51494	52364	-1.7
普通中学	人	25172	25384	-0.8
小　学	人	26322	26980	-2.4
3. 在校学生数	万人	71.68	79.15	-9.4
普通中学	万人	36.11	40.5	-10.8
小　学	万人	35.57	38.65	-8.0
二、文　化				
剧院、影剧院数	个	10	10	持平
公共图书馆藏书	千册	1238	1044	18.6
三、卫　生				
医院、卫生院数（不包括妇幼保健院）	个	129	126	2.4
医院、卫生院床位数	张	16003	13405	19.4
医生数	人	8566	7478	14.5
注册护士	人	11202	8853	26.5

称号 2012年9月,在全国教师工作暨“两基”工作总结表彰大会上,市教育局被国务院授予全国“两基”工作先进单位称号,这是继2001年6月咸阳市被评为全国“两基”工作先进市之后,咸阳市教育事业又获得的一项国家级荣誉。市教育局以不断巩固提高“两基”成果、大力推进区域均衡发展、创建西部教育强市为目标,通过中小学布局调整、校舍安全工程、学校标准化建设、教育强镇强县创建等扎实举措,推动全市“两基”工作实现由基本普及到巩固提高,由区域创优到整体均衡,由义务教育到“两头”延伸的新跨越。先后有武功县、三原县创建为省教育强县,秦都区创建为“双高普九区”,彬县创建为全省首个双高双普县,长武县创建为教育均衡发展合格县。咸阳市“两基”巩固提高工作及教育强市创建工作走在全省前列。

办学条件均衡配置 “两基”达标期间,累计筹措资金10亿元,基本实现城乡初级中学、中心小学和大多数完全小学校舍楼房化。“两基”达标后,积极稳妥推进中小学布局调整,中小学数量从2001年的3443所优化整合为2011年的1683所,规模效益和教育质量显著提高。5年来,先后通过实施中小学基础设施改造工程、中小学校舍安全工程、寄宿制学校建设工程等,新建改造校舍212.3万平方米,累计投入资金32.8亿元。实施义务教育学校标准化建设工程,建成标准化学校138所,推动促进义务教育均衡发展。实施城市教育资源整合建设工程,对辖区内中省市企事业学校、幼儿园整合,在优化中缩小办学差距,在整合中增容扩量,使城区学校“上学难”、“上学贵”问题得到有效缓解。实施中小学信息化工程,全市所有初中和85%以上的小学多种方式接入互联网和基础教育专网,镇办中心小学以上的学校建成校园网,教育现代化步伐加快。

普及水平不断提升 形成具有咸阳特色的防贫困辍学、防学困辍学、防流动辍学、防残疾辍学“四防”控辍经验,确保每个学生都能依法按时入学,义务教育普及水平不断提升。建立覆盖学前教育、义务教育、特殊教育、高中阶段教育及大学教育等多层次的教育资助扶助体系,每年各类免补扶助资金6亿元,确保学生不因贫困辍学。以流入地政府为主,以公办学校为主,妥善解决近2万名进城务工人员随迁子女就学问题。全市小学、初中适龄人口入学率分别达到100%和99.8%,初中辍学率控制在1%以内。同时,高度注重巩固扫盲成果,把扫盲工作重点从扫文字盲向扫文化盲和科技盲转变。依托职教中心每年开展各级各类实用技术培训20万人次,转移农村剩余劳动力10万人次。大力发展职业教育,在全省率先实施县级职教中心标准化达标工程,创建国家级重点职业学校3所、省级重点职业学校5所,培育出一批有地域特色,对接当地经济社会发展需求的实训基地和品牌专业,为全市经济社会发展培养一大批实用性技术人才。

义务教育“两头”延伸 义务教育一头连着学前教育,一头连着高中阶段教育,只有向“两头”延伸,才能构建协调发展的教育体系。咸阳在全省率先出台“推进义务教育均衡发展”的重要文件,制定出全市城乡和区域教育均衡发展路线图,逐级签订备忘录,形成以校舍安全工程促硬件均衡,以学校标准化建设工程促软件均衡,以交流帮扶机制促师资均衡,以有效教学促质量均衡等工作举措,实现区域内义务教育基本均衡。通过大力实施高中标准化建设工程、县级职教中心标准化建设工程和学前教育普及工程,向义务教育两头延伸。先后投入资金24亿元,发展高中阶段教育,全市高中阶段入学率89.2%。创建省级标准化高中34所、省级示范化高中4所。投资3.7亿元的市实验中学、投资5.4亿元的旬邑中学、投资2.1亿元的长武中学和投资7.5亿元的彬县教育园区等一大批教育重点建设项目,成为咸阳市大手笔办教育的缩影。2012年开始实施学前教育普及工程和学前教育三年行动计划,规划建设公办幼儿园161所,累计投入资金5.79亿元,已建成公办幼儿园166所,提前一年完成任务,基本实现每个县城拥有2所公办幼儿园,每个乡镇有1所公办幼儿园的目标,行政村办园覆盖面75%,学前一年普及率92.3%,学前三年普及率79.5%。

教育质量逐年跨越 各级教育主管部门始终把质量作为教育的生命线,把精细管理和有效教学作为强根固本的重要抓手,先后开展有效教学宣传年、实施年、深化年、提高年和高效课堂建设年系列活动。一年一个主题,一脉相承,逐年深化,分类推动,整体提高,有力地促进中小学校管理的精细程度和教学工作的优质高效。2012年二本以上上线17561人,一、二、三本上线人数刷新历年纪录,上线绝对人数增量创历年最高。从2007年至2012年,全市高考参考人数减少5807人,二本上线人数在2006年9978人的基础上提高到2012年的17561人,六年净增加7583人,每年以千人的速度递增。

咸阳市实验中学新校区投入使用 咸阳市实验中学成立于1998年9月,初期设39个教学班,在校生3000人,教职工96人。原校区面积小、学生众多,已不能满足教育发展需求。2005年11月,市政府常务会决定划拨17.33公顷土地建设实验中学新校区,地址选在中华西路南,秦都桥北,高新区以东。2009年6月26日,作为市委市政府实施民生工程建设重点项目工程正式开工,项目工程建筑面积12万平方米,投资3.2亿元。建成实验楼、教学楼、科技楼、学生公寓楼、运动场塑胶操场、国际交流中心等,绿化亮化和谐有致,功能区动静相宜,一流教学设施,成为咸阳市区一道亮丽风景线。2012年9月,4700名学生入住新校区,分82个班。学校以建设优质化、现代化、特色化、国际化的名校为目标,使高中生能享受到优质教育资源。

(刘维刚)

基础教育

概况 ①全市2012年有初中252所,在校生204840人,初中毕业85420人,升学率95.3%;小学1314所,在校生355739人。市级财政教育投入占公共财政支出比例22%以上,投资3.7亿元的市实验中学新校区秋季已经全部投入使用。投资5.4亿元的旬邑中学、2.1亿元的长武中学、2.2亿元的泾阳中学和7.5亿元的彬县教育园区等一大批教育重点建设项目竣工并投入使用，彬县投资1000万元在全省率先建18所乡村少年宫。成为咸阳大手笔、大动作、大胸襟办教育的突出典型。②咸阳提前两年实现基本普及九年义务教育、基本扫除青壮年文盲的“两基”目标后，采取中小学布局调整、校舍安全工程、学校标准化建设、教育强镇强县创建等举措，5个县市区先后创建为陕西省教育强县、“双高双普县”和教育均衡发展合格县，全市“两基”工作实现由基本普及到巩固提高，由区域创优到整体均衡，由义务教育到“两头”延伸的新跨越。③学前教育普及工程三年任务两年完成。全市幼儿园682所，在园幼儿158977人。在园幼儿教师19392人，入园率89.8%。2012年咸阳新建及改扩建公办幼儿园96所。两年来累计投入资金5.79亿元，建设公办幼儿园186所，比省上下达的三年任务112所超出74所，比市定任务161所超出25所，实现公办幼儿园建设“三年任务两年完成”的目标任务，学前教育普及率、幼儿园建设达标率及幼儿园覆盖率三项指标大幅提升。10月30日，全省学前教育“三年行动计划”现场推进会在三原召开，市教育局和三原县教育局作了大会发言。咸阳强力推进公办幼儿园建设、科学加强幼儿园保教管理水平等做法在全省推广，并多次接待50个外地的观摩学习团。全市学前免费金额3177万元。彬县免除学前三年保教费受益幼儿1万多人。泾阳县学前三年免费全面实施，礼泉县、长武县新招幼教各30人。④高中教育质量再次刷新咸阳历史纪录。继咸阳连续四年开展有效教学启动年、实施年、深化年、提高年后，2012年被确立为“高效课堂”创建年，一脉相承、逐年深化的质量工程使各个年段的教育质量大幅提升。2012年全市共有高考生55495人，其中一本上线6786人，上线率12.2%，较上年增加1231人；二本以上共上线17561人，上线率31.6%，较上年增加2403人；三本以上共上线34356人，上线率62%，较上年增加2926人；大专以上共上线47053人，上线率84.8%，超出全省75%录取率近10个百分点。咸阳一本、二本上线人数增幅居关中四地市之首，三本绝对人数增量和增幅均居全省第一。这是咸阳从2007年以来在相继取得恢复性增长、持续性增长、稳定性增长和巩固性增长的基础上，实现的更有意义、更具说服力的跨越性增长。从2006年二本上线9978人到2012年的17561人，六年净增7583人，咸阳高中教育质量取得六年持续攀升、五年连创新高的骄人业绩。⑤彬县成功创建为咸阳市第三个省级教育强县。11月10日，彬县创建陕西省教育强县工作高分通过省政府正式验收，成为咸阳第3个、全省第21个省级教育强县。三年来，彬县累计为教育基础建设投入15亿元，教育园区设施全省一流；列支2000万元，在全市率先实施15年免费教育；彬县职教中心被教育部命名为国家级重点职业学校和国家中等职业教育改革发展示范学校。彬县走上一条均衡发展、协调发展、内涵发展的教育强县之路，为咸阳教育树立新典型。

（刘维刚）

职业教育·成人教育

概况　彬县、旬邑县职业教育中心新增煤炭生产安全专业、地铁安检专业。武功职教中心投资400万元增设汽车运用与维修专业。乾县职教新建汽修车间计算机机房投资217万元。彬县职教中心被教育部命名国家中职教育改革示范校，彬县职教中心9月搬迁投入使用。渭城职教中心与周陵中学资源整合。随着12月长武县职教中心通过市级标准化验收，咸阳达标县级职教中心已经8所，全市职中37所，在校70389人。职业教育基础能力提升工程取得实质进展。全年累计完成职教招生2.69万人，完成劳动力转移培训10.3万人次，其中“人人技能工程”培训1.23万人次。咸阳6所职中被确定为陕西省重点支持建设项目，泾阳县、礼泉县被评为全省职业教育现代农业示范县。礼泉职教中心承担全县各类培训。

（刘维刚）

普通高等教育

陕西中医学院　陕西中医学院是陕西省唯一培养高级中医药人才的普通高等院校，是全国8所重点建设中医院校之一，是国务院学位委员会批准的首批硕士学位授予权单位。学校分南（新校区）、北两个校区。南校区位于西咸新区世纪大道中段。学校有基础医学院、中医临床医学院、中西医临床医学院、临床医学院、药学院、继续教育学院等6个二级学院；有针灸推拿系、护理系、医学技术系、公共卫生系、人文科学系、英语系、体育部、社会科学部、临床教学部等9个教学系部；有2所直属附属医院、11所非直属附属医院、1家制药厂、1个陕西医史博物馆。学校开设中医学、中西医临床医学、临床医学、针灸推拿学、医学影像学、医学检验技术、康复治疗学、预防医学、护理学、中药学、药物制剂、生物技术、应用心理学、汉语言文学、英语、市场营销、公共事业管理、制药工程等18个本科专业及方向，护理1个高职专业。学校有4个硕士学位授权点。学校成立60年来，涌现了西北唯一的“国医大师”——张学文教授、世界非物质文化遗产中国针灸传承人郭诚杰教授、全国著名伤寒与肾病专家杜雨茂教授为代表的一批在全国有重要影响的名医名师名家，为国家培养5万余名高级中医药人才。学院共建成有国家级特色专业建设点2个，省级特色专业建设点5个，省级专业综合改革试点2个，省级专业综合省级名牌专业5个，省级高等职业教育重点专业1个，省级人才培养模式创新实验区2个，省级实验教学示范中心3个，省级精品课程13门。承担省级以上教育科学研究课题11项，获省级教学成果4项。有各级各类重点学科40个，其中国家中医药管理局重点学科17个，省级重点学科4个，省级特色学科1个，省中医药管理局重点学科7个，基本形成以中医药为主、结构比较合理、层次比较齐全的重点学科群。有各种科研平台27个,其中国家中医药管理局中医药科研三级实验室3个,二级实验室13个,省级重点实验室2个,省中医药管理局重点研究室2个,为科学研究的顺利开展提供有力保障。积极推动后勤临床教学改革,稳步推进专业综合改革试点,加大实践教学基地和实验室建设力度,组织学生参与学科竞赛。2012年学校承担各类各级纵向课题91项,其中国家级11项,国家自然科学基金项目7项,社科基金1项,陕西省重大理论与现实项目4项。学校新增国家中医药管理局"十二五"中医药重点学科10个。2012年学生在各种学科竞赛比赛中获奖39项。在校学生发表论文40篇,学校人才培养质量不断提高。2012年,学校本科就业率92.15%,专科就业率78.95%,硕士就业率80.52%。学校对外合作与交流工作成绩喜人。国家973计划首席科学家段金廒教授担任陕西中医学院中药资源产业协调创新中心首席科学家,标志着学院在对外合作方面取得突破性进展。校地合作进一步深化,筹建孙思邈国医学院工作取得重要进展,与北京同仁堂亳州公司等知名企业战略合作关系日益加深。学院深化与韩国、加拿大、日本等国家和港台等地区的高校交流与合作,全年共接受培养留学生68人(含港澳台学生)。护理系王雪亮等5名学生成为学院首批新加坡护理奖学金得主,实现学院外国政府奖学金项目零的突破。有12名学生取得赴台湾嘉南药理科技大学研修的机会。"走出去"战略开局良好。医疗服务工作成绩显著。一附院2012年医院门诊诊疗320173人次,住院3.0万人次,床位使用率112%,完成手术8000余例;顺利通过国家三级中医医院等级评审,脑病科获批国家卫生部临床重点专科,获资助300万元。新增3个国家中医药管理局名老中医工作室。二附院实现总收入约2.8亿元,全院门诊诊疗306988人次,出院29439人次,手术10872人次,新生儿出生9000余人;通过全国三级中西医结合医院等级评审试评。中西医结合临床、中医血液病学2个国家中医药管理局重点学科、心血管科国家临床重点专科、妇产科省级中医重点专科,共获建设经费1500万元左右。 (史新阳)

西藏民族学院 2012年,西藏民族学院贯彻执行两省区党委、政府,教工委、教育厅决策部署,坚持立足西藏,面向全国的服务方向,深化内涵式发展,以更名、申博和实验实训基地建设三大重点工作为抓手,稳步推进学院教育教学改革。截至年底,西藏民族学院共设有12个二级学院,学科涵盖文、史、哲、经、管、法、医、理、工、教育、艺术等11个学科门类,开设45个本专科专业,共有硕士授权一级学科4个,二级学科16个,全校本专科、研究生在校生近1万名。学校图书馆藏书151万余册,其中电子图书49万余册。

党建和师资队伍建设 进一步加强组织建设,全年举办党校、业余团校各两期培训班,培训入党积极分子2100名,青年马克思主义者600多人;发展党员912名,其中学生党员902名,初步实现低年级有党员、高年级有支部的学生党建工作目标。制定《二级学院党政联席会议事规则》,提高基层组织决策的科学性和民主性。扎实推进党风廉政建设,建立和完善领导干部调查研究制度、听课制度,促进领导干部深入基层一线。出台《督查督办实施办法》,完善督查督办工作机制;坚持一岗双责、亮明身份,坚持教育在先、制度在先,扎实推进党风廉政建设,杜绝违纪案件的发生。进一步加强队伍建设,选派领导干部赴中央党校和国家教育行政学院培训,到自治区各厅局、对口支援高校挂职锻炼。开展空缺科级岗位的补充聘任和科级辅导员聘任工作;引进人才近80人,教师中2人参加国内访学,20人参加国内外业务培训,25人考取博士研究生,5人考取硕士研究生。

教学工作 结合"学风建设年"活动,深入推进教育教学改革,以学风建设带动师风、校风建设,教学质量进一步提高。学科建设有序推进,加强自治区重点学科培育工作,新增中国古代文学等5个自治区重点学科,确定并建设新闻学等5个学科为院内重点学科;启动博士一级学科预建设工作。修订完善《教师教学规范》,规范和优化教学程序;组织公开评教说课、赛教赛课、教学督查指导、教学主管领导深入课堂、中期教学经验交流等活动,提高教师课堂教学技能;推进高等学校创新人才培养模式改革试点、专业综合改革试点和卓越医生教育培养计划项目试点工作,搭建教学平台,激发教师研究教学的活力;出台《关于开展实践育人工作的意见》,新建9个校外实训实习基地,完善实践教学环节;开展本科教学审核评估试评估,发布教学质量报告,完善教学质量监控体系;2012年新申报"计划项目"134项,其中国家级立项40项、自治区级立项66项和院级立项28项;积极参加全国大学生竞赛活动,在"挑战杯"创业计划大赛、数学建模竞赛、计算机设计大赛等赛事中都取得可喜成绩。

科研工作 修订完善科研管理办法,建立科研管理系统,落实基地建设任务,优化科研环境。2012年,全校共获得省部级以上科研项目立项51项,其中国家社科基金项目11项、国家社科基金重大特别委托项目1项,国家自然基金1项,年度科研经费首次突破500万元,多项研究成果获省部级奖励。校外专家来校作学术报告53场,承办、协办学术研讨会3次。学报被评为"全国民族地区十佳学报",《藏学研究》栏目再次被评为名栏。

学生管理 牢固树立"以生为本"的教育理念,结合十八大精神学习贯彻活动,继续深化学生目标量化考核工作,落实管理目标、管理责任、管理措施。结合学生特点和学生实际,落实查夜、校外巡查、辅导员入住公寓等制度,严格管理,细心服务,培养学生逐渐养成良好的行为习惯。完善勤工助学制度,加大帮扶力度,帮助贫困学生顺利完成学业。健全制度,完善设施,开展公寓文化活动,提升公寓管理服务能力。加强学生组织建设,有针对性地开展学生骨干和干部培训,提高学生自我服务和自我管理能力。开展学生社团登记审批工作,出台《学生社团指导老师管理办法》,规范学生社团建设。组织开展"学雷锋"和"春之华"、"秋之

实”校园文化节等校园文化活动和课外实践活动，丰富校园文化生活。

招生就业　全力做好学生就业指导服务工作，就业工作成绩得到上级部门和社会各界的一致认可，2012年获教育部“全国毕业生就业典型经验高校”称号，跻身全国高校就业50强。2012年共招收本专科新生2744人，研究生219人，第一志愿报考率保持较高水平，生源质量明显提高。开展多种形式的就业指导，截至2012年底，应届毕业生就业率89.72%。2012年共有1653名毕业生考取各级政府公务员，考取学生数量在西藏高校排名第一。

实验实训基地建设(新校区)　2011年，经陕西、西藏两省区同意，学院实验实训基地(新校区)建设项目获批立项。2012年6月19日，西咸新区秦汉新城管委会与学院签订实验实训基地(新校区)入驻协议。实验实训基地总体规划已经完成招标，全部征地款和部分建设资金已经到位，前期各项工作正有条不紊地开展。新征教育用地位于咸阳市渭城区迎宾大道以东，汉池路以北，高干渠以南的教育文化科研用地区域。项目总规划用地50.91公顷。西藏民族学院新校区建成，将进一步提升秦汉新城整体文化品位，对促进该区域综合协调发展具有重要的推动作用。

(郝世亮)

咸阳师范学院　咸阳师范学院是一所省属本科院校。教学科研仪器设备总值9300余万元。图书馆馆藏图书文献158万册(其中电子图书43万册)。校园网经历多年的建设与发展，已建立9022个信息点。有全日制在校生16000人，设有19个教学院系(部)、25个研究机构。有本、专科专业64个，涵盖文学、理学、历史学、法学、教育学、管理学、工学、经济学、艺术学等9个学科门类。有教职工1100余人，其中专任教师700余人，具有教授、副教授等高级职称近300人，具有博士、硕士学位教职工500余人。教师中有享受国务院特殊津贴、陕西省突出贡献专家等优秀人才8人。学校承担国家级、省部级科研项目140余项，厅局级科研项目200余项；在历史地理学、光化学分析与电化学分析、基础数学、小波与图像处理、微分流形理论、电磁波的多尺度理论、高电荷态离子物理、湿式摩擦材料等领域形成一定的学科优势。学校主办的《咸阳师范学院学报》1986年创刊，在国内外公开发行，曾获陕西省“优秀科技期刊奖”和“编辑出版优秀奖”，被评为《CAJ-CD规范》执行优秀期刊和《RCCSE中国核心(扩展版)》学术期刊。编辑出版中国秦汉史学会会刊《秦汉研究》，在国内有一定影响。学院与美国、澳大利亚、德国、韩国、日本等10余个国家及香港、台湾地区的30余所大学、科研机构建立友好合作关系。学院先后聘请10个国家的100余位外籍教师来校任教，选派130余名师生赴国外访问、深造和学术交流。学院先后获“全国语言文字工作先进集体”、“全国社会实践先进集体”、“国家级语言文字规范化示范校”、陕西省“文明校园”、陕西省“园林式单位”、陕西省“依法治校示范校”、陕西省教育系统“先进基层党委”、陕西省教育系统“创佳评差”最佳单位等称号。

教育与教学　完成本科专业的整理工作，2个专业获得学士学位授予权，学前教育专业获批省级专业综合改革试点项目。《教育学原理》课程被评为省级精品资源共享课，《公共心理学》和《公共教育学》两门省级精品课程升级换代为省级精品资源共享课。学前教育专业教学团队被评为省级教学团队。《新建地方本科院校“三位一体”教学质量保障长效机制研究与实践》获陕西省优秀教学成果二等奖。学前教育专业实验教学中心被评为省级实验教学示范中心。2个校外实践教育基地被确定为省级大学生校外实践教育基地建设项目。获批国家级大学生创新创业训练计划项目28项。该校被确定为“国家教育体制改革试点项目——普通高中创新人才培养基地”。

学科建设与科研　开展创建硕士点和硕士研究生联合培养工作，与西藏民族学院等3所院校签署联合培养研究生合作协议，有30名教师受聘担任外校兼职硕士生导师。全年获批国家级、省部级科研项目45项。获批各种专利16项。获得陕西省第十次哲学社会科学优秀成果奖3项、陕西高等学校科学技术奖1项。

学生教育管理　大学生思想政治教育、法治教育和心理健康教育有声有色，成效明显，获陕西省校园文化建设优秀成果三等奖1项。积极推进社区家园式管理，学生公寓被授予“全国高校学生公寓管理服务工作先进单位”称号。紧跟就业形势，积极为毕业生提供就业指导和服务，先后举办各类招聘会200余场次，2012届本专科毕业生就业率均高于全省平均水平。

(张　力)

陕西邮电职业技术学院　陕西邮电职业技术学院是陕西省电信实业公司直属的一所培养通信技术类专门人才的高等院校，同时是陕西省邮电培训中心、陕西省通信行业技能鉴定中心。学院有教职员工242人，其中专职教师124人，兼职教师20余人，教授、副教授20人，中级职称教师101人，在校生4800余人，成教生1500余人，开设有通信技术、计算机通信、移动通信技术、金融管理与实务、营销与策划、物流管理等18个专业9个专门化方向，建有校内实训基地40个，设备总值4241万元，校外实训基地35个，馆藏图书23.3万册，中央财政支持的实训基地2个，中央支持专业建设项目1个。学院有省级重点专业4个，省级精品课程4门，省级重点实训基地3个，省级优秀教材2本，省级教学成果奖1项，校企合作“订单班”6个。学院面向全国招生，就业率96%以上，就业率名列同类院校前茅。

优化专业结构　2012年，学院深化内涵建设，取得很多标志性成果。成功申报省级重点专业1个(金融管理与实务)；省级示范实训基地1个(现代通信网实训基地)；省级教学科研成果1个(《基于校企合作FTTH项目的开发与推广》)，建成24门精品课程，其中包括4门省级精品课程，17门院级精品课程、3门精改课程。同时，学院深化教学基础建设工作，建成通信系3G基站建设与维护及网络优化实训室,优化改造两个实训室(文科、金融),新建3个实训室(沙盘、会计、电商物流);并成功申报光纤通信、工程造价等7个专业。

校企合作　学院依托行业办学,积极探索校企合作之路,开展多元化的校企合作。在"订单式"人才培养、共建实训室、为企业提供培训服务、联合制订人才培养方案等方面进行积极的努力和实践,促进学院的发展和人才培养质量的提高。2012年,学院与中兴通讯有限公司、用友新道科技有限公司两家知名企业签订校企合作协议,学院通过"订单式"就业的学生300人左右,学生顶岗实习率基本上90%以上。

社会服务工作　在全力做精做优学校教育的同时,学院不断扩大服务地方经济发展工作。作为陕西省邮电培训中心,学院多年来为企事业单位提供大量的培训服务,为行业发展和服务地方经济做出积极的贡献,获得良好的社会效益。学院社会服务范围涉及管理经营、营销服务、通信技术、计算机技术和通信行业职业技能鉴定等众多专业领域,设有通信行业特有工种职业技能鉴定站,涉及20多个通信行业特有职业(工种),培训过关率70%以上,学院每届毕业生通过技能鉴定站获取的职业资格证书通过率80%以上。

素质教育　学院聚焦"立德树人"的根本任务,在素质教育上下大力气,充分发挥团学工作的引导作用,第二课堂的推动作用和奖助工作的促进作用,学生素质教育成果显著,多名同学在中、省的各类大赛中取得优异成绩。其中,在"全国高职高专计算机综合能力大赛"中获二等奖1名,三等奖3名;在"陕西省高职院校计算机网络应用大赛"中获二等奖;在"陕西省高职院校英语写作(非专业组)大赛"中获三等奖;陕西省大学生健康活力大赛获高职院校组健身排舞第三名、啦啦操花球自编套路第四名、健身健美操自选套路第七名;学院男子篮球队取得第15届CUBA(中国大学生篮球联赛)丙组季军。

就业工作　在做好常规教育工作的同时,学院高度重视毕业生就业工作,从专场招聘会、顶岗实习、参与"支援西部计划"、专升本、公务员考试等途径促进毕业生高质量就业,毕业生就业率96%以上,居同类院校前列。

(任　通)

陕西工业职业技术学院　陕西工业职业技术学院是西北地区首家由教育部批准改制升格的高职学院。截至2012年底,学院有国家级重点专业5个、实训基地3个;省级重点专业14个、实训基地8个。第四届教学工作会议正式启动为期5年的教育教学质量提升计划,总计投入7600万元,实施八大项目32项基本任务。

师资队伍建设　深入实施"专业带头人培养"、"骨干教师培育"、"双师素质提升"、"兼职教师团队建设"四项计划和专业建设"双带头人"、课程建设"双骨干教师"、名师分层培育三项机制,启动五年期全员轮训计划。截至年底,学院已有国家级教学名师1名、教学团队1个;省级教学名师7名、教学团队9个;院级教学名师9名、教学团队7个。2人为咸阳市有突出贡献专家,63名教师在校外各级各类教学业务竞赛中获奖,75名教师获院级多项荣誉称号。具有教授任职资格42人,高级职称250人。年内选派381人次外出研修学习或深入企业实践锻炼,其中69人出国出境学习培训。

招生就业　招生数量连年位居全省同类院校之首,2012年面向10个省市、46个专业计划招收6000名学生,实际录取6779名、报到6349名,报到率93.57%。全院学生总数18353名。毕业生就业率维持较高水平,2012届4959名毕业生一次性就业率98.89%。

教科研　2012年,教科研课题数量质量创历年同期之最,教科研课题立项106项、国家专利总数37项。教职工公开发表论文501篇,其中核心期刊300篇、EI(《工程索引》)收录12篇、CSSCI(中文社会科学引文索引)收录1篇、ISTP(《科技会议录索引》)收录1篇,30篇论文获得不同级别奖项。学院获省财政厅会计基础工作规范达标优秀单位、资产管理先进单位称号。学报编辑部被全国高职高专学报研究会评为"优秀编辑部"。

国际交流　学院积极与德国、美国、日本等国外高等院校、教育机构以及行业企业陆续实施诸多合作办学项目。被教育部遴选为国家首批DMG(德国德玛吉公司)职业教育数控专业领域项目合作院校。完成参加德国奥斯特法利亚应用科技大学"国际夏季大学"活动人选的推荐工作,选拔应届毕业生赴德攻读硕士学位工程师,共建西北地区德语中心。

(马部利)

陕西能源职业技术学院　陕西能源职业技术学院位于咸阳市文林路,辖设临潼医学校区和西安培训中心,是一所面向全国招生的全日制普通高等学校,隶属于陕西省教育厅管理。学院拥有105个门类齐全、设施优良的校内实验实训室(中心),101个紧密合作型校外实习基地。图书馆馆藏图书50余万册,建设数字化图书馆系统,开通"中国知网"、"万方数据"等资料平台。建有标准化塑胶跑道田径运动场地等体育场馆,拥有新型学生公寓、教学楼、餐饮中心、多功能报告厅等较为完善的基础设施。教职工617人,专任教师352人,其中博士、硕士研究生120人,教授20人,副教授114人,建有305人企业兼职教师库。全国及省(部)级劳动模范、优秀教师、先进个人8人,省级教学名师4人,省级教学团队3个。学院设有能源工程系、机电工程系、地质测量系、电子工程系、经济管理系、临床医学系、护理系、医学技术系、基础一部、基础二部等10个系(部)以及继续教育学院、煤矿设计院和中冰(冰岛国)合作咸阳地热培训中心,全日制在校生11628人。设置专业38个,其中省级教改试点专业3个、省级重点建设专业6个,建有省级精品课程6门。毕业生实行"双证书"制度,设有国家职业技能鉴定、全国计算机等级考试、全国英语等级考试、全国信息化工程师——GIS(地理信息系统)应用水平考试、中国职业技术教育学会设计创意教学等职业资格培训与考试认证机构,基本形成以全日制高职教育为主,成人教育、职业培训和技能培训鉴定相结合的办学格局。毕业生遍布全国20多个省(市、自治区),就业面向涉及煤炭、医疗卫生、机械、电子、化工、信息、工商、服务等多个行业和专业领域,首次就业率一直保持在92%以上,先后为社会输送6万余名优秀毕业生。

示范院校建设　2012年,围绕省级示范性高职院校建设,院领导带领调研小组深入系(部)、处(室)开展为期一个月的调研活动,重点听取各有关部门省级示范院校项目建设进展情况和建议,启动实施"项目推动年"活动。细化、分解建设项目,明确内容、经费、时限、标准、人员,突出建设特色,预期建设成果,深化、完善学院省级示范院校建设项目实施方案,一些项目已经启动或取得阶段性成果,顺利通过省教育厅组织的建设方案和任务书论证。

专业与实验实训建设　学院设置专业38个,专业门类较为齐全,以煤炭和卫生类专业为主体,特色突出,体现以区域支柱产业发展、市场需求为导向的专业设置思路。2012年申报开办的选煤技术(540503)、矿井建设(540306)为资源与测绘大类,供热通风与空调工程技术(560402)为土建大类。设置专业中,省级重点专业6个,校级重点专业12个。通过加大投入、寻求政府支持以及校企合作共建,不断改善实践教学条件。2012年,学院投入141万元,新建采掘电器实训室和信息安全技术实训室,扩建控制测量实训室、电子商务实训室、建筑装饰工程技术实训室、医学影像技术实训室和医学检验技术实训室。中央财政投资400万元,支持建设煤矿机电校内实训基地,其中学院配套资金170万元。截至2012年底,校内建有各类实验实训室(中心)105个,实验实训仪器设备总值5088万元,形成以煤矿机电、地测工程、煤矿开采与安全技术、煤化工、护理等校内综合实训基地为代表的一批特色鲜明、亮点纷呈的校内生产性实训基地,涵盖所有招生专业,基本满足教学需要。

师资队伍建设　实施"人才强校"战略,按照"铸造师魂、弘扬师德、提升技艺、培养名师、打造团队"的建设理念,鼓励教师参加各类培训班和学术交流活动,提升理念,拓展视野。引导和激励教师到企业兼职,参与工程实践和技术服务活动,强化双师素质。提倡教师在职考取各种从业资格证书,增加双师型教师比例。聘任行业专家、企业技术人员及能工巧匠作为兼职教师,改善教师队伍双师结构。培养选拔学院专业带头人和中青年骨干教师,发挥示范引领作用。启动教师能力提升工程,制定专业带头人和骨干教师培养计划,针对青年教师培养的导师制已经全面开展。2012年,学院组织专业带头人、青年骨干教师37人分赴新加坡、德国进修考察,学习国外先进的职业教育经验;组织25名教师参加国家、省市组织的骨干教师培训,26人次参与教师教学能力比赛,选派126人次青年教师到国内知名企业顶岗锻炼。专业教师中,45人拥有注册安全工程师、安全评价师等证书,双师素质教师比例80%以上。

招生就业　完成2012年招生计划,实际录取三年制普通高职生3562名,生源来自陕西、内蒙古、河南、甘肃等13个省(区)。2012届2795名毕业生得到妥善安置,就业率93.30%以上,就业率与就业质量持续攀升。

(吴科锋)

咸阳职业技术学院　2012年,咸阳职业技术学院三年制高职录取考生3786人,实际报到3552人,报到率93.8%。全日制在校生12404人,其中三年制高职8304人,占全院总学生数的66.9%。完成3个已立项院级重点专业验收评定工作,申报获批2013年新增电子信息工程技术、机械制造与自动化、工程造价等3个高职专业,数控技术专业成功立项省级重点专业。完成高职专业人才培养方案制订修订工作,组织召开人才培养方案审定会。护理专业通过中央财政支持专业提升服务产业发展能力项目审定,获得440万元专项资金支持。高标准通过省教育厅、卫生厅对学院医学类及相关专业办学情况的评估检查。坚持推进一系一品工程,完成24门已立项院级精品、重点课程的评审验收,评定新增5门院级精品课程,11门院级重点课程。举办第三届说课大赛,召开课程建设报告会1次,举行青年教师教学观摩课3次,交流课程建设经验。举办第一届师生优秀教学作品展,评选一批优秀教案、优秀课件、优秀作业和优秀实训作品等。精心做好高层次人才引进工作,引进博士3名,副高级以上职称教师4名,聘请名誉和兼职教授12名。召开青年教师培养发展研讨会,明确教师素质提高的时间表和任务书。选送20名青年教师攻读硕士以上学位,38名教师到教育部师资培训基地学习,48名教师到生产一线实践锻炼。认定初级职称教师31名,评审讲师职称29名,副教授职称11名,教授职称1名。认定双师型教师57名,评选表彰院级教学团队3支,教学名师3名,教坛新秀10名。突出实践教学管理,全面加强常规教学管理。围绕重点专业发展需要,新增院外实训基地6家。院内实践教学开出率94%,院外实训基地利用率不断提高。完成院外实训项目391个,组织5571人次的2012届毕业生到企业顶岗实习,在实习企业就业的1583人。提前介入做好2013届毕业生顶岗实习工作,截至年底,顶岗实习率80%,学生满意率90%。以教学督导为抓手,进一步完善教学质量监控体系,施行督导巡视、听评课、督导通报、工作例会等行之有效的制度,优化督导日检查与听课、督导与信息员周反馈、督导室月小结期总结的工作模式。聘请专兼职督导员5名,充实教学督导力量。深入开展学生评教活动,发放测评表4.1万份,326个班级的5018名学生参与,将定性评价与定量评价结合,确保测评结果的全面性、公正性和权威性。加强职业技能鉴定工作,组织2012届毕业生参加12大类职业技能鉴定考试,资格证书获取率92.18%。其中全国护士执业资格证书通过率98.95%,远超全国平均水平。组织学生参加各类职业技能大赛,全年组织85名学生代表学院参加省级以上大赛的25个项目比赛,获省级一等奖9项,二等奖11项,三等奖16项,优秀组织奖2项。护理专业学生在全国护士职业技能大赛中获一等奖1项,二等奖2项,三等奖1

项。进一步完善规范教科研管理办法，完成2012年各级各类教科研项目申报工作，成功立项院级基金项目25项，市级科技计划3项，省科技计划1项，省教科院十二五规划课题3项。举办首届教材与编著展评活动。教师主持项目获得1项国家发明专利。学院积极争取有关企业支持，与力神电池、扬农瑞泰合作设立企业冠名全额奖学金班，与彬县人民政府合作，设立畜牧兽医定向班。争取市政府支持，作为理事长单位，牵头正式成立咸阳职业教育集团，吸纳75家成员单位。与咸阳市企业及企业家联合会签署战略合作框架协议，与龙工控股成功签订合作办学协议，并开设龙工冠名班。学院与国内外高校开展校际交流合作，先后与番禺职院、东营职院建立对口合作交流关系。承办《中国职业技术教育》杂志年会，扩大学院在国内职教界影响。召开国际教育交流工作会议，选送27名教师和管理干部到国外高校学习考察。年内，冰岛、韩国、德国、美国、澳大利亚等国外知名高校和企业友人先后到访学院，学院国际影响逐步扩大。

（韩　力）

民办教育

概况　星级民办学校引领民办教育健康发展。全市民办学校911所，在校生186638人。举办民办教育法规培训班，对全市民办教育机构实行星级学校评估，开展多层次的综合检查和评估验收，共命名星级学校25所，民办教育的整体实力不断增强。西北工业大学启迪中学、金泰丝路花城学校、奥林匹克花园学校、秦宝中学等一大批有影响力和知名度的民办学校脱颖而出，成为咸阳市民办教育的典型代表。《陕西教育简报》2012年第十八期专题刊发咸阳创新管理措施、规范民办教育发展的做法。

（刘维刚）

招生考试

概况　2012年，全年共组织各类考试13类22次，参考考生20.7万人。招生类考试5类5次，其中普通高校报考55495人，普通高考单独招生1244人，成人高考考试7140人，普通高等教育专升本考试1986人，初中毕业生升学统考54011人。高等教育自学考试2类4次，其中文化课全年组织考试2次，报考考生9108人，累计科次24008次，计算机实践考核2次共122人。各类社会考试5类9次，其中全国计算机等级考试2次，考生31783人，全国计算机应用技术证书考试2次，考生1895人，全国公共英语等级考试和剑桥少儿英语考试4次，参考考生分别为276人和137人，中小学、幼儿园新任教师招录统一考试1次，参考考生5752人。组织高中学业水平考试1次，参考考生45571人，共计312342科次。2012年普通高考录取新生40852人(统招一本院校6037人，二本院校以上16079人，三本院校以上20158人，专科以上40074人。单招本科88人，专科690人)。招飞初检合格1056人，复检合格177人，向空军航空大学输送飞行员7人。初中专和高职录取4129人(高职2801人，中专1328人)。2012年全市面向各类考生办理并颁发高等教育自学考试毕业证书473人，其中本科370人，专科103人。颁发国家承认的等级证书和资格证书13282份，其中计算机等级证书11488份，计算机应用技术证书1497份，公共英语等级证书160份，剑桥少儿英语证书137份。2012年，市考试管理中心查处各类考试违纪考生共计255人，其中成人高考落实代考54人，自学考试办理准考证落实代考17人，自学考试4月、10月共查处违纪156人，公共英语3月、9月违纪考生28人；各考区、考点查处各类考试违纪考生共计118人，其中成人高考查处违纪104人。

（刘维刚）

教育科研

概况　以提高教学质量为核心，以高效课堂年建设为抓手，6月和11月，分别在礼泉县、乾县一中组织全市义务教育阶段和高中阶段高效课堂现场推进会。主管教育教学领导200余人参观学习，听取教育教学管理模式和疏导、探究、训练教学模式介绍。组织阳光师训送教下乡活动，强化县际之间教学帮扶，举办示范课讲座40场、听课4300人，促进城乡教育均衡发展。

（刘维刚）

教师队伍

概况　教师周转房建设安居工程，永寿中学筹资5024万元建设教师保障房，旬邑投资3000万元实施4所学校宿办楼建设，解除山村教师后顾之忧。2012年，全市为3100名教师评定职称。全市有1388名教师参加学历教育，高中学历达标率93.5%，初中和小学分别达到99%、99.7%，评出骨干教师、教学能手895人。

（刘维刚）

卫 生·体 育

卫 生

新型农村合作医疗 2012年,全市筹集新农合资金11.4亿元,新农合参合380万人,参合率99%,创历史新高,共为参合农民782.6万人次补偿医药费用11.5亿元。各级财政对新农合的补助标准从每人每年230元提高到300元,有效增加新农合基金规模,提高支付能力。新农合统筹区域政策范围内住院费用报销比例82.5%,比上年提高9.3个百分点,超任务指标7.5个百分点。最高支付限额提高到年人均15万元,达到全国农民人均纯收入的8倍以上。全口义齿修复敬老工作全面开展,已免费为14829人次65岁以上老人镶装全口义齿,补偿费用869.5万元。新农合信息化建设被列入市智慧城市重点建设项目,已投资560万元建设市级平台。2819所符合条件的村卫生室门诊服务纳入到新农合报销范围,比上年新增258所,占乡村医疗机构总数的86%。参合患者门诊看病在村卫生室就诊率85%,确保农村居民患常见病、多发病能够得到及时有效治疗,有病就治,小病早治正在逐步实现。旬邑县合疗经办中心被卫生部评为全国新型农村合作医疗工作先进集体。

公立医院改革和基本药物制度 市政府下发文件《关于推进县级公立医院综合改革的补充意见》,明确各县市区改革的具体职责任务。彬县县级公立医院实现财政全额预算。永寿县、长武县、旬邑县、淳化县、兴平市负担县市医院在岗在编人员工资的比例70%,县中医医院、县妇幼院在职人员工资实行全额预算管理。全市13个县市区公立医院离退休人员费用由政府全额拨付。基层医疗机构药品"三统一"(即统一采购、统一价格、统一配送)工作运行平稳,13个县市区均成立药品"三统一"配送与结算中心,保证结算工作的正常运行,以县为单位药款实现统一归集,集中划转。累计配备"三统一"药品品规26.08万个,采购药品1.6亿元,直接为群众让利2338.05万元,全市政府办基层医疗机构药品价格平均下降15%,门诊次均费用平均下降18.7%,住院次均费用平均下降19.92%。在合理控制药品价格的同时,落实乡村两级基本药物零差率补偿资金,乡镇卫生院补偿1395.39万元,村卫生室补偿734.48万元。药品"三统一"和零差率销售已覆盖全市县乡村三级医疗机构。

疾病预防控制 继续推进预防接种规范化门诊建设,秦都区疾控中心、礼泉阡东、泾阳三渠、武功贞元卫生院接种门诊被省卫生厅授予"预防接种省级示范化门诊"。大力开展查漏补种活动,4岁以下儿童免疫规划疫苗查漏补种接种率94.96%。全市继续保持无脊灰状态,流脑、白喉、新生儿破伤风实现零报告。无突发传染病疫情,无甲类传染病报告,手足口病、艾滋病、疟疾、结核病等传染病防控工作有效开展。"农村孕产妇住院分娩补助"、"降消"(即降低孕产妇死亡和消除新生儿破伤风)、"艾滋病母婴传播阻断"项目深入实施。

地方病防治 市政府办公室下发《咸阳市地方病防治"十二五"规划》。从7月1日起,在咸阳市大骨节病区全面停供硒盐,恢复供应碘盐。全市碘盐随机抽样监测3900份,碘盐覆盖率、合格率、食用率均在98%以上,达到国家消除碘缺乏病标准。

卫生执法监督 对全市22家餐饮具集

组织医务人员为群众义诊 (市卫生局 供)

中消毒单位逐个进行督导检查,抽检餐饮具334件,合格282件,合格率84.43%,责令整改8家,罚款1.2万元,餐饮具集中消毒单位生产和经营行为进一步规范。加强公共场所、职业卫生、生活饮用水卫生监督。住宿业、游泳场所、美容美发业卫生监督量化分级管理100%。开展专项整治行动,从严打击无证行医、非法医疗广告等违法行为。全市共取缔黑诊所74家,黑医、游医12家,行政处罚187家,罚款15万元,收缴药品150余箱,对非法行医者予以有力震慑,为广大群众创造良好的就医环境。

农村卫生与妇幼保健 制订下发《在全市乡镇卫生院开展抓管理、提素质、树形象活动实施方案》。全市共审核新增年满60周岁符合补助金发放人员500人,城乡居民建立纸质健康档案469.29万份,建档率90.61%,建立规范化电子档案436.32万份,建档率84.25%。执行公共卫生服务项目实施方案,落实人均25元基本公共卫生服务经费,统筹推进各项公共卫生服务项目。全市婴儿死亡率、孕产妇死亡率分别下降至2.51‰和3.89/10万,孕产妇系统管理率96.99%,儿童系统管理率96.27%,住院分娩率99.88%。

医疗服务质量 深化"医疗质量万里行"活动,不断加强医疗质量管理。深入开展临床路径管理,全市二级以上医院开展临床路径管理病种341个,管理病例3200例。在全市范围内开展抗生素合理使用专项整治工作,三级医院抗生素品种控制在50种以下,二级医院控制在35种以下,门诊和住院患者使用率分别控制在20%、60%以下,较上年明显降低。推广"优质护理服务示范工程"。全市二级以上医院的207个病区开展优质护理服务,开展病区数76%,三级医院所有病区全部开展优质护理服务,超过卫生部制定的指标。建立无偿献血长效机制,全年共有6万人次参加无偿献血,基本满足全市临床用血需要。在全省率先实行血费直报工作,受到卫生部的高度重视,全国血费异地报销实施研讨会在咸阳市召开。咸阳市被卫生部、解放军总后勤部、中华全国红十字会评为无偿献血先进市。

基层医疗卫生队伍建设 继续实施"人才振兴计划",做好向镇卫生院定向免费培养医学生和招聘执业医师工作。配合教育部门为镇卫生院免费定向招生20名医疗专业大学生。按照省委组织部、省卫生厅的要求,选派挂职副院长37名对口支援37所乡镇卫生院。以推广适宜技术为重点,持续开展市区5家三级医院支援彬县、长武县、永寿县、旬邑县、淳化县、武功县6家县级医院工作。全年共接诊病人34299人次,解决疑难危重病例903例,开展新技术项目49个,培训医务人员16733人次,建立特色专科19个,受援医院门急诊人次158万人次,较上年增长7.46%,住院175万人次,增长22.7%。江苏省5所三级医院派出71名专家到兴平市、泾阳县、三原县、乾县、礼泉县5家县级医院工作,增强各受援县医院的诊疗水平、服务能力等整体实力。

医疗卫生服务体系建设 探索和完善镇村卫生服务管理一体化模式。加强镇卫生院对村卫生室业务、财务、药品购销、公共卫生服务、绩效考核"五统一"管理,村卫生室服务水平进一步提升。"家庭医生签约式服务"在社区卫生服务机构启动实施,医生为签约家庭提供贴心的健康上门服务,使广大社区居民足不出户即可享受到优质、免费的基本公共卫生服务,推动社区卫生服务向纵深发展。同时,不断加强内涵建设,开展示范社区卫生服务中心创建活动,渭城区民生东路社区卫生服务中心被卫生部授予"全国示范社区卫生服务中心"称号。

卫生应急 落实突发公共卫生事件报告制度,积极应对各类突发事件,确保各项卫生应急工作的及时、高效。长武县被卫生部命名为第一批国家级卫生应急示范县。圆满完成甘肃校车事故、周至"一〇一〇"火灾事故转入咸阳市伤员和兴平"一一二一"锅炉爆炸伤员救治等任务,最大限度地减少人员伤亡损失。推进"平安医院"创建工作。在全市各级医疗机构大力宣传《卫生部公安部关于维护医疗机构秩序的通告》,与公安机关积极沟通,相互协作,严格依法查处打击违法犯罪行为。交由公安部门依法处理的医闹事件2起,对打砸医疗机构殴打医务人员当事人实行行政拘留1起,有效遏制和打击医闹,维护正常的医疗秩序和社会稳定。

爱国卫生 以巩固和提高卫生县城创建成果为重点,卫生创建工作全面推进。淳化县创建国家卫生县城工作通过国家暗访。兴平市、永寿县被省政府命名为省级卫生县城,同时启动国家卫生县城创建工作。乾县创建省级卫生县城通过省级复审。市爱卫办被全国爱卫会评为全国爱国卫生工作先进集体。彬县、淳化县、礼泉县、兴平市、三原县、泾阳县6个县市积极实施农村改厕项目,项目完成数量和质量全省靠前。组织开展多种形式的爱国卫生及城乡环境综合整治宣传活动,宣传卫生创建、健康生活、除害防病等方面知识,提高广大群众自我保健能力,增强市民、社会"大卫生"观念。

卫生项目建设 利用中省资金1.34亿元加快建设267个基层卫生体系项目,其中包括武功、乾县县医院,乾县临平、泾阳太平、三原马额、旬邑太村4个中心卫生院,旬邑、长武、淳化3个急救中心,11个县卫生监督所,以及三原、泾阳、旬邑、淳化247个村卫生室,共新建医疗卫生机构业务用房4.94万平方米。中央及地方配套资金落实到位,项目竣工181个,其余正在加紧实施。完成总投资2750万元的县级医院设备配置及信息化建设项目。

科研教育及中医药工作 推广中医药适宜技术在农村的应用,三原县顺利通过全国基层中医药工作先进县区创建验收,市中心医院被评为全国综合医院中医药工作示范单位。医教研工作取得新进展。市卫校不断完善专业结构,提高教学质量,为全市培养出一大批实用型卫生专业人才。坚持“科技兴医”战略,全系统获市级科技进步奖36项,占全市获奖总数的57.1%,科研项目蓬勃发展的良好趋势,推动全市医疗水平的整体提升。各种学术交流活动广泛开展。随着各专业学会组织的不断加强,承办“全国护理学术年会”、“第四届中美妇科肿瘤临床及病理学进展国际学术交流研讨会”、“陕西省临床检验质控中心学术会”等全国、全省性学术会议,扩大咸阳市在全省、全国医疗行业影响。

(马 超)

体 育

群众体育工作 群体工作以全面贯彻《全民健身计划纲要》为契机,积极唱响全民健身主旋律,不断加强群众体育组织网络建设,组织开展丰富多彩的全民健身活动,创造方便群众锻炼的身边体育和生活体育,使全民健身的理念深入人心,普及范围不断扩大。①开展形式多样的群众体育活动:3月8日,组织举办咸阳市“三八”妇女门球赛,14支队伍130名运动员参加比赛。4月14日,组织第三届咸阳湖“赏花节”群众体育展演活动。4月21日,与市直机关工委等单位联合承办咸阳市机关运动会。全市47个单位2000多人次参加健美操、拔河、田径、乒乓球、羽毛球、篮球、象棋、门球8个比赛项目,市委、市政府主要领导,省体育局局长王建军等参加开幕式。本次运动会参赛人数多、范围广、规模大,是一次展示全民健身运动的体育盛会。5月中旬,参加陕西省首届全民健身展示大会,咸阳市参赛8支队伍分别来自市老年人体育协会、市太极拳协会、市老干部活动中心、陕西中医学院、咸阳师范学院、秦都区文化馆、咸阳市机关幼儿园、咸阳市实验幼儿园,参赛的队员年龄最大的80岁,年龄最小的4岁。其中,健身秧歌、健身排舞、第九套广播体操3个项目荣获二等奖,健身气功、太极拳、柔力球、啦啦操、幼儿基本体操5个项目获三等奖,咸阳市代表团被大赛组委会评选为优秀组织奖。6月30日,主办咸阳市首届“体彩杯”领导干部网球邀请赛,省委、省政府、西安市、咸阳市4支代表队的60多名教练员和运动员参加比赛。7月2日,组织2012年“名仕杯”全国钓鱼巡回邀请赛(西北站)。8月8日,组织近千人参加统一广场全民健身日大型展演活动。10月11日,协办全省人大系统第三届“彬长杯”乒乓球赛。11月22日,主办“金醇古”杯第六届领导干部乒乓球赛,近百名领导干部报名参加比赛。各县市区、市直各部门结合自身实际,组织开展形式多样、群众喜爱的健身活动,把全民健身活动延伸到企业、社区、乡村,全市参与全民健身的超过150万人。②推动全民健身体系建设。1月5日,市老年人体育协会举行揭牌仪式,标志着老年人体育事业翻开新的一页。承办陕西省老年人气排球比赛,受到省体育局表扬。完成市农民体育协会、市篮球协会、市武术协会、市足球协会、市田径协会、市棋类协会等6个协会换届改选工作,新组建成立市登山运动、自行车运动、空竹、台球、游泳、体育舞蹈、轮滑、花毽、跆拳道、射击射箭、羽毛球、高尔夫、瑜伽等13个协会组织,使市级各类体育协会和俱乐部达到39个。这些协会的组建和换届,拓宽全民健身活动领域,为群众体育工作的广泛开展搭建桥梁,结成纽带。加强社会体育指导员队伍建设,举办两期社会指导员培训班,78人获得二级社会体育指导员称号。11月中旬,利用1个月,市体育局挑选部分优秀社会体育健身骨干,精选群众喜爱的体育健身项目,组织深入到11个县市开展社会体育指导员培训,培训700人次以上。③实施体育惠民工程。2012年共建成村级农民体育健身工程91个、城市社区全民健身器材配送工程25个,争取4个镇实施乡镇农民体育健身工程。争取资金200多万元,先后建成咸阳湖北岸全民健身示范区示范带二期工程、咸阳湖南岸全民健身工程,共投入各类健身路径器材百余件,形成覆盖咸阳湖景区南北两岸,集休闲、娱乐、健身为一体的城市名片,成为咸阳全民健身一道亮丽的风景线。促进全民健身运动深入开展,咸阳市体育场、咸阳市体育馆等分时段免费向市民开放,受到广大市民群众的欢迎。

竞技体育 ①完成省十五运会年度比赛任务。市参赛组织工作到位,训练任务明确,教练员认真履行职责,运动员积极参赛,顽强拼搏,参加16个项目的比赛获得总分3010分,取得运动成绩和精神文明双丰收。顺利完成210名运动员的注册工作,全市获得参赛资格的运动员共计561名。组团参加陕西省重点项目少儿运动会、陕西省少儿冬季游泳比赛、陕西省传统项目学校田径比赛均取得较好名次。②加强体育人才队伍建设。加大对体育传统项目学校的管理和支持力度,会同教育部门对全市体育传统项目学校调整和重新命名,其中兴平市秦岭中学、泾阳县泾干中学、西工大启迪中学、咸阳市天王小学、咸阳市秦宝中学、咸阳市彩虹中学、咸阳市塔尔坡学校、咸阳市西关小学、咸阳市西北二棉小学、兴平市陕柴小学等10所学校被省体育局、省教育厅联合命名陕西省体育传统项目学校。市体育局连续三年获得省优秀论文评选工作优秀组织奖。市游泳学校黄安获得全国业余训练工作先进个人。市射击射箭学校李红军、兴平少儿体校许峰被省体育局评为陕西省优秀体育训练管理工作者。张建刚、高晨光被省体育局评为陕西省优秀体育竞赛管理工作者。5月11日～13日,组织主办2012年“体彩杯”咸阳市少儿体校暨市级传统项目学校田径比赛。全市24支代表队192名运动员参加比赛,达到检验成绩,选拔优秀后备人才的目的。举办咸阳市中小学生乒乓球比赛,达到以赛促训的目的,推动乒乓球运动的开展。11月19日,承办2012中国青少年斯诺克系列赛咸阳站公开赛取得成功,75名全国各地年轻选手齐集一堂,该项赛事的举办,对咸阳市青少年台球运动后备人才是一个锻炼机会。咸阳市优秀运动员沙莎在浙江举办的2012全国射击冠军赛女子50米步枪3×20比赛中以总环数586环勇夺冠军。③推动校园足球工作。成立咸阳市青少年校园足球工作领导小组。4月20日～22日,组织举办咸阳市第一期校园足球培训班,邀请省校园足球工作领导小组办公室人员就校园足球的组织宣传、培训注册及评估,校园足球技能战术训练方法,体育教师应具备的基本素质进行培训和示范。全市6个县区、33所校园足球联赛定点学校校长、校园足球管理干部和教练员69人参加培训,为全市开展校园足球活动奠定较好基层。举办咸阳市首届校园足球赛,推动校园足球活动开展。

体育彩票销售 体育彩票发行工作按照“创新发展、缩小差距、固本强基、重点突破”的思路,加大体育彩票公益宣传力度,不断完善激励机制,努力提高网点服务质量;完成154个彩票星级网点建设任务,实现增机扩点33台。学习借鉴山东体彩做法,在兴平市和乾县设立体彩分站,使体彩的营销系统、管理系统和服务体系落实到基层,收到明显效果。截至年底,全市累计发行体育彩票1.3952亿元,完成全年任务的103%,有力地促进体育事业和各项社会公益事业的发展。

(牛海峰)

全国青少年斯诺克系列赛在咸阳举办 (市体育局 供)

2012年全国赛艇锦标赛在咸阳举办

概况 9月25日~29日,由国家体育总局水上运动管理中心主办,陕西省体育局和咸阳市人民政府承办的2012年“陕西裕塬地产杯”全国赛艇锦标赛在咸阳湖举行。全国赛艇锦标赛是每年一次的全国性赛事,是赛艇项目年度最高水平比赛。此次是咸阳历史上第一次承办的高水平、高规格的全国体育赛事。在5天的赛程中,解放军、北京、天津、辽宁、河北、内蒙古、山东、河南、陕西、安徽、浙江、江西、湖北、上海、广东等22个省区的代表队参赛,921名运动员,其中陕西省派出48名运动员、16条艇参加12个项目的角逐。本次赛事设置18个项目,分别是男子2000米和女子2000米单人双桨、双人双桨、双人单桨、四人双桨、四人单桨、八人单桨有舵手,男子2000米和女子2000米单人双桨、双人双桨、四人单(双)桨。其中和奥运会对口的有14个,到达赛区的比赛及训练艇320多条。经过激烈的拼搏,山东队、广东队、河南队分列总分第一、二、三名,陕西队、四川队并列第四名。陕西队获男子四人双桨、女子双人单桨两个单项第一名,并获体育道德风尚奖。

组织承办工作 围绕把全国赛艇锦标赛办成宣传咸阳、凝聚人气、展示人民良好精神风貌的盛会的目标,市委、市政府领导多次听取筹备工作情况,深入现场检查指导工作,为赛事工作指明方向。在赛事筹备期间和组织赛事的过程中,筹委会各成员单位紧密协作,保障有力,服务周到,各个工作部门按照既定的工作职责,大计划、小安排、职责明、任务清、抓协调、重细节,使整个大赛无纰漏、无差错,为大赛提供高质量的服务。赛事取得良好的社会反响,广泛宣传咸阳,提高咸阳的知名度。赛事全面展示全市体育事业的成果。开幕式上8支队伍、9个项目、1200人的健身展示以及赛事期间连续3天的节目表演,较为集中地展示全民健身的优秀节目,扩大影响,增强全民健身的感召力。赛事成功展现咸阳人民热情大方、文明礼貌的精神风采。大赛期间,每日近万名群众文明观赛,听从指挥,没有发生一起事故,没有损坏一件公物,千余参赛人员无一丢失物品,酒店工作人员彬彬有礼,有问必答,服务热情,把人人都是咸阳形象的主人公理念落实在每一个行动上,在20多个省市参赛人员中取得良好的口碑,使咸阳市的组织能力、接待能力、服务能力及“阳光、重诺、尚礼、乐善”的咸阳精神广为传播。共有14家企业为赛事助力,53家报纸、电视台、网站刊登播放赛事盛况,117篇稿件进行相关宣传和报道。

(牛海峰)

社 会 事 务

人 民 生 活

城镇居民生活 2012 年,市委、市政府密切关注民生,鼓励全民创业,提高最低工资标准,发展社会保障和社会福利事业,取得显著效果,城镇居民收入持续增加,生活质量明显改善。城镇居民人均可支配收入 25758 元,比上年增加 3534 元,增长 15.9%,剔除物价因素实际增长 13.0%。总量分别高出全国、全省平均水平 1193 元、5024 元,增速分别高出全国、全省平均增速 3.3、2.3个百分点。①宏观经济平稳带动工资性收入稳增。全市经济继续保持良好的发展势头,居民就业状况明显好转,2012 年全市城镇新增就业 6.31 万人,单位职工平均工资保持平稳增长,加之行政单位津补贴、事业单位绩效工资和企业职工工资的增加,有效保障居民收入的平稳增长。城镇居民人均工资性收入为 22225 元,同比增长 18.3%,工资性收入占家庭总收入的比重 80%,对家庭总收入增长的贡献率 87.7%,工资性收入快速增长成为居民收入水平较快增长的主要推动力。②消费市场活跃拉动经营净收入增加。市委、市政府积极扶持非公经济发展,鼓励全民创业,执行结构性减税政策,个体经营者的效益继续向好,城镇居民人均经营性净收入为 1571 元,比上年增长15.7%,对家庭总收入增长的贡献率为5.5%。③补助标准上调强促转移性收入稳增。城镇社会保障覆盖面的扩大和退休人员津补贴的提高等措施强促城镇居民转移性收入快速增长。城镇居民人均转移性收入为 3352 元,同比增长 5.8%,对家庭总收入增长的贡献率为 4.7%。④理财意识渐强推动财产性收入提高。随着城镇化进程的推进,城中村改造力度加大,城镇居民出租房屋收入大幅增加,同比增长 25.1%。居民收入水平的提高,投资理财意识也在不断增强,居民开始重视将所拥有的财产通过投资方式转变成新的财富。人均财产性收入为 630 元,同比增长 15%,对家庭总收入增长的贡献率为 2.1%。

城镇居民收支情况

表 39　　单位:元

指标名称	2012 年	2011 年	同比增长%
一、家庭总收入	27779	23861	16.4
其中:可支配收入	25758	22224	15.9
1. 工资性收入	22225	18787	18.3
2. 经营净收入	1571	1357	15.7
3. 财产性收入	630	548	15.0
4. 转移性收入	3352	3169	5.8
二、出售财物收入	40	34	17.3
三、借贷收入	2988	3086	-3.2
四、家庭总支出	22191	19753	12.3
(一)消费性支出	18094	15833	14.3
1. 食　品	5987	5349	11.9
2. 衣　着	2701	2273	18.8
3. 居　住	2042	1660	23.0
4. 家庭设备用品及其他	1306	1125	16.1
5. 医疗保健	1097	875	25.4
6. 交通和通信	1234	1026	20.3
7. 教育文化娱乐服务	2003	1938	3.3
8. 其他商品和服务	1723	1588	8.5
(二)财产性支出	20	11	81.2
(三)转移性支出	2209	2001	10.4
(四)社会保障支出	904	870	3.9
(五)购房与建房支出	960	1039	-7.6
五、借贷支出	5555	5644	-1.6

2012 年,全市城镇居民人均消费支出 18094 元,比上年增加 2261 元,增长 14.3%。①家庭耐用消费品升级换代加快。城镇居民人均家庭设备用品及其他支出 1306 元,同比增长 16.1%。随着信息技术的高速发展,消费水平的提高和家庭用品更新换代的提速,家庭设备日趋现代化,城镇居民家庭洗衣机、彩电等普通消费品拥有量基本趋于饱和,但更新换代的速度有所加快,家用电脑、照相机、空调、汽车等享受型消费品仍保持较快增长。②食品消费拉动作用明显,衣着支出快速增长。全市城镇居民人均食品消费支出 5987 元,

比上年增加638元,增长11.9%。受物价上涨影响,部分食品价格上升趋势明显,特别是蔬菜类上涨幅度较大,带动居民食品消费支出明显增加,城镇居民恩格尔系数为33.1%,比上年回落0.7个百分点。城镇居民衣着消费品牌意识、名牌意识逐步增强,对于款式的追求也向新潮、时尚和个性化发展,人均衣着支出2701元,比上年增加428元,增长18.8%。③健康消费已成为消费的新时尚。快节奏、高强度的城市生活给居民带来越来越多的精神压力和生活压力,城镇居民更加注重于健康的投资,花钱买健康的人越来越多,各类健身器材、医疗保健器材和滋补保健品迅速进入普通居民家庭,医疗保健消费快速增长,全市城镇居民人均医疗保健支出1097元,比上年增加222元,增长25.4%。④交通通信和居住类支出成为消费亮点。城镇居民人均交通和通信支出1234元,比上年增加208元,增长20.3%。城镇居民人均居住(不含购房支出)支出为2042元,比上年增加382元,增长23.0%。⑤教育文化娱乐消费支出平稳增加。城镇居民在提升物质生活水平的同时,开始追求高层次的精神文化生活,旅游、健身等健康向上的文娱形式受到大众的追捧,教育文化娱乐消费支出平稳增加。全市城镇居民人均教育文化娱乐服务支出2003元,比上年增加65元,增长3.3%。

农村居民收支情况

表40　　单位:元

指标名称	2012年	2011年	同比增长%
一、人均纯收入	7464	6401	16.6
(一)工资性收入	3207	2674	19.9
1.在非企业组织中劳动得到收入	360	310	16.1
2.在本乡地域内劳动得到收入	1252	1052	19.0
3.外出从业得到收入	1595	1312	21.6
(二)家庭经营性收入	3169	2734	15.9
1.第一产业收入	2341	2095	11.7
2.第二产业收入	208	174	19.5
3.第三产业收入	620	465	33.3
(三)财产性收入	556	503	10.5
(四)转移性收入	532	490	8.6
二、总支出	9180	7177	27.9
(一)家庭经营费用支出	2218	1930	14.9
1.第一产业支出	1695	1613	5.1
2.第二产业支出	119	99	20.2
3.第三产业支出	404	218	85.3
(二)购置生产性固定资产	164	155	5.8
(三)生产性固定资产折旧	6	0.8	650.0
(四)税费支出	3	0.3	900.0
(五)生活消费支出	6057	4701	28.8
1.食　品	1790	1475	21.4
2.衣　着	468	354	32.2
3.居　住	1508	961	56.9
4.家庭设备用品及其他	433	340	27.4
5.医疗保健	514	411	25.1
6.交通和通信	624	498	25.3
7.教育文化娱乐服务	607	565	7.4
8.其他商品和服务	113	95	18.9
(六)财产性支出	18	8	125.0
(七)转移性支出	714	382	86.9

农村居民生活　2012年,咸阳市以促进农民增收为目标,大力发展现代农业,加快产业结构调整,积极推进区域优势特色产业,粮、果、畜、菜等主导产业稳健发展;加大重点项目建设,多渠道转移农村富余劳动力,增加农民务工收入;落实各项强农惠农政策,农村社会养老保险、最低生活保障制度基本实现全覆盖,加快推进北部五个县和旱腰带地区扶贫开发,有力地促进农民收入的较快增长。2012年,全市农民人均纯收入突破7000元,达到7464元,较上年增加1063元,比上年名义增长16.6%,扣除价格因素,实际增长13.4%,实际增速高于城镇居民0.4个百分点,总量高出全省1701元,低于全国453元,与全国的差距逐年缩小(上年差距576元)。①工资性收入快速增长,成为农民收入的主要组成部分。据农村住户抽样调查,全市农村居民人均工资性收入为3207元,较上年增加533元,同比增长19.9%,占农民人均纯收入的42.9%,首次超过家庭经营性收入占比。全市150个重点项目的开工建设为咸阳市农民工就近、就地就业创造条件,全市农民工转移就业118.05万人,新增就业人员27.65万人,创经济收入127.90亿元。同时,由于各地均出现用工短缺,致使农民工工价上涨10%以上。②家庭经营性收入稳步增长,仍是农民收入的重要组成部分。据农村住户抽样调查,全市农村居民人均家庭经营性收入为3169元,较上年增加435元,同比增长15.9%,占农民人均纯收入的42.5%。农业特色产业不断壮大。2012年,咸阳市以标准化、规模化、设施化为核心,不断加快农业产业结构调整,推进果畜菜特色产业优化升级成效显著。现代果业项目进展顺利,全年各类水果总产量546.4万吨,同比增长2.5%。蔬菜产销两旺,全年蔬菜总产量368.3万吨,同比增长6.2%。畜牧业健康发展,全

市500万头PIC生猪基地项目开局良好,全年肉、蛋、奶总产量分别为20.5万吨、10.4万吨、73.7万吨,同比增长5.9%、2.8%、1.2%。牛、羊肉及禽蛋价格上涨10%以上。现代农业园区建设大力推进。2012年,各级把现代农业园区的创建工作作为重中之重,全市开工建设各类现代农业园区82个,其中,集生产、加工、物流于一体的综合型园区21个,休闲观光型园区8个。全市省级农业园区已经发展到18家,初步形成"规模化发展、园区化承载、工业化生产、市场化运作"的现代农业发展新格局。全市土地流转5.61万公顷,流转面积占耕地总资源15.3%,为农业持续增效农民持续增收搭建新的平台。③社会事业长足发展,农民转移性和财产性收入不断增加。据农村住户抽样调查,全市农村居民人均转移性收入和财产性收入分别为532元和556元,较上年增加42元和53元,同比增长8.6%和10.5%,占农民人均纯收入的7.1%和7.5%。2012年,咸阳市全面落实农村义务教育"两免一补"(即免教科书费、免杂费、补助寄宿生生活费)政策和蛋奶工程,种植业补贴范围越来越广,新型农村社会养老保险、农村最低生活保障制度基本全覆盖。

农村居民生活消费支出稳步增加,消费能力不断增强。随着农村经济的发展和农民收入水平的提高,全市农村消费呈现快速增长态势。2012年,全市农村居民生活性消费支出人均6057元,比上年增加1356元,增长28.8%。①食品消费比重最大,居住消费增速最高。随着农村经济持续发展,农民营养饮食意识逐步提升,饮食消费观念逐渐转变,食品消费支出稳步增加,其中营养型食品消费明显增加,肉、禽、蛋、奶及制品和水产品消费在食品消费中的比例不断提高,农村居民在外饮食支出占食品消费支出的比重加大。2012年,全市农村居民人均食品消费支出1790元,占人均生活消费支出的29.6%;比上年增加315元,增长21.4%。农民的居住需求也随着经济收入的提高朝着新潮、舒适方向发展,农民用于居住消费的支出明显增加。2012年,全市农民人均居住支出1508元,占人均生活消费支出的24.9%;比上年增加547元,增长56.9%。②衣着消费增加明显,家庭设备用品及其他消费增长较快。随着收入的增长、生活品质的提高,农村居民更加注重个人形象,服装消费档次也不断提升,衣着消费增加明显。2012年,全市农民人均衣着消费支出468元,比上年增加114元,增长32.2%。农村居民在家电下乡补助政策的助推下,传统、高耗能家电得以更新换代,农民用于家庭设备用品及其他的消费增长仍较快。全市农民人均家庭设备用品及其他支出433元,比上年增加93元,增长27.4%。③医疗保健支出增加,交通和通信支出持续增长。农民注重卫生保健的意识越来越强,再加之全面实施新农合制度,使得农民有病不再拖、看病上医院,医疗保健支出有所增加。2012年,全市农民人均医疗保健支出514元,比上年增加103元,增长25.1%。随着交通、通信基础设施进一步完善,通信运营商优惠促销活动频出,极大地刺激农民在通信方面的消费欲望,农民在交通和通信方面的支出持续增长。全市农村居民人均用于交通和通信消费支出624元,占人均生活消费支出的10.3%,比上年增加126元,增长25.3%。④教育文化娱乐服务支出稳步增加,其他商品和服务支出增长较快。各级政府近年来给农村投资建设的许多教育文化娱乐设施的作用已经开始显现,农民再不用自己掏腰包消费了,农民用于教育文化娱乐方面的支出稳步增加。2012年,全市农民人均教育文化娱乐服务支出607元,比上年增加42元,增长7.4%。人均其他商品和服务支出113元,比上年增加18元,增长18.9%。

(周晓光)

人口和计划生育

概况 2012年,全市人口和计划生育工作以稳定低生育水平、统筹解决人口问题、实现人口长期均衡发展为目标,以人口计生综合改革为动力,以婚育新风进万家活动为先导,以流动人口均等化服务试点为抓手,以人口计生"三大工程"(即避孕节育优质服务工程、生殖道感染干预工程和出生缺陷干预工程)为重点,狠抓质量管理,深化优质服务,强化利益导向,坚持依法行政,完成人口计划,提升人口计生工作水平。全年人口出生率9.41‰,自增率4.7‰,出生人口政策符合率98.2%。咸阳市被国家人口计生委确定为全国流动人口社会融合示范工程试点市和幸福家庭创建试点市。市人口计生委被人社部、国家人口计生委授予"全国人口计生工作先进集体"称号,在2012年全市政风行风测评中名列部门第一名。

人口和计划生育综合改革 以推进全国首批人口计生综合改革示范市建设为重点,按照"落实一个文件、实施二级同创、注重三个融入"(即落实《市委、市政府关于进一步深化人口计生综合改革的实施意见》;创建省级和市级综合改革示范县;融入社会管理创新之中、融入公共服务均等化之中、融入群众满意度提升之中)的思路,大胆创新,培植亮点,不断深化人口计生综合改革,完善以县为主统筹解决人口问题的体制机制,初步建立具有咸阳特色的人口计生综合改革运作模式。渭城区将流动人口均等化服务列为综合改革重点,构建起以户籍地、婚育状况、现居住地清楚,政治待遇均等、教育权利均等、公共卫生服务均等、社会救助帮扶均等、计生服务均等、便民维权均等以及让辖区所有流动人口满意为主要内容的"三清楚六均等一满意"工作模式;乾县以"两有、两从、双提升"(协调有序、保障有力,管理从严、服务从优,服务管理水平提升、群众满意度提升)为主线,将县服务站列为农村合作医疗定点单位,将参加婚前医学检查作为群众领取结婚证的前置准入条件,将出具计划生育证明作为新生儿报户的前置准入条件,并为县乡服务站调配12名中级技术人员。淳化县突出"人口文化引领婚育观念、利益导向转变生育行为"理念,率先将年满60周岁的失去独生子女家庭奖励金在省定标准上每人每月增加100元,同时在创业扶持、经济援助、集中养老、结对帮扶、医疗补助等方面对失独家庭予以扶助,在社会上产生良好反响。渭城区被省人口计生工作领导小组命名为省级人口计生综合改革示范区,淳化县、乾县被市委、市政府命名为市级人口计生综合改革示范县。

流动人口计划生育服务管理 按照“全覆盖、同待遇、共享受、促融合”的思路,建立健全流动人口基本公共服务管理体制,全力推行流动人口均等化服务。抓好试点示范。制定下发试点工作安排意见和绩效评估指标,明确各成员单位工作任务和职责,着力完善“属地化管理、市民化服务、信息化带动、依法维权、综合治理”的管理服务体系。联合西北大学公共管理学院,深入开展调查研究,形成咸阳流动人口均等化服务路径探索与模式创新理论成果。深入开展均等化服务试点工作示范单位创建活动,全市涌现出秦都区、渭城区、三原县等一批流动人口均等化试点示范县区。国家人口和计划生育委员会、中央社会治安综合治理委员会办公室、财政部、人力资源和社会保障部四部委检查评估组,对咸阳市试点工作给予高度评价,咸阳市被确定为全国首批流动人口社会融合示范工程试点市。建立双向协管机制。按照“区域联动、信息互通、合作共赢”的原则,与全国200多个地市签订流动人口计划生育双向管理服务协议书,5月又在广州设立计划生育协会流动人口分会,进一步提升流动人口服务管理能力。深化先进社区创建工作。制定下发《关于进一步加强城市社区人口和计划生育工作的意见》,将社区人口计生工作纳入目标责任考核,实行县市区社区创建季通报制,从人员配备、阵地建设、作用发挥等方面加大力度,不断提高城市社区人口和计生工作水平。全市累计创建市级先进社区89个,省级先进社区47个。

婚育新风进万家活动 坚持将新型家庭人口文化建设纳入“文化兴咸”战略,深入开展以创建省、市级新型家庭人口文化示范单位为主要内容的“两级同创”活动。按照“两讲四好”(县级讲品位,镇村讲普及;搭建好新型家庭人口文化宣传平台,创作好新型家庭人口文化宣传精品,组建好新型家庭人口文化宣传队伍,开展好新型家庭人口文化宣传活动)的思路,把计划生育政策、人口文化宣传融入群众喜闻乐见的小品、快板、地方戏等民间艺术,深入乡村、街道、社区巡回演出,建立健全人口文化园、文化大院、文化书屋、文化广场等公共服务体系,有力推动“人口文化”与“地方文化”相融合。截至年底,全市共建立县级人口文化园13个,镇办级人口文化园(广场)128个,村级人口文化广场(大院)1146个,组建人口文化义务宣传队900多个。秦都区、渭城区、三原县、永寿县、武功县五县区达到市级新型家庭人口文化建设示范单位标准,受到市委、市政府命名表彰。

深入建筑工地,为流动人口送政策送服务　　(市人口和计生委　供)

计划生育优质服务 2012年,全市第三周期“母亲健康工程”共为58.8万农村已婚育龄妇女进行免费健康检查,查出妇女病29.3万人,给予治疗28.5万人,治愈23.8万人。13个县市区全面推开孕前优生健康检查项目,2012年,全市接受孕前优生健康检查8.4万人。各县市区依托县域经济主导产业选择项目,确定帮扶对象。截至年底,全市新增创业基地63个,投入资金1173.6万元,3442户计生家庭在创业工程中受益。武功县被命名为国家级优质服务先进单位。

综合治理出生人口性别比 全面运行出生实名登记管理系统。全市出生人口即时登记率为95%,出生实名登记率98%以上。市、县两级联合执法,大力开展打击“两非”(即非医学需要的胎儿性别鉴定和非医学需要的人工终止妊娠行为)行动和计划生育药械市场专项整治活动,加强二孩育龄妇女“孕产育”全程服务。2012年,全市共接受孕前培训8749人,全程服务二胎对象12042例,全市集中开展联合执法行动56次,共拆除违规计生广告70个,查处非法销售使用终止妊娠药品单位11家,收缴终止妊娠药品价值4.22万元,有效遏制二胎性别鉴定和选择性别终止妊娠行为。武功县性别平等与公共参与项目试点工作稳步推进,完成国家人口计生委在咸阳市举办的“生殖健康/人口与发展项目社会性别子项目管理培训班”的现场参观及会务工作,受到与会领导专家和参会代表的充分肯定。

计划生育新农村新家庭新阵地建设 开展计划生育“三新”示范村提质进档活动,通过开展“宣传教育进农家、健康服务进农家、利益导向进农家、关怀关爱进农家、民主自治进农家和生育有新观念、致富有新发展、家庭有新变化、家风有新面貌、环境有新改善”等五进五有活动，全面提升计划生育“三新”示范村工作水平。2012年，全市共提质进档计划生育“三新”示范村148个，13个村被命名为省级计划生育新农村新家庭示范村。

计划生育奖励扶助优惠政策 落实中省规定的计划生育家庭奖励优惠政策，2012年，全市确认农村部分计划生育家庭奖励扶助对象9330人，55岁~59周岁独女户奖励扶助对象1811人，放弃生育二孩奖励对象224人，特别扶助对象664人，合疗对象31.5万人，共发放奖扶资金1911.04万元。全市共确认城市独生子女父母补助对象24138人，发放补助金2302.7万元。协调市财政局联合下发《关于建立完善失独家庭养老扶助工作的通知》，完成失独家庭摸底工作，为全面落实失独家庭养老扶助制度奠定基础。特别是关注失独家庭，几年来持续不断努力，抓早动快，措施较实，全市深入开展失独家庭关怀慰问行动，走访慰问失独家庭427户，为150多户办理低保，将120多户纳入计划生育特扶对象范围，并给他们办理人身意外保险，提供救助金40多万元。

基层基础建设 争取省级重点示范镇服务站建设补助资金211万元，使服务阵地建设得到加强。投资1152.5万元配备抽样调查车辆、计生技术服务设备、宣教设备。扎实推动人口计生依法行政，2012年，全市各级建成高规格、高标准的“一站式”便民服务大厅120多个，广泛开展“阳光计生”、“诚信计生”创建活动，扎实推进计生依法行政示范乡镇创建。妥善解决群众来信来访问题，全市共接待受理各类计划生育信访696件次，结案率100%。26个镇办达到计划生育示范镇办标准，39个人口发展监测点积极组织开展全市人口发展监测工作。全面推开人口信息“一证通”应用工作，为群众办理各项业务提供方便。

计生协会建设 市计生协已参照公务员法管理，市编办下发市计生协会“三定”方案。各县市区计生协会参公工作已经全部完成，“三定”工作稳步推进。探索新经济组织、新社会组织和流动人口聚集地计生协会建设工作，在广州市成立咸阳市驻广流动人口计生协会分会，三原县计生协在广州市白云区建立驻白流动人口协会分会。全市共建立流动人口协会320个，会员4.9万人，有65个基层流动人口协会被市计生协树立为标准化示范点。全市共创建幸福家庭活动示范乡村47个，表彰首批660个“幸福家庭”。市上对具有示范效应的39个“幸福家庭”给予表彰奖励。实施万名会员实用技术培训工程，共举办培训班71期，培训20110人次，创建人口计生基层群众自治示范村147个。深入开展生育关怀行动，各级组建志愿者队伍209支，志愿者17560人，共同为1033户困难家庭提供帮扶活动。

（张姝娟）

民族宗教

民族经济 2012年，全市民族宗教工作贯彻落实党的民族宗教工作方针和政策，加大对少数民族聚居村扶持力度，全面完成2011年6个少数民族发展资金项目，总投资200余万元用于改善少数民族群众的生产生活条件。争取省2012年少数民族发展资金项目100万元、市少数民族发展资金13万元，分别用于武功县普集镇人民路社区道南排污等7个项目建设。发展民族经济，扶持民族企业做强做优。全年新认定“五得利集团咸阳面粉有限公司”等民族企业10家。组织开展“十二五”期间全国民族特需商品定点生产企业申报工作，陕西心特软食品有限公司等7户企业经国家民委、财政部、中国人民银行批准，成为“十二五”期间全国民族特需商品定点生产企业，享受到国家对民族企业的优惠政策。5月，泾渭茯茶有限公司等5户民族企业获陕西省著名商标。至年底，全市有少数民族企业和清真食品经营单位800多家，年产值20多亿元，安排少数民族群众就业3000余人。加强清真食品安全工作，开展食品安全宣传周活动。7月，市民族宗教事务局举办全市清真食品企业政策法规培训班，邀请省民委、省伊斯兰教协会、陕西科技大学专家教授就清真食品有关政策法规知识授课，组织民族工作干部、企业负责人、清真食品监督员共80余人参加培训。加强清真食品生产和市场监管，按照市食品安全管理委员会办公室统一部署，定期开展清真食品安全检查，对不符合清真要求的兴平锦丰、福满多、礼泉天祺、三原九味聚、武功华丰等6户企业负责人约谈，下发整改通知书，对因经营不善而达不到清真标准的礼泉熙源公司，决定其退出清真食品生产领域。调整市清真食品认定委员会成员，重新修订《咸阳市清真食品生产企业认定办法》，新认定陕西侯氏食品有限公司等9户清真食品企业。探索清真食品管理新举措，制定《咸阳市清真食品社会监督员管理办法》，在全市范围内聘任清真食品社会监督员29人，并在培训后颁发证书，实现政府、行业、社会三位一体的监督管理格局。

民族团结工作 宣传党的民族宗教政策法规，开展民族政策宣传教育和民族团结进步创建活动。充分发挥西藏民族学院全国和省、市民族团结进步教育基地作用，以2012年“春之华”、“秋之实”校园文化节为载体，开展“民族宗教政策及理论知识”宣讲、“我身边的民族团结故事”演讲比赛等一系列活动，不断提高民族团结进步创建水平。9月，开展第4个“民族团结进步宣传月”活动，通过电视台、报纸、网络、印发宣传资料等形式，营造各民族大团结、大发展的浓厚氛围。三原县组织开展少数民族困难家庭与少数民族企业“一帮一”结对子帮扶活动，秦都区民族宗教事务局新批准咸阳市首家民族幼儿园——阳光宝宝幼教发展中心，开展“高举各民族大团结的旗帜、同庆新中国成立63周年——民族团结进步宣传月民族知识”测试活动。市民族宗教事务局投资1万多元，为旬邑县马栏村购置5个书柜，赠送民族宗教政策法规、特种动物养殖、经济作物种植等方面的各类图书资料1000余册,建起马栏村民族团结书屋。做好全市外来少数民族服务管理工作,成立咸阳市外来少数民族权益保障服务中心,先后协助有关部门妥善处置涉疆、涉藏突发事件4起,确保全市社会稳定。

宗教事务管理 以"安全年"为主题,深入开展和谐寺观教堂创建活动,认真贯彻落实《宗教事务条例》,使宗教活动场所管理工作走上规范化、制度化轨道。全年全市审定达标和谐寺观教堂59个,占全市宗教活动场所总数的19.9%,超额完成年初目标任务指标9.9个百分点。推进宗教教职人员社保工作。年初和各县市区民族宗教事务局签订目标任务书。9月,采取局领导和业务科室包抓方式,深入13个县市区集中调研,多方协调,至年底,全市认定备案的宗教教职人员721名中,除56名不愿意参加养老保险外,其余665名宗教教职人员全部办理养老保险,4名宗教教职人员办理五保供养,318名宗教教职人员办理最低生活保障;除35名暂不愿意办理医疗保险外,其余686名宗教教职人员办理医疗保险,提前完成省宗教局下达的目标任务。指导县市区依法审批设立宗教活动场所,新批准筹备设立宗教活动场所7处,登记宗教活动场所6处,认定备案宗教教职人员30人。以点带面,推进财务监督管理工作。下发《关于进一步加强宗教团体、宗教活动场所财务监督管理工作的通知》,对全市五大宗教团体和部分宗教活动场所财务账目进行检查,对查出的问题责令限期整改,成效显著。至年底,全市各县市区95%的已登记场所和市县两级37个宗教团体建立规范、完善的财务管理制度,按程序公开透明运作。加强宗教团体自身建设,坚持宗教团体负责人季会制度,连续5年为全市性五大宗教团体秘书长以上人员体检,使其感受到党和政府的关怀,调动起宗教团体发挥桥梁纽带作用的积极性。开展"宗教政策法规学习月"活动,通过开展"四深入"(深入宗教团体,深入寺观教堂,深入重点镇办、社区、村组,深入信教群众家庭)和"宗教政策法规学习"知识答题活动,广泛宣传党的宗教政策和法律法规,务求宗教界人士和信教群众对宗教政策法规家喻户晓,人人明白。深入挖掘咸阳宗教历史文化,陪同市委常委、宣传部长唐利如对彬县程家川道教文化旅游项目建设进行调研。彬县县政府为玉泉寺佛教文化旅游建设项目拨付专项资金100万元,乾县着力打造铁佛寺文化广场等。7月,在中五台道观成功举办陕西省第二届玄门讲经暨咸阳论道活动,全国政协常委、中国道协会长任法融莅临参加。支持宗教书屋建设,全年共建成宗教书屋6个,捐赠图书、报刊等资料3000余册(份),价值人民币10余万元。坚持"抓团结、保稳定,抓发展、促和谐"工作理念,组织民族宗教界人士和信教群众参与全市"三告别"工程、捐资助学、扶贫救济等社会慈善公益事业,受到社会各界的高度评价。9月,开展宗教"慈善周"活动,筹备成立咸阳市民族宗教公益慈善协会,吸收会员102个(人),现场捐款16.15万元,表彰奖励咸阳市首届宗教公益慈善事业十佳单位和十佳个人。

维稳工作 市民族宗教事务局将维护民族宗教领域稳定作为全年工作的重中之重。坚持定期排查、研判分析形势,加强春节、中省两会、党的十八大等节假日和重要时期的应急值守工作,坚持由一名县级领导带班、干部实行24小时值班制度,遇到突发事件立即启动应急预案。坚持实施"两条线一督查"工作机制,深入摸底调查。把县、镇、村作为摸底调查的一条线,宗教团体和宗教活动场所作为另一条线,两条线同时摸底调查,对涉及影响民族团结、宗教和睦、社会稳定的苗头、隐患,及时稳妥依法处置。全年共接待群众来访50余人次,处理民族宗教领域信访案件10余件,维护大局稳定。

(陈 飞)

就业再就业

概况 咸阳市人力资源和社会保障局坚持把促进就业放在各项工作的首位,以创建创业型城市和农民工创业示范县为抓手,大力实施就业优先战略,进一步完善政策措施,积极开展"就业援助月"、"春风行动"、"就业服务进高校"、各类人才招聘会等公共就业服务活动,加强就业培训、技能培训和创业培训,扩大就业见习和创业孵化基地,加大小额担保贷款力度,强化公共就业服务,统筹抓好高校毕业生、农村转移劳动力、就业困难人员和退伍军人等重点群体就业。全市城镇新增就业6.31万人,完成年任务的131.5%;城镇失业人员再就业2.3万人,完成年任务的131%,其中就业困难人员再就业10820人,完成年任务的216.4%;新增农村劳动力转移就业27.3万人,完成年任务的287.4%,转移规模118万人,完成年任务的116.9%,创劳务经济收入127.9亿元,完成年任务的226.4%;城镇登记失业率2.8%,低于省上控制目标1.4个百分点;就业培训26701人,创业培训13850人,农村劳动力技能培训26.91万人,分别完成年任务的242.7%、213%和105.5%;发放小额担保贷款14.5亿元,完成年任务的170.6%。

农村居民进城落户 将农村居民进城落户工作纳入全市年度目标责任考核体系,拟定关于进一步做好推进有条件的农村居民进城落户工作的意见。依托城镇化建设,以城中村居民、失地农民及已在城镇工作生活的农村居民、退役士兵等10类群体为重点,明确任务,落实责任,推进有条件的农村居民进城落户,全市已办理20.23万人,完成年任务的150.97%。

(赵 青)

社会保障

养老保险 养老保险以落实省人社厅145号和178号文件精神为契机,解决25413名未参保集体企业退休人员养老保险问题,对32067名曾在咸阳市企业工作过的农村户籍人员进行养老补助认定;新增永寿县、淳化县为城乡居民社会养老保险国家级试点县,13个县市区已全部纳入国家级试点范围,全市参保261.09万人，为52.02万人发放基本养老金，参保率和发放率分别达到99%和100%。

企业职工养老保险　2012年，全市企业职工养老保险突出做好扩面、征缴、发放和社会化管理工作，坚持标准化建设和精细化管理，充分发挥保稳定、促发展的积极作用。截至年底，全市参加城镇企业基本养老保险51.06万人，其中在职人员33.94万人，离退休人员17.12万人；养老保险费征缴18.71亿元，发放养老金37.21亿元；全年审核、办理各类退休16634人，其中正常退休6789人，特殊工种退休1462人，政策性破产提前退休1916人，超龄大集体过渡退休6458人，企业军转干部提前退休9人。

确保养老金按时足额发放　全市严格养老金发放流程，不断提高服务质量，全面落实养老金发放"不拖一天、不漏一天、不少一分"承诺。2012年，共为17.12万名离退休人员累计发放养老金及各类惠民补贴37.68亿元，其中及时落实各种社保待遇，完成15.84万名退休人员基本养老金调整工作，补发养老金1.34亿元；为中央和省属企业835名离休干部调整增加生活补贴30.45万元；为全市420名企业退休抗美援朝志愿军老战士发放调整增加的生活补贴8.39万元。

扩大养老保险覆盖面　2012年，全市扩面新增参保职工37163人，为省上下达年任务13613人的273%，有效维护国家和职工的长远利益。

完成养老保险费征缴任务　2012年，全市养老保险机构坚持应收尽收的原则，履行工作职责，规范养老保险缴费基数的申报核定工作，及时足额地向各级地税部门提供征缴计划，全年养老保险基金征缴入库18亿元，完成全年任务16.8亿元的107%，其中清收历年欠费3497万元，既维护职工的合法权益，又增强基金支撑能力。

开展养老保险稽核　全市实地稽核参保企业521户、70806人，为省上下达年任务64382人的110%，通过稽核查出并追回少缴养老保险费387.97万元，查出并追回42人欺诈冒领养老金28.57万元。扎实开展养老金领取资格认证工作，共完成离退休人员指纹采集15.75万人，采集率92%，维护养老保险工作的严肃性和基金安全。

个人账户信息化管理服务工作　及时为新参保人员建立信息完整的在职档案，累计建档3万余人，为参保单位和个人的缴费申报、结算等后续工作的开展奠定坚实基础；不断提升养老保险信息数据质量，以清理"零账户"、更正身份证等为重点，积极清理个人账户垃圾数据信息，完善在职参保人员的视同缴费和特殊工种信息，使全市参保职工个人账户基本信息准确率不断提升；严格按照政策规定，及时准确地做好参保职工养老保险关系的转移和接续工作，全市全年办理转移接续养老保险关系3200余人次；按照省人社厅部署，做好个人权益记录信息维护工作，每月通报工作进展情况，全年累计向省上上传参保职工个人权益记录信息27.59万人，占全市参保在职职工的84.37%；扎实细致地维护离退休人员基本信息，确保社保卡发行工作有序推进。

退休人员社会化管理服务工作　全市17.03万名企业参保离退休人员100%实现社会化管理，其中13.45万人纳入社区管理，社区管理率79%。同时以各级劳动保障事务所（工作站）为平台，加强业务指导，积极开展各种活动，使退休人员在老有所养的基础上，进一步做到老有所乐、老有所为，共享和谐社会发展的成果。

落实省上出台的惠民政策　按照省人社厅、省财政厅联合下发《关于未参保城镇集体企业退休人员等参加企业职工基本养老保险有关问题的通知》精神，解决全省未参保城镇集体企业退休人员等参加企业职工基本养老保险问题，通过广泛宣传、严格审核、及时办理，全市人社部门共审核3.1万人，符合条件缴费2.5万人，其中已纳入社会化发放1.5万人。

配合推进国企改革　按照省、市政府关于对咸阳16户纺织企业改制要求，人社、养老经办机构集中力量，放弃节假日，加班加点，仅用一周，完成西北二棉和陕西二棉两户大型纺织企业2300余名职工的档案初审、补缴养老保险费和退休待遇核算及养老金发放工作，受到市委市政府的高度肯定。

养老保险基金管理　全市养老保险基金运行完全遵行统收统支、收支两条线原则，各级严格核准缴费基数，参保企业离退休人员养老金全部委托中国银行咸阳分行实行社会化发放。强化基金管理培训和检查，积极配合上级和审计部门的基金财务检查监督，全年没有发生挪用、挤占等违规违纪问题，有力地确保养老保险基金完整和安全运行。

养老保险标准化建设工作　认真学习贯彻国家两个标准，做到有计划、有措施、有效果，养老保险业务管理水平和服务质量明显提高，服务环境明显改善，得到广大服务对象的一致好评；按照全省标准化建设实施标准，全市各级养老保险经办机构从业务流程、岗位设置、岗位职责、业务办理、表格使用等方面进行统一和规范；补充完善标准化建设工作以来的各类资料，建立持续改进服务标准；视觉标志建设不断加强，全市养老保险机构都按照省上标准化建设要求，从外观标志、背景墙、政策解答、工作职责、工作指南、政务公开、通告栏、名称牌、意见箱、工作时间牌等方面进行视觉标志建设。

失业保险　全市失业保险工作以落实失业人员各项待遇为重点，强化扩面征收、失业动态监测、失业调控和促进失业人员再就业工作，全面加强基础管理，保证基金安全运行，发挥失业保险"保生活、防失业、促就业"的作用，为全市经济社会和谐发展和就业局势稳定作出贡献。

全面落实失业人员各项待遇　确保失业金及时、足额发放。缓解金融危机和物价上涨等不利因素的影响，切实保障失业人员基本生活，2012年，全市失业保险金标准人均提高100元。2012年春节前，将1月~2月失业金和物价补贴近1120万元，在1月一并发放。全年共为8586名失业人员，发放失业金5160.62万元。落实正在领取失业金人员参加基本医疗保险政策，每月及时为正在领取失业金人员缴纳基本医疗保险费。全年为全市8052名正在领取失业金人员缴纳医疗保险费650.68万元。按照市人力资源和社会保障局、财政局《关于2012年度企业军转干部困难补助执行标准的通知》,调整企业下岗失业军转干部困难补助标准,全年共为275名失业军转干部按季度发放生活困难补助费694.84万元。落实失业人员享受免费培训政策,积极组织失业人员参加职业技能培训。2012年,在三原县、彬县、泾阳县等7个县市区共举办家政服务、电动车修理等各类培训班13期,支付职业培训费66.94万元。培训失业人员近600人,为失业人员再就业和自主创业创造条件。

扩面征收工作 一是突出重点,以点带面。2012年,通过重点抓全市非公有制企业、招商引资企业及参保单位中漏保职工的扩面参保,推动全市的失业保险参保扩面。二是改进措施,加强基金征收。通过在全市开展失业保险"基金征收年"活动、与地税部门联合下发《关于规范失业保险基金征收有关问题的通知》等措施,及时解决基金征收中存在的问题,规范基金征收流程,提高基金征收率。2012年,全市新增参保21300人,较上年末净增参保1150人,完成省上下达扩面净增500人任务的230%。全年征收失业保险费1.26亿元,完成省上下达征收7300万元任务的172.6%。

失业动态监测 咸阳市是全国确定的失业动态监测试点城市。2012年,咸阳市对失业动态监测工作重新部署。提高样本质量,使监测数据充分反映全市职工岗位变化情况。将监测企业由市本级扩展到13个县市区,由4个行业扩大到10个行业,由30户扩大到115户;监测人数由5.8万人增加到10.7万人,占全市企业从业人数的26.75%。对采集数据受限,不能准确反映用工形式的企业,及时调整。定期对采集的数据进行对比分析,全年共形成四期监测分析报告,准确地反映全市就业岗位的变化情况。7月17日,《陕西日报》对咸阳市的失业动态监测工作进行专题报道;在10月召开的全国失业动态监测座谈会上介绍经验。

失业调控 2012年,实体经济下行,对企业经济效益影响较大,市人社局结合全市失业动态监测数据,通过分类指导,对进行产业结构调整的陕西玻璃纤维厂等7户企业、进行技术改造升级的咸阳宝石钢管钢绳有限责任公司等17户企业和进行人力资源布局重新调整的中铁一局第四工程有限公司等8户企业,实施失业调控。全年共支付调控补贴370万元,帮助32户企业通过转岗培训,使6500多名富余人员重新上岗。咸阳市的失业调控工作,为维护全市就业局势稳定作出贡献,得到上级业务部门的充分肯定,在11月召开的全省失业调控工作座谈会上介绍经验。

支持企业转型升级 咸阳市积极争取省人社厅、财政厅批准,自2011年开始连续三年,每年使用1000万元失业保险基金,支持纺织企业转型升级。2012年,咸阳市继续使用失业保险基金,给西北国棉一厂、华润纺织有限公司等6户企业发放社保补贴1000万元。这项政策的连续实施,起到失业保险基金支持企业、企业承担社会责任、政府和企业共同稳定就业岗位的良好作用,得到企业和社会的赞扬。咸阳市的做法,先后被《陕西日报》、陕西省人民政府网站等报道。

(荆永宁)

医疗保险 *扩大医疗保险覆盖面* 分解下达2012年度全市医疗保险扩面征缴目标任务和医疗保险工作要点,转发省人社厅、省教育厅《关于做好在陕高校未参加城镇职工基本医疗保险有关问题的通知》和省人社厅《关于进一步做好城镇基本医疗保险全覆盖工作的意见》,对中省驻咸机关事业单位、部分高校,停产半停产困难企业、关闭破产企业、个体工商户、灵活就业人员及新生儿等人群参加医疗保险工作进行重点督导,并对全市扩面征缴进展情况和存在问题及时下发通报等,狠抓医疗保险扩面征缴工作落实,截至年底,城镇基本医疗保险参保126.1万人。基金征缴9.5亿元,完成省人社厅下达年度基金征缴任务8.4亿元的113%。

提高医疗保险待遇水平 贯彻社保法和中省市医改要求,结合基金结余和各级政府对城镇居民基本医疗保险补助标准的提高、城镇职工缴费基数增加等因素,修订并印发《咸阳市城镇职工基本医疗保险参保与缴费管理办法》,取消原参加城镇职工基本医疗保险终身缴费制,改"双基数"为"单基数"缴费,将退休人员与单位缴费脱钩,纳入医疗保险社会化管理,解除参保职工的后顾之忧,减轻参保单位缴费压力,有利于促进企业经营发展。修订印发《咸阳市离休干部医疗保障实施办法》,出台《咸阳市城镇居民大额医疗保险办法》,参保居民个人不缴费,超出基本医疗保险封顶线的医疗费用,城镇居民大额医疗保险再报销,保障大病、重病和困难群体参保居民的医疗需求。修订完善城镇职工基本医疗保险医疗管理办法、城镇职工大额医疗补助办法、城镇居民基本医疗保险管理办法、实施细则和大额医疗补助办法等政策。简化优化政策体系,使城镇职工、居民医疗保险政策框架更趋于一致。并对城镇居民基本医疗保险超前设计两档缴费标准,为下一步城镇职工、居民医疗保险和新农合制度整合打下基础。扩大保障范围。将达到法定退休年龄且未参加城镇职工医保的城镇职工和新生儿等群体纳入城镇居民医疗保险;延长大学生毕业当年医疗待遇享受期,将冠心病支架置入术后用药、慢性病丙型肝炎药物治疗、儿童窝沟封闭纳入门诊报销范围等,进一步扩大保障范围。提高城镇职工、居民医疗保险待遇水平。坚持医疗保险待遇"四倾斜"(即向基层医疗机构倾斜、向老年群体倾斜、向重大疾病患者倾斜和向困难群众倾斜),积极推进付费方式改革,将居民医疗保险按病种支付疾病由36种扩大到57种,职工、居民医疗保险乙类药品自付比例由原来的20%下调到5%,居民普通病三级医院住院基金支付比例由原来的50%提高到一档65%、二档70%,城镇居民生育"零负担",对患重大疾病参保患者,职工医疗保险封顶线在原基础上再提高5万元,居民医疗保险封顶线在原基础上再提高10万元。

使城镇职工医疗保险基金年最高支付限额达到35万元，城镇居民医疗保险基金年最高支付限额达到30万元。

居民门诊统筹工作 在将50种门诊特殊疾病全部纳入统筹基金支付范围的基础上，进一步加大门诊统筹的资金投入，提高门诊特殊疾病基金支付限额，提高门诊大病及大额医疗费用保障水平。制定印发《咸阳市城镇基本医疗保险门诊特殊病鉴定审核标准》，草拟《咸阳市城镇居民门诊统筹首诊及双向转诊暂行办法》（征求意见稿），完善门诊统筹就医管理机制和支付方式，促进卫生资源优化配置。完成人社部医疗保险司来咸调研城镇居民门诊统筹进展情况、探索情况的调研活动。按照部省对全国14个门诊统筹重点联系城市开展门诊统筹工作要求，对咸阳市城镇居民门诊统筹实施情况及全市开展城镇居民基本医疗保险门诊统筹工作的定点医疗机构和参保居民对门诊统筹满意度，进行全面调查摸底和评估，并形成《咸阳市城镇居民基本医疗保险门诊统筹自评报告》上报人社部居民医保司。

医疗服务监管 在定点医药机构日常管理和考核上，完成对全市317家定点医药机构的年度考核工作，召开全市定点医药机构考核讲评表彰会，下发《关于2011年度全市城镇基本医疗保险定点医药机构综合考核情况的通报》，授予4家定点医药机构"AA"级信用等级标牌、30家"A"级信用等级标牌，限期整改定点医药机构19家，取消定点医药机构资格2家。出台《关于加强医疗保险定点零售药店管理有关问题的通知》，明确医疗服务行为和监控责任。在继续坚持对定点医药机构实行信用等级评定管理、违规举报奖励、日常与年终考核相结合的基础上，还拟定《咸阳市城镇基本医疗保险定点医药机构医疗保险服务医师管理暂行办法》（征求意见稿），探索将医保对医疗机构医疗服务的监管延伸到对医务人员医疗服务行为的监管，进一步完善、细化和规范医疗保险管理的措施，形成优胜劣汰、能进能出的动态管理机制，维护参保人的合法权益，确保医保基金安全稳健运行。同时，严格审核，定期将符合条件的医疗机构和零售药店纳入医保定点范围，方便参保患者就医购药。

城乡统筹和医改工作 按照适应统筹城乡医疗保障发展的要求，先后赴重庆、成都等地就城乡居民医保统筹发展进行调研，形成重庆城乡居民医保调研报告，为加快建立统筹城乡的基本医保管理体制，探索整合职工医保、城镇居民医保和新农合等制度的管理职能和经办资源提供决策依据。做好人社系统承担的2012年度医药卫生体制改革工作，及时分解下达市人社局承担的医改工作任务，做好市人社局分包三原县的医改考核检查工作，并按要求填报市医改办《2012年医改主要工作进展情况统计表》和上报《咸阳市基本医疗保险主要任务完成情况自查报告》。

（李青威）

工伤和生育保险 *扩大工伤生育保险覆盖* 按照工伤和生育保险扩面征缴目标任务要求，坚持把扩面征缴工作摆在首位。2012年，全市工伤保险参保377280人，征缴基金6610.8万元，为1044名工伤职工支付工伤保险待遇2199.4万元；生育保险参保253304人，基金征缴3010.28万元。在全省率先制定女工生育零负担政策，为1583名生育女工支付生育保险待遇1299.5万元。

及时提高工伤人员待遇水平 完善咸阳市工伤保险政策，先后出台《关于印发咸阳市工伤保险费率浮动办法的通知》《咸阳市事业单位和社会组织参加工伤保险办法》等政策文件，维护工伤和生育职工的合法权益。保障工伤职工和工亡职工供养亲属基本生活，转发陕西省人力资源和社会保障厅关于调整《工伤职工辅助器具配置项目和费用限额的通知》，制定《咸阳市调整工伤人员保险待遇标准的通知》，转发《陕西省人力资源和社会保障厅关于调整事业单位原因工伤残人员残疾抚恤金标准的通知》和《关于原8023部队及其他参加核试验军队退役人员医疗待遇有关问题的通知》，提高工伤人员的待遇标准。

维护工伤职工合法权益 在工伤认定中，严格按照《工伤保险条例》《工伤认定办法》和《咸阳市工伤事故勘察办法》等政策执行，理顺市级统筹后县市区工伤认定程序，全年共受理各类工伤案件800起，认定工伤717件，工亡认定36件，不予受理案件3件；处理行政复议和行政诉讼案件6起；深入基层对重大和工亡案件调查48次；涉及三省十多个县市区。工伤鉴定495人，处理煤矿、纺织和有关破产企业工伤职工工伤鉴定遗留问题。

工伤预防工作 开展工伤预防工作培训，加强安全生产监督，对全市的工伤预防工作进行指导、监督、检查和督促整改，把工伤预防工作纳入各部门年初工作计划和年终考核内容；建立部门协调配合制度。定期通报、总结、分析工伤预防工作开展情况、工伤事故发生情况和提出工伤预防对策和措施。定期不定期对各工作现场的安全工作进行明察暗访，保证工伤预防工作做到实处。

（赵　青）

城乡低保

概况 市民政局根据2012年3月各级组织的社保资金的全面审计，对比对出来的部分可疑低保户逐一核查，及时安排调查核实，妥善处理敏感问题。信息反馈后，市民政局立即召开各县市区民政局分管领导和业务人员碰头会，安排对比对出来的信息逐条核实，并以此为契机，在全市范围内进行一次城乡低保大排查活动，严格执行城乡低保政策，确保低保的公正公平。对有私家车或住房超面积不能提供证明或解释不清的，予以停发保障金，对一些故意骗领低保金的，坚决予以追回所领低保金，截至6月25日，咸阳市共追回冒领的低保金50多万元。落实各项补助政策，逐步提高补助水平。从2012年10月开始，农村低保提高到每人每年2020元，实际补差每人每月105元，城市低保提高到每人每月360元（县上340元），月人均补差231元，冬季发放取暖费城市低保户每户600元，农村低保户和五保户每户200元,春节发放生活补贴城市低保户每人300元,农村低保户和五保户每人200元,各县市区都按时足额发放到位。组织城乡低保工作大排查活动,提高城乡低保的规范化水平。4月～5月,在全市开展城乡低保大排查活动,采取听、查、看、问、核的方式,实行市局领导包县,县市区领导包镇办,镇办民政工作站包村包户的方法,严格执行"谁调查、谁签字、谁负责"的责任追究制,使大排查工作收到较好的效果,从而规范城乡低保申请、审核、审批的程序,确保低保工作的公开、公正和公平。通过排查,把不该享受低保的人员全部清除出去,将符合条件的对象纳入保障范围,实现动态管理下的应保尽保和按标施保。

城乡医疗救助 制定《咸阳市城乡医疗救助暂行办法》和救助标准,《办法》在扩大救助对象范围,提高救助比例的基础上,完善住院救助、门诊救助、资助参险参合、临时救助、慈善援助"五位一体"的救助模式。规范细化城乡医疗救助申请、审批、结算操作程序。全市所有县市区都开通医疗救助"一站式"结算服务,设立定点医疗机构,实现城乡医疗救助同城镇职工基本医疗保险、城镇居民基本医疗保险、新型农村合作医疗的无缝衔接。使困难群众能够及时、便捷享受到医疗救助服务。咸阳市农村儿童特大病医疗救助工作已全面展开,针对儿童白血病、先天性心脏病等6种特大疾病,市民政局都按上级规定的医疗救助标准实施救助。全年共救助患病困难群众69074人次,支出医疗救助金2456万元,代缴新农合自负部分56024人,312.78万元。

农村五保供养 对全市五保供养对象和符合"五保"条件的人员进行拉网式排查,新增五保对象1303人。在切实做到"应保尽保"的同时,注重指导县市区认真学习五保供养条例,规范五保供养申请、审批程序,严格执行新的五保供养标准,确保五保户的基本生活不低于当地的平均生活水平。全市中心敬老院建设进展顺利,投入使用的有8个县市:泾阳县、三原县、兴平市、永寿县、彬县、淳化县、旬邑县、长武县。具有入住条件的2个县:乾县、武功县。主体完工的1个县:礼泉县。秦都区、渭城区已完成征地,进入招投标阶段。从运行的8个县级中心敬老院总体情况来看,各项制度、设施基本完善,集中供养对象的吃、穿、住、医都得到较好的保障。

(梁江峰)

社区建设与管理

概况 制定出台《中共咸阳市委办公室咸阳市人民政府办公室关于加强和改进城镇社区居民委员会建设的实施意见》《咸阳市城镇社区专职工作人员管理暂行办法》和《咸阳市人民政府关于规范城镇社区专职工作人员和社区居民委员会成员待遇的意见》3个规范性文件。争取城市社区服务体系建设项目32个(其中县级社区服务信息网络平台项目1个,街道办社区服务中心项目2个,社区服务站改扩建项目16个,社区室外活动广场项目12个,省级标准化社区1个),省级补助资金569万元和市级配套的527万元已下拨到位,所有项目均已开工建设。争取农村社区设备器材配套项目120个。按照全省统一部署,完成社区专职工作人员招聘考试工作。全市在秦都区、渭城区试点招聘城镇社区专职工作人员175名,从10月9日开始,完成网上报名资格审查、公共科目笔试、加分申请审核公示和上报、资格复审以及面试等环节工作,指导秦都区、渭城区做好体检、政审、聘用、培训等工作,首批社区专职工作人员2013年1月正式上岗。

(梁江峰)

福利救济

社会福利体系建设 下拨孤儿基本生活费补助资金950万元,为全市1166名孤儿落实新的生活标准,为贫困家庭172名患疝气儿童进行免费手术。福彩销售继续保持增长势头,全市销售福利彩票3.57亿元,筹集公益金3139万元,资助项目16个,资助家庭困难的优秀大学新生304名。流浪乞讨人员救助水平不断提升,联合公安、财政等部门开展"接送流浪孩子回家"专项行动,年底前基本实现城市街面无流浪未成年人。

社会救助体系建设 出台《咸阳市防灾减灾"十二五"规划》,修订印发《咸阳市自然灾害救助应急预案》,举办防灾减灾日知识宣传和应急演练,扎实做好救灾工作,共下拨救助金3140万元、棉衣被3500余件,救助受灾群众97470户、335614人。"九四"特大暴雨洪涝灾害农村民房恢复重建任务全面完成,重建房屋8447户、20332间,修缮房屋13047户、38689间。特别是针对817户无自力建房能力又不愿集中供养的"五保"和"三孤"人员,市民政局实行"交钥匙工程",由乡村两级组织负责包建住房,建筑面积不少于40平方米,所需资金在中省每户补助1.5万元基础上,市县按3∶2的比例再补助1.5万元,建成后直接交付使用。出台《咸阳市城乡居民最低生活保障操作规程》,在全市开展城乡低保大排查活动,及时纠正错保、漏保和人情保问题。

(梁江峰)

老龄工作

概况 在全市老龄系统开展"四个联系"活动(即市、县老龄系统每一个工作者负责联系本地区的两个老龄委成员单位、联系两个下级老龄单位、联系基层两个老年协会、联系两名高龄特困老人)和2012年全市留守老人生活状况调查摸底活动。4月,结合"四个联系"活动,开展"一调查"、"两检查"活动(即2012年度老年人口状况抽样调查、2011年度高龄补贴发放情况检查、2011年度村老协示范点建设情况检查)。市老龄办用20天,对13个县市区的26个村进行抽样调查,对高龄补贴发放工作和基层老龄组织建设工作进行一次大摸底。5月,根据《陕西省老年人优待服务办法》,结合咸阳市老年人优待政策执行的实际,在原《咸阳市老年人权益保障的若干规定》的基础上，制定《咸阳市老年人优待服务办法》（讨论稿）。6月，联系协调各成员单位贯彻落实各项老年优待政策，召开协调会30余次，尤其是召开交通、公交系统协调会17次。《咸阳市老年人优待服务办法》已通过市政府审定，9月1日起开始执行。市老龄办为全市各县市区老龄办装配二代身份证阅读（验证）器17台，指导各县市区安装办证系统，并对各县市区相关办证人员统一培训，使各县市区办证人员能够熟练运用陕西省敬老优待证信息管理系统，截至年底，为34100余名65岁到龄老年人办理陕西省敬老优待证。5月，市老龄办专题讨论创建"敬老文明号"活动并印发《关于开展"敬老文明号"创建活动的通知》。成立"敬老文明号"创建活动领导小组，各县市区通过开展创建自查活动，严格按照评比程序，对基层申报的创建先进单位和个人采取单位申报、行业推荐、公众评议、逐级创建的方式，向市上推荐参评市级"敬老文明号"先进单位和个人，基层创建活动已经在全市全面展开。9月，市老龄办组织人员分为3个验收组深入各个参评单位，通过听汇报、查制度、走访群众等方式，对全市申报参评的171个先进单位和个人进行全面验收，最终确定表彰93个先进单位及33个先进个人。下发《关于对70周岁~79周岁高龄老人进行摸底统计的通知》，安排部署各县市区老龄办开展70周岁~79周岁高龄老人补贴申报等事宜，随后借助"一调查""两检查"活动深入基层，检查各县市区高龄老人补贴申报、发放、复核及系统录入工作，确保到龄老人应报尽保。转发《陕西省高龄老人补贴发放管理暂行办法的通知》，对全市高龄老人补贴发放工作的运作进行统一规范。《关于调整咸阳市高龄老人保健补贴标准的通知》明确规定："从2012年5月1日起，要对年满70周岁以上、80至89周岁、90至99周岁、100岁以上的老年人，每人每月分别发给50元、100元、200元、300元的高龄补贴；明确市县配套资金分担比例为1∶9。"在"敬老月"期间，开展"向全市2100名贫困老人送温暖联合慈善大行动"，并赴秦都区、三原县、泾阳县、淳化县等县区开展"敬老月"及"敬老文明号"表彰庆祝系列活动。下发《关于加强农村基层老年人协会规范化建设有关问题的通知》。2011年市上直抓建立的50个农村老协规范化建设示范点已基本完成。市老龄办在2011年农村老协示范点建设的基础上，对2012年农村老协示范点建设工作进行评比验收，加快基层老年群众组织和为老服务队伍建设，全市80%的村（居）委员会都建立起老年人协会组织。2012年，咸阳市共向全国老年学学会报送调研论文34篇，其中9篇已被中国老年学学会评为优秀论文，多篇论文被《老龄问题研究》和《陕西老年学通讯》刊用。2012年共发行《咸阳老龄工作通讯》6期，刊发各类调研报告30余篇。

（梁江峰）

关心下一代工作

概况 2012年，全市关工委组织发展到4870个，队伍总数43032人；有210名"五老"（老干部、老战士、老专家、老教师、老模范）作"学雷锋"等系列教育报告390场次，受教育12.8万人。有1600名"五老"进村镇、进社区、进校园举办法制报告会或辅导讲座1210场次，受教育48万人。有730名"五老"义务网吧监督员参与净化社会文化环境，治理整顿网吧。动员社会力量捐赠88.7万元，救助4836名贫困青少年。

社会主义核心价值体系教育 2012年，市关心下一代工作委员会围绕"学雷锋、心向党、讲品德、见行动"主题教育活动，组织宣讲团成员呼秀珍、薛永恒、马文杰等向青少年作《一曲平凡的爱之歌》《红领巾永远心向党》《树立正确的价值观、人生观》等系列教育报告6场次，受教育青少年4600多人。

法制教育 与市教育局、市司法局等联合部署第二届"关爱明天·普法先行"青少年法制教育活动。2月，与市中院少年法庭、团市委等在风轮小学举行"法制教育基地""红领巾法学院"授牌仪式。4月，联合市中院少年法庭在实验中学开展"送法进校园"法制讲座。6月，进行首次模拟少年法庭开庭活动。10月，组织宣讲团赴三原池阳中学、咸阳风轮小学作法制教育报告，受教育3000多人。

"五好"关工委创建活动 下发《关于进一步推动基层创建"五好"关工委活动深入开展的通知》，市关工委领导深入秦都区、乾县、淳化县等6县区调研，协调帮助基层解决实际困难，指导关心下一代"基层工作年"活动。9月，在彬县举办全市基层创建"五好"（领导班子建设好、"五老"作用发挥好、制度健全执行好、工作探索创新好、活动经常效果好）关工委活动现场会，表彰命名秦都区吴家堡街道办等55个"五好"关工委。

为弱势青少年群体办实事 年初，同市中院少年法庭、咸阳风轮小学20多名师生赴三原县东周儿童村，向46名服刑人员子女捐赠价值3000余元书包、书籍及体育用品。4月，发动"关爱大使"、陕西康惠制药有限公司董事长王延岭看望渭城区爱心家园特殊教育中心20多名自闭症孩子，并送去3000多元的米、面、油等生活用品；同月，为三原县东里西村青少年图书室赠送价值2000多元书籍、音像资料和书包。5月，发动"关爱大使"、陕西星光乳业有限公司董事长刘秉武和泾阳县天然气有限公司董事长张宏忠，分别向泾阳县修石渡留守儿童及小学捐赠书包100个、现代化厨具1套、被子80套，总价值7.5万元。6月，发动咸阳昱恒化工有限公司董事长王晓军向道北铁小少年儿童赠送价值1万多元书包，9月又向礼泉县建陵初中贫困生送去价值7000多元书包100多个。动员22个组成部门为青少年办实事、做好事65件。

（杨众凯）

生态文明

☆☆☆☆☆

（刘宝明 摄）

环境保护

概况 2012年,全市召开各类环保专题会议15次,印发环保方面文件18件。环保工作围绕全市工作大局,坚持在发展中保护、在保护中发展,以污染减排和创建国家环保模范城市为抓手,全力推进渭河污染治理、大气污染防治、农村环保等重点工作,全市生态环境质量持续改善。咸阳市二氧化硫、氮氧化物、化学需氧量、氨氮排放量指标分别较上年削减2.3%、0.4%、1.5%、1.8%,共完成渭河流域三年行动项目41个,市区空气质量二级和好于二级天数317天。

污染减排 减排工程建设方面,泾阳声威水泥建成西北地区首条水泥脱硝生产线,礼泉海螺、泾阳冀东水泥和大唐彬长电厂等一批重点企业脱硝工程已投运或即将建成,全市14座城市污水处理厂提标改造工程9家通过验收。淘汰落后产能方面,相继关闭渭城罗美亚、华达两个陶瓷厂,三原美联化工公司、新鹿酒精有限公司、武功新泰化工公司、农大德力邦公司等6家重污染小企业。农业源减排方面,利用市级排污费资金,列支120万元对8家规模化畜禽养殖企业治污设施建设给予补助支持。在线监控设施第三方运维管理方面,通过公开招标,确定两家公司对咸阳市国、省、市控污染源在线监控企业进行运维管理,对28家国、省控企业在线监控设备进行有效性审核。

大气环境治理 围绕实现"蓝天"目标,加大扬尘污染治理力度。市政府印发《关于开展扬尘污染专项整治活动的通知》,成立市大气污染联防联控领导小组及办公室,重点对市区内58家建筑工地、21家煤场(包括企业自备煤场)、30家灰场和料场开展专项集中整治活动。加强机动车尾气污染防治工作。全市建成机动车环保检测机构5家,形成"简易工况法"检测线22条,全年共检测机动车75423辆,治理尾气不合格车辆1700余辆,发放绿标9.7万枚。印发《关于对无环保标志或持黄色环保标志机动车实行区域交通限行的通告》,在城区主要路段、主要区域分阶段对无环保标志或持黄色环保标志机动车实行区域交通限行。联合市公安局交警支队向社会公布强制淘汰车辆牌号,全年淘汰黄标车和强制淘汰拖审车辆4000多辆。

农村环境保护 先后3批次累计投入1747.28万元,为全市13个县市区、165个镇办配备农村生活垃圾转运车233辆,形成日转运垃圾能力2000吨,在全市基本建立起"一户一桶存放、一村一站(或一村两箱)收集、一镇一车(或两车)转运、一县一场(或多场)处理"的农村生活垃圾规范化处置模式。2012年,财政部、环保部把陕西列为全国第三批农村环境连片整治示范省。咸阳市8个县市区被列入全省农村环境连片整治示范试点县,全年争取中、省专项资金支持4436万元。2012年,全市新增国家级生态镇1个(旬邑县张洪镇),省级生态镇9个(彬县北极镇、韩家镇、新民镇、底店镇、太峪镇,旬邑县排厦社区、原底社区、丈八寺镇、赤道社区)、生态村8个(武功县贞元镇贾晁村、三原县新兴镇焦寅村、彬县炭店镇林家堡村、彬县炭店镇虎家湾村、彬县太峪镇张村、旬邑县丈八寺镇丈八寺村、旬邑县丈八寺镇王牌村、旬邑县赤道社区下南子村)。

环境执法 2012年相继开展"春季执法大检查"、"辐射环境专项执法检查"、"整治违法排污企业、保障群众健

蓝天碧水有我家 (钟志德 摄)

康"环保专项行动和"环境安全百日大检查"等多项环境执法检查活动,全年累计出动1613人次,排查企业915家,查处违法企业41家;全年受理12369环保电话投诉1400余起,查处率和结案率均为100%。环境应急方面,编印《咸阳市突发环境污染事件应急预案》《咸阳市环境保护局突发环境污染事件应急预案》《咸阳市环保局汛期突发环境污染事件专项应急预案》《咸阳市环境保护局地震应急预案》。成功收贮秦岭化肥总厂武功分厂2枚废旧放射源和咸阳氮肥厂的6枚废旧放射源。修订完善《咸阳市突发环境污染事件应急预案》等4项应急预案,成功处置兴平高速路段液罐车苯泄漏事件。在辐射环境监管方面,全市共取得辐射安全许可证单位83家,持证率100%。组织辐射环境安全隐患排查510余人次,检查涉源单位83家。

环境监测 2012年,咸阳市环境监测站对水环境和大气环境进行常规监测。在省环保厅支持下,对中医学院、中华路小学2个空气质量自动监测站和气象站对照点,新安装3套PM2.5自动监测设备,中医学院自动监测站从2013年1月1日开始对PM2.5、臭氧、一氧化碳等指标进行测试。

环保产业 市政府印发《关于城镇污水处理厂污泥规范化处置的实施意见》,组织开展金大地生态公司蚯蚓消解加生物堆肥污泥规范化处置示范工作。全市42家国省控企业签订服务合同,30多家企业通过清洁生产审核验收。据统计,全市从事环保产业的企事业单位40家,从业人员8000余人,实现年产值约20亿元。

创建国家环保模范城市 市委办、市政府办印发《2012年度创建国家环保模范城市实施方案》和《关于市级领导包抓重点企业创模工作的通知》等一系列文件,对全市233个创模示范点实行局领导包抓制,下达6期督办通知,召开协调会30次。8月31日,咸阳市顺利通过创建国家环保模范城市省级预评估。11月,接受环保部专家组的现场技术调研,得到专家组的好评。

环境宣传教育 投资1500万元,历时2年,建成西北地区首家以水环境保护为主题的咸阳市环境教育基地,截至2012年年底,已接待参观部门78家,参观者2万余人次。与市委宣传部、市文明办共同举办咸阳市首届"十佳环保爱心使者"表彰暨纪念"六五"世界环境日"绿色呼唤"文艺会演。邀请省环保厅厅长何发理为市级领导、市级各部门主要负责人和各县市区政府主要领导、分管领导作《以环境保护优化经济社会发展》的专题讲座。全市共建成国家级绿色单位3家,省级45家,市级262家,县级462家,全市586个单位跨入绿色文明示范单位行列。健全环境宣传机制,咸阳环保信息网做到每日更新,率先在全省环保系统开通政务微博。向咸阳政务信息网、咸阳新闻网供稿60余件,在《咸阳日报》组发专版8期。《中国环境报》《陕西日报》《西部法制报》《陕西环境》等刊发稿件10余件。

环保监管能力建设 2012年,市上批复设立秦都区、渭城区、武功县、永寿县、长武县、淳化县6个县区环境监测站和市固体废物处置中心。市环境监测站通过二级站标准化建设达标验收,泾阳县、彬县、旬邑县3县环境监测站通过计量认证,15个市、县环境监察机构全部通过标准化建设验收。

(全　梦)

生态建设

工业生态建设

概况 2012年,咸阳市强化重点用能企业监督管理。针对全市节能工作面临的严峻形势,第四季度兴化大化工、60万吨甲醇、华电瑶池发电公司安排停产检修,海螺水泥安排限产,年能耗在万吨以上的39户重点用能企业月平均能源消费削减20%,确保全市能源消费增长过快势头得到有效控制。淘汰落后产能。列入淘汰落后产能计划的淳化化工公司3万吨电石、华润印染1400万米印染和三原大程秦光造纸厂、兴平兴盛纸业公司2.9万吨造纸生产线按期完成淘汰任务。实施节能工程。渭河发电通流技改、蓝星玻璃余热发电、彬县电力公司循环流化床锅炉供热改造、华电瑶池发电公司凝泵变频改造等一批节能技改项目开工建设。加强大气污染防治。推进以建筑工地整治、机动车尾气治理等为重点的大气污染综合治理行动,二氧化硫、氮氧化物、化学需氧量、氨氮四类主要污染物排放量分别较上年度削减2.9%、3.77%、2.12%和2.58%。

(罗 振)

农业生态建设

农产品质量安全监管 加快操作规程的修订。全年共修订小麦、糯玉米、樱桃、葡萄、莲藕、大葱、韭菜、黄瓜、苹果、西瓜、大白菜、芹菜、南瓜、丝瓜、猕猴桃、番茄、生猪、鲜鸡蛋、生鲜牛乳、肉鸡等无公害农产品标准化生产技术操作规程32项。围绕“粮、果、畜、菜”四大主导产业,组织专人广泛收集、整理国内外农产品生产标准50项,累计860项,为全面推进农业标准化奠定坚实的理论基础。加快“三品一标”(无公害农产品认证、绿色食品认证、有机农产品认证和农产品地理标志登记)认证步伐。全年审核上报无公害农产品一体化认证申报材料46个,其中种植业30个、畜牧业16个,通过无公害农产品一体化认证23个;上报复查换证材料7份,其中种植业2份、畜牧业5份;组织申报农产品地理标志登记产品2个,为秦都红薯和马栏马铃薯。全市累计通过认定的无公害农产品产地150个,种植生产规模4.56万公顷,养殖生产规模242.43万头(羽);通过认证的无公害农产品113个,年生产无公害农产品总量147.85万吨;年推广无公害农产品标志210万枚;累计通过农产品地理标志登记产品4个,为彬州梨、兴平关中黑猪、淳化荞麦和彬县大晋枣。加强产地环境监管。避免农产品产地环境污染,杜绝在产地及周围使用对环境有影响的化学制剂,禁止向农产品产地排放、倾倒废水、废气、固体废弃物或者其他有毒有害物质,防止对农产品产地造成污染。加强生产过程监管。通过查资料、看现场的方式,重点查看内部管理制度、质量安全控制措施、农产品生产记录、投入品管理制度、质量安全生产和管理技术培训等是否齐全,是否按要求实施。对未按规范要求做的合作社、公司,批评教育,下达整改通知单,责令其限期改正,并不定期抽查。加强对无公害生产基地监督检查的频次,使其常态化。全年共检查认证产地50个,为全年目标任务的111.11%;监督抽检样品110个,合格率100%。加强标志推广力度。对新认证产地进行引导和教育,使其主动购标。据统计,共购标210万枚,为全年目标任务的105%。

沼气建设 围绕“农村沼气国债项目”的实施,加强对沼气池建设和有机肥企业进行技术指导、业务培训、工作检查及沼肥的综合利用等工作。全市建沼气池12958口,三改(即改厕、改厨房、改圈舍)11414口、两冲(即冲厕、冲圈)700口,申请建设大中型有机肥企业8个,资金600多万元,养殖小区大型沼气池5个,秸秆利用率提高8个百分点,有机肥使用面积增加8%~10%。累计推广沼肥综合利用面积8200公顷,粮食公顷增产570公斤~1185公斤,蔬菜公顷增产1830公斤~2700公斤;苹果施用后商品率提高12%~26.1%,公顷增产2700公斤~3000公斤。

重金属污染防治普查 市农业局按照科学规划、统筹安排、规范有序的总体原则,联合市财政局制订《咸阳市农产品产地重金属污染防治实施方案》,印制采样点位登记表、土壤样品袋和样品标签各1万余份,对各县采样确认表和点位分布图认真审核,在样点布设、样品采集、数据审核与处理等关键环节,严把工作质量关并全面完成全年采集任务和相关表格调查工作。2012年,采集土样1466个,其中重点区域土样499个、国控点902个、省控点65个,代表面积35.73万公顷。建立农产品产地土壤环境质量档案和农产品产地分级管理制度,在全市全面调查农产品产地土壤重金属污染排放企业及周边区域,掌握全市农产品产地土壤重金属污染情况。

(张建利 张志红)

林业生态建设

概况 2012年,咸阳市继续发挥林业在生态建设中的主体作用,将生态文明建设与各项林业工程紧密结合,围绕改善生态、改善民生两大主题,结合咸阳市实际,编制《咸阳市生态文明建设规划》,继续加大城乡园林化、生态屏障建设、林业产业富民、森林资源保护等工作的实施力度,全力推动林业生态建设工作再上新台阶。

城乡园林化建设 2012年,咸阳市率先在全省启动城乡园林化建设工程,这是贯彻落实省政府关中大地园林化建设的具体行动,下发《咸阳城乡园林化建设的实施意见》,编制《咸阳市城乡园林化总体规划》,提出到2015年,全市城乡新增绿化面积10万公顷,到2020年,全市新增绿地12.9万公顷,森林覆盖率达到30%以上的目标。全市全年完成城乡园林化建设面积1.85万公顷,超额完成2012年省林业厅下达咸阳市的关中大地园林化建设任务,迈向城市森林化、城镇园林化、村庄林荫化、庭院花果化、渠路林带化、农田林网化、河流湿地生态景观化、出入境口优美化、荒山荒坡全面绿化的发展目标。

森林资源保护 2012年,咸阳市继续狠抓森林防火工作,全年未发生一起大的森林火灾;林业有害生物成灾率控制在4.81‰;在全市范围全面坚决执行天然林禁伐、封山禁牧有关政策和采伐限额、林地管理制度,全年共实施采伐人工商品林1034.27立方米,占省林业厅下达采伐限额的1.9%。办理各类林业行政案件94起,行政处罚94人次,罚款12.33万元,补种树木2955株。沣渭湿地保护项目科研中心楼已竣工,长武县、彬县、旬邑县、淳化县、泾阳县、三原县6县正在申报国家湿地公园建设和湿地保护恢复项目。

(高　航)

水利生态建设

重点工程计划及实施 坡耕地综合整治试点工程。淳化县、永寿县两县实施2011年坡耕地综合整治试点工程建设任务,共建设完成坡改梯1671.33公顷,新修生产道路199.4千米,截水沟54.6千米,沟头防护38.8千米。完成投资2531万元。国家水土保持重点建设工程。国家水土保持重点建设工程2012年项目涉及乾县的3条小流域和泾阳县的4条小流域,共规划治理水土流失面积32.69平方千米,规划投资1127万元,2012年度计划任务已全部完成。该项目水利部2012年11月又追加两县投资4259.8万元,其中乾县追加2127.9万元,规划治理水土流失面积62.2平方千米,泾阳县追加2131.9万元,规划治理水土流失面积62.2平方千米,两县正抓紧实施追加项目。煤油气资源水土保持补偿费使用项目。该项目在旬邑县、武功县、长武县、礼泉县、彬县、淳化县、永寿县、乾县、泾阳县9个县12条小流域开展水土流失治理及两座中型坝除险加固任务,计划治理水土流失面积44.67平方千米,项目总投资3697.94万元,其中省级投资1766万元,已完成全部建设任务,其中8条小流域及两座中型坝除险加固已经过省水保局的验收。水土流失重点治理工程中央预算内投资项目。项目涉及乾县、礼泉县、泾阳县、永寿县4条小流域及淳化县两座中型坝除险加固任务,总投资498.2万元,治理水土流失面积13.33平方千米,该项目全部建设完成并通过省级验收。省级水土保持专项资金项目。在渭城区、兴平市、乾县、彬县、淳化县、旬邑县6个县市区6条小流域实施,共治理水土流失面积14.9平方千米,规划投资500万元。项目已建设完成。

水土保持预防监督 做好《水土保持法》宣传工作。2012年,市水保站共组织大型宣传活动2次、出动宣传车14次、制作宣传展板100余张、散发宣传资料近1万份、固定标语和宣传碑20块、制作电视专题新闻3条(篇),印制《水土保持法》单行本和《水土保持法》宣传册各5000本(册),宣传覆盖面80%以上。5月,组织举办全市水土保持法律法规电视知识竞赛,提高监督执法人员依法行政的能力和水平。11月下旬,全省水土保持监督管理能力建设工作会议在咸阳市召开,全省第一批开展能力建设的先进县区代表和第二批能力建设的县区代表共计200余人参加会议。三原县和旬邑县获得先进县称号,乾县、长武县、淳化县被水利部批准为第二批开展水土保持监督管理能力建设工作的试点县。开展水土保持监督执法检查。完成冀东发展泾阳建材有限责任公司年产90万平方米住宅产业化部品生产线项目等20余个生产建设项目的水土保持方案审批工作。

泾阳县麦秸沟省级水保科技示范园　　(市水利局　供)

共完成长庆油田陕西石油商业储备库工程、西安咸阳国际机场二期改扩建工程、陕西彬长矿区煤矸石资源综合利用（2×200 兆瓦）发电工程、750 千伏乾县——渭南输变电工程等 10 余个项目的水土保持设施验收工作，水土保持“三同时”制度进一步落实，水土保持方案编报率、实施率、验收率分别达到 95%、90% 和 80%。

水土保持监测 协助省水土保持监测中心开展西安咸阳国际机场二期扩建工程的水土保持动态监测及季报编制，并完成监测报告编制及水土保持设施竣工验收工作。配合省监测中心对陕西彬长矿区生产服务中心、小庄煤矿、胡家河煤矿、大佛寺二期、文家坡煤矿和孟村煤矿等 5 个煤矿的动态监测工作，对水土流失重点区域安排固定人员进行监测，及时处理发生的水土流失。顺利完成水利部关于胡家河煤矿水土保持监测工作专项检查。完成全国水土保持监测网络和信息系统建设二期工程设备仪器安装运行工作。各监测仪器已安装到位。

水土保持前期工作 编制完成“十二五”第一批中央预算内投资水土流失重点治理项目长武县磨子河、旬邑县魏洛沟、乾县石牛山、礼泉县凉马沟、泾阳县石马沟、彬县水帘河中段 6 条小流域综合治理项目区实施方案，已经通过省级评审。项目总投资 4796 万元，其中申请中央预算内投资 3840 万元。共治理水土流失面积 136.69 平方千米。完成 2012 年煤油气资源开采水土流失补偿费使用项目、国家水土保持重点建设工程、省级水土保持财政专项资金项目实施方案的编制工作。计划投资 9700 多万元，其中申请中央投资 3047 万元，省级投资 3958 万元。

渭河综合整治秦汉新城段堤顶道路硬化绿化工程　（市水利局　供）

水土保持科技示范园创建 开展“世界水日”、“科技之春”等活动的水土保持科普知识宣传工作。做好咸阳市水土保持科技示范园建设申报工作。按照省水保局关于开展水土保持科技示范园创建及申报命名工作的要求，市水保站对全市水保治理点认真踏勘复核，9 月，筛选的泾阳麦秸沟、三原东沟金源山庄水保示范园顺利通过省级水土保持科技示范园技术评审，成为省级示范园。

（杨　恒）

渭河综合整治

渭河水污染防治三年行动 召开渭河流域水污染防治三年行动动员大会，要求“渭河治理要在全省争第一”和“三年任务两年完”。全市共确定 6 大类、96 个项目，总投资 23.16 亿元。围绕加快项目实施，市政府建立项目包抓机制，逐项目落实包抓领导和责任人；建立督查机制，市环保局联合市考核办、市监察局，进行检查督办和跟踪问效；建立考评机制，坚持每月对渭河三年行动工作进行考核排名，结果在《咸阳日报》公示。2012 年，全市共完成渭河三年行动项目 41 个，其余项目正在建设的有 19 个，调试 5 个，前期准备 20 个。渭河流域水污染补偿考核工作全面推进，全市划定主要河流县界监测断面 13 个，市财政收缴水污染补偿资金 370 万元。据省环保厅通报显示，2012 年，渭河咸阳出境考核断面，主要污染物化学需氧量、氨氮均未超标。

堤防加宽工程 2012 年，咸阳市渭河综合整治堤防加宽工程按照三年任务两年完的治理目标加快推进，各项工作进展顺利。全年完成投资 2.8 亿元，加宽堤防 34 千米，为任务的 142%，填筑土方 437 万立方米、砌筑石方 41.5 万立方米。累计完成投资 6 亿元，建成达标堤防 59 千米，占总任务的 95%；滩区绿化、种植水生植物 80 公顷。堤顶道路及景观绿化前期工作已全部完成；漆水河入渭口交通桥设计已通过省上审批，正在实施招投标工作。

（金　梦　杨　恒）

国土资源开发与管理

土地资源利用管理

土地利用现状 ①年末各类用地规模。根据2011年土地变更调查结果统计，耕地358505.82公顷，占土地总面积的35.20%；园地159877.68公顷，占土地总面积的15.79%；林地221817.58公顷，占土地总面积的21.77%；草地124092.41公顷，占土地总面积的12.18%；城镇村及工矿用地100180.97公顷，占土地总面积的9.83%；交通运输用地26343.96公顷，占土地总面积的2.58%；水域及水利设施用地18283.2公顷，占土地总面积的1.80%；其他土地10040.93公顷，占土地总面积的0.99%。②各地类变化情况。2011年各地类与2010年底相比较全市耕地净减少117.06公顷；园地净减少638.07公顷；林地净减少181.03公顷；草地净减少239.98公顷；城镇村及工矿用地增加923.37公顷；交通运输用地增加150.57公顷；水域及水利设施用地净减少6.05公顷；其他土地增加108.31公顷。

土地利用规划 市国土资源局在完成全市土地利用规划中期评估修编的同时，完成全市13个县级、173个乡级土地利用总体规划的编制工作。借西咸新区土地利用规划修编之机，为咸阳市纳入新区范围区域调整出建设用地4000多公顷。规划修编涉各县市区。全面完成基本农田上图工作。启动全市土地整治规划的编制工作。

土地占补平衡 落实各级政府负总责的耕地保护责任制，全市耕地保有量35.77万公顷，基本农田保护面积34.8万公顷任务全面落实。做好土地开发复垦整理工作，全市安排实施开发整理项目170个，总面积1624.27公顷，实施后净增耕地1324.13公顷；实现市域项目占补平衡，并为秦汉新城、沣西新城少量新增建设用地项目补充耕地。扎实做好沟道造地工作。10条沟道1266.67公顷治理工程已进入招标实施阶段。建设高标准基本农田项目已全面展开，2.33万公顷项目区实施可研报告已报省国土资源厅审批。

土地供给配置 加快保障性住房项目供地的落实工作。2012年，全市住宅供地226.25公顷，其中保障性安居工程供地183.16公顷，占到总供地量的80.09%，使“惠民生”的政策得到较好的落实。以科学发展观为指导，按照产业聚集、布局集中、用地集约的要求，推进县市区的工业园区建设工作，引导企业节约用地。鼓励企业建多层厂房和利用地下空间。提高单位面积土地投资强度和产出率。市区供地77宗，面积308.66公顷。其中招拍挂供地51宗184.63公顷，协议出让9宗72.47公顷，划拨7宗30.52公顷。供地后监管统计数据反映，所供宗地土地利用率、单位面积投资量提高幅度较大。着力做好土地收购储备工作。按照市政府安排部署，为北塬新城和市级保障性住房收购土地千余亩，并开展城市新区主干道建设和土地红线圈储工作，为中心城区建设做基础服务保障工作。规范旧城改造项目供地程序。对2011年以前供地情况全面检查，对私自改变用途和未按约定条件用地单位予以查处，并按规定收取政府收益。对12宗容积率调整的宗地征收土地出让金6050万元。规范土地市场管理。市本级土地收益近7.6亿元，超额50%完成年度指标任务。深入开展国土资源节约集约利用模范县活动，通过提高土地单位面积投资强度，加强建设用地批后监管，引导鼓励企业建多层厂房等措施，提高土地利用率。

资源执法监察 全面做好国土资源卫片执法检查工作。对2011年度卫片检查中发现的62宗违法用地立案查处56件，依法拆除复耕88.42公顷，收缴罚款683.6万元，拆除建筑物0.8万平方米，落实党纪政纪处分73人。全市违法占用土地比例占新增建设用地的7%。全面强化执法监察动态巡查工作。全年巡查发现违法案件10起，查处10起。涉及土地面积4.72公顷，拆除构筑物3400多平方米，收回土地0.32公顷，收缴罚款85.12万元，现场制止违法行为18起，做到“防范在先，发现及时，制止有效，查处到位”。按市政府部署对批而未用、占多用少、达不到投资强度、长期闲置土地进行专项全面清查，已发出督促开工函11份，收缴闲置费通知8份，收回土地告知4份，有效推进全市国土资源利用良好秩序的建立和节约集约用地工作。

地籍管理 全面开展集体土地登记发证工作。集体土地所有权、集体建设用地使用权、宅基地使用权登记发证率分别达到96.2%、26.3%、54%，12个县市区的集体土地所有权登记发证已全面完成外业工作，进入内业汇总。市区基准地价修订工作已基本完成，成果已进入评审阶段，将提交政府公布实施。国土资源信息化建设成效显著。建立数字化国土资源调查评价与监测技术体系，积累大量国土资源数据。省市国土

中共咸阳市秦都区委党校

ZHONGGONG XIANYANGSHI QINDU QUWEI DANGXIAO

秦都区委书记陈肖坪（左）在校长边长利的陪同下检查党校工作

秦都区副科级领导干部培训班开班仪式

秦都区大学生村官培训班开班仪式

秦都区机关干部夜校

参加培训的学员认真听课

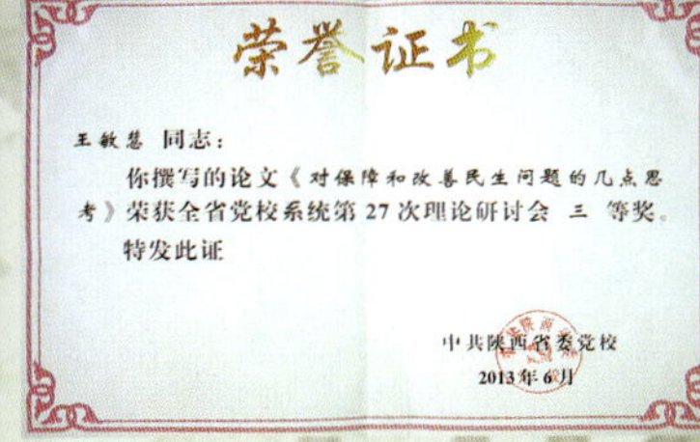

荣誉证书

王敏慧 同志：

你撰写的论文《对保障和改善民生问题的几点思考》荣获全省党校系统第27次理论研讨会 三 等奖。

特发此证

中共陕西省委党校

2013年6月

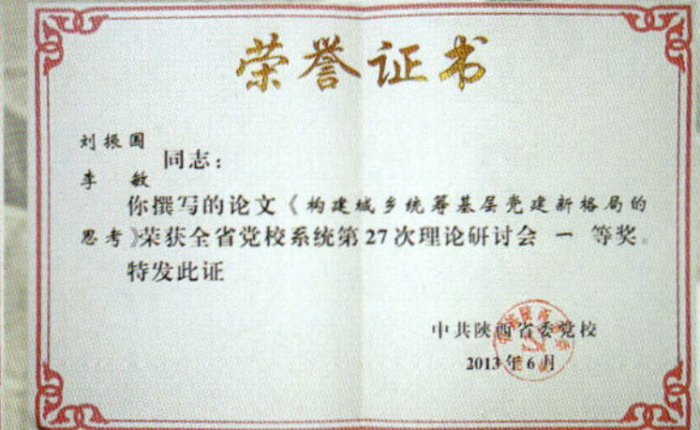

荣誉证书

刘振国
李 敏 同志：

你撰写的论文《构建城乡统筹基层党建新格局的思考》荣获全省党校系统第27次理论研讨会 一 等奖。

特发此证

中共陕西省委党校

2013年6月

中共咸阳市秦都区委党校人员编制6名，其中校长1名，副校长1名，校委委员2名。下设办公室、教务科等科室。2013年，秦都区委党校严格按照“实事求是”的党校学风校风要求，在干部培训、理论科研、教学业务、机关建设、日常管理、党组织建设、目标考核等工作方面取得了优异成绩。共开展主体班次培训30期，培训人数超4100余人次。理论科研成果丰硕。在省、市委党校理论研讨会上，提交的理论文章获省党校优秀论文一等奖一篇，二等奖一篇，市党校优秀论文一等奖一篇，二等奖一篇。同时获“咸阳市党校系统理论研讨会征文组织工作先进单位”称号。

咸阳书画名家选录

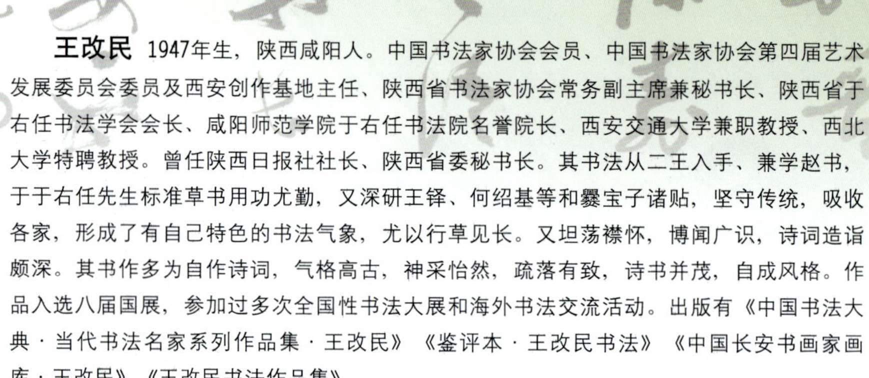

王改民 1947年生，陕西咸阳人。中国书法家协会会员、中国书法家协会第四届艺术发展委员会委员及西安创作基地主任、陕西省书法家协会常务副主席兼秘书长、陕西省于右任书法学会会长、咸阳师范学院于右任书法院名誉院长、西安交通大学兼职教授、西北大学特聘教授。曾任陕西日报社社长、陕西省委秘书长。其书法从二王入手、兼学赵书，于于右任先生标准草书用功尤勤，又深研王铎、何绍基等和爨宝子诸贴，坚守传统，吸收各家，形成了有自己特色的书法气象，尤以行草见长。又坦荡襟怀，博闻广识，诗词造诣颇深。其书作多为自作诗词，气格高古，神采怡然，疏落有致，诗书并茂，自成风格。作品入选八届国展，参加过多次全国性书法大展和海外书法交流活动。出版有《中国书法大典·当代书法名家系列作品集·王改民》《鉴评本·王改民书法》《中国长安书画家画库·王改民》《王改民书法作品集》。

咸阳书画名家选录

吕峻涛 陕西旬邑人，大学学历，任陕西省美术家协会党组书记、驻会副主席兼秘书长，陕西美术事业发展基金会理事长。系中国作家协会会员，中国美术家协会会员，中国散文学会会员，西北大学、陕西艺术职业学院兼职教授，清华大学美术学院长安画派高研班导师，主要艺术成就有：长篇小说《生命如树》、散文集《检讨自己》、中短篇小说集《秋天的诺言》、文艺评论集《涉艺录》，长篇纪实文学《守望的小村》及《长安画派的精神内核对当代美术创作的影响》《从对立统一规律中把握中国画创作发展的整体方向》等美术理论，获2012年度“陕西最具文化影响力人物”杰出成就奖，国画作品曾入选全国及省级美展，并在俄罗斯、日本、马来西亚、香港、台湾等国家和地区交流展出，国画《跃动的山音》等作品被省级美术机构收藏。

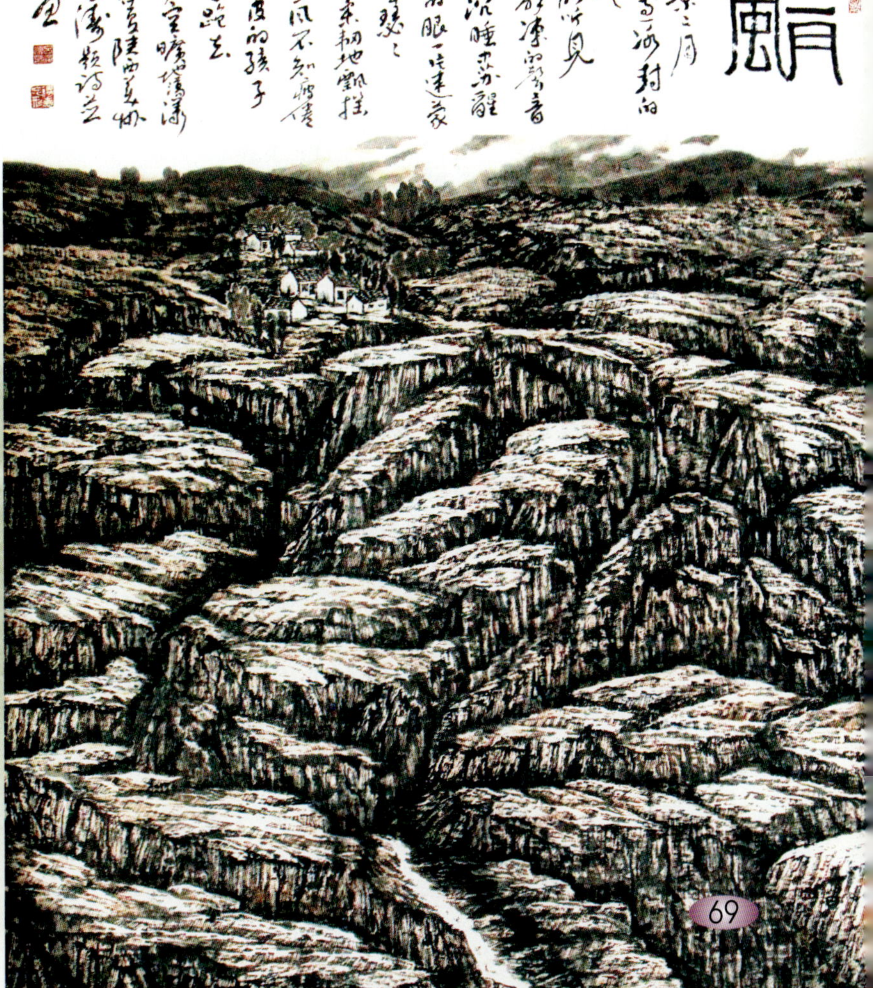

咸阳书画名家选录

成中艾 陕西咸阳人，中国美术家协会会员，陕西省美协理事，咸阳市美协主席，中国教育学会会员，中国书法教育研究会理事，陕西省高等教育学会艺术委员会理事，咸阳画院名誉院长，陕西师范大学、咸阳师范学院兼职教授。

作品参加国内外和省级展览并多次获奖。曾为迎接联合国卫生考察团创作的5幅宣传画被人民美术出版社出版，全国发行，获中国文联主办的中国国际艺术展赛特别等级奖。参加由中国美协、省美协组织的中国美术家代表团赴泰国访问并举办庆祝中泰建交35周年美术联展，获全国牡丹画邀请展一等奖，全国职工书法展览一等奖，中日教师书法联展二等奖、全国教师美术作品展二等奖。牡丹画作品入编中国高等院校美术专业《艺术美学概论》等。

多幅作品被毛主席纪念堂，历史博物馆及美国、日本、新加坡、澳大利亚、泰国等国的文化机构、美术馆或友人收藏。先后被省市人民政府及教育和文化部门授予优秀教师、十佳教师、师德标兵、优秀文艺工作者、“德艺双馨”先进个人、“五个一”工程文海奖等荣誉称号。

咸阳书画名家选录

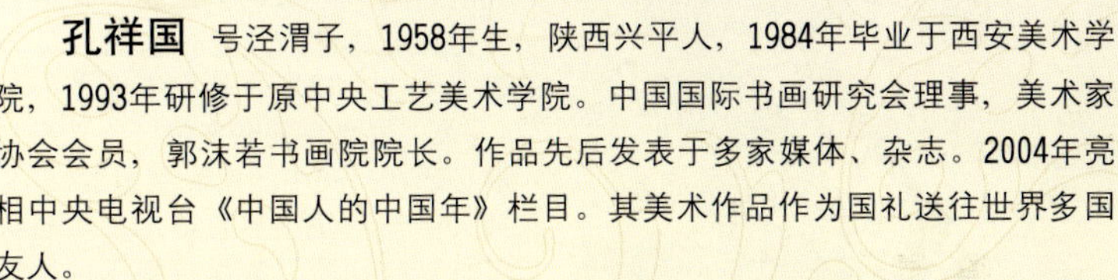

孔祥国 号泾渭子，1958年生，陕西兴平人，1984年毕业于西安美术学院，1993年研修于原中央工艺美术学院。中国国际书画研究会理事，美术家协会会员，郭沫若书画院院长。作品先后发表于多家媒体、杂志。2004年亮相中央电视台《中国人的中国年》栏目。其美术作品作为国礼送往世界多国友人。

2008年《事事如意》搭载神舟七号飞向太空。曾多次参加中央统战部艺术家采风活动。

咸阳书画名家选录

安君 1966年生，陕西永寿人，毕业于西安美术学院，文学硕士，师从著名画家陈国勇教授。历任海南大学艺术学院美术系主任、副教授、硕士研究生导师、学术委员会委员、教学指导委员会副主任；海南省“515人才”。中国美术家协会会员，陕西省美术家协会会员、西安市优秀中青年签约画家，西安画院特聘画家，陕西省慈善协会书画研究会研究员，长安画派研究院研究员。长期以来主要从事视觉造型艺术的教学与研究工作。发表专业论文18篇，其中专业核心期刊7篇，发表作品50多幅；入选参加展览15次，其中国家级展览3次；主持、参与科研项目11项，其中省级2项，厅级4项；教学获得厅级奖励5次；先后由海南省委宣传部、海南省美术家协会、陕西省美术家协会等单位主办，举办个人作品展览7次；出版著作3部；作品被西安美术学院、陕西美术博物馆、西北大学博物馆等单位收藏。

老庄

醉归人

咸阳书画名家选录

韩勃正 陕西兴平人，陕西国画院青年画家。2002年毕业于西安美术学院国画系获文学学士学位，2008年西安美术学院国画系研究生毕业获文学硕士学位。作品入选参加全国第三届美术节、建党八十周年画展、庆祝改革开放三十周年大型画展等大型展览。获纪念《讲话》发表70周年展览三等奖。论文、作品多次发表于《美术报》《国画家》《美术大观》等重要专业期刊。

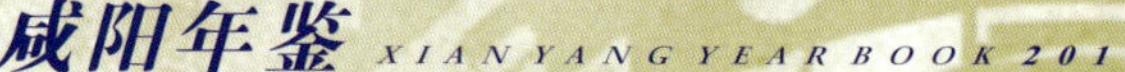

咸阳书画名家选录

韩靖 陕西乾县人，著名剪纸艺术家、画家、剪纸艺术研究专家。中国民间文艺家协会剪纸艺术委员会副主席、陕西省委宣传部“四个一批”人才，陕西省收藏家协会常务理事兼民艺专委会主任，陕西省作家协会会员，咸阳市民协主席，西安市剪纸协会会长。

韩靖自幼酷爱中国画、剪纸、文学。其中国画早期事发范曾，以骨法用笔，擅长线描，后学习吴冠中之点、线、面及其形式构成。他在继承传统的基础上力求创新，能将民间文化和当地人文历史有机结合，创作了一系列神话传说人物画，代表作有《洛神》《嫦娥》《在水一方》《山鬼》《女娲》等。大型系列剪纸画有《秦始皇》《三国演义》《武则天》《杨贵妃》等，吸收唐墓壁画的形象，巧妙利用民族的独特语言，寓历史故事和民俗于一体。他以传统与时尚融合为审美理念，注重情感宣泄。出版专著多部，曾先后应邀到香港，台湾，泰国，日本，瑞士，土耳其，美国等地区和国家举办展览和文化交流。

咸阳书画名家选录

王兴科 陕西旬邑人，北京翰高画院签约画家，咸阳市民协副主席。作品构图夸张、不拘一格、浓墨重彩、大红大绿、大蓝大紫，跳跃、狂野、雄浑古拙，突破一切均寓之于和谐统一中。给人以强大摄人心魂的艺术魅力。自1991年开始，先后在中央美院美术馆等艺术机构举办个人专展6次，受到国内外专业机构，专家教授赞许并题词。作品被美国、加拿大、澳大利亚、英国、新加坡、日本、香港、台湾等国家和地区的专业机构与绘画爱好者收藏。中央电视台、国际网络、北京电视台、陕西电视台、咸阳电视台、《中国文化报》《中国收藏报》《中国书画报》《中国日报》外文版，《名家北京杂志》《北京信报》《环球旅游杂志》等多家媒体进行报道。出版作品集多部。

2011年12月，王兴科画展在新加坡举行。新加坡内务次长何加良（中）、新加坡美术家协会主席梁振康（左一）、马来西亚国际书画联盟会主席付永刚（左三）一起观看王兴科画作

嘟嘟哇吹唢呐，红白喜事离不了咱

旬邑“二八”七烈士

中國兵器工業集團

第二零二研究所

离退休活动中心落成揭牌仪式

建所55周年广播操比赛

中国兵器工业集团第二〇二研究所1957年6月创建于北京，是中国唯一的火炮专业技术研究所，兵器工业火炮技术研究开发中心。首任所长是被誉为“中国的保尔”的吴运铎同志。二〇二所历经50多年艰苦创业，并面向市场，充分发挥自身技术优势，大力开发民用产品。共取得科研成果近722项，其中获得国家发明奖6项，国家科技进步奖23项，省部级科技进步奖289项，研制产品参加了建国50周年、60周年阅兵庆典。2012年，一项研究成果获得国家科技进步一等奖，成功申报引进两名“千人计划”专家，获得“陕西省先进集体”和“全国‘讲理想、比贡献’活动先进集体”以及数项局级荣誉称号。

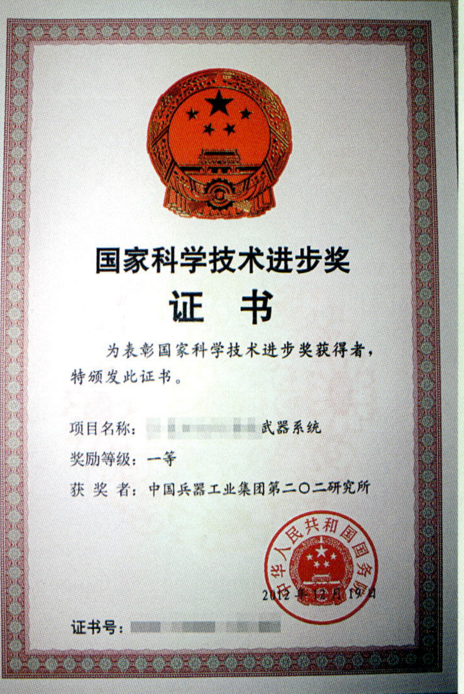

咸陽古建集團有限公司

公司通过省残疾人福利基金会设立1000万元扶残助学基金

咸阳古建集团有限公司是一家集建筑工程施工、装饰装修、园林古建设计施工、文物保护工程勘察设计与施工、房地产开发和物业管理服务为一体的综合性企业集团。具有房屋建筑施工总承包一级资质、园林古建筑工程专业承包一级资质、文物保护工程施工一级资质、文物古建筑勘察设计甲级资质、园林古建、旅游规划设计乙级资质。注册资本金1亿元。集团控股子公司：陕西大秦古建园林设计研究院、咸阳市古建园林设计研究院、咸阳南华房地产开发有限公司和咸阳天马物业管理有限公司。2009年5月，公司全面通过ISO9001:2000质量管理体系、ISO4001:2004环境管理体系、OHSAS8001:2001职业健康安全管理体系认证。年建筑安装能力约50万平方米。公司本着"诚信铸就品牌，精品源于敬业"的经营理念，先后承建了总高154米、单体建筑27万平方米、造价12亿元的西安苏陕国际金融大厦工程，五一二汶川灾后重建布瓦群雕等17项国家重点文物保护修缮项目，勘察设计并施工青海省玉树禅古寺等5项灾后文物保护重建项目、陕西省榆林市横山县波罗堡修建性详规及修缮工程（横山起义旧址），勘察设计了新疆塔城清光绪绥靖城复建项目、山东省枣庄江北水城古建园林工程，规划整治施工的张骞墓项目已列入世界遗产预备目录，西安航空制动有限公司210#钢结构厂房工程、甘肃省庆阳市庆城区南北大街改造市政工程、彬县城区供热管道工程以及陕西生益科技有限公司厂区改造装饰工程等。编制国家一级工法一部、省级工法三部，并有多个工程项目获陕西省建筑工程"长安杯"奖以及国家新技术应用示范工程奖。

公司勘察设计的枣庄江北水城项目

公司开发的和润天地项目效果图

公司开发的华府御园项目效果图

公司开发设计的秦苑·帝都古建大厦项目

陕西秦航橡胶密

1 2012年10月，省委书记赵乐际莅临公司检查指导工作
2 2012年6月，副省长娄勤俭莅临秦航公司视察
3 2012年10月，副省长李金柱莅临公司视察

封件有限责任公司

陕西奉航橡胶密封件有限责任公司是专业的汽车零部件制造企业，产品主要为橡胶密封件、橡胶制品、铸造产品。在跨越式发展中，奉航已跻身中国汽车零部件百强企业。公司在岗职工600多人，其中大专以上学历占总人数的16%，党员20人。2010年奉航产值突破3亿元，各项生产经营指标连续六年名列国内行业第一。奉航积极引进先进的技术和设备，高薪聘请高级技术人才，成立技术研发中心和油封实验室，成功开发了斯太尔变速箱、中后桥、前桥等油封密封件系列产品，实现了国产替代进口的目标，为国家每年节约外汇1000万美元，公司的主导产品广泛应用于重型汽车、商用车、坦克摩托车、液压、石化、电力等领域。依靠科技进步和自主创新，奉航集团已形成年产销油封密封件2000多万件、气管300万件和汽车铸件4万吨的综合生产能力。高精度氟橡胶油封密封圈与一汽、二汽、重汽、陕汽、法士特、三一重工、中联重工、福田等国内重卡领域长期配套。奉航集团分公司先后获得“全国汽车零部件一百强”、“十佳通用件供应商”、“陕西省优秀民营企业”等荣誉称号及“高新技术企业”、“陕西省创新型试点企业”资质；奉航商标被评为“咸阳市著名商标”；奉航产品获国家“全国发明博览会银奖”证书。“重型汽车轮边油封项目”被列入陕西省“重大科技创新项目”；陕西奉航研发中心获得“陕西省中小企业创新研发中心”资质。先后通过ISO9001：2000、ISO/TS16949：2002质量管理体系认证。企业竞争实力和发展实力不断增强。

陕西火石咀煤

陕西火石咀煤矿有限责任公司位于官牌资源区，占地18.33公顷，北靠西平铁路，南临武银高速，西平铁路为公司留有专用线，建有火石咀煤矿集运站，交通十分便利。火石咀煤矿官牌井田拥有煤炭资源储量2.5亿吨，煤层平均厚度8米。煤质具有低灰、低硫、特低炭、高挥发份、高发热量的特点。矿井采用主副斜井提升，综采、综掘的生产模式，完全实现采掘机械化、运输皮带化、质量标准化、安全管理网络化、企业管理科学规范化。并顺利通过国家、省、市安全质量标准化验收，达到了“一级标准化矿井”和“瓦斯治理示范矿井”。

火石咀煤矿认真贯彻落实“安全第一、预防为主、综合治理”的安全生产方针，以科技进步为先导，以安全生产为中心，坚持“以煤为主，综合开发，全面发展”的战略原则，在做好矿井建设和安全生产的同时，相继启动洗煤厂、煤矿机械厂、地下弃煤气化、彬州大厦及豳风苑等建设项目，总投资近10亿元。

办公楼

矿有限公司

矿区全景图

公司建设的彬州大厦全景

新工业广场

陕西彬长胡家

原陕西省委书记赵乐际在胡家河矿业公司视察

参加彬长集团国庆文艺晚会

公司职工送清凉到井口

员工篮球赛

河礦業有限公司

中国企业新纪录(第十四批)证书

中国企业新纪录(第十四批)

中国企业新纪录(第十四批)证书

中国企业新纪录(第十四批)

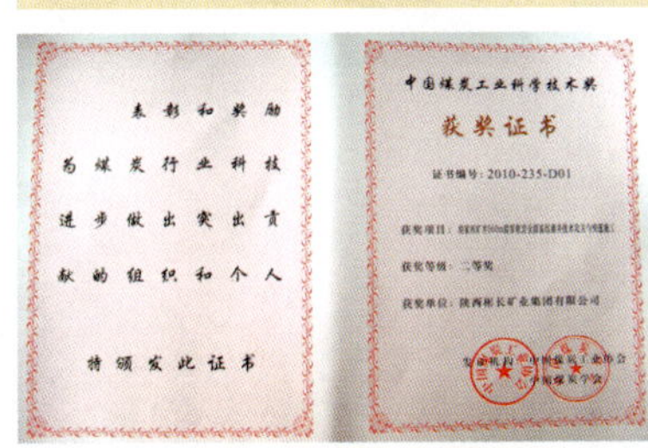
表彰和奖励为煤炭行业科技进步做出突出贡献的组织和个人

特颁发此证书

中国煤炭工业科学技术奖

获奖证书

证书编号：2010-235-D01

获奖等级：二等奖

荣誉证书

工程名称：胡家河矿井副立井

建设单位：陕西彬长矿业集团有限公司

施工单位：中煤一建49处

优质工程

陕西煤业化工集团公司

二〇一〇年三月

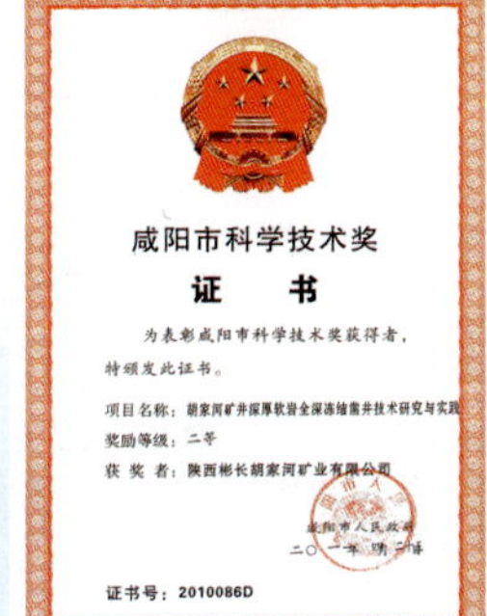
咸阳市科学技术奖

证　书

为表彰咸阳市科学技术奖获得者，特颁发此证书。

项目名称：胡家河矿井深厚软岩全深冻结凿井技术研究与实践

奖励等级：二等

获 奖 者：陕西彬长胡家河矿业有限公司

咸阳市人民政府

证书号：2010086D

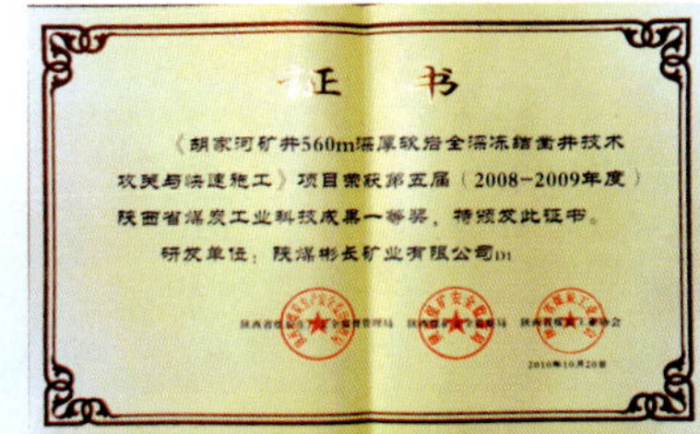
证　书

《胡家河矿井560m深厚软岩全深冻结凿井技术攻关与快速施工》项目荣获第五届（2008—2009年度）陕西省煤炭工业科技成果一等奖，特颁发此证书。

研发单位：陕煤彬长矿业有限公司

2010年10月20日

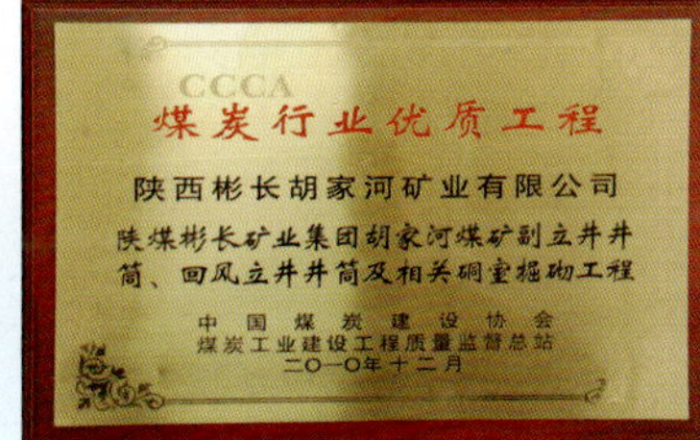
CCCA

煤炭行业优质工程

陕西彬长胡家河矿业有限公司

陕煤彬长矿业集团胡家河煤矿副立井井筒、回风立井井筒及相关硐室掘砌工程

中国煤炭建设协会

煤炭工业建设工程质量监督总站

二〇一〇年十二月

咸陽雙峰房地產

风和日丽小区

秦龙泵业

双峰城市花园

双峰城市花园

开发有限公司

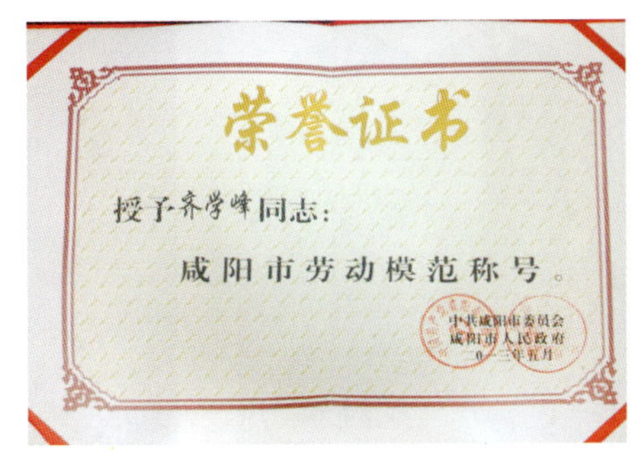

陕西双峰实业集团成立于2006年1月，公司位于咸阳市人民东路30号，注册资金2000万元。下辖咸阳双峰房地产开发有限公司、咸阳益佳物业管理有限公司、咸阳秦龙泵业有限责任公司、咸阳压缩机厂、咸阳秦峰商贸公司五家企业。业务涉及房地产开发、房屋中介、物业管理、机械加工、压力容器制造、商业贸易等。集团拥有占地3.33公顷机械加工基地“双峰工业园”一处，共有员工350余名，各类专业管理人员60余名，建成并管理的住宅小区五处。董事长齐学峰被评为“陕西省优秀民营企业家”和“咸阳市劳动模范”。双峰集团是咸阳市实力较强的民营企业之一。

双峰锦湖项目效果图

中国人民银行咸阳市中心支行

领导班子

市委常委、统战部长王新宇一行莅临中支检查指导工作

中国人民银行咸阳市中心支行是中国人民银行的派出机构，主要职责是执行货币政策，维护金融稳定，实施金融管理，提供金融服务。2012年，咸阳市中心支行紧紧围绕稳增长目标，结合咸阳辖区经济金融实际，牢牢把握“稳中求进”的工作基调，有效落实稳健货币政策，不断增加货币政策执行的针对性、有效性和灵活性，全力维护区域金融稳定，积极提升金融服务水平，高效履行基层央行职责，促进地方经济金融平稳健康发展，各项工作取得显著成效。先后获“人民银行西安分行2009-2011年度文明单位”、“陕西省改善农村支付服务环境建设先进单位”、“陕西省人民币流通净化工程先进集体”、“陕西省财税库银横向联网推广先进单位”等多项称号，被省综治办、省公安厅命名为省级“平安单位”，被市委、市政府授予“咸阳市金融管理先进单位”、“服务工业经济发展先进单位”、“金融支持非公经济发展先进单位”称号。

咸阳市金融工作会议

咸阳市信用村镇建设现场推进会

启动咸阳市人民币流通净化工程

举办咸阳市银行业金融机构“提升金融服务技能，支持地方经济发展”职工业务竞赛

中国银行股份有限公司咸阳分行

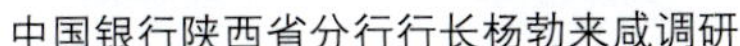
中国银行陕西省分行行长杨勃来咸调研

开展技能培训

2012年，中国银行股份有限公司咸阳分行以提升市场竞争力为目标，以加强客户群建设为主线，以负债和中间业务为重点，全面落实“调结构、扩规模、防风险、上水平”的经营方针，积极转变经营策略，创新管理方式，深入开展创先争优活动，不断加强内控、企业文化、党风廉政建设和安全防范工作，各项工作呈现出健康、稳步、良性的发展态势。人民币一般性存款余额112.09亿元，人民币各项贷款余额466411万元，实现营业利润21238万元。

越野赛

交通银行股份有限公司咸阳分行

朝气蓬勃的交行人

交通银行咸阳分行成立于2008年5月，由2003年12月设立的交通银行咸阳支行升格而成。经过多年的发展，已形成五大门类多个系列的服务与产品集群，可提供全方位、高品质的金融服务，满足客户多层次、个性化的金融需求。作为股份制商业银行在陕设立的第一家异地分行，交通银行咸阳分行将不断扩展业务领域，着力提升服务质量，为广大客户提供更加多样的金融产品和更为优质的金融服务，为咸阳市的金融生态建设和经济发展做出新的贡献。

开展警示教育大会

细心服务 客户至上

中国邮政储蓄银行咸阳市分行

分行与团市委携手促进青年创业

分行推荐的选手在省行创富大赛中获得第一名并给予创业基金及项目贷款

2008年2月22日，中国邮政储蓄银行咸阳市分行挂牌成立。从历史悠久的百年邮政，到根植城乡的邮政储蓄，从百姓身边的绿色银行，到负责任的全功能商业银行，中国邮政储蓄银行咸阳市分行始终以科学发展观为指引，承担起“普之城乡、惠之于民”的金融服务责任，不断优化经营管理机制，持续深化流程创新，全力服务三农、服务城乡居民，支持地方经济发展，努力填补金融空白，热心公益慈善事业，截至2012年底，全行资产规模已达170.57亿元，已成为全市网点规模多、覆盖面广、服务客户众多的金融服务机构。多次获省、市级荣誉和奖励。

邮储银行乾县支行（左五）获全国“送金融知识下乡宣传服务站”

首届职工文化艺术节

中国移动通信集团陕西有限公司咸阳分公司

总经理姬新县看望慰问“爱心100”贫困学子

2012年，中国移动咸阳分公司实现了健康跨越式发展。一是在网络构筑上，基本实现了各区域100%的网络覆盖，优质的网络信号让客户随时随地享受自由沟通的便捷。同时，公司加快3G建设步伐，形成GSM、TD-SCDMA、WLAN三网融合的精品移动通信网络，为广大客户打造了智能、快速、安全的高速移动宽带互联网，提供了丰富多彩的3G业务。二是在品牌建设上，“全球通”、“神州行”、“动感地带”三大品牌深入人心，遍布城乡的营销服务渠道为广大客户提供便捷的通信服务。三是在业务创新上，先后开展了手机上网、彩铃、WLAN、MM商城、手机电视、号薄管家等多项精彩纷呈的数据业务，满足人们日益增长的个性化通信需求。四是在信息化方面，认真履行与市政府签订全面战略合作协议的内容，积极参与“智慧城市、幸福咸阳”建设，率先建成并运营市政府政务（市民）服务中心等100余项信息化服务项目，有效践行优秀企业公民的社会责任，服务广大民生。公司全年移动业务收入超过14亿元，客户规模突破300万户，基站总数超过3000座，宽带用户超过5万户，固定电话突破6万户，光纤高速专线超过2000条。公司先后获“全国文明单位”、“陕西省先进集体”“全国精神文明建设先进单位”、“中央企业红旗班组”、“中国移动通信集团先进基层党支部”、“全国用户满意服务企业”、“A级纳税人”等多项称号。

开展“中外名家讲座”，实施高端客户服务

扎实开展“客户为根、服务为本”活动

咸阳移动分公司开展节能宣传周百人签名活动

公司开展“爱心100”捐款活动

中国石油天然气股份有限公司
陕西咸阳销售分公司

中国石油陕西咸阳销售公司机关办公楼

中国石油咸阳销售公司派小油罐车送油到田间地头支持春耕生产

中国石油陕西咸阳销售公司秦都区西郊加油站

中国人寿保险股份

表彰2012年度先进集体

获全省保险行业AAAAA级服务窗口

客户送上锦旗

聘请服务质量社会监督员

2012年，中国人寿咸阳分公司以"科学发展观"为统领，积极践行"公司健康发展员工幸福成长"企业文化理念，进一步明晰前行方向，努力推进方式转变，大力提升经营水平，不断夯实发展基础，公司的发展和建设均呈现出良好势头。共实现总保费12.34亿元，首年标保6598万元，首年新单（含短险）4.57亿元，首年期交1.57亿元，短期险保费4607万元；公司在咸阳地区寿险市场份额占比达到40%以上，连续多年稳居第一。公司向个人及团体提供人寿、意外和健康保险产品，涵盖生存、养老、疾病、医疗、身故、残疾等多种保障范围，全面满足客户在人身保险领域的保险保障和投资理财需求。同时，秉持"专业、真诚、感动、超越"的服务理念，依托覆盖全市城乡的服务网络，致力于为社会最广泛的大众提供优质的保险产品和服务。

中国人寿咸阳分公司将进一步加强与地方政府的合作，在投资、保险、社会财富管理等多方面寻求合作与发展，为服务社会与经济建设做出应有的贡献。

参加全省系统星级营销员表彰的公司员工

有限公司咸阳分公司

看望“芦山地震”中受伤的学生

组织拓展训练

举行“金康宁”上市发布会

召开2013年全市系统工作会议

参加行风政风测评宣传活动

中国人民财产保险股份有限公司咸阳市分公司

党委书记、总经理黎欣获咸阳市劳动模范称号

班子成员

中国杨凌“现代农业保险创新基地”签约仪式

咸阳市分公司首届职工运动会

中国人民财产保险股份有限公司咸阳市分公司下辖16个县市区支公司、2个营业部，营销服务网点遍布全市城乡。2012年，人保财险咸阳市分公司以科学发展观为指引，以服务地方经济发展为己任，以“人民保险，服务人民”为服务宗旨，充分发挥品牌、人才、产品、网络、技术、和服务优势，大力发展企业文化，坚持诚信服务，“以客户为中心”创新发展，为全市经济社会发展做出了积极贡献。

2012年累计保费收入突破4.5亿元，处理各类赔案5万余件，全年为地方税务部门代征、代收车船使用税2868万元，上缴各种税金1969万元，开办多个项目的政策性农业保险业务，积极服务“三农”，在咸阳财产险市场持续保持引领地位。

公司连续三年被市委、市政府授予“咸阳市保险业支持地方经济发展突出贡献单位”，咸阳市金融业“十佳金融服务窗口单位”。多次被陕西保监局授予保险系统先进集体。被集团公司党委授予“中国人保先进基层党组织”。党委书记、总经理黎欣获市级劳动模范称号。乾县、杨凌、泾阳、旬邑、淳化五家支公司进入全国30强县支公司行列。

咸阳彩虹学校

全国优质课一等奖获得者霍梅梅

2012年，咸阳彩虹学校全体师生团结进取，开拓创新，真抓实干，勤奋工作，各项工作取得喜人成绩，赢得良好的社会信誉。2012年高考600分以上考生人数、一本上线人数线，二本上线人数达到历史新高，两名同学摘得咸阳市文科、理科状元桂冠。有8位教师在国家、省、市级教学比赛中获奖，教师队伍整体素质稳步提高，为学校的持续发展奠定了坚实的基础。素质教育活动丰富多彩，学生综合素质稳步提升。在第七届中国优秀特长生艺术节全国总决赛中，彩虹学校取得艺术类金奖18名，银奖3名，英语类金奖5名；学校乒乓球队在“荣氏杯”陕西省中学生乒乓球比赛中获取得男子团体第一、女子团体第二、团体冠军的好成绩，为学校赢得荣誉；校篮球队、游泳队、足球队也获得奖项。坚持“学习先学做人”的德育理念，努力提高学生道德素质，重视对学生的精神激励作用，注重培养学生良好的学习习惯和日常行为习惯。在全国未成年人思想道德建设工作视讯会议上，彩虹学校被中央文明委评为全国未成年人思想道德建设工作先进单位。

校篮球队风采

校乒乓球队风采

阳光体育——跑操

陕西省咸阳市建筑安装工程总公司

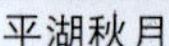
平湖秋月

泾河工业园体育运动中心体育馆

陕西圣合智慧家园

陕西省咸阳市建筑安装工程总公司成立于1969年，是市属国有中型建筑施工企业，注册资金5021万元。总公司具有房屋建筑工程施工总承包一级、市政公用工程施工总承包二级、公路工程施工总承包三级、钢结构工程专业承包三级、室内装饰设计、施工乙级等资质。总公司共有职工700余人，其中，各类技术人员460多人，中、高级以上职称300余人，大中型机械设备400余台（件）。总公司机关设有“六部五室”，1个投标报价中心，下设5个分公司，20个直属项目经理部以及为工程施工提供服务而设立的周转材料租赁站、动力机械租赁站、砼构件加工厂、商品混凝土搅拌站、材料检测试验室。年可完成竣工面积90万平方米，施工产值10亿元以上。是中国建筑业协会工程项目管理委员会常务理事单位，中国建筑业协会工程质量建设质量管理分会会员单位，陕西省建筑业联合会理事单位。先后在省内外承担石化、纺织、水利、地质、文教、医疗、邮电、航空、体育、市政等行业的工程施工。

近三年来，公司所施工的工程质量合格率为100%，合同履约率100%，优良率保持在88%以上，创省级文明工地8个，市级文明工地16个，获一项全国QC成果一等奖，六项省级QC成果一等奖，四项省级“结构示范工程”，八项市级“结构示范工程”，通过了一项省级工法，重大伤亡事故频率为零。先后获陕西省建筑工程“长安杯”奖、西安市建筑工程“雁塔杯”奖、咸阳市建筑工程“秦阳杯”奖，兰州军区AAA级文明工地等多项荣誉。涌现出了以全国劳动模范、五一劳动奖章获得者齐建庄为代表的国家、省部、市级劳动模范10人。

资源主要审批业务网上运转正在调试之中。综合执法监管技术体系初步形成。13个县市区和市本级建立国土资源门户网站体系，社会服务水平显著提升。县级以上国土资源主管部门建立内外网物理隔离的局域网，国土资源主干网和视频会议系统运行稳定，初步形成国土资源信息网络体系，信息化基础保障进一步夯实。

（李志升　刘　群）

矿产资源开发与管理

概况　编制完成《咸阳市矿产资源总体规划(2009 ~2015)》。市政府以“咸政办发[2012]46号”文件予以发布实施。《咸阳市矿业权设置方案》12月7日通过省国土资源厅评审；全市13个县级矿业权设置方案也分别通过评审，报省国土资源厅审批；公开挂牌出让采矿权3宗，面积2.5528平方千米，收取出让金1965万元。

矿政管理　完成全市矿业权年检工作。采矿权年检矿山企业648个，其中：煤炭矿山26个，地热矿山34个，化肥用灰岩矿山5个，水泥用灰岩矿山8个，建筑石料用灰岩矿山68个，砖瓦用黏土502个，矿泉水5个。实地检查98%的煤矿和水泥用灰岩矿山；抽查部分县区发证的砖瓦黏土企业，年检合格率85%；探矿权年检项目14个，其中部发证1个，省厅发证13个，均为续作项目。勘查区域涉及彬县、长武、旬邑和乾县等4县，勘查矿种分别为煤炭、铝土矿和水泥用灰岩，勘查面积1090.7平方千米。全部完成最低勘查投入，无以采代探行为。整合保留的矿山企业已经全部完成矿产资源储量检测和矿区范围划定工作，75%的整合保留矿山完成矿产资源开发利用方案的编制和评审工作，11%的整合保留矿山编制矿山地质环境保护与恢复治理方案并通过评审。完成全市2013年度煤炭矿业权投放计划上报工作。2013年全市计划投放探矿权项目3个，分别为：旬耀矿区梨树村勘查区、李子山勘查区和焦家河井田。采矿权项目6个，其中申请划定矿区范围项目2个，分别为旬耀矿区乔儿沟煤矿和老庄子井田；申请采矿许可证项目4个。完成全市重要矿产资源“三率”调查统计工作，已上报省国土资源厅项目组。及时办理各类矿业权延续与变更登记申请37宗，完成矿业权评估备案证明23宗，落实矿产资源规范化管理。

地热开发　加大地热开发力度，在资源综合利用、地热尾水回灌、浅层地热能利用、资源评价等方面均取得新的进展。国土资源部6月对咸阳市地热资源开发利用进行检查评审，肯定咸阳市地热资源综合开发利用由单一用途向多用途、规模化、产业化方向发展，实现经济发展和生态环境“双赢”的做法。正式再次命名咸阳市为“中国地热城”。

（李志升　刘　群）

水资源开发利用管理

农田水利基础设施建设　2012年，咸阳市农田水利建设完成投资3.32亿元，实施兴平市、泾阳县、武功县、礼泉县、乾县等8个中央财政小型农田水利重点县建设项目，累计完成主体工程投资1.584亿元，其中中省投资1.16亿元，改造泵站18处，新打、配套机井168眼、铺设输水管道177千米，改造渠道467千米、配套渠系建筑物1.09万座，恢复改善灌溉面积1.38万公顷，高效节水工程面积3993.33公顷。项目已经全面验收，兴平市、泾阳县3年总验收12月底完成。大中型灌区节水改造成效显著。羊毛湾灌区2011年续建配套与节水改造项目及灌区节水改造田间工程共下达投资1750万元，其中中央投资1400万元，地方配套350万元。计划更新改造漠西吴村和石牛抽水站，衬砌渠道21.24千米，改造建筑物110座。项目田间工程已全面完成，衬砌渠道13.4千米，改造建筑物86座。2011年续建配套与节水改造项目已经完成招投标工作，已进入实施阶段。党家堡灌区节水改造项目总投资1482.75万元，其中中央投资800万元，省级配套360万元。工程衬砌渠道29.37千米，改造建筑物159座，改造泵站1处，工程管护设施2处，项目已通过省国土资源厅验收。

水资源管理和节水型社会建设　以节水型社会建设为载体，以水资源保护和水资源费征收管理为重点，全面提升水资源管理水平，创建农业节水、工业节水等重点领域节水示范点21个。建成全市取水许可水量实时监测系统，市级监测管理中心、市城区监测管理站正式投入运营。超采区关闭自备水源井22眼，压采地下水170万立方米。全市共征收水资源费3000万元。

（杨　恒）

地质灾害防治

概况　7月，市级地质灾害防治规划编制完成，并经市政府常务会议审议通过，13个县市区均开展此项工作。据调查，全市共有9个地质灾害多发带，存在地质灾害隐患点687处。其中滑坡类型218处，崩塌313处，地裂缝94处，地面塌陷55处，泥石流3处，地面沉降2处，约7000户27250人生命财产受到威胁。全面加强地质灾害调查评价、监测预警、防治和应急等四大体系建设。汛期值班巡查，重点地区群测群防、预警预报和救灾避险工作机制和责任不断强化，各项预防措施扎实落实。对已上报的11个地质灾害应急治理项目积极争取省国土资源厅审批。编制完成《年度地质灾害防治方案》，组织进行地质灾害防治演练1次，开展地质灾害隐患排查2次，查出新的地质灾害35处，争取省财政地质灾害补助应急项目6个，获得地质灾害应急治理资金750万元。

（李志升　刘　群）

咸阳年鉴

XIANYANG YEARBOOK

县市区

（钟志德　摄）

县 市 区

秦都区

基本情况 秦都区位于陕西省咸阳市城区西半部。因中国第一个统一的多民族封建王朝——秦在此建都而得名。东接咸阳市渭城区、西安市未央区,南连西安市长安区、户县,西与兴平市毗邻,北和礼泉县接壤,南北长度28.5千米,东西长度21.9千米,区域总面积259.4平方千米。辖马庄1个镇和渭滨、双照、人民路、西兰路、陈杨寨、渭阳西路、古渡、吴家堡、沣东、钓台、马泉11个街道办事处,146个行政村,56个社区,总人口51.03万人。是中共咸阳市委、市政府机关驻地,是咸阳的政治、经济、文化中心。

经济发展概况 2012年,秦都区深入贯彻落实科学发展观,以扩张经济总量为目标,以打造全省最优投资环境为抓手,以招商引资和项目建设为重点,团结和带领全区广大干部群众,圆满完成各项既定目标任务。全区生产总值完成330.04亿元,同比增长13.7%;规模工业总产值完成570.31亿元,同比增长38.69%;中小企业总产值493.25亿元;全社会固定资产投资完成406.04亿元,同比增长28.04%;社会消费品零售总额完成80亿元,同比增长18.9%;地方财政收入完成7.16亿元,同口径增长33%;城镇居民人均可支配收入28798元,同比增长17.4%;农民人均纯收入9355元,同比增长17.7%;万元生产总值能耗下降控制在3.5%之内。

农业 全年农业总产值实现24.92亿元,第一产业增加值14.31亿元,同比增幅6.15%;实现农民人均纯收入9355元,同比增幅17.7%。全年粮食播种面积1.418万公顷,总产7.04万吨。新增设施蔬菜124公顷,蔬菜播种面积5666.67公顷,总产28万吨。新增苗木花卉133.33公顷,总面积1133公顷。新增优质杂果33.33公顷,果品面积3533.33公顷,总产9.6万吨。新改扩建养殖场(小区)2个,生猪、奶牛、羊、家禽存栏分别达到10.6万头、7500头、9000只、36.2万只,肉、蛋、奶产量分别达到1万吨、3400吨、2.4万吨。水产品产量670吨。全区农机总动力19万千瓦,耕种收综合机械化水平82%。钓台万亩苗木花卉生产基地总面积366.67公顷,获陕西省第三批现代农业园区称号,夏家寨苗木花卉生产示范园总面积533.33公顷,获咸阳市第二批现代农业园区称号。治理水土流失面积4.2平方千米。农业综合开发土地治理项目总投资546万元。全年共新打机电井8眼,修复配套机电井5眼,埋设低压输电线路3千米,衬砌U形渠道15千米,埋设低压输水暗管30千米;改良土壤400公顷,扩修机耕路15千米,新建沼气池80口;营造农田防护林40公顷,栽植国槐6280株;培训农民技术员2000人次,建设日光蔬菜大棚20座,示范推广高效农业66.67公顷。精心筛选产业化项目,同时主动加强对上沟通协调,累计为辖区两户农业产业化龙头企业争取到位产业化贷款贴息资金61万元。

工业 面对康佳公司停产、彩虹集团效益下滑的不利局面,工业经济逆势而上,装备制造、能源化工、新型建材等新兴工业蓬勃兴起,电子、纺织、医药等传统产业快速转型。全区规模工业产值570.31亿元,同比增长38.69%,规模工业增加值实现184.1亿元,同比增长23.17%。新增陕西彩虹光电材料总公司、陕西千鼎混凝土有限公司等规模以上工业企业15户,全区规模以上工业企业149户。非公经济增加值完成160.66亿元,占全区国内生产总值的

2012年秦都区国民经济主要指标

表41

指标名称	单位	实绩	比上年增长(%)
生产总值	亿元	330.04	13.7
第一产业增加值	亿元	14.31	6.15
第二产业增加值	亿元	210.55	17.5
第三产业增加值	亿元	97.18	8.4
规模工业总产值	亿元	570.31	38.69
全社会固定资产投资	亿元	406.04	28.04
社会消费品零售总额	亿元	80	18.9
地方财政收入	万元	71604	33
一般预算支出	万元	148444	28
农民人均纯收入	元	9355	17.7

49.67%，高于市计划0.07个百分点。全区中小企业、非公经济不断壮大提升。全年新增企业255户，新增个体户1100户，新增从业人员1.2万人，全区中小企业2.43万户，总产值493.25亿元，从业人员15.14万人。全年区财政安排500万元设立中小企业发展专项资金，推动辖区非公企业加快技术改造和产品研发。融资性担保机构、小额贷款公司健康发展。全区发展小额贷款公司3家，担保公司17家。担保公司累计为企业担保贷款金额15亿元以上，小额贷款公司累计为中小企业发放贷款1.17亿元。实施技改项目43个，累计完成投资33.8亿元。先后为陕西欧亚纺织公司落实2011年度淘汰落后产能中央财政奖励资金151万元，为陕西华润印染公司申请2012年淘汰落后产能中央财政奖励资金500万元；为陕西延长石油集团橡胶有限公司、陕西彩虹荧光材料有限公司、君寿堂制药、同辉锻铸等24户企业申报中、省、市专项资金3195万元；为陕西康惠制药、泾渭茯茶、科隆橡胶、如意电子等4户企业申报市级企业技术中心，落实奖励资金40万元。科学整合园区，产业布局进一步优化。筹资1亿元支持园区基础设施建设，汽车大道、兴业路、兴泉路等5条道路建成通车，园区承载力明显增强。汽车商贸物流园引进项目47个，引进知名品牌50个，总投资124亿元，安吉物流、庞大汽贸等4家上市公司入园建设，悦达起亚、比亚迪等15个项目建成运营，园区综合竞争力显著提升。高新区晋升为国家级高新技术产业开发区。

第三产业　商贸服务业日益繁荣。全年社会消费品零售总额80亿元，同比增长18.9%。新增各类商贸企业110家，其中限额以上商贸企业29家，全区限额以上商贸企业117户，总数占到全市的四分之一。区财政投资1000万元支持商贸服务业发展，嘉苑国际家居建材惠展中心、正大现代建材家居博览中心和大秦西市等重大商贸项目建成营业。海泉湾五星酒店、帝都酒店、君威大酒店和丽彩天禧酒店等4家星级酒店建成运营。世茂国际购物中心和咸阳世纪金花渭阳店两家大型商场实施提升改造。世茂城市综合体、丽彩·潮流港、国际财富中心城市综合体、玉泉时代广场等城市重大商贸项目建设进展顺利。左岸美食一条街初具规模，引进特色餐饮企业15家。商务惠民政策全面落实，全区26个家电下乡备案网点，累计销售各类家电6.7万台（部），累计销售金额1.72亿元，补贴金额1836.5万元。全年旅游综合收入8亿元，从业人员1.9万人，较上年增长33.3%。

招商引资和重点项目建设　全年招商引资引进项目135个，合同引进资金467.54亿元，到位资金124.56亿元，为年任务的103.8%。成功引进投资103亿元的高端动力及储能锂电池产业园、36亿元的联通西北大区基地、31.8亿元的珠泉路北侧改造、20亿元的中节能咸阳环保装备生产基地、10.5亿元的安吉汽车物流西部基地等10亿元以上重大项目14个。全区共安排重点项目53个，完成投资128.6亿元，为年计划的125.6%。投资28亿元的多晶硅铸锭一期、3.3亿元的同力重工二期等13个项目建成投产，投资10.7亿元的西电工业园二期、6.2亿元的步长制药等37个项目建设进展顺利，投资45亿元的吉峰农机、10亿元的中集车辆等25个新建项目全部开工建设，投资10.5亿元的安吉物流、10亿元的贵州通源实现年内引进、年内开工建设。

城市建设　全年实施拆迁改造项目16个，畅通道路16条，完成沣西新城、北塬新城重点征迁项目29个，征地525.4公顷，拆迁127万平方米。咸兴大道、城西快速干道、安定路等征迁工作受到市政府通报表彰。建成保障性住房4691套，超额完成全年任务。秦都花苑限价房进展顺利，18栋高层主体封顶。全年新增绿地3万平方米，建成市级绿色家园示范村5个。全区道路清扫保洁面积400万平方米。新建公厕3座，辖区等级以上免费公厕96座。新购置5辆机械化清扫车，全区机械化清扫、洒水车辆18辆，主城区等级以上道路实施机械化清扫，机械清扫覆盖率85%。

社会事业发展概况　民生工程　全年实施民生工程219个，总投资6.42亿元，其中中央投资1.84亿元，省级投资2.06亿元，市区配套2.42亿元，其他资金955万元。截至年末，累计完成投资6.91亿元，为年任务的107.8%。渭滨街道南区农村饮水安全工程建成投入使用，解决1.59万人安全饮水问题。在全市首家建成区级食品检测检验中心，首家实现农村生活垃圾规范化处置、农村广播应急网全覆盖，农村干部工资发放标准较上年翻一番，人民群众得到更多实惠。

精神文明建设　开展“见贤思齐·感恩秦都”精神文明建设系列活动。收集、整理好歌谣300多首，好格言400多条，推荐好人、好事迹30余个；表彰“好儿童”259名、“当代好婆媳”16对。全年全区新申报省级各类文明单位19个，市级各类文明单位20个，区级各类文明单位24个。开展“我推荐、我评议身边好人”活动。辖区5人和1个集体获第三届“感动咸阳”道德模范荣誉称号。不断加强未成年人思想道德建设，先后在全区开展未成年人教育创新案例评选活动、第十六届青少年系列读书教育活动。免费开放区文化馆，开展以未成年人为主的舞蹈、声器乐、书画等培训活动，并以中心广场、中华广场等为中心，建立未成年人思想道德教育社会基地，开展教育、科技、文化、艺术、体育等未成年人喜闻乐见的教育活动，全年参与活动的青少年5000余人次。

科技 教育　科技工作成效显著，全年组织实施各级各类科技项目52项，引进培育科技型企业10家，高新技术企业数量和规模居全市首位。推行学前一年免费教育，全区学前三年入园率96%；加大义务教育“控辍保学”检查，小学、初中适龄人口入学率巩固在100%；规范普通高中招生，积极引导普高落榜生进入中职学校继续学习，初中毕业生升学率93%。区职教中心与咸阳职业技术学院联办五年制高职，推动中职教育的持续发展。全年职业教育招生3756人，实用技术培训8760人，劳动力转移培训8510人。全年累计组织中小学教师参加国家和省、市、区级各类培训3323人次，公开招聘10名中学校长。区财政投资100万元重奖教育功臣，表彰奖励25名有突出贡献个人，52个先进集体和237名先进个人。2012年，全区高考一本上线1166人，二本以上上线2442人，上线人数居全市第一；中考500分以上考生163人，占全市的50%以上。筹资5200万元改善教育基础设施，动工建设青少年活动中心、5所公立幼儿园、2所寄宿制学校。落实"蛋奶工程"专项资金648万元，覆盖面86%；落实各级各类学校学生补助费用4330万元，发放大学生生源地助学贷款753.99万元。彩虹小学被命名为省级素质教育优秀学校。

文化体育　文化体育事业蓬勃发展。全年累计给辖区镇（街道）文化站、农家书屋、村级文化活动室等公共文化体育场所，免费发放价值150余万元的文化设备和器材。建立3个街道办事处、110个行政村的应急网络，建设13个村和10个社区文化信息资源共享工程。新建农家书屋26个，农家书屋覆盖率100%，建成社区书屋20个，社区书屋覆盖率45%，完成10个农民体育健身工程和5个社区健身路径工程建设。建成欧海制衣公司、泾渭茯茶公司两个农民工文化活动中心，受益农民工2000多人。村级文化活动室和数字电影放映实现全覆盖，社区文化信息资源共享中心覆盖率54%，农村文体广场覆盖率100%，社区健身路径覆盖率48%，农村广播应急网覆盖率73%。以社团文化、广场文化、群众文化为主线，组织开展"全民体育健身工程"、"农家书屋工程"、"节庆文化周"、"消夏文化月"等文化惠民活动。利用"彩色周末"、"草根沙龙"、"手牵手俱乐部"等主题文化交流互动平台，丰富群众的精神生活。利用春节、元宵、国庆等传统节日，开展各种丰富多彩的活动。成功举办秦都区"十大新闻十大突出贡献人物颁奖暨迎新春文艺会演"等文化活动10余场。组织开展"清明·我们的节日"活动。以构建和谐社会、共建文明乡风为主题，组织开展"讲文明、树新风、促和谐"文艺下乡等系列文化公益活动，送科技、送戏、送电影、送图书进农家、入社区100多场次，参与1.5万余人次。体育活动有序开展。全年共开展排舞、门球、围棋、健身气功、羽毛球、乒乓球等各种全民健身活动百余场次。组队参加陕西省第六届重点项目少年儿童运动会和咸阳市少儿体校暨市级体育传统项目学校田径比赛。全区民营文化产业单位316家，总产值5000万元。

医药卫生　不断深化医药卫生体制改革，在9个农村卫生院全面设立药品分发配送中转库，累计配送药品金额790万元。新型农村合作医疗门诊统筹补偿覆盖镇（街道）、村两级，全年门诊统筹诊治17.38万人次，基金支付281.01万元。各级医疗机构全年共收治住院患者2万人次，人均单次住院补偿4919.57元，补偿率51.2%。稳步推进疾病预防工作，全区"七苗"（卡介苗、麻疹疫苗、脊髓灰质炎疫苗、百白破三联疫苗、乙肝疫苗、乙脑疫苗和流脑疫苗）全程覆盖率95%，接种率99%。享受孕免补助2208人次，人均补助金额797元。新法接生率100%。0岁~6岁儿童2.78万人，保健覆盖率96%。积极创建省级计划生育优质服务先进区、省级人口文化建设示范区，人口自然增长率控制在5.2‰，三查率为97%，两清率为97.9%。

劳动和社会保障　全区就业局势保持稳定，城镇新增就业8701人，城镇失业人员再就业4010人，新增农村劳动力转移就业1.07万人，转移规模5.9万人，发放小额担保贷款1.08亿元，农民进城落户1.09万人。社会保障工作稳步推进，五大社会保险新增扩面1.19万人，城乡居民社会养老保险参保10.65万人，城镇居民基本医疗保险参保26.6万人。新型农村合作医疗参保18.66万人，参合率100%。不断规范城乡低保管理，全年累计发放低保保障金4124.74万元。加大城乡医疗救助和临时救助工作力度，发放救助金357.58万元。秦都区社区服务中心建成投入使用，新建、改扩建7个村（社区）服务中心。加快公益性公墓建设步伐，开工建设公益性公墓项目。全面完成135个村的村委会换届选举工作，健全村务公开网络机制，推进基层民主管理制度化建设。积极推进基本养老服务体系建设，全年累计发放高龄补贴631.1万元。重视残疾人工作，全年发放残疾人生活补贴406.85万元。实施"阳光家园"托养计划，惠及智力、精神及重度残疾人200人。改造农村贫困残疾人家庭房屋15户。依托区中医医院投资70万元建成区残疾人康复中心，依托陕西银杏敬老院投资100余万元建成区残疾人托养中心，思源南路社区和二印社区老年人日间照料中心建成投入运营。

创新社会管理　加强和创新社会管理工作，不断推进政法队伍建设，维护辖区社会稳定。加强镇（街道）综治维稳中心建设，12个镇（街道）建立社会服务管理中心，社区（村）普遍建立社会服务管理工作站。8个镇（街道）建立专职巡逻督查队伍。建立多元化的矛盾纠纷化解体系，全年排查化解不稳定因素454件，调处矛盾纠纷813件。妥善解决七里铺村、北上召村拆迁等不稳定因素。开展"一村（社区）一法官"活动，在全区建立法官工作室98个。积极探索诉调对接机制，区司法局在区法院设立调解室，区法院在交警秦都大队设立调解室，区检察院在基层建立检务工作站20个，全区初步形成人民调解、司法调解和行政调解"三调联动"体系。不断完善治安防控体系建设。投资500万元改造升级辖区视频监控报警指挥系统、派出所二级监控平台和高新区视频监控报警指挥系统。在城区街道新增监控点60个。截至年末，全区安装视频监控村48个，单位、小区428个。始终保持严打高压态势，组织开展"收刀缉枪治爆"、"打黑除恶"、"两抢一盗"、"创平安、保稳定、争满意"大巡逻大防控等专项行动。全年共破获各类刑事案件1057起，逮捕433人，办结治安案件2233起，治安处罚628人，治安拘留969人，劳教45人，强制戒毒162人，打掉恶势力团伙4个。扎实开展"六五"普法工作，平安创建深入推进，安全生产形势平稳，信访工作保持"三无"目标，全区社会大局和谐稳定。

2011年度“十大新闻十大突出贡献人物”颁奖大会召开 1月16日,秦都区“2011年度十大新闻十大突出贡献人物颁奖暨2012年迎新春文艺联欢会”在咸阳海泉湾召开。评选出2011年度秦都区十大新闻获奖单位和十大突出贡献人物,由区级领导分别为获奖单位和获奖个人颁奖。举办以“春满秦都”为主题的秦都区2012年迎新春联欢会。整台晚会以喜庆、吉祥、热烈、和谐为主线,内容囊括歌舞类、独唱以及配乐经典诗歌朗诵等多种类型,集中展示秦都区2011年政治、经济、文化、社会发展等建设的新成果。

全省保障性安居工程建设项目集中开工仪式在秦都举行 2月15日,2012年全省保障性安居工程建设项目集中开工仪式在秦都区渭滨花苑保障性住房小区建设现场举行。省长赵正永宣布2012年全省66个保障性安居工程建设项目开工建设。2012年,市政府下达秦都区和高新区建设公租房任务2100套、限价房1000套,统一由秦都区政府完成建设。保障性住房共有沣东七里铺和沣水园、马泉新村、渭滨新村等4个工地同时开工建设。

总投资49亿元的18个重点项目集中开工建设 2月16日,秦都区总投资49亿元的18个重点项目分别在西电工业园主会场和马泉街道、陈杨寨街道、马庄镇、秦都汽车产业园4个分会场同时举行开工仪式。集中开工的18个项目总投资49亿元,范围涉及装备制造、汽车销售、医药食品、基础设施等多个方面,建成后年产值可达百亿元,上缴税收3.5亿元,提供就业岗位5000多个。

秦都区获“2011年全省创业促就业先进县区”称号 2月,秦都区获得“2011年全省创业促就业先进县区”称号,受到省政府表彰奖励。秦都区扎实推进全民创业、就业再就业及发展劳务经济工作,全区创业促就业工作实现新突破。截至2011年末,秦都区城镇新增就业2.33万人;城镇登记失业率控制在0.48%以内;城镇下岗失业人员再就业6924人;就业困难人员就业4352人;农村劳动力转移就业7.17万人,创经济收入9.29亿元;小额担保贷款发放2395万元,再就业培训1600人,创业培训1100人,农村劳动力技能培训1.94万人,职业技能鉴定1193人。

秦都破获新中国成立以来最大贩毒案

秦都警方历经数月侦查,成功破获省公安厅督办的以马宝润、冯河关等为首的特大团伙跨省贩毒案。警方共抓获犯罪嫌疑人10名、逮捕6人、缴获毒品2.5公斤、毒资7万余元、高仿64式手枪一支、子弹3发及汽车2辆。此案为新中国成立以来,咸阳警方破获的毒品数量最大、种类最多的一起贩毒案件。据咸阳市公安局秦都分局禁毒大队副大队长马雪斌介绍,此次共缴获冰毒1000克、海洛因350克、麻古650克、大麻叶500克,其中大麻叶是首次在咸阳市内出现。

秦都区获2011年度“陕西城区经济社会发展争先进位奖” 4月28日,在2011年度全省县域经济社会发展表彰大会上,秦都区经济社会发展综合考核由全省24个市辖区第八位晋级第七位,获2011年度“陕西城区经济社会发展争先进位奖”。“十二五”末,全区生产总值达到480亿元,规模工业总产值达到1300亿元,固定资产投资达到900亿元,地方财政收入达到12亿元,社会消费品零售总额达到133亿元,城乡居民收入分别达到4.85万元和1.6万元,七项主要经济指标五年均翻一番。

“见贤思齐·感恩秦都”精神文明建设系列活动 5月25日,秦都区政府在南广场举行“见贤思齐·感恩秦都”精神文明建设系列活动启动仪式。是秦都区政府围绕打造全省最优投资环境活动启动的一项重大活动。全区各单位及社会各界群众代表1500余人参加活动。公安秦都分局民警郭巧宣读活动《倡议书》,青年志愿者代表任鹏程作表态发言,好村官常亚琼、好民警郭巧、好干部郭耀山、好志愿者张震晨、好媳妇杨倩等不同行业代表共同启动水晶球。

秦都区举办全省农民工诗歌朗诵分会

9月27日,秦都区政府举办“陕西省农民工诗歌朗诵会分会”。辖区企业农民工代表表演了《农民工之歌》《城市家乡》《农民工颂》等18个节目。男声组合《春天里》《怒放的生命》将整场晚会推向高潮,整场诗歌朗诵会在欢乐祥和的气氛中圆满结束。秦都区率先在全省建立农民工文化活动中心,积极编排反映农民工及留守儿童生活的情景剧,丰富农民工的精神文化生活,获得“全国文化先进区”称号。

秦都区社区服务中心挂牌成立 11月27日,秦都区社区服务中心挂牌成立。秦都区社区服务中心与渭阳西路街道办事处同址办公,2009年5月开工建设,2011年11月完成主体建设,总投资484万元,建筑面积2000余平方米。设立社区建设服务中心、社区干部培训中心、城乡低保服务中心、社会救助服务中心、民间组织管理服务中心、社会福利服务中心、殡葬管理中心、婚姻登记办理中心、婚庆礼仪服务中心、残疾人康复中心及家政服务、法律咨询等20余项服务。

秦都区成为全省首个A类新农村电气化区 12月,秦都区顺利通过省发改委和省电力公司的“新农村电气化”验收考评,成为全省首个A类新农村电气化县(区)。秦都区投资2110.27万元对7个镇(街道)的67个村实施电气化建设,新建及改造10千伏线路3.52千米,0.4千伏线路50.69千米,新增及增容配变20台4165千伏安,更换配变15台2975千伏安,改造下户线42.74千米,受益群众1364户,电气化镇(街道)占全区镇(街道)的58%,电气化村占全区行政村的52%。

秦都区电子政务统一平台投入运营

12月,总投资200万元的秦都区电子政务统一平台建成运营,通过省工业和信息化厅电子政务专家评审组的评审验收。秦都区政府电子政务统一平台中心机房分为配电区、监控(缓冲)区和设备区,划分网络接入区、园区(区政府机关)网络接入区、安全管理区、安全服务区、内部数据处理区和公开数据处理区等7个网络区域,实现省、市、区(县)三级电子政务系统互联互通和资源共享。

(赵立群 郭松和)

渭城区

基本情况 渭城区位于咸阳市城区东半部。地处"关中—天水"经济核心圈,是西咸新区建设的主战场。辖北杜镇和中山街、新兴路、文汇路、渭阳、周陵、底张、正阳、窑店、渭城9个街道办事处,总人口44万人。

经济发展概况 2012年,渭城区坚持三产联动、融合发展,推进产业结构调整和转型升级,经济实力显著增强。全区生产总值实现266.44亿元,增长14.7%;全社会固定资产投资完成355.9亿元,增长28%;财政总收入完成87亿元,增长25.5%;地方财政收入突破6亿元,增长34.36%。

农业 以统筹城乡发展为主线,以发展现代都市农业为抓手,以促进农民增收为目的,发展生态观光、休闲旅游、苗木花卉、名优果菜等产业,加快现代都市农业示范园区建设步伐,推动农业向现代化、高端化、规模化迈进,有效提高农业效益,促进农民增收。先后引进北京花木、领新农业等涉农龙头企业,正阳、周陵现代农业示范园分别被命名为省、市级示范园区,农业总产值完成20亿元,增长15.4%。

工业 发展新兴工业,重点抓好工业园区建设,推进周陵新兴产业园、有色新能源产业园、渭城新型工业园及千亿级LED产业基地等"三园区一基地"建设,引导新能源、新材料、高新电子、航空制造等战略性新兴产业向园区集中,逐步推进工业走上园区化、规模化、高端化发展道路,新能源、新材料、先进制造等新兴产业已成为经济发展的有力支撑,全区规模以上工业总产值完成482.69亿元,增长23.4%。

第三产业 抢抓西咸新区建设机遇,贯彻落实中、省、市关于鼓励、支持和引导中小企业、非公经济健康快速发展的各项方针政策,不断加快园区服务平台建设,指导企业开展科技创新和人才培训,为企业申请国家财政支持项目。加强引导、积极扶持、完善服务、优化环境,全面加强对中小企业、非公经济发展的指导、扶持和服务力度。全区中小企业及非公经济稳步快速发展,幸福航空、五洲星天地、圆通速递等项目相继落户,商贸、物流业不断壮大,文化旅游、商务会展等现代服务业成为经济增长的新亮点。2012年全社会消费品零售总额完成65.65亿元,增长13.8%,非公经济增加值占全区生产总值48.2%。

2012年渭城区国民经济主要指标

表42

指标名称	单位	实绩	比上年增长(%)
生产总值	亿元	266.44	14.7
第一产业增加值	亿元	11.93	6.1
第二产业增加值	亿元	194.55	16.4
第三产业增加值	亿元	59.97	10.6
规模工业总产值	亿元	482.69	23.4
全社会固定资产投资	亿元	355.9	28
社会消费品零售总额	亿元	65.65	13.8
地方财政收入	亿元	6.06	34.36
一般预算支出	亿元	11.88	19.06
农民人均纯收入	元	9218	17.7

招商引资和重大项目建设 坚持项目带动战略不动摇,与秦汉新城、空港新城联手出击,创新招商,招大引强,联手招商、携手推进,吸引重大项目落户渭城。2012年,全区引进项目67个,签约资金1000多亿元,并呈现出单体项目投资规模大、进展速度快的特点。先后引进投资250亿元的绿地新城、投资150亿元的"东方帝王谷"、投资110亿元的空港泉商国际丝路城、投资100亿元的综合保税区等四大投资过百亿元的重大项目。总投资50亿元的五洲国际·西北商贸博览城,投资27亿元的幸福航空基地等投资过10亿元的项目占投资总额的84.63%,新签约的65个项目已建成13个,开工建设35个,17个项目进展顺利。

城镇建设与管理 坚持城乡同步规划、同步建设,统筹促进城乡一体发展。渭河综合治理堤防加宽加高和福银高速咸阳东出口改扩建工程全面完成,东风路北延段和文渊路等加快建设。28个旧城改造项目完成投资20.6亿元,拆迁面积5万平方米。城乡基础设施不断完善,港务一路、光伏三路建成通车,渭河横桥基本建成,秦汉大道、第五大道、空港南环路等加紧施工,新城大路网框架全面拉开。空港保障房、周礼佳苑等4个农民安居小区建设进展顺利。投入1500多万元,启动实施农村生活垃圾规范化收集处置工作,建成底张、北杜2个垃圾填埋场,75个区级示范村和一批镇办级示范村创建工作成效显著,城乡面貌大为改观。

社会事业发展概况 科教文体卫 渭城区按照"自主创新、重点跨越、支撑发展、引领未来"的科技方针,加快推进产业技术创新、企业自主创新、平台载体建设、知识产权培育保护等工作,科技知识的普及和推广工作取得显著成效,有力促进科技成果的转化和应用,全区省级以上高新技术企业34家,省创新型企业25家,省高新产品30多个。推进学前教育普及工程,全年投资2885万元,新建公办幼儿园4所,建筑面积11487平方米;开展"高效课堂建设年"活动,全年高考二本以上上线总人数

1617人,比2011年增加169人,增幅11.7%;严把蛋奶"三关"(源头关、卫生关和储存关),逐步扩大覆盖面,义务段学校全部实施"蛋奶工程",覆盖率88%。群众性文化体育活动丰富多彩,针对城乡居民所求所需,积极组织并开展文化下乡活动,数字电影放映专项活动,组织举办新年团拜会演出、"走进陈马村"文化下乡演出、"迎国庆"门球赛、全民健身成果展、咸阳市太极拳邀请赛等系列活动。开展公共卫生服务工作,累计为456704名城乡居民建立健康档案,儿童免疫规划疫苗接种率98%。对25426名65岁以上老人进行健康管理,管理率97%。新农合覆盖面进一步扩大,2012年,全区共有参合人员157187人,参合率97.96%。

人口和计划生育 始终坚持统筹解决人口问题、稳定低生育水平为目标,通过建立"统筹协调、科学管理、利益导向、优质服务、宣传引导、考核评估"六大机制,狠抓基层质量管理,提升优质服务水平、完善利益导向机制,加大依法行政力度,推进流动人口均等化服务,人口和计划生育工作迈上新的台阶。2012年人口出生率8.27‰,人口自然增长率5.21‰,出生人口政策符合率98.7%。

精神文明建设 坚持"贴近实际、贴近生活、贴近群众"的原则,全面开展公民思想道德建设、群众性精神文明创建、社会志愿服务活动、未成年人思想道德建设工作,大力弘扬"阳光、重诺、尚礼、乐善"的咸阳时代精神和"诚实守信、开放包容、敢为人先、团结奋进"的渭城精神,形成积极、健康、文明、和谐的社会风尚,提高全区精神文明建设的软实力,有力推进国际化大都市新区的建设。全年共申报创建各级各类文明单位49个。

劳动和社会保障 投入4.2亿元,实施民生项目194个,为民办实事25件,一批事关群众切身利益的问题得到有效解决。保障性安居工程完成投资3.9亿元,新开工2410套,望贤小区、渭柳佳苑公租房全面封顶。五大保险扩面工作深入推进,失地农民养老保障政策得到有效落实,累计发放失地农民养老金413万元,社会保障覆盖率95%,城乡低保实现动态管理下的应保尽保。就业和再就业工作扎实推进,城镇新增就业8600多人,转移农村劳动力5.2万人次,登记失业率控制在2.8%以内。全面提高公务员、事业单位人员和村组干部、计生专干、环卫工人的福利待遇,干部群众生活水平明显提升。2012年城乡居民收入分别达到28694元、9218元,增长17.3%和17.7%。

举办学习呼秀珍和她的"雷锋家庭"演讲总决赛 5月4日,渭城区学习呼秀珍和她的"雷锋家庭"演讲总决赛在区行政中心十一楼报告厅举行。参赛选手用朴实的言语、激昂的情感,以声情并茂、感人肺腑的演讲,讲述呼秀珍和她的"雷锋家庭"感人事迹以及选手身边像呼秀珍一样的人和事,让爱岗敬业和无私奉献精神在渭城得到进一步弘扬。演讲比赛由区委宣传部牵头,团区委、区教育局组织实施。通过总决赛共评选出一等奖1名,二等奖2名,三等奖3名,优秀奖6名。

五洲国际·西北商贸博览城项目签约渭城 8月3日,总投资50亿元的五洲国际·西北商贸博览城项目在渭城签约。无锡五洲商业投资有限公司拟投资50亿元建设的五洲国际·西北商贸博览城项目是咸阳市第一个集批发、零售、展示、购物、餐饮为一体的大型国际顶级商贸综合体。项目计划占地约33.33公顷,建筑面积约80万平方米,总建设期5年,项目建成后预计带动就业约5万人,年预计交易额突破500亿元,年上缴税金约1.5亿元,安置劳动力约1.5万人。其中一期投资25亿元,建筑面积40万平方米,建设周期36个月,建设内容主要包括五金、机电、紧固件、模具等工业品原料、辅材料,为工业企业提供配套服务的生产性服务业,以及皮衣皮草、服装、百货商品、软饰等为居民生活提供配套服务的生活性服务业。该项目的引进填补咸阳市大型商贸博览企业的空白,对于拉动区域经济发展,推动本市及西北商贸博览业、服务业升级换代,具有十分重要的社会效益和经济效益。

启动大石头关中民俗休闲度假村暨旅游节 9月28日,渭城区举行大石头关中民俗休闲度假村暨旅游节启动仪式。渭城区周陵街道大石头关中民俗度假村,距咸阳9千米,位于西安咸阳国际机场南2千米处,原208省道、四号公路、机场南环路、沣泾大道环绕村庄而过,交通十分便利。度假村项目建设坚持传承与创新相结合,围绕关中民俗文化,打造以休闲观光、餐饮娱乐、旅游度假为支柱产业的乡村旅游文化休闲基地。预计项目全面建成后可日接待游客上千人,计划5年内全村年收入超过2000万元,人均纯收入达2万元以上。

举办"水孕健康 珍爱环境"实践活动

9月13日,由渭城区科协、共青团渭城区委主办的渭城区2012年全国科普日重点活动——"水孕健康、珍爱环境"青少年珍爱环境科学实践活动在陕西省、咸阳市、渭城区三级科普教育基地——咸阳市环境教育基地举行。100余名农民工子女、留守儿童、聋哑儿童和热爱科学知识,在科幻画大赛、科技创新大赛中取得好成绩的青少年代表与渭城区科学辅导员老师及科普志愿者参加活动。活动围绕"大手拉小手——环境科学实践"的主题,志愿者们和青少年学生一起参观环境教育基地,参与污水处理、中水回收、城市污水管网控制等科学实践活动,进行有关水的趣味小实践、操作、思维演示、互动等体验活动,学生们为咸阳市科普教育基地赠送保护环境、节约用水、海底净化机等科幻绘画作品,科普教育基地为到场的青少年、科学辅导老师赠送"水孕健康、珍爱环境"——青少年珍爱环境科学实践活动吉祥物。科普日期间,共举办10期青少年参观实践活动,在全区中小学校开展科普征文,普及2万人,引导青少年从节约能源出发,探索生活中节能的小发明、小创造,养成节约资源、保护环境的良好习惯,树立"环境保护、从我做起"的理念。

"人文渭城 和谐家园"广场文化活动周

活动 7月24日～29日，渭城区开展2012年“人文渭城、和谐家园”广场文化周活动。活动紧紧围绕“人文渭城、和谐家园”这一主题，优选《渭城面貌变变变》《我有一个强大的祖国》《陕西八大怪》《文林广场赞》等110余个反映渭城地域文化特色的节目，充分展现渭城区文化体育事业建设的新亮点、新面貌，为本区城乡群众提供一个展示个人风采的大舞台，为群众提供一场场丰富多彩的文化视听大餐，为建设西咸国际化大都市新区营造良好的文化氛围。活动得到区直机关各相关部门及辖区各文艺团体、文艺培训机构的大力支持。参与演出单位40余个、演员上千名，观众上万人，节目内容丰富多彩，形式各异、精彩纷呈，得到社会各界的一致好评。

（王红梅）

兴平市

基本情况 兴平市地处陕西省关中平原中部，咸阳市西部，东连秦都区，西邻武功县，南至渭河与西安市周至县、户县相望，北与礼泉县、乾县接壤。唐至德二年（757）因“兴平军”讨伐安史之乱有功，改金城县为兴平县，1993年6月，经国务院批准，兴平撤县设市。总面积510平方千米，人口54.56万人。辖东城、西城、店张、西吴、马嵬5个街道办事处，庄头、赵村、桑镇、南位、南市、阜寨、丰仪、汤坊8个镇，223个行政村，15个社区居委会。

经济发展概况 2012年，兴平市坚持以科学发展观为统揽，紧紧围绕创建“陕西十强”目标，积极应对宏观经济环境影响，开拓创新、拼搏奋进，全市经济社会发展呈现总量扩大、增速加快、结构优化、活力增强、后劲十足、惠民更多的发展态势。

农业 兴平市以促进农民增收为核心，大力实施产业富民工程，新农村建设亮点纷呈。新增设施蔬菜、清水莲菜、时令水果766.67公顷，生猪出栏90.3万头。创建省级现代农业示范园1个、咸阳市级3个。发展省级“一村一品”示范村54个，培育咸阳市级龙头企业2家，新增农民专业合作社16家。投资4.7亿元新打修复机井187眼、改造中低产田733.33公顷、新增节水灌溉面积2133.33公顷、建成农村安全饮水工程6处、新增农机具1700台（件）、新建农村沼气池1500口，渭河兴平段堤防工程全线贯通。全年在外务工12.8万人次，创收16亿元。全国加强基层动物卫生检疫工作现场观摩会和全省有机肥生产现场会在兴平市成功召开。

工业 兴平市围绕“工业强市”战略，深入开展“大项目建设年”活动。全年争取扶持资金2379万元、协调贷款8.86亿元，对贡献突出的企业、金融机构奖励155万元。新增规模企业11户，创建省级高新技术企业2家、省级研发中心3家、省级名牌产品2个。规模工业总产值、增加值分别完成229.27亿元、62亿元，增长26.5%、24.5%。非公经济增加值占GDP的52.9%。园区基础设施完成投资3.3亿元，驻园企业实现产值213.7亿元，占规模工业总产值的93.2%。完成纺织工业园征地219.93公顷。总投资151亿元的86个重点项目完成年度投资任务，奉航重型汽车油封生产线、兴化大化工二期、西瑞仓储物流加工基地等39个项目全面建成。咸阳市级6个重点项目完成投资15亿元，超出下达任务78个百分点。引进重大项目19个，合同引进资金115.2亿元，实际到位资金41.87亿元。争取中省预调微调项目资金1.77亿元。全社会固定资产投资完成142.7亿元，增长28%。全省县域工业集中区创新发展现场会在兴平市成功召开。

第三产业 全市社会消费品零售总额完成37.21亿元，同比增长15.3%；外贸出口供货值5.34亿元，比上年增长51.3%。投资1600万元的农贸市场投入使用，新增营业面积8000多平方米。“家电、摩托车下乡”群众得实惠857万元。瑞闽第一城、汇豪天下、华宇金城一号等商住设施快速推进，兴化宾馆、约客酒店等12户知名餐饮服务企业相继运营，各类快捷酒店30多家。投资1400万元的汉茂陵遗址保护工程全面竣工，投资5180万元的马嵬驿民俗文化村开工建设，第五届陕西·兴平荷花节成功举办。全年接待游客60.6万人次，实现旅游综合收入1.57亿元。

城市建设与管理 完成《城市绿地系统规划》《城乡一体化规划》《城市排水规划》等16项规划修编工作。总投资72亿元的城建“十大工程”完成年度投资任务，咸兴大道、航空东路、老虎南路、文化东路、城中路东段5条道路建成通车，纺织三路、纺织四路、胭脂路3个西吴新城子项目全面竣工，槐里西路、中心大街南排水等重点工程快速推进。投资8000万元惠及6个镇办15万群众的兴桑路、沿渭损毁道路建成通

2012年兴平市国民经济主要指标

表43

指标名称	单位	实绩	比上年增长（%）
生产总值	亿元	145.2	13.5
第一产业增加值	亿元	21.00	6.0
第二产业增加值	亿元	79.08	21.0
第三产业增加值	亿元	45.12	4.5
规模工业总产值	亿元	229.27	26.5
全社会固定资产投资	亿元	142.7	28.0
社会消费品零售总额	亿元	37.21	15.3
地方财政收入	万元	39272.4	28.6
一般预算支出	万元	181399	22.5
农民人均纯收入	元	8437	16.0

车。投资2000多万元完成槐里路、东环路等6项城市绿化工程,农村生活垃圾规范化处置覆盖79个村。省级卫生城市、省级园林城市相继顺利通过验收,省级文明城市通过复验。投入2.73亿元实施八大类城市基础设施项目;年度投资1.8亿元,开工建设各类保障性住房项目11个,共计2994套;总投资21亿元,建设商品房高层50余栋,城镇居民人均住房建筑面积29.5平方米。全市有住宅小区170个,城市建成区面积20.5平方千米,有条件农村居民进城落户2.3万人,城镇化率58%。获2012年度"全省县城建设先进市"。

社会事业发展概况 民生工程 围绕构建和谐社会,重点抓好民生工程建设。10大类60个民生项目完成年度投资任务。开工建设保障性住房19.6万平方米2994套,交付使用23.7万平方米3058套。

科教文卫 举办兴平市"科技入园"行动启动仪式暨企业专题培训会,与陕西省机械研究院等4个科研院所签订合作协议,设立兴平工作分站,聘请宇文建鹏、王海文等科技专家7名。争取省上扶持资金700多万元。选派农业科技特派员、农技人员、乡土人才等100多人进驻100个专业合作社,引进新品种110多个,推广各类配套新技术40多项,开展各类试验30多项,各类科技培训200余场,培训农民2万多人。推广农技服务"大荔模式"工作,发展镇级配送中心18个,村级连锁经营网点120个,聘请市级科技特派员7人,镇办级科技特派员30人,村级技术员300人。投资2586万元的5所公办中心幼儿园、特殊教育学校、小阜新村幼儿园全面竣工。学前三年教育入园率86%。高考二本上线2316人。"蛋奶工程"覆盖率88.5%。3所公立医院人员工资纳入财政预算,药品"三统一"工作全面实施。新农合发放补贴1.48亿元。农村育龄妇女免费体检6.8万人次,孕产妇免费分娩4483人,人口自然增长率控制在4.34‰以内。市人民医院门诊综合大楼、妇幼保健院门诊住院大楼主体建成。体育场改造工程全面启动,"农家书屋"和文化信息资源共享工程覆盖率100%。

社会保障 城乡低保、大病救助、高龄老人补助发放资金5892万元。"五大保险"新增参保26427人。城乡居民养老保险参保25.4万人,为6.3万名60岁以上老人发放养老金6159万元。市中心敬老院和残疾人托养中心建成使用。发放小额贷款1.1亿元,城镇新增就业7810人,城镇登记失业率2.82%。

全球首个碳氢资源高效综合利用技术研究中心在兴平成立 全球500强前五名英国石油公司(BP公司)、美国凯洛格·布朗·路特(KBR)集团公司落户兴平市。2012年10月25日,延长集团与全球知名两大能源公司BP、KBR强强联手,依托延长所属兴化集团的优势条件,在兴平市成立碳氢资源高效综合利用技术研究中心,建立全球唯一的VCC(悬浮床加氢裂化工艺)技术实验中心和TRIG(输运床气化技术)气化技术试验示范装置。延长石油碳氢资源高效利用技术研究中心试验示范基地位于兴平市兴化集团厂区,占地3.33公顷,计划投资约5亿元,试验基地主要建设"100吨/天的TRIG试验示范装置"和"1桶/天的VCC中试装置"。TRIG试验示范装置是一种高效、清洁、新型煤气化技术,该技术相对于其他煤气化技术具有原料适应广、装置大型化、运行周期长、投资和运营成本低的特点,预计2014年底建成投运;VCC技术主要是对高低温煤焦油、减压渣油、二次油浆、油煤混合物等原料进行加氢裂化处理,生产高品质汽油产品的一种先进技术,该技术在多领域具有广阔的前景。

(刘小博)

武功县

基本情况 武功县位于陕西省关中平原中部,咸阳市西部。东接兴平市,南隔渭河与西安市周至县相望,西靠杨陵区、宝鸡市扶风县,北和乾县接壤。东距西安市87千米、咸阳市50千米,西距宝鸡市100千米。秦孝公十二年(前350)始置县,因境内有武功山而得名。辖游凤、苏坊、武功、贞元、长宁、大庄、普集、小村8个镇,代家、河道、南仁、普集街4个三农发展服务中心,213个行政村,6个社区居委会。

经济发展概况 农业 把发展现代农业作为强县富民的重点,按照"扩果、强畜、增菜、优粮、壮大手工布艺"的发展思路,为增加农民收入、发展农村经济奠定坚实的基础。设立600万元的农业发展基金,支持设施农业、循环农业、高效农业规模发展。全年新发展猕猴桃2000公顷,新增设施蔬菜、苗木花卉458.33公顷。共流转产业化发展用地

2012年武功县国民经济主要指标

表44

指标名称	单位	实绩	比上年增长(%)
生产总值	亿元	74.14	13.5
第一产业增加值	亿元	18.52	6.1
第二产业增加值	亿元	31.71	21.5
第三产业增加值	亿元	23.91	9.1
规模工业总产值	亿元	69.1	33.5
全社会固定资产投资	亿元	39.6	28
社会消费品零售总额	亿元	25.74	15.2
地方财政收入	万元	10927	26.1
一般预算支出	万元	141676	28.8
农民人均纯收入	元	8167	16.1

2546.67公顷,农业产业化龙头企业13家,农业专业合作社159家。设施农业稳步提升,新建蔬菜示范园1个。畜牧业生产稳步增长,全县共建成养猪小区23个,奶牛小区11个,养鸡小区3个,养猪场328个,养牛场33个,养鸡场386个,机械化奶站12个,年内新建养殖场28个。生猪存栏56.2万头。粮食生产再获丰收,总产28万吨以上。发展生态循环农业,推广“畜沼果”、“畜沼菜”循环模式,建立南仁旭日“畜沼果”、大庄贺家“畜沼菜”等一批循环农业基地,提升农业发展的生态效益。建设现代农业示范园喷灌示范田33.33公顷,猕猴桃基地一期完成苗木嫁接和钢绞线架设,二期栽植苗木88万株,引进世界知名浓缩果蔬汁加工龙头企业海升集团,创建猕猴桃核心示范园。同步建立武功镇万亩优质良种繁育基地、苏坊镇特色园林观赏植物示范园等一批特色农业产业基地,引领现代农业的发展。发展“一村一品”,馨绣刺绣加工展示厅建成投入使用,手工布艺文化产业园规划、选址基本完成,手织布唐装和刺绣系列产品备受客商青睐。全年新发展手工布艺示范村6个,织户600户,新增从业人员3000多人。开工建设长宁镇东万吨食醋产业园,进一步发展壮大北韩麻花、倪家锅盔、小村大蒜等“一村一品”。持续抓好劳务经济,全县外出务工人员稳定在10万人以上,创劳务收入12亿元。着力改善农业基础设施,9.6千米渭河堤防加宽工程全面完成,周普新桥两侧6千米城防段加宽工程加快实施,受到省市肯定。漆水河集镇防洪、农村安全饮水、农业综合开发、小型农田水利等工程完成年度建设任务,农业综合生产能力明显增强。2012年,全县农业总产值完成20亿元,同比增长7.5%,新农村示范村建设步伐加快,全年共建成17个示范村,其中7个市级示范村。9月,武功县被国家确定为西部地区农民创业促进工程试点县。全年开展农民培训67场次,培训农民2.1万余人,为加快建设现代农业大县提供有力支撑。

工业　制定打造咸兴武工业长廊重要板块的发展战略,形成“城市往南走,工业向西行”的发展共识。确立钢构和装备制造两大产业重点,理顺工业园区管委会工作机制,园区南北大通道、弱电环网升级,供水管网改造等工程相继完成,承载能力显著增强。设立500万元工业发展基金,强化银政企对接。出台《武功县促进工业发展实施意见》,加大对钢构制造、食品医药、彩印包装等支柱产业的扶持力度,工业优先发展战略地位更加突出,园区新入驻企业4户。推进工业项目建设,利永纸业、新新彩印等项目建成投产,精工钢构、伟宏钢构等项目进展顺利,全年新增规模企业8户。着力优化企业发展环境,成立园区治安室,争取设立人行武功营业部和咸阳市金融担保公司武功工作部,通汇小额担保公司已经市政府同意,上报省金融办待批。一年来,累计为企业协调贷款1.3亿元,争取扶持资金400多万元,新增中小企业860户。下气力抓好节能减排,启动渭河流域水污染防治三年行动,完成县城污水处理厂提标改造。化学需氧量削减403.15吨,排放下降8%;氨氮削减122.46吨,排放下降21%;二氧化硫削减202.25吨,排放下降5.6%;氧氮化物削减22.89吨,排放下降9%;单位GDP能耗3.5%。

第三产业　充分挖掘后稷农耕文化、苏武爱国文化、李世民感恩文化、康海志艺文化、苏蕙诗锦文化等具有地方特色的文化资源,积极推进开发利用。启动文物旅游开发详规编制工作,委托上海景观设计院设计《苏武纪念馆概念性总体规划》,实施苏武纪念馆文化长廊建设工程,完成康海墓一期工程,建成龙王沟休闲度假山庄。高规格举办恭祭苏武活动,武功文化旅游的知名度和影响力进一步提升,全年累计接待国内外游客50万人次。大力实施商贸活县战略,投资3000万元的县城集贸市场开工建设,投资1.8亿元的通福四星级酒店前期准备工作基本完成。扎实推进“镇超工程”、“万村千乡市场工程”,建成标准化镇超市4个、农家店5个,完成家电下乡销售总额9263万元,补贴群众1034万元,城乡消费繁荣活跃。文化产业增加值5790万元,增长34.71%,超出年任务5.71个百分点。服务业增加值增长13%,全面完成年度任务。

招商引资　狠抓招商引资工作,实行“一套班子在家抓落实,一套班子外出抓招商”的工作机制,由县级领导带队,积极参与“西洽会”、“农高会”、“民企进陕”等多种规模的招商会,多次赴北京、上海、天津、山东、福建、海南等地叩门招商。成功引进项目10个,合同引资31.38亿元,为年任务的118%。总投资18.2亿元的26个重点项目,18个已全面建成,8个正加快建设,年度完成投资18.4亿元。特别是3个市级重点项目进展顺利,共完成投资9.6亿元,为年任务的181.1%,其中利永纸业项目和精工钢结构项目已全面建成投产,伟宏钢构一期工程已建成,正在安装调试设备。全年共完成3亿元以上项目5个,5亿元以上项目3个。紧贴国家投资走向,精心策划包装项目112个,可研上报入库项目63个,另有总投资3.61亿元的15个项目资金已成功争取到位。全面完成引进外资200万美元的年度任务,进出口总额20.05万美元,完成年任务的100.25%。特别是世界纸业十强金红叶集团的成功落户,对优化武功县产业结构,提升工业发展层次,发挥引领作用。

城乡建设　完成县城总体规划,8平方千米控制性详细规划和村庄布局规划,实施县城战略性规划和城乡一体化规划的编制。深入开展“城镇建设提升年”活动,总投资4.73亿元的14项城建重点工程开工建设,城市绿化亮化、县城截污干管、保障性住房等工程基本建成,兴华路、苏武大道两侧改造等工程进展顺利,迎宾广场、园林公园及多功能中心等工程加紧建设,新区景观大道等工程正在做前期准备工作。城市品位明显提升,城镇化率38.93%,超出年任务9.12个百分点。农民进城落户20142人,为年任务的144%。渭河新区和武功镇开发建设全面加速,渭河堤防工程任务全面完成。重新修缮县南环路、杨临路,农村生活垃圾规范化处置实现全覆盖。新建沼气池662口,无害化卫生厕所509座,文化广场

15个,人饮工程22处,建成新农村示范村17个。集中开展两个月的城乡环境卫生综合整治,城乡面貌和生活环境持续改善。严格实施耕地保护和基本农田保护,全县耕地保有量2.82万公顷。狠抓生态环境治理,绿化镇村道路6千米,完成西宝北线26.6千米绿色长廊和4个重点村连片开发工程,建成绿色家园示范村5个,完成绿化造林66.67公顷,落实县、镇、村三级道路绿化管护责任。关闭2家渭河流域高污染企业,县城污水处理率100%,垃圾无害化处理率77%,万元生产总值二氧化碳排放降低3.7%,万元生产总值能耗降低3.5%,万元工业增加值用水量降低10%,均超额完成年度任务。

非公经济　围绕开展"投资发展环境整治年"主题实践活动,从政策、资金上全力支持中小企业发展壮大。积极实施中小企业成长工程,争取到陕西省特色产业发展专项资金130万元。申报的北韩食品公司传统特色面食产业化项目、馨绣布艺小微企业等6个项目申报资金约400万元,全县非公有制中小企业5480户,在全省各县市区排名19位。

社会事业发展概况　2012年,在大力发展县域经济的同时,致力于增加群众福祉。办实事、惠民生,社会事业全面推行,民生条件持续改善,40个民生项目和城乡实事全面完成。

科教文卫　申报省、市级科技项目11个,资金83万元。举办培训班15期,培训人员1.5万人次。做好科技示范推广工作,确定5家"千人进千社、千技惠千村"示范合作社,2家"大荔模式"示范推广企业。开展"科技之春"宣传月活动,摆放展板15块,发放宣传资料500多份。获全国基层科普惠农兴村计划先进单位称号。完善教育事业各项基础设施,继续开展中小学校舍改造项目,加快建设县职教中心综合楼、体育场项目,着力促进教育事业再上新台阶。全县教育经费支出占财政支出25%,县城中心幼儿园和9所镇幼儿园建成并投入使用,工业园区小学开工建设。高考再创历史新高,一本上线人数625人,二本上线人数1816人。中考录取分数线超出全市平均水平45分,初中毕业生升学率97.3%,学前教育毛入园率95.73%。卫生事业健康发展,公共卫生服务项目全面落实。县医院迁建项目开工建设,"先看病,后付费"新型医疗服务模式逐步推行,受到省市和媒体的高度关注。为129万人次农民和13.9万人次城镇居民报销医疗费1.55亿元。创建国家卫生县城,全面提升医疗卫生条件,进一步建立健全公共卫生服务体系、医疗服务体系、医疗保障体系和药品供应保障体系,切实提高人民健康水平。获全省慢性病综合防治示范县,重度精神病人和智力残疾病人集中托养成为创新社会管理的亮点工程。计划生育创"国优"工作顺利通过省级初验,人口自然增长率控制在4.87‰,被国家和联合国人口发展基金确定为全省唯一的性别比项目试点县,获全国人口和计划生育宣传工作先进集体,全国计划生育优质服务先进县,被市委、市政府推荐为全省计划生育工作先进县。积极做好地方志编纂工作,整理出版明康海《武功县志》,开通武功地情网站。获全省旧志整理工作先进单位和地情信息工作先进单位称号。农家书屋和远程教育平台建设实现全覆盖,以喜迎"十八大"为主题的广场文化、社区文化、企业文化、农村文化蓬勃发展。深入开展"送戏下乡"和全民阅读活动,丰富城乡群众的文化生活。深入全县各镇村演出48场次,建成农家书屋123个。全县文化产业增加值5311万元,较上年增长35.03%。

民生工作　坚持把改善民生作为最大的责任,全县新增财力的85.6%用于民生。社会保障体系日趋完善,五大保险扩面85674人,发放各类社会保险金1.07亿元,发放高龄老人补贴374万元,贫困大学生生源地贷款1055万元,城乡低保金2928万元,医疗救助金357.6万元,干部职工住房贷款4400万元,城乡居民社会养老保险金5700万元。城乡居民基本养老保险实现全覆盖,基本养老保险工作获国务院表彰奖励。新农合参合率99.98%,新农合基金到位率100%,城镇医疗保险参保完成市上下达任务的176.5%,为城乡居民报销医疗费1.18亿元。建设保障性住房1356套,为年任务的102%,其中竣工交付1269套,为年任务的136%。扶贫开发工作成效显著,改造农村危房729户,全年脱贫13256人,为年任务的204%。深入开展为期3年的400名科级干部一对一帮扶400名贫困户的"4411"工程,先后为群众办实事、解难事1200余件。深入推进拥军优属和拥政爱民工作,获全国双拥模范县四连冠。推行便民服务制度,10个镇(三农中心)建成便民服务中心,国税、电力、残联等部门建成服务大厅。就业创业工作成效显著,发放小额担保贷款7651万元,为年任务的107%。城镇新增就业7206人,为年任务的144.12%。城镇登记失业率控制在2.8%以内,低于控制线1.4个百分点。累计转移农村劳动力11.72万人,实现就业培训1050人,技能培训1250人,创业培训1000人。获全省"农民工回乡创业示范县"称号。成立农村供水总站,积极探索建立农村供水公司,解决全县5.1万人的安全饮水问题。

精神文明建设　3月,印发《武功县2012年群众性精神文明建设工作要点》。开展"十大孝子"、"十大贤媳"、"十大好公婆"、"十佳星级文明示范户"评选活动,共评出40名先进个人并隆重表彰。清明节期间,在全县组织网上祭奠英烈活动。3月5日,在中心广场举行"弘扬雷锋精神,开展志愿服务"主题活动。开展"文明交通行动计划",增强群众交通安全意识。4月,开展优秀童谣征集活动,共征集童谣60多篇,向市上推荐28篇,有4篇被推荐到省上参赛。"六一"前后,在各小学开展"童心向党"歌咏活动。6月1日,举行武功县"2012年文明交通行动计划暨牵手平安行"启动仪式,安排部署武功县2012年"文明交通行动计划"工作。发动干部群众为咸阳市第三届道德模范候选人投票,让群众在参与中自觉接受公民道德教育。在青少年中开展"向国旗敬礼,做一个有道德的人"网上签名寄语活动,有2万名青少年参加网上签名寄语活动。开展"全民总动员,天天奖(讲)文明”活动。从文明出行、文明用语、文明庆典入手,不断提升广大市民文明素质。深入开展创建文明村镇活动,印发《武功县关于加强农村精神文明建设,开展“五送五建”活动任务分解的通知》。至年底,已建成国家级文明村镇1个,省市级文明村镇8个,文化站5个,文化室120个,文化书屋10个。评出八星级文明户8000多户。

平安创建　坚持把“平安武功”建设放在突出位置,成立县委书记任第一组长、县长任组长的平安建设工作领导小组及办公室,各镇(中心)配备5名以上综治工作专职干部,优先落实配套设施及经费。坚持把综治工作与经济工作同安排、同部署、同落实,实行县级领导夜巡夜查平安建设工作制度,深入开展政法干警包村抓平安创建和群防群治“红袖标”活动。加强治安防控体系建设,在县城组建150人的巡逻队伍,在镇村组建3000名治安联防员巡防队伍,投资250万元建设镇(中心)和重点村的视频监控设施,实现视频监控全覆盖,群众的安全感不断增强,社会治安满意度同比提高8.5个百分点。强化安全生产监管,食品抽检合格率98%,超出年任务2个百分点,全年无一例食品安全不良事件发生。成功召开全省县乡道路交通安全监管工作现场会,“武功经验”受到省政府领导充分肯定。健全统战宗教三级管理网络,全市统战工作现场会在武功县召开。信访工作积极有效,继续保持全省“三无县”。在十八大期间实现赴省进京“零”上访和较大安全生产事故“零”发生,受到省、市督导组的充分肯定。

壬辰年清明恭祭苏武活动　4月13日上午10时,武功县壬辰年清明恭祭苏武活动在苏武广场举行,省市有关领导、海内外苏氏宗亲、县级领导、县级各部门负责人及当地群众共3000多人参加恭祭活动。世界苏姓宗亲总会第八届理事长苏胜辉为主祭人,印尼苏钢集团总裁苏用发,华国锋之子苏华,原陕西省政协副主席苏明等为陪祭人。在上香、祭酒、献花、恭读祭文等仪程后,全体参加恭祭人员向苏武像三鞠躬。世界苏姓宗亲总会第八届秘书长苏金丰表示:寻根拜祖是中华文化绵延不断的重要因素,苏氏宗亲来武祭拜、缅怀先辈,凝聚着对故土的深厚感情和对中华文化的认同与继承,是中华民族传统美德的延续。近年来,苏姓宗亲先后捐资修缮苏武墓和纪念馆,并捐助当地教育事业,修建苏武中学、苏东第二小学等。

获“全国双拥模范县”称号　2月27日,武功县再获“全国双拥模范县”称号,这是武功第四次获此殊荣。武功县不断完善双拥工作机制,拓展双拥工作领域,巩固双拥工作成果。在优抚政策落实中,对2199名优抚对象(其中复退军人847人,伤残军人205人,三属人员110人,参战人员543人,涉核人员494人),按标准足额发放优抚金1071万元。与驻地93801部队开展军地“互学互帮互促”活动,安排长宁镇4个村82名党员干部与部队结成帮扶对子。开展“牵手圆梦”捐资助学活动,部队为长宁中学41名优秀贫困学生每年捐款16500元,直到这些学生读完高中。

创建国家卫生县城　县委、县政府下发《武功县创建国家卫生县城实施方案》《武功县2012年城乡整治行动实施方案》等多个文件,组织全县100多个单位2000多人体验环卫工作6次,清洗野广告1500多条,取缔出店、占道经营300多处。普小路、民生路、新华路、建设路、育才路等段累计增设保洁员60多人。在4个镇16个村完成改厕214座,11月初开展灭鼠等病媒生物防制工作。投资10万元为城区购置果皮箱150个,投资70万元购置多功能清扫车1辆。健康教育、疾病防控、饮水卫生、垃圾污水处理等项目也长足发展,为申报国家卫生县城工作奠定良好的基础。

获“全国新型农村和城镇居民社会养老保险先进单位”称号　以个体工商户、灵活就业人员和建筑企业为重点,大力宣传社保政策,动员引导依法参保。充分发挥劳动监察大队、争议仲裁中心等单位职能作用,把扩面征缴与日常业务工作结合起来,捆绑式办公,并主动与教育等部门沟通协调,形成合力,扎实开展社会保险扩面征缴活动。全县企业养老保险扩面760人,机关事业单位养老参保11665人、医疗保险累计参保66033人,失业保险扩面972人,工伤保险累计参保13092人,生育保险累计参保9287人,分别为任务的193%、100%、176.1%、114.4%、101.2%、102.7%。积极推进城乡居民社保全覆盖。以实现制度全覆盖到人群全覆盖为目标,大力宣传养老保险政策,加强基层经办人员培训,加大信息化建设力度,认真审核参保人员及待遇领取人员,及时足额拨付基础养老金,提前实现城乡居民社会养老保险人群全覆盖。全县应参保181297人,实际参保183131人,为应参保人数101%;发放基础养老金51788人,为应享受人数50289人的103%。2012年9月,国务院授予武功县“全国新型农村和城镇居民社会养老保险先进单位”称号。

获“全国计划生育优质服务县”称号　投资380万元,对县站、镇(中心)站、村室的基础设施进行完善,购置相应的设备,形成以县站为龙头、镇站为主体、村室为基础的技术服务网络。县计生服务站业务用房面积2013平方米,设有节育技术科、检查室、药具室、手术室、B超室等19个科室。镇(中心)服务站添置B超机、红外线治疗仪、电动吸引器、臭氧治疗仪等医疗设备。同时,加大村室的改造力度,改善村室环境,为开展优质服务营造良好的服务环境。为每个镇计生办配备8名~9名行政执法人员和5名~6名技术服务人员。经过考任,24名年富力强的优秀干部及专业人员走上镇(中心)计生办主任和服务站站长岗位,72名技术人员经过竞聘上岗进入计生技术服务队伍。312名村级计生专干的工资统一由县级财政拨付,将专干工资全部纳入财政预算,真正实现村级计生干部“县聘镇管村用”,夯实基层计生服务的基础。投入68万元对全县27个人口文化园进行升级改造。在基层村组及县城更新刷新创建国优的宣传标语236条,制作大型喷绘宣传牌

23块,确定28名专职宣传员,免费为基层群众提供计划生育各类政策咨询服务。印发各种宣传资料8万余份,制作手提袋、围裙和挂历3万件,发放避孕节育药具5万多只,让群众对计生政策更加了解,优生优育知识水平进一步提高。7月25日,在县城中心广场举办"人口杯"文艺晚会,收到良好的社会效应。通过多种宣传手段,使计生宣传品进村入户率90%以上,群众对计划生育法规、政策,生殖保健知识的知晓率95%以上。2013年1月,国家人口和计划生育委员会授予武功县"全国计划生育优质服务县"称号。

(董社昌)

乾　县

基本情况　乾县位于关中平原中段北侧,渭北高原南缘。东接礼泉县,西邻宝鸡市扶风县,南连武功县、兴平市,北与永寿县、宝鸡市麟游县接壤。战国时秦置好畤县,后因武则天与李治合葬之陵——乾陵而得名。辖城关、阳洪、灵源、注泔、峰阳、薛录、马连、王村、梁村、阳峪、临平、姜村、大杨、新阳、周城、梁山16个镇,漠西、大墙、石牛、关头4个社区管理服务中心,256个村民委员会,8个社区居委会,总人口52.98万人。

经济发展概况　2012年,乾县实施"果畜富民、工业强县、城镇带动、旅游突破"四大战略,全县经济社会保持平稳较快发展的良好态势,完成各项目标任务。全县生产总值完成108.091亿元,增长13.5%;农业生产稳定增长,粮食生产喜获"九连丰";规模工业总产值突破百亿大关;全社会固定资产投资累计完成92.4亿元,同比增长28%;实现社会消费品零售总额40.22亿元,增长14.7%;地方财政一般预算收入完成18725万元,增长28.7%,连续两年保持增长4000万元;城镇居民人均可支配收入24915元,同比增长15.8%;农民人均纯收入8314元,同比增长16.2%。

农业　2012年,乾县以增加农民收入为核心,以发展现代农业为方向,实施粮食单产提高、果业提质增效、畜牧业规模扩张、蔬菜基地建设四大工程,进一步壮大"东菜西果、南畜北特"产业板块。以现代农业示范园为重点,着力实施优质高效和安全农业。夏粮种植面积3.66万公顷,同比增长1.13%,其中小麦3.63万公顷,同比增长1.65%;总产16.83万吨,增长6.79%,其中小麦16.7万吨,增长7.46%。秋粮面积2.36万公顷,增长3.91%;总产9.99万吨。全年新建果园2133.33公顷,栽植杂果266.67公顷;十万亩果业绿色长廊现代农业园区完成投资1.16亿元,入园企业5户。建成漠西大葱等蔬菜基地4个,全县蔬菜面积发展到2400公顷。临平枣新村、梁山官地村苹果基地被农业部列为现代农业产业技术示范基地。畜牧产业发展迅速,建成金御宫牧业、文龙奶山羊等标准化养殖场13个,畜牧业总产值7亿元。大家畜存栏49357头,其中奶牛46083头。生猪存栏171880头,羊50956只,鸡50万只。

工业　2012年,乾县拥有规模企业43户,总产值完成100.85831亿元,同比增长38.66%。装备制造、化工建材成为继纺织产业后又一新的优势产业,泰丰二期铸造厂房已建成,正在安装设备;陕西凯仁汽车配件项目正在抓紧建设,全县装备制造企业发展到6户。乾县海螺水泥、高科建材二期扩建项目即将建成。投资1.8亿元完成健民制药、星云机械、华通机电等企业技术改造。工业园区效应逐步显现,园区硬件设施逐步完善,靖庄北路全面建成,110千伏变电站基本竣工。园区落户企业68户,产值69.5亿元。

招商引资　2012年,乾县签订合同项目27个,总投资145.1亿元,到位资金79.13亿元,引进10亿元以上项目6个;3亿元以上项目14个;储备包装项目10个,已建成项目12个,完成投资22.5亿元,正在建设项目15个,完成投资122.5亿元,续建项目15个,完成投资147.2亿元;正在接触洽谈引进的项目中,引进港资22亿元,省外资金56.5亿元,省内资金47.7亿元。香港浩泽集团在乾县投资22亿元兴建香港浩泽环保科技产业园项目,到位资金7058万元,注册成立陕西浩泽环保科技发展有限公司、陕西浩泽空气净化科技有限公司和陕西浩泽水务工程技术发展有限公司。浩泽环保产业园项目在乾县的落户,填补乾县在环保产业方面的空白,为县域经济发展注入强大的活力。同心连铸汽车轮边减速器项目、泰丰汽配制动器精加工项目建成投产,泰丰二期铸造项目正在安装设备、陕西凯仁汽配项目正在加快建设。"陕西制造,乾县配套"的思路和做法受到省委书记赵正永和省长娄勤俭的高度评价,引起陕汽集团的高度重视,不断为乾县推荐新的项目,"陕西制造,乾县配套"成为乾县招商引资一张亮丽的名片。

重点项目建设　全年实施重点建

2012年乾县国民经济主要指标

表45

指标名称	单　位	实　绩	比上年增长(%)
生产总值	亿元	108.091	13.50
第一产业增加值	亿元	25.475	6.25
第二产业增加值	亿元	46.54	23.90
第三产业增加值	亿元	36.076	6.20
规模工业总产值	亿元	100.85831	38.66
全社会固定资产投资	亿元	92.4	28
社会消费品零售总额	亿元	40.22	14.7
地方财政收入	万元	18725	28.7
一般预算支出	亿元	17.287	32.8
农民人均纯收入	元	8314	16.2

设项目52个，完成投资27.5亿元，为年度投资的118%，其中列入市级的3个重大项目完成投资19.7亿元，为年度投资的207%。争取项目资金9.5亿元。

民生工程　2012年，乾县民生工程实施十大领域98个项目，总投资8.2亿元。建成项目88个，完成投资8.4亿元。其中，基本建设项目53个，总投资2.8亿元；其他类项目45个，总投资5.4亿元。

城镇建设　2012年，县城建设日新月异，全年完工38幢高层建筑。完成东大街、风水台街等7条街区人行道铺设和步家巷、东环路北段道路及排水管网改造工程。北城门楼、鼓楼恢复重建和北大街乾州名吃古建一条街基本建成。在县城栽植树木1800棵，建成绿化带1.46万平方米、草坪7.2万平方米，城区绿化覆盖率40.3%，省级园林县城创建达标。临平、薛录等镇建设力度加大，全县村镇建设完成投资5.3亿元。新增进城落户21355人，城镇化率45.8%。新修村内道路513千米，梁村、新阳、薛录、临平等镇率先实现村内道路硬化全覆盖。乾武路升等改造征迁工作加快推进，夹四路、薛姜路改造工程全面竣工。建成农村安全饮水工程39处，解决9.5万群众的饮水安全问题。羊毛湾水库供水工程前期准备工作进展顺利。继续深入开展城乡环境卫生综合整治活动，顺利通过省卫生县城复审验收。

生态建设　全年完成造林2253.33公顷，绿化道路38.2千米，新建绿色家园示范村8个，建成生态示范镇1个、生态示范村2个；实施关中大地园林化工程，在乾陵栽植侧柏10万株，全县森林覆盖率31%。治理水土流失31.5平方千米，整理复垦土地87.33公顷。垃圾填埋场全面建成。农村垃圾规范化处置试点工作在20个镇(社区)、58个村全面推行。取缔污染企业2户。渭河治污三年行动项目进展顺利，二氧化硫、氮氧化物较上年削减0.5%，化学需氧量、氨氮排放量削减1%，万元生产总值能耗下降3.5%，圆满完成市上下达的节能减排任务。

社会事业发展概况　科教文卫　在县城第一广场举行科技之春宣传月活动，发放各类宣传资料5万余份。开展科技知识培训，举办葡萄栽培技术、蔬菜配方施肥技术、果树病虫害综合防治技术培训班6场次。全年培训各类专业技术人才1000多人，农民技术员500人，青年科技致富带头人580人。在全县16个镇、4个社区，共设立农技服务网点23个，按照统一采购、统一标识、统一配送、统一价格、统一核算、统一服务的“六个统一”要求，建立农资农副连锁经营管理网络69个。在乡镇社区共设立技术员和科技特派员40人，聘用村级技术员89人，年培训农民4200人次。高考二本上线绝对人数位居全市前列，连续五年实现增长；新建、改扩建幼儿园10所，撤并学校13所，降低办学层次6所，完成19所学校基础设施建设工程；“蛋奶工程”受益学生占义务教育阶段学生总数的85%。安装、配送体育健身器材200多件(套)，建成镇文化站15个、村级资源信息共享工程179个、农家书屋256个，顺利通过省级文化先进县复查验收。县级电子政务平台全面建成。新增有线电视用户8000户、宽带用户25046户。新型农村合作医疗农民参合率99.8%，为农民报销医药费1.68亿元，群众受益率90%。公立医院和县镇一体化改革稳步推进，镇卫生院基本药物使用率95%，村级卫生室基本药物使用试点工作全面推行。计生质量不断提高，人口自然增长率控制在5.5‰以内。

民生保障　财政用于民生的投资占到新增财力的83%。完成“三告别”工程1996户，累计使7333户贫困群众搬进新居。北部旱腰带地区群众基本告别地坑窑、危漏房和独居户。改造农村危房1100户。开工建设保障性住房1704套14.5万平方米，竣工1094套7.9万平方米。新增城镇就业7120人，城镇失业率控制在1.9%以内。农村居民、城镇企业职工养老保险参保分别达到29.56万人和18931人，为7.33万享受待遇人员发放养老金1.96亿元。发放城乡低保资金5800万元，保障4.1万人。为70岁以上高龄老人和4589名残疾人发放生活补贴1885万元。

“千帮千”活动　2012年，乾县开展“千名干部帮扶千户贫困户发展产业、增收致富”、“千名党员教师帮扶千名留守儿童健康成长、全面发展”、“千名医务人员帮扶千名五保户、贫困户开展医疗服务、健康服务”三个“千帮千”活动。全县党员干部共为1100户贫困群众送棉衣、棉被12300多件，米面油1385袋(桶)，修建房屋809间，确定帮扶项目2870个，投入帮扶资金2300万元。广大党员教师共辅导留守儿童2.1万多场次，送图书8100余册，学习用品12800件，捐资36万元。医务人员为五保户、贫困户免费体检4200多人次，建立健康档案1000多份，义诊2900多人次，发放价值36万元的药品。乾县三个“千帮千”活动的开展引起省、市委和各级新闻媒体的高度重视和肯定，省委领导对乾县“千帮千”活动作出重要批示。《人民日报》刊登乾县开展三个“千帮千”活动经验文章，“千帮千”活动获得全省2012年度组织工作改革创新奖，成为乾县基层党组织和党员干部密切联系群众，直接服务群众、推动社会发展、促进和谐的品牌。

农业产业“八大示范园区”　2012年，县委、县政府以中省市农村工作会议精神为指导，以统筹城乡发展为统揽，以增加农民收入为核心，结合县域实际，突出特色，积极培育优势产业，不断壮大规模，全力打造农业产业“八大示范园区”，力促农民收入快速增长。①以周城现代农业园区为核心的十万亩现代果业绿色长廊示范园区。新建果园466.67公顷；建成节水灌溉示范园73.33公顷；引进“万吨果蔬储藏物流中心”项目，建成0.8吨气调冷库一个。建成果农实训基地1座；建立乾县果品监测中心。②十万亩双矮苹果暨经济杂果林示范园区。涉及梁山、阳峪、注泔、峰阳、关头、城关、漠西、新阳等镇(社区)，规划建设双矮苹果3333.33公顷，核桃、葡萄等经济杂果林3333.33公顷。核心区涉及梁山镇官地、先锋、山峰和邵村，阳峪镇阳峪、冯市、祝家堡。核心区有双矮苹果1333.33公顷,经济杂果666.67公顷。③在中南部镇(社区)打造6666.67公顷早、中熟苹果示范区。以姜村为核心,辐射带动王村、大墙等镇(社区)建设早、中熟苹果示范园区,核心区有果园2000公顷,新栽早、中熟苹果533.33公顷,建成大墙小寨村、梁村塬上村标准化示范园区2个。④万亩蔬菜产业示范园区。依托灵源鲁源蔬菜基地,在灵源、漠西、阳洪等镇(社区)发展蔬菜种植,建成大棚设施蔬菜86.67公顷,露地大葱333.33公顷。大杨、灵源发展特色露地菠菜、香菜160公顷。⑤高产奶牛养殖示范园区。在梁村、大杨、王村、姜村等镇(社区)发展奶牛产业,园区有奶牛存栏2.6万头,建设专业村19个,年产鲜奶6万吨,奶牛产值2.4亿元。核心区涉及梁村、大杨镇的敏德、北倪、永生等村,奶牛存栏6000头,发展规模养殖户130户。⑥生猪养殖示范园区。在周城、临平、新阳、漠西、石牛等镇(社区)发展生猪产业,园区内生猪存栏8万头,建有200头以上标准化养殖场4个。10万头生猪养殖龙头企业广升牧业正在建设,园区生猪年产值1.7亿元。核心区涉及周城镇董城、红旗等村,生猪存栏4000头。⑦奶山羊产业示范园区。在梁山、阳峪、峰阳、注泔、石牛、关头、新阳、城关等镇(社区)发展奶山羊产业,园区有奶山羊1.5万只。核心区位于梁山镇,奶山羊存栏4600只,发展专业村1个,建标准化养殖场2个。⑧烤烟示范园区。在关头、梁山等镇(社区)发展现代烤烟种植,园区种植烤烟333.33公顷,约定收购65万公斤。核心区涉及关头社区佛头、永久、鹞子、旦村、梁山东村等,有烤烟140公顷,建有33.33公顷现代烤烟基地1个。

省级园林县城创建 2012年,围绕创建省级园林县城的目标,狠抓园林绿化建设。在县城栽植树木1800棵,建成绿化带1.46万平方米、草坪7.2万平方米,县城绿地面积245.43公顷,绿化率34.84%,绿化覆盖率40.29%,绿化覆盖面积283.83公顷,人均公共绿地面积7.94平方米,全县共建成省、市、县级园林式、花园式单位105个,园林式、花园式居住社区3个。同时,狠抓市政基础设施建设,对北大街、南大街、桥西街、桥东街、桥东新街、靖庄路、高速引线、新城大街东延以及西兰大街三板块进行亮化和美化。在临街企事业单位楼体立面安装霓虹灯、射灯等灯饰,完成北门楼、鼓楼、北大街、泰山庙街等街区的路灯基础工程。在街区行道树上悬挂彩灯。在城区主要十字节点布置花柱、搭设彩门,摆放时令鲜花3万多盆。双节期间,在城区主要街区十字摆放时令鲜花76万多盆,购置木花箱300个。10月19日,省住建厅专家组对乾县创建省级园林县城工作进行技术调研。10月24日,县委、县政府召开创建省级园林县城再动员大会,制定《乾县创建省级园林县城集中攻坚战实施意见》,对创园工作进行再动员、再部署。11月14日,省级园林县城创建考核验收小组对乾县的园林绿化工作进行考评验收,验收达标。

(刘 倩)

礼泉县

基本情况 礼泉县位于陕西省关中西北部,地处黄土高原与渭河谷地交会地带,东邻泾阳县,南与兴平市相连,西邻乾县,北与淳化县、永寿县接壤。距西安市57千米,咸阳市28千米,东邻西安咸阳国际机场,南靠欧亚大陆桥——陇海铁路,关中环线、312国道穿境而过。辖城关、史德、骏马、西张堡、阡东、烽火、烟霞、赵镇、昭陵、叱干、南坊、石潭12个镇,4个社区。

经济发展概况 2012年,全县经济社会保持平稳较快发展的良好态势。全年生产总值完成108.62亿元,同比增长13.8%;全社会固定资产投资完成99.5亿元,同比增长28%;规模工业总产值完成77.7亿元,同比增长42.5%;社会消费品零售总额完成31.1亿元,同比增长12.9%;地方财政收入2.72亿元,同比增长19.6%;城镇居民人均可支配收入25048元,同比增长16.5%;农民人均纯收入8381元,同比增长16.7%,县域经济综合实力明显增强。

农业 2012年,全县粮食总产19.2万吨,实现"九连丰";新发展各类水果4533.33公顷;设施蔬菜面积2333.33公顷;大家畜存栏2.3万头,生猪存栏20万头。以肖山御石榴、汤房红提葡萄、白村农耕文化、山底御杏、西二村现代果业展示中心为代表的一批高效农业示范园、观光园,推动农业向产业化、生态化、现代化迈进。高标准、高规格建成18个PIC生猪养殖场,成为全市乃至全省现代农业发展的新亮点。发展农业产业化龙头企业18家,新增农民专业合作社118家,创建"省级一村一品示范村"10个,白村被农业部确定为"全国一村一品示范村"。投资

2012年礼泉县国民经济主要指标

表46

指标名称	单位	实绩	比上年增长(%)
生产总值	亿元	108.62	13.8
第一产业增加值	亿元	42.68	6.5
第二产业增加值	亿元	36.10	20.8
第三产业增加值	亿元	29.83	14.7
规模工业总产值	亿元	77.7	42.5
全社会固定资产投资	亿元	99.50	28.0
社会消费品零售总额	亿元	31.10	12.9
地方财政收入	亿元	2.72	19.6
一般预算支出	亿元	16.8364	35.5
农民人均纯收入	元	8381	16.7

5551.5万元，新建农村集中供水工程32处，解决10.2万人饮水安全问题。投资8366万元，高标准建成西社路、烟昭路，完成旅游路北段改造工程，成为贯通旱腰带地区的大动脉和群众致富增收的金腰带。通过一事一议、以工代赈、群众自筹、财政补助等多种形式筹措资金，对56个村的村级街道全部进行硬化，有效解决群众出行难的问题。投资2200万元，完成146个行政村6380户农村电网改造升级任务。投资1162万元，建成35千伏北郊变电站、袁家村智能化配电台区，保障城区和旅游示范村用电需求。农村生活垃圾规范化处置工作全面铺开。投资500余万元，购置垃圾车51辆、三轮保洁车80辆，各类垃圾容器4000余个，全部发放到15个镇(社区)，建成垃圾屋17个，农村环境脏乱差现象得到有效治理。新打配套机井57眼，修复改造抽水站10处；新修基本农田980公顷，治理水土流失面积22平方千米。

工业　2012年，全县工业总产值完成87.6亿元，按可比价计算为78.73亿元，较上年增长29.7%，其中规模内工业完成77.7亿元，按可比价计算为69.89亿元，较上年增长42.5%，年产品销售收入73.2亿元，较上年增加19.4亿元，增长36.1%，实现利润18.94亿元。

第三产业　投资880万元，完成昭陵博物馆、唐建陵安技防工程；投资200万元，完成礼泉文庙修缮建设工程。以袁家村为龙头，实施“一村带十村”战略，推动全县乡村旅游迈上新台阶。全县发展农家乐386户，旅游从业2.8万人，接待旅游人数412万人次，旅游综合收入10.9亿元。袁家村成为全省乃至全国闻名的知名品牌，被农业部授予“全国最有魅力休闲乡村”。山底村、东坪村被评为全省乡村旅游示范村，烟霞镇被评为全省旅游名镇。成功举办第五届陕西·礼泉桃花节，礼泉县被确定为第二批创建省级旅游示范县，创建工作扎实开展。物流、信息、餐饮等第三产业繁荣发展。投资6.8亿元的中集物流项目正在加紧建设。

项目建设和招商引资　2012年共实施重点项目86个，年度计划投资93.2亿元，实际完成投资110.8亿元，为年度投资计划的118%。其中，台湾统一、安德利、地铁盾构片、再生工业用基础油等7个市级重点项目完成投资28.4亿元，超计划任务的86.6%；加多宝、金属铜提取、食品工业园区路网、保障性住房、关中古镇等79个项目已经建成或完成年度投资计划。投资10亿元的安德利果汁加工、投资1.3亿元的加多宝凉茶生产线等一批重大产业项目的建成投产，极大地增强经济发展后劲。全年新签约项目22个，其中亿元以上项目13个，总投资111.3亿元，全年到位资金61.4亿元，为年度任务的136.4%。

园区建设　投资近2亿元，加大园区基础设施建设力度，着力打造项目建设平台。食品工业园建成统一大道、科技路、创业路、创业一路等4条道路，给排水管网、供气、电力、通信、照明、绿化、主干道路工程已经完成。园区初具规模，承载力进一步增强。全年新上产业项目12个，其中上亿元项目4个，总投资约41.5亿元。安德利、加多宝项目实现当年建设、当年投产、当年达效。再生资源产业园、建材工业园稳步推进。环科路、环景路、环宇路建成通车，电器拆解项目已建成投产，再生工业用基础油、金属铜提取项目已经建成，正在调试设备。园区建设迈上一个新台阶。

城镇建设　坚持“高标准规划、高质量建设、高效能管理”原则，不断提升城镇化水平。完成城区主要街区建设和改造工程详规、城乡一体化规划、撤村并点规划、烟霞等9个镇(社区)政府驻地规划和12个村庄建设规划。投资12.2亿元，实施城镇基础设施建设工程13项，建成龙腾、育才、怡和、惠恩4个广场，新建改造桃园路等9条道路，完成6条道路亮化工程。县文化体育中心项目已正式动工建设，进展顺利。城镇绿化率38.5%，城市功能日臻完善。城市垃圾填埋场、垃圾中转站投入使用，污水处理厂提标改造后规范运行，市容市貌明显改善。对镇(社区)所在地的环境卫生和公路沿线乱搭乱建进行集中整治，镇、村环境面貌有很大变化。

财政金融　加大财源培育力度，引进建设一批带动能力强、效益好、前景广阔的知名企业。强化重点财源的监测稽查力度，建立房地产税收征管一体化系统，强化征管，做到应收尽收。2012年，地方财政收入完成2.72亿元，同比增长19.6%。公共财政预算收入完成2.16亿元，同比增长35.7%。坚持新增财力优先保障“三农”、民生和基础设施建设，累计支出16.8364亿元，同比增长35.5%。全县金融机构存贷款余额93.8亿元，对中小企业和农业产业化项目贷款额有所增加，金融机构支持地方经济发展的能力明显增强。

信息化建设　围绕建设学习型政府、打造政府信息平台和智慧城市，年初县委以一号文件下发《关于实施全员培训，全面提升党员干部服务科学发展能力的意见》，成立统一的县级电子政务平台和全县干部教育培训中心，按照“资源共享、提高效能”的原则，对县信息办及农广校、卫校、职教中心、人才培训学校、党校等机构和人员进行有效整合。投资790万元，购置150台电脑、大型环幕投影、金属硬幕、自动翻书器等先进设备，建成智能考场、仿真教室、千人学术报告厅、电子阅览室等。坚持“以考促学、以学促考”，引导广大干部学政治、学经济、学法律、学政策，增强干部想事、谋事、干事、成事的能力。全年共举办各类培训60余期，培训6000余人次。充分运用网格理念和现代信息技术，加强社会管理创新，高标准建成全县网格化管理中心。以责任制为依托，合理划分网格管理单元，对覆盖县城及全县各镇(社区)的信息网络系统进行技术改造，着力打造30分钟服务圈，建起更加方便群众办事的县、镇(社区)网格化管理服务中心，为全县机关单位和社会事业管理实现规范化、制度化、精细化，奠定坚实基础。全年新增宽带12000户、数字电视6800户，入户率均28%。

社会事业发展概况　科教文体卫　科技工作成效显著，申报省市科技计划项目11项,连续12年被评为全国科技进步先进县。教育办学条件有极大改善,积极引进本科师范院校优秀毕业生,师资队伍素质明显提高,教育质量持续上升,高考一本、二本上线1727人,创历史新高。文体事业蓬勃发展,投资5515万元的礼泉大剧院已完成主体工程,建成镇文化站8个,农家书屋覆盖全县317个行政村,110个村配备文化活动器材,新建农民健身广场65个,安装运动器材65套800多件。医药卫生体制改革不断深化,标准化卫生室实现全覆盖。计划生育综合改革深入推进,人口自然增长率始终控制在5.5‰以内。执行药品"三统一"制度和药品零差率销售制度,深入实施"蛋奶工程"、"计生家庭创业工程"、"母亲健康工程"等惠民工程,严格落实国家"两免一补"政策,提升人民群众的幸福指数。

民生工作　2012年,实施民生工程项目89个,完成投资10.36亿元,为年度计划的115.2%。改造农村危房3708户,建成各类保障房1290套,困难群众的居住条件明显改善。完成1.19万人的脱贫任务,为计划的140%,完成移民搬迁130户595人。

社会保障　全年城镇新增就业7120人,城镇登记失业率2.8%;劳动力转移26094人,创经济收入约9.9亿元。全面推行新型农村合作医疗、城镇居民医保、城乡居民养老保险制度,新农合参合率99.6%,"五大保险"新增参保13.2万人,礼泉县中心敬老院基本建成,社会保障体系更加健全。

干部教育培训　对全县党员干部进行规范化、系统化、科学化的教育培训。坚持"面向全员",统筹培训计划。礼泉县拟在两年内实现全县正科及正科级后备干部、优秀副科级及副科级后备干部在国内知名高校进行一次业务理论学习;村两委会主要负责人在县委党校进行一次业务理论培训;全县干部和职工实现综合业务能力考试全面达标;39岁以下年轻干部实现计算机信息化和公文写作与处理考试全面达标。到2014年,30岁以下干部基本完成大学本科以上的学历教育;35岁以下干部全部取得计算机一级资格证;90%以上的专业技术干部取得专业上岗证书,党员干部教育培训实现全覆盖。坚持"有效整合",统筹培训资源。整合县内培训机构资源,成立礼泉县党员干部教育培训中心。同时,实行联合办校,借力教学。4月中旬,建立名师资源库和礼泉县培训教师资源库。通过礼泉党建网、手机短信平台等渠道,上传发送各类学习资料,最大限度统筹学习资源。坚持"贴近实际",统筹培训实施。礼泉结合"果业强县"的发展需要,将全县分为六个产业区域,对果农进行针对性培训。同时,组织全县500余名年轻干部进行计算机操作技能和公文写作处理学习。5月上旬,对全县600余名副科级以上领导干部开展"先做人、后做事"职业道德讲堂辅导。坚持"以考促学",强化督促学习。礼泉县制定"一季一考,一年四考"制度,即每轮考试采取推荐和随机抽考确定参考人员两种形式,网上实时直播,随机生成试题,成绩网上即时公布。另外,将各单位培训情况及考试综合成绩纳入季度目标责任制考核。

白村现代农业园区农耕文化体验园　白村现代农业园区是陕西省政府确定的首批省级现代农业园区。规划面积1333.33公顷,其中核心区133.33公顷,示范区1200公顷。园区设计三大功能。一是产业类,主栽樱桃、苹果、酥梨、葡萄、旱地莲菜、苗木花卉;二是观光旅游、采摘、农耕文化体验类,内有V字形樱桃采摘、T形葡萄采摘、农耕文化体验地、农家一条街;三是人文景观类,有剑楼、亭阁、竹门、风车、景观石、小桥流水等。错落有致、互相映衬,构成绿色人文、生态和谐的田园图画。农耕文化体验园是现代农业园区建设的一个重要组成部分,占地6.67公顷,规划100户,分五期建设,其主题思想是:让在城市生活的人们,离开喧嚣的城市,走进农村,拥抱大自然的宁静,放松身心,体验"采菊东篱下,悠然见南山"的田园生活。让在城市生活的人们,深入农村,了解农业,亲历春种秋收的农业生产过程,感受"锄禾日当午,汗滴禾下土"的劳作艰辛。让城市生活的人们融入农村,贴近农民,体会积淀厚重的农耕文化,享受丰收喜悦。

(梁　情　雄　雯)

泾阳县

基本情况　泾阳地处关中平原中部,泾河下游,北依北仲山、嵯峨山与淳化县、三原县毗邻,南与咸阳市渭城区接壤,东与三原县、西安市高陵县交界,西隔泾河与礼泉县相望。人口49.16万人。辖泾干、永乐、云阳、桥底、三渠、太平、中张、高庄、兴隆、口镇、王桥、崇文、安吴13个镇,231个行政村。

经济发展概况　2012年,泾阳县以"科

2012年泾阳县国民经济主要指标

表47

指标名称	单　位	实　绩	比上年增长(%)
生产总值	亿元	118.02	13.5
第一产业增加值	亿元	38.64	6.5
第二产业增加值	亿元	44.02	22.2
第三产业增加值	亿元	35.37	10.6
规模工业总产值	亿元	116.62	34.2
全社会固定资产投资	亿元	91.7	28
社会消费品零售总额	亿元	28.4	14.7
地方财政收入	万元	25399	14.3
一般预算支出	万元	159800	25.5
农民人均纯收入	元	8379	16.3

学发展，富裕百姓，建设强县”为主题，按照“突出一个目标，抓住两个关键，实施三大战略，夯实四个基础”的思路，壮大产业经济，统筹城乡发展，全力推进产业化、工业化、城镇化同步发展。大力开展“省级卫生县城”创建活动，全面完成县十六届人大一次会议确定的各项目标任务。全县生产总值完成118.02亿元，同比增长13.5%；地方公共财政预算收入完成25399万元，同比增长14.3%；城镇居民人均可支配收入26513元，同比增长15.7%；农民人均纯收入8379元，同比增长16.3%。被命名为国家老区魅力文化旅游示范城市、全省民政工作先进县、平安建设先进县、农村社区建设先进县、农民工回乡创业示范县，创建卫生县城通过省级验收，文化先进县通过省级复验。

农业　稳定粮食播种面积，坚持以产业结构调整为“支点”，以畜菜果“三个一万”（每年发展奶牛1万头，蔬菜1万亩，酿酒葡萄1万亩）工程为“杠杆”，以农业增效、农民增收为“动力”，把产业化经营、农业结构调整和新农村建设相结合，努力建设富裕文明新农村。全年争取农业部新型农业机械购置补贴资金1360万元，吸引社会投资2700万元，推广大型拖拉机、玉米收割机等农业机械8630台（套），全县农业机械总动力增加3%，粮食生产机械化水平85%以上。粮食播种面积稳定在5.17万公顷，粮食总产25.73万吨，粮食生产再获丰收。新增奶牛1.1万头，全县奶牛存栏7.4万头，存栏奶山羊18.6万只，生猪31.3万头，家禽231.3万羽，改扩建500头~1000头奶牛养殖场（小区）7个，新建千头标准化奶牛养殖场4个。新增种植蔬菜800公顷（设施蔬菜409.07公顷），全县蔬菜种植面积2.71万公顷，年总产量166万吨，实现产值20.5亿元。成功举办陕西·泾阳第三届蔬菜节，日新、绿盈盈2个园区和悦丰润、方园等5个园区分别被认定为省级和市级示范园区。新增酿酒葡萄673.33公顷，全县果树总面积发展到1.27万公顷，果品总产量15.5万吨，果品产值3亿元，全县人均果品产业收入570元。新增土地流转面积800公顷，全县累计流转土地1.07万公顷，占全县耕地面积的23.5%，新增农民专业合作社24个，新增省级百强示范社2家。

工业　坚持工业强县战略，牢固树立工业经济的主导地位，按照“壮存量，扩增量”的思路，一手抓工业项目建设，一手抓工业企业技改扩产，全力做大做强工业经济。实施陕建钢构等10个重点工业项目建设和文泾水电站等9个企业技术改造项目，全年完成投资共计22.05亿元。新增顶麦食品、润浙纺织等规模企业14户，全县规模企业总户数57户，规模工业产值116.62亿元，同比增长34.2%。县永佳面粉厂、药材公司等5户企业改制进展顺利。全县新增中小企业102户，非公经济完成增加值63.02亿元，占生产总值的53%，工业经济的发展速度和质量进一步提高。

第三产业　大力发展旅游业。编制郑国渠旅游区旅游发展总体规划，景区开发项目动工建设；安吴青训班红色文化园区规划通过专家评审，红色旅游路完成前期工作，成功举办安吴青训班75周年座谈会。投资585万元，完成崇文塔山门抢修、安吴吴氏陵园安技防等工程，文物保护得到加强。全年接待游客31万人次，旅游综合收入2000万元。同时，加快发展商贸餐饮、房地产、物流、金融保险等第三产业，西部五金机电城、钰源物流等项目加快推进，海宁皮革城建成开业，中国银行入驻泾阳。扩大农村消费市场，实施“镇超工程”、“农超对接工程”、“万村千乡市场工程”和“新网工程”，加快农村现代商贸流通体系建设，方便农村群众生产生活。2012年，全县社会消费品零售总额完成28.4亿元，同比增长14.7%。

招商引资和重点项目建设　立足资源优势，以省内外招商会为契机，主动出击，积极引进投资规模大、产业带动能力强的大企业、知名企业。2012年，新引进西安荣华FC1、陕西鸿瑞崇文示范镇、锂产业园等项目25个，合同资金519.38亿元，其中50亿元以上的项目4个。投资20亿元的温州电器产业园开工建设，39个重点项目完成投资110亿元，为年度计划的123.6%。陕建钢构等7个项目建成，宇德汽车装备等9个项目超额完成年度投资任务。

社会事业发展概况　科教文卫　申报各级各类科技项目25项，其中部级项目2项，省级科技项目10项，市级项目13项。已经获得批准的各级科技计划项目16项，争取扶持资金436万元。其中：科技部、省科技厅“富民强县”专项行动计划《奶牛优质高效产业化配套技术集成与示范》，总投资1200万元。举办科技培训班441期，培训农民6万余人次。不断加大教育投入力度，全面普及12年免费教育。投资3019万元继续实施“校安工程”，对高庄镇中心小学、泾干镇中学等11所学校19个单体进行改造，完成改造面积19750平方米，已全部交付使用；泾阳中学建设步伐加快，13栋单体建筑全部封顶；建成县特殊教育学校和7所中心幼儿园，教育基础设施全面加强。稳步推进中、小学课程改革，加强区域交流和教育科研，强化教育教学常规管理，教育质量全面提升。2012年，全县高考一本上线607人，较上年增长128人，二本上线1546人，较上年增长174人。文化基础设施日渐完善，完成县广播电视塔、图书馆扩建工程，新建10个镇电子阅览室和8个镇文化综合服务站，并配发相应文化器材。对基层单位、镇文化站及村级文化活动室人员进行书画、摄影、舞蹈等专业培训，培训4000余人，先后在市级以上刊物发表各类艺术作品60余件。举办“2012年春节文艺晚会”、泾阳县首届秦腔大赛，开展公益电影放映、送戏下乡、送电影下乡等活动。泾阳木偶、泾阳水盆羊肉、泾阳砖茶、渭北地坑窑洞建筑技艺4个项目列入陕西省第三批非物质文化遗产名录。稳步推进公立医院改革，优化便民服务措施、就诊环境和流程，提高三级医疗卫生服务网络的整体功能和效率，不断减轻群众医疗负担。县妇幼保健院即将搬迁新址，县医院综合门诊大楼后期装修基本完成，新建村卫生室31家，投入使用8家，主体完工23家。全县3家县级公立医院、16所镇卫生院、270个村卫生室全部实行药品“三统一”和零差率销售，基本药物全部纳入新农合和城镇职工、居民医保报销范围,"三统一"药品配备率和使用率均100%。8月1日,在口镇中心卫生院和兴隆镇卫生院首次推行"先住院、后付费"诊疗模式。认真实施公共卫生服务项目,开展"结核病防治"、"预防接种"、"控烟"、"狂犬病防控"等宣传活动,强化疾病预防控制,七苗全程合格接种率99%以上。全县累计建立居民健康纸质档案46.3万份,建档率89%,培训农村卫生人员1184人。继续保持低生育水平,人口自增率为4.86‰,育龄妇女健康教育覆盖率90%以上,3429人享受孕免项目,补助金额309万元。针对手足口病高发态势,加强防治力量,增加定点医院、定点病区和病床,紧急购买84消毒液等消杀药物,免费发放到0岁~5岁儿童家中,开展预防性消毒,全县手足口病得到有效防治。

劳动就业 坚持人才兴县战略,以促进城乡就业、扩大社会保障覆盖面为目标,大力实施人才服务引领工程、就业创业民本工程、社会保障惠民工程和劳动关系和谐工程。全年举办就业招聘活动9场,登记招聘单位64家,累计提供岗位14433个,城镇新增就业7212人,城镇登记失业率2.8%;农村劳动力转移就业总人数124131人,创收14.8亿元。发放小额担保贷款1138户,金额8659万元。加强人才引进和培训,新录用45名公务员,缓解镇机关公务员结构性矛盾。完成各类职业培训37348人,其中创业培训30期743人,就业培训55期2727人,职业技能鉴定1070人,农村劳动力技能培训33878人,办理农民进城落户22000人。

民生及社会保障 民生支出13.6亿元,为农村和农民实施的人饮改造工程、王白路改造工程等十件实事全部落实到位。新开工建设保障性住房1740套,累计交付使用1515套。加大城市基础设施建设力度,投资4825万元,完成县城中心街东西段升等改造、体育场改造、污水处理厂至泾河段排水渠改造、公厕建设等工程,群众居住生活环境得到改善。积极拓展社会保障覆盖面,完善救助体系,保障群众生活,城乡居民社会养老保险累计参保271301人,覆盖率位居全省前列。城镇基本医疗保险累计参保68658人,工伤保险累计参保19419人,生育保险累计参保20499人。新农合参合率100%,设立重大疾病补助保障基金,全年报销医药费用1.48亿元。全面试行被征地农民社会养老保险和就业培训,城乡低保和弱势群体救助力度进一步加大,全县共保障城乡低保对象32453人,全年发放保障金5171万元;五保户909人,年发放供养金355万元;资助参合每人65元,共发放12.95万元;为70周岁以上老人发放高龄保健费1757.3万元;投资500余万元,在30个村建成居家养老服务中心,新建70个村级老年协会办公室和老年人活动场所,老年协会规范化建设达标村194个,占全县总数的80%以上。

泾河新城开发 坚持思想上真正融入,工作上密切配合,项目上联手推进,全力以赴支持泾河新城建设。2012年,配合西咸新区泾河新城管委会征地526.67公顷,高泾中路、沣泾大道、县东路、正阳大道等基础设施建设进展较快,"三纵三横"的城市主框架逐步形成。泾河新城45个项目启动建设,秦龙现代农业示范园区、西部核心物流基地等项目按计划推进,崇文塔公园等项目完成前期准备,拆迁工作进展顺利。泾河新城固定资产投资117亿元。

创建卫生县城通过省级验收 泾阳县围绕创建省级卫生县城目标,突出重点,扎实开展工作。成立县双创工作领导小组,多次召开全县性大会安排部署双创工作,细化工作责任,实行县级领导包抓,部门牵头工作责任制。坚持把创卫工作纳入年度目标责任考核范围,对发现的问题及时通报,限期督办。按照多角度、深层次、广覆盖的思路,采取形式多样的宣传手段,大造声势,营造创卫氛围。坚持逢会必讲创卫工作,在县电视台开办《双创工作动态》等宣传专栏,在县城各公共场所设立大型创卫宣传展板,利用"世界卫生日"等进行专题宣传。按照"建设大西安服务中心"的思路,进行科学规划。累计投资5亿元,完善基础设施,增强承载功能。大力整治环境卫生,提升县城品位。加强爱卫组织管理工作,制定环境保护规划、突发环境事件应急预案、卫生保洁制度、食品卫生报告体系及应急处置机制、病媒生物防制等一系列规范性体系制度,为全县环境卫生的持续改善提供基本保障。通过以上措施,城乡环境卫生面貌有了明显改观,2012年,泾阳县顺利通过创建卫生县城省级验收。

获全省民政工作先进县称号 泾阳县

发放农村垃圾转运车　　（泾阳县志办　供）

高度重视民政工作，加大资金投入，健全基层基础，全县民政事业长足发展。灾害应急救助有效实施。成功应对暴雨洪涝等特大自然灾害，发放救灾资金6000余万元，救助受灾群众5.1万人次，完成2201户农村灾后房屋重建、4000余户灾后修缮和1031户农民安居工程。社会救助稳步推进。建立社会救助动态监控系统，全县共保障农村低保对象24670人、城镇低保对象5961人，五保对象909人。全面启动医疗救助"一站式"服务，实现出院直接结算。创新资金发放形式，实现"一折通"社会化发放。双拥工作成绩显著。全面提高优待优抚标准，农村义务兵和城镇义务兵家庭优待标准分别达到4500元、3000元。积极开展双拥共建活动，投入750万元，改善驻泾各部队办公住宿条件。开展领导干部与贫困优抚对象结对帮扶活动，收到良好的社会效果。老龄工作富有特色。创新农村居家养老服务模式，组建专业服务队和爱心志愿者服务队，为老人提供便民家政、助医保健等6类23项的日常生活照料服务。完善老年组织建设，切实做好老年优待政策落实、老年维权和老年文体工作，全县老龄事业稳步发展。社会事务管理全面加强。第八次村委会和第三次居委会换届选举依法完成。社区建设卓有成效，全县累计投入资金2700万元，建成功能齐全的农村社区服务中心72处，进一步提高群众的生产生活质量。婚姻登记实现与全国婚姻登记信息化管理联网，被评为全国婚姻登记规范化单位。福利彩票连续3年实现销售翻番，促进公益事业发展，被省民政厅授予全省民政工作先进县称号。

温商电器高端制造产业园项目开工建设 温商电器高端制造产业园是泾河新城核心工业区的重要组成部分，由西安温商投资置业有限公司投资开发，项目占地约53.33公顷，总建筑面积40万平方米，计划建设期为三年，总投资20亿元。项目以电器、电子及关联产业为先导，以高科技创新产业、新兴产业为亮点，着力打造集电器生产、商务办公、科研教育、休闲娱乐等为一体的现代化综合产业园区。2012年7月16日，温商电器高端制造产业园项目在泾阳县永乐镇南横流村举行开工典礼。入园企业13家，后续意向入园企业30余家，预计总入园企业将超过100家，正式运营后年产值将达30亿元，实现年利税3亿元，提供就业岗位8000个以上。

西北地区首家水泥生产线烟气脱硝工程竣工投运 4月25日，由陕西声威建材集团泾阳有限公司投资的2500吨/天新型干法水泥窑1号生产线烟气脱硝改造工程竣工并投入运行，陕西声威建材集团泾阳有限公司成为西北地区首家实施水泥窑烟气脱硝工程的企业。工程总投资850万元，采用先进的选择性非催化还原技术，运行后，氮氧化物排放浓度从原来的600毫克～1000毫克/升下降到400毫克/升以下，即一条2500吨/天生产线一年可减少氮氧化物排放量519.5吨。脱硝工程的实施对于推动全县乃至全市水泥行业脱硝进程，减少氮氧化物排放，改善大气环境具有重大意义。

百亩夏玉米创全省高产纪录 2012年，泾阳县大力开展玉米高产创建活动，努力克服玉米生长前期干旱的不利影响，通过政技物、农科教的有效结合，以陕单609玉米品种为主推品种，配套硬茬早播、合理密植、配方施肥、化学调控等关键技术，为保障粮食安全、促进农民增产增收起到示范带动作用。省农业厅专家组按照农业部玉米高产创建测产办法，随机选取50个代表性田块进行测算。经测算，百亩攻关田20个代表样点平均值为每亩761.0公斤，实现陕西省夏田玉米百亩连片亩产超过750公斤的突破，创全省百亩夏玉米高产纪录；万亩示范片平均亩产继续保持全省最高纪录。

中国西部五金机电城项目开盘 中国西部五金机电城由陕西亿联置业有限公司投资开发，项目总投资22亿元，总占地面积约66.67公顷，拟建建筑面积约98万平方米。其中，一期占地面积约33.33公顷，拟建建筑面积约49万平方米。项目主要功能为专业五金机电市场，辅以商业、酒店、公寓、物流等综合配套，是一座集"国际展贸、产品交易、历史博览、高科新品、物流配套、商务办公、产业服务、工业旅游、商业街区、商务酒店"十大功能于一体的全球工业品博览交易中心。10月28日，中国西部五金机电城在泾阳县高庄镇举行发展论坛暨开盘盛典，正式进入预售运营阶段。截至2012年底，建成的25栋6万余平方米商铺全部售出。

云阳镇花马村获全国一村一品示范村称号 花马村位于泾阳县云阳镇，全村480户2030人，耕地236.67公顷。花马村积极响应县委、县政府提出的"三个一万"工程，以设施蔬菜建设为中心，大力发展无公害蔬菜标准化生产，加大新品种、新技术、新农药推广应用，优化蔬菜产业种植结构，扩大蔬菜产业发展规模，提升蔬菜产品质量和品质。全村蔬菜种植面积146.67公顷，全部为无公害蔬菜，占全村耕地面积的61%以上，有冬暖式大棚600座，其中钢骨架棚300个。全年生产各类蔬菜3.3万吨，销售收入4857万元，人均纯收入10300元，蔬菜收入占70%。成立泾阳县华瑞蔬菜专业合作社，为菜农提供产前、产中、产后服务，对全村蔬菜生产实行统一规划、科学种植、错茬播种、分散供应，做到四季有菜，均衡上市，避开旺季，填补淡季，有力促进全村蔬菜产业发展。2012年，花马村被农业部认定为全国一村一品示范村。

（许战军）

三原县

基本情况 三原县位于关中平原腹地，地理条件优越，区域优势突出，距西安、咸阳均约30千米左右，处于得天独厚的"弧心"位置。西（安）铜（川）一级公路、陇海铁路穿境而过，距西安咸阳国际机场22千米，规划建设中的西安至平凉铁路，正在建设中的107省道关中城镇快速干道环线横贯东西，形成纵横交错、四通八达的航空、铁路、公路立体道路交通网络。地势西北高、东南低,南北以四十里原坡为界,东西以清峪河相隔,自然分割成三个明显不同的地貌形态,即南部平原、北部台原、西北山原。主要河流有清峪河、浊峪河和赵氏河。辖城关、安乐、西阳、鲁桥、陵前、渠岸、嵯峨、新兴、陂西、独李、大程11个镇和徐木、高渠、马额3个发展服务中心,208个村,9个居民委员会。

经济发展概况　2012年,三原县按照"稳中求进,好中求快"的总基调,以跨越发展、富民强县为主题,抢抓发展机遇,努力克服各种不利因素影响,全县经济社会发展整体运行平稳,势头良好,较好地完成各项目标任务。

农业　粮、菜、果、畜四大农业主导产业持续发展,全年粮食总产20.6万吨,发展设施蔬菜1333.33公顷,新栽果树966.67公顷,建设规模养殖小区11个。农村10件实事基本完成,建设高标准农田1333.33公顷,恢复改善灌溉农田6333.33公顷,解决6.38万人的安全饮水问题,完成绿化造林1633.33公顷。流转土地1686.33公顷,建成三原西郊、陕西正大等现代农业示范园区,陕西天齐酿酒葡萄基地建设进展顺利。深入推进科技富民工程,建成2个科技示范基地。完成农民科技培训7.5万人次,全县常年在外务工人员11.7万人以上,年劳务创收15亿元。

工业　园区经济持续发展,全年园区投资完成15.6亿元,实现工业产值138.7亿元。设立县域工业企业杰出贡献奖,建立县级领导包抓重点企业制度,搭建银企交流平台,全年为企业解决信贷资金1.6亿元,完成技术改造投入4.5亿元,全年新增非公企业62户,非公经济实现增加值64.7亿元,占全县国内生产总值53.7%。

招商引资　2012年,全县坚持一手抓招商引资,一手抓项目落地,全力扩大投资,先后举行三次项目启动仪式,项目建设平稳推进。宏远精密铸造、浙南管桩等项目建成投产,49个重点项目完成投资19.9亿元。建立招商项目准入评估机制和重奖制度,全年共引进项目62个,到位资金41亿元,伊利乳品、达利食品、煌上煌肉制品、鑫源装备制造等一批大项目顺利签约落户。抢抓国家宏观政策机遇,策划包装上报项目38个,总投资38.6亿元。

城镇建设和管理　2012年,完成县城发展整体规划及东部、西部控制性详细规划,启动实施清河综合整治规划,城市功能定位和发展方向进一步明确。城镇10件实事推进有力,新庄路、东三路南段升等改造工程全面竣工,县城主要出入口改造、冶金大道三期、南环路西延段工程顺利实施。大力推进小城镇建设,陵前市级示范镇和大程、西阳、嵯峨、安乐等小城镇建设成效明显,宏远小区环境综合改造工程基本完成,全县城镇化率52.5%。建立城乡环境卫生清理保洁机制,集中开展城乡环境卫生整治和交通运输、市场秩序、煤场综合治理活动,城乡环境面貌明显改观。

社会事业发展概况　科教文卫　2012年,全县共组织实施各类科技项目23项,其中:国家项目4项、省级项目8项、市级项目11项;取得科技成果14项;申报国家专利40项。新建和改扩建镇中心幼儿园9所,学前三年入园率92.5%,全省学前教育现场会在三原县召开,三原经验在全省推广。实施133个村级文化信息资源共享工程,新建文化活动室30个。计生工作成效显著,全县人口自增率4.11‰。县级公立医院改革积极推进,药品"三统一"和零差率销售全面推行,新建村级卫生室65所,"智慧新农合"项目全面实施。

劳动和社会保障　2012年,城乡低保实现全覆盖,全县新农合参保率和城镇医保参保率分别为99.7%和99.8%。为下岗职工、退伍军人、高校毕业生、返乡农民工发放小额担保贷款8695万元,带动就业6500人。发放大学生助学贷款1489.9万元,资助家庭经济困难大学生181.2万元。城镇登记失业率控制在2.8%以内,新增城镇就业18256人。开发公益性岗位110个,大学生就业见习岗位240个。新建保障性住房1550套,建成残疾人托养中心,建立农村五保户、孤儿和特困儿童结对帮扶救助制度。

财政收入　2012年,全县财政收入突破3亿元,收入质量稳步提高。全年争取上级财力补助12亿元以上,其中专项建设资金5.6亿元,有效弥补县财政资金缺口。全年财政累计支出15.85亿元,较上年增加3.2亿元。集中有限财力,落实城乡居民养老金、高龄老人生活补贴、失地农民生活补助等县级配套资金,解决一批多年未能解决的历史遗留问题。

三原西郊现代农业园区　三原西郊现代农业园区是2012年1月被陕西省认定的第二批省级现代农业园区之一,总投资5300万元。至2012年9月,项目完成投资2000多万元,建成一期工程,

2012年三原县国民经济主要指标

表48

指标名称	单位	实绩	比上年增长(%)
生产总值	亿元	120.5	13.6
第一产业增加值	亿元	26.1	6.5
第二产业增加值	亿元	62.6	19.6
第三产业增加值	亿元	31.8	7.7
规模工业总产值	亿元	180.96	29.2
全社会固定资产投资	亿元	90.3	28
社会消费品零售总额	亿元	28.29	14.6
地方财政收入	万元	30207	32.23
一般预算支出	万元	158501	25.74
农民人均纯收入	元	8383	16.6

新建日光温室242个，种植樱桃10万株，树莓12万株，草莓42棚，建成标准化养鸡场，农业产品加工区、标准化设施果蔬生产示范区加紧建设。9月6日，省、市有关领导、各相关单位及关中地区受邀请的县政府主管领导、市级农业部门主要领导、51个涉农县农业局局长、67个省级园区主要负责人近200人，到西郊现代农业园区现场观摩。

三原学前教育 10月30日，全省学前教育三年行动计划现场推进会在三原县召开。省、市领导，各市(区)教育局局长、分管副局长，各县(市、区)政府分管教育副县长、教育局长参加会议。与会人员参观三原县城关镇中心幼儿园、城关镇中山街幼儿园等9所幼儿园，对三原县幼儿园设施建设及办学整体水平给予充分肯定。三原县明确提出“打造区域性教育中心，建设西部教育强县、全国教育名县”的发展目标，推动全县教育事业步入一个全方位、多层次、宽领域的新阶段。始终把推进学前教育发展作为促进教育均衡发展、建设区域型教育中心的奠基工程，坚持多渠道、多形式办园方针，科学规划，加大投入，全面提升办园层次和水平。县委、县政府2011、2012年两年投入7665万元，建成公办中心幼儿园16所，提前建成“一镇一中心幼儿园”，三年任务两年完成。三原县充分利用富余小学改扩建幼儿园，统一规划、统一设计、统一施工、统一环境创设、统一设置玩教具、统一招聘保教人员、统一招生，高起点建设，城乡一体化发展，学前入园率98%，全县80%的适龄儿童享受公办优质教育。全县幼儿园因地制宜、科学保教，让孩子亲近大自然，在游戏活动中合作交流，启智成长。三原县已基本形成“广覆盖、保基本、有质量”的学前教育发展体系。

三原农业产业化重点项目建设 7月17日，三原县农业产业化重点项目集中开工仪式在嵯峨镇槐树坡村酿酒葡萄基地项目现场举行。市、县有关领导出席开工仪式。本次集中开工仪式，共有嵯峨镇槐树坡酿酒葡萄基地、陵前现代新农业示范园、正大100万羽蛋鸡示范园陵前养殖场、西阳奶山羊繁育中心、安乐生态产业示范园、高渠西部花卉产业园6个农业产业化重点项目开工建设。三原县是全国农业机械化示范县、全国粮食生产先进县，农业资源丰富，产业基础较好。三原县坚持把培育优势富民产业，创建现代农业园区作为“三农”工作的重中之重，按照“稳定粮食生产、做强设施蔬菜、提升果业水平、壮大畜牧产业”的现代农业发展思路，大力实施粮食单产提高、蔬菜扩产增收、果业提质增效和畜牧养殖增收四大工程，着力培育特色鲜明、类型多样、竞争力强的产业村镇和主导产业布局合理、要素高度集聚、配套体系健全的现代农业园区。全县已建成省级“一村一品”示范村64个；初步建成省级现代农业园区2个，市级现代农业园区2个，县级现代农业园区5个，优质小麦、时令水果、设施蔬菜、畜禽养殖等十大优质农产品基地规模不断壮大，科技含量不断提高，发展模式不断创新，经济效益不断提升。

全省农业灌溉设施建设项目在三原启动 11月6日，由省水利厅主办、省泾惠渠管理局承办的全省农业灌溉设施建设项目启动仪式在三原县泾惠渠灌区启动。副省长祝列克出席并宣布项目开工。农业灌溉设施建设项目是省委省政府贯彻落实中央一号文件精神确定的“十二五”期间陕西省重大水利工程之一，也是陕西省有史以来利用国内贷款投资建设的最大水利工程之一。工程建设范围涉及全省设施灌溉面积万亩以上的164个大中型灌区，包括大中型灌区扩灌、中型灌区节水改造、大型灌区末级渠系节水改造3大类项目，估算项目静态总投资55.74亿元，项目建设资金由政府投资和银行贷款组成，其中计划利用国家开发银行贷款38亿元。项目建设以恢复和新增灌溉面积为重点。主要全面开展12个大型灌区田间工程配套改造，重点解决末级渠系老化失修、配套不全的问题，恢复失灌面积22.112万公顷；对全省150个中型灌区进行全面节水改造，着力解决水源供水能力不足、输水渠道不畅、灌水设施不配套的问题，恢复失灌面积14.328万公顷，对6个大中型灌区进行扩灌，新增灌溉面积3.1818万公顷。项目建设期2012年～2016年，项目实施完成后，对于有效解决灌溉设施配套率差，消除工程老化失修对灌溉面积萎缩的影响，提高灌溉供水保障能力有着极为重要的意义，可使陕西省农业灌溉设施田间工程配套率达到95%以上，全省80%的灌溉面积实现节水灌溉，项目总计恢复灌溉面积36.44万公顷，年可新增粮食生产能力10.96亿公斤，年新增经济作物生产能力4.40亿公斤。

三原县农业产业化重点项目集中开工 （三原县志办 供）

华商网友“走进三原 宣传三原”拍摄活动 6月17日,由三原县委新闻中心、三原县文物旅游局、华商网联合举办的“走进三原、宣传三原”拍摄活动在三原县展开。40余名摄影爱好者来到三原参观拍摄三原秀美风光,感受三原文化魅力。摄友们先后参观拍摄文峰木塔、城隍庙古建群、一代书法大师于右任故居、新古龙桥、石槽崔民宅等景点。又到周家大院、唐代名将李靖故居、金源山庄拍摄,最后北上到“天下地窑第一村”新兴镇柏社古村落拍摄柏社地窑民宅和老一辈革命家习仲勋住过的窑洞。同时,还观看拍摄了精彩的“三原门”红拳表演,品尝三原老黄家小吃。本次活动摄友们共拍摄三原的风光、人物图片上千幅,在华商网上发布三原文化旅游主题帖40余篇,从多个角度展示宣传三原秀美的风光和深厚的文化。此次活动创造华商网“拍遍陕西”系列活动的几个之最。①参与人数最多。活动安排在网上发布不到20小时,排名已超过60人,从中筛选出参加人员名单。②景点最多,活动安排最丰富。一日内共组织拍摄9个景点和“三原门”红拳表演,内容是历次活动中最为丰富的。③拍摄图片和发帖最多。活动结束几日,摄友们在华商论坛上连续不断地发布三原旅游主题帖几十条,成为论坛上的热门话题。

“三原门”红拳参加国家非物质文化遗产项目展演 10月3日~5日,三原县武术教练姚晨义及红拳第五代传承人向珽带领41名弟子,参加在西安石油大学举行的第十届国家非物质文化遗产项目红拳传承人展演交流大会。本次展演交流大会有全省的96个代表队,共千余名红拳精英参加比赛。三原县红拳弟子们获得2个团体总分第一名、1个团体第三名,个人24金19银36铜的好成绩,为“三原门”红拳发扬光大作出贡献,提升三原及“三原门”红拳的知名度。

绢花手工制作产业 三原县紧跟市场,因地制宜,采取以点带面、辐射带动的办法,对广大农村留守妇女开展手工制作技能培训,农闲时节增加她们的收入,使她们在家门口实现就业。2012年,在高渠、西阳、陂西等6镇(发展服务中心)17村开展手工制作就业(技能)培训班94期,免费培训未就业劳动者4700人次,人均年货币性收入2.1万元左右。陂西镇西贾村村民文蓓的插花工艺简洁、新颖,深受广大群众喜爱。她带领本村和周边多名妇女制作插花工艺作品,已初步形成传授、制作、销售一条龙的经营体系,在市场具有较强的竞争力,收到明显的经济效益。像文蓓这样经过培训的能工巧妇正在农村不断激增,手工制作妇女大军正在崛起。

(魏红莉)

永寿县

基本情况 永寿县地处渭北旱原南缘丘陵沟壑区,素有“秦陇咽喉,彬宁锁钥”之称,是古“丝绸之路”上的重要驿站。南接乾县,西邻宝鸡市麟游县,东与礼泉县、淳化县毗邻,北界彬县。永寿县交通便捷,地理位置优越。312国道、福银高速及正在修建的西平铁路穿境而过,县城距西安咸阳国际机场68千米,距杨凌农科城60千米,已融入西咸1小时经济圈。辖监军、店头、仪井、甘井、常宁、马坊、豆家、永太、渠子、永平、御驾宫11个镇和御驾宫示范园区,249个行政村,总人口18.58万人。境内有槐树林2.67万公顷,苹果2.67万公顷,天然草场2万公顷,是著名的“槐蜜之乡”、“苹果之乡”、“沙棘之乡”。

经济发展概况 2012年,永寿县坚持以科学发展观为指导,紧紧围绕“争先进位、提速转型、跨越发展”主题,全面完成各项目标任务。

农业 落实各项强农惠农富农政策,农业产业和基础建设水平提升,农村面貌持续改善。全年为群众发放粮食、良种和农资综合补贴3319万元,落实农机具补贴590万元,退耕还林政策兑现1200余万元。全县新建苹果园1600公顷,国家省市县四级示范园增加到107个,优果率85%,苹果年总产43.5万吨,产值实现11.3亿元。建成各类养殖场197个,发展示范村103个,培育示范户3560户,畜牧业实现总产值6.87亿元,本香集团4500头PIC曾祖代猪场正式投产运营,田园牧业、永安农牧等一批高规格、高标准的养殖企业示范带动作用初步彰显。核桃产业规模进一步扩大,先后引进陕西多维、陕西大统等8家企业,通过土地流转新栽核桃5766.67公顷,全县核桃面积已发展到1.25万公顷。粮食实现“九连丰”,总产12.28万吨。林下经济迅速发展,种植地膜西瓜666.67公顷、中药材420公顷。新建省级“一村一品”示范村4个,改造中低产田333.33公顷,解决1.5万人的饮水安全问题,

2012年永寿县国民经济主要指标

表49

指标名称	单位	实绩	比上年增长(%)
生产总值	亿元	34.874	13.6
第一产业增加值	亿元	12.384	6.3
第二产业增加值	亿元	12.757	28.6
第三产业增加值	亿元	9.733	9.5
规模工业总产值	亿元	26.71	48.95
全社会固定资产投资	亿元	38.64	28.03
社会消费品零售总额	亿元	10.72	14.8
地方财政收入	万元	10538	30.9
一般预算支出	万元	101489	32.2
农民人均纯收入	元	6391	17.1

治理水土流失54.2平方千米，新修基本农田1333.33公顷，复垦整理土地460公顷，被评为“全省夏季农田水利基本建设先进县”，涌现出房家、西寨、何谈等一批新农村建设示范村。

工业　坚持扩总量、抓技改、调结构，积极扶持工业企业扩产技改加快发展，“工业强县”步伐不断加快，工业主导地位日益彰显。水泥公司、制药公司、阿果安娜果汁公司以及水电等骨干企业满负荷生产，产值稳中有增；碾子沟煤矿和毛家山煤矿资源整合步伐不断加快，全年完成投资2.2亿元，为计划的105%。秦航机械制造、丰达包装材料等5家企业进入规模工业序列，增加规模工业产值5.43亿元，全县规模工业总产值完成26.71亿元，增长48.95%，增速位居全市第一。坚持把园区建设作为壮大工业经济的重要支撑，三个工业园区的基础设施不断完善，入园企业30家，建成投产15家，累计完成固定资产投资40.6亿元，实现营业收入29.68亿元，完成税金9630万元。非公经济增加值完成18.28亿元，占生产总值的53.8%。特别是20万吨/年芳构化深加工项目实现当年建设，当年投产，为全县工业经济增长注入新的活力。

招商引资和项目建设　注重招大引强，聚集发展能量。全年引进合同项目14个，合同资金87.9亿元，到位资金10.67亿元，特别是投资12亿元的日产4500吨新型干法旋窑水泥生产、金鸽瓜子系列炒货等重大项目的引进，为推进经济提速转型注入动力。抢抓国家政策机遇，着力扩投资，保增长。64个重点建设项目完成投资23.71亿元，为年度计划的123.3%；5个市级重点项目完成投资14.93亿元，为年度计划的248.83%，位居全市前列，示范带动效应明显。

城镇建设和管理　全面提升城镇规划、建设和管理水平，县城总体规划修编通过省市评审。投资1400万元实施县城正街改造工程，完成道路硬化、排水管道铺设等基础设施，县城面貌焕然一新。投资1016万元完成药厂路中段、永诚街等6条路段的污水管网建设工程以及电力宾馆南巷、信用联社北巷、化工厂小区巷等背街小巷综合治理工程，改善城区人居环境，解决群众出行难问题；投资1628万元实施教育小区广场、火车站大街等绿化、亮化、美化工程，新增绿化面积4.7万平方米，县城绿地率32.3%，创建省级园林县城工作顺利通过省上技术调研。万寿路北段、永兴路、高速引线等县城主干道路竣工通车，旧城改造稳步推进，牛羊市场、城关粮站等旧城改造项目前期工作进展顺利。常宁市级示范镇建设初具规模，店头、豆家、马坊、渠子等镇道路硬化、绿化、给排水等基础设施日益完善，为招商引资、活跃三产搭建良好平台。深入开展城乡环境卫生集中整治活动，农村生活垃圾规范化处置试点工作成效明显，城乡环境面貌持续好转，被省政府命名为“省级卫生县城”。

生态建设和旅游开发　以建设“西咸国际化大都市休闲避暑度假养生后花园”为目标，绿化造林4533.33公顷，绿化道路30千米，新建绿色家园村10个，生态建设迈上新台阶，被评为“陕西省绿化模范县”。依托生态资源，持续推进黄土地生态度假庄园、老县城恢复改造等项目建设，黄土地生态庄园被评为国家3A级景区；永平镇、等驾坡村分别被评为省级旅游特色名镇、省级乡村旅游示范村。举办中国·永寿第九届槐花节、“寿”文化旅游采摘节等活动，永寿的知名度和影响力进一步扩大。获“2012中国最佳生态旅游县”称号。

社会事业发展概况　民生及社会保障　社会保障体系不断健全，服务发展能力持续提升。全年累计实施各类民生工程139项，完成投资9.58亿元。全年城镇新增就业5200人，失业人员再就业1500人，累计转移农村劳动力4.8万人，实现劳务收入6.3亿元。累计支付城乡居民养老保险1700余万元，发放城乡低保金3122万元，残疾人托养服务中心正式启用，县中心敬老院被省民政厅授予“四星级农村五保供养服务机构”。新建保障性住房1728套，全县住房保障水平持续提升。

科教文卫　科技工作成绩突出，市级农业科技示范基地发展到7个。义务教育均衡发展逐步加快，投资2783万元实施各类校建工程19个，建成公办幼儿园6所，学生营养改善计划惠及17793名学生，高考二本以上上线人数突破600人，上线率32.9%。文化发展活力持续增强，建成村级文化信息资源共享工程服务点249个、农家书屋167个，二轮《永寿县志》正式出版发行。城乡医疗卫生体系日趋健全，县卫生监督执法综合楼、13所中心卫生院“安心工程”全面建成，县医院、中医医院在建工程主体已竣工，公立医院改革名列前茅，新农合参合率99%以上，为群众报销医药费用5509万元。计生综合改革成效凸显，人口自增率继续控制在4.3‰以内，被命名为“省级计生阳光统计示范县”、“省级诚信计生示范县”。

成功创建省级卫生县城　6月7日，永寿县创建省级卫生县城授牌仪式暨创建国家卫生县城启动大会在县政府四楼会议室举行，省卫生厅副厅长习红代表省政府为永寿县授牌并讲话。成功创建省级卫生县城，是永寿县经济社会发展中的一件大事，也是永寿县县城建设史上具有里程碑意义的一件盛事。创建卫生县城是加快建设富裕宜居生态和谐新永寿作出的一项重大决策，对于推动县域经济社会又好又快发展具有重要而深远的意义。更是凝聚全县力量，落实以人为本，推动科学发展的有力抓手。大会为创建省级卫生县城先进单位和先进个人颁发奖牌和证书。

第十九届杨凌农高会永寿县签约三大项目引资5.5亿元　11月20日，第十九届中国杨凌农业高新科技成果博览会在杨凌国家农业高新技术产业示范区开幕。永寿县展出的12类24个产品特色鲜明、亮点纷呈，各类新、特、高、优农产品吸引众多客商和农民朋友的目光。在由市委、市政府举办的农高会咸阳展团签约仪式上，陕西三汇农牧科技有限公司签约2.3亿元的永寿县永平现代生态农业综合开发示范园区建设项目；永寿县旺鑫生猪养殖专业合作社签约1.2亿元的永寿县猪倌创业实训基地建设项目;陕西福康农牧科技有限公司签约2亿元的永寿县东仪生态庄园建设项目。这3个签约的招商引资项目,资金总额5.5亿元。

永寿县被确定为国家扶贫开发工作重点县 2012年,国务院扶贫开发领导小组办公室发布《国家扶贫开发工作重点县名单》。名单包含全国592个贫困县,其中,中部省份217县,西部省份375县。陕西共涉及县区50个,咸阳有4个县(永寿县、长武县、淳化县、旬邑县)被列入名单。特别是永寿县及长武县、淳化县还被确定为集中连片特殊困难地区范围内的国家扶贫开发工作重点县。

永寿县打造百里核桃长廊 永寿县按照"政府推动、项目支撑、财政扶持、龙头带动、基地培育"的发展思路,大力开展以优质核桃基地建设为重点的经济林建设工作。全县累计完成核桃建园9166.67公顷,2012年,县委、县政府提出再发展核桃6666.67公顷,核桃低产园改造66.67公顷,建设核桃示范镇2个,示范村24个,示范户100个,并着力打造一批核桃村、核桃沟、核桃路。陕西大统公司已流转66.67公顷土地建设核桃良种繁育基地,计划再流转万亩土地建设核桃基地。各镇充分利用房前屋后、路边、埂边等多种可用地块,实行点、线、面结合,打造各自的亮点和重点。在312国道两边,福银高速两侧完成核桃经济林带建设,县委、县政府在充分调查研究的基础上提出十二五期间发展优质核桃3.33万公顷,把永寿县打造成全省优质核桃名县,初步建成永寿百里核桃长廊。

组建女子巡逻队 永寿县公安局招聘30名女巡防队员,成立巡警大队女子巡逻中队,经过两个月的体能和业务知识培训,12月20日,巡警大队女子巡逻中队民警身着警服、佩带单警装备,英姿飒爽,亮相街面,开展巡逻防控。巡逻中队民警重点围绕党政机关、学校、医院、超市、饮食一条街、商业一条街、广场、汽车站等人群聚集场所展开步巡,及时发现问题,充分发挥女性优势,注重"柔情执法",利用女性特有的亲和力、感染力化解矛盾纠纷,坚持10字文明用语,"请、谢谢、对不起、您好、再见",树立公安新形象。巡逻中队民警还以城区逸夫小学、县幼儿园、监军中学、西村小学、新勤小学为重点,每天在学生上学、放学时间设立"护学岗",维护秩序,疏导交通,确保学生安全通行,让家长放心,让学生安心。

(栗振兴)

彬　县

基本情况 彬县位于陕西省渭北高原西部、咸阳市西北部。东邻旬邑县、淳化县。西连长武县和甘肃省灵台县。南靠永寿县、宝鸡市麟游县,以拜家河、沟渠头沟和底店镇的南坪为界。北与甘肃省正宁县接壤。辖龙高、北极、永乐、小章、水口、新民、义门、城关、香庙、炭店、底店、韩家、太峪13个镇,247个行政村,总人口32.56万人。地势西南高,东北低,泾河自西北向东南斜贯中部,将全县分割成东北、西南两原夹川道的地貌格局,两个原体均向泾河下游倾斜。原面破碎,沟壑密布。有大小沟壑4089条,其中干沟12条,沟壑面积639.59平方千米,占全县总面积的54.1%,可谓"山大沟多塬窄长,二山五沟三分田"。年均降水量601毫米。

经济发展概况 2012年,实现地方生产总值136.18亿元,增长20.6%;完成地方财政收入8.63亿元,同口径比较,增长43.6%;全社会固定资产投资110.5亿元,增长28%;全社会消费品零售总额18.67亿元,增长16.4%;城镇居民人均可支配收入25217元,增长17.2%;农民人均纯收入7835元,增长18.7%,各项主要经济指标增速均高于省、市平均水平,实现本届政府的良好开局。全县各级、各部门坚持依法履责,创新管理,优化服务,有力地维护全县安定和谐的局面,促进县域经济社会的健康发展。全年省市两级先后在彬县召开各类现场会30多场次,彬县获"中国西部最具投资潜力百强县"、"中国最佳生态旅游县"、"全省县域经济社会发展先进县"、"全省电子政务建设示范县"等称号。

农业　2012年,全县夏粮总产7.1万吨、油菜总产0.96万吨,油菜产量再创历史新高。启动建设龙高循环农业园区、新民现代农业示范园、彬县十里休闲观光农业长廊、彬县农副产品深加工园区等四大现代农业园区,建成金银花种植示范基地、万亩设施蔬菜示范基地、小麦良种生产繁育基地,初步形成"板块化发展、园区化承载、工业化生产、市场化运作"的现代农业发展新格局。建成省级生态果园示范村3个、省市县优质水果示范园25个,果业生产水平明显提高。50个畜禽标准化示范场相继建成,7个PIC生猪养殖基地正在抓紧建设,

2012年彬县国民经济主要指标

表50

指标名称	单　位	实 绩	比上年增长(%)
生产总值	亿元	136.18	20.6
第一产业增加值	亿元	14.45	6.2
第二产业增加值	亿元	103.35	25.0
第三产业增加值	亿元	18.38	10.0
规模工业总产值	亿元	197.59	29.1
全社会固定资产投资	亿元	110.5	28.0
社会消费品零售总额	亿元	18.67	16.4
地方财政收入	亿元	8.63	43.6
一般预算支出	亿元	20.95	10.6
农民人均纯收入	元	7835	18.7

畜禽养殖步入规模化发展轨道。全县新增转移就业人员8390人，劳动力转移就业稳定在12.4万人，实现劳务收入7.2亿元。全年实现农业总产值25.23亿元，增长14.7%，农民人均纯收入7835元，增长18.7%。基础设施不断完善，农村面貌明显改观。建设新农村重点村31个，扶贫攻坚步伐不断加快。11处农村饮水工程相继建成，红岩河水库、新庄水库除险加固工程正在建设。完成造林绿化720公顷，建成绿色家园新村17个，农村人居生态环境不断改善。

工业　彬县坚持"立足煤、延伸煤、超越煤"和"产业发展集群化、集群发展园区化"的发展思路，大力发展园区经济，促使工业转型升级。工业经济发展走出新路子。新型工业化进程不断加快，小庄煤矿、下沟煤矿末煤洗选系统等重大工业项目快速推进，五大园区建设提速提效，其中煤炭工业园区、循环经济工业园区效益明显提升，建材工业园区前期准备全部到位，农副产品加工园区开工建设，煤化工业园区建设换挡加速。全县工业总产值突破200亿元大关，达到207亿元，其中规模工业产值197.59亿元，分别增长33.2%和29.1%。煤化工、建材和农副产品加工园区基础设施建设加快实施，循环经济工业园区入驻企业8户，园区聚集效应更加显现。大佛寺煤矿通风瓦斯（乏风）氧化发电厂并网发电，小庄煤矿等重大工业项目快速推进，日产30万立方米煤层气开发等项目有序实施，工业主导地位更加牢固。

招商引资和重点项目建设　全面落实扶持政策，化解要素制约，及时制定出台《促进工业经济平稳较快发展的实施意见》，组织召开煤炭供销恳谈会，全力支持和帮助企业克服困难，企业发展总体稳定，主要工业指标止跌回升。千方百计扩大投资，全年签订招商合同项目41个，引进合同资金128.74亿元，到位资金47.22亿元。抢抓国家经济预调微调等政策机遇，争取上级投资4.15亿元。全年投资109.62亿元实施133个重点项目，项目总数和投资总额均创历史新高。

第三产业　旅游业发展取得重大突破，大佛寺石窟成功列入世界文化遗产预备名单，侍郎湖等重点景区建设顺利推进，金池革命旧址建成开放，成功举办中国·彬县第三届大佛旅游节、中国·彬县第四届柿子节暨公刘农耕文化节，彬县程家川第二届民俗文化节，彬县旅游的知名度不断扩大，全年累计接待游客34万人次，实现旅游综合收入1.42亿元。彬县餐饮宾馆行业协会挂牌成立，商贸、房地产等行业健康发展，综合服务水平大幅提升。全县第三产业实现增加值18.38亿元，增长10%。全年新增非公经济组织706户，累计10264户；实现非公经济增加值66.8亿元。

城镇建设　2012年，全县26项城市建设项目完成投资15.2亿元，超出年度计划投资15个百分点。泾河防洪二期工程启动实施，泾河南岸景观绿化带建成开放，滨河大道等市政道路工程基本完工，城市框架进一步拉大；城区集中供气覆盖范围逐步扩大，保障性安居工程顺利推进，城市服务功能不断健全，承载能力显著增强。城镇开发有序实施。新民镇被评为省级重点示范镇建设先进镇，北极市级、水口县级示范镇建设全面推进，炭店、太峪、永乐等镇建设特色鲜明，树立小城镇建设典型。全县建成农民进城住宅小区37幢1486户，农业转移人口市民化1.7万人。社区建设特色凸显。投资2.87亿元，实施57个新村庄建设项目，开工建设5个"集中居住、设施完善、管理统一"的新型农村社区，建成农民新居2800多套。城市精细化管理水平不断提高，农村城市化管理模式全面推广，彬县城乡管理迈上规范化、精细化轨道。

生态建设　造林绿化。投资1.5亿元，完成造林绿化4000公顷，绿化美化农村公路1065千米，建成绿色家园新村38个，栽植各类苗木500多万株，是历年来投资最多、规模最大、绿化效果最为明显的一年。地质灾害防治起步良好。编制《彬县2013年～2030年煤矿采空沉陷区治理规划》，划定28处整体搬迁安全区域。完成炭店镇虎家湾、太峪镇景村等地质灾害治理工程，确立治理样本。节能减排扎实有效。全年万元GDP能耗下降3.5%以上，化学需氧量、氨氮、二氧化硫减排均超额完成咸阳市下达任务。

社会事业发展概况　彬县始终坚持民生优先，共计投资21.67亿元，完成11类104项民生工程，解决一大批群众关心的实事、难事。

科教文体卫　开展"五五"科技创新活动，推行首席工程师制度企业5户、创新推广农业科技服务模式5种、试验示范低碳循环项目5个、实施科技成果转化重大项目5个、培育著名品牌5个。加大对省市项目争取力度，组织申报中、省、市科技项目8个，其中国家级1个，省级4个，市级3个。由市科技局牵头，彬县参与的"心血管疾病、地方病和出生缺陷"项目获科技部专项资助资金200万元。由中煤科工集团、彬长矿业集团等5家单位共同完成的《煤矿井下随钻测控千米定向钻进技术与装备》科技项目，获得国家科技进步二等奖。全县专利申请量68件。其中发明专利9件，实用新型36件，外观设计23件，专利授权量38件。在全市率先实施15年免费教育，惠及城乡3万多户群众。彬县教育园区、新民教育园区投入使用，北极、龙高等6所镇公办幼儿园建成启用，小章、炭店等7所镇公办幼儿园主体竣工，18所学校青少年宫建成开放，办学条件彻底改观。特殊教育起步良好，各类教育协调发展，高考二本上线人数首次突破千人，教育质量稳步提升。全省县级党政领导优先发展教育现场会在彬县召开，彬县被省政府命名为"省级教育强县"。文体工作成绩喜人。体育中心、文化大厦主体封顶，镇村文化硬件建设和农家书屋资源配置不断加强，文体活动场所逐年增多。元宵节社火会演舞动城乡，四国青年男篮邀请赛成功举办，群众文化生活丰富多彩。卫生事业健康发展。县医院门诊综合楼、中医医院新院区二期等项目顺利推进，医疗条件逐步改善。新农合最高报销限额提高到15万元，进一步解决群众看病难、看病贵的问题。医药卫生体制改革不断深化，远程会诊系统率先建成应用。全国7个省20多个县区先后来彬县考察学习医改工作，彬县获"2012年全国医疗卫生体制改革示范县"称号。

社会保障 新增城镇就业岗位5042个,城镇登记失业率控制在2.8%以内。发放各类低保救助资金7990万元,困难群众生活得到有效保障。新增“五大保险”扩面14753人,累计参保92573人,覆盖面均98.6%以上。县城和龙高敬老院运转良好,新民敬老院开工建设,24个农村互助幸福院、2个城区日间照料中心建成投入使用,社会化养老迈出新步伐。环卫工人、民办教师等人员工资标准不断提高,城镇低收入群体生活水平进一步改善。慈善救助不断加强。设立困难家庭就医及受灾群众专项救助基金,开展贫困学生、大病患者、高龄老人、军属、农村留守妇女儿童等一系列救助扶助活动,弱势群体得到更多关爱。

通过省级教育强县评估验收 2012年,彬县顺利通过省政府教育强县的评估验收,成为陕西省第13个省级教育强县。县委、县政府始终坚持教育优先发展,坚定不移地实施“科教兴县,人才强县”战略,切实加大教育投入,大力整合教育资源,深入推进教育改革,稳步提升教育质量,全力促进教育均衡协调发展,先后创造“五个率先”,即在全省率先化解“普九”债务、率先建设学校青少年宫、在咸阳市率先打造教育园区、率先实施中小学集中供暖工程、率先实施15年免费教育。大投入提升办学质量。累计用于教育基础设施建设投入15亿元,预算内教育经费年均增长36%以上,先后在55所学校实施15大类149项教育基础设施建设工程,新建、改建单体建筑190幢,新增校舍面积32.6万平方米,县财政累计投资9092万元,新装配部室270个,添置各类内部设施28.7万台(件)、图书58.8万册;投资2961.4万元,实施38所学校供暖和23所学校生活设施配套工程,学校办学条件进一步优化升级。大手笔打造教育园区。投资7.5亿元建成占地33.33公顷的县城教育园区;投资3000万元,建设新民镇教育园区,成立彬县教育园区管委会,按照“一年打基础,两年出特色,三年创品牌”的思路,着力培育新的优质教育资源,促进城乡教育均衡发展。高配置促进教育现代化。2009年以来,累计投资188.34万元,建成卫星收视点157个,配备光盘播放系统521套,全县中小学远程教育覆盖率100%。投资3180.8万元,新建校园网174个、计算机教室74个、多媒体教室118个、大型多功能教室12个,为26所学校购置专业移动音响系统,使信息技术在教育教学中广泛应用,实现优质教育资源共享,促进教育现代化发展。大气力加强校园文化建设。2009年以来,累计投资1469万元,在全县中小学、幼儿园实施“绿化、硬化、亮化、净化、美化”工程,新增绿化面积8.7万平方米,硬化校园5.6万平方米,校园环境焕然一新。大力普及学前教育。政府全面启动13个镇公办中心幼儿园建设,进一步巩固基础教育。

彬县率先实施十五年免费教育 从2012年开始,彬县在咸阳市率先实施十五年免费教育,成为陕西省第五个实施该政策的县区。从2012年春季开始,凡在彬县中学、范公中学就读的高中学生免交学费,在公办小学附设学前班、公办幼儿园或取得合法办学资质的民办幼儿园入园的3周岁~5周岁幼儿免交保教费。实施十五年免费教育这一新的惠民政策后,县财政每年将拿出近2000万元,为每名高中学生免除学费1600元,为每名适龄幼儿免除保教费800元。全县10490名幼儿、7907名高中学生直接受益,惠及全县城乡3万多户家庭。

彬县教育园区建成投入使用 彬县教育园区位于县城泾河新区中心地段,占地33.33公顷,由职教中心、文体中心、新区中学、新区小学、新区幼儿园、特殊教育学校、教育综合楼七大块组成,投资4.27亿元,新建校舍20万平方米。其中:职教中心投资1.8亿元新建校舍11栋10万平方米,新区中学投资7200万元新建校舍8栋35664平方米,新区小学投资2500万元新建校舍6栋18275平方米,新区幼儿园投资1800万元新建校舍4栋8660平方米,特殊教育学校投资980万元新建校舍2栋4500平方米,投资5900万元新建办公楼一栋17379平方米。整个园区经过三年建设,五个校建工程已相继完工,投入使用。新区教育园区可使200多名聋哑盲智障人学习,可满足800名幼儿、900名小学生、800名中学生上学的需求;每年可为3000名高初中毕业生提供职业技术培训,同时可完成1000人次实用技术培训。彬县教育园区的建成,可有效解决城区学校大班额的问题,缓解城区就学压力,推进教育均衡发展。

发展循环经济 彬县从企业、园区、县域三个层面入手,依靠科技进步,突出环保节能,全面深层次发展循环经济,转变工业发展方式,探索出资源富集地区低碳循环发展的新路子。企业微循环。彬县全力支持企业技改,提高资源利用率,增加产品附加值,实现内部循环发展。水帘洞煤矿建成瓦斯发电厂,年节约电费2600万元。大佛寺煤矿在建成瓦斯发电厂后,又建成全国第一座煤矿通风瓦斯(乏风)发电厂,年可供电3000多万千瓦时。火石咀煤矿建成300万吨洗选煤厂、机械修理厂,实施地下弃煤气化,效益不断提高。园区小循环。按照园区化发展思路,彬县建设循环经济工业园,推动工业经济集群化循环发展。入驻企业有火石咀煤矿、华电瑶池矸石电厂、天喜建材公司等。园区生产总体形成原煤生产加工,采煤废弃物矸石发电,矸石电厂排放的粉煤灰及炉渣生产水泥和商砼的流程,形成“煤—洗煤—发电—建材”循环发展链条。县域大循环。从增强产业关联度入手,规划建设建材工业园区,利用工业废弃物生产建材产品。推进资源转化利用,支持新生能源和玉祥公司开发煤层气建设加气站,变废气为宝。加快建设180万吨煤制甲醇转烯烃、新民塬一期2×1000兆瓦电厂、不饱和树脂生产、外墙保温干挂陶瓷板生产等项目,形成采煤、煤电、机械加工、煤化工、资源再利用、建材和农副产品深加工“七位一体”的大循环模式工业经济。

修复彬县金池革命旧址 彬县立足全县红色资源比较丰富的实际,多方争取投资400万元,对位于龙高镇金池村的中共彬县县委、县政府旧址进行保护性修复开发,共加固维修窑洞15孔,周围保护范围3000平方米，建成办公区、革命历史展区和生活区3个自然展区，收集各类展品400多件、照片300多幅、文字史料4万多字，制作展板300多块，将土地革命战争时期、抗日战争时期、解放战争时期、社会主义建设时期和改革开放以来，党领导彬县人民进行革命、建设和改革的辉煌历程充分再现，做到文图和实物巧妙结合，达到较好的视觉效果，填补彬县无红色旅游景点的空白。修复后的金池革命旧址已被共青团陕西省委、咸阳市委列为陕西省和咸阳市青少年教育基地，被彬县县委、县政府列为"爱国主义教育基地"、"革命传统教育基地"和"廉政教育基地"。依托红色资源平台，彬县先后在未成年人中开展"红心向党·感恩巨变"青少年夏令营活动，组织全县干部职工和中小学生赴龙高镇金池村革命旧址参观学习，从党的历史中吸取营养，锻炼党性，陶冶情操。

彬县获全省县城建设先进县称号 彬县紧盯建设"关中西北部明珠城市"和"咸阳次区域中心城市"的目标，按照"大气现代、精致人文、生态特色"的思路，全面推进城市规划、建设和管理工作，县城人口产业集聚能力、辐射带动功能明显增强。全县共投资35.9亿元，实施52项城建工程。泾河防洪一期工程、豳州千狮桥竣工投入使用，泾河南岸景观绿化带配套建设，紫薇山生态公园、滨河大道、保障性安居工程等项目快速推进，城中村、城郊村改造步伐明显加快，城市服务功能日趋完善。全县在建和建成的高层建筑80多幢，城区面积扩展到13平方千米，人口增加到10万人，城镇化率提高到45%。在加快县城建设的同时，按照打造"彬县县域副中心"的定位，快速推进新民镇省级重点示范镇建设，累计完成投资5.1亿元，实施一大批建设项目，新民镇旧街实现大"变脸"，新区雏形已经初显，一个现代化的新型城镇正在崛起。

关爱救助失独家庭 彬县依托国家奖励扶助政策，不断创新关爱救助机制，通过多项措施关爱救助失独家庭(独生子女死亡，其父母不再生育、不能再生育和不愿收养子女的家庭)。在经济扶助方面，彬县成立计划生育救助基金会，财政列支救助基金救助失独家庭和计生贫困户；提高补助金标准，在落实好国家和省上特别奖励扶助制度的前提下，在每人每月补助140元基础上，从2012年10月1日起，对年龄在60周岁以上的失独家庭夫妇，农村居民每人每月补助标准提高到800元，城镇居民每人每月提高到1000元。对于2012年10月1日以后失独的家庭，给予发放一次性补助，对农村家庭一次性补助2万元；对城镇家庭一次性补助3万元。同时，为使失独家庭在生产生活上得到帮扶，实施健康关怀，每年对失独家庭成员实行免费体检。县妇联、团县委、慈善协会、县计生协会等社会团体和慈善机构组织成立志愿者服务队，对失独者进行心理咨询、生活照料等关怀关爱活动。开展"手拉手"活动，每名计生干部联系1户失独家庭，经常了解关心联系户在生产生活方面遇到的困难和问题，及时给予政策解答，提供有效的帮扶救助途径和方法。镇村分别成立两级爱心服务小分队，关心关爱失独家庭，帮助解决各种困难。建立联合救助机制，充分发挥人社、民政、妇联、工会、共青团等部门职能，为失独家庭送温暖。完善福利制度，对60周岁以上失独者，按照就地就近和自愿的原则安置在敬老院生活，已享有的社会福利政策继续享受，并全部纳入城乡低保范围享受低保政策。在办理失独家庭收养、领养、过继子女相关手续时优先给予提供方便。失独家庭有再生育意愿和能力的，人口计生部门、卫生部门提供再生育所需各项技术服务。努力强化对失独家庭的就业推介工作，利用小额贷款项目工程，对失独家庭创业就业给予力所能及的支持和帮助。

彬县12人荣登中国好人榜 2012年，全县共推荐评选出彬县好人60名，卢效平、朱永军、魏全群3人被评为第三届"感动咸阳"道德模范，成军礼等27人被评为中国好人榜候选人。12人荣登中国好人榜：杨秉兴、秦喜善、高江涛、朱民乐、赵升文荣登中国好人榜敬业奉献好人；胡继敏、魏全群荣登中国好人榜孝老爱亲好人；申亮荣登中国好人榜见义勇为好人；杨文荣、马长春荣登中国好人榜诚实守信好人；卢效平、纪科科荣登中国好人榜助人为乐好人。

(李晓云)

长武县

基本情况 长武县地处咸阳市西北部的陕甘交界处，距省城西安约190千米，是三秦通往大西北的咽喉关隘，素有"三秦屏障"、"秦陇门户"之称。随着产业的发展，也被誉为"果乡煤城"，是陕甘边界重要的商品集散地。全县辖昭仁、洪家、丁家、亭口、巨家、相公、彭公、地掌、枣元9个镇，160个行政村，16.9万人，

2012年长武县国民经济主要指标

表51

指标名称	单位	实绩	比上年增长(%)
生产总值	亿元	44.6	16.1
第一产业增加值	亿元	12.6	6.5
第二产业增加值	亿元	25	20.7
第三产业增加值	亿元	7	11.8
规模工业总产值	亿元	52.6	27.3
全社会固定资产投资	亿元	72.3	28
社会消费品零售总额	亿元	9.88	16.1
地方财政收入	亿元	2.36	48.5
一般预算支出	亿元	9.1	26.6
农民人均纯收入	元	6622	17.3

其中,农业人口15万人,耕地面积2万公顷。

经济发展概况 2012年,长武县经济社会呈现出发展提速、活力增强、民生改善、社会稳定的良好态势。相继获国家卫生应急综合示范县、全省扶贫开发工作先进集体、全省现代旱作节水农业示范县、全省林业产业强县等多项荣誉称号。

农业 全县农业总产值完成20.89亿元,同比增长16.7%。粮食生产实现“九连丰”,总产6.3万吨;苹果总产26.5万吨,实现产值10.6亿元;新建PIC生猪养殖场4个,畜牧业实现产值3.2亿元;劳动力转移就业5.3万人次;新建核桃园2000公顷,发展设施蔬菜66.67公顷,种植烤烟175.53公顷,洪家天丰、地掌庵里现代果业园区分别被命名为省、市级现代农业示范园区。建成新农村重点村11个。完成土地流转2333.33公顷,新修、改建水泥路和柏油路40.8千米,新建农村安全饮水工程15处,改造农村中低压线路56千米;基本完成“三告别”工程任务,搬迁群众4104户15183人;复垦整理土地642.27公顷,新增耕地152.67公顷;绿化造林4000公顷,建设千里绿色长廊20千米,建成绿色家园示范村15个。

工业 全县工业总产值完成56.7亿元,同比增长26.5%,其中,规模工业产值完成52.6亿元,同比增长27.3%。亭南煤矿实现产值12.6亿元,同比增长23.5%;大唐彬长发电有限责任公司实现产值22.4亿元,同比增长14.4%;胡家河煤矿进入联合试运转,矿区生产服务中心一期工程投入试运营;高家堡煤矿、亭口水库等重大工业项目进展顺利。煤电工业园被评为全市最具发展潜力的工业园区,成为产业聚集、扩大开放的重要平台。非公有制经济实现增加值20.35亿元,占国内生产总值45.6%;社会消费品零售总额9.88亿元,同比增长16.1%。

招商引资与项目建设 全年实施固定资产投资项目47个,完成投资72.3亿元,为年度计划的112.1%,其中,22个县级重点项目完成投资63.6亿元,为年度计划的123.3%;4个市级重点项目完成投资42亿元,为市上下达任务的191.8%。举办“建设省际门户城市论坛、重大项目招商暨人文长武书画展”活动,签约项目21个,涉及资金458.73亿元。组团参加“西洽会”、“厦洽会”等招商活动,全县共引进招商项目15个,落实到位资金50.95亿元,为市上下达任务的127.4%。

城市建设与管理 以“城建十大工程”为重点,实施“城镇推进”战略,城镇化率38.2%,较2011年提高3.4个百分点。“城建十大工程”完成投资20.45亿元,为年度计划的101.9%。创业大道北段拓通等16个项目已完工,香丽花园国际酒店等项目进展顺利。开工建设保障性住房1467套,竣工交付使用1382套。不断加大环境卫生整治力度,农村生活垃圾规范化处置工作全面实施,城市管理日趋规范,人居环境明显优化。

社会事业发展概况 民生工程 树立以人为本、民生至上的理念,将新增财力80%用于民生,全年共实施民生项目9类150个,完成投资16.5亿元,全面兑现为群众办理“民生十件实事”的承诺,解决一批事关民生、群众期盼的现实问题。

科教文体卫 开展科技赶集活动,先后组织科技人员在县城街道、相公、亭口、巨家等镇开展科技下乡赶集活动6次,设点接受群众咨询,宣传农业科技知识,发放宣传资料5000余份,接受群众咨询1100余人次。聘请农业科技专家举办农业、畜牧技术培训班及现场培训会7场次,参加培训400余人次;送农业科技书籍资料5000余份、光盘200余张。教育事业均衡发展,长武中学新校区进行教学设备安装,2013年秋季即可投入使用;改扩建幼儿园17所,建成投入使用15所;营养改善计划惠及学生15539人,覆盖率100%;高考二本以上上线率45.7%。文体事业蓬勃发展,新建数字农家书屋10个,举办各类文体活动180余场次,申报省级非物质文化遗产保护项目3个,为160个村配发文体活动专用音响设备。卫生事业健康发展,标准化县医院门诊楼正在进行室内外装修;医药卫生体制改革不断深化,基本药物制度规范运行,全县3家县级公立医院、13乡镇卫生院和160个村卫生室全部实行药品“三统一”。计生服务水平进一步提高,全县人口自增率控制在5.5‰以内;新建成一个社区人口文化园,在亭南煤矿等6户企业建立健全流动人口办公室和服务室。

劳动和社会保障 全面落实就业再就业优惠政策,城镇新增就业5557人,城镇登记失业率控制在2.8%以内。坚持将财政资金向基础设施和公共服务领域倾斜,为民生工程配套资金4768万元,拨付城乡低保金3969.9万元、新农合补助资金3968.9万元、城乡居民社会养老补助资金2508.5万元,兑现农资综合直补等惠农政策资金4317.4万元。城乡居民社会养老保险工作稳步推进,城乡低保实现动态管理下的应保尽保,改建相公等8个幸福院,灾困群众生产生活得到妥善安排。

安全生产与社会稳定 深入开展县级领导下访接访和坐班接访活动,妥善解决一批信访突出问题,长武信访工作有关做法被《民情与信访》《咸阳日报》宣传报道。扎实开展严打专项整治行动,平安建设“两率一度”稳步提升,群众对社会治安状况满意率96.84%。突出加强煤矿、道路交通、食品药品、校园等重点领域安全监管,全县未发生一起较大安全事故,安全生产形势平稳,社会大局和谐稳定。

长武县被卫生部命名为国家卫生应急综合示范县 多年来,长武县积极开展创建卫生应急示范县活动,不断加强卫生应急组织体系、预案体系、应急准备、监测预警、应急处置等工作,建立健全县、镇、村三级卫生应急联网,努力提升基层卫生应急管理水平和卫生应急综合能力。根据《国家卫生应急综合示范县(市、区)评估办法》,经县级自评申报、地市级和省级卫生行政部门评估推荐、卫生部组织专家现场复核评估和面向社会公示等环节,2012年11月,长武县被卫生部命名为第一批国家卫生应急综合示范县。

长武县获全省扶贫开发工作先进集体称号 2012年,长武县坚持把扶贫和农业综合开发工作作为一项重要任务,全面完成《长武县六盘山片区区域发展与扶贫攻坚实施规划》和《长武县革命老区振兴规划》的编制申报工作。超额完成“三告别”年度目标任务。大力实施“千村移民示范村”建设和整村推进连片开发项目。投放扶贫贷款1300万元,申请财政扶贫资金70万元、扶贫贴息贷款6650万元,加快贫困群众脱贫致富步伐,获全省“扶贫开发工作先进集体”称号。

举办建设省际门户城市论坛 重大项目招商暨人文长武书画展 11月14日~16日,长武县委、县政府举办建设省际门户城市论坛、重大项目招商暨人文长武书画展活动。省市领导、有关专家学者、艺术家、省内外企业家和省市新闻媒体记者共200多人来长武,进行学术交流和招商考察活动。这次活动共签约项目21个,涉及资金458.73亿元。各位专家、学者畅所欲言,为长武县建设秦陇门户建言献计,就发展新型能源产业等重点工作提出具有指导性、操作性的意见和建议。

(郭 伟)

旬邑县

基本情况 旬邑县地处渭北黄土高原沟壑区,位于陕西省中部、咸阳市北部。东邻延安市黄陵县和铜川市,西接彬县,南毗淳化县,北连甘肃省正宁县。旬邑县古属雍州。公刘、古公亶父时期,属豳地。西周时将豳地划入王畿并置邑,为栒邑。战国秦孝公时期,始置栒邑县;秦、汉、三国时期,沿袭旧制。晋代易名为邠邑县。南北朝时期,改置三水县;隋、唐、五代、宋至元代初年沿用旧名。明成化十三年(1477),复置三水县。民国三年(1914)因县名与广东三水县重名,又改为栒邑县。1964年改“栒”为“旬”。辖丈八寺、土桥、清塬、城关、张洪、郑家、太村、湫坡头、底庙、职田、马栏11个镇,排厦、赤道、原底3个社区。

经济发展概况 农业 2012年,投资6197万元,实施现代农业发展资金苹果产业项目,落实苹果政策性保险,并对新栽苗木全价补贴,新栽果树2333.33公顷。全年苹果总产52.5万吨,产值14亿元,果农人均苹果收入5600元。建成600头商品代种猪场21个、千头育肥场28个、百头示范场1500个,生猪存栏51.8万头、出栏103.5万头,完成百万头生猪大县建设任务。指导群众发展设施大棚蔬菜,亩均产值3万元;新栽以核桃为主的杂果经济林1333.33公顷,发展烤烟466.67公顷;粮食总产18.29万吨,喜获九连增,其中玉米高产创建项目蝉联全市第一。现代农业园区建设起步良好,建成省级农业园区1个、市级农业园区4个。同时,新增劳务1万多人,在外务工人员7万多人,创收6.9亿元。

工业 留石村等5家煤矿创建为国家级安全质量标准化矿井,燕家河等3家煤矿完成安全“六大系统”建设;青岗坪煤矿选煤厂投入试生产,百子等6家煤矿超额完成技改扩能任务,原煤生产能力大幅提升,全年生产原煤800万吨、销售774万吨。石油勘探开发从小到大,完成钻探井41口、试油井22口、采油井11口,探明天然气井3口。启动旬邑能化工业园区前期工作,完善太村、旬东、土桥三大产业园区基础设施,园区承载能力不断增强;用足用活中小企业发展资金,全年扶持引进工业企业14家。

第三产业 编制完成《马栏红色旅游经济区总体规划》,建成马栏干部学院、阳坡头关中分区、转角红二十六军军部革命旧址。建成并开放石门山国家森林公园秦文化苑、游客接待服务中心。石门山国家森林公园、马家堡关中特委革命旧址顺利通过国家3A级旅游景区评估验收。全年接待游客30万人次,实现旅游综合收入1.2亿元。同时,大力发展商贸流通、餐饮娱乐等服务业,开工建设县农贸市场暨农资配送中心,建成万家福购物广场。全年新增个体工商户565户、私营企业21家,实现非公经济产值69.5亿元,增长26%。

城乡建设 以统筹城乡发展为总揽,科学规划,全面推进,城乡一体化进程明显加快。县城建设上,修订完善县城总体规划,完成县城东区详规编制工作,积极实施豳风庭韵保障房、书香公园、三水河防洪、橡胶坝、县城天然气等工程,免费开放城区公厕,完善服务功能,提升建设品位。县城总规划面积12平方千米,建成区面积6平方千米,常住人口3.5万人。镇区建设上,投资7400多万元,实施土桥等5个重点镇镇区基础设施建设;投资3.2亿元,基本完成原底等9个镇社区农民进城商品房建设任务,进城落户农民14092人;投资700多万元,建成12座镇区垃圾填埋场,配置12辆垃圾清运车,并为每个示范村增配垃圾箱、清运小车和保洁员,基本实现城乡生活垃圾规范化处置。新农村建设上,投资2.3亿元,建成示范村40个、新村16个、巩固提高村25个。完成5个

2012年旬邑县国民经济主要指标

表52

指标名称	单 位	实 绩	比上年增长(%)
生产总值	亿元	86.84	17.9
第一产业增加值	亿元	23.26	6.4
第二产业增加值	亿元	54.36	24.1
第三产业增加值	亿元	9.22	12
规模工业总产值	亿元	103.57	30.65
全社会固定资产投资	亿元	50.9	28
社会消费品零售总额	亿元	12.69	14.9
地方财政收入	亿元	2.76	14.65
一般预算支出	亿元	13.2	16.57
农民人均纯收入	元	6662	18.6

整村推进连片开发村、600户农村危房改造、248户移民搬迁、231户易地搬迁任务,复垦土地125.87公顷,新修农田466.67公顷。全县示范新村总数158个,占行政村总数的84%。新农村人均住房面积45平方米,自来水入户率100%,平均百人拥有小汽车2.1辆。

项目建设　全县85个基本建设项目完成投资54.1亿元,为年度计划的102.5%。其中,40个重点项目完成投资38.7亿元,为年度计划的103%。建成底(庙)崔(木)公路旬邑段和职(田)文(家川)公路,全面修复所有水毁公路;不断加快柏岭寺水库建设,全面完成农村饮水安全项目、职田原区太村水厂建设任务;建成投用太村110千伏变电站,创建为全省新农村建设电气化县。同时,积极组团参加各类招商节会活动,吸引一批省内外知名企业落户旬邑。全县签订合同项目78个,到位资金28.2亿元,为市上下达任务的282%。

社会事业发展概况　科教事业　建成旬中新校区教师公寓楼及配套工程,太村等4个镇中学教师宿办楼,底庙等5所镇、社区中心幼儿园;学前三年免费教育试点顺利完成,入园率91.5%;全县高考本科上线1702人,上线率68%,再创历史新高;县职教中心创建为省级示范中等职业学校;筹集资金400多万元,资助贫困大学生1000多名。积极开展"科技课堂"进农村、农村妇女技能等培训,培训农民4.2万人次。

文化卫生　建成标准化村级文化活动室25个、农家书屋95个,举办创建省级文明县城系列文艺晚会、庆祝党的十八大马栏红色文化群歌会等系列活动,顺利通过"全国文化先进县"复查验收。投资2200万元,完成县医院门诊住院综合楼特殊设施建设项目;启动县级公立医院改革和县、镇、社区医疗机构集团化重组改革,推进基本公共卫生服务均等化;积极鼓励社会办医,建成博仁医院并投入使用;筹集大病医疗救助基金650万元,新型农村合作医疗参合率99%。免费健康检查育龄妇女2.9万名,治疗率100%。全县人口自增率3.9‰。

社会保障　全年发放低保金、医疗救助金、高龄补贴、残疾人生活补贴等各类资金9200万元;城乡居民养老保险参保12万人,享受待遇3万多人,发放资金3200万元;投资近亿元,新建、改建保障性住房1512套;聘用本科毕业生328名,招考聘用专业技术人员66名,安置退伍军人和转业士官38名。

生态环境　启动省级文明县城、省级环保模范城市创建活动,完成县城污水处理厂提标改造和渭河流域水污染治理工作,万元GDP能耗下降3.5%。完成职田等4个镇沟头治理,实施县药厂后山等滑坡灾害点治理工程。深入推进生态镇村和卫生镇村创建活动,绿化造林5733.33公顷,创建省市级生态镇6个、生态村10个、卫生村29个。

新农村建设　2012年12月24日,在北京召开的首届全国社会主义新农村建设发展论坛暨全国社会主义新农村建设示范县镇成果发布会上,旬邑县获"全国社会主义新农村建设示范县"称号。旬邑县坚持以统筹城乡发展为总揽,按照"抓点、连线、扩面"的工作思路和"巩固、提升、发展、整体推进"的原则,扎实推进新农村建设。累计投资16.3亿元(其中县财政补助2.1亿元),建成规划科学、布局合理、环境优美、风格独特的新农村158个,占全县行政村总数的84%。特别是投资5.7亿元,完成1386户移民搬迁、1240户易地搬迁、6622户土窑洞搬迁和61个扶贫重点村建设任务,在咸阳市率先基本实现告别土窑洞、告别危漏房、告别独居户的"三告别"目标。

百万头生猪大县建设　2012年,旬邑县继续把百万头生猪大县建设作为促进农民持续增收的重要举措,周密部署,精心安排,狠抓落实,全县生猪存栏51.8万头、出栏103.5万头,完成百万头生猪大县建设任务。制定下发《旬邑县2012年百万头生猪大县项目建设实施意见》,县政府与各镇、社区签订生猪养殖目标责任书,明确任务,夯实责任。聘请省、市专家教授举办养殖技术培训班6期、30场次,对县、镇、村三级畜牧技术人员、包村干部和广大养殖户进行系统、专业的养殖技术培训,全面提高养殖水平。从县农业、畜牧系统抽调44名技术干部,驻镇进村,包场包户,从场址选择、圈舍建设、引种进圈、饲养管理等方面,对养殖户进行全方位指导,确保生猪产业健康发展。对新建的万头生猪养殖示范村,10栋以上的标准化千头育肥场,每栋圈舍财政补贴3万元;对千头祖代种猪场,除省财政每场贷款贴息补贴100万元外,县财政每场补贴500万元,并协调解决企业注册、项目申报工作,充分调动群众发展生猪产业的积极性和主动性。县委、县政府督查室和县考核办及相关部门成立联合督查组,对各镇、社区百万头生猪大县建设项目进展和任务完成情况督查考核,全力推进项目顺利实施。

地膜玉米　2012年,旬邑县按照"稳定面积、科技支撑、主攻单产、增加总产"的思路,坚持建设高产玉米示范田引领,大力推广良种统供、测土配肥、旱作农业、病虫害综合防治等关键技术,地膜玉米获得大丰收。全县种植地膜玉米1.35万公顷,总产14.99万吨,公顷产10620公斤,再创历史新高。

电子政务　电子政务统一平台建设项目是旬邑县2012年确定的信息化重点建设项目,是智慧城市建设的重要内容之一。该项目总投资近200万元。截至年底,县级电子政务内外网建设已完成覆盖全县11个镇、3个社区和86个县直部门的基础光纤架设。县级标准化中心机房建设严格按照省、市的标准要求,完成机房装修及基础设备安装。县级电子政务统一平台交换机、服务器、中间件等软硬件设备均已采购到位并完成安装调试,2012年11月29日通过陕西省测评中心测试,12月17日顺利通过省、市验收。该项目的建成,为实现省、市、县三级电子政务互联互通提供基础网络和服务载体,为县级各部门业务系统之间网络互联、业务协同和信息共享搭建基础平台。

(袁尚志)

淳化县

基本情况 淳化县位于陕西省渭北黄土高原沟壑区,咸阳市东北部。淳化县名始于北宋淳化四年(993),以年号命名。东连三原县,西接彬县,南与泾阳县、礼泉县交界,北与铜川市耀州区、旬邑县接壤。境内地势北高南低,海拔630米~1808.9米,地貌可概括为"一丘一山三沟五塬"。辖胡家庙、官庄、十里塬、马家、卜家、润镇、车坞、铁王、城关、石桥、方里、固贤12个镇,秦河、秦庄2个发展服务中心,204个行政村和枣坪、城关、北关3个社区居委会。

经济发展概况 农业 实施总投资1.1亿元的小型农田水利重点县建设项目,复垦整理土地900公顷,建设高标准农田833.33公顷,流转土地1666.67公顷,争取建设用地指标66.67公顷,为现代农业发展奠定坚实基础。全县粮食总产12.4万吨。其中小麦总产量4.9万吨,同比增长3.3%;油菜总产0.56万吨,较上年增长3.4%;秋粮总产7.5万吨。立足省级设施蔬菜基地县优势,以卜家镇设施蔬菜种植基地为中心,辐射带动城关、方里、秦庄、胡家庙等镇(发展服务中心),新增设施蔬菜123.51公顷,全县累计328.71公顷,大路菜种植3333.33公顷,同比增长28.52%,总产8万吨。PIC曾祖代种猪繁育基地当年开工、当年竣工、当年投产,引进全球顶级纯度的PIC曾祖代种猪1250头;总投资15亿元的广东温氏集团百万头生猪养殖一体化项目和西北总部快速落户,年出栏20万头猪苗的车坞猪场已经开工,实现当年洽谈、当年落户、当年建设。全县新建万头生猪养殖示范村4个、千头种猪场12个、500头生猪育肥场27个、PIC商品肉猪繁育场14个,生猪出栏25万头。

工业 淳化县推进"新兴工业强县"建设,促进工业经济健康持续平稳增长。2012年,实现工业总产值33.25亿元,同比增长21.4%;全年实现工业增加值9.57亿元,同比增长20.4%。其中,个体私营经济8211户,从业人员61823人。全县非公有制经济增加值完成9.94亿元。淳化工业园完成创新路建设,储备土地67.67公顷,新引进的英诺苹果饮品、绿源果品出口基地、文冠果深加工等6个项目开工建设,投资1200万元的恒天然果蔬深加工项目正式投产,园区成为全市首个"农产品深加工示范园"。新型能源开发迈出新步伐,投资8亿元的华能100兆瓦绿色环保风电项目,测风指标良好。煤炭资源开发取得新提升,秦庄、南村煤田完成初勘,姜家河煤矿即将竣工验收,安子洼一号井15万吨技改项目全面完成、与耀贤煤田60万吨资源整合项目前期工作取得重大进展,安子洼二号井45万吨技改项目顺利实施。全县新增规模以上企业7户,累计22户。

旅游产业 坚持旅游强县和生态名县联袂打造,启动实施40里黑松林文化生态长廊建设项目,谷口秦汉文化广场建设过半,淳礼跨谷观光索桥建成使用。"淳化荞麦"获得国家地理标志认证,甘泉湖旅游景区和爷台山战地主题公园成功创建国家3A级和2A级景区。举办第八届踏青赏花节暨全国摄影大赛,石桥镇跻身"省级旅游特色名镇",咀头村被命名为"省级乡村旅游示范村",使"生态淳化、印象乡村"旅游品牌的知名度和影响力不断提升。消费市场持续繁荣,全年新纳入限额以上商业企业10户,完成限上企业销售总额2.3亿元,同比增长39.1%。

城乡建设 全县城镇化率41.05%,比上年增加5.85个百分点,垃圾无害化处理率88.5%,超出目标任务13个百分点。投资800余万元,完成大店新区至农牧局全长3.2千米的路灯改造,新安装路灯269盏。对索桥、体育馆等县城重要节点和沿街建筑物亮化装饰。投资1亿元,完成碧水豪庭的4号、5号、6号高层主体建设,建筑面积7.8万平方米,总套数544套。投资5000万元,完成2.6千米的管网入地敷设。申请危房改造指标1150户,其中建筑节能示范户80户,总投资4945万元。同时,投资202.4万元加快村庄道路建设。科学编制《"润镇新苑"保障性住房小区详规规划》《淳化县城排水专项规划》,按照"建设工业型、商贸型、旅游型特色小镇"的基本思路,完成润镇总体规划和方里、马家、官庄镇地形图绘测,制定车坞镇巴村、城关镇丁户塬村、胡家庙镇枣林村、秦河镇南坪村、官庄镇申阳村、席家村6个新村规划;办理乡村建设规划许可证72份,查处违章建筑30起,拆除乱搭乱建200平方米。2012年新开工建设各类保障性住房1104套,其中,廉租住房274套,公租房264套,限价商品房216套,经济适用房110套,棚户区改造240套,累计完成投资2.12亿元,2012年底,全县累计建成保障性住房2278套,保障人口约占县城总人口的30%;投资300万元维护铺设迎宾广场、混凝土路面、城区人行道等县城市政基础设施。

招商引资 2012年,共引进招商项

2012年淳化县国民经济主要指标

表53

指标名称	单位	实绩	比上年增长(%)
生产总值	亿元	42.672	13
第一产业增加值	亿元	21.74	6.3
第二产业增加值	亿元	12.819	25.3
第三产业增加值	亿元	8.13	12.3
规模工业总产值	亿元	25.9	30.2
全社会固定资产投资	亿元	26	28
地方财政收入	万元	8000	32.4
一般预算支出	万元	107593	28
农民人均纯收入	元	6572	16.9

目16个,其中过亿元项目14个,15亿元项目1个,到位资金8.44亿元。获"全省招商引资先进县"称号。成功举办首届政银企座谈会,促进贷款协议7.6亿元。实施56个县级重点项目,完成投资23.58亿元,为年度计划的115%。西洽会签约项目:投资8亿元的水煤浆生产及城区集中供热工程项目,一期工程如期实现县医院、淳化中学、幼儿园和部分居民小区15万平方米供暖。投资6亿元的隆发城市广场建设项目,正在进行设计规划和产前摸底。投资4亿元的派乐滋苹果精深加工产业园区项目,已经完成到位资金2200万元。投资3.3亿元的康泰冷链农资物流中心项目,已开工建设。投资2.8亿元的东山窑洞开发建设项目,一期手续已办理完结,二期工程正在征地中。投资3.2亿元的PIC种猪养殖二期项目,保育区、生产区已建成。投资2.5亿元的秦土开发项目,各项手续已办理。投资1.7亿元的文冠果深加工项目,已开工建设。投资1.4亿元的滋辉绿色果品出口基地项目,已开工建设。除西洽会签约项目外,新建项目7个,合同引进资金23.8亿元。投资15亿元、占地6.33公顷的温氏百万头生猪一体化养殖项目,已完成各项手续办理,车坞镇种猪养殖基地已开工建设。投资3.9亿元的211国道淳化县润镇至大店段公路改建工程项目,全程长20.397千米,已完成2千米试验段建设工程,并实现路通灯亮。投资1.5亿元的绿野农副产品仓储物流中心建设项目,占地5.05公顷,建设2万吨果蔬气调库仓储中心,已开工建设。投资1.5972亿元的香港英诺苹果系列饮品生产线项目,各项手续已办理完成。投资6100万元,占地2.124公顷的十里塬南新街开发建设项目,各项审批手续已办理。投资12亿元的大店新区东区整套开发项目,仿秦汉风格文化墙工程、体育场景观工程、迎宾工程已完成。续建项目有投资1.6亿元的荞麦系列产品二期开发项目正在进行基础设施建设,投资7.6亿元的梨园古镇水街建设项目正在建设。

社会事业发展概况 科教文体事业 8月13日,省科技厅副厅长许春霞来淳化开展科技创新知识讲座。组织申报、实施科技项目40个,争取到省市级财政科技专项资金136万元,完成科技研发投入510万元,引导企业投入技术市场交易额1800余万元。结合实际,编写上报《淳化县绿色苹果生产关键技术集成与示范园区建设项目》实施方案及资金预算申报书,并获得专项补助110万元。组织申报市级科技计划项目淳化县PIC生猪标准化技术示范推广和淳化县农技服务"大荔模式"体系建设等2项,共争取实际项目资金10万元。举办科技创新体系建设与企业知识产权工作培训班,培训企业科技骨干158人次,其中企业管理者52人次,专业技术骨干106人次。成立家长委员会、开展"走千家、访万生"大家访活动、举行阳光体育运动、组织"感恩教育"报告会、举办校园艺术节、校园开放日和学生家长会等活动,积极构建学校、家庭、社会"三位一体"的德育教育网络。2012年,参加高考1965人,二本上线640人,上线率32.57%,同比增长8.7%,录入"985院校"6人、"211院校"25人。学前三年入园(班)率84%,超出市考指标1个百分点,初中升学率99.78%,超出省考指标11.78个百分点。完成学生电子学籍信息录入工作,小学、初中入学率100%,小学无辍学,初中辍学率控制在1%以内。新建的县中心幼儿园、实验幼儿园、方里、润镇、马家、胡家庙6所幼儿园均已投入使用。铁王、十里塬、官庄、车坞等4镇中心幼儿园工程已全面建成。争取资金510万元,利用农村小学闲置、富余校舍改建幼儿园14所。投资724万元,建成大店中学、枣坪小学等8所中小学食堂,新增校舍4893平方米;投资2034万元完成固贤中学、车坞中学等8所学校15074平方米的学校校安工程。资助困难大学生455名,发放资助金135.1万元,为1914名贫困高中学生发放助学金205.6万元;为424名中职学生发放助学金31.8万元;为义务段8372名家庭经济困难寄宿生,补助生活费940万元。受理大学生国家生源地信用助学贷款1579人,发放助学贷款943.9万元。总投资1441万元,完成175个自然村的广播电视村村通、180个行政村的文化资源共享服务站、10个行政村数字书屋建设任务。通过招商引资,争取客商投资650万元进行畅响时光音乐城项目的建设。修订完善县文化馆、图书馆、镇文化站免费开放制度及突发事件应急预案,共组织开展各种文化活动110余场次。举办、承办"两会"文艺晚会、群众锣鼓秧歌展演、第八届踏青赏花节暨全国摄影大赛文艺演出、2012年消夏纳凉文化活动周等。对淳化体育馆简单装修,购置必要的体育配套设施,安装健身器材50件套,铺设塑胶地网400平方米,已正式向社会开放。以梨园广场为阵地组织开展早、晚群众性文体活动180余场次,组织中老年举办秧歌、太极剑、健身操、交谊舞培训班15期,参与3000多人。组建75个农村秧歌队和锣鼓队,组队参加咸阳少体校田径比赛,获得奖牌6枚,总成绩名列全市第三。

精神文明建设 开展"生态文明村"和城乡文明联动创建活动,全县涌现出10个特色示范村。开展第三届"感动咸阳"、"感动淳化"道德模范人物评选活动,全县评选出道德模范人物11名。制定《淳化县精神文明建设五年规划》和《淳化创建省级文明县城规划》及《实施方案》,出台创建省级文明县城的《工作督查办法》《工作考核奖惩办法》和《责任追究办法》,并与各镇和县直有关责任单位分别签订目标责任书,把创建工作纳入年度目标责任考核之中。在全县城乡刷写创建省级文明县城宣传标语580多条,张贴出租车和公交车流动宣传标语836条,发放倡议书5000多份,编辑印发《文明市民手册》《市民卫生健康手册》等宣传资料2万份,动员和引导全县人民积极投身创建活动。清理环境卫生,并组织一支专业队伍对城乡各单位和公共场所集中进行消毒消杀。对城区餐饮酒店、娱乐场所的食品安全和环境卫生进行经常性排查,整治市容市貌。县上先后举办"喜迎十八大,颂歌献给党"红歌大赛,"大美淳化"演讲赛,"挥大毫、抒大情"

书法即兴培训活动。

卫生事业　不断提高新农合保障能力，全县参合164040人，参合率99.4%，住院医药费用平均补偿比例75%，最高支付限额每人每年15万元，受益225590人次，总受益面123%；全县各个镇卫生院、209个规范化卫生室全部配备使用基本药物，药品零差率销售覆盖率100%，基本药物使用率100%，配送率100%。投资400万元的县中医院门诊楼已竣工投入使用；投资3870万元的县医院住院楼已近竣工；投资200万元的县120急救中心与县医院住院楼同步进行，即将竣工；总投资169万元的胡家庙、秦河卫生院综合楼已建成并投入使用。68个卫生室建设项目处于收尾阶段。

人口和计划生育　全年，人口出生率为7.41‰，自增率3.67‰，政策符合率97.5%，出生人口性别比为107.1，低生育水平进一步稳定。举办优生优育生殖健康和出生缺陷干预培训班，在继续抓好婚前健康检查的基础上，全面开展国家免费孕前优生健康检查。启动第三轮农村“母亲健康工程”，组建2个检查服务队，深入基层为育龄群众免费体检，并建立健康检查档案。推行定点分娩，开展出生实名登记工作，规范出生实名登记日上报制度。制定流动人口计划生育辅助政策，构建流动人口计生服务平台网络，加强流动人口计生协会标准化建设，投资15万元，对流动人口办公大厅进行全面布置，开展流动人口基本公共服务宣传活动，完善流动人口计划生育现居住地管理工作机制。对群众进行计生法律法规知识培训，发挥宣传车、广播、标语、文化大院等作用，利用科技宣传月活动接受群众面对面的咨询，宣传新型人口文化知识，共发放计生宣传资料4300多份。

劳动和社会保障　城镇新增就业4918人，登记失业率控制在2.8%以内。先后在润镇、方里等镇举办10场创业培训会，分别培训500人、700人。举办“淳化县2012年度春风行动专场招聘会”，提供就业岗位420个；为各部门、各镇安置公益性岗位76个，全县公益性岗位就业326人。建成孵化基地7个，创建创业示范企业3户，吸纳就业850多人，带动就业3000余人。全年共完成劳动力技能培训1.57万人次，新增劳务输出人员1.02万人，创经济收入5.2亿元。全年城乡居民养老保险共完成参保87434人，为2.34万名60周岁以上人员发放基础养老金2518.04万元。机关事业养老保险参保单位191个，参保7159人，参保率99%，基金累计1506万元。城镇基本医疗保险累计完成参保13900人，征缴基金1253.19万元。工伤保险累计完成参保11694人，征缴基金127万元。生育保险完成参保7822人，征缴基金44万元，为58名生育女职工支付生育保险费18.93万元。失业保险完成新增扩面679人，征缴基金107万元，为130名符合条件人员发放失业保险金87.38万元。

安全稳定　印发《淳化县安全生产工作细则》和《关于进一步落实安全生产工作的通知》等4项制度规定，调整淳化县安委会组成人员。开展安全文化“进企业、进农村、进家庭、进机关、进社区、进学校”活动，受教育面90%以上。全年共检查生产经营单位340家次，查出隐患512条，下发整改指令112份，下发督办函25份，已整改到位508条。在全县范围内开展“安全生产专项整治”和“打非治违”专项活动；重新修订《安全生产事故灾难处置应急预案》和各项工作制度。执行《咸阳市安全生产事故隐患排查治理工作制度》，采取企业自查、部门巡查、政府督查等多种形式深入全县各行业领域生产一线检查工作，排除治理安全隐患。

淳化苹果再获国家级殊荣　在全省农产品质量安全监管工作会上，淳化县获得农业部授予的“全国农业标准化示范县”称号，示范产品为红富士苹果，这是继“全国优质苹果基地重点县”、“全国苹果二十强县（市）”、“中国苹果之乡”后，淳化苹果获得的又一国家级殊荣。淳化县立足生态资源优势和特殊产业基础，大力推进果、畜、菜等优质富民产业，形成“以果带畜、以畜养果、果畜菜良性互动”的发展格局。坚持果树新栽、老园改造和残败园淘汰两手抓，着力推进苹果先进技术，不断改善果园品质，优化果品结构，果园公顷收入超过12万元以上的占到81.3%，全年水果总产量90万吨，优果率78%以上。

保障性住房工程　淳化县科学编制保障性住房建设规划，着力破解土地、资金等诸多困难因素，严格落实各项税费优惠政策，实实在在解决一部分城镇中低收入家庭的住房困难问题。将位于冶峪河东岸黄金地段的3.2公顷土地作为保障性住房集中建设区，规划建设2幢18层和5幢多层廉租房756套，建设公租房256套。多投入2600余万元，将县城原设计为多层的限价商品房、廉租房和公租房全部改为高层，最大限度地为保障性住房建设拓宽用地空间。全县共落实保障性住房建设资金1.4亿元。其中，争取到中省资金4900万元，县财政投入资金3300多万元，各类社会资金1000余万元，其他渠道筹资2000多万元，并建立保障性住房专项资金台账，做到专人管理、专款专用、公开透明，为保障性住房建设顺利推进提供强大的资金保障。建立以社区受理、县住建部门初审、县政府核准和申请住户基本情况公开公示、抽签摇号分配结果公开公示为主要内容的“三级审核，两级公示”工作机制，为217户廉租住房保障户公开发放住房钥匙，发放房租补贴297户、50余万元，同时对剩余的53套廉租住房进行重新摸底分配。全县累计建成各类保障性住房1438套9.08万平方米，解决1438户城镇住房困难家庭的最基本的居住难题，占全县城镇总人口的17%，在咸阳市13个县市区保障性安居工程进展情况综合排名中位列第一，2012年，顺利通过审计署审计，并获得陕西省保障性住房综合管理“十佳县”称号。

（陈忠东　宋小伟）

示范镇建设

省级重点示范镇

西吴街道办事处　兴平市西吴街道办

事处驻地西一村，距兴平市城区7千米，东距咸阳市城区10千米。西邻东城办，南邻田阜社区发展服务中心，北连南位镇，东与咸阳市秦都区接壤。2012年，西吴街道办事处完成《西吴办总体规划（2012～2030）》，共开工4大类15个子项目。其中，汉武大道南段、卫青路、张骞路、纺织三路、咸兴大道南、北幅已竣工通车，完成绿化、美化、亮化工程；汉武广场已完成东、西广场混凝土基础工程；生态林带建设涉及7个村、14个村民小组，完成租用土地30.67公顷。垃圾中转站设备已购置，电力设施已安装，正在抓紧施工建设；卫青路南段及污水泵站已完成管道铺设，正在进行路床整理；西环路、去病路已完成管道敷设，正在进行路床整理。西瑞保障性住房项目2栋大楼主体已建设至五层；农民进城落户保障房4栋六层大楼主体已封顶；综合医院大楼已完成二层主体。综合文体中心，已完成工程招标、放线；中心幼儿园，正在进行大楼基础建设；农贸市场，已完成三层主体建设，完成投资520万元。纺织工业园建设完成征地任务206.67公顷，拆除民房20户4276平方米，企业（龙翔养鸡场）1家、拆除房屋25栋，总拆迁面积18208平方米。招商引资完成陕西三维能源设备有限公司、咸阳广通电子科技有限公司、陕西福达冷链物流（兴平）有限公司等3个项目的征地和围墙圈建工作。服务咸兴大道建设，共迁移杆线720多个、二次拆除民房20多家、企业厂房1家。完成射击射箭学校的征地任务，签订征地协议；完成东西两个加油站的征地任务，其中西加油站的建设已竣工。上官道村文明生态村的建设。投资80万元，新修水泥路2.2千米；投资10万元对全村主要路段进行绿化，共新栽树木1500多株；建设2000多平方米的群众休闲娱乐广场，配备篮球场1个，综合健身器材10余套。文化站配备多媒体设备，图书室藏书1507册。截至年底，全办已建成高标准文明生态村15个，其中2个达到省级标准，4个达到咸阳市级标准。建成来祁寨大棚油桃，散区村猪、沼、菜循环经济和豆马村奶牛养殖，上官道“户太8号”葡萄园，王家木材加工，马村车辆运输等农业基地。采取企业加农户的模式，引进杨凌益禾农业有限公司，成功运用反包转租型土地集中流转，在豆马、上官道建设200公顷樱桃园，兴平市龙兴禽业养殖园入园建设。北马村建成高标准日光大棚20座，养殖特种猪“关中黑”3000头，土鸡2万多只，新品鹌鹑5万多只，形成集养殖种植、生产加工、休闲观光于一体的生态农业产业园；全办生猪存栏8.2万头，家禽存栏348360只，优质奶牛332头，年存栏920头。粮食总产量逐年攀升，达到315万公斤。全年劳务输出8200多人次，输出省外3160余人，累计劳务创收近13800万元。全办合疗补助2018人次，补助金额236.24万元。社会养老保险参保18400多人，收缴保费225万多元，参保率96%；60岁以上老人4886人，已发放养老金460多万元。全面实施“母亲健康”工程、优生工程，领取独生子女光荣证66户，奖励扶助18人，奖励放弃二孩生育指标2户，发放独生子女保健费和计划生育补助金共计2.8万元。累计发放低保款84.8万元。全年大病救治共6人，补贴资金2.77万元；临时救助14户，补助资金1.89万元。80岁高龄老人444人，90岁高龄老人36人，发放资金29.32万元。为69户群众解决危房改造问题，发放资金73万元。全办17个村均开通互联网，远程教育顺利展开，确保信息畅通及时发布，全年共发布农业信息132条。成立环境卫生保洁办公室，在符家桥、西吴桥、王家桥安排专人管理，负责街道每天的卫生和保洁。取缔旅游路两边的白灰窑，美化和净化旅游环境。全年共接待来访681件，办理信访案件24起（其中市上交办16起），实行领导包抓案件负责制，解决部分热点难点问题。开展百名干部下村进千户活动，进行大走访、大排查。抽调警力5人，组建20人的西吴办综治巡防队伍，配备巡逻车6辆（含警车3辆）、安保器材，统一服装，规范化管理，加强夜间巡逻防控；各村成立5人～20人的三级巡防队伍，创建“平安西吴、文明西吴、和谐西吴”。

（刘小博）

烟霞镇 2012年，礼泉县烟霞镇实现工农业总产值32.3亿元。其中工业、中小微企业总产值实现28.5亿元。农业总产值实现4.2亿元。招商引资18.6亿元。农民人均纯收入8764元，居民存款总额2.1亿元；重点项目建设、固定资产投资完成24.9亿元，经济社会保持持续快速发展的良好势头。全年对303名三级以上残疾人进行登记上报，为上高村行动不便的5名重残人员免费安装无障碍装置。全年建设新农村示范村11个，两个村列为县市级示范村。投资670余万元建设山底、东坪等8个村观光示范园。新农保参保13099人，收取保费158.47万元，发放438.81万元。新合疗参合28788人，参合率94%。全年低保832户，1749人，五保户27户，28人，发放各种救济资金及物资38万元。全镇全年组织再就业、创业培训共5期，成功为150多人办理创业小额贷款130余万元。主干公路及农村环境卫生整治百日活动初显成效，达标村14个。平安创建工作两率一度稳步提升，全镇平安创建知晓率91%、群众对治安满意度87%。海螺水泥、秦晨木业、东明科技等大中小型企业生产经营状况良好，年总产值20.3亿元，产业带动效应进一步显现。招商引资1.5亿元的地铁盾构片及钢筋混凝土管柱生产项目主体工程建设基本到位，进入全面设备安装阶段。积极发展特色果业。石榴基地新栽面积133.33公顷，累计总面积533.33公顷，以上高、下高、沟西等村为中心，辐射西页沟、东道、张山等村，规模效应开始显现。以山底、东坪、王坪等村为基础初步建成御杏基地。成立礼泉秦皇御杏协会，形成完整的御杏产业链。全年御杏直接销售收入700余万元。在东周等村发展樱桃种植基地10公顷，直接收入350余万元。投资1000余万元建成PIC生猪养殖场2个。其中东页沟村PIC生猪育肥场占地2公顷，建设标准化猪舍6幢，饲料库6间，兽医室1间，消毒室1间，隔离圈舍1幢。北二村PIC生猪育肥场占地2.67公顷，已建成猪舍5幢，面积5000余平方米，基本完工。卢家河登峰养猪场在原有基础上，斥资35万元改造提升，进一步扩建，实现年出槽生猪600头。

（梁情雒雯）

亭口镇 亭口镇位于长武县东南部，距县城20千米，古有“汉唐通衢、丝绸驿站”之称，近有“煤炭重镇、粮果大镇”之誉。2012年，亭口镇实施城镇建设项目25个，完成投资53260万元，为年度计划的103.58%。其中：新区市政基础设施及公共服务设施建设项目19个，完成投资13618万元；新区保障性住房、农民安置房及商品房建设项目4个，完成投资37410万元；建成区改造提升项目2个，完成投资390万元。依托得天独厚的资源和区位优势，长武县委、县政府狠抓亭口镇能源化工、商贸服务、现代农业和休闲旅游四大主导产业，镇区经济强劲发展，重点示范镇的要素聚集、辐射带动作用日益凸显。2012年，全镇实现生产总值23.35亿元，农民人均纯收入7371元。

（郭伟）

新民镇 彬县新民镇距彬县县城24千米，是县城半小时经济圈上的重要节点城镇。粮食作物以玉米、小麦为主。经济作物主要有苹果、油菜、烤烟等。畜牧业以生猪、山羊为主，以獭兔养殖为重点，发展养殖大户，建设养殖小区。地方特色小吃史店骡子肉、彬州牌御面分获“咸阳旅游产品”、“陕西省名小吃”称号。盛产的红富士苹果、柿子、彬州梨等多种名优果品，畅销全国各地。建成的大棚蔬菜、棉花、西瓜等现代农业成为全县的示范点。2012年，农民人均纯收入6734元。

按照省委、省政府提出的“城乡政策一致、规划建设一体、公共服务均等、收入水平相当”的建设原则，紧紧围绕打造“省级重点示范镇、渭北工商贸重镇、彬县县域副中心”的目标，坚持“一年打基础、两年树形象、三年争一流”的要求，两年来共完成投资5.82亿元（2011年度2.23亿元，2012年度3.59亿元），新区征地53.33公顷，推进市政基础设施、公共服务设施、住房建设，社区建设全面展开，老城区改造基本完成。新民省级重点示范镇建设雏形基本形成。2012年，全镇共建设4大类34个项目（新建项目20个，续建项目14个），计划投资3.45亿元，已完成投资3.59亿元，为年度投资计划的104%。新区基础设施建设年度计划投资1.31亿元，实施17个项目，其中11个项目已全面建成，6个项目完成年度建设任务，完成投资1.39亿元。4座公厕及垃圾中转站已全部建成，建设路、鸿泰路、史店南街路面硬化、人行道铺设、地下电力、通信、给排水、智能监控管网已全面完成，其中建设路和鸿泰路的亮化、绿化、交通标志标线、监控系统已全面建成，兴业路给排水管网已完成铺设；顺安大街、汇荣路拓宽改造、地下电力、电信、给排水管网铺设已到位，路基处理和二灰砺铺设均完成年度建设任务；污水处理厂已完成年度进厂道路整修和厂址基础处理任务，进厂污水管道铺设已全面完成；垃圾填埋场已完成年度道路开挖，场址基础处理，地质勘测已完工，办公区主体已建成。新区公共设施年度计划投资1.12亿元，实施10个项目，其中4个项目已全面建成，6个项目完成年度建设任务，完成投资1.26亿元。新区教育园区基本建成，其中，体育场、中学扩建、幼儿园已建成投入使用；小学教学楼、宿办楼主体已建成；新民财政所已建成投入使用；新民农技综合服务大楼、文体活动中心、中心敬老院主体已建成，正做室内外装饰，各项工程年度建设任务已完成；新区中心卫生院地下工程已完成年度投资，主体在建；汽配市场已完成年度建设任务，现代农业观光园区已完成拱棚、日光温室及展区办公设施建设任务。新区住房年度计划投资8500万元，实施4个项目，其中2个项目已建成，2个项目完成年度建设任务。馨苑保障性住宅小区二期工程5幢住宅楼已全面建成；钰龙苑100户普通商品房住宅小区已全面建成；兴业小区已完成规划、立项、审批等手续，正在进行基础处理；汇荣小区已完成征地，正在做规划设计、地勘等前期准备工作，均完成年度投资。老城区改造提升计划投资1700万元，共实施3个项目，完成投资1881万元。胜利大街、汇荣路沿街仿古改造已全面完成，给排水支管、人行道铺设、交通标志标线监控、绿化、亮化和垃圾箱安装等任务已全面完成。2012年，彬县新民镇被省政府授予“2012年度重点示范镇建设先进镇”称号。

（李晓云）

市级示范镇

马庄镇 秦都区马庄镇位于咸阳市区北部，东与渭城区北杜镇、周陵街道办事处接壤，北与礼泉县阡东镇、西张堡镇相邻，西接双照街道办事处和兴平市店张镇，南部逐渐融入咸阳市规划区，东距西安咸阳国际机场8千米，境内两纵两横“井字形”交通干线覆盖全镇，福银高速横穿东西、咸旬高速纵贯南北，是规划中的咸阳市北塬新城建设中心区。兴起于明朝隆庆年间的集市，兴盛于清，延续至今，农历一、五、八逢集，服务半径覆盖周边40余千米，历史悠久、人杰地灵，是清末著名思想家、教育家刘古愚故里。出土的“招商之地、聚财之所”石碑，验证马庄早在清代已是聚商之地。市场经济不断繁荣，形成集农资、农技、建材、服装、餐饮、农副产品销售服务于一体的农贸中心和集散地，发展商户4000多家。马庄地下水资源丰富，土地肥沃，是农产品的优生区。种植业以苹果、酥梨、红薯、小麦、玉米等为主，养殖业以生猪、家禽、肉牛为主，押大村、三合村被命名为陕西省“一村一品”示范村，“秦都莽塬红”系列红薯品牌享誉省内外。2012年，全镇固定资产投资完成21亿元，为年任务的106.5%；规模以上工业产值完成29.4亿元，为年任务的121.7%；农民人均纯收入9900元，为任务的111.3%；财政收入完成1170万元，为年任务的74.05%。

（郭松和）

渭城街道办事处 渭城区渭城街道办事处地处咸阳市区东郊，因古渭城遗址而得名。距西安市10千米，北依莽塬，南临渭水，地理位置优越。2012年，全办农业总产值2.4亿元，财政收入1320万元，社会固定资产投资65亿元，农民人均纯收入 9038 元。作为城乡结合部,渭城办基础设施薄弱,整体形象落后,2009 年至 2012 年,办事处多方筹措资金先后分三次对大街进行秦汉风格仿古改造提升,按照市政府和区政府的建设要求,渭城办制定“统筹城乡发展,完善城镇功能,提高基础设施,实现城乡一体”的建设目标,并倾力加以推进。以城市化为目标,多方筹资搞建设。开展市级示范镇建设,市级财政每年补助资金为 300 万元,区级财政补助资金为 100 万元。要求小城镇建设任务为每年投资不少于 3000 万元。渭城办一方面加大招商引资力度,做大做强工业,壮大经济总量。先后引进张裕酒庄、双十万吨清洁汽柴油、60 万吨煤甲醇等大型项目 50 余个,引进资金近 100 亿元,借助这些项目的投资,进一步完善辖区路网建设,并在排水管网、道口、绿化等基础设施建设中得到有力支持。另一方面发动辖区企业自筹资金搞建设。对于沿街绿化、立面整改等建设项目,实行区块负责制,由企业自筹资金建设,政府给予适当补贴。同时积极争取省市项目支持,在电力设施、道路建设、绿地公园等基础建设方面得到有力支持。完善城镇功能,改善城镇面貌,全面提升市政基础设施建设。2010 年至 2012 年,完成市政基础设施投资 1613 万元,完成 1980 米渭城镇大街道路改造工程,铺设人行道 23800 平方米、铺设自来水管道 3600 米、铺设热力管道 3600 米、数字电视工程 6100 米,新建公交站点 3 座。2012 年,投资 1.35 亿元,完成渭城大街排水工程,完成排污池 33350 平方米综合改造;投资 270 万元改造地埋线路 1100 米;投资 350 万元,安装太阳能路灯 185 盏;投资 250 万元,完成道路两侧绿化栽植;投资 610 万元,对政府门前南北两侧实施立体化改造;投资 30 万元,完善环卫设施,购置大街果皮箱、垃圾清运车、洒水车。全面加强公共服务设施建设。2010 年 ~ 2012 年,投入资金 3342 万元,建成垃圾中转站一座,望贤公园一个,文化馆一座,卫生院一个,改造渭城镇石桥中学、星海幼儿园,建成铁牛小广场、市场口小广场。实施沿街建筑立面改造,提升城市品位。按照“仿古一条街”的改造思路,实施渭城大街整体改造提升工程,投资 1970 万元,完成坡屋面加装 5630 平方米,铺设地砖 3.9 万平方米,制作文化墙 16 个,立面粉刷 2.4 万平方米,制作门头牌匾 2471 平方米,制作防盗网 2614 平方米,制作空调格栅 117 个,彻底改变街景面貌。实施农民安居小区建设。投资 1.5 亿元,建设 5.1 万平方米望贤小区(农民安居小区)。截至年底,工程已完成投资 1.3 亿元,主体 26 层封顶。

(王红梅)

武功镇 2012 年,武功县武功镇实现生产总值 8.1 亿元,其中农业总产值 3.5 亿元。全年固定资产投资 1.1 亿元,共引进资金 8678 多万元。粮食生产取得全面丰收,总产 38150 吨,亩产和总产均居全县前列。城乡居民生活水平不断提高,城镇居民人均可支配收入 2.8 万元,农民人均纯收入 9650 元。小城镇建设步伐进一步加快,实施新区绿化工程,共栽植国槐、塔柏、柳树等行道树 340 多棵。总投资 800 多万元的武功镇中心幼儿园顺利竣工,建筑面积 3000 平方米,绿化面积 580 平方米,可满足 9 个教学班 300 名幼儿的学习和生活需求。加快经济适用房建设工程。实施后稷路和新区四路等路段的亮化工程,总投资 120 万元,安装路灯 90 盏,总长度约 1.2 千米。完成城区垃圾中转站项目和镇垃圾填埋场的策划包装任务,项目共投资 1300 多万元,10 月完成项目的可行性研究报告,筹资 16 万元,完成城区视频监控工程。增加 8 万多元的卫生整治费用,加强市容环境卫生整治力度。全年共清理街道乱摆摊点 269 个,出店经营 61 家,拆除乱搭乱建 21 处,清理不规范广告牌 52 个。制作《门前“三自一包”责任书》,明确各门店、住户的责任。实行“一天两扫、全天保洁”制度,保证城区干净卫生。对全镇所有通村路进行整治,清理各类垃圾 560 吨,填埋污水坑 5 个,美化卫生死角 9 处,发放各类卫生宣传资料 1.5 万份,拆除违章建筑和乱搭乱建 32 处。全镇 10 个村建立农村保洁制度,配备 3 名 ~ 5 名保洁员,负责对村级环境卫生的维护与清洁,为创建省级园林城镇奠定基础。开展评选“好媳妇、好公婆、好孝子”的精神文明创建评选活动,共表彰 65 人。10 月,请执法人员、老模范等先进人物到学校讲课,形成学校、家庭、社会“三位一体”的教育网络。在凉马、古凤、上营 3 个村建成农家书屋,全镇有农家书屋 17 个,每个农家书屋藏书 2000 册以上,价值 3 万多元。建成村级文体活动广场 16 个,配套健身器材 400 余件。为 11 个村配备投影仪、锣鼓、秦腔乐器等文化器材,全镇配备率 50%。尚坡、羊圈、聂村、社区等成立文艺演出队 13 个,送戏下乡 4 场,放映数字电影 80 多场。7 月和 10 月,在广场举行庆七一文艺会演和红歌大赛。社会事业全面发展,保障体系逐步完善。全年出生人口 445 人,计生率 98.4%,人口自增率 4.4‰。全镇共有 40282 人参加农村合作医疗,收取金额 2637830 元。61 户 189 人纳入农村低保,16 户 39 人纳入城镇低保,临时救助 23 户 3.8 万元。为 49 户无房户和危房特困户争取安居资金 33.8 万元。就业再就业工作进展顺利,在外务工 14870 人,纯收入 2.3 亿多元。

(董社昌)

临平镇 2012 年,乾县临平镇完成人行道铺设、排水管道、绿化等配套设施工程,已验收交付使用。投资 620 万元,对北新街道路进行改造。完成长 330 米,红线宽 24 米的道路改造及配套设施工程建设。改造路面 4620 平方米,铺设人行道 3300 平方米。投资 11 万元,在北新街建公厕 1 座。投资 520 万元对 209 省道镇区段进行升级改造,拆迁 23 户,街道建筑立面改造 1.7 万平方米,铺设人行道地砖 1.4 万平方米;栽植绿化树木 265 棵,安装太阳能路灯 64 盏。投资 140 万元,完成占地 867 平方米的生活垃圾中转站车间场房、办公室及水电、道路、绿化等配套设施建设。投资 510 万元,完成占地 7085 平方米的中心幼儿园教学楼、宿办楼、锅炉房一期工程建设。投资 860 万元,完成建筑面积 2800 平方米初中宿办楼、餐厅、锅炉房及配套设施建设。投资460万元，完成镇区209线、创业一路、东、西、南、北大街等8条街道、总长7.8千米的移动、联通、电信、广电网络等四家单位的架空线路入地埋设工程。综合文体中心建设项目。至2012年底，完成综合文体中心、歌舞台、灯光球场等主体工程，完成投资738万元。在创业一路、北新街两侧，规划建设单元式多层住宅小区，占地4公顷，建筑面积5万平方米，可容纳2000人入住。截至年底，完成投资692万元，在北新街建设进镇农民商住楼一栋，共35套，建筑面积4900平方米，已全面竣工，投入使用。投资240万元，打深井2眼，修水塔一座，埋设管道18千米。投资580万元，完成东、西大街及南大街全长4000米的排水管道建设。投资230万元，完成长1700米的创业一路和北新街排水管道建设。投资940万元对临平中心卫生院进行整体搬迁。

（刘　倩）

云阳镇　云阳古称水冲城，因位于冶峪河口冲积扇上而得名。位于泾阳县城以北10千米。全镇主导产业以蔬菜种植为主，是西北地区最大的蔬菜产销基地。泾阳县云阳镇按照"依托科技强支柱，打造现代农业城；统筹城乡谋发展，建设西部明星镇"的战略部署，以行政推动、政策鼓励、干部引领、强化考核为抓手，推进统筹城乡发展工作。2012年，五项城建重点项目中云阳公立幼儿园、泾阳云阳液化天然气（LNG）加注站建成并投入使用，综合文体中心建设项目已完成中心办公楼及综合服务楼主体建设，东一路建设项目完成排水管网、路面、绿化工作，农民进城安居小区云阳御景园建成8号楼、4号楼。

（许战军）

陵前镇　2012年，三原县陵前示范镇建设项目计划总投资11720万元，实际完成投资10890万元。①武字大道建设尾留工程。武字大道总长1.4千米，红线18米，总投资2234万元，2011年已完成投资1584万元，尾留人行道铺设、绿化、亮化投资650万元。截至2012年底，完成路灯安装2处8个，完成道路标志牌20块，安装钢板护栏1600米，绿化1万平方米，完成投资560万元，占年度计划的86%。②南大街延伸段升等改造工程。道路由6米拓宽为14米，双向4车道混凝土路面，总长度760米。排水管网、人行道铺设、绿化亮化及征地拆迁等计划投资880万元。③小道口水源地建设工程。完成小道口水库改扩建及镇区附近村1万余人安全饮水工程，投资2900万元。④污水排放拦水坝及泄洪管网埋设工程。重新修筑因雨水冲毁污水坝，埋设排水管道500米，投资340万元。⑤天然气调压站建设工程。新建日供气3000立方米天然气调压站并完成附属管网铺设，计划投资520万元。至年底，已完成投资130万元。⑥石马道大街建设项目计划投资7800万元，红线宽60米，采用仿古建筑新建商贸一条街1100米，建筑面积4.29万平方米。采用市场化运作方式，吸纳社会资本投资，政府在土地供应和施工环境方面给予保障，A区已完成一层主体建设，完成投资2400万元。⑦中心幼儿园建设项目占地1.8公顷，含配套设施等投资850万元，项目已完成征地拆迁工作，投资100万元。⑧中心敬老院建设项目位于镇区以南1千米处，建成300张床位的高标准中心敬老院，投资3000万元。⑨中心小学部室楼建设完成投资300万元，已全部完工。⑩陵前法庭新址建设投资280万元，已全部竣工并投入使用。

（魏红莉）

常宁镇　永寿县常宁镇位于永寿县东北部，镇政府驻地距县城32千米，东邻礼泉县，南接御驾宫示范园区、豆家镇，西连马坊镇，北隔果纳沟与渠子镇相望，主产小麦、玉米、油菜、苹果、核桃、中药材等。主导产业以果业和畜牧业为主。2012年，全镇农林牧业总产值1.17亿元，农民人均纯收入7122元。

2012年，全镇苹果总种植面积3466.67公顷，全镇果业总产量、总产值分别为6.1万吨、8100万元，人均果业收入2700元。新建核桃园726.67公顷，同时结合幼园管护，套种中药材73.33公顷。至2012年底，全镇共有企业20多家，完成工业总产值700万元，全镇个体私营工商业户560多户，实现产值1440万元。农村新型合作医疗参合30833人，参合率99.4%。按照"拉大框架、完善功能、多元开发、民营崛起"的思路，将镇区周边的3个村纳入城镇建设规划，使镇区面积由1平方千米扩大到3平方千米，初步实现城镇框架由"一"字形到"丰"字形再到"申"字形的转变。2012年，投资1750万元完成90间一层建设，100间二层主体建设以及80间屋面处理的农民进城商住房建设，投资50万元改造完成常青路沿街商住房道路硬化工程。成立市容管理大队，下设环卫队，实行全天候保洁，确保街道无占道经营，干净整洁。依托市级示范镇建设，长宁镇基础设施建设步伐加快，建成新农村示范村21个，占到全镇的53.8%，全镇自来水入户率100%，建成通村公路82.73千米，农民新建房屋2万余间，48万多平方米。旧庄基还田360公顷，在新农村建设中，水、电、路基础设施配套进行，绿化、美化、亮化工程同步发展。镇区面貌焕然一新。

（栗振兴）

北极镇　2012年，彬县北极镇市级示范镇建设共完成投资1.763亿元，实施市政基础设施及公共服务设施、老镇区改造提升、保障性住房及农民居住区建设3大类21个建设项目。其中，市政基础设施完成投资12705万元。中心校学生公寓楼、中心幼儿园、新区路网、东环路市政路网、彬县第二医院住院楼等工程全面建成并投入使用。铺筑两纵三横新区市政路网1800米，铺设排水管道2700米；建设综合农贸市场一处，钢构交易大棚两座，商业门店120间；完成东环路铺筑3200米，并实施绿化、美化及排水工程；建成标准化公厕一座，垃圾中转站两处；老镇区改造提升项目完成投资3344万元。改造铺筑老镇区路网1800米，改造排水管道1500米，建设检查井80座，实施街道标志标线工程；完成临街正立面简欧式改造860

间;铺设人行道透水砖1.6万平方米,路沿石5000米,安装太阳能路灯及景观灯182盏,绿化美化5000平方米,栽植中槐、黄杨、榆叶梅等10万余株;完成3.4千米电网改造工程。农民居住区建设项目完成投资1580万元,建成居民住宅楼4幢144户。城镇建设步伐不断加快,基础设施日臻完善,城镇面貌焕然一新。

(李晓云)

太村镇 太村镇地处旬邑县中部原区,镇政府距县城5千米,是旬邑县第一大镇,中部原区的政治、经济、文化中心。太村镇围绕统筹城乡发展,抢抓重点镇建设黄金机遇,按照"规划引领、板块启动、产业支撑、体制创新"的思路,以园区为依托,以镇区为中心,以农村为基点,着力构建层次分明、布局合理、特色鲜明的城镇体系。聘请西安建筑科技大学规划设计院和陕西中晟设计院编制《太村镇总体规划》《太村镇城镇基础设施建设项目可研报告》和施工设计,规划用地3.59平方千米,建成设施完善、商贸繁荣、服务一流的现代化中心城镇,辐射带动镇域经济发展,加快城乡一体化进程。2012年,投资2850万元完成福兴路、西大街改造、镇区绿化、特殊教育学校和太村镇政府综合服务楼等建设项目。投资8000万元正在实施太村镇农民安置小区和太村镇农副产品交易中心建设项目。严格实行项目法人责任制、招投标制、工程监理制、合同管理制等项目管理制度,聘请西安百威监理有限公司对项目建设进行全程监理,县镇两级抽调专业技术人员成立质量监督小组,确保工程建设质量。围绕重点镇建设,县政府成立由主要领导任组长、主管领导任副组长,计划、城建等40个相关部门为成员单位的重点镇建设领导小组,制订《太村镇扩权强镇试点镇扩大下放经济管理权限暂行规定》和《深化太村镇辖区户籍管理制度改革的意见》等文件,出台一系列投资优惠政策,持续加快重点镇建设步伐。

(袁尚志)

润镇 润镇位于淳化县县域中心地带,属黄土高原沟壑区。2009年,润镇被省政府确定为全省107个重点镇之一,2010年被市政府调整为市级10个示范镇之一。按照县委、县政府提出的把润镇建设成"县域经济次中心、工业园区生活区、经济发展增长极、美丽乡村示范点、统筹城乡重点镇"的目标,镇党委、镇政府坚持把小城镇建设作为加快城镇发展、优化人居环境、完善服务功能、繁荣镇域经济的有力抓手。2012年,投资22903.98万元,实施包括基础设施、建成区改造提升、保障性住房三大类8项工程。投资11188.43万元,改建园区路口至备战库道路工程。投资5255.5561万元,改建县城连接段道路工程。投资1200万元,完成南环路道路工程,修筑排污管道2000米,安装路灯100盏,栽植行道树300棵。投资85万元,建成润镇供电站。投资500万元,建成占地1.93公顷润镇中心幼儿园。投资785万元,建成润镇水厂,新打蓄水坝一座,铺设主干管6500米,彻底解决工业园区、润镇城区及周边农村用水问题。投资90万元,建成润镇客运站,候车室200平方米,附属用房300平方米,停车场及道路硬化2000平方米。投资3800万元,建成380套2万平方米的公租房及配套设施建设工程。

(陈忠东　宋小伟)

特色节日

咸阳市金秋菊展 咸阳市金秋菊展2012年10月25日至11月25日,由市委、市政府金秋菊展组委会主办,咸阳市城建局承办,咸阳市旧城改造办、咸阳市城投公司、咸阳湖管理处及各县市区等38个部门参与,主城区制作立体造型35组(件)、摆放多头菊30万盆,时令花卉100万盆。本届菊展吸纳外地市举办菊展的先进经验,借鉴咸阳前两年菊展的成功经验,重视现代新都市、和谐新咸阳的建设思路,发挥文化兴咸的战略优势,挖掘咸阳地域特色,提升咸阳品位,举办新一届具有影响、具有风格、具有特色的金秋菊展,实现社会效益和生态效益的共赢。本次菊展准备充分、方案成熟、主题突出、地域特色明显、布展质量高。增加水系和赏菊吟诗造型,中心城市与各县市区竞相斗艳,遥相辉映。深层次挖掘咸阳的历史文化底蕴,体现咸阳人民开拓进取、奋发图强、与时俱进、幸福和谐的良好精神风貌。菊展期间,通过太极拳表演、摄影大赛、金秋书画笔会、"菊宝宝"评选、幸福小菊章发放、地方名优食品展示、文艺演出等活动,与全市人民互动,与外地游客共赏,不但带动旅游产业,推动地方经济,更重要的是展示"阳光、重诺、尚礼、乐善"的咸阳时代精神和传播秦汉文化的一个窗口,为四方贤达和有识之士提供旅游赏菊、发展合作及投资兴业的平台。

(李　乐)

咸阳市环卫工人节 2006年10月25日,为在全社会形成更加尊重、理解和支持环卫工人劳动的良好风气,不断提升环卫工人的社会影响力、社会知名度和社会地位,促进城市市容环境卫生工作,进一步激励环卫工人的工作热情,动员社会各方面成员积极参与到构建和谐咸阳的社会工程中来,咸阳市第五届人民代表大会常务委员会第二十次会议对市人民政府《关于设立"咸阳市环卫工人节"的议案》认真审议,决定:每年的10月26日为"咸阳市环卫工人节"。市人民政府要对"环卫工人节"广泛宣传,引起社会各界共同重视;要以丰富的内容、具体的形式真正把这一节日办成环卫工人自己的节日。促进社会各方面、各个行业和各种职业之间的相互尊重、相互善待、相互友爱,以形成和谐人人有责、和谐社会人人共享的生动局面,促进全市精神文明建设和经济社会全面发展。2006年10月26日,咸阳市第一届环卫工人节欢庆仪式隆重举行,同时表彰"十佳城市美容师"和"十佳市容环卫先进工作者",给每个环卫工人每月增加240元工资,咸阳市及秦都区、渭城区的全体党政群干部,从凌晨4时上街,进行清扫保洁工作,让环卫工人们休息一天。欢庆大会后,还为环卫工人们免费体检、免费洗浴、免费理发,同时组织他们在市区游览观光,举办文艺晚会。此后每年环卫工人节庆祝表彰大会如期举行,2010 年~2012 年还与金秋菊花展开幕式同时进行,对“十佳城市美容师”、“优秀环卫清扫员”和“环卫工作先进集体”表彰奖励的同时,慰问困难环卫工人,通过报刊、电台等新闻媒体,刊登报道先进事迹和市委市政府《致全市环卫工人的慰问信》,大力宣传环卫工人的无私奉献精神,提高市民理解环卫工人、支持环卫事业的觉悟。截至 2012 年,市委市政府已举办七届环卫工人节,在庆祝节日的同时,表彰一大批先进环卫工人和集体,积极宣传环卫知识,并不断加大环卫设施建设力度,咸阳市环卫工人的工作环境和待遇都有了显著改善和提高,市民对环卫工人有了更深的认识和尊重。

(李　乐)

第五届陕西·兴平荷花节　　(兴平市志办　供)

第五届陕西·兴平荷花节　7 月 28 日上午,第五届陕西·兴平荷花节在兴平市阜寨镇张耳村开幕,荷花节历时一周。活动以“观赏渭水碧莲,领略汉风唐韵,体验民俗风情,相约魅力兴平”为主题。开幕式上,咸阳市有关领导为兴平清水莲菜示范园区“咸阳市现代农业园区”揭牌;兴平市表彰发展清水莲菜先进村、产销大户和突出贡献企业,与企业签订产销协议,举行以莲乡莲韵为主题的、具有地方特色的文化活动等。荷花节在庄头镇蔡西村、泳乐生态园、城北景观林带、华田农业庄园、航空广场等地设有五个分会场,精心准备“荷花节大型开幕式”、“兴平特色农产品展”、“书法名家现场挥毫泼墨”、“秦腔戏曲演出”、“魅力兴平一日游”、“垂钓比赛”、“少儿写生比赛”、“大众数码摄影和征文比赛”、“科技培训班”、“农家乐”、“莲菜宴”、“宜居兴平,人文兴平,魅力兴平”家居巡游展、“莲乡未来,明日之星”才艺大赛、“金城荷美、佳偶天成”大型青年交友活动等特色活动。兴平市开启运营:登临“东方金字塔”茂陵,领略汉武雄风——观赏万亩清水莲菜基地,体验农家风情——游览城区新貌,感受槐里新姿——游览唐杨贵妃墓,体会唐韵一日游旅游专线。一系列活动的举办,增强节庆活动的趣味性和吸引力,满足众多游客的游览需求,扩大兴平清水莲菜的影响力和知名度,打响兴平清水莲菜品牌,促进群众增收。兴平市紧紧围绕增加群众收入这一核心,依托全省百万亩设施蔬菜项目建设实施,大力推广“建池覆盖膜、井水灌溉、无害栽培”的清水莲菜种植模式,先后成功引进鄂莲 5 号、鄂莲 6 号、鄂莲 7 号等新优品种,推动兴平市清水莲菜产业快速迅猛发展,清水莲菜已成为兴平沿渭河群众增收的新亮点。兴平市在沿渭河 5 个镇办 48 个村,发展清水莲菜 2333.33 公顷。全市清水莲菜公顷均收入 67500 元以上,产值 1.6 亿元。

(刘小博)

陕西·泾阳第三届蔬菜节　4 月 24 日,由陕西省农业厅、咸阳市人民政府主办,中共泾阳县委、泾阳县人民政府承办的陕西·泾阳第三届蔬菜节开幕。省市 20 多个部门领导及西安、咸阳周边 140 多家餐饮企业、蔬菜营销公司相关负责人参加开幕式。本届蔬菜节以“绿色、健康、营销”为主题,进一步宣传、展示、推介泾阳蔬菜,扩大蔬菜产业的影响力。在主会场举行开幕式、蔬菜知识讲座、表彰奖励、趣味比赛等活动。在西安、咸阳设立分会场,进行 11 个蔬菜批发市场直销店揭牌仪式、43 家餐饮企业泾阳无公害蔬菜直供店授牌仪式、10 条公交线路车体广告启动仪式、10 个社区泾阳蔬菜直销店挂牌仪式等活动。

(许战军)

中国·永寿第九届槐花节　5 月 16 日,中国·永寿第九届槐花节开幕式在黄土地窑洞生态度假庄园举行,省、市、县有关领导、兄弟县区主要领导、企业界人士、文化名人、新闻媒体、游客及周边群众数千人参加开幕式。中国世界民族文化交流促进会黄土地文化基地同时揭牌。第九届槐花节以“隋唐夏宫、福安永寿”为主题,着力打造绿色文化生态旅游品牌,全面展示永寿生态资源和民俗风情。槐花节期间,各种活动精彩纷呈,有监军战鼓、秧歌展演,有农机产品及特色旅游产品展销,开展“拥抱自然、放飞激情”摄影美术采风和“科技、文化、卫生、法律”四下乡活动,举办文艺演出、车展、集体婚礼、县级机关干部职工运动会。开展以登虎山、赏古塔、望翠屏美景、发古今悠思;游永平古镇、看老县衙、穿槐林、赏槐景、采槐花、品槐蜜、自行车低碳游;游生态窑洞、生态养殖场,观峡谷沟壑;游永寿西湖,观黄土高原等为内容的生态体验游。槐花节年年有新意,届届有特色,已成为永寿县展示形象的重要载体,对外宣传的亮丽名片,已吸引西安正信公司、陕西黄土地公司、陕西金田科技开发公司、广州颐和开发公司、咸阳古建集团等旅游开发商来永寿开发生态旅游业,为永寿经济社会发展凝聚更多人气,注入新的活力,有效实现文化旅游产业经济效益的提升。

(栗振兴)

中国·彬县第三届大佛旅游节 3月29日,彬县县委、彬县人民政府主办的“中国·彬县第三届大佛旅游节”在彬县县城开幕。省、市相关领导及县上主要领导出席开幕式。邀请省直部门、市直部门领导,中省市新闻媒体记者、文化学者,佛事活动僧人,省内外旅行社负责人、导游等共计400余名贵宾出席开幕式。“中国·彬县第三届大佛旅游节”以“产品展销、文艺演出、佛事活动、旅游观光”四大活动板块为载体,全方位推介彬县旅游产品,多元展示彬县“经济发展、环境优美、人文荟萃、文化繁荣、社会和谐”的建设成果,引八方宾朋来彬观光旅游,聚四海客商来彬投资兴业,倾力打造“公刘故里、诗经之乡、西部佛都、休闲胜地”四张旅游品牌,达到旅游搭台、经济唱戏的目的。旅游节为期3天,3月28日下午召开新闻发布会,晚上参观花果山灯山和豳风苑、开元广场夜景及城区亮化工程。3月29日~30日,应邀出席彬县第三届大佛旅游节的嘉宾深入到侍郎湖、大佛寺、程家川古民居、龟蛇山景区、泾河防洪大堤、泾河新区等地参观。

(李晓云)

中国·彬县第四届柿子节暨公刘农耕文化节 10月23日,由彬县县委、彬县人民政府主办的“中国·彬县第四届柿子节暨公刘农耕文化节”在彬县龙高镇公刘教稼苑举行。省市领导、全体县级领导、群众代表以及新闻媒体记者共计500余人参加开幕式。柿子树是彬县栽植范围最广、深受群众喜爱的乡土经济树种,至今已有2000多年的栽种历史。长期以来,柿子以其生态适应性强、寿命长、营养价值高被当地农民称为“铁杆庄稼”。“中国·彬县第四届柿子节暨公刘农耕文化节”旨在以节会为载体,以文化为纽带,充分展示彬县优质多样的农业产品、底蕴深厚的农耕文化、独具风韵的旅游资源、开放优越的投资环境,让更多的朋友走进彬县、了解彬县、投资彬县,使来彬发展的朋友得到最大的回报,让广大群众得到更多的实惠。彬县是中国农耕文明的核心发祥地。3500年前,周族先祖公刘就在这里营建都邑,拓荒垦田,树艺五谷,教民稼穑,开创泾河流域农耕文明的先河,谱写《诗经·豳风》千古不朽的壮丽诗篇,形成“笃厚勤劳、崇礼尚德、奋发图强、和谐包容”的公刘精神和源远流长、内涵丰富、底蕴深厚的农耕文化。彬县人民积极传承公刘精神,大力弘扬农耕文化,不断加强农业综合生产能力建设,使彬州梨、大觐枣、柿子、苹果等名优果品的品牌更加响亮,有力地推动全县经济社会快速发展。

(李晓云)

彬县程家川第二届民俗文化节 3月7日,由彬县香庙镇党委、政府主办的“彬县程家川第二届民俗文化节”在程家川清微观广场开幕。省、市、县相关领导应邀出席开幕式。程家川是彬县一个自然风光秀丽、人文积淀深厚的自然村庄,这里的人类活动踪迹可以追溯到4000年前的龙山文化时期,留有周王斩山独堆、老君投瓶成湖、公刘凌阴藏冰、老君坐石显像等古老传说。现存的30余院、1万多平方米的古民居建筑群,是彬县保存最完整、建筑特色最鲜明的清代古民居建筑群。民俗文化节的举办,对于传承非物质文化遗产,保留古豳民俗文化血脉,发展乡村旅游产业,帮助农民增收致富,提高香庙镇乃至彬县的知名度,都有积极而重要的现实意义。

(李晓云)

中国·淳化第九届金秋旅游采摘节 9月26日,淳化县举办中国·淳化第九届金秋旅游采摘节,市、县领导,文化界知名人士,省、市各主流新闻媒体记者及广大游客参加启动仪式。组织游客进入果园采摘,观赏苹果成熟的壮观景象,感受回归自然,放飞心情,尝尽田园枝头仙果美味,体会农民丰收的喜悦。组织游客观赏甘泉山、盘龙山、魔术山、仲山生态森林公园万紫千红,层林尽染的壮观景象及秋后的田野胜景。结合采摘游览活动,组织游客干农家活、进农家屋、叙农家情、尝农家饭、住农家炕,结“三农”情,收到良好效果。

(陈忠东　宋小伟)

咸阳年鉴

人物·荣誉·附录

XIANYANG YEARBOOK

（张熙平 摄）

人 物·荣 誉

新任市级领导

姜锋 男,汉族,1960年5月生,陕西澄城人,在职研究生学历,高级管理人员工商管理硕士,高级会计师,1987年7月加入中国共产党,1982年7月参加工作。1980年9月至1982年7月在陕西省宝鸡供销商业学校财会专业学习。1982年7月至1990年11月先后任陕西省财政厅企业财务处干部(下派陕西省百货公司担任财政驻厂员),商贸处商粮科科员、副科长、科长。1990年11月至1993年9月任陕西省财政厅商贸处副处长(其间:1991年9月至1992年1月参加陕西省财政厅社教工作任组长)。1993年9月至1996年12月任西北饭店有限责任公司党委书记、总经理(1983年9月至1996年4月参加陕西省成人自学考试会计专业学习)。1996年12月至2005年5月任陕西省财政厅党组成员、副厅长(1995年9月至1997年12月参加陕西省委党校经济管理专业学习;2000年9月至2001年1月参加陕西省委党校中青班学习;2001年9月至2004年7月参加中央党校函授学院经济管理专业学习)。2005年5月至2011年1月任陕西省地方税务局党组副书记、局长(其间:2007年3月至2008年1月参加中央党校中青班学习;2005年12月参加全国高级会计师考试,获得高级会计师任职资格)。2011年1月至2011年2月任咸阳市委副书记,市政府党组书记、副市长、代市长。2011年2月至2013年2月任咸阳市委副书记,市政府党组书记、市长(2009年5月至2011年10月参加长江商学院EMBA专业学习,获高级管理人员工商管理硕士学位)。2013年2月至2013年4月任咸阳市委书记。2013年4月至2013年5月任咸阳市委书记,市人大常委会主任。2013年5月以后任中共咸阳市委书记,市人大常委会党组书记、主任。十二届全国人大代表,省十二次党代会代表,十一届、十二届省委委员,省十二届人大代表。

卫华 女,汉族,1968年11月生,河南许昌人,大学学历,理学学士,1988年12月加入中国共产党,1991年7月参加工作。1987年9月至1991年7月在西北大学地理系城乡区域规划专业学习,获理学学士学位。1991年7月至1991年9月在西安市莲湖区委组织部帮助工作。1991年9月至1997年4月任共青团西安市莲湖区委干事(其间:1991年9月至1992年2月在莲湖区庙后街街道办事处从事社教工作)。1997年4月至1998年4月任共青团西安市莲湖区委副书记。1998年4月至2001年2月任共青团西安市莲湖区委书记(其间:1999年9月至2000年1月参加西安市委党校中青班学习)。2001年2月至2002年12月任西安市碑林区政府副区长。2002年12月至2005年5月任共青团西安市委书记、党组书记。2005年5月至2006年1月任共青团陕西省委书记、党组书记。2006年1月至2008年1月任共青团陕西省委书记、党组书记,省人大常委会委员。2008年1月至2011年6月任共青团陕西省委书记、党组书记,省人大常委会委员、内务司法委员会委员。2011年6月至2012年5月任咸阳市委副书记(正市级)。2012年5月至2013年2月任咸阳市委副书记(正市级)、市委党校校长。2013年2月至2013年4月任咸阳市委副书记(正市级),市政府党组书记、副市长、代市长,市委党校校长。2013年4月至2013年6月任咸阳市委副书记,市政府党组书记、市长,市委党校校长。2013年6月以后任中共咸阳市委副书记,市人民政府党组书记、市长。中共十七大代表,省十二次党代会代表,十一届省委委员。

乔军 男,汉族,1958年3月生,陕西合阳人,省委党校研究生学历,工学学士,1986年6月加入中国共产党,1983年7月参加工作。1979年9月至1983年7月在陕西工学院机械工程系金属热加工铸造工艺及设备专业学习。1983年7月至1985年4月任西安钢铁厂团委干事。1985年4月至1986年9月任西安市未央区人事局干事。1986年9月至1989年7月先后任共青团西安市未央区委副书记、书记。1989年7月至1992年3月任西安市未央区未央宫乡党委副书记。1992年3月至1995年12月任西安市未央区谭家乡党委书记、乡政府乡长。1995年12月至1996年5月任西安市未央区委常委、谭家乡党委书记。1996年5月至1998年1月任西安市未央区委常委、宣传部部长(其间:1996年7月至1998年1月下派任蓝田县委副书记,市驻蓝田县扶贫工作组长)。1998年1月至2002年7月任西安市蓝田县委副书记、县政府县长(1995年9月至1998年7月参加陕西省委党校在职研究生班经济管理专业学习;2001年9月至2002年1月参加省委党校中青年干部培训班学习)。2002年7月至2006年6月任蓝田县委书记、县人大常委会主任(其间:2003年

9月至2004年1月参加中央党校第七期县委书记进修班学习）。2006年6月至2006年11月待安排。2006年11月至2009年2月任宝鸡市委常委、组织部部长。2009年2月至2011年3月任宝鸡市委常委、组织部部长、党校校长。2011年3月至2013年2月任宝鸡市委常委，市政府党组副书记、常务副市长。2013年2月至2013年4月任咸阳市委副书记。2013年4月至2013年5月任咸阳市委副书记，政协咸阳市委员会主席。2013年5月以后任中共咸阳市委副书记，政协咸阳市委员会党组书记、主席。

惠进才 男，汉族，1962年3月生，陕西富平人，省委党校研究生学历，1985年5月加入中国共产党，1982年8月参加工作。1980年9月至1982年8月在吉林林业机械化学校学习。1982年8月至1984年4月任富平县留古乡团委书记。1984年4月至1985年12月任富平县峪岭乡政府副乡长。1985年12月至1989年9月任共青团富平县委书记。1989年9月至1991年7月在陕西省委党校中青班学习。1991年7月至1992年10月任富平县庄里镇党委副书记、镇政府镇长。1992年10月至1995年4月任富平县庄里镇党委书记。1995年4月至1996年4月在福建省闽侯县挂职担任县长助理。1996年4月至1997年1月在富平县委组织部负责基层组织建设工作。1997年1月至1997年2月任富平县留古乡党委书记。1997年2月至1999年3月任合阳县委常委、组织部部长。1999年3月至2002年2月任大荔县委副书记（1997年9月至2000年6月参加陕西省委党校在职研究生班政治学专业学习）。2002年2月至2004年3月任蒲城县委副书记、县政府县长。2004年3月至2009年2月任蒲城县委书记。2009年2月至2013年4月任咸阳市委常委、组织部部长。2013年4月至2013年6月任咸阳市委常委，市政府党组副书记、常务副市长。2013年6月以后任中共咸阳市委常委，市人民政府党组副书记、常务副市长，中共咸阳高新技术产业开发区工作委员会书记。省十二次党代会代表。

陈俊锋 男，汉族，1962年10月生，陕西乾县人，省委党校研究生学历，高级工商管理硕士，1984年4月加入中国共产党，1983年8月参加工作。1983年8月至1984年8月先后任共青团乾县县委、乾县县委办公室干事。1984年8月至1986年6月在陕西省青年干部管理学院学习。1986年6月至1987年1月任咸阳报社编采干事。1987年1月至1995年1月先后任咸阳市政府办公室秘书科副科长、综合科科长。1995年1月至1997年11月任武功县政府副县长（1993年9月至1996年6月参加西北大学夜大经济管理学院本科班经济管理专业学习）。1997年11月至2002年12月任武功县委常委、县政府常务副县长（1996年9月至1999年7月参加陕西省委党校在职研究生班学习）。2002年12月至2005年9月任武功县委副书记、县政府县长。2005年9月至2007年2月任武功县委书记。2007年2月至2009年2月任咸阳市委秘书长、办公室主任（2006年6月至2008年12月参加西安交通大学研究生班学习，获高级工商管理硕士学位）。2009年2月至2009年6月任咸阳市委常委、秘书长、办公室主任、宣传部部长。2009年6月至2011年12月任咸阳市委常委、宣传部部长。2011年12月至2012年11月任咸阳市委常委，市政府党组成员、副市长。2012年11月以后任中共咸阳市委常委，市人民政府党组成员、副市长，市北塬新城开发建设管理委员会党组书记。

马俊民 男，汉族，1962年4月生，陕西旬邑人，大学学历，1987年6月加入中国共产党，1982年12月参加工作。1982年12月至1983年3月任共青团彬县县委干部。1983年3月至1985年3月在陕西省团校学习。1985年3月至1993年6月先后任共青团咸阳市委工农青年部干事、副主任科员、办公室副主任。1993年6月至1995年1月任共青团咸阳市委常委、办公室主任。1995年1月至2001年9月任共青团咸阳市委副书记（1993年9月至1996年7月参加西北大学夜大经济管理专业学习）。2001年9月至2002年12月任共青团咸阳市委书记、党组书记，市青联主席。2002年12月至2004年6月任乾县县委副书记（正县级）。2004年6月至2007年2月任兴平市委副书记、市政府市长。2007年2月至2011年12月任兴平市委书记。2011年12月至2012年3月任咸阳市委常委、统战部部长，兴平市委书记。2012年3月至2012年5月任咸阳市委常委、统战部部长。2012年5月至2013年4月任咸阳市委常委、统战部部长，市能化办（陕西咸阳化工园管委会）党工委书记。2013年4月以后任中共咸阳市委常委、宣传部部长，中共咸阳市能源化工产业发展办公室（陕西咸阳化工产业园管理委员会）工作委员会书记。

严维佳 男，汉族，1964年9月生，江苏镇江人，在职研究生学历，工商管理硕士，1984年6月加入中国共产党，1984年8月参加工作。1982年9月至1984年8月在太原冶金工业学校冶金机械专业学习。1984年8月至1984年10月任陕西钢厂锻钢车间技术员。1984年10月至1995年6月先后任陕西钢厂团委干事、副书记、书记（其间：1993年10月至1994年10月在共青团中央挂职担任宣传部教育处副处长；1994年10月至1995年6月任共青团陕西省委发展办负责人）。1995年6月至1998年12月任陕西省实施希望工程办公室主任（正处级）。1998年12月至2001年3月任共青团陕西省委常委、青年科技部部长（1996年9月至1999年6月参加陕西省委党校研究生班经济管理专业学习）。2001年3月至2002年12月任泾阳县委副书记（正县级）。2002年12月至2004年6月任三原县委副书记、县政府县长。2004年6月至2007年2月任咸阳市秦都区委副书记、区政府区长。2007年2月至2010年2月任咸阳市秦都区委书记。2010年2月至2013年4月任咸阳市政府党组成员、副市长（2008年9月至2010年6月参加宁夏大学工商管理专业学习，获工商管理硕士学位)。2013 年 4 月至 2013 年 6 月任咸阳市委常委、组织部部长。2013 年 6 月以后任中共咸阳市委常委、组织部部长、党校校长。

王新宇 男,汉族,1970 年 7 月生,河北唐山人,大学学历,文学学士,金融学学士,2009 年 5 月加入中国共产党,1992 年 7 月参加工作。1989 年 9 月至 1992 年 7 月在北京师范大学英语专业学习,获文学学士学位。1992 年 7 月至 1994 年 9 月深圳市投资管理公司员工。1994 年 9 月至 1996 年 7 月在美国加州州立大学旧金山分校金融专业学习,获金融学学士学位。1996 年 7 月至 2006 年 9 月任香港百富勤融资有限公司董事、总经理。2006 年 9 月至 2009 年 2 月任香港正大集团董事长助理。2009 年 2 月至 2010 年 11 月任民生金融租赁股份有限公司副总裁。2010 年 11 月至 2011 年 4 月任民生金融租赁股份有限公司副总裁,陕西省金融工作办公室副主任(挂职)。2011 年 4 月至 2011 年 7 月任民生金融租赁股份有限公司副总裁,咸阳市政府党组成员、副市长(挂职)。2011 年 7 月至 2012 年 6 月任民生金融租赁股份有限公司副总裁,咸阳市政府党组成员、副市长(挂职),咸阳高新区党工委书记。2012 年 6 月至 2013 年 4 月任咸阳市政府党组成员、副市长,咸阳高新区党工委书记。2013 年 4 月至 2013 年 6 月任咸阳市委常委、统战部部长,咸阳高新区党工委书记。2013 年 6 月以后任中共咸阳市委常委、统一战线工作部部长。

李洋 男,汉族,1969 年 2 月生,安徽亳州人,在职研究生学历,法律硕士,普通法硕士,1987 年 6 月加入中国共产党,1991 年 8 月参加工作。1987 年 9 月至 1991 年 8 月在武汉大学政治学系行政管理学专业学习,获法学学士学位。1991 年 8 月至 1993 年 1 月先后任监察部政策法规司干部、科员(其间:1991 年 9 月至 1992 年 9 月在山东省平原县监察局锻炼)。1993 年 1 月至 1997 年 1 月先后任中央纪委研究室科员、副主任科员、主任科员。1997 年 1 月至 1998 年 1 月任中央纪委办公厅主任科员。1998 年 1 月至 1998 年 9 月任中央纪委研究室主任科员。1998 年 9 月至 2000 年 7 月任中央纪委干部室主任科员。2000 年 7 月至 2004 年 10 月任中央纪委干部室综合处副处长(1999 年 9 月至 2002 年 7 月参加北京大学法学院法律硕士专业学习,获法律硕士学位;2002 年 9 月至 2003 年 9 月参加香港大学法律学院普通法专业学习,获普通法硕士学位)。2004 年 10 月至 2008 年 9 月任中央纪委干部室正处级检查员、监察员兼综合处副处长(其间:2006 年 12 月至 2008 年 9 月借调中央政府驻香港联络办工作,任监察室一处处长)。2008 年 9 月至 2013 年 4 月任中央纪委预防腐败室副主任。2013 年 4 月以后任中共中央纪律检查委员会预防腐败室副主任,中共咸阳市委常委(挂职)。

肖芳 女,汉族,1961 年 12 月生,陕西宝鸡人,省委党校研究生学历,农学学士,农业经济师,1985 年 11 月加入中国共产党,1982 年 7 月参加工作。1978 年 10 月至 1982 年 7 月在西北农学院农经系农业经济管理专业学习,获农学学士学位。1982 年 7 月至 1992 年 3 月任咸阳市计委农业财贸科科员。1992 年 3 月至 1995 年 10 月任咸阳市计委农业国土科副科长。1995 年 10 月至 1999 年 10 月任咸阳市计委农村经济科科长。1999 年 10 月至 2001 年 12 月任咸阳市计委党组成员、副主任(其间:2001 年 3 月至 2001 年 6 月参加咸阳市委党校春季县级领导干部进修班学习)。2001 年 12 月至 2004 年 6 月任咸阳市发展计划委党组成员、副主任。2004 年 6 月至 2009 年 3 月任咸阳市妇联党组书记、主席(其间:2006 年 2 月至 2006 年 6 月参加陕西省委党校优秀中青年干部培训班学习)。2009 年 3 月至 2009 年 4 月任咸阳市人大常委会副主任,市妇联党组书记、主席。2009 年 4 月至 2009 年 11 月任咸阳市人大常委会党组成员、副主任,市妇联党组书记、主席(2006 年 9 月至 2009 年 7 月参加西北五省区党校研究生班经济管理专业学习)。2009 年 11 月至 2013 年 4 月任咸阳市人大常委会党组成员、副主任。2013 年 4 月以后任咸阳市人大常委会党组副书记、副主任。

党新安 男,汉族,1958 年 7 月生,陕西富平人,在职研究生学历,工学硕士,教授,民进会员,1982 年 7 月参加工作。1978 年 10 月至 1982 年 7 月在西北工业大学金属材料及热处理专业学习,获工学学士学位。1982 年 7 月至 1985 年 9 月任汉中 012 基地红峰厂技术员。1985 年 9 月至 1988 年 3 月在西北工业大学金属材料及热处理专业学习,获工学硕士学位。1988 年 3 月至 2000 年 4 月陕西科技大学教师。2000 年 4 月至 2002 年 3 月任民进咸阳市委员会主委,陕西科技大学机械系教师。2002 年 3 月至 2004 年 3 月任民进咸阳市委员会主委,陕西科技大学机电学院副院长。2004 年 3 月至 2004 年 6 月任政协咸阳市委员会副主席,民进咸阳市委员会主委,陕西科技大学机电学院副院长。2004 年 6 月至 2005 年 1 月任政协咸阳市委员会副主席、学习委主任(兼),民进咸阳市委员会主委,陕西科技大学机电学院副院长。2005 年 1 月至 2013 年 4 月任政协咸阳市委员会副主席,民进咸阳市委员会主委。2013 年 4 月以后任咸阳市人大常委会副主任,民进咸阳市委员会主委。省十二届人大代表。

刘辉 男,汉族,1960 年 5 月生,陕西乾县人,省委党校研究生学历,经济师,1984 年 11 月加入中国共产党,1975 年 6 月参加工作。1975 年 6 月至 1975 年 12 月在青海省湟中县田家寨公社插队劳动。1975 年 12 月至 1984 年 5 月先后任青海汽车制造厂金工车间、金工技术室干事(其间:1979 年 3 月至 1982 年 7 月参加中央广播电视大学机械制造专业学习)。1984 年 5 月至 1986 年 8 月任青海省汽车制造厂团委书记。1986 年 8 月至 1989 年 3 月任共青团青海省委工农青年部干事。1989 年 3 月至 1990 年 12 月任青海省青年旅行社副总经理。1990 年 12 月至 1991 年 7 月任青海省青少年发展基金会秘书长。1991 年 7 月至 1991 年 12 月任共青团青海省委办公室副主任。1991 年 12 月至1994年6月任陕西省华青公司总经理。1994年6月至1994年12月任陕西省实施希望工程办公室主任。1994年12月至2001年3月任共青团陕西省委经济实体发展办公室主任(其间:1995年9月至1998年7月参加陕西省委党校在职研究生班经济管理专业学习)。2001年3月至2004年6月任兴平市委副书记(正县级)。2004年6月至2005年1月任咸阳市外贸局局长。2005年1月至2006年7月任咸阳市粮食局党组副书记、局长。2006年7月至2009年5月任咸阳市粮食局党组书记、局长。2009年5月至2009年6月任咸阳市粮食局党组书记、局长,市招商局党组书记、局长。2009年6月至2010年6月任咸阳市招商局党组书记、局长。2010年6月至2013年4月任咸阳市政府副秘书长,市招商局党组书记、局长。2013年4月至2013年5月任咸阳市人大常委会副主任,市政府副秘书长,市招商局党组书记、局长。2013年5月至2013年6月任咸阳市人大常委会党组成员、副主任,市政府副秘书长,市招商局党组书记、局长。2013年6月以后任咸阳市人大常委会党组成员、副主任。

何新来 男,汉族,1961年8月生,陕西户县人,中央党校研究生学历,1986年2月加入中国共产党,1983年7月参加工作。1980年9月至1983年7月在咸阳师范专科学校数学系学习。1983年7月至1984年9月任泾阳县王桥乡团委书记。1984年9月至1986年2月任共青团咸阳市委干事。1986年2月至1991年1月先后任共青团咸阳市委办公室副主任、组织宣传部副部长。1991年1月至1993年6月先后任共青团咸阳市委组织宣传部、工农青年部部长,共青团咸阳市委常委、团队事业开发部部长。1993年6月至1998年4月任共青团咸阳市委副书记(其间:1993年9月至1996年7月参加西北大学夜大专升本经济管理专业学习)。1998年4月至2001年7月任共青团咸阳市委书记。2001年7月至2004年6月任咸阳市秦都区委副书记、区政府区长。2004年6月至2013年4月任咸阳市财政局党组书记、局长(其间:2005年9月至2008年7月参加中央党校研究生院经济管理专业学习)。2013年4月至2013年5月任咸阳市人大常委会副主任,市财政局党组书记、局长。2013年5月至2013年6月任咸阳市人大常委会党组成员、副主任,市财政局党组书记、局长。2013年6月以后任咸阳市人大常委会党组成员、副主任。省十二次党代会代表。

冯望云 男,汉族,1959年11月生,陕西咸阳人,省委党校研究生学历,理学学士,1984年7月加入中国共产党,1983年7月参加工作。1978年9月至1983年7月在西北大学地质系学习,获理学学士学位。1983年7月至1984年9月先后任咸阳市秦都区沣东乡团委书记、乡政府文书。1984年9月至1992年10月先后任共青团咸阳市委组织宣传部副部长、部长,市学联秘书长,共青团咸阳市委常委(其间:1988年9月至1990年7月参加陕西省委党校在职研究生班学习;1991年10月至1992年10月在永寿卷烟厂挂职担任厂长助理)。1992年10月至1997年11月任永寿县政府副县长。1997年11月至2000年5月任永寿县委常委、县政府常务副县长。2000年5月至2001年11月任咸阳市委副秘书长、研究室主任。2001年11月至2004年6月任咸阳市委副秘书长、政策研究室(市委农村工作领导小组办公室)主任。2004年6月至2009年12月任咸阳市城乡建设规划局党组书记、局长。2009年12月至2013年4月任咸阳市住房和城乡建设规划局党组副书记、局长。2013年4月至2013年5月任咸阳市人大常委会副主任,市住房和城乡建设规划局党组副书记、局长。2013年5月至2013年6月任咸阳市人大常委会党组成员、副主任,市住房和城乡建设规划局党组副书记、局长。2013年6月以后任咸阳市人大常委会党组成员、副主任。

王靖 男,汉族,1964年11月生,陕西乾县人,大学学历,工学学士,1987年6月加入中国共产党,1988年7月参加工作。1984年9月至1988年7月在西安矿业学院采矿系学习,获工学学士学位。1988年7月至1991年11月先后任陕西煤炭学校助理讲师、团委书记、校工会副主席。1991年11月至1999年1月先后任咸阳市市政建设管理局科员、管理科副科长,市政工程维修服务公司经理。1999年1月至2000年12月任咸阳市城市绿化办主任、市政建设管理局园林科副科长。2000年12月至2001年12月任咸阳市市政建设管理局(市政建设总公司)副局长(副经理)。2001年12月至2006年9月任咸阳市城市建设管理局党组成员、副局长。2006年9月至2009年5月任咸阳市城市建设管理局党委副书记、局长。2009年5月至2013年4月任咸阳市城市建设管理局党委书记、局长。2013年4月至2013年5月任咸阳市人大常委会副主任,市城市建设管理局党委书记、局长。2013年5月至2013年6月任咸阳市人大常委会党组成员、副主任,市城市建设管理局党委书记、局长。2013年6月以后任咸阳市人大常委会党组成员、副主任。省十二次党代会代表。

刘印生 男,汉族,1963年1月生,陕西长安人,研究生学历,农业推广硕士,1985年10月加入中国共产党,1984年7月参加工作。1981年9月至1984年7月在陕西师范大学西安专修科化学专业学习。1984年7月至1986年7月任咸阳市杨陵区李台乡政府干事。1986年7月至1987年3月任咸阳市杨陵区体改办干事。1987年3月至1988年8月任咸阳市杨陵区大寨乡政府副乡长。1988年8月至1992年7月任咸阳市民政局干事。1992年7月至1995年12月任咸阳市民政局秘书科副科长。1995年12月至1997年11月任咸阳市民政局民政科科长(1995年2月至1997年10月借调咸阳市委农村基层组织建设办公室工作)。1997年11月至2001年11月任礼泉县委常委、组织部部长(1997年8月至1999年12月参加中央党校函授学院本科班经济管理专业学习)。2001年11月至2002年2月任礼泉县委副书记、组织部部长。2002年2月至2005年11月任礼泉县委副书记

(2000年5月至2002年5月参加西北农林科技大学研究生课程进修班科学技术史专业学习)。2005年11月至2007年2月任淳化县委副书记、县政府县长。2007年2月至2008年9月任咸阳市秦都区委副书记、区政府区长。2008年9月至2010年4月任咸阳市秦都区委副书记、区政府区长,市沣渭新区党工委副书记。2010年4月至2010年6月任咸阳市秦都区委书记、区政府区长,市沣渭新区党工委副书记。2010年6月至2010年7月任咸阳市秦都区委书记,市沣渭新区党工委副书记。2010年7月至2011年12月任咸阳市秦都区委书记,市沣渭新区党工委副书记,咸阳高新区党工委书记(2009年9月至2011年6月参加甘肃农业大学农业科技组织与服务专业学习,获农业推广硕士学位)。2011年12月至2012年3月任咸阳市政府党组成员、副市长,秦都区委书记,咸阳高新区党工委书记。2012年3月以后任咸阳市人民政府党组成员、副市长。

李晓静 女,汉族,1967年8月生,陕西三原人,在职研究生学历,1985年5月加入中国共产党,1986年7月参加工作。1983年9月至1986年7月在咸阳市卫生学校学习。1986年7月至1993年11月先后任咸阳市卫生学校实验员,团委、党办、人事科干事,学生科副科长。1993年11月至1995年5月任咸阳市卫生学校团委书记(副科级,1991年8月至1994年6月参加中央党校函授学院大专班政治专业学习)。1995年5月至1998年4月任咸阳市卫生学校团委书记(正科级,1994年9月至1996年12月参加中央党校函授学院本科班经济管理专业学习)。1998年4月至2002年12月任共青团咸阳市委副书记(其间:2002年5月至2002年12月在浙江省平湖市挂职担任市长助理)。2002年12月至2004年7月任共青团咸阳市委书记(2000年9月至2003年7月参加陕西省委党校研究生班经济学专业学习)。2004年7月至2006年7月任泾阳县委副书记、县政府县长。2006年7月至2012年6月任长武县委书记。2012年6月以后任咸阳市人民政府党组成员、副市长(2010年4月至2012年12月参加陕西工商管理硕士学院EMBA专业学习)。省十二次党代会代表。

程建国 男,汉族,1964年1月生,陕西泾阳人,在职研究生学历,农业推广硕士,教授,民盟盟员,1985年7月参加工作。1981年9月至1985年7月在陕西师范大学生物系生物专业学习。1985年7月至1999年9月先后任陕西省林业学校教师,教研室主任,苗圃主任。1999年9月至2002年12月杨凌职业技术学院教师(其间:2001年5月至2002年12月在杨陵区政府挂职担任副区长)。2002年12月至2005年5月任杨陵区政府副区长。2005年5月至2008年7月任杨凌示范区农村发展局副局长,杨陵区政府副区长。2008年7月至2009年4月任杨凌示范区农村发展局副局长、科教发展局副局长,杨凌现代农业示范园区建设管理中心副主任(2006年6月至2008年12月参加西北农林科技大学园艺学院蔬菜专业研究生班学习,获农业推广硕士学位)。2009年4月至2010年2月任杨凌示范区科教发展局副局长、农业(林业)局副局长,杨凌现代农业示范园区建设管理中心副主任。2010年2月至2012年7月任杨凌示范区农业(林业)局局长,杨凌现代农业示范园区建设管理中心主任。2012年7月至2013年1月任民盟陕西省委员会副主委,杨凌示范区农业(林业)局局长,杨凌现代农业示范园区建设管理中心主任。2013年1月至2013年2月任政协陕西省委员会常委,民盟陕西省委员会副主委。2013年2月至2013年4月任政协陕西省委员会常委、提案委员会副主任,民盟陕西省委员会副主委。2013年4月以后任咸阳市人民政府副市长。

刘新余 男,汉族,1964年10月生,陕西长武人,在职研究生学历,工商管理硕士,1984年10月加入中国共产党,1982年10月参加工作。1982年10月至1984年12月任长武县亭口乡政府多经办专干。1984年12月至1987年3月任长武县亭口乡政府副乡长(其间:1984年12月转为合同制干部)。1987年3月至1992年8月先后任长武县巨家乡政府副乡长,党委副书记、乡政府乡长。1992年8月至1994年7月在陕西省委党校党政干部培训班学习(其间:1992年11月被录用为国家正式干部)。1994年7月至1995年4月任长武县地掌乡党委副书记、乡政府乡长。1995年4月至1998年5月任西藏普兰县委书记。1998年5月至1998年8月待分配。1998年8月至2001年11月任礼泉县委副书记(正县级)。2001年11月至2004年9月任礼泉县委副书记、县政府副县长(正县级,1999年9月至2002年7月参加中央党校在职研究生班经济管理专业学习)。2004年9月至2006年7月任咸阳市秦都区委副书记(正县级)。2006年7月至2007年2月任旬邑县委副书记、县政府县长。2007年2月至2013年4月任旬邑县委书记(其间:2007年5月至2009年6月参加亚洲(澳门)公开大学硕士研究生班工商管理学专业学习,获工商管理硕士学位;2009年9月至2011年10月参加香港理工大学工商管理硕士专业学习,获工商管理硕士学位;2010年4月至2012年11月参加菲律宾太历国立大学工商管理专业学位课程班学习)。2013年4月至2013年6月任咸阳市政府党组成员、副市长,旬邑县委书记。2013年6月以后任咸阳市人民政府党组成员、副市长。省十二次党代会代表。

孙亚政 男,汉族,1964年4月生,陕西淳化人,省委党校研究生学历,高级管理人员工商管理硕士,1985年8月加入中国共产党,1983年8月参加工作。1983年8月至1985年9月先后任彬县城关小学教师、城关中学团委书记、共青团彬县县委干事。1985年9月至1987年9月在陕西省团校政治专业学习。1987年9月至1989年7月在陕西省委党校西北五省区研究生班党史党建专业学习。1989年7月至1991年3月陕西省团校理论部教师。1991年3月至1994年5月任陕西省委研究室干事。1994年5月至1996年10月任陕西省委政研室财贸金融处助理调研员。1996年10月至1999年12月任旬邑县政府副县长。1999年12月至2005年9月任乾县县委副书记。2005年9月至2007年2月任武功县委副书记、县政府县长。2007年2月至2013年4月任武功县委书记(其间:2009年9月至2011年6月参加西安交通大学高级管理人员工商管理专业学习,获高级管理人员工商管理硕士学位)。2013年4月至2013年6月任咸阳市政府党组成员、副市长,武功县委书记。2013年6月以后任咸阳市人民政府党组成员、副市长。省十二次党代会代表。

曾广中 男,汉族,1956年7月生,江西全南人,研究生文化程度,1982年4月加入中国共产党,1975年3月参加工作。1975年3月至1978年3月,在彬县香庙公社插队;1978年3月至1982年1月,在西安公路学院汽车系学习;1982年1月至1984年5月,任咸阳搬运公司汽车安全技术员;1984年5月至1995年7月,先后任秦都区委组织部、市委组织部科员、副科长、科长;1995年7月至2002年12月,先后任咸阳市人事局副局长、市委组织部副部长、知工办主任;2002年12月至2009年3月,先后任渭城区委副书记、区政府区长、渭城区委书记;2009年3月至2009年4月,任咸阳市政协副主席,渭城区委书记;2009年4月,任咸阳市政协党组成员、副主席。2013年4月当选政协咸阳市第七届委员会副主席。

邢玉瑞 男,汉族,1959年5月生,陕西乾县人,研究生文化程度,医学硕士,1994年12月加入九三学社,1986年1月参加工作,陕西中医学院教授、博士生导师,国家中医药管理局及陕西省重点学科带头人。1978年3月至1986年1月,陕西中医学院学习,获医学硕士学位;1986年1月至2003年1月,先后任陕西中医学院教师、图书馆副馆长,九三学社咸阳市委会副主委;2003年1月至2004年4月,先后任陕西中医学院图书馆馆长,九三学社咸阳市委会副主委、主委;2004年4月至2013年4月,先后任咸阳市政协副主席、九三学社咸阳市委会主委,陕西中医学院图书馆馆长、杂志社社长。2013年4月当选政协咸阳市第七届委员会副主席。

韩渭云 男,汉族,1960年2月生,陕西泾阳人,大学文化程度,律师,1983年6月加入中国共产党,1975年4月参加工作。1975年4月至1998年11月,先后任泾阳县委办通讯员、咸阳地区检察分院干部、市人民检察院助理检察员、市委组织部科员、副科长、科长、副部长;1998年11月至2007年3月,先后任市委组织部副部长、基层办主任、干教办主任、知工办主任;2007年3月至2009年5月,任市委组织部副部长、市人事局党组书记、局长,市机构编制委员会办公室主任;2009年5月至2011年1月,任市委组织部副部长、市人力资源和社会保障局党组书记、局长;2011年1月至2011年4月,任咸阳市人民政府党组成员、市公安局党委书记;2011年4月,任咸阳市人民政府党组成员,市公安局党委书记、局长。2013年4月当选政协咸阳市第七届委员会副主席。

彭新盛 男,汉族,1957年12月生,陕西泾阳人,大学文化程度,1979年12月加入中国共产党,1976年12月参加工作。1976年12月至1989年1月,在部队服役;1989年1月至2002年12月,先后任咸阳市委办公室科员、副科长、科长、副秘书长;2002年12月至2004年7月,任咸阳市委副秘书长、保密局局长;2004年7月至2008年9月,任咸阳市渭城区委副书记、区政府区长;2008年9月至2009年9月,任咸阳市渭城区委副书记、区政府区长,市泾渭新区(空港产业园)党工委副书记;2009年9月至2009年10月,任咸阳市渭城区委书记、区政府区长,市泾渭新区(空港产业园)党工委副书记;2009年10月至2010年3月,任咸阳市渭城区委书记,市泾渭新区(空港产业园)党工委副书记;2010年3月,任中共咸阳市渭城区委书记。2013年4月当选政协咸阳市第七届委员会副主席。

邵建珍 女,汉族,1957年12月生,山东文登人,大学文化程度,2009年12月加入民建,1975年11月参加工作。1975年11月至1978年2月,在西宁市十一中任教;1978年2月至1982年1月,在青海师范学院汉语言文学专业学习;1982年1月至1989年5月,任西宁市十一中教师、西宁市体改委科员;1989年5月至1999年11月,先后任咸阳市劳动局科员、副主任科员、科长;1999年11月至2007年8月,任咸阳市监察局副局长;2007年8月至2010年4月,任咸阳市物价局副局长(正县级);2010年4月至2010年8月,任民建咸阳市委会副主委、咸阳市物价局副局长(正县级);2010年8月,任民建咸阳市委会主委,咸阳市物价局副局长(正县级)。2013年4月当选政协咸阳市第七届委员会副主席。

赵昌华 男,汉族,1966年11月生,陕西乾县人,大学文化程度。2000年12月加入中国农工民主党,1989年7月参加工作。1984年9月至1989年7月,在西安医科大学医疗系医疗专业学习;1989年7月至1998年6月,任秦都区第二人民医院干部、副院长;1998年6月至2002年3月,任咸阳市秦都区卫生局副局长;2002年3月至2003年3月,任咸阳市秦都区卫生局局长;2003年3月至2006年8月,任咸阳市秦都区政协副主席、秦都区卫生局局长;2006年8月至2009年1月,任农工党咸阳市委会副主委、秦都区政协副主席、秦都区卫生局局长;2009年1月至2012年8月,任农工党咸阳市委会主委、秦都区政协副主席、秦都区卫生局局长;2012年8月,任农工党咸阳市委会主委、秦都区政协副主席。2013年4月当选政协咸阳市第七届委员会副主席。

陈永慧 女,汉族,1964年4月生,陕西乾县人,研究生文化程度,中学高级教师,2006年12月加入民革,1983年7月参加工作。1980年9月至1983年7月,在咸阳师范专科学校数学系学习;1983年7月至1995年5月,任乾县阳洪中学、杨汉中学、第二中学教师;1995

年5月至1997年11月,任乾县第二中学教导主任;1997年11月至2006年9月,任礼泉县政府副县长;2006年9月至2011年9月,任秦都区政府副区长;2011年9月至2012年9月,任民革咸阳市委会副主委(正县级);2012年9月,任民革咸阳市委会主委。2013年4月当选政协咸阳市第七届委员会副主席。

(田宝平)

全国五一劳动奖章

武军 男,汉族,生于1960年1月,陕西彬县人,中共党员,大学文化程度,任陕西省武功县公安局局长。2007年1月,武军担任武功县公安局主要负责人以来,开拓创新、真抓实干,县公安局连续五年获全市最佳公安局称号,连续三年获全省优秀公安局称号。工作中他坚持"严打开路、打防并举、除恶务尽"原则,先后依法果断处置多起群体性突发事件和历史遗留积案,受到社会各界好评。他还多方筹资600余万元,在县城区安装视频监控探头82个,建设5个治安检查岗亭、2个治安检查站,建立12支治安巡防队,使辖区两抢案件和可防性案件下降37%。生活上他严于律己、清正廉洁,他向家人"约法三章":不搞特殊化;生活上向低标准看齐;任何人都不准收别人的钱物。先后拒收礼60余人次、现金50余万元。经常加班加点,放弃节假日忘我工作,被群众誉为任长霞式好局长。先后荣立个人三等功、二等功多次,被市委市政府评为"文明市民";被省公安厅交警总队评为"全省优秀大队长";被市委市政府评为先进工作者;被省公安厅评为"交通管理先进个人";被市公安局评为"全市优秀公安局长标兵";被省委省政府评为"陕西省人民满意公务员"。2012年,被授予全国五一劳动奖章。

樊培卓 男,汉族,生于1952年2月,陕西淳化人,初中文化程度,淳化县建筑公司第九项目部经理。作为农民工,他刻苦学习建筑施工技术和管理知识,先后20次参加省市级业务技术培训,从一个普通的农民成长为一名优秀的项目经理。2010年以优异的成绩考取国家二级建造师。先后获淳化县城建系统先进工作者,城建系统优秀项目经理,保障性住房工作先进工作者,2012年被授予全国五一劳动奖章。

李敬爱 女,汉族,生于1961年6月,大专文化程度,中共党员,咸阳市旬邑县虎豪黑沟煤业公司党群工作部主任。2006年10月,李敬爱响应山东新汶矿业集团公司外出创业的号召,从山东来到旬邑县黑沟煤业公司,负责党群工作部工作。李敬爱自担任党群工作部主任以来,既抓党务工作,又抓群众工作,开拓思路、创新形式。立足本职、恪守服务企业、服务职工职责,成为矿区职工的贴心人。先后被评为陕西省三八红旗手,咸阳市劳动模范,山东能源新矿集团劳动模范,感动旬邑十大模范人物。2012年被授予全国五一劳动奖章。

(张　琳)

全国三八红旗手

常亚琼 女,汉族,1969年生,中共党员,陕西省咸阳市秦都区双照街道办事处消渡村党支部书记,村委会主任。常亚琼在岗位上甘于奉献、勇于创新、力求村子发展、增加村民收入,被群众誉为"当代的焦裕禄,群众的好村官,奔小康的领头雁"。2000年4月,她当选为消渡村一组组长。一上任她就自己垫钱,衬砌村北2千米的渠道,使眼看要绝收的13公顷麦子得到灌溉,获得丰收。当组长的5年里,她为群众整修生产路,打机井,解决群众的生产问题,赢得村民的信任和拥戴。2005年11月,她高票当选为村委会主任。她克服种种困难,垫付2万余元,向上级争取2.3万元,修平全村6条3500米的沙石路。任职期间,她带领群众建成办公室93.7平方米,修出村路530米,修通村水泥路3.5千米,栽植国槐1440棵,黄杨820棵,绿化路两边三叶草1000平方米,打进户路270户,修排水沟4000米,打吃水井一眼,修自来水管5000米,安装路灯70盏,新建文化广场1000平方米,修生产路7千米,路两边栽种大叶女贞2400棵,修建花坛3000米,打5眼灌溉井,埋暗管2万米,建沼气池135口,有线电视达到80%,村民的人居环境和生活质量得到很大改善。2012年2月,常亚琼被全国妇联评为全国三八红旗手。11月,她出席中国共产党第十八次全国代表大会。

(徐明娟)

中共十八大代表

千军昌 男,汉族,1956年2月生,陕西户县人,1976年9月加入中国共产党,1974年9月参加工作,大学文化程度。历任户县人民政府副县长,共青团西安市委副书记,中共西安市雁塔区委副书记,中共临潼县委书记,中共西安市临潼区委书记(副市级),中共西安市新城区委书记,中共西安市委常委、新城区委书记、西安市城墙景区管理委员会党组书记(正市级),中共咸阳市委副书记、市人民政府党组书记、市长,中共咸阳市委书记。十一届全国人大代表,省十一次党代会代表,十一届省委委员,省十一届人大代表。2012年11月,千军昌出席中国共产党第十八次全国代表大会。

张民席 男,汉族,中共党员,1961年7月出生,陕西淳化人,淳化县第二建筑公司项目部经理。张民席在建筑工地打工期间,边打工边学习,积淀丰富的建筑知识。担任淳化县第二建筑公司项目部经理之后大胆创业,赴天津、秦皇岛、西宁市等地承揽建筑工程,拥有3000万元资产,平均年上缴利税10多万元。注重带动家乡人致富。热心介绍农村青年1000余人进城打工,他所在公司的940多名员工中就有630人是家乡的农村青年,其中有8人年收入5万元。培养小老板资产在10万元以上的3人,20万元以上的2人。热爱公益事业,支持家乡发展。家乡修建教学楼,个人捐资3000元,资助村上成立锣鼓专业队,家乡修路捐资1万元,兴修水利捐资5000元,家乡的公益事业建设,他都给予大力支持,赢得群众的好评。2008年被国务院农民工工作联席会议评为“全国优秀农民工”，获“全国优秀农民工奖章”。2012年11月，作为陕西省唯一的农民工代表，张民席出席中国共产党第十八次全国代表大会。

常亚琼 （见上页“全国三八红旗手”）

（田宝平）

逝世人物

雷抒雁 男，汉族，1942年8月生，陕西泾阳人，当代诗人、作家。中共党员。1962年至1968年就读于西北大学中文系，1970年5月加入中国人民解放军，任62师政治部宣传干事；1972年调入解放军文艺出版社任编辑；1979年加入中国作家协会；1981年转业至中国工人出版社，先后任编辑、文艺编辑室主任、办公室主任等职；1993年调《诗刊》社任副主编；1995年调鲁迅文学院任常务副院长；1997年享受国务院特殊津贴。2004年退休。2012年5月，任中国诗歌学会会长，并担任中国作协诗歌专业委员会主任。历任中国作家协会第五、六、七届全委会委员。2013年2月14日因病逝世，享年71岁。先后出版诗集《小草在歌唱》《父母之河》《踏尘而过》《春神》《云雀》《激情编年》等十余部。出版散文随笔集《悬肠草》《秋思》《分香散玉记》《雁过留声》《智者的忧思》等十余部。另有诗论集《写意人生》，《诗经》研究翻译集《还原诗经》。诗作《小草在歌唱》获1979年至1980年青年作家优秀作品奖。诗集《父母之河》获全国第二届新诗奖。诗集《青春的声音》获1998年中宣部“五个一”工程奖。曾获由国际诗人笔会颁发的2010年“中国当代诗魂金奖”。作品被译为英、法、日、俄、意、韩等多种文字。有作品入选大学、中学教材。

咸阳市2012年度目标责任考核优秀单位

县市区（6个）

彬县
秦都区
旬邑县
礼泉县
三原县
武功县

市直部门和单位（43个）

市委办公室
市委组织部
市委宣传部
市委统战部
市妇联
市科协
市残联
市委政法委
市检察院
市中级法院
市公安局
市政府办公室
市人社局
市招商局
市统计局
市教育局
市地方志办
市人口计生委
市环保局
市城建局
市住建局
市工信委
市农业局
市水利局
市扶贫办
市地税局
市国税局
市养老保险经办处
市编办
市食品药品监管局
市交通运输局
市煤炭局
团市委
市民政局
市卫生局
市文广局
市财政局
市发改委
市安监局
市总工会
市信访局
国家统计局咸阳调查队
咸阳日报社

市人大常委会、市政协、市纪委内设机构及民主党派（16个）

市人大常委会办公室
市人大内司委
市人大常委会城建环资工委
市人大常委会离退办
市政协办公室
市政协综合办公室
市政协提案委员会
市政协经济科技委员会
市纪委办公室
市纪委监察局第三纪检监察室
市纪委监察局警示训诫室
市纪委监察局党风廉政建设室
市纪委监察局纠正行业不正之风室
九三学社咸阳市委员会
民盟咸阳市委员会
民进咸阳市委员会

咸阳市2012年度精神文明建设先进集体和先进个人

市级文明单位标兵（24个）

市人民检察院
陕西省地矿局区域地质矿产研究院
市地方志编纂委员会办公室
市民族宗教事务局
市公安局渭城分局
咸阳烟叶复烤有限责任公司
市工商行政管理局渭城分局
兴平市民政局
兴平市环境保护局
武功县水利局
礼泉县新华书店有限责任公司
三原县养老保险经办中心
三原县城市管理监察大队
永寿县审计局
永寿县新华书店有限责任公司
永寿县环境保护局
中国农业银行股份有限公司彬县支行
彬县交通运输局
长武县林业局
长武县人口和计划生育局
旬邑县交通运输局

省部委表彰的先进集体一览表

表 54

单　　位	称　　号	授予单位	授予文号
咸阳市教育局	全国两基工作先进单位	国务院	国发[2012]46 号
武功县人力资源和社会保障局	新型全国农村和城镇居民社会养老保险先进单位	国务院	国发[2012]53 号
武功县	西部地区农民创业促进工程试点县	国家发改委等 11 个部委	发改西部[2012]2911 号
咸阳市环境保护局	全国减排先进集体	人力资源和社会保障部、国家发展改革委、环境保护部、财政部	人社部发[2012]72 号
咸阳市民政局	全国民政系统先进集体	民政部、人力资源和社会保障部	人社部发[2012]16 号
陕西能源职业技术学院继续教育学院	全国煤炭工业先进集体	人力资源和社会保障部、中国煤炭工业协会	人社部发[2012]51 号
渭城区窑店街道办事处刘家沟村	全国民主法制示范村	司法部、民政部	司法通[2012]310 号
咸阳市煤炭工业局	全国煤炭工作先进集体	国家人力资源和社会保障部、中国煤炭工业协会	人社部发[2012]51 号
咸阳市中心医院	全国综合医院中医药工作示范单位	卫生部、国家中医药管理局、总后勤部卫生部	国中医药医政发[2012]49 号
咸阳市价格认证中心	价格认证先进单位	国家发展改革委员会价格认证中心	发改价证综字[2012]221 号
咸阳市淳化县十里塬镇民政工作站	“群众满意窗口”单位	民政部	民发[2012]113 号
咸阳市福利彩票发行中心	“优质服务品牌”	民政部	民发[2012]113 号
秦都区文体事业局	2012 年农民工文化服务示范项目	文化部	文社文发[2012]14 号
咸阳市	国家卫生应急综合示范市	卫生部	卫办应急发[2012]150 号
旬邑县新农合经办中心	全国新型农村合作医疗工作先进集体	卫生部	卫农卫发[2012]79 号
长武县	国家卫生应急综合示范县	卫生部	卫办应急发[2012]150 号
渭城区民生东路社区卫生服务中心	2012 年全国示范社区卫生服务中心	卫生部	卫办妇社函[2012]1059 号
秦都区吴家堡街道办事处	第一批全国人口和计划生育依法行政示范街道	国家人口计生委	人口政法[2012]12 号
渭城区渭城街道办事处	第一批全国人口和计划生育依法行政示范街道	国家人口计生委	人口政法[2012]12 号
乾县阳洪镇	第一批全国人口和计划生育依法行政示范街道	国家人口计生委	人口政法[2012]12 号
中国人民银行兴平市支行	中国人民银行基层单位标杆职工之家	中国人民银行总行	银工委[2012]2 号
咸阳市审计局	全国社会保障资金审计先进公务员集体	审计署	审人发[2012]168 号
咸阳市特种设备检验所	2012 年质检系统特种设备检验机构“优秀服务窗口”	国家质量监督检验检疫总局特种设备安全监察局	质检特函[2012]62 号
咸阳市体育局	2012 年全民健身活动优秀组织奖	国家体育总局	体群字[2012]214 号
三原县文体旅游局	全民健身活动先进单位	国家体育总局	体群字[2012]214 号
永寿县林业局	全国生态建设突出贡献奖先进集体	国家林业局	林人发[2012]203 号
旬邑县马栏林场	全国生态建设突出贡献奖先进集体	国家林业局	林人发[2012]203 号

续表1

单　　位	称　　号	授予单位	授予文号
咸阳市民族宗教事务局	全国宗教系统2012年度信息工作先进集体	国家宗教事务局	国家函[2012]36号
咸阳市人防办	人防通讯报道先进单位	国家人防办	国人防发[2012]620号
咸阳市总工会	2011年全国“安康杯”竞赛活动先进集体	中华全国总工会	总工发[2012]33号
彬县煤炭有限责任公司	2011年全国“安康杯”竞赛活动先进集体	中华全国总工会	总工发[2012]33号
陕西建工集团第六建筑工程有限公司	2011年全国“安康杯”竞赛活动优胜班组	中华全国总工会	总工发[2012]33号
西北一棉纺织股份有限公司赵梦桃小组	2011年全国“安康杯”竞赛活动优胜班组	中华全国总工会	总工发[2012]33号
陕西兴化集团有限责任公司电力车间合成班	2011年全国“安康杯”竞赛活动优胜班组	中华全国总工会	总工发[2012]33号
陕西省石头河水库灌溉管理局石头河水电站二车间一班	2011年全国“安康杯”竞赛活动优胜班组	中华全国总工会	总工发[2012]33号
大唐彬长发电有限责任公司设备部电气二次班	2011年全国“安康杯”竞赛活动优胜班组	中华全国总工会	总工发[2012]33号
武功县总工会	全国职工法律援助维权服务示范单位	全国总工会	总工发[2012]76号
咸阳市农业科学研究院	全国城乡妇女岗位建功先进集体	全国妇联	妇字[2012]10号
永寿县“三八”果业协会	全国城乡妇女岗位建功先进集体	全国妇联	妇字[2012]10号
咸阳市妇联	全国妇女创先争优先进集体	全国妇联	妇字[2012]11号
西北一棉纺织股份有限公司赵梦桃小组	全国妇女创先争优先进集体	全国妇联	妇字[2012]11号
秦都区渭滨街道李桂芳家庭	全国五好文明家庭	全国妇联	妇字[2012]13号
渭城区渭阳街道办事处三普社区	基层科普行动计划先进单位	中国科协	科协发普字[2012]19号
咸阳市爱卫会	全国爱国卫生先进集体	全国爱卫会	全国卫发[2012]3号
咸阳市总工会	职工互助保障先进集体	中国职工保险互助会	中互字[2012]15号
中共咸阳市委党史研究室	《习仲勋在旬邑》获全国党史部门党史优秀成果著作类二等奖	中共中央党史研究室	(奖状)
中共旬邑县委党史研究室	《习仲勋在旬邑》获全国党史部门党史优秀成果著作类二等奖	中共中央党史研究室	(奖状)
渭城区新兴街道办事处民生东路社区	全国示范社区卫生服务中心	卫生部	奖牌
陕建集团第六建筑工程有限公司	省级文明单位	省委、省政府	陕字[2012]3号
彬县县城	省级文明县城	省委、省政府	陕字[2012]3号
渭城区地方税务局	省级文明单位标兵	省委、省政府	陕字[2012]3号
咸阳市地方税务局直属税务分局	省级文明单位	省委、省政府	陕字[2012]3号
礼泉县地方税务局	省级文明单位	省委、省政府	陕字[2012]3号
秦都区财政局	省级文明单位	省委、省政府	陕字[2012]3号

续表2

单　　位	称　　号	授予单位	授予文号
咸阳市烟草专卖局城区直属分局	省级文明单位	省委、省政府	陕字[2012]3号
咸阳市民政局	省级文明单位	省委、省政府	陕字[2012]3号
兴平市财政局	省级文明单位	省委、省政府	陕字[2012]3号
长武县邮政局	省级文明单位	省委、省政府	陕字[2012]3号
彬县烟草专卖局	省级文明单位	省委、省政府	陕字[2012]3号
永寿县国家税务局	省级文明单位	省委、省政府	陕字[2012]3号
三原县国土资源局	省级文明单位	省委、省政府	陕字[2012]3号
陕西省地方电力(集团)有限公司泾阳县供电分公司	省级文明单位	省委、省政府	陕字[2012]3号
陕西省地方电力(集团)有限公司旬邑县供电分公司	省级文明单位	省委、省政府	陕字[2012]3号
礼泉县道路运输管理所	省级文明单位	省委、省政府	陕字[2012]3号
彬县环境保护局	省级文明单位	省委、省政府	陕字[2012]3号
彬县国家税务局	省级文明单位标兵	省委、省政府	陕字[2012]3号
礼泉县地方税务局	省级文明单位标兵	省委、省政府	陕字[2012]3号
咸阳市财政局	省级文明单位标兵	省委、省政府	陕字[2012]3号
咸阳公路管理局乾县公路管理段	省级文明单位标兵	省委、省政府	陕字[2012]3号
旬邑县国家税务局	省级文明单位标兵	省委、省政府	陕字[2012]3号
彬县新民中学	省级文明校园	省委、省政府	陕字[2012]3号
泾阳县王桥镇初级中学	省级文明校园	省委、省政府	陕字[2012]3号
泾阳县云阳镇	省级文明村镇	省委、省政府	陕字[2012]3号
彬县龙高镇	省级文明村镇	省委、省政府	陕字[2012]3号
淳化县官庄镇	省级文明村镇	省委、省政府	陕字[2012]3号
秦都区马庄镇贯村	省级文明村镇	省委、省政府	陕字[2012]3号
渭城区正阳街道办事处韩家湾村	省级文明村镇	省委、省政府	陕字[2012]3号
三原县城关镇东渠岸村	省级文明村镇	省委、省政府	陕字[2012]3号
秦都区富安路社区	省级文明社区	省委、省政府	陕字[2012]3号
渭城区文汇街道办事处文汇西路社区	省级文明社区	省委、省政府	陕字[2012]3号
咸阳彩虹中学	未成年人思想道德建设工作先进单位	省委、省政府	陕字[2012]3号
渭城区道北铁路小学	未成年人思想道德建设工作先进单位	省委、省政府	陕字[2012]3号
咸阳市	2011年度人口和计划生育目标责任完成奖	省委、省政府	陕字[2012]13号

续表3

单　　位	称　　号	授予单位	授予文号
咸阳市地方税务局	陕西省先进集体	省委、省政府	陕字[2012]22号
咸阳市自来水公司	陕西省先进集体	省委、省政府	陕字[2012]22号
陕西八方纺织有限责任公司	陕西省先进集体	省委、省政府	陕字[2012]22号
中国移动陕西公司咸阳分公司	陕西省先进集体	省委、省政府	陕字[2012]22号
中国兵器工业第二〇二研究所	陕西省先进集体	省委、省政府	陕字[2012]22号
西安咸阳国际机场股份有限公司	陕西省先进集体	省委、省政府	陕字[2012]22号
咸阳市天然气总公司	全省创先争优先进基层党组织	省委	陕字[2012]39号
旬邑县城关社区党支部	全省创先争优先进基层党组织	省委	陕字[2012]39号
秦都区马泉街道党工委	全省创先争优先进基层党组织	省委	陕字[2012]39号
武功县普集镇党委	全省创先争优先进基层党组织	省委	陕字[2012]39号
礼泉海螺水泥有限责任公司党总支	全省创先争优先进基层党组织	省委	陕字[2012]39号
乾县教育局党委	全省创先争优先进基层党组织	省委	陕字[2012]39号
长武县昭仁镇东街村党支部	全省创先争优先进基层党组织	省委	陕字[2012]39号
淳化县城关镇柳沟村群英手工艺制作协会党支部	全省创先争优先进基层党组织	省委	陕字[2012]39号
三原县大程镇荆中村党支部	全省创先争优先进基层党组织	省委	陕字[2012]39号
咸阳职业技术学院党委	全省创先争优先进基层党组织	省委	陕字[2012]39号
中共彬县县委	全省创先争优先进县	省委	陕字[2012]39号
彬县	高水平、高质量普及九年义务教育和普及学前教育、普及高中阶段教育县	省政府	陕政发[2012]7号
永寿县	省级卫生县城	省政府	陕政字[2012]33号
彬县	陕西省教育强县	省政府	陕政字[2012]91号
咸阳市	2011年度全省招商引资先进奖	省政府	陕政函[2012]1号
永寿县	2011年度全省招商引资先进县区	省政府	陕政函[2012]1号
礼泉县	2011年度全省招商引资先进县区	省政府	陕政函[2012]1号
渭城区	2011年度全省招商引资先进县区	省政府	陕政函[2012]1号
咸阳高新区	2011年度省级以上开发区招商引资先进奖	省政府	陕政函[2012]2号
礼泉县	2011年度旅游产业发展先进县	省政府	陕政函[2012]3号
兴平市人民政府	2011年防汛抗洪抢险工作先进集体	省政府	陕政函[2012]5号
咸阳市人民政府	2011年度安全生产工作先进单位	省政府	陕政函[2012]6号
陕西兴化集团有限公司	2011年度安全生产工作先进单位	省政府	陕政函[2012]6号

续表4

单　位	称　号	授予单位	授予文号
陕西柴油机重工有限公司	2011年度安全生产工作先进单位	省政府	陕政函[2012]6号
咸阳宇通运输公司	2011年度安全生产工作先进单位	省政府	陕政函[2012]6号
长庆油田泾河园物业服务处	2011年度安全生产工作先进单位	省政府	陕政函[2012]6号
彬县水帘洞煤炭有限责任公司	2011年度安全生产工作先进单位	省政府	陕政函[2012]6号
陕西景盛肥业有限公司	2011年度安全生产工作先进单位	省政府	陕政函[2012]6号
咸阳市	2011年度全省技术交易工作先进市	省政府	陕政函[2012]9号
咸阳市人民政府	全省煤电运保障工作先进单位	省政府	陕政函[2012]59号
大唐彬长发电有限责任公司	全省煤电运保障工作先进单位	省政府	陕政函[2012]59号
陕西渭河发电有限公司	全省煤电运保障工作先进单位	省政府	陕政函[2012]59号
咸阳市人民政府	第十六届中国东西部合作与投资贸易洽谈会先进单位	省政府	陕政函[2012]80号
秦都区	陕西省城区经济社会发展争先进位奖	省政府	陕政函[2012]81号
渭城区民营科技产业基地	陕西省县域工业集中区发展先进单位	省政府	陕政函[2012]81号
彬　县	2011年度陕西省县域经济社会发展十强县	省政府	陕政函[2012]81号
彬　县	2011年度陕西省工业增长速度前十名	省政府	陕政函[2012]81号
秦都区	2011年度陕西省发展中小企业贡献奖	省政府	陕政函[2012]93号
武功县	2011年度全省加快发展中小企业先进县市区	省政府	陕政函[2012]93号
彬　县	2011年度陕西省加快发展中小企业先进单位	省政府	陕政函[2012]93号
彬　县	2011年全省县城建设先进县	省政府	陕政函[2012]132号
咸阳市人民政府	民企进陕发展活动先进单位	省政府	陕政函[2012]203号
武功县	2012年度全省质量兴省先进县	省政府	陕政函[2012]232号
彬县北极镇	2011～2012年度省级生态乡镇	省政府	陕政函[2012]233号
彬县韩家镇	2011～2012年度省级生态乡镇	省政府	陕政函[2012]233号
彬县新民镇	2011～2012年度省级生态乡镇	省政府	陕政函[2012]233号
彬县底店镇	2011～2012年度省级生态乡镇	省政府	陕政函[2012]233号
彬县太峪镇	2011～2012年度省级生态乡镇	省政府	陕政函[2012]233号
旬邑县排厦社区	2011～2012年度省级生态乡镇	省政府	陕政函[2012]233号
旬邑县原底社区	2011～2012年度省级生态乡镇	省政府	陕政函[2012]233号
旬邑县丈八寺镇	2011～2012年度省级生态乡镇	省政府	陕政函[2012]233号
旬邑县赤道社区	2011～2012年度省级生态乡镇	省政府	陕政函[2012]233号

省部委表彰的先进个人一览表

表 55

姓　名	单　　位	称　　号	授予单位	授予文号
高德礼	彬县教育督导室	全国两基工作先进个人	国务院	国发[2012]46 号
程建田	中共咸阳市委组织部	嘉奖	中共中央组织部、人力资源和社会保障部	中组发[2012]14 号
康　成	咸阳市统计局	全国节能先进个人	人力资源和社会保障部、国家发展和改革委员会、环境保护部、财政部	人社部发[2012]72 号
李小龙	陕西彬长大佛寺矿业有限公司	全国煤炭工业劳动模范	人力资源和社会保障部、中国煤炭工业协会	人社部发[2012]51 号
张建锋	彬县煤炭有限责任公司	全国煤炭工业劳动模范	人力资源和社会保障部、中国煤炭工业协会	人社部发[2012]51 号
蔚永宁	陕西能源职业技术学院	全国煤炭工业先进工作者	人力资源和社会保障部、中国煤炭工业协会	人社部发[2012]51 号
李铁锁	市中院宣教处	全国法院先进个人	最高人民法院	法[2012]34 号
丁立平	市物价局	全国价格监测先进个人	国家发展改革委员会	发改价监测[2012]3864 号
史志辉	君碧莎制药有限公司	全国爱国拥军模范	民政部	人社部发[2012]14 号
池军文	咸阳市卫生局	全国新型农村合作医疗工作先进个人	卫生部	卫农卫发[2012]79 号
刘　媛	中国人民银行咸阳中心支行	中国人民银行反洗钱工作先进个人	中国人民银行总行	银发[2012]38 号
肖　凌	彬县安监局	安全生产监管监察先进个人	国家安监总局	安监总人事[2012]6 号
韩丽娜	秦都区统计局	全国企业“一套表”联网直报优秀工作人员	国家统计局	国统字[2012]55 号
秦新安	咸阳市林业局	全国生态建设突出贡献奖先进个人	国家林业局	林人发[2012]203 号
程平平	市民族宗教局	全国宗教系统 2012 年度信息工作先进个人	国家宗教事务局	国家函[2012]36 号
瞿祥明	市人防办指通科	全国人民防空信息化建设先进个人	国家人防办	国人防发[2012]440 号
段　维	市人防办信息保障中心	人防通讯报道先进个人	国家人防办	国人防发[2012]620 号
呼秀珍	咸阳道北中学	全国五好文明家庭标兵户	全国妇联、全国五好文明家庭创建活动协调小组	妇字[2012]13 号
常亚琼	秦都区双照街道办事处消渡村	全国三八红旗手	全国妇联	妇字[2012]09 号
刘旭英	咸阳市妇联	全国城乡妇女岗位建功先进个人	全国妇联	妇字[2012]10 号
张芳旦	兴平市张辣妹食品有限公司	全国城乡妇女岗位建功先进个人	全国妇联	妇字[2012]10 号
寇小艳	旬邑县排厦社区井坳村	全国城乡妇女岗位建功先进个人	全国妇联	妇字[2012]10 号
计　清	武功县馨绣民间手工布艺开发有限公司	全国城乡妇女岗位建功先进个人	全国妇联	妇字[2012]10 号
常亚琼	秦都区双照街道消渡村	全国妇女创先争优先进个人	全国妇联	妇字[2012]11 号

续表1

姓　名	单　　位	称　　号	授予单位	授予文号
郭　巧	咸阳市公安局秦都分局吴家堡派出所	全国妇女创先争优先进个人	全国妇联	妇字[2012]11号
李航洲	咸阳市卫生局	全国中医药应急工作先进个人	国家中医药管理局	国中医药医政发[2012]44号
马一晔	咸阳市爱卫会	全国爱国卫生先进个人	全国爱卫会	全爱卫发[2012]3号
陈鹏飞	礼泉县爱卫办	全国爱国卫生先进个人	全国爱卫会	全爱卫发[2012]3号
刘承德	秦都区古渡街道办事处	全国科普行动计划先进个人	中国科协	科协发普字[2012]19号
朱丽华	咸阳市总工会	职工互助保障优秀工作者	中国职工保险互助会	中互字[2012]15号
刘亚庭	咸阳市特种设备检验所	陕西省先进工作者	省委、省政府	陕字[2012]22号
常亚琮	秦都区双照街道办事处消渡村	省级劳动模范	省委、省政府	陕字[2012]22号
王瑞鹏	陕西兴化集团有限公司机械安装公司检修班	省级劳动模范	省委、省政府	陕字[2012]22号
张育鸽	咸阳华润纺织有限公司细纱车间丁班	省级劳动模范	省委、省政府	陕字[2012]22号
郭桂绒	咸阳市殡仪馆业务办	省级劳动模范	省委、省政府	陕字[2012]22号
侯晓雯	西北二棉集团有限公司细纱车间丁班	省级劳动模范	省委、省政府	陕字[2012]22号
尹利萍	咸阳市公共交通总公司女子1路	省级劳动模范	省委、省政府	陕字[2012]22号
郑秀云	陕西咸阳杜克普服装有限公司西服厂上衣班	省级劳动模范	省委、省政府	陕字[2012]22号
王　磊	中国电信咸阳分公司客户支撑中心	省级劳动模范	省委、省政府	陕字[2012]22号
张玉梅	三原县福安纸箱加工厂销售科	省级劳动模范	省委、省政府	陕字[2012]22号
袁群练	陕西柴油机重工有限公司机加分厂23车间连杆工段	省级劳动模范	省委、省政府	陕字[2012]22号
蔡　松	陕西宏远航空锻造有限公司压力成型厂	省级劳动模范	省委、省政府	陕字[2012]22号
叶牛牛	中国人民解放军第五七〇二厂机械设备制造公司	省级劳动模范	省委、省政府	陕字[2012]22号
谢　萍	陕西华特玻纤材料集团有限公司拉丝二车间	省级劳动模范	省委、省政府	陕字[2012]22号
林满太	中国九冶建设有限公司机电安装工程公司钢构分公司	省级劳动模范	省委、省政府	陕字[2012]22号
任花花	中国工商银行咸阳市分行兴平市支行	省级劳动模范	省委、省政府	陕字[2012]22号
杨银娟	大唐渭河热电厂发电部	省级劳动模范	省委、省政府	陕字[2012]22号
薛群龙	华能陕西秦岭发电有限公司运行部	省级劳动模范	省委、省政府	陕字[2012]22号
孙　健	西安咸阳国际机场机电公司设备部	省级劳动模范	省委、省政府	陕字[2012]22号

续表2

姓　名	单　　位	称　　号	授予单位	授予文号
吕云霞	中铁一局集团物资工贸公司桥建二公司	省级劳动模范	省委、省政府	陕字[2012]22号
周耀芝	中铁二十局集团第五工程有限公司工程部	省级劳动模范	省委、省政府	陕字[2012]22号
张奉超	中铁一局集团建筑安装公司	省级劳动模范	省委、省政府	陕字[2012]22号
彭子平	中铁二十局集团电气化公司	省级劳动模范	省委、省政府	陕字[2012]22号
杨云刚	咸阳市杨仁疼痛医院	省级劳动模范	省委、省政府	陕字[2012]22号
杨海燕	礼泉县海燕聋哑特教学校	省级劳动模范	省委、省政府	陕字[2012]22号
王伍宝	陕西彩虹荧光材料有限公司	省级劳动模范	省委、省政府	陕字[2012]22号
刘武奎	大唐彬长发电有限责任公司	省级劳动模范	省委、省政府	陕字[2012]22号
邹　超	中铁一局集团第四工程公司	省级劳动模范	省委、省政府	陕字[2012]22号
孙小娟	三原玉圆食用菌专业合作社	省级劳动模范	省委、省政府	陕字[2012]22号
石兰兰	西北国棉一厂纺织股份有限公司	省级劳动模范	省委、省政府	陕字[2012]22号
李利涛	咸阳新阳光农副产品有限公司	省级劳动模范	省委、省政府	陕字[2012]22号
刘卫东	西部机场集团机场建设指挥部	省级劳动模范	省委、省政府	陕字[2012]22号
刘　峰	中铁二十局集团公司	省级劳动模范	省委、省政府	陕字[2012]22号
毛锁明	中铁七局集团公司	省级劳动模范	省委、省政府	陕字[2012]22号
严广劳	陕西彬长矿业集团有限公司	省级劳动模范	省委、省政府	陕字[2012]22号
王　斌	陕西奉航橡胶密封件有限公司	省级劳动模范	省委、省政府	陕字[2012]22号
张崇英	咸阳崇英足疗有限公司	省级劳动模范	省委、省政府	陕字[2012]22号
王四海	永寿县三联有机苹果专业合作社	省级劳动模范	省委、省政府	陕字[2012]22号
陈永成	长武县地掌镇庵里村果业专业合作社	省级劳动模范	省委、省政府	陕字[2012]22号
张长江	彬县龙高镇徐家村兴农食用菌合作社	省级劳动模范	省委、省政府	陕字[2012]22号
赵　哲	咸阳苏绘民间手工工艺精品专业合作社	省级劳动模范	省委、省政府	陕字[2012]22号
杜　辉	渭城区北杜镇北里村	省级劳动模范	省委、省政府	陕字[2012]22号
王亚妮	淳化县方里镇徐村	省级劳动模范	省委、省政府	陕字[2012]22号
王建军	泾阳县王桥镇社树村	省级劳动模范	省委、省政府	陕字[2012]22号
李海水	兴平市丰仪镇丰仪村	省级劳动模范	省委、省政府	陕字[2012]22号
李邦靖	旬邑县张洪镇原底社区西头村	省级劳动模范	省委、省政府	陕字[2012]22号
裴小静	兴平市阜寨镇南佐村	省级劳动模范	省委、省政府	陕字[2012]22号

续表3

姓　名	单　　位	称　　号	授予单位	授予文号
鱼丽萍	咸阳市第一人民医院精神内科	省级劳动模范	省委、省政府	陕字[2012]22号
刘晓华	咸阳博物馆研究室	省级劳动模范	省委、省政府	陕字[2012]22号
赵文学	咸阳市住建局墙改与建筑节能办公室	省级劳动模范	省委、省政府	陕字[2012]22号
高记平	咸阳市彩虹学校	省级劳动模范	省委、省政府	陕字[2012]22号
刘晓明	陕西省泾惠渠管理局	省级劳动模范	省委、省政府	陕字[2012]22号
雷义民	中国兵器工业第二〇三研究所	省级劳动模范	省委、省政府	陕字[2012]22号
魏　铭	陕西省石头河水库管理局	省级劳动模范	省委、省政府	陕字[2012]22号
王晓荣	西北一棉纺织有限公司细纱车间乙班赵梦桃小组	全省创先争优优秀共产党员	省委	陕字[2012]39号
呼秀珍	咸阳道北中学	全省创先争优优秀共产党员	省委	陕字[2012]39号
党军昌	兴平市公安局刑警大队	全省创先争优优秀共产党员	省委	陕字[2012]39号
王建军	泾阳县王桥镇社树村	全省创先争优优秀共产党员	省委	陕字[2012]39号
康彬彬	永寿县农牧局	全省创先争优优秀共产党员	省委	陕字[2012]39号
白　凯	咸阳市中心医院	全省创先争优优秀共产党员	省委	陕字[2012]39号
姬新县	陕西移动公司咸阳分公司	全省创先争优优秀共产党员	省委	陕字[2012]39号
钟选良	中铁二十局集团青荣项目部	全省创先争优优秀共产党员	省委	陕字[2012]39号

旬邑县工商行政管理局
淳化县养老保险经办中心
淳化县招商局

市级文明单位(44个)

市军队离退休干部服务管理中心
市中级人民法院
陕西彬长大佛寺矿业有限公司
市人力资源和社会保障局
秦都区食品药品监督管理局
咸阳市特种设备检验所
市地震局
市扶贫开发办公室
陕西迅通电梯有限公司
中国农业银行股份有限公司咸阳渭阳路支行
陕西沣禾苑文化产业有限公司
中铁二十局集团有限公司咸阳基地管理处
市住房公积金管理中心渭城管理部
兴平市教育局
陕西广播电视大学咸阳分校兴平工作站
陕西高速公路服务有限责任公司武功服务区分公司
武功县人口和计划生育局
武功县公安局交通警察大队车辆管理所
乾陵管理处
乾县统计局
中国邮政储蓄银行礼泉县支行
中国农业银行股份有限公司礼泉县支行
陕西省地方电力(集团)有限公司礼泉县供电分公司史德供电所
中国邮政储蓄银行泾阳县支行
泾阳县太平中心卫生院
泾阳县环境保护局
三原县人民检察院
三原县工业发展局
陕西省天然气股份有限公司西安分公司义和分输站
永寿县社区服务管理中心
咸阳公路管理局永寿县公路管理段
永寿县地方税务局监军镇税务所
彬县国土资源局
彬县环境监察大队
彬县商贸大厦
长武县农牧局
长武县水利局
长武县公安局交通警察大队
旬邑县果业服务中心
旬邑翠屏热力有限公司
旬邑县物价局
淳化县人力资源和社会保障局
淳化县地方税务局
淳化县物价局

市级文明机关(12个)

市委党史研究室
市人民防空办公室
市外事与接待办公室
秦都区审计局
兴平市档案局
三原县委宣传部
乾县财政局
泾阳县委办公室
礼泉县文体事业局
永寿县委办公室

彬县总工会
旬邑县人大常委会办公室

市级文明校园(20个)

秦都区马庄中学
秦都区钓台中学
渭城区周陵镇陵召中心小学
渭城区底张镇底张中心小学
兴平市赵村镇初级中学
武功县南仁初级中学
礼泉县建陵中心小学
礼泉县东庄中心小学
礼泉县实验中学
泾阳县中张中学
泾阳县中等卫生职业技术学校
三原县龙桥中学
三原县陵前镇中心小学
永寿县店头镇中心小学
永寿县永太镇车村中学
彬县实验小学
彬县龙高中学
长武县彭公中学
长武县昭仁中心校
淳化县石桥中心小学

市级文明村镇(24个)

秦都区马庄镇
兴平市庄头镇
武功县大庄镇
礼泉县烟霞镇
三原县陂西镇
三原县新兴镇
彬县太峪镇
彬县城关镇
彬县香庙镇
长武县昭仁镇
长武县洪家镇
旬邑县马栏镇
淳化县固贤镇
渭城区窑店街道办事处刘家沟村
渭城区渭阳街道办事处团结村
兴平市庄头镇北于村
泾阳县安吴镇雒仵村
泾阳县三渠镇挡驾桥村
泾阳县王桥镇木梳湾村
永寿县渠子镇五龙头村
长武昭仁镇尧头村
长武县彭公镇孝席村
旬邑县马栏镇阳坡头村
旬邑县土桥镇沟东村

市级文明社(小)区(12个)

咸阳供电局玉泉西路小区
秦都区渭阳西路街道办事处秦宝社区
奥林匹克花园小区
国润翠湖小区
渭城区文汇路街道办事处联盟二路社区
渭城区渭阳街道办事处长庆石化社区
武功县皇嘉花苑小区
礼泉县城市新区小区
三原县城关镇水津社区
陕西景颐物业公司乾县分公司乾唐锦绣小区
彬县紫薇花城小区
长武县建苑社区

城乡共建精神文明先进集体(18个)

市委办公室
市政府办公室
市委组织部
市委宣传部
市委政策研究室
咸阳日报社
市双创办
秦都区人口和计划生育局
兴平市财政局
礼泉县地方税务局
武功县长宁镇人民政府
泾阳县财政局
泾阳县烟草专卖局
三原县国土资源局
永寿县国家税务局
彬县县委农工部
长武县地方税务局
淳化县烟草专卖局

未成年人思想道德建设先进单位(19个)

市人大常委会办公室
市委政法委
市直机关工委
市老干部工作局
市科学技术协会
市广播电视台
秦都区关心下一代工作委员会办公室
渭城区妇女联合会
兴平市妇女联合会
武功县普集镇中心小学
泾阳县妇女联合会
三原县精神文明建设指导委员会办公室
礼泉县仓房巷小学
乾县广播电视台
永寿县关心下一代工作委员会办公室
彬县教育局
共青团长武县委
旬邑县教育局
淳化县教育局

公民思想道德建设先进集体(27个)

市纪委机关(监察局)
市政协办公室
市委统战部
市总工会
市委党校
咸阳职业技术学院
市信访局
市政务信息办公室
市统计局
市档案局
市交警支队
市文学艺术界联合会
市红十字中心血站
市城市客运管理处
秦都区委宣传部
渭城区文汇路街道办事处
兴平市委宣传部
武功县委宣传部
泾阳县精神文明建设指导委员会办公室
三原县委组织部
乾县养老保险经办中心
礼泉县精神文明建设指导委员会办公室
彬县县委宣传部
长武县烟草专卖局
长武县文体旅游局
旬邑县文体旅游局
淳化县国家税务局

“创选评”竞赛活动

(一)市级“创选评”竞赛活动
1. 最佳单位(15个)
市地方税务局
市交通运输局
市财政局
市民政局
市审计局
市住房和城乡建设规划局
市城市建设管理局
市公安局

市卫生局
市文物旅游局
市环境保护局
中国移动咸阳分公司
市水利局
市国家税务局
市烟草专卖局
2. 优秀单位(22 个)
陕西省地方电力(集团)有限公司咸阳供电分公司
市农业局
中国电信股份有限公司咸阳分公司
咸阳供电局
市司法局
中国工商银行股份有限公司咸阳分行
市人口和计划生育委员会
中国农业银行股份有限公司咸阳分行
市招商局
中国建设银行股份有限公司咸阳分行
市国土资源局
中国联合网络通信集团有限公司咸阳分公司
市食品药品监督管理局
市气象局
市邮政局
市粮食局
市商务局
中国银行咸阳分行
陕西广电网络传媒有限公司咸阳分公司
市质量技术监督局
市养老保险经办处
市文化广电新闻出版局
(二)系统“创选评”竞赛活动
1. 最佳单位(35 个)
市疾病预防控制中心
秦都区地方税务局
三原县民政局
旬邑县人民检察院
旬邑县公安局
咸阳公路管理局
淳化县水利局
三原县人民法院
泾阳县发展改革局
乾县烟草专卖局
西北一棉纺织股份有限公司
市工商行政管理局秦都分局
三原县国家税务局
市市政重点工程建设指挥部办公室
渭城区农林局
中国电信咸阳沣渭分公司
兴平电力局
市医疗保险基金管理中心
中国工商银行咸阳分行人民西路支行
三原县人口和计划生育局
永寿县招商局
中国建设银行咸阳分行七彩阳光支行
永寿县国土资源局
长武气象局
武功县邮政局
咸阳市医药总公司
陕西广电网络传媒(集团)长武支公司
市计量测试所
秦稷粮业科技集团公司
彬县司法局
中国人保财险咸阳市分公司电子区支公司
中国人寿保险股份有限公司咸阳市杨凌支公司
兴平市审计局
市城市管理综合执法局应急综合执法队一中队
市市直机关房管处
2. 优秀单位(40 个)
彬县环境保护局
三原县地方税务局
泾阳县民政局
渭城区人民检察院
武功县公安局
市公共交通总公司
市妇幼保健院
市政府采购中心
彩虹宾馆
市水利工作队
秦都区人民法院
礼泉县发展改革局
彬县烟草专卖局
陕西方圆实业集团股份有限公司
三原县工商行政管理局
礼泉县住房和城乡建设局
旬邑县国家税务局
陕西省地方电力(集团)有限公司乾县供电分公司
市路灯管理处
泾阳县农林局
中国电信彬县分公司
咸阳供电局物资供应公司
市人才交流中心
中国工商银行咸阳分行渭阳中路支行
市计划生育协会
中国农业银行股份有限公司三原县支行
旬邑县招商局
中国建设银行咸阳分行人民路支行
淳化县国土资源局
市食品药品稽查支队
淳化气象局
长武县邮政局
市人民商场商贸有限公司
陕西广电网络传媒(集团)永寿支公司
市文化市场综合执法支队
武功县粮食局
泾阳县司法局
中国人保财险咸阳市分公司营业部
中国人寿保险股份有限公司泾阳支公司
市林业站

精神文明建设先进个人(124 个)

罗三友　周买利　田宝平　刘　峰
王玲利　李　宏　郝　裴　郑立宁
陈岚岚　高国勇　张　丹　张　倩
郭倍汝　李新龙　宋广朝　王　欣
刘　婷　刘　菲　杨众凯　冯　炜
段雅乐　王正旺　王　峰　赵　锋
金　立　韦震海　王　静　刘锋国
殷向阳　包　伟　贺朝阳　郭聪娟
归文哲　王　健　任建谋　王国栋
白　泉　鲁东省　王　葆　高言国
孙　静　潘　亮　边江亭　乔义平
杨彬杰　李安鸿　惠　明　王锋锋
赵月利　田　瑜　牛海峰　刘建合
宋宏祥　王杰利　范琦轩　谢　娜
梁　军　梁存东　韩　芸　王　瑜
马　刚　刘峰鸽　白　茹　张润权
林　泉　寇晓维　曹成民　张　勋
康党兴　田耀辉　尚宏民　解志敏
张向科　王　婷　杨　博　韩渭鸿
李民生　刘亚庭　秦青梅　陈　辰
郃小云　柯玉宏　杨　涛　段继银
邢红梅　赵青民　王　萍　张文华
崔再莉　魏宏库　赵　雪　何　颖
李　论　李　宾　史芬荼　赵　飞
郑　策　成倩盟　贾卫荣　赵展望
祁　轩　刘军安　郑景涛　王碧峰
张建军　刘鹏菲　周晓茹　王润平
陈　新　陈群娥　陈新社　李　鹏
杨显峰　张鹏勃　王泾水　肖文锋
魏宝民　马宽仁　段　镇　井志刚
赵小军　刘亚平　纪　宏　曹晓荣

关中—天水经济区

西安市

经济概况 2012年,西安市经济发展保持稳中求进的增长态势。实现生产总值4369.37亿元,同比增长11.8%。其中第一产业增加值195.59亿元,增长6.0%;第二产业增加值1893.79亿元,增长11.8%;第三产业增加值2279.99亿元,增长12.2%。全社会固定资产投资完成4243.43亿元,增长26.6%。全市民间投资完成2116.3亿元,同比增长36.8%,成为支撑全市投资稳定增长的主力。万元生产总值能耗降低3.51%,万元生产总值二氧化碳排放降低3.8%。五大主导产业实现增加值2276.38亿元。地方财政一般预算收入396.96亿元,同比增长24.6%。外贸进出口总额完成130.14亿美元,增长3.3%。居民收入水平稳步增长,城镇居民人均可支配收入29982元,农村居民人均纯收入11442元,分别增长15.4%和16.9%。物价总水平基本稳定,居民消费价格指数上涨2.8%。

固定资产投资 西安市2012年全社会固定资产投资4243.43亿元,比上年增长26.6%。其中,全市固定资产投资(不含农户)4165.99亿元,增长27.0%。在全市固定资产投资中,第一产业投资99.34亿元、增长37.5%,第二产业投资671.92亿元、增长38.9%,第三产业投资3394.73亿元、增长24.6%。全年房地产开发投资1281.90亿元、增长28.6%,商品房销售面积1538.91万平方米、增长-13.4%。全年新增固定资产1765.05亿元,增长28.8%。商品房竣工面积1063.70万平方米,增长68.6%。

工业经济 2012年,全市规模以上企业完成工业总产值4023.14亿元,同比增长15.1%;完成工业增加值1144.29亿元,同比增长13.0%;完成工业固定资产投资578.17亿元,同比增长44.9%;净增规模以上工业企业80户,超出全年目标任务40户;新增世界500强、国内500强企业9家,一期投资70亿美元的三星电子项目成功落户。全市393个工业项目争取中、省财政扶持资金5.68亿元,创历史新高。央企、省企、民企进市工作首战告捷,共签订工业项目52个,总投资838.55亿元。全年组织实施各类技术创新计划项目789项,总投资28亿元。再次入选中国城市信息化50强。全市非公有制经济实现增加值2245.75亿元,占GDP比重51.4%,名列全省第一。

农业经济 2012年,全市农业稳定发展,实现增加值195.59亿元,增长6%。粮食生产实现"九连丰",全年粮食总产192.54万吨,蔬菜总产277.8万吨,水果总产93万吨,肉、蛋、奶总产分别达到15.17万吨、13万吨和66.64万吨。启动实施扶贫开发20个整村推进项目,解决6万人脱贫问题。农业产业化进程逐步加快,规模以上农产品加工企业160家,农产品加工销售企业年销售收入210亿元。全市建成各类农业园区290个,组织实施农业科技创新项目30个,新建农业标准化示范基地13个,建成乡镇或区域农产品监管站159个。农业基础设施得到加强,改造中低产田5266.67公顷,发放农机具购置补贴资金6990万元,补贴各类农机具21486台(件),粮食生产综合机械化水平75%。新建户用沼气池8610口。农村改革发展取得新成效,全市累计流转土地2.84万公顷,农民专业合作经济组织516个,其中新增53个。

商贸经济 2012年,全市实现社会消费品零售总额2236.06亿元,同比增长15.5%。继续推进"万村千乡市场工程"、"镇超工程"、"家电下乡"等,全年共建设标准化农家店297个,镇超工程超市5家,销售冰箱、彩电等家电下乡产品37.5万台、10.05亿元,财政补贴兑现金额1.26亿元。招商引资成果丰硕,全市实际利用外商直接投资24.78亿美元,同比增长23.6%;实际引进内资额1201亿元,同比增长17.3%。扎实推进"放心早餐工程"、"惠民肉菜进社区"、"放心豆制品工程"等便民、惠民工程,全市放心早餐设立网点1100多个,设立蔬菜进社区直销网点376个,放心豆制品设立销售网点234家。2012年被确定为全国第三批肉类蔬菜流通追溯体系建设试点城市。

旅游业 2012年,西安市接待海外游客115.35万人次,同比增长15.08%;接待国内游客7863万人次,同比增长20%。旅游业总收入654.39亿元,同比增长23.43%。在央视投放西安旅游广告,拍摄7集专题宣传片,在全国217家电视台播出。开展以"接力世园·乐游西安"为主题的系列大型宣传活动,发放价值150余万元的景区门票和优惠券;举办以温泉、踏青、赏花等为主题的"幸福生活天天游"系列活动。针对暑期客源市场,组织本市主要景区以近2000万元的优惠幅度,分别举办暑期幸运学生游西安和八个景区暑期半价游活动,通过全球50余家知名网站、社交平台集群发布等手段,使游客数量增长30% ~ 50%。规范旅游市场秩序,加大旅游市场治理力度,游客满意度排名从全国第37位提升至第14位,获"2012中国十大特色休闲城市"、"2012最佳绿色会议目的地城市"称号。

交通邮电业 全年货物运输总量4.49亿吨,比上年增长14.5%;货物运输周转量595.87亿吨千米,增长14.3%。旅客运输总量3.62亿人次,增长5.3%;旅客运输周转量338.74亿人千米,增长4.8%。年末全市机动车保有量160.82万辆,比上年末增长13.2%,其中,私人汽车保有量139.96万辆,增长15.0%。全年邮政业务总收入9.58亿元,比上年增长7.9%;电信业务总收入116.23亿元,增长12.8%。年末全市固定电话用户311.02万户;移动电话用户1803.54万户,其中3G移动电话用户394.97万户。

对外经济 2012年,西安市对外经济保持平稳较快发展态势。实际利用外资24.78亿美元,同比增长23.6%;实际引进内资1201亿元,同比增长17.3%,三星电子项目落户西安。先后组团参加十六届西洽会、第111届广交会、中美城市经济和合作投资会等活动,招商引资规模进一步扩大。全市外贸进出口总额完成130.14亿美元,高新、机电产品占全市出口总额的66.9%,外贸出口基地等产业聚集区进出口突破100亿美元。先后与天津、青岛、连云港口岸办签署《跨区域合作框架协议》,口岸工作取得积极进展。全年对外承包工程、外派劳务营业额16.77亿美元,同比增长23.7%;期末在外人数6483人;新设境外投资企业24家,协议投资总额8.78亿美元。炎兴科技、交大博通、西北发电运行集团等三家企业获"2012年中国服务外包100强企业"称号。全市承接国际服务外包离岸合同金额5.45亿美元,同比增长40.46%。

科技发展 2012年,西安市实现技术市场交易额300.19亿元,同比增长47%;科技研发投入222.8亿元,实现高新技术产业产值2010亿元,较上年增长17.8%。全年发明专利申请量1.26万件,实施科技创新和科技产业化项目118项。建设农业科技示范园(基地)11家,培育农业科技示范户151家,累计为科技企业融资6.11亿元。科技大市场实现入网设备3026台套,为企业提供加工、检测等共享服务2303次,加盟企业和机构10304家,组织实施重点节能减排和节水型社会建设示范项目7项。制订《西安市现代服务业创新发展示范城市建设实施方案》,支持曲江新区、高新区等13个重点项目,推动现代服务业创新发展。出台《西安市建设国家级文化和科技融合示范基地规划》,在动漫设计、文化创意等领域遴选一批重点项目予以扶持,文化和科技融合产业发展实现新突破,被授予"国家级文化和科技融合示范基地"称号。制定出台《西安市知识产权战略纲要》,被国家知识产权局列为首批29个国家知识产权示范城市之一。

文化产业 2012年全市实现文化产业增加值334.68亿元,可比增长30.6%,超额3.6个百分点完成省考目标,文化产业占生产总值的比重为7.7%,提高1.2个百分点。组织参加深圳文博会、西部文博会等展会,积极推介西安市优势项目。规范统计口径,按照国家统一部署,扩大文化产业统计范围,规范各区县的统计口径,做到应统尽统、不遗缺漏报,为省考任务的顺利完成提供全面翔实的数据统计和梳理分析。

体制改革 2012年,西安市继续深入推进重点领域和关键环节制度建设,深化体制改革。制定《关于加强工程建设项目招标投标和标后管理工作的暂行规定》,将所有政府投资项目统一纳入招投标平台,全面推进远程网上招投标,促进招投标工作公开透明。政务服务中心建设进一步规范,全市11个区县、7个开发区、132个镇(街道)、1578个村(社区)建立政务(便民)服务中心,四级政务服务体系基本形成,提升政务服务和便民服务水平。市属厂办大集体改革工作任务基本完成。中省企业公安移交工作全面完成,分六批与40户中省企业签署移交协议,移交干警703名。将西安方欣食品有限公司、市汽车客运总公司、市十九粮贸有限公司等32户企业代管的非经营性资产划归西安华衡实业发展有限公司管理;将市天然气总公司部分非经营性资产划转西安城投集团下属物业公司管理;将省纺织品公司所属中纺站家属区非经营性资产划转给西安纺织新区管委会列入纺织城统一规划改造。改制重组后的8家渣土车新公司全部挂牌运营,渣土车改制重组工作圆满完成。

五项重点工作 2012年,西安市将渭北工业区建设、汉长安城遗址保护、秦岭北麓生态环境建设、"八水润西安"工程、公路交通枢纽建设作为事关全局的"五项重点工作",进行重点推进。渭北工业区开发建设领导小组及其办公室以及高陵装备工业组团、阎良航空工业组团、临潼现代工业组团三个管委会正式挂牌,全年三个组团共申报省市共建大西安专项资金项目15个,总投资157.4亿元。加快水、电、路、气、通信等基础设施建设,渭北大横线项目开工建设,总投资193亿元的38个重点项目集中开工。成立西安市汉长安城国家大遗址保护特区建设领导小组,组建相关开发建设公司。《秦岭北麓西安段保护利用总体规划》颁布实施,浅山区保护利用工作全面启动。完成《大秦岭西安段生态环境保护规划(2011~2030)》和《大秦岭西安段保护利用总体规划(2011~2030)》的报批审查,编制完成大秦岭主要道路入口节点方案及秦岭标志系统的设计。开展对乱采乱挖、乱搭乱建、乱排乱放、乱砍滥伐等违法行为的专项执法检查。着力打造秦岭保护示范工程,完成长安区乔村、团结村,户县蔡家坡村为代表的沿山村庄城乡统筹朵丽农村模式规划等工作。"八水润西安"工程完成《八水润西安规划》编制,并通过市委、市政府审查,将实施"571028"工程(即规划布局5引水、7湿地、10河系、28湖池),确保到2020年达到"八水润西安"的目标。启动国道绕城连接工程、G108及S107一级公路改建工程。其中，国道绕城连接工程——G310 西安过境公路已完成项目规划、工可、施工图设计等上报审批工作，11 月底已动工；G108 一级公路改建工程已完成立项、工可批复及环评手续，施工图设计、预算及土地审批等手续待批；S107 一级公路改建工程已取得项目环评批复，工可研报告省厅已审查。编制《西安市公交都市建设示范工程实施方案》等规划。城南客运站投资 5479.5 万元，主站楼竣工并投入运营。纺织城客运枢纽投资 5200 万元，客运大楼主体顺利封顶。

统筹城乡 2012 年，西安市积极推进“规划一体、产业协同、资源共享、服务均等”进程，统筹城乡发展工作取得实效。开发区“一区多县区”、“多区一县区”的对口支持格局基本形成，开发区与行政区融合发展持续深入。产权制度改革力度加大，全市已完成农村集体土地所有权确权颁证 7780 户。总长 610 公里、连接 10 个区县的农村公路二级网化工程全线贯通，成为全省第一个农村二级公路全覆盖的城市，基础设施向农村延伸取得突破性进展。城乡生产要素互动提升，投向“三农”的财政资金 91.11 亿元，各项基金 31.24 亿元；商业银行、农村信合、村镇银行等金融机构全年累计贷款近 63 亿元；全年实现 20.94 万有条件农民进城落户，向二、三产业转移农村劳动力 93.3 万人，加速西安国际化大都市转移农民市民化进程。作为省市试点的高陵县，积极探索农村养老保险、城镇居民养老保险、城镇职工养老保险的“三合一”新型社会养老保险体制，进行农村土地承包经营权、农村集体建设用地和农村房屋产权抵押贷款试点，在全省乃至西北地区率先实行县级行政区设立街道办事处的机构改革，提升城乡发展一体化水平。

政府职能转变 2012 年，西安市严格落实依法行政责任制，强化政府服务、绩效评估和行政问责，行政行为进一步规范。自觉接受人大及其常委会的依法监督和政协的民主监督，认真听取民主党派、工商联和无党派人士的意见，办理人大代表建议 381 件，政协提案 653 件。继续深化行政审批制度改革，全市四级政务服务体系基本建成，行政审批和服务事项实现集中办理、限时办结，群众满意度进一步提高。政务公开深入推进，在 45 个市政府部门、直属机构开展部门预算公开。认真落实“一岗双责”，加大审计监察力度，整治行业不正之风，政府廉政建设和反腐败工作扎实有效，查处一批违法用地、违规执法和乱收费等问题。

重要决定及举措 实施 10 件惠民实事。分别是：缓堵保畅工程，建设改造 13 座人行过街设施；缓解停车难，开建 8992 个停车位；放心食品工程，继续完成放心粮油店创建、新建“群众厨房”馒头加工销售网点，实施放心豆制品工程，发展社区蔬菜直销点；改善中小学幼儿园就学条件，全部解决农村中小学取暖问题；解决低收入家庭住房困难，建 10 余万套保障房和棚户区改造房；提升城市供热能力，新增供热面积 550 万平方米；农村饮水安全工程，解决 35.5万农村人饮水安全；整治规范渣土车运营秩序，渣土车限时限速限路线管理；加快农村道路改造，建设农村村内道路 192 千米；建立 PM2.5 监测和防治体系，新增 2 个、完善 6 个监测点。截至 2012 年底，市委市政府向市民承诺的 10 件惠民实事全面完成，如期兑现承诺。

社会事业 2012 年，西安市社会事业稳步发展，教育、文化、卫生等惠民工程财政投入加大。市本级下达各级各类财政性教育专项资金 20.53 亿元，比上年增长 34%。其中市级资金 9.16 亿元，保障全市教育改革和发展各项工作的顺利实施。在新城、碑林、莲湖、雁塔 4 个区开展大学区管理制改革试点，共有 283 所学校组建成为 72 个大学区。制定出台民办学校“小升初”招生改革办法，有力遏制“奥数班”乱象，群众对教育的满意度明显提升。启动实施 139 所义务段标准化学校建设项目，投入 5065 万元用于 63 所学校建设项目，已开工 32 所学校。全市运营的政府配备校车 124 辆，惠及 3 个区县、36 所学校、7390 名学生。全市建成农家书屋 1005 个、提前 3 年实现行政村农家书屋全覆盖，农村电影放映工程扩大到 3096 个行政村，实现全覆盖。为全市 8 个乡镇综合文化站、5 个社区文化中心、33 个社区文化室、176 个农村文化室配送活动器材。市图书馆全年接待读者 50 万人，开通免费移动阅读平台。西安市非遗博物馆正式对公众开放，建立市级非物质文化遗产数据库，命名 38 名第二批市级非遗项目代表性传承人，6 人入选省级名录。全年完成农村基层医疗卫生机构基础设施建设投资 2139 万元，建设 3 所乡镇卫生院和 365 所村卫生室，配备基本医疗设备 3151 台件，完成村卫生室清理整顿工作。31 所社区卫生服务中心创建成为市级示范社区卫生服务中心，碑林区柏树林和未央区汉城社区卫生服务中心获“全国示范社区卫生服务中心”称号。对 1244 家民办医疗机构按照卫生部的标准重新进行核准，吊销医疗机构执业许可证 10 家，停业整顿 127 家。63 个国家和地区 2814 名运动员参加西安城墙国际马拉松赛，参赛国家和人数创历届之最。新建市级农民体育健身工程 760 个、社区全民健身路径 50 个，更新 50 个。实施省级农民体育健身工程 104 个、社区全民健身器材配送工程 45 个、乡镇农民体育健身工程 2 个。2012 环中国国际公路自行车赛始发城市活动圆满举行；西安市运动员彭飞代表中国摔跤队参加 2012 年世界青年摔跤锦标赛，夺得铜牌。

劳动就业和社会保障 2012 年全市城镇新增就业 12.41 万人，农村劳动力转移就业 93.33 万人，城镇登记失业率为 3.49%，控制在年目标任务 4.5% 以内。城镇企业职工基本养老保险扩面 235476 人，完成省考指标的 210.35%，连续五年居全省第一。城镇基本医疗保险参保率 98%，超过省考指标 3 个百分点。截至年底，全市参加职工基本养老保险、城乡居民养老保险、医疗保险、失业保险、工伤保险和生育保险人数分别达到 241.63 万人、246.93 万人、413.15万人、139.84 万人、133.47 万人和97.19万人。及时妥善解决三星项目等境外人员就业参保问题,在西安市尚属首次。社会保险待遇水平稳步提高,企业退休人员月人均养老金1879元,高于全国平均水平;将西安市最低工资标准从860元/人·月调整为1000元/人·月。将职工大额医疗补助引入商业保险,开展工伤保险费率浮动工作,调整失业保险待遇。全市参加养老保险(含城镇职工基本养老保险、城乡居民社会养老保险、机关事业单位养老保险)515.97万人,比上年度末增加18.6%。

地铁建设 全年完成投资58.5亿元,其中一号线26亿元、二号线16亿元、三号线14亿元、四号线试验段2.5亿元,比省、市年初下达的考核任务超额完成23.8亿元,连续五年超额完成投资考核任务。地铁一号线顺利实现"洞通"、"轨通"、"电通"目标,全线58个出入口和38组风亭分别完工42个和31组,设备安装及车站装修基本完成,单体设备调试全面启动。二号线南段4座车站主体结构全部封顶,区间隧道贯通。三号线全面开工建设,12座车站已进入主体结构施工。四号线试验段开工建设。全年二号线总客运量5911.64万人次,日均16.15万人次,运行安全平稳,运行计划兑现率和列车正点率分别达到99.98%和99.84%。全年共实现总收入2.53亿元,其中票务收入1.33亿元,基本实现收支平衡。

城市建设与环境保护 2012年,西安市城建投资计划共安排维护和建设项目102项(类),投资总规模235亿元,其中市本级投资规模为100亿元。城市轨道交通项目一号线、二号线南段、三号线一期、四号线试验段进展顺利;东门里过街地下通道等11处人行过街设施建设投入使用;全市新增绿地面积142.6万平方米,新建街头小绿地广场39个,完成屋顶绿化145处、绿化面积16.8万平方米、拆墙透绿14362延米、垂直绿化12.3万延米。编制《西安市缓解城市交通拥堵三年行动方案(2012~2014)》,全年累计下达四批次147处交通拥堵点改造计划,完成西延路等65项道路和交叉口改造,以及丈八北路科技一路丁字口等64处公交港湾改造。在高新四路等路段施划公交专用道43.8千米。全年共开工建设公共停车位8992个。完成13家企业、35台燃煤锅炉共384蒸吨燃煤锅炉关停或拆炉并网工作。7月1日起向社会发布PM2.5监测研究性数据,设备运行良好。第四污水处理厂二期等7家污水处理厂建成投运,4家污水处理厂完成提标改造工程,污水处理能力相比上年增加22.5万吨/日。环境空气质量优良天数为290天,与上年持平。下发《西安市渭河水污染防治三年行动方案(2012~2014)》,治污项目建设取得进展。43家国控、省控工业企业中,已有35家达到《黄河流域(陕西段)污水综合排放标准》要求,达标率为81.4%。城市饮用水源水质达标率100%。完成6家造纸企业的关闭退出任务。秸秆禁烧再次实现"零火点"目标。对城中村和城乡结合部环境安全集中整治,捣毁取缔土炼油、废旧塑料颗粒加工、小电镀等非法污染企业250家,拆除燃煤设施31台,切实改善区域环境质量。

(《西安年鉴》编辑部)

宝鸡市

经济概况 2012年,全市实现生产总值1409.87亿元,比上年增长15.1%。其中,第一产业增加值143.26亿元,增长5.7%;第二产业增加值932.65亿元,增长18.7%;第三产业增加值333.96亿元,增长9.5%。按常住人口计算,全市人均生产总值37778元。非公有制经济增加值698.69亿元,占全市经济总量的比重49.56%。全年居民消费价格比上年上涨2.3%;商品零售价格上涨2.1%。全年实现财税总收入172.99亿元,比上年增长14.1%。财政总收入159.28亿元,增长16.0%,其中地方财政收入64.85亿元,增长26.1%。全年国税收入91.98亿元,增长12.5%;地税收入44.37亿元,增长7.8%,两税合计136.35亿元,增长10.9%。全年财政支出203.53亿元,比上年增长24.3%。其中:教育支出53.93亿元,增长43.7%;农林水事务支出32.14亿元,增长31.6%;城乡社区事务支出11.08亿元,增长31.9%;社会保障和就业支出23.87亿元,增长5.4%;医疗卫生支出15.78亿元,增长13.3%;住房保障支出10.61亿元。

农业 2012全年农林牧渔及农林牧渔服务业完成总产值239.97亿元,比上年增长5.7%。其中,农业产值128.34亿元,增长5.7%;畜牧业产值93.43亿元,增长5.4%。全年粮食播种面积33.75万公顷,比上年增长0.6%;油料播种面积1.23万公顷,比上年下降5.3%。粮食总产量153.59万吨,增长7.8%。其中,夏粮总产83.59万吨,增长8.0%,秋粮总产70.0万吨,增长7.5%。油料总产2.20万吨,比上年下降2.8%。全年畜牧业生产形势良好,主要畜牧业产品产量增加,畜禽存栏保持稳定。全年园林水果总产量122.75万吨,比上年增长3.5%。其中,苹果产量66.01万吨,增长3.2%;猕猴桃产量45.39万吨,增长10.0%。全年蔬菜产量120.10万吨,增长6.7%。全年水产养殖面积3029公顷,比上年增长3.0%,水产品产量7077吨,增长2.1%。农用机械总动力225.20万千瓦,比上年增长7.6%。大中型拖拉机1.52万台,增长10.9%;小型拖拉机3.53万台,增长11.6%。农田有效灌溉面积16.0万公顷,其中高效节水灌溉面积4.38万公顷。

工业和建筑业 2012全年全部工业增加值771.07亿元,比上年增长20.0%,其中规模以上工业企业实现增加值690.61亿元,增长22.6%。年末共有规模以上工业企业446户,其中年内新增64户。全年规模以上工业企业完成总产值1934.69亿元,增长22.0%。其中国有企业771.90亿元,增长22.3%;集体企业5.59亿元,下降20.1%;股份合作企业2.81亿元,下降15.8%;股份制企业974.27亿元,增长23.1%;外商及港澳台商投资企业160.70亿元,增长11.6%;其他经济企业19.42亿元,增长

19.2%。轻工业产值415.32亿元,增长19.6%;重工业产值1519.37亿元,增长22.7%。在规模以上工业中,八大支柱产业完成工业总产值1906.74亿元,增长21.9%。其中:有色冶金工业695.88亿元,增长32.2%;装备制造业482.27亿元,增长5.3%;食品工业294.17亿元,增长19.2%;能源化工工业220.99亿元,增长32.3%;非金属矿物制品业96.08亿元,增长23.5%;计算机、通信和其他电子设备制造业68.97亿元,增长20.4%;纺织服装工业31.44亿元,增长18.4%;医药制造业16.93亿元,增长32.6%。全年全社会建筑业增加值161.58亿元,比上年增长16.3%(按现价计算)。全市四级以上总承包、专业承包及劳务分包建筑企业115户,完成建筑业总产值286.37亿元,增长48.2%,实现利润22.67亿元,增长54.6%,其中总承包和专业承包一级资质企业12户,完成建筑业总产值169.4亿元,下降8.7%。

固定资产投资 2012年,全社会固定资产投资1311.69亿元,比上年增长30.1%。其中固定资产投资1212.05亿元,增长31.0%;农户投资47.88亿元,增长5.6%;跨市区项目投资51.76亿元。固定资产投资按产业分:第一产业投资87.25亿元,增长1.38倍;第二产业投资532.29亿元,增长24.6%;第三产业投资592.51亿元,增长30.5%。全年房地产企业开发投资75.88亿元,比上年增长4.4%。商品房施工面积523.86万平方米,比上年增长13.5%,其中新开工面积237.94万平方米,增长39.0%。商品房销售面积220.53万平方米,增长4.1%,其中住宅209.57万平方米,增长3.0%。全年完成保障性住房投资73.69亿元,实施保障性安居工程在建项目207个,比上年增加67个,其中新开工项目132个,本年竣工项目95个。全年新开工保障性住房45708套,完成年度目标任务的112.9%,年内竣工保障性住房26935套,完成年度目标任务的103.6%。

国内贸易 对外经济和旅游 2012全年社会消费品零售总额409.93亿元,比上年增长15.6%。按经营地分,城镇消费品零售额368.83亿元,增长15.5%;乡村消费品零售额41.10亿元,增长16.0%。按消费形态分,商品零售额366.71亿元,增长16.3%;餐饮收入额43.22亿元,增长9.8%。限额以上批发零售、住宿餐饮企业实现消费品零售额151.70亿元,比上年增长21.1%。其中,餐饮收入8.0亿元,下降3.6%;商品零售额143.70亿元,增长22.9%。从限额以上企业商品零售额主要类别看:吃类商品13.57亿元,增长22.7%;穿类商品16.07亿元,增长20.9%;日用类商品3.53亿元,下降1.3%;石油及制品32.64亿元,增长16.8%;汽车类9.90亿元,增长1.4%;娱乐体育类0.29亿元,增长20.6%。全年外贸进出口总额7.45亿美元,比上年下降9.4%。其中,出口5.52亿美元,增长10.7%;进口1.93亿美元,下降40.4%。全年签订利用外资项目8个,实际到位资金6015万美元。其中市区项目2个,到位资金234万美元。全年共接待国内外游客2750万人次,比上年增长31.0%,其中境外游客25.3万人次,增长25.0%。实现旅游综合收入176亿元,增长33.0%。宝鸡市荣登“2011中国旅游百强城市排行榜”第74位。全市现有各类旅游景区(点)48个,其中人文景区27个,自然景区21个。全市A级旅游景区(点)26个,其中国家4A级旅游景区5个,3A级旅游景区13个,2A级旅游景区7个,1A级旅游景区1个。全国工、农业示范点5个。年末国内旅行社43家,星级宾馆饭店36家。太白县黄柏塬水利风景区被命名为国家级水利风景区,法门寺文化景区获“中国传统建筑文化旅游目的地”称号。

交通和邮电 2012年,全市境内公路总里程15003千米,公路密度82.7千米/百平方千米(含村公路)。全年公路旅客运输量9999万人,比上年增长4.0%,旅客运输周转量26.7亿人千米,增长4.8%;货物运输量8933万吨,增长15.6%,货物运输周转量95.9亿吨千米,增长18.1%。全市共有营运载货车辆21468辆,营运客车6174辆,其中出租汽车3169辆。全市共有27个出租车公司,44个汽车租赁公司。年末民用汽车保有量16.99万辆,比上年增长6.4%。其中:载客汽车12.89万辆,增长14.9%;载货汽车2.32万辆,下降21.0%;其他汽车1.78万辆,下降1.6%。全年邮电业务总收入23.18亿元,比上年增长17.2%。其中:邮政业务收入2.63亿元,增长14.3%;电信收入20.55亿元,增长17.6%。年末全市固定及移动电话用户总数387.39万户,其中:固定电话64.49万户,移动电话322.9万户。电话普及率103.67部/百人。互联网用户35.9万户。

金融 证券和保险业 2012年末,全市金融机构人民币各项存款余额1450.84亿元,比年初增加230.02亿元,增长18.8%。其中城乡居民储蓄存款余额910.64亿元,比年初增加146.78亿元,增长19.2%。年末,全市金融机构人民币各项贷款余额633.10亿元,比年初增加113.26亿元,增长21.8%。其中短期贷款余额246.56亿元,比年初增长21.4%;中长期贷款362.90亿元,增长19.8%。埠外银行投放宝鸡贷款余额95.09亿元。年内引进招商银行宝鸡分行和西安银行宝鸡分行两家银行业机构。年内新增小额贷款公司4户,年末共有11家小额贷款公司,注册资本金6.1亿元,贷款余额6亿元。年内中邮证券宝鸡营业部、中信建投宝鸡营业部先后开业,全年证券市场各类证券成交额480.94亿元,比上年下降15.3%。其中,基金、股票成交额429.28亿元,下降22.2%。年末共有保险公司32家,其中财险公司17家,寿险公司15家。实现保费总收入32.29亿元,比上年增长10.5%。其中:财产险保费收入7.36亿元,增长15.2%;寿险保费收入23.67亿元,增长8.1%;健康和意外伤害险保费收入1.26亿元,增长35.5%。全年各类赔款与给付支出7.68亿元,增长3.2%。其中:财产险赔款支出3.87亿元,增长26.9%;人身险赔款与给付支出3.81亿元,比上年下降13.2%。保险深度(保费收入/GDP)2.29%,保险密度(保费收入/总人口)865.23元/人。

教育和科学技术 2012年末共有普通高校和成人高校6所,招生1.33万人,在校学生3.91万人;普通高中57所,招生2.79万人,在校学生8.73万人;职业高中及中等职业学校34所,招生1.97万人,在校学生5.54万人;普通初中160所,招生3.92万人,在校学生12.63万人;普通小学757所,招生3.24万人,在校学生20.39万人。共有幼儿园337所,入园人数5.48万人,在园幼儿9.2万人,其中学前班幼儿3.74万人。特殊教育学校2所,招生46人,在校学生132人。全年组织争取国家、省科技项目118项,争取资金10835万元。其中,国家"863"计划和国家重点新产品计划等项目35项,争取资金6652万元;省科技统筹创新工程、特色科技产业基地建设项目等科技项目83项,争取资金4183万元。实施市级科学技术研究发展计划和重大科技专项计划项目102项,其中重大科技专项项目53项,科学技术研究发展项目49项。全年专利申请量1400件,专利授权量799件,其中发明专利申请量358件,发明专利授权量120件。全市技术合同登记额12.2亿元。

文化 卫生和体育 2012年末共有艺术表演团体12个,群众文化馆13个,公共图书馆13个。农村乡镇文化站106个,农家书屋1714个,数字农家书屋130个,为1425个村、166个社区配送农村文化器材。民间文艺团队1547个。非物质文化遗产保护中心13个,艺术科研机构1个。艺术表演场所3座。"春雨工程"志愿者边疆行活动被文化部表彰为示范项目。年末有市级广播电台1座,电视台1座,县区级广播电视台10座。全市电影放映机构21个。全市共有各类文物保护点3939处。其中国家重点文物保护单位12处,省级文物保护单位94处,县级文物保护单位252处。全市馆藏文物5万多件(组),等级以上珍贵文物10719件,其中国家一级文物374件,二级文物1303件,三级文物9042件,被誉为"青铜器之乡"。全市共有医疗卫生机构2816个(含1833个标准化村卫生室),其中:医院85所,乡镇卫生院171所,社区卫生服务机构76家,疾病控制机构和卫生监督机构27所,妇幼保健机构13所。卫生人员2.66万人,其中卫生技术人员1.96万人(执业医师0.55万人,执业助理医师0.14万人,注册护士0.68万人,其他医技人员0.59万人)。床位1.85万张,其中医院1.24万张,卫生院0.35万张。全年孕产妇和婴儿死亡率分别为16.82/10万和8.29‰,儿童免疫规划接种率99.57%,规范管理高血压病人22.38万人、糖尿病人3.40万人,重型精神病人3343例。甲类传染病无发病,乙类传染病报告发病率为213.77/10万,丙类传染病报告发病率328.86/10万。全市48所二级以上医院全部开展临床路径试点工作,共有92个病种6千余例患者进入路径管理。全市先后承办全国大学生男女柔道锦标赛、全国女子足球联赛宝鸡赛区(第二站和第六站)比赛、全国"羽林争霸"2012红牛城市羽毛球赛(宝鸡站城市赛)、全国"元老杯"足球邀请赛、凤县"铁棋仙迹"全国象棋公开邀请赛、全国航空动力伞邀请赛、中国西部地区空竹邀请赛等7项全国性比赛和陕西省青少年田径、篮球、拳击、柔道、皮划艇、赛艇、射箭、游泳等8项锦标赛暨省十五运会年度赛,在省内外产生较大影响。组织748名运动员参加省十五运会项目18个,取得金牌226枚、总分9425.1分,实现金牌、总分全省双第一。市游泳跳水馆开工建设,截至年底完成投资4600万元。开工建设市游泳训练馆,市射击射箭中心,工程完成施工前期设计、施工单位、监理单位招标。举办市十运会年度赛,13个县区2334名运动员参加18个大项的比赛。举办5期社会体育指导员培训班,培训社会体育指导员1000余名,其中二级500多人。全民健身活动取得新突破。全年实施农民体育健身工程128个,社区健身路径工程31个,建成乡镇健身广场12个,争取国家体育总局"雪炭"工程1个(麟游县)、"四个一"工程1个(扶风县),投资500多万元建成市五环体育公园,投资300多万元正在建设滨河健身长廊。

人民生活和社会保障 2012年末全市常住人口373.67万人。全年人口出生率为9.63‰,死亡率为6.15‰,人口自然增长率为3.48‰。全年城镇新增就业5.8万人,争取就业资金2.1亿元,城镇登记失业率控制在3.26%以内。全年农民工总数为90.16万人,其中本地农民工36.93万人,外出农民工53.23万人。全年劳务输出技能培训17.5万人。实现免费就业创业培训5.3万人,宝鸡市荣膺创业先进市称号,市人社局被评为全国就业工作先进单位。全年城镇居民人均可支配收入25777元,比上年增长15.4%,剔除价格上涨因素实际增长12.8%。城镇居民人均消费性支出17499元,增长14.6%。农民人均纯收入7373元,增长16.3%,剔除价格上涨因素实际增长12.9%。农民人均生活消费支出5934元,增长12.6%。城镇居民人均住房建筑面积31.71平方米;农村居民人均住房面积33.0平方米。年末城镇职工养老保险参保51.94万人,城镇职工医疗保险参保52.03万人,失业保险参保32.19万人,工伤保险参保35.77万人,生育保险参保23.44万人。年末城乡居民养老保险参保150.28万人,城镇居民医疗保险参保49.20万人,参保率96.3%。全市参加农村合作医疗267.07万人,平均参合率98.85%,新农合基金补助436.5万人次,其中住院补助38.23万人次,大病救助农合基金补助4319人次。年末全市社会福利院3个,光荣院3个,共有福利床位1991张,收养各类优抚、"三无"对象1096人。儿童福利机构2个,床位435张。全市收养孤儿734人,其中集中供养315人。救助站11个,救助人次数8069。婚姻登记机构9个,登记结婚28182对,离婚3742对。殡葬管理、服务机构8个。社区指导、服务中心13个,社区服务站161个。全市共有80947名城市居民、190509名农村居民享受政府最低生活保障补贴。农村养老服务机构77个,床位4646张,6589名农村五保户得到政府救济,其中集中收养3211人。全市医疗救助42014人次，其中城市4027人次，农村37987人次，民政部门资助参加新合作医疗11263人次。建立实施临时救助，共有8593户得到帮助，优抚对象享受抚恤补助总人数22147人。全面贯彻落实《中国农村扶贫开发纲要（2011～2020）》，启动实施国家秦巴山和六盘山片区区域发展与扶贫攻坚规划，深入持续突破西山，加快以北部乔山地区、南部秦岭山区和西部关山山区三大区域为重点的连片特困地区扶贫开发。全年共实现7.465万农村贫困人口脱贫。

城市建设 2012年末城市道路长度489千米，人均道路面积15.2平方米，路灯总盏数5.68万盏。城市公交营运车辆751台，运营线路40条，线路总长度510千米，年客运量2.03亿人次，万人拥有公交车辆11标台。城市集中供热普及率83.2%；城市居民用气总户数31.1万户，燃气普及率98.75%；城市水管网总长665千米，用水普及率100%；建成区绿化覆盖率45.12%，绿地率38.04%，人均公园绿地面积13.4平方米。

环境 资源和安全生产 2012全年化学需氧量排放量4.99万吨，比上年削减4.2%，二氧化硫排放总量4.22万吨，削减13.2%。市区空气质量二级和二级以上天数为315天，占全年监测天数的86%。市区饮用水源地水质达标率为100%，市区污水处理率93.4%，垃圾无害化处理率100%。全年用水量7.13亿立方米，比上年增加10.9%，其中：生活用水量1.46亿立方米，比上年增加17.7%；工业用水0.84亿立方米，比上年增加9.1%；农业用水4.83亿立方米，比上年增加9.3%。实施渭河综合整治，新修加固堤防88.4千米；治理水土流失面积7925.2平方千米，占水土流失面积的65.7%。全年退耕还林、天然林保护、防护林工程等林业重点工程造林2.80万公顷，其中人工造林1.20万公顷，封山育林1.07万公顷，飞播造林4000公顷。森林资源得到全面有效保护。全民义务植树935万株，育苗面积1211公顷。森林公园接待游客62.5万人次，森林旅游综合收入4230万元。全市森林覆盖率53.78%。宝鸡市耕地保有量543.92万公顷，基本农田保护面积32.90万公顷。全年投资沟道造地1446.67公顷。年末全市境内共有矿产地202处，发现各类矿种资源45种，其中列入陕西省矿产资源储量表的矿种26种，矿区94处，已探明矿产资源储量潜在价值列全市前三位的矿种有：水泥用灰岩、磷、煤。全市共有各类采矿企业338户，共设置探矿权87个，全年勘察投入1.55亿元，勘察登记总面积2616平方千米。全年全市共发生安全生产事故1612起，比上年上升6.5%，死亡181人，上升0.56%。其中道路交通事故死亡166人，与上年持平，火灾无死亡人员，工矿商贸死亡13人，与上年持平。

招商引资 2012年，市委、市政府把招商引资摆在全市工作的首要位置，逢会必讲招商引资、检查必看招商项目、重大招商活动市委、市政府主要领导必参加。市委书记、市人大常委会主任唐俊昌，市长上官吉庆多次带队赴外地招商，对重点客商登门拜访，始终将招商引资作为加快发展、转型突破的“一号工程”、“一把手工程”，从2012年起对15个市级部门和县区政府强化检查考核，将招商引资到位资金的考核分值由过去占招商引资工作总分值的30%提高到80%；出台一系列极具含金量的招商引资优惠政策，制定许多支持措施，并安排3000万元财政专项资金用于重点项目、重大项目的政策扶持和奖励，修订完善投资环境保障工作责任书，实行定期通报、专项督查和跟踪问效，力度之大前所未有，以此全力打造最佳投资环境，确保广大投资者放心投资、安心发展。结合宝鸡“十二五”规划和关天经济区发展规划，市上2012年共筛选征集120个招商引资重点推介项目，涉及工业、基础设施、能源化工、文化旅游、农业等七大类，总投资2068.71亿元，并确定年内招商引资任务为合同引资700亿元、到位资金480亿元。同时，在招商对象上向选商转变，在招商方式上向专业、定向、定点转变，在招商载体上向提升园区综合承载功能转变，在招商考核上向关注项目资金到位率、经济发展贡献率、就业增加率、生态环保、科技含量和市场竞争转变，在招商政策上从单纯让税让利向优化投资发展环境转变。市上先后策划举办“宝鸡·东莞外商企业合作交流会”、“宝鸡·无锡招商项目合作座谈会”、“百名企业家进凤翔恳谈会”、“深港企业家走进宝鸡”、“旅欧陕西专家联谊会宝鸡行”等各类招商活动45场次；市县区各级主要领导带队外出103（批）次，先后组织200余户企业分赴全国各地开展投资促进与项目对接活动。全年全市共完成招商引资项目869个。其中，投资5.6亿元的1800吨钨钼棒丝技改项目、全国500强企业新希望六和投资8.6亿元的肉鸡产业化项目、投资10亿元的今麦郎面粉挂面项目，以及农夫山泉三期、居然之家、联想集团等一批知名企业落户。完成合同引资额超过1600亿元，创历史新高。

宝鸡千湖国家湿地公园开园 陕西省第一个国家湿地公园宝鸡千湖国家湿地公园7月10日开园，由陕西省旅游局、陕西省林业厅、宝鸡市人民政府主办的“宝鸡文化旅游节·千湖国家湿地公园开园典礼暨全国航空动力伞邀请赛”在千阳县举行。千阳县境内的千湖湿地是西北最大的内陆湿地，依托陕西境内最大的冯家山水库上游的湿地资源优势而建成，总面积573.2公顷。公园以河流湿地特征为主，集河流湿地、库塘湿地、沼泽湿地特征于一体，是典型的黄土高原湿地。湿地保护区内有陆生脊椎动物5纲27目47科174种，其中湿地鸟类14目24科81种，水禽41种。市县先后投资1亿多元，在湿地公园内建起湿地水生植物园、门户区、鸟类观赏区、秦风民俗园和纸坊湾风景区、亲水湾等旅游景点，年接待游客10多万人次。2011年，又被国家林业局命名为国家湿地公园，成为陕西省第一个国家湿地公园。此次以“走进千湖湿地，畅游人文宝鸡”为主题的“宝鸡文化旅游节·千湖国家湿地公园开园典礼暨全国航空动力伞邀请赛”，为期5天。

游客除了观赏动力伞比赛、航空飞机表演等外,还可与大自然零距离接触,感受千湖青山绿水、碧波荡漾的迷人景色,欣赏八大棍表演、剪纸、刺绣等非物质文化遗产项目的展示,体验湿地户外拓展训练乐趣,晚上还可在公园内参与篝火晚会、观赏盛世龙腾灯展。

宝鸡金台观道文化景区一期建成开园 5月27日,金台观道文化景区(一期)正式建成开园。全国政协常委、中国道教协会会长任法融出席开园仪式并讲话。市长上官吉庆宣布金台观道文化景区开园。金台观修建于元末明初,具有明清道教建筑风格的金台观,处闹市之中,占地20万平方米,因张三丰在此居住而名闻天下。金台观是历史遗存最为完整的道教古建筑群,见证着宝鸡的沧桑巨变,延续着城市的历史文脉,承载着市民的深厚感情。在宝鸡市文化旅游产业大发展的新形势下,借北坡大搬迁的重大机遇,金台区按照"保护文物、弘扬文化、改善民生、优化环境"的原则,启动实施金台观道文化景区建设工程。使"金阁流霞、雁鸶云霄"的神奇景观再现于世人面前。景区一期工程的结构框架为"一主轴、二次轴、七片区":一主轴是指南北主台阶轴;二次轴指东西两门连接的道路次轴和生态健身广场与多功能广场之间的健身休闲轴;"七片区"指主轴线上道观主景区、景区入口处的水景文化区、主轴线以东的生态健身区、西侧多功能广场区、景区主轴线东南的古玩博览区、主轴以东的三叠崖自然景区和园林风景休闲区。二期工程建设将围绕金台观道文化景区中金台阁展开,设有浓缩道教文化的展览厅、省内唯一的道教学院以及供游人登高望远的楼阁,建成后的金台阁高115米,将成为宝鸡市地标性建筑。副市长丁琳在致词中说,金台观道文化景区工程,既是传承历史、延续文明的一项文化复兴工程,也是提升城市品位、改善民生的一大民心工程。景区的建成开园,将进一步彰显"金阁流霞"、"晨钟暮鼓"的独特旅游景观,对进一步提升宝鸡文化旅游的知名度和影响力具有重要的意义。

宝鸡荣膺全国双拥模范城七连冠 2月27日,在北京召开的全国双拥模范城命名暨双拥模范单位和个人表彰大会上,宝鸡再次获"全国双拥模范城"称号。至此,宝鸡市已经连续7次获得"全国双拥模范城"称号。宝鸡历届市委、市政府高度重视双拥工作,多年来坚持走军民融合式发展之路。2008年以来,全市先后投资近2亿元,支持部队建设,改善驻军单位办公、执勤、训练和周边交通环境;全面落实优抚政策,严格执行优待对象、优待金额、兑现程序"三公开",实行优待金发放"直通车",切实做好各项安置工作。市上不断深化双拥共建,军地齐心共建的文明村镇、文明行业等,成为宝鸡政治文明、物质文明、精神文明及生态文明建设的亮点;不断创新拥军方式,打造一批"部队添战斗力、企业增生产力"的企业双拥工作和经济效益同步提升的典范。同时,驻宝部队发挥自身优势,从改善群众生产生活条件入手,在村庄道路建设、人饮工程、村容村貌整治等方面进行重点帮扶;积极参与各项重大活动安保、消防工作,配合公安机关缉毒打黑、开展城市巡逻,充分发挥生力军和突击队作用。

(宝鸡市地方志办公室　邓拴岐)

铜川市

经济概况 全年实现生产总值282.92亿元,增长15.8%,增速居全省第一位。其中,第一产业实现增加值19.47亿元,增长6.3%;第二产业实现增加值186.43亿元,增长19.4%;第三产业实现增加值77.02亿元,增长10.5%。人均生产总值33701元,较上年增长15.6%。三次产业结构由上年的7.4∶63.7∶28.9调整到6.9∶65.9∶27.2。

工业经济 全市规模以上工业实现增加值157.69亿元,增长21.6%,高于上年2.6个百分点。工业品产销率98%,主要工业产品原煤产量3029.74万吨、增长26.3%,水泥1948.66万吨、增长40.1%,水泥熟料1076.43万吨、增长24.7%,发电量65亿千瓦时、增长2.9%,电解铝23.04万吨、下降1.4%。全市规模以上工业企业主营业务收入434.9亿元、增长35.6%,实现税金22.2亿元,增长23.8%。

农村经济 坚持把"三农"工作作为重中之重,认真落实各项强农惠农政策。全年财政支农资金9.78亿元,增长42.4%。7个园区被确定为省级现代农业园区,实现区县全覆盖。伊利集团在陕西第一个标准化养殖示范场——铜川伊利万头奶牛基地项目开工建设。5个省部级标准化示范养殖场创建任务全面完成,规模化养殖率70%。粮食生产实现"九连丰",总产24.4万吨。新栽鲜干果经济林8000公顷,总面积14.47万公顷,其中水果面积6.33万公顷,总产67万吨,优果率83%。肉、蛋、奶产量分别达到1.6万吨、1.61万吨和2.8万吨,分别增长4.3%、2%和1.5%。

服务业发展 大唐养生园完成投资5亿元,主要建设项目全面铺开,生态湖、主干道绿化亮化等工程完工。组建健康产业投资有限公司,健康产业园选址、规划、招商工作同步开展。建成中药材示范基地5个,全市种植面积5613.33公顷,较上年增加893.33公顷。积极引进西北农林科技大学生命科学院、安徽亳州新科药材种苗公司、西安华瑞生物工程公司等在铜川建立中药材科研、种植、加工基地。与陕文投、陕煤化集团共同出资组建陕西照金文化旅游投资开发公司,红色旅游名镇重点建设累计完成投资2.8亿元,其中照金纪念馆、群众安置小区等工程主体已完工。药王山、玉华宫、陈炉古镇景区基础设施和服务功能不断完善。成功举办第二届中国孙思邈中医药文化节,铜川的知名度和美誉度进一步提升。市财政安排1000万元专项资金用于扶持商贸服务业发展,精心组织实施"家电下乡"、"镇超工程"、"万村千乡市场工程"等项目。全年接待国内外游客680.5万人,实现旅游综合收入30.8亿元,分别增长24%和61%。全市文化产业实现增加值4.53亿元,增长34.4%,增速居全省第二位,全社会消费品零售总额62.5亿元，增长17.3%，增速居全省第一位。

固定资产投资 完成全社会固定资产投资201.81亿元，较上年增长38.3%，增速居全省第一位，较上年加快5.7个百分点。其中：房地产开发投资完成22.52亿元，增长10.6%。投资继续向传统优势行业和民生领域集中，全年第一产业完成投资15.58亿元，增长39%；第二产业完成84.83亿元，增长61.4%；第三产业完成101.39亿元，增长23.4%。

项目建设 全年实施重点项目115个，30万吨碳素、铭帝铝业深加工等32个项目开工建设，秦岭、凤凰日产4500吨水泥熟料生产线、耀旬二级公路等21个项目建成投运。重点项目完成投资130.65亿元，其中"科学发展双十行动"完成投资65.33亿元。董家河循环经济产业园被确定为全省循环经济试点单位和新型工业化产业示范基地，华能铜川电厂2×100万千瓦机组项目获得国家发改委核准，宜君油气勘探开发取得新进展。

财政金融 全年实现地方财政收入21亿元，同口径增长31.31%，增速居全省第三位；其中，各项税收12亿元，增长17.89%。全市财政支出72.4亿元，同口径增长21%。年末全市共有银行业金融机构7家，营业网点147家，从业人员2003人。金融机构各项存款余额350.87亿元，同比增长18.4%；各项贷款余额99.7亿元，同比增长9.4%。保险业实现保费收入5.86亿元，同比增长7.5%。

城乡建设 完成全市城乡一体化建设规划、中心城区空间发展规划、综合交通规划的编制工作。城乡基础设施完成投资13.2亿元。新区华夏南道、西环线、朝阳路辅道绿化工程已完工，德荣、油富等酒店开工建设。北市区道路和片区改造步伐加快。投资3.82亿元，实施城市景观改造、公厕改造、环卫设施建设三大类19项工程，拆除危旧建筑2.77万平方米，城市建成区绿化覆盖率42.63%，城镇化率60.44%。市污水处理厂提标升级改造工程完工，210国道沿线环境综合整治不断深化，国家卫生城市创建通过省级考核鉴定。宜君县获得全省县城建设先进县称号。黄堡省级重点示范镇建设累计完成投资5.28亿元。启动17个城中村改造、20个新农村示范村和20个扶贫开发整村推进项目。解决3.05万农村群众安全饮水问题。农村危房改造5085户，移民搬迁6600人，农村居民进城落户1.76万人。

招商引资 成功组团参加西洽会、农高会、厦洽会、陕粤港合作周等招商活动，全年签约项目148个，其中合同项目109个，涉及资金344.08亿元，134个项目已实施，到位资金114.77亿元，其中省域外资金54.5亿元，资金到位率居全省前列。与西安国际港务区签订《促进铜川开放型经济发展战略合作协议》。全年实现外贸进出口总额1241.6万美元，增长22.1%。

生态建设 实施绿化铜川五大工程376.4公顷，实现城乡绿化全覆盖。巩固提高省级园林城市创建成果，新增城市绿地75万平方米，新建改建公园9个。全年造林1.22万公顷，为年计划的114.4%。林业重点工程完成造林9133.33公顷，其中，天然林保护工程完成2533.33公顷，退耕还林1200公顷，三北防护林工程5400公顷。治理水土流失面积161.95平方千米，创建全国绿化模范城市通过省级预检，已上报全国绿化委员会评定。

交通运输 全市道路运输业呈现良好发展态势，累计完成客运量1667万人，旅客周转量63574万人千米，同比增长3.16%和4.21%；完成货运量3590万吨，货运周转量426918万吨千米，同比增长15.69%和17.83%。年末境内公路总里程4066.331千米，其中高速公路105.49千米，国道117.11千米，省道68.7千米。

节能减排 开展省级环保模范城市创建工作，率先在全省实施火电和水泥脱硝工程，改建清洁能源锅炉31台，向1万户困难居民发放冬季取暖补贴，全市单位GDP能耗下降3.62%，二氧化硫、化学需氧量、氨氮和氮氧化物排放量分别削减9.85%、3.95%、2.28%和3.97%，城市饮用水源地水质达标率98%，城市空气质量二级以上天数329天。

改革开放 铜变集团重组工作取得突破性进展，市物资开发公司、市陶瓷工业公司等企业完成改制，基本解决国有企业职教幼教退休教师待遇问题，处置企业金融债务3.08亿元。落实促进非公有制经济发展的政策措施，非公有制经济完成增加值132亿元，增长22%，占生产总值的比重47%。县级公立医院综合改革全面启动，区县公立医院医疗服务价格改革如期完成，药品"三统一"覆盖率100%，基本药物使用率98%以上。积极推进国库集中支付制度改革，市本级支出全部纳入集中支付管理，实现部门预算全覆盖，市级预算公开试点部门由9个扩大到20个。

科教事业 全市科技研发投入2300万元，是省上下达全年目标任务的2.3倍。全市共有民营科技企业88家，推广转化科技成果15个，专利申请受理183项，专利申请授权49项，其中发明专利10项。建成省级农业科技示范基地1个，建立市级科技示范基地5个。全年落实城乡义务教育经费保障机制改革资金1.23亿元。资助新录取的困难家庭大学生500名。为22所农村非寄宿制3千米以上的学校新建改建校园餐厅。建成26所公办幼儿园。筹措2000万元购置校车，在全省率先实现安全校车全覆盖。

卫生 城镇基本医疗保险参保率98.14%，新型农村合作医疗参合率97.36%，在全省率先完成四级新农合信息化平台网络建设，新农合政策范围内住院费用报销比例74.51%。实现全市门诊统筹全覆盖。年末全市共有各类卫生机构1001个,各类卫生机构拥有病床4621张。全市共有各类卫生技术人员4601人,其中,执业医师、执业助理医师2155人,注册护士2515人,卫生防疫和防治机构卫生技术人员198人,妇幼卫生机构卫生技术人员329人。全市共有乡镇卫生院34个,床位531张,卫生技术人员332人。年末全市常住人口84.08万人,人口出生率9.78‰,人口自然增长率3.62‰,基本实现计划生育便民全覆盖。

文化体育 安装广播电视户户通设备1.89万套,实现乡镇综合文化站、农家书屋全覆盖。在36个村实施农民体育健身工程,在10个社区实施社区体育器材配送工程。年末全市共有艺术表演团体2个,文化馆5个,文化站29个,公共图书馆5个;共有国家综合档案馆5个,国家专业档案馆1个,大型企业档案馆1个。全年举办市直机关第七届全民健身运动会、全市第八届中小学生田径运动会等17项大型体育竞赛活动,销售体育彩票2900万元。组团参加省年度运动会,共有253名运动员参加,取得13个第一名、22个第二名、27个第三名。

社会保障 城镇职工基本养老保险新增参保人数1.19万人,城乡居民一体化养老保险参保率98.4%,城乡居民养老保险提前实现从制度全覆盖向人群全覆盖的目标。城镇基本医疗保险参保37.5万人,群众住院报销比例处于全省较高水平;在全省率先出台城乡特困人员重特大疾病医疗救助办法。解决企业破产后新增退休人员基本医疗保险问题。全市矿山、建筑等高危行业企业全部参加工伤保险。完成高龄老人保健补贴扩面提标工作,5.34万名70岁以上高龄老人受益。实行残疾人生活补贴制度,惠及人群超过1.5万人。提高机关事业单位津补贴标准和退休人员生活补贴比例。

群众生活 全年用于保障和改善民生资金28.87亿元,实施民生工程项目584个,建成406个,一些民生工作走在全省乃至全国前列。城镇新增就业1.8万人,城镇登记失业率3.49%。城镇居民人均可支配收入21929元,名义增长16.8%,增速居全省第二位;农民人均纯收入7134元,名义增长17.4%,增速居全省第五位,分别高出全省平均水平1195元和1371元。落实各类社会救助资金2.18亿元,保障困难群众11万人。新开工保障性住房1.79万套,竣工2.11万套,新增租赁补贴户3010户,安置保障住房困难家庭1.01万户。可安置15万人的锦绣新城项目,已累计完成投资38亿元。全省保障性住房工作现场会在铜川召开,铜川市先后两次作经验交流。

安全生产 高度重视安全生产工作,强化重点行业和领域的安全监管,年度安全生产考核综合排名全省第二位。全市各类生产安全事故死亡46人,同比下降34.29%;受伤273人,同比上升18.70%;直接经济损失355.18万元,同比下降7.8%。工矿商贸企业共发生事故6起,同比下降14.29%;死亡6人,同比下降33.33%。非煤矿山、危险化学品、烟花爆竹等其他行业未发生事故。全年未发生较大以上安全事故。

社会管理 建成市级居家养老服务信息平台、1个城市社区日间老年照料中心和15个城市社区服务体系项目、44个农村社区服务中心。深入开展矛盾纠纷排查化解工作,实现“一控制、两下降”目标,是全省唯一的信访“三无”区县全覆盖市;在省“两会”、省党代会和党的十八大期间,全市实现零非访、零集访。三级社会管理服务平台和体系建设被评为全省社会管理十大亮点,红旗社区社会管理模式在全省推广。国防动员能力和民兵预备役建设水平不断提高。维稳处突能力有效提升,重大节庆活动安全有序,“平安铜川”建设深入推进,视频监控系统建设在全省率先完成,治安防控能力不断提高,群众安全感明显增强,被省综治委评为全省社会治安综合治理优秀市。

(铜川市政府办公室　郑升明)

渭南市

经济概况 2012年,渭南市实现生产总值1212.45亿元,比上年增长14.5%,增幅较全省平均水平提高1.6个百分点。其中,第一产业增加值180亿元,增长6.0%;第二产业增加值669.32亿元,增长19.6%;第三产业增加值363.13亿元,增长10.4%。人均生产总值22820元,比上年增长14.1%。一、二、三次产业结构为14.8∶55.2∶32.0。全年非公有制经济增加值553.62亿元,占生产总值的45.7%,比上年提升1个百分点。

农业 西部现代农业先行区建设初见成效,粮食、果菜、奶畜等特色农业标准化建设步伐加快。农业产业化水平进一步提高,新增省级现代农业园区9个、农民专业合作社681个,市级以上龙头企业发展到365家。全年实现农林牧渔业总产值318亿元,按可比价较上年增长6.1%。其中,农业产值221.81亿元,增长5.8%;林业产值6.26亿元,增长8.8%;畜牧业产值73.78亿元,增长5.7%;渔业产值2.51亿元,增长20.5%;农林牧渔服务业产值13.65亿元,增长11.6%。粮食生产在遭受严重病虫害的情况下实现平稳增长。全年粮食总播种面积52.16万公顷,较上年下降3.0%;粮食总产量224.34万吨,增长6.6%。其中,夏粮面积29.8万公顷,下降5.4%;产量112.71万吨,增长8.5%。秋粮面积22.36万公顷,增长0.4%;产量111.63万吨,增长4.8%。全市蔬菜面积7.41万公顷,产量214.29万吨,增长6.4%。水果面积16.58万公顷,产量282.03万吨,增长3.0%,优果率75%。设施农业加快发展,设施蔬菜面积2.88万公顷,占蔬菜总面积的38.9%;设施瓜类面积2.13万公顷,占瓜类总面积66.8%。在全省率先启动实施秦东大地园林化建设,以道路、河流水系、城镇、工矿单位、出入境口及景区、直观坡面等重点区域绿化为园林化建设的主要内容,全市造林3.42万公顷,较上年下降6.2%;育苗0.22

万公顷，增长37.9%；当年苗木产量9269.8万株，下降13.8%。四旁（零星）植树1353.55万株，增长3.4%；封山育林9.23万公顷，增长4.9%。全市花椒产量4.55万吨，增长18.1%；核桃1.55万吨，增长35.8%；板栗811吨，增长28.5%。以生产总量规模化、生产方式集约化、生产经营产业化为主要内容，开展现代畜牧业示范县镇村创建活动，全市建成市级现代畜牧业示范县3个、示范镇14个、示范村20个。畜牧业标准化规模养殖进程不断加快。投入财政引导资金1300万元，引导各类投资主体建设规模养殖场437个。全年创建畜禽标准化养殖示范场75个，其中农业部3个、省级12个、市级60个；澄城县百万头生猪养殖示范县建设通过省上验收。年内大牲畜出栏8.31万头，较上年增长3.5%，其中牛出栏8.27万头，增长3.5%，猪、羊、家禽出栏分别达到239.59万头、57.59万只、930.76万只，同比分别增长5.7%、2.4%、9.5%；年末大牲畜存栏28.39万头，较上年增长2.1%，其中牛存栏28.28万头，增长2.2%，猪、羊、家禽存栏依次为216.43万头、98.17万只、1132.61万只，分别增长2.7%、2.1%、9.9%。肉、蛋、奶20.62万吨、10.04万吨、37.83万吨，依次增长4.8%、2.7%、4.0%。2012年11月26日，渭南市政府与省农业厅签订渭南市《建设陕西现代畜牧业示范区合作备忘录》，并通过《建设陕西现代畜牧业示范区总体规划》，进一步加快全市畜牧业现代化进程。全市水产品产量2万吨，增长23.4%。全年农业机械总动力441.93万千瓦，增长4.8%，其中柴油发动机动力369.06万千瓦，增长3.9%，汽油发动机动力12.48万千瓦，增长11.7%，电动机动力60.26万千瓦，增长8.4%，其他机械动力0.13万千瓦，增长92.6%。农用化肥施用折纯量58.25万吨，增长14.7%；农膜使用量1229.62万公斤，增长5.7%。

工业 以国家级高新区为龙头的工业园区不断壮大，入园企业905户。中联重科、拓日新能、黄河矿业等一批装备制造、新能源企业快速成长，加快产业升级步伐。全年申报国家、省级工业技改项目63个，新增规模以上工业企业110户。全年全部工业实现增加值592.20亿元，比上年增长21.2%；其中规模以上工业企业完成增加值545.69亿元，增长22.9%。规模以上工业总产值1578.20亿元，比上年增长22.9%。其中，重工业1363.50亿元，增长21.9%；轻工业214.71亿元，增长29.3%。八大支柱产业完成工业总产值1541.45亿元，增长22.9%。其中，能源工业515.25亿元，增长28.7%，化工工业111.13亿元，增长37.1%；装备制造业92.45亿元，增长37.6%；有色冶金工业601.52亿元，增长14.3%；食品工业148.02亿元，增长33.3%；非金属矿物制品业57.77亿元，增长18.1%；纺织服装工业11.76亿元，下降23.7%；医药制造业3.54亿元，下降6.4%。在全市重点监控的30种工业产品中，有21种产品累计产量同比增长，9种产品累计产量同比下降。其中5种产品增速超过50%（瓷制砖147.0%、精甲醇131.6%、乳制品113.1%、电子元器件59.0%、洗煤58.8%）；5种产品降幅超过20%（布81.3%、交流电动机49.4%、机制纸及纸板30.0%、软饮料24.6%、金属轧制设备20.8%）。全市规模以上工业实现主营业务收入1450.96亿元，同比增长11.7%；实现利税69.51亿元，下降38.4%；实现利润24.79亿元，下降64.3%；亏损企业亏损额31.9亿元，下降122.3%。

建筑业 2012年，开展工程建设领域突出问题专项治理，加强建筑市场和建筑工程质量监管，2个建筑工程获省长安杯优质工程奖，创建省级文明工地10个。全年全社会建筑业增加值77.12亿元，比上年增长12.5%。全市有资质等级的建筑施工企业89个，完成建筑业总产值329.15亿元，增长11.2%；房屋施工面积1397.90万平方米，增长27.6%，房屋建筑竣工面积470.68万平方米，下降48%。

固定资产投资 2012年，全社会固定资产投资完成1172.21亿元，同比增长28.4%；其中固定资产投资完成1065.02亿元，增长32.6%。在固定资产投资中，第一产业完成投资61.47亿元，增长38.7%；第二产业完成投资478.28亿元，增长7.5%；第三产业完成投资525.27亿元，增长67.4%。以交通运输、仓储、邮政业、信息传输服务业、水利、环境和公共设施管理业为主的基础设施完成投资219.06亿元，增长54.1%，占固定资产投资完成额的20.6%。其中，水利、环境和公共设施管理业完成投资175.66亿元，增长48.6%；电力燃气水生产供应业完成31.50亿元，下降18.9%；卫生、社会保障和社会福利业完成7.03亿元，下降54.9%；公路交通建设完成29.63亿元，增长103.9%；电信和其他信息传输服务业完成2.53亿元，下降37.7%；居民服务和其他服务业完成6.02亿元，增长176.2%。全年商品房销售额87.88亿元，同比增长31.3%；销售面积257.17万平方米，增长7.0%。商品房销售旺盛，带动房地产开发投资较快增长，全年房地产业完成投资85.11亿元，增长24.8%。

公路运输 全年公路客运量13787万人，旅客周转量77.35亿人千米，比上年分别增长12.7%、11.0%；货运量12337万吨，货物周转量357.16亿吨千米，分别增长16.4%、18.4%。全年完成公路建设投资30亿元。韦（庄）罗（敷）高速公路征地拆迁工作顺利推进，控制工程全面开工，完成投资10.5亿元；G108国道渭南至大荔一级公路建设完成路基及桥涵工程总量的60%，完成投资4.3亿元；沿黄公路建设全面铺开；S304省道韩城至黄龙（渭南段）、S201省道黄龙至白水（渭南段）等一批公路改造项目开工，完成200千米县乡公路改造任务。

邮政通信 全年邮政业务收入2.68亿元，增长15.8%，邮政业务总量2.46亿元，增长21%。年末全市固定电话用户75.64万户，移动电话用户65.91万户，互联网宽带用户36.39万户，电信业务收入5.97亿元。

旅游业 少华山国家森林公园、潼关古城景区、“史记韩城·风追司马”文化景区、华山旅游综合开发等8个旅游重点项目建设稳步推进,2012年完成投资11.12亿元。全年接待国内外游客2512.08万人次,比上年增长23.18%;入选中国旅游百强城市,排列第79位。旅游综合收入155.54亿元,增长33.65%。

国内贸易和市场物价 通过举办购物节、“促消费月”等活动,不断促进产销衔接,活跃市场。深入推进“新网工程”建设,积极构建新的农村商品流通体系,形成农资经营、日用消费品经营、农副产品购销、再生资源回收利用、烟花爆竹归口经营五大经营服务网络。全年实现社会消费品零售总额318.62亿元,同比增长17.3%,增速列全省第一。城市实现零售额233.40亿元,增长19.8%,乡村实现零售额85.23亿元,同比增长10.9%。其中,限额以上实现零售额176.54亿元,增长32.7%;限额以下实现零售额142.10亿元,增长1.7%。国有粮贸企业经营状况好转,全年实现盈利430万元,在全省率先完成国有粮食企业经营性财务挂账核销和化解工作。全年居民消费价格总指数为103.1%。八大类价格指数中,食品类价格上涨4.3%,居住类上涨2.9%,医疗保健和个人用品类上涨3.8%,衣着类上涨4.4%,烟酒及用品类上涨4.0%,交通和通信类上涨1.4%,家庭设备用品及维修服务类价格上涨2.7%,娱乐教育文化用品及服务类下降0.5%。商品零售价格总指数102.9%,生产资料价格指数105.0%。

招商引资 着力推进以“央企省企民企进渭南”为重点的招商引资活动,中国海外投资集团等一批央企在渭南投资。全年共签订各类招商引资项目344个,项目总投资1293.1亿元。在建项目实际到位资金421.35亿元,增长27.72%。其中,新开工项目297个,实际到位资金213.96亿元;续建项目304个,实际到位资金207.39亿元。全市新批外商投资企业5户,合同利用外资3497万美元,实际利用外资6183万美元。

对外贸易 2012年,全市各月出口呈较快增长趋势,与上年相比,明显好转。全年实现进出口总额23329万美元,比上年增长34.2%。其中,出口14434万美元,增长7.6%;进口8895万美元,增长124%。加工贸易、外商投资企业用作投资进口的设备(物品)大幅增长,进口总额3101.4万美元,增长5.84倍。中国香港地区和日本、德国、美国为主要贸易伙伴。机电产品、农产品为主要出口产品,分别占全年出口总额的53.25%和28.3%。全年共为52家企业办理对外贸易经营者备案登记,年末全市拥有自营权的进出口企业共180家。进出口总值超亿元的企业1家,为1.01亿元,增长31.4%。

财政 实施国税地税联合办税及房地产税收一体化管理等多项征管措施,实现财政收入的较快增长。全年财政总收入105.78亿元,增长12%;地方财政收入55.06亿元,增长24.3%。坚持将新增财力的80%以上用于民生,全年民生支出完成197亿元,占财政支出的81.06%,增长24.68%。全年财政支出243.08亿元,增长23.2%。

金融保险 年末全市金融机构各项存款余额1347.73亿元,较年初增加216.09亿元,增长19.1%,其中储蓄存款余额876.43亿元,较年初增加138.43亿元,增长18.8%。金融机构继续严控高耗能、高污染、产能过剩行业贷款,支持科技创新、节能环保、战略性新兴产业、重大基础设施在建续建项目和企业技术改造;支持中小企业发展,10家银行与260余家中小企业签订贷款协议168.49亿元。年末金融机构贷款余额622.52亿元,较年初增加78.18亿元,增长14.4%,其中短期贷款263.48亿元,较年初增加45.06亿元,增长20.6%,中长期贷款301.50亿元,较年初增加6.44亿元,增长2.2%。全市保险业保费收入35.66亿元,比上年增加1.13亿元,支付赔款5.67亿元,同比多赔0.41亿元。其中,财产保险保费收入9.65亿元,赔付5亿元;人寿保险保费收入26亿元,赔付0.67亿元。

科学技术 2012年,全市共申报部省科技计划项目212项,立项82项,落实资金3202万元;安排市级项目76项,落实经费380万元。全年新建省级现代农业科技创业示范基地3个,累计有省级专家大院12个,省级农业科技创业示范基地9个。新增渭南秦亚印刷包装机械有限责任公司等高新技术企业5家,全市共有高新技术企业18家,实现工业总产值13.93亿元。征集市级科技奖项目37项,拟奖项目30项。全年专利申请量1049件,其中发明专利515件,实用新型专利339件,外观设计专利195件;专利授权量385件。大荔县天食食品有限公司的“一种复配型保鲜面食制品食品生产技术”申请PTC国际专利。

教育 新建改扩建一批公办幼儿园,3.5万名幼儿享受免费教育。开展控辍保学督查,小学未发现辍学现象,初中辍学率0.33%。继续开展普通高中标准化和示范学校创建工作,过半普通高中达到省级标准化要求。校舍安全工程目标任务全面完成,国家、陕西省累计投入资金15.67亿元,新建改扩建校舍面积147万平方米。年末全市有全日制高等院校1所,在校学生1.70万人;中等职业教育学校64所,在校学生5.5万人;普通中学368所,在校学生32.1万人;小学1175所,在校学生27.7万人;幼儿园1037所,在园幼儿16.2万人;特殊教育学校6所,在校学生440人。学龄儿童入学率99.81%,初中毕业生升学率97.84%。2012年高考文理两科类各批次上线人数继续处于全省前列,全市一批本科上线7582人,比上年增加1225人;二批本科上线18387人,增加2324人。全市2012年成人高等学校在校学生数2245人。

文化 积极实施公共文化服务惠民工程,全年组织有规模的文化活动289场次。艺术创作精品迭出。春节期间,与凤凰卫视联合拍摄的大型特别节目《正月里·渭南春来早》在凤凰卫视播出;大型秦腔现代剧《关中往事》、电影《清风碑》、广播剧《大学生村官》获陕西省第二届“五个一工程”奖;广播剧《老腔晋京》获中国广播剧协会专家委员会银奖。文化体制改革深入推进,渭南市被中宣部、文化部、国家广电总局、新闻出版总署评为“全国文化体制改革先进地区”,渭南市秦腔剧团有限责任公司、白水县雷牙乡南张村农家书屋被评为“全国文化体制改革工作先进单位”。年末全市共有艺术表演团体12个,从业人员629人,文化馆12个,文化站149个,艺术表演场馆12个。公共图书馆11个,藏书75万册(件)。市级无线广播电台1座,广播节目2套,市级无线电视台1座,电视节目3套;全市电视综合覆盖率99%,广播综合覆盖率98.9%,农村数字电影放映覆盖率100%。

卫生 总投资7.5亿元的市中心医院建设项目已竣工使用;投资2.73亿元的3个县级医院、6个乡镇卫生院、11个卫生监督机构、5个急救中心和302个村卫生室建设项目进展顺利,多已竣工投入使用。投入900余万元,为县、乡、村三级医疗卫生机构配置医疗设备。全面启动实施县级公立医院综合改革,实行“依需设岗、按岗聘用、合同管理”的全员聘用制。年末拥有卫生机构3882个,其中医院81个,社区服务中心(站)39个,卫生院187个;拥有床位数18147张,其中医院病床11479张,卫生院病床4992张。卫生技术人员21270人,其中医师5980人(执业医师4561人)。全市新型农村合作医疗参合人数405.24万人,参合率98.25%;全年合疗补助金额11.78亿元,个人报销封顶线提高到15万元。

体育 加强体育场地设施建设,共建成各类体育健身工程190个,投入资金1202万元。其中,农民体育健身工程159个,投资477万元;城市社区健身器材配送工程25个,投资200万元;乡镇体育健身工程3个,投资45万元;城市亮点工程2个,投资80万元;全民健身示范带工程1个,投资400万元。共实施体育场馆改造工程4个,总投资1570万元。选拔优秀体育苗子57名,培训二级裁判员80余人,审批二级运动员54人,新招聘教练员6名,市级各训练单位在训运动员280人,创建省级体育后备人才基地8个,5名队员入选国家队集训,其中赛艇运动员4名、游泳运动员1名。

水利 全市全年完成水利建设投资34.81亿元,超过“十一五”全市水利投资的总和。渭河综合整治工程完成年度投资22.65亿元,为全市最大水利建设项目。有效灌溉面积31.81万公顷,节水灌溉面积21.59万公顷,旱涝保收面积17.08万公顷,水土流失治理面积350.8平方千米,堤防长度493.23千米。已建成水库111座,总库容32329万立方米。已建成万亩以上灌区55处,有效灌溉面积27.16万公顷。冬春季和夏季相继发生严重旱情,全市开动一切水利设施全力抗旱,全年完成抗旱灌溉面积57.31万公顷,解决农村饮水安全人口49.51万人。水利供水工程总供水量14.63亿立方米,其中向农业供水9.91亿立方米,工业供水1.37亿立方米,城乡居民生活供水1.22亿立方米,城镇公共供水0.25亿立方米,生态环境0.10亿立方米,林牧渔畜1.78亿立方米。

城乡建设 2012年,渭南中心城市项目建设步伐加快,围绕“实施旧城改造、打通断头路、加大管网改造、推进集中供热、完善慢行系统、促进强弱电入地”等重点,共安排大城建项目123个,总投资465.5亿元,年度完成投资152.6亿元。小城镇基础设施不断完善和提高。韩城市龙门镇、华县瓜坡镇、富平县庄里镇、蒲城县孙镇4个省级重点示范镇全年完成投资4.6亿元,开展新区规划编制、征地、道路、排水、绿化、住宅小区等建设工作。另有15个建制镇开工建设住宅小区37个,完成投资16亿元。全年共争取到中央、省小城镇建设资金3.73亿元,推进小城镇的污水管网改造、农村危房改造和村庄道路建设。全年共开工各类保障性住房3.7万套,竣工2.78万套,累计完成投资68亿元,全面完成省上下达年度建设任务。

环境保护 环保工作成效显著,逐级签订目标责任书,夯实减排责任;狠抓治污设施建设,一批重点减排项目完成投运;积极推进结构减排,关停淘汰一批落后产能;加大督查预警力度,有力地促进减排工作整体推进。依据国家标准测算,2012年渭南市区环境空气质量共监测366天,达标天数310天,达标率86.0%。其中优64天、良246天、轻微污染44天、轻度污染10天、中度污染2天。2012年渭南市区二氧化硫年平均浓度0.033毫克/立方米,比上年下降2.9%;二氧化氮年平均浓度0.042毫克/立方米,上升2.4%;可吸入颗粒物年平均浓度0.100毫克/立方米,同比持平。三项污染指数年均值均达到国家标准要求。2012年渭河潼关吊桥出境断面化学需氧量、氨氮平均浓度分别为18、2.073毫克/升,比上年分别下降18.2%和41.4%。

安全生产 加强交通、煤炭、烟花爆竹、建筑等重要行业的安全监管力度,层层落实监管责任,在重要时段、重要节点开展6次安全大检查,落实源头控制和过程控制,有效减少一般事故,遏制较大事故,杜绝重特大事故发生,促进全市安全生产形势的稳定好转。全年共发生各类安全生产事故1466起,较上年下降6.98%;死亡223人,下降7.47%;受伤344人,下降36.53%;经济损失1847万元,下降9.73%。全年安全生产目标责任制考核再次名列全省第一,受到省政府的通报表彰。

“平安渭南”创建 扎实开展“打黑除恶”等各类专项行动,形成对违法犯罪的强大威慑。多措并举,潼关、韩城矿区、临渭城区3个治安重点地区及21个治安混乱地区和突出治安问题得到有效整治。各级财政投资1.5亿元,加快“853”工程建设(用3年在全省构建起以街面巡逻防控网、城乡社区防控网、单位内部防控网、实时视频监控网、区域边界查控网等8张防控网络为构架,

“信息化预警机制、实战化勤务机制、扁平化指挥机制、长效化保障机制”等5项机制为保障的新型社会治安防控体系)，打、防、管、控一体化的新型社会治安动态防控体系基本建成，顺利通过省上验收。深化平安创建活动，加大平安宣传力度，基层群众平安建设知晓率、参与率不断提高。2012年公众安全感测评较上年提高1.45个百分点，达到89.44%，全省排名稳步提升。

人口和人民生活 据年度人口抽样调查，年末全市常住人口532.10万人，人口出生率9.62‰，死亡率6.17‰，自然增长率3.45‰。全市城镇居民人均可支配收入21808元，增长16.2%；人均消费性支出13738元，增长11.6%；人均住房建筑面积36.74平方米，增长1.9%。农民人均纯收入6602元，增长18.5%；人均消费性支出5494元，增长22.2%；人均住房建筑面积35平方米，增长3.2%。年末全市城镇职工养老保险参保40.01万人，失业保险参保人数32.99万人，医疗保险参保人数57.67万人，工伤保险参保人数29.30万人，生育保险参保15.22万人。农村养老保险参保272.70万人。以高校毕业生、下岗失业人员、进城务工农民和就业困难人员为重点，组织开展“就业洽谈会”、“民营企业招聘周”和“2012年春风行动”等200余场次系列招聘活动，为就业人员多渠道搭建“供需见面、双向选择”平台，促进就业。全年城镇新增就业人员7.4万人，下岗失业人员再就业2.80万人，城镇登记失业率2.7%。全市农村劳动力转移就业122.05万人。全年保障性住房完成投资680725万元，其中廉租房107226万元；保障性住房施工面积261.2万平方米，其中廉租房25万平方米；保障性住房竣工面积181.13万平方米，其中廉租房37.5万平方米。年末全市纳入城市低保7.7万人，发放低保保障金2.5亿元；纳入农村低保27.38万人，发放低保保障金3.6亿元。五保供养对象7339人，支付供养经费3300万元，五保供养率100%；其中集中供养1392人，分散供养5947人。公办农村敬老院20所，床位1605张，收养五保户1392人。全市有儿童福利院1所，床位500张，收养孤残儿童150人；社会福利院收养城镇孤寡老人和“三无”人员150余人。

(渭南市地方志办公室　张煜峰)

商洛市

经济概况 全年全市生产总值439亿元，比上年增长14.8%。其中，第一产业增加值79.43亿元，增长5.9%，占生产总值的比重为18.1%；第二产业增加值210.83亿元，增长20.7%，占48.0%；第三产业增加值148.74亿元，增长12.5%，占33.9%。按常住人口计算，全市人均生产总值18768元。非公有制经济实现增加值219.64亿元，占全市生产总值比重为50.03%。

农业 全年实现农林牧渔业总产值139.55亿元，增长5.9%。实现增加值79.43亿元，增长5.9%。全年粮食总产量为64.30万吨，增长7.9%。其中夏粮产量24.99万吨，秋粮产量39.31万吨。油料产量1.62万吨，增长6.1%；蔬菜产量42.5万吨，增长3.6%；水果产量6.98万吨，下降0.1%；药材产量12.69万吨，增长2.5%；茶叶产量0.19万吨，增长5.1%。全年荒山荒地造林面积2.27万公顷，其中人工造林1.19万公顷，飞播造林7333.33公顷。全市核桃、板栗产量分别达到4.06万吨和1.83万吨，增长10.9%和12.6%。全年大力推进规模养殖，大牲畜存栏12.81万头，增长2.2%。其中，猪存栏106.78万头，增长2.4%，羊存栏35.64万只，增长1.1%。肉类总产量14.12万吨，增长5.2%，禽蛋产量7.01万吨，增长13.1%。农业基础设施得到加强。农用机械总动力79.91万千瓦，比上年增长3.9%。实际机耕面积4.25万公顷。

工业和建筑业 全市规模以上工业企业150户。全年全市规模以上工业实现增加值108.87亿元，增长34.2%，实现总产值347.64亿元，增长43.5%。其中轻工业实现产值60.78亿元，增长65.2%；重工业实现产值286.86亿元，增长39.6%。在规模以上工业产值中，国有及国有控股企业增长34.9%，集体企业增长82.7%，股份制企业增长40.1%，股份合作企业增长55.2%，外商及港澳台商投资企业增长74.2%，其他经济类型企业增长75.5%。规模以上工业中，三大支柱产业实现产值299.52亿元，增长44.5%。其中，现代材料248.42亿元，增长40.8%；现代医药28.80亿元，增长50.9%；绿色食品22.30亿元，增长90.6%。规模以上工业企业累计实现主营业务收入298.40亿元，比上年增长56.4%。产销率92.6%。工业销售产值为321.91亿元，比上年增长49.7%。主要工业产品产量保持增长趋势。十种有色金属产量16.7万吨，下降8.3%；中成药1.05万吨，增长49.9%；黄金4573千克，增长67.1%；铁矿石原矿908.38万吨，增长118.1%；水泥320.33万吨，增长52.4%；钼精矿折含量0.89万吨，增长23.4%。全年全社会实现建筑业增加值76.18亿元，比上年增长14.3%。全市资质等级以上建筑企业完成总产值113.04亿元，增长37.5%，其中国有及国有控股企业完成27.73亿元，增长56.0%，实现利润4.26亿元。房屋建筑施工面积596.53万平方米，其中实行投标承包面积571.09万平方米，房屋竣工面积315.77万平方米。

固定资产投资 全年完成全社会固定资产投资391.60亿元，增长27.0%。其中，固定资产投资(包括项目固定资产投资、房地产固定资产投资和非农户固定资产投资)完成363.10亿元，增长29.4%；跨区投资完成13.44亿元，比上年下降63.9%；农户投资完成15.06亿元，增长5.1%。项目固定资产投资中，第一产业投资所占比重为5.8%，比上年提高1个百分点；第二产业投资所占比重为43.2%，比上年下降5.6个百分点；第三产业投资所占比重为51.0%，比上年提高4.6个百分点。固定资产投资中民间固定资产投资完成172.72亿元(不含房地产投资)，增长44.2%。全市保障性安居工程完成投资39.29亿元，新开工18255套，建成24493套。房地产开发完成投资 14.16 亿元,比上年增长 29.3%,商品房销售面积 52.94 万平方米,增长21.5%。房地产开发中,住宅投资完成12.56亿元。

交通邮电通讯 全市高速公路里程突破 400 千米,实现县县通高速的目标。改造县乡公路 160 千米,新修通村水泥路 200 千米。110 千伏西康铁路复线供电、罗庄输变电等工程竣工投运,改造升级 10 千伏及以下农村电网线路 1462 千米。客运量 3815 万人次,增长4.0%,客运周转量 229948 万人千米,增长 4.2%;货运量 639 万吨,增长15.8%,货运周转量 71321 万吨千米,增长17.9%。邮电业务总量 9.50 亿元。全市固定及移动电话用户总数 156 万部,电话普及率 66 部/百人。

商业贸易 全年实现社会消费品零售总额 107.28 亿元,增长 16.4%。其中,城镇市场零售额 83.14 亿元,增长 15.9%;乡村市场零售额 24.14 亿元,增长 17.9%。外贸进出口总额完成0.77 亿美元,下降 77.0%。其中,出口总额 0.06亿美元,增长 63.0%,进口总额 0.71亿美元,下降 78.0%,实现贸易逆差 0.65 亿美元。全年全市共签约招商引资项目 152 个,总投资 555 亿元,引资 546 亿元,到位资金 227 亿元,同比增长 53.4%。居民消费价格总指数上涨 2.3%,其中:食品价格上涨 7.7%,居住价格上涨 2.7%。

财政和金融 全年全市财政总收入 33.74亿元,增长 26.1%。其中,地方财政一般预算收入 21.50 亿元,增长 30.3%。财政一般预算支出 134.03 亿元,增长 25.5%。全市金融机构各项存款余额 518.65 亿元,增长 16.1%。其中:城乡居民储蓄存款余额 348.39 亿元,增长 19.1%。全市金融机构各项贷款余额 222.12 亿元,增长 18.5%。其中,短期贷款为 64.75 亿元,增长 16.0%;中长期贷款为 151.53 亿元,增长 17.0%。

社会事业 全市共有普通本科院校 1 所,在校学生 9617 人;高等职业院校 1 所,在校学生 5146 人;中等职业教育学校 10 所,在校学生 2.88 万人;普通中学 171 所(其中初中 147 所),在校学生 14.91 万人(其中初中 9.32 万人);小学 843 所,在校学生 16.36 万人;幼儿园 332 所,在园幼儿(包括学前班)6.92 万人;特殊教育学校 1 所,在校残疾儿童 310 人。小学学龄儿童净入学率为 100%。初中毕业生升学率为 94.1%。专利申请量 577 件。其中发明专利 276 件,占总量的 47.8%。实用新型专利 140 件,占总量的 24.3%。全年全市建成 36 个镇(社区、街道)文化资源共享工程、92 个镇(社区、街道)公共电子阅览室,建成农家书屋管理平台 30 个、数字农家书屋 70 个,为 100 个村级文化活动室、12 个城市社区文化中心配送文化活动器材。完成文化基础设施维修改造项目 17 个、非物质文化遗产保护项目 6 个、文博保护维修项目 25 个。命名 19 个市级文化产业示范单位,建立文化产业项目库,列入省"十二五"文化产业重点项目储备库项目 51 个。广播人口综合覆盖率、电视人口综合覆盖率分别达到 93.87% 和98.45%。年末公共图书馆图书总藏量 53 万册。成功举办国际青年男篮四国挑战赛,承办国际公路自行车赛商洛赛段比赛。在参加省十五届运动会年度赛 9 个项目的比赛中,获得 11 金 6 银 25 铜的优异成绩。全年申报国家级青少年体育俱乐部 2 个、国家级青少年户外营地 1 所,创建省级体育传统训练学校 13 所,审批二级运动员 14 人,培训审批二级裁判员 65 人,命名市级体育传统训练学校 11 所、市级单项训练基地校 2 所。完成 40 个村级农村体育工程、8 个乡镇健身广场、3 个健身示范带和 10 个社区健身器材配送工程。全年累计销售体育彩票 4470 万元,较上年增长 25.0%。全市拥有卫生机构 2662 个,其中医院(含卫生院)167 家。共有床位 9060 张,其中医院(含卫生院)病床 8180 张。共有卫生机构人员 15176 人,其中卫生技术人员 9879 人,卫生技术人员中执业(助理)医师 3278 人,注册护士 2972 人。农村合作医疗参合率 101.3%。

资源环境 年末耕地总资源 19.75 万公顷,常用耕地面积 13.36 万公顷。年内减少耕地 753.37 公顷,其中,耕地改为园地 126.67 公顷,国家基建占地393.33 公顷,退耕还林还草占地 33.33 公顷。年内新增耕地 500 公顷,其中,园地改为耕地 26.67 公顷,新开荒地面积 166.67公顷。全市水资源拥有量(多年平均)50.14 亿立方米。全年用水总量 28680 万立方米,其中农业灌溉 10924 万立方米,城镇生活用水 3760 万立方米,工业用水 5743 万立方米,林牧渔畜用水 3603 万立方米。全市自然资源丰富。有野生油料、纤维、淀粉、林果、中药材、化工原料等 1200 多种。以生漆、油桐、核桃、板栗、葡萄、柿子、木耳等林特产品而著称。已发现各类矿产 60 种,已探明矿产储量 46 种。储量居全省首位的有铁、钒、钛、银、锑、铼、水晶、萤石、白云母和钾长石等 17 种,其中柞水大西沟铁矿储量 3.02 亿吨,占全省的 47.6%。居全省第二位的有铜、锌、钼、铅等 13 种。全年商洛市区空气质量达到或好于国家二级标准的天数 351 天,占全年总天数 95.9%。其中,一级天数 283 天,占全年总天数 77.3%。

安全生产 全年全市共发生各类安全生产事故 432 起,下降0.7%。死亡 129 人,下降 3.7%;受伤 159 人,下降 41.6%。直接经济损失 586.6 万元,比上年减少 84 万元,下降 12.5%。发生死亡 3 人以上的安全生产事故 1 起。2012 年全市公众安全感 94.33%、公众安全感综合指数 91.97%。

人口及人民生活 全市公安户籍人口 248.80 万人,其中,农业人口 146.52 万人。据 5‰ 人口抽样调查结果显示,2012 年末全市常住人口 234.19 万人,人口自然增长率为 3.35‰。城乡居民生活水平继续提高。全市城镇居民人均可支配收入 19998 元,增长 15.3%,农民人均纯收入 5425 元,增长 18.3%。城乡居民储蓄存款增长。2012 年末全市城乡居民储蓄存款余额 348.39 亿元,增长 19.1%。

社会保障 2012年全市实施的1045个基本建设类民生项目已经建成1025个。新建集中安置点201个,搬迁开工2.1万户,房屋主体完工1.7万户。保障性安居工程完成投资39.29亿元,新开工18255套,建成24493套。2012年底,城镇基本养老保险参保人数10.94万人,农村社会养老保险参保人数143.38万人。新农合筹资和城乡低保补助标准持续提高,残疾、高龄、特困等群体待遇保障有效落实。有4.69万城镇低收入群众、21.57万农村低收入群众享受低保政策,生活得到保障。城镇新增就业1.44万人,下岗失业人员实现再就业6014人;城镇登记失业率保持为2.96%。农村劳动力转移就业66.7万人,创经济收入50.1亿元,其中劳务输出57.3万人。新建、改扩建中小学校80所,公办幼儿园30所,市幼儿园扩建工程启动建设,市特殊教育学校建成投用。完成36个镇办文化资源共享工程,启动广播电视"户户通"工程。新建农村饮水工程164处,解决饮水困难27.7万人。完成危房改造1.6万户,农村居民进城落户8.13万人。

(商洛市地方志办公室　李　勇)

杨凌农业高新技术产业示范区

经济概况 全年实现生产总值72.54亿元,增长14.7%;全社会固定资产投资76.08亿元,增长38.3%;财政总收入9亿元,增长29.2%,其中地方财政收入4.9亿元,增长38.6%;城镇居民人均可支配收入和农民人均纯收入为29925元和10841元,分别增长15.1%和19%;城镇登记失业率2.29%;人口自然增长率5.47‰;万元GDP能耗下降2.6%,示范推广总面积282.2万公顷,实现推广效益112.7亿元。其中,全社会固定资产投资、农民人均纯收入、财政收入、一产增加值四项指标增速位居全省第一。

科技创新 深化"校区一体"工作机制,设立科技奖励基金,申报中省科技项目109项;全年研究试验经费4.18亿元,较上年增长15%;新增成果及专利申报562项;10项成果获得国家和省上奖励,王辉教授获陕西科学技术最高成就奖;发展高科技企业9家;引进创新创业团队104个、博士以上高层次人才72人,全社会创新创业活力显著增强。

现代农业园区建设 精准农业示范、种子创新等五大工程顺利实施,农业产业的质量和效益不断提高。种子产业园启动建设,引进种子企业9户。创建国家级示范合作社、省级百强社6家,土地流转更加规范,政策性农业保险覆盖面进一步扩大,农民收入增速连续4年居全省第一。

示范带动 多元化推广体系日趋完善,新建示范基地18个,初步建成联结12省区的远程信息服务平台,培训农村实用人才3.2万人次。成功举办首届"杨凌现代农业高峰会议",杨凌在全国"三农"领域的话语权明显增强。

对外交流合作 杨凌"国家现代农业国际创新园"获科技部授牌;举办国际交流活动38次;开展援外培训8期,对46个国家的160名学员进行培训。推动区内企业与荷兰、法国等8个国家的知名企业建立产业合作关系。中埃农业合作基地项目扎实推进。农业科技游持续升温,接待游客307万人次。

招商引资 新增驻外招商机构3个,全年引进项目221个,合同引资229亿元,到位资金90.1亿元,分别比上年增长32.4%、33.9%。项目投资强度进一步加大,先后组织4批56个重点项目集中开工,总投资121亿元,其中投资过5亿元的项目8个,固定资产投资增速高位运行,连续两年位居全省第一。

主导产业发展 及时出台一系列"促销保产稳增长"政策措施,投资10.5亿元实施技改项目20个,生物医药、食品工业、农业装备制造三大主导产业经济效益逆势上扬。全年新增规模以上企业11户,规模以上企业完成产值71.75亿元,增长30.6%。投资1.1亿元完善园区水、电、路等基础设施,葡萄酒产业园启动建设,农机产业园、粮油产业园加快建设,有效承接一批产业项目。

城市基础设施建设 全年开工建设60个重点基础设施项目,完成投资50.6亿元,较上年增长56%。杨凌大道开工建设。博学路北段等8条道路全面建成,新增市政道路15.5千米。新桥路和常青路两处内涝点改造完成,结束逢雨必涝的历史。石头河引水和新水厂建成投用,有效改善杨凌群众饮水质量。

惠民工程建设 1.03万套保障房全面开工,竣工9865套,完成投资27.5亿元,竣工套数和投资分别完成全年任务的110%和131%。建成3D电影院、网球学校和一批社区卫生服务中心、便民市场、小型停车场、免费公厕,方便市民生活。

生态环境建设 提前3个月完成渭河综合治理任务,完成年度投资1.3亿元,工程进度名列全省第一。漆水河、韦河治理规划编制完成。完成3条市政道路绿化工程,实施西宝高速高铁、陇海铁路两侧绿化林带建设,新增公共绿地62万平方米。农业面源污染治理收效明显,化学需氧量、氨氮、二氧化硫排放分别下降2.78%、12.94%、2.53%,万元生产总值二氧化碳排放降低3.4%,空气质量好于二级以上天数315天。

城乡一体化建设 对涉及城乡居民的22项政策全部实行一致化,使农村居民在低保、养老、医疗保险等方面与城市居民享受同等政策待遇。五泉重点镇完成投资3.2亿元,建设进度位居全省前列。1万名农村居民进城居住,城镇化率54%。全区80%以上的村都建起"六室一中心"和休闲文化广场;"农家书屋"基本实现行政村全覆盖;城乡居民收入比调整为2.7∶1。争取省农发行150亿元贷款授信,提出"现代农业、田园农庄、职业农民"融合发展的试点方案。

民生工程 安排民生工程项目126个，完成投资10.4亿元。坚持教育优先发展战略，完成3个乡镇中心幼儿园建设任务，支持3所中学改善办学条件。发放小额创业贷款7594万元，新增就业3533人，农村劳动力转移就业28574人。三级医疗卫生服务体系、药品“三统一”实现全覆盖。各项社保补助水平持续提高，财政社保支出1.71亿元，增长13%。承办省第十届中学生运动会等大型赛事活动，全民健身活动蓬勃开展。计生、民政、老龄、残疾人等各项社会事业加快发展。

第十九届中国杨凌农业高新技术成果博览会 11月5日～9日，第十九届中国杨凌农业高新技术成果博览会在杨凌举办。全国政协副主席、科技部部长万钢宣布开幕，并在2012杨凌国际合作周活动中发表主旨演讲。科技部副部长张来武主持开幕式，陕西省省长赵正永致开幕词。国家主办部委和有关省（市、区）领导、协办单位代表以及以色列、新西兰、埃及、澳大利亚等国家代表共200余人出席开幕式。本届农高会以“创新·合作与现代农业”为主题，以服务“三农”为主线，举行国际农业合作交流、展览展示、科技成果及植物新品种信息发布、项目及技术洽谈与交易、农业技术咨询培训、评奖评优等六大板块73项活动，共展示国内外农业科技成果7800多项，较上届增长4%。大会项目签约投资及交易总额821.17亿元，较上届增长45.1%。会期共接待国内外参展参会客商和农民朋友超过150万人次。

第七次省部共建会议 2012年7月，召开示范区建设领导小组第7次会议，23个共建部委提出70多项支持措施；省上明确由20个厅局支持“四个杨凌”建设，中省支持示范区加快发展的合力进一步增强。在创新发展机制方面，农业园区、工业园区、创新创业园和城乡投资建设四大公司相继组建，公司运转步入正轨，成为拉动杨凌经济发展的四列“高速动车”。在金融创新方面，发布全国首份《中国农业产业投资报告》，杨凌农村商业银行正式开业，成功发行15亿元企业债券、8100万元中小企业集合票据，金融服务产业发展的能力明显增强。

（杨凌区地方志办公室　刘　琦）

天水市

经济概况 2012年，全市实现生产总值413.9亿元，按可比价格计算，比上年增长13.4%。其中，第一产业增加值79.4亿元，增长8.1%；第二产业增加值162.6亿元，增长16.5%；第三产业增加值171.9亿元，增长13%。第一、二、三产业增加值占生产总值的比重为19.2∶39.3∶41.5。全年全市居民消费价格总水平比上年上涨2.4%。全年全市大口径财政收入72.53亿元，比上年增长20.54%。其中，一般预算收入23.05亿元，增长23.73%；地方财政收入35.21亿元，增长15.54%。实现国家税收35.73亿元，比上年增长6.64%；地方税收17.33亿元，增长19.51%。财政支出173.32亿元，比上年增长18.17%。推进商标战略实施示范城市建设工作，截至年底，全市有效注册商标1675件，其中：驰名商标10件，著名商标64件，知名商标25件，地理标志证明商标2件，国际注册商标1件。

农业和农村经济 2012年，天水市实现农林牧渔业总产值129.01亿元，比上年增长6.84%。其中种植业产值109.28亿元，增长7.98%；林业产值1.91亿元，下降21.29%；牧业产值17.13亿元，增长4.27%；渔业产值0.11亿元，增长8.98%。2012年，全市粮食作物播种面积31.17万公顷，比上年下降1.31%。其中夏粮面积13.67万公顷，下降2.96%；秋粮面积17.50万公顷。粮食产量116.7万吨，比上年增长4.96%。土豆播种面积6.76万公顷，比上年下降2.88%；总产量22.51万吨，下降12.24%。油料种植面积15.84万公顷，比上年增长0.2%；产量7.47万吨，增长6.48%。蔬菜种植面积6.14万公顷，比上年增长14.51%；产量207.73万吨，增长15.28%。药材种植面积1.06万公顷，比上年增长13.96%；产量2.89万吨，增长11.32%。水果总产量96.8万吨，比上年增长10.45%。农业产业化经营水平不断提升，200个农业科学发展示范点加快建设，新建蔬菜“一村一品”专业村10个。全市日光温室1713.33公顷、塑料大棚1.4万公顷、标准化生产1.4万公顷。举办中国甘肃（武山）高原夏菜产销对接会、中国天水·武山蔬菜博览会、全省蔬菜产业发展技术高级研讨会。截至年底，全市农业产业化龙头企业累计293家，其中国家级2家、省级22家、市级77家，龙头企业固定资产总值31.76亿元，实现销售收入33.08亿元。新登记注册农民专业合作社330家，累计918家；合作社会员4.38万人，带动非成员农户14.3万户；新命名市级示范社35家，累计225家。2012年，天水市实施农业机械化科技示范、农机节能减排节本增效、农机服务社会化、农业装备提升、农业机械化人才培育“五大工程”，完成机耕10.44万公顷、机播2.01万公顷、机收2.40万公顷、机械深松耕4万公顷、机械深施化肥9.9万公顷、机械铺膜2.13万公顷，农业机械总动力135.15万千瓦。2012年，全市农业生产条件持续改善，98个农村环境连片整治项目顺利实施，有效灌溉3.54万公顷，其中新增有效灌溉1186.67公顷；水平梯田30.48万公顷，其中新增水平梯田1.18万公顷；整治土地8000公顷，治理水土流失210平方千米，完成造林1.06万公顷，建成户用沼气5800户，解决31.06万人饮水安全问题。六盘山片区扶贫规划已经国家和甘肃省批准，61个整村推进项目加快实施。2012年，全市大牲畜存栏55.29万头，比上年下降0.88%；牛存栏30.71万头，下降0.19%；猪存栏77.38万头，增长5.26%；羊存栏30.16万只，增长1.31%。牛、猪、羊出栏分别为9.56万头、82.91万头和11.37万只，分别比上年增长6.22%、5.07%和0.89%。家禽存栏467.81万只，比上年增长2.44%；出栏328.46万只，增长4.84%。肉类总产量7.56万吨，比上年增长5.02%。其中猪肉产量5.8万吨，增长5.07%。禽蛋产量1.4万吨，比上年增长2.44%。建成标准化养殖小区97个,发展规模养殖户462户。2012年,全市森林覆盖率30.2%,果园面8.14万公顷。全市组织劳务输出67.3万人,创劳务收入71.32亿元。

工业 2012年,天水市规模以上工业企业完成工业增加值88.3亿元,比上年增长17.8%。其中市属工业企业增加值37.2亿元,增长15%。分轻重工业看,重工业增加值49.84亿元,比上年增长14.6%;轻工业增加值38.46亿元,增长23.8%。分经济类型看,股份制企业增加值40亿元,比上年增长14.5%;国有企业增加值45.8亿元,增长21.8%。工业园区加快建设,开发区扩区增容有序推进,星火机床工业园数控重型机床制造基地、华天电子科技园一期等项目建成投产,长城电工电器产业园启动建设。投资2.1亿元的六九一三明讯通讯产业基地项目生产车间基建地基完工,钢构和地表工程顺利实施;投资2.1亿元的西电高压电工触头、喷口、中压真空触头生产基地项目基础设施建设进入收尾阶段;投资13.15亿元的天水卷烟厂易地技术改造项目、投资18亿元的张家川风力发电项目、投资7.3亿元的武山4500吨/日干法水泥生产线、投资3亿元的天水李子金矿资源整合与扩能改造等项目启动建设。2012年,工业企业布局调整,实施出城入园,优化产业布局,拓展城市发展空间,岷山机械有限责任公司迁建改造项目开工奠基。企业国际对接与战略合作步伐加快,星火机床有限责任公司成功并购意大利高嘉公司。地质找矿取得重大突破,实施地质勘察项目47个,发现矿产地250多处,其中大型、特大型矿产地10多处。创建省级循环经济示范园区及示范企业工作有新进展,天水经济技术开发区社棠工业园晋升为省级循环经济示范园区,星火机床、长城果汁2户企业晋升为省级循环经济示范企业;天水东十里新型建材等7户企业通过甘肃省资源综合利用认证。2012年,全市规模以上工业企业实现利润总额3.42亿元,比上年增长41.3%;实现主营业务收入151.76亿元,增长8.4%;实现利税8.5亿元,增长22.6%;实现销售产值231.64亿元,增长16.2%。规模以上工业亏损企业亏损额3.52亿元,比上年下降8.1%。规模以上工业企业产品产销率94.2%。支持中小微企业健康发展,成立注册资金为200万元的天水中小企业创业孵化中心。加强融资担保业信息统计、行业监管和服务,为中小微企业、银行和担保机构搭建"网上融资平台"。

固定资产投资 2012年,天水市完成固定资产投资416.51亿元,比上年增长42.59%。其中项目投资380.49亿元,增长44.01%。按三次产业分,第一产业投资34.56亿元,比上年增长15.69%;第二产业投资144.75亿元,增长40.89%。其中工业投资123.31亿元,增长37.64%;第三产业投资237.19亿元,增长48.72%。全市争取各类项目399项,落实国家及甘肃省投资13.06亿元;市列50个重大项目完成投资87.58亿元,宝兰客运专线、洛门至礼县二级公路、张家川至恭门火车站二级公路、750千伏输变电工程、榜沙河引水工程藉口水厂等项目开工建设,天平铁路、十堰至天水高速公路、庄天二级公路、中卫至贵阳联络线管道、上磨水库等项目加快实施,天水军民合用机场迁建、天水至平凉高速公路、天水至武都铁路、曲溪城乡供水工程等项目前期工作取得新进展。2012年,全市完成房地产开发投资36.01亿元,比上年增长29.17%。其中住宅投资30.94亿元,增长23.76%。房屋施工面积348.68万平方米,比上年增长8.38%;房屋竣工面积43.18万平方米,下降4.07%。商品房销售面积98.79万平方米,比上年增长18.3%。全市房地产开发企业122家,注册资金23.3亿元。

交通通信 2012年,天水市公路通车总里程1.03万千米。全社会公路客运量5829万人,比上年增长1.22%;客运周转量26.61亿人千米,增长2.85%。货运量2188万吨,比上年增长38.77%;货运周转量47.67亿吨千米,增长39.65%。2012年,全市邮电业务总量11.15亿元,比上年下降17.9%。年末本地固定电话用户35.67万户,比上年下降6.3%;移动电话(包含移动、联通、电信部门)用户210.89万户,增长8.1%。

旅游 2012年,天水市累计接待海内外游客1150万人次,比上年增长35.3%;实现旅游综合收入62.6亿元,增长36%。2012年,天水市主要在建旅游项目49项。世行贷款麦积山保护与开发、麦积山温泉度假村等30个续建和在建的旅游项目进展较快;麦积区马跑泉公园改造工程、森美大酒店与商务写字楼、凤山生态公园建设工程、清水轩辕湖工程、武山水帘洞石窟保护工程、甘谷大象山生态公园等19个新建项目开工建设。中国二十四节气生态公园建设项目、天河注水广场建设项目等启动。特色旅游品牌围绕"华夏文明之源"旅游总体形象,主打"羲皇故里·全球华人寻根祭祖圣地"和"陇上江南·麦积山国家5A级旅游景区"两大旅游品牌,主推羲皇故里寻根祭祖游、百里石窟艺术走廊游、丝绸之路名城古韵游、陇上江南生态休闲游、天河沐浴温泉度假游、现代特色农业观光游6条精品旅游线路,推出景区门票优惠政策。麦积山国家地质公园通过国土资源部验收,天水市加入丝绸之路国际旅游合作联盟。

国内贸易 2012年,天水市实现社会消费品零售总额174.2亿元,比上年增长18.2%。按经营地统计,城镇零售额131.2亿元,比上年增长14.8%;乡村零售额43亿元,增长20.2%。2012年,全市批发零售业商品销售额337.2亿元,比上年增长33.1%。其中批发业销售额158.2亿元,增长33%;零售业销售额179亿元,增长33.1%。住宿业营业额8.8亿元,比上年增长35.6%;餐饮业营业额45.3亿元,增长32.1%。2012年,现代服务业加快发展,甘肃东部甘谷物流园启动实施,新建、改扩建各类市场43处。推进"万村千乡"市场工程、县乡农贸市场标准化改造工程,建成农家店220个,农贸市场升级改造

8个,改造总面积3.7万多平方米;累计建设农家店1862个,农村商品配送中心10个,农贸市场27个,商务部“双百市场”1处,农村流通网络逐步健全,农民消费环境明显改善。全市销售家电下乡产品9万台,实现销售额2.10亿元,兑付补贴资金1900万元,全市累计销售家电下乡产品36万台,实现销售额7.4亿元,兑付补贴资金7800万元。2012年,天水市菜篮子有限公司新增菜篮子超市2个,新增面积1500平方米,日销售平价新鲜蔬菜约30吨,每个超市配有快速检测设备,建立农产品质量溯源制度。

对外经济和区域合作交流 2012年,天水市实现进出口总额3.1亿美元,比上年增长18.29%。其中出口2.23亿美元,增长15.7%;进口0.87亿美元,增长25.53%。兰州海关天水监管处筹建前期工作有序开展。2012年,关中—天水经济区发展规划加快实施,天水机场迁建等重大项目纳入国家《西部大开发“十二五”规划》,天水市与关中地区及陇东南四市的交流合作加强,被甘肃省列为多极突破重点区域。招商引资成效显著,新签约招商引资项目196项,总投资463.33亿元;新建续建项目307项,到位资金141.07亿元,比上年增长65.9%。

金融保险 2012年末,天水市金融机构本外币各项存款余额656.7亿元,比上年末增长20.96%。金融机构人民币各项存款余额655.22亿元,比上年末增长20.93%。其中城乡居民储蓄存款443.49亿元,增长20.82%。金融机构本外币各项贷款余额330.05亿元,比上年末增长21.42%。金融机构人民币各项贷款余额329.67亿元,比上年末增长21.79%。其中短期贷款87.34亿元,增长39.16%;中长期贷款240.37亿元,增长15.91%。新增投资担保公司10家、小额贷款公司11家,发放妇女小额担保贷款18亿多元。实行商标专用权质押贷款,帮助企业破解融资难题,为全市27户企业协调落实融资贷款56亿元。2012年,全市保费收入10.09亿元,比上年增长7.42%。其中财险收入2.79亿元,增长19.78%;寿险收入7.31亿元,增长2.04%。

非公有制经济 2012年,天水市个体工商户6.7万户,从业人员16.7万人,注册资金18.97亿元;私营企业0.59万户,从业人员9.05万人,注册资金101.75亿元。2012年度全市新发展内资企业666户,其中组建企业集团1户,培育发展注册资金1000万元以上企业30户,培育发展注册资金亿元以上企业2户。

社会事业 2012年,天水市普通高校5所(天水师范学院、甘肃工业职业技术学院、甘肃林业职业学院、甘肃机电职业技术学院、甘肃广播电视大学天水分校);中等职业学校19所(不含技工学校),在校学生3.97万人;普通中小学校2536所(包括598个教学点),在校学生59.67万人。小学学龄儿童入学率99.74%,在校生巩固率96.38%;初中学龄儿童毛入学率99.39%,在校生巩固率96.51%。全市组织实施市级以上科技项目328项,取得科技创新成果205项,其中158项达到国内先进以上水平。建成国家、省级工程技术研究中心和企业技术中心5家,国家、省级创新型企业及试点企业1家,高新技术企业3家。全市文化艺术表演团体7个,文化馆8个,乡镇综合文化站113个,农家书屋2454家,公共图书馆8个,各类藏书83万余册。广播、电视人口覆盖率分别达98.95%和98.75%。有线电视用户14.46万户;有线数字电视用户12.52万户,比上年增长24.7%。26个文化场馆和113个乡镇文化站免费开放。全市卫生机构585个,其中医院、卫生院167个,妇幼保健院、所、站8个,社区卫生服务中心(站)39个。各类卫生技术人员1.03万人(含村卫生室卫生员),其中执业医师3709人(含卫生院执业医师),床位1.18万张。年内国家免疫规划疫苗接种率稳定在96%以上。全市全民健身点137个,在校学生施标率、达标率分别达97.5%和94.3%,经常参加体育锻炼的约106万人,在省级以上各类比赛中获得金牌21枚、银牌25枚、铜牌27枚。

城市建设 2012年,天水市城市建设、城镇化建设、园林绿化、名城保护、公用事业等步伐加快。十大城市基础设施项目完成投资6.325亿元,累计完成投资7.115亿元。十大城市建设项目完成投资17.37亿元,项目累计完成投资23.869亿元。20个项目前期工作完成前期投资5000万元。曲溪城乡供水工程、城区供热管网建设项目和秦州区双桥大桥等项目开展前期工作。颍川河流域综合开发、数字天水地理空间框架项目启动实施,城市服务功能日益完善。“三城联创”深入开展,市区两级城市管理职责权限进一步理顺。公共绿化新增面积16.3万平方米,在建公共绿化面积28.3万平方米。道路绿化新增、改造绿地面积19.14万平方米。单位、小区绿化及绿景工程新增、改造绿地面积14.8万平方米。2012年末,全市人均城市道路面积8.76平方米,道路照明灯1.23万盏,用水普及率79.13%,生活垃圾处理率100%,燃气普及率63.28%,建成区绿化覆盖率33.82%,人均公园绿地面积6.34平方米。赵氏宗祠修缮保护二期工程完工,邓宝珊将军纪念馆续建工程完工并开馆;总投资3300万元的省级文物保护单位贾家公馆修缮保护工程、概算投资1560万元的玉泉观核心区33处文物古建筑保护维修工程进展顺利;启动实施全国重点文物保护单位后街清真寺抢险维修工程。天水市自来水公司全年供水2044.52万吨,售水收入3290.46万元,实施户表工程1417户,水质合格率98%。实现供热并网面积245万平方米,完成热价调整工作。全市污水处理运行平稳,秦州污水处理厂日处理污水量约4.10万吨;麦积污水处理厂建成并试运行,日处理污水近2万吨。

环境保护和节能减排 2012年末,天水市空气平均污染指数55,渭河水质达标率100%。天水市节能减排任务全面完成,淘汰甘谷紫城建材、武山水帘洞水泥等11户落后产能企业;关闭天水北达建材厂等4户污染重、能耗高的小企业。淘汰落后产能水泥37万吨、皮革71万标张、化工2.5万吨、实心砖7200万块、炼铁14.8万吨。

人民生活和社会保障 2012年,天水市城镇居民人均可支配收入15177元,比上年增长16.29%;农民人均纯收入3864元,增长18.31%。城镇居民人均消费性支出10469元,比上年增长12.82%;农民人均生活消费性支出3169元,增长13.66%。城市人均居住面积19.77平方米,农村人均居住面积20.02平方米。各类保障性住房建设项目开工14985套116.88万平方米,主体竣工10059套75.94万平方米,改造城市棚户区2600户,发放廉租住房补贴21800户5626.36万元,改造农村危旧房17200户。2012年末,全市参加基本养老、失业、城镇职工基本医疗、工伤、生育五项社会保险人数分别达11.91万人、14.77万人、27.66万人、9.94万人和10.63万人。企业离退休人员7.52万人,养老保险基金支出14.44亿元,发放率100%。城镇基本医疗保险参保率98.5%,参加城镇职工基本医疗保险的农民工0.77万人,参加工伤医疗保险的农民工4.02万人。新型农村合作医疗参合率95.47%,各类企业劳动合同签订率94.9%。共有城市最低生活保障对象4.38万户、10.8万人,累计发放低保补助资金2.58亿元;农村最低生活保障对象12.03万户、40.32万人,累计发放低保补助资金4.22亿元。农村临时救济0.69万人。2012年,全市城镇新增就业5.86万人,下岗失业人员再就业1.3万人,为有创业愿望的下岗失业人员和劳动密集型中小企业发放小额担保贷款19.91亿元。扶持高校毕业生就业3300人,城镇登记失业率3.19%。单位从业人员21.08万人,其中国有单位从业人员14.59万人,城镇集体单位从业人员0.64万人,其他单位从业人员5.85万人。单位从业人员工资总额69.51亿元,比上年增长30.47%。其中国有单位工资总额55.1亿元,增长36.86%;城镇集体单位工资总额1.74亿元,增长1.46%;其他单位工资总额12.67亿元,增长12.13%。2012年,天水市34万名农村学生吃上免费早餐。“平安天水”建设深入推进,矛盾排查调处力度加大,社会大局保持和谐稳定。

安全生产 2012年,天水市生产安全事故死亡91人,亿元GDP生产安全事故死亡人数0.22人;道路交通事故死亡88人,道路交通万车死亡人数4.13人;工矿商贸企业生产安全事故死亡3人,工矿商贸企业从业人员10万人生产安全事故死亡人数2人。

2012(壬辰)年公祭伏羲大典暨第二十三届伏羲文化旅游节 2012年6月21日至24日,2012(壬辰)年甘肃省公祭伏羲大典暨第二十三届中国天水伏羲文化旅游节举行,开展富有特色的伏羲祭祀、文体、旅游、展览、宣传5类21项主要活动。2012年6月22日上午,甘肃省公祭中华人文始祖伏羲大典在天水市伏羲广场举行。全国政协副主席李金华,中侨联主席林军及国台办、中侨办等国家有关部委领导,台湾中华战略学会会长、国民党中央评议团主席王文燮,甘肃省委、省人大、省政府、省政协、省军区主要领导及有关领导莅临公祭伏羲大典。全国政协副主席李金华宣布公祭伏羲大典开始,省委副书记、省长刘伟平恭读祭文,省委常委、副省长咸辉主持公祭大典。来自美国、德国、法国、加拿大、韩国、泰国和香港等23个国家和地区的86名世界华人社团组织代表及120名台湾中南部青年代表,甘肃省有关厅局、全省十三个市州党政代表团、关中—天水经济区六市一区和陕、甘、川、宁四省区十四方代表,国内部分知名专家学者、新闻媒体、旅游团体等各界嘉宾和中央、省内外新闻记者及天水市各界代表1万多人参加公祭大典,祭拜群众3万人。

(天水市地方志办公室　吴宏波)

附　　录

文　件

中共咸阳市委 咸阳市人民政府 关于加快发展 现代农业的意见

咸发〔2012〕3号
（2012年2月14日）

为了认真贯彻党的十七届五中全会精神，坚持以科学发展观指导“三农”工作，统筹城乡发展、促进农民增收，现就加快我市现代农业发展提出如下意见：

一、总体思路和奋斗目标

（一）总体思路：以深入贯彻落实科学发展观为指导，以建设现代农业、统筹城乡发展、促进农民增收为核心，以深化农业结构调整、创建现代农业园区为抓手，突出高效农业规模化、农业经营产业化两大目标，加快构建和完善现代农业产业体系，努力形成园区示范、板块联动、集群发展的现代农业产业格局，积极推进农业发展物质条件现代化、农业技术现代化、组织管理现代化，不断提升咸阳农业核心竞争力。

（二）基本原则：坚持市场导向、注重效益原则，发挥资源优势，深化结构调整，培育优势特色主导产业，实现农业增效、农民增收。坚持板块推进、规模发展原则，发展一村一品，形成集中连片、整体推进的发展态势，提高产业聚集度和产品知名度。坚持依靠科技、集约经营原则，大力推广种植业高产创建、畜牧业规模养殖、果业提质增效、蔬菜设施栽培等先进生产模式，不断提高科技入户率。坚持龙头带动、产销互动原则，积极培育龙头企业，形成市场引导企业，企业带动基地，基地联结农户的产业化发展模式，建立起稳定的产加销一条龙，农工贸一体化产业链条。坚持城乡联动、统筹发展原则，以工促农，以城带乡，促进城乡资源合理流动，积极发展非农产业，引导部分农村劳动力向二、三产业转移。坚持以人为本、持续发展原则，坚持产业发展与资源保护并重、经济效益与生态效益并重，实现农业持续、稳定、健康发展。

（三）奋斗目标：一是农业综合生产能力进一步提升，粮食单产稳定提高、果业持续提质增效、畜牧规模快速扩张、蔬菜设施栽培规模扩大，建设西咸国际化大都市农产品生产供应基地。二是农产品加工物流能力明显提升，2015年主要农产品加工转化率达到80%以上，流通业对农民增收贡献率每年提升一个百分点，建设全国农产品加工物流示范基地。三是休闲农业功能进一步扩展，开展都市农业产业园、休闲农业产业园、休闲农业示范县创建活动，提高休闲农业比重和效益，建设西咸现代都市农业示范区。四是农民组织化程度快速提升，2015年农民专业合作社农户覆盖率45%以上，形成市县镇村四级完整的农民合作组织体系，建设全国农民组织创新示范基地。五是农产品质量安全水平全面提升，2015年无公害果蔬、畜禽规模分别达到80%和50%以上，农产品标志率70%以上，建立较为完善的农产品质量安全监管体系和农业生态环境保护体系，建设全国生态农业示范基地。六是农民收入水平大幅提升，2015年农民人均纯收入达到10500元，城乡居民收入比达到3∶1，建设全国统筹城乡发展示范区。

二、工作重点

（一）提升主导产业，构建优势农业产业带

1. 提高粮食单产水平。按照“良种引路，良法跟进，依靠科技，主攻单产”思路，突出抓好小麦、玉米两大作物，进一步优化区域布局和品种结构，深入开展粮食高产创建活动，积极推广科技增粮关键技术，组织实施国家“新增千亿斤粮食工程”，2015年粮食平均亩产提高到350公斤，着力建设南部优质小麦和渭北地膜玉米产业带。

2. 促进果业提质增效。按照“转变发展方式，推进果畜结合，推行标准化生产，发展绿色有机果业”思路，积极实施现代果业项目，加快标准化果园建设，巩固提高渭北优质苹果生产能力，重点建设优质出口苹果基地，加快发展中南部葡萄、石榴、蜜桃、猕猴桃等时令水果，2015年苹果优果率达到83%以上，着力建设渭北优质出口苹果产业带、中南部时令水果和特色果品产业带。

3. 推进畜牧规模养殖。按照“规模扩张、板块推进、标准化养殖、良种化繁育”思路，以奶畜、生猪发展为重点，完善畜禽良种繁育体系，加快标准化规模养殖场建设，促进规模养殖和生态养殖的有机统一，每年新建千头和500头奶牛养殖场各10个、300只奶山羊养殖场20个，配套建设机械化挤奶站30个；新建200头秦川牛养殖场10个；新建年出栏200头生猪养殖场1000个、出栏1000头生猪养殖场20个，力争建成一批存栏5000头的大型生猪养殖场，着力建设关中环线高产奶畜和生猪产业带。

4. 加快蔬菜设施栽培。按照“布局

区域化、品种优良化、栽培设施化、管理标准化”思路,大力发展设施蔬菜,加快标准化蔬菜基地建设,引导蔬菜产业向现代化、设施化、规模化、专业化方向发展,形成一批万亩集中连片设施蔬菜和千亩集中连片食用菌生产基地,着力建设南部优质蔬菜产业带。

5.建设百万亩经济林。按照“生态建设产业化、产业发展生态化”的要求,依托退耕还林后续产业林业项目等重点工程,加大产业结构调整力度,加快“一区两板块五基地”核桃产业发展,“十二五”期间全市新增干杂果经济林100万亩,着力建设渭北生态经济林产业带。

(二)聚集生产要素,创建现代农业园区

1.明确创建目标。按照“规模范围合理、主导产业清晰、先进技术突出、整乡整业推进”思路,突出主导产业、主要产品和主推技术,立足高起点、高标准、高水平,积极创建现代农业园区,五年内建设现代农业科技示范园区60个,每个园区核心区面积3000亩以上,示范面积1万亩以上。通过创建活动,园区主导产业布局合理、要素高度集聚、配套体系健全,土地产出率、资源利用率、劳动生产率明显提高,经济效益、社会效益、生态效益协调发展,使之成为全市农业主导产业集聚功能区、先进科技成果转化区、现代高效农业样板区以及体制机制创新试验区。

2.严格创建要求。一是突出设施先进、技术领先、优质高效、机制创新、服务配套等特征,园区农田有效灌溉率、先进机械应用率、生产自动化率、农业科技贡献率、社会化服务率大幅提高。二是聚集现代农业生产要素,集中力量、创新发展,引导资金、技术、人才、土地、服务等生产要素向园区集中,推进园区与现代加工物流业、生态观光业有机对接,提高产业聚集度,实现一二三产业融合发展。三是建立健全以农民专业合作社、专业大户和龙头企业为主体的现代农业经营体系;以农资经营、农机作业、农技服务、产品营销为主的专业社会化服务体系;以产品精深开发和物流配送为主的现代加工物流体系;以高新技术研发引进为主的现代农业科技创新体系。

3.构建农业板块。按照“把思路抓成典型、把典型提升为模式、把模式放大成板块、把板块连成产业带”的思路,以现代农业园区建设为载体,整合优势资源、扩大产业规模、聚集先进技术、促进产业升级,构建现代农业板块,实现农业经济集群化、跨区域发展。重点建设北部100万亩优质出口苹果、南部60万亩设施蔬菜、果区500万头生猪、粮区30万头高产奶牛、城郊千万只肉鸡、永寿长武50万亩优质核桃、泾渭10万亩清水莲菜、乾县10万亩富硒苹果、礼泉10万亩红提葡萄和御石榴、泾阳8万亩酿酒葡萄等十个特色产业板块。

(三)做强加工物流,构建农产品加工物流企业群

1.培育壮大龙头企业。按照“大规模、高水平、外向型、强带动”要求,外抓招商引资,内强培育壮大,大力发展农产品加工物流企业,扩大规模,提升产能,兼并重组、强强联合,组建企业集团,创建企业园区,2015年建成农产品加工物流企业园区10个,园区年产值15亿元以上;引导加工物流企业向优势区域聚集,向产业集群基地集中,加快形成集群式、园区化发展格局,着力构建果汁加工、粮油加工、乳品加工、肉类加工、糕点加工、饲料加工、蔬菜营销、鲜果贮藏八大农产品加工物流企业群。

2.加快产品精深开发。瞄准产业前沿,加快精深开发,延长产业链,提高附加值,增强竞争力。大力开发小麦营养强化粉、加工专用粉等;积极开发面包、饼干、水饺等方便食品;加快小麦加工副产品综合利用。大力开发玉米专用淀粉、赖氨酸、聚乳酸等精深产品,积极开发玉米休闲食品、方便食品和功能食品,加快玉米胚芽、蛋白粉和玉米纤维等副产物综合利用。加快开发NFC果蔬汁、复合汁和果蔬汁主剂等果蔬汁新产品,积极开发果干、果脯、果粉等新型脱水果蔬产品。加快猪肉精细化冷鲜分割和肉牛屠宰分割线建设,积极开发火腿肠、香肠等肉制品,积极开发乳蛋白、免疫活性肽、益生菌发酵产品等新型乳制品。

3.健全物流配送体系。以果菜为重点,加强鲜活农产品贮藏保鲜能力建设,2015年全市新增机械化贮藏冷库100座。以粮油为重点,加快兴平西瑞、秦都秦稷、三原天思、乾县长丰等粮油加工物流中心建设。以鲜活农产品直销配送为重点,组建农产品物流配送中心,建立农产品经销网点,开展农产品直产直销;加快农产品批发市场标准化建设和改造升级,完善信息发布、质量检测、冷链运输、保鲜仓储等基础设施,健全农产品市场体系。

(四)拓展农业功能,发展现代休闲农业

坚持“以农为本、突出特色”原则,以现代农业、生态园林、民俗文化为资源,以西咸国际化大都市为依托,拓展农业功能,发展休闲农业,加快休闲农家、休闲农庄、都市农业产业园、休闲农业产业园和休闲农业示范县建设,2015年建成都市农业示范园10个、休闲农业示范园20个,为西咸国际化大都市提供生活保障和生态保障,引导城市居民到农村休闲消费,引导农民向第二三产业转移,实现城乡互动、协调发展。重点创建五类休闲农业示范区,即依托清水莲菜、设施果蔬、时令水果、果园林地等特色产业,创建以农业科技展示、农业科普宣传、农业生态观光为内容的休闲农业示范区;依托西咸新区建设,充分利用区内蔬菜及花卉苗木、水域及生态绿地,创建以设施果蔬生产和花卉观赏采撷、农家风情和关中民俗体验为特色的休闲农业示范区;依托唐乾陵、唐昭陵、汉茂陵等文物资源,创建以文物旅游、乡村旅游、农业观光为一体的休闲农业示范区;依托手工布艺、刺绣插花、编织剪纸等传统产业,创建传统手工艺休闲农业示范区;依托安吴青训班、爷台山战役旧址、马栏革命遗址等红色资源,创建红色旅游休闲农业示范区。

(五)提升农业科技推广能力,培育农民专业合作组织,构建现代农业科技推广和经营服务体系

1.构建现代农业科技服务体系。以提高科技贡献率为核心,深入推进“咸·杨农业产业一体化”,积极开展市

校合作，建立农业专家顾问团制度，加快建设咸·杨农业科技示范园和示范基地，切实增强杨凌高新农业的引领示范功能，加快构建现代农业科技创新体系。以提高农业科技推广效率为核心，积极引进农业大专院校毕业生充实基层农技推广力量，试点推行政府购买服务模式，加快构建以农业专家、农技推广人员、农业乡土人才为主体的现代新型农技服务体系。以农业信息资源开发利用为核心，加快构建以农业决策管理、农业科技信息、农业经营服务为平台的现代农业信息服务体系。以保障农业生产安全为核心，加快构建以防汛抗旱、森林防火、动植物保护为内容的现代农业防灾减灾体系。以加大政策扶持为核心，加快构建“以工促农，以城带乡”的现代农业政策扶持体系。

2. 大力发展农民专业合作社。完善合作社规章制度，健全“三会”制度，发挥“三会”职能，规范合作社建设，推动合作社良性健康发展，2015年建成各类合作社1800个，其中省级示范社50个、市级示范社200个。以产业为依托，以利益为纽带，在合作社内部统一技术培训、统一生产标准、统一操作规程、统一产品质量、统一农资供应，不断强化合作社功能。积极组织开展“农超对接”、“农校结接”和“农企对接”，拓宽营销渠道，扩大营销总量，切实增强合作社经营实力。

3. 培育造就新型职业农民。立足提升传统农民、转化返乡农民、引入新型农民，积极实施农民培训“111”工程，建立起较为完善的农民培训体系，着力培养造就有文化、善经营、会管理的新型职业农民。借助农业科技园区、农业科技实训基地、农民科技培训中心等载体，抓好务农农民的专业技术培训，提高生产经营水平。深入推进“阳光工程”，抓好农民工的专业技能培训，努力提高农民就业能力，推动农村富余劳动力转移。抓好农村中小企业家的经营管理培训，努力提高企业家的创业能力和经营管理水平。

4. 创新现代农业经营方式。加快建立以新型农民、农民专业合作社、龙头企业为主体，产加销一条龙、贸工农一体化的现代农业经营体系，不断创新农业产业化经营方式。大力推广“公司+合作社+农户”经营模式，积极引导龙头企业开展定向投入、定向服务、定向收购等服务，提高农民组织化程度。进一步完善利益联结机制，大力推广“订单农业”、“股份合作”、“扶持保护”等模式，加强产销衔接，稳固产销关系。

三、保障措施

（一）加强组织领导，强化考核激励

1. 加强组织领导。各县市区各部门要切实把加快现代农业发展摆上重要位置，进一步加强领导，加大投入，精心组织，促进全市现代农业又好又快发展。市委、市政府成立加快现代农业发展领导小组，加强对现代农业发展的前瞻性调查与研究，各县市区也要成立相应机构，明确职责分工，落实工作责任，特别是要引导镇（办）转变职能，把加快发展现代农业作为第一要务，形成完备的领导体系和责任体系。要建立包抓援建机制，对列入年度计划的现代农业园区，由市委、市政府领导包抓，农业、发改、财政、国土、水利、林业、农机等部门协作建设，重点解决园区规划定位、基础设施、土地流转、运行机制、产业配套等实际问题。设立现代农业园区建设单项奖，强化激励。

2. 强化监督检查。要建立考核评价机制，把发展现代农业纳入年度目标责任考核。由市农村工作领导小组办公室牵头，市委市政府督查室、市统计局、国家统计局咸阳调查总队等部门参与，每年第四季度对各县市区、各部门推进现代农业工作进行全面考核和综合评价，对工作成效显著的单位和个人进行表彰。

（二）健全投入机制，加大资金投入

1. 健全资金投入机制。按照政府引导、市场化运作思路，建立以政府投入为导向、业主投入为主体、社会力量积极参与的现代农业建设投入机制。坚持“谁投资、谁经营、谁受益”原则，充分发挥龙头企业、合作组织、专业大户等现代农业经营主体的作用，积极投资现代农业开发；引导外资、工商资本和其他社会资本投资现代农业开发；通过盘活资产、产权质押等途径，充分利用信贷资金开发现代农业。

2. 加大财政投入力度。市县两级财政支农投入增幅要高于一般预算收入增幅5个百分点，新增基础设施和社会事业预算、土地出让收益和耕地占用税收入的一定比例要用于统筹城乡发展。市县财政要列支现代农业专项资金，用于支持农业结构调整、主导产业提升、农产品市场开发、龙头企业技术改造、农民专业合作社规范化建设和创建现代农业园区。要整合项目资金，集中投入重点产业和重点园区。要建立现代农业市场风险调节基金，稳定农业生产。要认真落实各项惠农补贴政策，充分调动和激发农业生产积极性。

3. 加大金融支持力度。农业银行、农业发展银行、邮政储蓄银行要加大现代农业信贷支持力度，县域内银行业金融机构新吸收存款，主要用于当地发放贷款，农村信用社农业信贷投放量要占到当年信贷总量的70%以上。要建立农业项目优先贷款和最低利率贷款机制，增加农户小额贷款投放量。要完善信贷担保制度，扩大有效担保物范围。要积极培育村镇银行、贷款公司、农村资金互助社等农村新型金融机构，鼓励组建涉农金融租赁公司，为“三农”客户提供大型农机具和成套设备租赁服务。

4. 建立农业保险制度。稳步推进政策性保险工作，逐步扩大保险品种和试点范围，加快建立政府引导、政策支持、协同推进、市场运作的政策性农业保险制度，健全农业再保险和巨灾风险分散机制。

（三）完善基础设施，增强发展实力

1. 加强农田水利建设。2015年全面建成亭口、柏岭寺、红岩河水库等重点水源工程，积极争取“引汉济渭”、东庄水库工程分配水量，全面开展渭河、泾河段综合治理工程，对境内11座小（一）型和20座小（二）型水库进行除险加固，进一步扩充农业灌溉水源。以小型农田水利重点县、大中型灌区节水改造、新增粮食生产能力、基本口粮田等建设项目为依托，加大农业综合开发，加强农田水利建设，2015年完成改造中低产田76万亩，其中建设高标准示范农田60万亩，灌区田间工程配套率达

到60%以上,小型水利工程完好率达到80%以上,全市60%以上的有效灌溉面积实现节水灌溉。

2. 加强生态环境建设。实施天然林保护、退耕还林等重大工程,涵养水分,保持水土,提高森林覆盖率;实施湿地保护工程,扭转自然湿地面积萎缩和功能退化趋势,建设西咸国际化大都市绿色生态屏障。实施“沃土工程”,推广农作物秸秆还田、果园秸秆覆盖、果园生草、果园堆肥、深松改土等关键技术,改善土壤品质;加强畜禽粪便、农地膜等无害化处理,减少农业面源污染。以农村户用沼气和养殖场大型沼气工程建设为重点,加快“三沼”综合利用,发展农村清洁能源,改善农村生态环境,推进生态家园建设。

3. 加强农机化建设。围绕粮果畜菜主导产业,以全面提高农业生产机械化水平和协调发展为目标,“十二五”期间推广现代高效农机具20万台套,其中拖拉机1万台、配套农具2万套,联合收割机3000台,粮食及种子加工机械3万台套,果品生产专用机械6万台套,畜牧养殖专用设备4万台套;设施大棚生产专用设备5万台套。减免农机挂牌及检审验费用,全面推行农机监理仪器化检测;建立大型农机具卫星定位控制系统,强化农机“12316”公益信息服务,2015年全市农业生产综合机械化水平达到68%,主要粮食作物生产机械化水平超过90%,秸秆综合利用水平达到85%,农机经营年收入达到15亿元。

(四)培育名优品牌,开拓国内外市场

1. 保障农产品质量安全。认真贯彻《农产品质量安全法》和《食品安全法》,全面推行标准化生产,建立产地环境动态监测系统,加强农业投入品监管,健全生产记录档案,加快无公害农产品认证,推行产品包装标志和可追溯制度。按照“政府负总责,三级有机构,监管到村组,检测全覆盖”模式,加快形成覆盖产地和市场的农产品质量安全检验检测体系,完善农产品质量安全预警机制。建立和落实产地准出和市场准入制度,强化质量安全监管,确保农产品安全生产,放心消费。

2. 培育农产品名优品牌。依托资源禀赋,发展一村一品;做强加工包装,提高质量水平;加快“三品一标”建设,推进国际化认证,着力培育咸阳苹果、泾渭莲菜、云阳蔬菜、兴武辣蒜、礼泉红提葡萄、武功手织布等在全省有较高知名度、在全国有一定影响力的优势农产品知名品牌,努力打造代表咸阳形象、市场知名度高、竞争力强的名牌产品。

3. 开拓国内外市场。按照“突出特色、优势互补”原则,大力实施“走出去”战略,积极组织参加国内外农产品宣传展销活动,举办产地农产品产销衔接活动,开展农产品网上营销,建立农产品展示展销中心,努力提高农产品市场竞争力和知名度;积极开拓国内外市场,瞄准世界三大自由贸易区,扩大国际贸易份额,推动大宗农副产品进入国际市场,力争在中国——东盟自由贸易区农产品年营销总量达到10万吨以上;加快建立大宗农产品期货贸易机制,支持做大小麦、玉米期货贸易,积极推进苹果、猪肉、蔬菜期货贸易。

(五)加快土地流转,推进集约经营

严格执行耕地保护政策,认真落实耕地保护目标责任制,确保基本农田面积不减少、用途不改变、质量有提高;加快土地复垦开发,确保耕地占一补一、占补平衡;加强土地利用年度计划管理,严格控制非农建设用地规模,推进土地集约节约利用。积极推进土地有序流转,全面建立县市区土地流转指导中心、土地承包纠纷仲裁机构和乡镇土地流转服务中心,建立健全农村土地承包经营权流转市场,创新和完善土地流转机制,促进土地向现代农业示范区流转。按照依法、自愿、有偿的原则,对列入现代农业园区建设的行政村,引导区域内农民以转包、出租、互换、转让、股份合作、托管等形式流转土地承包经营权,积极探索土地承包经营权先股后转的土地流转形式,加快土地流转,推进规模经营。

附件:咸阳市拟建现代农业园区一览表(见表54)

咸阳市人民政府关于印发《咸阳市“十二五”工业发展和空间布局规划》的通知

咸政发〔2012〕44号

各县市区人民政府,市人民政府各工作部门、派出机构、直属事业机构:

《咸阳市“十二五”工业发展和空间布局规划》已经市政府第六十八次常务会议研究通过,现印发给你们,请结合各自实际,认真组织实施。

咸阳市人民政府

2012年12月12日

咸阳市“十二五”工业发展和空间布局规划

序　言

“十二五”期间,是咸阳市推动产业结构优化升级,加快转变经济发展方式,实现快速发展的关键时期。根据咸阳市“十二五”规划纲要,特制定《咸阳市“十二五”工业发展和空间布局规划》。

规划依据:《关中—天水经济区发展规划》《西部大开发“十二五”规划》《“十二五”国家战略性新兴产业发展规划》《西咸新区总体规划》《咸阳市国民经济和社会发展第十二个五年规划纲要》及各专项规划。

规划范围:咸阳市全市域,包括秦都区、渭城区、兴平市、武功县、乾县、礼泉县、泾阳县、三原县、永寿县、彬县、长武县、旬邑县、淳化县,咸阳高新区、北塬新城。

规划期限:2011年~2015年,远景延伸到2020年。

第一章　发展环境与基础

第一节　发展环境

“十二五”时期,是咸阳抢抓国家深入推进西部大开发和建设关中—天水经济区重大机遇,转变经济发展方式和调整产业结构的重要阶段,也是推进西安(咸阳)国际化大都市建设、全面建设小康社会的关键时期。

咸阳市拟建现代农业园区一览表

表54

县市区	园区名称	园区地点	园区规模	建设主体	主导产业	规划建设要点	进展情况
秦都区	秦都万亩设施果蔬示范园区	秦都区萧何庙、毛村	总面积10000亩,其中核心区2000亩,示范区8000亩	秦都区政府	果蔬种植	投资1.18亿元,2011年~2015年发展设施果蔬1万亩,推广畜沼菜、畜沼果等先进实用及标准化生产技术,配套水电路等基础设施	建成果蔬生产基地1000亩
	秦都区万亩优质红薯示范园区	秦都区马庄镇、双照办	总面积1万亩,其中核心区3000亩,示范区7000亩	莽塬红薯专业合作社等	红薯种植	投资8000万元,建设繁育基地500亩,引进深加工企业1个,建立贮藏体系和信息交易平台	培育省级一村一品示范村3个,注册了品牌
	秦都万亩苗木花卉示范园区	秦都区渭河南岸钓台办	10000亩	秦都区政府	都市农业	投资8300万元,2011年~2015年栽植各类苗木花卉1万亩,发展休闲农家100家,配套水电路等基础设施	栽植各类苗木花卉5600亩,入驻企业8家
	秦都夏家寨苗木花卉示范园区	秦都区双照办	总面积10000亩,其中核心区2000亩,示范区8000亩	秦都区政府	都市农业	投资8500万元,2011年~2015年栽植各类苗木花卉1万亩,发展休闲农家20余户,配套完善水电路等基础设施,建设集休闲观光、苗木培育等为一体的示范园区	栽植各类苗木2000余亩,入驻企业10余家
	秦都春艺生态休闲农业园区	秦都区马庄镇押大村	1000亩	陕西春艺园林绿化工程有限公司	都市农业	投资5000万元,打造花乡休闲景区,完善基础设施,壮大苗木花卉企业,形成游客接待中心、精品花卉博览区、花卉苗木及名品花卉展示区、商务会所等功能	土地流转100亩,已栽植各类苗木100亩
	秦都吕村生态观光农业园区	秦都区渭滨办吕村	1500亩	杨凌农林科大农业技术有限公司	都市农业	投资2亿元,建设景观区、种植区、养殖区、活动区、服务区等,集休闲、游乐、餐饮、垂钓、园林绿化和乡村情调于一体的多功能休闲园区	已栽植各类苗木4000余株
	秦都欣枫生态观光农业园区	秦都区马庄镇直堡村	1000亩	欣枫种植、养殖基地	都市农业	投资3000万元,建设以蚯蚓循环养殖为主题的循环农业示范园	土地流转250亩,蚯蚓已经养殖130亩
	秦都新阳光现代物流企业园区	秦都区钓台办	2000亩	新阳光公司等	现代物流	投资10亿元,打造集农产品贸易物流、冷冻贮藏、加工销售为一体的现代物流区	农副产品交易中心已建成,西咸农副产品冷冻物流中心项目正在建设

续表1

县市区	园区名称	园区地点	园区规模	建设主体	主导产业	规划建设要点	进展情况
渭城区	渭城大石头乡村公园	渭城区周陵街道办事处大石头新村	2000亩	周陵街道办事处大石头村	休闲农业	投资5亿元,2011年~2013年围绕建设城市近郊大型休闲生态园,打造"酒城花乡"休闲景区,完善基础设施,壮大花卉苗木产业,形成游客接待中心、精品花木博览区、乡村酒店群、星级农家乐、生态湿地花木休闲公园、关中民俗村落、花卉苗木及名品花卉展示区、商务会所等功能区	待建
	渭城底张绿色休闲农庄	渭城区底张街道办事处底张村	1000亩	底张街道办事处底张村	休闲农业	投资3亿元,2011年~2013年建设可容纳50万只家禽标准化禽舍,建设采摘园、垂钓园、娱乐休闲、开心农耕、会议接待、田园风光区、生态养殖、野营烧烤设施	待建
	渭城汉丰苑生态观光农业园区	渭城区正阳街道办事处韩家湾村	总面积620亩,其中核心区520亩,示范区100亩	陕西大河实业有限公司	休闲农业	投资5675万元,2011年~2020年建设VIP会员特区、西安世园会花卉专供基地、汉风观光民俗村(含民俗餐饮)、儿童农林生态实践培训中心、21世纪开心农场、异地商会会馆区、林下经济带、禽畜放养区、汉代农耕文化体验区、窑洞宾馆、生态景观园区等11个休闲农业景区	园区内主干道路及世园会花卉专供基地已建成
	渭城金色未来生态休闲农庄	渭城区底张街道办事处	总面积1000余亩,其中核心区500亩,示范区500亩	陕西隆信生态科技有限公司	休闲农业	投资5000万元,2011年~2012年建设果树种植采摘区、大棚蔬菜种植区、水产养殖区、生态畜牧养殖区,建立综合性会所,形成西北地区最大的桂花、樱花等名贵苗木种植观赏基地	种植桂花树3万余株、樱花树3.6万余株、白皮松3万余株、马褂木1.6万余株、七叶树5000余株、红叶石楠5000余株等
	渭城张裕葡萄生态农庄	渭城区渭城街道办事处	1000亩	陕西张裕瑞那城堡酒庄有限公司	休闲农业	投资6亿元,2010年~2013年,建设具有欧式风格,集葡萄种植、葡萄酒生产、观光旅游、商务会所和葡萄酒文化展览于一体的国际一流综合性酒庄	完成主楼基础、宿舍楼主体、围墙主体、接待楼等工程,完成道路绿化、地热井等工程,栽植葡萄800亩

续表2

县市区	园区名称	园区地点	园区规模	建设主体	主导产业	规划建设要点	进展情况
渭城区	渭城周陵陶园居生态园区	渭城区周陵街道办事处	500亩	咸阳陶园居实业有限公司	休闲农业	投资1.5亿元,2011年~2012年建设可容纳30万只家禽标准化禽舍,建设采摘园、垂钓园、儿童乐园、设施农业、农作物迷宫、田园风光区、生态养殖、野营烧烤等及配套设施	园内区主干道路及绿化、肉鸡养殖区、珍禽养殖区、种植区已基本建成,垂钓园正在建设
	渭城万亩蔬菜生态示范园区	渭城区底张街道办事处、正阳街道办事处	总面积1.5万亩,其中核心区1万亩,示范区5000亩	渭城区农林畜牧局	都市农业	投资7000万元,2011年完成项目整体规划,建成3000亩设施蔬菜基地。2012年新增4000亩设施蔬菜基地。2013年,流转土地3000亩,完善园区基础设施,建设南舍村农产品交易市场,新增3000亩设施蔬菜基地	已建成设施蔬菜基地4000亩
	渭城秦汉都市农业体验园区	渭城区二道塬范围内	1.5万亩	渭城区农林畜牧局	都市农业	总投资2亿元,采取“龙头企业+合作社+农户”生产模式,建设以农业休闲、体验种植为主导,集体验采摘、特种养殖、绿色餐饮、休闲娱乐为一体的休闲农业体验园。建设期限2011年~2013年	待建
	渭城万亩苗木花卉示范园区	渭城区西起义陵东至长陵	4000亩	渭城区农林畜牧局	都市农业	投资2亿元,2011年完成项目整体规划,流转土地3000亩,栽植花卉苗木3000亩。2012年流转土地4000亩,栽植花卉苗木4000亩,建设周陵街道办事处200亩花卉苗木交易市场。2013年流转土地3000亩,栽植花卉苗木2000亩	建成苗木花卉基地100亩
	渭城蟒山硬质桃示范园区	渭城区底张街道办事处蒲家寨村	总面积2000亩,其中核心区500亩,示范区1500亩	咸阳市渭城区蟒山硬质桃专业合作社	都市农业	投资1.35亿元,2009年~2012年建设六大现代农业区:现代化种植区,栽植硬质桃900亩;农产品冷藏区,建筑面积3000平方米;设施栽培区,建设连栋温室60栋,建筑面积30000平方米;休闲娱乐及餐饮中心区,建筑面积5000平方米;新品种展示区,培育区新品种200亩,展示新品种300亩;采摘区,种植面积500亩	建成硬质桃种植基地900余亩

续表3

县市区	园区名称	园区地点	园区规模	建设主体	主导产业	规划建设要点	进展情况
渭城区	咸阳秦土地科技创新园区	渭城区北杜镇南朱刘村	总面积2000亩,其中核心区500亩,示范区1500亩	陕西秦土地农业科技有限公司	都市农业	投资35000万元,2010年~2013年规划建设占地面积2000亩的“一心三区”。“一心”为现代农业科技创新中心,“三区”为加工蔬菜技术展示区、现代农作物新品展示区和辐射带动示范区	建成果蔬大棚36座
	渭城肖家优质葡萄现代农业园区	渭城区窑店街道办事处毛王村	总面积2000亩,其中核心区1200亩,示范区800亩	咸阳市渭城区新丰葡萄专业合作社	葡萄种植	投资9500万元,2009年~2012年建设集生态农业、休闲观光为一体的都市现代种植小区新丰优质葡萄种植基地2000余亩	已建成葡萄种植基地1000余亩
兴平市	兴平马嵬蔬菜现代农业园区	兴平市马嵬办安家村、庞家村、添户村、东街村等	总面积1.5万亩,其中核心区5000亩,示范面积1万亩	兴平市政府	蔬菜生产	投资4000万元,2011年~2015年建设园区设施农业3000亩,露地蔬菜生产区2000亩,采摘体验园200亩,现实开心农场200亩,配套打井、硬化道路、铺设暗管等基础设施,指导成立合作社、注册蔬菜品牌和商标,推广蔬菜标准化生产技术、病虫防控技术、节水灌溉技术等新技术,建成集蔬菜分级包装、加工企业于一体的企业1个	已在安家村、庞家村、添户村建成设施蔬菜1000亩,配套打井1眼,硬化道路2千米,引进蔬菜加工企业1家
	兴平正东蘑菇现代农业园区	兴平市东城办正东村、正西村、油郭村等	总面积5000亩,其中核心区3000亩,示范区2000亩	兴平市政府	食用菌生产	投资3500万元,2011年~2015年建成现代高标准综合性食用菌生产示范园5000亩,现代化菌种厂1个,食用菌加工厂1个。建成集新品种引进、新技术推广、生产、加工、销售、菌种培育为一体的示范园	已在正东村、正西村、南佐村建成蘑菇大棚500亩。引进650等新品种2个,示范面积100亩
	兴平来祁寨现代农业园区	兴平市西吴办来祁寨村、豆马村和上官道村	总面积1.6万亩,其中核心区6000亩,示范区1万亩	兴平市政府	果蔬种植	投资5619万元,2011年发展油桃4400亩,其中设施油桃1100亩,2012年新增油桃2650亩,其中设施600亩。2013年在两年建设的基础上,完善基础设施建设,全面实施标准化管理技术,建设园区标志性等配套设施,打造现代都市农业园区	现有大棚油桃5500亩,新品种试验区栽植中油2号300亩;在来祁寨村发展节水灌溉2000亩,开工建设500亩苗圃和休闲娱乐中心

续表4

县市区	园区名称	园区地点	园区规模	建设主体	主导产业	规划建设要点	进展情况
兴平市	兴平食品工业园区	兴平市西吴街道办事处	21平方千米	兴平市政府	加工物流	一期投资50亿元,规划以绿色、健康、环保、文化为主线,以品牌支撑、科技先导、大集团引领、小企业配套为骨架,打造从田间到餐桌的全产业链食品工业,形成结构合理,链条均匀,竞争优势鲜明的产业集群。园区由工业区、功能配套区、西吴全省重点镇建设三部分组成。重点发展粮油加工、方便食品、净鲜蔬果、肉制品、红酒饮料、节日礼品、特色产品、饲料、物流九大类产品及产业。2011年预计实现产值85亿元以上,预计2013年可实现产值120亿元,"十二五"末300亿元,税收过4亿元	区内建成面积6.5平方公里,现有企业43家,上市公司4家,有国家级技术创新中心3个,省级3个。在建项目8个,投资10亿元的高端冷链物流项目正在进行中。2010年,市食品工业园实现产值55亿元
	兴平清水莲菜现代农业园区	兴平市田阜社区发展中心段家村、阜寨镇张耳村等	总面积5万亩,其中核心区10000亩	陕西佳和美农业科技有限公司	休闲农业	投资6000万元,2011年~2015年在段家村、田阜村、张耳村、高王村连片建设现代农业园区10000亩,形成生产示范区、试验展示区、休闲观光区、垂钓娱乐区、餐饮文化区、风情田园区六大区域,示范带动沿渭清水莲菜发展到5万亩	现有莲池7000亩,其中新品种展示区1500亩,硬化道路3千米,栽植女贞苗木850株
	兴平星光养殖示范园区	兴平市南市镇陈文村	130余亩	星光良种猪繁养殖有限公司	生猪养殖	投资5000万元,2011年~2012年完成猪舍标准化改造500平方米,新建猪舍2500平方米。购置产床40套、保育床40套,妊娠栏100套,设立兽医防疫室,完善相关配套设施及设备。购买种公猪10头,良种母猪200头	目前园区下属1个养殖场,1个育肥场,1个饲料加工厂。总占地130余亩,建筑总面积4万平方米
武功县	武功食品工业园区	武功县台资工业园区	800亩	武功县政府	食品加工	投资2.5亿元,建成集果蔬加工、乳品加工、油料加工、粮食加工、制药为一体的食品工业园区	女皇果蔬已投入生产,二期扩建正在筹划之中;美力源乳业正在建设,关中食品、军星油脂、代家油脂、功达制药都已投入生产

续表5

县市区	园区名称	园区地点	园区规模	建设主体	主导产业	规划建设要点	进展情况
武功县	武功大庄现代农业园区	武功县大庄镇	65000亩	武功县政府	果蔬生产	投资7.67亿元,2010年完成基础设施建设,栽植猕猴桃16700亩,建设苗木花卉基地5400亩、设施农业3000亩、清水莲菜3000亩。2011年完成28000亩园区基础设施,栽植猕猴桃21000亩,发展清水莲菜3000亩、设施农业3000亩。2012年完成园区总体建设任务,形成"一心两园四带"格局,"一心"为农产品交易中心,"两园"为农业科技综合示范园和优势果品休闲产业园,"四带"为清水莲菜产业带、设施农业产业带、苗木花卉产业带、猕猴桃产业带	建成高标准猕猴桃示范园16395亩,发展清水莲菜2000亩,二期土地流转2.15万亩
	武功清水莲菜产业园区	武功县小村镇、普集镇	8000亩	武功县政府	休闲农业	投资1亿元,用3年时间建设莲菜和白茭种植基地8000亩,以50亩为一个单元,配套观光道路,形成160个生产区,形成以莲菜产出和旅游观光为主的产业基地	在小村镇、普集街三农发展服务中心发展清水莲菜1200亩
	武功普集苗木产业园区	武功县普集镇普集街	14000亩	武功县政府	苗木生产	投资1亿元,计划3年时间建设果树苗木基地7000亩,生产苹果、葡萄、杏、桃、樱桃、核桃等苗木;建设园林苗木生产基地7000亩,生产园林绿化苗木	在普集街何家村建设园林花卉苗木基地2000亩
	武功苏绘手工艺产业园区	武功县普集镇	300亩	武功县政府	休闲农业	投资1.2亿元,用3年时间配套完成园区基础设施和厂房设施,建成苏惠织锦园、康穗手工食品园、手工编制园、木楠布艺刺绣园、食醋深加工园五大功能区	待建
	武功西塬优质粮食产业园区	武功镇西塬及河道三农发展中心	25000亩	武功县政府	粮食生产	投资120万元,计划用1年时间在武功镇西塬建设2个万亩粮食高产创建示范片区,在河道三农发展中心建设1个有机小麦生产加工基地	待建
泾阳县	泾阳县现代粮食生产科技示范园区	泾阳县中张镇、桥底镇	总面积3万亩,其中核心区5000亩,示范区25000亩	泾阳县政府	粮食生产	投资15037万元,2016年建成新品种展示区、良种繁育区、统防示范区、高产创建区、标准化生产示范区五个现代粮食生产功能区,园区达到"吨粮田"生产标准	流转土地5000亩,成立粮食生产专业合作社6个,建成粮食高产创建示范片32500亩

续表 6

县市区	园区名称	园区地点	园区规模	建设主体	主导产业	规划建设要点	进展情况
泾阳县	泾阳炜龙现代农业园区	泾阳县安吴镇龙泉山庄	总面积 45900 亩，其中核心区 5900 亩，示范区 4 万亩	泾阳县炜龙农林发展有限公司	休闲农业	投资 1325 万元，建成无公害葡萄基地 5000 亩，新增杂果面积 800 亩，新建无公害蔬菜基地 100 亩，新建 5000 只散养鸡基地 1 个，形成集养殖、休闲娱乐、生态观光旅游、科学研究四位一体的现代化休闲农业示范园区	建成葡萄观光大棚架 100 余亩、葡萄采摘长廊 600 米；栽植生态林 6100 亩，栽植酿酒葡萄 8000 余亩；建成龙泉山庄宾馆一座
	泾阳云阳设施蔬菜现代农业园区	泾阳县云阳镇樊尧村、花马村	3.9 万亩	泾云现代农业公司、泾渭希望农业有限公司、华瑞蔬菜专业合作社	设施蔬菜	投资 3.8 亿元，以云阳镇花马村、樊尧村为核心，计划建设日光温室基地 2 万亩、大拱棚基地 1.4 万亩、露地蔬菜 0.5 万亩，建成核心示范区 8000 亩，完善园区配套设施建设，分三年实施，建成后将成为一座集育苗、试验示范、新品种新技术引进推广、农民培训、农资配送、蔬菜加工、鲜菜精装销售为一体的现代农业蔬菜产业园区，辐射带动周边 3.1 万亩设施蔬菜按照标准化进行生产	园区内现有蔬菜面积 2.4 万亩，其中设施蔬菜面积 1.4 万亩，已建成现代化蔬菜育苗工厂一座、国家级蔬菜示范园一座
	泾阳王桥蔬菜产业园区	泾阳县王桥镇寺背后村	4000 亩	鑫虎蔬菜专业合作社、东鹏蔬菜专业合作社	设施蔬菜	投资 600 万元，2011 年新建设施蔬菜示范基地 500 亩；2012 年建设设施蔬菜基地 1000 亩；2013 年建设设施蔬菜基地 1000 亩	园区内现有日光温室 100 亩，大拱棚 200 亩
	泾阳安吴现代农业园区	泾阳县安吴镇姚家村、竹园张村	1.2 万亩	安吴镇政府	设施蔬菜	投资 8000 万元，以安吴镇姚家村、竹园张村为核心，建成占地 1.2 万亩的设施蔬菜现代园区一座，在原有 6500 亩设施蔬菜基地的基础上，新建日光温室基地 3000 亩，大拱棚基地 2500 亩，完善各种基础设施建设，辐射带动安吴镇 3 万亩蔬菜标准化建设发展	园区内现有设施蔬菜 6500 亩，2012 年新建设施日光温室 600 亩，大拱棚 500 亩
	泾阳桥底设施蔬菜现代农业园区	泾阳县桥底镇官苗村、寨子沟村	5000 亩	陕西绿盈盈现代农业有限公司、兴旺蔬菜专业合作社	设施蔬菜	以桥底镇官苗村、寨子沟村为核心，投资 6500 万元沿关中环线建成占地 5000 亩的集工厂化育苗、标准化生产、规模化经营为一体的现代化设施蔬菜产业园区，其中：核心示范区 1000 亩，辐射带动周边发展设施蔬菜 4000 亩	园区内现有设施蔬菜面积 1300 亩，建成年生产能力为 2000 万株的现代化育苗工厂一座，500 亩标准化设施蔬菜示范园一座

续表7

县市区	园区名称	园区地点	园区规模	建设主体	主导产业	规划建设要点	进展情况
泾阳县	泾阳乳品加工企业园区	泾阳县泾干镇、兴隆镇、桥底镇、王桥镇	822 亩	泾阳县人民政府	乳品加工	投资21046万元,用5年时间改扩建40000吨鲜奶加工厂4个,配备原料奶称量、检测设施、水处理设施、电脑程控超高温瞬时灭菌系统和鲜奶包装成品运输生产线、原料奶和成品奶贮藏配套设施等	待建
	泾阳王桥生猪产业园区	泾阳县王桥镇陈家沟村、社树村	131 亩	博信牧业有限公司、健鑫养猪专业合作社	生猪养殖	投资3670万元,用3年时间引进纯种猪2100头,改扩建母猪舍10000平方米,仔猪培育舍6000平方米,购置产房、疫病防控、电脑监控设备及仪器,配套建设沼气池2口,种猪场完成"四通一平"(通水、通电、通路、通讯、场地平整)建设	完成投资962万元,已经建成猪舍50栋,引购良种母猪220头
	泾阳兴隆镇奶牛产业园区	泾阳县兴隆镇付庄村、张李村、侯庄村、南程村、杨赵村	607.2 亩	泾阳县人民政府	奶牛养殖	投资11728.5万元,2011年~2015年在产业园区改扩建奶牛场7个,新引购良种荷斯坦奶牛3500头,园区奶牛存栏达到7000多头	完成投资2170万元,建成奶牛舍19栋
	泾阳鑫园奶牛产业园区	泾阳县口镇瓦尧村,桥底镇官苗村、褚牛村	252.35 亩	泾阳金桥奶牛养殖专业合作社	奶牛养殖	总投资6702万元,2011年~2013年在园区建设千头奶牛场4个,新引购良种荷斯坦奶牛2000头,园区奶牛存栏达到8000多头	建成牛舍4栋,新建1万立方米专业青贮场1个,完成投资200万元
	泾阳金田葡萄产业园区	泾阳县安吴、口镇、王桥、兴隆等镇	3 万亩	陕西金田现代农业开发公司、泾阳金穗葡萄合作社	酿酒葡萄	投资15000万元,2011年~2015年酿酒葡萄发展到80000亩,其中新发展50000亩,繁育栽植白玉霓、佳丽酿、蛇龙珠、赤霞珠、梅鹿辄、霞多丽、贵人香、红提、青提、克仑生等世界优良酿酒葡萄和鲜食葡萄1650万株。打深井30眼,修渠道150千米,培育扶持种植公司25户,葡萄产量60000吨	建成酿酒葡萄基地1.5万亩,2012年底前新增面积2000亩,水电路等基础设施进一步完善,滴水灌溉、防鸟设施等工程建设正在进行
	泾阳和悦丰润葡萄产业园区	泾阳县口镇长街瓦尧村	1000 亩	泾阳和悦丰润农业有限公司	酿酒葡萄	投资591.91万元,建设优质酿酒葡萄基地1000亩,总面积达到2000亩,年产量新增1000吨,达到2000吨,包括新打机井3眼,建设生产路6千米,建设辅助用房200平方米,购置滴灌系统一套,铺设面积1000亩	已建成酿酒葡萄基地1000多亩,主要栽培品种为赤霞珠、白玉霓,年生产优质葡萄1000多吨

续表 8

县市区	园区名称	园区地点	园区规模	建设主体	主导产业	规划建设要点	进展情况
泾阳县	泾阳鑫迪葡萄产业园区	泾阳县口镇褚家、郭塬村	3000 亩	泾阳鑫迪现代农业有限公司	酿酒葡萄	投资 1500 万元,新建优质酿酒葡萄基地 2000 亩,总面积达到 3000 亩,年产量新增 2000 吨,达到 3000 吨,包括新打 200 米~300 米机井 2 眼,建设生产路 2 千米,建设辅助用房 100 平方米,购置滴灌系统一套,铺设面积 3000 亩	已栽植酿酒葡萄 1000 亩,完成栽杆拉丝任务
	泾阳日新现代农业园区	泾阳县王桥镇、兴隆镇	16200 亩	泾阳日新农业开发有限公司	休闲农业	投资 15393.90 万元,平整旱坡地及改良土壤 15000 亩,购置仪器设备 9088 台,埋设灌溉暗管 8000 亩,建设标准化酿酒葡萄示范园 15000 亩、观光葡萄示范园 1200 亩	现已栽植酿酒葡萄 10600 亩,铺设滴灌管网 7000 亩、滴灌输水管网 16 千米
三原县	三原粮食现代农业园区	三原县陂西镇、安乐镇	50000 亩	三原县政府	粮食生产	投资 300 万元,建成小麦良种繁育基地,高产创建示范区,粮食标准化生产示范区,农机、农艺综合配套示范区	小麦良种繁育基地初步建成,已建立小麦高产创建示范区 2 万亩
	三原清河食品工业园区	三原县城区	4 平方公里	三原县食品工业管委会	食品加工	投资 30 亿元,2003 年~2015 年完成园区基础设施及食品药品加工生产线建设	现有娃哈哈乳业、白象方便面、米旗月饼、世纪明大果蔬汁、龙桥面粉、三川果汁等 22 家农业产业化龙头企业入驻
	三原正大蛋鸡养殖工业园区	三原县新兴镇	12078 平方米	陕西正大有限公司	蛋鸡养殖	投资 6476.48 万元,2009 年~2012 年实施蛋鸡现代化养殖	一期工程已完成,饲养规模为 24 万羽,包括 16 万羽规模 1 栋,4 万羽规模 2 栋
	三原嵯峨观光农业示范园区	三原县嵯峨镇	1000 亩	陕西三原宏利农副产品商贸有限公司	休闲农业	总投资 5000 万元,建设 350 亩现代化苗圃一个,建设以土鸡养殖为重点的现代化养殖小区一个,建设无公害蔬菜种植采摘开心农场及垂钓等休闲区,建设以餐饮、休闲娱乐为主的多功能"嵯峨山庄"	已完成投资 800 万元的餐饮娱乐项目,完成 200 万元的道路硬化,完成 200 万元的灌溉设施,完成 500 万元的绿化

续表9

县市区	园区名称	园区地点	园区规模	建设主体	主导产业	规划建设要点	进展情况
三原县	三原东沟休闲农业示范园区	三原县鲁桥镇东沟村	235亩	陕西格瑞莱生物发展有限公司	休闲农业	投资5000万元,2009年~2013年建设现代化休闲观光农业设施	已完成投资1000万元,完成道路硬化、植被绿化、部分观光点建设等
	三原东方乳业示范园区	三原县西阳镇光明村	200亩	西安东方乳业有限公司	奶牛养殖	投资1.2亿元,2011年~2012年完成基础设施建设,开展奶牛标准化养殖	待建
	三原坊南蔬菜产业园区	三原县鲁桥镇坊南村	5000亩	三原县鲁桥镇坊南村	设施蔬菜	投资5280万元,每年新建蔬菜大拱棚500亩,到2013年,园区蔬菜大拱棚面积达到10000亩,各类蔬菜种植面积占到园区耕地面积的95%以上	现有大型拱棚670亩、中小拱棚700亩
	三原温家蔬菜产业园区	三原县渠岸镇温家村	12690亩	三原清源蔬菜专业合作社	设施蔬菜	投资3.65亿元,2011年新建设施蔬菜示范基地500亩,2012年建设设施蔬菜基地1000亩,2013年计划建设设施蔬菜基地1000亩	现有设施蔬菜大棚502亩,配套水电设施基本完成
	三原高渠鲜桃现代农业园区	三原县城关镇	总面积1万亩,其中核心区2000亩,示范区8000亩	三原县政府	鲜桃种植	投资1500万元,利用3年~5年时间,围绕池阳湖旅游观光景点开发,建成集观光、休闲为一体的现代鲜桃示范园区,建设面积1万亩	现引进鲜桃新品种3个,建成示范果园50亩,成立专业合作社2个,注册"西秦"品牌
	三原马额现代苹果示范园区	三原县马额镇	8000亩	三原县政府	苹果种植	投资2000万元,到2013年,实现各类果业种植面积占园区耕地面积的95%以上,新建果园"五配套"技术推广户500户,户均沼气池一个;建设大型苹果保鲜库一个;开展绿色食品认证	硬化道路5公里,建成2000吨果库1座,完成改形7000亩,技术推广4000亩
乾县	乾县粮食高产示范园区	乾县临平镇	总面积11万亩,其中核心区1万亩,辐射带动10万亩	乾县政府	粮食生产	投资3000万元,引进新品种、新技术10项,到2015年建立粮食高产核心示范面积1.08万亩,辐射面积10万亩,带动全县96万亩粮食实现规模化、标准化生产	采取"合作社+基地+农户"模式,夏粮平均亩产550公斤,秋粮平均亩产650公斤
	乾县鲁源设施蔬菜示范园区	乾县灵源镇	总面积1650亩,其中核心区450亩,示范区1200亩	乾县政府	设施蔬菜	投资3200万元,引进新品种、新技术13项,到2015年园区蔬菜面积达到1200亩,实现品种优良化,质量标准化,产品批量化,管理现代化,效益最大化	建成大棚450亩,引进推广寿光蔬菜栽培技术

续表 10

县市区	园区名称	园区地点	园区规模	建设主体	主导产业	规划建设要点	进展情况
乾县	乾县董城现代农业园区	乾县董城村、黑里村、临平村	总面积10.5万亩,其中核心区5000亩,示范区10万亩	乾县政府	苹果生产	投资26571.4万元,利用3年时间,推广“果、畜、沼、草”生态循环模式,加快建设现代果业生产示范基地,建成畜牧生产区、果品储藏物流区、园区综合管理及技术服务区三大果品功能区	广升牧业建成10万平方米标准化猪舍;陕西德丰完成果品储藏设备购置及土地征用工作;现代果业生产示范基地投资700万元
	乾县8万头奶牛现代农业园区	乾县乾姜路、乾普路区域	6000亩	乾县政府	奶牛养殖	投资18000万元,在2011年～2012年新建1000头奶牛专业村20个,建设千头奶牛场10个,建设机械化奶站10个	已建成千头奶牛场3个
	乾县翼华奶山羊现代农业园区	乾县北部	400亩	乾县政府	奶山羊养殖	投资21475万元,到2012年,新建一期存栏30000头奶山羊,2000头生猪,1000头秦川牛,设计建设沼气工程、管理区及综合服务区	投资130万元,平整场区60亩,新建养殖设施2000平方米,建设临建设施600平方米
礼泉县	礼泉白村万亩现代农业园区	礼泉西张堡镇	20000亩,其中核心区2000亩,示范区18000亩	白村现代农业开发公司	果品生产	投资1870万元,以白村为中心,覆盖周边草滩村、东寨村、刘林村、周邢村、兴隆村、彭王村、新城村等行政村,以优质苹果生产“四大关键技术”为主线,示范推广现代农业生产技术,实现农业生产的新突破	土地流转500亩,完成果树优化改形2000亩,新栽观光樱桃300亩,建成田字形生产道路,新打机井2眼
	礼泉食品工业园区	礼泉县城	9平方千米	礼泉县工业园区管委会办公室	食品加工	投资4.5亿元,利用5年时间,建设以通达果汁、汇源果汁为代表的农产品加工和以红星软香酥、心特软、子祺食品为代表的糕点加工企业园区,形成果汁工业、食品工业及配套冷链物流产业	汇源集团、通达果汁、富安果汁、红星软香酥、子祺食品、秦鲁冷藏材料等企业进入,初步形成纸箱包装、果汁加工、果品加工、食品生产工业格局
	礼泉畜牧产业园区	烟霞、烽火、骏马、城关等镇	4000亩	礼泉县政府	畜牧生产	计划投资5000万元,以烟霞、烽火、骏马、城关等镇为核心,建设5个300头以上的奶牛养殖小区、5个100头以上奶牛养殖小区,形成以西张堡镇为核心的养猪产业板块,辐射带动全县畜牧产业快速发展	待建

续表 11

县市区	园区名称	园区地点	园区规模	建设主体	主导产业	规划建设要点	进展情况
礼泉县	礼泉骏马万亩设施农业园区	礼泉骏马镇	18000 亩	礼泉县政府	蔬菜种植	投资 3000 万元,到 2015 年,新增蔬菜大棚 0.68 万亩,其中日光温室 0.54 万亩、大棚 0.14 万亩	已建成温室大棚 430 座,配套自动卷帘机 120 套,水电路基础设施完善
	礼泉农副产品物流企业园区	礼泉县新时社区帝尧村	20 万平方米	礼泉县政府	加工物流	投资 500 万元,到 2015 年,培育年营业收入超过百万元的农产品物流企业 5 家以上,50% 农产品物流企业采用现代网络技术,80% 以上企业内部物流信息采用计算机处理	硬化道路 8 千米,建设新时社区早熟果品物流市场 1 个、物流货运信息部 13 个
	礼泉榆村休闲农业示范园区	礼泉县史德镇榆村	15000 亩	礼泉县政府	休闲农业	计划用 2 年时间完成投资 680 万元,建成集御桃种植、加工物流、生产体验、采摘观赏、农家旅游于一体的御桃休闲农业园区	建设御桃观光园区 2000 余亩,每年举办御桃桃花节一次,配套部分旅游观光附属设施
	礼泉纤手文化产业园区	礼泉县醴泉湖南岸,东徐村东侧	500 亩	礼泉县政府	休闲农业	投资 5000 万元,到 2015 年,使文化旅游业、工艺美术业、广告会展业、信息服务业、教育培训业有机结合,使礼泉县成为全省重要的手工艺文化产业基地	在醴泉湖南侧征地 70 余亩,引进纤手土织布企业及海南厂商
	礼泉关中环线现代苹果产业园区	礼泉县烟霞镇	总面积 40600 亩,其中核心区 600 亩,示范区 4 万亩	礼泉县政府	苹果种植	2011 年 ~ 2013 年,投资 15000 万元,完成基础设施建设,全面推广现代果业关键技术	新打机井一眼,建管护房 40 个,设置太阳能杀虫灯 100 台,修建基础道路 5 千米
	礼泉肖山石榴产业园区	礼泉县昭陵镇肖山村	总面积 20300 亩,其中核心区 300 亩,示范区 2 万亩	礼泉县政府	石榴种植	2011 年 ~ 2013 年,投资 4466.69 万元,用于配套机井、滴灌等设施,全面推广无公害标准化生产技术	建成节水灌溉 500 亩,道路硬化 20 千米,灯管带防控 10000 条
	礼泉昭陵优质葡萄现代农业园区	礼泉县昭陵镇	总面积 30600 亩,其中核心区 600 亩,示范区 3 万亩	礼泉县政府	葡萄种植	2011 年 ~ 2013 年,投资4567.55 万元,用于道路硬化、架形改造、节水灌溉、避雨栽培、灯板带病虫防控	架形改造 3000 亩,新增太阳能杀虫灯 120 台,避雨栽培 600 亩,合作社 10 家
彬县	彬县太峪休闲农业园区	彬县太峪镇川道地区	10000 亩	彬县政府	休闲农业	投资 1 亿元,2011 年 ~ 2015 年建成彬县太峪镇川道万亩休闲农业长廊,用于设施大棚主体建设	现已建设设施大棚 1000 亩

续表 12

县市区	园区名称	园区地点	园区规模	建设主体	主导产业	规划建设要点	进展情况
彬县	彬县龙马循环农业示范园区	彬县龙高镇龙马村	1000亩	彬县政府	食用菌生产	投资2000万元,2011年新建食用菌大棚1000座、现代化菌种厂1个、食用菌加工厂1个。2012年新打机井1眼,配套硬化道路900米;引进食用菌生产加工企业1个;申请无公害食用菌产地认证,注册无公害产品商标	建成食用菌大棚600座
	彬县农产品加工园区	彬县义门镇南玉子村	1.18平方千米	彬县政府	农产品加工	投资45008.08万元,按照生态循环经济园区理论合理布局园区产业,形成"一园一心六区"的产业空间格局,建成后可入驻企业100户,安置员工4000人次,年增加产值1.5亿元	园区规划和可研报告已通过专家评审;园区现已进驻企业2家
	彬县南场现代农业科技园区	彬县新民镇南场村中日果业示范基地	66666.7平方米	彬县政府	蔬菜花卉	投资1500万元,2011年完成园区土地审批、项目招标、园区生产及加工设施建设;2012年配套实施建设园区广场及园区道路硬化	待建
	彬县礼品西瓜示范园区	彬县虎家湾村、虎神沟村、哈家店村、高渠村	3000亩	彬县政府	设施农业	2011年~2013年建成,总投资4500万元,用于3000亩设施大棚主体建设	已建成设施大棚1200亩
	彬县林家堡休闲农业示范园区	彬县炭店镇林家堡村	1000亩	彬县政府	休闲农业	总投资1000万元,2011年完成旱瑶路26户群众住房仿古改造,建设馒头山400亩干杂果园,整理寺沟内弃管果园20亩,同步修建蒙古包20个。2012年完成整个园区配套设施建设,包括1000平方米垂钓池一座,采摘园10亩	农家乐已经开始营业;50亩设施大棚晋枣采摘园已经建成;20个蒙古包正在建设当中;旱瑶路仿古房屋正在改造
	彬县龙高苹果观光园区	彬县龙高镇徐家村	100亩	彬县政府	休闲农业	投资60万元,2011年建设服务区、景观区、养殖区、旅游区等,采取果园养鸡、养猪等;道路建设及路旁绿化、栽植樱桃、杏、桃等树种;建设沼气池10口;扩大垂钓设施建设规模	龙高镇徐家村苹果观光园区100亩,现已全部建成,主栽品种以玉华短富为主
	彬县龙高镇食用菌示范园区	彬县龙高镇	780亩	彬县政府	食用菌生产	投资150万元,2011年新建食用菌大棚300棚,全镇食用菌达到1300棚以上,实现产值3000万元	260个棚已完成,40个棚正建

续表13

县市区	园区名称	园区地点	园区规模	建设主体	主导产业	规划建设要点	进展情况
彬县	彬县芦河村大棚蔬菜示范园区	彬县香庙镇芦河村	500亩	彬县政府	设施蔬菜	三年投资200万元,新建蔬菜大棚130个,大棚总数达到300个	130个棚全部完成
长武县	长武丁家设施蔬菜产业园区	长武县丁家镇	1600亩	长武县政府	设施蔬菜	投资1950万元,用2年时间,建成覆盖丁家镇张河村、柳家河村、张代河村,面积1600亩的高标准设施蔬菜瓜果产业示范园区	在建日光温室大棚100亩、拱棚310亩
	长武彭北生猪产业示范园区	长武县彭公镇	100亩	长武县政府	生猪养殖	投资400万元,2012年~2013年新建正大模式育肥圈舍30栋,新增能繁母猪300头,使能繁母猪存栏达到600头,生猪存栏5000头,年出栏10000头	待建
	长武地掌万亩现代果业园区	长武县地掌镇	总面积1万亩,其中核心区1300亩、辐射区8700亩	长武县政府	苹果生产	投资2523万元,用3年时间,建设百亩苗木繁育中心一个,发展果业龙头企业6家,组建果业专业合作社6家,建设节水灌溉示范园500亩,推广果园机械500台,配套基础设施,园区人均果园面积1.5亩	完成强拉枝2000亩,巧施肥1万亩,病虫害防治1万亩,杀虫灯100台,粘虫板3000亩,诱虫带3000亩,建成苗圃300亩,养猪1000头,沼气池200口,节水灌溉200亩,防雹网300亩
	长武洪家万亩现代果业园区	长武县洪家镇	总面积1万亩,其中核心区3000亩、辐射区7000亩	长武县政府	苹果生产	投资1213万元,用3年时间建设新优品种扩繁基地100亩,新建果园2000亩,完成大改形、强拉枝5000亩,完成巧施肥10000亩,安装太阳能杀虫灯400盏,悬挂粘虫板、诱虫带10000亩,建设沼气池200口,生草覆盖、铺设反光膜1000亩,配套购置割草、施肥等机械,推广节水灌溉3000亩,增设果园防雹网300亩,建设果业合作社6个	完成杀虫灯60台,粘虫板3000亩,诱虫带3000亩,沼气池50口,生草覆盖300亩,反光膜1000亩,果业协会2个,培训500人次,防雹网100亩,园区道路1千米

续表 14

县市区	园区名称	园区地点	园区规模	建设主体	主导产业	规划建设要点	进展情况
永寿县	永寿蓝溪休闲创意农业示范园区	永寿县长宁镇及永平镇、监军镇	2.4 万亩	永寿县政府	休闲农业	投资为 1.2 亿元,2011 年~2015 年以蓝溪集团为依托,发展“香草园”1000 亩、温室大棚蔬菜 500 亩、杂果采摘园 1 万亩。以黄土地绿色生态观光园为依托,建立省级休闲农庄 6 个,农家乐 20 个。发展以根雕、泥塑、景泰蓝等为特点的民间艺人 1000 名	以黄土地为主的现代休闲农业示范园区现已建成开始创收。蓝溪生态示范园区现已开工建设,一期共投资 6000 万元
	永寿食用菌示范园区	永寿县马坊镇林场	50 亩	永寿县政府	食用菌生产	投资 2000 万元,2011 年~2013 年建成年产 400 万袋的食用菌生产示范园	已建成 200 万元年产 80 万袋生产基地
	永寿监军镇肉牛养殖产业园区	永寿县监军镇	400 亩	永寿县政府	肉牛养殖	投资 2.8 亿元,2011 年~2015 年在监军镇创建产学研相结合的肉牛养殖示范园区,年出栏育肥肉牛 1 万头以上,辐射带动全县建立 11 个 5000 头以上肉牛育肥场,形成农户繁殖养殖,企业集中育肥的肉牛生产格局	雨润集团已建成 5000 头肉牛养殖场
	永寿生态鸡示范园区	永寿县永平镇槐山林场	500 亩	永寿县政府	生态鸡养殖	投资 3000 万元,2011 年~2013 年建成年存栏 40 万只生态鸡场	已投资 300 万元,建成年存栏 10 万只生态鸡示范基地
	永寿绿色食品工业园区	永寿县福银高速出口	1600 亩	永寿县政府	食品加工	投资 3.5 亿元,2011 年~2015 年引进绿色食品加工企业 15 家,其中安德利果蔬汁年产果汁量 1.5 万吨;耐森果业占地 60 亩,建设万吨果品贮藏加工项目;雨润肉类加工占地 120 亩,年加工各类肉制品上万件;永寿蜂业年产蜂蜜 3000 吨	现有安德利果蔬汁有限公司、雨润集团咸阳利源肉类加工厂、永寿蜂业有限公司、咸阳康民面粉加工厂、陕西耐森果业有限公司、李记宏食品加工有限公司正式入驻,在建 4 家,年产值 3.3 亿元
	永寿店头现代果业示范园区	永寿县店头镇豆家镇	3 万亩	永寿县政府	果业生产	投资 1000 万元,2012 年园区框架基本形成,果园面积占耕地面积的 70%,果业收入占农民纯收入的 70%。2014 年园区灌溉设施配套到位,产业链条完整,服务体系完善。2015 年形成以龙头企业为引领,果农为产业主体的“公司+农户”发展模式	2011 年,共实施果园间伐 9500 亩,引进推广新优品种 3500 亩,果园种草 10000 亩,果实套袋 2.1 亿枚,推广“灯、板、带”集成技术 18000 亩,发展 30 亩以上种植大户 10 户,引进苹果种植企业 2 户

续表 15

县市区	园区名称	园区地点	园区规模	建设主体	主导产业	规划建设要点	进展情况
旬邑县	旬邑太村创意农业示范园区	旬邑县太村工业新区	21500 亩	旬邑县政府	休闲农业	投资 4.5 亿元,2011 年~2015 年,发展有机苹果园 1 万亩、温室大棚蔬菜 1500 亩、杂果采摘园 1 万亩。发展以剪纸、灯笼、唢呐等为特点的民间艺人 2000 名,形成集果品生产、贮藏流通、果园采摘、民间工艺展示于一体的创意现代农业园区	现有 2 家省级龙头企业入驻
	旬邑南塬现代苹果示范园区	旬邑县丈八寺镇	总面积 1.5 万亩,其中核心示范园区 5000 亩,示范区 1 万亩	旬邑县政府	果业生产	投资 5705 万元,2011 年~2013 年在大槐树、魏家、丈八寺、苏村建设高标准苹果示范园 5000 亩,配套果园微喷灌系统,扶植培育苹果专业合作社 3 个,带动果农 2600 户,培育果品龙头企业 2 个,推广"企业+协会+基地"模式	建设苹果标准示范园 5000 亩,实施大改形 5000 亩、苹果套袋1.6 亿只;推广果园种草 3000 亩;实施节水灌溉 500 亩;安装太阳能杀虫灯 400 个,普通杀虫灯 400 个;推广粘虫板 5 万张,诱虫带 25 万条;配方施肥 2 万亩
	旬邑张洪现代苹果示范园区	旬邑县张洪镇	总面积 15000 亩,其中核心区 8500 亩,示范区 6500 亩	旬邑县政府	果业生产	投资 7500 万元,2011 年~2013 年在张洪、原底、太村新建幼园 3000 亩,老龄树改造 7000 亩;在南头村、秦家村项目核心区建设果园微喷灌系统 3500 亩;扶植培育苹果专业合作社 2 个,带动果农 3000 户;支持壮大果品龙头企业 2 个,做强苹果贮藏物流业;全面推广现代果业生产新技术,配套完成项目区有机肥源建设	建成市级示范园 3 个、县级示范园 6 个,拥有果业协会 21 个、果品贮藏流通规模企业 4 家、果品包装材料规模企业 2 家、包装物流门店 300 多个,配套大型生猪养殖场 1 家
	旬邑土桥现代苹果示范园区	旬邑县土桥镇	总面积 1 万亩,其中核心区 3000 亩,示范区 7000 亩	旬邑县政府	果业生产	投资 5000 万元,2011 年~2013 年全面推广现代果业生产技术,配套完成有机肥源、病虫害综合防治、肥水一体化等体系建设;在北沟、沟东、胡同同、三王项目核心区建设果园微喷灌系统 1500 亩;扶植培育苹果专业合作社 3 个,带动果农 1800 户;支持壮大果品龙头企业 1 家,加快形成"企业+协会+基地"发展模式	园区户均果园 3 亩,年产果品 3 万吨,人均年苹果收入 4600 元,建有土桥农副产品加工园区,通达果汁厂等果品企业

续表16

县市区	园区名称	园区地点	园区规模	建设主体	主导产业	规划建设要点	进展情况
旬邑县	旬邑郑家现代苹果示范园区	旬邑县郑家镇	总面积2万亩,其中核心区1万亩,示范区1万亩	旬邑县政府	果业生产	投资1亿元,2011年~2013年在马坊村等核心区建立标准化示范园5000亩、有机苹果示范园3000亩;在仁安、南掌、郑家等示范区建立标准化示范园5000亩、有机苹果示范园3000亩;完成向有机生产转型,有机认证果园面积10000亩	已建成绿色苹果基地8000亩,无公害苹果基地10000亩,有机苹果基地面积6000亩,年有机苹果产量近万吨
淳化县	淳化润镇食品工业园区	淳化县润镇	11550亩	淳化县政府	食品加工	投资7.8亿元,到2015年,园区进驻企业85户,形成果品精深加工、果品贮藏包装、乳品加工产业格局	已引进企业9户,完成投资1.66亿元,振兴大道、创业大道、水电通讯绿化等配套设施建设基本完成
	淳化卜家设施蔬菜示范园区	淳化县卜家镇	5000亩	淳化县政府	设施蔬菜	投资1200万元,2011年~2012年建设日光温室1200亩、大拱棚800亩,发展无公害大路菜3000亩,带动10000亩特色蔬菜种植	建成日光温室1140亩,无公害大路菜5500亩
	淳化高家油桃产业示范园区	淳化县城关、石桥镇	总面积6000亩,其中核心区1000亩	淳化县政府	油桃种植	投资450万元,2011年~2013年在高家、桃渠村建立1000亩油桃核心区,辐射带动周边发展油桃5000亩,重点建设管护房、集雨窖、发酵池,铺设滴灌管网,滴灌水罐,购置太阳能杀虫灯	待建
	淳化石桥红提葡萄示范园区	淳化县石桥镇	15000亩	淳化县政府	红提葡萄	投资1400万元,2011年~2013年新增红提葡萄5000亩,配套建设果园猪舍、管护房、集雨窖、发酵池,铺设滴灌管网,滴灌水罐,购置太阳能杀虫灯	现有红提葡萄1万亩,建成"沼-窖-果-畜"生态示范园5600亩,配套建设育肥猪舍40栋、管护房40栋、集雨窖40口、发酵池40口,太阳能杀虫灯200盏

续表 17

县市区	园区名称	园区地点	园区规模	建设主体	主导产业	规划建设要点	进展情况
淳化县	淳化润镇现代果业示范园区	淳化县润镇	总面积16000亩,其中核心区1000亩,示范区15000亩	淳化县政府	果业生产	投资14711.24万元,2011年~2015年以润镇工业园为中心,建设现代果业核心区1000亩,形成千亩果业观光基地五个功能区,包括果品冷链物流区、果品深加工区、生态养殖区、新型农民培训区、果业农资配送中心区。辐射带动梁家、五一、甘沟、五爱、寨子渠、张家岭、西坡等村现代果业快速发展	现有苹果17368亩,挂果12450亩,人均苹果纯收入4000元;现有果品加工贮藏企业1家、农民专业合作社1家、果业协会4家

园区总数100个,规划总投资205.3495亿元,其中农业科技示范园区60个、休闲农业示范园区20个、都市农业示范园区10个、农产品加工物流企业园区10个。农产品加工物流企业园区分别为秦都新阳光现代物流企业园区、兴平食品工业园区、武功食品加工园区、三原清河食品工业园区、泾阳乳品工业园区、礼泉食品工业园区、礼泉农副产品物流企业园区、永寿绿色食品工业园区、彬县食品工业园区、淳化润镇食品工业园区。

从全球来看,国际金融危机没有根本改变世界经济的长期发展趋势,世界经济正在缓慢复苏。经济全球化下的国际分工调整转移不可逆转,国际产业向亚太地区转移的趋势不会改变,并将在更广范围、更大规模、更深层次上进行。

从全国来看,加快转变经济发展方式已经成为当前和今后一段时期内推进科学发展的主线,国家主体功能区规划和新一轮西部大开发战略把咸阳确定为重点开发区域,关中—天水经济区发展规划把咸阳作为西安(咸阳)国际化大都市的核心组成部分,都为推动咸阳经济持续快速发展创造了有利条件。

从全省来看,经过近年来的高速发展,陕西已经奠定了坚实的物质基础,蓄积了巨大的发展潜能,加快迈向中等发达省份。关中创新发展势不可挡,西安(咸阳)国际化建设理念深入人心,全省加快发展的着力点和突破点正在向咸阳聚焦。随着省级投资力度和财政基础进一步增强,重点项目建设、民生建设、重大基础设施建设等对咸阳倾斜力度不断加大。省市共建大西安、加快推进创新型区域建设,为咸阳在更大范围、更高层面整合要素、吸纳资源提供了强大支持。

从全市来看,咸阳正处于工业化、城镇化加速推进和区域经济腾飞的关键时期,区位优势、资源禀赋、产业基础等发展条件有利于"十二五"时期重点产业加快发展。从区位优势而言,咸阳是中国大地原点所在地,拥有国内六大航空港之一和西北地区最大的航空港及出口产品内陆港,毗邻亚洲最大的火车站西安北站,9条铁路、6条高速路在此纵横贯穿,未来将形成到其他重要城市的陆路"一日交通圈"。从资源禀赋而言,咸阳区域内蕴藏丰富的煤、石灰石、铁、石英砂岩、油页岩等矿产资源,其中煤炭储量110亿吨左右,为陕西第二大煤田,石灰石储量约3000亿立方米,被国家命名为第一个"中国地热城",地下热水储量达2500亿立方米,分布面积1000平方公里。产业呈现区域差异化发展格局。南部地区作为全市产业发展的核心区域,对市域经济的发展起到较大的支撑作用;中部地区稳步发展,提升空间较大;北部地区发展迅速,正在成为市域发展新的增长极。

第二节 发展基础

"十一五"期间,咸阳紧紧抓住国家实施西部大开发、关中—天水经济区建设的历史机遇,深入实施"一主导三带动六突破"战略,全市经济总量不断扩大,产业层次明显提升,产业体系逐步完善,自主创新能力进一步加强。各县市区优势产业初步形成,全市经济社会进入了加快发展、科学发展、和谐发展的新时期。

一、工业总量持续扩大。2010年全市工业增加值完成480.7亿元,其中规模工业增加值完成422.2亿元,能源化工、装备制造、电子信息、食品、医药、建材、纺织等七大支柱产业完成产值1254.4亿元,新能源、新材料等战略性新兴产业高点起步,工业已经成为带动全市经济发展的主要引擎。现代农业加快推进,现代服务业迅速发展。三次产业结构由2005年的21∶44∶35调整到2010年的19∶52∶29。

二、产业集聚初步形成。能化、装备、电子、食品、建材、医药和纺织等产业集约化程度不断提高,区域分布特色化逐步显现,初步形成产业特色突出、功能定位鲜明、集聚效应明显的产业空间发展格局。县域工业园区建设初见成效,对县域经济发展的支撑作用增强。园区工业产值占县市区工业产值的比重在进一步提升,成为拉动县域经济发展的主力军。具有咸阳特色的现代产业体系初步构建。

三、自主创新能力稳步提高。充分发挥咸阳人才、智力资源优势,推动企业与科研院所、高等院校开展合作,推进重大技术应用,加快科技成果产业化步伐。2010年全市共建成国家级示范中心2个，县区和行业生产力促进中心15家，省级企业技术中心23家，科技型企业1830家，重点实验室、工程技术中心、科技园区等56个，组织实施中省科技产业化项目53项。自主创新正在成为全市产业加快发展的动力源泉。

第三节　制约因素

一、经济总量相对较小，工业结构不尽合理。2010年咸阳生产总值居西安、榆林之后位列全省第三，人均GDP仍低于全省平均水平，咸阳欠发达地区的基本市情尚未得到根本性改变。工业大而不强，强而不优。工业结构不尽合理，高耗能行业和重型化工产业占比过大，新兴产业比重偏小，高附加值工业品市场占有率不高。

二、产业发展层次不高，综合竞争力不强。经济发展方式比较粗放低效。七大支柱产业结构需要进一步优化，经济发展对煤炭、石化等资源性产业的依赖性相对较强，优势资源转化相对不足，优势资源转化培育为特色产业的力度、深度相对不够，资源整体开发利用水平较低。产业发展总体处于产业链低端，高附加值产业和产品比重偏低。

三、产业布局缺乏有效的空间协调，县域产业分布特色不明显。县域经济发展缺乏明确的产业导向，特色经济、产业集群发展相对滞后，“小而全、小而散、小而低”现象仍然比较突出，部分县市区和县域产业园区发展方向雷同，功能定位相近，存在同质竞争现象，全市产业整合存在较大空间。西安、咸阳两市产业发展存在较强的同构性，产业融合和错位发展步伐缓慢，不利于产业链的延伸和升级，区域整体竞争力被削弱。

四、自主创新能力相对不强，产业龙头企业较少。自主创新能力提高还不够快，创新链条中的研发、转化环节还有待加强。企业创新主体地位仍未从根本上得到确认。企业研发投入强度不足，科技资源对创新的推动作用不强，区域内大专院校、科研院所研发成果和当地产业发展缺乏有效对接。同时具有带动性、引领性的龙头企业因定位、目标不明确，缺乏有效示范作用，对人才培养和技术创新的投入不足。

五、资源环境约束加强，节能降耗形势严峻。随着国家加快转变经济发展方式的要求愈加严格，环境保护政策力度不断加大，社会民众对环境认知和环境标准的提高，以及咸阳重化工业的持续快速增长，水资源、土地资源等要素资源短缺局面的不断加剧，节能降耗面临较大压力，这些都对产业发展和结构调整提出了更高的要求。

第二章　总体思路与战略目标

第一节　总体思路与基本原则

一、总体思路

以科学发展观为指导，抢抓国家深入推进西部大开发和加快关中—天水经济区建设的历史机遇，坚持“工业主导、文化兴咸、生态优市、民生为先”四大战略，突出“四围绕、四加快”发展重点，以科学发展、富民强市为主题，以加快经济发展方式转变为主线，以增强自主创新能力、延伸产业链条、促进产业融合为重点，坚持大项目带动、大企业引领、高科技支撑、园区化承载、集群化推进、板块化布局，加快形成主导产业发达、空间集聚明显、产业结构合理、资源集约利用的产业发展和布局体系。

二、基本原则

——坚持统筹规划，优化资源配置。一方面要充分发挥市场配置资源的基础性作用，促进生产要素合理流动；另一方面要强化政府在产业布局中的引导作用，加强统筹协调，突出各县市区发展特色，准确定位各县市区发展方向。集中力量重点推进，形成各具特色、竞争力较强的优势产业体系。

——坚持工业主导，加快结构调整。坚持走新型工业化道路，加快主导产业规模扩张，培育壮大战略性新兴产业，促进工业经济由粗放型向集约型，由规模扩张增长型向内生动力增长型，由主要依靠投资向依靠科技进步、劳动者素质提高和管理创新转变。

——坚持创新驱动，扩大对外开放。将提高自主创新能力作为调整产业结构、提高核心竞争力的中心环节，以创新带动产业结构的全面升级和经济总量的跨越式发展。坚持外向带动，积极吸引国内外资本、技术等要素资源，努力开拓国内和国际市场，提高对外开放的广度和深度。

——坚持生态建设，加强资源保护。按照科学发展的需要，加强节能减排和环境治理，促进经济与环境的协调发展。把产业发展与生态保护有机结合起来，充分考虑环境对产业发展的承载能力，增强产业发展的可持续性，实现经济与环境协调发展、经济社会可持续发展。

第二节　发展目标

——产业规模持续扩张。到2015年，全市规模以上工业总产值达到3650亿元，年均增长18%，增加值达到1150亿元，年均增长18%以上；到2020年，全市规模以上工业总产值达到7700亿元，年均增长16%以上，增加值达到2300亿元，年均增长15%。

——产业结构不断优化。三次产业比例2015年达到12∶52∶36，2020年力争达到9∶55∶36。重点板块和产业园区基础设施和服务体系日趋完善，基本形成基于产业链的专业化分工和

咸阳市工业发展部分指标

表55

指标名称	2010年实际	2015年目标		2020年目标	
		绝对值	增速	绝对值	增速
三次产业结构比例	19∶52∶29	12∶52∶36		9∶55∶36	
规模工业总产值	1335亿元	3650亿元	18%	7700亿元	16%
规模工业增加值	422亿元	1150亿元	18%	2300亿元	15%
单位生产总值能耗	-20%	-16%		-13%	
单位生产总值二氧化碳排放	——	-17%		-15%	
单位工业增加值用水量	——	-25%		-20%	

产业化协作体系,围绕大企业、大项目的上下游配套能力显著增强,经济运行质量和效益明显提升。

——产业布局更加合理。各县市区发展重点更加突出,形成各具特色的优势产业。各县市区之间产业整体融合、错位发展、合理竞争、互利共赢的产业空间布局基本形成,区域产业发展的协调性显著增强。

——生态环境明显改善。资源利用效率持续提高,节能减排效果明显,人居环境更加良好。到2015年,单位生产总值能耗比2010年降低16%,单位生产总值二氧化碳排放比2010年降低17%,单位工业增加值用水量比2010年降低25%;到2020年,单位生产总值能耗、单位生产总值二氧化碳排放、单位工业增加值用水量分别比2015年降低13%、15%、20%。

第三章　重点产业发展

第一节　产业选择原则

——充分发挥比较优势。加快区位、资源、土地、劳动力等优势向经济优势和竞争优势转化步伐,带动产业结构优化升级。

——强化市场引导作用。根据产业发展的市场需求,加快发展具有核心竞争力和市场前景广的重点产业,通过不断扶植和培育形成支撑区域经济发展的支柱产业。

——积极承接产业转移。充分发挥资源禀赋和产业基础优势,做好产业发展对接,承接更多的外来资本和外溢产业。

——坚持新型工业化道路。利用信息化带动工业化,坚持突出科技创新和新兴产业发展方向,鼓励和培育战略性新兴产业。

——促进区域协调发展。建立良好的产业分工和协作关系,推进产业融合和错位发展,避免低水平重复建设。

第二节　产业发展方向

围绕做大做强优势产业、改造提升传统产业、培育发展战略性新兴产业,着力构建现代工业体系。加快信息技术和先进实用技术推广应用,打造一批知名品牌龙头企业,提高产品技术含量、附加值和市场竞争力。

一、做大做强优势产业

进一步壮大能源化工、装备制造、电子信息、食品产业规模,加大核心技术引进和研发,延长产业链条,实现规模扩大和效益提升。

能源化工:扩大产业规模,深入推进“三个转化”,促进能源化工产业高端化、电源建设大型化、载能工业特色化发展。积极发展新能源,提高资源综合开发利用效率。依托资源优势和龙头企业,围绕煤化工、石油化工、橡胶化工等领域,大力发展精细化工,重点发展烯烃、合成材料、工程塑料、专用橡胶制品和精细化工产品。

装备制造:坚持以发展先进装备制造为主导、以自主创新为驱动、以重大项目为依托,重点发展节能环保装备、石油和煤炭重型设备、航空船舶装备、汽车零部件、输变电设备、纺织机械等制造产业。积极推动两化融合、军民融合,提升重大装备自主化水平。

电子信息:集中力量发展电子元器件产业、集成电路、电子材料、信息技术等产业,着力推进自主创新,提高产品科技含量和附加值,形成一批拥有自主知识产权和国际竞争力的优势企业,全面提升电子信息产业发展层次和整体水平。

食品:依托农业资源优势,围绕蔬菜、干鲜果品、禽畜产品等的精深加工,重点发展粮油加工、果蔬饮品、乳制品、肉制品、方便和焙烤食品等产业,大力开发有机食品、绿色食品和功能食品。

专栏1:主导产业重点项目

能源化工产业:重点建设彬长矿区胡家河煤矿、小庄煤矿、文家坡煤矿、大佛寺煤矿、孟村煤矿、高家堡煤矿、雅店煤矿和杨家坪煤矿,旬耀矿区建设旬兴煤矿、乔儿沟煤矿、小寺子煤矿项目,南村井田和秦庄井田煤炭勘探项目,建设国网能源彬长新民塬2×100万千瓦发电厂、大唐彬长二期2×100万千瓦发电厂、国电永寿2×100万千瓦发电厂、陕西联合能化技术公司煤电和烯烃等煤电转化项目,建设彬长360万吨/年煤制甲醇转烯烃、长武100万吨/年二甲醚及甲醇制烯烃、咸阳68万吨/年甲醇制烯烃项目,彬长煤基精细化工等煤化工项目;实施长庆石化1000万吨扩能改造工程、兴化大化工、宝塔石化等石油化工项目。

装备制造产业:重点建设年产10万吨精密铸造、100万只汽车轮毂盘及制动器总成精加工项目、莱茵电梯建设项目、陕西德容科工贸年产30万吨风能铸造件等项目。

电子信息产业:重点建设彩虹高世代TFT-LCD玻璃基板研发及产业化项目、生益科技覆铜板系列产品生产线项目。

食品:重点建设中粮西部综合产业园、张裕酒庄、金龙鱼粮油加工、陕西统一、康师傅二期等项目。

二、改造提升传统产业

加快医药、建材和纺织产业技术改造步伐,进一步创新体制机制,促进产业结构调整和产品升级换代,积极引进培育知名品牌,提升传统产业市场竞争力。

医药:依托现有的中医药研发生产基础,重点发展现代新型中药、化学药及制剂、生物制药,扶持发展保健食品、医疗器械和卫生材料。加大对骨干医药企业的帮扶力度,引导企业加大研发投入,建立完善的医药物流配送体系,申报建设国家级医疗器械示范基地,增强医药产业竞争力。

建材:促进建材产业加快结构调整升级,重点发展新型干法水泥、浮法玻璃、建筑陶瓷及新型墙体材料,形成以水泥工业、玻璃工业为主体,以煤建材、冶金建材和化学建材等新型建材为特色的建材工业体系。

纺织:延长产业链条,优化产品结构,做好上下游产业链的有机配套。积极培育设计、加工、销售等要素市场,围绕棉纺织、针织、染整和服装家纺组成的主导产业链,突出优化棉纺织、针织等上游产业,配套功能性染整,延伸服装家纺和产业用纺织品等终端产业。积极承接东部纺织产业转移,引进优势纺织企业入驻新兴纺织工业园,形成国家级纺织产业集群建设示范基地。

专栏2:传统产业重点项目

医药:重点建设白鹿医药研发基地、步长制药三期建设、武功中药材现代化科技示范县建设、永寿中药饮片、海林制药、永寿制药、三原富捷药业生产线等项目。

建材：重点建设礼泉海螺新型干法水泥生产线及纯低温余热发电二期建设项目、乾县海螺水泥生产线项目、彬县粉煤灰超细纤维综合利用项目、雨中晴防水材料、永寿150万吨水泥生产、永寿纳米碳酸钙、永寿低碳新型材料及STP超薄真空绝热保温等项目。

纺织：重点建设乾县曙光纺织品原料交易市场、乾县金润5万锭纺纱及亿米坯布生产线、永寿金润德10万纱锭生产线、八方公司新型纤维与天然纤维混纺面料生产线等项目。

三、培育发展战略性新兴产业

加强政策支持和规划引导，强化核心关键技术研发，着力培育壮大新能源、新材料、航空、节能环保等战略性新兴产业。努力把战略性新兴产业发展成为咸阳先导性、支柱性产业。

新能源：风电产业重点发展永磁直驱风电机组和大功率风电发电机、高速齿轮箱等关键零部件。太阳能产业主要发展光伏电池生产制造，推进以太阳能应用为主、综合利用各种可再生能源的项目建设。新能源电池鼓励新型动力电池（组）、高性能电池（组）技术、可充锂离子电池组及相关产品、燃料电池和热电转换领域的技术研究和产品开发。开展地热开采技术研发与设备制造，重点发展地源热泵与采暖、空调等联供系统，水源热泵技术与设备制造等的综合利用。

新材料：光伏与硅电子材料方面开展多晶硅提纯、单晶硅提纯、多晶硅铸锭用烧结炉、多晶硅线束切割机等关键技术与成套设备的研发，加快推进光伏超白玻璃、平板显示玻璃、高纯硅材料、新型半导体材料等产业化发展。整合关联企业资源，保持微波电路用覆铜板、金属基覆铜板、聚丙烯胶粘剂、电多层线路板层压机双酚A线性酚醛树脂等产品的行业优势。围绕荧光粉材料、磁性材料、橡胶密封材料等为主的新型材料，大力扶持彩虹荧光粉、凯迪橡胶等龙头企业。

航空：以航空制造为主导，航空服务业为支撑，重点发展航空专用设备、飞机零部件、机载设备和航空材料的生产制造，以及航空维修、航空服务和航空物流等。

节能环保：重点发展节能产品开发与装备制造、废弃物处理与资源综合利用、环保材料开发等领域，促进循环经济和节能环保产业迅速壮大。主要发展节能环保装备制造产业，汽车、电器拆解等工业废弃物综合利用和粉煤灰、生活废弃物综合利用。

专栏3：战略性新兴产业重点项目

重点建设中节能咸阳环保装备生产基地、高端动力及储能锂电池、陕西有色新能源产业园、秦都新能源产业园、马泉科技产业园、武功航空科技产业园、陕西德容科工贸单晶硅生产、陕西合木多晶硅铸锭、彩虹集团光伏玻璃三期项目等项目。

第四章 空间布局

第一节 布局原则

统筹合理安排产业、城镇和生态三大空间，注重城镇与产业的互动、经济与生态协调发展，重点构建产业板块，促进产业的集中开发和资源的集约利用。

突出产业特色与集聚，促进产业板块化发展。以市场为引导，坚持集约化布局、板块化发展，加强产业配套协作，延伸优势产业链条，形成叠加优势，促进工业企业及生产性服务业向产业园区集中，不断推动产业结构升级和龙头企业成长，增强产业规模效应。

加强空间引导与管制，提高空间利用整体效率。突出各类空间比较优势、避免各类用地相互干扰、集约利用空间资源、促进集聚发展，强化空间配置的引导和管制措施，不断拓展发展空间，提高空间利用效率。

坚持因地制宜，合理构建产业、城镇和生态空间。突破行政区划限制，统筹考虑产业、城镇和生态空间。根据各类空间的不同要求和自然、经济和社会特征，因地制宜，合理安排各类用地。在保障必要的产业空间的同时，充分考虑城镇配套空间和生态保护空间，促进

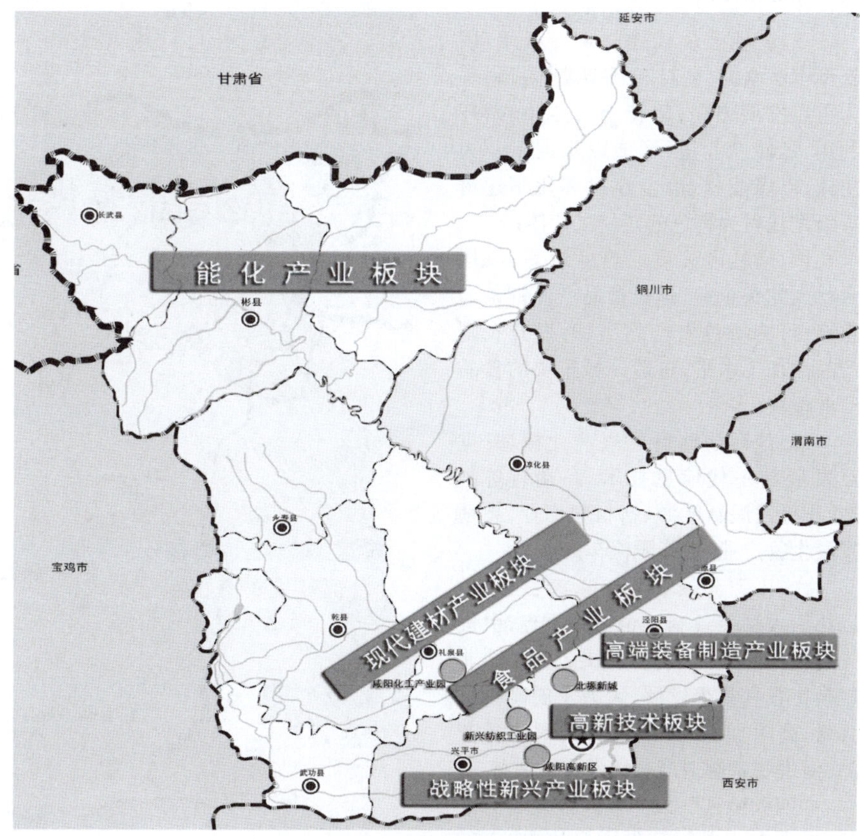

产业空间布局总体框架

区域协调发展和人与自然的和谐共生。

第二节　总体框架

进一步完善区域功能划分，科学定位空间产业发展重点，合理引导要素有序流动和资源优化配置，加快形成城乡结合、优势互补、层次分明、协同发展的产业空间发展格局，构建“六大板块、四大园区”的产业空间总体框架。

“六大板块”：以壮大特色产业、推进产业升级为动力，以关联产业为纽带，着力建设六大产业板块。

一、咸兴高新技术板块：以发展高新技术产业为重点，加快壮大装备制造、电子信息、新材料、纺织、医药等产业，推进高新区和秦都、兴平融合发展，打造咸阳经济发展的重要增长极。

二、彬长旬能化产业板块：以建设国家重要的能源基地和资源深加工基地为目标，加快煤向电力转化、煤向载能工业品转化、煤油气向化工产品转化，重点发展煤炭、电力、煤化工等产业，推进煤炭深度开发利用，支持发展循环经济，加快彬长旬地区煤炭资源整合转化及周边地区联动发展。

三、乾礼泾现代建材产业板块：以新型干法水泥、管材和新型墙体材料等为重点发展方向，坚持上大压小、循环利用、延伸产业链，形成以水泥工业为主体，以煤建材、冶金建材和化学建材等新型建材为特色的建材工业体系。

四、兴礼泾三食品产业板块：以培育壮大龙头企业、延长食品产业链条为重点，打响特色农产品品牌，提升农副产品深加工水平，打造区域重要的食品产业板块。

五、沣西战略性新兴产业板块：重点发展新一代信息技术、高端装备制造，积极发展新能源、新材料产业，鼓励发展生物产业、新能源汽车产业。

六、泾河高端装备制造产业板块：以招引大型装备制造企业为重点，引进先进技术和成熟工艺，加快装备制造业规模扩张和集聚发展，大力发展高科技含量、高附加值、大型成套技术装备产品，促进装备制造产业链条不断完善。

“四大园区”：以产业园区发展为依托，引导企业向园区集中发展，培育重点产业集群，强化园区空间发展效应，增强园区与板块、县域的发展互动。

北塬新城：以现代物流和高端制造为重点发展方向，大力发展总部经济、节能环保、新材料等产业。加快推动咸阳主城区与西咸新区的有机融合，大力推动北塬新城与空港新城、秦汉新城的产业融合，把北塬新城打造成为优势产业突出、产业特色鲜明、竞争优势明显的现代服务业和高端制造业基地。

咸阳高新区：重点发展电子信息、高端橡胶、生物医药等产业，培育壮大高新技术产业和战略性新兴产业，有效承接东部地区、西安范围内的产业转移，密切与沣西新城的产业协作，加快把高新区建设成为科技创新活跃、高端要素聚集、产业特色鲜明、综合实力雄厚的一流新区。

咸阳化工产业园：重点发展石油炼化、煤化工和精细化工等系列产业，优先布局原油炼化和煤化工等重大能化项目，打造技术先进、资源利用率高、核心竞争力强的国家级石化、煤化工基地。

新兴纺织工业园：发展纺织、染整、服装、家纺、纺织设备及高纺等产业，以整合纺织企业资源、引进高端技术和提高装备水平为重点，通过整合科技资源和完善产业链条，实现技术创新和产业集聚，打造全国纺织产业集群示范基地。

第三节　空间布局

一、重点产业布局

（一）优势产业

能源化工产业主要布局在彬长旬能源化工基地、陕西咸阳化工产业园和兴平化工园。到2015年，能源化工产业产值达到1650亿元，年均增长20%；到2020年，能化产值力争突破4000亿元，年均增长18%左右。

装备制造产业主要布局在北塬新城、泾河新城、秦都、兴平、乾县、武功、三原。推广应用先进技术和工艺，加快

能源化工产业发展布局图

产品结构调整和技术升级，推动装备制造产业的规模扩张和集聚发展，建设现代装备制造业基地。到2015年，装备制造业产值达到430亿元，年均增长17%；到2020年，产值接近1000亿元，年均增长16%左右。

电子信息产业主要布局在高新区、沣西新城。发展信息技术、电子元器件制造等产业。到2015年，电子信息业产值达到170亿元，年均增长16%；到2020年，产值达到300亿元，年均增长12%。

食品产业主要布局在三原、礼泉、兴平、泾阳。重点发展农副产品深加工、特色农产品。到2015年，食品工业产值达到350亿元，年均增长15%；到2020年，产值达到700亿元，年均增长15%。

（二）传统产业

医药产业主要布局在高新区。重点扶持步长制药、海天制药等企业新药研发，积极推动康惠集团组建及筹划上市，抓好GMP认证医药企业的升级进档。到2015年，医药产业产值达到120亿元，年均增长16%；到2020年，产值达到250亿元，年均增长15%。

建材产业主要布局在乾县、礼泉、泾阳。重点建设泾阳至乾县的水泥工业走廊，形成渭北新型干法水泥生产基地。到2015年，建材产业产值达到210亿元，年均增长21%；到2020年，产值达到450亿元，年均增长16%。

纺织产业主要布局在咸阳新兴纺织工业园、乾县。重点抓好市区纺织企业搬迁入园，支持纺织企业加快技术改造、调整产品结构、延伸产业链，积极引进国内外知名纺织服装企业入驻，迅速提升产业发展层次和水平。到2015年，纺织产业产值达到120亿元，年均增长10%；到2020年，产值达到250亿元，年均增长15%左右。

（三）战略性新兴产业

新能源和新材料产业主要布局在北塬新城、沣西新城、高新区。加快引进先进技术和高端设备，形成特色鲜明的优势产业。到2015年，新能源和新材料产业产值达到150亿元，年均增长18%；到2020年，产值接近320亿元，年均增长16%左右。

航空产业主要布局在北塬新城、空港新城。以重点企业为载体，发展飞机零部件、机载设备、航空材料的生产制造，及航空维修和航空物流等。到2015年，航空产业产值达到100亿元，年均增长18%；到2020年，产值突破220亿元，年均增长16%左右。

节能环保产业主要布局在北塬新城、礼泉。依托北塬新城节能环保产业园和陕西再生资源产业园，重点发展节能环保装备制造产业和再生资源利用产业。到2015年，节能环保产业产值达到50亿元，年均增长18%；到2020年，产值达到110亿元，年均增长16%左右。

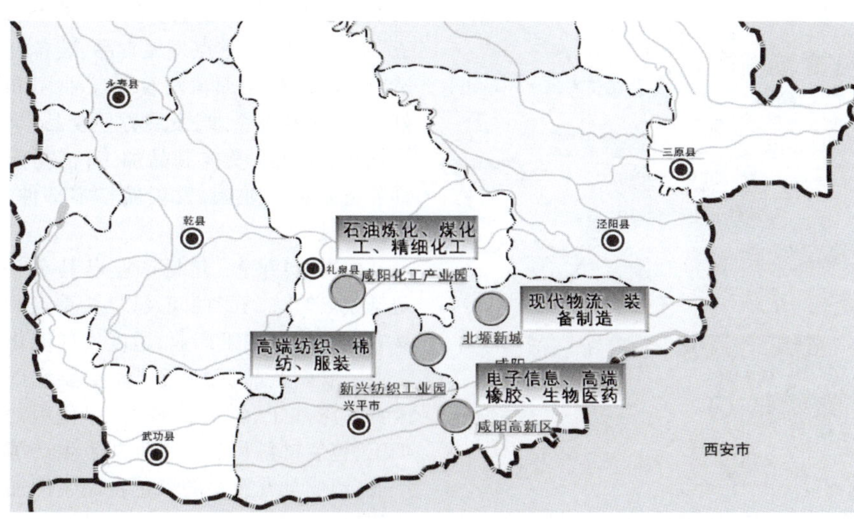

重点园区产业布局图

二、重点园区产业布局

坚持工业向园区集中、资源向园区汇集、资金向园区集聚、政策向园区倾斜原则，科学规划，有序推进园区建设，加快形成产业集聚、高效集约、可持续发展的产业园区，成为全市经济的重要支撑和新的增长极。

北塬新城：以现代服务业为引领，高端装备制造、节能环保、新材料等产业为支撑，培育形成全市经济发展的核心增长极。重点打造“一区五园”发展格局，即现代服务业聚集区，航空装备制造产业园、现代物流园、节能环保产业园、新材料产业园、汽车零部件制造园。把北塬新城建设成为咸阳中心城区北部区域中心，高端制造业和现代服务业集聚、宜业宜商宜居的国际化田园新城。预期到2020年园区实现产值1000亿元。

咸阳高新区：以“壮大区域品牌产业、优化提升特色产业、战略布局新兴产业”为目标，发展电子信息、高端橡胶、生物医药等产业。壮大LED、玻璃基板为重点的电子元器件、集成电路和电子材料产业；以西北橡胶、凯迪橡胶为重点发展高端橡胶产业；依托步长制药、康惠制药等加快发展生物医药产业。培育壮大新兴产业，推动传统产业升级，促进内涵提升和外延拓展，打造具有区域特色的高新技术产业集群。预期到2020年园区实现产值1200亿元。

咸阳化工产业园：以陕北、彬长旬等区域油、煤资源为依托，以原油加工和煤加工为核心，以石油炼化、煤化工和精细化工等系列产业为重点，布局建设原油炼化、煤制甲醇、甲醇制烯烃、乙烯裂解和烯烃聚合等项目，打造技术先进、资源利用率高、核心竞争力强的国家级石化、煤化工基地。促进全省油、煤等能源转化，优化能化产业布局，延伸产业链条，做大做强能源化工支柱产业，构建西咸国际化大都市重要的产业支撑。预期到2020年园区实现产值2000亿元。

新兴纺织工业园：突出纺织产业特色，构建棉纺织、针织、染整、服装家纺和产业用纺织品组成的主导产业链，突出优化提升棉纺织、针织等上游产业，配套功能性染整，做强服装家纺和产业用纺织品等终端产业。预期到2020年园区实现产值350亿元。

三、县域产业布局

坚持错位发展、组团发展、特色发展的理念，依据县域产业发展现状，构建相互补充、相互关联、相互促进的县域产业发展格局。

秦都区：装备、电子产业发展较快，信息技术产业基础较好。“十二五”期间及以后，重点发展装备制造、新材料、信息技术产业。装备制造产业主要发展通用设备制造、零部件生产、机械和电子新型装备制造；新材料产业主要发展光伏与硅电子材料、动力电池等产业；信息技术产业主要发展信息技术研发、信息设备制造和软件产业。

渭城区：能化、光伏产业基础较好，临空产业优势明显。“十二五”期间及以后，重点发展新能源、装备制造、临空产业。新能源产业主要发展太阳能及配套产业；装备制造产业主要发展航空制造、轻轨交通等产业；临空产业主要发展航空物流、航空零部件制造、飞机维修等产业。

兴平市：装备、化工、食品产业基础较好。“十二五”期间及以后，重点发展装备制造、化工、食品产业。装备制造业主要发展航空和船舶动力、工程机械、新型能源装备、石油化工等装备制造；化工产业主要发展精细化工、材料化工等产业；食品产业主要发展粮油加工和特色农产品精深加工。

武功县：装备、钢构产业取得较快发展。“十二五”期间及以后，重点发展装备制造、钢构建材产业。装备制造产业主要发展食品加工机械、印刷包装机械制造等产业。

乾县：纺织产业已具有一定规模，机械制造、建材产业正在加快发展。“十二五”期间及以后，重点发展装备制造、建材产业，大力发展纺织产业。以汽车零部件为重点发展装备制造产业；建材产业主要利用本地及周边丰富的石灰石等资源，大力发展水泥、新型墙体材料和新型建材等；纺织产业加快建设印染生产线，提升纺纱、织造和服装加工技术。

礼泉县：食品、建材产业发展态势较好，再生资源产业初具规模。“十二五”期间及以后，重点发展能化、建材、食品产业，适度发展再生资源产业。能化产业主要依托咸阳化工产业园，以石油炼化、煤化工和精细化工等为重点，建设技术先进、资源利用率高、核心竞争力强的化工基地；建材产业主要利用石灰石资源，建成集水泥、烧碱、粉末处理等主配产业，发展功能水泥、新型墙体材料等。

泾阳县：水泥、食品加工产业已具有一定基础，机械制造产业正在加快发展。“十二五”期间及以后，重点发展农副产品深加工、建材、装备制造产业。农副产品深加工发展蔬菜、果品深加工和乳制品；建材产业主要对北部沿山石灰石资源进行有序开采和规划利用，重点发展新型干法水泥及水泥制品；装备制造产业主要采用先进技术和工艺，加快规模扩张和集聚发展，打造西部地区先进的装备制造业基地。

三原县：食品、机械加工产业发展较快，现代农业正在稳步发展。“十二五”期间及以后，重点发展食品、装备制造产业。依托北部清河食品工业园和娃哈哈、伊利等企业，发展方便食品、果汁饮料、乳制品及肉制品加工；依托南部装备制造工业园，发展航空零部件、食品机械。

永寿县：果畜、建材产业已具有一定规模。“十二五”期间及以后，重点发展农副产品深加工产业，适度发展能化产业。农副产品深加工产业主要发展肉食品深加工、饮品饮料生产、食用油加工、包装材料和皮革皮具加工生产等产业，建成全省重要的绿色食品生产加工基地。

彬县：煤电产业发展基础较好。

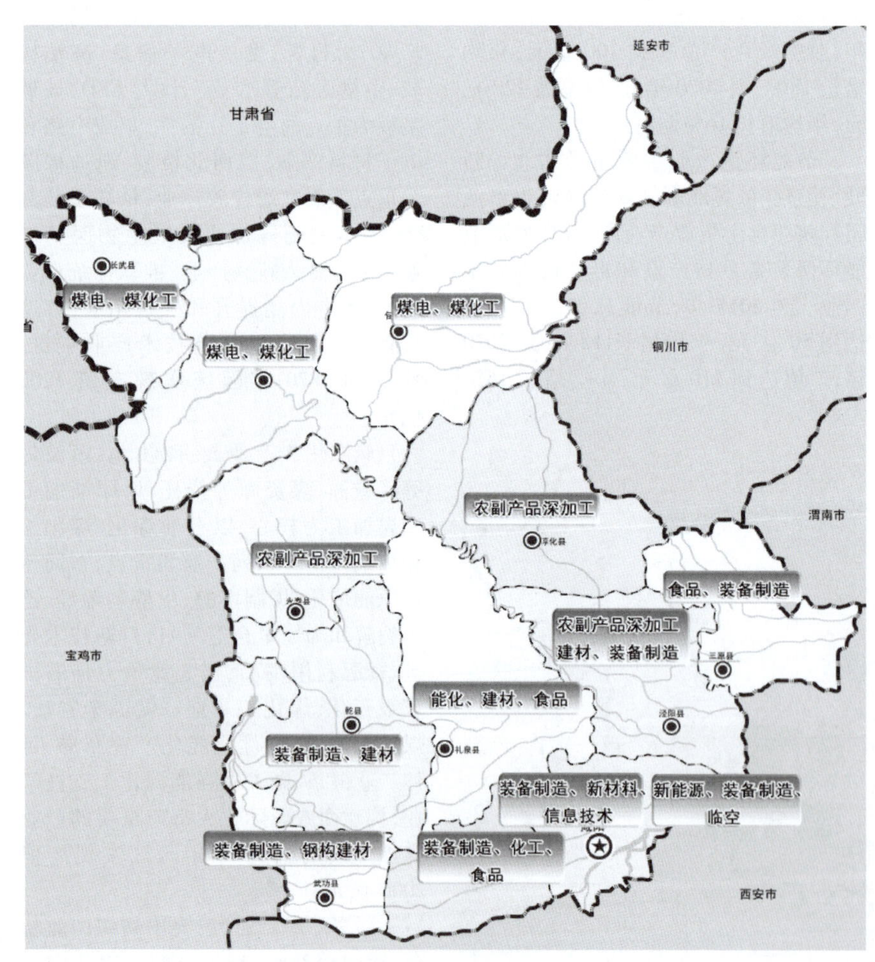

县域产业布局

"十二五"期间及以后,重点发展煤电、煤化工等能源化工产业。提高煤炭资源的附加值和开发水平,加快推进坑口电厂、煤制甲醇转烯烃、煤层气和煤矸石综合利用等项目建设。

长武县:煤电产业发展速度较快。"十二五"期间及以后,重点发展煤电、煤化工等能源化工产业。煤化工产业主要发展煤制烯烃、煤制甲醇、煤制合成氨、煤沥青碳纤维和煤机制造等,加快煤基PVC等项目建设。

旬邑县:煤电产业已具有一定规模。"十二五"期间及以后,重点发展煤电、煤化工等能源化工产业。煤电产业提高煤矿机械化开采程度、积极推进电厂建设;煤化工产业加快煤制化肥、残煤气化、粉煤灰加工利用步伐,实现煤炭向化工转化;开发利用石油、天然气资源,发展风电等新能源。

淳化县:果畜、农产品加工产业发展基础较好。"十二五"期间及以后,重点发展农副产品深加工产业。大力引进国内外一流食品加工龙头企业,发展绿色有机食品加工业。

第五章 实施保障体系

规划实施保障体系主要由组织协调体系、利益补偿体系、科学考核体系三部分组成。实现突破行政区划界限、优化重点产业布局目的,指导和保障规划全面实施。

第一节 组织协调体系

成立以市政府领导为组长、市级有关部门主要负责同志为成员的规划实施领导小组,领导小组下设办公室。领导小组及办公室主要负责协调规划实施,协调解决规划实施过程中出现的问题,向市政府提出解决方案的建议,以及县域合作与利益分享等综合协调工作。各县市区人民政府成立相应机构,具体负责规划实施工作。组建咸阳市产业发展布局专家咨询委员会,由市政府聘请经济政策、产业发展、技术研发及有关领域著名专家,按照咸阳市产业发展方向分别设立专家组。专家咨询委员会负责就项目合理布局、产业协调发展等提出咨询意见,供规划实施领导小组和市政府决策。

第二节 利益补偿体系

利益补偿机制是确保各县市区在平等、互利、协作前提下,促进产业科学、合理布局的利益再分配和补偿制度建设。

明确利益分享的内容。利益分享内容包括由合作项目产生的税收指标中的增值税、企业所得税、营业税,统计指标中的工业总产值、工业增加值和节能减排指标。合作双方的利益分享,按协商确定的比例进行合理分配。

利益分享比例的协商和裁定原则。由利益双方政府按照"一事一议"的原则协商确定。以资源开发为主要内容的合作项目,根据行业特点和加工企业利用资源形成的产值和税收进行测算(一般按市内资源输出地提供的资源量占加工企业同类资源消耗总量的比重计算);企业总部与产品生产、销售不在同一县域的,由总部与产销地双方政府按照"企业经营收入、职工人数、资产总额"三个因素协商确定;跨县域共建工业园区的合作项目,根据合作双方政府对园区基础设施建设投入和招商引资的比重测算确定;工业总产值、工业增加值和节能减排指标以双方协商确定的利益分享比例进行计算。合作双方按上述原则协商难以达成协议的,由规划实施领导小组牵头,市级有关部门参

县域重点产业园区

表56

县市区	园 区	发展方向
秦都区	秦都科技产业园	发展装备制造、电子信息。
渭城区	新能源产业园	发展新能源、新材料。
兴平市	装备制造工业园区	发展船舶动力设备制造、航空电源及制动制造、新型能源设备制造等。
	化工工业园	发展有机原料化工、精细化工。
	食品工业园	发展食用油加工、粮食加工。
武功县	武功工业园	发展钢构、建材、饲料。
乾 县	纺织工业园区	发展纺织、机电制造。
	建材工业园区	发展化工建材及配套产业。
礼泉县	陕西再生资源产业园	发展新材料、节能环保产业。
	礼泉工业园	发展果品食品加工、装备制造。
泾阳县	建材产业园	发展建材。
三原县	清河食品工业园	发展农副产品加工生产。
	装备制造园	发展钢铁、化工、机械加工。
永寿县	永寿工业园	发展绿色食品、能化建材、装备制造。
彬 县	循环经济工业园	发展煤化工、煤建材。
	新民煤化工工业园	发展煤电、煤化工。
长武县	煤电工业园	发展煤电水一体化综合开发。
	煤化工工业园	发展煤化工。
旬邑县	太村产业园	发展绿色农产品加工、包装材料印刷、机械制造。
淳化县	润镇工业园	发展农副产品深加工及物流。

与共同研究确定。

第三节 科学考核体系

实施科学的考核体系，是加强重点产业空间合理布局的重要举措。在规划实施期间要全面分解落实规划提出的各项目标和任务，并纳入年度考核指标体系。同时强化规划分析评估，密切跟踪分析规划落实情况，适时对规划进行调整，确保规划提出的各项目标和任务有效落实。

考核指标体系是科学考核工作的核心。在指标体系的设置上，以促进产业发展和合理布局为目的，着眼于产业布局与规划统一、促进资源开发利用，将各县市区的规划实施工作与规划领导小组各项目标任务结合，对不同发展水平的县市区分类对待、差别考核，使考核体系更加完善。

平时考核是推动考核工作走向科学化的关键环节。一是建立健全重点工作月通报制度。由规划实施领导小组办公室以统计直通车的形式，每月向市级领导、各县市区、各部门通报重点项目进展、招商引资等完成情况。二是坚持每季度召开规划实施领导小组和县市区主要负责人联席会议，对重点项目落实进展情况进行跟踪，进一步找准项目落地过程中存在问题，明确改进方向。三是由规划实施领导小组办公室定期对主要经济指标、重点建设项目跟踪问效，加大督查推进力度。

中共咸阳市委 咸阳市人民政府 关于贯彻《省市共建大西安加快推进创新型区域建设的若干意见》的意见

咸发〔2012〕5号

(2012年11月26日)

为深入贯彻《省委、省政府关于省市共建大西安加快推进创新型区域建设的若干意见》(陕发〔2012〕6号，以下简称《若干意见》)，进一步加快融入大西安，建设现代新都市、和谐新咸阳，现提出如下意见。

一、充分认识建设大西安的重大意义

省市共建大西安，是省委、省政府顺应区域经济一体化，深入实施新一轮西部大开发战略和《关中—天水经济区发展规划》，为建设“三强一富一美”西部强省而作出的重大决策部署，对于加快西咸一体化进程、建设西安(咸阳)国际化大都市将产生巨大的推动作用。《若干意见》明确指出，大西安包括咸阳主城区，相应辐射到咸阳其他县级行政区域。这是咸阳在新的起点上推进科学发展、转型发展、加快发展的重大机遇，也是必须主动承担的历史使命。要以党的十八大精神为指导，充分认识省市共建大西安、加快推进创新型区域建设的重大意义，准确把握建设大西安的目标要求、重点任务和政策措施，自觉把思想和行动统一到省委、省政府的决策部署上来，进一步增强建设大西安的机遇意识、责任意识、主体意识，积极主动参与大西安建设，迅速掀起建设大西安的热潮。要对照大西安建设的标准，深入审视发展中存在的差距和不足，研究制定有针对性的推进措施，在更高层次上推进咸阳又好又快发展。要认真学习借鉴先进理念、做法和经验，结合实际大胆创新创造，健全体制机制，激活发展活力。要高度重视发挥科技的引领作用，整合科技资源，推进科技创新，加快建设创新型区域。

二、明确全市建设大西安的主要目标

力争经过五年的发展，我市城市竞争力在同类城市群中排位显著提升，与西安、西咸新区共同打造一体化发展的国际大都市、创新驱动的现代产业聚集区、文化生态大融合的国际旅游目的地和开放包容的内陆开放开发高地。

——经济综合实力迈上新台阶。到2017年，生产总值超过2500亿元、力争3000亿元，年均增长13%以上；地方财政一般预算收入超过150亿元，年均增长20%以上；城镇化率力争超过60%。

——现代产业发展迈上新台阶。形成与西安以及西咸新区互动错位、高端高质的现代产业体系，二、三产业占比明显提高，产业布局进一步优化，非公有制经济占比超过60%，实际利用外资超过2亿美元。

——科技创新能力迈上新台阶。统筹科技资源综合改革取得明显成效，人才队伍综合实力进一步增强，劳动者素质和创业就业能力大幅提升。R&D经费支出占生产总值的比重达到5%，技术成果交易额达到10亿元，每万人发明专利拥有量超过3件。

——生态环境建设迈上新台阶。城市建成区绿地率超过38%，全市森林覆盖率超过30%，主城区和县城生活垃圾无害化处理率、污水处理率均超过90%，单位生产总值能耗和主要污染物排放完成约束性指标。

——民生改善工作迈上新台阶。城镇居民人均可支配收入超过5万元，年均增长15%以上；农民人均纯收入超过1.5万元，年均增长16%以上。学前教育和高中阶段教育全面普及，主要劳动力平均受教育年限超过12年。建立完善的覆盖城乡居民的基本医疗卫生体系和社会保障体系，城镇登记失业率控制在4%以下。

三、着力抓好建设大西安的重点任务

(一)着力培育支撑区域快速发展的现代产业体系

1.做大做强优势产业。能源化工产业要以发展煤化工、石油炼化为重点，以资源引项目、以资源换项目，着力引进实施一批高端化、大型化、特色化转化项目，加快彬长DMTO、大唐2×100万千瓦电厂、神华2×100万千瓦电厂等项目前期工作，支持长庆石化公司扩能技改。装备制造产业要充分发挥我市军工企业密集的优势，重点发展输变电设备、汽车零部件、船舶机械、石油钻采设备、煤矿机械、航空器材等产业，推进装备制造由单机制造向系统集成转变、生产型制造向服务型制造转变。食品加工产业要发挥农业资源优势，加大品牌企业引进力度，重点发展有机食品、绿色食品、功能食品。电子信息产业要依托彩虹集团等骨干企业加快转型升级，围绕三星电子发展配套产业。

2.改造提升传统产业。依托咸阳新兴纺织工业园，优化提升棉纺织、针

织等上游产业，支持发展服装、家纺等终端产业，加快大型纺织企业退城入园、转型升级。发展新型干法水泥、新型墙体材料等新型节能环保建材产业，支持乾县海螺水泥尽快投产，加快礼泉海螺水泥、泾阳冀东水泥、高科建材（咸阳）管道基地等项目建设。发展现代新型中药、保健产品、医疗器械等产业，积极研发生物制药、国家级一、二类新药。支持医药企业联合重组，培育发展医药集团。

3. *培育扶持战略性新兴产业*。依托陕西天宏多晶硅、陕西合木多晶硅铸锭、陕西有色咸阳新能源产业园、彩虹集团太阳能光伏玻璃等上游产品优势，积极发展硅切片、太阳能发电设备、半导体照明等下游产业。加快高端动力及储能锂离子电池项目建设。积极发展金属材料、电子材料、复合材料、陶瓷材料、橡胶材料、精细化工材料等产业，支持生益科技等龙头企业加快发展。依托空港新城，大力发展大飞机零部件制造、飞机维修、航空电子元器件、航空新材料等产业，支持西部飞机维修基地项目建设。加快中节能咸阳环保装备生产基地建设，加大大型环保和节能设备、资源综合利用设备制造业项目的引进力度，力争节能环保产业有若干领域进入全国先进行列。

4. *加快发展现代服务业*。按照“规范低端、提升中端、培育高端”的思路，坚持生产性服务业与生活性服务业并重、现代服务业与传统服务业并举，加快建设服务国际化大都市、辐射关中—天水经济区的现代服务业基地。以空港为龙头，以原点新城、秦汉新城为支撑，加快秦都汽车商贸物流园、三原物流基地、长武陕甘交界商贸服务基地建设，建设全国重要的物流节点城市。加快特色商业街区、商贸聚集区建设，支持便利店、中小超市等社区商业，鼓励连锁经营、电子商务、服务外包等新型服务业态发展。加大星级酒店的引进力度，积极发展具有地方特色的名牌餐饮。以完善金融服务体系、优化金融生态环境为重点，加快设立村镇银行、农村商业银行等区域金融机构，吸引专业金融机构在我市设立分支机构，鼓励创投公司、小额贷款公司和融资担保公司等金融服务机构发展。

5. *推动旅游文化产业发展*。按照“一城一园两区三带”（市区养生文化名城；东方帝王谷—高科技历史文化产业园；五陵原秦汉文化聚集区、关中环线唐文化聚集区；沿福银高速“丝绸之路”历史文化观光带、沿咸旬高速“秦直道”生态民俗旅游观光带、沿西宝高速农耕文明观光带）的布局，大力发展旅游文化产业，打造彰显华夏文明的历史文化基地和国际一流旅游目的地。依托马栏、爷台山、安吴等红色旅游资源，加快彬县—旬邑—马栏—照金、马栏—土桥—爷台山红色旅游干线建设，大力发展红色旅游。依托帝都和汉唐帝陵，大力发展历史文化旅游。加快发展以“六疗”（医疗、药疗、水疗、足疗、食疗、茶疗）为特色的养生保健旅游，以石门山、仲山为主的生态旅游，以关中印象体验为品牌的乡村旅游。启动建设东方帝王谷—高科技历史文化产业园，加快秦咸阳城国家考古遗址公园、乾陵大景区、茂陵大景区、咸阳博物院、秦汉新城博物馆群、郑国渠首遗址风景区等项目建设，积极争取设立五陵原大遗址保护特区。对新认定为国家3A级及以上景区、全国旅游示范点、陕西省旅游示范县、省级旅游特色名镇、省级乡村旅游示范村、全国百强旅行社的单位给予奖励。大力发展文化创意、影视制作、演艺娱乐等文化产业。成立市文化旅游产业投资公司，加快组建广电产业集团，支持开办西咸新区电视频道。采取政府购买文化服务方式，支持开展群众性公益文化活动。

6. *积极发展现代农业*。按照“服务城市、改善生态、兴业富民”的要求，区县联动、板块布局、融合发展，继续实施粮食单产提高、果业提质增效、畜牧规模扩张、蔬菜设施栽培、百万亩杂果经济林五大工程，加大农业科技投入，强化农业科技支撑，推进一产向二产融合、向三产延伸，逐步拓展农业功能。以发展蔬菜、苗木花卉等产业为重点，加快沿渭河蔬菜基地、都市农业基地建设步伐，打造全国都市农业先行示范区。加快北部县核桃产业基地、旱腰带地区酿酒葡萄基地以及500万头PIC生猪项目基地建设，鼓励永寿、淳化等县发展休闲观光农业、生态有机农业，培育新的农业经济增长点。高标准建设现代农业示范园区，促进农业产业化龙头企业聚集发展，提升农副产品精深加工水平，强化“农超对接”、“农校对接”、“农企对接”，努力打造大西安生活服务基地。

（二）着力推进重点园区、重点板块快速崛起

7. *全力服务西咸新区建设*。树立“服务支持西咸新区建设就是加快咸阳发展”的理念，进一步健全沟通对接和服务保障机制，全力支持新区开发建设、申报国家级新区。按照“规划有机衔接、基础设施统筹推进、产业联手发展”的要求，支持秦汉新城发展旅游文化产业，加快西咸立体城市、四医大附属医院、交大二附院等项目建设，打造具有世界影响力的秦汉历史文化集中彰显区；支持沣西新城信息产业园加快发展，建设国家级信息产业基地和大数据处理中心；支持空港新城发展壮大临空产业，加快综合保税区、临空产业园建设；支持泾河新城发展高端制造业、现代物流业、地理信息产业，加快高端制造产业园、中国原点地理信息产业园建设。与沣东新城联手建设国家统筹科技资源基地。

8. *加快咸阳高新区建设*。以升级为国家级高新区为契机，以打造高端要素聚集、科技创新活跃、产业特色鲜明、城市环境优美的“创新之都、生态新城”为目标，进一步健全理顺体制机制，积极推行用人新机制和绩效考核分配制。以发展电子信息、高端橡胶和生物医药等产业为重点，加大招商引资力度，打造高新产业聚集区。启动建设研发基地和创业孵化基地，鼓励创建国家级创业孵化中心，设立创新创业投资基金、风险投资基金等。到2017年，高新区科工贸总收入超过2000亿元，经认定的高新企业营业总收入占高新区营业总收入的比例超过65%，产学研合作研发经费占高新区总研发经费的比例超过30%。

9. *加快咸阳化工产业园建设*。加

快编制完善园区各项规划,超前规划园区输水管网、输油管线和铁路专线等基础设施,尽快启动园区建设。加快星王集团等重大化工项目落地入园步伐,积极引进一批高端化、大型化、特色化煤化工、石油炼化项目。

10. 加快彬长旬能化基地建设。按照资源跨区域整合、产业链条化延伸、循环生态发展的要求,进一步加大煤炭“三个转化”力度,大力发展煤电、煤化工、煤建材以及载能工业、煤机制造等产业,建设国家新型现代能源化工基地。加大地质找矿工作力度,鼓励支持境内外企业来咸开发石油、煤层气、页岩气等资源。加强与庆阳、平凉跨区域合作,推进资源就近转化。

11. 加快咸兴武工业走廊建设。编制完善咸(阳)兴(平)武(功)工业走廊产业发展规划,引导产业合理布局。进一步加快咸阳新兴纺织工业园建设,支持兴平装备制造产业园、化工工业园、食品工业园以及武功钢构产业园、食品药品工业园等专业园区发展,推动兴平工业园尽快升级为省级开发区。适度提高土地开发强度和产出效益约束,加大对相关县市区和产业园区重大产业项目的招商引资考核力度,加快把咸兴武工业走廊建成支撑大西安发展的新增长极。

12. 加快泾三工业密集区发展。发挥区位、交通及产业优势,以发展航空航天零部件、汽车配套产业以及食品加工、物流等产业为重点,加快三原清河食品工业园建设,支持泾阳县谋划建设工业新区。

13. 加快乾礼泾现代建材工业板块建设。合理有序开发利用石灰石资源,推进石灰石资源向优势企业倾斜、向下游延伸。逐步淘汰落后产能、落后工艺,提升新型干法水泥比重,形成渭北新型干法水泥生产基地。以卫生陶瓷、管材和新型墙体材料等为方向,积极引进发展商品混凝土、大型水泥构件制品等下游产品,加强新型节能环保建材产品的开发推广。

14. 加快兴礼泾三食品工业板块建设。以兴平、礼泉、泾阳、三原等县市为重点,引导食品产业错位发展、特色发展。加大粮食精深加工,积极发展方便食品、休闲食品和功能食品。加快开发果蔬汁产品、新型脱水果蔬产品和新型乳制品。

(三)着力推进新型城镇化

15. 提升中心城市功能。强化国际化的理念与标准,加快提升城市规划建设管理水平。按照“三城两带”的空间布局,进一步修编完善城市总体规划、专项规划,实现与大西安以及西安、西咸新区相关规划的衔接统一。加快与西安以及西咸新区各新城的基础设施对接联网,尽快实现西咸公交无缝化对接。以实施主城区改造提升“3+6”工程为重点,进一步拉大城市框架,完善城市功能、提升建设品位。加强供热供气、给排水管网以及道路交通等城市基础设施建设,启动咸阳湖二期工程。加大旧城改造力度,力争2014年前完成主城区棚户区改造任务。加强明清城区保护开发。规划建设咸阳1号桥至2号桥中央商务区,大力发展特色商业街区,引进发展城市综合体项目。加快城市社区服务标准化建设,建立多层次、多元化社区服务体系。加强城郊结合部社会管理和公共服务对接,统筹处理好城市组团局部与系统、地上与地下、城区与郊区的关系,提升城市管理的规范化、精细化水平。加快建设“智慧城市”,推动物联网、云计算等新一代信息技术在经济、社会和城市管理等方面的应用。配合省工信厅推进大西安数字化城市管理信息平台建设,建设城市基础设施数据库及信息采集、综合指挥等子系统。加快电信网、广电网和互联网“三网融合”。

16. 推进北塬新城建设。按照北塬新城总体规划、产业规划要求,加快现代服务业、高端装备制造、节能环保、总部经济、新材料等产业发展,打造优势突出、特色鲜明、竞争力强的城市新区。开工建设北塬一路、兴塬路、平福大道等道路设施,加快实施市民服务中心、文化中心、体育中心、保障性安居工程等重大项目。搭建北塬新城投融资平台,实施投融资、建设和项目招商工作。到2017年,北塬新城入住人口超过15万人,城市框架基本形成,配套服务设施相对完善,资源集聚效应明显增强。

17. 加快县城及重点镇建设。加快市县基础设施建设,改善产业发展基础和条件,有效承接主城功能扩展和产业转移。支持兴平、泾阳建设西安(咸阳)国际化大都市组团城市,支持乾县、礼泉、三原建设卫星城市,支持彬县、长武建设市域副中心城市,加快武功、永寿、旬邑、淳化县城建设。持续推进省市重点镇建设,实施“扩权强镇”改革试点,打造一批产业重镇、商贸强镇、旅游名镇。

18. 促进城乡一体化发展。按照“规划引领、产业支撑、基础配套、服务均等、收入增加、体制保障”的思路,以彬县—长武—旬邑、礼泉—乾县、扶风—武功城乡统筹重点示范区以及市级示范镇、村(社区)为重点,促进公共财政向农村倾斜、基础设施向农村覆盖、公共服务向农村延伸、城市文明向农村辐射。围绕土地向规模集中、项目向园区集中、人口向城镇集中,稳妥推进土地流转,提升新农村建设水平。支持有条件的中心村发展产业园区,积极建设新型农村社区,稳步推进有条件农民进城落户。争取省财政加大对相关县的转移支付,优先安排农村危房改造,支持自然村道路硬化工程,完善农村水、电、路等公共配套设施。推进气化咸阳,积极筹建县城到重点镇的天然气管网。以纳入国家连片特困地区六盘山片区的北部四县以及旱腰带特困片区县为主战场,大力推进新一轮扶贫开发工作,到2015年全市贫困人口数量比2010年减少一半。

(四)着力保障和改善民生

19. 提高城乡居民收入。实施就业优先战略,通过发展劳动密集型产业、开发公益性岗位和鼓励小型微型企业发展等多种途径,不断扩大社会就业。建立健全职工工资正常增长机制,稳步提高职工最低工资、企业退休人员基本养老金标准。加大城乡低保政策支持力度,到2015年城乡低保人均保障标准分别达到每月495元和200元。积极争取省税收列支返还,持续解决纺织、食品、森工等行业职工收入偏低问题。

20. 促进教育均衡发展。加快建立

各级各类教育生均公用经费定额动态调整机制，逐步使各类学校生均校舍、图书、教学设备等基础办学条件达到国家要求。健全从学前教育到高等教育全覆盖的贫困生资助体系，落实学前教育家庭经济困难幼儿资助政策，对城乡义务教育学生实行营养午餐全覆盖。全面完成县级职教中心标准化建设，建成咸阳技师学院。积极吸引西安名校在我市设立教学、培训、科研分支机构，促进共建共享。

21. 完善医疗卫生服务。加快建立健全公共卫生服务体系、城乡医疗服务体系、药品供应和安全保障体系，提高基本医疗卫生服务的公平性、可及性和质量水平，确保市民主要健康指标达到全国前列。加强突发公共事件紧急医学救援能力和突发公共卫生事件监测预警、应急处理能力建设。提高新型农村合作医疗和城镇居民基本医疗保险政府补助水平，力争 2015 年达到年人均 400 元。

22. 健全社会保障体系。建立社会保障投入增长新机制，探索与西安市的医疗、养老等社保一体化新模式，统一城乡、区域之间的社会保障标准。扩大养老保险对非公有制企业、城镇个体工商户和灵活就业人员的覆盖面。大力发展社会福利事业，加大社会救助力度。加大保障性住房建设，扩大覆盖面，提高受益率。

（五）着力优化生态环境

23. 推进生态保护治理。围绕创建国家园林城市，扎实推进“三万工程”。依托城市重要区域、重点工程、重大项目的分布格局，结合道路建设、河道治理、区域整治、棚户区改造，因地制宜搞好生态绿化、园林绿化和景观绿化，率先达到大城市人均绿地面积、湿地面积和公共休闲场所面积标准，实现大水大绿、生态优美目标，建成山、水、城、田、塬协调共生，人与自然和谐共处的生态区。加大渭河、泾河、沣河综合整治力度，统筹渭河城区段防洪堤岸、滨河公园等建设。加强湿地生态系统保护，加快沣渭、冶峪河、清峪河和马栏河国家级湿地公园建设，实施泾河生态公园建设。积极推进地质灾害防治和矿山环境恢复治理。深入实施城乡园林化工程，大力推进植树造林，增加森林碳汇能力。

24. 切实加强环境保护。严格环境准入，强化污染物排放总量控制管理。着力解决重金属污染和汽车尾气、建筑扬尘、噪声污染等突出问题，实施火电、水泥行业脱硫脱硝工程，控制大气中的二氧化硫、氮氧化物、可吸入颗粒物和挥发性有机物。积极争取省上资金补助，加快淘汰黄标车。推广低碳产品和技术，降低工业、交通、建筑等领域温室气体排放。加快污水处理厂建设，确保市县已建成的污水处理厂正常运营，争取中省相关专项资金对城市垃圾、污水处理设施及管网配套的支持。完善污染减排项目以奖代补、火电行业脱硫脱硝优惠电价、矿山生态补偿等环境经济政策。扎实推进渭河流域水污染防治三年行动，通过工程治污、环境执法和机制创新，实现渭河水质基本变清。实施饮用水源地保护及地下水污染、农村面源污染防治工程。

25. 强化资源节约利用。坚决淘汰落后产能，加强能源消费总量控制，积极推进合同能源管理，支持企业节能技术改造，推广节能先进技术和产品。完善城市生活垃圾和“城市矿产”回收、运输网络体系，支持城市固体废弃物资源化利用，加快推进城市餐厨废弃物资源化利用和无害化处理试点工作。加快地热、煤层气开发利用步伐，加强尾矿、“三废”的回收利用，支持垃圾发电和太阳能、风能发电项目建设。加快礼泉再生资源产业园建设，做好入园企业监督管理。支持彬县循环经济工业园发展。

（六）着力加快基础设施建设

26. 构筑综合交通体系。支持西安咸阳国际机场拓展直达国外航线，增加国内航班密度，打造全国重要的区域性门户枢纽。积极争取省财政对我市轨道交通项目的资金投入，支持配合西安北客站至机场轨道交通项目加快建设，争取尽早开工建设西安地铁 1 号线西延伸段、1 号线支线工程。加快西平铁路及旬邑支线、咸旬高速、西咸北环线以及 G312、G211 升等改造等项目建设，强化区域交通枢纽地位。支持县乡公路改造建设，完善区域路网布局。

27. 统筹开发利用水资源。统一配置区域水资源，完善城乡供水、防洪和水生态环境保障体系，初步建立城乡一体的水资源管理新机制。加快亭口水库、柏岭寺水库、红岩河水库、引羊济乾、提羊济永、张家山泉群开发供水工程等项目建设，做好东庄水库前期工作。积极争取引汉济渭工程配水量，提高区域供水保障能力。加快主城区供水管网配套工程建设，改善居民饮用水质量。

28. 加强电网建设。加快彬长—临沂特高压输变电工程前期工作，新建和增容、升压改造一批 110 千伏输变电工程。支持城乡电网升级改造和电气化县建设。

四、推进大西安建设的保障措施

（一）体制机制创新。加快县域园区发展，将部分事权和审批权下放，支持符合条件的县级园区申报省级园区。积极吸引西咸新区各新城、西安产业园区与相关县市区合作共建产业园区，发展“飞地”经济。以咸阳高新区、咸阳新兴纺织工业园、咸阳化工产业园等为重点，积极吸引世界 500 强企业以及央企、全国民营 100 强企业来咸发展。对新引进的世界 500 强企业，按照一事一策的原则，给予优惠政策。加强土地、户籍、财税、金融、社保等领域改革创新。在全省率先完成农村集体土地所有权、集体建设用地使用权、土地承包经营权、房屋产权等确权登记颁证，探索农村产权抵押多种途径。

（二）财政税收政策。在省上 1 亿元专项资金的基础上，市财政每年筹集 1 亿元，作为我市重点投融资公司的资本金，支持我市产业结构调整、重点板块和重点园区建设等。逐年增加对新兴产业、支柱产业、重点项目等的专项补助。市财政设立 2 亿元重大项目扶持资金，支持引进总投资在 5 亿元以上的工业生产项目配套基础设施建设和前期准备工作。对产值 10 亿元以上装备制造业企业缴纳的增值税、所得税地方留成部分，2015 年前实行 50% 返还政策，对房产税、城镇土地使用税实行减税政策。对投资 5 亿元以上或投资额 2

亿元以上且每亩固定资产投资200万元以上国家认定的高新技术项目,自缴纳所得税当年起前5年按实际上缴所得税地方留成部分全部给予奖励。积极争取省财政对实际投资在1亿元以上的关键装备产业化(含科技攻关)项目给予300万元的贴息或补贴,对每1000MW光伏全产业链项目给予6000万元贴息。对省政府确定的20户光伏和LED重点企业,以上年缴纳增值税地方留成部分为基数,新增增值税地方留成部分的50%返还,用于支持企业发展。对新建的固定资产投资额在5亿元以上的高星级酒店,给予连续三年减免营业税、房产税的优惠。对新引进的农业产业化类项目,2017年前按实际上缴所得税地方留成部分给予奖励。

(三)投资金融政策。积极参与大西安产业结构调整指导目录编制,实行差异化引导政策。与西安、西咸新区加强招商引资对接,力争尽快统一土地利用政策、税收政策、招商服务标准。建立利益协调机制,推进跨区域项目建设。科学整合、高效使用现有财力资源,集中支持全市重点板块发展、重点基础设施建设。适当提高城市基础设施配套费征收标准,市区按200元/平方米征收;兴平、乾县、礼泉、泾阳、三原、彬县按150元/平方米征收;其余5县按100元/平方米征收;省市重点镇按30元/平方米征收;对不便于核定建筑面积的建筑项目,按工程总造价的5%计征;对于重大招商引资项目,可适当予以减免。深入研究省市共建大西安各项政策,千方百计争取中省财政支持,加大节能减排财政政策综合示范城市的申报工作力度。支持市城市投资公司、财政投资公司、旧城改造投资公司、水务投资集团公司、高科建设有限责任公司、纺织集团公司、北塬新城发展集团有限公司等加快发展,增强可持续投融资能力。鼓励重点企业扩大上市、发行债券等直接融资规模。完善金融业发展激励机制,市内银行业金融机构用于我市境内企业的新增贷款,比上年每增加1亿元给予3万元奖励,对中小企业信用担保机构按其每年新增担保额的1%给予风险补贴。积极争取省金融发展专项资金对我市的支持,对新设立或新迁入的全国性金融机构总部、工业和商贸类企业总部,根据注册资本和发展情况给予一次性补助。

(四)土地支持政策。全力争取中省土地利用支持政策和指标,确保用地水平与生产总值占全省的比重水平基本相当。按照集约节约用地的原则,科学评估和修编土地利用总体规划。积极争取城乡建设用地增减挂钩周转指标,创新土地整理复垦开发模式,探索集体农用地流转有效形式及补偿新机制。按照城乡统筹发展的原则,科学合理安排城乡用地建设规模,全市土地指标主要向重点板块、重点园区、重点基础设施、重大项目倾斜。整合各类园区土地资源,分产业、分园区划定土地投资强度下线,提高土地综合利用率和土地产出率。探索建立城乡统一的土地市场,改革和完善土地征收征用制度,确保农民在土地增值中的收益权益。

(五)科技人才支撑。整合利用区域社会科技创新资源,推进“12351”科技创新工程(100项重大科技产业化项目,培育200家高成长性科技型中小企业,建设壮大30个科技产业示范基地,支持发展50个科技创新平台,打造100个科技创新团队),构建一批围绕支柱产业和中小企业聚集行业的专业技术服务平台,实施一批重大科技产业化项目。积极申报国家创新型城市试点和国家现代科技服务业示范基地,全力争取省科技资源统筹中心在我市设立分中心,建设西安高新技术研发转化基地。在我市技术优势明显、产业特色突出的行业,建立产业技术创新战略联盟,鼓励有条件的高校、科研机构与企业联合建立科技研发中心或博士后流动工作站,大力培育创新团队。实施人才优先战略,盘活现有人才,引进高层次人才,培养复合型人才,大胆使用优秀人才,创新体制机制,努力营造政策留人、环境留人、事业留人、待遇留人的氛围。

(六)优化发展环境。创造平等准入、公平竞争的市场环境,按照“非禁即入”的原则鼓励和引导民间投资。切实转变政府职能,减少和规范行政审批,进一步提高行政效率,建设法治型、责任型、服务型、廉洁型政府。着力提高行政执法人员的执法水平,增强服务意识,规范执法行为,同时提升全体市民的守法意识和整体素质。

五、加强对建设大西安工作的组织领导

(一)健全组织领导机构。成立由市委书记为第一组长,市长为组长,各县市区和市级各有关部门主要负责同志为成员的大西安建设领导小组,定期研究解决工作中的重大问题。领导小组办公室设在市发改委,负责做好日常工作。同时,分别成立现代工业、战略性新兴产业、现代服务业、现代农业、高新区和中心城市等六个重点工作推进小组,各由一名市级领导任组长,市直相关部门主要负责人为成员,具体负责抓好落实。

(二)主动加强沟通协调。认真落实大西安建设联席会议制度,进一步细化各项工作措施,及时研究解决工作中的困难和问题,建立高效、务实、顺畅的推进机制和共建机制。积极做好与省级有关部门和西安市、西咸新区在推进大西安建设过程中的沟通联系,主动配合,密切协作,形成合力。

(三)完善考核督查体系。建立定期考核通报制度和协调制度。根据开发建设的情况,领导小组定期听取各重点工作推进小组的汇报,协调解决相关问题。市委市政府督查室对领导小组议定的事项进行定期督促检查。将大西安建设重点工作列入全市年度目标责任考核范围,并建立动态跟踪考核制度,严格考核奖励,对完成任务较好的单位进行表彰奖励。

(四)营造良好舆论氛围。利用广播、电视、报刊、网络等新闻媒体,通过专题、专栏等形式,加大宣传力度,增强对重大政策、重大事件、重要舆情和社会热点的引导能力,充分调动全市干部群众建设大西安的积极性、主动性和创造性,形成全社会共同关心、支持、参与大西安建设的良好氛围。

中共咸阳市委 咸阳市人民政府 关于印发《咸阳市文化产业发展规划(2011 年～2020 年)》的通知

咸发〔2012〕6 号

各县市区委、县市区人民政府,市委和市级国家机关各部门,各人民团体:

现将《咸阳市文化产业发展规划(2011 年～2020 年)》印发给你们,请认真组织实施。

中共咸阳市委
咸阳市人民政府
2012 年 12 月 3 日

咸阳市文化产业发展规划 (2011 年～2020 年)

第一章 总 则

第一节 规划背景

文化产业是国家战略性产业。发展文化产业是满足人民群众精神文化需求的必然选择,是加快经济发展方式转变的重要抓手。党的十七届六中全会明确提出将文化产业发展成为国民经济的支柱产业。省委决定在全省实施文化产业振兴工程,使文化产业成为全省国民经济新的增长点。市第六次党代会提出实施文化兴咸战略,为建设现代新都市、和谐新咸阳提供重要支撑。市委制定出台《关于贯彻落实〈中共中央关于深化文化体制改革推动社会主义文化大发展大繁荣若干重大问题的决定〉的意见》,决定推动文化产业成为全市国民经济支柱产业,文化产业发展进入全新的历史阶段。

第二节 规划依据

一、国家法律、法规

《中华人民共和国城乡规划法》

《中华人民共和国非物质文化遗产法》

《中华人民共和国文物保护法》

《中华人民共和国环境保护法》

二、国家相关文件与规划

《国家"十二五"时期文化改革发展规划纲要》

《文化产业振兴规划》

《全国文化系统人才发展规划》

《文化部关于加快文化产业发展的指导意见》

《关中—天水经济区发展规划》

三、地方性规范文件与相关规划

《陕西省文化建设"十二五"规划》

《咸阳市国民经济和社会发展第十二个五年规划纲要》

《咸阳市文物旅游业发展规划》

《咸阳市服务业发展规划》

第三节 规划范围

咸阳全域(含域内西咸新区部分)

第四节 规划期限

2011 年～2020 年

第二章 发展现状

第一节 资源分析

咸阳历史渊源深厚,区位优势明显,自然生态独特,产业基础雄厚,具有发展文化产业得天独厚的资源优势,无比广阔的市场前景及其他国内外同类城市不可比拟的比较优势。

一、历史渊源深厚。咸阳处在华夏历史文化长河的发端,是秦汉文化的重要发祥地。作为国家级历史文化名城,咸阳拥有 2360 年的建城史,中国历史上首个封建王朝秦朝建都于此,又为 12 个封建王朝京畿重地。境内文物景点多达 4951 处,文物数量之多,等级之高,内涵之丰,堪称全国之最。尤其是中国唯一女皇武则天与唐高宗李治合葬墓乾陵、中国最大的帝王陵园唐太宗昭陵、有"天然历史博物馆"之称的汉武帝茂陵和"中国金字塔之都"的五陵原等享誉世界。"商鞅变法"、"一字千金"、"荆轲刺秦"、"焚书坑儒"等历史事件和典故数不胜数,郡县制、书同文、车同轨、统一度量衡等开创先河并对后世产生重大影响的制度均产生于此。同时,咸阳民俗文化源远流长。被誉为"中国绘画艺术活化石"的"咸阳花馍"、秦汉战鼓等民间艺术传统历史悠久,以"乾州四宝"、"三原小吃"为代表的地方风味小吃享誉陕西,影响颇大。

二、区位优势明显。咸阳位于祖国版图的中心,是中国大地原点所在地,自古就是西部战略重镇。今天咸阳已发展成为国家立体交通的新枢纽,堪称西北连接世界最便捷的城市。拥有西北地区最大的航空港和出口产品内陆港,从咸阳乘机,一小时之内可达全国 40 多个重要城市。毗邻亚洲在建最大的火车站西安北站,全国 9 条铁路、6 条高速公路在此纵横贯穿,正在规划建设的北京至昆明、乌鲁木齐至上海两条高速铁路唯一的交会处也在这里,咸阳将形成到国内其他重要城市的陆路"一日交通圈"。届时从咸阳坐火车到北京仅 4 个小时,上海 5 个小时。

三、生态环境宜人。咸阳自然景观和人文景观交相辉映,是西部重要的旅游目的地。境内渭河、泾河、沣河交汇,400 万亩林地郁郁葱葱,自然条件宜人,神刀、神针、神脉、神袋以及攻克肿瘤的神医等"五神"全国闻名,食疗、医疗、药疗、水疗、足疗、茶疗等"六疗"特色保健项目一枝独秀,每年吸引国内外 1100 多万人次观光旅游。5 年来,咸阳市区空气质量二级以上天数每年保持在 300 天以上,城市绿化率、人均绿地面积位居北方城市前列。今天的咸阳,已成为国家卫生城市、中华养生文化名城、中国十佳宜居城市、中国魅力城市。

四、发展基础雄厚。咸阳孕育了中国的农耕文明,又是实施西部大开发战略的桥头堡。咸阳是西北重要的工业城市、西北最大的电子工业基地、陕西重要的能化工业和轻纺工业基地,形成了完整的工业体系,奠定了文化发展的雄厚基础。2010 年我市人均 GDP 达到 22469 元,约合 3393 美元,社会消费品零售总额达到 296.35 亿元,城乡人均收入持续增长,2010 年全市城镇居民人均可支配收入达 18914 元,农民人均纯收入 5056 元,我市第二产业比重占到生产总值的 52.2%,已经迈入工业化发展道路,这意味着我市产业结构演进将加速由工业经济向服务经济转变,以文化产业为核心的第三产业将获得强劲的内生动力,也必将成为我市最具潜力的发展亮点。特别是国务院批准的《关中—天水经济区发展规划》明确提出,要把西安咸阳打造成 1000 万市区人口的现代国际化大都市,咸阳迎来千载难逢的历史机遇,未来文化产业发展的光明前景令人憧憬。

第二节　发展基础

“十一五”以来,市委、市政府高度重视和大力推动文化产业发展,文化产业发展呈现出强势起步的良好态势。

(一)发展思路基本形成。市委、市政府始终从国家战略高度对全市文化产业发展进行宏观布局与规划,确立了“经济发展从文化中找项目、城市建设用文化显特色、企业发展向文化要效益、人民生活从文化中求提升”的文化发展理念并列入全市“十二五”发展规划,明确提出要将咸阳建成陕西重要的文化产业基地和西部文化产业特色城市。

(二)产业发展基础良好。2010年,全市文化产业企业和单位达到886个,涉及各类文化产业机构2145家,其中文化部门直属机构55家,文化广电(新闻出版)部门登记管理的社会文化产业机构2090家,文化经营单位692家,电影发行放映单位560家,印刷企业378家,书刊发行单位275家,音像制品批发、零售185家,从业人员18474人,资产总值21.47亿元。2010年,全市文化产业实现增加值25.9亿元,文化产业增加值增速为23.87%,比全市经济增长率高9.37个百分点,增加值占全市生产总值的比重为2.36%。

(三)特色优势逐步彰显。“十一五”期间,全市旅游文化产业品牌日趋成熟,节庆活动日益活跃,共接待国内外游客6225.3万人次,实现综合收入277.55亿元,分别比“十五”期间增长了32.8%和118.5%。2010年,全市旅游文化产业综合收入已占到全市GDP的8.3%。以中华养生节、花馍文化艺术节、中国苏武文化艺术节为重点的节会展业品牌效应凸显,剪纸、刺绣、皮影、泥塑、手织布等具有浓郁民间特色的文化产品逐步走向市场。

(四)文化体制改革基本完成。大力实施文化体制改革“四项工程”,核销7个单位事业编制,将原来24个单位整合组建为7个文化事业单位和7个文化企业单位,文化市场国有主体缺失问题基本得到了解决,为文化产业发展注入了新的动力。支持强势媒体集团以多种方式参与改革,促成咸阳广播电台与省电视台合作打造FM99.9广播频道,鼓励咸阳日报社与陕西日报社合作在全省率先自办发行《陕西日报》,与华商传媒集团合作创办了我市首家晚报风格的都市类报纸《今日咸阳》,都产生了良好的社会效益和经济效益。

第三节　存在问题

我市文化产业发展仍处于初级发展阶段,与经济社会发展的要求极不适应,与咸阳的历史地位和影响极不相称。

(一)总体规模偏小。我市地处全省文化产业高度聚集的核心开发地带。但从经济总量看,2010年,全市文化产业实现增加值25.9亿元。占全省比重为9.1%,位居全省前列(列西安之后),但比西安少近120亿元,甚至比西安曲江新区也少50亿元;文化产业增加值占全市GDP比重为2.36%,这一比例,既低于全国(2.75%)、全省(2.82%)的平均比例,低于国内发达省市(北京12.3%、杭州11.8%、长沙10%)的水平,也低于西安近5个百分点。

(二)整体实力不强。旅游文化产业是目前我市文化产业中份额最大、贡献最多的优势产业,但2010年全市旅游业综合收入83亿元,与西安相差322亿元,比宝鸡少17亿元。红色文化产业、民俗文化产业、娱乐文化产业、生态文化产业、广告会展产业、印刷发行产业等都处在起步发展阶段或面临改造升级的紧迫任务。同时,具有广阔市场前景和良好经济效益的创意动漫、网络文化服务等现代文化产业在我市还是空白。

(三)资源转化不够。咸阳是中国历史文化名城,悠久的历史,使这片土地承载了惊天动地的历史事件和富有传奇色彩的传说轶事,也积淀了源远流长、丰富灿烂的民俗文化。目前,一些资源项目已经成功开发,并初具规模。但对这些文化资源整体研究得还不透、挖掘得还不深,宣传推介意识还不浓厚,有效整合还不到位,在文化产品和服务内容上普遍缺乏创新创意,缺乏富有魅力、市场认可的文化精品和品牌产品,文化消费选择性少。

(四)龙头带动不足。文化龙头企业的发展是衡量一个地区文化产业发展水平的重要标志。我市文化产业企业在门类数量上和省内外一些城市相比大致相当,但普遍呈现“弱、小、散、乱”的状况。全市692家文化经营单位,缺乏龙头和骨干企业,普遍存在产品和服务内容科技含量不高、附加值较低等问题,制约着企业进一步发展壮大。特别是产业发展平台建设严重滞后,承载文化龙头企业的产业园区对文化产业的聚集、洼地、产业链效应没有充分发挥出来。

(五)消费总量不大。目前,我市文化市场和文化消费正处于快速发育的初期,增长较快、总量较低,在消费总支出占比较小,结构尚不合理。根据国际经验,当人均GDP达到3000美元时,文化消费将快速增长,文化消费需求将占个人消费性支出的23%。而从2010年全市文化消费状况看,全市人均GDP为22469元,折合美元约3393美元,城市居民人均文化娱乐消费支出仅791.79元,在城市家庭人均消费支出(13845元)占比为5.7%。我市文化消费还处于一个较低的水平,与经济发展速度不相匹配,人们的文化消费意识还有待增强,文化消费市场还有待培育。

(六)体制运行不畅。从目前全国及全省兄弟地市的实践经验看,越来越多的城市都在打破不利于文化产业聚集发展的传统行政管理体制,积极探索成立跨行业、跨地域、板块式发展的文化产业发展新型主体。宝鸡早在2009年就成立了专门从事全市旅游文化产业开发建设的直属机构——市文化旅游产业开发建设管理委员会,作为市文化旅游产业发展领导小组的常设办事机构。管委会成立后,统一编制全市文化产业发展中长期规划,精心策划重大产业项目的包装和招商引资工作,落实全市文化旅游产业重点项目的开发建设,使宝鸡市文化产业增速始终排在全省前列。我市文化产业发展管理缺乏统一行政主体,这也是造成我市文化产业总体规模偏小、整体实力不强的一个深层次原因。

第三章　发展战略

第一节　指导思想

突出咸阳在《关中—天水经济区发

展规划》——“彰显华夏文明历史文化基地”中的核心地位，围绕建设文化强市目标，按照“园区化承载、市场化运作、集群化推进”的思路，坚持政府主导，以文化企业为主体，以文化园区为载体，以文化项目为支撑，以提升文化企业竞争力为核心，依托资源优势，优化产业布局，促进规模扩张，努力形成省（西咸新区）市县三级共建、区域特色鲜明、产业优势明显、发展重点突出、效益快速显现的文化产业发展格局，把咸阳建成彰显华夏文明历史文化基地的重要板块。

第二节 总体目标

孵化一批年收入超1亿元的产业群体，支持一批年收入超10亿元的骨干企业，培育1个~3个年收入超50亿元的产业龙头。力争建成1个~2个国家级文化产业园区，2个~3个省级文化产业园区，3个~6个市级文化产业园区。“十二五”末，文化产业增加值突破100亿元，占全市GDP的5%，文化产业成为我市的支柱产业。2020年，文化产业增加值突破400亿元，实现文化强市目标。

第三节 发展步骤

2011年~2012年为全面启动阶段。出台文化产业发展规划，全面启动文化产业发展相关基础性工作。初步构建“一核三区”文化产业发展平台，打造3个~6个市级文化产业园区。全市文化产业增加值达到或超过41.8亿元。管办分离、调控有序、运转协调的文化管理体系和运行机制基本形成。

2013年~2015年为全面实施阶段。实质性启动2个~3个大型文化项目工程，建设一批现代化文化基础设施。建成2个~3个省级文化产业园区，建成一支高水平的文化人才队伍，建立起规模较大、效益较高的文化市场，“一核三区”文化产业发展格局日臻完善，初步形成与现代化城市相匹配，布局合理、设施先进、功能完善的文化服务体系和配置高效、规范有序、与国内外市场接轨的文化市场体系。到2015年，全市文化产业增加值突破100亿元，占全市GDP的5%，文化产业成为我市的支柱产业。

2016年~2020年为全面发展繁荣阶段。建成国内有影响力的文化企业集团3个~5个，市场认可的特色文化品牌8个~10个；培育出一批文化精品、文化名人、文化企业家；建成1个~2个国家级文化产业园区，形成以主要文化产业园为重心，沟通城乡、辐射周边广大地域，连接国际市场的开放型、多层次的文化产业新格局。到2020年，文化产业增加值突破400亿元，实现文化强市目标。

第四章 产业体系

充分挖掘我市特有的文化资源，做大旅游文化产业，做强养生休闲产业，做好广播影视产业，大力发展创意动漫和广告会展产业，积极支持印刷包装、文娱演出和新闻出版产业。

一、旅游文化

依托我市自然、人文、历史等优势资源和文物旅游产业发展基础，围绕建设国际一流旅游目的地城市目标，做好旅游文化产业区域布局规划和项目创意策划，调整产业结构，着力打造文物旅游、民俗旅游、生态旅游、乡村旅游、红色旅游品牌。建设中国文化旅游的始发地、陕西旅游的集结地。

二、养生休闲

充分利用我市地热资源和中医诊疗资源，以市区为重点，开发中医理疗、足疗、温泉养生等产品，打造“养生文化名城”品牌。以港中旅海泉湾温泉世界、咸阳中地温泉地热城为节点，大力发展“水疗、足疗、食疗、医疗、药疗、茶疗”，以明清城改造、文化休闲广场、餐饮一条街、仿古商业街、星级酒店为依托，大力发展休闲养生产业。

三、广播影视

依托现有广播影视资源，提升数字化制作、节目交易、广告经营、网络服务水平，扩大覆盖面，增强影响力和发展活力。坚持企业引领、项目支撑、市场运作，加大政策扶持力度，调动各方面力量，吸引和引进中省影视骨干企业项目在咸落地，建设中影集团IMAX综合体和西部电影集团影视基地。

四、创意动漫

发展现代新兴产业，引进域外创意动漫企业，培育我市文化产业龙头企业。重点支持原创动漫产品，做大做强手机游戏、网络游戏等产业项目和品牌，积极发展影视动漫、数字媒体应用技术和动漫衍生品市场，尽快形成动漫游戏产品生产、输出和转化的产业链。

五、广告会展

深入挖掘地方文化特色，大力发展会展博览文化产业。依托市县区文化馆、博物馆、非物质文化遗产传习场馆，重点规划建设中医博物馆、茯茶文化博物馆、度量器具展览馆、鼎文化展览馆、花馍艺术展览馆、于右任文化艺术馆等一批具有地方文化特色的标志性博览场馆。力争“十二五”末全市拥有各类博览场馆达到30个以上。充分利用媒体广告、户外LED显示屏以及互联网等现代信息技术，发展广告网络营销、展览等新兴业态。

六、印刷包装

依托咸阳日报社印务有限责任公司、咸阳帝辰彩印制品有限公司，促进印刷业集聚化、集团化、专业化发展。大力发展包装印刷、数字印刷等产品类型，加强印刷业技术改造，引进先进设备、技术、工艺、管理，促进印刷业的升级优化。扶持印刷领域“专、精、特、新”中小企业发展，满足市场个性化需求。

七、文娱演出

完善演艺娱乐基础设施，扶持市演艺公司开拓演出市场，壮大演艺产业。积极培育消费市场，加大创作生产力度，打造秦汉底蕴浓郁的原创演艺剧目、产品。推出一批群众喜闻乐见的戏曲、音乐、歌舞等演艺娱乐节目。鼓励社会资本投资演艺节目的策划、包装和营销，鼓励演艺单位与企业集团多种形式联合，探索演艺市场经营新机制，鼓励发展民间文艺团体、农家文化大院等，搭建具有广泛影响的演艺产业平台。

八、新闻出版

整合全市图书报刊，支持发行企业快速发展，引导民间资本进入出版物发行、零售领域，推进出版业集团化建设。加强出版物连锁经营和网络出版、电子图书商务平台等设施建设，通过出版发行主体的多元化培育，积极发展音像、电子、网络等数字媒体出版业。

第五章 市场主体

围绕"四个一批",鼓励现有文化企业持续发展,引导非公经济提速增效,加大文化产业项目招商引资力度,促进文化产业协作配套融合发展,塑造文化市场主体。

一、鼓励现有骨干企业持续发展,做大做强一批市场主体。坚持社会主义先进文化前进方向,坚持把社会效益放在首位、实现社会效益和经济效益有机统一。加强对文化产业发展和文化市场管理的宏观调控能力,加快发展壮大现有国有文化企业,使其在文化产品的创作生产、传播和繁荣市场等方面发挥主导作用。抓紧调研论证,积极创造条件,逐步组建咸阳报业、咸阳广电、咸阳旅游、咸阳演艺等集团公司。坚持市场运作,筹建咸阳市文化产业投资集团,吸纳社会资本参与文化产业发展。

二、引导非公有制经济提速增效,催生一批市场主体。按照"谁投资、谁决策、谁受益、谁承担风险"的原则,鼓励、支持和引导非公有制经济发展文化产业。落实国有、民营文化企业同等国民待遇。推进有实力的文化企业上市融资、转型升级。支持文化企业跨地区、跨所有制兼并重组,吸引非公有制经济以独资、合资、合作、联营、参股、特许经营等多种方式进入文化产业领域。对市场前景好、发展潜力大的非公文化企业给予重点扶持,促其尽快成长为具有核心竞争力的文化企业集团。

三、加大文化产业招商引资力度,引进一批市场主体。抓住西咸新区发展文化产业的难得机遇,立足我市区位优势、资源优势和产业基础,重视现有产业的组合与扩张。树立"文化招商"、"服务招商"理念,采取多种方式,吸引更多有战略眼光的投资者来咸投资文化产业,做到互利互惠,共生共赢。通过引进大项目、产业招商、设立投融资平台等多种途径,吸纳社会资本,增强发展后劲,推动投资主体多元化。

四、促进产业协作配套融合发展,衍生一批市场主体。依托西咸新区重大文化产业项目,强化协调,充分挖掘我市文化产业发展后劲,支持文化企业通过整合资源、产业协作、融合发展等方式积极开发上下游产品,拉长产业链条,衍生一批具有市场潜力的文化企业,形成新的文化市场主体。

第六章 空间布局

突出城区现代文化繁荣,支持县域历史文化发展,打造"一核三区"文化产业发展平台,建设多个文化产业园区,确保形成特色突出、错位发展的文化产业空间布局。

一核,即咸阳文化产业核心区。围绕中心城区,以咸兴大道、咸阳湖两岸为主体,建设现代文化产业园。主要发展创意动漫、印刷包装、广播影视等文化产业。

三区,即历史文化产业区、生态文化产业区、红色文化产业区。

历史文化产业区:以周陵、秦咸阳宫遗址、汉帝陵、唐帝陵为依托,东起汉阳陵,西到茂陵,南到沙河古桥遗址,北到唐乾陵,涉及秦都、渭城、兴平、乾县、礼泉五县市区,建设历史文化产业区。

生态文化产业区:依托北部丰富的生态资源和特殊地貌,打造以旬邑石门山、淳化仲山及关中大峡谷、三原嵯峨山、泾阳张家山、永寿槐山、醴泉湖、彬县侍郎湖、礼泉袁家村、永寿黄土地等为重点的生态文化产业开发板块,形成"生态文化旅游资源—产品—产业—营销—消费—效益"的北部文化产业发展模式。

红色文化产业区:依托旬邑马栏革命旧址、泾阳安吴青训班旧址、淳化爷台山反击战遗址等,推动爱国主义教育基地建设,进一步研究、整理咸阳红色文化资源所承载的伟大精神,融入各类现代科技,运用多种表现形式,充分发挥文化引导社会、教育人民、推动发展的功能,增强红色文化产品的亮点和看点,大力发展红色文化产业,使红色文化真正成为一项战略产业、支柱产业、新兴产业。

多园:

咸阳温泉养生园:依托中地温泉地热城等开发温泉养生、医药保健,发展"水疗、足疗、食疗、医疗、药疗、茶疗",建设咸阳温泉养生园,打造"养生文化名城"品牌。

咸阳创意动漫园:依托中心城区,发挥服务优势,借助市外知名动漫企业力量,通过招商引资,推进动漫企业尽快落户,推动动漫企业产品研发和市场运营,做大创意动漫产业,建成咸阳创意动漫园。

西部影视娱乐园:依托市广电中心影视传媒基地,发挥西咸一体化优势,鼓励和吸引社会资本投入影视传媒产业,培育和发展有竞争力和影响力的西部影视娱乐园,做大做强影视传媒产业。

第七章 重大项目

依托我市得天独厚的文化资源优势,坚持项目支撑、市场运作,以文化企业为主体,加大政策扶持力度,调动社会各方面力量,建设具有重大示范效应和产业拉动作用的重大文化产业项目46个。

一、历史文化类

1. 东方帝王谷高科技历史文化公园

该项目主要由东方帝国、文明星空、丝绸之路、地心探险四大板块构成,用现代语言讲述中国历史文化和中华民族的复兴崛起。通过最新高科技3D、4D和全息成像、IMAX及环幕电影等手段,让人们身临其境地感受东方文化的文明与辉煌。项目拟投资150亿元人民币,园区计划用地5000亩以上,目前陕文投集团已与美国合作方VisionMaker签订战略合作协议,美方将参与不少于总投资25%的现金投资;美国合作方将引进PE、中东石油财团的巨额资金跟进,国内优质资金来源正处于积极洽谈中。项目建成后,预计每天可吸引游客2万人以上,年游客量超900万人次,直接创造就业岗位1万余个,形成2万平方米的游客服务区,1200个房间以上的酒店群。其辐射商业范围可达20平方公里,推动周边旅游配套产业升级、周边市政设施和居住环境改善、就业岗位增加,推进整个区域跨越式发展。

2. 乾陵文化产业园

依托乾陵大遗址区,在乾陵大景区旅游发展规划的基础上,投资26亿元,开发建设乾陵万亩牡丹花园(投资1亿元),乾陵仿唐地宫(投资1亿元),乾陵马球场(投资1亿元),唐陵露天石刻博物院(投资4亿元),乾陵大唐小镇(投资19亿元)。

3.秦咸阳城国家考古遗址公园

依托咸阳宫遗址,利用现代科技手段,结合遗址实景,复原、再现、挖掘与帝都相关的建筑形态、历史文化,通过景观复原、场景再现等方式,使帝都文化体验化;实施遗址考古、本体保护、环境保护、日常维护与监测、遗产展示与诠释等。该项目计划总投资10亿元,目前已列入国家第一批考古遗址公园立项名单,规划编制工作基本完成。

4.周文化公园

该项目拟建于咸阳市渭城区北五陵原中心部位,距咸阳市区5千米,占地面积约400亩,计划投资4.8亿元。挖掘周文化资源,以弘扬周易文化、推进祭周大典为主线,分周民俗文化区、周文化广场区、周文化古建区、休闲娱乐区、植物区五部分。建设集保护、展示、教育、研究、旅游、观光、休闲于一体的人文旅游景区。以雄伟、庄严、肃穆、古朴为设计原则,与秦咸阳宫、西汉帝陵历史文化体系相衔接。

5.崇文塔旅游景区

以中国第一高砖塔崇文塔为核心,投资30亿元开发崇文塔旅游景区。以文化、历史、展览、商贸为一体,为国际化大都市打造文化商业、休闲娱乐、功能设施齐全的城市公园,建设大型历史文化旅游景区。

6.大唐贵妃文化园

兴平市大唐贵妃园以杨贵妃墓为龙头,以道教文化为铺垫,利用黄山宫和贵妃墓旅游资源,大力开发具有当地特色的旅游文化产业。项目采用招商引资方式,投资约1.7亿元。

7.唐顺陵精品石刻文化观光带

唐顺陵位于渭城区底张街道办事处,地面现存大中型石刻40件,其雕工细腻,造型精美,为我国稀有的艺术精品,具有很高的艺术欣赏价值,被誉为唐陵石刻之冠。顺陵观光带分为广场、绿化、道路、基础设施、精品石刻及盛唐文化展示厅,项目占地1100亩,投资3亿元,预计建成后年收入1000万元。

8.昭仁寺景区

依托长武县昭仁寺、东岳庙、圣母殿、药王洞,整合资源,发挥优势,计划投资2亿元,开发建设东岳庙,修复原有古建群,新建县博物馆。博物馆采用框架结构,建筑面积12000平方米,内建文物展厅、民俗陈列室、演示放映厅、文物库房、监控中心、文物商店、接待服务部等。对景区环境进行综合整治,将影响历史风貌的21户住户进行拆迁,并将县城东街建成仿古一条街,打造昭仁寺新景区。

9.武功千年古镇景区

武功镇作为全省30个历史旅游文化名镇,是武功县原县城所在地,历史悠久,文物荟萃。经过近几年的发展与修复,旧县城原规模已粗具雏形。该项目以旧县城为蓝本,逐步恢复旧县城各种机构,发展多功能社区及农耕文化区、孝文化区、苏武文化区等,打造千年古镇旅游景区。该项目计划投资5亿元。

10.唐家大院秦商文化景区

项目位于旬邑县太村镇唐家村,现存150余间明末清初民居建筑。建筑融北方四合院和苏州园林艺术为一体,堪称中国古代北方建筑艺术的典范。景区主要以秦商文化为支撑,建有民居展示区、秦商文化交流区、秦商古城民俗体验区、秦商古城特色美食街区,全力打造秦商古城和秦商文化体验相结合的原生态情景复原展现式景区。项目总投资9.15亿元,占地3000亩。

11.茂陵大汉雄风文化园

该项目将原茂陵博物馆扩大200亩以增加馆藏文物展示区,同时,在博物馆的南侧建立以汉代政治、历史、文化为内容,以旅游活动为主的大汉雄风文化园。文化园面积1370亩,主要包括大汉雄风展示区、汉武帝演兵场、竞技娱乐区、汉文化艺术演示区等。在这里游客可以充分了解汉代的政治军事概况、居民的生产和生活方式,同时可以得到游、娱、食、宿、购等多方面的服务。项目计划投资4.138亿元。

12.昭陵遗址公园

遗址公园包括昭陵主陵其他陪葬墓的保护范围和建设控制地带,占地面积2643.44公顷,以陵山的全景原状展示,北司马门遗址和下宫遗址的地表模拟展示和标识展示、献殿遗址、栈道和石窟遗址的原状展示和标识展示、韦贵妃墓和长乐公主墓的室内开放展示、新城长公主墓的考古现场开放展示、魏征墓及公园内其他遗存的原状展示和标识展示为主。总投资约10亿元。

二、养生休闲类

13.葡萄酒文化体验中心

该项目位于泾阳县泾干镇以西,由西咸新区泾河新城管理委员会承办,前期计划用地3000亩,计划总投资20亿元。项目建设主要划分为四个区,依次为种植体验区、红酒文化展示区、休闲度假区和庄园商业区。通过红酒文化博物馆、葡萄酒庄酒店、葡萄酒酿造加工、游客体验中心等项目来烘托企业的博大文化,普及对葡萄酒的认知;通过商业服务区的主题餐厅、产品展销区、法国庄园、采摘区等项目汇集人气,带动酒店及休闲度假产业,以"体验红酒文化"为主题,解读红酒文化,集体验、旅游、生态、观光于一体,打造一座童话般美丽的田园城堡。

14.泾渭茶文化体验中心

泾渭茶即泾渭茯茶,由咸阳泾渭茯茶有限公司出品。该项目总投资1.2亿元。一期工程包括综合办公楼、生产车间、烘房、库房、研发中心及体验中心,建筑面积19185平方米。设备技术:全程自动化、清洁化茯砖茶生产线已经投入生产。仿古建筑院落已经建成,复古制茶技艺被列入陕西省第三批非物质文化遗产名录。年生产茯茶25000吨,将为新疆、青海、甘肃、宁夏等地提供优质安全的茯茶产品。

15.中医药文化展示基地

该项目依托陕西中医学院、陕西医史博物馆、海天制药有限公司和步长集团,在西咸大道中段投资20亿元,建立中医博物馆和中医药养生保健产业园,项目分为中医药文化展示、中医药研发生产、中医药养生保健三个组成部分,形成全国中医药文化宣传、科普教育、研发生产、康体服务、展示交易示范基地。

16.中地温泉地热城

咸阳地热城中地温泉水疗中心,是由陕西中地能源开发建设有限公司投资6000多万元于2004年开始建设的一项工程。该工程占地120亩,水体面积约8000平方米,设有温泉娱乐大厅、水上运动中心、温泉别墅小区等区域,是以温泉文化为载体,以水疗为主体,集洗浴游泳、休闲娱乐、养生保健、餐饮住宿、会议于一体的综合性地热温泉旅游度假中心,可满足不同层次人们的生活、游玩和健身需要。

三、生态文化类

17. 秦直道徒步探险旅游开发

秦直道全长约900千米。该项目在淳化境内长约15千米,起点位于淳化县铁王镇梁武帝村西520米处,途经北庄子村、英烈山、鬼门口、乏牛坡、蝎子掌,从箭杆梁北坡而下,离开淳化地境。沿途风光独秀,景色如画,山峰叠翠,峡谷险幽,动物珍禽种类繁多。项目投资5.5亿元,主要开发建设四大板块:一是整个区域实行封山禁牧,形成多样化的植被种群和动物种群;二是修复古遗址12处,挖掘整理传奇故事和民间传说;三是修筑旅游专线15千米,在秦直道原迹两边建防护栏30千米;四是修建休闲娱乐场所,旅游宾馆、简介诗碑、停车场、星级公厕等,将秦直道建设成为集探险休闲娱乐于一体的自然风景区。

18. 郑国渠国家水利风景区

郑国渠国家水利风景区位于泾阳县西北部王桥镇,景区规划面积74平方千米,项目投资10亿元。包括泾河峡谷、张家山自然风景区、仲山森林公园、郑国渠首暨历代引泾工程遗址区、仪祉纪念馆等功能区,是集历史文化、自然人文、生态旅游为一体的综合旅游景区。郑国渠国家水利风景区旅游产业建设项目包括:东南入口形象区、郑国渠旅游服务中心、郑国渠国家遗址公园、秦风小镇综合服务区、特色窑洞、时尚田园休闲中心。

19. 永寿黄土地绿色生态观光园

永寿黄土地绿色生态观光园位于永寿县域内,是一个集生态旅游、休闲度假、文史物考、综艺博览、绿色农业等为一体的大型综合项目。计划总投资3亿元,占地2万亩。重点建设项目包括基础设施工程、安全设施工程、千年永寿神泉、黄土网球场、泥塑谷、地窑民居文化、生态停车场、游客咨询服务中心、自驾车营地等。

20. 陕西云集农业文化产业园区

该项目位于永寿县甘井镇,由西安蓝溪科技投资控股有限公司投资建设,于2011年8月18日开工建设,总投资1.2亿元,现已投资600万元,用于建设云集会所、园区生产路、西岭蓄水池,购买各种苗木及农机具等。计划利用3年~5年时间,完成核心区2000亩,示范区10000亩,辐射带动100000亩,集生态旅游、休闲观光、文化娱乐、会议接待、采摘品尝、餐饮住宿为一体的综合性绿色环保现代农业文化产业园。

21. 旬邑石门山国家森林公园

石门山公园是2010年9月晋升的国家级森林公园,位于旬邑县东南部,面积8856公顷,森林覆盖率达95%以上;园内动植物种类繁多,有1200多种植物、200多种野生动物,其中国家重点保护动植物达30多种;已建成可容纳200人同时住宿就餐和会议需要的多功能接待中心、名仕狩猎场;有石门关、桃花川、瓦房川、赵家洞四大景区,80多个景点,有“春花、夏荫、秋果、冬雪”的四季景观供游人游赏玩乐,是渭北黄土高原沟壑区最大的动植物景观群落。该项目目前正在吸纳资金,准备扩建。

22. 礼泉县袁家村综合旅游景区

袁家村关中印象体验地为国家3A级景区,目前已建成古茶楼和各种作坊100多间,建筑面积3000多平方米,农家乐示范户42户。2011年~2015年将打造以袁家村为核心,辐射周边10村的综合旅游景区,项目计划总投资6.8亿元,主要建设项目包括袁家村二期项目、有机生态农庄、生态农庄超市、关中古镇建设等,项目分别由袁家村、加拿大蒜业集团、陕西银山地产公司投资建设。

23. 大唐文化旅游生态产业带

该项目计划投资60亿元,以泔河为轴心,利用沿河两岸、河滩等建设旅游休闲娱乐设施,根据现有文化点分散的特点,将礼泉县城、醴泉湖、烟霞镇、袁家村、昭陵博物馆、烽火镇烽火村、泾河等实现串联,扩张旅游景区文化内涵,以一河带动五镇,一业带动多业,造福民生,富裕农民,促进礼泉经济社会发展。

24. 四十里旅游文化长廊

淳化县四十里黑松林文化生态长廊项目建设内容包括:一是南门户区文化广场。建设项目有门阙、基础设施、生态停车场、迎客群雕、浮雕、电台旧址改造、游客中心等。二是高速路下线口游客服务中心。建设项目有游客咨询处、生态停车场、水景、农田景观、办公楼、基础设施等。三是黑松林水库湿地休闲度假区。建设项目有生态湿地、道路博物馆、码头驿站、度假别墅、商务酒店、农家乐、基础设施、停车场等。四是金川湾遗址公园。在景区入口处修建2000平方米专用停车场;在景区内跨冶峪河修建一座石拱桥,桥两端与踏步相接;加固拓宽石窟门前小广场及二级台阶;修建游客服务中心等。项目计划投资10亿元。

25. 渭河景观水系建设项目

该项目位于武功县境内渭河左堤北300米范围内,规划总长度19.77千米,总面积6平方千米。项目以堤、坎、垛等抗洪抢险水利工程为依托。以拓宽加固的渭河左堤为背景,以景观林为纽带,串起渭水园、后稷坛、农家苑、湿地洲、悠幽谷、现代农业示范观光园等具有渭河水韵风情的主题式公园。计划投资3.6亿元。

26. “池阳湖”水上游乐旅游区

该项目位于三原县城西2千米处的清河干流上,是集生态保护和旅游休闲于一体的生态旅游示范区。湖区面积648.8亩,水上面积24万平方米,回水长度13.3千米,项目计划总投资4亿元,拟以水文化为主,建设大型高科技游乐区、文化展示区、湖心岛观光区、生态农业观光园、瓜果花卉种植区、民俗风情观光园等为一体的多功能休闲旅游区,目前一期工程入口广场区已建成。

27. 泾河生态观光带

该项目总投资15亿元,通过改善泾河两岸的生态环境,挖掘整合泾河两岸遗存的历史文化资源,打造一条具有水资源及生态保护、灌溉防洪于一体的生态湿地长廊，以不同的文化主题广场，为未来大西安再添一个天然的文化娱乐氧吧。

四、红色文化类

28. 马栏革命旧址

马栏革命旧址位于旬邑县马栏镇，景区建设项目已被陕西省政府确定为省级旅游重点项目，计划总投资2亿元，改造主干旅游道路；修筑景区内游人步行道路；建设照明、公厕、停车场等基础设施；维修中共陕西省委机关旧址、陕甘宁边区关中分区机关旧址、中国工农红军第26军成立大会暨授旗仪式旧址等13处主要遗迹。

29. 安吴青训班红色旅游景区

安吴青训班革命旧址位于泾阳县安吴镇安吴堡，是陕西省重点文物保护单位，有吴氏庄园、吴氏陵园、迎祥宫、望月楼、砖壁雕刻及陵园石刻群等历史文物和安吴青训班展览馆。该项目计划总投资2600万元，2011年～2015年拟实施景区基础设施、文学名家文化区、吴氏陵园等设施建设，全力打造红色景区精品工程。

30. 陕西省委云阳旧址

云阳红军总部旧址位于泾阳县云阳镇南门文家。土地革命时期，中共陕西省委直接领导工农红军进驻云阳，红军总部及其直属机关参谋部、政治部、地方工作部皆驻扎在云阳镇南门内文家，整个文家大院分正院、东院、西院3套。总部旧址宽32米，长80米，坐北朝南。保存至今的有正院、东院、西院三套院子，正院是总部首长办公住宿的地方，东院是总部直属机关部队住所，西院为总部马厩。该项目拟建设为爱国主义教育基地。

31. 三原心字区、武字区红色旅游景区

心字区和武字区是中国共产党在陕西创建的第一块革命根据地，在中国共产党发展历史上具有举足轻重的地位，这里先后涌现出黄子文、黄子祥、李尚勤等革命先烈，习仲勋、乔国桢、贾拓夫、刘志丹、汪锋等革命先驱曾在这里进行过革命斗争。项目计划投资8亿元，建设“武字区、心字区革命纪念馆”、策划开发新兴柏社习仲勋旧居、陵前西岳庙地下交通站旧址、陵前小道口黄氏兄弟故居、红二十六军第四团授旗典礼遗址等。

32. 礼泉烽火农村经济发展史陈列馆

该陈列馆运用照片、实物、模型、绘画、雕塑等多种形式，利用声光电等科技手段再现烽火村社会主义农村经济建设发展史。同时依托陈列馆建设自然生态乡村民俗旅游景区。

33. 爷台山战地公园

淳化爷台山战地公园开发建设主要内容包括四个方面：一是整个区域实行封山禁牧，形成多样化的植被种群和动物种群；二是修复建设战争遗址、碉堡、战壕、纪念亭、石碑走廊和原中央领导人题词、英雄人物雕塑像群、纪念展览馆等；三是修筑25千米旅游专线，18千米盘山路和2处停车场；四是修建三星级宾馆、多功能娱乐厅、狩猎场和花卉园，将爷台山建设成为以爷台山主峰纪念亭为中心，周围辐射长8千米宽3千米的战地公园，形成红色教育区、休闲娱乐区、模拟实战区和万亩槐林观赏区、千亩杂果采摘区及战地休闲度假区等。计划投资1.5亿元。

五、影视文化类

34. 中影集团IMAX综合体

该项目建设地点拟为咸阳湖边，是以传播先进电影文化为核心，以市民文化消费为主线，融汇文化、娱乐、休闲、观光、健身、配套商业等文化产业项目，是西部第一家在地级城市建设的IMAX巨幕影城，全球同步大片，同时开设最新6D影厅。投资5.8亿元、计划用地约25亩，工程建设层级12层，地表9层为文化产业服务区，地下3层为停车场，供文化消费项目面积约6万平方米。

35. 西部电影集团影视基地

该项目建设地点拟为咸兴大道、咸阳湖两岸。引进西部电影集团、西安曲江影视投资（集团）公司等名牌影视企业在咸投资兴建影视基地，推进集约化经营、规模化发展，增强影视生产和数字化制作、节目交易、广告经营、网络服务的影响力和发展活力。

六、民俗文化类

36. 渭北民俗文化体验地

该项目位于泾阳县兴隆镇崔黄村，项目计划投资15亿元，分三期建设，重点建设崔黄民俗村、唐贞陵旅游保护区、现代观光农业示范区、葡萄休闲农庄（酒庄）。

37. 沣禾苑文化产业基地

陕西沣禾苑文化产业有限公司于2002年成立，2009年被省文化厅命名为陕西省文化产业示范单位。沣禾苑地处咸阳秦都沣河景区，距市区3千米，距西安17千米，距西安咸阳国际机场10千米。项目总投资600万元，总面积6000平方米。主要有民俗展览馆、名人字画馆、钟明善艺术馆以及书画艺术培训等。现已收集万余件民间系列用品及诸多名家书画，展示民间剪纸、泥塑、皮影、织布、石刻、木雕等。经营工艺礼品，装裱字画，制作牌匾、画框、名人艺术陶瓷、古琴等。现已整理钟明善书画作品128幅，历代书法碑石210块，石狮、石磨、拴马桩340个。

38. 彬县大佛寺景区

项目依据大佛寺民俗村建设，一是开发大佛寺独特的旋木手工艺等旅游产品（以梨枣木制品为主，是独具彬县地方特色兼具实用价值的旅游纪念品）。二是开展节会宣传活动，利用每年一度的“中国·彬县大佛旅游节”，保护、传承、光大大佛寺“三八庙会”非物质文化遗产。三是在大佛寺现石窟博物馆东边，征地建设新博物馆，展示大佛寺深厚的文化资源。博物馆设计为四层，每层为一展示区，采用照片、壁画、图片、文字、录像、雕塑、实物陈列以及模拟活动等方式进行展示。

39. 大秦古桥风情园

该项目位于钓台街道办事处王道村，距咸阳市区约6千米，2006年被省文化厅命名为陕西省文化产业示范单位。园内有国内发现时代最早的大型木结构桥梁遗址，被列为1989年全国十大考古发现之一，为省级重点文物保护单位。项目计划投资51.8亿元，占地3000亩。已建成民俗说唱、动物表演、垂钓、餐饮等场馆。改扩建项目：基础设施、民俗演艺大厅、水景舞台、驯兽园区、各种演艺设备、民俗文化博物馆、五星级酒店、高档精品民俗单体度假住宅等,是一个集休闲、民俗、娱乐、餐饮、旅游、酒店为一体的古桥民俗文化风情园。

40."寿"文化旅游产品开发

设立"寿"文化研究中心,建设永寿"寿"文化产品博物馆,组织专业人员,挖掘、整理、开发具有"寿"文化特色的民间民俗文化、物质文化遗产、民间工艺、民俗小吃等文化旅游产品。现已开发出特色民间工艺品5个,民俗小吃20余种。

41.三原城隍庙旅游景区

三原城隍庙历史悠久,是我国目前保存最完整的明清古建筑群之一,享有较高的知名度和历史地位。计划投资13亿元,以城隍庙为中心,建设导入广场、特色街区、城隍庙古建群、三原博物馆、古龙桥、清河湿地公园、宏道书院等,将其打造成集文物保护、宗教研究、人文展示、休闲体验为一体的多元化旅游景区。

42.天圣宫道教民俗文化旅游景区

该项目位于秦都区双照办,计划投资3亿元,恢复再建全真教祖师王重阳天圣宫遗址。以"道教文化与关中民俗文化"为主题,通过建筑形态恢复、文化项目设计、生态环境改善等措施,彰显天圣宫的历史文化价值、科学艺术价值、生态价值和旅游价值,突出宗教文化展示和体验、文物保护、休闲娱乐等功能。

43.苏绘民间手工艺文化产业园

项目位于武功县周普路,由咸阳苏绘民间手工工艺品专业合作社投资1.6亿元建设。产业园现有社员2万人,织机1.3万台,以"合作社+基地+农户"的方式进行运作,年生产手织布100万米,带动织户10万户,增加从业人员30万人。

七、新兴业态类

44.动漫创意基地

该项目拟选址为咸兴大道、咸阳湖两岸。建设动漫产品研发中心、动漫人才培训中心。通过引进国内知名动漫企业在咸投资,促成项目落地。该项目通过动漫(画)精品原创展示、动漫制作技术等,打造科技、文化、创意最佳融合的文化产业中心。以全新的理念和对高科技的应用,全方位凸显动漫与日常生活的紧密联系,开展培训、研发、会展、生产营销等,延长文化产业链和服务链,逐步形成覆盖动漫基地运营、产业发展、人才培养和投融资等方面的全功能服务体系。

45.咸阳文投大厦

该项目选址在市文化产业核心区,占地40亩,拟建30层,地上28层、地下2层,建筑面积130000平方米,计划投资15亿元。计划设置影视动漫产品交易中心、艺术品创作中心、艺术品展览中心、艺术品拍卖中心、民俗文化展览中心、音乐厅、影视演艺厅、文化讲堂、会议会展中心等。

46.地理信息文化科技产业园

以中国大地原点为地标,打造国家级地理信息文化科技产业园。重点发展地理信息及相关产品的研发、制造、人才培养和技术推广,建设地理信息科技博物馆,充分挖掘大地原点的科技文化内涵、展示地理信息科技发展成果和前景,普及地理科技知识,体验科技发展成就。

第八章　公共文化

以市、县、镇(社区)公共文化基础设施建设为重点,着力改善镇(社区)、村级公共文化服务网络,不断提高公共文化产品供给能力,大力开展公益性群众文化活动,丰富人民群众精神文化生活,解决人民群众最关心、最直接、最现实的基本文化权益问题。

(一)加强公共文化基础设施建设。以公益性、基本性、均等性、便利性为原则,以政府为主导,以公共财政为支撑,以市县镇(社区)为节点,加强公共文化基础设施建设。

(二)完善公共文化设施设备服务。依托公共文化基础设施,合理整合文化资源,统一规划,共建共享,实施一批惠及全民的公共文化设施设备建设项目,拓宽公共文化服务领域,丰富公共文化服务内容,满足人民群众多方面、多层次、多样化的文化需求。

(三)开展重点文化活动。通过政府购买服务、补贴等形式,支持各类示

重点文化建设项目

(一)市级重大文化设施项目:

咸阳博物院

咸阳美术馆

咸阳市广播电视中心

咸阳市群众艺术馆

咸阳市青少年宫

咸阳市非物质文化遗产博览馆

咸阳图书馆(扩建)

咸阳市科技馆

咸阳市体育中心(咸阳市射击射箭训练基地)

咸阳新闻大厦

秦咸阳宫遗址保护

咸阳明清城建设和保护

(二)县级"两馆一院"改造项目:

改扩建不达标的县级图书馆、文化馆。对具备条件的文化馆、图书馆、影剧院进行整合,建设集图书阅览、文化信息共享、文艺演出等多功能县级综合文化中心。

(三)镇综合文体中心建设项目:

对常住5万人口以上的重点镇,建设具备培训、影院放映、演出、健身、比赛、娱乐、科普等多功能综合文化体育活动中心。

(四)城市社区文化中心(室)建设项目:

对社区文化中心(室)进行维修、改造和文化活动设施配送,力争实现城市社区有综合文化中心(室)的目标。

范性、导向性文化活动开展，推进公益性文化场馆向全社会免费开放，把健康向上的文化产品和服务送到城乡基层，丰富人民群众的精神文化生活。

第九章　推进措施

第一节　强化组织领导

各级党委政府要把加快发展文化产业列入经济社会发展规划，摆上重要议事日程，纳入各级党委、政府任期目标和重要考核内容，作为评价发展水平、衡量发展质量和领导干部实绩的重要内容。成立市文化发展改革领导小组，领导小组下设文化发展改革综合协调办公室、旅游文化产业办公室、养生休闲产业办公室、广播影视产业办公室，分别负责制定全市文化产业发展规划、出台相关政策及全市文化产业的统计、考核和综合协调工作；制定全市旅游文化产业发展规划，做大旅游文化产业；制定全市养生休闲产业发展规划，做强养生休闲产业；制定全市广播影视、创意动漫、广告会展、印刷包装、文娱演出和新闻出版产业发展规划，做好广播影视产业，大力发展创意动漫、广告会展产业，积极支持印刷包装、文娱演出和新闻出版产业。市、县两级要加强组织协调，科学决策、科学指导、科学推进文化产业，确保加快咸阳文化大发展大繁荣。

第二节　加大政策扶持

加大财政扶持。市财政设立专项资金，扶持骨干文化企业的组建和发展。采取补贴、以奖代补、贴息等方式支持文化产业发展。落实文化体制改革单位三年免税的优惠政策，培育一批有实力、有竞争力的骨干文化企业，建设现代文化市场体系。继续执行文化体制改革配套政策，对转企改制国有文化单位扶持政策期限再延长5年。

实行税收优惠。对各类投资主体经政府核准投资额在一亿元以上的，在享受国家减免税优惠期满后，前2年按企业实际上缴所得税地方留成部分全额给予奖励，后3年按50%给予奖励。其他涉及税费减免事项按咸阳现行招商引资有关财税政策执行。

强化金融支持。鼓励金融机构对我市文化产业重点领域提供有效的信贷支持，建立政府、银行、文投公司三方工作协调机制，进一步促进银企对接，支持金融机构加快探索建立并完善文化企业融资风险分散机制、文化产业信贷政策导向效果评估机制、针对文化产业金融服务的业务考核激励机制、金融支持文化产业发展的专项统计制度等，规范管理，提高效率，促进文化产业发展。

降低准入门槛。认真落实中省相关政策，进一步放宽民营文化企业的市场准入条件，降低门槛，简化程序，鼓励和引导各类社会资本进入文化产业领域。落实民营文化企业和国有文化企

公共文化设施设备服务项目

（一）文化信息资源共享工程：

建设镇基层文化服务点，推进城市街道（社区）文化中心、文化活动室基层服务点建设，实现共享工程全覆盖。积极推进文化信息资源“进村入户”。对舞台剧目、音乐、美术、非遗、艺术古籍和各类艺术文献资源进行数字化转化和开发。

（二）公共电子阅览室建设项目：

利用文化信息资源共享工程网络，依托市县图书馆、文化馆、镇综合文化站、村（社区）文化中心，建立公共电子阅览室，实施免费开放。

（三）数字图书馆、文化馆建设项目：

市县两级公共图书馆互通互联，实现图书资源在全市范围内共建共享。建设流动图书馆和文化馆系统数字文化服务工程，提升文化信息网络建设和数字化服务水平。

（四）村级文化活动器材配送项目：

为已建成的村级文化活动室配送文化活动器材，争取实现80%以上的行政村拥有文化器材，具备开展基本文化娱乐活动的条件。

（五）广播电视“村村通”工程：

完成20户以下自然村“村村通”工程，完成镇以上“村村通”标准化服务站建设。建设农村广播（应急）网。

（六）农村电影放映工程：

实施农村电影数字化放映场次补贴，确保每个行政村每月放映一场电影，确保每学期为中小学生放映两场爱国主义电影。

（七）农家书屋、社区书屋工程：

实现全市行政村村村有“农家书屋”，逐步实施城市“社区书屋”工程，基本形成覆盖全市城乡的出版物共享公共服务体系。同时，政府每年集中采购一批图书、报刊免费发放，并实施乡村和社区阅报栏建设工程及全民体育健身工程。

重点文化活动

（一）重大群众文化活动：

通过举办艺术节、农民文化节、社区文化节、少年儿童文化节等具有示范性、导向性群众文化活动，丰富和活跃人民群众的精神文化生活。

（二）文艺“五进”活动：

组织各级各类文艺团体送文艺节目进农村、进社区、进校园、进企业、进军营，对每年演出300场以上的市、县剧团，实行“以奖代补”。

（三）全民读书活动：

以构建学习型城市为载体，开展读书演讲、知识竞赛、送书下乡等活动，推进图书进机关、进校园、进厂矿、进社区、进村镇、进工地、进家庭。

（四）公共文化场馆免费开放：

推进全市图书馆、群艺馆（文化馆）、博物馆、纪念馆等向全社会免费开放。

业同等国民待遇。打破条块分割、地区封锁、城乡分离的市场格局,促进文化产品和要素在更大范围内合理流动,为文化产业发展营造公平环境。

第三节　支持改革创新

深化体制改革。巩固经营性文化单位改制成果,全面建立现代企业制度和法人治理结构。按照突出公益属性、强化服务功能、增强发展活力的要求,深化文化事业单位人事、收入分配和社会保障制度改革。

创新管理体制。加快转变政府职能,进一步理顺文化行政管理部门与所属事业单位的关系,切实履行政策调节、市场监管、社会管理、公务服务等职能。探索国有文化资产管理体制和运行机制。完善文化市场综合执法机制,加强文化市场管理,强化执法和监管。

推动科技创新。推动文化与科技融合,发展现代文化业态,提高相关产业文化含量。发挥咸阳科教优势,积极构建以企业为主体、市场为导向、产学研相结合的文化技术创新体系。鼓励文化科技人才自主创业,鼓励知识产权等无形资产参与投资收益分配。

第四节　加强队伍建设

着力培养人才。实施咸阳文化名家工程和"四个一批"人才培养工程。建立专业文化人才、文化经营管理人才库,完善培养、流动、任用、激励等机制。对非公有制文化单位人员评定职称、参与培训、申报项目、表彰奖励同等对待。积极探索农村民间艺人等体制外文化人才管理机制,充分发挥其作用。加大文化建设领军人物培养。推进高校、文化企事业单位共建文化人才培养基地。

加强基层建设。全面落实我省《加强县级和城乡基层宣传文化队伍建设实施意见》。充实县级文化馆、图书馆、广播电视台(站)、镇综合文化站等工作力量。健全镇宣传文化工作机构,配好配齐镇、街道办专职宣传委员、宣传干事和镇综合文化站专职人员,配齐村、社区专(兼)职宣传文化干事并落实待遇,发挥作用。健全县级文联、外宣等机构,充分发挥职能。扶持民间剧团、自乐班、业余演出队、文学社团等群众性文化社团及队伍发展。

提高人才素质。深入开展"三项学习教育"、"走基层、转作风、改文风"等专项活动,提高新闻媒体记者、文艺工作者的思想政治素质和业务能力。鼓励文化名家、中青年骨干深入实际,参与基层文化建设和群众文化活动,增进群众感情,汲取文化养分。引导各类文化工作者大力弘扬严谨笃学、潜心钻研、淡泊名利、自尊自律的良好风尚,坚决抵制学术不端、情趣低俗等不良习气。

中共咸阳市委 咸阳市人民政府 关于印发《咸阳市旱腰带特困片区扶贫攻坚规划(2011年~2020年)》的通知

咸字〔2012〕36号

各县市区委、县市区人民政府,市委和市级国家机关各部门,各人民团体:

《咸阳市旱腰带特困片区扶贫攻坚规划(2011年~2020年)》已经市委、市政府同意,现印发给你们,请结合实际,认真贯彻执行。

中共咸阳市委
咸阳市人民政府
2012年7月13日

咸阳市旱腰带特困片区扶贫攻坚规划(2011年~2020年)

为了扎实推进我市旱腰带特困片区扶贫攻坚,加快脱贫致富步伐,实现区域协调发展,根据《中国农村扶贫开发纲要(2011年~2020年)》、《咸阳市关于贯彻〈中国农村扶贫开发纲要(2011年~2020年)〉实施意见》和《咸阳市国民经济和社会发展第十二个五年规划纲要》的总体要求,现结合我市实际,制定本规划。

一、基本情况

(一)规划范围。旱腰带地区位于泾阳、三原、乾县、礼泉4县北部,东西长度约100千米,南北平均宽度约20千米,总面积1955平方千米,约占4县总面积的56%;2010年末,共有36个镇(社区)、502个行政村、81万人口,分别占4县乡镇总数的55%、行政村总数的50%、人口总数的42%;武功、兴平北部台塬地区13个镇(服务中心、街道办)201个村是旱腰带的延伸地带。旱腰带是我市确定的市级连片特困地区。

(二)自然条件。旱腰带地区是渭北黄土高原与关中平原的过渡地带,属高原丘陵沟壑区。域内地貌复杂,从东向西有嵯峨、北仲、九嵕、瓦庙、五峰、梁山等6座山系分布其中。从北向南依次为基岩山地、山前洪积扇形、黄土沟壑梁峁、黄土构造斜坡、黄土丘陵、漠谷阶地。域内共有2559条沟,沟壑密度达1.3条/平方千米。地表植被差,森林稀少,植被覆盖率低,水土流失面积高达1440平方千米,占该区域总面积的73.6%。属暖温带半干旱大陆性季风气候,年平均气温12.96℃,年均降水量350毫米~540毫米,海拔402米~1467米,日照时数2580小时,年极端高温45℃,极端低温零下20℃,无霜期180天左右;有耕地172万亩。域内蕴含丰富的石灰石和大理石资源,石灰石远景储量440亿吨、已探明储量14.4亿吨,大理石资源已探明52万立方米。旱腰带地表水资源量7403万立方米,地下水资源量8076万立方米,重复计算量4733万立方米,水资源总量10746万立方米,人均水资源量仅为132立方米,仅为全市人均水资源量149立方米的88%,约为全国平均水平的5.3%,陕西省的11%,远低于国际公认的人均水资源量500立方米的绝对缺水警戒值,水资源短缺已成为该区域经济社会可持续发展的重要制约因素。总体来看,旱腰带地区生态环境脆弱,水土流失量大,自然灾害频繁。尤以干旱最为突出,缺水问题严重,呈东西带状分布,故称"旱腰带"。

(三)经济社会发展情况。泾阳、三原、乾县、礼泉4县是我市综合实力较强的关中平原大县,经济发展较快。2010年,4县GDP总值达到310.1亿元,规模工业总产值237.8亿元,财政总收入11.5亿元,农民人均纯收入平均5680元。其中旱腰带地区2010年GDP总值为139亿元,财政总收入2.5亿元,分别占4县的45%、22%,旱腰带地区经济发展缓慢滞后,群众收入低下。近年来,旱腰带地区教育、卫生、文化等社会事业有了长足发展,"普九"目标基本实现,农村基本医疗保险基本全面覆盖,村镇文化阵地建设得到加强。但普遍存在学前教育资源不足,校舍建设任务重、教学装备不足;乡镇卫生院需改扩建数量大;农村商业网点规模小、功能单一、配套不全等问题。

(四)贫困状况。目前,旱腰带地区基础设施状况欠账较大,还有39.2万人没有达到安全饮水标准;有县道334.16千米、乡道122.857千米需升等改造,加之旱腰带地区路网结构不合理,密度分布不均,技术等级低,通达深度不够,特别是没有一条贯穿旱腰带东西的公路。农业基础依然薄弱,土壤贫瘠,贫瘠土地面积多达117万亩,农业抗御自然灾害能力不强,尚未从根本上摆脱靠天吃饭的局面。旱腰带贫困现象突出,扶贫对象的规模依然较大、贫困程度深,按照2500元(2010年不变价)的标准,还有35.3万贫困人口。贫困群众生存环境差、基础设施落后、公共服务欠缺,现居住土窑、地窑等生存环境恶劣地方,急需搬迁的有2.36万户9.6万人。旱腰带地区2010年农民人均纯收入为2374元,仅占4县的42%,是全市农民人均纯收入的47%,远低于全市平均水平,逐步缩小发展差距任务长期艰巨。返贫问题比较突出,脱贫人口中没有稳定脱贫的占三分之二。

综上,旱腰带地区植被覆盖率低、生态环境脆弱,生产生活用水极度贫乏、交通不便、居住条件差、矿产资源开发和环境保护不到位、农业发展基础薄弱等6个问题是制约旱腰带地区经济社会协调快速发展的主要瓶颈因素。加之旱腰带地区地处关中平原腹地,4县经济的快速发展,掩盖了旱腰带地区贫困状况,使"以平代山,以平盖山"的现象长期存在。旱腰带地区群众生活贫苦,脱贫致富困难重重,经济社会发展缓慢,成为依附于4个平原县的一个特殊贫困地区,解决这一地区的贫困问题,将是全市一项十分艰巨而又长期的历史任务。

(五)发展机遇。旱腰带地区发展也具有很多有利条件。一是经过多年的发展,全市经济社会快速发展,特别是4县经济实力显著增强,城市支持农村、工业反哺农业的实力较强,为旱腰带地区发展奠定了坚实基础。二是旱腰带地区自然资源比较丰富、土地广阔。三是区位优势明显,易受西安、咸阳等大中城市的辐射带动,为旱腰带地区劳动力输出和发展旅游等产业提供了便利条件。四是近年来我市扶贫开发实践中积累了不少成功经验,干部群众脱贫致富的愿望强烈。五是各级党委和政府高度重视,为扶贫攻坚工作提供了强大的组织保证。

(六)重大意义。以连片特困地区为主战场,集中力量组织扶贫攻坚,是党中央根据全面建设小康社会总体目标和扶贫开发新形势作出的重大决策,是针对新阶段扶贫开发面临的新任务、新要求作出的重大部署,是贯彻落实科学发展观的必然要求,是坚持以人为本、执政为民的重要体现。加快我市旱腰带连片特困地区发展和脱贫致富步伐,有利于促进贫困人口整体脱贫致富,推动社会和谐发展;有利于缩小地区发展差距,维护社会稳定;有利于创新扶贫攻坚机制,探索区域发展新模式。对实现城乡统筹发展、区域协调发展,实现全市经济综合实力、人民生活水平和质量、生态环境保护三个上台阶,让旱腰带地区人民共享改革发展成果,具有重大的现实意义和深远的历史意义。

二、指导思想和基本原则

(七)指导思想。高举中国特色社会主义伟大旗帜,以邓小平理论和"三个代表"重要思想为指导,紧紧围绕改善发展环境,打造西北干杂果基地、建材基地和旅游休闲胜地的目标,坚持科学发展,着力加强基础设施建设和生态建设,不断优化发展环境;着力培育特色优势产业,不断增强自我发展能力;着力改善农村基本生产生活条件,不断夯实农村发展基础;着力促进人力资源开发,不断提高贫困人口的综合素质;着力发展社会事业,深入推进基本公共服务均等化;着力加快体制机制创新,努力形成全社会扶贫和全方位协作新格局,促进旱腰带地区经济社会又好又快发展。

(八)基本原则

一是坚持加快区域发展与扶贫攻坚相结合的原则。各级政府要把扶贫开发纳入经济社会发展战略及总体规划,组织行业部门实施扶贫开发项目,实现区域发展带动扶贫开发,扶贫开发促进区域发展。

二是坚持突出重点和统筹兼顾相结合的原则。整合资源,集中力量,加大对连片特困地区的扶持力度。抓住制约区域经济社会发展的主要矛盾,实行综合治理,整体推进。

三是坚持加快发展与转变经济发展方式相结合的原则。以科学发展为主题,加快转变经济发展方式,统筹推进工业化、城镇化和农业现代化,促进第一、第二、第三产业协调发展,实现经济社会良性循环,又好又快的科学发展。

四是坚持市场调节与政府引导相结合的原则。尊重市场规律,发挥市场引导资源与要素流动的作用,发展本地优势产业。遵循国家有关政策,综合运用经济、法律和必要的行政手段,依靠市场机制与政府调节有机结合,加强对旱腰带地区的扶持。

五是坚持发挥各自比较优势与跨县协作相结合的原则。充分发挥各县自身的资源禀赋、产业优势和区位条件,差异化发展。跨县协作改善基础设施条件和产业布局,实现旱腰带区域发展环境改善和经济腾飞。

六是坚持自力更生与国家支持相结合的原则。在积极争取中省支持的同时,充分发挥旱腰带广大干部群众的主体作用,激发内生动力,增强发展积极性、主动性和创造性,引导他们依靠自身力量脱贫致富。

(九)战略定位。大力发展葡萄、石榴、核桃等干杂果,植树造林,绿化旱腰带,使旱腰带成为全国的干杂果基地、西安(咸阳)国际化大都市北部生态屏障和后花园。科学有序开发石灰岩资源,打造西部建材基地。利用旱腰带地区文物旅游资源丰富优势,发展观光农业和乡村旅游,建设西咸旅游胜地。

三、发展目标和实施步骤

(十)发展目标。总体目标是到2015年,贫困人口数量比2010年减少一半。到2020年,稳定实现扶贫对象不愁吃、不愁穿,保障其义务教育、基本医疗、住房和养老。扭转发展差距扩大趋势,农民人均纯收入增幅高于全市平均水平,基本公共服务主要指标接近全市平均水平。具体标准:

——基本生产生活条件显著改善。旱腰带地区贫困户人均1.2亩以上基本农田,其中水田0.5亩~1亩;农村饮水安全问题基本得到解决;农网改造覆盖面达到100%;行政村通水泥(沥青)路,村组道路得到硬化,实现村村通班车,贯穿旱腰带地区东西路建成;农村安全住房问题彻底解决。农村生态环境不断改善,生态保障功能进一步提升。

——社会事业全面进步。九年义务教育全面普及,每个镇有一所公办中心幼儿园,幼儿园(班)覆盖全部行政村。每个镇有1所政府主办的卫生院,新型农村合作医疗和门诊统筹实现全覆盖;广播电视户户通,行政村基本通宽带,行政村有文化活动室;新型农村社会养老保险制度全覆盖,人口自然增长率控制在6‰以内。

——优势特色产业发展壮大。每户掌握1项~2项实用技术,每户至少有1项增收项目,人均1亩以上高效经济林果园;每县至少有2个~3个特色优势主导产业和名牌产品,特色产业成为群众增收的主要来源,加快旱腰带地区产业化经营进程,农民收入年均增加16%以上。

(十一)实施步骤。按照全面规划,突出重点,分步实施的原则,旱腰带连片特困地区区域发展与扶贫攻坚分两个阶段组织实施:从现在起到2015年,主要任务是饮水安全问题基本解决,行政村通水泥(沥青)路,村组道路得到硬化,实现村村通班车;搬迁7.6万人,实现20万人脱贫。从2016年~2020年,主要任务是实现旱腰带地区东西大通道贯通,搬迁剩余的2万人,特色优势主导产业和名牌产品初具规模,全面改善旱腰带地区发展环境,提高综合实力,为全面实现小康目标创造条件。

四、内容和途径

(十二)解决生活生产用水问题。按照科学发展的思路,抓住制约旱腰带地区农业生产基本条件的关键项目,以实际水源情况为基础,以挖掘现有水利设施潜力为重点,因地制宜,科学规划,合理配置,依托项目,整合资金,科学合理利用有限的水资源,逐步形成以修复改造现有水利工程设施为主,以打井建站、开源引水、水土保持为辅的方针。大力发展和推广节水灌溉技术、饮水净化技术,大力开展人饮工程建设,普及井灌区暗管,渠灌区渠道硬化和设施栽培精灌,实施好大中型灌区续建配套、节水改造项目及水土保持项目。

(十三)建设道路交通网络体系。继续实施旱腰带地区通镇、通村道路建设和村庄内道路硬化工程,提高旱腰带地区高等级公路比例,逐步实现行政村通水泥(沥青)路。完善农村公路网络建设,强化农村公路管理养护责任。推进城乡、区域运输网络不断完善,积极发展班线客运,努力构建安全、便捷、高效的综合运输体系,构建安全、畅通、便捷、绿色的交通运输体系。

(十四)改善贫困人口人居环境。按照政府引导、农户自愿、整体规划、有业安置的原则,结合建设小城镇、发展现代农业、防灾减灾和农民进城就业创业,采取城镇落户定居、工农业园区吸纳、农村社区(中心村)集中和特困人群统一安置等多种方式,实施扶贫移民搬迁和生态移民,促进移民搬迁、基础设施、产业开发、贫困人口素质、生态环境建设和公共服务设施建设同步推进,从根本上解决贫困群众的生存与发展问题,确保搬迁户搬得出、住得稳、能致富。

(十五)林草绿化旱腰带。按照宜林则林,宜果则果,宜草则草的原则,组织专业队造林,分包荒山荒地绿化。出台优惠政策,鼓励企业和群众承包荒山、荒滩、荒地造林,对造林大户采取减免地租、借款贴息、允许一定比例土地用于经营开发等方式给予支持。加强沟坡治理,利用"公司+农户"模式,飞播造林等形式,对45度以上沟坡地进行综合治理,使旱腰带地区沟坡治理率达到90%以上,森林覆盖率提高6个百分点,实现荒山增绿、农业增效、农民增收目标。

(十六)加强生态环境治理。大力推进县域水土保持生态建设,实施小流域生态治理项目。合理开发利用矿产资源,大力发展大型节能环保型水泥生产企业,淘汰产能落后、环境污染严重的水泥生产企业。引进国内知名水泥企业,做大做强水泥产业。强化矿产资源开发的综合治理,建立完善矿产资源开发与环境保护挂钩机制,使矿产资源开发与环境保护协调发展。

(十七)加快农民增收步伐。在全面改善旱腰带地区发展环境的基础上,积极发展产业,促进农民增收。扶持贫困户和龙头企业因地制宜发展特色种养业、农副产品加工业,做好以文物旅游、民俗文化体验、农业观光、休闲度假为主的"农家乐"等乡村旅游和文物旅游,大力发展杂果,利用荒山荒坡资源优势发展畜牧产业,打造旱腰带地区特色优势产业品牌,加快"农超、农校、农企、农社"对接步伐,促进农产品销售流通,推进农业产业化经营,稳定增加贫困群众收入。

(十八)突出重点,全面发展。在解决制约旱腰带发展的6个主要问题的同时,各相关部门还要按照部门职能和行业扶贫责任,发挥行业优势,使旱腰带地区用电保障、医疗卫生、科技教育、文化、社会保障、计划生育等社会事业均衡发展。

五、规划建设项目

(十九)项目内容

1.水利项目。10年内,新建工程95处,新打水源井87眼,新建构筑物91座,铺设输配水管网1856.8千米,安装水处理设备8套,解决39.2万人的饮水不安全问题。小水库除险加固12座,强化水源工程建设。治理水土流失面积515.232平方千米,改造万亩以上灌区13处,改善灌溉面积44.9万亩,恢复灌溉面积32.06万亩,新增灌溉面积9.79万亩,发展高效节水灌溉面积20.8万亩,农田改造及开发18.8万亩,水土流失治理程度达到73.73%。

2. 交通项目。到2015年底，完成S107线乾县至扶风境内32.2千米升等一级公路改造项目；完成县道334.16千米、乡道122.857千米，总计457.017千米升等改造，实现旱腰带地区100%行政村通油(水泥)路目标，对人口较多的村组实现道路硬化。到2020年，充分利用原有线型基础，按照二级公路标准进行改造，完成东起西铜线、新兴镇、方里镇、石桥镇、口镇、张家山旅游路、S107关中环线、烟霞镇、昭陵旅游路、烟昭路、礼相路、叱南路、阳北路、西至G312线道路改造。路线全长约126千米，形成旱腰带地区东西向大通道。加强完善路网建设，强化现有公路的管理养护，完善3000千米公路的安保设施。力争使旱腰带地区每个镇都有五级客运站，班车通达的村镇必须建有招呼站。

3. 移民搬迁项目。选择立地条件较好，基础设施配套比较完善，规避灾害易发区和地方病多发区的地方，安置移民户。2012年~2016年，旱腰带地区共搬迁2.36万户9.6万人(乾县2.81万人、礼泉县2.52万人、泾阳县2.04万人、三原县1.37万人、武功县4472人、兴平市4000人)，同时做好房屋建设、基础设施建设、社会事业及公共服务配套建设、产业开发、贫困户能力建设、生态环境建设等工作，为搬迁群众脱贫致富进一步打好基础。

4. 林业项目。坚持县有区域、镇有特色、村有专业的原则，10年时间，旱腰带地区建设林果面积38.7万亩，其中生态林6.5万亩(侧柏2.5万亩、油松2万亩、刺槐2万亩)；经济林32.215万亩(核桃16.67万亩、葡萄4.72万亩、石榴10.825万亩)。

5. 国土资源项目。2011年~2015年共实施2万亩的沟道治理项目、实施1万亩的土地整治项目，整合整顿石灰岩资源开发，做大做强水泥和建筑石料用灰岩产业，到2015年水泥用灰岩开采总量达1300万吨、建筑石料用灰岩达1000万吨。大、中、小型矿山比例调整到4∶6∶90；到2020年，水泥用石灰岩、化工用石灰岩开采总量控制在2300万吨。矿山总数在2015年基础上再减少15%，大、中、小型矿山比例调整为5∶7∶88，矿产资源开采回采率、选矿回收率、共伴生矿产综合利用率在2015年基础上再提高2~5个百分点，“三率”指标达到西部省份先进水平。

6. 农业发展项目。实施粮食单产提高工程、果业生产提质增效工程、畜牧规模扩张工程、蔬菜设施栽培工程。到2020年，压减粮食种植面积12.2万亩，减少到70万亩。加快苹果标准化示范园建设，提高果品优质率。发展葡萄、石榴、柿子等特色杂果和桃、杏等特色时令水果40万亩。发展奶牛6万头、奶山羊9万只、生猪10万头。创建核心区面积3000亩以上的现代农业园区24个。发展蔬菜16.5万亩，打造3~5个著名蔬菜品牌。建设乾县10万亩富硒苹果、礼泉县14万亩红提葡萄、御石榴、泾阳县10万亩酿酒葡萄、三原县10万亩中早熟苹果及时令鲜果等四个特色产业板块。

(二十)项目投资估算及资金来源。全部项目概算总投资约118亿元，其中林业项目投资2亿元、水利项目投资39.5亿元、交通项目投资50亿元、移民搬迁投资2.6亿元、土地资源项目投资4亿元、农业发展项目投资20亿元。旱腰带地区区域发展和扶贫攻坚项目资金采取“国家投资和群众自筹相结合”的方针，以国家投入为主，共同筹措建设资金。

(二十一)效益分析及综合评价。旱腰带地区区域发展项目及扶贫攻坚项目的实施，将使我市林果面积增加40多万亩，39.2万人的饮水不安全问题得到解决，改善灌溉面积45万亩，恢复灌溉面积32万亩，新增灌溉面积9.79万亩，水土流失治理程度达到73.73%。9.6万名贫困群众的居住环境得到根本改善，乡村主干公路升等改建，村组道路硬化，特别是旱腰带地区的东西公路贯通，将打破旱腰带发展的瓶颈制约，显著提升旱腰带地区水、电、路等基础设施水平，有效改善生态环境和人居环境，极大地改善经济社会发展环境，社会效益、经济效益和生态效益显著。吸引更多的资金流、物流、信息流等优势资源聚集旱腰带，使旱腰带地区成为我市新的经济增长极。加快贫困群众脱贫致富步伐，实现基本公共服务均等化，促进全市经济社会均衡发展、城乡统筹发展，保持全市社会和谐稳定快速发展，确保全体人民共享改革开放成果。经过10年的治理，旱腰带地区必将成为我市的绿腰带、金腰带。

六、政策保障

(二十二)加大财政支持力度。积极争取中、省加大对旱腰带地区的扶持力度，努力扩大中、省财政资金投入规模。市上及旱腰带4县财政都要设立本级旱腰带扶贫攻坚专项资金，按照中省关于“每年要按照不低于本级地方财政收入2%的比例安排，确保每年增长不低于20%”的要求足额配套，用于旱腰带扶贫攻坚工作。

(二十三)改善金融服务。市内各类金融机构都应加大对旱腰带地区的支持力度，积极创新服务方式，开发适用金融产品，进一步改善金融服务水平，引导小额贷款公司、典当行和民间借贷规范发展，大力扶持发展农村资金互助社、村镇银行等新型农村金融机构，多渠道拓宽融资平台。

(二十四)实行投资倾斜政策。加大旱腰带地区基础设施建设、生态环境和民生工程等投入力度。按照“渠道不乱、用途不变、各司其职、各记其功”的原则，把市级有关部门的水利资金、林业资金、农业资金、交通资金、农电资金、教育资金、卫生资金和土地矿产资金等各类专项资金进行统筹安排，捆绑使用，保证60%的专项资金用于旱腰带综合治理。

(二十五)落实产业扶持政策。落实国家西部大开发、连片特困地区等各项产业政策。大型项目、重点工程和新兴产业项目布局要向旱腰带地区倾斜。通过实施土地、税收、人才等优惠政策，支持和鼓励劳动密集型产业向旱腰带地区转移。

(二十六)严格执行生态补偿机制。退耕还林还草、水土保持、天然林保护、防护林体系建设和荒漠化治理等重点生态修复工程，要向旱腰带地区倾斜。按照“谁开发谁保护、谁受益谁补偿”的原则，逐步在矿产资源开发区域建立健全生态补偿机制，加大对生态功能区和矿产资源开发区生态补偿力度。

(二十七)实施人才扶贫战略。组织教育、科技、文化、卫生人员和志愿者定期到旱腰带地区服务，鼓励大专院校、科研院所、医疗机构为旱腰带地区培养人才，鼓励大、中专毕业生到贫困地区就业创业。对长期在旱腰带地区基层从事教育、卫生、科技、农业等服务的人员，在职务晋升、职称评定、工作津贴、子女入学、医疗服务等方面给予照顾。

(二十八)组织社会各界广泛参与。坚持领导带头、部门帮扶、社会参与，组织市内各民主党派、工商联、群众团体、大专院校、科研院所、人民解放军、武警部队、各种所有制形式的大中型企业及非政府组织等社会各界，发挥各自的优势，参与支持旱腰带地区扶贫攻坚。

七、组织领导

(二十九)强化组织领导。成立市旱腰带连片特困地区区域发展及扶贫攻坚领导小组，市政府主要领导任组长、市委、市政府主管领导任副组长，办公室各相关部门为成员的领导小组，负责组织旱腰带连片特困扶贫攻坚工作。

实行党政一把手负责制、任期目标责任制，坚持把扶贫攻坚成效作为考核旱腰带4县党政主要负责人政绩的重要依据。各级党政主要领导要定期召开专门会议，专题研究解决旱腰带地区扶贫攻坚中遇到的困难和问题。强力推进旱腰带扶贫攻坚顺利进行。

(三十)健全大扶贫工作机制。按照“政府主导、部门分工、各方参与、合力攻坚”的大扶贫工作体制，坚持规划引领、各尽其责、整合资源、集中投入，完善专项扶贫、行业扶贫和社会扶贫有机结合的扶贫格局。市旱腰带区域发展及扶贫攻坚领导小组各成员单位和旱腰带4县，要按照各自职能分工和具体任务，加强协作，合力推进规划实施。

(三十一)着力夯实工作责任。市级相关部门按照本《规划》的总体要求，制定完善实施意见，细化分解工作任务，夯实工作责任，强化工作措施，确保各项规划有效衔接。特别是市扶贫办、市水利局、市交通运输局、市林业局、市国土资源局和市农业局要按照《规划》提出的移民搬迁、水利建设、交通道路建设、林业发展、国土资源发展和农业发展方面的目标任务，制定具体规划和年度实施计划，确保目标任务如期完成。各相关部门要每半年向市旱腰带连片特困地区区域发展及扶贫攻坚领导小组汇报一次工作进展情况。市扶贫办要加强组织联络协调，及时收集整理各单位资金落实、项目实施等情况，送市旱腰带连片特困地区区域发展及扶贫攻坚领导小组审阅掌握工作动态。

(三十二)加强项目资金管理。完善扶贫资金项目管理办法，规范项目申报审批程序，严格组织实施，强化监督检查，开展绩效考评，提高资金使用效益。全面推行资金使用公告、公示制和报账制，加强项目资金的检查审计。对截留、挤占、挪用、贪污、挥霍资金的直接责任人和相关领导，依纪依法进行查处，构成犯罪的，依法追究刑事责任。

(三十三)完善综合考评制度。推行旱腰带扶贫攻坚目标责任制，把扶贫攻坚成效作为各级党委、政府工作考核的重要依据。建立健全旱腰带地区扶贫攻坚考核体系，强化对各级各部门扶贫攻坚工作成效的综合考核和评价。对完成扶贫开发任务且成效显著的县和部门，给予表彰奖励；对工作进展迟缓、项目落实不好、资金到位差的县和部门进行通报批评，限期解决；对整改不力的要追究有关领导和当事人责任。

(三十四)加强基层组织建设。把扶贫攻坚与基层组织建设有机结合起来，加大旱腰带地区乡村党员干部教育培训力度，鼓励当地能人、致富能手、优秀退伍军人竞任村级“两委”干部，选派优秀年轻干部、高校毕业生到重点贫困村工作，帮助贫困村建班子、带队伍、抓发展。带领贫困群众脱贫致富有突出成绩的村干部，可按有关规定和条件优先考录为公务员。

(三十五)加强机构队伍建设。旱腰带地区要实现区域发展和扶贫攻坚目标，工作量大面广，任务繁重。扶贫工作机构担负着组织、协调和指导扶贫开发工作的重要职责。各级党委、政府都要重视和加强扶贫工作机构建设，加强领导力量，充实工作人员，改善办公条件。要在财政预算中安排一定的扶贫开发工作经费，保证扶贫开发工作的正常开展，确保旱腰带地区区域发展和扶贫攻坚目标如期实现。

(三十六)本规划由市扶贫开发工作机构负责具体组织实施。

附：1. 咸阳市旱腰带地区镇办名单

2. 兴平、武功北部台塬地区镇办名单

咸阳市旱腰带地区镇办名单
(36个)

一、泾阳县(10个)

安吴镇、口镇、兴隆镇、王桥镇、桥底镇、云阳镇、高庄镇、太平镇、中张镇、三渠镇

二、三原县(8个)

嵯峨镇、新兴镇、陵前镇、马额发展服务中心、徐木发展服务中心、鲁桥镇、西阳镇、大程镇

三、乾县(12个)

峰阳镇、注泔镇、阳峪镇、关头社区、梁山镇、漠西社区、石牛社区、临平镇、阳洪镇、新阳镇、灵源镇、城关镇

四、礼泉县(6个)

石潭镇、南坊镇、叱干镇、昭陵镇、烟霞镇、昭陵社区

兴平、武功北部台塬地区
镇办名单(13个)

一、兴平市(8个)

西吴街道办事处、南市镇、南位镇、赵村镇、店张办、马嵬办、东城办、西城办

二、武功县(5个)

游风镇、苏坊镇、武功镇、贞元镇、代家服务中心

中共咸阳市委
咸阳市人民政府
印发《关于推进统筹城乡发展
加快城乡一体化进程
的实施方案》的通知

咸字〔2012〕41号

各县市区委、县市区人民政府，市委和

市级国家机关各部门,各人民团体:

《关于推进统筹城乡发展加快城乡一体化进程的实施方案》已经市委、市政府同意,现印发给你们,请结合实际,认真贯彻执行。

中共咸阳市委
咸阳市人民政府
2012 年 9 月 10 日

关于推进统筹城乡发展加快城乡一体化进程的实施方案

为了扎实推进统筹城乡发展,切实加快城乡一体化进程,根据市委、市政府《关于加快统筹城乡发展的意见》(咸发〔2010〕2 号)精神,着眼新形势和新任务,特制订以下实施方案:

一、总体思路

1. 坚持以科学发展观为指导,贯穿一条主线(工业化、城镇化、农业现代化"三化并举"),扭住"两大关键"(促进农民增收和公共服务均等化),推进"三个集中"(土地向适度规模经营集中、农民向城镇和新型社区集中、项目向园区集中),实现"五个一体化"(城乡规划建设一体化、城乡产业发展一体化、城乡基础设施一体化、城乡公共服务一体化、城乡政策机制一体化),坚持示范带动,典型引路,力争用 3~5 年的时间,推动全市统筹城乡发展取得实质性突破,创出一条富有咸阳特色的城乡经济社会发展一体化建设新路子。

二、发展目标

2. 城乡发展实力显著增强。到 2015 年,全市以新型工业为主导、现代农业为基础、现代服务业为支撑的现代产业体系基本建立,三次产业实现优势互补、融合发展,生产总值突破 2000 亿元大关,地方财政一般预算收入达到 100 亿元,综合实力稳居全省前列。

3. 城乡收入差距逐步缩小。大幅度增加农民人均纯收入,到 2015 年,城乡居民收入比缩小到 3∶1 左右,农村居民生活更加殷实幸福。

4. 城乡面貌得到较大改善。到 2015 年,中心城区带动力进一步提升,县城集聚功能不断增强,示范镇、村(社区)(名单见附件)高标准建成,全市城镇化率力争达到全省平均水平。

5. 城乡服务逐步实现均等。到 2015 年,示范镇、村(社区)公共服务到位,城乡科技、教育、文化、卫生、养老等公共资源逐步实现共享。

三、重点任务

当前和今后一个时期,按照实现"五个一体化"的目标,重点突破,扎实推进,确保全市推进统筹城乡发展加快城乡一体化进程取得实质性进展。

(一)推进城乡规划建设一体化

6. 科学编制规划。坚持规划引领,按照"全域咸阳"的理念,将中心城区、县城、示范镇和示范村统筹考虑,加快编制统筹城乡发展的空间布局、产业发展、基础设施、社会事业、社会保障等专项规划,配套完善城镇体系、土地利用、示范镇村(社区)建设等方面的详规,形成完善的规划体系。到 2012 年底,完成示范镇、村(社区)的规划编制任务;到 2013 年底,完成各项专项规划和详规。严格规划管理,实施镇村规划县级统筹、县级规划市级统筹,确保一张蓝图绘到底,切实增强规划的连续性、权威性和严肃性。(牵头单位:市住建局;实施主体:各县市区人民政府;责任单位:市委政策研究室、市发改委、市国土资源局、市人社局、市环保局)

7. 加快城乡建设。加快构建以主城区为龙头、以县城为支撑、以重点镇为依托、以中心村为基础的现代新型城镇体系,增强城镇的聚集、辐射、带动功能。在中心城区,按照"三城两带"的空间布局,拉大城市框架,加快城市新型社区建设,促进城乡结合部与城市社区无缝接轨,推动农民向市民转变。在县城,完善基础设施,提升整体功能,吸纳人口加速集聚。在示范镇,提升整体建设品位和配套水平,按照城市社区标准建设城镇新型社区,引导农民有序向城镇集中。到 2015 年,率先把示范镇打造成功能完善、规模适度、产业发达的新型城镇。在示范村(社区),尊重农民意愿,加快撤小村并大村、撤村建社区和旧村改造步伐。到 2015 年,率先把统筹城乡发展示范村(社区)建成功能完善、环境优美的新型社区。(牵头单位:市住建局;实施主体:各县市区人民政府;责任单位:市城建局、市交通运输局、市国土资源局)

(二)推进城乡产业发展一体化

8. 发展现代农业。按照"升一融二延三"的思路,着眼提高农业产业化水平,大力实施粮食单产提高、果业提质增效、畜牧规模扩张、蔬菜设施栽培、百万亩杂果经济林建设五大工程,使主导产业提供的收入占农民人均纯收入的比重稳定在 50% 左右。加快土地流转步伐,稳步推进土地向园区、种植大户和龙头企业、专业合作社集中,到 2015 年,全市流转土地占到耕地面积 25% 以上。加快建设现代农业示范园区,推进土地、资金、技术等要素向园区聚集,重点打造北部 100 万亩优质出口苹果、果区 500 万头生猪等 10 个特色产业板块,带动传统农业加速向现代农业转变。采取政策引导、资金扶持、能人引领、龙头带动等办法,不断壮大农民专业合作组织,到 2015 年,建成各类农民专业合作社 1800 个。加快发展"一镇一业"和"一村一品",为每个示范镇和示范村培育特色鲜明的主导产业,主导产业产值占到总产值的 60% 以上。加强农民培训输出,大力发展劳务经济,推进农村富余劳动力转移就业,大幅度增加农民工资性收入。(牵头单位:市农业局;实施主体:各县市区人民政府;责任单位:市发改委、市林业局、市人社局、市教育局、市扶贫办)

9. 壮大现代工业。按照"一手拉、一手推"(工业化、城镇化拉动,现代农业推动)的要求,大力发展工业经济。以工业项目向园区集中为关键,全力发展能源、化工、电子等九大支柱产业,精心打造高新技术产业、能化产业、现代建材产业、新兴产业、高端装备制造业五大产业板块,以更多就业岗位吸纳农民向城镇转移,推进新型工业化和城镇化同步发展。依托资源禀赋,大力培育壮大农业产业化龙头企业,着力构建果汁、粮油、乳品加工等农产品加工物流企业群,延长农业产业链,提高农产品附加值。到 2015 年,全市农产品加工企业总数达到 300 家,主要农产品加工转

化率达到80%以上。(牵头单位:市工信委;实施主体:各县市区人民政府;责任单位:市发改委、市农业局)

10.做强现代服务业。深入挖掘丰富的历史文化、红色旅游、生态等资源,做大做强文物旅游、乡村旅游、农业观光旅游等旅游产业。加快发展农村商贸服务、现代物流业等产业,不断健全乡村市场流通体系,全面活跃农村经济。(牵头单位:市文物旅游局;实施主体:各县市区人民政府;责任单位:市商务局)

(三)推进城乡基础设施一体化

11.完善基础设施。加快城镇基础设施向农村延伸,加大渭河、泾河综合治理力度,加快亭口水库、东庄水库、羊毛湾水库等重大水源工程进度,搞好农田水利和人饮工程建设,解决好农村居民饮水安全问题。进一步加快通县高速、镇际公路、通村道路和村内道路建设改造力度,形成干支相连、区域成网、城乡通达、顺畅便利的综合交通网络。抓紧实施新一轮农村电网改造升级工程,提升农网供电能力。积极支持农村电信和互联网等基础设施建设,不断提高农村信息化水平。(牵头单位:市住建局;实施主体:各县市区人民政府;责任单位:市水利局、市交通运输局、市文广局、市邮政局、电信咸阳分公司、地电咸阳分公司、移动咸阳分公司)

12.改善生态环境。围绕巩固国家卫生城市创建成果、创建国家环保模范城市和国家园林城市的"一巩固两创建"目标,实施城乡联创,推动城乡生态环境持续改善。扎实开展农村环境综合整治工作,推广清洁能源工程,实施"户归类、村(社区)收集、镇转运、县处理"生活垃圾规范化处置,让农村居民生活环境更加舒适。到2012年,实现农村生活垃圾规范化处置全覆盖,示范村达到"绿色家园"建设标准。到2015年,所有示范镇、村(社区)实现生活垃圾无害化处理,建成绿色家园示范村260个,全市森林覆盖率达到30%。(牵头单位:市环保局;实施主体:各县市区人民政府;责任单位:市林业局、市农业局)

(四)推进城乡公共服务一体化

13.统筹发展城乡社会事业。加快农村中小学布局调整和标准化建设,健全城乡教师互动交流机制,提高农村中小学现代远程教育网络覆盖水平,到2015年,基本实现义务教育均衡发展、非义务教育协调发展。推进科技创新要素向农村流动,加快创建培育农村科技示范镇村、农业科技示范园和示范户。充分发挥城市医疗卫生资源优势,大力支持县市区医院和镇、村(社区)卫生院(室)标准化建设,加快构建城乡一体化的医药卫生服务体系。到2013年,示范镇卫生院和示范村卫生室建设全面达标。到2015年,全市新型农村合作医疗参合率保持在99%以上,镇卫生院达标率均达到90%以上,村卫生室标准化建设达标率达到90%以上。大力推进城乡文明创建一体化,增加对农村公共文化服务的投入,加强农村文化设施建设,引导城乡居民树立健康文明的生活理念,崇尚科学,移风易俗,营造健康文明、积极向上的新风尚。到2013年,每个示范镇都有一个电影放映队和综合文化站,每个示范村(社区)都有文化活动室。到2015年,镇综合文化站和村文化活动室覆盖面达到100%。(牵头单位:各县市区人民政府;实施主体:各县市区人民政府;责任单位:市教育局、市卫生局、市科技局、市文广局、市食品药品监管局)

14.建立城乡一体的就业体系。按照"劳动者自主择业、市场调节就业、政府促进就业"的方针,整合现有劳动力市场和人才市场资源,实行城乡就业政策、失业登记、劳动力市场、就业服务和劳动用工管理的"五统一"制度,建立市、县(市区)、镇(街道)、村(社区)四级上下贯通、覆盖全市的劳动用工信息网络。进一步加大农民培训力度,加快培育新型农民,努力提高农民综合素质。到2015年,初步建立起城乡统一的就业组织体系、覆盖城乡的职业培训体系、就业服务体系和切实维护城乡劳动者权益的劳动用工管理体系,基本实现就业政策城乡平等,城乡劳动力资源合理配置,城乡劳动者权益一样化。(牵头单位:市人社局;实施主体:各县市区人民政府)

15.提升社会保障水平。按照"制度构架城乡统筹、待遇标准城乡衔接、机构设置城乡统一、经办操作城乡一致"的原则,加快城乡社会保障制度并轨步伐,更好地发挥社会保障体系的综合效能。到2013年,实现县级中心敬老院全覆盖,示范镇建成综合性老年福利服务中心,示范村(社区)建成老年人文化活动服务站,全市农村五保户集中供养率达到70%。到2015年,在全市逐步形成城乡一体的养老保险体制,基本实现城镇居民医保、新型农村合作医疗和城乡居民医疗救助的有效衔接。以我市涉及六盘山片区的三县和旱腰带地区为重点,加大开发式扶贫力度,到2015年全市贫困人口比2010年减少50%。(牵头单位:市民政局;实施主体:各县市区人民政府;责任单位:市人社局、市卫生局、市扶贫办)

(五)推进城乡政策机制一体化

16.深化农村产权制度改革。对农村集体土地所有权、集体建设用地使用权、房屋所有权、农村土地承包经营权、林权等"五权"进行确权登记颁证,条件成熟的县市区可建立农村产权交易市场,促进农村资源资本化,最大限度激活农村生产要素。在示范镇、村(社区)争取土地增减挂钩政策,为每个示范镇争取300亩~500亩土地指标,提高土地利用率。到2012年底,率先完成全市农村集体土地确权登记发证工作。到2013年底,确保示范镇、村(社区)"五权"确权登记发证全覆盖。(牵头单位:市国土资源局;实施主体:各县市区人民政府;责任单位:市农业局、市林业局)

17.深化农村金融制度改革。进一步强化农村金融服务工作力度,鼓励支持发展服务"三农"的小额信贷公司、融资性担保公司、村镇银行等农村新型金融机构,扩大农村有效抵押质押权试点范围,探索形成多元化投融资机制。到2013年,每个县市区至少设立1家融资性担保公司,有条件的县市区可建设村镇银行,鼓励支持示范镇、村大力发展农村资金互助社。(牵头单位:市金融办;实施主体:各县市区人民政府;责任单位:市财政局、市扶贫办)

18. 深化城乡户籍制度改革。继续坚持城乡户籍管理一元化制度,从根本上消除依附在户籍制度上的政策性歧视,使城乡居民在劳动就业、计划生育、子女上学、社会保障以及住房等方面享有同等待遇。充分尊重群众意愿,对已取得城市居民户口且在农村有土地、宅基地等产权的人员,在农村的产权原则上保持不变。(牵头单位:市公安局;实施主体:各县市区人民政府;责任单位:市人社局、市教育局、市卫生局、市民政局、市人口计生委、市住建局)

19. 深化农村管理体制改革。加强和改进农村基层组织建设,发展和完善党委领导的村级民主自治机制。以提高群众幸福感和满意度为目标,加强农村社会管理服务机制的创新,完善便民服务网络,进一步拓宽群众需求诉求表达渠道和解决渠道,努力维护农村社会大局和谐稳定。到 2015 年,实现城乡社会管理民主规范,文明程度全面提升,村民对村级班子、村务公开、财务管理、社会治安的满意率达到 80% 以上。(牵头单位:市委组织部;实施主体:各县市区人民政府;责任单位:市委政法委、市民政局)

四、实施步骤

20. 第一阶段:启动实施(2012 年 8 月至 2012 年年底)。制订推进统筹城乡发展加快城乡一体化进程实施方案、建设标准和相关配套政策,推动示范镇、村启动工作。

21. 第二阶段:重点突破(2013 年至 2015 年)。采取政策支持、领导包抓、部门帮扶等方法,在加快推进示范镇村(社区)探索实践、重点突破的同时,着力在产业发展、小城镇建设、新农村建设、移民搬迁、公共服务、体制创新等方面打造一批具有辐射带动能力的先进典型,推动统筹城乡发展加快城乡一体化工作取得实质性进展。

22. 第三阶段:总结验收(2015 年第四季度)。对 3 年来推进统筹城乡发展加快城乡一体化进程各项工作进行全面检查验收,认真总结试点经验。

2015 年以后,在分批次分类别抓好重点镇、村建设的基础上,加快推进城乡规划建设、产业发展、基础设施、公共服务、政策机制一体化,推动全市统筹城乡发展加快城乡一体化工作向更高层次、更宽领域迈进。

五、保障措施

23. 加强组织领导。市统筹城乡发展工作领导小组负责牵头抓总,专门抓好这项工作。领导小组办公室要充实力量,确定 5 名专职人员,搞好日常工作。各县市区要发挥主体作用,把这项工作作为"一把手"工程来抓,县市区委书记带头包抓示范镇,县市区长带头包抓示范村(社区)建设,制定实施细则,抓好工作落实。要健全统筹城乡发展工作机构,加强力量,推进这项工作顺利开展。市级领导要率先垂范,带头包抓所包县市区示范镇、村(社区)建设,做好协调落实工作。市级有关部门要发挥职能作用,研究制定具体推进办法,积极指导和支持县市区的工作。市委组织部、市委党校要精心组织开展全市统筹城乡发展干部大轮训,不断提高各级干部推进统筹城乡发展的能力和水平。

24. 加大资金投入。建立财政支持推进统筹城乡发展加快城乡一体化进程资金增长机制,确保财政投入增幅明

全市推进统筹城乡发展加快城乡一体化进程示范点一览表

表 57

县市区	示范镇		示范村(社区)	
	镇名	产业	村名	产业
秦都区	马庄镇	现代农业和商贸服务业	马庄镇东界村	现代农业
			渭滨办华家寨村	工业和商贸业
渭城区	渭城办	工业、商贸服务业	周陵办司魏村	现代农业
			周陵办李家寨村	工业
兴平市	西吴办	工业、商贸服务业	东城办小阜新村	工业和商贸业
			西城办潘村	工业和商贸业
武功县	武功镇	商贸旅游业	普集镇营上村	工业
乾　县	临平镇	商贸服务业	漠西社区吴村	现代农业
			阳峪镇祝家堡村	现代农业
礼泉县	烟霞镇	工业和商贸旅游业	烟霞镇袁家村	乡村旅游
			叱干镇朝阳新村	现代农业
泾阳县	云阳镇	现代农业	兴隆镇白王村	现代农业
			王桥镇北峪村	现代农业
三原县	陵前镇	工业、现代农业	高渠发展服务中心申家村	现代农业
			嵯峨镇张岳村	现代农业
永寿县	常宁镇	现代农业、商贸业	常宁镇房家村	现代农业
			御驾宫示范园区管委会固室村	现代农业
彬　县	新民镇	工业、现代农业	新民镇馨苑新型社区	工业和商贸业
长武县	亭口镇	工业	亭口镇亭北新村	工业和商贸业
旬邑县	太村镇	工业、现代农业	郑家镇王家社区	现代农业和商贸业
淳化县	润　镇	工业、现代农业	润镇五爱村	工业和商贸业
			石桥镇咀头村	现代农业

显高于经常性财政收入的增幅。在积极争取中、省财政扶持的基础上,市财政连续三年每年为市级示范镇、村(社区)分别列支300万元和50万元的资金,专门用于基础设施建设。县市区也要加大对示范镇、村(社区)建设的财政投入,且不低于市上的标准。县市区对示范镇、村(社区)的集体建设用地收益,要全部用于公共服务设施建设;整治的农村建设用地节约指标调剂城镇使用的,土地增值收益全部返还农村用于建设。加强资金使用和管理,按照"资金捆绑、项目倾斜"的原则,加大各类项目、资金整合力度,集中用于示范镇、村(社区)建设,充分发挥资金的聚集效应。各级要在加大财政投入的基础上,进一步拓宽融资渠道,吸纳社会资本,形成多元化投入机制。

25. 坚持探索创新。鼓励和支持有条件的县、镇、村(社区)创造性开展工作,在土地增减挂钩、土地流转、现代农业园区建设、新型社区建设、乡村旅游发展、实施移民搬迁、加快旧村改造等方面,大胆实践,率先突破,探索符合农民意愿、切合农村实际、具有地域特色的城乡一体化发展路子。

26. 注重舆论引导。各级宣传部门要制订具体方案,加大舆论宣传力度,及时总结和推广各地的新经验、新成就,为全市推进统筹城乡发展营造良好氛围。

27. 强化目标考核。建立推进统筹城乡发展加快城乡一体化进程评价体系,制定考核奖惩办法,严格进行考核,并将考核结果纳入全市年度目标责任考核体系,奖优罚劣,推动落实,确保我市推进统筹城乡发展加快城乡一体化工作扎实有效推进。

附:全市推进统筹城乡发展加快城乡一体化进程示范点一览表

咸阳市人民政府关于印发"十二五"节能减排综合性工作方案的通知

咸政发〔2012〕23号

各县市区人民政府,市人民政府各工作部门、派出机构、直属事业机构:

现将《咸阳市"十二五"节能减排综合性工作方案》印发你们,请结合实际,认真贯彻执行。

2012年6月26日

咸阳市"十二五"节能减排综合性工作方案

为贯彻落实国务院、陕西省《"十二五"节能减排综合性工作方案》以及《咸阳市国民经济和社会发展第十二个五年规划纲要》,确保全市节能减排目标任务顺利完成,特制订本方案。

一、节能减排总体要求和主要目标

1. 总体要求。紧紧围绕市委、市政府确立的"工业主导、文化兴咸、生态优市、民生为先"四大战略和"四围绕、四加快"发展重点,坚持"存量调结构、增量扩空间"的基本思路,以先进适用技术为支撑,以发展循环经济为重点,着力优化产业产品结构,不断降低能源消耗强度;着力强化工程措施,加快新技术新设备的推广应用;着力加强管理引导,合理控制能源消费总量,建立健全节能减排倒逼机制;着力完善政策法规,强化目标责任,进一步形成政府为主导、企业为主体、市场有效驱动、全社会共同参与的推进节能减排工作格局,有效提高能源利用效率,显著减少污染物排放,确保全市"十二五"节能减排约束性目标顺利实现。

2. 主要目标。到2015年,全市万元生产总值能耗下降到0.926吨标准煤(按2005年价格计算),比2010年的1.102吨标准煤下降16%;全市化学需氧量、二氧化硫分别较2010年静态削减8.2%和7.9%;氨氮、氮氧化物较2010年静态削减11.2%和9.9%。

二、加快调整优化产业结构

3. 加快发展服务业和战略性新兴产业。重点发展商贸业、物流业、旅游业和金融业,优先发展住宿餐馆业,积极发展高新技术服务业。重点发展高端装备制造、新一代信息技术、新材料、新能源、生物医药和节能环保等战略性新兴产业。到2015年,服务业增加值和战略性新兴产业增加值占国内生产总值比重分别达到38%和25%以上(责任部门:市发改委、市工信委、市科技局、市环保局、市财政局、市交通运输局、市商务局、市文物旅游局)。

4. 调整优化工业结构。努力做大做强高技术、高附加值、低能耗的装备制造业和战略性新兴产业。加快实现化工产业高端化、电源建设大型化、载能工业特色化,大力发展能源装备制造产业,不断延伸产业链,提高产品附加值,大幅度降低单位工业增加值能耗,最大限度地实现废物交换利用、能量梯级利用,不断降低物耗、能耗、水耗(责任部门:市发改委、市工信委、市环保局、市科技局、市水利局)。

5. 严格行业准入政策。强化节能评估审查、环境影响评价,限制高耗能、高排放项目低水平重复建设。电力行业:新建热电联产和煤矸石发电单机须30万千瓦以上,鼓励建设单机60万千瓦及以上超临界、超超临界机组,并同步配套脱硫脱硝设施,且必须采用空冷技术。煤化工行业:对合成氨和甲醇项目,实施上大压小、产能置换,禁止建设年产50万吨及以下煤经甲醇制烯烃项目、年产100万吨及以下煤制甲醇项目、年产100万吨及以下煤制二甲醚项目、年产100万吨及以下煤制油项目、年产20亿立方米及以下煤制天然气项目、年产20万吨及以下煤制乙二醇项目。煤炭行业:新建、改扩建单井规模不得低于120万吨/年。水泥行业:"十二五"期间严格控制新上水泥项目(责任部门:市发改委、市环保局)。

6. 加快淘汰落后产能。按照国家发展改革委《产业结构调整指导目录(2011年本)》和工业和信息化部《部分工业行业淘汰落后生产工艺装备和产品指导目录(2010年本)》,抓紧制订"十二五"淘汰落后产能实施方案,将任务按年度分解落实到各县市区和各企业。完善落后产能退出机制,加大"以奖代补"力度,指导、督促淘汰落后产能企业做好转型工作。对未按期完成淘汰任务的县市区,严格控制新上项目,实行"区域限批";对未按期淘汰的企业,严格执行差别电价政策,依法吊销排污许可证、生产许可证和安全生产许可证（责任部门：市工信委、市发改委、市环保局、市财政局、市质监局、市安监局）。

7.大力推动技术改造。加快应用先进技术和装备改造提升传统产业，促进信息化和工业化深度融合，重点支持纺织印染、建筑材料、食品加工等行业骨干企业和优势产品培育以及重污染企业搬迁改造，合理引导企业兼并重组，提高产业集中度（责任部门：市工信委、市发改委、市科技局、市财政局、市国资委）。

8.推进能源结构调整。培育壮大光伏产业，加快发展风电产业，有序发展生物质能产业，大力发展地热产业，发电企业要加大水电、风电、太阳能等清洁能源发电的投资力度。到2015年，非化石能源占一次能源消费总量比重达到10%（责任部门：市发改委）。

三、积极实施节能减排重点工程

9.实施节能重点工程。实施锅炉（窑炉）改造、电机系统节能、能量系统优化、余热余压利用、节约替代石油、建筑节能、绿色照明等节能改造工程，以及节能技术产业化示范工程、节能产品惠民工程、合同能源管理推广工程和节能能力建设工程。到2015年，工业锅炉、窑炉平均运行效率比2010年分别提高5个和2个百分点，电机系统运行效率提高2~3个百分点，新增余热余压发电能力1.5万千瓦，大幅度提高高效节能产品市场份额，推广财政补贴照明产品230万只（责任部门：市发改委、市工信委、市住建局、市财政局）。

10.实施污染物减排重点工程。实施城镇污水处理设施及配套管网建设、重点流域区域污染综合治理、规模化畜禽养殖场污染治理、燃煤机组烟气脱硫脱硝等污染物减排重点工程。到2015年，全市13个县市区和3万人以上的重点建制镇建成生活污水集中处理设施。市级污水集中处理率（二级）达到90%以上，县区、重点镇和重点工业园区污水集中处理率（二级）达到80%以上，排水水质达到《污水处理厂排放标准》一级A标准要求；污水处理厂负荷率达到80%以上，污泥处理处置率达50%以上（稳定化处置后填埋）；再生水利用率达20%以上；危险废物和医疗废物实现安全处置；城市和县城生活垃圾无害化处理率达到90%；重点污染源工业用水重复利用率大于90%；机动车环保定期检测率达80%以上（责任部门：市环保局、市发改委、市工信委、市住建局、市水利局、市财政局、市农业局、市质监局）。

四、大力发展循环经济

11.加强对发展循环经济的引导。开展资源综合利用、废旧商品回收体系、“城市矿产”、再制造产业集聚区、城市餐厨废弃物资源化利用和无害化处理等循环经济重点工程试点示范。加快全市餐厨废弃物资源化利用和无害化处理项目建设，强力推进陕西（礼泉）再生资源产业园建设。依据国家循环经济指标体系，建立和完善全市循环经济统计指标体系和监测评价制度（责任部门：市发改委、市环保局、市商务局、市城建局、市住建局、市统计局）。

12.全面推行清洁生产。重点围绕主要污染物减排和重金属污染治理，全面推进农业、工业、建筑、商贸服务等领域清洁生产示范，从源头和全过程控制污染物产生和排放，降低资源消耗。发布清洁生产审核方案，公布清洁生产强制审核企业名单。实施清洁生产示范工程，推广应用清洁生产技术（责任部门：市环保局、市工信委、市发改委、市住建局、市商务局、市农业局）。

13.推进资源综合利用。加强共伴生矿产资源及尾矿综合利用，建设绿色矿山。推动煤矸石、粉煤灰、脱硫石膏、冶炼和化工废渣、建筑和道路废弃物以及农作物秸秆综合利用、农林废物资源化利用，大力发展利废新型建筑材料。废弃物实现就地消化，减少转移。到2015年，一般工业固体废物综合利用率达到60%以上（责任部门：市发改委、市工信委、市国土资源局、市住建局、市交通运输局、市农业局）。

14.加快资源再生利用产业化。培育一批汽车零部件、工程机械、办公用品等再制造示范企业，推动再制造的规模化、产业化发展。加快建设城市社区和乡村回收站点、分拣中心、集散市场“三位一体”的再生资源回收体系（责任部门：市发改委、市工信委、市商务局、市城建局、市住建局）。

15.促进垃圾资源化利用。健全城市生活垃圾分类回收制度，完善分类回收、密闭运输、集中处理体系。鼓励开展垃圾焚烧发电和供热、填埋气体发电、餐厨废弃物资源化利用。落实水泥企业在生产过程中协同处理城市生活垃圾和污泥的鼓励政策（责任部门：市城建局、市住建局、市环保局、市商务局、市发改委、市工信委、市财政局）。

16.推进节水型社会建设。确立用水效率控制红线，实施用水总量控制和定额管理，落实区域、行业和产品用水效率指标体系。加强大中型灌区管网节水改造，推广普及高效节水灌溉技术，加快重点用水行业节水技术改造，提高工业用水循环利用率。加强城乡生活节水，推广应用节水器具。推进再生水、矿井水等非传统水资源利用，节水型社会建设取得显著进展。到2015年，实现单位工业增加值用水量下降25%，全市灌溉水利用系数提高到0.55（责任部门：市水利局、市工信委、市发改委、市住建局、市农业局、市质监局）。

五、加快节能减排技术开发和推广应用

17.加快节能减排共性和关键技术研发。在相关科技计划和专项中，加大对节能减排科技研发的支持力度，完善技术创新体系。组织高效节能、废物资源化以及小型分散污水处理、农业面源污染治理等共性、关键和前沿技术攻关。组建一批市级节能减排专家队伍，加大节能减排科技研发力度，不断推进节能减排科技行动深入开展（责任部门：市科技局、市发改委、市环保局、市财政局、市农业局）。

18.加大节能减排技术产业化示范力度。实施节能减排重大技术与装备产业化工程，重点支持稀土永磁无铁芯电机、半导体照明、低品位余热利用、地热和浅层地温能应用、生物脱氮除磷、烧结机烟气脱硫脱硝一体化、高浓度有机废水处理、污泥和垃圾渗滤液处理处置、废弃电器电子产品资源化、金属无害化处理等关键技术与设备产业化，加快产业化基地建设（责任部门：市发改委、市环保局、市工信委、市科技局、市

财政局)。

19. 加快节能减排技术推广应用。重点推广能量梯级利用、低温余热发电、先进煤气化、高压变频调速、蓄热式加热炉、吸收式热泵供暖、高效换热器,以及干法和半干法烟气脱硫、膜生物反应器、选择性催化还原氮氧化物控制等节能减排技术。加强与有关方面在节能环保领域的交流合作,积极引进、消化、吸收国内外先进节能环保技术,加大推广力度(责任部门:市发改委、市环保局、市科技局、市工信委、市商务局)。

六、强化节能减排管理

20. 合理控制能源消费总量。建立能源消费总量控制目标分解落实机制,加强调控管理体系建设,制订实施方案,把总量控制目标分解落实到各县市区政府,实行目标责任管理。建立全市能源消费总量预测预警机制,统计监测各县市区能源消费总量和高耗能行业用电量等指标,定期公布能源消费情况,对能源消费总量增长过快的县市区及时预警调控。在工业、建筑、交通运输、公共机构以及城乡建设和消费领域全面加强用能管理,保障合理用能,鼓励节约用能,限制过度用能(责任部门:市发改委、市统计局、市工信委、市住建局、市交通运输局、市商务局、市公共机构节能管理办公室)。

21. 强化重点用能单位节能管理。依法加强年耗能3000吨标准煤以上用能单位的节能管理,积极开展企业节能低碳行动,建立能耗在线监测体系和能源利用状况报告制度,加强能源审计和能效对标,组织参加能源管理师培训,建立能源管理体系认证制度,加大节能改造力度。严格节能考核,对未完成年度节能任务的企业,强制进行能源审计,限期整改,整改不力的,暂停认定资源综合利用和西部大开发税收优惠等政策,其产品不得申报名牌产品(责任部门:市发改委、市工信委、市住建局、市交通运输局、市商务局、市质监局)。

22. 加强工业节能减排。重点推进电力、煤炭、钢铁、石油石化、化工、建材、造纸、纺织、印染、食品加工等行业节能减排,加强指导,强化管理,确保“十二五”末规模以上单位工业增加值能耗较“十一五”末累计下降20%,污染物排放强度下降50%。积极发展热电联产,推广分布式能源,取代分散供热锅炉。开展智能电网试点。推广煤炭清洁利用,提高原煤入洗比例,加快彬长矿区煤层气开发利用。实施工业和信息产业能效提升计划。推动信息数据中心、通信机房和基站节能改造。实行电力、钢铁、造纸、印染、化工等行业主要污染物排放总量控制。新建燃煤机组全部配套建设脱硫脱硝设施,脱硫效率达95%以上,脱硝效率达80%以上。取消现有规模以上火电机组烟气脱硫设施烟气旁路,抓好脱硫设施的稳定运行,提高综合脱硫效率到90%。全面开展脱硝设施建设,综合脱硝率不得低于70%。钢铁行业全面实施烧结机烟气脱硫,新建烧结机配套安装脱硫脱硝设施。全力推进气化咸阳工程,发展热电联产和集中供热工程,并同步建设脱硫、脱硝设施。石油石化等重点行业实施脱硫改造。水泥行业新型干法窑开展降氮脱硝建设。35蒸吨以上的现有燃煤锅炉实施烟气脱硫,新建35蒸吨以上燃煤锅炉同步安装脱硫脱硝设施。循环流化床锅炉脱硫设施安装在线监控设备,提高综合脱硫效率。新建、扩建项目生产线严格实施“三同时”制度。开展大气污染联防联控工程。以实现渭河三年变清为目标,加快实施渭河咸阳段综合治理。加强重点区域、重点行业和重点企业重金属污染防治(责任部门:市工信委、市环保局、市发改委、市财政局、市水利局、市农业局)。

23. 推动建筑节能。城镇新建建筑施工阶段执行建筑节能强制性标准达到100%。在争取中央资金支持的基础上,大力推进市场化融资,确保完成民用建筑节能改造18万平方米;国家机关办公建筑和大型公共建筑的能耗监管体系基本建立健全;积极推广使用新型节能建材和再生建材,继续推广散装水泥。到2015年,新型节能墙材应用比例达到96%(责任部门:市住建局、市供热办、市财政局)。

24. 推进交通运输节能减排。加快构建综合交通运输体系,优化交通运输结构。积极发展城市公共交通,科学合理配置城市各种交通资源,有序推进城市轨道交通建设。实施低碳交通运输体系建设,深入开展低碳交通运输专项行动,倡导绿色出行。全面推行不停车收费系统。在全市各级党政群机关公务用车率先安装ETC车载器。抓紧制订客运车辆天然气替代燃油管理办法,加快提升车用燃油品质,提高清洁能源车辆比重。对2005年以前注册运营的污染物排放达不到国Ⅰ标准的汽油车和达不到国Ⅲ标准的柴油车全部淘汰。改善道路条件,完善路网结构,优化运输方案,提高公路营运车辆的实载率和里程利用率。严格实施国家第Ⅳ阶段机动车排放标准,全面推行机动车环保标志管理。积极推广节能与新能源汽车,加快提高替代燃料使用比例(责任部门:市交通运输局、市环保局、市公安局、市商务局、市财政局、市质监局、市公共机构节能管理办公室)。

25. 促进农业和农村节能减排。加快淘汰老旧农用机具,推广农用节能机械和设备。推进节能型住宅建设,推动省柴节煤灶更新换代,鼓励太阳能利用。开展新农村电气化县建设。以农村户用沼气和养殖场大型沼气工程建设为重点,大力发展农村清洁能源。年建成户用沼气池2万口,发展养殖小区和联户沼气50个。大力推广养殖场大型沼气“一池三建”模式,实现沼气发酵池建设与畜禽粪便预处理、沼气利用和沼肥利用设施建设有机结合,年建成养殖场大中型沼气工程5个。加强沼气池建成后的管理和技术服务。以沼气池建设带动农村改圈、改厕和改厨,着力推进以沼气为纽带的生态家园建设。支持有条件的地方积极开展绿色能源示范县、镇建设。治理农业面源污染,加强农村环境综合整治,实施农村清洁工程,到2015年,农村生活垃圾集中收集的行政村比例达到90%,农作物秸秆综合利用率达到80%,农村清洁能源利用率达到30%,规模化畜禽养殖场废弃物综合利用率达到60%以上,鼓励污染物统一收集、集中处理。因地制宜推进农村分布式、低成本、易维护的污水处理设施建设。推广测土配方施肥,鼓励使用高效、安全、低毒农药,推动有机农业发展(责任部门:市农业局、市环保局、市住建局、市工信委、市发改委、市财政局、市国土资源局)。

26. 推动商业和民用节能。在商业零售场所和旅游业开展节能减排行动,加快设施节能改造,严格用能管理,引导消费行为。宾馆、商厦、写字楼、机场、车站等要严格执行公共场所空调温度限额标准。在居民中推广使用高效节能家电、照明产品,减少一次性用品使用,限制过度包装,抑制不合理消费(责任部门:市商务局、市住建局、市交通运输局、市文物旅游局、市财政局、市质监局、市工商局)。

27. 加强公共机构节能减排。强化公共机构新建建筑节能评审和监管。积极推进公共机构既有建筑围护结构节能改造。加快推进供热计量改造,逐步实行按热量收费。开展节约型公共机构示范单位创建活动,树立一批节约型公共机构典型。实施公务车辆油耗定额管理,提高节能与新能源汽车比例,稳步推进公务用车制度改革。研究建立公共机构能源审计制度,制定公共机构能源消耗定额和支出标准,实行能耗公示和能耗定额管理,督促科技、教育、文化、卫生等系统和垂直管理机构,建立相应的节能管理和监督机制。支持驻咸部队重点用能设施设备节能改造(责任部门:市公共机构节能管理办公室、市发改委、市财政局、市住建局)。

七、落实和完善节能减排经济政策

28. 推进价格和环保收费改革。推行居民用电、用水阶梯价格,形成节能减排倒逼机制,完善电力峰谷分时电价政策。深化供热体制改革,全面推行供热计量收费。对能源消耗超过国家和本省规定的单位产品能耗(电耗)限额标准的企业和产品,实行惩罚性电价。严格落实脱硫电价和燃煤电厂烟气脱硝电价。严格城镇污水处理费的征收和管理,做到应收尽收。提高污水处理费标准,达到保本微利(责任部门:市发改委、市环保局、市工信委、市财政局、市住建局、市供热办)。

29. 完善财政激励政策。市级设立1000万元节能减排专项资金,并逐年增加。积极推动县市区政府设立节能减排专项资金,支持节能减排重点工程和能力建设。深化"以奖代补"、"以奖促治"政策,强化财政资金的引导作用。国有资本经营预算要继续支持企业实施节能减排项目。积极推行政府绿色采购,完善强制采购和优先采购制度,逐步提高节能环保产品比重。积极利用外资、有关政府基金实施节能减排项目(责任部门:市财政局、市发改委、市环保局、市国资委、市公共机构节能管理办公室)。

30. 落实税收优惠政策。认真贯彻落实节能减排、循环经济、资源综合利用和可再生能源发展企业所得税、增值税、消费税的税收优惠政策(责任部门:市财政局、市国税局、市地税局、市发改委)。

31. 多渠道筹集节能减排资金。节能减排重点工程所需资金主要由项目实施主体通过自有资金、金融机构贷款、社会筹资解决。强化金融支持力度。鼓励金融机构创新适合节能减排项目特点的信贷管理模式,引导各类创业投资企业、股权投资企业、社会捐赠资金和国际援助资金增加对节能减排领域的投入。提高高耗能、高排放行业贷款门槛,将企业环境违法信息与企业信用等级评定、贷款及证券融资联动。推行环境污染责任保险,重点区域涉重金属企业应当购买环境污染责任保险。建立银行绿色评级制度,将绿色信贷成效与银行机构人员履职评价、机构准入、业务发展相挂钩(责任部门:市财政局、市金融办、市发改委、市环保局)。

八、强化节能减排目标责任和监督检查

32. 加强节能减排目标责任评价考核。逐级分解节能减排指标,明确县市区政府、有关部门、重点用能单位和重点排污单位的责任。完善节能减排目标责任评价考核办法,加大节能减排指标的考核权重,市政府每年组织开展节能减排目标责任评价考核,考核结果向社会公告。有关部门每年向市政府报告节能减排措施落实情况。将节能减排和能源消费总量目标完成情况和政策措施落实情况作为领导班子和领导干部综合考核评价的重要内容,纳入政府绩效和国有企业业绩管理,严格实行问责制和"一票否决"制,对成绩突出的县市区、单位和个人给予表彰奖励,对未完成节能减排任务的政府、部门和企业,实施约谈、问责,不予评优评先(责任部门:市发改委、市环保局、市统计局、市委组织部、市监察局、市财政局、市人社局、市工信委)。

33. 健全节能减排统计、监测体系。加强能源生产、流通、消费统计,建立和完善建筑、交通运输、公共机构能耗统计制度以及分县市区单位生产总值能耗指标季度统计与核算制度,完善统计监测与核算方法,提高能源统计的准确性和及时性。修订完善减排统计监测和核查核算办法,统一标准和分析方法,实现监测数据共享。加强氨氮、氮氧化物排放统计监测,建立农业源和机动车排放统计监测指标体系。继续做好单位生产总值能耗、主要污染物排放指标公报工作(责任部门:市统计局、市发改委、市环保局、市农业局)。

34. 严格节能评估审查和环境影响评价制度。将节能评估审查作为控制地区能源消费增量和总量、调整优化产业结构、提高新上项目能效水平的重要措施,对"十二五"节能指标有重大负面影响的高耗能项目实施能评限批。把污染物排放总量指标作为环评审批的前置条件,对年度减排目标未完成、重点减排项目未按目标责任书落实的县市区和企业,实行阶段性环评限批。对未通过能评、环评审查的投资项目,有关部门不得审批、核准、批准开工建设,不得发放生产许可证、安全生产许可证、排污许可证,金融机构不得发放贷款,有关单位不得供水、供电。加强能评和环评审查的监督管理,严肃查处各种违规审批行为。能评费用由节能审查机关同级财政部门安排(责任部门:市发改委、市环保局、市财政局)。

35. 加强重点污染源和治理设施运行监管。严格排污许可证管理。深化排污许可制度,将总量控制与排污许可证的发放相挂钩,对超过排污许可范围的,加大排污费的征收力度。强化重点流域、重点地区、重点行业污染源监管,适时发布主要污染物超标严重的环境

监控企业名单。列入国家和省上重点环境监控范围的电力、水泥、钢铁、造纸、印染等重点行业的企业,要安装运行管理监控平台和污染物排放自动监控系统,定期报告运行情况及污染物排放信息,推动污染源自动监控数据联网共享。加强城市污水处理厂监控平台建设,提高污水收集率,做好运行和污染物削减评估考核,考核结果作为核拨污水处理费的重要依据。对城市污水处理设施建设严重滞后、收费政策不落实、污水处理厂建成后一年内实际处理水量达不到设计能力60%,以及已建成污水处理设施但无故不运行的县市区,暂缓审批该县市区项目环评,暂缓下达有关项目的中省市建设资金(责任部门:市环保局、市发改委、市工信委、市住建局、市财政局)。

36.加强节能减排执法监督。各县市区政府要组织开展节能减排专项检查,督促各项措施落实,严肃查处违法违规行为。加大对重点用能单位和重点污染源的执法检查力度,加大对高耗能特种设备节能标准和建筑施工阶段标准执行情况、国家机关办公建筑和大型公共建筑节能监管体系建设情况,以及节能环保产品质量和能效标识的监督检查力度。对严重违反节能环保法律法规,未按要求淘汰落后产能、违规使用明令淘汰用能设备、虚标产品能效标识、减排设施未按要求运行、违反建筑节能强制性标准等行为,公开通报或挂牌督办,限期整改,对有关责任人进行严肃处理。实行节能减排执法责任制,对行政不作为、执法不严等行为,严肃追究有关主管部门和执法机构负责人的责任(责任部门:市发改委、市环保局、市监察局、市工信委、市住建局、市商务局、市质监局、市公共机构节能管理办公室)。

九、推广节能减排市场化机制

37.加大能效标识和节能环保产品认证实施力度。扩大终端用能产品能效标识实施范围,推行建筑能效标识。加强宣传和政策激励,引导消费者购买高效节能产品。继续推进节能产品、环境标志产品、环保装备认证,规范认证行为,扩展认证范围。加强对节能认证标识、认证质量的监管(责任部门:市发改委、市环保局、市工信委、市住建局、市质监局)。

38.加强节能发电调度和电力需求侧管理。加快电网对接建设,力争“十二五”末淘汰落后电力产能,实现电网节能。按照节能、经济的原则,优先调度水电、风电、太阳能发电以及余热余压、煤层气、填埋气、煤矸石等发电上网,优先安排节能、环保、高效火电机组发电上网。推进电网企业及时、真实、准确、完整地公布节能发电调度信息。落实电力需求侧管理办法,规范有序用电(责任部门:市发改委)。

39.加快推行合同能源管理。落实财政、税收和金融等扶持政策,引导专业化节能服务公司采用合同能源管理方式为用能单位实施节能改造,扶持壮大节能服务产业。鼓励大型重点用能单位利用自身技术优势和管理经验,组建专业化节能服务公司。引导和支持各类融资担保机构提供风险分担服务(责任部门:市发改委、市工信委、市财政局、市国税局、市地税局、市金融办)。

40.推进排污权和碳排放权交易试点。探索主要污染物排污权有偿使用和交易试点,实现排污权有偿管理。探索企业碳排放交易,建立自愿减排机制,推进碳排放权交易试点建设(责任部门:市环保局、市发改委、市财政局)。

41.推行污染治理设施建设运行特许经营。完善相关政策措施,鼓励燃煤电厂开展烟气脱硫、脱硝特许经营BOT模式。鼓励采用多种建设运营模式开展城镇污水垃圾处理、工业园区污染物集中治理,确保处理设施稳定高效运行。实行环保设施运营资质许可制度,推进环保设施的专业化、社会化运营服务。完善市场准入机制,规范市场行为,为企业创造公平竞争的市场环境(责任部门:市环保局、市发改委)。

十、加强节能减排基础工作和能力建设

42.加快节能环保标准体系建设。结合重点行业单位产品能耗限额、产品能效和污染物排放等强制性国家标准,以及建筑节能标准和设计规范,完善我市相关标准并严格执行(责任部门:市发改委、市工信委、市环保局、市住建局)。

43.强化节能减排管理能力建设。建立健全节能管理、监察、服务“三位一体”的节能管理体系,2012年市县两级节能监察机构全面建立,完善覆盖省、市、县三级的节能监察体系。省市将对县市区节能监察机构能力建设给予适当支持,配备必要的监测、检测设备。继续推进能源监测统计能力建设,充实人员,加强培训,不断提高执法能力和监测统计能力。推动重点用能单位按要求配备计量器具,推行能源计量数据在线采集、实时监测。开展城市能源计量建设示范。加强减排监管能力建设,推进环境监管机构标准化,提高污染源监测、机动车污染监控、农业源污染检测和减排管理能力,建立健全减排监控体系,重点推进县级污染源监控中心建设,完善自动监控网络,加强人员培训和队伍建设(责任部门:市发改委、市环保局、市编办、市统计局、市公安局、市工信委、市农业局、市质监局)。

十一、动员全社会参与节能减排

44.加强节能减排宣传教育。把节能减排纳入社会主义核心价值观宣传教育体系以及基础教育、高等教育、职业教育体系。组织好节能宣传周、世界环境日等主题宣传活动,加强日常性节能减排宣传教育。新闻媒体要积极宣传节能减排的重要性、紧迫性以及采取的政策措施和取得的成效,宣传先进典型,普及节能减排知识和方法,加强舆论监督和对外宣传,积极为节能减排营造良好的环境(责任部门:市委宣传部、市发改委、市环保局、市教育局)。

45.深入开展节能减排全民行动。抓好家庭社区、青少年、企业、学校、军营、农村、政府机构、科技、科普和媒体等十个节能减排专项行动,通过典型示范、专题活动、展览展示、岗位创建、合理化建议等多种形式,广泛动员全社会参与节能减排,发挥干部职工节能减排义务监督员队伍作用,倡导文明、节约、绿色、低碳的生产方式、消费模式和生活习惯(责任部门:市发改委、市环保局)。

46.政府机关带头节能减排。各级

政府机关要将节能减排作为机关工作的一项重要任务来抓，健全规章制度，落实岗位责任，细化管理措施，树立节约意识，践行节约行动，做节能减排的表率（责任部门：市公共机构节能管理办公室）。

附件：1．“十二五”各县市区节能目标

2．“十二五”各县市区减排任务

“十二五”各县市区节能目标

表 58

县 区	2015 年单位生产总值能耗比 2012 年降低（%）
秦都区	16
渭城区	16
兴平市	16
武功县	16
乾 县	16
礼泉县	16
泾阳县	16
三原县	16
永寿县	16
彬 县	16
长武县	16
旬邑县	16
淳化县	16
全 市	16

“十二五”各县市区减排任务

表 59

县 区	主要污染物相比 2010 年的削减率（%）			
	二氧化硫（SO_2）	氮氧化物（NO_x）	化学需氧量（COD）	氨氮（NH_3-N）
秦都区	7	2	15	12
渭城区	20	20	18	9
兴平市	3	2.5	20	23
武功县	5	2	5.5	7
乾 县	3	5	8	9
礼泉县	3.5	1.5	5	10
泾阳县	2.5	5	6	8
三原县	4	2	15	20
永寿县	1	1	10	9
彬 县	5	2	7	6
长武县	20	20	3	5
旬邑县	3	3	5	5
淳化县	5	3	4	5

调研文章摘录

加快工业园区建设 实施“工业主导”战略

——关于对全市工业园区建设情况的调查

咸阳市委政研室课题组

深入实施“工业主导”战略，是市委市政府提出的加快全市经济社会发展的重大举措。加快工业园区建设是推进“工业主导”战略的主要抓手。全市上下按照园区化承载推动工业增量走强的发展思路，强力推进工业园区建设，使工业园区建设呈现良好发展态势。我们对全市工业产业园区建设情况进行了调研，现将情况报告如下。

一、全市工业园区建设基本情况

目前，全市规划建设的工业园区有37个，规划建设总面积约190平方千米。其中，国家级高新区1个，省级产业园区1个，市级重点建设县域工业园区26个（包括省级重点县域工业园14个），县域其他工业园区9个。据不完全统计，2011年全市各类工业园区实现工业总产值1797.6亿元，年均增速在35%以上，其中，35个县域工业园区实现工业产值1266.4亿元，实现营业收入1199.7亿元，上缴税金38.5亿元。咸阳高新区今年8月19日，经国务院正式批准升级为国家级高新区，规划面积20.3745平方千米。2011年，实现工业总产值531.2亿元，增长35.8%。咸阳高新区以电子、化工为主导产业，共有各类工业企业560多家，其中规模以上企业46户、高新技术企业29户，已成为引领、带动全市实现跨越发展的重要力量和陕西省重要的科技创新和产业发展基地。咸阳新兴纺织工业园属省级产业园，规划面积10平方千米，园区建设按照商贸带动、产业支撑、服务保障、做优上游、做强终端的产业布局，利用5年时间将园区打造成为西部纺织产业发展的示范区，西部纺织技术研发中心，西部纺织设备制造加工基地，西部纺织服装商贸集散和物流配送基地。全市26个重点县域工业园区入驻企业达到843户，投产企业711户，规模以上企业260户，累计完成项目投资1131.8亿元，完成基础设施建设投资106.1亿元，达到“五通一平”以上的园区21个，基本具备入驻企业的要求。这些县域工业园主要涉及的行业有装备制造、能源化工、食品医药、纺织、物流、农副产品加工等，大部分工业园区的主导产业占比达到80%以上。其中以机械加工、装备制造为主的工业园有秦都科技产业园、秦都上林苑工业园、秦都沣东工业园、兴平现代装备制造工业园、泾阳工业密集区、三原机械加工工业园、武功县城工业园；以新兴纺织为主的工业园有乾县纺织工业园；以医药、食品为主的工业园有兴平食品工业园、礼泉县工业园、三原清河食品工业园、永寿绿色食品工业园;以能源化工、建材为主的工业园有渭城民营科技产业基地、兴平化工工业园、彬县循环经济产业园、彬县城西煤炭工业园、长武煤电工业园、长武煤化工业园、旬东循环经济工业园;以农副产品加工为主的工业园有淳化润镇工业园、旬邑太村产业园;以新能源产业为主的工业园有渭城光伏产业园;以物流为主的工业园有中国原点家具产业集中区等。从区域成长性上看,除秦都、渭城和泾阳三县区工业园被内包在西咸新区"五城"和市高新区范围外,兴平、三原、乾县、武功、礼泉、彬县、长武7市县工业园区成长性较好。旬邑、永寿、淳化三县工业园正处起步阶段。

二、加快工业园区建设的主要做法

(一)坚持规划引领,促进园区科学发展。在产业园区的规划中,各园区坚持产业聚集发展、集约节约用地的原则,走"政府组织、专家领衔、部门合作、公众参与、科学规划"的路子,融入关中—天水经济区、西咸一体化和大西安的发展大格局中去谋划。强化产业园区规划与我市经济和社会发展规划、城乡规划、土地利用总体规划、环境保护规划、主体功能规划的衔接,以规划引领大企业、大项目向园区发展,促进产业园区建设规范化、集约化、特色化。如秦都区先后完成了汽车产业园总体规划和控制性详规。兴平市完成了装备制造、化工、食品三个工业园的控制性规划,建设性详规正在编制论证之中。乾县纺织工业园区定位向"中国·西部纺织第一城"目标发展。目前,各产业园区在空间上的战略布局基本形成,在产业布局上,基本形成了互有依托而错位发展、紧密相连而相互独立的格局,初步构建了合理配置、高效利用的资源保障体系,破解了项目用地、村镇规划、城市特色三个难题。

(二)坚持基础先行,提升园区承载能力。市县两级高度重视各类园区的配套设施建设,突出"两手抓",即一手抓基础建设,一手抓项目建设,争时间、抢速度,有效地加快了产业园区建设。在积极稳妥地做好土地征用补偿工作的同时,千方百计加快推进园区水、电、路、气、通讯、网络、有线电视和土地平整等配套功能设施建设。基础设施建设以实现"五通一平"、"七通一平"、"九通一平"的建设标准,建立起与县域经济发展相适应的产业园区基础设施体系。同时,鼓励有实力的企业投资产业园区基础设施,或自主建设"区中园"、"园中园",形成园区建设的良性循环。如市高新区、市新兴纺织工业园、三原清河食品工业园、礼泉城东工业园、彬县循环经济工业园、长武煤电工业园等园区的基础设施正在不断完善。为了提升园区形象,增强园区综合功能,有的园区绿化、亮化、美化工程全部到位。

(三)坚持招商引资,促进产业集聚发展。各县市区坚持强力推进招商引资,努力实现园区建设与招商引资同步发展、良性互动,着力解决"有园区无企业"问题,大力实施招商引资战略,主动出击,注重围绕企业配套、产业聚集来招商。同时在招商引资中注重凡新上项目坚持功能定位,充分考虑产业升级、产业集聚、产业配套等发展需要,为重点项目、特色产业预留充足的发展空间。首先从源头上紧紧围绕特色产业开展招商引资,高度重视项目质量,优先引进高端技术项目,严防死守杜绝"两高一低"劣质项目进区,特别防止落后淘汰产能的项目平移进区。泾阳园区充分发挥区位优势,大力招引东部发达地区和西安二环内产业转移的企业,重点引进西部商贸物流基地、新希望集团、西安投资经营公司、壳牌统一石化公司等61户企业入驻。秦都的"三园三区一高新"共入驻项目221个,总投资480亿元,园区规模以上工业企业达91户。乾县纺织园区已入驻企业61户,入驻项目累计完成投资96.46亿元。武功县城工业园先后引进20户,总投资超过40亿元。兴平市三大园区近几年共引进项目19个,到位资金30.34亿元。据统计,各县招引80%的企业都在园区聚集,逐步形成了聚集效应。园区已成为这些县市区经济社会发展的新亮点和财税收入的新增长点。

(四)坚持产城一体,力促园区与城区协调发展。为了提高工业化与城镇化的两化融合,各地都探索出一条工业园区发展与县城发展产城一体化的模式,全市大部分园区都规划到市区或县城郊区紧连接的位置上。以利工业园区发展与县城或市区共用一个供水、排水和城区道路体系。做到城区道路与园区道路整合投资,连体一同建设。对园区实行多种投资模式运行。树立经营城市的理念,加强城市与园区经营,充分利用各类开发投资公司对城镇有形、无形资产进行资本运营,增强资本的流动性和放大效应,增加园区投入。园区的扩大也使市区与县城相应扩充,极大地提高了市区和县城的城镇化水平。

(五)坚持搞好服务,形成整体发展合力。在推进园区开发建设过程中,各县市区积极探索,大胆实践,不断创新园区开发管理机制,大部分成立了园区管委会及其办公室,抽调专业人员,管委会主任由县级领导兼任,对园区进行统一规划、协调和服务,有效地提升了园区运营质量和效率。与此同时,各园区编制了《招商引资优惠政策》《招商引资奖励办法》《项目准入办法》等政策措施,建立了对招商引资项目免费代办各项手续等工作机制。通过优质、高效的服务吸引企业入驻园区发展。乾县对园区内的大企业都建立了警务室。有的县市区还实行一个窗口办事、建立健全客商审批一条龙制度,积极创造条件实现网上申请、网上审批,以简化办事程序、提高办事效率。

三、工作推进中存在的主要困难和问题

(一)规划相对滞后,建设缺乏前瞻性。从列为国家和省重点支持的市县工业园区现状看,除彬长旬能源化工基地8个能化工业园区有完整总规和详规外,其他重点园区有的总体规划,详细控制规划、土地利用规划等都尚未齐全。园区产业规划尚未明晰,园区产业布局及功能分区缺乏强有力的规划引领,对招商引资缺乏明确指导。个别园区规划范围界定不够明确,布局分散,入园企业多按先后次序安排地块,存在布局乱、建设乱、基础设施配套失衡、个

别项目建设存在盲目性等现象，入园企业不能形成错位发展、优势互补的效应，更难形成特色产业链，制约了园区的快速发展。大多数园区在当初设立发展中，规划面积过小，离城区过近，基础设施拉不开，无框架形象，有的在1到2个平方千米范围发展，显然小气。规划面积在4平方千米以下的园区占全市园区总数的三分之二多。现代园区的最低控制面积在10到20平方千米范围，才能大有作为。规划的理念，规划的修编应每隔5年得到一次提升和优化，有的仍停留在原有陈旧的规划上实施，显得与时代不同步。

（二）资金投入匮乏、基础设施不完善。各园区基础设施建设主要依靠政府投资，融资平台不畅，没有形成有效的市场化运作和“经营园区”机制。由于地方财政困难，对园区投入资金偏少，园区建设资金匮乏，综合基础配套设施水平低，一些园区存在水、电、路、气、热、公租房、通信等基础设施配套程度较低，明显滞后于项目引进时的要求。园区融资渠道不够宽，企业产品附加值低，产业链条短，自身造血功能比较薄弱，发展资金短缺，影响企业发展速度。一些财力较差的县市区园区要实现基本的“七通一平”难度很大。特别是兴平三园区受电力增容、铁路专用线难审批及咸兴大道两侧受陇海铁路、西宝高速、高压电力走廊、二道塬地形分割等制约，已无力承载更多大型企业的入驻。基础设施不完善导致项目引进规模小、档次低，园区发展速度缓慢，企业很难做大做强。

（三）土地储备不足、发展空间受限制。经过多年的开发建设，园区用地矛盾日益凸显。一方面由于受国家宏观土地政策的调控，各园区的用地普遍偏紧；另一方面由于征地拆迁难度较大，各园区无力收储更多的土地。除国家级咸阳高新区20.3745平方千米的用地经国土部认可外，其余各园区都没有得到部省用地面积认可。一些虽在园区规划范围内的土地，还没有从耕地调整为工业用地，只能看不能用，严重影响了项目的落地实施。只能是年年申请用地指标，年年跑部进省追加用地。就连咸阳高新区用地被城区挤占和彩电厂等企业先前占用外，也已无地可开发。显然，全市各园区均存在着土地存储不足的问题。许多成长性强的园区都有扩区的需求。土地储备不足、难以扩区增容，发展空间受限已成为制约各园区发展的主要矛盾。目前，用地供给成本大大增加，项目推进、落地更加困难，有一部分再谈项目推进较为缓慢或停止。

（四）产业集聚效应不强，周边配套服务不到位。各园区中虽然企业集聚，但真正聚焦于产业链的企业不多，行业集中度差，产业分工协作不够紧密，集群化程度低，密集性竞争与合作机制尚未形成，还没有一个园区真正形成比较完整的集群发展局面。多数园区缺乏能起核心带动作用的大企业、大项目的支撑，联系松散甚至毫无产业关联的中小型企业占了多数，“星多月暗”的现象比较突出。各地园区离城区都有一定的距离，由于目前都处于起步阶段，没有建立学校、超市、医院、娱乐等服务设施，在一定程度上很难留住人才，也成为制约园区发展的瓶颈。

（五）项目招商难度大。管理体制亟待规范。部分园区开发建设受地域条件制约，投资成本高，园区招商引资成效不明显，引进的项目规模小、档次低，产业关联度弱，且污染环境。有的园区产业规划定位明确，但招商中仍存在“饥不择食”现象，难以形成产业集聚、产业配套。有的由于目前招商引资政策不够完善，加之园区基础设施建设滞后，项目签约率不高，项目落地不多，项目推进不快。总体上看，园区大项目不多，主导产业不突出，特色产业未形成，园区经济总量小、层次低、竞争力弱。虽然大多数园区成立了园区管委会或指挥部等机构，也组建了园区开发建设领导班子，但有的园区管委会和指挥部都是临时机构，人员从不同单位借调，影响了园区工作的正常开展。市上对县域园区也未进行统一协调指导和管理。对已设立的园区，有的经济管理权限，人员招录，办公场所，工作经费等事宜都未能落实。现抽调的工作人员中，真正懂经济会管理的人才缺少，工作中无法直接参与市场运作和经营活动，服务意识和方法欠缺。园区管理还比较粗放。还没有建立起一个科学的、有效的、全面的统计、考核、管理体系，还需进一步探索和完善。

四、进一步强化园区建设的对策建议

当前和今后一段时期，我市必须进一步加大产业园区建设力度，努力在产业园区建设上实现新的突破。总体思路：以党的十八大精神为指导，落实“工业主导”战略部署，突出“两化”联动和产业结构优化升级，积极实施“一园一主业、园区有特色”布局调整，着力推进成长型特色产业园区建设，努力提高园区产业关联度、集中度和产业特色，以关联项目形成产业链、以产业链优化提升产业园区，以产业园区构建产业集群，以产业集群催生特色产业带，着力推动运行方式集聚化、布局方式集群化、发展方式集约化，使产业园区成为我市壮大提升七大支柱产业和培育发展新能源、新材料、电子信息、节能环保、生物医药、新能源产品等战略性新兴产业的重要载体，为全市工业经济转变发展方式和实现又好又快发展提供支撑。

（一）科学规划园区发展布局，推动园区产业持续发展。一是统筹规划。根据“十二五”规划及全市产业发展重点，结合各县市区实际，进一步完善园区规划，明确功能定位，形成各具特色、功能完备、有机链接的产业园区空间布局，推进产业加快集聚。如乾县要走城陵园三位一体的路子，将工业园区向东移2至3千米到阳洪，给乾县古城恢复重建及乾县新城留足发展空间。二是突出重点。加强对园区产业发展的规划指导，促进资源共享。在政策、资金方面予以倾斜，重点扶持积极性高、抓得扎实的园区，打造集聚效应显著、辐射带动力强的特色产业带。如秦都汽车产业园可扩大规模，在对外宣传上可提升为咸阳汽车城，将咸阳原上客运站至北上召十字，打造为咸阳西北汽车产业带。三是整合规模偏小园区。对县域工业园区规模在4平方千米以下，基础设施建设缓慢，无区位优势、入园企业稀少,且无明显产业特色的园区原则上可取消和整合,可作为工业小区或工业分区对待。各县市区要着力打造好一个上规模、上档次的10平方千米以上的省级重点园区。四是促进可持续发展。坚决遏制高污染、高耗能、低效益的企业项目入园,大力发展园区循环经济,减少园区建设对生态环境的人为破坏,力求把每个园区都建设成为“生态型、园林化、循环式”的现代产业园区。

(二)加大投入,进一步完善园区基础设施。产业园区是工业经济发展的重要平台和载体,而基础设施建设则是产业园区吸引项目落地的前提条件,也是能否引进项目、留住项目、加快发展的关键所在。因此,各园区在政策环境不断优化、服务水平不断提高的前提下,基础设施方面要不断完善、配套,千方百计达到规定的“五通一平”、“七通一平”、“九通一平”建设标准。与此同时,要进一步明确市、县各职能部门为各类园区基础设施建设服务的主要职责。要实行多部门联动,形成抓园区,建园区,上大项目、好项目的强大合力。

(三)用足用活土地政策,努力破解园区建设征地难的突出问题。发展园区经济,重在引进资金和项目,根本在于破解征地难的突出矛盾。根据我市各类园区建设的现状,希望各级政府和有关职能部门,要充分利用关中—天水经济区建设的战略机遇,全力破解征地难的问题,要借鉴先进地区发展园区经济的成功经验,并结合我市的实际,用足用活国家的土地政策。要通过积极推进城乡建设用地增减挂钩试点、建立城乡一体化土地制度和城乡建设用地置换改革,实施“三旧改造”(旧村庄、旧厂房、旧城镇),推进集体土地流转和入股等方式,为企业入驻园区预征土地,有效缓解土地供需矛盾,全力推进园区建设,为实现招大商、大招商打下坚实的基础。同时,要集约利用土地资源,优化用地供地结构,严格按照投资强度、投入产出率等控制指标供应土地,重点保障大项目、高科技项目用地指标。对个别“盲目圈地、多征少用、征而不用”的项目,合理引导其退园,消除园区“开而不发”现象。

(四)以招商引资为核心,外引内扶推进项目落地。坚持把招商引资作为园区发展的强大动力和主导战略,充分利用现有的区位优势、资源优势、劳动力优势和产业优势,以招商引资、招才引智为总抓手,加快建立改善投资环境的长效机制,完善招商引资、招才引智优惠政策,健全激励机制,调动各方积极性,紧紧抓住沿海地区、西安城区产业转移的机遇,不断创新招商引资、招才引智方式,推进重点项目招商、园区招商、产业链招商、以侨引商、以台引商、以外引商、以友引商、以商引商、以情引商、网络引商、媒体引商等,多形式、多渠道引进资本、引进产业。采取一个产业、一套班子、一个规划、一套配套措施的方式重点招商,做到“招得来、留得住、能发展”。与此同时,注重发挥本地央企、省企等大企业集团的优势,激励他们在园区投资建设和延长产业链的积极性,整合力量加快园区建设。加大招商引资项目的开发储备,狠抓重点项目,搞好项目的洽谈、签约、落地、发展全程服务,建设全方位服务体系和项目开工投产后的经常性服务体系,提高服务效率和水平。

(五)创新园区开发模式,促进园区多样化发展。从当前我市产业园区的开发模式看,总体是以政府为主导,参与从规划设计、土地征用、基础设施建设到厂房设施建设全过程。政府在扮演开发商角色的同时,也承担了过多的投资风险。建议引入公司制开发模式,从开发到管理全过程运用市场手段,减少行政行为,逐步将园区建设由政府行为转化为企业行为,由开发企业将土地生产力、设施使用率以及地产的租赁和销售作为业务,以投资土地开发和设施建设并通过其产品和服务的销售来获得收入,使政府降低投资风险,转移投资成本,并由此获得税收收入,实现政府与开发企业“双赢”。

(六)完善管理体制机制,助推园区加快发展。一是健全管理机构。要进一步完善管理机构和理顺管理体制,明确管理机构和有关责任人职责和负责园区的具体工作。有必要的要成立园区“项目协调推进领导小组”,统一协调解决给排水、供电、供气等公用工程推进中的问题,做到发现问题,解决问题。二是完善园区考核机制。建立行之有效的考核体系,对园区招商引资及项目签约、开工、推进等情况进行重点考核。落实考核责任,将考核落实到各条线、各职能部门、个人,调动各方面积极性,并提高考核对象之间的可比性,拉开差距,提高考核激励效能。三是推进配套功能设施建设。逐步在园区内设立金融服务、商贸中心、职工住房、文教卫体、公共交通等设施以及治安机构,建设企业服务中心、培训体系,改善园区企业和员工工作、生活环境。四是加大软件建设力度。彻底改变“管、卡、压、吃、拿、要”的不良作风,简化各种行政审批程序,缩短办理时限;加强与企业的联系,进园入企,上门服务,主动深入企业内部,详细了解和帮助开发区企业解决发展过程中存在的各种困难和问题,提升服务企业水平。五是重视和加强人才队伍建设,积极探索和建立科学合理的用人机制,推进园区人事制度改革,为园区建设业务精、能力强、作风硬、靠得住的人才队伍。六是创新园区服务功能,引进配套人才培训、法律维权、政策解读、信息发布、产品展示、资本运营、税费征返代办、财会事务、劳务中介等服务机构,努力搭建园区服务平台。

(市委政研室课题组:窦建杰　马志科　李买利　谢　晨)

咸阳市苹果产业发展现状分析

雷峥桦

我市苹果生产自然条件得天独厚,是世界上完全符合苹果生产七项指标的区域之一。近年来,苹果生产呈现良好的发展势头,产量稳步增加,质量大幅提高,效益显著提升。目前,苹果已成为我市农业农村经济发展的支柱产业,是果区农民收入的主要来源,2011年底苹果种植面积和产量分别占园林水果的63.53%和82.59%。苹果产业发展状况对我市农业产业化的调整，农民增收都有重大影响。本文试图对我市苹果产业发展的优势与制约因素进行简要分析，并对今后的发展途径提出几点建议，供各位参考。

一、我市苹果产业的基本情况

2011年底全市园林水果种植面积406.21万亩，总产532.84万吨，分别比上年增长了2.79%和7.32%。其中苹果种植面积315.22万亩，产量440.07万吨，分别比上年增长2.58%和9.51%。全市苹果优果率达80%以上，优质苹果主要分布在旬邑、淳化、彬县、长武、永寿、礼泉、乾县七县，面积和产量分别占全市的90.29%和90.30%。主要品种有：红富士、秦冠、美国8号、粉红女士、皇家嘎拉、红嘎拉、澳洲青苹、早生乔纳金。其中红富士的种植面积为200.25万亩，产量275.64万吨，分别占全市苹果种植面积和产量的63.53%和62.64%。

二、发展苹果产业的优势分析

1.自然资源条件优越。我市属温带大陆性季风气候；全市苹果种植区礼泉、乾县、永寿、彬县、长武、旬邑、淳化7县主要在北纬34°11′43″～35°32′42″之间的渭北黄土高原区，苹果种植区海拔皆在750米至1200米范围内；2010年年均降水515.1毫米、气温13.4℃，全年无霜期210天。是世界上完全符合苹果生产七项指标的区域之一。苹果生产区光照充足，无霜期长，昼夜温差大，土层深厚，质地疏松，富含钾、钙、镁、磷、硒等多种对人体有益的微量元素，所产苹果的果实硬度、果形指数、可溶性固形物、花青素和果糖等均属上等。被农业部列为优质苹果产业带，获中国质检总局原产地域产品保护、欧瑞金国际地理标志产品。

2.果农积极性高。苹果营养价值高，价位相对较低，被大家亲切称为"平民水果"，销售量大。而且近年来，苹果价格一直高位运行，果农积极性高涨，全市苹果种植面积持续增加，果农参加农业科技部门的技术培训人次逐年增加，积极学习"科学精细的管理技术"方式，改进田间管理方式。

3.种植规模较大。上世纪八十年代中期，我市积极响应省委、省政府建设渭北苹果基地的号召，在全市大力调整农业产业结构，开始大规模种植苹果。2007年，我市礼泉县、淳化县、旬邑县、乾县、彬县被授予"中国苹果20强县（市）"荣誉称号。2010年底，我市苹果种植面积为307.28万亩，占全省总面积的34.1%；产量401.83万吨，占全省32.4%，占全国总产量的12.08%。2011年我市苹果新增种植11.45万亩，总面积达到315.22万亩，其中挂果面积228.29万亩，产量达到440.07万吨。全市现有果品营销企业76家，其中国家级重点龙头企业2家，省级龙头企业8家，市级龙头企业35家。拥有气调库23座，机械冷库103座，年贮藏能力40多万吨。果业信息服务中介组织835个，果业协会和专业合作社1440多个。

4.科技人才支撑力强。一是充分利用了咸・杨农业产业一体化合作的平台，依托杨凌示范区的科技优势，发展我市苹果产业。二是我市七大苹果主产县都设有果业局，负责新品种引进的试验示范工作，组织开展科技培训和技术推广，积累起一大批本土本地的果农专家。目前，全市共有从事农业科技服务工作的专职人员1570人。截至2011年底，我市果业协会和专业合作社1140多个，会员157468户，带动农户119338户。

5.有机苹果比重增大。经过狠抓"大改形、强拉枝、巧施肥、无公害"等四项关键技术措施的落实，推广普及果实套袋、果园生草、配方施肥等先进实用技术，实施"果、畜、沼、窖、草"五配套生态果园建设，使果品质量不断提高。2011年，通过欧盟标准有机认证3200亩，通过国家标准有机苹果认证8700亩，通过GAP认证5.2万亩，我市已成为全国重要的优质苹果生产基地。

6."咸阳苹果"品牌知名度明显提高。近年来，"咸阳苹果"已逐渐获得市场认可，畅销国内各大中城市以及香港、泰国、孟加拉、阿联酋、俄罗斯等十多个国家和地区，特别是优质高价苹果在经济发达地区的市场占有率逐年上升。绿琪牌、旬宝牌、淳华牌、彬州牌、金玉寿、女皇牌绿色无公害苹果，先后荣获160多个奖项，在国内外享有盛誉。

7.政府政策支持有力。2002年，陕西省第十次党代会把果业确定为国民经济的六大优势产业之一，省农业厅制定了《果业提质增效工程规划（2008年～2012年）》。咸阳市政府制定的《咸阳市"十二五"农业发展规划》中，提出"转变发展方式，推进果畜结合，推行标准化生产，发展绿色有机果业"的思路，扩大优质果园规模，加快标准化果园建设，建设国家级优质出口苹果基地，提高果品优质率，打造咸阳果业品牌，增强市场竞争力，实现果业提质增效。

三、发展苹果产业的主要制约因素

1.水资源短缺，灾害易发。我市水资源短缺，北部五县水资源尤其贫乏。一是径流模数高但水利设施少，区内径流利用率低；二是地下水资源贫乏，开发利用程度低；三是耕作方式粗放，水资源未能得到有效利用；四是汛期降雨集中，易发生洪涝灾害，水土流失严重，冬春雨雪偏少，旱灾易发。五是冰雹易造成果园大面积减产或品质下降。

2.资金投入和融资渠道还显不足。一是政府投入不足。像灌溉设施、防雹网、防虫灯等基础设施需要政府出资完成，靠一个个果农是无法完成的，目前仅在一些示范园进行，并没有大面积推广建设。二是果农的投入不足。果农将苹果收入大部分用于盖房子或者应付日常开支，对果园建设和田间管理的支出仅仅是维持在低水平生产上。三是信贷支持不到位。信贷部门对苹果产业的融资力度较弱，对果农的融资渠道较少和门槛较高，影响到我市苹果品质的提高。

3.分散的农户经营模式。虽然我市苹果种植规模大，但主要还是一家一户的经营模式，全市几乎没有大型的统一组织生产统一管理的苹果基地。同时土地流转率低，极大地阻碍着规范化水果种植基地的形成。2010年底，全市家庭承包园地流转总面积88714亩，仅占全市园地面积的2.24%。

4.品种结构不合理。近年来我市采取一系列措施，早、中、晚熟比例由2：10：88调整为3.7：9.3：87，比过去更能适应市场的需求。但是总的来看,我市主要还是以单一的鲜食品种为主,为果汁提供原料的品种面积过低,以致我市果汁主要是富士、秦冠等鲜食类苹果的残次果加工而成,相比以澳洲青苹为原料加工的果汁酸度不够,在国际上价位较低,竞争力较弱。

5. *加工产业链短,产品单一*。我市苹果产品一是鲜食类苹果,但是年贮藏能力仅为30多万吨,贮藏能力不到10%;二是主要是以浓缩果汁为主的苹果加工品,其中浓缩果汁加工量占总加工量的90%以上。品种结构单一,市场风险性和不稳定性必然增加。而且我市12户果汁加工企业年加工能力也仅有40万吨。

6. *商品意识不强*。虽然我市苹果具有个大、味甜、无污染的特点,但是很长一段时间,“陕西苹果”(我市苹果在外更多的是“陕西苹果”而出现)就意味着低价。究其原因,主要是没有重视作为商品的苹果的清洁、外包装、等级分类等问题。特别是:外形上有瑕疵、忽略包装、运输保鲜设备跟不上等,再加上缺乏品牌宣传意识,导致了在市场竞争时难以进入高端市场,价格始终在低位徘徊。同时不注意原产地保护,许多苹果是以“洛川苹果”出现在市场上,品牌管理混乱。

7. *营销网络不健全*。据调查,全市现有果农协会144个,果业龙头企业18户,年销售能力45万吨,占2010年苹果产量的11.22%。然而各果农协会鱼龙混杂,谈不上规范化的公司运作模式,更谈不上拥有长远的销售理念。而大部分客商上门收购的苹果仅仅是经过简单的包装就进入市场,根本没有经过机械清洗、分级等诸多工序,更多的是充斥低端市场,严重影响我市苹果的形象,制约着苹果产业的有序发展。

四、几点建议

通过以上分析可以看出,咸阳具备发展苹果产业的自然条件,农户也有发展积极性,政府政策和管理力度大。近年来,在苹果发展产业方面,种植、田间管理、果品销售和果品深加工各阶段已奠定坚实的基础。但是发展过程中的一些问题也不容忽视。一是在苹果优生区的灌溉条件、基础设施,防灾建设还显不足;二是小农户家庭经营模式严重制约着规模经营与标准化的推广;三是苹果单一的鲜食品种、果品种类还不丰富,产业链条短,加工产品单一造成我市苹果产业与山东等省份相比竞争优势不足;四是商品意识缺乏与落后的营销理念更是造成了我市质优价低的苹果低收益;五是缺乏苹果加工品种和加工产品的单一,严重威胁着我市苹果产业的长远发展。通过以上对我市苹果产业的现状分析,为了促进我市苹果产业快速有序高效发展,提出以下几点发展建议:

1. *加大资金支持力度*。一是积极争取国家和省财政的支持,扶持苹果基地和果品龙头企业建设。二是扩展对果农的融资渠道,建立果业小额信贷制度,加大对果园的投资与管理,从源头上提高果品优质率。

2. *加强基础设施建设*。一是加强水利设施建设,铺设滴水灌溉系统,逐步改善苹果产区水资源缺乏的短板。二是加大政策资金支持力度和宣传范围,在苹果主产县大力推行“草、畜、窖、沼、果”配套的生态园模式,果畜互抓,改善土壤有机环境,提高土壤有机质,努力扩大我市有机苹果认证面积。三是继续扩大防雹网建设规模,提高苹果产业的抗风险能力。

3. *提高标准化果园建设水平*。一是通过果业合作协会组织、培训、管理提高果农的田间管理规范化操作,使分散的农户经营模式变为标准化的协会管理模式。二是通过土地流转,成为统一管理统一生产的规范化公司管理模式,可以运用机械化的操作以减少劳动成本和提高操作水平,建设标准化果园。

4. *改善品种和产品结构*。一是继续加强苹果新品种的引进和研发工作,进一步改善我市苹果早、中、晚熟的比例结构。二是针对我市苹果深加工产业的发展,需规划好各类品种的种植范围,加强深加工产品的原料供给。例如进一步扩大澳洲青苹的种植范围,改变我市以鲜食类残次果和落果加工果汁的局面,提高果汁的国际竞争力。三是继续加强苹果产品的研发工作,加强以苹果为原料的发酵酒和蒸馏酒的研发力度,改变浓缩果汁一统苹果加工产品的局面,有力地分散我市苹果产业的经营风险。四是继续加强与国内知名果品加工企业的接触沟通,扩大苹果深加工产品的广度和深度。

5. *建立规范化营销模式*。一是加强苹果商品意识。果品必须经过机械清洗、分级、包装等工序之后,才能投放市场。二是加大果品公司的支持力度,提高我市果品公司的销售能力。同时建立分类销售理念。针对高品质苹果(SOD、牛奶、富硒等)和普通苹果不同的目标消费群体进行不同的销售策略。三是进一步规范果业协会的销售模式。四是积极参加各种名优果品博览会,加大“咸阳苹果”推广宣传力度。五是规范上门收购客商的市场行为,避免客商因市场利益影响而出现不利于“咸阳品牌”的行为。通过以上措施,有力规范我市苹果销售网络,改变我市苹果质优却品相差、价格低廉的市场形象。

(作者单位:咸阳市统计局)

对咸阳城市化进程的全新思考

窦建杰

着力推进西咸国际化大都市和大西安建设,拓宽跨越发展战略空间是近年来我市对城市框架、经济布局进行重大调整的战略思路。它不仅事关城市的发展大局,事关城市组团中每个新城和区域的发展定位,也和人民生活息息相关。然而,推进西咸大都市建设的战略着眼点应该放在哪里,是关系到这个战略成败的大问题。本文认为,以新城建设为支点,是推进大都市建设和市域城市化进程的关键环节。具体来讲,就是以大都市内组团新城和外组团新城建设为支点,走以大都市圈为核心的市域城市化之路,是我市城市化的战略选择。

一、市域新城化的意义

市域城市化的基本单元是由新城构成的。近年来,“新城”在全国成为一个很热的事物,不管北京、上海、广州、重庆等一些特大城市和省会城市,还是深圳、大连、苏州及许多地级城市的总体规划布局中无一例外地都引入了“新城”,通过加速新城建设来推动一个地区的城乡一体化进程。在全市推进市域城市化过程中新城建设的意义在于,走以西咸大都市圈为核心的全域城市化可以避开单纯的“大城市化”和分散的“小城镇化”两者的弊端,找到一条咸阳特点的城市化之路。首先,新城作为城乡一体化的新枢纽,将为我市经济发展注入新的生命力。新城在大都市区域发展中既可为中心城市的集聚和郊区化提供跨越式的拓展空间,也为周边小城镇、乡镇的整合和城市化架构了新的提升平台,为大都市区域的交通、物流、人流网络化发展创造了更广阔的前景。其次,新城建设是城乡结构调整的关键环节,是转移农村劳动力的空间载体。新城建设的紧迫性在于:它为农村劳动力转移提供了一个高起点的发展平台和承载空间。较之于中心城市,新城在用地上具备更充裕的发展空间,在环境上更适合人们追求舒适健康的生活品质,在经济发展上更具有潜力来创造优越的物质设施条件,提高竞争力,以吸引人口与产业。对于大多数农村转移人口来说,由于中心城区较高的生活成本和住宅成本,转移到城市中心几乎是完不成的任务。但新城的优势,使之可以成为这些转移劳动力迁居地的优选。同时,新城建设势必带动周边小城镇和农村新社区的新一轮发展,有利于推动小城镇空间的集约化,促进城乡统筹发展。再次,新城建设对于推进区域管理体制改革、创造体制新优势意义非凡。中外实践都证明,新城是一个地区快速发展的“火车头”。在我市推进市域城市化,要摒弃过去那种泛泛地发展小城镇的做法。泛泛地搞小城镇,最终小城镇是一种粗放发展的模式,对产业和人口没有吸引力。采取建设“新城”的方式来拓展城市空间,提升城市综合竞争能力已成为一个大趋势。

二、市域新城化的总体思路与实践点评

全市发展新城的目标,可概括为:“一都生六城,六城带十城”。即:“一都”指西咸国际化大都市,“生六城”指大都市内组成由新产生的秦汉新城、沣东新城、沣西新城、空港新城、泾河新城及北塬新城等6个内组团城区,“十城”指大都市外围的兴平新城、武功新城、三原新城、礼泉新城、乾县新城、永寿新城、彬县新城、长武新城、旬邑新城和淳化新城等10个外组团新城。在推进思路上,可以提“一都十六城,内六外十同步化”,全部融入西咸国际化大都市一体化进程中。

(一)对6个内组团城区的实践点评

1. 沣东新城。从道路系统规划看,棋盘路网、八横两纵。区域内交通循环设计达到了最优化。与东西两个区域外交通的连接上,八横规划基本上与西安主城西半部电工城、化工城做到了紧密联接,在穿越西三环与西绕城高速两大路阻上实现了突破,改变了西安主城西半部多年来边缘化发展的问题,也调整了西安在三桥以西区域路网倾斜化的现象。两纵道路的设计,一条是建章路,一条是沣泾大道南段。沣泾大道向北过渭河连通了秦汉新城,建章路向北没有打通。形成沣东新城西南部畅通,东半部闭塞的问题。几条南北向的建章路在向北没有一条过渭河的通道是不利于交通分流的。建议建章路向北沿福银高速东侧过渭上塬与空港新城东环路连通,形成一条民用普通型通往机场的平民大道,以改上高速收费制约普通车辆通行机场的现象,也可以说是一条机场中线。对三桥商业街板块的策划是该区域繁华的根基。三桥商业街建设最大的问题是能否有一条像样的商业街,要百店林立,商场遍街,不说打造5千米长,就是打造2千米长,也能取得像上海的南京路、武汉的汉正街等有名大街的效果。现在三桥街道,是经过三次改扩建而成的312国道过往路街。更是西咸两市普通车辆过往的要道。显然这段道路不能作为商业大街来实施,而要就近向南另行开辟一条商业街,形成区域商贸板块。

2. 沣西新城。在规划上“北重南轻”,主要在南半部为将来的发展预留了空间用地。未来的空间用地暂以优美小镇与生态示范区填充,至于将来能不能成为引进像西安交大新校区等高校聚集的西部大学园区,有待于形势的发展。近几年,必须干好三大基础设施,一是西咸北环线的过境,以框定区域发展的格局。二是西安南环铁路的过境,能否于西户线、西咸客运线三线交会处整合建设一座现代化的大型西客站,便利周边地区的人流物流。三是红光大道的建设,布建该区域新的商贸街。该新城与咸阳主城区的联结,应更紧密化一些,主要是再增添两条过渭通道,一条是乐育路过渭大桥,一条是彩虹路过渭隧道,以增强咸阳主城区对该区域的辐射带动力。对现西宝高速过境段,有条件时将实施高架桥改造,以释放土地空间和区内道路布建穿越的便利。对沙河景观带的建设也要精心策划,做到取沙与景观建设两兼顾。

3. 秦汉新城。是西咸新城中最大的板块,也是遗址保护区最大的板块。带状的分布与川塬地形,使整个西咸新区板块在该区域发生了布局隔离跳跃,习惯于紧凑型的都市布局在此发生了改变。此板块要做足50千米左右长的三个带:一是渭河生态景观带。要把渭河生态景观带打造成为一条渭河休闲大街。计划经济时代人们消遣的乐趣是逛大街。现时代人类走进了较高级发达的社会形态,人们消遣的乐趣是休闲。当西咸国际化大都市容纳1000万市民人口时,那么每天就有上百万休闲人口要到渭河生态景观带。渭河景观带是一个大的休闲空间。结合渭河整治,对渭河过境段两岸休闲道路、过境道路、轻轨交通,跨河通道等进行全方位的规划设计,至少保持景观带1500米的实施带度。对咸阳城区段北岸建筑过于挤压堤岸的现象,从规划上要进行一二十年控制,特别对高层建筑的控制力度要更严格,以防渭河两岸交通的通畅性受阻。二是帝陵遗址风光带。帝陵遗址风光带的建设,要敢于形成一条宽2千米左右的大绿带,形成一陵一景,一陵一树,一陵一花,一陵一草。陵陵都有民居特色,陵陵都能观览。与现代旅游相结合,打造几个陵前娱乐文化

圈,实现帝陵遗址风光带的可持续发展。在对外旅游宣传上可打“咸阳皇家陵园”品牌。三是北塬工业带。与空港新城工业区、泾河新城工业区、高陵泾河工业区,四区联手打造宽10千米,长50千米的北塬大工业带,贯通泾渭铁路专线,形成在全国有影响的陕西最大的先进制造业基地,容纳百万产业人口。

4. 空港新城。空港新城是规划建设用地最少的新城,仅36平方千米。规划的方位是向东南与西北方向倾斜规划,产业组团主要放到机场区的北面,机场南面受区划及文物区影响,区域组团面积不足,仅能作为过往机场交通枢纽通道和生活服务区,而且站前广场规划预留面积不足。站前出港没有南北向主街规划,主要靠东西向高速公路分流。这样的空港新城规划,一是没有新城组团氛围;二是没有新城人气。空港新城要做得大气和有产业组团人气,可考虑将北塬新城的双照与马庄组团整体融入空港新城。规划建设有规模的空港产业区,在机场的北面预留机场三期、四期及飞机维修区域。机场站前广场要规划大气,站前要有机场大街直到渭河,最好过渭与沣东新城连为一体。机场的物流与仓储区要规划得超前一些,以适应现代快速物流发展的需要。机场周边的绿化要进行科学研究,既避免各类鸟的栖息,又能减少对周边环境的噪音干扰。

5. 泾河新城。泾河新城建设用地基本上分两大块,东片区受过境高速、铁路的影响,产业布局跨路、跨桥分散性比较大。给区块基础设施建设带来的制约性较大一些,其产业发展很有前景。西片区主要是泾阳县城。这一区块的要害是重点提升泾阳县城建设的档次和水平,既要对老县城原有的建筑、道路进行大的规划调整和改造,又要开辟新的建设新区,再不能小里小气建设。区域大的新城规划已经确立,并且是合理和科学的。首先,在改造中要遵循大规划。对改造的小规划要不断完善和修订。在改造的小规划未确定之时,泾阳县城的大改造、大建设可能要放慢一段时间,这不要紧,只要有一个好的改造规划,后面的改造就会加速。对泾阳县城的改造建议:一是打通泾阳县城到礼泉阡东的跨县道路,消除县城西部的交通弱的现状,并修建泾河大桥。二是县城要增建东环路,使秦汉大道过城段的车辆绕行东环线。三是确立城中心区南北向两条中轴线。一条为秦汉大道过往通道中轴线,一条是城中心区文化轴中轴线。两线不希望重叠。因为泾阳县城有很好的文化文物轴线。秦汉大道中轴线与现泾干中学西侧的道路南北向打通,按50米道路红线确定拓宽改造。将文庙与泾干中学南北向区域作为县城文化轴来建设。宽可暂定为108米。可在文庙北十字建设一座钟楼。相应扩建文庙广场,在文庙广场南,规划与泾干中学对称建设的县体育中心。至于建设什么样的文化古街,听取各方意见定。为了与秦汉大道对称,可在现泾干中学东边开辟一条南北向新路,到县城北环线,作为住宅小区用路,宽度30米左右为宜。同时将泾干中学后围墙至北环路土地留给中学用于扩建。将现在的东西大街,向两侧各拓宽10米左右,建设一条步行街。县政中心可迁新城大道以南与秦汉大道交会处布建。四是对现北环路改造要拿出方案,至少按红线60米两块板或四块板改造升级。对现去三原208省道节点处,另行规划。建议向北移1千米~2千米,与东环路建设一并实施,现盘道放于路心,以减少现北环路与208省道及永乐大道三路的冲击点。县城汽车总站可规划在现去三原的节点处。

6. 北塬新城。咸阳主城面临两大建设任务,一是老城区的改造升级,二是北塬新城的建设,相当于是再造一个咸阳主城区,与老城中心形成“双中心”格局。这两大城区建设都面临新的挑战。老城区的改造提升也推进了几年,有成效,也有不足。成效表现在能够整片进行改造开发,不足表现为,对老城区整体改造规划上有些滞后,与渭河整治及景观带建设规划衔接不够,使得沿渭河北岸改造的建筑后退性不强,过于欺岸,使沿渭河北岸的滨河大道拓宽无法实施。同时对兰池大道与咸兴大道连通的城中东西向快速干道考虑不到,对城东部南北向快速干道也规划不周,对渭河南北两岸过往通道建设不足,造成老城区过往车辆通畅性受阻严重,两岸物流人流交往性不够,老城区发展被凝固。对老城区的发展,要尽快完善规划特别是路网规划。滨河路一定要打通,至少按50米退让,已造成二十几层高楼阻挡的1号桥两边区域,只能实施部分高架,对过往的所有桥头实施枢纽化改造,增建乐育路与彩虹路过渭桥梁或隧道。改扩建东风路为城东辅道快速干道,迁建中五台庙宇,沿铁路北环线一侧将原规划的北环线作为东西向城中快速干道加快实施。对北塬新城建设,一方面要完善详规。另一方面要确定近期的实施重点工程。实施和推进的重点工程,一是将实施的城西快速干道先期按规划60米宽实施,后期按100米红线对两侧建筑进行控制。将其上塬的平陵段,下降地平2米~3米,使其将来建设地平与双照街道地平相一致,取平其短暂梁坡,并生成城区最短缺的土源。二是加快实施秦皇大道上塬拓宽改造工程,秦皇大道上塬部分至少按80米红线拓宽改造,并将咸北路并入秦皇大道改造之中,将统一命名为秦皇大道。三是将汉武大道向北上塬拓宽延伸到店张以东与312国道连通。

(二)对10个外围组团新城的实践点评

1. 兴平新城。兴平城区的规划要进行大的提升,再不能局限于东起302铁路专用线,西到四〇八厂,北不超过渭惠干渠,南不跨越陇海铁路。兴平要树立新的理念,兴平城区就是咸阳主城区的一个组成部分,在咸兴一体化中,兴平城区要与咸阳主城区完成对接连为一体。规划范围暂定东到与秦都交界,西到四〇八厂,北控制到渭惠干渠,南到西宝高速。功能分区,西片区为装备制造业区,中片区为中心城区,东片区为大工业园区暨咸兴工业新城。在东片区大工业园区中,可分设石化工业园、纺织工业园、食品工业园等特色园区。对内可把三大城区叫为东城、西城、高新城。要下大工夫解决兴平城区东出道路问题,一是兴平高速引线道路向北上跨陇海线再上塬与兴店路连通,使北环线接入此迎宾大道上。二是北环线在城区过境段红线宽度放到60米为宜，作为省道104的过境线。三是打通咸兴大道城区段。由于兴化厂区的制约，使得咸兴大道不能直达兴平西立交桥，也为西宝中线拓宽改造留下遗憾。为了解决这一问题，可从兴化厂区门前渭惠渠上高架一段过渡路桥，过兴化厂区后下落高架，按咸兴大道西延段（红线宽度65米）继续实施。四是咸兴北路将提升改建为红线宽度为50米大道，与咸阳毕塬路连通，可改名为毕塬大道。五是申报实施302铁路专用线与西平铁路线的连通工程，在连接处设立兴平货站，为区域用煤及为兴化提供旬邑或庆阳石油原料提供便利。六是打通茂陵旅游专线，茂陵旅游业上不去主要的问题是没有形成旅游环线，要下工夫打通茂陵——店张东——礼泉骏马西——礼泉泔河旅游桥——昭陵旅游专线，提升茂陵对外知名度。七是桑镇至周至过渭大桥要列入招商引资计划，提升兴平西南片区对外经济交往度。

2. *武功新城*。武功近日修编了县城总体规划，规划期放到了20年（从2010年～2030年）。规划的范围包括了普集镇、小村镇、大庄镇的全部和机场区，总面积为142平方千米。规划用地范围为：东至小村镇薛村，西至普集中学，北至原南仁乡乡政府，南至小村镇南显村，城区用地发展方向选择为“中优、南跨、东扩”，总面积20.48平方千米，人口规模约15万人。这个规划总体上是可行的。从武功县城所处的地理环境来看，特别是从提升到新城层面上来分析，应对以下问题进行重新认识和思考，一是县城发展宜“北扩、中优、东连、南控”。重点在北扩上，与贞元镇将来一体化考虑。东面与五七〇二全面融合即可，不要过于地欺机场。南面不赞成县城向渭河靠近，将南面的渭河川道尽可能留作县城工业园区及高效农业园区用地，县城放到台塬上比较有经济性。二是省道107要在县城西边进行绕城新环线建设，红线宽度放到70米为宜，修上一条宽敞的大道，提高县城过往车辆的通达能力，也提升一下县城的规模和气度。县城与贞元镇之间道路也按此宽度考虑预留，作为县城南北发展中轴线，县行政中心可考虑放在原南仁乡政府那里，拉大县城框架。县城的北环线要向原南仁乡政府以北重新规划，尽可能放宽到50米红线。县城的东边是一个大交通死角，应在小村镇镇区范围规划东环线。三是县城建筑高度向18层高层过渡，在教育进城，人口转入上，要放得更开一些，使县城人口在近10年内翻番，向20万人口城市发展。

3. *乾县新城*。乾县城陵一体化66平方千米规划的出台，给乾县的城区与工业区发展用地仅剩了24.1平方千米，而且功能布局也不够合理。乾县城陵一体化的要害是在原址上恢复“奉天龟城”。用现代的观点看，恢复“奉天龟城”其经济性在于增添乾陵旅游的“玩、吃、购”功能。能不能移址新建，如向北移到规划的牡丹园或向西骑在司马道上，这样就给乾县新城建设腾出许多空间。如果不能移址建设“奉天龟城”，那么就要对乾县新城的布局进行全新的思考与定位。乾县新城的建设受西边漠谷河及南面西平铁路的制约，不可能像西安一样新城区围绕“奉天龟城”摊大饼建设，没有人口集聚活力。只能走像山西平遥一样老城与新城隔开建设之路。312国道向东改线成为必然，在西兰大道与改线312国道之间规划建设大手笔、高标准的乾县新城。将靖庄路定位为乾县新城的南北中轴线，此路可改名为乾州大道，北端建设县政中心，南到火车站广场。不管是纺织工业园还是食品工业园，都向西兰路以东阳洪镇方向调整，将现在的工业园调整为居住、商业、文教用地，集聚起30万人口规模的新城。

4. *礼泉新城*。礼泉新城如果干得好，就可以融入西咸大都市的内圈。礼泉县城规划近十多年没有提升，要紧抓这次西咸大都市组团新城的机遇，对礼泉县城规划进行一次战略性策划。礼泉县城发展重点解决的问题，一是拉大县城框架，重新规划一条外环路，南环路以原新时乡政府门前东西大道为基础，东环路以原药王洞乡精神病医院门前南北路为基础向北到原裴寨乡的北扶村，北环路由北扶村西折与现北环路连通，将来北通与关中环线连通，就会极大改善县域北部广大群众进城的道路。西环线由现西环线向南与南环线连通，规划红线按65米～70米考虑。二是市政街的东西向拓宽取直，与朝阳大街、阡礼路，向东与泾阳县城连通，分段按一级路规划实施。三是老西兰路向东取直，规划一条东西向第二条商业大道。四是现312国道城区西段路基要下落，向城区道路实施。五是宝鸡峡西三渠要在城区段进行改线，释放斜穿土地，改线沿现312国道南侧取直向东在现东环路一侧北折投到原渠。走明渠开挖还是走暗管下穿，在于争取水利投资，可设计一渠两用，既可行水，又能排水。六是泥河沟的回填成为必然，无论采取任何措施都无法阻挡民众回填的行为。要至少规划6米×6米排水涵洞，加快回填进度，实施泥河公园向十里泥河风景园的大提升。七是加快老城改造，搬迁县林业局并回填县林业局后壕，建设中心广场，东迁县政中心，提升建筑高度，建设现代新城。

5. *三原新城*。一是加强对城区清河段规划治理研究。清河城区段下切过深，污水排放与垃圾乱倒难以根本治理，现立体治理难度太大，而且效果不好，不如一次性投资实施城区段5千米双涵洞覆盖，用建筑垃圾回填平，建设清河公园。打造绿色生态城区。清河两岸1公里范围不要布建12层以上的高层建筑，以免两岸黄土地质条件的不稳定。二是加强108省道城区段过境规划研究。现北有107省道（关中环线部分），建议108省道在城区形成南部新的过境环线，在现108省道线南2千米～3千米范围，寻找新的108省道过境线，宽度与107省道过境宽度相一致为宜。同时考虑108省道过境西环线，打通城区西半部发展滞后通道问题。对城区包茂高速过境段与池阳大街立交要进行改造研究，实行下穿式枢纽立交比较相宜。如果说107线是北环线，新的108省道可以作为城区段的南环线与西环线来考虑的话，那么对城区段东环线的思考，就显得尤为重要。建议在包茂高速东2千米~3千米范围规划。从长远来看,北环线必须考虑辅线,向北在鲁桥镇区域过境较为适合。对火车站的考虑,要以货远为主,客运为辅。对站场区域进行大手笔改造和扩容。提升三原城区对外形象。综合考虑火车站扩容,汽车总站、未来轻轨总站、货运总站,物流仓储、站前广场、商贸运输等业态的发展。控制在2千米~3千米范围进行策划。

6. *永寿新城*。永寿县城1930年能从永平迁到监军,就是想找一块平的地方落脚。前30年处于小县城时期,县城这块小平地足以够用。经过这30多年的改革开放,小县城要向大县城过渡,永寿县城的地形地貌就成了很大的制约。永寿县城地形地貌是由南北向东边和西边的两道丘陵梁构成,中间是一个加槽。南面有条沟壑,地形较为开阔,有土源优势。这样的地形地貌如果不作为的话,那县城越建越难看。县城规划范围要放大,至少要东起东沟,西到西沟,南到南梁,北到煤炭超检站。要下大决心实施县城建设“三大工程”。第一大工程是平沟取梁。以县委大院地平为基准,先平东梁,回填南沟,将古屯村与永安村拔村上楼,平整出5平方千米~8平方千米的新城区建设用地。第二大工程是实施东沟土大桥工程,下建涵洞。东沟土大桥上宽按70米规划,畅通县域东部物流、人流。东沟大桥实施土桥工程,一是节约成本;二是利用东梁黄土资源;三是可千年万年永驻。如果建设水泥桥梁,使用年限就那么50年到100年,过期需要重新建设。而且投资量大,没有1亿元拿不下来,建设土桥,1000万元~2000万元就可以拿下来,就近的东沟大坝不就是民众在上世纪60年代~70年代靠架子车填起来的?用现代机械设备,不出一年就可建成。第三大工程是县城过境环线建设。现永寿西兰大道受过境车辆影响太大。而且现县城没有一条主街。只有沿西梁上规划建一条312国道一级过境线,还现西兰大街于县城内南北向主街。争取从南梁下来向东后沿福银高速西侧或西平铁路一侧,规划建设至少50米宽的东环路,提升县城东边车辆过往能力。

7. *彬县新城*。彬县县城发展的主要矛盾,一是县城泾河川道面积不足。二是下压煤炭,地质评估不够充分(估计县城、铁路、福银高速及泾河这四段下压煤炭4亿吨~5亿吨)。应像延安上山建80.3平方千米新城一样,实施“上塬建城”。在充分了解新堡子塬地质基础情况后,拓展城区新空间,再拉大县城框架50平方千米。上塬建设新城的立足点是削塬建城,就是有效降低塬面高程3米~5米,使新城建设的土源来自于塬,用之于塬。可用于烧砖及工程回填,再不能走挖沟取土增沟缩塬的老路。建设“彬县新城”须做好的三项基础工作,第一,对处于无煤区边缘的新堡子塬地质进行充分评估。得出可行性的迁城计划。第二,在迁城可行性的基础上,对新城进行“大经济型规划”,总体目标按铜川新区规模定位,总体规划至少在50平方千米~60平方千米,要聘请一流规划团队,高起点、大手笔规划,确保规划方案的档次和品位。先期开发起步区按5平方千米~10平方千米考虑,要以环路建设框定新城骨架。要做到县政中心迁建,大学校、大医院、大宾馆、大景点的引领规划的实施。第三,加强新城对外主干道路建设。由于新城区区位特殊,新城区对外的主干道路建设就显得特别重要。主干道路的成功,就是新城区建设成功的一半。新城区主干道路的重点是“一路一桥”建设。“一路”即建设60米~80米宽,长约10千米的彬州大道,沿原312国道及306省道重新取直放线,按规划基准地平下落建设。“一桥”即建设长2千米,宽8车道,高30米~50米飞架南北塬的泾河高架桥工程,估投2亿元。两大辅助工程,一是新区南北两端上下塬立体盘道工程。二是上下塬人行台阶及升降电梯工程。“一路一桥”建设,要作为国道312、福银高速遇险受阻的疏导线予以考虑,更要为省道306改线段列入计划,以得到省交通部门的支持。“一路一桥”建设,对新城区开发有巨大拉动作用。创造更有利的交通优势,助推彬县新城的建设。

8. *长武新城*。长武县城发展面临着下压煤炭与县城长久存在的矛盾。从各种资料显示,按20平方千米县城面积考虑,估计下压煤炭最少2亿吨。如果控制下压煤炭开采,就要对下压煤炭资源的经济性进行评估,如果评估的经济性大于县城存在的经济性,那么后人自然会选择弃城开采,反之,县城就能保住。如果县城发展及工业园区用地控制在30平方千米范围,按百年控制完全是有可能的,这样的保存县城思想,总的来说是被动的。在现在长武县城资产总量不太大的情况下,与其推后开挖煤炭不如早开挖,使县城的区位提前发生一次东移或西移的转换。这个过程需要30年~40年的时间。长武县城的先开挖后长久的建设模式,如河南平顶山市一样,新区发展跳过煤炭塌陷区建设新城,逐步废弃老城。长武县城的发展不可能跳过煤田区寻找偏远的无煤区进行建设。对长武县城下压煤炭的评估就显得尤为重要,以评估来应对建设之策。对现建筑高度的控制,使用年限的考虑就成为长久建设的主因。如果评估下压煤炭不理想,就可以放开手脚搞建设。首先,对现县城地形地貌在整平改造上实现新突破。县城的地势是西南稍高,东北略低,由西南向东北呈倾斜状,这样的地形十分有利于县城排水排污。但一个高度发达的县城面貌,是十分注重地形的开阔和平整,即使有降比,地形的降比不大于千分之三,街道的降比不能大于千分之一。目前,县城的地形是西南部稍高龟背地和东北部弯曲沟地并存,使得“巴掌大”的县城倾角过大,地形过于类多。要建设一个“明星”县城,必须在整理地形上下工夫,以中心十字为标高,落低西南部龟背地1米~2米,填埋县城东沟、北沟,让沟里的群众全部搬迁上平处,以实现10平方千米地形的整平。其次,对现主街道路升等改造上实现新突破。近些年,县上对西兰大街、南北大街、新西区大街进行了整修改建,效果总体不错。在南大街短短的街道上形成一个大坡,这在城建上是不该有的现象,无论如何都要整平或有一个舒缓的降比。按理来说,长武县城就彰显了一个南大街,而且是人们不愿接受的南大街。南大街倾坡的形成是与312国道连接的地形有关,是顺地形将窝就窝修建的,是一项不理想工程。在新一轮的城建中,要有敢动大土方,敢落平地形,敢修宽街道的勇气,近期,积极争取中省市交通部门的支持,实施落路拓宽改造县城312国道5千米~10千米试验段,按双向六车道,四块板设计,落低整个道路高程1米~2米,达到城区道路标准,利于排水。使312国道过境段在长武成为标志性路街,形成县城建设的良好平台。该路的实施一定要大气,吸取礼泉段、永寿段的不足。同步实施南大街落坡整平改造。其他新规划的道路尽可能放宽。对火车站进入县城段道路要精心规划建设,对东、西环线建设也应在考虑之中。对福银高速县城出口进城道路进行优化,使到长武的客货运车辆都从彬县出口下车的现象得到改善。县城北环路建设、长武——彬县北极镇——旬邑太村镇的(长旬)县际连接公路建设等都要予以长远考虑与实施。再次,对县城发展的重心是东移还是西移要进行道路跟进。县城东进比较符合趋势,虽然东面受沟壑制约,将来填埋沟壑已不成为问题。况且现在已成为汽车时代。对昭仁寺门前广场的设计,应参照三原城隍庙广场规制实施。要干好每一项对长武有深远影响的惠民工程。

9.旬邑新城。旬邑县城是一座袖珍型县城,出城就爬坡。县城在现有的小河道上无法实现大的突破。将塬上旬邑的副中心太村新区提升为未来旬邑新城的主中心应提上议事日程,以实现县城建设发展重心由沟里向塬上的转移,这是一次历史性的县域发展跨越,旬邑的发展必须实现这种跨越,规划出一座大气的、和美的新县城,以县政中心上塬为引领,加快新城建设步伐。在新城与老城道路联系方面,一是改造升等211国道上坡段,二是在咸旬高速上塬段为新县城建设新的出口。三是对新老县城连接的凤凰山坡进行园林化规划,使其成为新老两城之间的休闲运动公园,并开辟人行宽台阶上塬通道和电梯公交车道。四是在老城区北面,凤凰山脚下加修一条过境环城路,按70米宽双幅规划,中间加25米防洪渠一道。

10.淳化新城。淳化发展的根本问题是县城上润镇塬问题。县城上塬就是拔穷县城、小山城的根,将从根本上解决生活在不适宜居住、不适宜出行、不适宜发展环境中的县域广大干部群众最迫切需要解决的现实问题。正如有的群众呼吁:"出门就是坡,抬头就是山,这样的县城日子过够了。""现在几百年的县城如此发展,将来几百年的县城还蜷缩此地,无非是几栋高楼代替低楼的折腾,能有多大出息呢?"由此可想象出"走出小山城,走出贫困县,是县域数代人的梦想,为了这一天,他们期盼了多少年!"他们都是不能远走高飞的人。现在看来,我们现在不是处于封建时代的衙门时期,县城有几千人的规模就行了,现在的县城少则5万~6万人,多则10多万人规模,我们还是以10多万人的规模和几万辆私家车容量继续装在一个小山沟区域,显得我们的发展理念、执政理念过于落后于时代的要求,为未来考虑得过少。我们这代执政者要做离开小山城最决绝的人。

三、市域新城化中几个重大问题的处理

(一)规划范围与建设面积。西咸新区组团的五个新城及北塬新城规划范围及用地范围都已敲定。10外围新城都面临规划范围和建设用地范围的双扩大。规划范围一般要放到用地范围的5倍~10倍,以利周边电力走廊、过境交通、城市水源保护、污水处理、殡区摆放及郊区社区一体化的布点实施,避免造成空间布局不合理和拆建恶性循环的资源浪费。建设用地范围的扩大,在于将新城的长远发展范围一次性予以考虑,使基本农田与新城用地的边界得以相对固定,在取得建设用地年度获批中易于实施。具体来讲,兴平、彬县两新城建设用地各按50平方千米规划建设。礼泉、乾县、三原各按30平方千米~40平方千米考虑,其余新城按20平方千米~30平方千米安排。各新城城市化率按区域人口的60%集聚先行考虑,使新城成为县域人口转移的首选地,实现"农转城"内涵式城市化的跨越。同时,对现行的各类规划要随时随势不断进行完善修编或进行重大调整。规划指导实践,实践变更规划。不要我们有了规划,就认为规划不可变更,实践是丰富的,实践的大气,就要求相应规划也变得大气。况且规划是不同学者群,不同层次思想认识的集合,邀请的设计院不同,规划的模板自然不同。西咸新区原泾渭新区请了多少高手规划,设计了5套规划,最后改为5座新城方案,原规划重新设计了,虽走了一些弯路,花了一些设计费,但为后来的规划设计留下宝贵的理念财富。规划的变更,要适应实践,更要高于实践,使我们在规划的实施中放手、放胆,遵循规划,超越规划。

(二)新区建设与旧城改造。我们每个外围新城都是一个老城区+新区的模式,如果开始就在老城区拆拆建建,那样效果不见得好。受经济能力的制约,我们所拆建的面积十分有限,有时仅能安排一两座高楼建筑。拆迁要达到上百亩的很困难,老县城建设模式多前办后宿、前店后厂的小机关、小企业、小家属院模式,水电气热房路及网线标准过低或不全。我们提倡开建新区,迁建整合机关办公,建设办公园区,对老城区实行整片腾挪开发,对城中村一并予以改造,对城中企业一次性予以搬迁入园,扩大公共空间。这样就把旧城的改造与新区的开发统筹起来了。

(三)城区道路的规划与实施。城市建设首先看道路,其次看高楼。道路一定型,城区框架就定型,道路要先行一次性建好,高楼可以分期分批年年建。道路的拓宽是一个很难的事情,成本也很大。为此,我们要树立"十年树路、百年树城"的思想,干好每一项对城区有深远影响的道路工程,做到永不拓路。为什么我们提倡宽马路,由于我们用地的紧张,上二三十层的高楼成为我们的首选目标,二三十层的高楼城区必须要有宽50米~70米左右的宽马路来予以配备,没有这个宽度,就难以实施七管八线的空间排布,也难以实施行道树及景观绿化,更难以使机动车辆的摆放与通达及提高空气流动性的通畅。

(四)建设体制与运行机制。说到

底所有新城的建设要靠资金来积累。合理的体制架构更有利于加速这种积累。设立新城建设管委会,组建新城城投或建设公司已是成功的经验。把土地作为新城最大的资产来经营,做好"以地生财"文章也是成功的经验。推进土地增减挂钩,敢于大规模储地,寻求融资债券,使新城在建设用地上和资金利用上游刃有余。

(作者单位:市委政策研究室)

咸阳市旅游行业调查分析

尚　睿

一、咸阳市旅游行业基本情况

1. 咸阳旅游概述

咸阳旅游业与一二产业相比,发展较快。咸阳市文物旅游局发布了2011年旅游综合收入数据,我市实现旅游综合收入115亿元人民币(其中外汇收入2170万美元),咸阳市旅游接待人数达到2520万人次(其中接待境外旅游者18.09万人次),同比增长39%和36%。这样的旅游收入,在横向比较中占全市总收入的10%。咸阳旅游业的发展速度逐年加快,和三产内的其他各产业比较增幅大,形势比较好。和咸阳这个具有三千年文明历史的古城资源比较,做得还嫌不足,有待继续挖掘。

2. 咸阳拥有的优势

旅游资源丰富:咸阳作为第一个封建王朝的国都及汉唐等13个王朝的京畿之地,境内有27座帝王陵和400余座皇亲国戚王公大臣的陪葬墓,绵延百里,蔚为壮观。秦都、汉陵更是闻名天下,这些都属于宝贵的文物旅游资源。同时咸阳也建成了一些现代的观光景点如咸阳湖、温泉世界等。

交通发达:咸阳位于关中腹地,靠近省会西安,交通便利,拥有西北地区最大航空港西安咸阳国际机场。全国9条铁路、6条高速路在此纵横贯穿。

咸阳作为"西咸大都市"副中心地带,拥有其他同类地区所不能比拟的优势。

因此,咸阳旅游无论是从发展规模、开放程度、配套项目,还是服务质量、接待能力方面,都是优势产业,大有前景,很值得研究和促进。

二、调查情况分析

近期国家统计局咸阳调查队对咸阳市几个景点进行了旅游抽样调查。此次调查,主要是针对游客对咸阳市整体旅游服务质量的评价,及消费者自身对咸阳旅游资源的认可度调查。涉及旅游者个人情况,旅游目的,旅游住宿,旅游路线,旅游花费等。

1. 游客个人情况分析

在此次调查中,发放问卷105份。男性占56.6%,女性占43.4%。其中,来自外省的有70份,本市有7份,陕西省其余地区有28份。这其中,以乾陵景区的游客中外地游客居多。咸阳旅游景区多历史积淀深,文化含量大,故男性游客多于女性,外省游客多于本省。

2. 游客旅游方式分析

在来咸阳旅游的游客中,观光休闲75.5%,占游客的绝大多数。其中,单位组织或旅行社组织的团体性旅游47人,占43.9%;而个人或亲友结伴等方式而来的游客共有56人,占52.3%;其他方式来旅游的有4人,占3.7%。这说明,自助游还是游客选择的一个主要出游方式。在所调查的游客中,以乾陵为例,游玩后愿意在本市留宿的客人为50%。不难看出,游客的游玩方式具有多样性的特点,其中,灵活多变、方便舒适还是游客具体选择游玩方式的主要考虑因素。这要求我们,除了做好景点建设与游客服务外,旅行社等一系列旅游组织单位如何设定好旅游路线及与西安等同等旅行社进行性价比方面的竞争显得尤为重要。

3. 旅游影响因素分析

调查结果显示,偏好文物民俗景点旅游的游客占到56.9%;而对汉阳陵、乾陵、茂陵等感兴趣的游客占了大多数,达到70%。对整体旅游行业服务较为满意的占到29.6%,不满意的占到36.3%。首先,游客的旅游偏好是游客选择来咸旅游的首要因素,也是我们发挥旅游比较优势的来源依据。咸阳旅游也应该在历史与民俗上下工夫,加大能够体现咸阳特色的项目开发,注意做好和西安的错位发展,增强吸引力。

从数据不难看出,我市旅游服务的整体水平还有待提高,游客对咸阳旅游业服务质量满意率很低,这会影响到咸阳旅游的潜在客源。咸阳紧邻西安,只是游客来西安的备选地,在宾馆、餐饮、休闲项目上,必须有突出性表现,才能留得住人,这个突出表现,不是和西安比规模比豪华,而是要在地域特征上做文章。

4. 游客在咸消费潜力分析

作为拉动地方经济发展的产业,游客在我市的旅游消费也是值得关注的问题。这反映了我市旅游的整体水平。在调查的问卷中,我们可大致看出游客来咸旅游的消费特点,其中,住宿餐饮及交通等占旅游花费的大多数。而购物消费等还有一定的成长空间,游客整体消费数量不大,因此,我们应进一步做好旅游市场的开发,开发出能够体现咸阳文化内涵的纪念品、传统手工艺品。

三、启发与建议

1. 明确咸阳旅游定位,提升品牌理念。

现在,西咸一体化已进入实质性阶段,咸阳应找好自己的发展定位。咸阳西安的文化旅游关联化程度很高,一方面,咸阳旅游秦汉文化依托于西安都市圈,相互补充。另一方面,咸阳应突出自己的旅游特色,以秦始皇、乾陵、茂陵作为帝王文化依托,建设遗产旅游与休闲养生并举的遗产休闲旅游区,让大家认识咸阳,知道咸阳。在这方面,大连、云南、湖南等城市的旅游定位、品牌经营、宣传推介方式,特别值得咸阳学习。

2. 加大宣传力度。

通过树品牌、强推广等多种渠道推广咸阳旅游。采用光盘CD、或出版刊物或媒体栏目等多种渠道树立咸阳旅游形象。向广大消费者宣传、介绍咸阳的旅游内容及特色。另外,对养生、休闲、中医医疗等旅游项目加大宣传,培养一批固定的游客。向游客推广"南有扬州搓背,北有咸阳足疗"的概念。

要针对不同的游客,推出不同的旅游项目。对于文物旅游爱好者,做好文物保护、展览工作,保持文物原貌及历史特点，对普通游客，做好互动，推动丰富多彩的旅游项目，如：以咸阳宫遗址为依托的秦遗址主题体验旅游区，保存遗址文化的原真性，利用现代科技手段结合遗址实景复原再现，争取培养保持一批游客，让游客愿意在景区多看，多住。

3. 提高服务质量，完善服务内容

在游客接待上，要真诚为游客考虑。除了做好硬件设施的配备之外，还应在软件上下工夫。应培养一批具有专业素质的接待人员，做好旅游服务监管，打击破坏旅游市场秩序的不良行为。令游客无论是在食、住、行，及游玩等整个旅游过程中都能感受到高质量的服务，满足游客的食住行游玩及个性化方面的需求。尽量让游客舒适，安全，尽兴。

4. 整治旅游市场，加大基础建设投入

这次调查中，一部分游客反映公共交通站点不完善、景区环境缺乏舒适感等问题，都是基础建设不足的表现。因此对一系列配套的设施应建设完善，针对游客建议可以在主要景点重点建成一批优质服务工程，树立样板，以后逐步推广。

（作者单位：国家统计局咸阳调查队）

统筹科技资源 促进产业升级

——推进我市科技创新与现代产业体系建设的对策

张璞波

我市境内社会科技创新资源优势明显，具备创新创业的基础条件。长期以来，我市在依靠现有科技资源发展新兴产业和改造提升传统产业上作用发挥不充分，中小企业利用社会科技创新资源规避创新风险意识不强，科技优势尚未转化为区域产业优势。突出表现在：一是“二元结构”突出。现有科技资源及产业呈现“布局性”特征，科技供给和经济需求不完全匹配，受条块分割与体制性障碍，致使科技力量分离分割，缺乏有效集成，科技资源利用率低，开放流动性差，技术要素参与分配的机制尚未形成。缺乏产学研结合内生机制，缺乏大企业和中小企业协作配套机制，缺乏社会科技资源为区域产业经济服务的内在动力和有效机制。大量科技创新资源的溢出效应在我市并不明显，研发成果和全市产业没有有效对接，部分技术成果难以在咸阳实现产业化。二是创新创业社会氛围不浓。创新资金来源单一，缺乏吸引和留住创新人才环境，地方承接科技成果转化的能力不足。三是科技人员分布不合理。一部分专业技术人员集中在机关事业单位和科研院所，而企业科技人员总体数量较少，企业还没有真正成为技术创新的主体。四是社会公共科技服务能力有待提高。我市的重点实验室、工程技术研究中心及企业技术中心等科技创新平台建设力度弱，影响着科技创新资源潜在作用的发挥和高效利用。成果推广、技术转移、科技企业孵化等科技中介服务体系发展缓慢，在一定程度上制约着科技成果向现实生产力的转化。

国家实施关中—天水经济区发展规划对我市的科技资源优势、产业定位与发展方向等提出了新的要求，“十二五”期间，我们必须紧紧抓住新一轮西部大开发的历史机遇，以统筹科技资源为着力点，依靠科技创新实现经济发展方式转变，整合利用区域社会科技创新资源，大力发展战略性新兴产业，改造和提升传统产业水平，进一步增强我市产业发展的空间和动能。基于对区域社会科技创新资源的挖掘利用、产业现状和发展环境的科学分析，提出若干推进咸阳现代产业体系建设的对策，希望为全市产业经济又好又快发展提供参考，以提升我市在关中—天水经济区产业格局中的贡献力和影响力。

第一，发挥科技创新在产业发展中的引领与支撑作用。

产业发展的希望在科技创新，潜力在科技创新，出路亦在科技创新。当前我市现代产业体系建设的首要之举，就是要按照“一主导三带动六突破”发展思路，以国家鼓励发展战略性新兴产业及“西咸全域大科技”合作与共享机制建设为契机，加快统筹科技资源改革示范基地建设，建立产业技术创新战略联盟，搭建科技创新与公共科技服务平台，增强科技创新对产业经济的关联度及贡献率。在产业发展模式上应强化科技创新的引领与支撑作用，找准科技与产业有机结合的突破口和链接点。一是依靠科技拉动区域产业经济，不断提高区域科技创新能级。我市应主动出击，应充分利用西安的科技优势，以“西咸全域大科技”的理念，直指西咸两地产业同构所需，建立科技创新资源合作与共享平台，不断提升我市对西咸全域科技创新资源的盘活、聚集、融合及转化能力，加快西咸创新集群的培育和完善，不断促进科技创新能级的提高。二是加大创新服务平台建设和成长性科技企业培育，提高全市科技持续创新能力。重点抓好技术创新、科技创业、技术转移、公共科技服务等科技创新平台建设。对已经建成的工程技术研究中心、企业技术中心、中小企业公共科技服务平台、技术转移及成果转化服务平台及行业技术检测服务平台等创新载体，要加大宣传和推广应用，有效解决我市社会科技资源利用率低和中小企业普遍存在的“缺技术、缺人才、缺资金”矛盾。同时，在电子信息、装备制造、生物医药、能源化工及新材料等领域凝练出若干科技创新项目作为“十二五”期间培育的重点。鼓励企业自建或与科研院所、高校共建技术研发中心，形成产业技术创新战略联盟。

第二，强化科技资源与产业发展的紧密结合度。

关中—天水经济区发展规划提出要建设以西安为中心的科技资源统筹改革示范基地，对我市来讲也是难得的机遇。我们应提出建设国家创新型城市的发展目标。要大力倡导科技资源管理观念的转变，要能够把西安乃至全国的科技资源很好地利用起来。牢固确立“大科技”的观念，善于挖掘那些隐形的知识和富有价值的、潜在的智力资源及科技成果，加快构建统一的科技资源共享网络服务平台。通过调控产业结构、产业组织和产业布局，进一步发挥我市现有科技优势对新兴产业发展及传统产业提升的要素注入效应、技术溢出效应、关联带动效应及优势升级效应,实现产业要素在区域内的快速集中和自由流动,并在此基础上形成流畅有序的产业技术链与产业价值链。围绕核心技术及大型企业主动搞好服务与项目对接,打通产业之间界限,加强产业链配套,积极发展上下游产品,按照技术发展规律搞好配套加工,形成若干特色产业集群。使得工业陶瓷、橡胶制品、光伏玻璃、新型电子元器件、半导体发光材料、汽车电池材料、复合金属材料、工业窑炉、精细化工、生物医药及大型成套装备等现有技术优势与科技产业化项目支撑我市先进制造业的发展。不断提高我市在西咸产业分工体系及关天经济区中的地位和影响。

第三,尽快形成产业集聚与企业集群的产业空间布局。

我市产业布局必须以集群化的系统思想,充分利用集群效率,以渭北能源化工、新型电子材料、装备制造、食品加工、橡胶制品、医药保健品及建材工业等特色产业基地建设为重点,形成大企业领军、组团式发展、产业链延伸、中小企业聚集、新兴产业与传统产业并举的产业发展新格局。应建设一批产业聚集度高、机制灵活、服务高效的科技产业园。高新区、泾渭新区、沣渭新区等要成为我市发展战略性新兴产业的重要载体,大力培育市场前景广阔、资源消耗低、带动能力强、就业机会多、经济效益好的科技创新项目和高成长性科技型中小企业,推动园区内的专业分工和群体协同。目前我市有不少产业园区在某种程度上仅是同类企业在地理上的集中,企业之间竞争多于互补,交流与协作不足,以至于园区产业链相对较短,延伸能力较弱,总量扩张幅度偏小,辐射功能不强。各园区应实行体制创新与管理创新,在功能定位、运行模式、产业规划、项目孵化、企业培育及服务平台等方面要加强前瞻性研究并提出具体措施方案,形成生产集聚、品牌集聚、物流中心、文化中心等多种功能,成为承接国内外产业转移的基地、科技创新的试验区和新的经济增长极。同时,积极推行名牌兴业战略,依靠科技进步与创新不断提升产品的品质内涵,强化知识产权保护,扩大行业认知度,增加市场占有率。通过争取获得国家有关部委赋予区域的特定荣誉、采取举办国际性博览会、研讨会、兴建特色商品展览馆、发掘商品的本地文化内涵等,激励并帮助企业走向国际化。

第四,用“两化融合”提升现有产业技术升级。

产业体系由传统向现代转换,离不开信息化的推动,只有通过在传统产业中广泛应用信息技术,才能促进产业结构的战略性调整和发展方式的根本转变。要把以信息技术代表的高新技术作为改造提升传统产业水平的重要举措。以装备制造、能源化工、纺织服装、制药、食品、建材等支柱产业为重点,抓好示范项目和企业,从企业的产品设计、生产制造、财务管理、市场营销等环节入手,大力推广应用关键共性技术,优化业务流程,提高综合竞争能力。要加快工业从生产型制造向基于信息和网络技术的服务型制造的转变,积极推进信息技术与金融保险业、管理咨询业、信息服务业的紧密结合,打造创作、加工知识的非物质产业。

第五,把产业新势力培育作为结构调整的重要举措。

顺应新的经济结构调整要求,我市应不断提升区域服务业总体规模和档次,加快培育以现代服务业为代表的产业新势力。首先要促进工业与物流业的对接与联动,加快工业转型升级和现代大物流培育。加快建设空港物流园等现代物流产业园区,加强物流公共信息平台和物流设施建设。同时,按供应链管理的理念,将企业内部物流与企业上下游及社会物流连接起来,实现精益生产与精益物流,从而实现工业与现代物流业的对接,加速供应链企业群体的发展,从整体上提升全市工业效益。其次要大力发展生产性服务业。我市应紧紧围绕工业生产、加工、装配所开展的服务活动来构造生产性服务业的业态,大力发展现代物流、国际贸易、信息服务、金融保险、现代会展及中介服务等生产性服务业,推动全市工业体系从价值链的低端逐渐走向高端,从而实现工业转型和升级。

(作者单位:市科技局)

全市城乡一体化的现状、问题与对策

市委政策研究室

近日,根据市委市政府决定,我们牵头组织县市区和市级有关部门,深入开展了“加快推进咸阳城乡一体化”调研活动,采取座谈、问卷调查、查阅资料等形式,摸清了我市城乡一体化发展的基本现状,找出了推进城乡一体化的问题和障碍,并借鉴外地先进经验,研究提出了加快推进城乡一体化发展的思路、重点和保障措施。

一、发展现状

1.农民增收基础不断拓宽,城乡收入差距开始缩小。粮食生产连续8年丰收,果、菜以及奶畜产品产量稳居全省第一。农业综合机械化水平达到65%,省市级现代农业园区达到29家,杂果经济林发展到71.2万亩,产业化龙头企业达到280家,农民专业合作社达到1754个,农村常年在外务工人数突破100万。2010年全市农民人均纯收入达到5056元,同比增长20.2%,全市城乡居民收入比由2009年的3.9:1缩小到3.7:1。2011年全市农民人均纯收入达到6401元,同比增长26.6%,城乡收入比由3.74:1下降为3.47:1。具体详见表60《县市区基本情况一览表》。

2.农村基础建设得到加强,农民生产生活条件明显改善。在全省率先实现了“村村通油路(或水泥路)”。建成各类农村饮水工程1400多处,农村自来水普及率达到80%。提前实现了户户通电。卫星电视“村村通”覆盖所有自然村。82%的行政村设立了连锁“农家店”,49%的行政村建起了农家书屋。建设绿色家园村1200多个,绿化道路1200千米,森林覆盖率达到26%。500多个已建成的市级新农村示范村已全部完成了主干街道硬化、绿化,广播电视、电话、宽带入村,自来水入户和综合社区中心建设。具体详见表61《农村水利建设情况一览表》、表62《农村道路建设情况一览表》、表63《农村绿化亮化环卫建设情况一览表》、表64《新农村示范新村建设情况一览表》。

3. 农村民生保障逐步健全，农民幸福指数普遍提高。农村义务教育“两免一补”政策全面落实，“蛋奶工程”基本实现全覆盖，中等职业学校免费就读，乡镇公办幼儿园加快建设。乡镇卫生院和村卫生室规范化改造全面完成，新型农村合作医疗参合率达到98%，农村孕产妇实现住院分娩免费。新农保制度提前覆盖所有乡村，2011年7月与城镇居民社会养老保险制度整合并轨。农村贫困人口全部纳入最低生活保障。大多数县市区完成中心敬老院建设，实现了“五保户”集中供养。农民工返乡就业创业和农民就近就地创业纳入政策扶持范围。扶贫“三告别”工程基本完成。农民群众生有所业、住有所居、病有所医、老有所养、困有所济的愿望初步实现，幸福感大大提高。

4.“三个集中”加快推进，城乡空间布局渐趋优化。企业项目加速向园区集中。全市26个重点建设县域工业园区，总规划面积204.7平方千米，工业用地面积123.8平方千米，已建成面积56.1平方千米，在建面积35.1平方千米，入驻企业达到843户，投产企业711户，规模以上企业260户，累计完成项目投资1131.8亿元，完成基础设施建设投资106.1亿元。城镇建设和农民进城步伐进一步加快。兴平市建成区面积接近20平方千米，三原、泾阳、乾县、礼泉、武功5县城建成区面积均达到10平方千米以上。4个省级重点示范镇、10个市级示范镇全部完成规划修编和模块设计。2010年9月以来全市累计办理农民进城落户30.88万人，其中90%进入县城和中心镇。全市城镇化水平达到42.56%。推进耕地向规模经营集中。根据市农业局调查，目前全市土地流转面积达到55.1万亩，70%以上为规模主体经营，涌现出了泾阳北峪酿酒葡萄园、武功大庄现代农业示范园、礼泉白村现代农业示范园、乾县吴村稼禾石榴园、秦都北塬苗木花卉基地、长武洪家镇科蓝核桃园等多个大资本介入、大面积流转、大手笔建设的土地规模经营典型。具体详见表65《小城镇建设、农民进城和工业园区建设情况一览表》、表66《土地流转、农业园区和农民专业合作组织建设情况一览表》。

5. 思路机制逐渐明晰，改革探索亮点纷呈。市县两级都成立了统筹城乡发展工作领导小组及其办公室，制定出台了关于加快统筹城乡发展的实施意见，明确了俗称“3355工程”的统筹城乡发展总体思路，并将统筹城乡发展工作纳入年度目标责任考核，定期召开现场观摩会或者推进会，推动工作落实。许多县市区还立足自身实际积极推行体制改革探索。旬邑县率先启动了统筹城乡发展改革综合试点，全县农村集体土地确权登记发证率已达90%以上，城乡居民工伤和交通事故赔偿、义务兵安置已经实现同等待遇。彬县本级财政每年列支2000万元统筹城乡发展基金，用于小城镇和农村新型社区基础建设，从2012年起实行城乡15年免费教育。泾阳县开展了土地经营权抵押贷款试点，支持农民建设蔬菜大棚、奶牛小区、生猪基地、葡萄种植等；在兴隆镇白王村实现全市城乡建设用地增减挂钩政策试点的实质突破，通过实施土地综合整治，节约了500多亩土地，又通过挂钩200多亩土地指标，解决了3000多万元的建设资金。

二、问题探索

尽管近年来农村发展成就显著，但客观讲，目前城乡发展差距依然比较突出，城乡二元体制仍没有实质破解，统筹城乡发展机制氛围仍然薄弱，推进城乡一体化面临着诸多困难与挑战。

一是县域经济带动力整体偏弱。县域经济是城乡统筹的基本单元，县级政府是城乡统筹的实施主体。近年来，由于资源开发加速，我市县域经济得到较大发展，2011年县市区平均生产总值104.7亿元，平均地方财政收入3.32亿元，较2009年分别增长80%和121%。但整体而言，县市区普遍存在的农业大县、工业小县、财政穷县的困难状况并没有根本改观，县域工业增加值占地区生产总值比重不到42%，县域城镇化率仅为38%，低于全省平均水平(47.3%)9个百分点，低于全国平均水平(51.27%)13个百分点，其中北部五县的平均城镇化率仅为28.12%。除了彬县、长武、秦都等少数县区外，多数县市区的地方财政收入按常住人口平均不足1000元，应付现有开支项目都显紧张，加大对农村建设和城乡社保投入更是勉为其难。2010、2011两个年度，尽管市县两级财政竭尽全力支农，但支农投入增幅仍处于全省较低位次。

二是现代农业发展相对有限。农村土地流转仍然不够活跃，农业规模难以扩大，经营水平难以提高。全市土地流转面积仅占耕地面积10%，其中7个县区市在10%以下，而且基本处于基层干部群众自我摸索、自我管理阶段，合同不规范、服务不到位问题突出，而且缺乏评估、中介、服务、交易的流转平台。农村专业合作组织规模小，覆盖面不大，带动面窄。农民专业合作社的辐射范围一般在1个~2个村范围内，全员最多百户上下，内容也多限于供销服务。基层农技机构人员少，素质低，经费缺，农业新品种、新技术推广慢，名优农产品品牌不多，蔬菜、果品储藏加工率低，农业经营对农民增收的整体贡献率下降。

三是农村基础建设欠账较多。近年来，农村基础设施建设步伐大大加快，但由于历史欠账过多，农村道路、交通、通讯、供水、排污、垃圾处理等设施配套水平仍然较低，环境脏乱差问题大量存在。水利方面，还有近60%耕地不能确保正常灌溉，195万农村人口没用上入户自来水。具体详见表61《农村水利建设情况一览表》。电力方面，还有少数乡村没有完成第二轮农村电网升级改造，电路老化，电压不高，不适应工业发展和家电下乡要求。道路方面，还有41%的自然村没有通油路(水泥路)，47%的村内街道没有硬化(柏油化或水泥化)。未硬化的通村路总里程达3283千米，村内街道总里程达6603千米。除少数农业园区和设施农业基地外，多数农田的主干生产路没有实现最基本的沙石硬化。具体详见表63《农村道路建设情况一览表》。通信方面，城区有线电视、家庭宽带已基本普及，农村有线电视入户率仅为3%(永寿数字)，除专网外，宽带接入基本没有，个别县区还

2011年县市区基本情况一览表

表60

县市区	总面积（平方千米）	总人口（万）	乡镇数（个）	行政村数（个）	农村人口数（万人）	农村人口户数	耕地面积（万亩）	地区生产总值（亿元）	地方财政收入（亿元）	农民人均纯收入（元）
秦都区	259	49.4	12	146	17.96	48544	20.48	279	5.4	7948
渭城区	272.5	43	10	130	15.3	39130	24	215	4.5	7831
兴平市	504	58	14	223	38.2	92801	53.57	125	3.05	7273
武功县	397.8	41.3	12	212	37.4	129618	39.75	63.6	0.86	7035
礼泉县	1018	47	15	317	42	100000	93.94	84.2	2.95	7181
乾　县	1002.71	59.58	16	256	48.69	169943	76.94	92.981	1.46	7155
泾阳县	780	51	13	231	46.6	146000	68	101.5	2.22	7205
三原县	576.9	42.48	11	208	33.78	141200	53.42	103.4	2.28	7190
旬邑县	1811	29.14	11	187	19.42	55000	41.65	68.36	1.92	5617
永寿县	889	20.85	12	249	18.03	43900	44.5	28.02	0.8	5457
彬　县	1185	35.49	16	247	21.45	71730	44.69	106.1	8.9	6601
长武县	567	18.5	11	160	12.3	32890	30	34.98	1.59	5645
淳化县	976	20.5	15	204	15.64	61000	44	36.8	0.61	5200

2011年农村水利建设情况一览表

表61

县市区	自来水入户的自然村数（个）	自来水入户的自然村比重（%）	自来水入户的农村人口数（万人）	自来水入户的农村人口比重（%）	建成排水系统的自然村个数	建成排水系统的自然村比重（%）	有效灌溉面积（万亩）	有效灌溉面积的比重（%）
秦都区	121	91.78	17	94.6	130	89.4	19.89	97.11
渭城区	149	72	11.1	72	128	62	20.84	98
兴平市	215	96.40	56.36	97.10	187	83.80	53.57	100
武功县	110	52	18.9	51	110	52	26.87	72.3
礼泉县	448	61.4	31.9	75	587	80.4	44.88	48
乾　县	320	71	40.38	75	246	59	33.85	44
泾阳县	620	83	41.85	92.6	280	37.48	65	95.6
三原县	920	71	26	77	450	35	38.4	72.5
旬邑县	237	86	10.45	55	234	85	9.12	15.5
永寿县	219	88	15.6	86.5	57	23	3.2	7.2
彬　县	214	86.64	29.87	96	186	75	2.58	5.67
长武县	145	62	7.98	65	160	100	1.89	46.2
淳化县	606	87.95	13.74	74.68	328	60	2.28	7

2011年农村道路建设情况一览表

表62

县市区	村内道路硬化的自然村数(个)	村内道路硬化的自然村比重(%)	村内道路硬化的总里程(千米)	村内道路硬化的总里程比重(%)	通村路未硬化的自然村数(个)	通村路未硬化的自然村比重(%)	通村路未硬化的总里程(千米)	未硬化生产路的自然村数(个)	未硬化的生产路总里程(千米)
秦都区	146	60.4	362	89	19	10	36	88	264
渭城区	188	90	398.7	89	47	23	56.4	128	512
兴平市	219	98.2	156	95.6	4	1.80	30	8	13
武功县	454	8	738.3	97	12	2	10	190	270
泾阳县	747	100	809	498	573	77.3	924.6	448	835
三原县	550	64.7	1015	70	300	35.3	400	700	1200
礼泉县	448	61	287	60	167	22	251	312	3275
乾　县	251	60.9	828	48	208	41.7	507.527	382	46.59
永寿县	109	44	224.8	30	16	3.6	35	326	855
彬　县	968	74.99	849	61.88	323	25.01	523	391	520
长武县	230	98	200	35	3	2	60	22	90
旬邑县	230	74	1165	50	45	16.4	89.32	32	90.6
淳化县	338	50	680	20	338	50	378	456	6840

2011年农村绿化亮化环卫建设情况一览表

表63

县市区	村庄绿化的自然村数(个)	村庄绿化的自然村比重(%)	绿色家园示范村数(个)	绿色家园示范村比重(%)	街道亮化的自然村数(个)	街道亮化的自然村比重(%)	垃圾规范化处置的行政村数(个)	垃圾规范化处置的行政村比重(%)	沼气入户的自然村数(个)	沼气入户工程的自然村比重(%)	沼气入户工程的户数(户)	沼气入户的农户比重(%)
秦都区	35	24	35	24	35	24	105	71.92	53	36.3	53	36.3
渭城区	126	60	45	34	30	14	37	30	65	39	6560	12
兴平市	93	41.7	93	41.7	183	82	84	37.6	140	62.7	16800	4.3
武功县	168	79	168	79	83	38.4	92	43.4	90	43	7163	8.4
泾阳县	185	24.8	128	17.1	511	68.4	104	45	168	22.5	100684	67
三原县	178	20.9	140	16.5	255	30	156	75	66	8	9054	6.4
礼泉县	130	41	94	29.65	138	18.9	26	80	190	26	14329	13.3
乾　县	68	28	40	16	26	7	58	22	65	26	9351	10
永寿县	148	59.4	135	54	25	10	36	14.5	103	41	11959	27
彬　县	186	75	140	57	74	29.96	186	75	117	47.4	12976	18
长武县	158	98	98	61	6	3.7	12	7.5	90	56	10964	33
旬邑县	98	52.4	98	52.4	127	67.9	134	71.7	112	60	6549	12
淳化县	170	25.4	150	22	40	5.9	15	7.4	151	70	12000	27

2011年新农村示范新村建设情况一览表

表64

县市区	基础设施整体新建的自然村(个)	基础设施整体新建的行政村数(个)	建成综合性社区中心的行政村数(个)	建成综合社区中心的行政村比重(%)	社区中心设施配套的行政村数(个)	社区中心设施配套的行政村比重(%)	建有农家店的行政村数(个)	建有农家店的行政村比重(%)	建有农家书屋的行政村数(个)	建有农家书屋的行政村比重(%)
秦都区	146	146	56	38.36	56	38.36	72	48.32	140	95.89
渭城区	208	130	77	59	77	59	115	88.5	114	90
兴平市	37	29	32	14.3	32	100	200	90	95	42.5
武功县	26	15	20	20	20	20	20	20	20	20
礼泉县	126	139	84	26.5	81	25.5	317	100	81	25
乾　县	5	3	12	5	98	39	226	88	86	34
泾阳县	75	23	34	13.4	31	13.4	188	81.3	90	40
三原县	53	9	26	12.6	26	12.6	203	98	208	100
旬邑县	80	50	24	15	24	15	152	95	160	100
永寿县	92	65	188	75.5	146	58.6	138	55	82	33
彬　县	186	186	7	2.8	7	2.8	247	100	98	39.68
长武县	80	50	24	15	24	15	152	95	160	100
淳化县	137	76	40	19.6	40	19.6	40	19.6	40	19.6

2011年小城镇建设、农民进城和工业园区建设情况一览表

表65

县市区	小城镇总面积(平方千米)	小城镇总人口(万人)	城镇人口比重(%)	农民转户进城数(万人)	农民外出务工数(万人)	完成规划的乡镇数(个)	完成规划的行政村数(个)	工业园区数量(个)	工业园区规划面积(平方千米)	工业园区建成面积(平方千米)	工业园区入驻企业数(个)	园区生产总值(亿元)	园区税收收入(亿元)
秦都区	14.67	26.4	56.67	1.2	3	8	4	10	80	33.33	264	198	5.4
渭城区	0.12	24.827	60	1.5251	6.0503	6	130	3	19.9	12	98	228.7	4.2
兴平市	20	20.5	49.94	4.3348	9.782	12	64	134	27	8	134	70.7	1.6
武功县	7.1	8.5	15.84	0.4136	11	10	135	25	20	4	25	28.8	0.13
泾阳县	22.8	19.94	39.1	2.7410	13.2497	9	160	3	21.36	21.36	140	63.5	2.1
三原县	16.45	7.8814	38.9	2.9	12	8	168	3	14.5	3.6	83	12	0.91
礼泉县	10.4974	46.99	39.5	15	2.4207	8	113	3	17.8	7	68	1.89	0.0012
乾　县	27.5	26.04	43.7	3.5	10.62	16	203	3	10.6	2.89	64	56.71	1.73
永寿县	10.32	6.7778	32.5	1.5492	6.5	12	180	4	16.63	1.226	27	17.93	0.72618
彬　县	37.32	8.3315	69.43	2.3434	13.3	11	188	5	25	3.51	14	152.27	8.54
长武县	12	6.1527	33	0.9546	9	11	80	2	30	12.78	12	39.56	3.82
旬邑县	7.4465	9.72	33.33	2.0544	6.4	11	152	3	4.66	2.81	37	7.4	0.4753
淳化县	2.5	3.02	29.08	1.25	4.48	1	206	1	10	2.62	6	3.19	0.17

2011年土地流转、农业园区和农民专业合作组织建设情况一览表

表66

县市区	土地流转面积（万亩）	流转比例（%）	农业园区数（个）	农业园区涉及村庄数（个）	农业园区涉及户数（户）	农业园区耕地面积（万亩）	农业园区务工人数（人）	农民专业合作社数（个）	农民专业合作社参社户数（户）
秦都区	2.35	11.8	11	23	6865	2.35	288	37	5674
渭城区	1.91	8	6	14	2083	1.25	2150	71	2280
兴平市	3.8	29.2	9	50	5000	13	9000	96	8425
武功县	5.3	12.62	2	25	14300	9.1	110000	110	1603
泾阳县	7.66	12	40	100	200000	28	18000	216	60000
三原县	7.03	13.3	8	15	700	0.65	800	249	13407
礼泉县	4.17	18.2	10	137	18120	22.11	469900	287	12000
乾　县	8.9	12	8	268	34000	38	59000	185	4648
永寿县	10.6	23.8	13	249	28000	25.8	5000	119	4030
彬　县	4.47	8.3	5	14	1830	1.24	3560	61	4500
长武县	3.2	12	7	17	13156	1.11	30000	92	5491
旬邑县	2.89	6.96	1	17	4200	0.17	480	141	21000
淳化县	15.38	11.5	16	23	3100	2.1	24000	105	52000

城乡居民社会保障相关政策文件和差异对比表

表67

一、养老

项目	城镇职工	城镇居民	农村居民
主要政策文件	陕西省城镇企业职工基本养老保险条例(1998年8月22日陕西省第九届人民代表大会常务委员会第四次会议通过)、陕西省人民政府关于完善企业职工基本养老保险制度的实施意见(陕政发〔2006〕27号)、关于进一步加强企业职工基本养老保险工作的通知(咸政发[2011]2号)	咸阳市城镇居民社会养老保险试行办法(咸政发[2011]8号)、咸阳市城乡居民社会养老保险试行办法(咸政发[2011]9号)	咸阳市新型农村社会养老保险试点试行办法(咸政发〔2009〕26号)、咸阳市城乡居民社会养老保险试行办法(咸政发[2011]9号)
缴费标准	用人单位按本单位上年度职工月平均工资总额的20%缴纳;职工个人以本人上年度月平均收入作为缴费工资,按8%的比例缴纳。灵活就业人员按上年度在岗职工平均工资的19%缴纳,可选择100%、90%、60%档进行缴纳。	100元、200元、300元、400元、500元、600元、700元、800元、900元、1000元、1500元11个档次,参保人可自主选择缴费档次,多缴多得。	
养老保险待遇	缴费年限累计满15年的,按月发给基本养老金。基本养老金由基础养老金、个人账户养老金、过渡性养老金和调节金四部分组成。月发放养老金平均为1300元/人。	城乡居民社会养老保险待遇由基础养老金和个人账户养老金组成,按月发放,支付终身。城乡居民基础养老金最低不应低于80元/月。	
参保率和养老金发放情况	基本实现应保尽保,参加基本医疗保险职工人数60.31万人。	截至2011年底,全市城乡居民社会养老保险参保率为95.2%,发放率为98%。	
备注	居民社会基本养老保险已经实现城乡统一。		

二、低保

项目	城镇居民	农村居民
主要政策文件	陕西省实施《城市居民最低生活保障条例》办法(陕西省人民政府令第77号)、陕西省城市居民最低生活保障制度实施办法(陕民发[2001]15号)	陕西省人民政府关于印发《陕西省农村居民最低生活保障暂行办法》的通知(陕政发[2007]45号)
保障水平	平均补差220元/人·月	平均补差84.3元/人·月
保障范围	应保尽保,城市低保3.9万户、9.1万人。	应保尽保,农村低保9.3万户、24.1万人。

三、医疗

项目	城镇职工	城镇居民	农村居民
主要政策文件	咸阳市建立城镇职工基本医疗保险制度实施方案(试行)(咸政发〔1999〕38号)、关于调整城镇职工医疗保险有关政策的通知(咸人社发〔2011〕414号)、咸阳市城镇职工基本医疗保险医疗管理办法(2012)	咸阳市2010年城镇居民基本医疗保险政策、关于调整城镇居民基本医疗保险有关政策的通知(咸人社发〔2011〕391号)、咸阳市城镇居民基本医疗保险政策(2012)	咸阳市人民政府办关于进一步加强全市新型农村合作医疗制度建设的实施意见([咸政办发]64号)、各县市区自行出台的《新型农村合作医疗实施办法》
大额医疗最高支付限	21.5万元(个别恶性病种为26.5万元)。	12万元(个别恶性病可到20万元)。	不受医疗次数限制,个人每年封顶13万元。
基金支付比例、报销比例	一、二、三级医疗机构分别为86%、80%、74%。统计平均数据在80%以上。	平均住院费用报销率(补偿率)达到70%以上。	平均住院费用报销率(补偿率)达到70%以上。
参保(缴费)标准及财政补助标准	参保单位职工按照权利与义务对等原则,根据缴费情况享受相应医疗保险待遇。医疗保险费由用人单位和职工共同缴纳,用人单位缴纳在职职工工资总额的6%、退休职工基本退休费的4.2%;在职职工个人缴纳工资总额的2%,退休职工个人不缴费。	410元(个人缴费160元),享受财政补助250元。低保、低收入60岁以上缴100元、享受补助310元,丧失劳动能力人员不缴费、全额补助。	300元(个人缴费50元),享受财政补助250元。低保、特困、五保、无子女、双女户不缴费、全额补助。
孕妇分娩补贴	不免费、无补助	不免费、无补助	农村孕妇分娩免费
参保率	基本实现应保尽保	参保率95%	参合率98%

四、义务教育

项目	城市居民	农村居民
主要政策文件	陕西省实施《中华人民共和国义务教育法》办法 咸阳市人民政府关于推进全市义务教育均衡发展的意见(咸政发〔2011〕14号)	
两免一补	两免一补政策:即义务教育,免除学杂费,全部免费提供教科书,补助寄宿生活费。目前城乡义务教育阶段都享受两免一补政策。	
蛋奶工程	采取自愿,愿意享受的可领取。	“蛋奶工程”全覆盖。
主要差距	义务教育的城乡差距主要在办学条件、教育质量上,为了逐步消除这些差距,咸阳市出台了咸政发〔2011〕14号文件。	

2011年农村建设用地情况一览表

表68

县市区	集体建设用地总面积（万亩）	集体建设用地流转面积（万亩）	宅基地户数（户）	宅基地总面积（亩）	宅基地确权发证率（%）	村庄占地总面积（亩）	人均村庄占地面积（亩）
秦都区	20.48	2.35	42000	2100	10	49907.75	0.277
渭城区	0.72	0.12	41086	9449.78	0	25778	0.23
兴平市	9.36	3.21	410000	12568	88	75601.5	0.19
武功县	6.17	5.3	65345	17643.15	0	61735.8	0.17
泾阳县	16.29	2	124712	42402	16.68	162840.3	0.35
三原县	10.32	0	112799	98983.2	35	98427.3	0.29
礼泉县	3.76	10.25	103046	41618	41.8	102490.95	0.24
乾　县	15.64	0.03	118200	58500	30	128782.8	0.23
永寿县	1.25	0.12	41000	35000	60	49115.55	0.27
彬　县	10.35	4.47	58100	70090.125	13.5	100128.75	0.47
长武县	10.47	0.2	41904	16761.6	90	87970	0.72
旬邑县	7.98	0.25	60286	36171.6	83.4	68079.3	0.35
淳化县	0.8	0.32	29986	6613.9	73	36940	21

有少量行政村未通固定电话，如永寿县就还有76个行政村（约占总数30%）未通固定电话。环卫方面，多数乡村没有配套建设排污排水设施，纳入规范化垃圾处理机制的村庄为行政村总数的37%，沼气户仅占全市农户10%。具体详见表63《农村绿化亮化环卫建设情况一览表》。公益设施方面，还有2126个行政村没有建设综合性社区服务中心。完成水、电、路、讯、房、生态环境、社区中心、休闲广场等基础设施整体改造提升的村庄仅占行政村的39%。具体详见表64《新农村示范新村建设情况一览表》。

四是城乡民生保障差距明显。文教方面，城区校舍紧张与农村校舍闲置并存，农村优质师资少、公立幼儿园少，农民文化科技素质普遍不高。全市100多万转移就业人员中，初中及以下文化程度仍占25.4%，大专以上文化程度仅占18.4%。卫生方面，乡镇中心卫生院医疗设备严重不足，诊疗手段落后，危重急症病人院前急救无法应对。养老保险方面，城镇企业职工月领取养老金平均1200元，而城乡居民养老保险基本养老金仅每月55元；城镇企业职工退休年龄为男60周岁，女50周岁，而城乡居民养老金领取一律从60周岁开始。医疗保险方面，新合疗、居民医保、职工医保等城乡基本医疗保障制度之间保障政策不统一、经办标准不一致、覆盖对象有交叉、筹资水平有高低、财政补助有重叠、待遇保险有差距、制度衔接不顺畅等问题突出。由于实行县级统筹，县市区新农合报销比例和最高限额也差距很大。城乡民生保障方面的政策待遇差距详见表67《城乡居民社会保障相关政策文件和差异对比表》。

五是县域工业园区功能不足。基础设施有待完善。现有工业集中区从外部形象看，像座花园新城，从实质内容看，水、电、路、气、网等基础设施建设通达率较低，不能很好满足入驻企业的需求。个别工业园区仍存在主导产业占比小，有混建现象。而秦、渭、泾三县区受西咸新区五大板块规划影响，原规划产业园区正在调整职能，不能按原规划产业定位建设。工业园区管理体制不顺。虽然市编委会已下发了工业园编制文件，但大部分县区仍然没有落实到位，相互之间信息不了解，上下联系不畅等问题比较普遍。

六是一些关键性改革步履维艰。作为农村产权制度改革基础工作的承包地、宅基地确权登记发证工作进展缓慢，没有1个县市区根据十七届三中全会精神开展承包地确权登记发证，也没有一个县市区完成宅基地确权登记发证（具体详见表68《农村建设用地情况一览表》。享有城乡建设用地增减挂钩试点政策，拥有1000万元省上扶持资金和1000亩用地周转指标的四个省级重点镇无一有实质进展。村镇银行、小额贷款公司等农村新型金融组织无一设立。允许农民以房屋、果园、林木、土地经营权、大型农机具等进行抵押担保的金融改革举措，缺乏法律支持，难以广泛推行。

七是城乡一体化发展工作机制不够有力。部分县市区和一些市直部门对推进城乡一体化发展的重要性、紧迫性、现实性认识还不够，缺乏全盘统筹、协调发展、大胆探索、开拓创新的魄力和勇气。多数县市区出台的统筹城乡发展实施意见、规划方案等政策文件，过于宏大、抽象，难以操作实施。市县统筹城乡发展工作机构都由市县党委农村工作综合部门兼理，既没有增加人员,也没有增加经费,甚至也没有赋予相应的统筹协调、检查考核职能,难以担当日益繁重的城乡一体化发展工作重任。

三、对策建议

面对严峻的现实挑战,我们要以党的十七届三中、五中全会和省第十二次党代会精神为指导,按照市第六次党代会具体部署,借鉴成都等地成功经验,切实把推进城乡一体化作为全市发展大战略和农村工作总龙头来抓,按照"三化并举"和"一手拉、一手推"的思路原则,统筹城乡建设,突出农民增收,深化体制改革,加速"三个集中",努力构建"政策规定一致、规划建设一体、公共服务均等、收入水平相当"的城乡一体化发展格局,让城乡群众共享改革发展成果。到2015年,全市现代农业产值占到农业总产值70%以上;非农产业就业比重超过60%;市域城镇化率达到55%;农村土地规模经营比例超过50%;园区工业占到全部工业总值的70%以上;城乡居民收入比缩小到3∶1;基本建立起全域覆盖的城乡规划体系,布局均衡的公用设施体系,全员纳入的社会保障体系。

一要以科学引领为标准加快完善发展规划。加紧编制全市统筹城乡发展空间布局、产业发展、基础设施建设、社会事业发展、就业和社会保障制度建设等5个专项规划和县区市控制性详规,尽快形成以《意见》为总领、各专项规划和区域详细规划为支撑的城乡一体化发展规划框架体系。加快修编完善《市域城镇体系规划》,重点明确西安(咸阳)国际化大都市兴平、三原两个组团以及彬县、礼泉、长武三个三级城市和重点镇功能定位、发展规模,优化城镇空间格局。力争半年内出台县域城乡一体化建设控制性详规,尤其是村镇空间布局调整优化的规划方案,确保城乡一体化工作始终在科学规划引领下有序开展。

二要以扩大承载为核心加快推进城镇化。城镇化是城乡一体化发展最终方向,要分三个层次、四个方面协调推进。主城区建设:按照"三城两带"的空间布局和"北上西扩"的发展方向,不断拓展城区规模,提升城市功能,力争通过三到五年努力,市政基础设施水平全面提升,主城区发生脱胎换骨变化。县城镇建设:加强市政公共设施建设管理,繁荣县城二、三产业,不断提升县城承载人口、聚集产业、辐射集镇乡村能力。重点镇建设:这是我们推进城乡一体化的重点突破口。要整合政策项目,动员社会资本,借鉴标准化模块经验,加紧建设完善4个省级重点镇和10个市级示范镇的道路、供水、排水、电力、电信、供热、供气等基础设施,建设学校、医院、超市、商贸市场、绿地等公用服务设施,把重点示范镇打造成县域副中心。推进农民进城。进一步完善有条件农民进城落户的鼓励措施,科学推进在城镇为农民建设普通商住房工作,推进保障性住房向城镇延伸,把农村危房改造政策向县城和重点镇倾斜,真正使县城和重点镇成为融合城乡、带动发展的示范窗口。

三要以社区化改造为方向加快建设新农村。顺应城镇化趋势和规划,加快撤小村并大村、撤村建社区、旧村整理改造步伐,完善中心村(社区)基础设施和公共事业,鼓励引导农户到镇街和中心村购房建房,尽力打造一批既符合集聚原则、又便利农民生产的集中居住型农村新社区,形成县城、重点镇、中心村(集中型社区)、自然村合理布局、功能配套、资源节约、经济繁荣的现代化村镇体系,形成合理布局,全面改善农村人居环境。从今年起,全市每年100个新农村示范村建设任务全部安排旧村老村改造,同时以开发区、文物保护区或生态敏感区范围内的村庄,以及自然条件较差、公共设施落后、人数较少的村庄为重点,先行开展"村改居"试验,每年搞20个~30个村,由点到面,连年推进,力争到2020年,全市农村普遍实现"居住集中化、环境生态化、管理社区化、设施城镇化",成为农民幸福生活的美好家园。

四要以现代农业园区为载体加快发展都市农业。深入贯彻市委、市政府《关于加快发展现代农业的意见》,按照"升一融二延三"的思路和"规模范围合理、主导产业清晰、科技支撑有力、整乡整县推进"的原则,整合涉农项目,拓宽融资渠道,推进土地、资金、技术、人才等要素向园区聚集,集中力量抓好7个省级、22个市级示范园区建设,使之成为农业增效的载体、农民增收的平台、科技兴农的典范,带动传统农业加速向现代农业转变,成为西安国际化大都市的农副产品供应基地。启动建设一批大型农产品交易市场,引进一批农产品加工及物流企业,支持龙头企业做大做强,鼓励发展都市农业和生态观光农业,发展壮大一村一品,推进农业生产与批发市场、超市、加工企业等市场主体的联结,构建集生产、加工、流通、储藏、运输、生态、体验等于一体的现代农业经营体系。创新咸·杨农业一体化合作方式,完善农业技术推广服务体系,加强农民科技培训,使杨凌农业高新技术成果优先在咸阳转化、先进生产方式优先在咸阳推广,为现代农业发展提供智力支撑。

五要以拓展产业园区为平台积极壮大县域经济。按照"土地集约利用、产业链式延伸、企业集群发展、资源循环利用"的要求,高标准创建高新区、空港产业园、彬长旬能化基地3个国家级产业园区,高质量建设兴平装备产业园、新兴纺织工业园、中国原点家居产业园3个省级产业园区,全面推进28个重点县域工业园区建设,依托当地优势,找准发展定位,突出产业特色,提高规划水准,完善基础设施,健全激励机制,吸引现有企业向园区集中、新招引项目在园区落户,加快形成一批产业集聚、高效集约、特色鲜明的工业集中区,真正把园区建成以工促农、以城带乡的示范区,有效带动区域经济发展。

六要以水利交通建设为重点加快完善农村基础设施。加强渭河、泾河综合治理,加快亭口水库、东庄水库等重大水源工程进度,搞好农田水利和人饮工程建设,到2015年,全面完成农田渠系化建设,全面解决农村居民饮水安全问题,自来水入户率达到90%以上;到2020年,形成完善的生产生活供水体系,城乡供水全面实现自来水化。加快国省干线扩能、咸旬高速、镇际公路、通村道路建设步伐,加强通村公路维修管护，加快村内道路改造，力争5年内80%的村庄街道水泥化或柏油化，基本实现城乡道路联网化、群众出行便捷化。抓紧实施新一轮农村电网改造升级工程，提高农网供电可靠性。积极实施集中供热供气工程，力争2013年县城镇全部实现集中供热，集中供气逐步向重点镇、中心镇和农村新型社区延伸。整合广电、移动、联通、电信各类资源，进一步加强农村信息化建设，力争2015年实现村级综合信息服务站全覆盖，农村有线电视数字化整体转换，户均拥有电脑0.5台，光纤及宽带覆盖率达到30%以上。加快城乡生活垃圾分类收集、储运和处理系统建设，到2015年，所有县区市实施村（社区）收集、镇转运、县（区）处理的生活垃圾处理模式，50%的镇、重点旅游景区和有条件的重点村建成污水处理设施。以"万村千乡"市场工程为依托，加快建设农村现代流通服务网络，高标准新建或改造一批农副产品批发市场、镇中心集贸市场，加大农资超市、农家店和农村社区商业中心建设步伐，争取5年内所有镇和行政村建成服务设施基本齐全、服务功能较为完备的农业生产资料、农产品、生活日用品、再生资源现代购销网络，实现农资供应、基本生活资料需求不出村，农产品销售渠道畅通，为农业生产和农村群众生活提供保障。

*七要以公共服务均等化为目标推进社保制度衔接并轨。*加紧制定城市和农村劳动力就业失业登记、就业培训、就业介绍等一体化管理制度，使进城务工农民与城市职工在就业方面享有同等待遇。搞好新型农村养老保险与城镇居民基本养老保险的衔接，进城务工人员可二选一。建立完善城镇职工、城镇居民、新型农村合作医疗大病补助制度，推行新农合费用报销便利化，逐步实现城镇居民医疗保险制度和农村新型合作医疗制度并轨和城乡医疗保障制度全覆盖、均等化。完善救济救助制度，实现城镇"三无人员"、农村"五保户"集中供养。加大城镇经济适用房、廉租房建设和农村危房改造补助力度，逐步实现城乡居民人人有所居目标。推进城乡低保制度接轨，到2020年，基本建立起城乡一体的低保制度，农村五保户集中供养率达到80%以上，城乡最低生活保障水平、医疗救助水平全省领先。

*八要以提升农民素质为中心加快发展农村教科文卫事业。*巩固义务教育"两免一补"政策，加快农村公办幼儿园和中小学标准化建设，推动城乡中小学教师互动交流，加快发展农村中等职业教育，力争到2015年全市高中入学率达80%以上，农村人均受教育年限突破11年，每户一名中等职业学校以上毕业生；到2020年基本普及学前教育和高中阶段教育。统筹配置城乡医疗卫生资源，大力提升县医院建设规模与诊疗能力，全面实施镇（村）卫生院（室）标准化，尽快形成以县医院为支柱，镇卫生院为基础，村级卫生室（所）为补充的农村卫生服务网络。加快农民健身工程、农家书屋、村级组织活动阵地等公益设施建设，搞好民间艺术保护、开发和传承，让城市现代气息涌入农村，让农民体验市民生活，三年内实现镇镇有文化站、村村有农家书屋。

*九要以城乡资源统筹配置为归宿加快深化农村体制改革。*一是深化政府财政制度改革，加大财政支农投入。土地出让收益、耕地占用税收入的50%以上用于农业农村发展。加大村级公益事业建设一事一议财政奖补力度。根据人口规模将村级公共服务经费纳入本级财政预算。加紧制定出台城乡一体化发展，尤其是村改居、旧村改造的财政支持办法，加大建设项目和资金的整合运用。二是深化农村产权制度改革，激发土地要素活力。借鉴四川成都、西安高陵经验，以市场化改革为导向，以"还权赋能"、"农民自主"为宗旨，尽快启动农村产权制度改革，实现农村住房土地资产资本化，推动城乡生产要素自由流动。首先是开展确权发证。按照立足现有承包关系、一户限定一个住宅以及"权属合法、界址清楚、面积准确"的原则，加紧开展农村承包地、林地、住房、宅基地的确权、登记、发证以及档案管理等工作，向村组集体颁发集体土地所有权证、集体建设用地使用权证；向农户颁发土地承包经营权证、林权证、集体土地使用权证、宅基地使用权确权证、农村房屋所有权证。其次是推进产权流转。按照尊重物权原则，允许农民以房屋、果园、林木、土地经营权进行抵押担保或者转让入股，赋予村集体和农户对其资产的完整权能，以及真正的市场主体地位。最后是搭建交易平台。在确权、登记、发证以及档案管理工作全面推行基础上，选择若干领导重视、发证到位、市场活跃、需求强烈的县区市，以县镇农村经济管理站为依托，及时搭建县乡产权流转交易平台，由政府产权主管部门提供服务，让农民进场交易，实现农村产权资本化。三是借鉴成都、高陵经验，扩大用好城乡建设用地增减挂钩试点政策。加强项目争取和指标申报，力争每个县市区都能有城乡建设用地增减挂钩试点项目，并努力将主城区和县城镇纳入试点项目区范围，为工业化、城镇化拓空间，为旧村改造和村改居融资金。四是积极深化农村金融制度改革。加快培育村镇银行、贷款公司、农村资金互助社等农村新型金融机构，力争尽快实现村镇银行或农村资金互助社零突破。按照尊重物权原则，允许农民以房屋、果园、林木、土地经营权、大型农机具进行抵押担保。探索推行政策性农业保险制度。五是深化城乡户籍制度改革。大幅放宽市区和城镇落户条件，已登记为"居民户口"且在农村有承包土地的本市籍人员，农村住房、宅基地、承包地等权利和义务保持不变。六是深化基层组织体制改革。适应农村城镇化、社区化趋势，积极探索城乡一体的基层组织设置新模式和活动新形式，把基层组织的主要职能由农村事务管理向社区管理转变，为统筹城乡发展提供强有力的组织保障。

*十要以加大推进力度为着眼切实强化工作机制。*一是强化组织机制。借鉴成都、高陵经验，将市统筹城乡发展工作领导小组改组为市统筹城乡发展工作委员会，由市委书记任第一主任，市长任主任，市委副书记、分管副市长为副主任。统筹办主任由市委市政府副秘书长兼任。县区市是城乡一体化工作最前沿、最实际的操作主体，尤

其要强化工作班子,除参照市上模式成立统筹委外,还要给统筹办配备专职副主任和专门编制,明确职责,保障经费,使其有足够权威整合调动各类资源。二是强化指导机制。围绕城乡一体化发展的规划、土地、资金、产权改革等重大关键问题,聘请专家学者,搞好顶层设计,制定配套政策,分解目标任务。立足发展实际,突出特色、重点,召开现场会强力推进。三是强化考核机制。制定完善城乡一体化工作考核的指标体系,进行推进城乡一体化工作专项考核奖励,将县区市和各职能部门全部纳入考核范围,并加强考核分值和检查奖惩力度,形成分工协作、责任明确、绩效考核的工作机制,确保统筹城乡发展、推进城乡一体化的各项政策措施落实到位。同时,尽快出台加强和完善农业农村工作考核奖惩的具体办法,对各县市区和市级有关部门实行年终考核,根据考核结果,在全市农村工作会上对先进县市区、先进单位和先进个人进行表彰奖励,促进目标任务全面落实。四是加强干部队伍。认真实施"农村基层人才队伍建设计划",选录大学生到镇和村"两委"工作,强化干部培训,提高村级干部工资待遇,调动村干部积极性和创造性。五是加强舆论宣传。加强政策宣传,营造舆论环境,鼓励引导各级各部门和广大干部群众解放思想,提高认识,理解改革,支持试验,形成全社会共同参与城乡一体化的良好态势。

发挥优势　创新机制
扎实推动现代农业园区建设

季志林

"三农"问题的核心是农民问题,农民问题的实质是收入过低,因此解决"三农"问题的出发点和落脚点都在于努力促进农民增收。当前,我市农业正处于由传统农业向现代农业转型升级的起步阶段,因地制宜创建现代农业园区,通过生产要素聚集,不断丰富产业内涵,逐步建立现代经营管理体系,提高农业规模化、集约化、产业化经营水平,从而达到提高农业综合效益,促进农民持续增收的目的,这是当前发展现代农业最直接、最具体、最有效的工作。结合工作实践,本文就现代农业园区的内涵、功能及推进园区建设的措施和途径等问题试作探讨。

一、提高认识,准确把握现代农业园区的内涵及功能定位

(一)现代农业园区的内涵

现代农业园区是指在一定区域内,以高产、优质、高效、生态、安全为目标,以调整农业结构为突破口,以先进适用技术为依托,以社会力量广泛参与为手段,通过对农业资源的整合,促进农业集约化生产和产业化经营,形成具有较强示范带动作用的现代农业示范区或现代农业科技企业的密集区。

现代农业园区具有较高的现代装备水平、农业生产水平、科技应用水平和现代管理水平,以设施先进、技术领先、品种优新、环境优美、高效安全为主要特点,以科技开发、示范、辐射和推广为主要内容,以促进区域农业结构调整、产业升级和农民增收为根本,努力实现劳动生产率高、土地产出率高、资源利用率高和科技贡献率高,不断推进农业向标准化、机械化、产业化、品牌化方向发展。

(二)功能定位

目前,国内外现代农业园区主要有农业科技开发实验园区、种养业先进技术示范园区、农产品深加工企业园区、休闲农业示范园区四种模式。归纳总结这四种模式所产生的功能效应,我市现代农业园区应将功能定位在以下几个方面。

1.农业高新技术的展示示范功能。通过示范种植、养殖,使农业高新技术能得到迅速推广和应用。目前,绝大多数农民文化素质不高、科技意识不强、生产管理粗放、承担风险能力较弱,要提高农业效益必须先提高管理水平,而单纯依靠行政命令的手段来促进农业高新技术推广应用是难以奏效的。这就需要现代农业园区为传播农业高新技术发挥展示示范作用,做给农民看、带着农民干,让农民了解新技术、学习新技术、使用新技术,从根本上与传统农业决裂。

2.生产与流通功能。现代农业园区本身就是一个产业,其特征之一就是规模化经营,全产业链发展,园区既是优质农产品生产基地,又和加工流通环节紧密相连,形成产销一条龙发展格局,并以其标准化、品牌化、产业化经营的先进理念和管理模式使生产经营效益大幅提升,农产品市场竞争力不断增强。

3.辐射带动功能。现代农业园区集中体现了现代农业的装备手段和技术水平,具有促进农业新技术应用,农村生产力发展,农民增收,资本、技术、人才、信息聚集的作用。具体表现为:园区通过引进国内外优良品种进行工厂化育苗的快速繁育,带动周边和辐射区名优特品种的普及推广;邀请有关专家就具有前瞻性的适用技术及先进的经营管理技术开展专题讲座,努力提高农民群众掌握和应用高新技术的能力;以园区企业为龙头、以经济为纽带,组织周边农户共同参与生产,逐步形成产业化经营体系,促进农村经济向更高层次迈进。

4.休闲观光功能。园区通过利用农业自然环境、农业生产场地、农业产品、农业经营活动、农村人文资源等,可以为民众提供采摘、销售、观赏、垂钓、游乐等活动,还可以让旅游者参与、体验部分劳动过程,激起人们热爱劳动、热爱生活、热爱自然的兴趣,进一步增强人们保护自然、保护文化遗产、保护环境的自觉性,进而提升旅游品质,增加农民收入,促进城乡统筹发展。

园区在建设发展过程中,可根据自身的实际情况,在园区的功能定位上有所侧重。

(三)园区建设的基本要求

现代农业园区建设要突出体现七个方面的要求:

1.功能区划明确。园区生产、加工、销售分区经营,布局合理,功能定位清晰。

2.主导产业明晰。主导产业占比达到80%以上;主要农产品商品率达到90%以上,品牌率达到100%。

3.基础设施先进。园区道路、灌溉、用电等基础设施完善,农田有效灌

溉率达到100%，设施栽培、地膜覆盖、节水灌溉、测土配肥、生物防治等先进技术和先进农业机械应用广泛，主要生产环节农机化率达到85%以上。

4.科技水平领先。园区内应有市级以上产学研合作的技术依托单位。农业先进技术覆盖率达到80%以上，广泛应用畜禽粪便无害化处理、沼液综合利用、秸秆综合利用等先进技术。

5.产品优质安全。园区内全面实行标准化生产，农业投入品、农产品质量安全检测手段完善，农产品产地准出制度、质量可追溯制度全面推行。农产品无公害、绿色食品或有机食品认证率达到80%以上。

6.经营机制灵活。园区实行政府主导、企业运作管理机制，经营主体为农业产业化龙头企业、农民专业合作社或专业种养大户，园区内规模化、组织化、产业化经营水平较高。园区投入机制健全，产业要素集聚，经营方式灵活，生产、加工、营销、服务、休闲观光等产业协调发展，实现生产功能、生态功能、生活功能和示范功能有机融合。

7.管理服务到位。园区管理制度完善，农业社会化服务体系健全，农业部门在农资经营、农机作业、病虫害防治、疫病防控、农业信息、质量安全、产品营销等方面的监管和服务工作到位。

二、解放思想，充分认识创建现代农业园区对于引领农业发展的重要意义

建设现代农业园区是发展现代农业的切入点，其主要意义在于：一是有利于发挥各种生产要素的聚集效应，为推进区域农业发展提供样板，通过典型引路，加快传统农业向现代农业转变，提高优势农产品综合生产能力。二是为示范推广现代农业技术、促进农业发展方式转变开辟新途径，现代农业园区是农业科技密集区，具有引进、集成、运用、示范、推广新品种、新技术和新装备的功能，通过园区建设，可以加速农业科技成果转化应用，推动农业技术进步、产业结构优化和组织管理创新，大幅度提高土地产出率、资源利用率、劳动生产率和产品市场竞争率，提升农业发展的质量和效益。三是为培养新型农民、提高农民增收致富能力打造新基地，在千家万户分散经营的情况下，全面提高农民素质是十分困难的，而在现代农业园区内，可以发挥其设施装备先进、人才资源丰富的优势，引导教育农民增强市场意识、科技意识和竞争意识，增强农业专家、农技人员和农民的联系，培养有文化、懂技术、会经营的新型职业农民。四是为探索建立新的农业生产经营组织形式搭建新平台，现代农业园区的基本形态是规模经营，在园区内，我们可以引导农户、农民专业合作社、农业龙头企业和科研推广机构加强联合与合作，探索适合不同条件的农业生产投入、经营管理和利益分配的新型体制机制，解决农业组织化程度低的问题。五是为拓展农业功能、促进农业增效开辟新渠道，在提高农业综合生产能力的基础上，拓展生态保护、农业休闲、文化传承等功能，为城市居民提供休闲娱乐场所，引导农民向二三产业转移，拓宽增收渠道。

我市现代农业园区建设在各级党委、政府、各有关部门的高度关注和大力支持下，取得了初步成效，但由于起步迟、建设时间短等原因，园区建设工作还存在一些问题，影响着园区建设进一步发展。主要有：一是个别地方对创建现代农业园区认识不足，规划滞后，简单地认为建设现代农业园区就是申报项目，争取资金，园区建设缺乏先进的理念、科学的规划和扎实的工作，这些地方园区建设工作比较滞后，管理机构不健全，领导力量和技术力量投入不足，园区基础设施薄弱，经营比较粗放，缺乏科技支撑和企业引领，很难成为引导产业发展的样板区；二是农民专业合作社实力薄弱，管理松散，缺乏能吸引社员的利益连接机制，缺少具有现代农业发展理念的管理人才和专业技术人员，在专业化生产和农产品营销等方面的服务功能亟待提高；三是一些园区经营理念落后，缺乏商品生产意识、市场竞争意识，主导产业特色不够鲜明，自主品牌少，产业链条短，不少园区服务功能不全，特别是加工、冷链配送和市场营销力量不足；四是园区建设的机制创新还不够，多元化的投入机制尚未健全，尤其是招商引资不够，现有的园区多以几年前的示范村、示范园为主，缺少龙头企业和农民专业合作社的参与，农业技术推广、信息、金融和保险服务明显滞后。对于以上问题，我们要高度重视，积极研究解决对策，推进园区建设健康发展。

三、科学谋划，明确现代农业园区建设目标

创建现代农业园区是一项实实在在的工作，各级农业部门要按照"规模范围合理、主导产业清晰、先进技术突出、整镇整业推进"的思路，认真抓好园区建设规划的编制。"十二五"期间，全市将集中力量建设规划布局科学、产业特色鲜明、科技含量较高、设施装备先进、运行机制灵活、综合效益显著、辐射效应明显的省市级现代农业园区100个。其中，建设农业科技示范园区60个，每个园区核心区面积3000亩以上，示范面积1万亩以上；建设以粮油、果品、蔬菜、肉类、乳品、食品加工流通为主的农产品加工物流企业园区10个，每个园区年产值15亿元以上；将现代农业、生态园林、民风民俗、文物资源、红色旅游有机结合，建设发展前景较好、投资主体明确、具有一定规模、设施比较完善的休闲观光农业示范园区30个，辐射带动全市休闲农业快速发展。通过创建，使园区主导产业布局合理、生产要素高度聚集，配套体系健全，土地产出率、资源利用率、劳动生产率明显提高，经济效益、社会效益、生态效益全面增长。在此基础上，按照"把思路抓成典型、把典型提升为模式、把模式放大成板块，把板块连成产业带"的指导方针，以现代农业园区建设为载体，整合优势资源、扩大产业规模、聚集先进技术、促进产业升级，构建现代农业板块，实现农业经济集群化、跨区域发展。重点建设北部100万亩优质出口苹果、南部60万亩设施蔬菜、果区500万头生猪、粮区30万头高产奶牛、城郊千万只肉鸡、永寿长武50万亩优质核桃、泾渭10万亩清水莲菜、乾县10万亩富硒苹果、礼泉10万亩红提葡萄御石榴、泾阳三原20万亩酿酒葡萄等十个特色产业板块。

四、狠抓落实，积极探索推进现代农业园区建设的途径和措施

(一)科学编制规划。现代农业园区不同于一般的生产基地，它的主要特征是生产要素高度聚集，经营机制不断创新。这就要求我们必须高起点制订规划，合理布局产业，体现科技引领、机制创新、产业衔接、生态循环、协调发展理念，明确园区功能、区域布局、项目安排和建设重点，力求做到建设任务明确、经营主体明确、具体产业明确。每个园区要按照先进性、经济性、创新性和示范性的要求作出具体的建设规划，选择具有产业优势明显的地区建设核心园区，辐射带动周边产业发展，形成核心区与功能区融为一体、互为补充的现代农业园区发展新格局，使园区成为设施先进、技术领先、机制创新、服务配套、优质高效，能够引领全市农业发展的样板。让广大干部群众能切身体会到一个园区就是一面旗帜，就是一个可推广的示范样板，就是一个新的经济增长点。

(二)着力提升建设水平。要突出科技对产业发展的支撑作用，在新品种引进与示范、新资源开发与利用、新技术的推广与展示等方面下工夫，大力推广应用机械化收获播种、新型温室大棚、果园机械、节水灌溉、温室调控等先进机械和设施，提高生产、加工、保鲜、贮运等环节机械化水平。要加大农业科技创新、技术示范和成果转化，充分发挥农业部门在测土配方施肥、地膜覆盖、生物防治病虫害、秸秆生物反应堆、沼气综合利用、水肥药一体化施用等方面的技术优势，积极开展农资经营、农机作业、病虫防治、疫病防控、产品营销等专业化服务，用现代化的设施、现代化的技术、现代化的手段指导生产，使园区成为特色产业集聚的功能区、先进科技成果的转化区和现代高效农业的样板区。

(三)积极培育经营主体。园区经营主体是园区建设的核心。要按照政府引导扶持、市场化运作、社会资本参与的思路，着力培育发展农业产业化龙头企业，推动园区特色产业与现代加工业、物流业、生态观光业的有机结合；着力抓好农民合作社的培育，在合作社内部统一技术培训、统一生产标准、统一农资供应、统一产品质量、统一产品营销。进一步完善利益联结机制，积极培育和扶持一批经营理念先进，实力雄厚的现代农业园区经营主体，形成“公司+合作社+农户”这种利益共享、风险共担的新型经营模式，促进园区做大做强。

(四)积极推行标准化生产。建立高标准的农产品生产体系，生产更多的让人民群众放心的农产品是园区建设的重要任务。园区的目标定位必须瞄准高产优质高效，按照无公害、绿色、有机等不同标准，建立相应的标准化生产体系，开展专业化、规模化、品牌化、产业化生产。要加强土壤地力培肥和生态环境建设，治理农业面源污染，实现农业生态环境良好。同时，各个园区要积极注册商标，开展质量认证，增强市场竞争力，使更多的产品进社区、进超市、进入高端市场。

(五)完善与创新园区运行机制。机制是建设现代农业园区的灵魂，直接影响着园区的效益与发展。一是建立政府支持为导向、企业投入为主体、社会力量积极参与的资金投入机制。引导工商资本和其他社会资本投资园区建设，推动园区特色产业与现代加工业、物流业、生态观光业有机结合，实现一二三次产业协调发展。要积极做好政策引导及协调，出台优惠政策，探索创立农业园区发展基金、设立农业园区建设贷款担保平台等工作，对创办、领办现代农业园区的各类企业给予有效的鼓励和支持。要整合农业产业发展项目资金支持现代农业园区建设，完善园区水、电、路设施，推进园区生产机械化，为园区建设创造条件。二是建立社会化科技推广和服务机制。现代农业的内涵就是用现代物质条件装备农业，用现代科学技术改造农业，用现代产业体系提升农业，用现代经营形式推进农业，用现代发展理念引领农业，用培育新型农民发展农业。只有进一步加大现代农业园区的科技含量，现代农业园区才会稳步发展。因此，要通过完善利益机制，吸引国内外企业管理、农业科研、教学和推广单位的优秀人才进入园区；要充分发挥杨凌农科城的科技优势和农业专家顾问及农技推广技术队伍的作用，加大科技推广转化力度，做到良种引路，良法跟进，依靠科技，提升效益，逐步实现园区生产标准化、规模化、品牌化、产业化。要抓好园区管理者和技术人员的专业培训，积极开展农资经营、农机作业、病虫防治、疫病防控、产品营销等专业化服务，建立社会化服务体系。三是创新园区运行管理机制。凡属于政府主导型的园区，要直接引用工业园区的管理办法，实行公司化、企业化运作，园区管委会负责组织协调和政策服务，制订发展规划，启动基础设施建设，实施项目管理等。企业入园进行产业和产品开发，以现代企业的管理模式建立园区生产标准、工作流程、产品质量与品牌、工资制度、财务会计制度等，使园区成为一种新型产业体系。四是完善园区利益分配机制。利益分配机制是园区运营机制的核心。园区的利益分配应按照“谁投资、谁建设、谁受益”的原则，结合生产要素配置结构进行分配，体现园区内各法人企业和投入方的合法权益。要积极探索建立企业与合作社、农民之间利益共享的长效机制，鼓励将生产环节交给农民，加强园区与批发市场、超市、加工企业等市场主体紧密联结，降低企业的直接投入，带动园区农民增收，努力形成产加销一体化格局，形成园区与各方主体共赢的良好局面。

(六)规范园区土地流转。土地流转是现代农业园区建设的根本保障。土地流转的目的是提高土地产出率和劳动生产率，土地流转成功与否，关键要看农民的收入是否增加，要看流转后的效益是否提升。按照“依法、自愿、有偿”原则，引导农民自愿以转包、出租、互换、转让、股份合作、托管等形式流转土地承包经营权。土地流转工作政策性强，涉及面广，特别是关系到农民的切身利益，因此，必须积极稳妥推进，要全面建立县区土地流转指导机构、土地承包纠纷仲裁机构和乡镇土地流转服务机构，充分发挥土地流转政策支持和指导服务体系的作用，建立健全农村土地承包经营权流转市场，创新和完善土地流转机制，促进土地向现代农业园区规范有序流转，着力提高园区土地规模经营水平。

（作者单位：市农业局）

基于科技创新资源的咸阳产业发展战略问题研究

朱文莉

在产业发展模式上强化科技创新带动与支撑

咸阳在产业发展模式上应强化科技创新带动与支撑，以科技创新作为解决全市产业经济当前和未来发展重大问题的根本手段。找准科技与产业有机结合的突破口和链接点，加强自主知识产权成果向现实生产力转化，依靠科技创新转变产业发展方式，不断强化科技创新对产业经济又好又快发展的驱动力：这不仅是咸阳产业经济发展的现实要求，同时也是创建创新型城市的基础工作。

（1）加强西咸两市联动。依靠科技拉动区域产业经济，必须不断提高区域科技创新能级，而这仅凭咸阳一己之力难以实现大的突破，应充分利用西安的科技优势，通过西咸两市联动来完成。西安的综合科技实力、综合创新能力和综合科技转化能力在全国具有较为突出的优势，得到了较多的国家政策支持。咸阳应主动出击，积极创造条件，以“西咸全域大科技”的理念，统筹协调，联合推进，集成两地科技资源，建立合作与共享机制。

（2）完善自主创新产品与政府采购的对接。自主创新产品进入政府采购目录，不仅对于创新型企业是重大利好，对于全社会的经济发展也有极大的撬动作用。咸阳有关部门应着眼于“点上突破”，根据财政部公布的《政府采购自主创新产品目录》范围，确定重点支持领域，完善自主创新产品与政府采购的对接，并建立健全相应的产品质量安全监控、风险保障、配套激励以及纠纷解决等制度，以进一步激活企业科技创新的动力。

（3）实施项目带动。科技支撑产业经济发展，最终要通过若干个重大产业项目实现。咸阳市2009年政府工作报告中提出，今后五年，政府工作要抓好“四个关键”，其一就是强力实施项目带动，通过争取投资、招商引资、银行融资和社会投资等多种渠道，加快实施重点项目，带动一般项目，促进各类项目建设取得更大突破，努力扩大固定资产投资总量，拉动经济平稳较快增长。

（4）加大平台建设、重点企业培育和人才集聚力度。重点抓好技术创新、科技创业、科技成果转化、科技公共服务等科技平台建设，完成大型仪器设备资源数据库、技术标准文献信息库、科技成果库、科技专家库等建设工作。在全市加快培育“三支队伍”，即创新领军人才队伍、谋求创新拓展的企业家队伍、具有创新意识的专业技术人才队伍，加大对科技创新的奖励力度，制定更为有效的培养人才、留住人才、吸引人才和发挥人才作用的配套政策。

在产业政策制定上凸显西咸统筹与产业联动

咸阳在产业政策的制定与完善上，应注重以下两个方面：

（1）产业政策应凸显西咸统筹。咸阳市2009年政府工作报告中指出，未来五年，政府工作的主要举措之一即是要“以观念融合为先导，以基础对接为突破，以产业协作为重点，以共建区建设为载体，优势互补，错位发展，加快西咸一体化进程，全力打造西安都市圈咸阳核心区”。因此，在产业政策制定与完善上，应进一步凸显西咸统筹的要求，不断发挥西安对咸阳产业发展的要素注入效应、技术溢出效应、关联带动效应、优势升级效应、结构优化效应、竞争引致效应，遵循互惠互利、优势互补、突出特色、错位发展、打造共赢平台的原则，按照“城市功能互补，产业一体同构”的思路，通过调控产业结构、产业组织、产业布局，实现产业要素在西咸全域的快速集中和自由流动，使两地产业联系密切，分工协作关系明确，并在此基础上形成流畅有序的产业技术链与产业价值链，进而形成产业集群与产业带。

（2）产业政策应凸显产业联动。产业联动是指各产业之间的互补、合作与相互作用的关系。第一、第二及第三产业之间紧密相连，相互促进，具有强烈的联动性。咸阳在产业政策制定与完善中，要坚持产业联动的发展策略，通过产业结构的战略调整，优化第一产业，提升第二产业，突破第三产业，根据全市经济社会发展主要目标，在各个产业发展目标、发展重点和保障措施制定与落实上协调配合、互动互促，实现各个产业的协同发展，从而达到优化全市产业结构、提升产业能级、增强产业经济整体竞争力的目的。

在产业空间布局上形成产业集聚化、企业集群化大格局

咸阳区域布局和产业布局集中度不高，缺乏特色，已成为进一步提高全市产业经济综合竞争力的主要制约因素。因此，咸阳产业经济建设要有集群化的系统思维，充分利用集群效率，以陕西第二大能源化工基地、西部重要的电子信息产业基地、西部装备制造业基地、关中食品工业基地、西部纺织服装工业基地、西部医药保健品生产基地、西部建材工业基地等“七大工业基地”建设为重点，精心构筑工业聚集平台，形成大企业领军、组团式发展、产业链延伸的企业集群格局，实现工业化新突破。当前，在推动产业集聚化、企业集群化大格局方面，咸阳应着力实施：坚持“生态优先、基础先行、用地集约”的集聚导向，建设一批产业聚集度高、开发机制灵活、管理科学、服务高效的产业园区。推动各个工业园区内的专业分工和群体协同，强化每个园区“整体出击”的能力。大力开展区域营销，打造区域产业品牌效应。

在产业技术升级上走“两化融合”的新型发展之路

所谓“两化融合”，是指信息化与工业化相结合。实现经济从粗放经营向集约经营转变，从规模速度型向创新效益型转变，是咸阳产业经济长期面对的艰巨任务，发挥信息化在产业经济建设中的重要作用，通过在传统产业中广泛应用信息技术，促进经济结构战略性调整和发展方式根本转变，是咸阳产业经济落实科学发展观的内在要求，也是走

中国特色新型工业化道路的必然选择。从这个意义上看,推进"两化融合",把产业发展放在信息化背景下加以考察,赋予产业发展以信息化的时代特征,利用包括信息技术在内的高新技术改造提升传统农业、工业和服务业,是咸阳产业提升的必然途径。

咸阳推进"两化"融合,必须找准工作的切入点。在农业领域,要积极推动以信息技术改造传统农业,加快全市农村信息化建设和综合信息服务能力,推进农业信息化技术研究、开发、信息服务等多层次人才的培养,初步构建起全市农业信息化技术体系,努力实现全市种植业、养殖业和农产品流通过程的信息化,推动和带动相关产业的发展;在工业领域,要加快工业从生产型制造向基于信息和网络技术的服务型制造的转变;在服务业领域,要积极推进信息技术与金融保险业、现代物流业、管理咨询业、信息服务业的紧密结合,大力发展网络产业,打造创作、加工知识的非物质产业。

在产业结构调整上加快现代服务业等"产业新势力"培育

所谓现代服务业,是伴随着信息技术和知识经济的发展产生,用现代化的新技术、新业态和新服务方式改造传统服务业,创造需求,引导消费,向社会提供高附加值、高层次、知识型的生产服务和生活服务的服务业。顺应新的经济结构调整要求,咸阳应以提升全市服务业总体规模和档次,实现《咸阳市城市商业网点规划(2007~2020)》中所确定"具有'中国第一帝都'、'中国第一个地热城'双'一'特色、国内闻名国际知名的现代生活服务、休闲娱乐消费、旅游商贸服务中心;农副产品生产、加工、集散基地;纺织、电子、医药等制造业生产、物流基地"的城市商业定位为目标,以符合城市总体规划及西咸一体化战略规划、发挥咸阳独特资源、文化优势为原则,以整合资源、优化环境、扩大开发、培育特色为重点,加快规划培育现代服务业等"产业新势力",借以不断丰富全市产业经济的内涵和外延。

全市现代服务业整体规划中,要充分发挥秦都、渭城中心城区的优势,在中心城区确立"服务立区"的战略。着力发展现代大物流,促进全市工业与物流业的对接和联动。加快发展生产性服务业。大力培育现代服务业领域的领军企业和知名品牌。着力推进现代服务业领域的技术创新。

(作者单位:陕西科技大学)

乐未央　（陈云龙　刻）

咸阳历史文化名人传世名篇选粹

编者按 咸阳是中国著名古都之一，是历史悠久的文化名城。古时，周人曾在咸阳一带长期活动，修筑城邑，发展经济，留下了许多遗迹。公元前350年秦孝公将国都迁到咸阳，秦始皇在此建立了中国历史上第一个中央集权制的多民族政权——封建帝国秦王朝。周、秦、汉、唐等十三个朝代都曾把咸阳作为都城或京畿之地，成为中国当时的政治、经济、文化中心。在中华民族五千年的文明史上，咸阳闪烁着灿烂的光辉。为宣扬咸阳灿若繁星的历史文化人杰，彰显咸阳千古流传的史章文韵精华，切实继承传统文化精粹，大力弘扬咸阳文化特色，为咸阳市“文化兴咸”战略提供基础地情资料，特开辟专栏，刊登咸阳历史文化名人传世名篇。

【汉】司马迁

商鞅变法

商君者，卫之诸庶孽公子也，名鞅，姓公孙氏，其祖本姬姓也。鞅少好刑名之学，事魏相公叔座为中庶子。公叔座知其贤，未及进。会座病，魏惠王亲往问病，曰：“公叔病有如不可讳，将奈社稷何？”公叔曰：“座之中庶子公孙鞅，年虽少，有奇才，原王举国而听之。”王嘿然。王且去，座屏人言曰：“王即不听用鞅，必杀之，无令出境。”王许诺而去。公叔座召鞅谢曰：“今者王问可以为相者，我言若，王色不许我。我方先君后臣，因谓王即弗用鞅，当杀之。王许我。汝可疾去矣，且见禽。”鞅曰：“彼王不能用君之言任臣，又安能用君之言杀臣乎？”卒不去。惠王既去，而谓左右曰：“公叔病甚，悲乎，欲令寡人以国听公孙鞅也，岂不悖哉！”

公叔既死，公孙鞅闻秦孝公下令国中求贤者，将修缪公之业，东复侵地，乃遂西入秦，因孝公宠臣景监以求见孝公。孝公既见卫鞅，语事良久，孝公时时睡，弗听。罢而孝公怒景监曰：“子之客妄人耳，安足用邪！”景监以让卫鞅。卫鞅曰：“吾说公以帝道，其志不开悟矣。”后五日，复求见鞅。鞅复见孝公，益愈，然而未中旨。罢而孝公复让景监，景监亦让鞅。鞅曰：“吾说公以王道而未入也。请复见鞅。”鞅复见孝公，孝公善之而未用也。罢而去。孝公谓景监曰：“汝客善，可与语矣。”鞅曰：“吾说公以霸道，其意欲用之矣。诚复见我，我知之矣。”卫鞅复见孝公。公与语，不自知跶之前于席也。语数日不厌。景监曰：“子何以中吾君？吾君之驩甚也。”鞅曰：“吾说君以帝王之道比三代，而君曰：‘久远，吾不能待。且贤君者，各及其身显名天下，安能邑邑待数十百年以成帝王乎？’故吾以强国之术说君，君大说之耳。然亦难以比德于殷周矣。”

孝公既用卫鞅，鞅欲变法，恐天下议己。卫鞅曰：“疑行无名，疑事无功。且夫有高人之行者，固见非于世；有独知之虑者，必见敖于民。愚者闇于成事，知者见于未萌。民不可与虑始而可与乐成。论至德者不和于俗，成大功者不谋于众。是以圣人苟可以强国，不法其故；苟可以利民，不循其礼。”孝公曰：“善。”甘龙曰：“不然。圣人不易民而教，知者不变法而治。因民而教，不劳而成功；缘法而治者，吏习而民安之。”卫鞅曰：“龙之所言，世俗之言也。常人安于故俗，学者溺于所闻。以此两者居官守法可也，非所与论于法之外也。三代不同礼而王，五伯不同法而霸。智者作法，愚者制焉；贤者更礼，不肖者拘焉。”杜挚曰：“利不百，不变法；功不十，不易器。法古无过，循礼无邪。”卫鞅曰：“治世不一道，便国不法古。故汤武不循古而王，夏殷不易礼而亡。反古者不可非，而循礼者不足多。”孝公曰：“善。”以卫鞅为左庶长，卒定变法之令。

令民为什伍，而相牧司连坐。不告奸者腰斩，告奸者与斩敌首同赏，匿奸者与降敌同罚。民有二男以上不分异者，倍其赋。有军功者，各以率受上爵；为私斗者，各以轻重被刑大小。僇力本业，耕织致粟帛多者复其身。事末利及怠而贫者，举以为收孥。宗室非有军功论，不得为属籍。明尊卑爵秩等级，各以差次名田宅，臣妾衣服以家次。有功者显荣，无功者虽富无所芬华。

令既具，未布，恐民之不信，已乃立三丈之木于国都市南门，募民有能徙置北门者予十金。民怪之，莫敢徙。复曰“能徙者予五十金”。有一人徙之，辄予五十金，以明不欺。卒下令。

令行于民期年，秦民之国都言初令之不便者以千数。于是太子犯法。卫鞅曰：“法之不行，自上犯之。”将法太子。太子，君嗣也，不可施刑，刑其傅公子虔，黥其师公孙贾。明日，秦人皆趋令。行之十年，秦民大说，道不拾遗，山无盗贼，家给人足。民勇于公战，怯于私斗，乡邑大治。秦民初言令不便者有来言令便者，卫鞅曰“此皆乱化之民也”，尽迁之于边城。其后民莫敢议令。

于是以鞅为大良造。将兵围魏安邑，降之。居三年，作为筑冀阙宫庭于咸阳，秦自雍徙都之。而令民父子兄弟同室内息者为禁。而集小乡邑聚为县，置令、丞，凡三十一县。为田开阡陌封疆，而赋税平。平斗桶权衡丈尺。行之四年，公子虔复犯约，劓之。居五年，秦人富强，天子致胙于孝公，诸侯毕贺。

其明年，齐败魏兵于马陵，虏其太子申，杀将军庞涓。其明年，卫鞅说孝公曰：“秦之与魏，譬若人之有腹心疾，非魏并秦，秦即并魏。何者？魏居领阨之西，都安邑，与秦界河而独擅山东之利。利则西侵秦，病则东收地。今以君之贤圣，国赖以盛。而魏往年大破于齐，诸侯畔之，可因此时伐魏。魏不支秦，必东徙。东徙，秦据河山之固，东乡以制诸侯，此帝王之业也。”孝公以为然，使卫鞅将而伐魏。魏使公子卬将而击之。军既相距，卫鞅遗魏将公子卬书曰：“吾始与公子驩，今俱为两国将，不忍相攻，可与公子面相见，盟，乐饮而罢兵，以安秦魏。”魏公子卬以为然。会盟已，饮，而卫鞅伏甲士而袭虏魏公子卬，因攻其军，尽破之以归秦。魏惠王兵数破于齐秦，国内空，日以削，恐，乃使使割河西之地献于秦以和。而魏遂去安邑，徙都大梁。梁惠王曰：“寡人恨不用公叔座之言也。”卫鞅既破魏还，秦封之於、商十五邑，号为商君。

注:司马迁(前145或前135—前87?),字子长,西汉夏阳(今陕西韩城,一说山西河津)人,中国古代伟大的史学家、思想家、文学家,被后人尊称为“史圣”。他最大的贡献是创作了中国第一部纪传体通史《史记》(原名《太史公书》)。《史记》记载了从上古传说中的黄帝时期,到汉武帝元狩元年(前122),长达3000多年的历史。司马迁以其“究天人之际,通古今之变,成一家之言”的史识完成的《史记》,成为中国历史上第一部纪传体通史,被鲁迅誉为“史家之绝唱,无韵之离骚”,对后世影响巨大。本文节选自《史记·商君列传》,题目为编者所加。

【唐】李 靖

李卫公问对(节选)

太宗曰:“朕观诸兵书,无出孙武;孙武十三篇,无出虚实。夫用兵,识虚实之势,则无不胜焉。今诸将之中,但能言背实击虚,及其临敌,则鲜识虚实者。盖不能致人,而反为敌所致故也。如何?卿悉为诸将言其要。”

靖曰:“先教之以奇正相变之术,然后语之以虚实之形可也。诸将多不知以奇为正,以正为奇,且安知虚是实,实是虚哉?”

太宗曰:“‘策之而知得失之计,作之而知动静之理,形之而知死生之地,角之而知有余不足之处。’此则奇正在我,虚实在敌欤?”

靖曰:“奇正者,所以致敌之虚实也。敌实,则我必以正;敌虚,则我必以奇。苟将不知奇正,则虽知敌虚实,安能致之哉?臣奉诏,但教诸将以奇正,然后虚实自知焉。”

太宗曰:“以奇为正者,敌意其奇,则吾正击之;以正为奇者,敌意其正,则吾奇击之。使敌势常虚,我势常实。当以此法授诸将,使易晓耳。”

靖曰:“千章万句,不出乎‘致人而不致于人’而已。臣当以此教诸将。”

太宗曰:“朕置瑶池都督,以隶安西都护。蕃汉之兵,如何处置?”

靖曰:“天之生人,本无蕃汉之别。然地远荒漠,必以射猎而生,由此常习战斗。若我恩信抚之,衣食周之,则皆汉人矣。陛下置此都护,臣请收汉戍卒,处之内地,减省粮馈,兵家所谓治力之法也。但择汉吏有熟蕃情者,散守堡障,此足以经久。或遇有警,则汉卒出焉。”

太宗曰:“《孙子》所言治力者如何?”

靖曰:“‘以近待远,以佚待劳,以饱待饥。’此略言其概尔。善用兵者,推此三义而有六焉:以诱待来,以静待躁,以重待轻,以严待懈,以治待乱,以守待攻。反是则力有弗逮。非治力之术,安能临兵哉?”

太宗曰:“今人习《孙子》者,但诵空文,鲜克推广其义。治力之法,宜遍告诸将。”

太宗曰:“旧将老卒,凋零殆尽,诸军新置,不经阵敌。今教以何道为要?”

靖曰:“臣尝教士,分为三等:必先结伍法,伍法既成,授之军校,此一等也。军校之法,以一为十,以十为百,此一等也。授之裨将,裨将乃总诸校之队,聚为阵图,此一等也。大将军察此三等之教,于是大阅,稽考制度,分别奇正,誓众行罚。陛下临高观之,无施不可。”

太宗曰:“伍法有数家,孰者为要?”

靖曰:“臣按《春秋左氏传》云:‘先偏后伍’;又《司马法》曰:‘五人为伍’;《尉缭子》有《束武令》;汉制有尺籍伍符。后世符籍,以纸为之,于是失其制矣。臣酌其法,自五人而变为二十五人,自二十五人而变为七十五人,此则步卒七十二人,甲士三人之制也。舍车用骑,则二十五人当八马,此则‘五兵五当’之制也。是则诸家兵法,惟伍法为要。小列之五人,大列之二十五人,参列之七十五人。又五参其数,得三百七十五人。三百人为正,六十人为奇,此则百五十人分为二正,而三十人分为二奇,盖左右等也。穰苴所谓五人为伍,十伍为队,至今因之,此其要也。”

太宗曰:“朕与李勣论兵,多同卿说,但勣不究出处尔,卿所制六花阵法,出何术乎?”

靖曰:“臣所本诸葛亮八阵法也。大阵包小阵,大营包小营,隅落钩连,曲折相对。古制如此,臣为图因之。故外画之方,内环之圆,是成六花,俗所号尔。”

太宗曰:“内圆外方,何谓也?”

靖曰:“方生于正,圆生于奇。方所以矩其步,圆所以缀其旋。是以步数定于地,行缀应乎天。步定缀齐,则变化不乱。八阵为六,武侯之旧法焉。”

太宗曰:“画方以见步,点圆以见兵。步教足法,兵教手法,手足便利,思过半乎?”

靖曰:“吴起云:‘绝而不离,却而不散。’此步法也。教士犹布棋于盘,若无画路,棋安用之?孙子曰:‘地生度,度生量,量生数,数生称,称生胜。胜兵若以镒称铢,败兵若以铢称镒。’皆起于度量方圆也。”

太宗曰:“深乎!孙武之言。不度地之远近,形之广狭,则何以制其节乎?”

靖曰:“庸将罕能知其节者也。‘善战者,其势险,其节短,势如彍弩,节如发机。’臣修其术,凡立队,相去各十步,驻队去师队二十步;每隔一队立一战队。前进以五十步为节。角一声,诸队皆散立,不过十步之内。至第四角声,笼枪跪坐。于是鼓之,三呼三击,三十步至五十步以制敌之变。马军从背出,亦以五十步临时节止。前正后奇,观敌如何。再鼓之,则前奇后正,复邀敌来,伺隙捣虚。此六花大率皆然也。”

太宗曰:“《曹公新书》云:‘作阵对敌,必先立表,引兵就表而阵。一部受敌,余部不进救者斩。’此何术乎?”

靖曰:“临敌立表,非也,此但教战时法耳。古人善用兵者,教正不教奇,驱众若驱群羊,与之进,与之退,不知所之也。曹公骄而好胜,当时,诸将奉《新书》者,莫敢攻其短。且临敌立表,无乃晚乎?臣窃观陛下所制《破阵乐舞》,前出四表,后缀八幡,左右折旋,趋步金鼓,各有其节,此即八阵图四头八尾之制也。人间但见乐舞之盛,岂有知军容如斯焉。”

太宗曰:“昔汉高帝定天下,歌云:‘安得猛士兮守四方。’盖兵法可以意授,不可语传。朕为《破阵乐舞》,唯卿已晓其表矣,后世其知我不苟作也。”

太宗曰:“方色五旗为正乎?幡麾折冲为奇乎?分合为变,其队数曷为得宜?”

靖曰:“臣参用古法,凡三队合,则旗相倚而不交;五队合,则两旗交;十队合,则五旗交。吹角,开五交之旗,则一复散而为十;开二交之旗,则一复散而为五;开相倚不交之旗,则一复散而为三。兵散则以合为奇,合则以散为奇。三令五申,三散三合,复归于正,四头八尾,乃可教焉,此队法所宜也。”太宗称善。

太宗曰:“曹公有战骑、陷骑、游骑,今马军何等比乎?”

靖曰:“臣按《新书》云:‘战骑居前,陷骑居中,游骑居后。’如此则是各立名号,分为三类尔。大抵骑队八马,当车徒二十四人,二十四骑当车徒七十二人,此古制也。车徒常教以正,骑队当教以奇。据曹公,前后及中分为三覆,不言两厢,举一端言也。后人不晓三覆之义,则战骑必前于陷骑、游骑,如何使用?臣熟用此法,回军转阵,则游骑当前、战骑当后、陷骑临变而分,皆曹公之术也。”

太宗笑曰:“多少人为曹公所惑。”

太宗曰:“车、步、骑三者一法也。其用在人乎?”

靖曰:“臣按春秋鱼丽阵,先偏后伍,此则车步无骑,谓之左右拒,言拒御而已,非取出奇胜也。晋荀吴伐狄,舍车为行,此则骑多为便,惟务奇胜,非拒御而已。臣均其术,凡一马当三人,车步称之,混为一法,用之在人。敌安知吾车果何出?骑果何来?徒果何从哉?或潜九地,或动九天,其知如神,惟陛下有焉,臣何足以知之。”

太宗曰:“太公书云:‘地方六百步或六十步,表十二辰。’其术如何?”

靖曰:“画地方一千二百步,开方之形也。每部占地二十步之方,横以五步立一人,纵以四步立一人。凡二千五百人,分五方,空地四处,所谓阵间容阵者也。武王伐纣,虎贲各掌三千人,每阵六千人,共三万之众,此太公画地之法也。”

太宗曰:“卿六花阵画地几何?”

靖曰:“大阅,地方千二百步者,其义六阵,各占地四百步,分为东西两厢,空地一千二百步为教战之所。臣尝教士三万,每阵五千人,以其一为营法,五为方、圆、曲、直、锐之形,每阵五变,凡二十五变而止。”

太宗曰:“五行阵如何?”

靖曰:“本因五方色立此名,方、圆、曲、直、锐,实因地形使然。凡军不素习此五者,安可以临敌乎?兵,诡道也,故强名五行焉。文之以术数相生相克之义,其实兵形象水,因地制流,此其旨也。”

太宗曰:“李勣言牝牡、方圆伏兵法。古有是否?”

靖曰:“牝牡之法,出于俗传,其实阴阳二义而已。臣按范蠡云:‘后则用阴,先则用阳。尽敌阳节,盈吾阴节而夺之。’此兵家阴阳之妙也。范蠡又云:‘设右为牝,益左为牡,早晏以顺天道。’此则左右早晏,临时不同,在乎奇正之变者也。左右者,人之阴阳;早晏者,天之阴阳;奇正者,天人相变之阴阳。若执而不变,则阴阳俱废,如何?守牝牡之形而已。故形之者,以奇示敌,非吾正也;胜之者,以正击敌,非吾奇也。此谓奇正相变。兵伏者,不止山谷草木伏藏。所以为伏也,其正如山,其奇如雷,敌虽对面,莫测吾奇正所在。至此,夫何形之有焉?”

太宗曰:“四兽之阵,又以商、羽、徵、角象之,何道也?”

靖曰:“诡道也。”

太宗曰:“可废乎?”

靖曰:“存之所以能废之也。若废而不用,诡愈甚焉。”

太宗曰:“何谓也?”

靖曰:“假之以四兽之阵,及天、地、风、云之号,又加商金、羽水、徵火、角木之配,此皆兵家自古诡道。存之则余诡不复增矣,废之则使贪使愚之术从何而施哉?”

太宗良久曰:“卿宜秘之,无泄于外。”

太宗曰:“严刑峻法,使人畏我而不畏敌,朕甚惑之。昔光武以孤军当王莽百万之众,非有刑法临之。此何由乎?”

靖曰:“兵家胜败,情状万殊,不可以一事推也。如陈胜、吴广败秦师,岂胜、广刑法能加于秦乎?光武之起,盖顺人心之怨莽也,况又王寻、王邑不晓兵法,徒夸兵众,所以自败。臣按《孙子》曰:‘卒未亲附而罚之,则不服;已亲附而罚不行,则不可用。’此言凡将先有爱结于士,然后可以严刑也。若爱未加而独用峻法,鲜克济焉。”

太宗曰:“《尚书》言:‘威克厥爱,允济;爱克厥威,允罔功。’何谓也?”

靖曰:“爱设于先,威设于后,不可反是也;若威加于前,爱救于后,无益于事也。《尚书》所以慎戒其终,非所以作谋于始也。故《孙子》之法,万代不刊。”

太宗曰:“卿平萧铣,诸将皆欲籍伪臣家以赏士卒,独卿不从,以谓蒯通不戮于汉。既而江汉归顺。朕由是思古人有言曰:‘文能附众,武能威敌。’其卿之谓乎?”

靖曰:“汉光武平赤眉,入贼营中按行。贼曰:‘萧王推赤心于人腹中。’此盖先料人情本非为恶,岂不豫虑哉?臣顷讨突厥,总蕃汉之众,出塞千里,未尝戮一杨干,斩一庄贾,亦推赤诚,存至公而已矣。陛下过听,擢臣以不次之位。若于文武,则何敢当!”

太宗曰:“昔唐俭使突厥,卿因击而败之。人言卿以俭为死间,朕至今疑焉。如何?”

靖再拜曰:“臣与俭比肩事主,料俭说必不能柔服,故臣因纵兵击之,所以去大恶不顾小义也。人谓以俭为死间,非臣之心。按《孙子》,用间最为下策。臣尝著论其末云:水能载舟,亦能覆舟。或用间以成功,或凭间而倾败。若束发事君,当朝正色,忠以尽节,信以竭诚,虽有善间,安可用乎?唐俭小义,陛下何疑?”

太宗曰:“诚哉!非仁义不能使间,此岂纤人所为乎?周公大义灭亲,况一使人乎?灼无疑矣!”

太宗曰:“兵贵为主、不贵为客,贵速、不贵久。何也?”

靖曰:“兵,不得已而用之,安在为客且久哉?《孙子》曰:

'远输则百姓贫。'此为客之弊也。又曰:'役不再籍,粮不三载。'此不可久之验也。臣较量主客之势,则有变客为主,变主为客之术。"

太宗曰:"何谓也?"

靖曰:"'因粮于敌',是变客为主也;'饱能饥之,佚能劳之',是变主为客也。故兵不拘主客迟速,惟发必中节,所以为宜。"

太宗曰:"古人有诸?"

靖曰:"昔越伐吴,以左右二军鸣鼓而进,吴分兵御之。越以中军潜涉不鼓,袭败吴师,此变客为主之验也。石勒与姬澹战,澹兵远来,勒遣孔苌为前锋,逆击澹军。孔苌退而澹来追,勒以伏兵夹击之,澹军大败,此变劳为佚之验也。古人如此者多。"

太宗曰:"铁蒺藜、行马,太公所制。是乎?"

靖曰:"有之,然拒敌而已。兵贵致人,非欲拒之也。太公《六韬》言守御之具尔,非攻战所施也。"

注:李靖(571-649),字药师,汉族,雍州三原(今陕西三原县东北)人。隋末唐初将领。后封卫国公,世称李卫公。李靖"才兼文武,出将入相",不仅是一位优秀的军事家,也是一位出色的军事理论家。平生著有军事著作多种,除过《六军镜》3卷早已失传外,至今尚存有《唐太宗与李卫公问对》,共98条,包括训练、边防、作战指挥等,是李靖戎马生涯的系统总结,为中国古代著名兵书之一。

【宋】范仲淹

邠州建学记

国家之患,莫大于乏人。人曷尝而乏哉?天地灵粹,赋于万物,非昔醇而今漓。吾观物有秀于类者,曾不减于古,岂人秀而贤者,独有下于古欤?诚教有所未格,器有所未就而然耶,庠序可不兴乎?庠序者,俊乂 所由出焉。三王有天下各数百年,并用此道,以长养人才。才不乏而天下治,天下治而王室安,斯明著之效矣。庆历甲申岁,予参二国政。亲奉圣谟,诏天下建郡县之学,俾岁贡群士,一由此出。明年春,予得请为邠城守。署事之三日,谒夫子庙,通守太常王博士稷,告予曰:"奉诏建学,其才出于诸生,备矣。今夫子庙隘甚,群士无所安。"因议改卜于府之东南隅,地为高明,遂以建学,并其庙迁焉。以兵马监押刘保、节度推官杨承用,共掌役事。博士朝夕视之。明年夏,厥功告毕。增其庙度,重师礼也;广其学宫,优生员也。谈经于堂,藏书于库。长廊四回,室从而周。总一百四十楹。广厦高轩,处之显明。士人洋洋其来如归。且曰:"吾党居后稷、公刘之区,被二帝三王之风,其吾君之大赐,吾道之盛节欤!敢不拳拳服膺,以树其德业哉!"予既改南阳郡,博士移书请为之记。予尝观《易》之"大象",在《小畜》曰:"君子以懿文德。"谓其道未通,则畜乎文德,俟时而行也。在《兑》曰:"君子以朋友讲习。"谓相说之道,以利乎正,莫大于讲习也。诸生其能知吾君建学,圣人大《易》之旨,则庶几乎!故书之。

注:范仲淹(989-1052),字希文,汉族,北宋著名的政治家、思想家、军事家和文学家,世称"范文正公"。先世邠州(今陕西省彬县),后迁居江南,为苏州吴县(今江苏省苏州市)人。宋仁宗亲政后,担任右司谏一职。景祐五年(1038),在西夏李元昊的叛乱中,与韩琦共同担任陕西经略安抚招讨副使,采取"屯田久守"方针,协助夏竦平定叛乱。庆历三年(1043)与富弼、韩琦等人参与"庆历新政"。提出了"明黜陟、抑侥幸、精贡举"等十项改革建议。历时仅一年。后因为遭反对,被贬为地方官,辗转于邓州、杭州、青州,晚年知杭州期间,设立义庄,皇祐四年(1052)病逝于徐州,谥文正。

【近代】范紫东

《软玉屏》原序

高东嘉者、词曲家之巨擘也。其论传奇一道,曰:"乐人易,动人难。"夫传奇之足以动人者,原不在结构之工、照应之密,合乎法度、依乎律吕也。必其事实入情入理、其音节可歌可泣,语语出自肺腑,声声打人心坎,寄情于选声选色之外,移人于不知不觉之中。此固非率尔操觚、徒悦耳目者所能问律也。佛氏之偈曰,如金春之在花叶,无一花叶而不春。人守花叶而寻春,春固不可见;掷花叶而寻春,春更杳然矣。阳春感物,无从捉摸。白雪动人,不可思议。此声音之能事、词曲之上乘也。我国人道主义,发达最早。北美黑奴之弊制,南洋卖人之恶习,当草昧初开,尚不闻有此。岂待欧化输入,始标窃新名词,藉作口头禅哉。陶元亮遣苍头与其子曰:"此亦人子也,可善遇之。"范文王与马夫同榻,曰:"凡由你母皆为子,恩从吾幼未难推。"名世仁人,其有霭如;流风余韵,犹有存者。然而男仆之弊,自昔已除;女婢之毒,于今尤甚!耳所已闻,指不胜屈。嗟夫!鬻身作婢,家属既断往来;入主出奴,法律几难保护!妇怒无始,每肆虐于剪刀;人命微贱,恒较轻于鸿毛!或醋海生波,颦笑启撚酸之祸;或烟局开市,吞声忍吃苦之悲!岂天荒地老,昆明无不劫之灰;抑世道衰微,精卫有未填之海?不示惩罚,谁复畏天网森严?!广被管弦,庶可表人权尊重。本剧抱悯人之婆心,发救世之宏愿;述目击之痛史,参笔记之奇闻。如来拈花之手,会开灵山;长吉补化之文,屏名"软玉"。赖佛力广大,激动慈悲心肠;使文阵纵横,非同游戏笔墨。痛哭苍生,慧眼与法轮同转;维持世道,粉墨与血泪齐挥!且看混世魔王,登时请君入瓮!所愿含冤红粉,一律拨云见天。倘法雨淋漓,处处观音救苦;慈云拥护,人人菩萨发心。庶几爱河滚滚,保赤子由此推心;苦海茫茫,放屠刀立地证佛。从此生生世世,永无苦恼之场;攘攘熙熙,咸乐庄严之土。世界如斯,吾复何恨?情不能已,奇故可传。至若发扬豪贤,铺叙儿女。表温柔之佳话,点染色生;写慷慨之高风,曲折尽致。有乐观不无悲观,能惊人复足动人。阅者勿以戏曲小道而忽之也。

公元一九一七年　范紫东

本剧初演，在民国六年十月。次年春在曲江春便酌，座中有警察厅第三科科长谓余曰："阁下所编之《软玉屏》演出后，就把我忙煞了！"余曰："此剧与君何涉？"科长笑曰："近三四月本科所收案件计三分之一，皆虐婢之事也。我传婢主到案，先问他看过《软玉屏》没有？其中看过的居多，也有没看过的，我说，你先把这戏看了再处理。大约年长者皆勒令出嫁，幼者酌量处置，先生此剧造福不浅。"余曰："就是对不起仁兄。"一笑。

此剧向有印本，民十后有演京剧之白芙蓉，坤伶也。每演此剧，芙蓉即不出演，来社观此剧。且手持剧本，与上课无异。如是者多半年，遂回南方。后有友人自南方来。据云："芙蓉抵家将剧中情节，登报声明，伊将此剧科白词调，皆已烂熟。如有剧团情愿学此剧者，伊能为导演。由是此剧盛行于江南，盖南方畜婢之风最盛，此剧亦颇对证也。其导演费，每本盖千圆云。"

紫东附记

注：范紫东（1879-1954），名凝绩，字紫东，后以字行，陕西乾县人。是陕西民主革命的志士，又是近代著名的剧作家。他终生创作大小剧本68本。这些剧本内容健康，主题鲜明，场面宏大，情节曲折，风趣流畅，为秦腔艺术舞台创造了众多的艺术形象，深受广大群众欢迎。他的剧作不仅充满爱国主义精神，而且闪烁着民主性和人民性的光彩。他编著的《三滴血》《翰墨缘》《软玉屏》等剧久演不衰，早已成为秦腔剧目宝库中一份珍贵的财富。平生著述甚丰，对语言、考古、民俗、音乐也有研究，著有《关西方言钩沉》《关西周秦石刻摹本》《乐学通论》及《西安市城郊胜迹志略》等。此外，他还热心地方志修纂，曾先后主持编修了《永寿县志》《陇县新志》和《乾县新志》。

社会主义新编地方志工作三十年

编者按　境内社会主义新编地方志工作全面启动始于1982年，各县市陆续成立地方志编纂委员会，开展地方志编纂工作。1984年，咸阳市地方志编纂委员会及其办公室成立，开始《咸阳市志》的编修工作。市县两级修志机构，坚持党委领导、政府主持、地方志编委会组织实施的修志格局，认真贯彻"一纳入、五到位"的修志保障机制，按照中国地方志指导小组和省地方志编委会关于新编地方志的指导思想和编修规范的要求，经过30年的努力，全面完成了首轮市县两级志书编纂出版任务，正在进行紧张有序的第二轮志书编纂工作。全市地方志系统涌现出全国方志先进工作者2名，陕西省地方志系统先进工作者45名，市地方志办公室两度获全国地方志系统先进集体称号，连年被评为全市目标责任考核优秀单位，被市委、市政府授予文明单位标兵称号。

社会主义新编地方志编纂出版工作　第一轮修志　境内市县地方志编修工作启动始于1982年，各县市陆续成立地方志编纂委员会，开展地方志编纂工作。1984年，咸阳市地方志编纂委员会及其办公室成立，开始《咸阳市志》的编修工作。市县两级修志机构，坚持党委领导、政府主持、地方志编纂委员会组织实施的修志格局，按照中国地方志指导小组和省地方志编委会关于新编地方志的指导思想和编修规范的要求，经过十多年的努力，全面完成了国家规划的市县两级志书编纂出版任务。五卷本《咸阳市志》480万字，于2001年全部出版发行。2002年末，13部县区志全部完成出版发行任务。同时，由88部市级专业志组成的《咸阳市地方志丛书》出版49部。一批由厂、矿、科研院所、景点等编写的志书，也已出版发行。

《咸阳市志》　咸阳市地方志编纂委员会编，全书共分5卷，分卷出版。第一卷主编任清芳，其余各卷主编尹学成。上溯事物发端，下限至1990年。第一卷由陕西人民出版社1996年2月出版发行，80万字，印数5000册。设有序、凡例、大事记，内容分政区、区县概况、自然环境、人口、环境保护、城乡建设等6编。第二卷由三秦出版社2001年12月出版发行，94万字，印数2000册。8编。内容有概述、农业、工业、商业、旅游、交通、邮电、财政、税务、金融、经济管理等。第三卷由三秦出版社2001年12月出版发行，82万字，印数2000册。6编。内容有政党、政协、政权、政务、群众团体、军事和要事记略等。第四卷由三秦出版社2000年9月出版发行，92.7万字，印数2000册。11编。内容有教育、科技、文化、新闻出版、文物、卫生、体育、档案、地方志、民族、宗教、民俗、方言等。第五卷由三秦出版社2000年9月出版发行，103万字，印数3000册。3编，为人物卷。共收录传记人物366名、简介人物372名、列表人物2000多名。是志全面、真实地记载了咸阳市自然、经济、政治、军事、文化和人物等方面的历史与现状。2002年10月获陕西省地方志优秀成果一等奖。

《秦都区志》　咸阳市秦都区地方志编纂委员会编。主编李景含。95万字，胶印，16开本，漆布烫金精装加护封。上溯事物发端，下限至1990年，卷尾附1991年～1993年大事记要。内容分概述、大事记、专志和附录组成。专志有行政建置、自然地理、土地、人口、城乡建设、交通邮电、经济管理、蔬菜、水利、农业、工业、乡镇企业、财政·税务·金融、贸易、政党群团、政权、民政人事、军事、教育、科技、文化文物、卫生体育、社会风俗、人物等24个部分。下辖114章、387节。志书记载了原咸阳县、咸阳市及秦都区的自然和社会各方面的史实，重点记述了设区后的社会主义现代化建设及精神文明建设所取得的新成就。卷首设彩色地图1幅、彩色照片62幅。陕西人民出版社1995年7月出版发行。印数3000册。

《渭城区志》　咸阳市渭城区地方志编纂委员会编。主编王鹏超。90万字，胶印，16开本，漆布烫金精装加护封。上溯事物发端，下限至1990年，部分内容延至1992年。内容分概述、大事记、专卷、附录组成。专卷分政区、自然环境、人口与计划生育、土地、城乡建设、经济管理、工业商业、交通邮电、财政·税务·金融、农业、水利、政党群众团体、政权、政治协商会议、科技、教育、文化、体育、卫生、文物、民族·宗教·民俗、人物等22卷。下辖105章282节。志书以大量科学资料,对秦咸阳、汉帝陵的丰厚的历史文化作了翔实的记述,对中华人民共和国成立以来所取得的各项成就进行了科学的总结。卷首设彩色地图2幅、彩色照片68幅。文内插有图、表103幅。卷前有陕西省社会科学院研究员余树声撰写的关于史志的起源与演变的序言。陕西人民出版社1996年7月出版发行。印数3000册。

《兴平县志》 兴平县地方志编纂委员会编。主编赵富贵。144万字,胶印,16开本。上限溯至事物发端,下限至1989年。全书有概述、大事记、附录和行政建制志、自然环境志、自然灾害志、人口与计划生育志、土地管理志、经济综述志、农林水牧志、工业·乡镇企业志、交通·邮电志、电力志、商业志、财税·金融志、城乡建设志、管理经济志、政权志、党派·社团志、军事志、科学技术志、教育志、文化·文物志、卫生·体育志、民俗·宗教志、"文化大革命"志、人物志等,下辖223章。全面、系统记述了兴平县的历史和现状。陕西人民出版社1994年8月出版发行。印数5000册。

《武功县志》 武功县地方志编纂委员会编。主编申海林。104万字,16开本。上溯事物发端,下限至1990年。全书有概述、大事记、附录和行政建置、自然环境、自然灾害、人口·计划生育、农业、土地、水利、工业、交通、邮电、商业、粮油、供销合作、财政税务、金融、经济管理、城建环保、地方国家机构、民政、劳动人事、信访·档案、公安·司法行政、党派·政协·群团、军事、教育、科技、文化、文物、卫生·体育、宗教·民俗、人物等,下辖150章。全面记述了武功县自然、经济、军事、社会、文化等各方面的历史与现状。另外,还附录有明康海嘉靖《武功县志》校点本。陕西人民出版社2001年3月出版发行。印数5000册。

《泾阳县志》 泾阳县县志编纂委员会编。主编何平。133万字,16开本。上溯事物发端,下限至1989年。全书有概述、大事记、附录和行政建置志、自然地理志、人口土地志、农牧林业志、棉花志、水利志、乡镇企业志、工业志、商业志、财税金融志、交通邮电志、城建志、经济管理志、党派群团志、地方国家机构志、军事志、教育志、科技志、卫生体育志、文化志、文物志、民俗方言宗教志、"文化大革命"与拨乱反正志、人物志等,下辖141章。按照详今略古、存真求实、突出特色的原则,全面记述了泾阳县的历史与现状。陕西人民出版社2001年8月出版发行。印数3000册。

《三原县志》 三原县地方志编纂委员会编。主编梁思法。110万字,16开本。上溯事物发端,下限至1990年。全书计145章,由概述、大事记、分志、人物及附录组成。分志有行政建置、自然地理、自然灾害、人口、经济管理、农业、水利、工业、食品、交通、邮电、商贸、财政金融、税务、城乡建设、政权机关、公安司法、民政·人事、政党、政协、群众团体、"文化大革命"、军事、教育、科技、卫生、体育、文化艺术、文物、民俗·宗教·方言、人物志等。为建国后第一部通史性的志书,全面系统地记述了三原县的历史和现状。陕西人民出版社2000年10月出版发行。印数3000册。

《礼泉县志》 礼泉县地方志编纂委员会编。主编卢景云。120万字,16开本。上溯事物发端,下限至1990年。全书由概述、大事记、分志、人物、附录组成,共设127章。分志有行政建置、自然环境、自然灾害、人口与计划生育、土地管理、城乡建设与环境保护、农业、林业·果树、水利·水土保持、交通邮电、工业·乡镇企业、商业、财政、经济管理、党派群团、军事、政权、公安司法、民政档案信访、劳动人事·行政监察、教育科技、体育卫生、文物、社会民俗、文化广播电视、艺文选、"文化大革命"、人物等。重点记述了中华人民共和国建国后,礼泉县的自然、经济、政治、社会与文化发展的历史与现状。三秦出版社1999年3月出版发行,印数4000册。

《乾县志》 乾县县志编纂委员会编。主编袁富民。138万字,16开本。上限溯事物发端,下限至1990年。全书共分184章,有序、总述、大事记、专志、附录及修志始末。专志有行政建置、自然地理、自然灾害、人口与土地、农业、粮食、水利、林业、工业、电力、经济管理、财税金融、商业、供销、城乡建设、交通、邮电、政权、政党群团、"文化大革命"纪略、民政、人事劳动、公安司法、教育、卫生、科技、广播电视、文化艺术、体育、军事、档案、宗教·民俗·方言、文物古迹、乾陵、人物等。全面记述了乾县自然、经济、军事、社会、文化等各方面的历史与现状。陕西人民出版社2003年出版发行。印数3000册。

《永寿县志》 永寿县地方志编纂委员会编。主编马宏轩。80万字,16开本。上溯事物发端,下限至1989年。内容由概述、大事记、专志、附录组成。专志分行政区划、自然环境、自然资源、自然灾害、人口和计划生育、生产关系变革、农牧、林业、水土保持、水利、工业、电力、交通、邮电、商业、工商管理、财税、金融、城乡建设、人民生活、政党、群众团体、政权、军事、教育、科技、文化艺术、卫生、体育、民俗、宗教、方言、人物、"文化大革命"与拨乱反正等。下辖138章,336节。志书全面系统记载了永寿县自然和社会的历史与现状。卷首设彩色地图1幅,彩色照片70幅。三秦出版社1991年5月出版发行。印数1000册。1993年,获全国地方志书优秀成果二等奖。

《彬县志》 彬县地方志编纂委员会编。主编曹彬杰。117.5万字,16开本。上溯事物发端,下限断至1990年。全书共分124章,由概述、大事记、专志、附录组成。专志有行政建置、自然地理、土地人口、农牧、林业、水利水保、工业、交通邮电、城乡建设、商业、财税金融、经济管理、党派群团、政权、政务、军事、"文化大革命"、教育、科学技术、文化、文物、卫生体育、社会、人物等。详细记载了彬县的建制沿革、地理环境、政治经济、交通电信、文教卫生、风土人情等。全面记述了彬县自然、经济、政治、文化和社会发展的历史与现状。陕西人民出版社2000年9月出版发行。印数2000册。

《长武县志》 长武县地方志编纂委员会编。主编常晓宾。116.5万字,16开本。上溯事物发端,下限至1989年。部分内容下限延伸至1999年。全书设有县情概述、大事记、行政建置、自然地理、人口与计划生育、经济发展与管理、农业·畜牧业、林业、水利·水土保持、工业·交通·邮电、城乡建设环境保护、商业·供销、财税·金融、政权·司法、党派·群众团体、军事武装·民兵、教育·科技、文化·文物、卫生·体育、社会民情风俗、人物、附录等，下辖99章。志书略古详今，略同详独，重点记述了鸦片战争以来特别是中华人民共和国成立以后长武县的发展与现状。陕西人民出版社2000年8月出版发行。印数2000册。

《旬邑县志》　旬邑县地方志编纂委员会编。主编刘敏卓。100万字，16开本。上溯事物发端，下限断至1990年。全书有概述、大事记、附录和行政建置志、自然地理志、人口志、农牧志、林业志、水利水保志、工业志、交通邮电志、商业志、财税金融志、经济管理志、城乡建设志、民主革命斗争志、政党群团志、政权志、政务志、军事志、教育科技志、文化艺术志、体育卫生志、民俗宗教志、"文化大革命"与拨乱反正志、人物志等，下辖105章。志书详今略古，详独略同，力图反映旬邑全貌，并突出时代特点和地方特色。三秦出版社2000年11月出版发行。印数4000册。

《淳化县志》　淳化县志编纂委员会编。主编张荣炜。120万字，16开本。上溯事物发端，下限至1996年。全书共分145章，由概述、大事记、专志、附录组成。专志有行政建置、自然地理、自然灾害、土地、人口、农业、林业、果业、水利水保、工业、交通邮电、商业、财税金融、城乡建设、经济管理、革命根据地、党派群团、地方国家机构、政务、"文化大革命"、军事、教育、科技、体育卫生、文化艺术、宗教民俗、文物、人物等。全面反映了淳化县自然、经济、政治、军事、社会、文化等各方面的历史与现状。三秦出版社2000年12月出版发行。印数4000册。

专志　1982年以来，境内许多工厂、科研院校、金融机构及行政事业单位，组织编写厂、校、院所志或行业专业志。编纂出版了《咸阳市文物志》《咸阳市工业经济志》《咸阳市工会志》《咸阳市广播电视志》《咸阳市卫生志》《咸阳市计划志》《咸阳市水利志》《咸阳市外贸志》《咸阳市司法志》《咸阳市民政志》《咸阳市地名志》《咸阳市民族宗教志》《咸阳市自然地理志》《咸阳市交通志》《咸阳市军事志》《咸阳市妇女志》《咸阳市邮电志》《咸阳市财政志》《咸阳市体育志》《咸阳市林业志》《咸阳市物价志》《咸阳市金融志》《咸阳市房地产志》《咸阳市建设志》《咸阳市经济体制改革志》《咸阳市政务志》《咸阳市科技志》《咸阳市重工业志》《咸阳市档案志》《咸阳市教育志》《咸阳市税务志》《咸阳市粮食志》《咸阳审判志》《咸阳市防空志》《咸阳市烟草志》《咸阳市统计志》《陕西省戏剧志·咸阳市卷》《陕西省道路交通管理志·咸阳分志》《咸阳市秦都区教育志》《咸阳市秦都区税务志》《咸阳市秦都区军事志》《咸阳市秦都区城乡建设志》《咸阳市渭城区军事志》《武功县公安志》《武功县军事志》《淳化县军事志》《乾县建设志》《乾县军事志》《礼泉县城建志》《泾阳县军事志》《淳化县文物志》《长武县军事志》《旬邑县民政志》《旬邑县财政志》《彬县军事志》《彬县政协志》《旬邑县军事志》《兴平市军事志》《永寿县军事志》《三原县军事志》《礼泉县军事志》《彬县教育志》《彬县金融志》《三原县教育志》《三原县档案志》《咸阳市建设银行志》《彩虹志》《咸阳纺织机械厂志》《西北国棉七厂志》《陕毛一厂志》《茂陵志》《西北国棉一厂志》《西北国棉二厂志》《陕西纺织器材研究所志》《陕西省乾县师范学校志》《旬邑县湫坡头镇志》《三原南关村志》《庄里村志》《好畤村志》《东南坊志》《天阁村志》等。这些志书，对本部门、行业、厂矿或村镇的历史和现状进行了科学的记述，具有资治、存史和借鉴的重要作用。

第二轮修志　全市二轮修志工作在首轮修志任务完成后陆续展开。2001年3月，咸阳市人民政府发出《关于认真开展续修地方志工作的通知》。2002年4月，咸阳市人民政府主持召开全市首届修志工作表彰大会，会议在总结首轮修志工作的同时对全市的二轮修志工作进行了安排部署。12月10日，咸阳市人民政府批转印发了《〈咸阳市志〉续修方案》，年底，市地方志办公室、永寿县地方志办公室分别将制定的《咸阳市志(1991～2008)》《永寿县志(1990～2005)》篇目大纲报送省地方志办公室审批。自2002年下半年开始，全市的二轮修志工作相继铺开。2006年，中共咸阳市委办公室、咸阳市人民政府办公室印发《咸阳市第二轮两级志书编纂规划》，《规划》规定全市第二轮两级志书编纂任务共计99部，其中纳入国家三级志书编纂出版任务的14部，分别是设区的市志1部，不设区的市志1部，市辖区志2部，县志10部；编纂市级专业志85部。2007年1月22日，咸阳市召开全市第二轮地方志编纂工作会议，安排部署并全面启动了全市第二轮志书编纂工作。8月，咸阳市地方志办公室印发了《咸阳市第二轮两级志书行文规范》。到2007年末，全市13个县市区的二轮修志工作已全面完成篇目制定，开始资料征集，其中旬邑、长武两县已进行部分资料的整理编辑工作，《永寿县志(1990～2005)》已完成初稿编纂；市级专业志书已有60%以上开始工作。2008年5月，中共咸阳市委办公室、咸阳市人民政府办公室印发《〈咸阳市志(1991～2008)〉篇目(草案)》，将《咸阳市志》资料征集任务量化分解到全市各有关单位，至此，《咸阳市志》的编纂工作进入实质性工作阶段。到2012年底，《咸阳市志》已完成大事记、政区、自然人口、水利、文物等编初稿的编辑。《永寿县志(1990～2005)》于2008年12月15日通过咸阳市地方志办公室复审，2010年10月26日通过省地方志办公室终审，2012年10月举行了首发式，正式出版发行。专业志工作。至2012年底，《武警咸阳市支队志》《咸阳市文物志》《中共咸阳市委中心工作志》《咸阳市水利志(1987～2007)》《咸阳市建设志(1999～2010)》出版发行。通过终审的有《咸阳市旅游志》《咸阳市信息产业志》《咸阳市粮食志(1990～2009)》《咸阳市审判志(1991～2008)》《咸阳市档案志(1991～2010)》等。

《永寿县志(1990～2005)》　永寿县地方志编纂委员会编。主编穆生亚。是咸阳市出版的第一部二轮县级志书，也是全省出版的第四部二轮县级志书。全书28编101章132万字，以图文并茂的形式，集中反映了1990年至2005年的16年间，永寿县政治、经济、文化及社会诸方面的发展历程，全面展示了改革开放以来，永寿县经济社会发展取得的巨大成就，为人们了解永寿、认识永寿提供丰富翔实的资料。2012 年 1 月由陕西人民出版社出版发行,印数 5000 册。

年鉴工作 1995 年 8 月,市地方志办公室报请市政府同意开展《咸阳年鉴》编纂工作。15 日,市政府办公室转发《〈咸阳年鉴〉编纂方案,决定成立《咸阳年鉴》编纂委员会,市委书记李锦江任顾问,市长郑德义任主任,市委秘书长王一兼任主编。1995 年卷《咸阳年鉴》初稿于 1996 年底完成,随后工作中断。1999 年 11 月,中共咸阳市委办公室、咸阳市人民政府办公室印发《关于加强〈咸阳年鉴〉编辑出版工作的通知》,恢复《咸阳年鉴》编纂委员会,副市长董军任主任,市地方志办公室主任尹学成任主编。11 月 24 日,在全市地方志工作会议上,部署安排了《咸阳年鉴》编纂出版工作。2000 年 8 月,《咸阳年鉴(2000 创刊号)》由陕西人民教育出版社出版发行,同年 12 月,《咸阳年鉴(1996~1999)》出版。2006 年,《咸阳年鉴》编纂委员会组成人员进行了调整,市委书记张立勇、市长千军昌任名誉主任,副市长王建国任主任,市地方志办公室主任张英民任主编。《咸阳年鉴》逐年连续出版,多次获得全国年鉴评比奖项。2004 年,县级综合年鉴编纂出版工作陆续启动,到 2012 年底,乾县、礼泉县、三原县、旬邑县、淳化县、武功县、秦都区、兴平市、渭城区、彬县编纂出版了县级综合年鉴。专业年鉴有《咸阳统计年鉴》《咸阳邮政年鉴》《咸阳化工年鉴》《咸阳教育年鉴(1991~2000)》等。

《咸阳年鉴》 咸阳市人民政府主办,咸阳市地方志办公室编。2000 年创刊。以全面记录咸阳自然、经济、政治、文化和社会的基本情况为主要内容,旨在为社会各界和海外人士了解认识和研究咸阳提供基本资料。《咸阳年鉴》分门别类设置栏目,采用类目、分目、子分目、条目四层结构。一般分 30 多个类目,主要内容包括特载、大事记、咸阳概貌、专辑、西咸新区建设、机构、农业·农村经济、工业、非公有制经济、交通·邮政、信息产业、国内贸易、对外经济贸易、文物·旅游、金融·保险、经济管理、城乡建设·环境保护、国土资源开发与管理、开发区建设、教育、科学技术、文化·新闻·出版、卫生·体育、社会事务、中国共产党咸阳市委员会、纪律检查·行政监察、人民代表大会、人民政府、人民政协、民主党派·工商联、人民团体、军事、政法、县市区、人物·荣誉、关中—天水经济区、附录、索引等等。字数控制在 120 万字左右,按业务量的多少分配到各类目、分目、子分目,条目字数由各承编单位在分配控制字数内安排。承编单位在报送文字稿件的同时,提供 2~3 张照片,图随文走,形成一个整体的专栏式结构,做到图文并茂。至 2012 年底,逐年连续出版 14 卷。

《秦都年鉴》 咸阳市秦都区人民政府主办,秦都区地方志办公室编。2009 年创刊。栏目设置基本采用类目、分目、子分目、条目四层结构。内容分特载、大事记、概貌、专辑、机构、农业·农村经济、工业、非公有制经济、交通·邮政、信息产业、国内贸易、对外经济贸易、文物·旅游、金融·保险、经济管理、城乡建设·环境保护、国土资源开发与管理、开发区建设、教育、科学技术、文化·新闻·出版、卫生·体育、社会事务、中国共产党咸阳市秦都区委员会、纪律检查·行政监察、人民代表大会、人民政府、人民政协、民主党派·工商联、人民团体、军事、政法等。至 2012 年底,编纂出版了《秦都年鉴》2009 卷、2010~2011 卷共 2 卷。

《兴平年鉴》 兴平市人民政府主办,兴平年鉴编纂委员会编。2010 年创刊。栏目设置均按照类目、分目、条目、子条目 4 个层次,分类编排。各类目下设若干分目,分目下设若干条目,条目下设若干子条目。主要内容有特载、大事记、兴平概况、专辑、中国共产党兴平市委员会、兴平市人民代表大会、兴平市人民政府、公检法司、人民政协、民主党派·工商联、人民团体、农业、工业、经济管理、城乡建设和管理、商贸业、财税管理、金融·保险、交通·邮政·电信、科技·教育、文化·旅游、卫生·计划生育、军事、乡镇办、附录等。至 2012 年底,编纂出版了《兴平年鉴》3 卷。

《武功年鉴》 武功县人民政府主办,武功年鉴编纂委员会编。2009 年创刊。它集实用性、时效性、真实性、权威性为一体,是社会各界人士认识武功、熟悉武功的第一手地情工具书。栏目设置分类目、分目、条目 3 个层次,分类编排。主要内容有专载、武功概况、大事记、中国共产党武功县委员会、纪律检查·行政监察、武功县人民代表大会、武功县人民政府、政协武功县委员会、民主党派·工商联、人民团体、军事、公安·司法、城建·环保、农林·水利、工业、交通·邮电、商务·流通、经济管理、财政·税务、金融·保险、教育·科技、文化·卫生、文物·旅游、广播·电视、社会事业、乡镇概况、先进人物、附录等。全面记载了武功县政治、经济、社会、文化及自然环境等方面的发展变化,展示了全县人民在县委、县政府的领导下,加快建设小康武功、和谐武功所取得的成就及经验教训。内容翔实,语言凝练,是一部具有“资政、教化、存史”功能的地方百科全书。至 2012 年底,共编纂出版了《武功年鉴》2009 卷、2010~2011 卷共 2 卷。

《乾县年鉴》 乾县人民政府主办,乾县年鉴编纂委员会编。2006 年创刊。栏目设置分类目、分目、条目 3 个层次,分类编排。其类目设有特载、大事记、乾县概况、专辑、中国共产党乾县委员会、纪检监察、人民代表大会、人民政府、政协、民主党派·工商联、人民团体、军事、政法、城乡建设·环境保护、资源、农业·农村经济、工业·非公有制经济、信息产业、商贸流通、文物·旅游、经济综合监督管理、财政·税务、金融·保险、电力·交通、教育、科学技术、文化·文博、卫生·计划生育、人事·劳动·社会保障、社会生活、荣誉、乡镇概况、附录等。至 2012 年底,编纂出版了《乾县年鉴》2006 卷、2011 卷和 2012 卷共 3 卷。

《三原年鉴》 三原县人民政府主办,三原年鉴编纂委员会编。2007 年创刊。《三原年鉴》以年度全县政治、经济、文化、社会、自然等诸多方面客观面貌、发展进程为基本内容,为领导决策提供依据,为改革开放、对外交流提供窗口和平台,为社会各界了解、研究地情提供信息资料,为纂修史典积累一手资源。设有特载、大事记、三原概况、专辑、农业·农村经济、工业、交通·邮政、信息产业、经济贸易、旅游业、金融保险、经济管理、城乡建设·环境保护、国土资源开发与管理、教育、科学技术、文化·卫生、新闻·出版、社会事务、中国共产党三原县委员会、纪律检查·行政监察、人民代表大会、人民政府、人民政协、人民团体、民主党派·工商联、军事、政法、乡镇、附录等栏目。至2012年底,《三原年鉴》逐年连续编纂出版6卷。

《礼泉年鉴》　礼泉县人民政府主办,礼泉年鉴编纂委员会编。2004年创刊。设有特载、礼泉概况、中共礼泉县委员会、纪律检查·行政监察、人大·政协、礼泉县人民政府、人民团体、军事、公安·司法、环境保护、国土资源开发与管理、工业、农业·农村经济、交通·邮电、商业·贸易、文物·旅游、经济综合监督管理、财政·税务、金融·保险、教育·文化、科学技术、广播电视·网络中心、卫生·体育、社会生活、人物、乡镇概况、文件·题录、大事记、附录等。至2012年底,编纂出版了《礼泉年鉴》2004卷、2005卷、2006~2008卷、2009~2010卷共4卷。

《旬邑年鉴》　旬邑县人民政府主办,旬邑县地方志办公室编。2007年创刊。《旬邑年鉴》设有特载、大事记、旬邑概况、专辑、中国共产党旬邑县委员会、人大·政协、人民政府、人民团体、军事、政法、城乡建设·环境保护、国土资源开发与管理、农业·农村经济、工业、非公有制经济、交通·邮政、信息产业、商贸流通、经济综合监督管理、财政·税务、金融·保险、教育、科学技术、文化·文物·旅游、广播·电视、卫生·体育、社会生活、人物·荣誉、乡镇概况、文件题录等栏目。至2012年底,编纂出版了《旬邑年鉴》2004~2006卷、2007~2008卷、2009~2010卷共3卷。

《淳化年鉴》　淳化县人民政府主办,淳化县地方志办公室编。2007年创刊。设有特载、大事记、淳化县概况、专辑、中国共产党淳化县委员会、纪律·行政监察、人民代表大会、人民政府、人民政协、民主党派·工商联、人民团体、军事、政法、农业·农村经济、工业、交通·邮政、信息产业、商贸流通、旅游业、金融·保险、经济综合监督管理、城乡建设·环境保护、国土资源开发与管理、教育、科学技术、文化·文博、广播·电视、卫生·体育、社会事务、乡镇概述、附录等栏目。至2012年底,共编纂出版了《淳化年鉴》2007卷、2008卷、2009~2010卷、2011卷和2012卷共5卷。

《渭城年鉴》　咸阳市渭城区人民政府主办,渭城地方志办公室编。2011年创刊。栏目设置分类目、分目、条目3个层次。主要内容有特载、大事记、渭城概况、专辑、中共渭城区委、纪律检查·行政监察、人民代表大会、人民政府、人民政协、民主党派·工商联、人民团体、军事、政法、城乡建设·环境保护、国土资源开发与管理、农业·农村经济、工业、交通、信息产业、国内贸易、文物·旅游、经济管理、财政·税务、金融、教育、科学技术、文化·体育·卫生、社会事务、人物·荣誉、街道办·镇概况、附录等。至2012年底,共编纂出版了《渭城年鉴》2011卷1卷。

《彬县年鉴》　彬县人民政府主办,彬县年鉴编纂委员会编。2012年创刊。《彬县年鉴》从体例结构上分类目、分目、条目3个层次。主要内容有特载、大事记、彬县概况、荣誉人物、中国共产党彬县委员会、彬县人民代表大会常务委员会、彬县人民政府、中国人民政治协商会议彬县委员会、中国共产党彬县纪律检查委员会、社会团体、民主党派、军事、政法、城建环保、农林水、工业、交通邮电、商贸、经济管理、财政税收、金融保险、教育科技、卫生文体旅游、人民生活·社会保障、镇(社区)、附录等。至2012年底,共编纂出版《彬县年鉴》2012创刊号1卷。

地情资料丛书　市县两级修志机构对修志工作掌握到的大量地情信息资源,特别是尚未入志的地情资料进行再挖掘、再利用,编写出了一批反映地方情况的资料丛书。一些热衷于地方文化建设事业的人士也自发地编写出版地情书籍,有效地为宣传咸阳、建设咸阳提供服务。咸阳市地方志办公室组织编纂出版的《咸阳大辞典》获北方十五省市自治区哲学社会科学优秀图书奖。各县市区地方志办公室编纂出版有《可爱的乾县》《乾县辞典》《乾县民国史稿》《三原辞典》《永寿县情博览》《永寿谚语》《旬邑人物春秋》《石门风光》《红色马栏》《豳风流芳》《豳国石门传说》《文翔风诗文选注》《古豳旬邑》《可爱的彬县》《彬县煤矿发展史》等县级地情资料丛书。

《咸阳大辞典》　咸阳市地方志办公室编。主编张英民。2007年12月由陕西人民出版社出版发行。全书300余万字,600多幅图照,9000多个词条,分综合、地名、事件、会议、机构、人物、文献、文物、民俗等九个方面,对咸阳从古到今的地情信息进行了科学客观的记述;附录部分的咸阳大事记略、咸阳政区沿革表、《二十五史》咸阳籍人物表、咸阳明清进士表、咸阳古陵一览表、咸阳古墓一览表等对咸阳的历史人文、文物古迹亮点进行了集中展示,该书是一部反映咸阳地情信息的百科工具书。2008年11月,出版了该书的多媒体电子光盘。2008年获北方十五省市自治区哲学社会科学优秀图书奖。

《咸阳百年图志》　咸阳市地方志办公室编。主编张英民。2009年9月由三秦出版社出版。《咸阳百年图志》内容分古都沧桑、时代风云、经济纵横、文化大观、民俗要览共5编33章132节,全书用4800余幅历史照片,真实反映了戊戌变法以来咸阳境内政治、经济、文化以及社会民生等各个领域的巨大变迁,直观而系统地再现了咸阳百年来沧桑巨变。

方志成果利用　社会主义新方志编修以来,咸阳市各级领导和地方志工作机构不断加强对地方志的编纂和开发利用,市委、市政府主要领导多次要求各级各部门认真阅读志书,了解咸阳的过去,建设好咸阳的今天;市县两级地方志机构把为当地经济社会发展服务贯穿于地方志工作的始终,全面完成首轮修志任务,大力开展第二轮修志,整理出版一批旧志,编纂完成丰富多彩的地情资料丛书,为各级领导、社会各阶层和境内外人士了解咸阳提供了极大的便利,使地方志在为各级领导决策、服务经济社会发展、进行科技文化研究、开展爱国主义教育等方面发挥了重要作用,取得显著的经济效益和社会效益。20世纪90年代,咸阳市首轮市县志书出版发行后,志书成为当地制定经济社会发展目标,改善和提高人民群众生产生活条件的重要依据。咸阳市地方志办公室从地方志书中挖掘大量地情资料信息,为《中国·陕西投资导引》提供稿件,推介宣传咸阳,吸引客商投资咸阳,并为开发马跑泉和五陵原规划以及开发咸阳旅游资源提供可靠依据。1999年,在纪念建国50周年暨咸阳解放50周年活动中,咸阳市地方志办公室与市委党史研究室编辑出版《建国50年咸阳大事记》,在《咸阳日报》同步开办"咸阳50年发展大事记"专栏54期,全面系统总结50年来咸阳市社会主义革命和建设事业的历史经验,为各级党政领导进行科学决策提供了宝贵的资料。武功县武功镇根据《武功县志》记载的历史上武功镇曾是武功县经济文化中心之地,不仅名人迭出,而且道路通畅、商业繁华、风景优美,由于县城迁移,基础设施建设多年没有什么大变化的史实,发动乡村集资修路,使武功镇面貌大为改观。泾阳县依据《泾阳县志》记载的资料,在确定支柱产业时,提出发展菜、果、畜、奶的思路,根据泾阳在历史上就有广种葡萄的传统,促使张裕葡萄酒落户泾阳。渭城区根据《渭城区志》上的资料,兴建渭城区民营科技产业园区,建设金旭大道,使区域经济发展有了新的增长点。彬县依据县志关于"梨枣尤为特产,每年运销外县颇多"的记载,大力发展彬州梨和彬州晋枣,使梨、枣成为农民增收的一项主要产业。2000年,咸阳市人民政府根据市地方志办公室提供的珍贵资料,举行了"纪念咸阳建城2350周年活动";《咸阳年鉴》创刊后,特设市民生活指南、旅游指南、办事指南等栏目,境内外人士只要打开《咸阳年鉴》便可一目了然。2009年,武功县武功镇党委、政府根据《武功县志》记载的武功镇具有深厚浓郁的历史文化底蕴的史实,完成了武功镇总规、老街区详规、城隍庙广场等5个旅游项目修建性规划的编制,实施"仿古一条街"特色街区改造工程,将武功镇打造成武功历史名镇和旅游重镇。渭城区利用出版发行的《渭城年鉴》《渭城大事记》,向外界大力宣传渭城的历史文化、自然资源和区位优势,提高渭城知名度,有力地推动招商引资工作。兴平市根据《兴平县志》中兴平是"辣蒜之乡"的记载,调整农业产业结构,提出做大做强辣蒜产业,成立各类果蔬加工储藏企业42个,辣蒜企业8个,其中兴平市秦绿果蔬加工,雅虎酱菜等企业已涉及蒜薹储藏、蒜头加工等产品深加工,产品远销北京、山西、甘肃、宁夏、青海等地。乾县根据县地方志办公室提供的资料,2010年,建成奉天文化广场,完成奉天古城墙北门楼修复。

清渭楼恢复重建　宋代景祐年间黄孝先知咸阳县时修建,后经明、清重修。清顺治九年(1652)江山秀纂修的《咸阳县志》、清乾隆十六年(1751)臧应桐纂修的《咸阳县志》、民国二十一年(1932)刘安国监修的《重修咸阳县志》均有记载。历代诗人对此多有吟咏,留下脍炙人口的诗词,尤以唐代诗人许浑的"一上高楼万里愁,蒹葭杨柳似汀州。溪云初起日沉阁,山雨欲来风满楼。……"最为有名。根据志书记载的资料,咸阳市决定恢复重建清渭楼。2001年11月18日开工建设,2010年底主体完工。占地约2公顷,建筑面积21430平方米,建筑高度51米,地下一层、地上八层,楼基东西长106米,南北长89米,矗立在咸阳湖畔,是咸阳市的标志性建筑。

咸阳钟楼恢复重建　1907年,法国汉学家沙畹在咸阳县城(今咸阳市区)永绥街南拍摄了当时的咸阳钟楼照片。2009年9月,出版发行的《咸阳百年图志》如实收录了这张照片,从黑白照片中可以清晰地看到高大的三层钟楼主体,下方留有通道,供市民、马车出入,商铺依钟楼两边而立。咸阳市依据《咸阳百年图志》提供的这张珍贵照片,恢复重建了钟楼和有音乐喷泉的钟楼广场。重建的咸阳钟楼设计为明清建筑风格,高26.5米,宽23米,塔状三层,正方式形体,2010年10月19日建成。

浅水原大战雕塑　长武县根据2000年出版的《长武县志》记载的唐初秦王李世民在长武浅水原战败薛举、薛仁杲父子的史实,投资520万元在县城新城区建成"浅水原大战"雕塑。2010年4月开工建设,同年底,基本完工,雕塑高33米,基座为混凝土干挂花岗岩石材,雕塑上部为铜铸李世民骑马像,下方为铜铸六人、六马、四旗,雕塑碑面篆刻题记。雕塑以秦王李世民西讨薛举、薛仁杲父子的浅水原大战历史为题材,雕塑风格与空间营造上取势夸张,兼顾浪漫与现实,可读可视、可触可想,在纪念碑设计中具有新的突破,是长武县地标性建筑。

街巷和建筑工程命名　2008年,彬县人民政府在新扩建改造街道名称命名时,以首轮出版的《彬县志》有关记载为依据,将新建的高级中学命名为范公中学;初级中学命名为紫薇初级中学。将新修的4条街道分别以彬县旧称及历史名人的名字命名为公刘街、白土路、豳风街、新平街。将新修的两个大型广场命名为开元广场及豳风苑,并在开元广场内建造历史文化名人范仲淹、张舜民雕像,在广场西侧墙壁上雕刻了历代名人书法作品,在彬县高速公路东入口处雕塑了公刘像。秦都区也在城乡建设中的道路、桥梁等工程的选址、造型和命名上,以地方志书提供的资料为依据进行命名,如"上林桥"、"雁书路"、"柳仓街"等。

发展红色旅游　旬邑县根据《旬邑县志》记载的马栏曾是陕甘宁边区的南大门,关中分区的指挥中心等相关信息,建成马栏革命纪念馆,发展红色旅游,被列为全国100个红色旅游经典景区之一,吸引了大批游客旅游观光。长武县根据2000年版《长武县志》记载"1932年,习仲勋在长武县亭口镇王志轩家养病,王志轩等人在习仲勋的影响下,先后向陕北护送了刘刚等十多位革命同志,使亭口成为长武革命最活跃的地区之一"的史实,于2010年,对习仲勋革命旧址进行改造修缮,确定为党员教育基地、青少年爱国教育基地,也是旬邑马栏革命活动旧址有机组成部分,成为咸阳市红色旅游的连接景点之一。

网络化建设　2003年5月,咸阳市地方志办公室成立地情信息科,开始开展地情信息网络化建设。2006年12月,按照《地方志工作条例》要求,咸阳市加快地方志工作信息化建设步伐,开始筹建"咸阳地情网"。2006年12月,陕西省地方志办公室、陕西省信息化办公室帮助筹建,投资3万元,配置专用计算机1台、照相机1架、摄像机1台、扫描仪1台等设备，选配专职编辑1名，主要负责向社会各界及时发布咸阳市地方志工作进展动态信息，宣传咸阳地情知识和建设地情资料库等工作。2007年10月，“咸阳地情网”开通运行，是陕西省建成的第一家地市级地情网站，网址：http://www.xydqw.com。通过“百度”引擎可直接访问。网站设有“市情概览、咸阳方志、古今大事、民俗风情、地方文献、咸阳之最、文物古迹、方志动态、人物述林、古都风采、咸阳地图”等11个一级栏目。2010年6月，按照图文并茂、实用快捷、方便阅读的原则，对“咸阳地情网”进行升级改版，同时改进后台编辑录入技术。同年底，完成升级改版。改版后的首页以5幅图片，展现咸阳悠久的历史、灿烂的文化、美丽的城市，对原设置的11个一级栏目进行重新整合，保留“市情概览、古今大事、民俗风情、咸阳之最、文物古迹、人物述林、咸阳地图”7个栏目，新增“政务公开、地情资料库、方志成果、图志咸阳、艺苑名家、工作动态、方志论坛、网站公告、网上咨询”9个栏目，使一级栏目达到16个，二级栏目21个。至2012年底，录入地情文字资料2000万字，历史图片100多幅，是了解咸阳古今历史的重要窗口。与此同时，市地方志办公室要求各县市区加强地方志信息化建设，截至2012年底，兴平市、武功县、旬邑县、渭城区、三原县地方志办公室分别创建地情信息网站或网页。

旧志整理 校刊重印 自唐始至民国，咸阳境内旧州县志共计94部，流传下来的有79部。这些旧志大都是以刻本、手抄、胶卷等不同形式被分散保存在省级以上档案馆、图书馆、高等学府或省级地方志办公室。1982年各级修志机构成立后，有部分县市区修志机构到北京、上海、宁波、西安等地复印或影印回部分咸阳境域的旧州县志，分别保存在当地修志机构、档案馆或图书馆。咸阳各县市区也有民间私人收藏旧志的。从19世纪80年代开始，市县两级地方志办公室陆续展开了旧志整理工作，秦都区、永寿县、旬邑县、淳化县、礼泉县、彬县、长武县、武功县地方志办公室先后校刊重印10部清和民国时期的旧志。1994年，咸阳市地方志办公室协同咸阳市档案局整理了《咸阳县志》(咸阳解放前夕完成的手稿)，咸阳市秦都区城乡建设环保局标点重印了《重修咸阳县志》。2009年~2012年，咸阳市地方志办公室组织市县两级地方志机构校点出版《咸阳经典旧志稽注》丛书一套(13个分册，含15部旧志)。

《咸阳经典旧志稽注》 旧志整理丛书。主编张英民。共13个分册。校刊版本为咸阳市13个县市区的15部旧州县志，分别是：明正德十四年(1519)《武功县志》(清乾隆《四库全书》版)，康海编纂，阎琦、王维周校点；明万历十九年(1591)《咸阳县新志》，张应诏编纂，张鸿杰、王鹏超、张歆校点，李之勤审稿；清康熙十六年(1677)《三水县志》，文倬天编纂，刘敏卓校点，杨希义审稿；清康熙四十年(1701)《淳化县志》，张如锦编纂，赵东、徐化、任西锋校点，阎琦审稿；清乾隆四十九年(1784)《直隶邠州志》，孙星衍编纂，李忠堂、王耀立校点，杨希义审稿；清乾隆五十年(1785)《三水县志》，孙星衍编纂，刘敏卓校点，杨希义审稿；清光绪六年(1880)《三原县新志》，贺瑞麟编纂，常敬之、孙俨校点，阎琦审稿；清光绪十四年(1888)《永寿县新志》，郑德枢编修，樊忠堂、栗振兴校点，吕卓民审稿；清宣统二年(1910)《长武县志》，沈锡荣主修，李玉平校点、杨希义审稿；清宣统三年(1911)《重修泾阳县志》，宋伯鲁编纂，杨西安校点，吕卓民、杨希义审稿；民国二十一年(1932)《重修咸阳县志》，吴廷锡、冯光裕编纂，边长利、张德臣、张鸿杰校点，徐卫民审稿；民国二十二年(1933)《校订兴平县志》，冯光裕编纂，张录选、张鸿杰校点，杨希义审稿；民国二十四年(1935)《武功县志稿薄》，冯光裕编纂，王秋霞、董社昌校点，阎琦审稿；民国二十四年(1935)《续修醴泉县志稿》，曹骥观编纂，刘爱国、郭哲校点，杨希义审稿；民国三十一年(1942)《乾县新志》，范紫东编纂，袁富民、陈光、金永辉、王建清校点，杨希义审稿。咸阳市地方志办公室组织整理编纂。各县市区方志机构负责本地旧志版本的筛选、稽注和文字录入工作，分别聘请熟悉地情，在历史文化方面有一定专长的学者参与了稽注工作，形成了初稿。咸阳市地方志办公室负责稽注稿审定、编辑校核、排版设计和出版印刷工作，邀请西北大学李之勤、阎琦、杨希义、徐卫民、吕卓民五位教授勘误纠错、拾遗补注、审核，组织市地方志办公室工作人员进行了校核编辑，对丛书中90幅旧志中反映当时城治、境域、古迹等附图进行了扫描或清绘。对原志标点、断句、注释，在每个分册正文之前，分别插入2幅反映旧志中记述的古迹、历史事件等旧照片。整理编纂工作于2009年12月启动，2011年12月结束，采用分批印刷的办法，成熟一部付印一部，从2010年12月开始先后分四批投印，至2011年底，全部由陕西出版集团三秦出版社出版发行。

方志研究 理论研讨 咸阳自1982年成立修志机构以来，在推动编修志工作的同时，把方志理论知识的学习和研究作为重中之重，同志书编修工作一并抓紧抓好。市县两级修志部门多采用以会代培的形式，通过召开篇目大纲设计研讨会、各部类编纂问题研讨会、市县两级志书和专业志评审会、举办培训班，促进修志人员对方志理论的学习、交流和研究。各级修志部门鼓励业务人员积极向各类报纸杂志撰写理论文章，不定期选派人员参加省级以上方志理论学术研讨会，向大会提交理论研讨文章。至2012年底，在《中国地方志》发表文章1篇，在《年鉴信息与研究》上发表文章7篇，在《陕西史志》和《陕西地方志》发表文章11篇。咸阳市志办、三原县志办、旬邑县志办还创办方志报刊，作为业务工作交流的平台，注重同其他省市兄弟单位的交流互动，营造良好的方志理论研究氛围。

依法修志 1988年4月，咸阳市方志办转发陕西省地方志编纂委员会《关于基层单位志书编纂与出版问题的通知》，并对市级各专业志的版式、封面和题词进行了规范。同年6月，咸阳市地方志编纂委员会制定《关于市志编纂审稿报酬的暂行规定》，对志书的资料整理加工、总纂改稿、审稿、校对和誊抄报酬进行了具体规定；10月，制定下发《咸阳市地方志编纂委员会保密规定》,明确了各级志书初稿、送审稿完成后,应送主管部门和同级保密委员会进行保密审查。至此,咸阳市境内修志工作中的资料收集、志稿编纂、主编统稿、评审查验、保密审查、出版发行以及编辑稿酬等各个环节,基本上做到了有章可循。1996年8月,咸阳市地方志办公室根据中国地方志指导小组和省志编委会的相关文件规定,制定了《〈咸阳市志〉编写规则》《咸阳市地方志志稿评审规定》《咸阳市志专业志出版事项规定》《市、县区(市)志编纂稿酬暂行规定》四个规范性文件,分别对《咸阳市志》的编写流程,《咸阳市志》、各县市区志、市志各专业志的评审,市志各专业志的出版,以及志稿资料加工、编纂、总纂、审稿、报酬等方面进行了全面、具体的规定。1999年12月23日,咸阳市政府制定下发《咸阳市地方志工作十二年规划》。2007年8月6日,市地方志办公室制定印发了《咸阳市第二轮两级志书行文规范》。

业务交流与培训　在首轮修志的起步时期,主要是参加上级修志机构组织的培训活动。随着修志工作的持续开展,市县修志机构依托自身力量,根据业务工作开展和业务人员的工作实际,分别开展了多次培训活动。同时,在每一部志稿编纂完成评审之际,在充分发挥"三结合"审稿作用的基础上,采取"以会代培"的形式,召集市县两级广大方志工作者列席旁听评审发言,以达到培训提高的目的。1989年9月召开的《永寿县志》二审会议、1990年5月召开的《咸阳市水利志》、1990年9月召开的《咸阳市财政志》评审会议等,全市各县市区和各专业志承编单位近200人参加会议。通过听取志书编纂情况的汇报和评委们所提的意见和建议,增强了对志书编纂理论和实务的认识。首轮《咸阳市志·经济卷》篇目讨论会1997年11月28日在咸阳电力宾馆召开。首轮《咸阳市志·政治卷》篇目讨论会1997年12月25日在咸阳电力宾馆召开。1999年2月4日至6日,市方志办在咸阳举办了全市地方志基础知识培训班,市志专业志未完成、没有完成《咸阳市志》供稿单位的编纂人员60余人参加了培训。1999年7月,市地方志办公室针对公安系统编修志书的需要,在咸阳举办了由公安系统和各县市区方志办近60余名业务人员参加的培训会。2000年9月,在《咸阳年鉴》编纂工作会议上,市地方志办公室对全市各县市区以及年鉴供稿单位的特约编辑130余人进行培训。2002年8月22日,咸阳市政府主持召开《咸阳大辞典》编纂工作暨特邀编辑培训会议。咸阳市二轮修志工作旬邑现场会2008年7月15~16日在旬邑召开。咸阳市县级综合年鉴工作现场会2009年4月20~21日在三原县召开。《咸阳旧志经典稽注》工作武功座谈会2010年6月3日在武功县召开。《咸阳旧志经典稽注》校点工作座谈会2010年8月27日在咸阳建行大厦举行。与西安市、宝鸡市和天水市地方志办公室开展交流研讨活动,相互交流修志编鉴经验,学习引进好的做法,推动地方志各项工作全面发展。2010年9月27日~29日,咸阳市地方志办公室组织各县市区、市志各专业志编写人员和二轮市志供稿人员等60余人,在西安市长安区召开了二轮修志业务培训会。2012年9月15日~20日,咸阳、宝鸡第二轮修志业务培训班在宁波大学举办。这次培训由咸阳、宝鸡两市地方志办公室联合主办,宁波大学人文与传媒学院承办,主要以第二轮市、县志编纂理论为主,邀请国内具有深厚方志理论知识和丰富修志实践的9名专家教授或一线方志工作者授课,咸阳市组织市县两级43名修志人员参加了培训。

机构与队伍　咸阳市地方志编纂委员会　1984年12月,中共咸阳市委、咸阳市人民政府决定成立咸阳市地方志编纂委员会,负责全市地方志工作。主要职责是审查决定《咸阳市志》编纂方案;组织动员市县两级开展地方志工作;协调解决市域内地方志工作的重大问题;组织市县两级志书的初审、复审、上报审查验收及出版发行;确定各委员分工,督促相关县市区和部门开展修志工作;定期和不定期召开编委会议,研究解决修志工作中的重大问题。编委会下设办公室,具体从事日常的各项工作。首次设立的咸阳市地方志编纂委员会主任为王步唐,副主任为郭建义、赵百平、焦义德,委员有赵富考等市委、市人大、市政府、市政协以及各局委办负责人25人,时任市地方志办公室负责人李树君任委员。1988年由于人员变动,市委、市政府对地方志编纂委员会组成人员进行第一次调整。调整后的编委会主任为张宏勋,副主任为赵百平、张友才、尚行韬(时任市地方志办公室主任)。委员由时任的各局委办负责人、驻咸高校的负责人以及有关专家学者等23人组成。由于人员变动,1990年,市委、市政府对地方志编纂委员会的组成人员进行调整。编委会主任为李锦江,副主任为沈树森、强文祥、赵百平、尚行韬(市地方志办公室主任)。委员由市委、市人大、市政府、市政协以及各局委办的相关负责人和驻咸高校、有关专家学者以及各县区长等40人组成。市志办副主任王岳林任委员。本次调整编委会增加了一名市政府主管地方志工作的领导担任副主任,委员的涵盖面更加广泛。1992年,由于人员变动,市委、市政府对地方志编委会组成人员进行调整。编委会主任为司南,副主任为沈树森、文建国、强文祥、赵百平、尚行韬(时任地方志办公室主任)。委员有上官相等49人。市地方志办公室副主任王岳林、《咸阳市志》副主编陈若虚任委员。此次调整编委会增加了一名副主任,增加了9名委员。此次调整后,市地方志编纂委员会副主任由市委、市人大、市政府、市政协的分管领导以及地方志办公室主任担任的格局被确立下来,并形成惯例。1995年,市委、市政府对地方志编委会组成人员进行调整。主任为郑德义,副主任为高仰秀、黄亚丽、张卉、文建国。委员有市地方志办公室主任任清芳、副主任王岳林、陈若虚等54人。同年9月,由于部分人员工作变动,市委、市政府对地方志编委会组成人员进行了部分调整,并增补任清芳为副主任,委员仍旧为54人。1996年7月,市委决定,高存德担任咸阳市地方志编委会主任。1999年11月,鉴于咸阳市地方志编纂委员会组成人员工作变动较大,市委、市政府决定对其进行调整。编委会主任为李堂堂,副主任为杨光明、胡补旭、董军、陈留根。委员由市委、市人大、市政府、市政协、咸阳军分区有关负责人以及市级各相关部门负责人、有关专家学者22人组成。市地方志办公室主任尹学成、副主任杜建儒担任委员。此次调整后,各县市区长不再担任委员。2000年2月28日,市委、市政府决定,增补尹学成为市地方志编纂委员会副主任。2006年9月,市委、市政府对市地方志编纂委员会组成人员进行调整:主任千军昌,副主任张志军、吴养民、王建国、邢玉瑞、刘永东、张英民。委员由市委、市政府相关部门负责人以及相关专家学者11人组成。市地方志办公室副主任杜建儒、任博远,纪检组长张德科担任委员。2007年,市委、市政府对市地方志编纂委员会组成人员进行调整:主任庄长兴,副主任裴育民、吴养民、车建营、邢玉瑞、刘永东、张英民。委员由市委、市政府、市级相关部门负责人以及相关专家学者11人组成。市地方志办公室副主任杜建儒、任博远,纪检组长张德科担任委员。2008年,市委、市政府对市地方志编纂委员会组成人员进行调整:主任庄长兴,副主任高合元、吴养民、车建营、邢玉瑞、刘永东、张英民。委员由市委、市政府相关部门负责人以及相关专家学者11人组成。市地方志办公室副主任杜建儒、任博远,纪检组长张德科担任委员。从成立至1995年,市地方志编委会召开多次会议,除评审志书外,有5次会议是针对市县两级的修志工作进行专门研究讨论。1995年后,以编纂委员会召开的会议,主要针对市县两级志书的评审、验收和报送。

《咸阳年鉴》编纂委员会　1995年6月30日,市委、市政府成立《咸阳年鉴》编纂委员会。主要职责是负责指导《咸阳年鉴》编纂工作,研究制定《咸阳年鉴》编纂工作方案;审定年鉴编纂工作规划;审定年鉴框架结构,评议审定年鉴;研究解决年鉴编制中的重大问题;指导年鉴编辑部工作和编辑队伍建设,对在年鉴编辑工作中表现突出的个人和集体进行表彰等。首次设立的《咸阳年鉴》编纂委员会由李锦江担任顾问,郑德义担任主任,黄亚丽、王一、李维亚、任清芳担任副主任。委员由市委、市人大、市政府、市政协、咸阳军分区等相关部门负责人30人组成。市地方志办公室副主任王岳林、陈若虚担任委员。编委会下设编辑部,由王一担任《咸阳年鉴》主编,任清芳、张鸿杰担任副主编,李启明、何金铠担任责任编辑。1999年11月22日,市政府调整《咸阳年鉴》编纂委员会组成人员,决定副市长董军任主任委员,副主任委员尹学成、刘聪博、李兴文。委员由市委、市政府等相关部门负责人以及各县市区长24人组成。市地方志办公室副主任杜建儒担任委员。编委会下设编辑部,主编尹学成,副主编杜建儒、司少华、武冬莉。同年11月24日,《咸阳年鉴》编辑部聘任特约审稿131人,特邀编辑132人。2001年,增补市地方志办公室助理调研员寇金生为委员。2003年3月,市政府对《咸阳年鉴》编委会组成人员进行调整。主任张定会,副主任尹学成、刘聪博。委员由市级各相关部门和各县市区长等28人担任。市地方志办公室副主任杜建儒、助理调研员寇金生任委员。主编尹学成,副主编杜建儒、寇金生、司少华、王武林、石忙刚。2004年,市政府调整《咸阳年鉴》编委会组成人员。主任由王建国担任。副主任由尹学成、张存、马建炜担任。委员由市级各相关部门以及各县市区长等27人组成。市地方志办公室副主任杜建儒、助理调研员寇金生、司少华、王武林任委员。2005年,市政府对《咸阳年鉴》编委会组成人员进行部分调整,增加市地方志办公室副主任任博远、助理调研员司少华为委员。主编尹学成,副主编杜建儒、任博远(常务)、寇金生、司少华、王武林、石忙刚。2006年,市政府对《咸阳年鉴》编委会组成人员进行调整。首设名誉主任,由张立勇、千军昌担任。主任王建国。副主任余天西、马建炜、张英民。委员由市级10个相关部门的负责人组成。此次调整后,各县市区长不再担任编委会委员。张英民任主编,任博远、寇金生、石忙刚任副主编。2007年,鉴于人员变动情况较大,市政府对《咸阳年鉴》编委会组成人员进行调整。调整后张立勇、千军昌任编委会名誉主任,车建营任主任,许新琦、陈先利、张英民任副主任。委员由市级各相关部门10名负责人担任。2008年,《咸阳年鉴》编委会由千军昌、庄长兴担任名誉主任。2012年,编委会由千军昌、姜锋任名誉主任,车建营任主任,戴建强、闻俊辉、杜建儒任副主任,主编杜建儒,副主编任博远、张德科、石忙刚。

咸阳市地方志编纂委员会办公室　1984年12月,咸阳市地方志编纂委员会成立后,下设市地方志编委会办公室,科级建制,隶属于市政府办公室,由市政府办公室巡视员李树君兼任办公室副主任。主要职责是:制定并实施全市地方志工作的中长期规划,开展地情研究,编修《咸阳市志》,指导审定市级部门专业志,二审各县市区志,整理旧志等。1987年10月22日,市委确定咸阳市地方志办公室为市人民政府直属县级事业单位。编制15人。同年10月26日,任命尚行韬为咸阳市地方志办公室主任。1988年6月21日,任命王岳林为咸阳市地方志办公室副主任。12月8日,任命尚行韬为《咸阳市志》主编,王岳林为副主编。1990年1月31日,任命陈若虚为《咸阳市志》副主编。1992年9月1日,任命陈若虚为市地方志办公室副主任。1995年1月14日,任命任清芳为市地方志编委会办公室主任、《咸阳市志》主编。1999年8月15日,任命尹学成为市地方志编委会办公室主任、《咸阳市志》主编,杜建儒为市地方志编委会办公室副主任、《咸阳市志》副主编。2004年9月,任博远任市地方志编委会办公室副主任。2006年9月至2011年9月,张英民任市地方志编委会办公室主任。2011年10月,杜建儒任市地方志编委会主任。2006年2月,张德科任市地方志编委会办公室党组纪检组长。2012年6月,张德科任市地方志编委会办公室副主任。1988年办公室内设市县志编审室、政办室、《方志研究》编辑部3个科室。1990年9月改设为市志科、县志科、秘书科。1997年3月增设年鉴科,编辑出版《咸阳年鉴》,增加人员编制3人。2001年机构改革后人员编制16人,参照公务员管理。将市志科与县志科合并为市县志科,设立地情信息科。2009年机构改革后,将市志科单设,县志业务与地情信息业务合并设立县志与地情信息科。2012年,设秘书科、市县志科、地情信息科、年鉴科,办公室为市政府直属事业机构,参照公务员管理,人员编制16人,实有19人。

市级专业志编纂机构　咸阳市首轮修志工作中,除纳入国家三级志书规划的市县两级志书外,还规划了纳入《咸阳市地方志丛书》的89部专业志,由73个市属部门承担。这些单位按照要求均成立编委会或编纂领导小组。一般都由党政一把手担任编委会主任或领导小组组长,有少数兼任主编。多数单位设立修志办公室,正式任命主任、主编,聘任在行业系统和单位长期工作的老同志从事专业志的编修工作。部分单位还在社会上聘请文化名人和有关专家,或在高校聘请相关专家教授承担修志工作。这些部门的修志机构,在志书终审出版后,多数撤销,少数保留或归并秘书科或研究室,继续从事资料整理和编研工作。第二轮修志过程中,市级82个部门分别承担86部专业志编纂任务。到2012年已有半数以上的单位成立了修志机构。其他修志机构:彩虹集团公司、陕西第二棉纺织厂等企业,咸阳师范学院(原咸阳师范专科学校)、咸阳职业技术学院等院校,茂陵博物馆、三原县南关村等于2012年前都有相应的修志机构,随着志书的出版发行,机构随之撤销。

县市区修志机构　1982年以后,咸阳市各县区陆续成立地方志编纂委员会。编委会下设办公室,为县属科级事业单位。县区志编委会一般由县委、县人大、县政府、县政协分管领导及有关部、委、办、局负责人组成。县区长任编委会主任。县区志办公室一般编制3人~5人,在工作中经常聘用社会修志人员。在历次县级机构改革中,地方志办公室不断归并调整,至2012年,各县级修志机构中,秦都区、兴平市、武功县、乾县、礼泉县、三原县、永寿县、旬邑县、淳化县设有独立的地方志办公室,其余各县都挂靠在政府办公室内,但工作业务相对独立,对外仍保留地方志办公室名义。

志鉴评奖　国家级奖励　1993年9月,中国地方志指导小组召开首次全国新编地方志优秀成果评奖会议,《永寿县志》获二等奖。

2001年,《咸阳年鉴(2000)》被中国出版工作者协会年鉴研究会评为第五届全国年鉴校对质量合格奖;2002年,《咸阳年鉴(2001)》被中国出版工作者协会年鉴研究会评为第六届全国年鉴校对质量良好奖;2003年3月,《咸阳年鉴(2002)》被中国出版工作者协会年鉴研究会评为第一届全国年鉴编校质量优秀奖(最高奖);2004年12月,《咸阳年鉴(2003)》被中国地方志指导小组办公室、中国地方志协会评为首届中国地方志年鉴奖二等奖;《咸阳年鉴(2004)》被中国出版工作者协会年鉴研究会评为第三届全国年鉴综合质量评比二等奖;2007年6月,《咸阳年鉴(2006)》被中国出版工作者协会年鉴工作委员会评为第三届全国年鉴编校质量检查评比特等奖;2008年7月,《咸阳年鉴(2007)》被中国出版工作者协会年鉴工作委员会评为第四届全国年鉴编校质量检查评比一等奖;2010年1月,《咸阳年鉴(2009)》被中国出版工作者协会评为第四届全国年鉴编纂出版质量评比综合一等奖、框架设计二等奖、条目编写一等奖、装帧设计一等奖;2010年11月,《咸阳年鉴(2009)》被中国地方志指导小组办公室评为全国地方志系统第二届年鉴奖二等奖。2011年、2012年,《咸阳年鉴(2010)》《咸阳年鉴(2011)》连续被中国出版工作者协会年鉴工作委员会评为第五届、第六届全国年鉴编校质量检查评比特等奖。

2008年8月,在第23届北方十五省市自治区哲学社会科学优秀图书评选活动中,《咸阳大辞典》获优秀图书奖。

省级评奖　2002年8月22日,陕西省地方志办公室与陕西省社会科学学会联合会联合成立的陕西省新编地方志优秀成果评奖委员会在西安市召开会议,评选陕西省新编地方志优秀成果。首轮新编《咸阳市志》获一等奖;首轮新编《泾阳县志》《旬邑县志》《武功县志》获二等奖。

市级评奖　2002年4月,咸阳市地方志办公室与市社会科学学会联合会成立咸阳市首届新编地方志书评奖委员会,对咸阳市首轮地方志书成果进行评奖。经过逐级申报、专家审读、集体研究,最终确定了评奖结果:首轮新编《咸阳市志》《武功县志》《咸阳市房地产志》,以及《咸阳年鉴(2001)》等4部志书、年鉴获特等奖;首轮新编《泾阳县志》《咸阳市金融志》《茂陵志》《陕西省道路交通管理志·咸阳分志》,以及《咸阳年鉴(2000)》等4部志书、年鉴获一等奖;首轮新编《三原县志》《彬县志》《咸阳市档案志》《咸阳市邮电志》《咸阳市民族·宗教志》《咸阳市建设志》《建国50年咸阳市大事记》《三原南关村志》等8部志书获二等奖;首轮《兴平县志》《长武县志》《淳化县志》《咸阳市教育志》《咸阳市对外贸易志》《咸阳市交通志》《中国共产党咸阳市组织志》《咸阳市税务志》《咸阳审判志》《咸阳文物志》《咸阳邮电年鉴(1999)》等11部志书、年鉴获三等奖;首轮新编《旬邑县志》《渭城区志》《礼泉县志》《咸阳市自然地理志》《咸阳市民政志》《咸阳市广播电视志》《咸阳市精神文明建设志》《咸阳市体育志》《咸阳市工会志》《咸阳市卫生志》《咸阳市粮食志》《陕西省乾县师范学校校志》《咸阳师范专科学校校史》《三原县邮电志》《淳化县文物志》以及《咸阳年鉴(1996~1999)》《咸阳邮电综览》《兴平邮电综览》等18部志书、年鉴获优秀奖。

索　　引

说　　明

一、本索引采用分析索引方法,按主题词首字汉语拼音字母顺序排列。

二、"特载"、"大事记"、"附录"内容不作索引。

三、数字表示内容所在的页码,数字后的拉丁字母(a、b、c)表示栏别(从左到右),表格注有"(表)"字样。

A

B

C

D

E

F

G

R

S

T

W

X

Y

Z

渭城区人民法院

最高法院院长周强（右四）与全国优秀法官吴晓娟交流

党组成员集体学习

院长余明涛（右）和社区代表为社区法官联络工作室挂牌

窑店法庭进村开庭现场

渭城区人民法院成立于1987年5月，有干警108人，其中法官59名，年均审理案件近3000件。全院干警牢固确立“把审判和执行工作当做父母交办之事来办，把来访群众和案件当事人当做兄弟姐妹来对待”的工作理念，能动司法，主动作为，着力提升司法公信力和公众满意度，为加快推动区域经济社会科学发展、跨越发展，建设国际化大都市新区提供了有力司法保障。先后被最高院命名为“全国司法公开示范法院”，被省委政法委、省高院授予“无执行积案法院”称号，连续三年获得全市法院和全区目标责任考核优秀单位，公众满意度逐年提升，2012年位居全省市区第11位，吴晓娟法官被最高院授予“全国优秀法官”称号。

创新建立法官联络工作室制度，辖区每个村、社区均由一名法官干警负责联络，完善机制，全力推进，使其成为亲民便民的渠道、宣传法律的阵地、化解矛盾的平台；开展审判工作“五进”活动和征求旁听公民对案件裁判意见和建议工作，2012年先后到农村、学校、社区、企业、军营公开审理、巡回办案607件，实现活动的常态化、制度化、规范化。设立诉讼服务中心，实行首问负责制和一站式服务，健全服务承诺、办案公开、文明接待等制度；开展审判工作大调研、大研讨活动，形成了相关调研成果和实施意见；实施“大调解”工作机制，创新和完善诉讼与非诉讼相衔接的矛盾纠纷解决机制；探索实施刑事案件“吴晓娟工作法”，即“亲属谈话法”；有效解决涉法上访、重信重访问题，按照“思想上重视、感情上亲近、人格上尊重、生活上关心、处理上务实”的工作理念，确保让每一件案件息诉罢访。

国家文物局局长董保华（左四）来乾陵考察

交通运输部副部长翁孟勇（前左）来乾陵考察

陕西省文物局局长赵荣（左二）来乾陵考察

举行“阅读—让我们的世界更丰富”员工知识竞赛

系统“创选评”竞赛活动
最佳单位
中共咸阳市委
咸阳市人民政府
二〇一二年二月

陕西省旅游行业创先争优活动
先进集体
陕西省旅游局
2012年7月

2012年度争创游客满意单位活动
先进单位
陕西省纠风办
陕西省旅游局

2012年，乾陵管理处围绕创建全国旅游名县和国家级5A景区目标，大力实施“旅游突破”战略，以“读书年”活动为抓手，突出员工队伍建设、一票制管理、服务质量提升、项目建设、文史研究、文物安全六大重点，实现经营收入、服务功能、品牌效应三大突破，各项工作取得了可喜成绩。2012年全年共接待持票参观游客60.6万人次，门票收入5004万元，收入增长85.3%。先后获陕西省平安优秀景区、陕西省消防安全先进单位、陕西省旅游行业“创先争优”先进集体、咸阳市“创选评”竞赛活动最佳单位等省、市、县级荣誉18项。

- 会展中心位于咸阳市人民西路46号。诚信是企业发展的基石，是正大国际十余年不断壮大的根本，无论是对顾客、对合作伙伴、对员工皆是如此！
- 爱心是企业文化的核心要素，一个有爱心的企业，会成为社会尊重、员工快乐、发展环境良好的企业！
- 规范是企业经营的需要，是企业保持发展的前提，也是企业公平的基础，企业在达到更高境界之前，规范的管理始终是核心任务！
- 效率保证了企业赢得竞争先机，保证了企业持久发展，保证了员工的回报与成长！

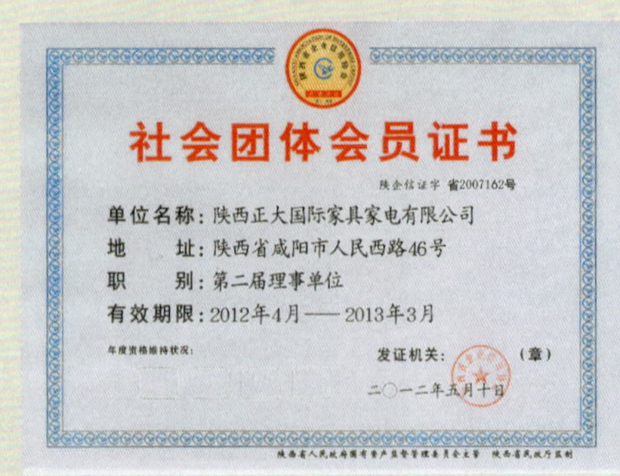
社会团体会员证书

陕企信证字 省2007162号

单位名称：陕西正大国际家具家电有限公司
地　　址：陕西省咸阳市人民西路46号
职　　别：第二届理事单位
有效期限：2012年4月——2013年3月

年度资格维持状况：

发证机关：（章）

二〇一二年五月十日

陕西省人民政府国有资产监督管理委员会主管　陕西省民政厅监制

全体员工

市上有关部门领导检查工作

2013年"营销盛会"新闻发布会

实　惠　高　端　引　领　者

正大现代建材家居博览中心
ZHENGDA MODERN BUILDING MATERIALS HOUSEHOLD EXPO CENTER

火爆的营销场面

- 正大现代建材家居博览中心位于咸阳市人民西路4号。自2012年9月30日开业以来，凭借其超大的体量、优质的品牌、高端的商品、超值的服务，引领者咸阳家居界的巅峰潮流风向，致力打造“实惠高端引领者”的时尚风向标，并将此定位深入消费者心中，备受广大消费者称赞和信赖。
- 正大现代建材家居博览中心位于咸阳市建材家具黄金地段人民西路4号，总面积近4万平方米，紧邻正大国际家居汇展中心。中心内不仅汇聚着众多国内一线名品，而且还涵盖了许多大众时尚的知名品牌以及独立个性的新生代品牌。中心集服务、体验、设计、交流展示于一身，真正诠释时尚的潮流生活，彰显高尚的家居品味。让家居产品拥有殿堂级展示平台，将生活、艺术、商业三者完美结合，把顾客带入现代化家具商场的全新体验。

www.zd-gj.com

彬县煤炭有限责任公司

省委书记赵正永和公司董事长何万盈亲切交谈

彬县煤炭有限责任公司是集煤炭、电力、煤化工、房地产、建材、物流、金融投资、新能源产业为一体的大型企业集团，资产总额240.02亿元，位居中国煤炭工业百强第54位，中国民营500强第265位，全国采矿业第9位，陕西省百强企业第33位，省民营企业第3位。拥有21家控股、参股公司，年煤炭生产能力600万吨，火电装机容量400兆瓦，水泥建材生产能力60万吨，物流发运量400万吨，房地产开发面积20.45万平方米。还有投资总额为121亿元，年设计生产能力为100万吨煤基二甲醚、400万吨雅店煤矿两个在建项目。2012年，公司生产原煤648.22万吨，实现工业总产值74.89亿元，实现销售收入84.96亿元，实现利税总额18.98亿元，实现利润7.27亿元，上缴国家税费12.63亿元，人均年收入10.1万元，人均社会贡献额76.81万元。缴纳国税、地税均位居全市第一，是市、县骨干企业和利税大户。公司率先在全国煤炭企业中通过ISO9001:2008质量管理体系、GB/T28001-2001职业健康安全管理体系、ISO14001:2004环境管理体系“三标一体”国际标准化认证，被授予“联合国清洁煤示范和推广企业”称号，先后获国家煤炭工业优秀企业、全国煤炭工业特级安全高效矿井、全国高产高效矿井、全国依法生产先进煤矿、全国“安康杯”竞赛优胜单位、全国煤炭行业企业信用评价AAA级信用企业等荣誉称号、中国煤炭工业科学技术一等奖、二等奖，中国慈善企业、最具社会责任感企业，中国质量服务信誉AAA级企业、中国企业信用100强、中国最具成长性企业、陕西省先进集体、文明单位、省级十大科技成果奖、省企业文化建设优秀成果奖、省劳动关系和谐企业、三秦慈善奖，省、市、县各级安全生产先进单位。企业在规模扩大、效益提高的同时，积极承担社会责任，累计向社会公益事业捐助资金达6000多万元，为区域经济社会和谐发展做出应有的贡献。

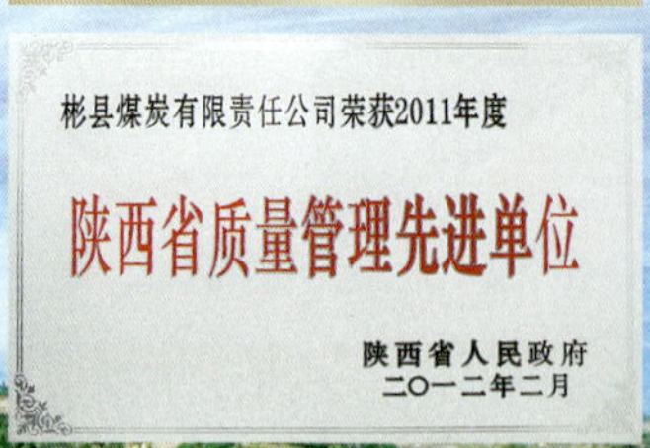

1 “五一”文艺演出
2 下沟矿员工活动中心
3 矿区建设的孔子走道
4 陕西华电瑶池发电有限公司
5 300万吨洗煤厂

陕西煤化能源有限公司

陕西彬长礦業有限公司

团结奋进、锐意进取的领导班子

陕西彬长矿业集团有限公司（以下简称彬长集团）是2002年经陕西省人民政府批准设立的大型煤炭企业，隶属陕西煤业化工集团有限责任公司。总部设在咸阳市，下辖8个子公司和二级单位、25个职能部门，有员工4817人，其中管理人员836人、党员796人。30岁以下员工3842人，占员工总数的79.8%。彬长集团先后获全国节能减排十佳标志企业、联合国清洁煤技术示范和推广企业、全国煤炭工业节能减排先进企业、中国节能减排功勋企业等称号。

彬长矿区位于彬县、长武县境内，规划面积790平方千米，煤炭地质储量67.29亿吨，其中彬长集团依法有偿取得煤炭资源储量50.3亿吨和相对应的煤层气资源储量，是彬长矿区开发建设的主体。到“十二五”中期，彬长集团煤炭生产能力达到3200万吨/年，洗精煤生产能力达到1490万吨/年；电力装机达到1128万千瓦/年以上，其中瓦斯发电装机达到8万千瓦/年以上，煤层气抽采利用量达到2.6亿立方米/年，实现矿井生产过程中瓦斯零排放目标；烯烃生产能力达到60万吨/年；营业收入达到260亿元/年以上，上交利税80亿元/年左右。建成资源节约型、环境友好型、安全高效型的煤炭化工能源基地和循环经济示范工业园区。

彬长集团研发培训大楼

2010年12月，省长赵正永视察大佛寺煤矿

2012年12月23日，副省长李金柱在陕煤彬长矿业新生能源公司调研并听取汇报

2012年8月8日，执行董事、党委书记李厚志在胡家河矿业公司调研

大佛寺瓦斯发电厂

煤炭工业节能减排

先进企业

中国煤炭工业协会
中国煤炭加工利用协会
二〇〇九年十一月

兹授予 陕西彬长矿业集团有限公司 为
Hereby to award Shaanxi Binchang Mining Co., Ltd as

联合国清洁煤技术示范和推广企业
UN Clean Coal Technology Demonstration and Popularization Enterprise

联合国清洁煤技术示范和推广项目领导组
二〇〇九年十一月十五日
Leading Group of UN Clean Coal Technology Demonstration and Popularization Project
Nov. 15, 2009

大佛寺煤矿

積極實施民生工程

2012年9月，副市长严维佳在市水利局局长王生江、市供水办主任王宽绪和礼泉县县长王满院陪同下检查农村供水工作

咸阳市农村供改水领导小组办公室始终坚持民生至上、服务全市水利发展大局的理念，不断创新工作方式。坚持以人为本，把解决广大群众饮水安全问题作为改善民生、实践科学发展观的重要内容，农村饮水安全工作被列入全市“民生工程”和为群众办的二十件实事之中。市供水办按照建得成、用得起、长受益的工作思路，坚持统筹城乡科学规划，积极推进集中式供水工程，加强水质监测，确保饮水安全；强化建后运行管理，确保民众长久收益。自2009年以来，全市农村饮水工程建设投入资金9.1亿元，建设各类农村饮水安全工程1386处，初步解决197.3万农村群众的饮水不安全问题；先后建成十三个县市区农村饮水工程水质监测中心，为保障农村饮水工程水质安全提供坚实基础。重点建成礼泉县烟霞集中供水工程、魏北集中供水工程、北屯集中供水工程、新时集中供水工程、药王洞集中供水工程、三原县小道口供水工程、乾县石马供水工程、彬县底店集中供水工程、长武相芋集中供水工程、秦都区渭滨南片等多处较大型集中供水工程。张家山泉群供水工程可研已通过省级评审。截至2012年底，全市饮水安全普及率已达到80%以上。

彬县农村供水一站式缴费

旬邑县水质监测中心正在对水中氯化物进行测定